Markus Mülke
Aristobulos in Alexandria

Untersuchungen zur antiken
Literatur und Geschichte

Herausgegeben von
Marcus Deufert, Heinz-Günther Nesselrath
und Peter Scholz

Band 126

Markus Mülke

Aristobulos in Alexandria

Jüdische Bibelexegese zwischen Griechen und
Ägyptern unter Ptolemaios VI. Philometor

DE GRUYTER

Gedruckt mit freundlicher Unterstützung der Alexander von Humboldt-Stiftung sowie der Evangelisch-Lutherischen Kirche in Bayern.

ISBN 978-3-11-071010-6
ISSN 1862-1112

Library of Congress Control Number: 2018955789

Bibliografische Information der Deutschen Nationalbibliothek
Die Deutsche Nationalbibliothek verzeichnet diese Publikation in der Deutschen Nationalbibliografie; detaillierte bibliografische Daten sind im Internet über http://dnb.dnb.de abrufbar.

© 2020 Walter de Gruyter GmbH, Berlin/Boston
Dieser Band ist text- und seitenidentisch mit der 2018 erschienenen gebundenen Ausgabe.
Druck und Bindung: CPI books GmbH, Leck

www.degruyter.com

Vorwort

Bei der vorliegenden Arbeit handelt es sich um die leicht überarbeitete Fassung meiner Habilitationsschrift, die im Wintersemester 2015/2016 von dem Fachbereich 8 Geschichte/Philosophie der Westfälischen Wilhelms-Universität Münster angenommen worden ist.

An dieser Stelle möchte ich denjenigen danken, die zum Entstehen der Studie besonders beigetragen haben: Prof. Dr. Wilhelm Blümer (Klassische Philologie, Mainz), Prof. Dr. Lutz Doering (Evangelische Theologie: Neues Testament und antikes Judentum, Münster), Prof. Dr. Christian Pietsch (Klassische Philologie, Münster) und Prof. Dr. Klaus Zimmermann (Alte Geschichte, Münster) für ihre Bereitschaft, als Gutachter die schriftliche Habilitationsleistung zu beurteilen und durch vielfältige Verbesserungshinweise zu befördern; den Herausgebern der *Untersuchungen zur antiken Literatur und Geschichte* für die Aufnahme in ihre Reihe und ihre zahlreichen Korrekturvorschläge; meinem früheren Doktorvater Prof. em. Dr. Christian Gnilka (Klassische Philologie, Münster), der den Fortgang der Arbeit über die Jahre mit großer Anteilnahme begleitete und zum rechten Augenblick auf Abschluß drängte; PD Dr. Klaus Neumann (Evangelische Theologie: Neues Testament, Neuendettelsau), PD Dr. Stefan Seiler (Evangelische Theologie: Altes Testament, Neuendettelsau), Prof. i.R. Dr. Folker Siegert (Evangelische Theologie: Neues Testament und Judaistik, Münster), Prof. em. Dr. Wolfgang Stegemann (Evangelische Theologie: Neues Testament, Neuendettelsau) und Prof. em. Dr. Helmut Utzschneider (Evangelische Theologie: Altes Testament, Neuendettelsau) für die kritische Lektüre einzelner Kapitel; den Kolleginnen und Kollegen in den Bibliotheken der Augustana-Hochschule (Neuendettelsau) und dem Münsteraner Institut für Klassische Philologie für ihre unschätzbare Unterstützung bei der Literaturbeschaffung sowie Katharina Legutke, Antonia Schrader und Florian Ruppenstein im Verlag Walter de Gruyter für die zuvorkommende und hilfsbereite Betreuung der Publikation.

Die Alexander von Humboldt-Stiftung hat es mir mit einem Feodor Lynen-Stipendium ermöglicht, für ein ganzes Jahr, weitgehend befreit von Lehrverpflichtungen, im Ausland zu forschen. Dafür, daß zwischen September 2011 und August 2012 wichtige Teile dieses Buchs an der spanischen Universität von Alcalá de Henares geschrieben werden konnten, bin ich der Stiftung zu großem Dank verpflichtet, nicht minder auch dem dortigen Ordinarius für Latinistik Prof. em.

Dr. José Luis Álvarez Moralejo, ohne dessen Hilfe, Gastfreundschaft und wissenschaftliche Betreuung der Aufenthalt in Kastilien nicht so gelungen wäre. Der Direktorin der epigraphischen Forschungsstelle an der Universität Alcalá (Centro *Corpus Inscriptionum Latinarum* II), Dr. Helena Gimeno Pascual, fühle ich mich dafür, daß sie mich ein Jahr lang in den Räumen des *Centro* aufnahm, tief verbunden. Der Augustana-Hochschule, insbesondere ihrem damaligen Rektor Prof. Dr. Markus Buntfuß, und dem Dienstherrn, der Evangelisch-Lutherischen Kirche in Bayern, danke ich für die Offenheit, die Forschungen eines klassischen Philologen durch die Gewährung einer einjährigen Beurlaubung in dienstlichem Interesse gefördert zu haben. Nicht zuletzt haben sowohl die Humboldt-Stiftung als auch die Evangelisch-Lutherische Kirche in Bayern die Veröffentlichung dieses Buchs durch großzügige Druckkostenzuschüsse unterstützt.

Daß mir, obschon bereits seit Jahren an der Augustana-Hochschule tätig, der Fachbereich Geschichte/Philosophie der Universität Münster die Habilitation noch ermöglichte, war nicht selbstverständlich. Für dieses Entgegenkommen danke ich dem im Jahr 2015/2016 amtierenden Dekan des Fachbereichs, Prof. Dr. Jürgen Heidrich, stellvertretend für alle Kolleginnen und Kollegen, die mit den Abläufen befaßt waren, besonders aber Prof. Dr. Christine Schmitz und Prof. Dr. Christian Pietsch aus dem Institut für Klassische Philologie, ohne deren selbstloses Engagement und unermüdliche Hilfe der ordnungsgemäße Vollzug des Verfahrens gar nicht denkbar gewesen wäre.

Ohne diejenige, welcher dieses Buch gewidmet ist, wäre es nicht entstanden, wie so vieles in unserem Leben.

Nürnberg, Juli 2018

Inhalt

1 **Einleitung** —— 1

2 **Gott in Arats *Phainomena*** —— 7
2.1 Einleitung —— 7
2.2 Das Aratzitat und sein Zusammenhang —— 9
2.3 Arat bei Aristobulos – nur ein Zitat? —— 11
2.4 Verfälschung des echten Texts? —— 29
2.5 Seitenblick: Bibelzitate bei Aristobulos —— 46

Exkurs: Fragen und Antworten im Dialog? —— 53

3 **"Ausgangspunkte" bei Juden und Griechen** —— 61
3.1 Einleitung —— 61
3.2 Aristobulos und die griechische Literatur —— 63
3.3 Der Vorrang der Dichter —— 71
3.4 Übertragene Auslegung poetischer Texte —— 77
3.5 Der Altersbeweis —— 82
3.6 Pythagoras und Platon —— 95
3.7 "Schön denken" bei Griechen und Juden —— 117
3.8 Natürliche Theologie? —— 120

4 **Zwischen Griechen und Ägyptern** —— 125
4.1 Einleitung —— 125
4.2 Antiägyptische Andeutungen —— 128
4.3 Der Altersbeweis —— 134
4.4 Gegen die proägyptische Literatur —— 151
4.5 Historische Kontextualisierung —— 172

5 **Der König** —— 179
5.1 Einleitung —— 179
5.2 Abgrenzung —— 179
5.3 Annäherung —— 199

6 **Der Nomos** —— 209
6.1 Der mosaische Nomos bei Aristobulos —— 209
6.2 Nomos und Gesetz —— 222
6.3 Mosaischer und griechischer Nomos —— 230

7 Der König und der Nomos —— 263
7.1   Einleitung —— 263
7.2   Der Anlaß der Ausführungen —— 265
7.3   Datierung der älteren Übersetzer —— 266
7.4   Umfang der älteren Übersetzungen —— 278
7.5   Die Übersetzer der älteren Übersetzungen —— 291
7.6   Die spätere Neuübersetzung —— 292
7.7   Rezeption im *Aristeasbrief* —— 301
      Appendix —— 308

Exkurs: Formale Einzelbeobachtungen —— 313
      Einleitung —— 313
      Terminologie —— 313
      Tempora —— 315

8 Autor, Exeget und Publikum —— 321
8.1   Einleitung —— 321
8.2   Die Metaphern des Autors —— 322
8.3   Die Vorsicht des Exegeten —— 333
8.4   Exegetische Gegner —— 337
8.5   Homer und Moses als "Autoren"? —— 341
8.6   Ausblick —— 355

9 Übertragene Bibelauslegung —— 357
9.1   Einleitung —— 357
9.2   Eine fragmentarische Theorie metaphorischer Exegese —— 361
9.3   Rezeption aristotelisch-peripatetischer Metaphorologie —— 374
9.4   Schlußbemerkung —— 385

10 Die Würde der mosaischen Metaphern —— 387
10.1 Einleitung —— 387
10.2 "Die große Hand des Königs" —— 390
10.3 Die göttliche Stasis —— 395
10.4 Die Größe und Wirkung der Anthropomorphismen —— 410
10.5 Schlußbemerkung —— 424

11 Schlußbemerkungen und Ausblick —— 425

Literaturverzeichnis —— 451
    Bibliographische Nachträge —— 533

Register —— 539
    1. Bibelstellen (Septuaginta) —— 539
    2. Werkstellen antiker Autoren —— 545
    3. Griechische Wörter —— 566
    4. Namen, Wörter und Sachen —— 573

1 Einleitung

Der jüdische Bibelexeget Aristobulos wirkte in Alexandria in der ersten Hälfte des zweiten vorchristlichen Jahrhunderts. In seinem mehrere Bücher umfassenden[1], an den amtierenden Ptolemäerkönig adressierten (πρὸς Πτολεμαῖον τὸν βασιλέα) Werk[2] postuliert er, abgesehen von seiner folgenreichen Auslegung des Pentateuchs, welche die neuere Forschung gemeinhin als allegorisch charakterisiert, mit Nachdruck, die maßgeblichen Autoritäten der griechischen Geistes- und Literaturgeschichte seien von Moses abhängig, ja hätten direkt aus dessen Büchern geschöpft[3]. Dieser sogenannte Altersbeweis, in der Folgezeit vertreten etwa von Philon und Flavius Josephus[4], sollte auf die spätere jüdisch-christliche Literatur enormen Einfluß ausüben.

Daß über die Richtigkeit der vorstehenden Aussagen heute Forschungskonsens besteht, ist Nikolaus Walter geschuldet, der 1964 in seiner seitdem unüberholten Studie *Der Thoraausleger Aristobulos* nicht nur jahrhundertealte Zweifel an der Authentizität der Aristobulos zuzuschreibenden, aber nur bei christlichen Autoren wie Clemens Alexandrinus und Euseb überlieferten Fragmente überzeugend widerlegen konnte, sondern auch die Zweifel an der Historizität des Autors selbst und an seiner Datierung in die Regierungszeit des sechsten Ptolemäerkönigs Philometor (180 bis 145 vor Christus)[5]. Die vorliegende

---

1 Vgl. in Auswahl Gercke (1896) 918; Zeller (1903) 280²; Walter (1964) 33 und (1975) 263; Kraus Reggiani (1973) 162 und (1982) 90; Schürer – Vermes – Millar – Goodman (1986) 581; Dawson (1992) 78; Holladay (1995) 46. 74; Gruen (1998a) 246f.; Sterling (2009) 75f. mit den diesbezüglichen Angaben aus Clemens Alexandrinus sowie de Vos (2016) 138.
2 Zum nur hypothetisch rekonstruierbaren Titel vgl. F 2, 10 Holladay; dazu Walter (1964) 16/19. 24f. und (1975) 261 sowie Kraus Reggiani (1973) 162 und (1982) 89. 90f.
3 Vgl. dazu Collins (1983) 177f.; Dawson (1992) 79f.; Barclay (1996) 150f. sowie Gruen (2002) 221f. und (2010) 422.
4 Vgl. dazu Zeller (1903) 279f.; Walter (1964) 26/33; Kraus Reggiani (1982) 109; Schürer – Vermes – Millar – Goodman (1986) 582; Bickerman (1988) 230; Hengel (1988) 300; Pilhofer (1990) passim; Modrzejewski (1991) 59; Holladay (1992) 149 und (1995) 68. 208f.; Goldenberg (1998) 78f.; Gruen (1998a) 247f.; Donaldson (2007) 106 sowie Holtz (2007) 394/402.
5 Aristobulos adressiert Philometor eindeutig als amtierenden König. Bickerman (1988) 228 (vgl. auch [1976b] 142 und [1976c] 167f.); Modrzejewski (1991) 59; Hafemann (1995) 70; Holladay (1995) 75 (vgl. aber [1992] 142) sowie Woschitz (2005) 95 (vgl. aber dazu im Widerspruch 107: "155-145 v.Chr.") legen sich mit "176-170", also auf die Jahre, in denen Philometor allein herrschte, Niehoff (2011b) 58 mit "between 155 and 145 BCE" genauer fest (vgl. auch Siegert [1992] 40), Walter (1963) 353; (1975) 262; (1987) 79 und (1989) 389 mit "etwa in die Mitte des 2. Jh. v. Chr." (so auch Zeller [1903] 277; des Places [1983] 13; Collins [1985] 833; Dines [2004] 35 [unsicher]; Doering [1999] 306 und [2005] 4; Sterling [2009] 73f. und Knöbl [2012] 13). Vgl. zu

Studie setzt diese Richtigkeit voraus und sieht von einer neuerlichen Problematisierung insbesondere der Datierung ab. Allerdings findet letztere durch einzelne Ergebnisse der folgenden Kapitel indirekte Bestätigung, wobei vor allem die Feststellung direkter Bezüge auf griechische Autoren des frühen Hellenismus[6], namentlich auf Hekataios von Abdera, und die hintergründige Positionierung des Juden Aristobulos gegen die zeitgenössische proägyptische Literatur ins Gewicht fallen.

Der griechische Text der erhaltenen Fragmente ist heute bequem greifbar in der kommentierten Edition Carl R. Holladays. Die folgenden Interpretationen gehen dabei von den Zitaten Eusebs aus[7], der seine Vorlage verläßlicher wiedergibt als der zweite Hauptzeuge der Überlieferung, Clemens Alexandrinus[8]. Auf solche Stellen, an denen diese beiden christlichen Kirchenväter einen signi-

---

der lange umstrittenen Datierung, welche heute Allgemeingut zu sein scheint: Vossius (1697) 72; Binde (1869) 19/22; Kuenen (1883) 207f.; Susemihl (1892) 630f.; Schlatter (1906) 39; Meecham (1935) 324; Tcherikover (1958) 72; Feldman (1960) 220 und (1993) 316; Hengel (1971) 249f.; (1976) 136 und (1988) 296; Kraus Reggiani (1973) 164 und (1982) 87/91; Barthélemy (1974) 24f.; Collins (1983) 175 und (2000) 8 (ohne nähere Begründung: "the latter half of the second century"); Tobin (1983) 50; Schürer – Vermes – Millar – Goodman (1986) 579f.; Borgen (1987) 8; Kuhn (1989) 144; Dörrie (1990) 481; Hölbl (1994) 168; Wischmeyer (1995b) 223; Siegert (1996) 155; Winston (1996) 160; Lefkowitz (1997) 246; Gruen (1998a) 246f.; (2002) 221 und (2010) 421; Denis (2000) 1216/20. 1231/34; Weber (2000) 98f. und 108[2] (mit Literatur); Garbini (2002) 166; Gmirkin (2006) 74; Inowlocki (2006) 21; Donaldson (2007) 104f.; Cook (2008) 200; Müller (2008) 716; Grabbe (2009) 724; Rajak (2009) 34. 78; Capponi (2010) 109; Matusova (2010) 20; Bloch (2011) 149; Perdue (2011) 141 sowie de Vos (2016) 138. Widersprüchlich Gorman (1983) 31.

6 Überdies wird Kellers (1947) 19/79 aus zahlreichen Einzelbeobachtungen gewonnenes Ergebnis, daß die Sprache des Exegeten, in Wortgebrauch, Morphologie und Syntax, viele Ähnlichkeiten mit zeitgenössischen Autoren, insbesondere Polybios, aufweist, im folgenden an verschiedenen Stellen weiter erhärtet werden können, etwa aus der bislang noch ungehobenen Fundgrube des Aratkommentators Hipparchos.

7 Für deren Text sich Holladay weitgehend an Karl Mras und dessen 1954 erschienene Ausgabe der *Praeparatio Evangelica* in den *Griechischen christlichen Schriftstellern* (GCS) anschließt (1982 und 1983 in zweiter, bearbeiteter Auflage herausgegeben von Édouard des Places).

8 Vgl. dazu Dähne (1834) 89; Nestle (1906) 287; Mras (1944) 221 u.ö. und (1954) LVI (= Mras – des Places [1982] LVI); Keller (1947) 19/24; Walter (1964) 7: "offensichtlich wortgetreuer". 117/20; Coman (1981) 122. 123f. (zu F 2 Holladay): "... Eusèbe a connu d'abord le texte chez Clément, mais dès qu'il a eu à sa portée l'oeuvre d'Aristobule il a préféré une source de première main aux Stromates de Clément". 125f. (zu F 3 Holladay): "Le texte est ici plus complet, plus clair et plus précis". 129f.; Dörrie (1990) 484; Radice (1995) 62/67: "... il corpus dei frammenti aristobulei, nella forma in cui Eusebio l'ha conservato deve ragionevolmente ritenersi autentico" (mit Literatur); Doering (1999) 308 und (2005) 4[17]; Ulrich (1999) 74f. 88/110 (zu Eusebs Texttreue und korrektem Umgang mit Vorlagen aus Philon und Flavius Josephus); Inowlocki (2006) 158; Sterling (2009) 74 sowie de Vos (2016) 138.

fikant divergierenden Wortlaut bieten, wird gleichwohl hingewiesen werden. Im ganzen sollen drei Textpassagen weniger Berücksichtigung finden: das Fragment 1 Holladay, das aus inhaltlichen Gründen eher abliegt; die vieldiskutierten Verse des in Fragment 4 Holladay eingeschobenen Orphicums, das in der überlieferten Fassung Aristobulos nicht zitiert, geschweige denn selbst verfaßt haben dürfte[9]; das Fragment 5 Holladay über die Heiligkeit des siebten Tags, des Sabbats, das in der neueren Forschung bereits so eingehend besprochen worden ist, daß eine erneute Behandlung eine eigene Studie nötig gemacht hätte[10].

Aristobulos hat nicht nur in der Antike, sondern auch in neuerer Zeit das Interesse der Theologen, Bibelwissenschaftler und Judaisten gefunden, während im engeren Sinn philologische Untersuchungen nach Valckenaers noch immer unverzichtbarer *Diatribe de Aristobulo Judaeo philosopho peripatetico Alexandrino* (1806) und Kellers *De Aristobulo Judaeo* (1947) rar blieben[11]. Nur wenige Studien widmen sich ihm allein oder gar als Monographie und fördern dabei neue Erkenntnisse in größerem Umfang zutage. Aus jüngerer Zeit sind hier die

---

9 Abgesehen von Einzelheiten hier, im Anschluß an Walter, nur dies: In der vorliegenden Form enthalten die Verse ausdrückliche Bezüge auf Jüdisch-Biblisches (vgl. insbesondere die Verse 22/26 und 34/37 ~ F 4, 51/55 und 64/67 Holladay). Damit bricht nicht nur der Kontext des Fragments auseinander, in welchem die orphischen Verse nach der Nennung der Philosophen Pythagoras, Sokrates und Platon und vor dem Zitat aus den arateischen *Phainomena* unmißverständlich als griechisches Zeugnis eingeführt werden (vgl. Gruen [1998a] 248), sondern auch, *pace* Riedweg (1992) 76f. 99 und Bloch (2011) 127f., die gesamte Anlage, die Aristobulos seinem Altersbeweis gibt: Die Posteriorität der griechischen Dichter und Philosophen muß – und kann! – aus Ähnlichkeiten zur mosaischen Offenbarung erschlossen werden, ein solcher Schluß wird aber nicht durch explizite Bezugnahmen der Griechen auf Biblisches gleichsam von vornherein unnötig gemacht. Oder anders: Wäre das Orphicum authentisch, dann wäre durch die ausdrückliche Aufnahme biblischer Überlieferung durch Orpheus der gesamte übrige Altersbeweis überflüssig, und allein dieses Zitat hätte die Rangordnung zwischen biblischer und griechischer Weisheit klargestellt (vgl. zu Clemens Alexandrinus auch Holladay [1996] 57f.). Schon Graetz (1878) 55 verdreht den Sachverhalt ins Gegenteil: "Wären die judäisch-klingenden Verse nicht darin enthalten gewesen, so wäre die Beweisführung hinfällig gewesen". Die schwierige Traditionsgeschichte der Verse kann an dieser Stelle nicht behandelt werden; vgl. dazu mit der umfangreichen älteren Literatur etwa Walter (1964) 103/15; (1975) 275 und (1983); Kraus Reggiani (1982) 113; Bickerman (1988) 225f.; Riedweg (1992) passim; Holladay (1995) 69f. 219f.; Radice (1995) passim; Sellin (1997) 116f.; Gruen (1998a) 249f.; (2002) 223 und (2010) 422; Weber (2000) 121[64]; Jourdan (2010) passim sowie Bloch (2011) 127f.
10 Vgl. mit ausführlichen neueren Literaturangaben Doering (2005) 4[18].
11 Der Graben zwischen den Disziplinen wird sichtbar an einer Stelle des neuen Standardwerks zur griechischen, insbesondere hellenistischen, Gelehrsamkeit und Wissenschaft, des *Brill's Companion to Ancient Greek Scholarship*: "Apart from Biblical and other Judaeo-Christian religious commentary, which is outside the purview of this volume ..." (Dickey [2015] 484).

Arbeiten Ranja Knöbls, Maren Niehoffs, Roberto Radices und Folker Siegerts, in weiterem Zusammenhang diejenigen Lutz Doerings, Bezalel Bar-Kochvas und Tessa Rajaks zu nennen. Regelmäßig wird Aristobulos in umfassenden Darstellungen größerer Kontexte, etwa der jüdisch-hellenistischen Literatur, der jüdischen Bibelauslegung, der Septuagintageschichte oder Philons behandelt – was der rechten Wertschätzung seines Werks nicht immer förderlich ist und nur selten echten Fortschritt in dessen Erforschung mit sich bringt.

Demgegenüber wird die vorliegende Arbeit, eher aus dem Blickwinkel des klassischen Philologen, den Text der erhaltenen Fragmente selbst zum Ausgangspunkt nehmen. Die Einordnung in das historische Umfeld des zeitgenössischen Ägypten steht dabei neben auch kleinteiliger Begriffsanalyse und weiter gefaßten philosophischen, theologischen und sprachlich-stilistischen Interpretationen, etwa des Altersbeweises samt seinem Postulat alter griechischer Bibelübersetzungen, der metaphorischen Auslegung biblischer Anthropomorphismen oder der Deutung göttlicher Dynamis und Schöpfungsordnung. Die Hoffnung sei hier formuliert, daß die Untersuchung die beiden Gefahren, denen sich jede Analyse eines nur in wenigen Bruchstücken überlieferten Texts ausgesetzt sieht, möglichst schadlos übersteht[12]. Zum einen: Das spekulative Element, dem Autor mehr nachzusagen, als die Fragmente selbst eigentlich hergeben, wohnt einer Fragmentstudie stets inne. Man hat eben nur den Text der Überreste, nicht mehr – aber eben auch nicht weniger, und umgekehrt wäre das Argument, der verlorene Text könnte einer aus dem erhaltenen erarbeiteten Hypothese widersprechen, methodisch kaum überzeugend, weil noch spekulativer. Zum anderen: Deutung von Fragmenten erfordert gerade dort, wo nur wenig Text erhalten ist, Kontextualisierung, sowohl ereignis- als auch geistes- und literaturgeschichtlich. So ist es ein besonderes Anliegen der vorliegenden Arbeit, Aristobulos in unterschiedlichen Zusammenhängen zu erklären. Am Ende der Wege, die dabei zuweilen weit aus dem Text seiner Fragmente herausführen, soll jeweils ein Ziel erreicht werden, an dem sich das Verständnis ebendieses Texts, und wenn auch nur in einer Einzelheit, vertieft.

Die folgenden Kapitel vermitteln den Eindruck einer "bunten Forschung". Nacheinander werden verschiedene, aus dem Text der Fragmente sich ergebende Themen behandelt, ohne daß die gesamte Darstellung einer bestimmten Leitfrage unterworfen würde[13]. Welche Bedeutung die beiden Schwerpunkte, die

---

[12] Vgl. die abwägenden Überlegungen zu antiken Historikerfragmenten und -epitomai bei Brunt (1980) passim sowie allgemein Most (2010b) passim.

[13] In der Tat geht die vorliegende Arbeit in ihrer Entstehung auf einen Vortrag zurück, der 2010 auf dem "Workshop on Hellenistic Poetry" in Groningen zum Thema "Arat and Aristobu-

Clemens und Euseb aus eigenem Interesse mit ihren Zitaten aus dem Text schälen, nämlich der Altersbeweis und die metaphorische Methode der Bibelexegese, ursprünglich für das Gesamtwerk hatten, entzieht sich heutiger Kenntnis[14]. Auch in dieser Hinsicht erweist sich die vorliegende Arbeit als eine typische Fragmentuntersuchung, ist doch der *filo conduttore* verloren, an dem entlang der Autor sein Werk entwickelt haben dürfte. Durch die ungünstigen Folgen dieses Befunds für die äußere Form der Darstellung, nämlich einerseits durch ihre gewisse Disparatheit, andererseits durch die zuweilen unvermeidliche Wiederholung mancher Ergebnisse über die verschiedenen Kapitel hinweg, die selbst durch häufige Querverweise nicht ganz zu vermeiden war, wird dabei der Vorteil erkauft, den Fragmenten kein einheitliches Konzept auferlegen zu müssen, das sie im erhaltenen Text nicht haben und im ursprünglichen vielleicht niemals hatten.

Die Beschränkung der Perspektive, aus welcher im folgenden Aristobulos in den Blick genommen werden soll, wird Fachwissenschaftlern der angrenzenden Disziplinen umgehend ins Auge fallen. Althistoriker, Philosophiegeschichtler, Theologen, Judaisten und Bibelkundler werden die unzureichende Behandlung einzelner Probleme notieren; daß bei der Erschließung der Fachliteratur und des derzeitigen Forschungsstands in all diesen Disziplinen große Lücken verblieben sind, steht außer Frage[15]. Wenn es aber gelungen sein sollte, das Werk des überhaupt ältesten erhaltenen Bibelexegeten griechischer Sprache wieder stärker in die Aufmerksamkeit eben der verschiedenen Forschungsdisziplinen zu rücken, dann wäre ein wichtiges Ziel der vorliegenden Arbeit erfüllt[16].

---

los" gehalten wurde. Dessen Ergebnisse bilden hier die Grundlage des entsprechenden Kapitels.

14 Die Debatte der neueren Forschung darüber, ob der Altersbeweis oder die übertragene Auslegung der biblischen Anthropomorphismen das Hauptanliegen des Exegeten gewesen sei, geht an der inneren Verbindung beider Aspekte wohl vorbei.

15 Seit Herbst 2015 erschienene Sekundärliteratur wurde nur noch sporadisch eingearbeitet.

16 Die deutschen Versionen längerer griechischer Textauszüge sollen als möglichst wörtliche Arbeitsübersetzungen dem genaueren Verständnis der jeweiligen Stellen, insbesondere der in ihnen benutzten Terminologie, dienen. Die pseudoaristotelische Schrift *De mundo* wird aus der schönen Übertragung Hans Strohms zitiert, Hipparchs Aratkommentar aus derjenigen, die Karl Manitius im Jahr 1894 vorlegte, der isokrateische *Busiris* aus jener Christine Ley-Huttons.

2 Gott in Arats *Phainomena*

2.1 Einleitung

Der hellenistische Dichter Arat aus dem kilikischen Soloi erregte mit seinem wohl nach 276 vor Christus am Hof des makedonischen Königs Antigonos[17] veröffentlichten astronomischen Lehrgedicht *Phainomena* sofort großes Aufsehen. Schon von unmittelbaren Zeitgenossen sind gleich mehrere Kommentare überliefert, welche die günstige Aufnahme des Werks in den Kreisen der ihrerseits dichterisch tätigen Gelehrten auch anderer Kulturzentren wie Alexandrias bezeugen. So preist Kallimachos Arats Verse hesiodeischer Prägung[18] als λεπταί[19] ῥήσιες (epigr. 27, 3f. Pfeiffer [~ 56, 3f. Gow – Page]), während Leonidas ganz ähnlich lobt (epigr. 101 Gow – Page [~ AP 9, 25]): γράμμα τόδ' Ἀρήτοιο δαήμονος ὅς ποτε λεπτῇ | φροντίδι δηναιοὺς ἀστέρας ἐφράσατο[20]. Nicht, daß hier die poetische Bewältigung eines inhaltlich neuen und bahnbrechenden Stoffes verherrlicht würde, gehörte doch die Sternenkunde längst, seit Hesiods *Erga*, aber auch etwa der pseudohesiodeischen Ἀστρονομία oder der Ἀστρολογία Kleostrats von Tenedos, zum Themenbestand der traditionsreichen didaktischen Poesie[21]. Vielmehr richtet sich das hohe Lob der Zeitgenossen auf die Art und Weise, wie Arat seinen Stoff bewältigt habe, und erhebt das Werk zu einem vollendeten Paradigma hellenistischer Dichtung[22]. Auch die spätere Rezeption

---

17 Vgl. Ludwig (1965) 27; Effe (1970b) 169; Fantuzzi (1996) 957; Hose (1997) 61 und Kidd (1997) 4f.
18 Zur schon antiken Debatte, ob Arat eher Hesiod oder Homer zum Vorbild nahm, vgl. Ludwig (1963) 427f.; Webster (1964) 104f.; Erren (1971) 113f.; Schwinge (1986) 12f.; Hunter (1995) passim; Fakas (2001) passim; Stewart (2008) 598; Volk (2010) 199; Gee (2013) 25f. und Ryan (2016) 152f. 158.
19 Zu Arats eigener Anerkennung dieses Stilideals vgl. phain. 783/87 mit dem bekannten Akrostichon ΛΕΠΤΗ und wiederholter Verwendung des Worts (vgl. Bing [1993] 104; Hunter [1995] passim; Fantuzzi [1996] 959f.; Kidd [1997] 36; Stewart [2008] 592 sowie Volk [2012] 226f. und [2015] 253f.).
20 Vgl. auch einen König Ptolemaios über die Verfasser von *Phainomena* (SH 712, 4): ἀλλ' ὅ γε λεπτολόγος σκῆπτρον Ἄρατος ἔχει und unten S. 40/44 zum Urteil des frühen Aratkritikers Hipparchos von Nikaia.
21 Vgl. Keaney – Lamberton (1996) 173 und Netz (2009) 183.
22 Vgl. zu der Kategorie des λεπτόν in diesem Zusammenhang Wilamowitz-Moellendorff (1924) 1, 200f.; Erren (1971) 113; Ludwig (1963) 429. 447f.; Effe (1970b) 167 und (1977) 42f.; Pfeiffer (1978) 154; Lewis (1992) 97. 110f.; Gelzer (1993) 145f.; Fantuzzi (1996) 959f.; Kidd (1997) 36f.; Fakas (2001) 65f. sowie Volk (2012) 226f. und (2015) 253f. 258, jedoch auch die Einwände gegen

der *Phainomena* in Rom[23] scheint zunächst eine gewisse Verengung des literarischen Urteils auf formale, ästhetische Kriterien zu dokumentieren[24] – die Tatsache, daß eben dieses Buch zum vielerprobten Gegenstand der Übersetzung griechischer Dichtung ins Lateinische avancierte, findet nicht zuletzt ihren Grund darin, daß es in seiner hellenistischen Stilansprüchen vollkommen genügenden Gestalt den *interpres* besonders herausforderte: Aratübersetzung als Stilübung höchsten Schwierigkeitsgrads.

Die genannten Zeugnisse vermitteln den Eindruck, die wohl schon den antiken Lesern nicht immer einfach verständlichen *Phainomena* seien von den Zeitgenossen im allgemeinen als literarische, formale Leistung anerkannt worden, ohne daß man ihrer inhaltlichen Aussage besondere Bedeutung zugemessen hätte. Werk und Dichter wären bei einer solchen Lesart exponierte Beispiele einer vor allem ästhetisch interessierten literarischen Kultur, mithin der Gelehrsamkeit einer kleinen Bildungselite, an der sich die verbreitete Vorstellung von einem – typisch hellenistisch – hermetischen, zumeist als höfisch gekennzeichneten Milieu bestätigen ließe[25]. Dieser Eindruck wird jedoch korrigiert durch das Urteil, Arat habe trotz manchen fachlichen Unzulänglichkeiten ein in wissenschaftlicher Hinsicht gelehrtes und für die Astronomie im ganzen verläßliches Werk vorgelegt[26]. Diese Position vertrat vor allem Attalos von Rhodos, der wohl schon in der ersten Hälfte des zweiten Jahrhunderts einen ausführlichen Kom-

---

diese Sicht bei Hunter (1995) passim; Hübner (2005) 133f.; Volk (2010) 205f. und (2015) 253f. sowie Porter (2011) 291f.

23 Vgl. schon Cinna fr. 11 Courtney und dazu mit Literatur Woodman (2012) 145.

24 Vgl. Cicero de orat. 1, 16, 69 (ed. Wilkins, S. 18): ... *constat inter doctos, hominem ignarum astrologiae ornatissimis atque optimis versibus Aratum de caelo stellisque dixisse*. In *De natura deorum* zitiert Lucilius Balbus aus Ciceros Übersetzung der *Phainomena* (2, 41, 104 [ed. Ax, S. 90]). Balbus hebt an: *utar carminibus Arateis, quae a te admodum adulescentulo conversa ita me delectant quia Latina sunt, ut multa ex eis memoria teneam*. Daß Cicero mit seiner Aratübersetzung zugleich eine besondere "polymathy as a credential for an orator" (Knox [2011] 197 mit Literatur) unter Beweis stellt, muß seinem ästhetischen Interesse nicht widersprechen (vgl. auch Gee [2013] 61/66). Zur Nachwirkung der Kritik, welche schon im zweiten vorchristlichen Jahrhundert, also zeitgleich zu Aristobulos, der große Astronom Hipparchos an Arats Fachkenntnissen geübt hatte, vgl. Kidd (1997) 16 und Volk (2015) 256.

25 Vgl. dazu Effe (1977) 43. 55; Hopkinson (1988) 8; Bing (1993) 103. 108; Weber (1993) passim; Hose (1997) 46f.; Fakas (2001) 21. 33; Fantuzzi – Hunter (2004) 23; Macfarlane (2006) 70 und Montana (2015) 61/64 sowie die kritischen Anmerkungen bei Asper (2001) 94f. u.ö.

26 Daß sie allgemeine Schullektüre waren, ist heute nicht mehr umstritten (vgl. ablehnend Wilamowitz-Moellendorff [1924] 1, 202; anders Ludwig [1963] 426; Erren [1971] 115; Lewis [1992] 109f. 113; Fantuzzi [1996] 960; Siegert [1996] 157; Kidd [1997] 16. 45: "an astronomical textbook"; Fantuzzi – Hunter [2004] 227f.; Possanza (2004) 90; Hübner [2005] 133; Tueller – Macfarlane [2009] 234 sowie Volk [2010] 197. 209 und [2015] 255f.).

mentar zu den *Phainomena* publizierte und darin die fachliche Kompetenz des Autors besonders betonte[27].

Ein weiteres Zeugnis belegt freilich, daß das Lehrgedicht neben dem fachwissenschaftlichen und dem literarischen noch ein weiteres Interesse weckte: Ebenfalls etwa ein Jahrhundert nach seinem Erscheinen zitierte und kommentierte Aristobulos die Verse 1/9 des einleitenden Zeushymnus – und zwar aus theologischen Gründen.

2.2 Das Aratzitat und sein Zusammenhang

Den oben in der Einleitung schon erwähnten Altersbeweis führt Aristobulos an hochberühmten Autoren der griechischen Literaturgeschichte vor: Schon bei Homer und Hesiod sieht er die Heiligkeit des siebten Tags ausgedrückt, also des Sabbats[28], und dort, wo die *Phainomena* zitiert werden, stellt er Pythagoras, Sokrates und Platon sowie Orpheus und Arat zusammen, also drei Vertreter der griechischen Philosophie sowie zwei Dichter, die er jeweils chronologisch anordnet. Bei den von ihm ins Feld geführten Autoritäten findet Aristobulos die biblische Einsicht in die Allgegenwart Gottes in dem von ihm geschaffenen Weltganzen wieder: τὴν κατασκευὴν τῶν ὅλων συνθεωροῦντες ἀκριβῶς ὑπὸ θεοῦ γεγονυῖαν καὶ συνεχομένην ἀδιαλείπτως ... περὶ τοῦ διακρατεῖσθαι θείᾳ δυνάμει τὰ πάντα καὶ γενητὰ ὑπάρχειν καὶ ἐπὶ πάντων εἶναι τὸν θεόν (F 4, 13/17. 21/25 Holladay), insbesondere die Einsicht in die Kraft der Stimme Gottes, durch dessen λόγοι die ganze Schöpfung des Kosmos erfolgt sei (F 4, 2/5. 12f. 18/20 Holladay). Man könnte meinen, daß mit diesem thematischen Ausgangspunkt die Verse aus den *Phainomena* wenig zu tun hätten, doch wird in ihnen ausdrücklich festgestellt, Zeus leite die Menschen in seiner Allgegenwart nicht nur durch (visuell) wahrnehmbare Zeichen (V. 6: σημαίνειν), sondern[29] auch durch seine Rede (V. 7f.): λέγει ... λέγει ... Aristobulos äußert sich wie folgt (F 4, 72/100 Holladay):

---

27 Vgl. Hipp. comm. in Arat. 1, 1, 5 und unten S. 40/44. Zu Spuren dieser Wertschätzung des Astronomen Arat in Rom vgl. Volk (2010) 209 und (2015) passim sowie Gee (2013) passim. Die schon zeitgenössische Debatte darüber, ob Arat den berühmten Eudoxos von Knidos nur versifiziert habe, sei nur erwähnt (vgl. dazu etwa Ludwig [1963] 440[1] und [1965] 32f.; Erren [1971] 114f. 126; Hutchinson [1988] 216; Fantuzzi [1996] 958; Kidd [1997] 14/18; Martin [1998] LXXXVI/CII; Fantuzzi – Hunter [2004] 226; Volk [2010] 197f. und [2015] 253 sowie Ryan [2016] 152f.).
28 Vgl. Gruen (1998a) 250 und (2002) 222.
29 Vgl. dazu Erren (1967) 20. 25/27; Kidd (1997) 167 sowie Volk (2010) 201 und (2012) 219.

καὶ Ἄρατος δὲ περὶ τῶν αὐτῶν φησιν οὕτως·
"ἐκ θεοῦ ἀρχώμεσθα, τὸν οὐδέποτ' ἄνδρες ἐῶσιν
ἄρρητον· μεσταὶ δὲ θεοῦ πᾶσαι μὲν ἀγυιαί,
πᾶσαι δ' ἀνθρώπων ἀγοραί, μεστὴ δὲ θάλασσα
καὶ λιμένες, πάντη δὲ θεοῦ κεχρήμεθα πάντες.
τοῦ γὰρ καὶ γένος ἐσμέν· ὁ δ' ἤπιος ἀνθρώποισι
δεξιὰ σημαίνει. λαοὺς δ' ἐπὶ ἔργον ἐγείρει
μιμνήσκων βιότοιο· λέγει δ' ὅτε βῶλος ἀρίστη
βουσί τε καὶ μακέλῃσι, λέγει δ' ὅτε δεξιαὶ ὧραι
καὶ φυτὰ γυρῶσαι καὶ σπέρματα πάντα βαλέσθαι."
σαφῶς οἴομαι δεδεῖχθαι διότι διὰ πάντων ἐστὶν ἡ δύναμις τοῦ θεοῦ. καθὼς δὲ δεῖ, σεσημάγκαμεν περιαιροῦντες τὸν διὰ τῶν ποιημάτων Δία καὶ Ζῆνα· τὸ γὰρ τῆς διανοίας αὐτῶν ἐπὶ θεὸν ἀναπέμπεται, διόπερ οὕτως ἡμῖν εἴρηται. οὐκ ἀπεοικότως οὖν τοῖς ἐπεζητημένοις προενηνέγμεθα ταῦτα. πᾶσι γὰρ τοῖς φιλοσόφοις ὁμολογεῖται διότι δεῖ περὶ θεοῦ διαλήψεις ὁσίας ἔχειν, ὃ μάλιστα παρακελεύεται καλῶς ἡ καθ' ἡμᾶς αἵρεσις. ἡ δὲ τοῦ νόμου κατασκευὴ πᾶσα τοῦ καθ' ἡμᾶς περὶ εὐσεβείας τέτακται καὶ δικαιοσύνης καὶ ἐγκρατείας καὶ τῶν λοιπῶν ἀγαθῶν τῶν κατ' ἀλήθειαν.

Und auch Arat spricht über dasselbe, folgendermaßen:
"Von Gott her wollen wir anheben, den niemals Männer
ungesagt lassen! Voll aber von Gott sind alle Wege,
alle Marktplätze der Menschen, voll das Meer
und die Häfen, überall aber bedürfen wir Gottes, alle.
Denn seines Geschlechts sind wir auch; der aber zeigt gütig
den Menschen Günstiges. Völker weckt er zur Arbeit
gemahnend ans Lebensnotwendige; er sagt, wann die Scholle am besten ist
für Rinder und Hacken, und er sagt, wann rechte Zeit ist,
Pflanzen zu setzen und allerlei Samen auszuwerfen."
Klar, meine ich, ist hier gezeigt, daß durch alles hindurch ist die Macht Gottes. Wie es aber nötig ist, haben wir ihn bezeichnet, indem wir den in den Versen genannten 'Dis' und 'Zeus' ringsherum wegnahmen. Denn im Hinblick auf ihren gedanklichen Gehalt beziehen sie sich hinauf auf Gott, weswegen sie so von uns formuliert worden sind. Dem, was schon untersucht worden ist, also nicht ungebührlich haben wir dies vorgetragen. Denn von allen Philosophen wird einhellig gesagt, daß es nötig ist, über Gott heilige Annahmen zu haben, was am meisten anempfiehlt, in schöner Weise, die bei uns geltende Lehre. Die ganze Anlage des bei uns geltenden Gesetzes aber ist im Hinblick auf Frömmigkeit angeordnet und Gerechtigkeit und Selbstbeherrschung und die übrigen der in Wahrheit geltenden Güter.

2.3 Arat bei Aristobulos – nur ein Zitat?

Aristobulos beschränkt sich nicht darauf, den einleitenden Zeushymnus der *Phainomena*, im Anschluß an den Auszug aus orphischen Versen, einfach zur bloßen Illustration der Ausgangsthese stehen zu lassen. Indem er direkt im Anschluß an die Aratverse sein eigenes Zitat problematisiert, verweist er das Publikum auf die Stelle, den Gedanken, auf den es ihm in diesem Zusammenhang ankommt: die rechte Benennung Gottes. Dies mag auf den ersten Blick überraschen, böten sich doch in der angeführten Partie aus den *Phainomena* ganz andere Aussagen für eine vertiefte Interpretation an; die Übereinstimmung im Inhaltlichen war offenbar so augenfällig, daß darauf nur hingewiesen werden mußte. Der Gottesname hingegen warf entscheidende Fragen auf. Ohne der Komplexität dieses Themas hier gerecht werden zu können, seien zumindest einige Überlegungen zur Stelle formuliert:

a) Welche Bedeutung der Name Gottes in den Schriften der Bibel hat, muß an dieser Stelle nicht ausführlich dokumentiert werden[30]. Sein rechter Gebrauch wird, ausgehend von den ursprünglich wohl gegen den im Namen Gottes ausgesprochenen Meineid gerichteten Namensmißbrauchsverboten des Dekalogs (Exod. 20, 1/6 und 7), sowohl im Pentateuch[31] als auch in den[32] historischen Schriften immer wieder eingeschärft. Mit dem Bekenntnis zu dem einen Gott war also zugleich auch die Frage nach seinem Namen aufgeworfen – und Vorsicht vor seiner (falschen) Benennung angemahnt[33]. Auf die Vermeidung des göttlichen Namens (vgl. das Tetragrammaton YHWH) durch *Adonai*, im Griechischen durch θεός oder κύριος, sei hier nur hingewiesen[34].

---

30 Vgl. Bertram (1978) passim; Rösel (1998) 54; Gladigow (1981) 1220; Bickerman (1988) 262; Crüsemann (1992) 202/05 (zur *Exodus*); Harl (1994b) 255 und die verschiedenen Beiträge (mit neuerer Literatur) in van Kooten (2006).
31 Vgl. nur Exod. 3, 13. 15; 6, 2f.; 20, 24; 33, 19; 34, 5; Lev. 18, 21; 24, 15f.; Num. 6, 22f.; Dtn. 5, 11; 12, 5. 11. 21. 26; 26, 2; 32, 39 u.ö.
32 Aus den Propheten vgl. etwa Mich. 4, 5 und Ies. 44, 6 (vgl. 57, 15), aus dem LXX-Psalter Ps. 8, 10; 49, 7; 65, 1/4 ; 71, 19; 91, 2 u.ö.
33 Vgl. Dahl (1977) 180f.; Weber (2000) 396; Siegert (2001) 203f.; Vollenweider (2002) 23f.; van Kooten (2006b) 115 und Vesting (2011) 174. Diese Vorsicht war bekannt (vgl. aus späterer Zeit etwa Livius: *Hierosolymis fanum cuius deorum sit non nominant* ...; zu dieser Stelle, die aus den Lukanscholien gewonnen worden ist, vgl. Norden [1912] 60 und Schäfer [2010a] 62f.).
34 Vgl. Schmitt (1974) 160f. (mit älterer Literatur); Rösel (1994) 58. 113f.; Siegert (2001) 290 und Frankemölle (2006) 178f.

b) Die Aktualität dieses Themas in hellenistischer Zeit erhellt vor allem aus der Tatsache, daß sowohl die zeitgenössischen Bücher der Bibel[35] als auch außerbiblische Schriften jüdischer Autoren[36] auf die rechte Benennung Gottes zu sprechen kommen. Als besonders aufschlußreich im Vergleich mit Aristobulos erweist sich eine Passage aus dem *Aristeasbrief*[37]: Während jener in eigener Person θεός an die Stelle der Formen von Ζεύς in sein Zitat einsetzt, legt in diesem der Sprecher, die griechische *persona* des jüdischen Verfassers, vor dem ptolemäischen König folgendes Bekenntnis ab (16 [ed. Pelletier, S. 110])[38]:

τὸν γὰρ πάντων ἐπόπτην καὶ κτίστην θεὸν οὗτοι [sc. die Juden] σέβονται, ὃν καὶ πάντες, ἡμεῖς δὲ, βασιλεῦ, προσονομάζοντες ἑτέρως Ζῆνα καὶ Δία· τοῦτο δ' οὐκ ἀνοικείως οἱ πρῶτοι διεσήμαναν, δι' ὃν ζωοποιοῦνται τὰ πάντα καὶ γίνεται τοῦτον ἁπάντων ἡγεῖσθαί τε καὶ κυριεύειν.

Denn als Aufseher von allem und Schöpfer verehren diese Gott, den überhaupt alle verehren, wir aber, König, unter einem anderen Namen: 'Zeus' und 'Dis'. Mit diesem aber haben die ersten Menschen nicht unpassend bezeichnet, daß derjenige, durch welchen alles lebend gemacht wird und entsteht, aller Führer und Herr sei.

---

35 Vgl. z.B. Sirach 23, 9 und Dan. 3, 26. 52; außerdem Bousset (1926) 307f.; Bickerman (1988) 264f.; Maier (1990) 205; Siegert (2001) 202/13. 290; Frankemölle (2006) 142f. 178f.; Bons (2007) 185/88 und (2008) 465; Kreuzer (2007) 45 sowie Rösel (1998) 53/62; (2006a) 66f.; (2006b) 245f.; (2007a) 414/25 und (2011) passim. Die Cautel, als Gott nur den eigenen zu benennen, überhaupt den Gottesnamen mit besonderer Vorsicht zu verwenden, ihn zu reservieren und diese Exklusivität gar durch übersetzerische Entscheidungen gegen die fremdsprachliche Vorlage im Text selbst zu vollziehen, findet sich in der Septuaginta, insbesondere, wie Rösel und Bons nachgewiesen haben, in der Übertragung des mosaischen Gesetzes und des Psalters: "Für die Entwicklung des Gottesbildes in der griechischen Bibel ist auch von Bedeutung, dass es eine ausgeweitete Theologie des Namens Gottes gibt. Eine ganze Reihe von Stellen belegen eine höhere Wertschätzung des Namens als das in der hebräischen Vorlage zu erkennen ist" (Rösel [2006a] 67; vgl. auch Vahrenhorst [2009] 99 zu Lev. 24, 16 LXX). Aristobulos kennt die Bezeichnung κύριος, welche bei den Aratversen freilich nicht ins Metrum gepaßt hätte (vgl. F 2, 8 Holladay; dazu Walter [2001] 86[38]). Zur späteren rabbinischen Auslegung vgl. Dahl (1977) 182/88.

36 Eindrücklich ist etwa die Szene bei dem zeitgenössischen Historiker Artapanos (F 3, 24/26 Holladay), in der Moses dem ägyptischen Herrscher Chenephres auf dessen Aufforderung hin den Namen Gottes ins Ohr flüstert – mit der Folge, daß dieser seine Stimme verliert, zu Boden stürzt und von Moses wieder ins Leben zurückgeholt werden muß. Daraufhin wird der Name Gottes auf eine Tafel niedergeschrieben und versiegelt; ein ägyptischer Priester jedoch, der ihn gesehen hatte, stirbt. Vgl. Holladay (1983) 240 zu dieser Stelle sowie zu Belegen, welche die magische Verwendung jüdischer Gottesbezeichnungen bezeugen, und Kovelman (2005) 109f.

37 Diese konventionelle Bezeichnung der Schrift soll hier nicht diskutiert werden.

38 Vgl. auch das Kapitel 98: ὄνομα τοῦ θεοῦ ... δόξῃ πεπληρωμένον.

In der pseudepigraphischen Konstruktion der Schrift verletzt der Autor des *Aristeasbriefs* das biblische Gebot, den Namen Gottes nicht zu mißbrauchen, ebensowenig[39] wie Aristobulos, hält jedoch, anders als jener, dem griechischen Leser den Weg offen, mit dem traditionellen, ausdrücklich als passend (οὐκ ἀνοικείως) beurteilten Namen des höchsten griechischen Gottes den einen wahren zu benennen, anzuerkennen und zu verehren[40].

c) Aristobulos selbst konkretisiert in seinem Kommentar, warum es "nötig" gewesen sei, im Hinblick auf das, was in dem Zitat der Verse "klar gezeigt" sei, Gott statt mit den griechischen Namensformen von Ζεύς anders, nämlich mit θεός, zu "bezeichnen"[41]: Das, was die Verse wirklich bedeuteten, verweise in

---

39 Vgl. Hadas (1951) 101f.: "... only because Aristeas is represented as a non-Jew and a philosopher can he be made to speak of Zeus as meaning the same as the God worshipped by the Jews". Ob diese Passage wirklich bedeuten soll, daß "Zeus is identical with Yahweh", kann hier nicht eingehend diskutiert werden (so Barrett [1990] 545f.; vgl. Feldman [1960] 219 und [1993] 66. 151. 333. 421; Walter [1964] 102; Murray [1967] 340; Wendland [1972] 202; Bringmann [1983] 106f.; Feldmeier [1994] 26; Collins [2002] 72 und [2005a] 16f. 24; Honigman [2003a] 19; Paget [2004] 150f.; Woschitz [2005] 101f. [widersprüchlich]; Gmirkin (2006) 78; van den Berg [2006] 174f.; Inowlocki [2006] 45[78]; Donaldson [2007] 106. 114/16. 495f.; Brodersen [2008] 23 [unklar]; Rajak [2009] 32; Perdue [2011] 140; Staudt [2012] 156f.; Matusova [2015] 109f. und Moore [2015] 222; anders Hengel [1976] 141f. und [1988] 481f.; Delling [1987] 9f.; Dawson [1992] 82; Barclay [1996] 143; Goldenberg [1998] 145f.; Gruen [1998a] 215f., der mit Recht darauf hinweist, daß an anderer Stelle, in den Worten des jüdischen Hohepriesters [*Aristeasbrief* 134/36. 139], der griechische Polytheismus verurteilt wird, und [2008] 142f.; Weber [2000] 129f.; Cook [2008] 198; Bloch [2011] 158 sowie Wright [2015] 128/30). Vgl. auch Kovelman (2005) 108f. mit Parallelen aus den Midraschim.
40 Daß der fremde Gebrauch eines Gottesnamens, den eine Religionsgemeinschaft als exklusiv eigenen ansieht, von dieser als unannehmbare Enteignung empfunden werden kann, sei hier nur erwähnt. Noch im Januar 2010 führte auf Malaysia das Anliegen katholischer Medien, den christlichen Gott mit "Allah" bezeichnen zu dürfen, nicht nur zu einem Rechtsstreit mit islamischen Institutionen. Als gerichtlich verfügt worden war, "Allah" sei das allgemeine arabische Wort für Gott und nicht allein dem Islam vorbehalten, entlud sich der Konflikt in gewalttätigen Auseinandersetzungen zwischen Christen und Muslimen (vgl. http://www.tagesschau.de/ausland/malaysia110.html [Stand: 18. April 2010] sowie die "Frankfurter Allgemeine Zeitung" vom 27. Januar 2010).
41 Vgl. schon Valckenaers (1806) 87[19] und Holladays (1995) 173 richtige Übersetzung für σημαίνω an dieser Stelle (so auch F 2, 35. 43; F 5, 71. 81. 129 Holladay; *Aristeasbrief* 16 [s. oben S. 12] und 161 mit σημείωσις in demjenigen Passus, der ebenfalls der übertragenen Auslegung des Nomos gewidmet ist) sowie die hilfreichen Bemerkungen Zankers (2016) 72/79 zur Geschichte des Worts, das Aristobulos hier im Aktiv verwendet und als dessen Subjekt der Verbalhandlung er sich selbst vorstellt, während er es auch an anderer Stelle niemals in der sonst verbreiteten Bedeutung "meinen, bedeuten" verwendet (vgl. dazu unten S. 16. 43[160] und das

Wahrheit hinauf auf Gott, also auf den einen Gott der eigenen Hairesis, welche ihrerseits die von allen Philosophen übereinstimmend anerkannte Notwendigkeit, "über Gott heilige Annahmen zu haben", am besten anempfehle⁴². Orpheus und Arat wird hier zugestanden, aufgrund ihrer Kenntnis des mosaischen Nomos Wahres ausgesprochen⁴³, es jedoch mit falschem Namen auf Zeus bezogen zu haben⁴⁴. Aristobulos rechtfertigt seinen Eingriff in den Wortlaut der *Phainomena* demnach als eine dem eigentlichen Sinn der Verse entsprechende, ja diesen eigentlich erst hervorbringende Korrektur des Dichters. Yehoshua Amir hält mit Recht fest: "Er zitiert nicht, was Arat geschrieben hat, sondern was er hätte schreiben sollen. Und das betrachtet er ... als eine immanente Kritik, also

---

Medium ἐπισημαίνομαι S. 390 sowie das Passiv σημαίνεται S. 190. 333. 363); andere Vorschläge bei Kraus Reggiani (1982) 103. 115 und Holladay (1995) 222 sowie eine Bedeutungsübersicht bei Erto (2013) 209f., dessen Übersetzung dieser Stelle "interpretare (oralmente)" allerdings auch nicht voll befriedigt. "I have written" (Zuntz [1959] 118; vgl. auch Meecham [1935] 201 und Murray [2001] 582) ist zu unpräzise. Schon Herodot spricht davon, Homer und Hesiod hätten als erste den Griechen die äußere Gestalt der Götter "bezeichnet" (2, 53: εἴδεα αὐτῶν σημήναντες); das Verb hatte also im Hinblick auf die religiöse Sprache eine lange, schon vorhellenistische Geschichte, bevor es, etwa in der Stoa, zu einem festen sprachtheoretischen Terminus wurde (vgl. auch z.B. schon Aristot. poet. 1461a32). Die Annahme Niehoffs (2011a) 22 und (2011b) 33, Aristobulos spiele hier auf die kritische Randsemeiose alexandrinischer Text- und Echtheitskritik an und "identifies interpolations in a pagan text, which, he was convinced, originally referred to the God of the Jews", und ihre Übersetzung: "we have marked [this], removing the divine names Δίς and Ζεύς throughout the verses", gehen am Text wohl vorbei; vgl. auch 112: "Aristobulus has thus identified an interpolation in a pagan text, which, he was convinced, originally referred to the God of the Jews. He marked the problematic words (σεσημάγκαμεν) and removed (περιαιροῦντες) the names of the pagan deities [sic!], writing *theos* in their [!] place". Es ist doch Aristobulos selbst, der seinen Eingriff in die originalen Texte der echten Dichter, bezeichnet mit dem Terminus περιαιροῦντες, zu rechtfertigen bestrebt ist; an der arateischen (und "orphischen") Autorschaft der Gottesnamen wird überhaupt nicht gezweifelt. Allenfalls könnte man diesen Eingriff eine Art Kontrastimitation echtheitskritischer Praxis nennen – in der Tat bezeichnet ja das Verb σημαίνω in der alexandrinischen Text- und Echtheitskritik die Markierung anstößiger Textstellen, also die kritische Randsemeiose. Vgl. jetzt auch Neubert (2014) 107.
42 Anders Valckenaer (1806) 87, der zwischen beiden Aussagen eine Lücke annimmt und diese auf Eusebius und sein exzerpierendes Verfahren zurückführt.
43 Eine polemische Warnung vor einem "großen religiösen Irrtum" (so Wittkowsky [2009] 110) läßt sich daraus nicht konstruieren. Vgl. besser Collins (1983) 177; Holladay (1995) 223; Barclay (1996) 152; Goldenberg (1998) 79; Inowlocki (2005) 58 und Schimanowski (2006) 25.
44 Alte, schon vorsokratische Tradition griechischer Philosophie hatte in ihrer Kritik am mythischen und kultischen Gottesbild auch den Namen des höchsten Olympiers zum Problem gemacht; vgl. etwa Heraklit (22 B 32 Diels – Kranz): ἓν τὸ σοφὸν μοῦνον λέγεσθαι οὐκ ἐθέλει καὶ ἐθέλει Ζηνὸς ὄνομα.

als eine solche, die der Dichter aus seinen eigenen Denkvoraussetzungen heraus annehmen müßte ... Weit entfernt also davon, sich für seinen eigenmächtigen Eingriff in den Text des Dichters zu entschuldigen, glaubt er, sich um den Dichter und sein Werk ein Verdienst erworben zu haben. Indem er einen sinnentstellenden Fehlgriff des Dichters getilgt hat, hat er diesem zu seinem makellosen Ausdruck verholfen"[45]. Allerdings spricht Aristobulos den Vorwurf, Arat habe diese Sinnentstellung der Wahrheit, die er sich gemäß dem Altersbeweis ja aus der mosaischen Offenbarung angeeignet habe, bewußt als Verfälschung auf Zeus hin vorgenommen, ebensowenig aus wie die Entschuldigung, dem Dichter selbst sei die eigene Differenz von Wahrheit und Irrtum nicht bewußt gewesen.

d) Die Differenzierung zwischen der Bedeutung, dem "innewohnenden Sinn/gedanklichen Gehalt" (διάνοια)[46] der Verse[47], und den Namensformen Δία/Ζῆνα vermittelt den Eindruck, durch die Ablösung dieser Namen werde dem wahren Bezug auf Gott das Hindernis tatsächlich beseitigt, der Rest des Ganzen also sei unmittelbar ἐπὶ θεόν. Solche Differenzierung erinnert über die gängige philologische Terminologie hinaus[48] an Platon, der im Eingang des *Ion* die Unterscheidung zwischen der διάνοια Homers einerseits[49], seinen ἔπη andererseits als hermeneutisches Prinzip der Dichtungsinterpretation festhält und im *Kratylos* einmal hervorhebt, daß schon kleinste Veränderungen am Buchstabenbestand eines Worts dessen Sinn geradezu ins Gegenteil verkehren könnten (418a [ed. Burnet, S. 221]; vgl. zur Terminologie auch die unmittelbar folgenden Ausfüh-

---

45 Amir (1993) 10; vgl. auch Borgen (1984) 275.
46 Vgl. auch *Aristeasbrief* 171 über die φυσικὴ διάνοια τοῦ νόμου.
47 Der Genitiv Plural αὐτῶν kann sich nur auf die ποιήματα beziehen, nicht auf die Namensformen Δία καὶ Ζῆνα, denen der Artikel τόν im Singular voransteht. Schon bei Clemens Alexandrinus (strom. 5, 14, 101 ~ F 4c, 85/90 Holladay), der hier allerdings neben Aristobulos offenbar noch andere Texte im Blick hat, heißt es mißverständlich: ὁ γὰρ διὰ τῶν ποιημάτων καὶ καταλογάδην συγγραμμάτων ᾀδόμενος Ζεὺς τὴν ἔννοιαν ἐπὶ τὸν θεὸν ἀναφέρει.
48 Vgl. Rijksbaron (2007) 120 und Hunter (2012) 98 mit Belegen.
49 Vgl. auch Prot. 341e; 347 und Phaidr. 228d; dazu (mit Literatur) Rosenmeyer (1986) 243f.; Murray (1995) 102; Rijksbaron (2007) 120; Liebert (2010) 204; Janko (2011) 60. 62; Hunter (2012) 96f.; Novokhatko (2015) 45 und Zanker [2016] 51 (zu *Kratylos* 418c; *Kritias* 113a und weiteren Belegen); zu den Homerscholien Hunter (2011b) 35. Aristoteles unterscheidet die Dianoia von der Lexis eines dichterischen Werks (poet. 1459b, vgl. 1450a6/7. 1456a36/b2; weitere Belege zu διάνοια bei Aristoteles geben Schironi [2009] 297f. 306f.; Ademollo [2011] 236[123] und Hunter [2012] 98; vgl. allgemein auch Rapp [2013] 287) ebenso wie Philodem (poet. 5, col. 26 und 35 Mangoni). Vgl. auch Dion. Hal. comp. 3, 9 und die Unterscheidung zwischen διάνοια und ῥητόν in der antiken Auslegung von Gesetzen, also zwischen dem "Willen des Gesetzgebers" und "dem geschriebenen Wort" (dazu Zwierlein [2002] 80f.).

rungen sowie 393c/394d. 399a/c. 414b/d u.ö.)⁵⁰: προστιθέντες γράμματα καὶ ἐξαιροῦντες σφόδρα ἀλλοιοῦσι τὰς τῶν ὀνομάτων διανοίας, οὕτως ὥστε σμικρὰ πάνυ παραστρέφοντες ἐνίοτε τἀναντία ποιεῖν σημαίνειν⁵¹. Zwei besonders klare Parallelen zum Wortgebrauch liegen bei dem nahezu zeitgleichen Aratkommentator Hipparch vor (dazu unten S. 40/44), der in der Einleitung seines Werks festhält (comm. in Arat. 1, 1, 4 [ed. Manitius, S. 4]): ... τὸ μὲν ἐξηγήσασθαι τὴν ἐν τοῖς ποιήμασι διάνοιαν⁵² οὐ μεγάλης ἐπιστροφῆς προσδεῖσθαι νομίζω und später den Astronomen Attalos kritisiert (comm. in Arat. 1, 8, 11 [ed. Manitius, S. 80]): δοκεῖ δέ μοι πᾶν τοὐναντίον ὁ μὲν Ἄτταλος μὴ κεκρατηκέναι τῆς τοῦ ποιητοῦ διανοίας, καὶ οὐ μόνον τοῦτο, ἀλλὰ καὶ ἣν προέθετο διάνοιαν τῶν στίχων ἀποδοῦναι μηδὲ ταύτην σαφῶς, ἀλλ' ἀσυνέτως ἐξενηνοχέναι, ὁ μέντοι γε Ἄρατος κεκρατημένως ἀποδεδωκέναι⁵³. Die Pointe bei Aristobulos liegt freilich darin, daß zwar die διάνοια des Gottesnamens entscheidend verwandelt, aber diejenige der arateischen Verse insgesamt durch eben diese Verkehrung in ihrem Bezug auf Gott freigelegt wird.

Um seine Korrektur der *Phainomena* zu beschreiben, wählt Aristobulos nicht den Terminus ἀφαιρέω, mit welchem die zeitgenössische Text- und Echtheitskritik diaskeuastische Maßnahmen sekundärer Texttilgung gewöhnlich bezeichnete, sondern das seltenere Verb περιαιρέω⁵⁴. Den bibelkundigen Leser gemahnt dieses Wort an Stellen der Geschichtsbücher, an denen es die Aufhebung fremder Götzen beschreibt, etwa 1 Kön. 7, 3f. (ed. Rahlfs, vol. 1, S. 513f.)⁵⁵:

καὶ εἶπεν Σαμουηλ πρὸς πάντα οἶκον Ισραηλ λέγων· "εἰ ἐν ὅλῃ καρδίᾳ ὑμῶν ὑμεῖς ἐπιστρέφετε πρὸς κύριον, περιέλετε τοὺς θεοὺς τοὺς ἀλλοτρίους ἐκ μέσου ὑμῶν καὶ τὰ ἄλση καὶ ἑτοιμάσατε τὰς καρδίας ὑμῶν πρὸς κύριον καὶ δουλεύσατε αὐτῷ μόνῳ, καὶ ἐξελεῖται ὑμᾶς ἐκ χειρὸς ἀλλοφύλων". καὶ περιεῖλον οἱ υἱοὶ Ισραηλ τὰς Βααλιμ καὶ τὰ ἄλση Ασταρωθ καὶ ἐδούλευσαν κυρίῳ μόνῳ.

---

50 Vgl. Ademollo (2011) 236f.
51 Vgl. Schreckenberg (1966) 1178: "Auch nach Platon, in hellenistischer Zeit, bleibt die Ermittlung der Dianoia wesentliches Mittel und Ziel der Exegese" mit dem Hinweis auf den Stoiker Panaitios, der Aristarchs Fähigkeit gerühmt haben soll, leicht wie ein Seher die τῶν ποιημάτων διάνοια zu erschließen.
52 Vgl. noch comm. in Arat. 2, 2, 40 über die διάνοια τοῦ ποιητοῦ sowie 1, 8, 9 über die Dianoia des Kommentators Attalos.
53 Vgl. noch comm. in Arat. 1, 8, 15: ἐξηγούμενος [sc. Attalos] γὰρ τὴν διάνοιαν τῶν εἰρημένων στίχων ...
54 *Pace* Zuntz (1959) 118f. und Niehoff (2011b) 33 (vgl. allgemein zur text- und echtheitskritischen Terminologie Mülke [2008] 47).
55 Vgl. ähnlich Ios. 24, 14 (auch 24, 23) und 2 Chron. 32, 12; 33, 15 sowie Spicq (1996) s.v.

Und es sprach Samuel zum ganzen Haus Israel die Worte: "Wenn ihr euch mit eurem ganzen Herzen zum Herrn hinwendet, dann nehmt ringsherum die Götter, die fremden, aus eurer Mitte heraus und die Haine, bereitet eure Herzen zum Herrn und macht euch ihm allein zu Dienern! Und so wird er euch aus der Hand der Fremdstämmigen herausnehmen". Und die Söhne Israels nahmen ringsherum die Baalim heraus und die Haine der Astaroth und machten sich dem Herrn allein zu Dienern.

In der hellenistischen Philosophie hingegen ist die Methode der Perihairesis mehrfach bezeugt. So heißt es einmal in den aristotelischen *Kategorien*, daß ein In-Bezug-auf dann genau und angemessen ausgesagt werden könne, wenn alles andere, was zu ihm nur hinzugekommen sei, entfernt werde (7a31/b14 [ed. Minio-Paluello, S. 21f.]: πάντων περιαιρουμένων τῶν ἄλλων ὅσα συμβεβηκότα ἐστίν). Der Sklave etwa werde in Bezug auf den Herrn genau angegeben, wenn alles, was auf den Herrn nur beiläufig zutreffe, "ringsum weggenommen" werde, wie das Menschsein, das Zweifüßigsein, die Fähigkeit, Wissen zu erlangen, und nur das Herr-Sein verbleibe[56]. An einer wichtigen Stelle der *Metaphysik* hingegen, über deren Zuschreibung an Aristoteles hier nicht geurteilt werden soll, wird das Abstraktionsverfahren des Mathematikers beschrieben[57], der die Gegenstände allein in Quantität und Kontinuum betrachte, in keiner anderen Hinsicht, und dadurch "eliminates non-essential attributes, or attributes not to be taken in consideration"[58], insbesondere das sinnlich Wahrnehmbare (περιελὼν γὰρ πάντα τὰ αἰσθητά)[59]. Der Begriff περιαίρεσις kehrt dann prominent auch in der Atomlehre Epikurs wieder[60]. Aristobulos bringt durch die Abschälung der falschen Gottesnamen die wahre Erkenntnis, gleichsam den Kern der arateischen (und orphischen) Verse hervor.

e) Die Wahrheit Gottes, die Aristobulos von Orpheus und Arat ausgesprochen sieht: περὶ τοῦ διακρατεῖσθαι[61] θείᾳ δυνάμει τὰ πάντα καὶ γενητὰ ὑπάρχειν

---

56 Vgl. Heath (1949) 42; van Rijen (1989) 161; Bodéüs (2002) 124 und McPherson (2002) 183.
57 Zur aristotelischen "theory of subtraction" vgl. auch met. 1061a28/b/12 (mit dem üblicheren Terminus Aphairesis) und Cleary (1995) 312/18 (mit weiteren Belegen).
58 Vgl. 1061a28/32 (ed. Jaeger, S. 219f.) und dazu Sjögren (2011) 30.
59 Vgl. den Begriff auch schon in 1029a7/34.
60 Die Atome seien in Form, Gewicht und Größe unveränderlich, während ihre Zusammensetzungen dem Menschen Unterschiede und Veränderungen aufzuweisen schienen (epist. Hdt. 55 [ed. Usener, S. 15 ~ ed. Arrighetti, S. 51]); durch die Perihairesis werde Ihr zugrundeliegendes σχῆμα begriffen (vgl. Long – Sedley [2000] 63: "Umgestaltung durch Wegnahme").
61 Die Wortwahl, die an den Titel παντοκράτωρ denken läßt, war zeitgenössischen griechischen Lesern nicht ungewöhnlich: So bezeichnet z.B. der Stoiker Kleanthes in seinem *Zeus-*

καὶ ἐπὶ πάντων εἶναι τὸν θεόν und: διὰ πάντων ἐστὶν ἡ δύναμις τοῦ θεοῦ, findet sich in der Tat sowohl in der Bibel als auch in der jüdischen Theologie hellenistischer Zeit. Aristobulos selbst greift in seiner Auslegung der göttlichen Katabasis am Sinai (F 2, 112f. Holladay: πάντη γὰρ ὁ θεός ἐστιν) den V. 4 des arateischen Zeushymnus: ... πάντη δὲ θεοῦ κεχρήμεθα πάντες auf, ohne freilich die "idée stoïcienne de panthéisme de Zeus"[62] vorbehaltlos auf die jüdische Vorstellung von der Allgegenwart Gottes zu übertragen. Hingewiesen sei hier zumindest auf die Kapitel 42f. des Weisheitsbuchs *Sirach*, welche zu einem Vergleich mit Arats *Phainomena* in Inhalt und Stil naheliegen, also auf den langen Lobpreis Gottes, dessen Größe an der Natur, insbesondere der Sonne, dem Mond, den Gestirnen, Jahreszeiten und Wetterphänomenen erkannt werden könne und der dem Menschen durch Zeichen und Spuren die Schau seiner ewigen Ordnung ermögliche[63].

Während nun mit Orpheus ein mystischer Dichter angeführt wird, ist bis heute umstritten, ob im Zeushymnus der *Phainomena* stoisches Gedankengut anklingt[64]. Daß Aristobulos dieser Auffassung war, könnte sich darin andeuten, daß sein an das Aratzitat anschließender Kommentar auf die wohl von Hesiod, dem neben Homer wichtigsten Vorbild Arats, ausgehenden[65], im folgenden prominent von Platon, später dann von der Stoa vertretenen Namensetymologien des griechischen Ζεύς anspielt. Platon hatte im *Kratylos* (396a/b) postuliert, der Name offenbare – durchaus schwer verständlich (ἔστι δὲ οὐ ῥᾴδιον κατανοῆσαι) –, aus seinen beiden geläufigen Formen Δι- und Ζην- als ein einheitlicher aufgefaßt, wie ein Logos das wahre, umfassende Wesen des höchsten Gottes

---

hymnus die alldurchwaltende Macht des göttlichen Logos mit den Worten (V. 6) κράτος und (V. 8) κρατεῖσθαι.
62 Cusset (2011) 20.
63 Vgl. daneben Sap. 1, 7; 7, 24 (ed. Rahlfs, vol. 2, S. 355): πάσης γὰρ κινήσεως κινητικώτερον σοφία, διήκει δὲ καὶ χωρεῖ διὰ πάντων διὰ τὴν καθαρότητα und 12, 1 (ed. Rahlfs, vol. 2, S. 361): τὸ γὰρ ἄφθαρτόν σου πνεῦμά ἐστιν ἐν πᾶσιν, auch *Aristeasbrief* 16 (s. oben S. 12). 132 (ed. Pelletier, S. 168): καὶ διὰ πάντων ἡ δύναμις αὐτοῦ φανερὰ γίνεται, πεπληρωμένου παντὸς τόπου τῆς δυναστείας ... 185. 195. 210. 234 (ed. Pelletier, S. 206): ὑπὸ τοῦ θεοῦ πάντα κατασκευάζεται καὶ διοικεῖται κατὰ τὴν αὐτοῦ βούλησιν, weiteres Material bei Dalbert (1954) 124/26; Dahl (1977) 181/82 und Hayes (2015) 125/27.
64 So Wilamowitz-Moellendorff (1924) 1, 204; 2, 263; Ludwig (1963) 442; Walter (1963) 366; Sale (1965) 161f.; Erren (1967) 21; Effe (1970b) 168/70; James (1972) 36; Schwabl (1978) 1348f.; Hutchinson (1988) 215; Holladay (1995) 220f.; Fantuzzi (1996) 959; Kidd (1997) 10/12; die ausgewogene Darstellung bei Fantuzzi – Hunter (2004) 227; Hübner (2005) 140 und Cusset (2011) passim; vgl. aber die Reserven bei Lewis (1992) 106f.; Hunter (1995) passim; Martin (1998) 138; Fakas (2001) 18/39. 177; Bénatouïl (2005) 138/41 sowie Volk (2010) 201 und (2015) 258. 274.
65 Vgl. *Erga* 2f. mit Blümer (2001) 2, 20f.

und erfülle damit die einem Namen tatsächlich zukommende Aufgabe. Keiner sei "uns und allen anderen" (ἡμῖν καὶ τοῖς ἄλλοις πᾶσιν) mehr Ursprung des Lebens als der Herrscher und König aller (ὁ ἄρχων τε καὶ βασιλεὺς τῶν ἁπάντων), der also mit Recht derjenige Gott heiße δι' ὃν ζῆν ἀεὶ πᾶσι τοῖς ζῷσιν ὑπάρχει· διείληπται δὲ δίχα, ὥσπερ λέγω, ἓν ὂν τὸ ὄνομα, τῷ Διὶ καὶ τῷ Ζηνί ... (ed. Burnet, S. 191; mit der bedeutsamen Einschränkung in 400d/401a über das menschliche Unvermögen, die wahren Namen der Götter zu erfassen). Dieselbe Ableitung des Namens Ζῆν von dem Verb ζῆν findet sich auch bei dem Stoiker Chrysipp, bei dem sich jedoch die Erklärung des Wortstamms Δι- um eine bedeutsame Nuance erweitert zeigt (SVF 2, 1021 ~ Diog. Laert. 7, 147)[66]:

θεὸν δὲ εἶναι ζῷον ἀθάνατον λογικὸν τέλειον ἢ νοερὸν ἐν εὐδαιμονίᾳ, κακοῦ παντὸς ἀνεπίδεκτον, προνοητικὸν κόσμου τε καὶ τῶν ἐν κόσμῳ· μὴ εἶναι μέντοι ἀνθρωπόμορφον. εἶναι δὲ τὸν μὲν δημιουργὸν τῶν ὅλων καὶ ὥσπερ πατέρα πάντων, κοινῶς τε καὶ τὸ μέρος αὐτοῦ τὸ διῆκον διὰ πάντων, ὃ πολλαῖς προσηγορίαις προσονομάζεται κατὰ τὰς δυνάμεις. Δία μὲν γάρ φασι δι' ὃν τὰ πάντα, Ζῆνα δὲ καλοῦσι παρ' ὅσον τοῦ ζῆν αἴτιός ἐστιν ἢ διὰ τοῦ ζῆν κεχώρηκεν, Ἀθηνᾶν δὲ κατὰ τὴν εἰς αἰθέρα διάτασιν τοῦ ἡγεμονικοῦ αὐτοῦ, Ἥραν δὲ κατὰ τὴν εἰς ἀέρα καὶ Ἥφαιστον κατὰ τὴν εἰς τὸ τεχνικὸν πῦρ καὶ Ποσειδῶνα κατὰ τὴν εἰς τὸ ὑγρὸν καὶ Δήμητραν κατὰ τὴν εἰς γῆν. ὁμοίως δὲ καὶ τὰς ἄλλας προσηγορίας ἐχόμενοί τινος οἰκειότητος ἀπέδοσαν.

Gott aber sei ein Lebewesen, unsterblich, vernunftbegabt, vollkommen oder verständig in Glück, jedes Schlechten unempfänglich, vorsorgend für den Kosmos und für die Dinge im Kosmos, nicht allerdings sei er menschengestaltig. Er sei aber Bildner des Ganzen und gleichsam aller Vater, sowohl im allgemeinen als auch der Teil von ihm, der durch alles hindurchkommt, welcher mit vielen Bezeichnungen benannt wird gemäß seinen Wirkungsmächten. 'Dis' nämlich sei er, sagt man, weil durch ihn alles existiere, 'Zeus' aber nennt man ihn insofern, als er Ursache des Lebens ist oder durch das Leben immer hindurchdringt, Athene hingegen gemäß der Durchspannung seines leitenden Teils in den Äther hinein und Hera

---

[66] Vgl. zu beiden Herleitungen noch SVF 2, 1062: Ζεὺς μὲν οὖν φαίνεται ὠνομάσθαι ἀπὸ τοῦ πᾶσι δεδωκέναι τὸ ζῆν. Δία δὲ αὐτὸν λέγουσιν, ὅτι πάντων ἐστὶν αἴτιος καὶ δι' αὐτὸν πάντα und Philodem. piet. ~ PHerc. 1428, 4, 13/7, 12 (mit Obbink [2001] 210f.); später dann zu Chrysipp, Krates und Poseidonios in SVF 2, 1063: Κράτης δὲ ἀπὸ τοῦ διαίνειν, τουτέστι πιαίνειν τὴν γῆν βούλεται ὀνομασθῆναι τὸν Δία, τὸν εἰς πάντα διήκοντα· Ποσειδώνιος τὸν Δία τὸν πάντα διοικοῦντα· Χρύσιππος δὲ διὰ τὸ δι' αὐτὸν εἶναι τὰ πάντα. 2, 1076; Hekataios Abderites bei Diod. 1, 12, 2 (s. unten S. 79f.); Diod. 3, 61, 6 und Heraklit *Allegoriae Homericae* 23, 6 (ed. Russell – Konstan, S. 44, mit weiteren Belegen). Wortspielartiger Ansatz der (etymologischen) Namenserklärung findet sich auch schon z.B. bei Aischylos (Agam. 1485).

gemäß derjenigen in die Luft hinein, Hephaistos gemäß derjenigen in das schaffende Feuer hinein, Poseidon gemäß derjenigen in das Feuchte hinein und Demeter gemäß derjenigen in die Erde hinein. In ähnlicher Weise aber gab man ihm auch die übrigen Bezeichnungen, indem man sich jeweils an eine besondere Eigentümlichkeit hielt.

Bekanntlich bedeutete gerade den Stoikern solche Etymologisierung keine einfache Sprachspielerei, sondern erlaubte es ihnen, zum einen an dem Namen festzuhalten, der durch die Sprache der überkommenen Religion festgeschrieben war, zum anderen ihn übertragen anwenden zu können auf die eigene philosophische Vorstellung von Gott als dem einen, allesdurchwaltenden Logos[67]. Als neben den *Phainomena* berühmtestes Beispiel für diesen Wortgebrauch gilt der schon genannte *Zeushymnus* des Stoikers Kleanthes[68].

Wenn Aristobulos also in Versen griechischer Dichtung den Δία καὶ Ζῆνα dort tilgt, wo es um den Nachweis der alldurchwaltenden Dynamis Gottes geht, dann wendet er sich offenbar eher gegen den stoischen[69] Zeus als gegen[70] den

---

[67] Vgl. schon Zenon (SVF 1, 162 ~ Diog. Laert 7, 88; vgl. 137): ὁ νόμος ὁ κοινός, ὅσπερ ἐστὶν ὁ ὀρθὸς λόγος, διὰ πάντων ἐρχόμενος, ὁ αὐτὸς ὢν τῷ Διί, καθηγεμόνι τούτῳ τῆς τῶν ὄντων διοικήσεως ὄντι sowie SVF 1, 102. 528/47; 2, 934/38. 1008/1105, insbesondere 1021f. (~ Diog. Laert. 7, 147f.); D-Scholion zu Hom. Il. 15, 189; in der Dichtung Kleanthes' *Zeushymnus* (V. 12f.): διὰ πάντων φοιτᾷ (vgl. Thom [2005] 87 und Zuntz [2005] 39f.) und Holladay (1995) 221 sowie Erren (1967) 22; Long (1974) 149/58; Dahl (1977) 179f.; Pohlenz (1984) 95f.; Hopkinson (1988) 132f. 136; Barclay (1996) 153; Frede (1999a) 51/53; Price (1999) 138; Long – Sedley (2000) 395f.; Kovelman (2005) 110f.; Meijer (2007) passim und jetzt Bénatouïl (2010) 23. 40. Vgl. die auch in der Wortwahl aufschlußreiche Parallele zu den indischen Brahmanen bei Megasthenes (aus den *Indika* bei Strabon 15, 1, 59).
[68] Vgl. Wilamowitz-Moellendorff (1924) 2, 258f.; Hopkinson (1988) 132; Lattke (1991) 33; Cassidy (1997) 134; Price (1999) 138 sowie Thom (2005) 9. 20/27. 48f. Auch Berossos (vgl. zu diesem unten S. 134f. 139/43. 435f.) scheint in seinen *Babyloniaka* auf diese etymologischen Zusammenhänge hinzuweisen (vgl. dazu Haubold [2013b] 37).
[69] Erinnert sei daran, daß offenbar kurz vor Aristobulos der Stoiker Boëthos von Sidon den arateischen *Phainomena* einen ausführlichen Kommentar gewidmet hatte (vgl. unten S. 40).
[70] Sowohl bei Platon (τῷ Διὶ καὶ τῷ Ζηνί) als auch bei Chrysipp (Δία μὲν ... Ζῆνα δὲ) wird an der Auffächerung beider Namen in Disjunktion festgehalten (vgl. zu diesem Gebrauch des Artikels im zeitgenössischen Griechisch Mayser [1934] 47/50); die These: "... per Platone Δίς e Ζεύς valgono come abbreviazioni dello stesso nome che nella sua completezza suona come Δὶς-καὶ-Ζεύς" (Radice [1995] 59), wirkt daher etwas spitz. Doch ist bei Plutarch, offenbar aus stoischer Quelle (vgl. Phillipon [1987] 164), überliefert (*De audiendis poetis* 6, 23c [ed. Gärtner, S. 46]): ... εἰδέναι δεῖ καὶ μνημονεύειν ὅτι καὶ τῷ τοῦ Διὸς καὶ Ζηνὸς ὀνόματι ποτὲ μὲν τὸν θεόν, ποτὲ δὲ τὴν τύχην πολλάκις δὲ τὴν εἱμαρμένην προσαγορεύουσιν [sc. die Dichter]. Bei Aristobulos, von dem *Aristeasbrief* 16 mit der bereits wieder abgeschwächten Junktur Ζῆνα καὶ Δία abhängt (ohne Berücksichtigung der griechischen Quellen dazu Staudt [2012] 156f.), verfolgt die pointierte

platonischen, der als αἴτιος τοῦ ζῆν und ἄρχων τε καὶ βασιλεὺς τῶν ἁπάντων freilich implizit ebenfalls verworfen wird[71]. Richtig kann Gott nur θεός heißen[72].

In diesem Zusammenhang wird die kritische Grenze, die Aristobulos durch seinen Eingriff in den Text der *Phainomena* zwischen Aneignung und Abwehr Arats zieht, besonders deutlich: Wenn schon die Griechen selbst, hier der stoisch geprägte Dichter Arat, den Namen ihres höchsten Gottes Ζεύς nicht mehr im eigentlichen Sinn der kultischen Religion verstanden, warum konnte er dann nicht auch von den Juden, gleichsam als interreligiöse Brücke, gebraucht werden[73]? Oder anders: Warum läßt Aristobulos Zeus nicht einfach im Text und deutet ihn übertragen? Dabei fällt auf, daß der Exeget in seinem eigenen Kommentar zum Aratzitat die Namensformen Δία und Ζῆνα ja ausspricht. Anstößig waren sie im Zitat selbst: Die Verse aus den *Phainomena* gehören eben zu einem religiösen Hymnus, zu einem unmittelbar an die Gottheit adressierten Lobpreis[74]. Wer nun diese Verse schreibt – wie Aristobulos selbst – oder spricht – wie seine Leser – oder hört – wie sein Publikum bei einem Vortrag –, vollzieht damit diesen Lobpreis und macht sich gemäß dem biblischen Gebot der Blasphemie schuldig (Exod. 20, 3. 5 [ed. Rahlfs, vol. 1, S. 119]): οὐκ ἔσονταί σοι θεοὶ ἕτεροι πλὴν ἐμοῦ ... οὐ προσκυνήσεις αὐτοῖς οὐδὲ μὴ λατρεύσῃς αὐτοῖς[75]. Daß

Zusammenfassung unter einem einzigen bestimmten, maskulinen Artikel: τὸν ... Δία καὶ Ζῆνα ein inhaltliches Ziel (s. dazu gleich unten im Text).
71 Oder den der (später noch näher zu behandelnden) pseudoaristotelischen Schrift *De mundo*: Im Schlußkapitel zählt der Autor jenes Werks eine ausufernde Liste von (Bei)Namen des πολυώνυμος Zeus auf, meist verknüpft mit einer kurzen etymologischen Deutung; gleich im Eingang zu diesem Katalog heißt es (401a13f. [ed. Reale – Bos, S. 233f.]): καλοῦμεν γὰρ αὐτὸν καὶ Ζῆνα καὶ Δία, παραλλήλως χρώμενοι τοῖς ὀνόμασιν, ὡς κἂν εἰ λέγοιμεν δι' ὃν ζῶμεν (vgl. Reale [1995] 344f. und Thom [2014c] 65[128] zur Stelle sowie jetzt Jourdan [2010] 95 und Bordoy [2012] 59/66).
72 Der absichtsvolle Gebrauch der Termini spricht auch aus dem Verb ἀναπέμπομαι, das im Hinblick auf Sprachliches "sich beziehen auf" bedeutet (vgl. z.B. Aristot. categ. 5b17f. 32 u.ö.). Hekataios Abderites formuliert im Auftakt seiner Behandlung der mosaischen Nomoi (aus Diod. 40, 3, 1): κατὰ τὴν Αἴγυπτον τὸ παλαιὸν λοιμικῆς περιστάσεως γενομένης ἀνέπεμπον οἱ πολλοὶ τὴν αἰτίαν τῶν κακῶν ἐπὶ τὸ δαιμόνιον. Das präpositionale Präfix ἀνα- hat freilich für den, dessen Gott ἐπὶ πάντων ist, besondere Bedeutung; im Neuplatonismus, etwa bei Proklos, begegnet das Wort in ganz ähnlichen Zusammenhängen (vgl. Bernard [1990] 111 mit einer Stelle aus dem proklischen Parmenideskommentar).
73 Vgl. Käppel (2005) XXI.
74 Vgl. zur Stelle auch Amir (1993) 10 sowie zur Abgrenzung von Hymnus/Anbetung und Gebet Käppel (2005) XVIIsq. (mit neuerer Literatur).
75 Vgl. Hengel (1971) 250[1] und (1988) 483; Bringmann (1983) 107; Barclay (1996) 152 sowie Goldenberg (1998) 146).

zeitgenössische Juden allgemein Namen für "somehow real, almost as concrete as the things to which they referred" halten konnten, also zwischen dem Namen Gottes und Gott selbst nicht streng differenzierten[76], mag dabei eine Rolle spielen, zumal da Aristobulos im folgenden Kommentar pointiert formuliert, er habe nicht eigentlich die Namen des griechischen Gottes herausgenommen, sondern, mit maskulinem Artikel, τὸν ... Δία καὶ Ζῆνα[77]. Jene Dichotomie des einen Namens hebt Aristobulos hier auf in tatsächlich nur noch einem einzigen Namen, mit nur einem bestimmten Artikel[78].

f) Das unbedingte Festhalten an dem einen θεός bringt darüberhinaus Reserven gegen zeitgenössische Zugriffe auf den biblischen Gott zum Ausdruck: Seit hellenistischer Zeit läßt sich eine *interpretatio Graeca/Romana* fassen, die nicht den eigenen Götternamen auf den zuvor fremden, dann aber (allein) anerkannten Gott Mose übertrug, sondern vielmehr die jüdische Gottesvorstellung durch die Einhegung in griechische oder lateinische Nomenklatur dem eigenen Polytheismus zu integrieren suchte[79]. Als beredtes Beispiel mag ein berühmter Passus aus Varro, der hier älteres griechisches, insbesondere stoisches Denken repräsentiert, angeführt sein: ... *deum Iudaeorum Iovem putavit* [sc. Varro] *nihil interesse censens quo nomine nuncupetur, dum eadem res intellegatur* ... – das

---

[76] Vgl. etwa Gen. 32, 28; Dtn. 18, 7; Ies. 14, 22; weitere Stellen bei Abba (1962) 500/06 sowie mit Literatur Pulleyn (1997) 99; Weber (2000) 334⁴. 396 und Frankemölle (2006) 143.

[77] Im Propheten Sophonias heißt es (1, 4 [ed. Rahlfs, vol. 2, S. 538]): ... ἐξαρῶ ἐκ τοῦ τόπου τούτου τὰ ὀνόματα τῆς Βααλ καὶ τὰ ὀνόματα τῶν ἱερέων ... Die Beseitigung seines Namens beseitigt den Götzen selbst (vgl. Sap. 14, 21). Auch in den historischen Schriften der Bibel läßt sich die Tendenz beobachten, den Baalsnamen durch pejorative Begriffe wie *boschät* ("Schande") zu ersetzen (vgl. etwa Richter 2, 13; 6, 25/32; 1 Kön. 18, 16/46), um ihn nicht aussprechen zu müssen; diese Tradition scheint sich noch, wenn auch nicht durchgehend und konsequent, in der griechischen Übersetzung der Septuaginta, etwa im Gebrauch des femininen Artikels als Lesehinweis auf ἡ αἰσχύνη, nachweisen zu lassen (vgl. dazu Siegert [2001] 211; Kreuzer [2007] 45f. und [2010] 108f. sowie Schmoll – Seitz [2011] 2430, aber auch die Vorbehalte bei Bogaert [2010] passim [mit umfangreichem Literaturüberblick]).

[78] An dessen Stelle in dem Wort θεός derjenige tritt, der von sich sagt (Num. 15, 41 [ed. Rahlfs, vol. 1, S. 242]): ἐγὼ κύριος ὁ θεὸς ὑμῶν ὁ ἐξαγαγὼν ὑμᾶς ἐκ γῆς Αἰγύπτου εἶναι ὑμῶν θεός, ἐγὼ κύριος ὁ θεὸς ὑμῶν und (Num. 14, 21 [ed. Rahlfs, vol. 1, S. 239]): ἀλλὰ ζῶ ἐγὼ καὶ ζῶν τὸ ὄνομά μου καὶ ἐμπλήσει ἡ δόξα κυρίου πᾶσαν τὴν γῆν. Der Befund, daß die Namensform Ζῆνα (oder andere Kasus) in den zitierten Aratversen nicht vorkommt, bleibt gleichwohl, *pace* Radice (1995) 57/62, erklärungsbedürftig, gerade im Hinblick auf den Nachweis, daß das eingefügte orphische Gedicht nicht in der ursprünglich von Aristobulos zitierten Fassung überliefert ist.

[79] Vgl. Cardauns (1976) 146; Hengel (1976) 142 und (1988) 477 (mit Literatur); Donaldson (2007) 365 sowie Schäfer (2010a) 61; zum Thema auch F 15 Cardauns: [sc. *Iovem*] *etiam ab his coli, qui unum deum solum sine simulacro colunt, sed alio nomine nuncupari* und F 27 Cardauns.

einschränkend bedingende *dum* hat hier Gewicht (*Antiquitates rerum divinarum* F 16 Cardauns aus Augustinus cons. ev. 1, 22, 30, dessen auf diese Stelle folgende Bemerkungen ebenfalls erhellend sind)[80].

Zudem wurde der Name Gottes in den Wirren um Israel gerade in der ersten Hälfte des zweiten Jahrhunderts vor Christus als distinktives Merkmal griechischer und jüdischer Religion zu einem Politikum[81]: Die inneren Spaltungen in Israel zwischen "Juifs hellénisants" und "Juifs traditionnalistes"[82] hatten sich seit dem Regierungsantritt des Seleukidenkönigs Antiochos IV. im Jahr 175 vor Christus erheblich vertieft. So heißt es über den Hohepriester Jason rückblickend in 2 Makk. 4, 10 (ed. Rahlfs, vol. 1, S. 1107) aus der kritischen Sicht der konservativen Opposition: πρὸς τὸν Ἑλληνικὸν χαρακτῆρα τοὺς ὁμοφύλους μετέστησε, und für weite Kreise der aufgeklärten Gebildeten scheint "der θεὸς ὕψιστος auf dem Zion ... mit dem der Griechen, Zeus, und dem der Semiten, Baal Schamem, identisch" gewesen zu sein, "er ist die wahre Gottheit, die alle zivilisierten Menschen unter verschiedenen Namen und in verschiedener Gestalt verehren"[83]. Als freilich im Jahr 169/168 vor Christus Antiochos IV. im Krieg

---

80 Aufschlußreich ist in diesem Zusammenhang ein Passus aus den sogenannten Isishymnen Isidors (wohl Ende des zweiten/Anfang des ersten Jahrhunderts vor Christus [vgl. Vanderlip [1972] 15f.; Alonge [2011] 229 und Moyer [2016] 210f.), "in denen der Ägypter ... in griechischer Sprache und Form zu Griechen von seiner ägyptischen Göttin Isis und ihrem Kreis sprach und in Verknüpfung griechischer und ägyptischer Denkweise die Göttin universale Zuständigkeit annehmen ließ" (Koenen [1983] 145f.; vgl. Solmsen [1979] 47/49 und Moyer [2016] 216. 240). Isis werde von den Völkern unter vielen verschiedenen Namen verehrt (1, 14/17 [ed. Vanderlip, S. 17]): ὅσσοι δὲ ζώουσι βροτοὶ ἐπ' ἀπείρονι γαίῃ, | Θρᾷκες καὶ Ἕλληνες, καὶ ὅσσοι βάρβαροί εἰσι, | οὔνομά σου τὸ καλόν, πολυτίμητον παρὰ πᾶσι, | φωναῖσι φράζουσ' ἰδίαις, ἰδίᾳ ἐνὶ πάτρῃ (vgl. Moyer [2016] 218: "This totalizing dichotomy implies a Greek 'we' as the centre point of orientation ..., but the novel inclusion of Thracians with the Hellenes suggests that Isidorus may have had in mind a Ptolemaic version of the dichotomy. At its height, the dynasty had Thracian connections through Arsinoe II"), aber (V. 23): Αἰγύπτιοι δὲ Θιοῦιν, ὅτι μούνη εἶ σὺ ἅπασαι | αἱ ὑπὸ τῶν ἐθνῶν ὀνομαζόμεναι θεαὶ ἄλλαι – "only the Egyptians know her true name which is simply Thiouis, meaning The One" (Vanderlip [1972] 27; vgl. Assmann [1998] 76/78 [zu einer vergleichbaren Stelle bei Apuleius] und Moyer [2016] 219: "transcultural synthesis of divinities who are all subsumed under the one Egyptian goddess"). Daneben verdienten die Bemerkungen, die Diod. 1, 25 über die πολλὴ διαφωνία tradiert, welche aus den verschiedenen Denominationen derselben Gottheiten resultiere, eine genauere Berücksichtigung.
81 Vgl. 1 Makk. 1, 29/64 und dazu den guten Überblick bei Gruen (1994) passim.
82 Giovannini (1995) 43; vgl. die unterschiedlich akzentuierten Darstellungen bei Bickerman (1937) passim; Tcherikover (1959) 152/202; Tarn (1966) 254; Bilingmann (1983) 109f.; Walbank (1983) 229f.; Hengel (1988) 515/24 und Baltrusch (2002) 45.
83 Hengel (1995) 283. Die Juden konnten ihren Gott, etwa in Synagogeninschriften, durchaus als θεὸς ὕψιστος/μέγιστος adressieren (vgl. exemplarisch 2 Makk. 3, 36 und Dan. 4, 34 u.ö.).

gegen das ptolemäische Ägypten durch römisches Eingreifen in die Schranken gewiesen worden war, entschloß er sich, den (vermeintlichen) Oppositionellen in Israel durch das Verbot ihrer Religion seine progriechische Zwangspolitik aufzuerlegen, schändete den Tempel – also den Ort, an dem nach den Weisungen insbesondere des *Deuteronomiums* der Name Gottes wohnte – und richtete an seinem Ort einen neuen, dem jüdischen Nomos zuwiderlaufenden (griechischen? syrischen?) Kult ein[84]. Auch wenn dessen Charakter bis heute nicht vollends geklärt ist, belegen die Quellen, daß es dem König auf die *denominatio* des neuen Gottes auf dem Zion ankam (2 Makk. 6, 2) – des Ζεὺς ’Ολύμπιος[85].

g) Problematisch dürfte *in politicis* die Korrektur des Götternamens auch noch in anderer Hinsicht gewesen sein: Das ptolemäische Herrscherhaus führte sich selbst genealogisch auf Herakles zurück – und damit auf dessen und der Götter Vater Zeus: "Zeus, father of Heracles and Dionysus, is indeed the beginning of

---

sowie Eupolemos F 2, 448b und 448d Holladay; dazu mit Belegen Bousset [1926] 310f.; Dalbert [1954] 126f.; Tarn [1966] 266f.; Hengel [1971] 314 und [1976]130; Kasher [1985] 117; Delling [1987] 9f.; Bickerman [1988] 263; Mélèze Modrzejewski [1991] 81f.; Mitchell [1999] 108/15; Frankemölle [2006] 142; Donaldson [2007] 365. 457/59; Gruen [2008] 137f.; McKechnie [2008] 233; Rajak [2009] 187f.; Schäfer [2010a] 61 und zu *Sirach* Staudt [2012] 124). Jason soll gar eine Gesandtschaft mit Geld nach Tyrus geschickt haben, das für Opfer zu Ehren des Stadtgottes Melkart-Herakles an den von Alexander dem Großen eingerichteten Wettspielen aufgewendet werden sollte – die Gesandten selbst jedoch verweigerten die Ausführung des Auftrags (2 Makk. 4, 18/20; vgl. dazu Gruen [1994] 259; Schwartz [2008] 227 und Schäfer [2010b] 45). Auch aus späteren Zeiten sind Zeugnisse überliefert, welche die gelegentliche Verehrung fremder Gottheiten durch Juden belegen, jedoch in ihrer Tragweite umstritten sind (vgl. dazu Tarn [1966] 262. 266/68; Kasher [1985] 214/19; Hengel [1988] 481; Barrett [1990] 549: "they probably believed they were simply worshipping Yahweh in another guise" und Goldenberg [1998] 146).
84 Vgl. Walter (1964) 38; Hengel (1976) 143 und (1988) 297[367]; Maier (1990) 151f.; Baltrusch (2002) 56; Haag (2003) 62/73; Schwartz (2008) 304; Mendels (2009) 51; van Kooten (2009) passim; Schäfer (2010b) 51f. (zur Forschungsdebatte, auf wen die Initiative zu den königlichen Religionsedikten letztlich zurückging) sowie Ego (2011) 77.
85 Womit er sich in die Nachfolge Alexanders des Großen stellte, der in Sardeis an der Stelle des lydischen Palasts auf der Akropolis eine Kultstätte für Zeus Olympios eingerichtet hatte (Arrian. anab. 1, 17, 3/8). Das Buch *Daniel* (11, 36/38; vgl. die Zweifel an der Historizität der Äußerung bei Gruen [1994] 251f.) sah in der Förderung dieses offenbar als nichtgriechisch verstandenen Kults die Absicht des Königs Antiochos am Werk, sich selbst als inkarnierten Zeus verehren zu lassen. Daß die hellenistischen Herrscher in Wahrheit (auch) Jahwe verehrten, ist hingegen in der jüdischen Literatur ein wiederkehrendes Motiv (vgl. eben im Text zum *Aristeasbrief* und später Flav. Joseph. ant. 11, 329/39 darüber, daß schon Alexander der Große mit dieser Absicht nach Jerusalem gekommen sei; dazu Willrich [1895] 1/13; Pfister [1956] 24/27; Hengel [1976] 16f.; Gruen [1998a] 189/202; Haag [2003] 38; Frankemölle [2006] 48/53; Kreuzer [2007] 31; Rajak [2009] 66; Schäfer [2010b] 7/10 und Schwemer [2011] 10f.).

the Ptolemaic line ... Through his mother Arsinoe, Soter traced his line back to Heracles and Dionysus and thus ultimately to Zeus ...; this lineage also placed Soter firmly in the Macedonian royal house, which traced its ancestry to Heracles, and thus made him rightful heir to Philip and Alexander"[86]. Diese Selbstdarstellung in "godlike greatness"[87] läßt sich, abgesehen von anderen Zeugnissen, nicht zuletzt in der hellenistischen Dichtung belegen, prominent in Theokrits 17. Idyll (vor allem in den Versen 1/4. 13/33. 71/76). Auch wenn Arat in seinen *Phainomena* auf diesen politischen Legitimationszusammenhang am makedonischen Hof nicht angespielt haben sollte[88], verfehlt bei Aristobulos die Tilgung des Zeusnamens in einer Schrift, die sich an den ptolemäischen König wendet, nicht ihre Wirkung. Das alexandrinische Publikum mußte sich mit der Frage konfrontiert sehen, ob mit dem Verlust des göttlichen Stammvaters nicht auch der getilgt worden war, dem, als ἄριστος ἀθανάτων (V. 2), nach Theokrit nicht nur Ptolemaios II. Philadelphos, der ἄριστος βασιλήων (V. 12), sondern überhaupt die ehrwürdigen Könige am Herzen liegen (V. 73f.: Διὶ Κρονίωνι μέλοντι αἰδοῖοι βασιλῆες). Die Vereinnahmung in den jüdischen Glauben, Gott setze die weisen Könige ein, lenke sie und schütze ihre Reiche[89], mochte zwar eine gewisse Anerkennung der ptolemäischen Herrschaft vonseiten der Juden zum Ausdruck bringen[90]; ob die damit verbundene Aufhebung aller genealo-

---

86 Hunter (2003) 107f. mit Belegen auch zur späteren Nutzung dieser Genealogie; auch 12. 28f. 101. 116f. u.ö. Vgl. Kasher (1985) 224; Walbank (1983) 216f.; Koenen (1993) 44f. 60; Weber (1993) 213/18; Hölbl (1994) 85/91; Samuel (1994) 181. 199f. (Diana Delia); Huttner (1997) 124/45; Hazzard (2000) 8. 89/92. 110. 124; Fakas (2001) 20f.; Huß (2001) 238; Felber (2002) 109f.; Fantuzzi – Hunter (2004) 375; Dunand (2006) 130; Edelmann (2007) 221f. 245f. 290; van Henten (2007) 272; Heerink (2010) 388. 394/97; Strootman (2010) 40f. und Reiterer (2011) 118f.
87 Ma (2003) 181. Vgl. Fakas (2001) 20f. und Murray (2007) 23 zu den hellenistischen Schriften Περὶ βασιλείας, in welchen der Vergleich irdischer Monarchie mit Zeus und seiner Herrschaft zum festen Repertoire gehörte, sowie Neubert (2012) 36/43.
88 Den einleitenden Zeushymnus halten – als Glorifizierung des Makedonenkönigs Antigonos Gonatas – für politisch relevant etwa Lewis (1992) 105[34]; Fakas (2001) 20. 33 (mit Literatur) und Strootman (2010) 42; vgl. auch Hose (1997) 61f.
89 Vgl. aus dem reichen Material neben etwa Psalm 2 beispielsweise *Aristeasbrief* 15. 17. 19. 37. 196. 219. 224. 269 (dazu Murray [1967] 359); Sirach 1, 1. 8; 10, 1/11; 42f.; 39, 1/11; 46f.; Dan. 2, 20/23. 37f. u.ö.; Sap. 6, 1/11; 7, 1/6; 8, 10/16; 11, 21f. (dazu Donaldson [2007] 62f.) sowie Gruen (1997) 78/80 zu der Tendenz der jüdischen Literatur des Hellenismus, den Erfolg und Mißerfolg der Herrscher, beginnend mit Alexander dem Großen, dem Beistand und der Abkehr ihres Gottes zuzuschreiben.
90 Vgl. auch den *Aristeasbrief*, in dem die "dependence of the Jews upon royal power is unequivocally acknowledged" (Gruen [1998a] 214) und das Weisheitsbuch *Sirach* (dazu Wright [2007a] passim) sowie die zahlreichen Beiträge in dem Band Rajak – Pearce – Aitken – Dines (2007).

gisch-mythischen Rechtfertigungstraditionen des Königs selbst, welche auch im Hellenismus noch religiöse Bedeutung hatten, für Herrscherhaus und Untertanen annehmbar war, ist freilich zweifelhaft. Ein Sinn solcher genealogischer Ableitungen lag ja darin, innerhalb einer polytheistischen Götterwelt die privilegierte Verbindung des eigenen Geschlechts[91] zu einem ganz bestimmten Gott aufzuzeigen, einen agonal akzentuierten Vorrang vor anderen, die über diese Verbindung eben nicht verfügten.

h) In einer Schrift, welche die mosaische Offenbarung als νόμος vor einem griechischen Publikum auslegt, kann die Tilgung des höchsten olympischen Gottes noch in anderer Hinsicht nicht folgenlos bleiben: Zeus gilt schon in der frühesten Dichtung als Garant, ja als Ursprung des Rechts, selbst wenn in den epischen Mythen zuweilen andere Gottheiten, wie Apollon oder Dike, mit diesen Bereichen in Verbindung gebracht werden. Die zahlreichen Stellen aus der archaischen und klassischen Literatur, an denen dieses Walten des Göttervaters zur Sprache kommt, müssen hier nicht angeführt werden, ist es doch der von Aristobulos zitierte Zeushymnus Arats, der gleich in V. 2f. eben dieses Walten preist: ... μεσταὶ δὲ θεοῦ πᾶσαι μὲν ἀγυιαί, | πᾶσαι δ' ἀνθρώπων ἀγοραί ... Die einleitenden Verse der *Phainomena* bilden zusammengenommen einen anschaulich aus der menschlichen Lebenswelt herausentwickelten Lobpreis des im Kosmos omnipräsenten Gottes, doch sind die Akzente, welche die einzelnen Kola der hymnischen Reihe setzen, deswegen nicht zu vernachlässigen – sie wirken ja auch im Zitat bei Aristobulos, der in ihnen die Weisheit der mosaischen Offenbarung ausgedrückt sieht, nach. V. 3 rückt dabei den Bereich in den Blick, in dem der Gott als Bewahrer des Rechts, des Angemessenen und des Rats wirkte und verehrt wurde, als Ζεὺς ἀγοραῖος auf dem Marktplatz und, etwa in Athen, in der ἐκκλησία[92], wo über die politische und rechtliche Ordnung der Polis verhandelt wurde. Bei dem jüdischen Exegeten amtiert nicht mehr Zeus, sondern Gott als ἀγοραῖος[93].

---

[91] Die Sache war natürlich deswegen umstritten, weil mit seiner genealogischen Herleitung vom (höchsten) Gott die Göttlichkeit des Herrschers selbst auf dem Spiel stand. Die Aktualität des Themas erhellt nicht zuletzt aus den *Sibyllinischen Weissagungen*, in denen schon Alexander gleich mehrfach die Abstammung von Zeus abgesprochen wird (vgl. die Stellen unten in Anm. 268[888]).

[92] Vgl. dazu Schwabl (1978) 1052; Auffarth (1996) 273f. und Kidd (1997) 165. Ζεὺς ἀγοραῖος hatte in Athen nicht nur auf der Agora, sondern auch auf der Pnyx einen Altar.

[93] Über Gott als Rechtsstifter und -wahrer vgl. mit neuerer Literatur etwa Otto (2012) passim und Kaiser (2013) 120/34.

i) Die Monotheisierung der Aratverse schlägt auch auf das Literarische durch: Zwar ist (ὁ) θεός schon den Griechen als alleinstehendes Gottesprädikat nicht fremd[94]. Weder im Hymnus noch im Gebet verdrängt es jedoch die Vielfalt der überkommenen Götternamen des polytheistischen Mythos und Kults[95]. "Man ruft Apollon, Athena, Zeus usw. an: sie sind θεοί: dies Prädikat kommt ihnen zu, weil in ihnen übermenschliche Mächte als wirkend erfahren werden. Dagegen ist das Bestimmungswort θεός an sich nicht individuell differenziert; daher gibt es keinen Vokativ zu θεός: man kann die Kategorie 'Gott' nicht als Person anrufen; denn das Nomen bezeichnet eine indefinite Macht"[96]. Die Gattung der griechischen Götterhymnen wird nun durch die Einführung des den eigentlichen Namen ablösenden θεός nicht bloß verwandelt in den Lobpreis des einen jüdischen Gottes[97], sondern geradezu aufgehoben: Entstanden und gepflegt auf den vielen Festen der griechischen Welt zu Ehren einer bestimmten Gottheit[98] ist der Hymnus konstitutiv angewiesen[99] auf deren namentliche Identifikation, welche regelmäßig – auch in Arats Versen (ἐκ Διὸς ἀρχώμεσθα) – gleich zu Beginn des Lieds[100] erfolgt und unmißverständlich bestimmt, an wen die folgenden Teile, etwa Aretalogie, Bitte oder Dank, adressiert sind[101]: "... the precise naming of the god adressed was important both from the point of view of politeness and courtesy, so as not to offend a sensitive power, and from the point of view of establishing the precise channel along with one wished divine succour to flow"[102]. Selbst der philosophische und damit an eine andere Praxis des Vor-

---

[94] Vgl. etwa Rose (1958) 22 schon zu den Linear B-Täfelchen; Gladigow (1981) 1218f. (zum *Corpus Hermeticum*); Bickerman (1988) 263 zu Antiochos III. und seiner eher prädikativen Bezeichnung θεός für den jüdischen Gott sowie Frede (1999a) passim.
[95] Vgl. zu den traditionellen Göttern und ihren Namen etwa in der stoischen Philosophie Pohlenz (1984) 96f. und Long – Sedley (2000) 395f.
[96] Zuntz (2005) 7; vgl. auch Rose (1958) 28; Dahl (1977) 180; Bickerman (1988) 265; Hengel (1988) 485 sowie Walbank (1983) 222; Hengel (1988) 518/24; Rösel (1994) 50 zu θεός (auch ohne Artikel) als hellenistischem Herrschertitel und Frankemölle (2006) 178.
[97] Vgl. Gladigow (1981) 1214 und Siegert (2001) 206.
[98] Vgl. dazu Wilamowitz-Moellendorff (1959) 20f.; Burkert (1994) 11f. und Thraede (1994) 927f.
[99] Obschon die Griechen selbst die Erinnerung daran bewahrten, daß in einer vorgeschichtlichen Frühzeit ihre Götter namenlos waren (vgl. dazu Rose [1958] passim und Rudhardt [2002] 177f.): Nach Herodot (2, 52) opferten und beteten die Pelasger zu den Göttern (θεούς), ohne irgendeinem von ihnen Beinamen (ἐπωνυμίη) oder Namen (ὄνομα) geben zu können.
[100] Vgl. Furley – Bremer (2001) 54; dazu Effe (1977) 45f.
[101] Vgl. z.B. die Sammlung der homerischen Hymnen. Noch die Hymnen des späten Platonikers Proklos geben sich "im altepischen Stil dichtend und ganz traditionell die althergebrachten griechischen Götter preisend" (Käppel [2005] XIII).
[102] Furley – Bremer (2001) 52; vgl. Rose (1958) 28; James (1972) 34f.; Bremer (1981) 194; Burkert (1994) 14; Cassidy (1997) 135; Furley (1998) 789; Fakas (2001) 7. 19; Thom (2005) 8. 43.

trags gebundene Hymnus, der bei Kleanthes und auch bei Arat ganz auf das philosophisch bestimmte Wesen des Gottes hin gestaltet, ja aus ihm heraus gleichsam "gerade erst geboren"[103] zu sein scheint, sieht von dieser Epiklese nicht ab, die dem Gott Personalität verleiht und ein individuelles, religiöses Verhältnis des Sprechers zur Gottheit zum Ausdruck dringt[104]. Der Name eines Gottes dient seiner Abgrenzung von anderen, zur Festlegung seiner ihm eigenen δυνάμεις, als Unterscheidungsmerkmal innerhalb einer Vielgötterwelt – selbst der des Zeus. Θεός als Name hingegen beansprucht für Gott die Totalität, der Eine und Einzige zu sein, über die eine und einzige δύναμις zu verfügen. Oder anders: Wie die bunte Vielfalt, zuweilen ja auch anstößige Widersprüchlichkeit der vielen griechischen Götter aufgehoben wird in die einheitliche Vorstellung von dem einen Gott, in welcher all das, was ihr widerstrebt, als gottwidrig gilt, so bleibt von der variationsreichen Breite möglicher Hymnen auf jene so verschiedenen θεοί der von allem Gottwidrigen gereinigte Psalm, der Lobpreis des einen θεός, der allein diesen Namen noch tragen kann[105]. Eine Entwicklung[106],

---

45f. 48 und Vollenweider (2010) 217. 221; über antike Gebete schon Usener (1929) 336; Norden (1912) 145f.; Versnel (1981a) 14; Pulleyn (1994) 18 und (1997) 108. 115; Alderink – Martin (1997) 124; Weber (2000) 329/36. 394/96 sowie mit Literatur Käppel (2005) XVIIIsq. Vermeidung des Eigennamens dort, wo durch den Kontext die Identifikation klar ist (etwa Hom. Il. 10, 462 oder bei der Anrufung Kores in Soph. Oid. Kol. 1556: τὰν ἀφανῆ θεόν), oder Ersatz durch bestimmende Epitheta spricht nicht gegen diesen Grundsatz, ebensowenig Anreden solcher Gottheiten, deren Identität – und damit ihr Name – unbekannt oder unsicher war, etwa der *numina*, der *dei incerti* oder ἄγνωστοι θεοί, oder die Unsicherheit, welcher Name denn einer bestimmten Gottheit – auch aufgrund ihrer πολυωνυμία – angemessen und genehm sei (vgl. das Material mit Diskussion bei Gladigow [1981] 1217f. und Pulleyn [1994] passim).
103 Erren (1967) 9; vgl. zur arateischen Epiklese auch 12/16.
104 Vgl. Erren (1967) 19; Hunter (1995) passim; Kidd (1997) 11. 166; Martin (1998) 137f. 144/46; Long – Sedley (2000) 396; Thom (2005) 10f. 20f. 24/27. 144; Zuntz (2005) 40f.; Most (2010a) 33/35 und Vollenweider (2010) 221; anders Barclay (1996) 153 und Fakas (2001) 7. 25. 29. 177.
105 Die seit dem vierten Jahrhundert vor Christus zu beobachtende Entwicklung der griechischen Hymnodie, zunehmend auch vergöttlichte Personifikationen abstrakter Begriffe, wie z.B. Tugend oder Vergeltung, im Hymnus anzurufen (dazu Käppel [2005] XVsq. XX), wird damit gleichfalls abgebrochen zugunsten der Anbetung des einen – nicht bloß universalistisch abstrakt, sondern personal vorgestellten – Gottes, der diese Begriffe, sofern seiner würdig, in sich vereinigte. Zellers (1903) 281¹ Bemerkung: "dass Zeus die Gottheit im absoluten Sinn bedeute, war damals von den Stoikern her allgemein anerkannt, und so war jenes Zugeständnis [sc. den Gottesnamen ersetzt zu haben] für Aristobul durchaus unverfänglich: seine Textänderung war ja hier nur eine dem Sinn des Dichters entsprechende Erläuterung" wird daher dem Sachverhalt nicht ganz gerecht.
106 Für welche der einleitende Zeushymnus der *Phainomena* ein beredtes Zeugnis darstellt; vgl. gleich V. 2 die Verschiebung des Bereichs der ἀγυιαί von Apollon ἀγυιεύς auf Zeus und

welche schon mit den monotheisierenden Hymnen der griechischen Philosophie einsetzt, aber nicht konsequent vollendet wird, findet hier durch den Ersatz eines einzigen Worts ihr jüdisches Ende.

2.4 Verfälschung des echten Texts?

Die neuere Forschung hat die Perihairesis des Gottesnamens zum Anlaß genommen, Aristobulos die Verfälschung des originalen Wortlauts der *Phainomena* vorzuwerfen. Eine solche Verfälschung stimme zu dem Befund, daß auch in anderen seiner Fragmente Verse aus der griechischen Dichtung angeführt würden, die bei den vorgeblichen Autoren, etwa Homer oder Hesiod, gar nicht zu finden seien oder zumindest teilweise in anderem Wortlaut. Aristobulos dürfe daher als ein prominentes, weil namentlich bekanntes, Beispiel, ja Vorbild für das später auch sonst nachweisbare, offenbar weit verbreitete Verfahren[107] gelten, griechische Texte im jüdischen Sinn entweder zu fälschen und berühmten Autoren unterzuschieben oder echte Texte interpolatorisch zu verfälschen.

Diese Sicht der Dinge ist kritikwürdig: Der Frage, ob Aristobulos selbst die in ihrer Echtheit zweifelhaften Homer- und Hesiodverse gar nicht manipuliert, sondern aus einer bereits von einem jüdischen Vorgänger angelegten Sammlung echter und gefälschter Auszüge aus griechischer Poesie, die ihrerseits möglicherweise auf Exzerpte pythagoreischer Provenienz zurückgegangen sein könnte, entnommen habe[108], soll an dieser Stelle nicht erneut nachgegangen werden. Doch erlaubt sein Zugriff auf den Zeushymnus der arateischen *Phainomena* einige wichtige Rückschlüsse auf eine bestimmte Zitierpraxis, die mit dem Begriff der Textverfälschung kaum angemessen beschrieben ist[109]:

---

dazu Kidd (1997) 165: "The Stoic Zeus has now supplanted the older gods, and the cosmos is now monotheistic [?]".
107 Vgl. dazu Norden (1912) 122; Bousset (1966) 28f. 73; van der Horst (1989) 1454; Dawson (1992) 80; Gruen (2002) 222 und Knöbl (2012) 19f.
108 Vgl. Freudenthal (1875) 167f.; Walter (1964) 37. 150/201; Hengel (1971) 250f. 294/96; Speyer (1971) 162; Schürer (1986) 583f. und jetzt maßgeblich Doering (2005) 11/15 (mit der neueren Literatur).
109 Die von der Forschung zuweilen vorgebrachte Vermutung, daß Aristobulos tatsächlich nur den Eingang der *Phainomena*, also den Zeushymnus, aus einem Florilegium theologischer Texte griechischer Herkunft kannte, ist nicht zwingend. Die hellenistischen Schriften der Bibel bezeugen das jüdische Interesse an der Sternenkunde und ihre kritische Beachtung (vgl. z.B. Sirach 42f. sowie Sap. 7, 17/19 und 13, 1/9, die sich zu einem Vergleich mit Arat aufdrängen; dazu Charlesworth [1987] passim). Den Griechen war dieses Interesse bekannt (vgl. zu Theophrasts Περὶ εὐσεβείας Stern [1976] 10). Daß sich Aristobulos seinerseits eingehend mit dem

a) Der Auszug aus Arat ist, wie schon der vorangehende aus Orpheus, explizit als ein Zitat markiert, mit welchem Aristobulos den laufenden Textfluß der eigenen Darstellung unterbricht, und zwar durch die Einleitung des zitierten Versblocks, in welcher der Autor des angeführten Texts namentlich identifiziert wird (καὶ Ἄρατος δὲ περὶ τῶν αὐτῶν φησιν οὕτως). Bei den Eingangsversen der *Phainomena* handelt es sich um einen berühmten Text, der einer Vorstellung eigentlich kaum bedürfte; mehr als den Namen des Dichters Arat zu nennen scheint Aristobulos daher nicht notwendig, um das Publikum auf die zitierte Stelle zu verweisen. Abgesehen von der ausführlicheren Einleitung der orphischen Verse[110] wiederholt sich dieses Verfahren bei den übrigen Zitaten aus griechischen Dichtern[111], die, allesamt große Autoritäten der frühen Poesie, bloß

Thema befaßte, läßt sich aus den erhaltenen Fragmenten zweifelsfrei ersehen (vgl. F 1 Holladay; dazu Denis [2000] 1229 und von Stuckrad [2010] 308/10; vgl. auch Long [1974] 42f. und Fakas [2001] 176f.).

110 Aristoteles hatte schon in seiner frühen Schrift Περὶ φιλοσοφίας ernsthafte Bedenken gegen die Historizität des Dichters Orpheus vorgebracht und in Übereinstimmung mit anderen, z.B. den Pythagoreern, die Authentizität "sogenannter" (λεγομένοις) orphischer Verse angezweifelt (vgl. Aristot. F 7 Rose³). Aristobulos legt auf die Autorschaft des mythischen Sängers hier besonderes Gewicht. Daß in der schwierigen Wendung ... Ὀρφεὺς ἐν ποιήμασι τῶν κατὰ τὸν ἱερὸν λόγον αὐτῷ λεγομένων οὕτως ἐκτίθεται ... (F 4, 18/20 Holladay) mit ἱερὸς λόγος die Bibel gemeint sein soll (so Riedweg [1993] 45 sowie Matusova [2010] 31 und [2015] 92. 95), ist schwer vorstellbar; abgesehen davon, daß der Titel ἱερὸς λόγος in Bezug auf orphisches Schrifttum bekannt ist, begegnet die Junktur κατὰ τὸν ἱερὸν λόγον auch in anderen Kontexten, etwa bei Hekataios Abderites, der dem jüdischen Exegeten gut bekannt war, über Pythagoras in Ägypten (s. unten S. 169). Es scheint, als ob Aristobulos hier gar nicht einen genaueren Werktitel angeben, sondern den Inhalt der Verse näher bestimmen möchte, und zwar so, daß Orpheus als religiöser Dichter, der "gemäß dem Hieros Logos" gekündet habe, vorgestellt wird.

111 Die antike Zitierpraxis vor und um Aristobulos ist in dieser Hinsicht nicht auf einen einfachen Nenner zu bringen: Hochberühmte Texte, deren intime Kenntnis man beim breiten Publikum voraussetzen durfte, wie z.B. die homerischen Epen, werden immer wieder ohne Angabe des Autors oder des Werks zitiert. Diese Methode "setzt immer eine Vertrautheit der Leser mit den Autoren voraus, die häufig sehr umfangreich angenommen wird" (Stemplinger [1912] 179; auch 202; vgl. zudem Díaz Lavado [2010] 32; Behrendt [2010] 115/22 und Tischer [2010] 104f. allgemein zur Zitatmarkierung). In späterer Zeit sind in dieser Hinsicht auffällig etwa die Neuplatoniker, die dazu neigen, Auszüge aus älterem Material der Vorgänger ihrer eigenen Schule nicht zu kennzeichnen (vgl. Blumenthal [1981] 213 und Inowlocki [2006] 36; dazu auch Stanley [1992] 274); doch gerade Porphyrios liefert ein für die Antike ganz typisches Beispiel des Gelehrten, der seine Zitate an bestimmten Stellen mit genauen Quellenangaben belegt, an anderen jedoch gar keine liefert (vgl. dazu Pötscher [1964] 120/22 und Bouffartigue – Patillon [2003a] XXV/XXXVII). Zitatmarkierung mit zusätzlicher Angabe des Autors, des benutzten Werks oder gar der Werkstelle begegnet gleichfalls nicht selten – selbst "der Dichter", also Homer, kann ausdrücklich identifiziert werden, zuweilen unter Nennung der verarbeiteten

mit Namen vorgestellt werden, ohne genauere Verweise, etwa auf das Werk, in dem sich die zitierte Stelle fände:

F 4, 17/26 Holladay: (Pseudo)Orpheus
F 4, 72 Holladay: Arat
F 5, 110f. Holladay: Hesiod
F 5, 117f. Holladay: Homer
F 5, 137f. Holladay: Linos

Die Praxis des namentlichen Verweises, die Aristobulos anwendet, um die Entlehnung mosaischer Weisheit in die griechische Literatur an ganz bestimmten Beispielen vermeintlich evidenter Ähnlichkeit aufzuweisen, tritt damit in einen gewissen Gegensatz zu eben jener Entlehnung selbst, welche die genannten griechischen Autoren ja betrieben haben sollen, ohne ihre Abhängigkeit von Moses offen einzugestehen.

b) Und doch ersetzt Aristobulos eben in den hochberühmten Versen Arats das wichtigste Wort, den Namen des im Hymnus besungenen Gottes, des allmächtigen Zeus, durch das jüdisch-monotheistisch aufzufassende θεός. Die Nutzung des Zitats wird hier also verbunden mit Kritik[112], ja Korrektur. Von einer beiläufigen Modifikation des Wortlauts kann, wie schon angedeutet, keine Rede sein: Die Aufmerksamkeit des Lesers, der nach der oben geschilderten Form der Zitateinbettung von dem Eingriff in den Text überrascht wird, soll gerade auf diese Stelle gelenkt werden. Der scharf hervorstechende Kontrast des gegen die Erwartung veränderten Textstücks wirkt wie die entscheidende Pointe. Warum, liegt auf der Hand – das Zitat selbst stellt in seinem vom Exegeten modifizierten Wortlaut die Autoritätsverhältnisse klar: Arat schöpfte in seinen *Phainomena*

---

epischen Episode (vgl. zu Platon Labarbe [1949] 39/45 u.ö. sowie Inowlocki [2006] 36). Stemplinger (1912) 180f. weist darauf hin, daß Aristoteles und seine peripatetischen Nachfolger eine "Vorliebe für genauere Quellenangaben" auszeichnete, oft unter Nennung des Autorennamens; auch der Epikureer Philodem von Gadara scheint seine Quellen besonders präzise und umfangreich angegeben zu haben (vgl. Delattre [1997] 118/20 und Inowlocki [2006] 39).

112 Einen fremden Text zu zitieren, um ihn sogleich der Kritik zu unterziehen, ist dabei ein in der griechischen Literatur vielgeübtes Verfahren; vgl. beispielhaft nur Aristot. gen. an. 736a1/21 gegen Ktesias und Herodot. Kommunikationstheoretisch wäre dieser Vorgang noch weiter zu analysieren: Fungiert das Zitat eines fremden Prätexts zunächst als Digression aus dem vorliegenden Text (vgl. dazu Behrendt [2010] 115/22 und [2013] 46f. mit Literatur), dann wird diese durch den Eingriff des Autors in eben jenen Prätext eines anderen Verfassers gleichsam "gestört" und auf den Kontext der eigenen Argumentation zurückorientiert.

aus der Weisheit der biblischen Offenbarung, verband sie jedoch mit dem Namen des griechischen Zeus. Nach den Kriterien einerseits der theologischen Wahrheit, andererseits der (chronologischen) Priorität an Erkenntnis kann nur Arat auf Moses hin korrigiert werden, nicht umgekehrt, und so wendet Aristobulos die zitierten Verse auf die Einsicht in Gott, das heißt: nicht in Zeus, sondern in den einen θεός. Deutlich wird diese Dialektik nicht zuletzt in der apologetischen Bemerkung, mit der Aristobulos seine Zitate aus Orpheus und Arat rechtfertigt: οὐκ ἀπεοικότως οὖν τοῖς ἐπεζητημένοις προενηνέγμεθα ταῦτα – hätte er sie unkorrigiert angeführt, wäre der griechische Einwand, Orpheus und Arat handelten doch überhaupt nicht von dem Gott Mose, sondern von Zeus, und dürften deshalb nicht als Gewährsmänner biblischer Wahrheit ins Feld geführt werden, schlagend[113]. Der sich an das korrigierte Zitat anschließende Kommentar führt dann – weit entfernt davon, nur scheinheiliger Selbstschutz eines Verfälschers zu sein, der in einer derart berühmten Passage nicht heimlich habe vorgehen können[114] – zu einer grundsätzlichen theologischen Einsicht.

Jahrhunderte später bekennt der Neuplatoniker Porphyrios in der Einleitung zu seiner Schrift, die heute unter dem lateinischem Titel *De philosophia ex oraculis haurienda* zitiert wird, unmittelbar im Anschluß an den feierlichen, formelhaften Schwur, die heiligen Orakelsprüche strengstens zu bewahren, er habe deren Wortlaut eigenmächtig verändert – wobei allerdings seinem Vorgeben nach der Sinn des Verkündeten unangetastet geblieben sei (ed. Smith, S. 352f. – ebenfalls aus der *Praeparatio* Eusebs, nämlich 4, 7, 1):

... τοὺς θεοὺς μαρτύρομαι ὡς οὐδὲν οὔτε προστέθεικα οὔτε ἀφεῖλον τῶν χρησθέντων νοημάτων, εἰ μή που λέξιν ἡμαρτημένην διώρθωσα ἢ πρὸς τὸ σαφέστερον μεταβέβληκα ἢ τὸ μέτρον ἐλλεῖπον ἀνεπλήρωσα ἤ τι τῶν μὴ πρὸς τὴν πρόθεσιν συντεινόντων διέγραψα, ὡς τόν γε νοῦν ἀκραιφνῆ τῶν ῥηθέντων διετήρησα, εὐλαβούμενος τὴν ἐκ τούτων ἀσέβειαν μᾶλλον ἢ τὴν ἐκ τῆς ἱεροσυλίας τιμωρὸν ἐπομένην δίκην. ἕξει δὲ ἡ παροῦσα συναγωγὴ πολλῶν μὲν τῶν κατὰ φιλοσοφίαν δογμάτων ἀναγραφήν, ὡς οἱ θεοὶ τἀληθὲς ἔχειν ἐθέσπισαν ...

... bei den Göttern bezeuge ich, daß ich weder irgendwelche Zusätze gemacht noch irgendetwas weggenommen habe von dem Inhalt der Weissagungen, es sei denn, daß ich manch fehlerhafte Lesart korrigiert oder mit dem Ziel der Verdeutlichung Änderungen vorgenommen oder das

---

113 Vgl. Holladay (1995) 223; auch Walter (1964) 132/34; Kraus Reggiani (1982) 95f.; Roetzel (1992) 172f. und Goodman (1995) 39.
114 So schon Valckenaer (1806) 87; Norden (1912) 122[2] und Speyer (1971) 162; anders Hengel (1971) 250[1] und (1988) 483[51].

Metrum dort, wo es unvollständig war, ergänzt oder das, was sich nicht auf das Thema bezog, gestrichen habe; dabei habe ich den Sinn des Gesagten unversehrt bewahrt, weil ich den Frevel, der darin liegt, mehr fürchtete als die Strafe, die auf Tempelraub steht und ihn rächt. Die vorliegende Sammlung aber wird eine Aufzeichnung vieler philosophiegemäßer Weisungen enthalten, wie sie der Verkündigung der Götter gemäß das Wahre enthalten [vgl. auch die folgende Mahnung, das in der Schrift Gesagte nicht weit zu verbreiten, sondern als esoterisches Wissen zu behandeln].

Wenn Porphyrios hier die eigenen Eingriffe in den Text der überlieferten Orakel dadurch rechtfertigt, sie entstellten deren Aussage, deren Wahrheit nicht, die Retuschen an der Lexis, die er als Korrekuren von Überlieferungsfehlern, bloße Verdeutlichungen (vgl. πρὸς τὸ σαφέστερον μεταβέβληκα), sprachlich-stilistische Besserungen und Tilgungen von für den Zusammenhang des eigenen Werks Überflüssigem ausgibt, blieben also folgenlos für den Inhalt[115], dann unterscheidet sich dieses Bekenntnis von demjenigen, das Aristobulos über die Korrektur Arats vorlegt, in einem entscheidenden Punkt[116]: Auch für den jüdischen Exegeten ist die διάνοια der zitierten Verse entscheidend, weil in Bezug auf Gott wahr – und doch ist der Gottesname Zeus in λέξις und νοῦς falsch, korrekturbedürftig, zu ersetzen.

c) Das so charakterisierte Verfahren des jüdischen Exegeten unterscheidet sich von anderen in der Antike geläufigen Zitierweisen, bei denen ein originaler Text nicht unbedingt wörtlich wiedergegeben wird, sondern absichtliche Veränderungen durch den Zitierenden erfahren kann[117]. So ist es zunächst nicht zu ver-

---

115 Vgl. dazu Whittaker (1989) 69f.; Inowlocki (2006) 40f., die allerdings in dieser, die tatsächlichen Eingriffe in die Orakeltexte nicht adäquat beschreibenden *captatio benevolentiae* zu Unrecht eine typisch antike Haltung gewisser Nonchalance gegenüber dem exakten Wortlaut eines fremden Texts ausmacht (vgl. schon [2005] 56/58 u.ö.; ähnlich auch Díaz Lavado [2010] 29f. u.ö.) und Mülke (2008) 230/34.
116 Inowlockis (2006) 45 Ansicht: "This clearly demonstrates that in the ancient world interpretation requires deliberate lexical changes ... The philosopher [sc. Aristobulos] intervenes in the text he cites while explicitly asserting that he has not tempered with its meaning. In his own view, he has only established the truth" (vgl. schon [2005] 58) ist daher widersprüchlich. Für Aristobulos erforderte der Eingriff eine Rechtfertigung, und eben die Bedeutung des griechischen Götternamens Zeus entsprach nicht der Wahrheit. Der richtigen, wahrheitsgemäßen Dianoia wie Aristobulos solchen Vorrang einzuräumen war in der zeitgenössischen Literaturkritik keineswegs selbstverständlich (vgl. Schironi [2009] 309).
117 Eine überaus nützliche Materialsammlung zu wörtlichen Zitaten wie auch zu freieren Übertragungen bietet noch immer Stemplinger (1912) 185/275. Gut erschlossen sind etwa die Homerzitate bei Platon (Lohse [1967] passim und Westermann [2002] 271f.) und Plutarch (vgl.

wechseln mit dem sogenannten "freien" Zitieren: Zwar ähnelt dieses der von Aristobulos angewandten Methode dadurch, daß der Verweis auf einen fremden Text ebenfalls meist als Zitat markiert und der originale Wortlaut nicht selten erheblich verändert wird, beruht jedoch auf anderen Gründen, sei es, daß der aus dem Gedächtnis Zitierende[118] sich nur ungenau an die echte Textfassung der Vorlage erinnert, sei es, daß der Eindruck pedantischer Gelehrsamkeit gerade dadurch vermieden werden soll, daß absichtsvoll vom Original abgewichen wird[119]. Nicht zuletzt erschwerte der Grundsatz der stilistischen Einheitlichkeit eines literarischen Texts "allein schon ein bloßes Abschreiben von Zitaten ... bei allen Werken, die nicht bloß wissenschaftliche Materialsammlungen oder Kollektaneen sein wollten"[120].

Auf einem anderen Blatt stehen auch solche Zitate, in denen die ausgezogenen Texte stillschweigend verändert werden – eine Praxis, die zum in der gesamten Antike weitverbreiteten Phämomen der absichtsvollen Manipulation fremder Texte zu zählen ist. Mit Aristobulos und seinem Eingriff in die arateischen Verse hat schon Yehoshua Amir Zitate hochberühmter griechischer Texte, etwa der V. 287/92 aus Hesiods *Erga*, im *Corpus Philonicum* zusammengebracht, in denen "monotheistische Korrekturen" der Vorlage festzustellen sind[121], die sich allerdings eben dadurch unterscheiden, daß sie nicht explizit markiert sind – auch wenn das Publikum sie wahrnehmen sollte. Spätere Belege für solche Zitatentstellungen, die dem Publikum nicht unmittelbar einsichtig gemacht werden, sind Legion, vor allem aus der Kaiserzeit, ohne daß man daraus auf einen Mangel an Authentizitätsbewußtsein bei den Autoren oder dem Publikum schließen dürfte[122]. Beispielhaft möge hier der Hinweis auf drei spätere Autoren

---

Díaz Lavado [2010] passim). Aus neuerer Zeit sind instruktiv die Beiträge im Sammelband Darbo-Peschanski (2004) sowie die allgemeinen Ausführungen bei Stanley (1992) 3/61; Binternagel (2008) 195/203 und Díaz Lavado (2010) 9/58. Vgl. zu Ciceros Zitaten griechischer Philosophen auch Spahlinger (2005) passim; Zawadzki (2011) passim und Tischer (2013) 412. 420f. 428 u.ö. (mit neuerer Literatur).

118 Vgl. dazu im einzelnen Stemplinger (1912) 242/45.
119 So erhellt etwa aus Cicero, daß bei der Emendation eigener Schriften vor deren Veröffentlichung gerade die Zitate fremder Texte auf Fehler kontrolliert wurden (vgl. etwa Att. 12, 6a, 1 und dazu Tischer [2013] 416[11]).
120 Stemplinger (1912) 245.
121 Vgl. Amir (1993) passim.
122 *Pace* Inowlocki (2006) 41f. 47. Vgl. zum Thema im ganzen Mülke (2008) passim. Nur die Einzelfalluntersuchung kann erweisen, welche Absichten einen zitierenden Autor zur stillschweigenden Zitatmanipulation veranlaßten. Die möglichen Motive gleichen dabei denen der antiken Diaskeuasten, die in die handschriftliche Überlieferung fremder Texte eingriffen, und können sowohl den Inhalt als auch die sprachlich-stilistische Form betreffen; dem Zitat eher

genügen: Der stoische Allegoriker Kornutos, der im ersten nachchristlichen Jahrhundert seine *Einführung in die griechische Götterlehre* veröffentlichte, ersetzt im Zitat des homerischen Verses Ἠελίου ὅς πάντ' ἐφορᾷ καὶ πάντ' ἐπακούει (Od. 11, 109) absichtsvoll, aber stillschweigend und ohne besondere Markierung des Zitats gerade den Namen des Gottes: πάντ' ἐφορᾷ Διὸς ὀφθαλμὸς καὶ πάντ' ἐπακούει (epidr. 11 [ed. Ramelli, S. 192])[123]. Plutarch, der sich in seinem umfangreichen Œuvre immer wieder des Mittels, ältere Texte zu zitieren, bedient, schreckt vor den typischen Maßnahmen diaskeuastischer Textentstellung, also der Tilgung, der Ergänzung, des Ersatzes echten Textguts und der Veränderung der Wortfolge nicht zurück, nicht einmal bei Autoritäten wie Platon[124]. Schließlich zitiert Porphyrios (abst. 4, 11, 7) aus Flavius Josephus, unterschlägt dabei aber, etwa in der Beschreibung der Essener, solche Details, die seinen eigenen philosophischen Überzeugungen zuwiderlaufen[125], und fügt anderswo Wörter hinzu, welche die Vorlage eben diesen anzunähern geeignet sind – "Porphyry was especially gifted in manipulating texts"[126].

Übrigens erweist dieser Zusammenhang, daß die alte These, Aristobulos dürfe chronologisch nicht mit Ptolemaios VI. Philometor in Verbindung gebracht werden, weil einem solchen "Protector der Homerstudien in Alexandria"[127] kaum unsaubere Homerverse hätten vorgetragen werden können, auf einer fragwürdigen Auffassung homerischer Agrapha und hellenistischer Homerzitate im allgemeinen beruht. Schon ein kurzer Blick auf Heraklits *Allegoriae*

---

eigentümlich sind hingegen unmarkierte Anpassungen an die Syntax des umgebenen Texts, die häufig dort auftreten, wo das betreffende Zitat selbst insgesamt unidentifiziert bleibt. Bemerkenswert: Ähnlich wie bei der diaskeuastischen Verfälschung der handschriftlichen Überlieferung scheint auch bei Zitatentstellungen die Tilgung mit Abstand am beliebtesten zu sein. Stanley (1990) 76 und (1992) 273 betont übrigens mit Recht, daß aus den häufigen intentionalen Eingriffen in zitierte Texte nicht geschlossen werden darf, die antiken Autoren hätten grundsätzlich unsauber zitiert: "When one takes into account the difficulties associated with unraveling a bulky scroll to find and check references ... it is rather the *faithfulness* of the authors of this period [sc. der Kaiserzeit] to the wording of their sources that appears remarkable"; vgl. zu Cicero auch Zawadzki (2011) 80/83.

123 Vgl. zu dieser Stelle auch Siegert (1996) 157; vgl. anders Berdozzo (2009) 127: "Dieser Vers ist nirgendwo sonst überliefert. Eine Parallele ist Hom., *Il.* III 277".

124 Vgl. dazu Inowlocki (2006) 41 sowie Whittaker (1989) passim zu Alkinoos und seinem Platonlehrbuch *Didaskalikos*.

125 Vgl. zur Stelle Patillon – Segonds – Brisson (2003) 19[165].

126 Inowlocki (2006) 41. 44; vgl. schon Bernays (1866) 24/28; Bouffartigue – Patillon (2003) XXV/XXXVII mit Belegen.

127 Gercke (1896) 919, ähnlich schon Kuenen (1883) 209 und Drummond (1888) 244 sowie jetzt wieder Knöbl (2012) 19f.; vgl. dazu Valckenaer (1806) 86 und Freudenthal (1875) 167f. (mit älterer Literatur).

Homericae offenbart, daß selbst dieser dezidierte Apologet homerischer Poesie in direkten Zitaten nicht nur grammatisch die aus den Epen ausgezogenen Stellen seinem eigenen Kontext einpaßt, sondern auch solche Verse und insbesondere göttliche Epitheta, die seiner allegorischen Auslegung der Gedichte hinderlich zu sein scheinen, zu unterdrücken strebt oder einzelne Wörter ergänzt, um das Original besser in den neuen Kontext einzufügen. Selbst die Anpassung der Vorlage an die eigenen Argumentationsziele kommt vor[128], so etwa gleich zu Beginn in 2, 1, in der programmatischen Einleitung, wo die Überlegenheit des höchsten Gottes Zeus vor den anderen Göttern durch die Ersatzfassung eines Worts stärker betont wird (ed. Russell – Konstan, S. 2f.):

δι' ὧν σαφὲς οἶμαι καὶ πᾶσιν εὔδηλον, ὡς οὐδεμία κηλὶς ἐναγῶν μύθων τοῖς ἔπεσιν ἐνέσπαρται· καθαρὰ δὲ καὶ παντὸς ἀγνεύουσα μύσους Ἰλιὰς πρώτη καὶ μετὰ ταύτην Ὀδύσσεια σύμφωνον ἑκατέρα περὶ τῆς ἰδίας εὐσεβείας κέκραγε φωνήν·
"οὐκ ἂν ἔγωγε θεοῖσιν ἐπουρανίοισι μαχοίμην"·
"νήπιοι, οἳ Ζηνὶ μενεαίνομεν ἰσοφαρίζειν"[129].

Dadurch ist, meine ich, evident und allen vollkommen klar, daß kein einziger Fleck fluchbeladener Mythen die Verse entstellt; lauter und von jedem Greuel rein künden laut beide, zuerst die *Ilias* und nach dieser die *Odyssee*, einstimmig von ihrer eigenen Frömmigkeit:
"Nicht könnte ich wohl kämpfen gegen die himmlischen Götter" [Diomedes in Il. 6, 129]
"Törichte, die wir mit Zeus uns zu messen verlangen" [Hera in Il. 15, 104].

Fernzuhalten ist desweiteren die Gleichsetzung mit dem, was neuerdings intertextueller Verweis, früher literarische Anspielung genannt wurde. Diese zeichnet sich im allgemeinen dadurch aus, daß ein Autor durch eine zwar als solche vom kundigen Publikum identifizierbare, aber doch in den eigenen Text integrierte und verarbeitete Referenz einen bekannten älteren in Erinnerung rufen möchte, um ihn zu bestätigen, um von ihm bestätigt zu werden, um ihm Anerkennung zu erweisen und sich selbst in seine Nachfolge zu stellen, um über *imitatio* hinauszugehen und durch *aemulatio* in formalen oder inhaltlichen

---

128 Vgl. Inowlocki (2006) 43f. Ähnliches hat man für einen anderen großen Bewunderer Homers, den Verfasser der Schrift Περὶ ὕψους, konstatiert; vgl. dazu West (1995) passim und Usher (2007) passim (mit Literatur).
129 Anders die handschriftliche Überlieferung: νήπιοι, οἳ Ζηνὶ μενεαίνομεν ἀφρονέοντες (v.l. ἀφραδέοντες). Vgl. Stanley (1992) 283 mit weiteren Beispielen und schon (1990) 68: "... it seems clear that Heraclitus' overarching program of setting forth a thorough defense of Homer has had a profound effect on the way he goes about actually citing the Homeric text".

Wettstreit mit der Vorlage zu treten[130] und vieles andere mehr. Auch von jenen Zitaten, die der offenen Parodie eines Vorbilds dienen sollen und dabei nicht selten mit Änderungen der Vorlage einhergehen, trennt das von Aristobulos gewählte Verfahren ein weiter Abstand. Zwar zielt die Parodie nicht selten auf die Richtigstellung eines als falsch empfundenen Gedankens, doch geht ihr in dem Bestreben "mit Geist und Witz"[131], aber zuweilen auch mit schneidender Polemik Kritik zu üben, der Ernst ab, der die theologisch begründete Entscheidung des jüdischen Exegeten charakterisiert. Die rezipierte Passage ist in all solchen Fällen jedenfalls nicht mehr ein isolierter oder heraustrennbarer Fremdkörper, sondern unabdingbares Element des neuen Texts[132]. "Wesentlich ist die ... Erkenntnis, daß die Griechen nur für streng gelehrte Werke ... die Verpflichtung zur Quellenangabe anerkannt haben ... Von dieser Verpflichtung entbunden ist derjenige, der ... das *certare* sich zum Ziel gesetzt hat, die künstlerische Umstilisierung, das Streben, es dem Vorgänger gleichzutun oder ihn zu übertreffen"[133]. Aus den unzähligen Belegen für solche Anspielungen sei hier nur ein Beispiel beigebracht, das schon in der Antike als Paradigma poetischer Zitatmodifikation besprochen wurde: Berühmt war der Vers φαγέδαινα < > ἥ μου σάρκα θοινᾶται ποδός aus dem euripideischen *Philoktet* (F 792 Kannicht), in dem der Dichter den Vers φαγέδαινα < > ἥ μου σάρκας ἐσθίει ποδός aus dem gleichnamigen Drama des älteren Tragikers Aischylos (F 253 Radt) abwandelte[134]. Diesen Fall kommentiert Aristoteles in seiner *Poetik* wie folgt (1458b13/31 [ed. Kassel, S. 37f.]): Metaphern und Glossen, angemessen eingesetzt, verliehen dem Ausdruck Erhabenheit und Kraft. Um sich diesen Effekt vor Augen zu führen, genüge es, sie in einem bekannten Text mit üblichen, nicht übertragenen Wörtern zu ersetzen (ἐντιθέναι bzw. μετατιθέναι):

---

130 Vgl. dazu Mülke (2010) passim (mit Literatur).
131 Vgl. Stemplinger (1912) 207 mit Beispielen.
132 Vgl. Spahlinger (2005) 29 und Zawadzki (2011) 20f.
133 Ziegler (1950) 1964f.; vgl. die zwar die römische und christliche Literatur behandelnden, aber auch allgemein informativen Überblicke zum Thema bei Gall (1999) 12/49 und Freund (2000) 20/28.
134 Euripides scheint für solche offenkundigen Umarbeitungen eine besondere Vorliebe gehabt zu haben. Dafür noch zwei Beispiele (vgl. Stemplinger [1912] 266f.): Den aischyleischen Vers σιγᾶν θ' ὅπου δεῖ καὶ λόγων τὰ καίρια (F 208 Radt; vgl. aber auch Choeph. 581f. und hept. 619) verwandelt er in σιγᾶν θ' ὅπου δεῖ καὶ λέγειν ἵν' ἀσφαλές (*Ino* F 413 Kannicht), den sophokleischen γυναικομίμοις ἐμπρέπεις ἐσθήμασιν (F 769 Radt) in γυναικομίμῳ διαπρέπεις μορφώματι (*Antiope* F 185 Kannicht).

οἷον τὸ αὐτὸ ποιήσαντος ἰαμβεῖον Αἰσχύλου καὶ Εὐριπίδου, ἓν δὲ μόνον ὄνομα μεταθέντος, ἀντὶ κυρίου εἰωθότος γλῶτταν, τὸ μὲν φαίνεται καλὸν τὸ δ' εὐτελές. Αἰσχύλος μὲν γὰρ ἐν τῷ Φιλοκτήτῃ ἐποίησε
"φαγέδαιναν ἥ μου σάρκας ἐσθίει ποδός",
ὁ δὲ ἀντὶ τοῦ ἐσθίει τὸ θοινᾶται μετέθηκεν. καὶ
"νῦν δέ μ' ἐὼν ὀλίγος τε καὶ οὐτιδανὸς καὶ ἀεικής"[135],
εἴ τις λέγοι τὰ κύρια μετατιθεὶς
"νῦν δέ μ' ἐὼν μικρός τε καὶ ἀσθενικὸς καὶ ἀειδής"·
καὶ
"δίφρον ἀεικέλιον καταθεὶς ὀλίγην τε τράπεζαν"[136]
"δίφρον μοχθηρὸν καταθεὶς μικράν τε τράπεζαν"·
καὶ τὸ
"ἠϊόνες βοόωσιν"[137],
"ἠϊόνες κράζουσιν".

So offenbart sich bei Aischylos und Euripides, obschon sie denselben Iambos dichteten und Euripides nur ein einziges Wort austauschte, nämlich eine Glosse anstelle eines gewohnten Ausdrucks, der eine als schön, der andere als gewöhnlich. Aischylos nämlich dichtete im *Philoktet*:
"Das Geschwür, das mir das Fleisch am Fuß ißt",
der aber tauschte "ißt" mit "verspeist" aus. Ebenso, wenn im Vers
"Jetzt aber, gering wie er ist und nichtswürdig und kläglich"
jemand die gewohnten Ausdrücke eintauscht und sagt:
"Jetzt aber, klein wie er ist und schwach und unscheinbar";
und ebenso:
"Einen ungeziemenden Stuhl hinstellend und einen geringen Tisch"
"Einen schlechten Stuhl hinstellend und einen kleinen Tisch";
und ebenso:
"Gestade brüllen"
"Gestade schreien".

Die Ausführungen des Stagiriten sind gleich in mehrerer Hinsicht aufschlußreich: Zunächst läßt sich hier eine Terminologie greifen, die später in den Studien der hellenistischen Literaturkritik immer wieder begegnet, wenn Zitat, literarische Anspielung und Plagiat zur Debatte stehen. Weiterhin scheut sich Aristoteles nicht, den von ihm eingebrachten Fall ausdrücklich zu bewerten – der

---

135 Vgl. Hom. Od. 9, 515 (mit ἄκικυς statt ἀεικής).
136 Vgl. Hom. Od. 20, 259.
137 Vgl. Hom. Il. 17, 265.

Eingriff in den aischyleischen Vers, den Euripides mit voller Absicht dem Publikum aufdrängt, ist für ihn gelungen[138]. Schließlich macht er sich im Anschluß selbst daran, seinen stilistischen Grundsatz mit von ihm selbst zum Schlechteren veränderten Zitaten aus den Epen des größten griechischen Dichters Homer zu illustrieren, und zwar in einem Verfahren, das in der stilkritischen, aber auch philosophischen Literatur der Folgezeit bis ins Formale hinein vorbildlich werden sollte.

Schließlich lohnt die Abgrenzung zu den von der antiken Kritik vieldiskutierten κλοπαί, also von dem literarischen Diebstahl, dessen Tatbestand ja nicht bloß durch das Plagiat ganzer Schriften, sondern gerade auch durch die stillschweigende Aneignung fremden Textguts im nicht markierten Zitat erfüllt war. Diesem Gegenstück zur Fälschung, die einem fremden Namen eigene Machwerke unterschiebt, widmete sich seit dem Hellenismus[139] eine Reihe von Gelehrten unterschiedlichster wissenschaftlicher und philosophischer Provenienz, wie eine Liste offenbart, die später Porphyrios in seiner leider nur bruchstückhaft erhaltenen Schrift Φιλόλογος ἀκρόασις festhält (F 409, 53/63 Smith: Lysimachos, Alkaios, Pollio und Aretades)[140]. Die wenigen Fragmente dieser Schrift, die Euseb von Caesarea auszieht, um zu erweisen, daß schon die Griechen ihresgleichen des literarischen Diebstahls beschuldigten, geben klaren Aufschluß darüber, was bei Zitaten als κλοπή galt[141]: Ein Textstück zu übernehmen, wort-

---

138 Vgl. Stemplinger (1912) 208.
139 Vgl. Stemplinger (1912) 33/38; Ziegler (1950) 1978/84 und Grafton (2000) 1062. Die später von Vitruv in der Praefatio zum siebten Buch seines Werks *De architectura* überlieferte Geschichte, auf einem in Alexandria ausgerichteten Musen- und Apollonfest habe der Vorsteher des Museions Aristophanes vor dem König (wohl Ptolemaios V. Epiphanes; vgl. Cam [1995] 53) alle Teilnehmer des Dichterwettstreits als Plagiatoren entlarvt – bis auf einen, der beim Publikum am wenigsten Beifall gefunden habe –, ist nur dann glaubhaft, wenn schon in jener Zeit das Problem des literarischen Diebstahls zum Thema wissenschaftlicher Gelehrsamkeit geworden war (vgl. Cam [1995] 55).
140 Vgl. auch die weiteren Angaben über diesbezügliche Studien früherer Gelehrter in F 408, 60/73 Smith. In der Schrift selbst diskutieren über die κλοπαί neben anderen die Sophisten Nikagoras und Maior, der Grammatikos Apollonios, der Geometer Demetrios, der Peripatetiker Prosenes und der Stoiker Kallietes in Athen zusammen mit ihrem Gastgeber, dem berühmten Platoniker Longinus; vgl. Stemplinger (1912) 40/57; Bidez (1913) 30f.; Ziegler (1950) 1983f. und Männlein-Robert (2001) 251/92. Schon Hefermehl (1906) 286 betont mit Recht, daß derartige Untersuchungen ursprünglich wohl vom Peripatos ausgingen; vgl. Männlein-Robert (2001) 287.
141 Zu diesem *veteres transcribere ad verbum neque nominare* ist Plin. nat. praef. 20/23 erhellend. Vgl. Stemplinger (1912) 169; Grafton (2000) 1062: "Fälle, in denen ein Autor den Gebrauch des Werks eines anderen zu verbergen suchte, oder in denen er das, was er entnahm, falsch verwendete" und Männlein-Robert (2001) 276. 278f.

wörtlich[142] oder auch modifiziert (vgl. F 408, 30/46. 46/59 Smith), ohne den echten Autor anzuzeigen, ganz gleich, ob es sich dabei um historiographische Literatur, Dichtung, Reden oder Philosophie handelte.

d) Der Text der arateischen *Phainomena* wurde bereits früh "korrigiert", um ihn neuen astronomischen Erkenntnissen anzupassen[143]. Überhaupt ging über den einleitenden Zeushymnus schon bald geradezu ein "furore diortotico"[144] hinweg: Nach Ausweis der Scholien (ed. Martin, S. 33) zirkulierte neben mehreren divergierenden Fassungen des Prooemiums (διάφορα προοίμια) – darunter jene, die eine politische Anspielung auf den Makedonenkönig Antigonos einfälschte: Ἀντίγονε, ξείνων ἱερὸν θάλος – offenbar auch eine Version, in welcher der gesamte Auftakt bis V. 19 getilgt war (ἀπροοιμίαστα). Überdies fällt genau in die Zeit, als Aristobulos in Alexandria seine Exegese der mosaischen Nomothesie vorlegte, eine höchst kontroverse, für die Entwicklung der griechischen Wissenschaft grundsätzlich bedeutsame Auseinandersetzung um die astronomische Validität des arateischen Lehrgedichts. Ebendiese hatte der oben schon erwähnte Astronom Attalos von Rhodos, offenbar gegen heute nicht mehr genau zu identifizierende Kritiker, verteidigt (Hipp. comm. in Arat. 1, 1, 5f.), und auch ein heute kaum noch überlieferter Zeitgenosse (oder Schüler) Chrysipps, der Stoiker Boëthos von Sidon[145], soll einen ausführlichen Kommentar zu den *Phainomena* vorgelegt haben. Ihren vorläufigen Höhepunkt erreichte die kritische Beschäftigung mit Arat, als dann in der zweiten Hälfte des Jahrhunderts, also sicher nach Aristobulos[146], Hipparchos von Nikaia eine umfangreiche Schrift gegen jenen Attalos herausgab, nach heutigem Forschungsstand den ältesten überhaupt noch vollständig erhaltenen wissenschaftlichen Kommentar hellenistischer Gelehrsamkeit zu einem literarischen Werk älterer Zeit[147]: "Hipparchus was ... one of many Hellenistic scientists to explore poetry"[148].

---

142 Vgl. die Wendungen αὐταῖς λέξεσιν und αὐτοῖς ὀνόμασιν in F 408, 13f. 18; 409, 13. 32 Smith sowie die Junktur κατὰ λέξιν in F 409, 5 Smith.
143 Vgl. auch Bickerman (1988) 227.
144 Fantuzzi (1980) 167.
145 Vgl. von Arnim (1897) 602f. und Inwood (1997) 724. Die genaue Identifizierung und Datierung seiner Person ist bis heute umstritten. Die erhaltenen Fragmente finden sich im dritten Band der *Stoicorum veterum fragmenta*.
146 Luiselli (2015) 1234 datiert Hipparchs Werk um 140 vor Christus, Bishop (2016) 379 (mit Literatur) "some time between 147 and 127 BCE".
147 Vgl. Dickey (2007) 56f. und (2015) 482; Dubischar (2015) 560 sowie Luiselli (2015) 1217, der richtig betont, daß es sich gleichwohl nicht um einen "line-by-line commentary" handelt.
148 Bishop (2016) 384. Vgl. Martin (1998) LXXXVI.

Hipparchos stieß sich an den astronomischen Fehlern und Ungenauigkeiten[149], welche er in den vielgelesenen *Phainomena* auf Basis seiner eigenen exaktmathematischen Forschungen minutiös nachwies, richtete seine Kritik aber vor allem gegen Attalos selbst, der es, obschon ὁ καθ' ἡμᾶς μαθηματικός, dennoch sachlich falsch und das in der schwierigen Materie unkundige Publikum des Gedichts irreführend unternommen habe, den Dichter zu entlasten und seine Verse zu rechtfertigen (comm. in Arat. 1, 1, 6f.; 1, 3, 1). Aus dieser Debatte läßt sich im Vergleich mit Aristobulos folgendes gewinnen: Zum einen hält Hipparchos wiederholt – und gegen, wie er betont, die Zweifel der noch kontroversen Debatte zeitgenössischer Forschung (comm. in Arat. 1, 2, 1) – fest, Arat sei in seinen astronomischen Aussagen eng dem Vorgänger Eudoxos von Knidos gefolgt (vgl. etwa comm. in Arat. 1, 1, 8f.; 1, 2, 1; 1, 3, 1; 1, 3, 8; 1, 9, 9; 1, 9, 13; 1, 10, 13; 2, 1, 26; 2, 2, 6; 2, 2, 59; 2, 3, 12 u.ö. das Adverb ἀκολούθως und das Verb κατακολουθέω), ohne dies offen zuzugeben[150], ja er bezeichnet das Verfahren des Dichters gar als παραγράφειν (1, 2, 4; 1, 2, 16; 1, 2, 21; 1, 4, 2; 2, 2, 36; 2, 2, 46; 2, 3, 12 u.ö.), also als bloße Verstranskription des älteren Prosatraktats. Zum anderen behauptet Hipparchos zwar, der gedankliche Gehalt (vgl. schon oben S. 15: διάνοια!) der *Phainomena* sei aufgrund ihres konzisen und klaren Stils kaum erklärungsbedürftig (comm. in Arat. 1, 1, 4 [ed. Manitius, S. 4]): ἁπλοῦς τε γὰρ καὶ σύντομός ἐστι ποιητής, ἔτι δὲ σαφὴς τοῖς καὶ μετρίως παρηκολουθηκόσι[151], argumentiert kurz darauf aber kritisch eben gegen ihre dichterische Form – die Wirkung der poetisch anmutigen Verse verleihe auch ihren astronomischen Aussagen gewissen Eindruck wissenschaftlicher Verläßlichkeit (comm. in Arat. 1, 1, 7 [ed. Manitius, S. 4. 6]): ἡ γὰρ τῶν ποιημάτων χάρις ἀξιοπιστίαν τινὰ τοῖς λεγομένοις περιτίθησι, καὶ πάντες σχεδὸν οἱ τὸν ποιητὴν τοῦτον ἐξηγούμενοι προστίθενται τοῖς ὑπ' αὐτοῦ λεγομένοις[152]. Wer aber tatsächlich Weisheit und wissenschaftliche Erkenntnisse über die Himmelserscheinungen gewinnen wolle, bedürfe, so der Autor gleich in der Einleitung, seines eigenen kritischen Kommentars. Zwar gilt für Hipparchos: "Aratus was

---

149 Vgl. Martin (1998) LXXXVI; Netz (2009) 168; Tueller – Macfarlane (2009) 234f. 245f.; Dikkey (2015) 482; Luiselli (2015) 1223f. und Bishop (2016) 380.
150 Vgl. Martin (1998) LXXXVIII (mit Belegen). 170 (zu phain. 45/62), der die Kritik Hipparchs für übertrieben hält, die Originalität Arats also zu verteidigen sucht und die These aufstellt, der Text, den Hipparchos dem Eudoxos als Vorlage Arats zuschreibe, sei in Wahrheit jünger als die *Phainomena* und nehme auf diese, überdies fehlerhaft, Bezug; dazu auch Fantuzzi – Hunter (2004) 226f.
151 Vgl. dazu auch Bishop (2016) 381. Zum hellenistischen Stilideal der συντομία vgl. Nünlist (2015) 721.
152 Vgl. Bishop (2016) 384f.

not a scientific writer but a poet"[153] und: "… he … believes a polemical voice is necessary amidst the chorus of praise and reverence for poetry", doch fällt nach seiner Auffassung die detaillierte Untersuchung, was von dem Dichter richtig und was falsch gesagt worden sei, mithin die Analyse des Lehrgedichts auf der Höhe empirischer Astronomie, in den Bereich wissenschaftlicher Forschung und Aufklärung[154]. Schließlich: Hipparchs Kritik an Attalos bewahrt indirekt eine Vielzahl von dessen Aratinterpretationen, teilweise bis in den genauen Wortlaut hinein[155]. In der Mehrheit der Fälle, so Hipparchos, sei Attalos dem Dichter vorbehaltlos selbst dort gefolgt, wo die *Phainomena* nach wissenschaftlichem Maßstab evident falsche Lehre verbreiteten (vgl. comm. in Arat. 1, 1, 5; 1, 3, 1f.; 1, 8, 21f. u.ö.), und habe dadurch offenbart, daß er das Lehrgedicht nicht als Poesie, sondern als wissenschaftlichen Text akzeptierte. An bestimmten Stellen freilich, an denen sich die astronomischen Aussagen der *Phainomena* offenkundig nur schwer oder überhaupt nicht verteidigen ließen, habe Attalos fragwürdige Strategien der Textexegese – wie zum Beispiel spitzfindig philologische Wortauslegung oder das Postulat weiterer, exakterer Nachforschungen oder innere Erklärung durch andere Verse des Gedichts selbst – gewählt, um Arats Autorität möglichst wenig in Frage stellen zu müssen (vgl. etwa comm. in Arat. 1, 6, 12; 1, 10, 24/26). Daß der Rhodier nicht astronomisch-wissenschaftliche Empirie zum Maßstab seines Urteils machte, sondern vor allem die textimmanente Auslegung zugunsten des Dichters[156], legt Hipparchos nicht zuletzt an solchen Passagen offen, an denen die Textüberlieferung der *Phainomena* betroffen ist[157]: Bei der Entscheidung zwischen divergierenden Varianten der handschriftlichen Tradition sei Attalos nach dem konservativen Kriterium verfahren, daß die als dem Dichter anrechenbare, also echte Lesart eben diejenige sei, welche dem Befund wissenschaftlicher Observation korrekt entspreche und damit die forscherliche Akribie Arats bezeuge[158]. Zuweilen jedoch habe Attalos

---

[153] Tueller – Macfarlane (2009) 237. 246; vgl. auch Netz (2009) 169/71. Daß Hipparchos in der Durchführung seines Kommentars die poetische Form der *Phainomena* kaum thematisiert, paßt zu dieser Haltung.
[154] Vgl. comm. in Arat. 1, 1, 1/3 (unten S. 55f.); dazu Possanza (2004) 91f.; Netz (2009) 169 und Ryan (2016) 163.
[155] Vgl. Dickey (2007) 56f. und Luiselli (2015) 1225.
[156] Vgl. z.B. comm. in Arat. 1, 6, 12f.; dazu auch Dickey (2015) 482 und Luiselli (2015) 1228.
[157] Vgl. Luiselli (2015) 1224/31.
[158] Vgl. insbesondere die grundsätzlich anmutende Bemerkung in comm. in Arat. 2, 3, 23 (ed. Manitius, S. 176): καὶ τοῦτον τὸν τρόπον γραφομένου τοῦ ποιήματος τά τε φαινόμενα σωθήσεται, καὶ τὰ περὶ τῆς ζώνης [sc. das hier behandelte Sternbild] ὁ ποιητὴς οὐ μόνον ἐμπείρως,

selbst in den Text emendierend eingegriffen, so etwa in die Verse phain. 693f.: ἵππος δ' Ὑδροχόοιο μέσον περιτελλομένοιο | ποσσί τε καὶ κεφαλῇ ἀνελίσσεται ... (comm. in Arat. 2, 3, 6f. [ed. Manitius, S. 168])[159]: τούτου ἀπορουμένου ὁ δ' Ἄτταλός φησιν ἁμάρτημα εἶναι, δεῖν δὲ γράφειν οὕτως[160]· "ἵππος δ' Ὑδροχόοιο νέον περιτελλομένοιο" oder in den Vers phain. 712f.: αὐτὴ δὲ ζώνη καί κ' ἀμφήριστα πέλοιτο | ἢ Κριῷ λήγοντι φαείνεται ἢ ἐπὶ Ταύρῳ, in welchem bei dem Wort λήγοντι – auch nach Hipparchs Auffassung – ein Überlieferungsfehler vorliege (comm. in Arat. 2, 3, 20 [ed. Manitius, S. 174]):

ὅθεν καὶ ὁ Ἄτταλος κατά γε τοῦτο ὀρθῶς συνεώρακε τὸ ἀγνόημα· καὶ δεῖ τοι ἢ ὡς ἐκεῖνός φησι γράφεσθαι· "ἢ Κριῷ ἀνιόντι φαείνεται ἢ ἐπὶ Ταύρῳ", ἢ νὴ Δία, οὕτως· "ἢ Κριῷ λήγουσα φαείνεται", ὥστε τὸ "λήγουσα" ἐπὶ τὴν ζώνην ἀναφέρεσθαι.

Daher hat auch Attalos in dieser Beziehung einmal den Fehler richtig erkannt, und es muss in der That entweder geschrieben werden, wie er vorschlägt: "Ob er bei Aufgang des Widders erscheint oder erst mit dem Stiere", oder noch besser entschieden so: "Ob sein End' mit dem Widder erscheint oder erst mit dem Stiere", sodass "sein Ende" auf den Gürtel zu beziehen wäre.

(Übersetzung Karl Manitius)

ἀλλὰ καὶ ἀκριβῶς ἐξηγούμενος ἂν φαίνοιτο (vgl. auch comm. in Arat. 1, 1, 5 und 1, 9, 1); dazu Tueller – Macfarlane (2009) 243[30] und Bishop (2016) 382. 393.
159 Hipparchos weist diesen Eingriff zurück (comm. in Arat. 2, 3, 7/9), argumentiert aber seinerseits ebenfalls mit der Intention des Dichters (τὸ βούλημα τοῦ ποιητοῦ, vgl. comm. in Arat. 1, 4, 9; 1, 7, 18; 2, 2, 42 u.ö.; dazu Luiselli [2015] 1229f.). Die Stelle erlaubt einen frühen Einblick in den Widerstreit zwischen philologischer Treue zur handschriftlichen Überlieferung und wissenschaftlich legitimierter *adulteratio* fremder Texte; vgl. dazu Irigoin (1994) 68.
160 Das Kolon: δεῖν δὲ γράφειν οὕτως liefert aus Attalos (ebenso wie comm. in Arat. 2, 3, 21: ... οἰόμεθα δεῖν γράφεσθαι τὸ ποίημα τὸν τρόπον τοῦτον ... [vgl. auch 1, 6, 12 u.ö.] sowie aus Hipparch die oben gleich auszitierte Stelle comm. in Arat. 2, 3, 20), mithin aus der zeitgleichen Aratkommentierung und ihrer echtheitskritischen Arbeit am Text der *Phainomena*, eine schlagende Parallele zu Aristobulos mit seinem auf den Text des arateischen Zeushymnus bezogenen Postulat: καθὼς δὲ δεῖ, σεσημάγκαμεν περιαιροῦντες τὸν διὰ τῶν ποιημάτων Δία καὶ Ζῆνα. Während Attalos jedoch einen vermeintlichen Überlieferungsfehler zu emendieren meint, verändert Aristobulos den echten Text des Dichters in seinem eigenen Zitat. Hipparchos selbst gebraucht sonst das Verb δεῖ wie auch die Wendung ἀναγκαῖόν ἐστιν wiederholt, um einer Schlußfolgerung oder einem Gedankenschritt besonderen Nachdruck zu verleihen (vgl. z.B. comm. in Arat. 1, 8, 2; 1, 10, 25; 2, 2, 6), aber ebenfalls auch in Abwehr einer Konjektur, welche Attalos vorgeschlagen hatte (comm. in Arat. 2, 3, 9 [ed. Manitius, S. 170]): ἀναγκαῖον οὖν εἶναι δοκεῖ μοι, μὴ μετατιθέναι τὸν στίχον, ὡς ὁ Ἄτταλος ὑποδείκνύει, ἐν πᾶσί γε δὴ τοῖς ἀντιγράφοις οὕτως αὐτοῦ γραφομένου.

In großem Umfang zitiert Hipparchos gleich zu Beginn seines Kommentars die grundsätzlichen Überlegungen zu diesem textpragmatischen Verfahren, welche Attalos seiner eigenen Schrift im Prooimion vorangestellt hatte (comm. in Arat. 1, 3, 3 [ed. Manitius, S. 24]):

διὸ δὴ τό τε τοῦ Ἀράτου βιβλίον ἐξαπεστάλκαμέν σοι διωρθωμένον ὑφ' ἡμῶν καὶ τὴν ἐξήγησιν αὐτοῦ, τοῖς τε φαινομένοις ἕκαστα σύμφωνα ποιήσαντες καὶ τοῖς ὑπὸ τοῦ ποιητοῦ γεγραμμένοις ἀκόλουθα ... τάχα δέ τινες ἐπιζητήσουσι, τίνι λόγῳ πεισθέντες φαμὲν ἀκολούθως τῇ τοῦ ποιητοῦ προαιρέσει τὴν διόρθωσιν τοῦ βιβλίου πεποιῆσθαι· ἡμεῖς δὲ ἀναγκαιοτάτην αἰτίαν ἀποδίδομεν τὴν τοῦ ποιητοῦ πρὸς τὰ φαινόμενα συμφωνίαν[161].

So übersenden wir Dir denn das Buch des Aratos in der von uns besorgten kritischen Ausgabe sowie auch den Kommentar dazu, nachdem wir alle Einzelheiten teils mit der Wirklichkeit in Übereinstimmung, teils mit den niedergeschriebenen Worten des Dichters in Einklang gebracht haben ... Vielleicht wird man die Frage aufwerfen, welchem Grundsatze folgend wir die kritische Behandlung des Buches im Sinne des Dichters gehandhabt zu haben meinen; da erklären wir denn für den zwingendsten Grund die Übereinstimmung des Dichters mit der Wirklichkeit.

(Übersetzung Karl Manitius)

Aristobulos – und dies könnte für die genauere Datierung seines Werks ein weiteres Indiz sein[162] – scheint mit seinem, aus ganz anderem, nämlich theologischem Interesse motivierten Zugriff auf die arateischen *Phainomena* gleichsam zwischen Attalos und Hipparchos zu stehen. Er zitiert den von ihm als Bezeugung der Allmacht Gottes herangezogenen hochpoetischen Zeushymnus so, daß er seine eigene Abweichung vom Text des Originals nicht nur nicht ver-

---

161 Vgl. Tueller – Macfarlane (2009) 240; Luiselli (2015) 1219/22 (über Diorthosis, Ekdosis und Exegesis bei Attalos: "... Attalus did consciously revise a text of the *Phaenomena* ... This emended copy of Aratus' poem Attalus made available to the reader. This implies an intention to publish [and circulate] his work ...") und Bishop (2016) 382: "Attalus ... had clearly done some work establishing a correct text for the *Phaenomena* and likely commented on variant readings and Aratus' vocabulary in addition to his comments on astronomy".

162 Ob – und wenn ja, wann – Attalos und Hipparchos in Alexandria wirkten, ist bis heute nicht geklärt. Luiselli (2015) 1234 (mit Literatur) erwägt als alternativen Ort ihrer Tätigkeit und auch der Publikation ihrer Aratstudien die Insel Rhodos (skeptisch dagegen schon Neugebauer [1975] 275), betont aber mit Recht den alexandrinischen Charakter ihrer Forschungen (vgl. auch Manitius [1894] 282 und Geus [2016] 152). Ob ein Vergleich mit den Aristobulosfragmenten in diesen Hinsichten weiterhelfen könnte, müssen künftige Forschungen erweisen.

heimlicht, sondern in den Mittelpunkt der Aufmerksamkeit rückt[163]. Weder erhebt er allerdings den Anspruch, die Ersatzfassung sei in das Original des Dichters Arat zu übernehmen, noch handelt es sich bei seinem Auszug aus den *Phainomena* überhaupt um eine für sich selbst stehende Wiedergabe des Texts, etwa um eine Edition. Seine Textänderung soll also die handschriftliche Überlieferung des griechischen Lehrgedichts selbst gar nicht affizieren. Den Eingriff mit dem text- und echtheitskritischen Begriff alexandrinischer Philologie διόρθωσις[164] zu benennen ist deshalb ebensowenig angeraten wie Aristobulos der Verfälschung des echten Texts zu zeihen[165]. Vielmehr erweist sich sein Vorgehen als ein typisches Beispiel jener Methode, welche die griechische Philologie παραδιόρθωσις nannte[166]. Daß sein Zitatzugriff auf einen fremden Text dem griechischen Publikum, das grundsätzlich die Integrität des echten Wortlauts für unantastbar ansah, anstößig sein konnte, bleibt davon freilich unbenommen, nicht zuletzt auch deshalb, weil er von anonymen Verfälschern anderer Texte, die nicht in derselben Offenheit die eigenen Eingriffe in den Wortlaut des Originals identifizierten, als Paradigma des eigenen Handelns mißbraucht werden konnte[167].

---

163 Bemerkenswert ist in diesem Zusammenhang, daß gleich in V. 1 auch die Verbform ἐῶσιν von dem arateischen Text (ἐῶμεν) leicht abweicht. Ob diese Varianz tatsächlich auf einen Eingriff des jüdischen Exegeten zurückgeht, läßt sich nicht mit Sicherheit feststellen, doch sind nach Ausweis der kritischen Apparate beide Lesarten jeweils einhellig überliefert. Der wortspielartige Verweis des hellenistischen Dichters auf seinen eigenen Namen in dem ersten Wort des V. 2 ἄρρητον, der vom zeitgenössischen Publikum nachweislich wahrgenommen und später von anderen Dichtern imitiert wurde (vgl. Bing [1993] 103/09 mit der älteren Literatur; Stewart [2008] 592/94; Volk [2012] 227f. 230/32 und [2015] 255 mit weiteren Beispielen), mag bei Aristobulos durch diese Verschiebung der Verbform aus der ersten, den Dichter einschließenden Person in die dritte Person an Wirkung verlieren. Doch ist dabei zu bedenken, daß das griechische ἄρρητος (lateinisch *ineffabilis*, vgl. Hier. comm. in Ps. 8 und in Ez. 6. 28) wie eine Wiedergabe des jüdischen *Iao*/"Jahwe" aufgefaßt werden konnte. Die Vermutung, daß nur wenige Verse später ein für solche "puns" sensibilisiertes Publikum den Namen des Zitierenden – V. 7f.: λέγει δ' ὅτε βῶλος ἀρίστη [!] | βουσί τε καὶ μακέλῃσι – heraushören konnte (Hinweis Martine Cuypers), erscheint vor diesem Hintergrund nicht ausgeschlossen.
164 Vgl. dazu nur Erbse (1959) 286/89; Montanari (1998) passim und (2015) passim; Mülke (2008) 204f. 208/18 u.ö. sowie Montana (2015) 90f. u.ö.
165 Vgl. Walter (1963) 366 und (1964) 140f.; Kraus Reggiani (1982) 117 sowie Niehoff (2011b) 33. Freudenthal (1875) 167f. nannte ihn mitleidig einen "unbescholtenen Mann".
166 Vgl. dazu mit zahlreichen Belegen und neuerer Literatur Mülke (2018) passim.
167 Daß man diaskeuastische Eingriffe selbst in die Überlieferung des Bibeltexts für möglich hielt, erhellt aus *Aristeasbrief* 308/11 (vgl. dazu Mülke [2008] 20f. 266/68 und van der Kooij [2008] passim).

2.5 Seitenblick: Bibelzitate bei Aristobulos

Eine umfassende Untersuchung der Zitate, welche Aristobulos aus Arat, aber auch aus frühen griechischen Dichtern wie Homer und Hesiod beibringt, hat zu berücksichtigen, wie der Exeget seinen eigenen heiligen Text, also die Bücher Mose in der Übersetzung der Septuaginta[168], wiedergibt – wenn sich auch weitreichende, allgemeine Thesen auf der Grundlage der wenigen Fragmente seines Werks verbieten. Unausgesprochen steht ja hinter der Verurteilung des scheinbar allzu freien, willkürlichen Umgangs mit dem Wortlaut griechischer Autoren die Annahme, dieser Umgang unterscheide sich prinzipiell von der vermeintlich wortgetreuen, von frommer Ehrfurcht bestimmten Heranziehung biblischer Passagen. Dabei lehrt schon ein kurzer Seitenblick auf andere Werke der jüdisch-hellenistischen Literatur, daß deren Autoren den Pentateuch durchaus nicht immer peinlich genau und wörtlich zitieren. Nur ein Beispiel: Im *Aristeasbrief* heißt es (155 [ed. Pelletier, S. 176]): διὸ παρακελεύεται καὶ διὰ τῆς γραφῆς ὁ λέγων οὕτως "μνείᾳ μνησθήσῃ κυρίου τοῦ ποιήσαντος ἐν σοὶ τὰ μεγάλα καὶ θαυμαστά". Hier werden, ausdrücklich als ein fortlaufendes direktes Zitat des Gesetzgebers Moses eingeleitet, offenbar mehrere Schriftstellen aus dem *Deuteronomium* kombiniert, wobei sich zum einen in der syntaktischen Ordnung des Satzes[169], zum anderen im Wortlaut, durch die Ersatzfassung eines Adjektivs[170], Abweichungen von der Textüberlieferung der Septuaginta ergeben: μνείᾳ μνησθήσῃ ὅσα ἐποίησεν κύριος ὁ θεός σου τῷ Φαραω ... (7, 18 [ed. Rahlfs, vol. 1, S. 300]) und: καὶ μνησθήσῃ κυρίου τοῦ θεοῦ σου ... (8, 18 [ed. Rahlfs, vol. 1, S. 302]) und: ... οὗτος θεός σου, ὅστις ἐποίησεν ἐν σοὶ τὰ μεγάλα καὶ τὰ ἔνδοξα ταῦτα ... (10, 21 [ed. Rahlfs, vol. 1, S. 306])[171].

---

168 Vgl. dazu Bickerman (1976b) 144.
169 Die Partizipialkonstruktion im Genitiv κυρίου τοῦ ποιήσαντος begegnet biblisch etwa in den Psalmen (Ps. 120, 2f.; 123, 8f. LXX u.ö.); vgl. aber auch Stellen wie Ps. 105, 21 LXX: ἐπελάθοντο τοῦ θεοῦ τοῦ σῴζοντος αὐτούς, τοῦ ποιήσαντος μεγάλα ἐν Αἰγύπτῳ.
170 Die Verbindung μεγάλα καὶ θαυμαστά ist dabei durchaus biblisch (vgl. etwa Dtn. 28, 59; Tob. 12, 22; Hiob 42, 3).
171 Vgl. Pelletier (1962) 177; Stanley (1992) 315; Hacham (2005) 10f. und Staudt (2012) 156. Wohl nicht als direktes Zitat ist zu kategorisieren der Verweis, der im *Zweiten Makkabäerbuch* im Kapitel 2, 17 auf die Stelle Exod. 19, 6 LXX (ed. Rahlfs, vol. 1, S. 118): ὑμεῖς δὲ ἔσεσθέ μοι βασίλειον ἱεράτευμα καὶ ἔθνος ἅγιον erfolgt (ed. Rahlfs, vol. 1, S. 1103): ὁ δὲ θεὸς ὁ σώσας τὸν πάντα λαὸν αὐτοῦ καὶ ἀποδοὺς τὴν κληρονομίαν πᾶσιν καὶ τὸ βασίλειον καὶ τὸ ἱεράτευμα καὶ τὸν ἁγιασμόν. Zu den politischen Hintergründen dieser Stelle vgl. van der Kooij (2008) 190f. und Schaper (2011) 299.

Aristobulos liefert nun schon mit seinen wenigen direkten Bibelzitaten[172] einen facettenreichen Eindruck nicht nur davon, welche Lizenz er sich bei der Wiedergabe heiligen Wortlauts gestattete, sondern auch von den methodischen Problemen, welche sich bei der Untersuchung solch früher Rezeption der griechischen Bibel ergeben[173] – kann doch die Textgeschichte der Septuaginta für die erste Hälfte des zweiten vorchristlichen Jahrhunderts nur hypothetisch rekonstruiert werden. Insbesondere die Fragen, welche hebräischen Vorlagen die griechischen Übersetzer bearbeiteten, ob sie diese jeweils wörtlich oder freier übertrugen und welche Varianten die frühe Überlieferung der Septuaginta selbst aufwies, sind nicht allgemein, sondern, wenn überhaupt, mit einiger Sicherheit nur am Einzelfall zu beantworten[174]. Ohne diese allgemeinen Aspekte eingehender zu diskutieren, sei hier nur angemerkt:

a) In F 2, 91f. Holladay: "τὸ ὄρος ἐκαίετο πυρί", καθώς φησιν ἡ νομοθεσία gibt Aristobulos ein exaktes, freilich sehr kurzes Zitat der Stelle Dtn. 4, 11 (ed. Rahlfs, vol. 1, S. 292): τὸ ὄρος ἐκαίετο πυρί (~ Dtn. 5, 23 und 9, 15; vgl. auch Exod. 19, 18; 24, 17). Ebenso darf die Wiedergabe von Gen. 1, 3. 6. 9. 14. 20. 24 in F 4, 5f. Holladay: συνεχῶς γάρ φησιν [sc. Moses] ἐφ' ἑκάστου "καὶ εἶπεν ὁ θεός, καὶ ἐγένετο" als wörtliche gekennzeichnet werden, obwohl die jeweiligen Schöpfungsworte Gottes und die entsprechenden Subjekte des folgenden Prädikats

---

172 Die als solche allesamt durch zitatmarkierende Signalverben (... καθώς φησιν .../συνεχῶς γάρ φησιν .../... λέγων ὁ Μωσῆς οὕτως .../... φησὶ [sc. Moses] τῷ βασιλεῖ τῶν Αἰγυπτίων λέγων/ καὶ πάλιν εἰρηκέναι αὐτῷ φησι [sc. Moses] τὸν θεόν ...) definiert sind. Im Hinblick auf die Kanonizität der verarbeiteten Schriften im zweiten vorchristlichen Jahrhundert sind diese Formeln ebenso wie die Tatsache, daß das jeweilige Buch Mose nicht ausdrücklich identifiziert wird, durchaus von Belang (vgl. dazu allgemein Penner [2010] 78f.). In eigene Formulierung umgestaltete Wiedergaben biblischer Texte (vgl. etwa die ausführliche Schilderung der göttlichen Katabasis in F 2 Holladay, die Anspielung auf Prov. 8, 22/31 in F 5, 46/51 Holladay oder die mit einem ὡς-Nebensatz nach dem Prädikat σημαίνει indirekt geformte Aufnahme von Exod. 20, 11 in F 5, 71/74) sind nicht in gleicher Form als direkte Zitate anzusehen.
173 Walters Urteil (1964) 32f., Aristobulos gehe von der gleichen griechischen Übersetzung aus, "wie sie noch heute als Teil der Septuaginta vorliegt", macht das Thema vielleicht zu schnell ab (vgl. ähnlich [1975] 264); in den Fußnoten zu seiner Übersetzung (1975) 271 notiert er hingegen die Abweichungen zum Septuagintatext.
174 Ob im allgemeinen davon ausgegangen werden darf, daß der hebräische Text der Übersetzer weitgehend mit dem übereinstimmte, der als masoretischer kanonisch werden sollte (so etwa Wevers [1990] XV zur Exodusseptuaginta), ist noch umstritten. Vgl. allgemein zum Thema die entsprechenden Kapitel bei Dorival – Harl – Munnich (1994), Siegert (2001); Tov (1999) und (2008) sowie Kreuzer – Sigismund (2013); desweiteren Wevers (1992) 147 (zu *Exodus*); Hanhart (2002) passim; Kreuzer (2007) 47; Lange (2009) passim und (2011) 48/54; Paganini (2009) 261 sowie Tov (2009) passim.

(vgl. etwa Gen. 1, 3 [ed. Rahlfs, vol. 1, S. 1]: καὶ εἶπεν ὁ θεός "γενηθήτω φῶς". καὶ ἐγένετο φῶς), in ihrer unterschiedlichen Länge nicht auszitiert werden. Aristobulos markiert dem Leser diese Auslassungen mit der Bemerkung ἐφ' ἑκάστου ausdrücklich.

b) Über das Zitat in F 2, 44f. Holladay: λέγων ὁ Μωσῆς οὕτως "ἐν χειρὶ κραταιᾷ ἐξήγαγεν ὁ θεός σε ἐξ Αἰγύπτου" läßt sich nur schwer urteilen, weil der Septuagintatext an der Stelle Exod. 13, 9 seinerseits unsicher ist. Während Rahlfs dort die Wortfolge (vol. 1, S. 108): ἐν γὰρ χειρὶ κραταιᾷ ἐξήγαγέν σε κύριος ὁ θεός ἐξ Αἰγύπτου (vgl. auch Exod. 13, 3. 14. 16) gibt, geht aus dem kritischen Apparat der neueren Göttinger Edition hervor, daß einerseits in gewissen Zeugen der Überlieferung die Partikel γάρ fehlt, andererseits anstelle des Ausdrucks ἐξήγαγέν σε κύριος ὁ θεός auch die Varianten ἐξήγαγεν κύριος ὁ θεός σου sowie allein ἐξήγαγέν σε κύριος tradiert sind. Letztere nimmt der Editor John William Wevers gegen Rahlfs in den Text. Ginge man davon aus, daß seine Konstitution tatsächlich den ursprünglichen, Aristobulos vorliegenden Text repräsentierte, dann fände der Eingriff des Exegeten, das Wort κύριος – das er in Bezug auf Gott unmittelbar danach, ebenfalls in einem *Exodus*-Zitat, benutzt[175] – durch ὁ θεός zu ersetzen, vielleicht seine Erklärung darin, daß es sich bei der Wiedergabe von Exod. 13, 9 um das erste der drei Bibelzitate in der Auslegung der "Hände Gottes" handelt und zuvor nicht von Gott, sondern vom Ptolemäerkönig gesprochen wird; im Bibeltext würde durch die Ersatzfassung der Bezug auf Gott, nicht auf irgendeinen anderen κύριος[176], unmißverständlich klargestellt. Allerdings ist Vorsicht vor übereilter Annahme eigenmächtiger Zitatänderung geboten: Der Befund, wie einerseits die griechischen Übersetzer die entsprechenden hebräischen Begriffe mit κύριος und/oder θεός wiedergaben, andererseits ihre Übersetzungen dann in der handschriftlichen Überlieferung tradiert wurden, könnte eher den Schluß nahelegen[177], daß Aristobulos die ihm vorliegende Textfassung wortgetreu zitierte.

---

175 Und das in der Septuaginta in der häufigen Verbindung ἐξάγειν [Objektpronomen] ἐξ Αἰγύπτου/ἐκ γῆς Αἰγύπτου regelmäßig als Subjekt – ohne zusätzliches ὁ θεός – verwendet ist (die Belege bei Hatch – Redpath [1954] 483f.); vgl. aber Dtn. 4, 20 (mit der divergierenden Überlieferung). Die Junktur κύριος ὁ θεός steht in direktem Umfeld auch in Exod. 13, 5. 8. 11 LXX.
176 Immerhin neunzehn Belege für κύριος in Bezug auf einen "human master" bietet allein das Buch *Exodus* (vgl. Wevers [1992] 241).
177 Vgl. dazu aufschlußreich Wevers (1990) 31. 198 und (1992) 240f. über die "tendency towards increasing occurrences of θεός at the expenses of κύριος" im Buch *Exodus*.

c) Weiter vom biblischen Wortlaut weicht Aristobulos ab in F 2, 47/50 Holladay: καὶ ἐπὶ τοῦ γεγονότος θανάτου τῶν κτηνῶν καὶ τῶν ἄλλων φησὶ [sc. Moses] τῷ βασιλεῖ τῶν Αἰγυπτίων λέγων· "ἰδοὺ χεὶρ κυρίου ἐπέσται ἐν τοῖς κτήνεσί σου καὶ ἐν πᾶσι τοῖς ἐν τοῖς πεδίοις θάνατος μέγας". Hier wird Exod. 9, 3 über die Plage der Viehpest zitiert (ed. Rahlfs, vol. 1, S. 99): ἰδοὺ χεὶρ κυρίου ἐπέσται[178] ἐν τοῖς κτήνεσί σου τοῖς ἐν τοῖς πεδίοις, ἔν τε τοῖς ἵπποις καὶ ἐν τοῖς ὑποζυγίοις καὶ ταῖς καμήλοις[179] καὶ βουσὶν καὶ προβάτοις, θάνατος μέγας σφόδρα. Die Zitatmanipulation, anstelle der in langer Aufzählung genannten Tiere nur ἐν πᾶσι zu schreiben, ähnelt dem typischen Eingriff diaskeuastischer Textverfälscher, Kataloge durch knappe, zusammenfassende Ausdrücke zu ersetzen[180]. Überdies ist bei Aristobulos die Ersatzfassung gegen die biblische Vorlage, die hierin dem masoretischen Text entspricht, nicht Apposition zu ἐν τοῖς κτήνεσί σου τοῖς ἐν τοῖς πεδίοις[181], sondern durch καί, als zweites Glied einer kürzeren Aufzählung, beigeordnet – übereinstimmend zu der Zitateinleitung, in welcher Aristobulos schon in eigenen Worten τὰ κτήνη ausdrücklich von τὰ ἄλλα unterscheidet[182]. Auffällig ist diese syntaktische Differenz nicht zuletzt deswegen, weil sogleich in Exod. 9, 6 zwar ähnlich wie bei Aristobulos die Tiere summarisch zusammengefaßt werden, aber eben alle als τὰ κτήνη (ed. Rahlfs, vol. 1, S. 99): καὶ ἐποίησεν κύριος τὸ ῥῆμα τοῦτο τῇ ἐπαύριον, καὶ ἐτελεύτησεν πάντα τὰ κτήνη τῶν Αἰγυπτίων ... Daß Aristobulos mit dem Ersatz der Aufzählung den Bibelvers zu kürzen bestrebt war, um sein Zitat von hier überflüssigem Material zu entlasten, läßt sich annehmen[183]. Warum er aber zwischen τὰ κτήνη und τὰ

---

178 Wevers nimmt in der neueren Göttinger Edition der Exodusseptuaginta die *varia lectio* ἔσται als wörtlichere Übersetzung der hebräischen Vorlage in den Text auf (vgl. Wevers [1990] 125 und [1992] 236).
179 *Varia lectio* ἐν ταῖς καμήλοις (so auch in Wevers Text; vgl. Wevers [1990] 125 und [1992] 212/14).
180 Vgl. dazu schon Stanley (1992) 315f. Ob es hier – wie auch in den anderen Zitaten – nur um "a marked tendency toward rhetorical stylization" geht, ist allerdings fraglich.
181 Vgl. Wevers (1990) 124.
182 Nicht zuletzt deswegen geht, *pace* Holladay (1995) 139, die Hypothese, Aristobulos habe θάνατος μέγας nicht als Apposition zu χεὶρ κυρίου aufgefaßt, sondern als Subjekt eines nach καὶ einsetzenden zweiten Hauptsatzes (mit Ellipse einer Verbform wie ἔσται), wohl am Text vorbei. Dann könnte πάντα in der Wendung ἐν πᾶσι τοῖς ἐν τοῖς πεδίοις eben nicht andere Tiere als die κτήνη meinen, sondern entweder nur alle κτήνη oder die κτήνη mitsamt den anderen Tieren. Anders als in Holladays Text wäre daher zwischen πεδίοις und θάνατος zu interpungieren (vgl. auch Walter [1975] 271).
183 Auch in der indirekten Wiedergabe von Exod. 20, 11 in F 5, 71/74 Holladay: σημαίνει [sc. Mose Nomothesia; vgl. zu diesem Wortgebrauch etwa Plat. Gorg. 511b] γὰρ ὡς ἐν ἓξ ἡμέραις ἐποίησε τόν τε οὐρανὸν καὶ τὴν γῆν καὶ πάντα τὰ ἐν αὐτοῖς ist der biblische Ausgangstext

ἄλλα unterschied, ist nicht zweifelsfrei zu begründen. Es könnte sein, daß schon der von ihm benutzte Bibeltext in der Aufzählung der genannten Tiere von dem heute vorliegenden und dem masoretischen Text entsprechenden Septuagintatext abwich, nämlich durch ein weiteres καί: ἰδοὺ χεὶρ κυρίου ἐπέσται ἐν τοῖς κτήνεσί σου καὶ [!] τοῖς ἐν τοῖς πεδίοις, ἔν τε τοῖς ἵπποις καὶ ἐν τοῖς ὑποζυγίοις καὶ ταῖς καμήλοις καὶ βουσὶν καὶ προβάτοις, θάνατος μέγας σφόδρα[184].

d) Besonders interessant ist die Stelle F 2, 45/47 Holladay: καὶ πάλιν εἰρηκέναι αὐτῷ φησι [sc. Moses] τὸν θεόν· "ἀποστελῶ τὴν χεῖρά μου καὶ πατάξω τοὺς Αἰγυπτίους", an welcher Aristobulos die Worte Gottes aus Exod. 3, 20 zitiert (ed. Rahlfs, vol. 1, S. 90): καὶ ἐκτείνας τὴν χεῖρα πατάξω τοὺς Αἰγυπτίους ἐν πᾶσι τοῖς θαυμασίοις μου, οἷς ποιήσω ἐν αὐτοῖς, καὶ μετὰ ταῦτα ἐξαποστελεῖ [sc. Pharao] ὑμᾶς. Aristobulos scheint hier erheblich vom biblischen Wortlaut abzuweichen: durch die Verwandlung des Partizips Aorist in eine parataktische, durch καί mit dem Folgesatz verbundene erste Person Singular im Futur, desweiteren durch die Ergänzung des Akkusativs τὴν χεῖρα mit dem Pronomen μου und vor allem durch den semantisch auffälligen Ersatz von ἐκτείνω, das sich mit dem Objekt "Hand" glatt fügt, durch das Verb ἀποστέλλω, das zum Objekt ganz unpassend wirkt.

Und doch stellt sich das Zitat als sehr präzise Wiedergabe desjenigen hebräischen Wortlauts heraus, der im masoretischen Text kanonisch werden sollte – und heutigen Übersetzungen des Alten Testaments zugrundeliegt[185]. So weist das Verb *schalach* – geradezu ein Leitwort des Buches *Exodus* – abgesehen davon, daß es hier ebenfalls parataktisch in der ersten Person Singular (im Perfectum consecutivum) mit anschließendem Verbindungswort steht[186], insbesondere dieselbe semantische Doppeldeutigkeit auf, die offenbar für seine griechische Übersetzung ἀποστέλλω vorausgesetzt wird, nämlich einerseits die Bedeutung "schicken, entsenden", andererseits gerade in Verbindung mit dem

---

gekürzt (vgl. dazu auch Doering [1999] 313 und [2005] 8f.): ἐν γὰρ ἓξ ἡμέραις ἐποίησεν κύριος τόν οὐρανὸν καὶ τὴν γῆν καὶ τὴν θάλασσαν καὶ πάντα τὰ ἐν αὐτοῖς ...

184 Vgl. Walter (1975) 271 mit der Annahme, bei Aristobulos werde zwischen "Haustieren" und dem "sonstigen Vieh auf den Ebenen" unterschieden. Die handschriftliche Überlieferung von Exod. 9, 3 (vgl. den kritischen Apparat bei Wevers) offenbart die Schwierigkeiten im Verständnis der Syntax, welche die Häufung der Verbindungswörter τε/καί und der Präposition ἐν an dieser Stelle bereiteten.

185 Vgl. schon Wevers im kritischen Apparat zur Stelle.

186 Zu "participles as variants to finite verbs" in der Exodusseptuaginta vgl. Wevers (1992) 219.

Objekt "Hand" die Bedeutung "ausstrecken"[187]. Aristobulos war in diesem Zusammenhang natürlich die unmittelbar folgende Stelle Exod. 9, 15 gegenwärtig, an welcher *schalach* auch in der Vulgata der Septuaginta wörtlich übersetzt ist (ed. Rahlfs, vol. 1, S. 100)[188]: νῦν γὰρ ἀποστείλας τὴν χεῖρα πατάξω σε καὶ τὸν λαόν σου θανάτῳ … Was bei Aristobulos auf den ersten Blick wie ein sehr freies Bibelzitat aussieht, ist also in Wahrheit ein den Ausgangstext sehr genau wiedergebendes.

Wie das textgeschichtliche Verhältnis des hebräischen Wortlauts, der offenbar den griechischen Übersetzern der Exodusseptuaginta vorlag, zu jenem, der im (proto)masoretischen Text berücksichtigt wurde, an dieser Stelle zu erklären wäre, muß hier offenbleiben. Oder verarbeiten beide griechischen Versionen einunddenselben hebräischen Text, die eine allerdings wörtlich, die andere freier und in eleganterem Griechisch? Jedenfalls darf Aristobulos als früher Zeuge gelten für die Varianz dessen, was gemeinhin Septuagintaübersetzung genannt wird, ist doch davon auszugehen, daß er den hebräischen Bibeltext nicht eigenständig ad hoc neu übersetzte, sondern vor dem Ptolemäerkönig eine Version zitierte, deren Kenntnis er bei seinem alexandrinischen Publikum voraussetzen konnte[189] und die er selbst im F 3 Holladay als jene bestimmt, die unter Demetrios Phalereus und Ptolemaios II. Philadelphos von dem gesamten Pentateuch angefertigt worden sei. Darf Aristobulos gar als früher

---

187 Hinweis Stefan Seiler. Vgl. etwa im Hohelied die Stelle 5, 4 (ed. Rahlfs, vol. 2, S. 267): ἀδελφιδός μου ἀπέστειλεν χεῖρα αὐτοῦ … Bemerkenswert, daß der spätere jüdische Bibelübersetzer Aquila, der den von ihm benutzten hebräischen Text zumeist wörtlich wiedergab und dessen Vorlage nicht immer dem masoretischen Text entsprach, an der Stelle Ps. 54, 21 LXX ebenfalls mit der entsprechenden Form des Verbs ἀποστέλλω übersetzt (vgl. Reider – Turner [1966] 29), während der Text der Septuagintavulgata lautet (ed. Rahlfs, vol. 2, S. 57): ἐξέτεινεν τὴν χεῖρα αὐτοῦ ἐν τῷ ἀποδιδόναι.
188 Zu diesem Befund fügt sich auch das Pronomen μου, dem im Hebräischen das Suffix der ersten Person Singular entspricht (vgl. schon Wevers im kritischen Apparat zur Stelle sowie [1992] 182 zur Überlieferung des Pronomens in ähnlichen Wendungen des Buches *Exodus*). Die Annahme, Aristobulos habe die Verbform ἐξαποστελεῖ, die sich am Ende von Exod. 3, 20 auf den Pharao bezieht, umgeformt zur ersten Person Singular ἀποστελῶ und im Bezug auf Gott an πατάξω angeglichen (so Stanley [1992] 316), ist also unnötig. Im Hebräischen liegt ἐξαποστελεῖ ebenfalls das Verb *schalach* zugrunde, allerdings nicht im Grundstamm. Die wortspielartige Klammer des hebräischen Verses kommt bei Aristobulos, der zuvor das Verb ἐξαποστέλλω selbst schon benutzt hat (s. gleich oben im Text), wegen der Kürze des Zitats allerdings nicht zum Ausdruck.
189 Der Befund ist deshalb bemerkenswert, weil das zweite vorchristliche Jahrhundert in der Geschichte auch des hebräischen Texts biblischer Schriften als ein Zeitraum gilt, in welchem wichtige Schritte zu dessen Vereinheitlichung erfolgt zu sein scheinen, ohne daß schon von einem festen Standardtext gesprochen werden könnte (vgl. dazu Lange [2009] passim).

Zeuge jener bislang für das erste Jahrhundert vor Christus in Ägypten nachweisbaren "early revisions of the OG [sc. Old Greek] towards a proto- or semi-Masoretic text"[190] gelten? Zur exegetischen Argumentation, die Aristobulos an dieser Stelle vorlegt, fügt sich diese Version jedenfalls günstiger: Innerhalb der Auslegung des biblischen Anthropomorphismus "Hände Gottes", den er als Metapher auf Gottes Dynamis deutet, geht er von der militärisch-kriegsbezogenen Semantik des Worts δύναμις aus und zeigt auf, daß solche metaphorisch eben auch für χείρ gängig sei. Zu dieser übertragenen Erklärung paßt im Bibelzitat von Exod. 3, 20 – wie dann auch an der obengenannten Stelle 9, 15 – die Verbindung ἀποστελῶ τὴν χεῖρα besser als ἐκτείνας τὴν χεῖρα. Denn δύναμις in jenem Bezug ist als Objekt zu ἀποστέλλω in der griechischen Literatur nicht selten belegt[191], und gleich im Eingang seiner Auslegung formuliert Aristobulos selbst (F 2, 39/42 Holladay): ὅταν γὰρ δυνάμεις ἐξαποστέλλῃς [!][192] σὺ βασιλεὺς ὤν, βουλόμενός τι κατεργάσασθαι, λέγομεν· "μεγάλην χεῖρα ἔχει ὁ βασιλεύς", φερομένων τῶν ἀκουόντων ἐπὶ τὴν δύναμιν ἣν ἔχεις.

---

190 Vgl. Kreuzer (2003) passim und Lange (2009) 59/63 (mit Literatur) mit dem Hinweis auf Pap. Fouad Inv. 266b und 266c, die ebensolche revisorischen Anpassungen im griechischen *Deuteronomium* für das erste vorchristliche Jahrhundert belegen.
191 Vgl. etwa Diod. 11, 4, 1; 16, 40, 4; Dion. Hal. ant. 3, 64, 3 u.ö.
192 Zu δυνάμεις als Objekt zu ἐξαποστέλλω vgl. etwa Polyb. 1, 17, 1; 3, 42, 6 u.ö. Zur Varianz von ἀποστέλλω und ἐξαποστέλλω in der Überlieferung der Exodusseptuaginta vgl. Wevers (1990) 32. 121 und (1992) 234.

Exkurs: Fragen und Antworten im Dialog?

Zur literarischen Form, welche Aristobulos seinem Werk verleiht, hat sich die neuere Forschung wiederholt geäußert. Zwei Aspekte wurden dabei besonders hervorgehoben: Zum einen die "dialogische" Anlage der Argumentation[193], zum anderen die Strukturierung des Textes nach Frage und Antwort, welche an die im Hellenismus sehr populäre philologische Schriftgattung der ζητήματα καὶ λύσεις[194] denken lasse. Auf beide Aspekte sei im folgenden kurz eingegangen.

In der Tat richtet sich Aristobulos wiederholt in direkter Ansprache an seinen Adressaten, den König Ptolemaios VI. Philometor (F 2, 15. 20. 36f. 38/42 und F 3, 47/56 Holladay). Gleichwohl ist die gattungsmäßige Einordnung seines Werks als eines "Dialogs" nicht unproblematisch[195]: In den Fragmenten findet sich keine Spur davon, daß außer dem Autor selbst einmal eine andere Person in direkter Rede sprechend aufträte, auch der Ptolemäer nicht. Vielmehr scheint die das F 2 Holladay einleitende Wendung: πλὴν ἱκανῶς εἰρημένων πρὸς τὰ προκείμενα ζητήματα ἐπεφώνησας καὶ σύ, βασιλεῦ, διότι σημαίνεται διὰ τοῦ νόμου τοῦ παρ' ἡμῖν καὶ χεῖρες καὶ βραχίων καὶ πρόσωπον καὶ πόδες καὶ περίπατος ἐπὶ τῆς θείας δυνάμεως ... der Annahme eher zu widersprechen, vorher sei dem König innerhalb des Werks selbst gleichsam mimetisch diese Aussage in den eigenen Mund gelegt worden. Hier wird eher die Vorstellung evoziert, nach der Behandlung bestimmter anderer ζητήματα stehe nun diejenige einer These an, welche Philometor darüberhinaus einmal (vgl. den Aorist in ἐπεφώνησας) gegenüber dem Exegeten über den mosaischen Nomos aufgestellt habe[196]. In diesem Fall handelte es sich weniger um einen Dialog im eigentlichen Sinn, sondern um eine Lehrschrift, adressiert an einen überaus prominenten Empfänger, ausgelöst durch eben dessen Interesse und Zetemata (vgl. zur Bedeutung dieser Beziehung unten S. 190f. 206/08)[197].

---

193 Vgl. Walter (1964) 30f.; Borgen (1987) 8f.; Janowitz (1991) 130 und Kovelman (2005) 111.
194 Vgl. zu dieser Terminologie schon Aristot. poet. 1460b6.
195 Vgl. Borgen (1984) 274 und Holladay (1995) 74
196 Graetz (1878) 51 und (1888) 621 sowie Binde (1869) 21 folgen der Suggestion und nehmen eine Unterredung an, die sich zwischen dem König und dem Exegeten vor Abfassung des Werks ereignet habe.
197 Auch die in Holladays Edition gesammelten Testimonien mit ihren Angaben zu Titel und Inhalt des Werks scheinen eher dies nahezulegen. Der lehrhafte Charakter kommt ja selbst in den erhaltenen Fragmenten lebendig zum Ausdruck, nicht allein in ihrem inhaltlichen Aufbau, sondern auch formal, etwa in der Ankündigung der folgenden Ausführungen in der ersten Person des Didaskalos (F 2, 20/23. 34/38 Holladay), der auch sonst seine Argumentation in eigener Sache vertritt (z.B. F 2, 25. 59; 4, 7. 82/94 Holladay), oder in bestimmten Wendungen, wie z.B.

Die Nähe des Werks zu der gelehrten Schriftgattung der Λύσεις ist freilich unübersehbar[198]. Deren Ursprünge liegen zwar im Dunkeln[199], doch daß diese Gattung – oder zumindest die Nutzung ihrer Formelemente – spätestens seit Aristoteles, der speziellen Problemen insbesondere der Homerexegese umfängliche Reihen von Fragen und Antworten gewidmet hatte, über die Grenzen der verschiedenen Philosophenschulen verbreitet war[200] und auch von den jüdisch-hellenistischen Autoren intensiv rezipiert wurde, steht außer Frage; unter letzteren sind prominent der noch vor Aristobulos wirkende Historiker Demetrios[201], der *Aristeasbrief* mit seiner breit ausgeführten Debatte zwischen dem Ptolemäerkönig und den jüdischen Gelehrten am alexandrinischen Hof zu nennen[202] sowie aus späterer Zeit vor allen anderen Philon, der in mehreren Schriften das Format der Zetemata und "Lösungen" in stärker systematisierter Form für die Auslegung biblischer Schriften nutzen sollte. Überhaupt scheinen solche Λύσεις gerade in Alexandria[203] mit seinem gelehrten Ambiente am ptolemäischen

---

der Aufforderung παρακαλέσαι δέ σε βούλομαι ... (F 2, 20 Holladay) oder dem Prohibitiv ... μὴ τῷ νομοθέτῃ προσάψῃς (F 2, 36f. Holladay) oder in καθὼς δὲ δεῖ ... (F 4, 85 Holladay; vgl. dazu auch oben Anm. 43[160]). Auch die wiederholten Hinweise auf die Evidenz der eigenen Thesen (vgl. dazu unten S. 64f. 265. 332. 369. 437) gehören hierher. Vgl. auch Markschies (2016) 53. Zur reichen Tradition der Lehrschriften und -briefe im Hellenismus vgl. schon Hirzel (1895) 355f.

198 Vgl. Borgen (1987) 8f.; Siegert (2005a) 200 und Niehoff (2011b) 59/61.

199 Daß ihre Grundform, die Beantwortung einer meist aus der Textanalyse eines bedeutenden Werks gewonnenen Frage, eine fundamentale Denk- und Argumentationsstruktur sowohl der griechischen Philosophie als auch der griechischen Literaturkritik aufnahm und systematisierte, trug erheblich zu ihrem Erfolg bei (vgl. dazu Hadot [1998] 184f. und Stojanovic [2015] 73f.).

200 Die Geschichte der Gattung soll hier nicht nachgezeichnet werden; vgl. etwa Gudeman (1927) passim; Dörrie (1959) 1/4 und (1966) 342/47; Pfeiffer (1978) 95. 319; Gärtner (2002) passim; Breitenberger (2006) 371 (über Ursprünge bei den Sophisten); van der Horst (2006) 115 (zur philosophischen Literatur); Heath (2009) 251/63 (zu Herakleides Pontikos); Dubischar (2015) 563/65 sowie Novokhatko (2015) 47f. 51f. Erbse (1960) 19. 59/62 weist am späteren Porphyrios nach, wie wichtig seit Aristoteles sowohl die Beibringung reichen Vergleichmaterials desselben Autors zum behandelten Problem als auch der – zumal an Aristarch erinnernde – Versuch, zunächst aus dem Autor selbst eine Lösung zu entwickeln, waren.

201 Vgl. Walter (1964) 42; Hengel (1976) 134; Fraser (1972) 690/92; Sterling (2004) 29; van der Horst (2004) 57f.; Niehoff (2011b) passim und Dillery (2015) 374/82 (insbesondere 380f. zu ἐπιζητέω in F 5, das allerdings nicht nur in der durch die beigebrachten Beispiele illustrierten Homerexegese vorkommt; vgl. unten S. 58 zu Aristoteles und hier gleich zum *Aristeasbrief*).

202 Vgl. schon in Kapitel 121 die Vorstellung der zur Antwort auf ἐπερωτήσεις besonders qualifizierten Übersetzer (Text unten S. 68), aber auch in Kapitel 128f. den Übergang zu der Rede des Hohepriesters Eleazar, welche auf die mit der Frage διὰ τί eingeleiteten ἐπιζήτησις der griechischen Gesandten reagiert (dazu auch unten S. 127).

203 Vgl. etwa noch Athenaios 493f. mit der Anekdote über Sosibios, den Meister schwieriger Λύσεις, und Ptolemaios I. sowie allgemein Gudeman (1927) 2512f.

Hof und im Museion beliebt gewesen und schon früh in sogenannten συναγωγαί gesammelt worden zu sein. Auf diese Gattung weist Aristobulos terminologisch im eben zitierten Eingang des F 2 Holladay (vgl. auch F 4, 91/94 Holladay: οὐκ ἀπεοικότως οὖν τοῖς ἐπεζητημένοις προενηνέγμεθα ταῦτα) mit dem Substantiv ζητήματα, mit welchem insbesondere solche Lösungen bezeichnet wurden, die sich exegetischen Einzelproblemen eines maßgeblichen Grundtexts – meist der autoritativen frühgriechischen Poesie – widmeten[204]. Darüberhinaus deutet der Satz an, daß in den vorausgehenden, nicht mehr erhaltenen Partien des Werks tatsächlich verschiedene Fragen nacheinander abgehandelt worden seien, bevor nun diejenige nach den anthropomorphen Bezeichnungen der Dynamis Gottes zur Klärung anstehe[205]. Zum Vergleich aus der zeitgenössischen wissenschaftlichen Literatur drängen sich die ersten Zeilen auf, mit welchen der oben schon erwähnte Hipparchos seinen Aratkommentar einleitete (comm. in Arat. 1, 1, 1f. [ed. Manitius, S. 2])[206]:

ἡδέως ἐπέγνων διὰ τῆς ἐπιστολῆς τὸ ἐπίμονόν σου τῆς πρὸς φιλομαθίαν οἰκειώσεως· τά τε γὰρ φυσικὰ τῶν ἐπιζητηθέντων[207] ὑπὸ σοῦ καὶ τὰ περὶ τῶν παρὰ Ἀράτῳ λεγομένων ἐν ταῖς Συναναταλαῖς ἱκανωτέραν ἐνέφαινέ μοι φιλοτεχνίαν, καὶ πολλῷ γε μᾶλλον, ὅσῳ πεπλεονάκας ἐν ταῖς βιωτικαῖς ἀσχολίας διὰ τὴν τῶν ἀξιολογωτάτων ἀδελφῶν ὠμὴν τελευτήν. περὶ μὲν οὖν τῶν ἄλλων μετὰ ταῦτά σοι τὴν ἰδίαν κρίσιν διασαφήσω· περὶ δὲ τῶν ὑπὸ Ἀράτου λεγομένων ἐν τοῖς Φαινομένοις νῦν προτέθειμαί σοι γράψαι, πᾶν καθόλου τὸ καλῶς ἢ κακῶς λεγόμενον ἐν αὐτοῖς ὑποδεικνύων.

---

204 Die Kommentare folgten dabei regelmäßig dem Muster, daß für ein Problem im Text (πρόβλημα, ἀπορία) eine Lösung (λύσις) vorgeschlagen wurde – mit der Einleitung: ζητεῖται διὰ τί ... (vgl. auch Sellin [1997] 111 zur Nachwirkung dieses Modells bei Philon). Vgl. auch Aristeasbrief 128 mit dem Verb ἐπιζητέω; zu diesem Terminus Gudeman (1927) 2515; Dubischar (2015) 564 und Novokhatko (2015) 47.
205 Aus den S. 190 angestellten Überlegungen folgt, daß sich aus dem Satz ... ἐπεφώνησας καὶ σύ, βασιλεῦ, διότι ..., obschon Aristobulos im folgenden die Aussage des Königs wie ein weiteres Zetema beantwortet, formal keine Parallele zu dem typischen διὰ τί ergibt, mit welchem Autoren von Λύσεις ihre einzelnen Zetemata gern einleiten (vgl. Zamagni [2004] 88/98).
206 Überhaupt legt das kommunikative Dreiecksverhältnis zwischen dem kundigen Exegeten Aristobulos, dem König Philometor und dem weiteren Publikum, zumal in der Auslegung eines autoritativen, ja heiligen, aber auch überaus schwierigen Texts (vgl. allgemein Netz [2009] 104f.), eher den Vergleich mit der wissenschaftlichen (vgl. Langslow [2007] 218. 220. 226f. 231f. und Bishop [2016] 381[7]), auch philosophisch protreptischen (vgl. Stirewalt [1991] 160. 166. 171f.) Brieftradition nahe als den Vergleich mit einem literarischen Dialog. Vgl. unten S. 190 sowie Chandler (2014) 74f. zu einer vergleichbaren Gattungsfrage bezüglich der Schrift De mundo.
207 Vgl. dieses Verb auch in comm. in Arat. 1, 3, 3 (oben S. 44).

Zu meiner Freude habe ich aus Deinem Briefe ersehen, daß Du treu geblieben bist der von Haus aus Dir eigenen Neigung zu wissenschaftlicher Beschäftigung. Verraten mir doch sowohl die von Dir gestellten Fragen, welche das Gebiet der Naturwissenschaft berühren, als auch diejenigen, welche die von Aratos in den "Gleichzeitigen Aufgängen" gemachten Angaben betreffen, ein ungemein lebhaftes Interesse für den Gegenstand, was um so mehr anzuerkennen ist, als Du ja nur zu sehr heimgesucht worden bist von den Trübsalen des Lebens infolge des vorzeitigen Todes Deiner hochgeschätzten Brüder. Was nun Dein Anliegen anbetrifft, so werde ich Dir über die anderen Fragen später mein eigenes Urteil ausführlich mitteilen; jetzt habe ich mir die Aufgabe gestellt, Dir über die von Aratos in seinen "Himmelserscheinungen" gemachten Angaben eine Schrift zu widmen, welche dieselben im großen Ganzen auf ihre Richtigkeit hin einer eingehenden Prüfung unterziehen soll.

(Übersetzung Karl Manitius)

Daß sich solche Λύσεις an einen Adressaten wenden, der im Verlauf der Abhandlung angesprochen und in die Argumentation miteingebunden wird, ist im übrigen keine Seltenheit[208] und verleiht ihnen einen durchaus protreptischen, nicht selten auch apologetischen Ton[209]; auch der jüdische Autor des *Aristeasbriefs* nutzt dieses Formelement bald nach Aristobulos für das große Symposion zwischen dem Ptolemäerkönig und den jüdischen Bibelübersetzern ja in großer Breite aus[210].

---

208 Hierin Einfluß der popularphilosophischen Diatribe (vgl. Schenkeveld [1997] 231f.; zu deren Wirkung auf die jüdische Literatur vgl. schon Thyen [1955] 41f.) auszumachen, scheint angesichts des gelehrten Habitus, mit dem Aristobulos auftritt, seiner voraussetzungsreichen Argumentation und vor allem seines königlichen Adressaten nicht naheliegend, zumal da dort angesprochene Personen eher anonym und fiktiv bleiben. Auch wenn die oben in Anm. 203 angeführte Anekdote über Sosibios und Ptolemaios Philadelphos im einzelnen unhistorisch sein sollte: Daß dieser gelehrte λυτικός in königlichem Auftrag arbeitete und dafür vom Herrscher bezahlt wurde, hielt man offenbar für glaubhaft.
209 Vgl. Dubischar (2015) 564f. Zum hellenistischen Protreptikos vgl. Schenkeveld (1997) 204/13, der beispielhaft auf die hier schon mehrfach angesprochene pseudoaristotelische Schrift *De mundo* verweist.
210 Aristobulos und der Autor des *Aristeasbriefs* scheinen damit eine Vorstellung aufzunehmen, die auch die griechischen Quellen, insbesondere diejenigen, die auf Alexandria deuten, für die Entstehung der ζητήματα καὶ λύσεις nicht selten evozieren, nämlich daß die anstehenden Zetemata zunächst im gelehrten Gespräch behandelt und erst dann verschriftlich worden seien (vgl. mit Belegen Gudeman [1927] 2512 und Slater [1982] 346f.). Allerdings: Während der pseudepigraphische Aristeas das königliche Symposion im Nachgang aus den Hypomnemata auszuschreiben vorgibt, gibt Aristobulos vor, seinem Adressaten, dem König Philometor, erst in dem schriftlich vorliegenden Werk die Behandlung des Themas zu liefern, das ebendieser angesprochen habe.

Auffällig ist in der Anlage der einzelnen Auslegungen in F 2 Holladay, daß Aristobulos seine Argumentation mit gleichsam typisierten Bausteinen strukturiert: Einleitung und Hinführung; Entfaltung und Begründung des exegetischen Resultats; Schlußfolgerung auf den zu deutenden biblischen Begriff, regelmäßig mit der Konjunktion ὥστε eingeleitet; Resümee, angeschlossen durch folgernde Partikel[211]. Auch wenn Aristobulos um der *variatio* willen zuweilen die Reihenfolge der einzelnen Bausteine verändert, legt er doch Wert darauf, die einzelnen Auslegungen am Ende abzurunden[212]:

"Hände Gottes"
    F 2, 38f. Holladay: Einleitung und Hinführung
    F 2, 39/50 Holladay: Entfaltung und Begründung der Metaphorik
    F 2, 50/53 Holladay: Schlußfolgerung (ὥστε ...)
    F 2, 53/55 Holladay: Resümee (διόπερ ...)

Stasis
    F 2, 55/59 Holladay: Einleitung und Hinführung
                           Schlußfolgerung (ὥστε ...)
    F 2, 59/62 Holladay: Entfaltung und Begründung der Metaphorik
    F 2, 67f. Holladay: Resümee (... οὖν ...)

Katabasis
    F 2, 78/90 Holladay: Einleitung und Hinführung
                           Resümee (... ἵνα ...)
    F 2, 90/134 Holladay: Entfaltung und Begründung der Metaphorik
                           110/12 Zwischenschlußfolgerung (ὥστε ...)
    F 2, 134/40 Holladay: Schlußfolgerung (ὥστε ...)

Gleichwohl suggerieren die erhaltenen Fragmente im ganzen keinen allzu schematischen Aufbau: Erstens folgt Aristobulos mit seinen Erklärungen nicht dem Verlauf des Bibeltexts, ja thematisiert nicht einmal einzelne Bibelstellen selbst,

---

211 In dieser Anlage zeigt sich gute Kenntnis der zeitgenössischen griechischen Zetemata; vgl. insgesamt das reiche Anschauungsmaterial, das z.B. die Überreste der aristotelischen *Aporemata Homerika* (vgl. dazu Breitenberger [2006] 369/78), die Scholien, Porphyrios in seinen sogenannten Ὁμηρικὰ ζητήματα oder die pseudoaristotelischen φυσικὰ προβλήματα bieten, oder zu dem typischen ὥστε etwa Herakleides Pontikos in seinen Homer-"Lösungen" (F 99 Schütrumpf). Tendenz zur geschlossenen Komposition einzelner Auslegungen scheint sich aber schon im Derveni-Papyrus zu zeigen (vgl. etwa die 9. oder die 21. Kolumne).
212 Zur Ringkomposition auch in F 3 Holladay vgl. unten S. 266[882].

wie ein Lemma, als Zetema, sondern tritt an den Nomos insgesamt mit einer systematischen Frage heran – etwa mit derjenigen nach dem Sinn verschiedener, überall im Text begegnender anthropomorpher Metaphern der Dynamis Gottes[213]. Zweitens scheinen innerhalb der einzelnen Zetemata und ihren Lösungen, die offenbar einen nicht geringen Umfang einnehmen konnten, neben der eigentlichen Erklärung eines Problems auch grundsätzliche methodische Ausführungen, literarhistorische Exkurse mit längeren Zitaten und weitausgreifende theologische Erörterungen ihren Platz gefunden zu haben, insbesondere in den ausführlichen Exegesen der Fragmente 4 und 5 Holladay[214]. Angesichts der heute schwierigen Rekonstruktion, wie eigentlich die älteren Beispiele hellenistischer ζητήματα καὶ λύσεις gestaltet waren, ist in diesem Zusammenhang daran zu erinnern, daß die kleinteiligen, detailversessenen und zuweilen kurios haarspalterischen Disputationen, in welchen sich spätere Autoren dieser Schriftgattung zu abgelegensten Interpretationsfragen bedeutender Texte ergehen, vielleicht nicht die ernsthafteren Anliegen ihrer frühen Vertreter fortschreiben. Noch Aristoteles gebraucht den Begriff ζήτημα an zentraler Stelle, im Eingang seines Werks *De anima* (402a), in der weiteren Bedeutung "Themenkomplex/Gesamtheit eines Problems, einer Untersuchung" und bezieht ihn auf existenzielle philosophische Fragen nach der Seele[215]:

ἐπιζητοῦμεν δὲ θεωρῆσαι καὶ γνῶναι τήν τε φύσιν αὐτῆς καὶ τὴν οὐσίαν, εἶθ' ὅσα συμβέβηκε περὶ αὐτήν ... πάντη δὲ καὶ πάντως ἐστὶ χαλεπώτατον λαβεῖν τινὰ πίστιν περὶ αὐτῆς. καὶ γὰρ ὄντος κοινοῦ τοῦ ζητήματος καὶ πολλοῖς ἑτέροις, λέγω δὲ τοῦ περὶ τὴν οὐσίαν καὶ τοῦ τί ἐστι, τάχ' ἄν τῳ δόξειε μία τις εἶναι μέθοδος κατὰ πάντων περὶ ὧν βουλόμεθα γνῶναι τὴν οὐσίαν ...

---

213 Vgl. Walter (1964) 30f. und allgemein Dörrie (1974) 122: "... Bemühung wird nur dann aufgewendet, wenn ein Abstand überwunden werden muß, wenn ein Text ein Rätsel aufgibt, wenn der Leser zu einer Art Entschlüsselung aufgerufen ist". Auch der Historiker Demetrios geht in diesem Sinn unsystematisch vor (vgl. van der Horst [1988] 529 und [2006] 115f.).
214 Sowohl jene eben thematisierte direkte Anrede des Werkadressaten Philometor als auch diese Verbindung von mikroskopischer Orientierung am maßgeblichen Ausgangstext und weit ins Literarische, Philosophische und Theologische ausgreifender Erörterung lassen also die scharfe Distinktion von eher textbezogenen Ζητήματα/Λύσεις und thematisch freieren, in philosophischen Gesprächen, z.B. bei Symposien, lokalisierten Προβλήματα, deren Ursprünge schon auf die Sophisten und Platon zurückführen (vgl. dazu Gudeman [1927] 2511. 2522 und skeptischer Gärtner [2002] passim), fragwürdig erscheinen. Man wüßte gern, welche Empfehlungen die Theoretiker, darunter vielleicht sogar Aristoteles und Theophrast, für die literarische Gestaltung solcher Προβλήματα gaben (vgl. Gudeman [1927] 2522 und Slater [1982] 347).
215 Vgl. dazu schon Dörrie (1959) 2.

Wir versuchen aber ihre Natur und ihre Substanz zu schauen und zu erkennen, außerdem alles, was sich um sie herum einstellt ... In jeder Beziehung aber ist es äußerst schwierig, eine gewisse Glaubwürdigkeit im Hinblick auf sie zu erlangen. Denn da die Untersuchung auch vielen anderen Gegenständen gemein ist – ich meine aber: die Untersuchung über das Wesen und darüber, was sie ist –, könnte es vielleicht jemandem scheinen, es gäbe nur eine einzige Methode bei allen Dingen, von welchen wir die Substanz[216] erkennen wollen ... [vgl. auch noch die folgenden Ausführungen].

Wenn sich Aristobulos also bestimmter Formelemente der ζητήματα καὶ λύσεις bedient, um das theologisch angemessene Verständnis der mosaischen Offenbarung, mithin seiner heiligen Schrift, sowohl dem jüdischen als auch dem griechischen Publikum zu eröffnen, dann scheint er wohl eher an solche grundsätzlicheren Ansprüche der Gattung anzuknüpfen.

Bei allen Ähnlichkeiten darf freilich nicht aus dem Blick geraten, worin eigentlich das Besondere der Nähe zwischen Aristobulos[217] und den Λύσεις der hellenistischen Gelehrten liegt: Bei den Griechen widmen sich solche Werke mit Vorliebe den Dichtern, selten den Philosophen oder den Rednern[218], aber offenbar kaum den Gesetzen[219] – obschon Platon an hochberühmter Stelle, im Eingang seiner *Nomoi*, die gesamte Untersuchung der Gesprächspartner eben mit diesem Begriff bezeichnet (631a): ἡμεῖς δέ φαμεν εἶναι τὸ περὶ νόμους ζήτημα τῶν εὖ ζητούντων ὥσπερ νῦν ἡμεῖς ἠρξάμεθα! Die Weitung des biblischen Nomos, der Nachweis seiner Relevanz für Dichter und Philosophen sowie seine Auslegung mit den Methoden griechischer Philologie, welche Aristobulos in seinem eigenen Werk postuliert, finden hierin nocheinmal eine formale Bestätigung.

---

216 Vgl. Buchheim (2016) 53, der οὐσία ebenfalls mit "Substanz" übersetzt, ἐπιζητοῦμεν freier mit "Unser Forschungsprojekt ist es ..." und ὅσα συμβέβηκε περὶ αὐτήν mit "was Begleitumstände in Beziehung auf sie sind". 227 mit den Anmerkungen zur Stelle.
217 In der Septuaginta begegnet etwa das Verb ἐκζητέω mehrfach in Bezug auf die eingehende Erforschung des göttlichen Nomos (vgl. z.B. Ps. 104, 45 und Sirach 39, 1f. [unten S. 327[1057]]).
218 Vgl. Gudeman (1927) 2520f. und Dörrie (1959) 2: "Die Fachsprache der Philosophen verzichtet nahezu völlig auf dies Wort".
219 Leider läßt sich das Verhältnis zur ζητήματα-Lehre des griechischen Rhetorikers Hermagoras (wohl zweite Hälfte des zweiten Jahrhunderts vor Christus), die selbst in nur wenigen Fragmenten überliefert ist, nicht genauer bestimmen. Auffällig ist jedoch, abgesehen von der Konjunktur, welche der Begriff ζήτημα in unterschiedlichen zeitgenössischen Disziplinen genoß, daß Hermagoras ihn gerade auf die Nomoi selbst anwandte, etwa zur Aufdeckung der *ambiguitas* oder innerer Widersprüche einzelner Gesetze (vgl. Luzzatto [2004] passim und Alesse [2013] 67/77 mit neuerer Literatur).

3 "Ausgangspunkte" bei Juden und Griechen

3.1 Einleitung

Es ist hier nicht der Ort, die vieldiskutierte Geschichte der jüdischen Diaspora hellenistischer Zeit ausführlich zu behandeln. Grundsätzlich wird man heute zurückhaltend sein, vorschnell mit Begriffen wie Anpassung, Akkulturation oder Akkommodation umzugehen[220], welche das komplexe Phänomen kultureller Fremdheit oft nur verallgemeinernd und unscharf zu beschreiben vermögen. Gerade dort, wo es zwischen gesellschaftlichen Mehr- und Minderheiten um Texte geht, ist es nicht ausgemacht, daß die intime Kenntnis der wechselseitig fremden Literatur zugleich auch Akzeptanz, Anerkennung oder Übereinstimmung mit deren inhaltlichen Botschaften oder formalen Eigenarten bedeutete.

Der Umgang der jüdischen Gelehrten mit der griechischen Literatur, der in hellenistischer Zeit deutlich an Intensität gewinnt, kann daher nur in differenzierten Einzelstudien erschlossen werden. Insbesondere die allgemeine Hypothese, die jüdischen Autoren alexandrinischer Provenienz richteten sich mit ihren Schriften ausschließlich an ein jüdisches Publikum, bedarf der Überprüfung[221]: Zwar mag man das griechische Setting vieler dieser Schriften als literarische Fiktion oder als gattungsbedingte Motivik deuten, etwa dann, wenn im sogenannten *Aristeasbrief* der offenkundig jüdische Verfasser als griechischer Hofbeamter des Ptolemäerkönigs auftritt und in dieser *persona* die Übersetzung der Septuaginta gleichsam von außen beschreibt[222]. Aristobulos adressiert seine Schrift an den König Ptolemaios VI. Philomator, demgegenüber er die mosai-

---

220 Vgl. etwa Barclay (1996) passim und Paget (2004) 151f.; kritisch auch Will – Orrieux (1986) 71f.; Doering (1999) 284; Aitken (2007) 191; Gruen (2008) 139 und Rajak (2009) 115.
221 Vgl. zu Aristobulos Tcherikover (1956) 178[20] sowie sein einflußreiches Diktum zum *Aristeasbrief* (1958) 60: "... was addressed not to Greek, but to Jewish readers" (im folgenden auch auf Aristobulos bezogen); zudem Hadas (1951) 65; Simon – Simon (1984) 25f.; Mélèze Modrzejewski (1991) 59f.; Dorival (1994) 41; Goodman (1995) 66. 79/81 (unklar); Denis (2000) 1228 (unklar); Murray (2001) 576; Gruen (2002) 69 (unklar); Berthelot (2003) 202f.; Honigman (2003a) 27/29; Schimanowski (2006) 45; Jourdan (2010) 9f. und De Brasi (2012) 56.
222 Vgl. im Gefolge von Louis Vivès (1522) und Humphrey Hody (1684) dazu (in Auswahl und mit neuerer Literatur): Pelletier (1962) 54. 56 u.ö.; Barthélemy (1974) 23f. u.ö.; Bickerman (1976a) passim; Bartlett (1985) 11/16; Feldman (1993) 55f.; Collins (2000) 8/10; Weber (2000) 127; Murray (2001) 573; Orth (2001) passim; Honigman (2003a) 2 u.ö.; Dines (2004) 28; Birnbaum (2004) 132. 134f. u.ö.; Wasserstein – Wasserstein (2006) 19; Donaldson (2007) 472; Schenker (2007) 330; Gruen (2008) 140; Rajak (2008) 176f. und (2009) passim; Wright (2009) 712 und (2015) passim; Irrgang (2011) 215/19; Hunter (2011a) 47 sowie Doering (2012c) 223f.

sche Nomothesia auslegt, gibt ihr also eine Konstellation, die heute kaum jemand für historisch hält, in der zeitgenössischen Literatur jedoch zahlreiche Parallelen findet. Selbst wenn es richtig ist, daß diese jüdischen Autoren für jüdische Leser schrieben – derjenige des *Aristeasbriefs* also einen gleichsam aitiologischen Bericht über die Ursprünge der griechischen Bibel[223], Aristobulos ein Paradigma rechter Bibelauslegung –, muß dem Publikum doch die Vorstellung glaubhaft gewesen sein, mit ihren Werken seien auch griechische Leser, und zwar solche in den höchsten, gebildeten und politisch verantwortlichen Kreisen, angesprochen[224].

Ein Blick in die demographische Wirklichkeit der alexandrinischen Gesellschaft kann diese Annahme unterstützen: Philons Angabe, im Ägypten des ersten nachchristlichen Jahrhunderts, das heißt: vor allem in Alexandria, habe eine Million Juden gelebt (Flacc. 43), greift sicher zu hoch, doch ist unbestritten, daß sowohl numerisch als auch wirtschaftlich, militärisch und politisch der Anteil und Einfluß der jüdischen Gemeinde spätestens seit dem zweiten Jahrhundert vor Christus kontinuierlich zunahmen, also seit der Regierungszeit des von Aristobulos adressierten Ptolemaios VI. Philometor[225]. Daß auf dem lebhaften Büchermarkt der Stadt und im angeregten gelehrten Austausch nicht mit griechischer Nachfrage und Interesse an Publikationen dieser bedeutenden Bevölkerungsgruppe zu rechnen gewesen sei, ist überdies für die Regierungszeit des den Juden eher zugeneigten Philometor unwahrscheinlich. Eine Aufgabe künftiger Studien wäre vielmehr zu erforschen, ob die Rezeption der Texte – hier wäre jede Schrift einzeln für sich zu analysieren – nicht statt einer Trennung nach Juden und Griechen eher Grenzen der Bildung und des Zugangs zu

---

223 Vgl. Honigman (2003a) passim; Rajak (2009) 49f. und Wright (2015) passim, insbesondere 62/73.
224 Vgl. schon Murray (1967) 345; Meisner (1970) 215/17; Schürer – Vermes – Millar – Goodman (1986) 582. 679 und Roetzel (1992) 172 zum *Aristeasbrief* sowie Pelletier (1962) 47/52; Vermes (1963) 73; Walter (1964) 39f. 132f.; (1975) 264; (1989) 390f. und (2001) 92; Fischer (1978) 22; Collins (1983) 176; des Places (1983) 14; Barclay (1996) 152 und (2002) 140/43; Doering (1999) 283f.; Birnbaum (2003) 317; Marböck (2003) 104f.; Paget (2004) 150; Cook (2008) 201; Inowlokki-Meister (2010) 107/10; Knöbl (2012) 25f.; Pollmann (2012) 115. sowie Matusova (2015) 8/11 und Wright (2015) 62/73 (zum *Aristeasbrief*).
225 Vgl. dazu mit Quellen und Literatur Tcherikover (1958) 80f.; Tarn (1966) 257/59; Fraser (1972) 688f.; Momigliano (1975) 89; Kasher (1985) 7/11 u.ö.; Mélèze Modrzejewski (1991) 65; Dawson (1992) 78; Hölbl (1994) 166f.; Huß (1994b) 2 und (2009) 170; Selden (1998) 294f. u.ö.; Gruen (2002) 69 und (2008) 136f.; Honigman (2003a) passim; Birnbaum (2004) 126; Cowey (2004) 40f.; Gehrke (2004) 46/50; Paget (2004) 146/48; Pfrommer (2004) 13; Schimanowski (2006) 4/68; Kreuzer (2007) 37/40; Pfeiffer (2008b) 313; Vogel (2008) 102; Klostergaard Petersen (2009) 135f.; Rajak (2009) 98f. sowie Perdue (2011) 117.

dieser folgte: Wie die hochgelehrte Literatur der Griechen nur einer gebildeten, sei es griechischen oder jüdischen, Elite zugänglich war, so richtete sich auch die jüdische in Theologie, Philosophie, Geschichtsschreibung und Dichtung an ein begrenztes Publikum – in der eigenen und in der griechischen Gelehrsamkeit[226].

3.2 Aristobulos und die griechische Literatur

Mit den Zitaten orphischer und arateischer Verse, Hesiods und Homers, mit der Rezeption pythagoreischer und platonischer Philosophie sowie zeitgenössischen, etwa peripatetischen und stoischen, Gedankenguts – die gesamte griechische Literaturgeschichte scheint hier chronologisch umspannt –, drückt Aristobulos zum einen Anerkennung dieser Autoren aus, indem er sie für sein theologisches Anliegen als Rezeptionsbeispiele fremder Literatur berücksichtigt. Aufschlußreich sind, weil der formalen Technik griechischer Autoren vergleichbar, ältere Autoritäten als μάρτυρες eigener Thesen einzuführen, neben der Heranziehung der orphischen und arateischen Verse, die ja ausdrücklich gedeutet werden (F 4, 82/84 Holladay: σαφῶς οἴομαι δεδεῖχθαι διότι διὰ πάντων ἐστὶν ἡ δύναμις τοῦ θεοῦ), zwei Bemerkungen im F 5 Holladay: Nachdem Aristobulos den (pseudo)homerischen Vers: ἑβδομάτη δ' ἠοῖ λίπομεν ῥόον ἐξ 'Αχέροντος zitiert und selbst ausgelegt hat (F 5, 127/36 Holladay; vgl. das Signalwort σημαίνων F 5, 129 Holladay), schließt er die Ausführung mit den Worten: καθὼς προείρηται – nämlich in seiner eigenen vorangegangenen Deutung des Sabbats. In derselben Exegese findet Aristobulos diese eigene metaphorische Deutung des siebten Tags auf die Weisheit (F 5, 35/38 Holladay): μεταφέροιτο δ' ἂν τὸ αὐτὸ καὶ ἐπὶ τῆς σοφίας· τὸ γὰρ πᾶν φῶς ἐστιν ἐξ αὐτῆς in Übereinstimmung mit dem Wort peripatetischer Provenienz (F 5, 41f. Holladay): λαμπτῆρος αὐτὴν [sc. σοφίαν] ἔχειν τάξιν[227]· ἀκολουθοῦντες γὰρ αὐτῇ συνεχῶς ἀτάραχοι καταστήσονται δι' ὅλου τοῦ βίου[228]. Dieses Wort werde al-

---

226 Vgl. Collins (1998) 9f. zu Sap.; Aitken (2007) 202 zu Prov. sowie Niehoff (2011a) 21.
227 Die Junktur τάξιν (mit folgendem Genitiv) ἔχειν findet in der zeitgenössischen Fachwissenschaft gute Parallelen, etwa in Hipparchs Aratkommentar (vgl. comm. in Arat. 2, 2, 41).
228 Die unterschiedlich akzentuierten Stellen, die Holladay (1995) 226 aus Aristoteles beibringt (eth. Nik. 1096b28. 1140b30/1141b24; top. 108a11), belegen diese Wendung nicht ganz befriedigend (vgl. skeptisch auch Döring [1999] 312), am ehesten noch anim. 430a14/17 (vgl. dazu ausführlicher Jung [2011] 98/103 mit Literatur und Buchheim [2016] 265f.) und rhet. 1411b12f. Die Spuren führen vielleicht eher auf die aristotelischen Exoterika Προτρεπτικός und Περὶ φιλοσοφίας sowie deren Rezeption zurück; vgl. etwa Philopon. in Nikom. Eisag. 1, 1 über die

lerdings seinerseits noch übertroffen von einem "klareren und schöneren" Salomons, "eines unserer Vorfahren" – welches wiederum mit der eigenen metaphorischen Deutung im Einklang stehe (F 5, 51f. Holladay): τὸ δὴ σύμφωνόν ἐστι τῷ προειρημένῳ [sc. von Aristobulos selbst][229]. Griechisches und jüdisches μαρτύριον stehen hier zwar nicht auf derselben Stufe, werden aber unmittelbar nacheinander zur Autorisierung eigener Thesen herangezogen, so daß sich aus der Abfolge von mosaischem Ausgangstext, eigener Exegese, peripatetischer Übereinstimmung und deren salomonischer Überbietung ein komplexes Ineinander ergibt.

Zum anderen ist dieser Zugriff jedoch von Anfang an unmißverständlich so akzentuiert, daß an der Priorität Mose und dem Vorrang seiner Nomothesia kein Zweifel gelassen wird[230]: chronologisch durch den oben schon erwähnten Altersbeweis, performativ dadurch, daß Aristobulos selbst vor dem Leser urteilend und auswählend auf die griechische Tradition und ihre maßgeblichen Vertreter zugreift, und schließlich inhaltlich, indem ähnliche Passagen aus diesen Autoren die biblische Lehre und in der jüdischen Theologie und Philosophie zentrale Einsichten bestätigen sollen, wie beispielsweise jene: διὰ πάντων ἐστὶν ἡ δύναμις τοῦ θεοῦ[231]. An Evidenz soll diese Ähnlichkeit offenbar besonders dadurch gewinnen, daß sie wiederholt nicht bloß für einen einzigen griechischen Autor postuliert wird: In F 4 Holladay treten nacheinander Pythagoras, Sokrates, Platon, Orpheus und Arat ein, in F 5, 106/51 Holladay in regelrechter Zitatenkette Homer, Hesiod und Linos.

Menschen der Frühzeit und ihre Benennung der Weisheit: σοφία μὲν οὖν ἐκλήθη, οἱονεὶ σάφειά τις οὖσα, ὡς σαφηνίζουσα πάντα. τοῦτο δὲ τὸ σαφὲς εἴρηται φαές τι ὂν παρὰ τὸ φάος καὶ φῶς, διὰ τὸ εἰς φῶς ἄγειν τὰ κεκρυμμένα. ἐπεὶ τοίνυν τὰ νοητὰ καὶ θεῖα, ὡς Ἀριστοτέλης φησίν [sc. in dem Werk Περὶ φιλοσοφίας], εἰ καὶ φανότατά ἐστι κατὰ τὴν ἑαυτῶν οὐσίαν, ἡμῖν διὰ τὴν ἐπικειμένην τοῦ σώματος ἀχλὺν σκοτεινὰ δοκεῖ καὶ ἀμυδρά, τὴν ταῦτα ἡμῖν εἰς φῶς ἄγουσαν ἐπιστήμην σοφίαν εἰκότως ὠνόμασαν, eine Stelle, die allerdings in ihrer Echtheit umstritten ist (vgl. Flashar [2006] 136), und F 9 Ross aus dem Προτρεπτικός sowie für den späteren Peripatos Theophrast F 305 Fortenbaugh (über das *lumen universaliter agentis intellectus*). Die Stelle wird an anderem Ort eingehender untersucht werden.
229 Vgl. dazu auch unten S. 116f. 122f. 279. 285f. 317f. 428. In dem Adjektiv σύμφωνος zeigt sich Terminologie hellenistischer Wissenschaft genutzt (vgl. unten S. 79f. zu Hekataios; Schironi [2009] 289 zu Aristarch und den Homerscholien sowie in hoher Häufigkeit, zusammen mit der negativen Entsprechung διάφωνος, erneut den Aratkommentar Hipparchs, z.B. 1, 1, 4; 1, 1, 8; 1, 2, 2; 1, 3, 2; 1, 3, 3 [oben S. 44]; 1, 4, 7; 1, 7, 4; 1, 7, 16; 1, 10, 10; 1, 10, 12; 1, 10, 16; 2, 1, 14; 2, 2, 15; 2, 2, 58; 2, 3, 2; 2, 3, 5; 2, 3, 21; 2, 3, 38 u.ö., bei dem die Wendung συμφώνως τοῖς φαινομένοις geradezu das Wahrheitskriterium astronomischer Observation ausdrückt).
230 Vgl. schon Valckenaer (1806) 46; auch Dawson (1992) 78f. 81f. und Barclay (1996) 150.
231 Vgl. F 2, 57 Holladay: ἐπὶ πάντων ὁ θεός und 112f.: πάντη γὰρ ὁ θεός ἐστιν.

Aristobulos begründet solche Ähnlichkeit mit der direkten Kenntnis der mosaischen Nomothesia, welche die griechischen Autoritäten aus der eigenen Lektüre des biblischen Texts gewonnen hätten, und der anschließenden Entlehnung ausgewählter Gedanken in ihre für die griechische Geistesgeschichte maßgeblichen Werke. Solche Übertragungen entsprächen dabei nicht einfach wie Zitate einer wörtlichen Kopie der Vorlage, sondern nähmen aus Moses ihre ἀφορμαί, um in eigenständiger Verarbeitung der Autoren neue Gestalt anzunehmen (vgl. die Termini μεταφέρω und μεταλαμβάνω[232]). Das, was Aristobulos aus Orpheus und Arat zitiert, erweist sich ihm dabei als korrekturbedürftig: Da diese Dichter ihre Verse, deren Dianoia sich tatsächlich auf Gott bezog, dem Zeus/Dis widmeten, ergibt sich eine Differenz zur biblischen Wahrheit, die erst durch die Rückverbesserung des Exegeten wieder in völlige Übereinstimmung mit dem mosaischen Nomos aufgelöst wird. Was demgegenüber Pythagoras, Platon, Sokrates, Homer, Hesiod und Linos (F 3. 4. 5 Holladay) aus Moses entlehnten, wird von Aristobulos widerspruchslos herangezogen. Gerade in dieser Differenzierung legt der jüdische Exeget ein hermeneutisches Prinzip offen, welchem gemäß er griechische Literatur heranzieht und interpretiert: Die Feststellung von Ähnlichkeiten, als Übernahmen aus dem Text der Bibel verstanden, ist nur der erste Schritt; ihr hat die Prüfung theologischer Angemessenheit zu folgen, um festzustellen, ob die entlehnte Wahrheit in der griechischen Verarbeitung erhalten geblieben ist. Der auf den ersten Blick seltsame Befund, daß einem umfänglichen Versabschnitt aus Arats *Phainomena* zugesprochen wird, einen heiligen Begriff vom wahren Gott zu vermitteln, daß zugleich aber, gleichsam mikroskopisch, an einem einzigen Wort, dem Gottesnamen, Anstoß genommen wird, findet hierin seine Erklärung. Daß solche Prüfung nicht bloß einen literarkritischen Vorgang meint, sondern religiöse Handlung, in der die εὐσέβεια des Exegeten auf dem Spiel steht, ist selbstredend. In der Auslegung schließlich werden, in einem dritten Schritt, vor dem Leser die Entlehnungen in ihrer Ähnlichkeit, aber auch in ihren etwaigen Abweichungen vom entsprechenden Bibeltext vorgestellt, theologisch notwendige Korrekturen vorgenommen und erklärt.

Dem jüdischen Publikum wird also die griechische Literatur in ihrer gesamten chronologischen Breite und formalen Vielfalt in Poesie und Prosa nahegelegt, zumal in den Schriften und Autoren, die theologisch zu lesen waren und –

---

[232] Das Wort μεταφέρειν begegnet in der Bedeutung "aus einer fremden Kultur/Literatur übertragen" auch sonst in ähnlichen Zusammenhängen; vgl. das Namen- und Sachregister; beispielhaft unten S. 105 zu Hermippos und Flavius Josephus sowie S. 137f. zur Einführung ägyptischer Nomoi nach Griechenland bei Hekataios.

etwa wie Arat – ästhetisch als besonders anspruchsvoll galten. Was dabei auffällt: Die genannten Autoritäten umfassen gleichsam die gesamte Spannbreite griechischer Religion und Theologie. Nicht nur, daß mit Homer und Hesiod die epischen Schöpfer der olympischen Religion, mit Sokrates und Platon die überragenden Vertreter philosophischer Theologie ins Feld geführt werden; mit Orpheus und Pythagoras werden zugleich auch diejenigen eingeführt, die nach Walter Burkert "... assume for the first time the role of founders of sects, if not religions. The one appears in the guise of a singer and poet, the other in the guise of a philosopher. The most radical transformation of Greek religion is traced to these names"[233]. Für Arat, den hellenistischen Verfasser der *Phainomena*, mag diese Einordnung zunächst verwundern, doch entspricht sie durchaus dem Ansehen, das er schon bald, in der frühen Kaiserzeit, auch bei griechischen Exegeten genießen sollte. So stellt etwa Heraklit in seinen *Allegoriae Homericae* fest: οὐ γὰρ ἠδύνατο [sc. Homer] πάντα θεολογεῖν, ὥσπερ Εὔδοξος ἢ Ἄρατος, Ἰλιάδα γράφειν ἀντὶ τῶν Φαινομένων ὑποστησάμενος ἑαυτῷ (49, 1 [ed. Russell – Konstan, S. 86])[234]. Aristobulos setzt damit eine Leserschaft voraus, die sowohl in den überkommenen als auch in den modernen, hellenistischen Konventionen griechischer Literatur bewandert, ja versiert zu sein hat, und bestimmt damit den Juden selbst, gewiß auch normativ, einen kulturellen Anspruch[235].

Die hier vorausgesetzte Bildung korrespondiert dabei gewissermaßen mit der πολυμαθία jener griechischen Denker, die sich eingehend mit der mosaischen Nomothesia befaßt hätten (F 4, 7/9 Holladay): δοκοῦσι [sc. Pythagoras, Sokrates und Platon] ... περιειργασμένοι πάντα κατηκολουθηκέναι τούτῳ [sc. Moses] und (F 3, 17/22. 35/43 Holladay):

φανερὸν ὅτι κατηκολούθησεν ὁ Πλάτων τῇ καθ' ἡμᾶς νομοθεσίᾳ καὶ φανερός ἐστι περιειργασμένος ἕκαστα τῶν ἐν αὐτῇ ... ὡς εὔδηλον εἶναι τὸν προειρημένον φιλόσοφον εἰληφέναι πολλά· γέγονε γὰρ πολυμαθής, καθὼς καὶ Πυθαγόρας πολλὰ τῶν παρ' ἡμῖν μετενέγκας εἰς τὴν ἑαυτοῦ δογματοποιίαν κατεχώρισεν.

---

233 Burkert (1985) 296. Daß die Orphiker, wie schon früh – und kritisch – bezeugt wird, auf Bücher zur Bezeugung ihrer Lehre rekurrierten (vgl. Eur. Hipp. 952/57 und Plat. pol. 364f. sowie zu dieser "revolution" Burkert [1985] 297 und [2003] 94; Baumgarten [1998] 73/80; Calame [2010] 34f. sowie Scodel [2011] 80/90), dürfte dabei besonderes Interesse geweckt haben, spielt doch die Schriftlichkeit des mosaischen Gesetzes für Aristobulos eine wichtige Rolle.
234 Vgl. in Rom schon Cic. nat. 2, 104/14. In der pseudoplutarchischen Schrift *De Homero*, deren Quellen auf den Hellenismus zurückgehen, gilt übrigens Arat neben Aischylos und Sophokles, Theokrit und Demosthenes als Klassiker (vgl. 106. 160); vgl. auch Περὶ ὕψους 10, 6.
235 Vgl. Walter (1964) 37[3] zum Eingriff in das Zitat der *Phainomena*: "Aristobulos denkt also an Leser, die Aratos kennen" sowie allgemein Bar-Kochva (1996) 172f. und Jourdan (2010) 22/24.

Es ist offenbar, daß Platon der bei uns geltenden Gesetzgebung nachgefolgt ist. Und offenbar hat er jedes Einzelne des in ihr Enthaltenen durchgearbeitet [mit der folgenden These, schon Pythagoras und Platon hätten eine griechische Übersetzung der Bibel benutzt] ... so daß ganz deutlich ist, daß der obengenannte Philosoph vieles übernommen hat; denn er ist vielwissend gewesen, wie auch Pythagoras vieles von dem bei uns übertragen und in die Ausgestaltung seiner eigenen Lehre an passender Stelle eingefügt hat.

Aristobulos hebt, vor allem mit den auffälligen Perfektformen, hervor, daß die kritische, selektive (vgl. πολλά)[236] Mosesrezeption der griechischen Autoren auf einer begründeten Entscheidung nach eindringlicher Erforschung des Gegenstands beruht habe. Indirekt legt diese Feststellung freilich auch den Anspruch des jüdischen Exegeten offen, er selbst kenne die Texte eben dieser Autoren, also im Grunde die maßgeblichen Werke der gesamten griechischen Literaturgeschichte in Dichtung und Philosophie, so genau, daß er in der Lage sei, einzelne Übernahmen aus den Büchern Mose auch vor einem griechischen Publikum zu postulieren, ja sogar ganze Autoren als von der göttlichen Offenbarung des mosaischen Nomos abhängig auszuweisen[237]. Solche Übernahmen stehen demnach in der griechischen δογματοποιία neben anderem – woraus sich für den (jüdischen) Kritiker gleichsam im Krebsgang die Aufgabe stellt, die verschiedenen Elemente in der Exegese wieder zu scheiden. Die Grenze, an welche bei Aristobulos solche Anerkennung nichtjüdischer Literatur stößt, ist dabei klar gezogen[238]: Nicht um ihrer selbst willen, sondern zur Bestätigung jüdischer Wahrheit zieht der Exeget die Zeugen griechischer Gelehrsamkeit heran. Deren Studium unterliegt damit gleichsam einem doppelten Vorbehalt: der Ausrichtung auf die Religion und Theologie des eigenen Gottes sowie der Überlegenheit des mosaischen Nomos.

---

236 Vgl. Radice (1995) 24.
237 Vgl. zum terminologischen (κατ-)ἀκολουθέω als im geistesgeschichtlichen Sinne "nachfolgen, sich anschließen" Polyb. 2, 56, 2; Ps.-Plut. *De Homero* 127, 1 über die Stoiker und Homer sowie unten Anm. 248 und S. 88. Auch der zeitgenössische Aratkommentator Hipparchos benutzt das Wort, um des Dichters Anschluß an den Astronomen Eudoxos zu kennzeichnen (vgl. oben S. 41). Im *Aristeasbrief* (279) lautet die jüdische Antwort auf die Frage des Königs Ptolemaios II. Philadelphos, wem die Könige nachfolgen (κατακολουθεῖν) sollten: τοῖς νόμοις – natürlich den mosaischen.
238 Vgl. Gruen (1997) 87; (1998a) 215f. und (2002) 215. 224. 227; anders im allgemeinen Hölbl (1994) 168. Ein ähnliche Dialektik zwischen Nähe und Abgrenzung spricht aus dem *Aristeasbrief* (vgl. insbesondere die Kapitel 134/37. 139. 144 sowie Tcherikover [1958] 63. 79f.; Gruen [1997] 83 und [2002] 215; Birnbaum [2004] 131. 137f. sowie Paget [2004] 153f. und Wright [2015] passim) und prägt im allgemeinen die Zeit der Hasmonäerherrschaft in Israel (vgl. Gruen [1998a] 1f.).

In den Augen griechischer Leser hingegen stellt sich diese Ambivalenz so dar, daß einerseits die jüdische Elite als in Literatur, Theologie und Philosophie hochgebildeter Gesprächspartner auftritt, als kenntnisreiches, ernstzunehmendes Gegenüber, das sich den Errungenschaften auch der griechischen Wissenschaft und Kultur nicht verschließt. Im *Aristeasbrief* wird diese Haltung an den jüdischen Gelehrten, welche Eleazar für die Übersetzung des Pentateuchs ins Griechische auswählt, expliziert[239]. Und wenn in *Sirach* 38f. im sogenannten "Lob des Schreibers" besonders hervorgehoben wird, daß es ebendiesem möglich sei, fremde Länder kennenzulernen und zu prüfen, was den dortigen Menschen als gut und als schlecht gelte, und in 34, 9/13 der Autor selbst bekennt, ebensolche Reisen unternommen zu haben, dann wird in dieser Schrift[240], die wiederholt genaue Kenntnis griechischer Philosophie und Literatur (bis hinauf zu den homerischen Epen) offenbart, die kritische Aneignung griechischer Kultur günstig gewertet. Andererseits wirft jener doppelte Vorbehalt auch Fragen auf[241]: So wird durch die Konzentration auf theologisch Bedeutsames der Blick für die Fülle und Vielfalt griechischer Literatur, ja selbst der griechischen Philosophie erheblich verengt, auch wenn etwa schon Aristoteles die "erste Philoso-

---

239 Vgl. 121f. (ed. Pelletier, S. 164): ἐπιλέξας [sc. Eleazar] γὰρ τοὺς ἀρίστους ἄνδρας καὶ παιδείᾳ διαφέροντας ... οἵτινες οὐ μόνον τὴν τῶν Ἰουδαϊκῶν γραμμάτων ἕξιν περιεποίησαν αὑτοῖς, ἀλλὰ καὶ τῆς τῶν Ἑλληνικῶν ἐφρόντισαν οὐ παρέργως κατασκευῆς· διὸ καὶ πρὸς τὰς πρεσβείας εὔθετοι καθεστήκεισαν, καὶ τοῦτ' ἐπετέλουν ὅτε δέοι, καὶ πρὸς τὰς ὁμιλίας καὶ τὰς ἐπερωτήσεις τὰς διὰ τοῦ νόμου μεγάλην εὐφυΐαν εἶχον, τὸ μέσον ἐζηλωκότες κατάστημα (τοῦτο γὰρ κάλλιστόν ἐστιν), ἀποτεθειμένοι τὸ τραχὺ καὶ βάρβαρον τῆς διανοίας, ὁμοίως δὲ καὶ τὸ κατοίεσθαι καὶ νομίζειν ὑπερφρονεῖν ἑτέρους ὑπερβεβηκότες, τὴν δ' ὁμιλίαν καὶ τὸ συνακούειν καὶ πρὸς ἕκαστον ἀποκρίνεσθαι δεόντως παραδεδεγμένοι, καὶ πάντες ταῦτα συντηροῦντες ... (vgl. auch 124). Dazu die Anmerkungen bei Tcherikover (1958) 67f.; Kovelman (2005) 121f.; Gmirkin (2006) 254f.; Müller (2008) 717; Rajak (2008) 184f.; Lange (2010) 55f.; Niehoff (2011b) 32 und ausführlich Wright (2015) 237/39 sowie allgemein Bar-Kochva (1996) 173f. In Kapitel 239 fragt König Philadelphos, wie er denn φιλήκοος werden könne. Der jüdische Gelehrte antwortet (ed. Pelletier, S. 208): διαλαμβάνων ὅτι πάντα συμφέρει γινώσκειν, ὅπως ἂν πρὸς τὰ συμβαίνοντα ἐκλεγόμενός τι τῶν ἠκροαμένων ἀνθυποτιθεὶς πρὸς τὰ τῶν καιρῶν ἀντιπράσσηται, σὺν χειραγωγίᾳ θεοῦ. Neben den Prinzipien der intensiven Erforschung der griechischen Literatur sowie des genannten μέσον κατάστημα in der Auseinandersetzung mit den Griechen – gerade auch in Angelegenheiten des Nomos – werden hier also umfassende Kenntnisse gefordert, aus welchen je nach Erfordernis, freilich unter Gottes Beistand, das Nützliche ausgewählt (ἐκλεγόμενος) werden könne.
240 Wichtig in diesem Zusammenhang ist Sirach 39, 1f. Vgl. Mack (1984) 311/13; Kieweler (1992) 130 (zurückhaltend); Wischmeyer (1995a) 96f.; Calduch-Benages (1996) 292/98; Marböck (1999) 161f. und (2001) 35; Ueberschaer (2007) 236/38. 368f. 374 sowie Kaiser (2008) 60f. 75f. 79 mit Literatur.
241 Eine "aggressive attitude" (Paget [2004] 154) hingegen läßt sich nicht ausmachen.

phie", also die wahre Wissenschaft von den ersten Dingen und den Ursachen, prägnant als Theologie gekennzeichnet hatte (vgl. met. 982f. 1026)[242] und in der Stoa Kleanthes wie auch Chrysipp, offenbar in Absetzung vom Schulgründer Zenon, die Theologie als eigene Unterdisziplin der Physik ansahen[243].

Die Abgrenzung des jüdischen Vorrangs ebenso vor älteren wie vor hellenistischen Entwürfen der griechischen Theologie und Philosophie hingegen vermittelt den Eindruck einer selbstbewußten, den Spielraum des eigenen Umgangs mit der griechischen Kultur möglichst genau auslotenden Minderheit innerhalb der alexandrinischen Gesellschaft. Eklatant durfte dies zunächst nicht erscheinen: Die zeitgenössischen Philosophenschulen standen ja ihrerseits in einem offenen Konkurrenzverhältnis, das durch Debatte, Selbstprofilierung und eigenen Wahrheitsanspruch gekennzeichnet war[244]. Es ist kein Zufall, daß Aristobulos die Juden ausdrücklich als αἵρεσις (s. unten S. 116) propagiert[245],

---

242 Vgl. Routila (1969) passim; Hadot (1998) 27. 127f.; Flashar (2004) 333/35 und (2006) 131 über das dritte Buch seiner Schrift Περὶ φιλοσοφίας: "mit starker Betonung einer theologisch orientierten Kosmologie"; Broadie (2012b) passim; Menn (2012) 422f. u.ö. sowie Dangel (2014) 28f. und unten S. 204 zur Schrift *De mundo*.
243 Vgl. SVF 2, 42 aus Chrysipp: Die Alten hätten mit Recht drei Teile philosophischer Theoremata genannt, die logischen, die ethischen und die physischen, die genau in dieser Reihenfolge angeordnet seien – τῶν δὲ φυσικῶν ἔσχατος εἶναι ὁ περὶ τῶν θεῶν λόγος, διὸ καὶ τελετὰς ἠγόρευσαν τὰς τούτου παραδόσεις sowie Peter (1967) 193; Maas (1974) 56; Steinmetz (1994) 527f. 534. 593; Hadot (1998) 134; Mansfeld (1999c) 452; Enders (2002) 435 und Algra (2003) 153f.
244 Vgl. etwa Kechagia (2010) passim (mit neuerer Literatur). Wenn einem Philosophen ausdrücklich das Lob zukommt, er habe seinen Schülern sogar geraten, "auch andere zu hören", also Vertreter konkurrierender Schulen (vgl. etwa über Arkesilaos Diog. Laert. 4, 42 und dazu Görler [1994] 794), dann deutet sich hierin das Exzeptionelle einer solchen Haltung an.
245 Was nicht bedeuten muß, daß es bereits die Institution einer – vielleicht gar von Aristobulos begründeten – jüdischen Philosophenschule in Alexandria gab (vgl. Pelletier [1962] 76; Hengel [1971] 250; Fraser [1972] 696; Wacholder [1974] 39[38]; Bickerman [1988] 228; Holladay [1995] 223 [unsicher]; Weber [2000] 104 und Schimanowski [2006] 22 sowie zum späteren Gebrauch des Begriffs Glucker [1978] 166/92; Gigante [1983] 164f.; vor allem Mejer [1978] 75/81 und [2000] 31; Wehrli [1978] 14f.; Mansfeld [1992a] 20/26; [1999b] 21 und [2010] 111; Brunschwig [1999] 233f. sowie Gigante [1983] 158f. u.ö. sowie Engels [2007] 179/81 über die doxographische Gattung Περὶ αἱρέσεων). In F 5, 38/41 Holladay bezeichnet Aristobulos selbst die peripatetische Lehre als αἵρεσις (vgl. ähnlich Polybios 5, 93, 8 oder 12, 26, 3 [bezogen auf die Akademie], der aber seinerseits das Wort anderntorts, z.B. 6, 2, 8, ebenfalls auch in der Grundbedeutung verwendet). Tatsächlich verstanden die Griechen die jüdische Lehre als Philosophie: Schon Aristoteles soll (nach Klearchos von Soloi [bei Flav. Joseph. c. Apion. 1, 177/81]; vgl. dazu Walter [1964] 42f.; Bar-Kochva [2010] 40/89 und Tsitsiridis [2013] 60) die θαυμασιότης τις καὶ φιλοσοφία ὁμοίως eines weisen Juden aus Koile Syria bewundert haben, und Theophrast hatte, neben anderen, von den Juden gesagt: φιλόσοφοι τὸ γένος ὄντες – was auch immer das für sein Publikum bedeuten mochte (dazu Willrich [1895] 44/48; Tcherikover [1958] 61; Hengel

also nicht bloß als ein in sich zumindest augenscheinlich kohärentes dogmatisches System mit innerer Folgerichtigkeit, sondern auch als die gegenüber anderen richtige, wahrheitsgemäße "Wahl"[246]. Ob darin ein missionarischer Impuls zu erkennen ist, soll an dieser Stelle nicht entschieden werden; wenn in diesem Wort das "wählen" (vgl. αἱρέω) tatsächlich noch mitklingt[247], wenn

---

[1976] 130; Pilhofer [1990] 73f.; Feldman [1993] 203; Malitz [2001] 67; Kaestli [2007] 132; Rajak [2009] 74/78 und umfassend Bar-Kochva [2010] 15/39). Vgl. auch Megasthenes in seinen *Indika* (s. dazu unten Anm. 514); außerdem Hengel (1971) 249 und (1988) 296. 464/73; Collins (1983) 177: "Judaism is a 'philosophical school' ... among others, though it claims to be the preeminent one"; Collins (1985) 834: "the first known Jewish philosopher"; Bickerman (1988) 101; Feldman [1993] 7; Long (1994) 139; Käppel (1998) 66; Barclay (2002) 134; Gmirkin [2006] 36f.; Donaldson (2007) 105. 404; Perrotta (2008) 55; Stegemann (2010) 218. 230f. (mit neuerer Literatur) sowie Tsitsiridis (2013) 60.

246 Die Assonanz der präpositionalen Ausdrücke mit κατά ist hier absichtsvoll eingesetzt: πᾶσι γὰρ τοῖς φιλοσόφοις ὁμολογεῖται διότι δεῖ περὶ θεοῦ διαλήψεις ὁσίας ἔχειν, ὃ μάλιστα παρακελεύεται καλῶς ἡ καθ' ἡμᾶς [!] αἵρεσις. ἡ δὲ τοῦ νόμου κατασκευὴ πᾶσα τοῦ καθ' ἡμᾶς [!] περὶ εὐσεβείας τέτακται καὶ δικαιοσύνης καὶ ἐγκρατείας καὶ τῶν λοιπῶν ἀγαθῶν τῶν κατ' ἀλήθειαν [!]. Unter den Buchtiteln des nur wenige Jahrzehnte vor Aristobulos wirkenden Polyhistors Eratosthenes von Kyrene (s. dazu unten S. 94/96) ist auch der folgende überliefert: Περὶ τῶν κατὰ φιλοσοφίαν αἱρέσεων (vgl. dazu Montana [2015] 114). Vgl. Mejer (1978) 76f. und (2000) 31; Gigante (1983) 154 über Hippobotos (erste Hälfte des zweiten vorchristlichen Jahrhunderts; zur Datierung Kienle [1961] 77f.; Gigante [1983] 155/58 und Engels [2007] 173/76 mit Literatur) und seine Schrift Περὶ αἱρέσεων: "... quale sistema filosofico che ... determina e coinvolge il comportamento umano, condiziona la condotta di vita"; Mansfeld (1999b) 21[79] und (2010) 111: "Das Wort *hairesis* (üblicherweise mit 'Schule' oder 'Richtung' übersetzt) bedeutet 'Wahl' oder 'Auswahlmöglichkeit', dann auch das 'Ausgewählte'. Eine Wahl, etwas zu einer Regel zu machen, ist auch eine Wahl gegen etwas anderes ..."; Boys-Stones (2001) 154; Töpfer (2002) passim sowie Schepens (2005) 143f. zum Wortgebrauch bei zeitgenössischen Historikern. Darin liegt nicht bloß oberflächliche Rivalität verschiedener Schulen, sondern theologisch begründete Überzeugung von der Wahrheit der eigenen Einsicht in Natur und Gottheit (vgl. dazu wichtig Mansfeld [2010] 113 mit Hinweis auf Cic. Tusc. 2, 4). Im berühmten Schluß der platonischen *Politeia* sind die Wörter αἵρεσις/αἱρέομαι Leitbegriffe (617/20), mit denen die Erwählung des Daimons, des Lebens, mit dem ein jeder "zusammensein" werde, beschrieben wird (617e [ed. Slings, S. 404]): αἰτία ἑλομένου· θεὸς ἀναίτιος ... Besser sei das, was zum Gerechten führe, und im Ergebnis (618e [ed. Slings, S. 405]): ζῶντί τε καὶ τελευτήσαντι αὕτη κρατίστη αἵρεσις (vgl. Pietsch [2013] 195 u.ö.). Auch bei Aristoteles tauchen αἵρεσις/αἱρέομαι an zentralen Stellen in solch prägnanter Bedeutung auf (vgl. dazu z.B. pol. 1323a, also in einem Kontext, in dem es gerade um die vom Gesetzgeber einzurichtende ἀρίστη πολιτεία geht: αἱρετώτατος βίος. 1333a). Vgl. auch Xen. mem. 3, 9, 4 über Sokrates sowie später noch die Überlegungen zum Begriff Hairesis bei Sextus Empiricus Pyrrh. 1, 16f. (dazu Brunschwig [1999] 233f.).

247 Der Vergleich mit dem Sprachgebrauch der griechischen Bibel ist aufschlußreich: Während menschliche προαίρεσις/προαιρεῖσθαι meist ungünstig (vgl. so auch αἵρεσις in Gen. 49,

überdies die feine Junktur ἡ καθ' ἡμᾶς αἵρεσις (nicht etwa ἡ αἵρεσις ἡμῶν) ernstgenommen wird, dann könnte Aristobulos mit seiner Wortwahl andeuten[248], die Annahme der mosaischen νομοθεσία obliege eigentlich auch den Griechen[249].

3.3 Der Vorrang der Dichter

Aristobulos zitiert, nach heutigem Befund möglicherweise als der erste jüdische Autor der Antike überhaupt, aus der griechischen Literatur mit Vorliebe Dichter, um seine Auslegungen des Nomos zu illustrieren. Prosaautoren wie Platon oder auch Pythagoras werden zwar ebenfalls in Anspruch genommen für die These, die griechischen Autoren hätten aus Moses geschöpft[250] – Auszüge aus ihren Texten oder zumindest präzise Verweise auf bestimmte Stellen ihrer Werke

---

5 mit Siegert [2001] 261), in Sap. 7, 10 jedoch günstig bewertet wird, spricht Lev. 22, 18 und 21 mit der terminologisch wirkenden Junktur κατὰ αἵρεσιν von der "freien Entscheidung/Wahl" (vgl. schon Meecham [1935] 59). In ähnlichem Zusammenhang, aber mit einer etwas anderen Konnotation bezeichnet Aristeas das lernbegierige Streben seines Bruders Philokrates nach dem Guten und dem, was förderlich sein könne, als eine γνησία αἵρεσις, also als einen Vorsatz (vgl. Meecham [1935] 59: "purpose"), der die beiden Brüder wesentlich eine (*Aristeasbrief 7*).
248 Anders als Walter (1964) 134[1] sagt Feldman (1993) 317 Aristobulos das Anliegen nach, "to adapt the Jewish tradition to a missionary counterattack". Zu der kontroversen Debatte über den antiken jüdischen Proselytismus vgl. etwa Feldman (1993) 288/415; Goodman (1995) passim; Inowlocki-Meister (2010) 106f. (mit Literatur); McGlynn (2014) 95f. sowie Wittkowsky (2015) 16 u.ö. (unklar). Weder Orpheus, Linos, Homer, Hesiod oder Arat noch Pythagoras, Sokrates oder Platon wurden durch ihre Mosesrezeption zu Hebräern. Doch daß der mosaische Nomos auch den Nichtjuden zur Nachfolge drängt, ist für Aristobulos die Tatsache, auf welcher sein Altersbeweis basiert, mit dem bezeichnenden Verbum κατακολουθέω (vgl. zu diesem Terminus auch Janko [2011] 61) beschrieben; wenn sich diese Tatsache über die Jahrhunderte der griechischen Historie hinweg eben in jenen Autoritäten manifestierte, müßte sich der hellenistische Zeitgenosse nicht ebenfalls, deren Vorbild nachfolgend, den Büchern Mose zuwenden?
249 Die Beschreibung der exegetischen Methode als "philosophisch vertretbar" (Walter [2001] 87[42]; vgl. ähnlich auch [1964] 28 und [1975] 263f.; Dalbert [1954] 105; Holladay [1995] 74; Denis [2000] 1228 sowie Paget [2004] 151: "common cultural heritage") gäbe ihm dann zu wenig, während die verbreitete Anschauung, Aristobulos verbreite den jüdischen Nomos als "wahre Philosophie/true philosophy", den Sachverhalt eher verunklart (vgl. dazu etwa Borgen [1984] 276 und [1987] 11; Simon – Simon [1984] 25; Bickerman [1988] 229; Hengel [1988] 297; Jeck [2004] 123; Collins [2005a] 16; Woschitz [2005] 96; Matusova [2010] 20: "... wrote a philosophical commentary"; Niehoff [2011b] 58 und allgemein Vollenweider [2012] 316).
250 Das Ordnungsschema nach Dichtern einerseits, Philosophen andererseits begegnet in philosophiegeschichtlichen Erörterungen auch bei anderen hellenistischen Autoren; vgl. zu Philodem etwa Obbink (2001) 206f.

liefert Aristobulos jedoch, abgesehen von jenem Hinweis auf die peripatetische Weisheitsmetapher, an keinem Punkt der erhaltenen Fragmente. Gerade in F 4 Holladay, also dem Fragment, in welchem die Zitate aus Orpheus und Arat stehen, äußert er sich vorsichtig (bestimmter hingegen in F 3 Holladay über Platon allein; s. unten S. 265): δοκοῦσι δέ μοι περιειργασμένοι πάντα κατηκολουθηκέναι τούτῳ Πυθαγόρας τε καὶ Σωκράτης καὶ Πλάτων ... – die genannten Philosophen "scheinen" an Moses anzuschließen, ohne daß er diese Abhängigkeit an übereinstimmenden Belegen nachwiese.

Diesen Fokus auf den Zeugniswert der Dichtung hat Aristobulos mit der zeitgenössischen griechischen Philosophie[251], die ihre Thesen vor allem mit Belegen und Zitaten aus der maßgeblichen Poesie zu begründen und nachzuweisen suchte, ebenso gemein wie jene gewisse Verengung der Rezeption auf philosophisch und theologisch Bedeutsames in der Poesie. Zwar hatte auch Platon in seinen Werken ausgiebig ältere Dichter, vor allen anderen Homer, benutzt, aber zugleich, aufgrund seiner prinzipiellen Kritik an Form, Gehalt und Bildungswert der griechischen Poesie, diese Benutzung unter Vorbehalt gestellt[252]. Bei seinem Schüler Aristoteles ändert sich der Zugriff[253]: "Der Philosoph verwendet zur Bekräftigung eigener Ansichten gerne Dichterverse, da er selbst ohne weiteres an die Autorität des Dichters an sich glaubt"[254]. Die Bezeugungskraft der großen, allgemein anerkannten Dichter beruhte in der Philosophie

---

251 Vgl. Kienle (1961) 99 und zu den Stoikern Walter (1963) 355f.

252 Vgl. Gelzer (1993) 140f. mit Hinweis auf Isokr. 2, 13; zum "Argument aus der Autorität" eines Dichters bei Platon auch Westermann (2002) 66f. sowie zu Homer bei Platon Wilke (1997) 86 und Hunter (2012) 46f. (mit neuplatonischen Belegen). Der Historiker Thukydides ist für seine Skepsis gegenüber dem Zeugniswert homerischer Dichtung bekannt (vgl. auch Perikles in 2, 41, 4); gleichwohl zieht er sie als Quelle heran, bald mit Kommentar (vgl. 1, 3, 3; 1, 9f. u.ö.), bald auch ohne solchen (vgl. 1, 5, 2; zum homerischen *Apollonhymnus* 3, 104 u.ö.; dazu auch Kim [2010] 38/44 und Nicolai [2015] 1104/11).

253 Hunter – Russell (2011) 2/17 belegen, daß die Epikureer der Heranziehung poetischer Testimonien eher reserviert gegenüberstanden. So findet sich bei Sextus Empiricus (c. gramm. 270/98 mit dem Kommentar bei Blank [1998] 281/327) ein ausgedehnter, auf epikureischer Quelle (Zenon von Sidon?) fußender Abschnitt, in dem postuliert wird, echte Philosophen bauten allein auf Argumente, Zitate aus der Poesie, bei Philosophen zur Autorisierung eigener Thesen beliebt, dienten hingegen der Psychagogie, nicht der Wahrheit. Aufschlußreich ist dabei nicht zuletzt, daß in diesem Zusammenhang der Vorwurf zurückgewiesen wird (283/92), auch Epikur habe seine besten Lehren aus den Dichtern, vor allem aus Homer, gestohlen (273 [ed. Mau, S. 68]: ὁ δὲ Ἐπίκουρος φωρᾶται τὰ κράτιστα τῶν δογμάτων παρὰ ποιητῶν ἀνηρπακώς).

254 Moraitou (1994) 120. Vgl. schon Pfeiffer (1978) 94: "Ohne daß er in diesem Zusammenhang Platons Namen je genannt hätte, bemühte er sich als erster, die volle Autorität des epischen Dichters gegen Platon sowie gegen kleinere Verleumder wiederherzustellen" und Janko (2011) 413 mit Dion Chrys. 53, 1.

nicht einfach nur auf der bloß äußerlichen Wirkung eines poetischen Zitats, die, nach einem für den ganzen Zusammenhang wichtigen Zeugnis Senecas, der Stoiker Kleanthes prägnant veranschaulicht haben soll (epist. 108, 9f.; vgl. SVF 1, 486f.)[255]. Aristoteles scheint vielmehr dem poetischen μαρτύριον auch theoretisch einen epistemologischen Stellenwert beigemessen zu haben. An einer wichtigen Stelle der *Metaphysik* äußert er die Ansicht, wie man einen wissenschaftlichen Gegenstand zu behandeln habe, hänge nicht nur vom Gegenstand selbst, sondern auch von den ganz unterschiedlichen Gewohnheiten der Zuhörer ab (995a1/8): Manche akzeptierten Ausführungen nur dann, wenn der Redner sie wissenschaftlich (μαθηματικῶς), andere nur dann, wenn er sie mit Beispielen (παραδειγματικῶς) vorbringe, wieder andere forderten einen Dichter als Zeugen (μάρτυρα)! Daß Aristoteles das μαρτύριον wie eine Tatsachenevidenz grundsätzlich dann anzuerkennen bereit war, wenn sich in ihm die allgemeine Anschauung aller Menschen gleichsam verdichtete, läßt sich auch aus anderen Stellen seines Werks, vor allem aus den ethischen und rhetorischen Schriften[256], erweisen: "Der Dichter ist einer aus den Ausgewählten, den Weisen der Gesellschaft, der – begabt wie er ist – inhaltlich und sprachlich aufs beste zum Ausdruck bringt, was die Gesellschaft für wahr hält. Auf diese Weise findet er die Bewunderung und die Anerkennung der anderen, die Menschen berufen sich auf ihn als Autorität"[257].

Auch in dem Detail, daß vorrangig die großen Autoritäten der frühgriechischen Dichtung, also Orpheus und Linos sowie die kanonischen Homer und Hesiod ins Feld geführt werden[258], adaptiert Aristobulos griechischen Habitus:

---

[255] Zu seiner Wertschätzung der Dichtung vgl. Richardson (1992) 36f.; Nussbaum (1993) 98f. 132 und Thom (2005) 5. Zum erzieherischen Stellenwert der Dichtung in der Stoa, insbesondere bei Chrysipp, vgl. auch Blank (2011) 244/49.
[256] Vgl. Moraitou (1994) 64/82 mit den Belegen (wichtig z.B. rhet. 1375b26/29 [ed. Kassel, S. 69]: περὶ δὲ μαρτύρων, μάρτυρές εἰσι διττοί, οἱ μὲν παλαιοὶ οἱ δὲ πρόσφατοι ... λέγω δὲ παλαιοὺς μὲν τούς τε ποιητὰς καὶ ὅσων ἄλλων γνωρίμων εἰσὶ κρίσεις φανεραί ..., wo im folgenden Homer und Solon als Beispiele genannt sind, und F 13 Rose³); Binternagel (2008) 197 und Díaz Lavado (2010) 45f. 49f. (widersprüchlich). Zu Dichterzitaten bei Dikaiarch von Messene vgl. Ax (2001) 285 ("zur Stützung seiner Argumentation").
[257] Moraitou (1994) 82. Geistreich genutzt erscheint diese Auffassung später in jener oben schon behandelten Schrift Plutarchs Πῶς δεῖ τὸν νέον ποιημάτων ἀκούειν (14, 35f. [ed. Gärtner, S. 72]), in dem Postulat, die Lehrmeinungen der pythagoreischen und platonischen (!) Philosophie fänden, insbesondere für die Unterweisung und Bildung junger Schüler, kräftige Bestätigung in übereinstimmenden Versen der Poesie. Vgl. Hunter – Russell (2011) 2/17. 200.
[258] Daß über Homer und Hesiod hinaus Linos neben Orpheus zitiert wird, verwundert nicht. Der mit Aristobulos wohl zeitgenössische Autor Hippobotos (s. schon oben Anm. 246) bringt in seiner Φιλοσόφων ἀναγραφή eine Liste der frühgriechischen Weisen, die mit Orpheus und

Es ist kein Zufall, daß auch in der bildenden Kunst die Darstellung der alten Dichter seit dem dritten Jahrhundert weitere Verbreitung fanden als zuvor. Sie "etablierten sich auf diese Weise als Autoritäten, bei denen man Orientierung in allen Lebensfragen suchen konnte"[259]. In der Philosophie überwiegen schon bei Platon und Aristoteles die Zitate aus Homer bei weitem diejenigen aus allen anderen griechischen Dichtern, und auch die Stoa konzentrierte, philosophisch begründet, ihre Exegese besonders auf die großen mythologischen, kosmologischen und theologischen Dichtwerke der Frühzeit – darunter auch die orphischen[260]. Geradezu berüchtigt war in dieser Hinsicht Chrysipp, der seine Schriften nach Ausweis kritischer Kommentare späterer Zeiten mit Verszitaten aus den Epikern und Tragikern, genutzt als Zeugnisse (τῶν μαρτυρίων παραθέσει χρώμενος), gleichsam gespickt haben soll, um seine eigenen philosophischen Thesen mit der Autorität der Alten zu untermauern (SVF 2, 1 aus Diog. Laer. 7, 179f.)[261] – "Poetry can ... be used ... to make a preliminary statement of truth, to prepare our minds to accept the proof ... [sc. Chrysipp lehrte] how to use poetic readings in order to 'articulate' – i.e. to elucidate, develop, and connect – ethical concepts, which at least in some instances is done on the basis of the plausible and reasonable without yielding the sort of premises that can appear in a proper demonstration"[262]. Erhellend ist auch ein Vergleich mit dem schon genannten Werk *De mundo*: In dessen feierlichem Schlußteil werden die Kernaus-

---

Linos anhebt (F 6 Gigante) und bezieht damit in einer kontroversen Debatte Position (vgl. dazu Gigante [1983] 165f. und Engels [2007] 185). Vgl. Holladay (1995) 237: "... attributing verses to the legendary figure Linus doubtless served to underscore their remote origin as well as their association with quasi-philosophical, speculative traditions" (mit Literatur); Boys-Stones (2001) 118f. (Linos und Orpheus als "thinkers who reconstructed the ancient wisdom" bei Kelsos [vgl. Orig. *Contra Celsum* 1, 16; 6, 42]); Bloch (2011) 154 und Knöbl (2012) 21. Später bei Diogenes Laertios (1, 3f.) rangiert Linos – als Dichter einer Kosmogonie – neben Musaios als Begründer der Philosophie überhaupt, nicht bloß der griechischen! Die Zuschreibung der zitierten Verse F 5, 137/51 Holladay an Kallimachos in der Clemensüberlieferung geht sicher auf sekundären Eingriff zurück (vgl. Valckenaer [1806] 124f. und Holladay [1995] 238 mit der älteren Literatur; anders etwa Graetz [1878] 58f.).

259 Zanker (1995) 154; vgl. auch Kim (2010) 6f. und unten S. 83[290]. 342 zur kultischen Verehrung Homers.
260 Vgl. SVF 3, 906 zu Chrysipp.
261 Vgl. De Lacy (1948) 264; Schian (1973) 146; Pohlenz (1984) 37; Nussbaum (1993) 99f. und Steinmetz (1994) 592. Im folgenden ergänzt Diogenes noch ein Diktum Apollodors von Athen: εἰ γάρ τις ἀφέλοι τῶν Χρυσίππου βιβλίων ὅσ' ἀλλότρια παρατέθειται, κενὸς αὐτῷ ὁ χάρτης καταλελείψεται. Vgl. auch Plut. *De audiendis poetis* 13, 34b (ed. Gärtner, S. 68): τὴν δ' ἐπὶ πλέον τῶν λεγομένων [sc. von den Dichtern] χρῆσιν ὑπέδειξεν ὀρθῶς ὁ Χρύσιππος, ὅτι δεῖ μετάγειν καὶ διαβιβάζειν ἐπὶ τὰ ὁμοειδῆ τὸ χρήσιμον.
262 Blank (2011) 253; vgl. auch (mit Literatur) Díaz Lavado (2010) 54/56.

sagen über das Wesen der einen Gottheit mit einer dichten Folge berühmter Verse aus großen, religiösen Dichtern illustriert, aus Empedokles (399b27), Homer (400a11. a19; 401a3f.), Sophokles (400b25) und – Orpheus (400a28)[263].

Arat von Soloi, der hellenistische Dichter der *Phainomena*, könnte bei Aristobulos zwischen den genannten Dichtern der Frühzeit erneut wie ein Fremdling wirken, doch fand sein astronomisches Lehrgedicht durchaus das besondere Interesse philosophischer Exegeten, nicht nur des gelehrten und wie der Dichter aus Kilikien stammenden Krates von Mallos, der sich in Pergamon zeitgleich mit Aristobulos[264], wohl im Rahmen seiner Homererklärung[265], mit allegorisierenden Interpretationen auch den *Phainomena* gewidmet und dabei den höchsten Gott Zeus offenbar als "Himmel" gedeutet hatte[266], sondern auch solcher Interpreten, welche den einleitenden Zeushymnus mit den orphischen Mysterien in Verbindung brachten[267]. Die von den Aratscholien bereits für die griechische Rezeption bezeugte gelehrte Debatte darüber, ob der Name Zeus überhaupt "mythisch" (*fabulosus* bzw. μυθικῶς) oder – wie bei Krates – nach philosophischer Terminologie "physisch" (*naturalis* bzw. φυσικῶς) aufzufassen sei[268], erinnert dabei in auffälliger Weise an die theoretischen Äußerungen des

---

[263] In der römischen Literatur setzt sich die hier skizzierte Praxis fort. Grundsätzlich äußert sich Quintilian einmal zu den Zitaten alter römischer Dichtung (*veterum poemata*) bei den Rednern, vor allen anderen bei Cicero, die nicht nur dem Redeschmuck, sondern auch der zeugnisähnlichen Beglaubigung (vgl. *ad fidem causarum ... velut quibusdam testimoniis*) dienen sollten (1, 7, 10/12; vgl. auch 1, 8, 11).
[264] Vgl. zur Biographie Broggiato (2001) XVII/XIX und Calboli (2011) passim.
[265] Vgl. Martin (1956) 13; Pfeiffer (1978) 294 und Broggiato (2001) XXII (mit Literatur).
[266] Die schwer zu harmonisierenden Aratscholien schwanken neben anderen zwischen den Begriffen *caelum* (so offenbar schon Zenon [SVF 1, 169]), *aer*, *aether* (vgl. schon Chrysipp [SVF 2, 1076f.]) sowie in ihrer Zuweisung zu unterschiedlichen Interpreten (vgl. dazu die gegensätzlichen Deutungen bei Maass [1898] 176/78; Mette [1936] 14/30. 114/23 und [1952] 7; Fantuzzi [1980] 166f. sowie Broggiato [2001] 119f. 278/82). Krates habe die Ansicht vertreten, bei Arat sei Zeus weder *fabulosus* noch *naturalis*, sondern meine – wie bei Homer in Il. 19, 357 – *caelum* (vgl. schon Plat. Krat. 396b/c und später ausdrücklich über Arat Macr. sat. 1, 18, 13). Grund dieser Deutung könnten diejenigen Verse der *Phainomena* gewesen sein (vgl. etwa V. 253/67. 275), in denen Arat selbst Zeus mit dem Himmel in enge Verbindung bringt. Unter den Werken des Stoikers Poseidonios ist eine Schrift Περὶ συγκρίσεως Ἀράτου καὶ Ὁμήρου περὶ τῶν μαθηματικῶν bezeugt (vgl. Kidd [1997] 46).
[267] Vgl. Fantuzzi (1980) 163¹.
[268] Diese Frage beschäftigte später auch den Poseidoniosschüler und Kommentator der *Phainomena* Diodor von Alexandrien (vgl. *Scholia in Aratum vetera* [ed. Martin, 3. 48f.] sowie Maass [1898] 176/78; Mette [1936] 14; Martin [1956] 30f. und Kidd [1997] 46f.); vgl. zu dieser Unterscheidung viel später noch den christlichen Autor Laktanz (inst. 1, 2, 37). Zur stoischen Rezeption der *Phainomena* vgl. auch Cusset (2011) passim.

jüdischen Exegeten Aristobulos zur übertragenen Auslegung, welche φυσικῶς erst das wahre Verständnis des mosaischen Nomos ermögliche, anders als das μυθῶδες καὶ ἀνθρώπινον κατάστημα (F 2, 22f.) der am Wortlaut des Werks hängenden Auslegung[269].

Frappierend ist dabei vor allem, daß sich Aristobulos nicht einfach nur einer bestimmten Methode der griechischen Literaturauslegung bedient, sondern mit seiner Rezeption ebendieser innerhalb sowohl der jüdischen als auch der griechischen Auseinandersetzungen um die rechte Interpretation maßgeblicher Werke Position bezieht: Während die jüdischen Vertreter wortgetreuer Bibelexegese die übertragene Interpretation offenbar zurückhaltender einsetzten[270], war die zeitgenössische Homerexegese gerade *in theologicis* von der kontroversen Debatte um das angemessene Verständnis entsprechender Passagen geprägt. So verwahrten sich einerseits die alexandrinischen Philologen, allen voran Aristarch, gegen allzu kühn übertragene Deutungen und beharrten auf einem eher dem Wortsinn entsprechenden Verständnis der homerischen Verse[271]. Umstritten war etwa die Deutung des homerischen Olymps – tatsächlich nur ein Berg oder, wie schon bei nachhomerischen Dichtern nicht selten, in Wahrheit der Himmel oder ein Teil von diesem[272]? Andererseits läßt sich schon

---

269 Vgl. dazu die von Augustinus (civ. 6, 5) für Varro bezeugte, sicher aber ältere, wahrscheinlich zumindest auf Panaitios (vgl. Steinmetz [1994] 653 mit Literatur) zurückführbare Differenzierung der *theologia* in das *genus mythicon/fabulosum* der Dichter, in dem vieles gegen die *dignitas* und die *natura* der Unsterblichen verstoße, das *genus physicon/naturale* der Philosophen, das nach dem wahren Wesen der Götter frage, und das *genus civile* der Völker (vgl. auch Dafni [2001] 297 mit einem Zeugnis aus Aetios über die wohl schon auf die Stoa rückführbare Unterscheidung zwischen γένος φυσικόν/μυθικόν/νομικόν).
270 Vgl. Stein (1929) 6; Büchsel (1933) 262f.; Hadas (1951) 16; Leipoldt – Morenz (1953) 139f.; Delling (1987) 35; Blönnigen (1992) 57; Bar-Kochva (1996) 168/81; Sellin (1997) 103/08 und Siegert (2009) 7f.
271 Zu diesem Gegensatz vgl. Walter (1963) 354/57 und (1964) 124/29; Pfeiffer (1978) 293f.; Porter (1992) 70f. 89f.; Siegert (1996) 135/37; Sellin (1997) 93; Busch – Zangenberg (2010) 60f.; Most (2010a) 30f. sowie Calboli (2011) 318f. Im Hinblick auf Aristarch sucht jetzt Nünlist (2011) passim den Gegensatz etwas abzuschwächen. Der Begriff μυθικός ist in dieser Debatte, etwa bei Aristarch, terminologisch (vgl. Porter [1992] 70f. 79. 84 u.ö. sowie unten Anm. 1050). Die Frage, warum jüdische Exegeten es für opportun hielten, die übertragene Schriftauslegung gerade in Alexandria zu postulieren, wo die Philologen des Museions die griechischen Klassiker, allen voran Homer, eher text-/echtheitskritisch und kommentierend, im Gegensatz zur eher in Pergamon gepflegten allegorischen Methode, behandelten, ist bis heute unbeantwortet (vgl. Paget [2004] 153; auch Walter [1964] 126/29; Dawson [1992] 75 sowie Alexander [1998] 133. 138f. zur späteren rabbinischen Exegese und Kovelman [2005] 67/99).
272 Vgl. dazu mit Belegen aus den Homerscholien, vor allem zu Aristarch, Schmidt (1976) 81/87; Porter (1992) 84; Broggiato (2001) 181f.; mit Hinweis darauf, daß schon im orphischen

bei Aristoteles, der mit der metaphorischen und allegorischen Interpretation bekanntlich gut vertraut war, in seinen wirkungsmächtigen Homerstudien der interpretatorische Ansatz identifizieren, unglaubwürdig oder widersprüchlich wirkende Verse bei Homer mit dem Hinweis darauf zu erklären, der Dichter habe an solchen Stellen weder die eigene Meinung noch historische Wirklichkeit zum Ausdruck bringen wollen, sondern die ältere Tradition des Mythos, wie sie ihm selbst überliefert worden sei, in die epische Darstellung integriert[273].

Die innerjüdischen Divergenzen über die rechte Exegese der Tora, auf welche Aristobulos hinweist, dürfen damit keineswegs als überholte oder den Griechen fremdartige Diskussionen mißverstanden werden. Der Verweis auf jene belegt vielmehr, daß sich diese Kontroversen auf der Höhe des aktuellen Diskurses griechischer Gelehrsamkeit und Kritik bewegten, daß die Juden die unterschiedlichen Positionen dieses Diskurses kannten und selbst verhandelten – und daß der mosaische Nomos als dasjenige Buch, um dessen angemessenes Verständnis solche Kontroversen rangen, der Bedeutung etwa der homerischen Epen keineswegs nachzustehen hatte. Wenn in diesen Kontroversen zudem auch noch griechische Dichter qualifiziert herangezogen wurden[274], dann lag darin ein für das griechische Publikum nicht zu unterschätzender Nachweis griechischer Paideia.

3.4 Übertragene Auslegung poetischer Texte

Aristobulos konnte sich gerechtfertigt sehen, als Jude für die als vorrangig erklärte Offenbarung Mose eine metaphorische Exegese zu entwickeln und dabei gar die maßgebliche Poesie des griechischen Mythos auf die Erklärung biblischer Aussagen zu übertragen, weil eben auch maßgebliche griechische Philosophen selbst ihre Dichter übertragen deuteten, insbesondere die religiöse Poesie, und damit nicht mehr als Ausdruck überkommener Religion, sondern neuer

---

Derveni-Papyrus die Gleichsetzung mit dem Himmel abgewiesen werde, Schironi (2001) 15 und jetzt zurückhaltender Nünlist (2011) 111f.

273 So erfährt beispielsweise das Zetema des Iliasverses 19, 108, warum Hera den Zeus zum Schwur dränge (εἰ δ' ἄγε νῦν μοι ὄμοσσον, Ὀλύμπιε, κάρτερον ὅρκον) folgende Deutung (F 163 Rose³): τὸ μὲν οὖν ὅλον μυθῶδες· καὶ γὰρ οὐδ' ἀφ' ἑαυτοῦ ταῦτά φησιν Ὅμηρος οὐδὲ γινόμενα εἰσάγει, ἀλλ' ὡς διαδεδομένων περὶ τὴν Ἡρακλέους γένεσιν μέμνηται. Vgl. dazu auch Breitenberger (2006) 407f. und Niehoff (2011b) 83f.

274 Daß Aristobulos "affirmed the congeniality of Moses' Torah and Homer's epics" (Niehoff [2011b] 8), geht gleichwohl zu weit. Ähnlichkeit hermeneutischer Methoden setzt nicht die Bedeutung der ausgelegten Autoren und Texte ähnlich.

theologischer, kosmologischer und philosophischer Konzepte für sich in Anspruch nahmen – nicht zuletzt auch die arateischen *Phainomena*, die vom Dichter selbst als Medium philosophischer Kosmologie verstanden und von der Kritik als solches gedeutet worden waren. Darüberhinaus dürften dem Juden Aristobulos zwei weitere Tendenzen der zeitgenössischen Götterlehre gerade in ihrem Umgang mit autoritativen Texten der Tradition besonders nutzbar erschienen sein:

Erstens das theoretisch reflektierte und ausdrücklich diskutierte Interesse, eine philosophische Theologie nicht ohne Rücksicht auf die Volksfrömmigkeit und den Kult zu entwickeln – auf den Fortbestand des Götterkanons mit seinen traditionellen Namen etwa in der Stoa, transformiert und in eigentümlicher Etymologisierung genutzt, hinzuweisen mag hier genügen[275]; zweitens die Kühnheit philosophischer Exegeten, in ihrer Interpretation hochberühmter Verse ältester Poesie die überkommenen Grenzen der Religionen zu überschreiten und die Dichter damit gleichsam als interreligiöse Botschafter Zeugnis für fremde Götter ablegen zu lassen[276]. So identifiziert etwa der schon genannte Krates von Mallos βηλος, auf der ersten Silbe betont, aus dem homerischen Vers *Ilias* 1, 591: ῥῖψε ποδὸς τεταγὼν ἀπὸ βηλοῦ θεσπεσίοιο mit Bel/Baal und läßt den Dichter "die höchste Sphäre des den Kosmos umschließenden Himmels, für die Homer den Namen des höchsten chaldäischen Gottes verwandte"[277], besingen[278].

---

[275] Vgl. mit der neueren Literatur Algra (2003) 169. 177 und (2010) 225 sowie Meijer (2007) passim. Auch Platons Spätwerk, die *Nomoi*, zeichnet sich dadurch aus, daß die alten religiösen Traditionen des Poliskults und seiner Götter hochgeachtet werden (vgl. dazu Burkert [1984] 335f. 337; Laks [2000] 291; Bertrand [2007] 175 u.ö.). Vgl. auch Ps.-Plat. epinom. 985c/d (dazu Aronadio [2013] 367) sowie zu Aristoteles Verdenius (1960) 60 u.ö.

[276] Vgl. auch Dihle (1995) 128 und Niehoff (2011b) 105f. zu Aristoteles.

[277] Mette (1936) 13; vgl. Schmidt (1976) 86f. 93/95; Holladay (1983) 185f. zu Bel in der zeitgenössischen jüdischen Geschichtsschreibung; Porter (1992) 96; Broggiato (2001) LXII. 180/82 und jetzt Nünlist (2011) 111f. Schon in den Hesiod zugeschriebenen *Frauenkatalogen* wird Belos als Nachkomme der Io und zugleich Vater der beiden Söhne Aigyptos und Danaos verzeichnet (124/27. 137 Merkelbach – West), durch deren Geschwisterschaft "die Griechen nicht nur zum Brudervolk der Ägypter" werden, sondern auch den Anspruch erheben, "mindestens genauso alt zu sein wie diese" (Hirschberger [2004] 10). Herodot hatte von einem dem Ζεὺς Βῆλος geweihten Tempel in Babylon berichtet (1, 181), und Alexander der Große "had chosen to portray on his coins Zeus the King in such a way as to suggest that he was the same as the Belus (Ba'al) of the Asians" (Hammond [1993] 173). Daß Berossos (vgl. unten S. 134f. 139/43. 435f.) in seinen *Babyloniaka* ebenfalls die Gleichsetzung Zeus ~ Bel vornahm, kann vor diesem Hintergrund kaum überraschen (vgl. dazu Haubold [2013b] 37 und Dillery [2015] 227f.).

[278] Vgl. Boys-Stones (2001) 56f. zu einem weiteren aufschlußreichen Beispiel aus der Stoa, nämlich der Erklärung, die Kornutus vom Raub der Kore gibt.

Diese "exegetische Grenzüberschreitung", also die Heranziehung griechischer Dichter für die Erklärung fremdländischer Kultur und Religion – und umgekehrt –, die für sich in Anspruch nimmt aufzudecken, wo die Dichter selbst absichtsvoll weit über das Griechische hinausgingen, findet sich freilich nicht nur in der Philosophie. Auch die Historio- und Ethnographie bieten reiches Anschauungsmaterial, das deswegen aufschlußreich ist, weil hier – in bemerkenswerter Variation der seit langem praktizierten *interpretatio graeca* barbarischer Gegebenheiten – fremder Kultur, die in diesem Zusammenhang als der griechischen nicht bloß chronologisch überlegen propagiert wird, Autorität, ja Priorität eingeräumt wird durch Übereinstimmungen maßgeblicher griechischer Poesie, vor allem der homerischen Epen, die ihrerseits dadurch in epigonalen Rang herabgestuft erscheint. Angeführt sei hier der dem Juden Aristobulos wohlbekannte, unten noch ausführlicher zu behandelnde frühhellenistische Autor Hekataios von Abdera[279], der in seinen *Aigyptiaka* gleich mehrfach Beispiele für ein solches Verfahren liefert. Die alten Ägypter hätten aus ihrer Betrachtung des Kosmos geschlossen, es gebe zwei ewige und "erste" Götter, die Sonne und den Mond. Folgende etymologische Erklärung stehe hinter dem Namen Osiris (Diod. 1, 11, 2 [ed. Bertrac, S. 41]):

μεθερμηνευομένων γὰρ τούτων εἰς τὸν Ἑλληνικὸν τῆς διαλέκτου τρόπον εἶναι ... πολυόφθαλμον, εἰκότως· πάντη γὰρ ἐπιβάλλοντα τὰς ἀκτῖνας ὥσπερ ὀφθαλμοῖς πολλοῖς βλέπειν ἅπασαν γῆν καὶ θάλατταν. καὶ τὸν ποιητὴν δὲ λέγειν σύμφωνα τούτοις
"ἠέλιός θ᾿ ὃς πάντ᾿ ἐφορᾷ καὶ πάντ᾿ ἐπακούει" [vgl. Il. 3, 277].

Wenn dies nämlich in die griechische Sprache übersetzt werde, ... heiße er vieläugig, passend. Indem er nämlich überallhin seine Strahlen aussende, erblicke er gleichsam mit vielen Augen Erde und Meer ganz. Und auch der Dichter [sc. Homer] sage, was mit diesem übereinstimme:
"Die Sonne, die alles sieht und alles hört" [vgl. Il. 3, 277].

Kurz darauf vermerkt Hekataios, schon die ältesten Ägypter hätten das πνεῦμα, wie auch die übrigen vier Grundelemente des Kosmos, als göttlich verehrt und mit einem seinem Wesen entsprechenden Namen bezeichnet (Diod. 1, 12, 2 [ed. Bertrac, S. 43]):

---

279 Nach antikem Zeugnis veröffentlichte Hekataios auch Studien zu Homer und Hesiod (vgl. 264 T 1 Jacoby und dazu Diamond [1980] 78). Zur *interpretatio Graeca* und ihrer Entwicklung bei Hekataios vgl. Dillery (1998) passim.

τὸ μὲν οὖν πνεῦμα Δία προσαγορεῦσαι μεθερμηνευομένης τῆς λέξεως, ὃν αἴτιον ὄντα τοῦ ψυχικοῦ τοῖς ζῴοις ἐνόμισαν ὑπάρχειν πάντων οἱονεί τινα πατέρα. συμφωνεῖν δὲ τούτοις φασὶ καὶ τὸν ἐπιφανέστατον τῶν παρ' Ἕλλησι ποιητῶν ἐπὶ τοῦ θεοῦ τούτου λέγοντα "πατὴρ ἀνδρῶν τε θεῶν τε" ...

Den Geist also hätten sie durch Übersetzung des Worts als Zeus bezeichnet, der nach ihrem Dafürhalten allen Lebewesen Ursache der Lebenskraft sei wie ein Vater. Damit stimme auch, sagen sie, der angesehenste der Dichter bei den Griechen überein, der von diesem Gott sage: "Vater von Männern und Göttern".

Daran anschließend heißt es, nach ägyptischer Auffassung zeigten sich diese fünf göttlichen Elemente in unterschiedlichster Erscheinung, bald in der heiliger Tiere, bald in Menschengestalt oder auch anders sich verwandelnd[280], und all das sei keine mythische Fabelei, sondern möglich – bestätige es doch Homer, der davon auf einer Ägyptenreise von den einheimischen Priestern Kenntnis erlangt habe (Diod. 1, 12, 9f. [ed. Bertrac, S. 44])[281]:

φασὶ δὲ τοὺς πέντε θεοὺς τοὺς προειρημένους τὴν πᾶσαν οἰκουμένην ἐπιπορεύεσθαι, φανταζομένους τοῖς ἀνθρώποις ἐν ἱερῶν ζῴων μορφαῖς, ἔστι δ' ὅτε εἰς ἀνθρώπων ἰδέας ἤ τινων ἄλλων μεταβάλλοντας· καὶ τοῦτο μὴ μυθῶδες ὑπάρχειν, ἀλλὰ δυνατόν[282], εἴπερ οὗτοι πρὸς ἀλήθειάν εἰσιν οἱ πάντα γεννῶντες. καὶ τὸν ποιητὴν δὲ εἰς Αἴγυπτον παραβαλόντα καὶ μετασχόντα παρὰ τῶν ἱερέων τῶν τοιούτων λόγων θεῖναί που κατὰ τὴν ποίησιν τὸ προειρημένον ὡς γινόμενον
"καί τε θεοὶ ξείνοισιν ἐοικότες ἀλλοδαποῖσι
παντοῖοι τελέθοντες ἐπιστρωφῶσι πόληας,
ἀνθρώπων ὕβριν τε καὶ εὐνομίην ἐσορῶντες" [vgl. Od. 17, 485/87].

Sie sagen aber, daß die zuvor genannten fünf Götter die ganze bewohnte Welt durchzögen und den Menschen in den Gestalten heiliger Tiere erschienen, bald aber sich auch verwandelten in das Aussehen von Menschen oder irgendwelchen anderen. Und dies sei nicht mythisch, sondern möglich, sind sie doch in Wahrheit diejenigen, die alles zeugen. Und auch der Dichter habe, als er nach Ägypten gekommen sei und von den Priestern an solchen Reden Anteil be-

---

280 Vgl. dazu auch Manetho F 83 Waddell.
281 Vgl. auch Diod. 1, 45, 6 (mit Inanspruchnahme von Ilias 9, 381/84) und 1, 96, 6 (zu Orpheus und Homer).
282 Vgl. zum Wortgebrauch schon Aristoteles in der Poetik sowie Aristarch über die ἀδύνατα (dazu mit Belegen Schironi [2009] 283/85) sowie Philodem. piet. ~ PHerc. 1428, 8, 14/10, 8: Der Stoiker Diogenes von Babylonien habe gesagt παιδαριῶδες εἶναι θεοὺς ἀνθρωποειδεῖς λέγειν ... καὶ ἀδύνατον.

kommen habe, das zuvor Erwähnte an eine bestimmte Stelle seiner Dichtung gesetzt, als ob es sich tatsächlich ereigne:

"Und die Götter, gleichend Fremdlingen von weit her,
besuchen doch in vielerlei Gestalt die Städte
und betrachten Übermut wie Wohlverhalten der Menschen" [vgl. Od. 17, 485/87].

Ob Hekataios mit seiner wiederholten Quellenangabe φασί verläßlich ist, muß hier nicht geklärt werden[283]. Entscheidend ist: Bei dem hellenistischen Ethnographen nehmen die Ägypter selbst gegenüber den Griechen eine *interpretatio graeca* vor[284], mit der sie für Elemente der eigenen älteren, überlegenen Kultur und Religion "Symphonien" des größten Dichters der Hellenen reklamieren – der doch seinerseits im Vergleich zu den alten Ägyptern immer nur ein παῖς (Plat. Tim. 22b; vgl. Hdt. 2, 143 zu Hekataios Milesios und Herodot) sein kann[285].

---

283 Vgl. dazu schon Bickerman (1952) 74 und Dillery (2015) 24 sowie allgemeiner Lefkowitz (1994) 31f. und Wittkowsky (2015) 19f.
284 Aufschlußreich ist ein Vergleich mit Herodot und Platon: Der große Archeget griechischer Ägyptendarstellungen benennt die ägyptischen Götter regelmäßig mit griechischem Namen, führt seine *interpretatio Graeca* aber auch schon auf die Ägypter selbst zurück; vgl. etwa 2, 42 (ed. Hude): θεοὺς γὰρ δὴ οὐ τοὺς αὐτοὺς ἅπαντες ὁμοίως Αἰγύπτιοι σέβονται, πλὴν Ἴσιός τε καὶ Ὀσίριος, τὸν δὴ Διόνυσον εἶναι λέγουσιν. 43. grundsätzlich 50/53 u.ö. Homer wird allerdings kaum zur Bestätigung von Ägyptischem bemüht, wohl deswegen, weil sein weiter chronologischer Abstand zu den Ursprüngen ägyptischer Religion in einer grundsätzlichen Überlegung (2, 53) ausdrücklich festgestellt wird. Gleichwohl: Die Überlieferung der ägyptischen Priester, Helena sei mit Paris nach Ägypten gekommen, findet Herodot in umfänglichem Nachweis in Homers *Ilias* und *Odyssee* bestätigt (2, 116f.; vgl. dazu auch Kim [2010] 30/34; Nicolai [2015] 1100 und Donelli [2016] 13f. 15) – wenngleich nur indirekt angedeutet (δηλώσας ὡς καὶ τοῦτον ἐπίσταιτο τὸν λόγον ... δηλοῖ ὅτι ἠπίστατο τὴν ἐς Αἴγυπτον Ἀλεξάνδρου πλάνην). Platon neigt demgegenüber bekanntlich dazu, ägyptische Namen, gerade diejenigen der Götter, nicht zu gräzisieren. In Tim. 21e wird für die Schutzgöttin der Stadt Sais, ägyptisch Νηίθ, auch der griechische Name Athene genannt – allerdings ausdrücklich als Zitat der Stadtbewohner selbst (ὡς ὁ ἐκείνων λόγος).
285 Vgl. zu einer ägyptischen Deutung des griechischen Phaethonmythos im platonischen *Timaios* unten Anm. 1176. Welch bedeutende Rolle die Rückbindung an Homer in Ägypten auch politisch hatte, erhellt aus der Gründungsgeschichte Alexandrias. Nach Plutarchs Zeugnis (Alex. 26, 3/7) erschien Alexander, als er nach der Eroberung Ägyptens eine große und volkreiche Stadt mit seinem Namen gründen wollte und auf Anraten der Baumeister schon einen bestimmten Ort ins Auge gefaßt hatte, in nächtlichem Traum ein alter, ehrwürdiger Mann, der folgende Verse aufsagte: νῆσος ἔπειτά τις ἔστι πολυκλύστῳ ἐνὶ πόντῳ, | Αἰγύπτου προπάροιθε· Φάρον δέ ἑ κικλήσκουσιν (Od. 4, 354f.) – natürlich war Homer in allem bewundernswert und der beste Baumeister, der Ort um die Insel Pharos daher viel günstiger, so daß Alexander dort bauen ließ. Plutarch leitet die Geschichte mit der Bemerkung ein: εἰ δ', ὅπερ Ἀλεξανδρεῖς λέγουσιν Ἡρακλείδῃ πιστεύοντες, ἀληθές ἐστιν ..., führt also die alexandrinische Lokalüber-

3.5 Der Altersbeweis

Mit Nachdruck vertritt Aristobulos die Auffassung, die maßgeblichen griechischen Denker und Autoren, auch die der Frühzeit, seien jünger als die mosaische Nomothesia und hätten in ihren Werken deren Wahrheit zum Ausdruck gebracht. Da der jüdische νόμος schon früh ins Griechische übertragen worden sei, hätten etwa Platon und Pythagoras direkt aus dem Pentateuch schöpfen können. Diesen sogenannten Altersbeweis hat Aristobulos bekanntlich nicht selbst entwickelt[286], sondern als jahrhundertealte Kulturentwicklungstheorie auf das Verhältnis zwischen Juden und Griechen übertragen[287]. Die Gedankenfigur dürfte unter den griechischen Zeitgenossen nicht antiquiert gewirkt haben; sie war vielmehr ein zwischen den rivalisierenden Philosophenschulen des Hellenismus heftig umstrittenes Theorem, mit dessen Hilfe man die Autorität der jeweils eigenen Lehre und Wahrheit zu stärken bestrebt war[288]. Sein geistiges Fundament war die allgemein anerkannte Maxime, daß hohes Alter, gerade der Dichter, in deren Versen Wissen ferner Vergangenheit aufbewahrt schien, hohen Zeugniswert verbürge: πιστότατοι δ' οἱ παλαιοί· ἀδιάφθοροι γάρ (Aristot. rhet. 1376a16f. [ed. Kassel, S. 70f.])[289] – eine Überzeugung, die bei den späteren

---

lieferung auf einen Herakleides zurück. Ob es sich dabei um Herakleides Pontikos (vgl. F 108 Schütrumpf) oder Herakleides Lembos, der wie Aristobulos unter Ptolemaios VI. Philometor in Alexandria wirkte, handelt, muß hier nicht geklärt werden (vgl. dazu Pfister [1956] 13; Hamilton [1969] 66; mit Literatur Gottschalk [1980] 5[15]; Schwemer [2011] 7 sowie allgemein Legras [2006] 85) – auf jeden Fall datiert die Geschichte in die Zeit vor oder sogar um Aristobulos.
286 Vgl. Pilhofer (1990) 164: "In bezug auf den Altersbeweis stellt Aristobul einen deutlichen Fortschritt über die Ansätze der [sc. früheren jüdischen] Historiker hinaus dar" und Bar-Kochva (2010) 204: "The first author whose explicit account on this subject has reached us, and who may have been its originator, was Aristobulus the Jew".
287 Vgl. dazu Valckenaer (1806) 46f.; noch immer wertvoll Hopfner (1925) passim; Bickerman (1952) passim; Thraede (1962) 1242/46; Hengel (1988) 300; Siegert (1988) 109. 113f.; Droge (1989) 4f.; Fiedrowicz (2000) 212/15 (mit Literatur) und Vogel (2008) 114.
288 Im Altersbeweis "fast schon spielerisch daherkommende[n] Erklärungen" (Bloch [2009] 483) zu sehen, geht daher nicht an.
289 Vgl. z.B. met. 1074a38; rhet. 1387a und dazu (mit Literatur) Verdenius (1960) 56f. u.ö.; Moraitou (1994) 64/82 sowie Binternagel (2008) 199. Vgl. Plat. Phileb. 16c über οἱ παλαιοί, κρείττονες ἡμῶν καὶ ἐγγυτέρω θεῶν οἰκοῦντες (dazu auch Schian [1973] 83; Frede [1997] 130/33; Wilke [1997] 34. 55 und Baltes [1999] 124f.) und nom. 757a zu einem wahren παλαιὸς λόγος sowie Cic. Tusc. 1, 12, 26 (ed. Pohlenz, S. 230f.): *auctoribus quidem ad istam sententiam, quam vis obtineri, uti optimis possumus, quod in omnibus causis et debet et solet valere plurimum, et primum quidem omni antiquitate, quae quo propius aberat ab ortu et divina progenie, hoc melius ea fortasse quae erant vera cernebant* und leg. 2, 11, 27 über die Notwendigkeit, die

Vertretern des jüdischen Altersbeweises immer wieder genutzt wird. Nicht zuletzt belegen die Forschungen der hellenistischen Philologen und Literaturgeschichtler, welchem der griechischen Dichter denn eigentlich der Ehrenplatz des ältesten zukomme – Homer? Hesiod? Orpheus? –, daß chronologischer Vorrang für die Zeitgenossen stets auch Vorrang in der Autorität bedeutete[290]. Emblematisch formuliert einmal Flavius Josephus (c. Apion. 2, 279 [ed. Siegert, vol. 2, S. 186]): ὁ πολὺς χρόνος πιστεύεται πάντων εἶναι δοκιμαστὴς ἀληθέστατος – "Alt und wahr, alt und weise gelten innerhalb solchen Denkens als verwandte Begriffe"[291]. Im nächsten Kapitel soll zur Sprache kommen, wie sich Aristobulos gegen die Verwendung des Altersbeweises in der zeitgenössischen Historiographie und Ethnographie wandte, wo er in weitem Ausgriff auf das historische Verhältnis von Ländern und Völkern, etwa Ägyptens und Griechenlands, angewandt wurde. Hier seien zunächst einige für die allgemeine Kontextualisierung des Altersbeweises bei dem jüdischen Exegeten wichtige Beobachtungen vorausgeschickt.

Zunächst ist der Altersbeweis in Griechenland stets auch als eine Antwort auf jene Weltsicht zu verstehen, nach der das Alte, Ursprüngliche besser gewesen, aber in der folgenden Geschichte von Menschen und Göttern verlorengegangen sei[292]. Diese Weltsicht, welche den Fortgang menschlicher Kultur als Dekadenz beschreibt, bringt schon die früheste griechische Dichtung vor, am berühmtesten Hesiods Mythos der absteigenden Weltalter. Daß der Altersbeweis

---

von den Vorfahren tradierte Götterverehrung zu bewahren, *quoniam antiquitas proxume accedit ad deos*.

290 Aufschlußreich ist etwa, daß im von Ptolemaios IV. Philopator – also nicht lange vor Aristobulos – errichteten Homereion von Alexandria der kultisch verehrte Dichter Homer im Kreis jener Städte dargestellt war, welche auf ihn Anspruch erhoben (vgl. dazu und zum Serapisheiligtum in Memphis unten auch S. 342f.). Daß in Smyrna, also in eben einer dieser Städte, in dem Homer geweihten Tempel nach Strabons Zeugnis (14, 1, 37) ein ξόανον, also ein "besonders altertümlich aussehendes, vielleicht hölzernes Kultbild" zu sehen war, paßt ins Bild.

291 Gnilka (2005) 197; vgl. (1984) 15f.; van Groningen (1953) passim; Riedweg (1994) 119; Lefkowitz (1997) 237: "... the ancient Greeks were prepared to believe that their great thinkers were inspired by earlier civilizations ... because the other civilizations were earlier, and insistent about their priority"; Hadot (1998) 40; Barclay (2007a) 326 sowie Dalfen (2009) 134. Cicero weist einmal eine zeitgenössische Auffassung, mit dem Leib sterbe im Tod auch die Seele, mit dem Grundsatz zurück (Lael. 4, 13 [ed. Simbeck, S. 50]): *plus apud me antiquorum auctoritas valet vel nostrorum maiorum* ... Bei Strabon hingegen findet sich die aufschlußreiche Bemerkung (1, 2, 8 [ed. Radt, vol. 1, S. 44]): ... τοὺς μύθους ἀπεδέξαντο οὐχ οἱ ποιηταὶ μόνον, ἀλλὰ καὶ αἱ πόλεις πολὺ πρότερον καὶ οἱ νομοθέται τοῦ χρησίμου χάριν ... Vgl. später auch Plut. *De fortuna Romanorum* 8, 321a und *De tranquillitate animi* 13f., 473b.

292 Vgl. schon Lovejoy – Boas (1935) 2/8 und 41 (mit aufschlußreichen Belegen aus griechischen Komikern, welche die Hochschätzung des Alters parodieren).

das Alte nicht für verloren, sondern sowohl für zugleich gegenwärtig als auch für durch die Zeiten hinweg von verschiedener Seite her rezipiert erklärt, macht aus ihm selbst ein hochinteressantes kulturgeschichtliches Zeugnis dafür[293], wie die Griechen in verschiedenen Epochen die Entwicklung ihrer eigenen Geistesgeschichte einschätzten.

Desweiteren: Der Altersbeweis steht in engem Zusammenhang zu dem von der griechischen Philosophie hochgeschätzten Argument, Menschen einer fernen Vergangenheit hätten über wahre, den Kosmos, die Götter und Menschen umfassende, vollkommene Einsicht verfügt, die in der Zwischenzeit bis zur Gegenwart zwar verkommen sei, jedoch durch die gegenwärtige Philosophie wiedergewonnen werden könne – der jene Einsicht, erhalten etwa in Andeutungen frühgriechischer Dichtung und Weisheit oder in archaischen Spuren der gegenwärtigen Kultur, noch zugänglich sei. Während sich Platon und Aristoteles aus guten Gründen solcher "Autorität aus Alter" nur zurückhaltend bedienen[294], wird sie etwa in der Stoa zu einem Grundstein nicht nur der Kulturgeschichte, sondern auch der Erkenntnislehre. Dabei ist für Aristobulos und die jüdische Annäherung an die griechische Kultur von großer Bedeutung, daß die Griechen selbst alte Weisheit zum einen in den Gesetzen der frühen Nomotheten aufbewahrt sahen, zum anderen in ihrer Religion, die als von den Vorfahren empfangenes Erbe tradiert wurde, im Kult.

Der Altersbeweis dient fernerhin nicht überall zum Nachweis eigenen Vorrangs. Abgesehen davon, daß gerade im Hellenismus das fernvergangene Alte

---

[293] In hellenistischer Zeit erhellt die Aktualität des Weltaltermythos und der Lehre kulturgeschichtlicher Dekadenz beispielsweise aus den berühmten Versen 100/35 der arateischen *Phainomena* und der Schrift Βίος ʽΕλλάδος des Peripatetikers Dikaiarch, der sein goldenes Zeitalter aus der Exegese der hesiodeischen *Erga* entwickelt, freilich mit einer auffälligen Umdeutung (vgl. dazu Lovejoy – Boas [1935] 93/96; Schütrumpf [2001] 261. 276f.: "Die Zustände der Vergangenheit sind somit nicht ein für allemal verloren ... Jeder, der maßvoll und gesund lebt, konnte für sich das goldene Zeitalter wieder entstehen lassen"; Boys-Stones [2001] 14/16) sowie aus Poseidonios (vgl. dazu gleich im Text).

[294] Vgl. Verdenius (1960) 58; Schian (1973) 83f.; Wilke (1997) 68; Erler (2001) 320 über Platons Umgang mit der Tradition: "Wie in allen Fällen bedarf es einer erklärenden Aneignung, einer Annäherung an das, was das Altertum bereits hatte" (mit Hinweis auf pol. 382d); (2009) 63: "Bei allem Respekt vor der Weisheit der Alten besteht für Platon kein Automatismus: alter Logos gleich Wahrheit. Das Überlieferte wird nicht einfach als gleichsam intuitive Erkenntnis übernommen, sondern bedarf einer eigenen Begründung ... Auf diese Weise kommt es zu einer Art Transposition ..., die bereit ist aufzunehmen, was passt und begründbar ist, und abzulehnen, was einer Prüfung nicht standhält" und (2011) 225 sowie einiges Material dazu unten in der Anm. 518. Der Platonismus sollte freilich gerade Platon als Bewahrer jener alten Weisheit ansehen.

nicht mehr immer in einem bestimmten Volk oder Land oder Schule lokalisiert, sondern ganz im Sinne der "unity of mankind" als ein allen Menschen der Welt einheitliches Urideal vorgestellt wird, begegnet, selbst in den Auseinandersetzungen der konkurrierenden Philosophenschulen, auch eine altruistische Variante des Theorems, wenn nicht auf eigene, sondern fremde Priorität rekurriert wird. Daß man im allgemeinen schon früh Ähnlichkeiten zwischen den Lehren unterschiedlichster Philosophen und Dichter, noch ohne die ausdrückliche Annahme persönlicher Beziehungen oder Abhängigkeiten, wahrnahm und dabei auch fremdländische Kulturen außerhalb Griechenlands berücksichtigte, zeigt sich bei dem Sophisten Hippias von Elis. Dieser leitete sein Werk Συναγωγή, eine "Blütenlese aus Schriften verschiedener Gattungen, Zeiten und Völker ..., zusammengestellt nach dem Gesichtspunkt der Ähnlichkeit"[295] – ausdrücklich wird einerseits auf Orpheus, Musaios, Hesiod, Homer und "die anderen der Dichter" hingewiesen, andererseits auf Prosaschriften (vgl. ἐν συγγραφαῖς) der Griechen und Barbaren – mit der Bemerkung ein, er selbst werde aus all diesen Vorläufern τὰ μέγιστα καὶ ὁμόφυλα zusammenstellen und in dem vorliegenden Werk einen neuen und vielgestalten Logos machen (ed. Diels – Kranz 86 B 6 aus Clem. Alex. strom. 6, 15). Dieses höchst wertvolle, bis heute nicht einmütig gedeutete Zeugnis[296] erlaubt bei aller Vorsicht doch zwei Schlußfolgerungen: Zum einen greift schon Hippias auf ein historisches Deutungsmuster zurück, nach welchem große Archegeten ältester Poesie – hier Orpheus, Musaios, Hesiod, Homer – und Verfasser von Prosaschriften nebeneinander als Fundus von εἰρημένα zu bestimmten philosophischen Sachthemen galten, aus denen die maßgeblichen und ähnlichen[297] ausgezogen und zusammengeordnet werden konnten. Zum anderen: Neben den Griechen werden ausdrücklich auch die Barbaren genannt. Kenntnis und philosophisch-literarische Verarbeitung fremdländischer Lehren werden hier also vorausgesetzt, wie auch immer man sich solche vorstellen mag – in der Fremdsprache oder ins Griechische übersetzt[298]? Später in Theophrasts großem Sammelwerk physikalischer Dogmata scheint dann bei der Zusammenstellung von ähnlichen Lehren unterschiedlicher Philosophen – geordnet nicht nach Schulen, sondern erneut nach Sachthemen[299] – auf die historische Entwicklung, auf biographische Zusammenhänge und Verbindun-

---

295 Kienle (1961) 40; vgl. Lefkowitz (1997) 246: "... Greek writers had regularly used discipleship as a means of explaining similarities between pairs of writers" und Bishop (2016) 387[28].
296 Vgl. dazu Patzer (1986) passim und Węcowski (2009) 11/15.
297 Vgl. Patzer (1986) 30f.: "Wichtigkeit"/"Zusammengehörigkeit" sowie "inhaltlich verwandte und zusammengehörige Belege".
298 Vgl. dazu Patzer (1986) 25f. 108f. (zu möglichen ägyptischen Quellen).
299 Vgl. Kienle (1961) 58.

gen schon mehr Wert gelegt worden zu sein. Daß Theophrast[300], den philosophiehistorischen Ansätzen seines Vorgängers Aristoteles folgend, die geistesgeschichtliche Entwicklung dabei wiederholt als Fortschritt kennzeichnet, betrifft die Hochschätzung uralter Weisheit und Wahrheit unmittelbar.

Außerdem steht der Altersbeweis, wie man immer gesehen hat, in enger Verbindung zu der Figur des πρῶτος εὑρετής, die gerade im Hellenismus in dem Schrifttum Περὶ εὑρημάτων vielbesprochen[301] und selbst in der hochgelehrten Philosophie heimisch war[302]. Wie im Altersbeweis werden hier Ursprung und Weitergabe menschlicher Erkenntnisse ins Verhältnis gebracht[303]. Wer als erster einen vorbildlichen Gedanken, eine anerkannte Fertigkeit, eine Erfindung kulturellen Fortschritts in die Welt gebracht hat, darf für sich beanspruchen, alle Nachwelt damit von sich abhängig gemacht zu haben. In der Philosophiehistorie findet die Spannung zwischen ingeniöser Unabhängigkeit und fremder Beeinflussung ihren Niederschlag in den kontroversen Rekonstruktionen der Laufbahn einzelner großer Autoritäten. Über Heraklit etwa referiert noch Diogenes Laertios aus hellenistischen Quellen (9, 5 ~ Hippobotos F 20 Gigante) zum einen, jener habe niemanden "gehört", sondern behauptet, alles selbst von sich

---

[300] Vgl. Kienle (1961) 65f. Vgl. etwa über Platon (F 230 Fortenbaugh): τούτοις [sc. den früheren Naturphilosophen] ... ἐπιγενόμενος Πλάτων, τῇ μὲν δόξῃ καὶ τῇ δυνάμει πρότερος τοῖς δὲ χρόνοις ὕστερος ...

[301] Vgl. die im einzelnen unsichere Liste bedeutender Autoren solcher Schriften, die Clemens Alexandrinus in strom. 1, 16, 77, 1 gibt (~ Straton von Lampsakos F 85 Sharples mit weiteren Belegen; vgl. F 86 und Ax [2001] 285 zu Dikaiarch von Messene); darunter finden sich etwa Theophrast und Straton von Lampsakos. Aus Clemens erhellt, daß diese Schriften besonders die Heuremata barbarischer Herkunft (vgl. τῆς παρὰ βαρβάροις εὑρετικῆς καὶ βιωφελοῦς φύσεως!) und ihren Nutzen für die Griechen registrierten (παρ' ὧν Ἕλληνες τὰ ἐπιτηδεύματα ὠφέληνται); dabei ging es nicht bloß um praktische "Erfindungen", sondern auch um die Urheberschaft berühmter Lehren, wie z.B. der vieldiskutierten Sprüche der sieben Weisen (vgl. strom. 1, 14, 61, 1).

[302] Dafür nur zwei Beispiele (weitere bei Kienle [1961] 40. 44): Aristoteles soll Empedokles für den Erfinder der Rhetorik, Zenon für den der Dialektik gehalten haben (vgl. F 65 Rose³ mit Flashar [2006] 201). Hingegen gilt der hellenistischen Philosophiegeschichtsschreibung der Stoiker Zenon als "Erfinder" eines fürderhin vieldiskutierten Begriffs – φασὶ δὲ καὶ πρῶτον καθῆκον ὠνομακέναι καὶ λόγον περὶ αὐτοῦ πεποιηκέναι (Hippobotos F 10 Gigante aus Diog. Laert. 7, 25f.; vgl. dazu Gigante [1983] 170). Vgl. auch Diog. Laert. 9, 20 (Sotion über Xenophanes) mit Mejer (1978) 65 sowie Lapini (2015) 1039.

[303] Schon aus Xenophanes erhellt, daß das Theorem aus der existenziellen Überlegung seinen Ausgang nimmt, warum die Menschen eigentlich nicht von Anfang an alles bestmöglich vorfanden, sondern, in einem gleichsam dynamischen Prozeß, fortschreitend herausfinden müssen (21 B 18 Diels – Kranz): οὔτοι ἀπ' ἀρχῆς πάντα θεοὶ θνητοῖσ' ὑπέδειξαν, | ἀλλὰ χρόνῳ ζητοῦντες ἐφευρίσκουσιν ἄμεινον.

aus gelernt zu haben, zum anderen aber auch aus Sotion die Mitteilung einiger (τινάς), er habe Xenophanes gehört[304]. Gleichwohl kann der Altersbeweis, vor allem in seiner landes- und volksgebundenen Form, solches Denken gleichsam überwölben – und damit aufheben. Zwar bleibt auch in dieser Form noch Raum für die Ableitung einzelner Kulturleistungen von πρῶτοι εὑρεταί, in Ägypten etwa von den Göttern selbst[305]. Doch wenn ein Land, sei es Ägypten, sei es Babylon oder irgendein anderes, zur Metropolis der Menschheit, deren Kolonien alle anderen Länder nur sein können, zur Wiege aller menschlichen Kultur erklärt wird, dann bleibt für "erste Erfinder" andernorts kaum Platz[306].

Schließlich: Mit der Bedeutung des einzelnen, ingeniösen Erfinders, der aus eigener Schöpferkraft die Menschheit bereichert, tritt in gewisse Spannung eine andere, im antiken Denken ebenfalls tief verwurzelte Überzeugung: die der Tradition, der διαδοχή, in deren Kette sich jeder Mensch, und sei er ein noch so bedeutender Denker, als ein Glied nach früheren eingestellt sah[307]. Gerade für den Altersbeweis ist charakteristisch, daß er den natürlichen Ausgangspunkt der Tradition im Ältesten zu finden sucht, dort, wo alles begann, auf Kreta oder in Phönizien oder in Babylon oder in Indien oder in Ägypten, ohne ihren Ursprung stets in einer bestimmten historischen Person zu identifizieren. Demgegenüber steht die in hellenistischer Zeit überaus einflußreiche und vielgepflegte Schriftgattung der *Diadochai*, also die Rekonstruktion unterschiedlicher philosophischer Abhängigkeiten, die dem Kriterium der Sukzession folgt, das heißt[308]: welche Nachfolger dogmengeschichtlich von einem historisch bestimmbaren

---

304 Vgl. Cic. nat. 1, 72f. über die kontroverse Debatte, ob Epikurs Anspruch, von niemandem etwas gelernt zu haben (vgl. auch Lukrez 1, 62/79 mit Boys-Stones [2001] 132), überzeugend sei oder nicht – angesichts der Ähnlichkeit seiner Atomlehre mit derjenigen Demokrits.
305 Zu Göttern als "ersten Erfindern" in Griechenland vgl. schon van Groningen (1953) 84.
306 Isokrates, der seinerseits das Argument aus Alter in verschiedenen Ausprägungen nutzt (vgl. etwa unten S. 135. 168. 247[831]. 254f. und 444/46), offenbart an prominenter Stelle, im Eingang des *Panegyrikos*, Vorbehalte gegen die vorbehaltlose Überschätzung der ersten Erfinder (4, 10): Nicht die ersten Erfinder, sondern diejenigen, welche jede einzelne der Technai, darunter auch die Philosophie, am besten ausgebildet hätten (vgl. ἄρισθ' ... ἐξεργαζομένους), verdienten Bewunderung und Ehre. Aristoteles hingegen begründet die Notwendigkeit, die Erkenntnisse vergangener Epochen stets zu berücksichtigen, gerade soi πάντα γὰρ σχεδὸν εὕρηται μέν, ἀλλὰ τὰ μὲν οὐ συνῆκται, τοῖς δ' οὐ χρῶνται γινώσκοντες (pol. 1264a2)!
307 Vgl. zu dieser Konkurrenz Verdenius (1960) 56, der Aristoteles gleichsam als Entdecker der Tradition dingfest macht (vgl. auch Mansfeld [2010] 114f.); Dörrie (1987) 19. 33 zum antiken Platonismus und die allgemeinen Beobachtungen bei Montana (2015) 68.
308 Vgl. dazu Dörrie (1972) 161f.; Mejer (1978) 62/74 und (2000) 45/47; Wehrli (1978) 10/14; Gigante (1983) 154f.; Giannattasio Andria (1989) 22/24 (über die Ursprünge der Gattung aus Platon und Aristoteles); Engels (2007) 181/90; Mansfeld (2010) 114/16 sowie Polito (2012) 53f.

Begründer abgeleitet werden könnten. Dieser Begründer geht, gleichsam als "erster Erfinder" seiner Lehre, chronologisch wie dogmatisch als Autorität den Späteren voran, verleiht ihnen zugleich aber auch eigene Autorität, indem ihre Lehre durch diejenige des Alten gerechtfertigt wird[309]. Daß Aristobulos, der von seiner und der peripatetischen Lehre als Haireseis spricht und auch sonst die typische Terminologie solcher *Diadochai* benutzt (vgl. das Verb ἀκολουθέω und seine Komposita)[310], dieses Schrifttum[311] als bekannt voraussetzt, darf angenommen werden[312]. Nicht von ungefähr führt er mit den frühen philosophiegeschichtlichen Autoritäten, die als einzelne von Moses entlehnt haben sollen, nämlich mit Pythagoras, Sokrates und Platon, ja solche ein, die in der Gattung der *Diadochai* als Begründer philosophischer Traditionslinien angesehen wurden[313].

---

[309] Vgl. Wehrli (1978) 10/14; Gigante (1983) 154; Aronadio (1990) 206f.; Brunschwig (1999) 234; Mansfeld (1999b) 23/25 und (2010) 115 sowie Engels (2007) 183f.: "Die Autoren solcher Schriften unternahmen große Anstrengungen, um eine präzise und verläßliche Chronologie der Sukzessionsreihen von Lehrern und Schülern zu bieten ... Die Grundstruktur aller hellenistischen Werke über philosophische Sukzessionen liegt in einer Abfolge von Lehrern und Schülern, die sich über mehrere Generationen erstreckt und vom Begründer einer philosophischen Richtung bis an die Lebenszeit des Autors reichen kann". Betont werde dabei insbesondere der Gedanke, "daß jeder Philosoph den Gedanken und Lehren seiner Vorgänger tief verpflichtet" sei.

[310] Vgl. Gigante (1983) 154f. 159 und Mejer (2000) 45f.

[311] Dessen Hauptvertreter – und vielleicht Begründer – Sotion bereits um die Mitte des zweiten Jahrhunderts autoritative Geltung innehatte; vgl. Kienle (1961) 79/91; Dörrie (1972) 162; Mejer (1978) 63 und (2000) 46: "Nicht nur innerhalb der einzelnen Schulen machte Sotion die Abfolge von Lehrern und Schülern zum leitenden Faden, sondern er brachte auch die Schulen untereinander in den gleichen Sukzessionszusammenhang, in dem er das tatsächliche oder von ihm ad hoc angenommene Schülerverhältnis eines Schulgründers zu einem älteren Philosophen als Verbindung benutzte. Durch dieses Verfahren suchte er die gesamte Geschichte der griechischen Philosophie in ein grosses System zu bringen ..."; Wehrli (1978) 7. 14 und (1983) 584; Giannattasio Andria (1989) 15: "... traduce nei termini estrinseci di un discepolato quelle che erano magari affinità dottrinarie o piuttosto influssi ed echi culturali". 17. 25; Aronadio (1990) 203/35 sowie Engels (2007) 175f. 183. Sotions Werk behandelt hellenistische Philosophen noch des dritten Jahrhunderts, etwa Chrysipp (F 22 Wehrli). Der Philosophie nichtgriechischer Völker billigte es offenbar hohes Alter zu (vgl. F 35f. Wehrli aus Diog. Laert. 1, 1 und 6 sowie Dörrie [1972] 162).

[312] Vgl. auch Knöbl (2012) 16. Eine gewisse Ähnlichkeit liegt überdies darin, daß so, wie Aristobulos sich nicht in ausführlichen Erörterungen der Lehren jener griechischen Denker ergeht, die aus Moses geschöpft hätten, auch in den *Diadochai* die im eigentlichen Sinn doxographische und zusammenhängende Darstellung der verschiedenen Philosophen und ihrer Dogmata wohl nur geringeren Raum einnahm (vgl. Mejer [1978] 64/66 und Aronadio [1990] 214).

[313] Im übrigen ist bemerkenswert, daß Dikaiarch von Messene nach den frühgriechischen Weisen nur Pythagoras, Sokrates und Platon als Meilensteine der Philosophiegeschichte be-

In der hellenistischen Philosophie scheinen es insbesondere die Stoiker gewesen zu sein, die ihre Lehre mit der Autorität des Alters auszustatten suchten[314]. Jene Theorie, die Menschen hätten in der Frühzeit über wahre Erkenntnis verfügt, welche nun in der Gegenwart wiedergewonnen müsse, bezogen sie natürlich auf die stoische Lehre, die somit, in ihrer Übereinstimmung mit jener wahren Erkenntnis, durch hohes Alter überragende Geltung beanspruchen dürfe[315]. Die stoische Aneignung des Arguments ist deswegen aufschlußreich, weil in ihr der oben angesprochene Vorrang der frühgriechischen Dichter integriert wird[316]: Die Stoiker erhoben Orpheus, Musaios, Homer und Hesiod zu Urvertretern der eigenen Lehren und fanden in Versen ihrer Dichtung stoische Einsichten formuliert – oder zumindest warfen ihnen die Gegner ein solches Vorgehen vor. Schon Chrysipp soll im zweiten Buch seines Werks *De natura deorum* versucht haben

---

handelte (vgl. dazu White [2001] 228/34 mit weiteren Quellen, welche die Verbreitung dieser Anschauung belegen). Vgl. Dörrie (1990) 275 zu Sokrates, Platon und Pythagoras als den "Klassikern der Philosophie". Den, der willkürlich von der Tradition abzuweichen schien, traf nicht selten der Vorwurf der ungebührlichen Neuerung (καινοτομία) und "Bewegung" (κινέω) des überlieferten Guts, so etwa Arkesilaos in der Akademie (vgl. Cic. Luc. 15 und Diog. Laert. 4, 28 sowie Dörrie [1987] 411f.).

314 Vgl. aber auch Dörrie (1987) 17 zum Wahrheitsanspruch des antiken Platonismus: Die "von Platon mündlich und schriftlich gelehrte Philosophie hat, stets sich selbst gleich, seit Urzeiten bestanden; die Weisen der frühen Zeit, Orpheus, Homer und viele andere, sind Zeugen ebendieser Philosophie. Das kann gar nicht anders sein, weil sich die Wahrheit nicht wandelt" und Boys-Stones (2001) 99/122 zur "primitive wisdom" der Alten, die sich in Platon erhalten habe. Plutarch bezeugt (*Adversus Colotem* 26, 1121f/22a), daß schon Zeitgenossen dem ebengenannten Akademiker Arkesilaos vorwarfen, er habe den Alten Sokrates, Platon, Parmenides und Heraklit sein Prinzip der ἐποχή nachgesagt und damit die eigene Lehre auf berühmte Autoritäten zurückzuführen und dadurch zu bekräftigen (ἀναγωγή/βεβαίωσις) versucht; vgl. dazu Dörrie (1987) 417: "Schon Arkesilaos stand unter dem Druck der Forderung, Neues dürfe nicht gelehrt werden, weil Neuerungen die *diadoché* zerstören mußten" und Görler (1994) 811.

315 Vgl. charakteristisch unten S. 371 zu Kornutos epidr. 75f.

316 Der gedankliche Ansatz ist freilich schon bei naturphilosophischen Homerallegorikern wie Metrodoros (vgl. dazu erhellend Boys-Stones [2001] 33: "If some of his interpreters were able to champion his theology against criticism, this is not because they felt that they had to defend it at all costs; it was rather because of what they believed Homer had, as a matter of fact, meant"; Westermann [2002] 136: "Homer sagt im Grunde nur das, was auch die Naturphilosophen behaupten"; Domaradzki [2010] 233f. u.ö. sowie Novokhatko [2015] 37f.) oder bei dem platonischen Protagoras zu finden (Prot. 316d): Die eigene sophistische Techne sei schon alt (παλαιά), doch hätten sie diejenigen der alten Männer, die Hand an sie gelegt hätten, also zum Beispiel Homer, Hesiod und Simonides, aber auch die Mysterien- und Orakelsänger wie Orpheus und Musaios oder andere Vertreter von Gymnastik und Musik, aus Angst vor Anfeindungen versteckt. Auch für Aristoteles kann Homer "Kosmologe und Vorgänger des Thales" sein (vgl. Erler [2011] 229f. zum vierzehnten Gesang der Ilias und met. 983b27).

(Cic. nat. 1, 15, 41 [ed. Ax, S. 17]: der Epikureer Velleius spricht) *Orphei Musaei Hesiodi Homerique fabellas accommodare ad ea quae ipso primo libro de deis immortalibus dixerit, ut etiam veterrimi poetae, qui haec ne suspicati quidem sint, Stoici fuisse videantur*[317]. "Auf diese Weise versicherten sie [sc. die Stoiker] sich für ihre eigene Philosophie des Beistandes Homers und anderer großer Dichter der Vergangenheit"[318]. Wie kontrovers solch aneignende Zugriffe auf die literarische Tradition diskutiert wurden und womit Aristobulos rechnen durfte, wenn er Homer, Hesiod und Arat ebenso wie Platon und Pythagoras zu Mittlern jüdischer Weisheit erklärte, erhellt im übrigen nicht nur aus der scharfen Kritik, auf

---

[317] Philodem (piet. 13 [~ SVF 2, 1078]) charakterisiert das Vorgehen, das Chrysipp im zweiten Buch seines Werks Περὶ θεῶν beschritt, mit dem Verb συνοικειοῦν: ἐν δὲ τῷ δευτέρῳ τά τε εἰς Ὀρφέα καὶ Μουσαῖον ἀναφερόμενα καὶ τὰ παρ' Ὁμήρῳ καὶ Ἡσιόδῳ καὶ Εὐριπίδῃ καὶ ποιηταῖς ἄλλοις, ὡς καὶ Κλεάνθης, πειρᾶται συνοικειοῦν ταῖς δόξαις αὐτῶν. ἅπαντα τ' ἐστὶν αἰθήρ, ὁ αὐτὸς ὢν καὶ πατὴρ καὶ υἱός, ὡς κἂν τῷ πρώτῳ μὴ μάχεσθαι τὸ τὴν Ῥέαν καὶ μητέρα τοῦ Διὸς εἶναι καὶ θυγατέρα (zu diesem wohl aus der Grammatik stammenden Terminus vgl. Plut. *De audiendis poetis* 4/6, 22/24; dazu auch Obbink [2001] 206f. 213/15; Algra [2001] 562[2] und [2003] 169 sowie Hunter – Russell [2011] 205).

[318] Pfeiffer (1978) 290; vgl. auch Heinisch (1908) 13f.; Weinstock (1927) 137f.; Wehrli (1928) 43. 54. 74/77. 80f. u.ö.; Pépin (1958) 133; Walter (1963) 354f. und (1964) 126 (mit Literatur); Effe (1970b) 174/77; Steinmetz (1986) 26f. und (1994) 589; Most (1989) 2018/23 u.ö.; Pilhofer (1990) 133/37 u.ö.; Blönnigen (1992) 33; Boys-Stones (2001) 31/43; Algra (2003) 169 und (2010) 232/34; Brisson (2004) 50; Struck (2004) 113f. 118f.; Russell – Konstan (2005) XVI. XXI; Meijer (2007) 32[169]; Welt (2009) 16f.; Busch – Zangenberg (2010) 55. 61 mit weiteren Beispielen; Niehoff (2011b) 58[3]. 67f.; Zimmermann (2011) 306; Casadesús Bordoy (2012) 80f.; Bordoy (2012) 63f. sowie Dawson (1992) 24/26. 35. 39. 48f. 54 insbesondere zur allegorischen Exegese bei späteren Gelehrten wie Heraklit (z.B. alleg. 22f. 48f.). Die kritischen Anmerkungen Longs (1992) passim gegen den Zeugniswert der hier zitierten Cicerostelle (vgl. auch Obbink [2001] 206f. 213/15) erforderten eine längere Besprechung, als an diesem Ort möglich ist; die Passage aus *De natura deorum* belegt zumindest, bei aller Polemik, die bei Velleius anklingt, daß die Zeitgenossen die stoische Auslegung der alten Dichtung so verstehen konnten. Aufschlußreich ist darüberhinaus der Vorbehalt des wohl kaiserzeitlichen Epikureers Diogenian (überliefert bei Euseb. praep. evang. 6, 8 ~ SVF 2, 925) gegen Chrysipps Versuch, die These τὸ δὴ πάνθ' ὑπὸ τῆς ἀνάγκης καὶ τῆς εἱμαρμένης κατειλῆφθαι durch die homerischen Verse *Ilias* 23, 78f.; 20, 127f. und 6, 488 zu autorisieren – die Aussageabsicht des Dichters sei an diesen Stellen eine andere. In der pseudoplutarchischen Schrift *De Homero* wird explizit stoischer Kosmopolitismus auf Homer zurückgeführt (119). Seneca, selbst Stoiker, kritisiert das Bestreben (epist. 88, 5), Homer zum stoischen oder epikureischen Archegeten zu machen, und noch Galen (5, 300 Kühn) bezeugt nach Plutarch (F 125 Sandbach) die Verwunderung über Chrysipp: δέον γὰρ ὡς ἄνθρωπον ἀνεγνωκότα τοσούτους ποιητὰς καὶ γινώσκοντα σαφῶς ἅπασι τοῖς δόγμασιν αὐτοῦ μαρτυροῦντας ἄλλοτε κατ' ἄλλα τῶν ἐπῶν ... ἐκλέγειν ... ἐξ αὐτῶν ὅσα μαρτυρεῖ τῷ σπουδαζομένῳ πρὸς αὐτοῦ δόγματι ... Boys-Stones (2001) 32f. unterscheidet die Absichten der Stoiker mit Recht von der Homerapologetik der frühgriechischen Allegoriker.

welche der stoische Anspruch chronologischer Priorität[319] bei den Epikureern stieß. Schon bei dem Akademiker Antiochos von Askalon (um 145/120 bis 68/67 vor Christus) zeigt sich, daß die Annahme von τὰ Στωϊκά bei älteren Autoren genau umgekehrt ausgenutzt werden konnte[320]: Antiochos räumt, in Einebnung offensichtlicher Differenzen, ein, schon in Platons Werken finde sich die stoische Lehre, ohne daß, begrifflichen Unterschieden zum Trotz, irgendeine gedankliche Abweichung nachgewiesen werden könne[321]. Bewiesen werde dadurch aber, daß die Stoiker die entsprechenden Gedanken, allenfalls "korrigiert", aus der Akademie und dem Peripatos übernommen und nur die Nomenklatur modifiziert hätten[322].

---

319 Der bekanntlich in enger Verbindung zur stoischen Ontologie steht; vgl. dazu etwa Dihle (1995) 128: "Aus der stoischen Welterklärung ergibt sich wiederum der Versuch, die Normen des sittlichen Handelns und der sozialen Ordnung unmittelbar aus der Einsicht in das Wesen des Kosmos herzuleiten. Die Stoiker waren überzeugt, daß dem Menschen diese Einsicht von Natur aus eigne, daß sie aber als Folge ungünstiger Umstände, vor allem im Zusammenleben der Menschen, verschüttet wurde. Die Philosophie ist der Versuch, dieses Urwissen wiederzugewinnen".
320 Vgl. zu den noch immer umstrittenen Details Schian (1973) 166/84; Glucker (1978) 28/30; Mette (1986-1987) passim; Görler (1994) 948f.; Fladerer (1996) 44; Stanzel (1996) 773f.; Boys-Stones (2001) 142f.; Dyck (2003) 72f.; Polito (2012) passim und Sedley (2012b) passim.
321 Nach einem Zeugnis Plutarchs (*Adversus Colotem* 14, 1115a ~ Straton von Lampsakos F 20 Sharples) behauptete hingegen der Epikureer Kolotes, daß Aristoteles, Xenokrates, Theophrast und alle Peripatetiker Platons Lehren gefolgt seien (ἐπηκολουθήκασιν). Schon im platonischen *Parmenides* (128a) findet sich ein ähnliches Argument, dort ausgesprochen von dem jungen Sokrates über das Verhältnis von Zenon zu Parmenides.
322 Vgl. etwa Philon von Larisa F 1, 9f. Mette: ὁ 'Ἀντίοχος τὴν Στοὰν μετήγαγεν εἰς τὴν 'Ἀκαδημίαν, ὡς καὶ εἰρῆσθαι ἐπ' αὐτῷ ὅτι ἐν 'Ἀκαδημίᾳ φιλοσοφεῖ τὰ Στωϊκά· ἐπεδείκνυε γὰρ ὅτι παρὰ Πλάτωνι κεῖται τὰ τῶν Στωϊκῶν δόγματα sowie Cic. fin. 5, 8, 22 (ed. Schiche, S. 166): ... *Stoici, qui cum a Peripateticis et Academicis omnia transtulissent, nominibus aliis easdem res secuti sunt*; leg. 1, 20, 53f.; nat. 1, 7, 16 und dazu Mette (1986-1987) 58; Dörrie (1987) 462/64 (mit weiteren Belegen) sowie Hippobotos F 5 Gigante über die sokratische Herleitung der Stoiker. Fladerer (1996) 44 weist in diesem Zusammenhang auf die vor allem bei Cicero greifbare Debatte über die *veteres* hin, also über die alte Akademie, die sich mit dem Peripatos bis Theophrast in Übereinstimmung befunden habe und deren Lehren Zenon und die folgenden Stoiker als eigenes Gedankengut für sich ausgegeben hätten (vgl. Cic. acad. 1, 131f.; 2, 43; leg. 1, 13, 37f.; fin. 4, 2, 3; 4, 6, 15; 4, 26, 72; 5, 3, 7; 5, 5, 14; 5, 8, 23; 5, 25, 74). Der Stoiker Panaitios, der die hellenistische Philosophie, auch diejenige Zenons, im allgemeinen als Fortbildung der sokratischen auffaßte (vgl. Steinmetz [1994] 650), sollte dann selbst seine intensive Platonkenntnis und -nutzung eingestehen, nach Ciceros Zeugnis (acad. 1, 43) freilich mit dem Ziel, den älteren Philosophen zu korrigieren (dazu Glucker [1978] 28/30 und Dörrie [1987] 36 sowie Dorandi [1994] 28 zu Philodems *Geschichte der Stoa* im PHerc. 1018, col. 61). Zur stoischen Würdigung Platons durch Antipater von Tarsos und Panaitios, der ihn nach einem Zeugnis Ciceros gar den

Ein bemerkenswertes Beispiel für die Hochschätzung des Alten, die zumal die Juden betrifft, liefert auch der bedeutende Stoiker Poseidonios: Im Zusammenhang seines Entwurfs eines goldenen Zeitalters, in welchem, fern vergangen und universal, die Weisen die Führung – ohne daß Gesetze notwendig gewesen wären – innegehabt hätten[323], vertrat er die Ansicht, die Menschen hätten ihre Götter zuerst anikonisch verehrt, eine Praxis, welche dann im Laufe der Zeit gemeinhin aufgegeben worden sei. Es sei nun an der Philosophie, diese reine Art der Götterverehrung wieder zu erneuern – welche im Gegensatz zur ägyptischen oder griechischen von Moses[324], den Poseidonios "aus der eigenen Theologie heraus erklärt"[325] und zum historischen Paradigma jenes goldenen Zeitalters macht, noch gelehrt worden sei (F 133 Theiler aus Strabon 16, 2, 35):

ἔφη γὰρ ἐκεῖνος [sc. Moses] καὶ ἐδίδασκεν, ὡς οὐκ ὀρθῶς φρονοῖεν οἱ Αἰγύπτιοι θηρίοις εἰκάζοντες καὶ βοσκήμασι τὸ θεῖον οὐδ' οἱ Λίβυες, οὐκ εὖ δὲ οὐδ' οἱ Ἕλληνες ἀνθρωπομόρφους τυποῦντες· εἴη γὰρ ἓν τοῦτο μόνον θεὸς τὸ περιέχον ἡμᾶς ἅπαντας καὶ γῆν καὶ θάλατταν, ὃ καλοῦμεν οὐρανὸν καὶ κόσμον καὶ τὴν τῶν ὄντων φύσιν. τούτου δὴ τίς ἂν εἰκόνα πλάττειν θαρρήσειεν νοῦν ἔχων ὁμοίαν τινὶ τῶν παρ' ἡμῖν; ἀλλ' ἐᾶν δεῖν πᾶσαν ξοανοποιίαν, τέμενος <δ'> ἀφορίσαντας καὶ σηκὸν ἀξιόλογον τιμᾶν ἕδους χωρίς ...[326].

Homerus philosophorum, also den Begründer der Philosophie, genannt haben soll (Tusc. 1, 79f.) vgl. auch Dörrie (1990) 315/20.

323 Vgl. dazu vor allem Seneca epist. 90, 5f. (mit den Anmerkungen bei Boys-Stones [2001] 18/27 [mit Literatur]). Fehlen von Gesetzen als günstiges Merkmal archaischer Kulturen wird auch anderswo in der hellenistischen Literatur thematisiert (vgl. etwa zu Agatharchides Lovejoy – Boas [1935] 349f. sowie weitere Quellen bei Pollmann [2012] 173/79).

324 Als Bestätigung des jüdischen Altersbeweises läßt sich die Stelle allerdings nicht nutzen – ausdrücklich wird (in Strab. 16, 2, 34f.) Moses zu den Ägyptern gezählt und als ägyptischer Priester bezeichnet (vgl. dazu Heinemann [1933] 361. 364f.; Stern [1976] 263f. 305; Hansen [2000] 18f. und Bar-Kochva [2010] 355. 363/65).

325 Theiler (1982) 97; vgl. Reinhardt (1928) 15; Hengel (1988) 471; Bar-Kochva (2000) 28 und (2010) 391/97 sowie Bloch (2002) 53. Zu beachten ist freilich, daß im folgenden (Strab. 16, 2, 37) die für einen Griechen befremdlichen Vorschriften der Tora, wie zum Beispiel die Speisegebote und die Beschneidung, nicht Moses, sondern einer späteren, bereits dekadenten Phase der jüdischen Geschichte zugewiesen und als Ausdruck von δεισιδαιμονία gedeutet werden (vgl. Bar-Kochva [2010] 368).

326 Vgl. zu diesem – in der Zuweisung an Poseidonios und der Bestimmung möglicher Quellen kontrovers diskutierten – Fragment Reinhardt (1928) 7/34; Heinemann (1933) 364; Gager (1972) 38/47; Wacholder (1974) 93f.; Stern (1976) 263/67; Timpe (1980) 74; Theiler (1982) 96f. (mit Literatur); Pohlenz (1984) 234f.; Hengel (1988) 469/72 (mit Literatur); Kidd (1988) 951f.; Feldmeier (1994) 31; Bar-Kochva (1996) 212; (2000) 27f. und (2010) 355/98; Hansen (2000) 18f.; Bloch (2002) 51f.; Berthelot (2003) 118; Gmirkin (2006) 68/71; Siegert (2008) 1, 37; Radt (2009)

Denn jener sagte und lehrte, daß die Ägypter nicht recht verständig seien, wenn sie wilden Tieren und Weidevieh das Göttliche anglichen, auch nicht die Libyer, nicht gut aber auch die Griechen, wenn sie sie menschengestaltig bildeten. Denn dieses eine allein sei Gott, das uns alle umschlossen halte und die Erde und das Meer, das wir Himmel und Kosmos und die Natur des Seienden nennen. Wer also, sofern er Verstand habe, könnte es wagen, von diesem ein Bildnis zu formen, das irgendeinem der Dinge, die es bei uns gibt, ähnelte? Vielmehr müsse man jedes Bildwerk fahren lassen und ohne Statue verehren, freilich nach Abgrenzung und Umfriedung eines ansehnlichen Temenos ...

Abschließend sei noch ein Blick auf einen Text geworfen, in dem weniger ein philosophisch-theologisches Problem zur Debatte steht als eines des Kults, der tatsächlichen religiösen Praxis. In seinem nur fragmentarisch erhaltenen Werk Περὶ εὐσεβείας handelt der Peripatetiker Theophrast über die rechte Art zu opfern[327]. Die scharfe Absage an die Schlachtung und Darbringung von Mensch und Tier wird dabei nicht zuletzt begründet mit dem Argument, in ferner Vergangenheit[328] hätten die Menschen, als sie noch frei von Kampf und Krieg, in Freundschaft und οἰκειότης lebten, keine Tiere geopfert, sondern zunächst nur Libationen von Wasser, danach Honig, dann Öl, später Wein und in der Folge pflanzliche Gaben, etwa von Feldfrüchten, offeriert. Theophrasts Ausführungen sind dabei nicht nur wegen ihres Bezugs auf einen idealen Urzustand der Menschheit, in dem er ähnlich wie später Poseidonios ein Stadium zu erkennen scheint, in welchem noch keine anthropomorphe Göttervorstellung vorherrschte, bemerkenswert. Ausdrücklich wird festgehalten (F 584 A Fortenbaugh, S. 416 ~ F 12 Pötscher, S. 164. 166 aus Porphyr. abstin. 2, 20, 3), die alte Opferpraxis sei bei vielen "nüchtern" (νηφάλια) gewesen – der Blick auf diese πολλοί, die in der sich anschließenden Erklärung vorgestellt werden, umfaßt über die Griechen hinaus auch andere Völker. Darüberhinaus ist Theophrast bemüht, seinen Rückgriff in die ferne Vergangenheit glaubhaft zu machen: zum einen durch Verweise auf alte Quellen, nämlich auf Pfeilerepigramme, welche wie schriftliche Belege die Wahrheit bezeugen könnten (οἷον ἀντίγραφα ἄττα πρὸς ἀλήθειαν), sowie auf mehrere, im dichterischen Wortlaut zitierte Verse aus Empedokles; zum anderen mit der Feststellung, daß die alte Praxis noch bis in die

---

321f.; Eckhardt (2010) 403; Schäfer (2010a) 43/46. 311f. (kritisch) und Perdue (2011) 133f. Vgl. auch Feldman (1993) 149f.; Algra (2010) 242f. und Schäfer (2010a) 60f. zu einer bemerkenswerten Parallele bei Varro (aus Augustinus civ. 4, 31 und 7, 5).
327 Vgl. Pötscher (1970) 113/21 und Keaney (1992) 27f.
328 Bei Cicero wird einmal (Tusc. 1, 19, 45 [ed. Pohlenz, S. 240]) das Wort Theophrasts zitiert, die Schönheit der irdischen Welt habe den Erkenntnisdrang jener *patrita et avita philosophia* entflammt.

Gegenwart hinein mancherorts bewahrt werde[329]. Solche "Spuren der Wahrheit" (vgl. οἷον ἴχνη τινὰ τῆς ἀληθείας ὄντα) tieropferloser Vergangenheit, ein Altar auf Delos und ein noch bestehender Kult in Athen, die βουτύποι am Fest des Zeus Polieus (F 584 A Fortenbaugh, S. 424 ~ F 13 Pötscher, S. 176), mahnen nach Theophrast beispielhaft noch die Menschen der Gegenwart zu eigener Abstinenz (F 584 A Fortenbaugh, S. 424 ~ F 16 Pötscher, S. 176).

Zwar hat der Altersbeweis in der neueren Forschung großes Interesse gefunden, nicht zuletzt in Bezug auf Aristobulos, der in der ersten Hälfte des zweiten vorchristlichen Jahrhunderts das Theorem für die jüdische Geschichte kritisch nutzte. Überraschen kann dabei freilich, daß die sich gerade in dieser Zeit vollziehende, nicht weniger als epochal zu bezeichnende Wende in der antiken Erforschung vergangener Zeit seltener in den Blick kommt[330]: Eben in Alexandria, also der Wirkungsstätte auch des jüdischen Exegeten, hatte kurz zuvor der hochbedeutende Polyhistor und seit den vierziger Jahren des dritten Jahrhunderts amtierende Bibliothekar des Museions Eratosthenes von Kyrene[331] bahnbrechende Werke zur Geographie und Chronographie veröffentlicht. Seine Γεωγραφικά sind nicht nur deswegen bedeutsam, weil er die gesamte ältere Geographie sichtete, allein philosophisch-wissenschaftliche Vorgänger – etwa die Dichter, unter ihnen selbst den großen Homer, aber nicht! – als ältere Autoritäten gelten ließ und überhaupt eine kritische Haltung gegenüber der Überlieferung sowie gegenüber ihrer leichtgläubigen Auslegung offenbarte (vgl. unten

---

[329] Vgl. zur Stelle schon Bernays (1866) 95. Ein erhellendes Beispiel dafür, wie in historischem Rückblick – über die Kontextualisierung anhand der situativen Pragmata hinaus – die Heranziehung von (auch dichterischen) Quellen, die Berufung auf andere Autoritäten, die kritische Abwägung ebendieser sowie die Beglaubigung durch anerkannte τεκμήρια und μαρτύρια Evidenz und Plausibilität erzeugen sollen (vgl. in diesem Zusammenhang Ausdrücke wie δῆλον/δηλοῖ ἐκ ...), liefert etwa die *Athenaion Politeia*, die hierin peripatetischer Methode ganz verwandt erscheint (vgl. z.B. 6, 4 sowie dazu Rhodes [1981] 26f. 59. 143; Keaney [1992] 26/31; Marincola [1997] 95/117 und Gehrke [2006] 282f.).

[330] Kein Hinweis darauf findet sich etwa bei Pilhofer (1990); vgl. aber Hengel (1971) 236f. in Bezug auf das Werk des jüdischen Historikers Demetrios (Ende drittes vorchristliches Jahrhundert). Zu diesem auch Dillery (2015) 357: "Demetrius' work was centrally concerned with time, indeed, one could call it his obsession". 358f. 366f. über seinen Anspruch, die biblische Überlieferung chronologisch gleichsam zu korrigieren und zu komplettieren, ohne damit aber apologetisch einen Altersbeweis zu konstruieren oder einen jüdischen Vorrang vor den Griechen oder Ägyptern. 384: "Demetrius' one 'big idea' that runs through his work is that the events it recounts really happened and can be measured".

[331] Vgl. Geus (2002) 7/15 zu den bis heute umstrittenen Lebensdaten (276/272 bis 194 vor Christus?).

S. 344), sondern auch, weil er die universale, globale Perspektive favorisierte und allein solche Autoren verarbeitete, welche "die Oikumene in ihrer Gesamtheit berücksichtigt hatten"[332]. Das schon von Zeitgenossen intensiv rezipierte, dann die gesamte Antike hindurch als Standardwerk der Geographie maßgebliche Werk[333] enthielt darüberhinaus detaillierte Beschreibungen unterschiedlichster Meere, Küsten und Länder, ergänzt nicht selten durch Angaben zur Kultur und Geschichte der jeweils dort lebenden Völker; ob Palästina und die Juden dabei Erwähnung fanden, ist aufgrund seines fragmentarischen Erhaltungszustands nicht mehr feststellbar. Nicht minder tiefgreifend befruchtete Eratosthenes die antike Chronographie mit seinem Werk: Περὶ χρονογραφιῶν[334]. Selbst wenn man ihn heute nicht mehr einhellig als Begründer der wissenschaftlichen Chronographie überhaupt ansehen möchte[335], ist doch unbestritten, daß diese Schrift mit ihren eingehenden Analysen älterer Chroniken und mit ihrem zumindest doch ansatzweise systematischen Entwurf eines wissenschaftlich belastbaren chronologischen Gerüsts einen Wendepunkt der antiken Zeitrechnung darstellte. Der sein geographisches Werk kennzeichnende kritische Zugriff auf die Überlieferung zeigt sich auch hier: Ähnlich wie vor ihm schon der Historiker Ephoros von Kyme verzichtete Eratosthenes auf die Erörterung mythischer Frühzeit und nahm zum Ausgangspunkt seiner Chronologie die Zerstörung Trojas im weithin akzeptierten Jahr 1184/83 vor Christus – "ein von wissenschaftlichem Geist geprägter Schritt"[336]; auch die Nutzung ausschließlich politischer Daten als Fixpunkte des chronologischen Gerüsts weist in dieselbe Richtung[337]. Obwohl sich ein direkter Bezug des jüdischen Altersbeweises auf Eratosthenes und sein (ebenfalls nur ganz fragmentarisch erhaltenes) chronographisches Werk nicht nachweisen läßt, ergibt sich mit ihm doch ein überaus wichtiger Zusammenhang, und zwar nicht bloß wegen der zeitlichen und räumlichen Koinzidenz, mit Aristobulos: Zunächst war unmittelbar mit seiner Publikation ein neues Kapitel antiker Chronographie und damit wissenschaftlicher Erforschung der Vergangenheit aufgeschlagen, wie aus der sofort einsetzenden Rezeption und aus der fürderhin immensen Nachwirkung erhellt; noch im zweiten Jahr-

---

332 Vgl. Geus (2002) 264 sowie ähnlich schon Jacoby im Kommentar zu 241 F 1/3 Jacoby und Pfeiffer (1978) 206/10.
333 Vgl. Geus (2002) 266f. 286f. (auch zur Aufnahme in Rom) und Bianchetti (2016) 133. 137.
334 Zum Titel (Variante: Χρονογραφίαι) vgl. Geus (2002) 313f.
335 Vgl. zurückhaltend Geus (2002) 313f. (mit der älteren Literatur); anders etwa Jacoby im Kommentar zu 241 F 1/3 Jacoby und Pfeiffer (1978) 203f.
336 Geus (2002) 316 zu 241 F 1a Jacoby (aus Clem. strom. 1, 21, 138, 1/3); vgl. auch Pfeiffer (1978) 204f.
337 Vgl. dazu wichtig auch unten Anm. 341. 511. 553 und 1471.

hundert veröffentlichte Apollodor von Athen seine (in iambischen Trimetern gefaßten!) Χρονικά, welche das Werk seines Vorgängers später weitgehend verdrängen und für Jahrhunderte zum Standardwerk auf dem Gebiet der Chronographie reüssieren sollten[338]. Desweiteren mußte die jenseits des trojanischen Kriegs liegende, in griechisch-römischen Quellen überlieferte Vergangenheit nach wissenschaftlichen Standards endgültig als bloß mythische verurteilt gelten – ein zwar nicht neues, in seiner gelehrten Autorität aber nunmehr schwer kritikables Verdikt, das den jüdischen Chronisten allerdings Spielraum für das Argument bieten konnte, die biblische Überlieferung der Septuaginta, insbesondere diejenige des Pentateuchs und der historischen Bücher, mit ihren genaueren genealogisch-chronologischen Angaben erlaube durchaus belastbare chronologische Rückschlüsse in frühere Zeiten, auf höheres Alter[339]. Es fällt ja insgesamt auf, daß Eratosthenes sein chronologisches Gerüst mit entscheidenden Daten ausschließlich der griechischen Geschichte rekonstruiert zu haben scheint[340]. Schließlich dürfte nicht ohne Folgen geblieben sein, daß Eratosthenes gerade im kritischen Teil seiner Schrift die chronologischen Rekonstruktionen auch mit literarhistorischen Informationen, so z.B. zur Datierung Homers[341], ergänzt hatte.

3.6 Pythagoras und Platon

In der neueren Forschung gilt der jüdische Alterbeweis, gerade bei dessen frühem Zeugen Aristobulos, weithin als geschichtswidrige Konstruktion, ja als absurde Ideologie, die allein dem übergeordneten Ziel, den Vorrang der jüdischen Religion und Kultur zu rechtfertigen, zu dienen habe[342]. Über die Ange-

---

338 Vgl. Geus (2002) 319f.
339 Vgl. Hengel (1971) 236f. (mit älterer Literatur).
340 Vgl. Geus (2002) 312.
341 Eratosthenes setzt Homers Lebenszeit einhundert Jahre nach der Zerstörung Trojas an (vgl. 241 F 9; vgl. auch die folgenden Fragmente zu anderen Autoren sowie Pfeiffer [1978] 205 und Geus [2002] 320).
342 Auf dieser Linie liefert der Altersbeweis nach Bousset (1902) 184 ein Argument dafür, den Exegeten Aristobulos für die Zeit Philometors überhaupt als unhistorisch abzutun; man könne sich "einen Lehrer eines Ptolemaeus ... nicht denken, der ... die Behauptung, dass die griechischen Philosophen ihre Weisheit dem Moses entlehnt hätten, als bare Münze vorlegt". Vgl. über die bereits angeführte Literatur hinaus beispielsweise schon Binde (1869) 3 über die "Erweiterung des frommen Irrthums, man entlehne selbst philosophische Wahrheiten aus jenen Documenten, in die man sie doch erst hineingetragen hatte" und Graetz (1878) 107: "Wer da behauptet, die griechischen Dichter und Philosophen hätten Alles oder Vieles aus Mose's

messenheit dieser Einschätzung soll hier nicht geurteilt werden, wäre dafür doch eine eingehende geschichtsphilosophische, ja theologische Würdigung der Argumentation erforderlich, die zugleich in einen weiteren wissenschaftshistorischen und -theoretischen Kontext einzuordnen wäre[343]. Auch heutige Forschung, ihrer eigenen Methoden gewiß, postuliert zuweilen die Abhängigkeit Homers und Hesiods von vorderorientalischen Quellen, ohne jeden schlagenden Beweis intertextueller Bezugnahme, oder erschließt mannigfache "influenze vicino-orientali sulla religione greca"[344]. Im Hinblick auf Aristobulos, dem die Prägung griechischer Geisteswelt durch das mosaische Gesetz Wirklichkeit ist, noch aufschlußreicher wirkt die (alte) These neuerer rechtshistorischer Studien, das östliche Mittelmeer sei schon in früher Zeit ein Raum gemeinsamer Traditionen und eines vielfältigen kulturellen, auch rechtlichen Austauschs gewesen: "... showing any direct literary influence between the Palestine of the Old Testament and the Greek world is virtually impossible ... Nevertheless, we have seen that several features so well known from the Old Testament can also be found in the legal material from Crete ... How then are we to explain the similarities without postulating direct dependencies?"[345].

Nomothesia entlehnt, erweist sich nicht bloß als Charlatan, sondern auch als Flachkopf" sowie jetzt wieder Knöbl (2012) 15.
343 Vgl. dazu die aufschlußreichen Beobachtungen (mit älterer Literatur) bei Bickerman (1952) passim; Boys-Stones (2001) 176/202 und Gnilka (2005) passim.
344 So der Titel eines mit reichem Material ausgestatteten Tagungsbands (Ribichini Rocchi – Xella [2001]).
345 Hagedorn (2001) 241 mit dem folgenden Vorschlag, statt direkter Abhängigkeit einen gemeinsamen "cultural realm" anzunehmen, und (2004) passim; vgl. auch Camassa (1996) 564f. und (2011) 79/81: "Abbiamo detto della profonda interazione culturale con altre civiltà. Questa componente, che è insieme contestuale e formativa ... deve essere considerata più da vicino in relazione al tema della fissazione per iscritto delle leggi ... Le comunità miste, in cui convivono genti elleniche e genti levantine, sono un fatto assodato per l'alto arcaismo ... è plausibile che, interagendo stabilmente con queste popolazioni allogene, i Greci abbiano mutuato da esse non solo lo strumento alfabetico, ma anche l'uso di disciplinare i contrasti per il tramite di norme scritte"; Gehrke (2000) 144. 152: "Solon ... hat ... insbesondere die religiösen Vorstellungen stark ethisiert bzw. ethisch geprägte (und wohl aus dem Nahen Orient, Ägypten und dem Judentum übernommene) Konzepte rezipiert, weiterentwickelt und umgeformt"; Raaflaub (2000) 50/57; Oeming (2003) 132; Gagarin (2012) 17f. (mit Literatur) sowie Thür (2012) passim. Zu den "trotz aller Unterschiede bestehenden Gemeinsamkeiten zwischen der israelitisch-jüdischen und der griechischen Religion" verweist Kaiser (2003b) 3 programmatisch auf den "selbst durch das dunkle Zeitalter der Wanderzeit nicht vollständig abgerissenen Kulturkontakt zwischen der ägäischen Welt und der Levante" und darauf, daß "im Zuge dieser Kulturbegegnung eine ganze Reihe vorderasiatischer Mythologeme und religiöser Konzepte von den Griechen assimiliert worden ist".

Die historische Glaubwürdigkeit des ganzen Entwurfs soll daher im folgenden nicht geprüft werden. Nachgegangen sei vielmehr der Frage, mit welchen Argumenten Aristobulos seinen Altersbeweis eigentlich glaubhaft zu machen bestrebt ist. Die eben aufgezeigte Tatsache, daß das Theorem zu seiner Zeit hohe Popularität genoß, bildet ja nur den weiteren Rahmen, in den der jüdische Exeget eintritt. Bloß eine Reihe von Ähnlichkeiten zwischen dem Pentateuch und der griechischen Literatur zu registrieren wäre, obschon unverzichtbarer Ausgangspunkt des Beweises[346], kaum überzeugend gewesen. Gerade dort, wo Aristobulos die Werkstellen, an denen griechische Autoren Ähnlichkeiten mit dem Pentateuch zeigten, nicht im Wortlaut zitiert, also beispielsweise bei Pythagoras und Platon, scheint er selbst die Notwendigkeit empfunden zu haben, das Postulat, sie seien von den Büchern Mose direkt abhängig, mit bestimmten Indizien zu untermauern. Was im allgemeinen in den zahlreichen Studien zum antiken Altersbeweis eher unbehandelt bleibt, soll daher im folgenden bei Aristobulos einmal näher beleuchtet werden: die Strategie, mit welcher der Autor seinem Altersbeweis Glaubwürdigkeit zu verleihen und ihn in der griechischen Überlieferung selbst gleichsam zu verankern sucht. Beispielhaft soll das F 3 Holladay in den Mittelpunkt gestellt werden, in welchem Aristobulos auf Pythagoras und Platon zu sprechen kommt, dabei in ihrer Zusammenstellung an griechische Tradition anschließt und sich nicht nur die allgemeine Einschätzung ihrer Lehren zunutze macht, sondern auch ihre für den Altersbeweis entscheidende Charakterisierung als πολυμαθεῖς aus den Texten der beiden Philosophen und deren Rezeption heraus entwickelt.

Die Tatsache, daß Aristobulos Platon und Pythagoras in F 3, 35/43 Holladay als diejenigen unter den griechischen Denkern besonders hervorhebt, welche die mosaische Nomothesia in ihren eigenen Werken eindringlich verarbeitet hätten, und beide unmittelbar nacheinander nennt, offenbart Einfluß der zeitgenössischen Philosophiegeschichte: ὁ Πλάτων πυθαγορίζει – hatte schon Platon selbst seine Kenntnis und Anerkennung pythagoreischen Gedankenguts nicht verborgen (etwa im *Phaidon* oder in pol. 600a/b, um nur weniges zu nennen), so war dem aristotelischen Urteil, Platon und die Pythagoreer stimmten in

---

[346] Vgl. dazu Gnilka (2005) 202: "Eine Folge des Prinzips [sc. des "ersten Erfinders"] ist nun auch die, dass man Ähnlichkeiten, wo immer sie sich zeigten, etwa in den Werken bestimmter Autoren oder in den Gesetzen verschiedener Völker, dadurch erklärte, dass man die betreffenden Personen: die Autoren, die Gesetzgeber oder was immer, in eine direkte, persönliche Verbindung zueinander brachte" und 205: "Abhängigkeit besagt im Ergebnis nichts anderes, als dass zwei oder mehrere dasselbe wissen oder lehren ... Abhängigkeit bedeutet Übereinstimmung"; Lefkowitz (1994) 31f. und (1997) 240 u.ö. sowie Raaflaub (2000) 54f.

der entscheidenden Seinsfrage überein, große Nachwirkung beschieden[347]. In der Folge beschrieb man die Unterschiede zwischen beiden Philosophen schon bald nicht mehr klar, ja das, was später als Pythagoreismus angesehen wurde, stellt "sich bei näherem Hinsehen als durch und durch platonisch"[348] heraus; auch Plagiatsvorwürfe spielten dabei eine nicht unerhebliche Rolle.

Das Ansehen beider Philosophen durfte dem jüdischen Exegeten geeignet erscheinen, die Argumentation des eigenen Altersbeweises in den Augen des griechischen Publikums zu stützen. Zum einen galt die pythagoreische Philosophie als alt[349] – jene Geschichte, die Cicero (Tusc. 5, 3, 8/4, 10) auf den Akademiker Herakleides Pontikos zurückführt, machte ihn gar zum ersten Mann, der sich den Titel "Philosoph" beilegte (vgl. F 84 Schütrumpf aus Diog. Laert. 1, 12)[350]. Zum anderen standen Pythagoras und Platon in dem Ruf, die griechische Philosophie nicht nur religiös-theologisch, sondern auch politisch-rechtlich besonders geprägt zu haben[351]. Isokrates etwa erwähnt in seinem *Busiris*, wie

---

347 Vgl. met. 1001a9f. und Cherniss (1935) 43/46 u.ö.; Riginos (1976) 173f.; Dörrie (1990) 246/64; Rösel (1994) 78; Mansfeld (1999a) 102; Riedweg (2002) 152/57; den kritischen Forschungsüberblick bei Radke (2003) 200/04; Erler (2009) 67/70; Steel (2012b) 181/84 u.ö.. An anderen Stellen der *Metaphysik* betont Aristoteles freilich eher die Eigenständigkeit Platons gegenüber dem Pythagoreismus, etwa 987b26/988a17.
348 Riedweg (2002) 39; vgl. Burkert (1962) 74/85; Sansone (1997) 57; Baltes (1999) 116f. (über den späteren Platonismus); Mansfeld (1999a) 99; Giangiulio (2000) 67f. und Boys-Stones (2001) 118f. Erinnert sei in diesem Zusammenhang daran, "dass die legendäre Ausgestaltung der Biographie Platons in vielen Punkten der des Pythagoras folgt" (Dörrie [1973] 100).
349 Flavius Josephus rechnet Pythagoras neben Pherekydes von Syros und Thales zu den ersten der Griechen, die "über Himmlisches und Göttliches philosophierten" (c. Apion. 1, 14). In c. Apion. 1, 162 (ed. Siegert, vol. 2, S. 150), also in einem Kontext, der von Aristobulos beeinflußt scheint (s. dazu unten Anm. 369), heißt es ferner: Πυθαγόρας τοίνυν ὁ Σάμιος ἀρχαῖός ὤν, σοφίᾳ δὲ καὶ τῇ περὶ τὸ θεῖον εὐσεβείᾳ πάντων ὑπειλημμένος διενεγκεῖν τῶν φιλοσοφησάντων ... (vgl. Barclay [2007a] 95). Ein Blick auf die zeitgenössische griechische Philosophiegeschichte ist erhellend: Aristoteles bezeichnet die Vorsokratiker wiederholt als οἱ ἀρχαῖοι (z.B. met. 1069a25; cael. 271b3 und gen. et corr. 314a6), ja als οἱ πρῶτοι φιλοσοφήσαντες (met. 983b6), während er die noch früheren Vertreter mythischer Welterschließung als οἱ παμπάλαιοι καὶ πολὺ πρὸ τῆς νῦν γενέσεως καὶ πρῶτοι θεολογήσαντες ansieht (met. 983b28f.).
350 Vgl. Burkert (1962) 112/118 u.ö.; Gottschalk (1980) 23/33; Betz (1983) 257f.; Livingstone (2001) 160 und Riedweg (2002) 120/28. Auffällig ist in diesem Zusammenhang, daß offenbar auch in der Darstellung der babylonischen Geschichte bei Berossos (oder erst Alexander Polyhistor? Vgl. dazu Verbrugghe – Wickersham [1996] 56[36]) Pythagoras zur Feststellung eines Synchronismus (mit dem König Sennacherib) eingesetzt wird.
351 Vgl. auch Dörrie (1972) 149 und Siegert (2001) 265. Zu erwähnen ist hier die überaus günstige Pythagorasvita des Aristotelesschülers Aristoxenos, der, offenbar auf umlaufende Kritik an Pythagoras und seiner Schule reagierend, reiches Material zusammengetragen und damit

später Hekataios von Abdera, die ägyptisch beeinflußte ὁσιότης des Samiers (11, 28f. [ed. Mandilaras, vol. 2, S. 278]): ἀφικόμενος εἰς Αἴγυπτον καὶ μαθητὴς ἐκείνων γενόμενος τήν τ' ἄλλην φιλοσοφίαν πρῶτος εἰς τοὺς Ἕλληνας ἐκόμισε καὶ τὰ περὶ τὰς θυσίας καὶ τὰς ἁγιστείας τὰς ἐν τοῖς ἱεροῖς ἐπιφανέστερον τῶν ἄλλων ἐσπούδασεν[352]. Seine politische Einrichtung großgriechischer Städte in Süditalien[353] war weithin bekannt, und die wohl schon auf die Zeit um 400 vor Christus zurückgehende Tradition, König Numa habe seine Sakralordnung Roms Pythagoras selbst zu verdanken[354], gibt bei allen Zweifeln an der Überlieferung doch zumindest Aufschluß darüber, daß solches Wirken des Philosophen auf italischer Erde in jener Zeit so berühmt gewesen sein muß, daß die Römer ihre eigene Abhängigkeit von ihm gern eingestanden[355]. Dabei galt der

---

ein für die Folgezeit maßgebliches Grundlagenwerk vorgelegt hatte (vgl. dazu Hölkeskamp [1999] 45 und Bar-Kochva [2010] 183).
352 Vgl. Giangiulio (2000) 68f.; Livingstone (2001) 156 und Riedweg (2002) 83f. 89/93. Auch Aristoteles scheint in seiner verlorenen Schrift Περὶ Πυθαγορείων die besondere religiöse Autorität des Meisters thematisiert zu haben (vgl. F 191 Rose³).
353 Vgl. dazu mit den Quellen Bollansée (1999a) 45: "the prototype of the Occidental Greek legislator" und Riedweg (2002) 26/34. 83f. 85f.
354 Die wohl ihrerseits aus der Beobachtung von Ähnlichkeiten zwischen römischem Kult und pythagoreischer Frömmigkeit erwuchs (vgl. Gnilka [2005] 202f.). Vgl. Cic. rep. 2, 15, 28 (ed. Ziegler, S. 58): *verene, inquit Manilius, hoc memoriae proditum est, Africane, regem istum Numam Pythagorae ipsius discipulum aut certe Pythagoreum fuisse? saepe enim hoc de maioribus natu audivimus, et ita intellegimus vulgo existimari* ...; Liv. 1, 18, 2f. und Ov. met. 15, 1/11. 479/84.
355 Vgl. Ogilvie (1965) 89: "The Pythagoreanism of Numa was a Greek fiction and Greek historians were the first to write of him, but the legend quickly took root in Rome". Dieses Beispiel liefert ein interessantes Lehrstück darüber, daß solcher Altersbeweis nicht unwidersprochen blieb. Ernsthafte Zweifel an seiner chronologischen Validität (vgl. dazu allgemein Bickerman [1952] 73f.), nämlich daß Pythagoras erst lange nach Numas Tod nach Italien gekommen sei, belegt schon Ciceros Scipio, der resümiert (rep. 2, 15, 28f. [ed. Ziegler, S. 58]): *falsum est ... id totum, neque solum fictum sed etiam imperite absurdeque fictum; ea sunt enim demum non ferenda mendacia, quae non solum ficta esse sed ne fieri quidem potuisse cernimus.* Manilius zeigt in seiner Reaktion, daß die Alternative zu solchen Altersbeweisen attraktiv erscheinen konnte: *Di immortales ... quantus iste est hominum et quam inveteratus error! ac tamen facile patior non esse nos transmarinis nec inportatis artibus eruditos, sed genuinis domesticisque virtutibus.* Livius ergänzt die chronologischen Vorbehalte um den kulturgeschichtlichen der Sprachdifferenz (1, 18, 2f.; s. den Text unten S. 252) und bezeugt dabei die schon ältere Debatte grundsätzlicher Bedeutung darüber, mit welchen Argumenten große Kulturleistungen wie die *doctrina* Numas erklärt werden könnten. Er selbst votiert für das eigene *ingenium* und die *virtutes* des Königs, wenn er auch sabinische Prägung nicht ganz unter den Tisch fallen läßt. In der Wendung *auctorem doctrinae eius, quia non exstat alius, falso Samium Pythagoram edunt* klingt kritisch an, die Ableitung aus Pythagoras entspringe dem Bestreben, überhaupt, selbst ohne innere Kohärenz, irgendeinen fremden *auctor* dingfest zu machen – also dem Bestreben, die Tradi-

Lehr-, ja Gebotscharakter als typisch für seine (mündliche) Lehre, sei es in der Tradition der, später allegorisch ausgelegten, *Akousmata* und *Symbola*[356], sei es im durch die gesamte Antike hindurch geradezu sprichwörtlichen αὐτὸς ἔφα des Meisters, sei es in den bis ins einzelne gehenden rituellen Vorschriften und Speisegeboten der pythagoreischen Lebensform: "Eine Verschärfung der Ethik auf allen Ebenen – in der Familie, im Staat, im Umgang mit den Göttern" sieht Christoph Riedweg dabei als Kern seiner Bestrebungen an[357], auch wenn nicht

---

tion über die Leistung des einzelnen zu stellen. Der weite Zusammenhang der hier angedeuteten Debatten erhellt dabei prominent auch aus Varro, der in seiner Schrift *De gente populi Romani* die römische *imitatio* fremder Völker in verschiedensten Bereichen der gesamten Kultur thematisiert hatte (vgl. dazu Ax [2001] 301f.).

356 Vgl. dazu Burkert (1962) 150/75; Bollansée (1999a) 46; Mansfeld (1999a) 116f.; Riedweg (2002) 99/105. zur späteren Sammlung der sogenannten "Goldenen Verse" 159/61 und Bar-Kochva (2010) 190.

357 Riedweg (2002) 85; vgl. auch Burkert (1962) 175: "Das Ernstnehmen der Akusmata bedeutet eine fast bestürzende Einengung der Bewegungsfreiheit des Lebens ... immer ist ein Gebot zu beachten, gibt es die Bewährung und zugleich die Möglichkeit der Verfehlung" und Mansfeld (1999a) 117. Auch die pseudepigraphische Literatur des späteren Pythagoreismus räumte "Gesetzen" eine prominente Bedeutung ein, vgl. etwa die Schrift Περὶ βασιλείας des kaum näher einzuordnenden Diotogenes (ed. Thesleff, S. 71/75) sowie die προοίμια νόμων, welche den archaischen Nomotheten Zaleukos von Lokroi Epizephyrioi und Charondas von Katane zugeschrieben wurden (dazu Siegert [1992] 13f.; Hölkeskamp [1999] 187/97; Camassa [2011] 73f. und Dreher [2012] 64/68). Die Tradition, Pythagoras sei deren Lehrer gewesen, läßt sich schon bei Aristoxenos von Tarent (aus Diog. Laert. 8, 16 ~ F 43 Wehrli) greifen, in Diod. 12, 20 heißt es über Zaleukos: μαθητὴς ... Πυθαγόρου του φιλοσόφου (vgl. auch Sen. epist. 90, 6). Die Präambeln, welche diese ihren *Nomoi* vorangestellt haben sollen, atmen pythagoreischen Geist (vgl. dazu Szegedy-Maszak [1978] 203; Bollansée [1999a] 45[83] mit späteren Quellen und Literatur und Dreher [2012] 69) und zeichnen sich durch "eine deutliche Betonung von Religion, Ethos und Ordnung" (Gehrke [1995] 23) aus. Bei Diodor ist aus dem Prooimion zu den Nomoi des Lokrers Zaleukos überliefert (12, 20 [ed. Thesleff, S. 226]): εὐθὺς γὰρ ἐν προοιμίῳ τῆς ὅλης νομοθεσίας ἔφη δεῖν τοὺς κατοικοῦντας ἐν τῇ πόλει πάντων πρῶτον ὑπολαβεῖν καὶ πεπεῖσθαι θεοὺς εἶναι, καὶ ταῖς διανοίαις ἐπισκοποῦντας τὸν οὐρανὸν καὶ τὴν διακόσμησιν καὶ τάξιν κρίνειν οὐ τύχης οὐδ' ἀνθρώπων εἶναι ταῦτα τὰ κατασκευάσματα, σέβεσθαί τε τοὺς θεούς, ὡς πάντων τῶν ἐν τῷ βίῳ καλῶν καὶ ἀγαθῶν αἰτίους ὄντας τοῖς ἀνθρώποις, ἔχειν δὲ καὶ τὴν ψυχὴν καθαρὰν πάσης κακίας, ὡς τῶν θεῶν οὐ χαιρόντων ταῖς τῶν πονηρῶν θυσίαις τε καὶ δαπάναις, ἀλλὰ ταῖς τῶν ἀγαθῶν ἀνδρῶν δικαίαις τε καὶ καλαῖς ἐπιτηδεύσεσι. διὰ δὲ τοῦ προοιμίου προκαλεσάμενος τοὺς πολίτας εἰς εὐσέβειαν καὶ δικαιοσύνην ... τοὺς δὲ ἄρχοντας παρεκελεύετο ... Die Anschlußfähigkeit solcher Texte (vgl. auch die Προοίμια νόμων des Charondas aus Diod. 12, 11/18 und Stob. 4, 2, 24 [ed. Thesleff, S. 63/67 und 60/63] mit der besonderen Wertschätzung der εὐσέβεια und der δικαιοσύνη) für Aristobulos liegt hier nicht nur im Gedanklichen, sondern bis in die einzelnen Begriffe hinein offen zutage (vgl. noch unten Anm. 399. 792. 799. 802. 855 zu Charondas). Später verteidigt Cicero, in ausdrücklichem Anschluß an Theophrast, die

verschwiegen werden darf, daß es daneben seit frühesten Zeiten eine kritische Bewertung des Scharlatans Pythagoras, der überdies mit seinen politischen Bestrebungen und Lehren in Wahrheit die Tyrannis gefördert habe, gab[358].

Wie eng man im Hellenismus das Verhältnis der beiden Denker Pythagoras und Platon zueinander sowie die Verbindung von πολιτικά und φυσικά in ihren Werken, gleichsam über Sokrates hinweg, empfand, illustrieren zwei berühmte Stellen bei Cicero[359]: In *De re publica* 1, 10, 16 (ed. Ziegler, S. 11f.) wundert sich Tubero, warum die Tradition dem Sokrates anhänge, er habe das Studium der Natur (*de natura quaerere*) verworfen und sich nur um das Leben der Menschen gekümmert; an vielen Stellen der platonischen Dialoge, an denen er über die *mores*, die *virtutes* und die *res publica* disputiere, rede er doch auch über *numeros ... et geometriam et harmoniam ... Pythagorae more*[360]. Scipio klärt auf:

... audisse te credo, Tubero, Platonem Socrate mortuo, primum in Aegyptum discendi causa, post in Italiam et in Siciliam contendisse, ut Pythagorae inventa perdisceret, eumque et cum Archyta Tarentino et cum Timaeo Locro multum fuisse et Philolai commentarios esse nanctum, cumque eo tempore in his locis Pythagorae nomen vigeret, illum se et hominibus Pythagoreis et studiis illis dedisse. itaque cum Socratem unice dilexisset, eique omnia tribuere voluisset, leporem Socraticum subtilitatemque sermonis cum obscuritate Pythagorae et cum illa plurimarum artium gravitate contexuit[361].

... du hast, glaube ich, gehört, Tubero, daß Platon nach dem Tod des Sokrates zuerst, um zu lernen, nach Ägypten, dann nach Italien und nach Sizilien geeilt ist, um das, was Pythagoras herausgefunden hatte, gründlich zu erlernen, daß er viel mit Archytas aus Tarent und mit Timaios aus Lokroi zusammengewesen ist und die Aufzeichnungen des Philolaos in die Hände

---

Historizität des Lokrers Zaleukos und hält fest, selbst Platon habe die *leges* der beiden unteritalischen Gesetzgeber nachgeahmt (leg. 2, 6, 14 [s. unten Anm. 726]; vgl. auch Att. 6, 1, 18).
358 Vgl. dazu ausführlich (mit Literatur) Bar-Kochva (2010) 173/84.
359 Die Tradition ist natürlich älter; vgl. aus dem Peripatos etwa Dikaiarch (F 41 Wehrli = F 45 Mirhady aus Plut. quaest. conviv. 2, 719a): ... τῷ Σωκράτει τὸν Λυκοῦργον ἀναμιγνὺς [sc. Platon] οὐχ ἧττον ἢ τὸν Πυθαγόραν sowie Burkert (1965) 194f. zur "Spaltung des hellenistischen Platonismus": "Platon als Synthese aus Sokrates und Pythagoras. Sokrates ist in dieser Sicht weniger der Skeptiker als der Ethiker ... Pythagoras als der Archeget der *physici* dagegen ist der wahre Antipode des Sokrates".
360 Vgl. de orat. 1, 10, 42 und zur Stelle Büchner (1984) 97f.
361 Vgl. Brut. 8, 31 und fin. 5, 29, 87 (ed. Schiche, S. 198f.): ... *cur Plato Aegyptum peragravit, ut a sacerdotibus barbaris numeros et caelestia acciperet? cur post Tarentum ad Archytam? cur ad reliquos Pythagoreos, Echecratem, Timaeum, Arionem, Locros, ut, cum Socratem expressisset, adiungeret Pythagoreorum disciplinam eaque, quae Socrates repudiabat, addisceret?*

bekommen hat. Und weil zu jener Zeit in dieser Gegend der Name des Pythagoras in Ansehen stand, habe er sich den Pythagoreern und jenen Studien hingegeben. Deshalb verwob er, weil er Sokrates einzigartig geliebt hatte und ihm alles zuschreiben wollte, die Anmut und Feinheit des sokratischen Gesprächs mit der Dunkelheit des Pythagoras und mit jenem tiefen Ernst der meisten Wissenschaften.

In den *Tusculanae disputationes* (5, 3, 8/4, 10 [ed. Pohlenz, S. 407f.]) hingegen wird festgehalten, die *antiqua philosophia* der Vorsokratiker nach Pythagoras, dem *nominis inventor* der Philosophie und *rerum ipsarum amplificator*, habe folgende Themen behandelt: *numeri motusque ... et unde omnia orerentur quove reciderent, ... siderum magnitudines intervalla cursus ... et cuncta caelestia.* Und doch wird an derselben Stelle dem Pythagoras eine eminent politische Rolle im Unteritalien seiner Zeit zugesprochen: *qui cum ... in Italiam venisset, exornavit eam Graeciam, quae magna dicta est, et privatim et publice praestantissumis et institutis et artibus*[362]. Empfänglichkeit solcher Denker für die mosaische Nomothesia, die zugleich Theologie und Gesetz zu sein beansprucht, vor griechischem Publikum zu postulieren mag Aristobulos nicht so abwegig erschienen sein wie manchem heutigen Leser[363].

Die neuere Forschung hat wiederholt darauf verwiesen, daß die zeitgenössische griechische Literatur Überlieferungen bot, welche das Bibelstudium gerade für Pythagoras wahrscheinlich machen konnten: Zum einen findet sich die Annahme, Pythagoras sei von jüdischem (und thrakischem[364]) Gedankengut beeinflußt gewesen[365], schon vor Aristobulos bei dem griechischen Autor Her-

---

362 Vgl. zur Stelle auch Dougan – Henry (1934) 210f. sowie mit Blick auf Dikaiarch F 33 Wehrli = F 40 Mirhady (s. unten Anm. 382 und 576) White (2001) 213: "... Pythagoras had advanced the sages in his endeavour to spread his ideas. In a word, he was a teacher".
363 Daß seine Kenntnis pythagoreischer Zahlenlehre durch das F 5 Holladay belegt wird, hebt Doering (2005) 6f. mit Recht hervor.
364 Zur Verbindung der pythagoreischen Lehre mit Thrakien vgl. Riedweg (2002) 80f. Die alte, schon bei Herodot (4, 94f.) faßbare Überlieferung, Zamolxis, Sklave des Herrn Pythagoras, habe den Thrakern dessen Lehren vermittelt, dürfte hier eine Rolle spielen (vgl. dazu auch Sansone [1997] 57 und Bar-Kochva [2010] 194f.).
365 Das Verhältnis zwischen Pythagoreismus und Judentum verdiente eine umfassende Neuuntersuchung. Es ist ja bemerkenswert, daß nicht nur die Juden selbst bei Pythagoras und seinen Nachfolgern Gedanken feststellten, die der mosaischen Nomothesia verwandt schienen, sondern umgekehrt zum einen jüdische Autoren, etwa Philon, ihrerseits von Außenstehenden als "Pythagoreer" bezeichnet wurden, zum anderen manche Stellen des (pseudo)pythagoreischen Schrifttums jüdisch beeinflußt zu sein scheinen (vgl. Harder [1926] 22. 128/32 und Léonas [2007] 189 zum Kapitel 46 des sogenannten *Ocellus Lucanus*; Hengel [1971] 308²; Burkert [1971]

mippos von Smyrna, einem Peripatetiker aus der zweiten Hälfte des dritten Jahrhunderts, der in Alexandria bei Kallimachos studiert hatte und in der Folgezeit umfangreiche Biographien berühmter Männer und andere Monographien, wie z.B. diejenige Περὶ νομοθέτων, veröffentlichte. Aus dem ersten Buch seines Werks Περὶ Πυθαγόρου hat sich durch ein Zitat bei Flavius Josephus folgende Bemerkung erhalten (c. Apion. 1, 165 [F 21 Bollansée ~ ed. Siegert, vol. 2, S. 150]): ... ἔπραττε καὶ ἔλεγε [sc. drei Verbote, die ihm die Seele seines verstorbenen Schülers Kalliphon eingegeben habe] τὰς Ἰουδαίων καὶ Θρακῶν δόξας μιμούμενος καὶ μεταφέρων εἰς ἑαυτόν. Auch wenn John Barclay[366] mit Recht darauf hinweist, daß die gesamte Stelle bei Josephus kaum Aufschlüsse darüber gibt, in welchem Zusammenhang und mit welcher Absicht Hermippos überhaupt auf die Ἰουδαῖοι zu sprechen kam und dabei Pythagoras mit diesen in Verbindung brachte, und sogar nicht ausgeschlossen werden kann, daß "Hermippus' comment simultaneously ridiculed both Pythagoras and Judeans" und sich erst Josephus die Stelle nachträglich in projüdischem Sinn zunutzemachte[367], liefert der Passus eine unmittelbare, vielleicht eben durch ihren möglicherweise polemischen Unterton besonders wirksame Bestätigung[368] des jüdi-

---

48/51 und [1998a] 309; Dorival [1987] 17/19 [skeptisch] und Feldman [1993] 152. 202 zu Ekphantos sowie van Kooten [2006] 121/26).

366 Vgl. Barclay (2007a) z.St.; zu Hermippos auch Walter (1964) 46; Hengel (1976) 138 und (1988) 469; Gabba (1989) 623f. 638; Feldman (1993) 9. 201f. 344; Bollansée (1999a) passim; Riedweg (2002) 21. 157; Wehrli – Wöhrle – Zhmud (2004) 622; Labow (2005) 163f.; van Kooten (2006) 121/26; Siegert (2008) 1, 31; Vogel (2008) 85 sowie Bar-Kochva (2010) 164/205 (mit umfangreichen Literaturangaben).

367 Auch Bar-Kochva (2010) 164/205 argumentiert eindringlich dafür, daß Hermippos in seiner Schrift eigentlich einen kritischen, ja satirischen Angriff gegen Pythagoras geführt und sich damit auf die Seite der Pythagorasgegner gestellt habe: "the charlatan is also a plagiarist, having stolen his doctrine from various peoples, none counted among the wise nations, and some actually on the fringes of the Hellenistic world" (vgl. Dörrie [1973] 116[33]; zurückhaltender Bollansée [1999a] 49/52 und [1999b] 233. 247f.). Flavius Josephus hingegen charakterisiert Hermippos ausdrücklich günstig (c. Apion. 1, 163): ... ἀνὴρ περὶ πᾶσαν ἱστορίαν ἐπιμελής (zur Wendung vgl. etwa Heraklit alleg. 7, 1 zu Apollodor von Athen als περὶ πᾶσαν ἱστορίαν ἀνδρὶ δεινῷ), was Bar-Kochva (2010) 204 folgendermaßen erklärt: "He seems to have relied on the summaries and quotations that his assistants, burrowing through libraries in search of Greek sources for Jewish references, presented to him out of context" (vgl. auch Barclay [2007a] 96 mit dem Hinweis auf Dion. Hal. Is. 1, 2). Diogenes Laertios (8, 85) bezeugt, daß Hermippos auch die Vorwürfe gegen Platon, er habe pythagoreisches Schrifttum, hier Philolaos, in seinem *Timaios* plagiiert, behandelte (s. dazu gleich unten im Text).

368 Vgl. das ausgewogene Urteil zur Glaubwürdigkeit des Kallimachosschülers und zu seiner Vorliebe für "Altertümlich-Kurioses" bei Burkert (1962) 91.

schen Altersbeweises von griechischer Seite[369]. Zum anderen kursierte seit dem dritten Jahrhundert eine Kunde, die in der späteren Tradition der Pythagorasviten höchst populär werden sollte: Gleich im ersten Kapitel seiner Vita referiert Porphyrios aus Neanthes von Kyzikos eine Überlieferung, Mnesarchos, der Vater des Philosophen, sei von Geburt ein Syrer aus der Stadt Tyros gewesen und erst später Ehrenbürger von Samos geworden. Gleichwohl habe er seinen Sohn Pythagoras, von Jugend auf wohlbegabt εἰς πᾶσαν μάθησιν [!], in Tyros zur Schule geschickt, bei den "Chaldäern" (ed. des Places, S. 36) – "... Hellenistic traditions associated Pythagoras very closely with the Levant and Palestine"[370]. Zwar übergeht Aristobulos mit seinem jüdischen Altersbeweis die *fama* von der orientalischen Unterweisung des Philosophen[371]; in der Überlieferung, Pythagoras sei vielleicht sogar von Geburt an mit eben der Region, in welcher das Volk Israel lebte, verbunden gewesen, liegt jedoch ein weiterer Ansatzpunkt, der den Griechen die Bibelkenntnis des Vielwissenden glaubhaft machen konnte.

---

369 Die sich bei Flavius Josephus an die eben behandelte Stelle anschließende Bemerkung (c. Apion. 1, 165 [ed. Siegert, vol. 2, S. 150]): λέγεται γὰρ ὡς ἀληθῶς ὁ ἀνὴρ ἐκεῖνος πολλὰ τῶν παρὰ ᾽Ιουδαίοις νομίμων εἰς τὴν αὑτοῦ μετενεγκεῖν φιλοσοφίαν ist keine Fortsetzung des Hermipposzitats, sondern ein eigener Kommentar, der auf Aristobulos zurückgreift, ohne ihn zu nennen (vgl. Thackeray z.St.; Walter [1964] 56¹ [unsicher]; Stern [1976] 93; Gorman [1983] 32f.; Feldman [1993] 464[28]; Labow [2005] 184; Barclay [2007a] 98: "... Aristobulus is a hidden influence on Josephus' thinking here"; Vogel [2008] 84 und Bar-Kochva [2010] 198/200); vgl. auch unten Anm. 649 und 1376 zu der Nachwirkung in Flav. Joseph. c. Apion. 2, 164/71. 190/92 und 255/57 sowie ant. 1, 10. Das bis in die Gegenwart gegen die Authentizität der Aristobulosfragmente immer wieder ins Feld geführte Argument, Philon, der auch sonst seine Vorgänger nicht namentlich zu identifizieren beliebt (vgl. schon Dähne [1834] 85; Binde [1869] 7f.; Schlatter [1906] 152; Wacholder [1974] 52 und Sellin [1997] 119), und Flavius Josephus "schwiegen" über ihren Vorgänger (vgl. z.B. schon Joël [1880] 79. 85f. und Hadas [1951] 27 sowie Wasserstein – Wasserstein [2006] 32f.), hat daher keinen Grund.
370 Gorman (1983) 38. Zu Neanthes und seinen Nachrichten über Pythagoras vgl. Schorn (2007) 135/38. Der Historiker vermerkt weiterhin (84 F 33 Jacoby), Pythagoras sei, auf der Flucht vor dem Tyrannen Polykrates von Samos, mit dem Perserkönig Kambyses nach Ägypten gezogen, habe dort mit den Priestern Kontakt gepflegt und dann den Großkönig nach Babylon begleitet, wo er in die persischen Mysterien eingeweiht worden sei. Ob die bei Iamblich faßbare Überlieferung, Pythagoras habe bei dem Philosophen Mochos (~ Moses?) zunächst in Syria studiert und sich allein auf dem Berg Carmel aufgehalten (vgl. dazu Lévy [1927] passim; Gorman [1983] 38/40 und van Kooten [2006] 121/26), schon auf das dritte Jahrhundert zurückgeht, bleibt unsicher. Zu der reichen Legendenbildung über die orientalische Unterweisung des Samiers, etwa durch Zoroaster, vgl. Dörrie (1990) 178/85 (Stellen). 458/71 (Kommentar); Boys-Stones (2001) 118f.; Riedweg (2002) 20/23 und Barclay (2007a) 97.
371 Sein Zeitgenosse Hippobotos tritt nachdrücklich für die griechische Abstammung des Philosophen von der Insel Samos ein (vgl. F 12 Gigante; vgl. dazu Gigante [1983] 167 und Engels [2007] 185f.) – die Debatte war also in vollem Gang.

Über diese Spuren, denen Aristobulos in die griechische Literatur hinein folgen konnte, hinaus fällt der Begriff der πολυμαθία auf, mit dem er Platon und Pythagoras verbindet[372]: Mit der Anspielung auf das "Vielwissen" verweist Aristobulos nicht bloß auf den schon antiken Gemeinplatz, beide Philosophen seien aufgrund ihrer weiten Reisen, nicht zuletzt nach Ägypten, und ihres Umgangs mit weisen Lehrern hochgebildet gewesen, sondern auf eine alte Tradition, die ihren Ausgang wohl genommen hatte von einer berühmten Stelle im Werk des frühgriechischen Philosophen Heraklit von Ephesos (um 500 vor Christus). Dieser hatte zwar neben Hesiod, Xenophanes und Hekataios auch Pythagoras zugestanden, πολυμαθία erworben zu haben, ihn jedoch zugleich scharf bloßgestellt, von dieser in Wahrheit nicht gelehrt worden zu sein[373]. Doch wie war Pythagoras zu seiner πολυμαθία eigentlich gelangt (22 B 129 Diels – Kranz): Πυθαγόρης Μνησάρχου ἱστορίην ἤσκησεν ἀνθρώπων μάλιστα πάντων καὶ ἐκλεξάμενος ταύτας τὰς συγγραφὰς ἐποιήσατο ἑαυτοῦ σοφίην, πολυμαθίην, κακοτεχνίην. Aristobulos schließt sich der polemischen Note Heraklits zwar nicht an – daß wie Platon Pythagoras die jüdische Nomothesia gekannt und verarbeitet habe, wird bei ihm ja als anerkennenswerte Rezeption mosaischer Wahrheit herausgestellt. Und anstößig mußte diese Wertung der πολυμαθία auch seinen Zeitgenossen nicht sein: Im Zusammenhang mit dem im Hellenismus meist positiv besetzten Terminus[374] sei daran erinnert, daß etwa Arat dem Zeitgenossen Kallimachos als ein πολυμαθὴς καὶ ἄριστος ποιητής galt (F 460 Pfeiffer) und zuvor schon die isokrateische Maxime (1, 18 [ed. Mandilaras, vol. 2, S. 12]): ἂν ᾖς φιλομαθής, ἔσει πολυμαθής den Begriff rehabilitiert hatte[375]. Zumal

---

372 Deutet man γέγονε γὰρ πολυμαθής als parenthetischen Einschub, dann wäre die Aussage noch stärker betont (vgl. dazu Walter [1964] 118 und Holladay [1995] 216).
373 Vgl. das Fragment 40 Diels – Kranz: πολυμαθίη νόον ἔχειν οὐ διδάσκει· Ἡσίοδον γὰρ ἂν ἐδίδαξε καὶ Πυθαγόρην αὖθίς τε Ξενοφάνεά τε καὶ Ἑκαταῖον.
374 Inschriftlich bezeugt dies trefflich die Ehreninschrift für den Ephebarchen Melanion aus dem karischen Iasos (I.Iasos 1, 98), welche des Honorierten Wißbegier (V. 13) zusammenstellt mit anderen lobenswerten Eigenschaften wie Fleiß, Eifer, Hingabe für "das Schönste", Besonnenheit und der von den Vorfahren überkommenen Kalokagathia (vgl. zu diesem Text Haake [2007] 231/34).
375 Vgl. auch schon Platon pol. 376a/c. 435e zur φιλομαθία und Xen. mem. 4, 4, 6, wo Sokrates den Hippias, wohl mit leichter Ironie, als πολυμαθής lobt. Zu den φιλομαθοῦντες, die Polybios mit seinem Geschichtswerk ansprechen möchte, vgl. etwa 6, 1, 5; 6, 2, 8; 9, 2, 5 u.ö. sowie dazu Marincola (1997) 24 und Scholz (2013) 285. Auch in der fachwissenschaftlichen Literatur werden die φιλομαθοῦντες mit ihrer φιλομαθία adressiert, etwa von dem oben schon behandelten Hipparchos in seinem Aratkommentar (comm. in Arat. 1, 1, 1 [vgl. oben S. 55]; 1, 1, 5/7; 1, 10, 25 u.ö.). Die Untersuchung sowohl der πολυμαθία als auch der φιλομαθία in der jüdisch-hellenistischen Literatur könnte in diesem Zusammenhang fruchtbar sein. Beide wer-

im Peripatos galt die umfassende Bildung in den Einzelwissenschaften als herausragender Vorzug[376], der Stoiker Zenon war für seine φιλομάθεια berühmt (Hippobotos F 10 Gigante aus Diog. Laert. 7, 25f.). Entscheidend ist für Aristobulos freilich, daß schon die frühgriechische Philosophie davon ausging, Pythagoras habe sich im sechsten Jahrhundert vor Christus durch sein besonderes Streben nach ἱστορίη ausgezeichnet und dabei aus anderen, die hier nicht genauer identifiziert werden, geschöpft, und zwar auf dem Weg der Auswahl (ἐκλεξάμενος)[377]. Heraklits Zeugnis dient damit gleichsam als die Stelle, an welcher die

---

den in der Zeit nach Aristobulos nicht nur allgemein gepriesen, sondern auch als besondere Eigenschaft der Juden hervorgehoben. So wird im *Aristeasbrief* 137 das Wort πολυμαθής, bezogen auf erfindungsreiche und gelehrte Griechen, nicht pejorativ gebraucht. Gleich zu Beginn des Schreibens heißt es (2 [ed. Pelletier, S. 100]): μέγιστόν ἐστιν ἀνθρώπῳ "προσμανθάνειν ἀεί τι καὶ προσλαμβάνειν" (vgl. Hadas z.St. mit den Angaben zur Quelle des Zitats), und Philokrates gilt dem Autor als (7 [ed. Pelletier, S. 104]) φιλομαθῶς ἔχων περὶ τῶν δυναμένων ὠφελῆσαι διάνοιαν (vgl. auch 171 und Hunter [2011a] 48 sowie Doering [2012c] 221 und Wright [2015] 60. 103f.). Die Frage, wen man eigentlich zu einem Symposion einladen solle, wird beantwortet (286 [ed. Pelletier, S. 224. 226]): τοὺς φιλομαθεῖς καὶ δυναμένους ὑπομιμνῄσκειν τὰ χρήσιμα τῇ βασιλείᾳ καὶ τοῖς τῶν ἀρχομένων βίοις ... θεοφιλεῖς εἰσι πρὸς τὰ κάλλιστα πεπαιδευκότες τὰς διανοίας (vgl. auch De Brasi [2012] 55f. und weitere Belege oben S. 239 zu den von Eleazar ausgewählten jüdischen Übersetzern). Die pseudepigraphische Konstruktion, als Autor des Werks spreche der Grieche Aristeas, steht dabei in einer schönen Spannung zu der grundlegenden Überzeugung, Gott sei der ἡγεμών menschlicher διάνοια. Im Prolog des Weisheitsbuchs *Sirach* hingegen wird den φιλομαθοῦντες ans Herz gelegt, auch "denen draußen" nützlich zu sein; Jesus Sirach habe sein Werk verfaßt: ὅπως οἱ φιλομαθεῖς καὶ τούτων ἔνοχοι γενόμενοι πολλῷ μᾶλλον ἐπιπροσθῶσιν διὰ τῆς ἐννόμου βιώσεως, und die Übersetzung ins Griechische verfolge das Ziel, dieses Werk herauszugeben (34/36 [ed. Rahlfs, vol. 2, S. 378]) καὶ τοῖς ἐν τῇ παροικίᾳ βουλομένοις φιλομαθεῖν προκατασκευαζομένους τὰ ἤθη ἐννόμως βιοτεύειν (dazu kurz Schimanowski [2006] 21; Veltri [2006] 202f.; Marböck [2010] 41; Becker – Fabry – Reitemeyer [2011] 2162. 2172 mit einer Parallele bei Polybios; Irrgang [2012b] 263; Niebuhr [2013] 1016 sowie allgemein Tesch [2011] passim). Flavius Josephus erwartet, es gebe auch zu seiner Zeit noch viele φιλομαθεῖς, die sich so für seine *Antiquitates* interessieren dürften wie der zweite Ptolemäer für den jüdischen Nomos (ant. 1, 12).

376 Vgl. dazu mit Quellen und Literatur Neuhausen (2010) 121/27. Aristoteles selbst soll, sofern der Stelle Plut. quaest. conviv. 1, 734d zu trauen ist (vgl. Flashar [2006] 198f.), der πολυμαθία das Wort geredet haben und galt den Späteren bekanntlich als πολυμαθής.
377 Vgl. zu dem auch sonst in der zeitgenössischen Literatur in dieser Bedeutung belegten Verb ἐκλέγομαι (dazu auch unten Anm. 728. 846) und der Frage, ob es in diesem Fragment um Schriften anderer gehe, aus denen Pythagoras ausgewählt habe, oder um Notizen oder gar Plagiate, die er selbst verfaßt habe, etwa Reinhardt (1916) 233/36; Marcovich (1967) 68f.; Kahn (1983) 111 und (2003) 147f.; Mansfeld (1990) passim; Livingstone (2001) 160; Riedweg (2002) 70/72 sowie Schubert (2010) 90; dort auch die Verweise auf die umfangreiche Literatur zur Stelle, deren Echtheit von namhaften Forschern wie Zeller, Diels, Praechter und Gomperz angezweifelt worden ist.

jüdische These, Pythagoras habe aus dem ihm bereits schriftlich vorliegenden Nomos Mose heraus seine eigene Lehre entwickelt, verankert wird: Die Wendungen ἱστορίην ἤσκησεν ἀνθρώπων μάλιστα πάντων und ἐκλεξάμενος ταύτας τὰς συγγραφὰς schließen in ihrer Unbestimmtheit[378] tatsächlich nicht von vornherein aus, darin könnte auch die νομοθεσία Mose impliziert sein. An den oben schon erwähnten Sophisten Hippias von Elis und dessen Schrift Συναγωγή zurückzudenken drängt sich hier auf, hatte dieser, von der Sokratik πολυμαθής gerufen, doch neben frühgriechischen Dichtern und älteren Prosaikern auch barbarische συγγραφαί für seine Lehrensammlung ausgehoben[379]. Den Umstand, daß Heraklits Angriff auf die κακοτεχνίη Pythagoras nicht nur als unlauteren Scharlatan bloßzustellen sucht, sondern vielmehr den auch sonst bezeugten Vorwurf aufgreift, der Samier habe fremdes Wissen als eigenes ausgegeben[380], nutzt Aristobulos geschickt aus: In dem Satz ... καθὼς καὶ Πυθαγόρας πολλὰ τῶν παρ' ἡμῖν μετενέγκας εἰς τὴν ἑαυτοῦ δογματοποιίαν κατεχώρισεν unterstellt er Pythagoras einerseits eben ein solch selektierendes und ohne Angabe der Quelle rezipierendes Verfahren am mosaischen νόμος[381]; andererseits suggeriert die Wendung εἰς τὴν ἑαυτοῦ δογματοποιίαν κατεχώρισεν eine Methode, bei welcher in der Konstruktion der eigenen δόγματα der Anteil der fremden Vorlage dem kundigen Leser wiedererkennbar geblieben sei[382].

---

378 Bis heute ist die Klärung der nur angedeuteten συγγραφαί nicht gelungen; neben orphischem Schrifttum hat man epische Dichtung und vorwissenschaftliche Prosatraktate frühester griechischer Prosa ebenso angenommen wie "some oriental (Babylonian) mathematical treatises" (Marcovich [1967] 70; vgl. auch Kahn [1983] passim und [2003] passim).
379 Vgl. Patzer (1986) 17 und Węcowski (2009) 12f.
380 Vgl. Marcovich (1967) 70; Mansfeld (1990) passim und Riedweg (2002) 70. 72f.
381 Hier sei nocheinmal an das Anliegen der Schriftgattung Περὶ αἱρέσεων erinnert: "Il sistema dottrinario di una scuola è stabilito sui propri δόγματα e verificato e chiarito nel rapporto con altre scuole" (Gigante [1983] 160).
382 Die Wörter entstammen offenbar zunächst der politisch-administrativen sowie der wissenschaftlichen Fachsprache. Polybios bezeichnet einmal eine förmliche Beschlußfassung mit dem Verb δογματοποιέω (1, 81, 4 [schon bei Keller (1947) 47]; vgl. IG 5, 1390, 57). Noch vor den Kirchenvätern, die den Begriff Dogmatopoiia nicht selten in antihäretischen Zusammenhängen benutzen, begegnet er allerdings im philosophischen Kontext im *Didaskalikos* des Mittelplatonikers Alkinoos (Kap. 36 über Platon; vgl. dazu Dillon [1993] 210: "body of doctrine"; vgl. zum in der zeitgenössischen Philosophiegeschichtsschreibung ganz geläufigen Terminus δόγμα/δόγματα Mejer [1978] 86). Im Referat, das Porphyrios aus Dikaiarch von Messene gibt, heißt es über die Unsterblichkeits- und Seelenwanderungslehre des Samiers (F 33 Wehrli = F 40 Mirhady aus Porphyr. Vita Pyth. 19): φαίνεται γὰρ εἰς τὴν Ἑλλάδα τὰ δόγματα πρῶτος κομίσαι ταῦτα Πυθαγόρας. Καταχωρίζω hingegen meint in einer Vielzahl zeitgenössischer, oft dokumentarischer Belege (vgl. schon Keller [1947] 41 zu den Inschriften), auch in der Septuaginta (1 Chron. 27, 24; Esther 2, 23) und dem *Aristeasbrief* (36), den schriftlichen Eintrag in ein Register,

Auch Platon wurde schon im Altertum nachgesagt, er habe ältere Texte in seinem Werk verarbeitet, ohne diese Entlehnungen durch die Angabe der ursprünglichen Autoren kenntlich zu machen[383]. Früh kursierte der Vorwurf, der Philosoph habe seine Unsterblichkeitslehre aus Homer übernommen (vgl. [wohl aus Theopomp] Athen. 507e mit dem Homerzitat *Ilias* 16, 856)[384]. Weithin bekannt war ferner die Überlieferung, Platon habe auf Sizilien pythagoreische Schriften erworben und bei der Abfassung seines *Timaios* eine Schrift des Lokrers Timaios, der in der Antike als Pythagoreer galt, verarbeitet, ohne seine Abhängigkeit von dessen Lehren zu markieren[385]. Offenbar im ausgehenden

---

in ein Hypomnema, in einen Beschluß, wobei die Verläßlichkeit des Zeugnisses immer wieder betont wird (vgl. etwa Diod. 1, 31, 7; vgl. dazu Mras [1944] 221 und Keller [1947] 40). Auch wo das Verb, auf Literatur übertragen, als "set down in a book, place on record" zu verstehen ist (vgl. Liddell – Scott mit Belegen, z.B. Philodem rhet. 1, 160 Sudhaus, seine *Geschichte der Stoa* im PHerc. 1018, col. 6 [ed. Dorandi, S. 58] und acad. hist. 11, 3f. [ed. Dorandi, S. 142]; Diod. 5, 5; 13, 114; Dion. Hal. ant. 1, 6; auch Keller [1947] 41 und Janko [2000] 431[10] zu Philodem), bleibt nicht selten jener technische Anklang erhalten – was dann nahelegt, die vom Autor anderswoher übernommenen Teile offenbarten noch im neuen Werk ihre fremde Herkunft. So referiert etwa Strabon, Eratosthenes habe den Dichtern vorgeworfen, in der Poesie ihr geographisches Wissen zur Schau zu stellen (1, 2, 3 [ed. Radt, vol. 1, S. 36]): Ὅμηρον γοῦν ὑπέρ τε τῶν Αἰθιόπων ὅσα ἐπύθετο καταχωρίσαι εἰς τὴν ποίησιν καὶ τῶν κατ' Αἴγυπτον καὶ Λιβύην. Der *Aristeasbrief* liefert gleich mehrere Belege für diesen Wortgebrauch, so etwa in 21, wo die Einfügung des königlichen Prostagma in das Werk selbst mit den Worten eingeleitet wird (ed. Pelletier, S. 114): καὶ τοῦ προστάγματος δὲ τὸ ἀντίγραφον οὐκ ἄχρηστον οἴομαι κατακεχωρίσθαι. ähnlich 28 (ed. Pelletier, S. 118): ... καὶ τὸ τῆς εἰσδόσεως καὶ τὰ τῶν ἐπιστολῶν ἀντίγραφα κατακεχώρικα, καὶ τὸ τῶν ἀπεσταλμένων πλῆθος καὶ τὴν ἑκάστου κατασκευήν ... (vgl. Wright [2015] 153f.) sowie 300 über die Protokolle des königlichen Symposions (ed. Pelletier, S. 230): πάντ' οὖν ἀκριβῶς παρὰ τῶν ἀναγεγραμμένων, ὡς ἐλέχθη, μεταβαλόντες κατακεχωρίκαμεν, εἰδότες ἣν ἔχεις φιλομάθειαν εἰς τὰ χρήσιμα. Eine Parallele liefert erneut auch der zeitgenössische Aratkommentar Hipparchs; der Astronom entscheidet sich bezüglich einer Himmelserscheinung für eine kurze Erklärung im vorliegenden Werk, verweist den Leser jedoch auf eine ausführlichere in einem anderen (comm. in Arat. 2, 2, 24 [ed. Manitius, S. 148]): ... τὸν μὲν γὰρ ἐπὶ πλεῖον περὶ αὐτοῦ λόγον ἐν τῇ τῶν συνανατολῶν πραγματείᾳ κατακεχωρίκαμεν. In der Textfassung, die Clemens Alexandrinus gibt (strom. 1, 22, 150 ~ F 3a, 39/43 Holladay), ist gerade dieses auffällige Verb aus Aristobulos getilgt.

383 Vgl. dazu Valckenaer (1806) 65[9]; Stemplinger (1912) 25/27; Riginos (1976) 169/74; Dörrie (1990) 12/21 (Quellen). 236/46 und Brisson (1993) passim mit den Quellen und Literatur; zu Pythagoras auch Riedweg (2002) 154.

384 Vgl. zu Platon und Homer Dörrie (1990) 120/28. 382/90. Im späteren Platonismus wird Platons intime Kenntnis und intensive Nutzung Homers günstig hervorgehoben (vgl. dazu Hunter [2012] 45/47 zu Proklos).

385 So dichtete Timon von Phleius (F 54 Diels; vgl. Diog. Laert. 8, 85): καὶ σύ, Πλάτων· καὶ γάρ σε μαθητείης [!] πόθος ἔσχεν, | πολλῶν δ' ἀργυρίων ὀλίγην ἠλλάξαο βίβλον· | ἔνθεν ἀπαρχόμενος τιμαιογραφεῖν ἐδιδάχθης. Vgl. dazu Baltes (1972) 1/3 u.ö sowie (2002) 574. Schon

ersten Jahrhundert vor Christus kam dann tatsächlich eine pseudopythagoreische Abhandlung unter dem Namen eines Lokrers Timaios als jene, die Platon plagiiert haben sollte, in Umlauf[386], doch schon die kaum mißverständlichen Ausführungen bei Aristoteles (met. 987a/b: τὰ μὲν πολλὰ τούτοις ἀκολουθοῦσα [sc. die πραγματεία Platons]) über den häufigen Anschluß Platons an ältere Philosophen, insbesondere die Pythagoreer[387], dürften für die bereits im frühen Hellenismus aufblühenden Plagiatsgeschichten den Grund gelegt haben: "Cette remarque incisive et si claire du disciple le plus célèbre de Platon semble avoir inspiré à des critiques malveillants d'abord l'idée que Platon avait plagié ceux dont Aristote se borne à dire que Platon s'en inspire"[388]. Darüberhinaus bereitete die Annahme, Platon sei nach Ägypten gereist[389] und von der dortigen Kultur tief beeinflußt worden, den Boden für weitere Plagiatsvorwürfe: Schon zu Lebzeiten mutmaßte man, seine Politeia habe er nicht selbst erfunden, sondern aus ägyptischen Quellen abgeschrieben (vgl. Prokl. in Tim. 20d [1, 76, 2 Diehl]: με-

---

Platons Nachfolger in der Akademie Speusipp und Xenokrates interpretierten den *Timaios* so, daß sie "die in Platons Dialog enthaltenen Gedanken als Lehre des Pythagoras" auffaßten (Burkert [1962] 57f.).

386 Vgl. dazu Baltes (1972) 25 und (2002) 574f. sowie Siorvanes (2003) 157/74.
387 Vgl. dazu im ganzen Brisson (1993) 348/50. In der oben schon angesprochenen Schrift Φιλόλογος ἀκρόασις läßt Porphyrios den Peripatetiker Prosenes anmerken, selbst Platon habe "vieles derer vor ihm für sich genutzt" (πολλοῖς καταχρῆται τῶν πρὸ αὐτοῦ) – ob das κλοπή zu nennen sei, lasse er offen –, und dafür gar einen Beleg beibringen aus der schmalen Literatur, die aus der Zeit vor Platon in Buchform greifbar sei (F 410 Smith): eine Nutzung (... αὐτὸν εὑρίσκω χρώμενον ...) des Werks Περὶ τοῦ ὄντος, das der Sophist Protagoras veröffentlicht hatte (vgl. dazu Stemplinger [1912] 56; Schissel [1927] 367f.; Ziegler [1950] 1972f.; Dörrie [1990] 238f. und Brisson [1993] 343f.). Während dagegen wohl schon Theopomp von Chios anprangerte (115 F 259 Jacoby), Platon habe die Mehrzahl seiner Dialoge aus Aristipps, Antisthenes' und Brysons Unterricht gestohlen (vgl. dazu Stemplinger [1912] 25/27; Ziegler [1950] 1971f.; Dörrie [1990] 227. 236; Brisson [1993] 341. 345; Männlein-Robert [2001] 270f. und Lapini [2015] 1038), erwähnt auch Diogenes Laertios (nach Aristoxenos) den Vorwurf, Platon habe Protagoras plagiiert: Der Großteil der *Politeia* stamme aus den *Antilogika* des Sophisten (3, 37. 57; vgl. dazu Dörrie [1990] 237f.; Brisson [1993] 350 und Lapini [2015] 1038). Über die historische Berechtigung und Richtigkeit all dieser Annahmen soll hier nicht gehandelt werden.
388 Brisson (1993) 353.
389 Vgl. dazu Dörrie (1973) 99: "Seit dem ausgehenden Hellenismus galt es als eine unbestreitbare Tatsache, dass Platon sich während seiner Reisejahre ... längere Zeit in Ägypten aufgehalten habe" u.ö. (mit Belegen); Wilke (1997) 203; Baltes (1999) 122/27; Boys-Stones (2001) 116f.; Erler (2001) 316; (2007) 47 und (2009) 62 sowie Lefkowitz (2007) passim. Noch Augustinus widerspricht später dieser Überlieferung nicht, hält es aus chronologischen Erwägungen nur für ausgeschlossen, daß Platon in Ägypten den Propheten Jeremias getroffen habe (civ. 8, 11, vgl. anders doctr. christ. 2, 28, 43 und retract. 2, 4, 2).

ταγράψαντα τὰ Αἰγυπτίων)³⁹⁰, und völlig abwegig mußten solche Annahmen fremdländischen Einflusses auf den athenischen Philosophen nicht wirken, hatte doch Sokrates im *Phaidon* (78a) eingeräumt, nicht nur Griechenland, sondern auch die Geschlechter der Barbaren (τὰ τῶν βαρβάρων γένη) seien reich an "guten Männern"; bei all diesen nach Antworten³⁹¹ [sc. in Bezug auf die Unsterblichkeit der Seele] nachzuforschen sei notwendig! Aufschlußreich ist in dieser Hinsicht auch die bekannte Bemerkung in der nach heutiger Auffassung zwar pseudoplatonischen, aber wohl schon in der zweiten Hälfte des vierten Jahrhunderts entstandenen und im Hellenismus allgemein als platonisch betrachteten *Epinomis*, die schon früh als Ergänzung zu den *Nomoi* angesehen wurde: Zwar hätten Syrer und Ägypter aufgrund klimatischer Bedingungen früher als die Griechen die Gestirne beobachtet und seien so als erste zu τὸ τούτων τῶν θεῶν τοῦ κόσμου κατανόημα gelangt. Diese Erkenntnisse jedoch, die jene allen Völkern weitergegeben hätten, dürften auch die Griechen in die eigenen Gesetze aufnehmen (987a: εἰς νόμους θέσθαι), und (987d/e [ed. Tulli, S. 253. 255]):

λάβωμεν δὲ ὡς ὅτιπερ ἂν Ἕλληνες βαρβάρων παραλάβωσι, κάλλιον τοῦτο εἰς τέλος ἀπεργάζονται· καὶ δὴ καὶ περὶ τὰ νῦν λεγόμενα ταὐτὸν δεῖ διανοηθῆναι τοῦτο, ὡς χαλεπὸν μὲν πάντα τὰ τοιαῦτα ἀναμφισβητήτως ἐξευρίσκειν, πολλὴ δ' ἐλπὶς ἅμα καὶ καλὴ κάλλιον καὶ δικαιότερον ὄντως τῆς ἐκ τῶν βαρβάρων ἐλθούσης φήμης τε ἅμα καὶ θεραπείας πάντων τούτων τῶν θεῶν ἐπιμελήσεσθαι τοὺς Ἕλληνας, παιδείαις τε καὶ ἐκ Δελφῶν μαντείαις χρωμένους καὶ πάσῃ τῇ κατὰ νόμους θεραπείᾳ. τόδε δὲ μηδείς ποτε φοβηθῇ τῶν Ἑλλήνων, ὡς οὐ χρὴ περὶ τὰ θεῖά ποτε πραγματεύεσθαι θνητοὺς ὄντας ...

Wir wollen es aber so auffassen, daß Griechen all das, was sie von Barbaren übernehmen, schöner bis zur Vollendung ausarbeiten; und so müssen wir auch bezüglich dessen, worüber gerade gehandelt wird, eben dasselbe bedenken, daß es zwar schwierig ist, all solches unzweifelhaft herauszufinden, daß aber große und zugleich schöne Hoffnung besteht, daß die Griechen tatsächlich schöner und gerechter auf die Kunde, welche von den Barbaren gekommen

---

390 Vgl. Hadas (1958) 6f.; Dörrie (1987) 328/30; Brisson (1993) 341; Feldman (1993) 180; Lefkowitz (1997) 243f. und Stephens (2016) 46 zu der Herkunft dieses Vorwurfs und dem Versuch Krantors von Soloi, ihn zu widerlegen. Daß Platons Staat maßgeblich von ägyptischen Vorbildern beeinflußt sei, hatte schon Isokrates – mit kritischem Unterton – in seinem *Busiris* suggeriert (vgl. dazu treffend Eucken [1983] 176/95 und Stephens [2016] 44f.). Zur späteren Tradition, Platon sei auch von orientalischen Lehrmeistern unterwiesen worden, etwa von den Magi oder Zoroaster, vgl. Dörrie (1990) 176/90. 453/80 und Boys-Stones (2001) 116f.
391 Vgl. dazu Baltes (1999) 11 und Erler (2007) 47 sowie unten S. 239 zu nom. 951a/b.

ist, und zugleich auf die Verehrung all dieser Götter bedacht sein werden, indem sie dabei die Weisungen und die Orakelsprüche aus Delphi anwenden sowie die ganze den Gesetzen gemäße Verehrung. Keiner aber der Griechen soll sich jemals von der Auffassung schrecken lassen, man dürfe sich nicht um das Göttliche bemühen, weil man sterblich sei ...

Nun dient bei Aristobulos auch im Hinblick auf Platon das Wort πολυμαθής als Wegweiser zu einer bedeutsamen Stelle im Werk des Philosophen selbst[392]: Im siebten Buch der *Nomoi* kommt Platon, während seiner ausführlichen Darstellung der rechten Bildung junger Bürger, auf die Frage zu sprechen, welche Bücher eigentlich vom Gesetzgeber für den Schulunterricht auszuwählen seien. Neben der Dichtung werden ausdrücklich auch τὰ ... ἐν γράμμασι μὲν ὄντα, ἄνευ δὲ μέτρων (809b) genannt[393]. Eine Antwort auf diese Frage sei deshalb dringlich, weil nicht alle der schriftlich niedergelegten Lerngegenstände (μαθήματα) gebraucht (χρῆσθαι) werden dürften, sondern einige der so zahlreichen Verfasser schädliche (σφαλερά) hinterlassen hätten (810b/c). Am Beispiel der in unterschiedlichsten Versmaßen vorliegenden, ernsten wie komischen Poesie formuliert der platonische Athener nun ein unter den Zeitgenossen offenbar kontrovers diskutiertes Problem (810e/811a [ed. Burnet, S. 241]):

... ἐν οἷς φασι δεῖν οἱ πολλάκις μυρίοι τοὺς ὀρθῶς παιδευομένους τῶν νέων τρέφειν καὶ διακορεῖς ποιεῖν, πολυηκόους τ' ἐν ταῖς ἀναγνώσεσιν ποιοῦντας καὶ πολυμαθεῖς, ὅλους ποιητὰς ἐκμανθάνοντας· οἱ δὲ ἐκ πάντων κεφάλαια ἐκλέξαντες καί τινας ὅλας ῥήσεις εἰς ταὐτὸν συναγαγόντες, ἐκμανθάνειν φασὶ δεῖν εἰς μνήμην τιθεμένους, εἰ μέλλει τις ἀγαθὸς ἡμῖν καὶ σοφὸς ἐκ πολυπειρίας καὶ πολυμαθίας γενέσθαι.

Die ganz überwiegende Mehrheit behauptet, an diesen [sc. den Dichtern] seien diejenigen der jungen Männer, die richtig erzogen würden, zu nähren und übersatt zu machen, indem man sie in den Vorlesungen viel hören und viel lernen lasse, durch das Auswendiglernen ganzer Dichter. Die anderen aber ziehen aus allen [sc. den Dichtern] die Hauptstücke aus, führen gewisse ganze Passagen an einunddderselben Stelle zusammen und behaupten dann, diese müsse auswendig lernen und sich im Gedächtnis einprägen, wenn uns einer gut werden solle und weise aufgrunddessen, daß er viel erfahren und viel gelernt habe.

Die Absicht, die jungen Leute zu "vielwissenden" (eigentlich: "viel-gelernt-habenden") zu machen, verfolgen also beide der von Platon hier vorgestellten

---

392 Vgl. auch die platonische *discendi cupiditas* in Cic. fin. 5, 19, 90 (s. unten Anm. 799).
393 Vgl. Schöpsdau (2003) 568.

Konzepte literarischer Bildung. Aus dem ungelösten Gegensatz zwischen den Alternativen, entweder die maßgeblichen Autoren "ganz" zu erfassen oder "das Hauptsächlichste auszuwählen und ganze Stellen in eines zusammenzuziehen", erhellt, daß πολυμαθία selbst keineswegs verurteilt wurde, jedoch der rechte Weg zu ihr höchst umstritten war[394]. Bei Platon entscheidet sich der Athener im Fortgang des Gesprächs gegen das Prinzip der Vollständigkeit und damit für das von der Minderheit befürwortete Verfahren der kritischen Auswahl, die sich, typisch platonisch, weniger an rein formalen, ästhetischen Kriterien als am erzieherischen Ideal des Schönen und Guten zu orientieren habe: Da von jedem Dichter manches gut, aber auch manches schlecht gesagt worden sei, gefährde diejenige πολυμαθία, die auch letzteres umfasse, die Jugend (811b)[395].

Bei Aristobulos erweisen sich zunächst die methodischen Forderungen des Atheners, der Gesetzeswächter müsse alles genau kennen, um dann auswählen und verarbeiten zu können, in dem Verfahren, welches Platon selbst auf den mosaischen Nomos angewandt habe, als verwirklicht: φανερός ἐστι περιειργασμένος ἕκαστα τῶν ἐν αὐτῇ ... ὡς εὔδηλον εἶναι τὸν προειρημένον φιλόσοφον εἰληφέναι πολλά· γέγονε γὰρ πολυμαθής ... Desweiteren erklärt der Athener im Anschluß seine eigene und des Gesprächspartners Kleinias Untersuchung über die Gesetze, die sie seit dem Morgen geführt hätten, also einen in Prosaform gesprochenen Text (λόγοι) nomothetischen Charakters, für das vorbildliche Muster (παράδειγμα) einer solchen Methode[396]. Ihre Untersuchung sei "nicht ohne einen Anhauch der Götter" (811c: οὐκ ἄνευ τινὸς ἐπιπνοίας θεῶν) verlaufen und für die Unterrichtung der jungen Leute[397] am besten aller Logoi geeignet, die er selbst in Dichtung oder Prosa je gelernt oder gehört habe (811d: μεμάθηκα καὶ ἀκήκοα). Im Abschluß freilich läßt Platon seinen Athener dieses erzieherische Verfahren literarischer Selektion über die Grenzen der *Nomoi*

---

394 Ein weiteres wertvolles Zeugnis liefert der Philosoph Anaxarchos von Abdera, Zeitgenosse Alexanders des Großen, der in seiner Schrift Περὶ βασιλείας postuliert, πολυμαθίη nütze sehr dem rechten Mann, schade aber sehr demjenigen, der leichthin jedes Wort vor jeder Volksmenge ausspreche (72 B 1 Diels – Kranz). Vgl. Svenbro (2004) 276/78 zu dieser Stelle und ihrem Verhältnis zu der hier zitierten Passage aus den platonischen *Nomoi*.
395 Vgl. 819a im Zusammenhang mit mathematischen Kenntnissen: οὐδαμοῦ γὰρ δεινὸν οὐδὲ σφοδρὸν ἀπειρία τῶν πάντων οὐδὲ μέγιστον κακόν, ἀλλ᾽ ἡ πολυπειρία καὶ πολυμαθία μετὰ κακῆς ἀγωγῆς γίγνεται πολὺ τούτων μείζων ζημία.
396 Vgl. dazu maßgeblich Görgemanns (1960) 12/17 sowie Hölkeskamp (1999) 34; Kaiser (2003b) 45 und Schöpsdau (2003) 569/75 (mit Literatur).
397 Daß die genaue Kenntnis der Gesetze nicht nur die Jugend bilden soll, erhellt aus 809a, wo in Bezug auf den Erzieher selbst die Frage aufgeworfen wird: τοῦτον δὲ αὐτὸν αὖ πῶς ἂν ἡμῖν ὁ νόμος αὐτὸς παιδεύσειεν ἱκανῶς; sowie aus 957, wo postuliert ist, dem Richter hätten Nomoi als "Prüfstein" für alle anderen Logoi zu dienen (vgl. dazu Görgemanns [1960] 18/21).

selbst wieder öffnen (811d/e)[398]: Der Nomophylax und Erzieher solle den Didaskaloi auftragen, über die *Nomoi* selbst hinaus die jungen Leute auch jenen Angrenzendes und Ähnliches zu lehren (τά τε τούτων ἐχόμενα καὶ ὅμοια), wenn er in Dichtung oder in Prosa solches antreffe, und dafür sorgen, daß nur mündlich Überliefertes, das damit aber verwandt sei, aufgeschrieben werde.

Platons Selbstzeugnis, er habe in der Entwicklung seiner νόμοι, von göttlichem Hauch erfaßt, ältere Literatur, die den eigenen philosophischen Einsichten und Anliegen ähnlich und verwandt erschien, intensiv durchdrungen und verarbeitet[399], eröffnete Aristobulos tatsächlich die Möglichkeit, auch den mosaischen Nomos zu diesen ποιήματα, γεγραμμένα καταλογάδην und λεγόμενα zu zählen, die ja nicht anders als durch das Kriterium der inhaltlichen Nähe bestimmt werden. Daß Platon mit der Gesetzgebung unterschiedlicher Poleis, etwa Megalopolis und Kyrene, in Verbindung gebracht wurde[400] und noch bei Hekataios von Abdera gemeinsam mit Lykurg und Solon als von ägyptischen Einflüssen abhängiger Gesetzgeber auftaucht[401], belegt im übrigen, als welch πολιτικώτατος er dem Hellenismus noch galt[402].

Die also unter den Griechen selbst umlaufende *fama* darüber, daß die großen Philosophen ihrer eigenen Geistesgeschichte aus schriftlich vorliegenden Texten älterer Autoren, ob diese nun namentlich identifiziert werden konnten oder nicht, den Kernbestand ihrer Lehre entlehnt hätten, ja sogar diesbezügliche Eingeständnisse ebendieser Autoren selbst boten für Aristobulos das Fundament, auf dem er seine Theorie von der Priorität des schriftlich vorliegenden Nomos und von seiner Wirkung auf eben jene Philosophen aufbauen konnte, ohne von vornherein unglaubwürdig zu erscheinen. Im Gegenteil, seine Theorie

---

398 Vgl. Görgemanns (1960) 51 und Seubert (2005) 484.
399 Zur umfangreichen Diskussion älterer Gesetze in Platons *Nomoi* und bei Aristoteles vgl. Schöpsdau (1994) 123/26. 517f.; Hölkeskamp (1999) 40/42 (mit Literatur) – der ausdrücklich das selektive Verfahren beider Philosophen hervorhebt – und Erler (2001) 319 sowie unten S. 254/60. Für Charondas ist das Nebeneinander von Übernahme und eigener Schöpfung in ganz ähnlicher Terminologie überliefert (vgl. unten Anm. 799).
400 Wie übrigens auch Protagoras, spätere Akademiker und Aristoteles als Gesetzgeber bestimmter Poleis erwähnt werden. Vgl. zu diesen Traditionen Hölkeskamp (1999) 32f. (mit den Quellen und neuerer Literatur); Dreher (2012) 69 und Maffi (2012) 120.
401 Vgl. Diod. 1, 98, 1 (ed. Bertrac, S. 180): καὶ Λυκοῦργον δὲ καὶ Πλάτωνα καὶ Σόλωνα πολλὰ τῶν ἐξ Αἰγύπτου νομίμων εἰς τὰς ἑαυτῶν κατατάξαι νομοθεσίας (dazu Dörrie [1973] 101) – wie Aristobulos hebt Hekataios das selektierende Verfahren (πολλά ... κατατάξαι) hervor.
402 Vgl. zu diesem "eigentlichen Angelpunkt und Motor seiner ganzen philosophischen Bemühungen" Dörrie (1990) 434 und Schenker (2010) 29. Auch Aristoteles reiht seinen Lehrer zwischen andere Nomotheten wie Charondas oder Drakon ein (pol. 1274b).

wirkt gerade dann, wenn die typisch hellenistische Entgrenzung unterschiedlichster Kulturen und Religionen in Raum und Zeit als geistiger Kontext ernstgenommen wird, durchaus nicht so illegitim, wie sie heute wohl manchem vorkommen mag. Und doch bedarf es der genauen Unterscheidung zwischen dem, was Aristobulos der griechischen Rezeption jüdischer Weisheit nachsagt, und der zeitgenössischen Plagiatspolemik, deren Methode Luc Brisson einmal folgendermaßen charakterisierte: "Mais le plagiat permettait aussi d'annexer une philosophie à une autre en deux étapes: d'abord on dévalorisait la seconde en la présentant comme une copie de la première; ensuite on incorporait la seconde à la première en insistant sur sa ressemblance avec elle"[403]. Entwertung wäre wohl ein Begriff, den Aristobulos auf Platon und Pythagoras nicht angewandt hätte, sieht er doch in ihrer Philosophie die Wahrheit der mosaischen Nomothesia nachwirken, spricht ihr also zu, gleichsam als Überlieferungsträger biblischer Weisheit zu fungieren. Obschon der jüdische Exeget unmißverständlich darauf besteht, daß die griechischen Philosophen und Dichter einerseits stillschweigend, also ohne Quellenangabe, Moses verarbeiteten, andererseits ihre Entlehnungen sich eng an die biblische Vorlage anschlossen, zeichnen sich seine diesbezüglichen Bemerkungen doch durch eine gewisse Zurückhaltung aus: Polemischer Ton klingt hier nicht an, und auch das in der späteren, zumal christlichen, Tradition des Alterbeweises verbreitete Argument[404], die mosaische Offenbarung sei in den Anleihen der Griechen verfälscht worden, findet sich bei Aristobulos nicht ausgesprochen. Die Suspension des Urteils wird vor allem dort augenfällig, wo er sich korrigierend in Orpheus und Arat einzugreifen genötigt sieht, für ihre sich im Namen Ζεύς manifestierenden Abweichung von der aus Moses gewonnenen, auf Gott bezogenen διάνοια ihrer Verse jedoch keine Gründe sucht. Es geht Aristobulos um die Offenlegung des vielen Wahren in Homer, Hesiod, Orpheus, Linos, Pythagoras, Sokrates, Platon, Arat, mithin um dessen Unterscheidung von dem, das es in ihren Werken umgibt, ohne daß das Eigene der Griechen allgemein als falsch oder gar verwerflich abqualifiziert würde. Vielmehr macht der jüdische Exeget den Griechen bemerkenswerte Zu-

---

403 Brisson (1993) 355.
404 Vgl. dazu Dörrie (1973) 106f. und Gnilka (2005) 205/26. Verfälschungsvorwürfe gegen die Philosophie, insbesondere gegen diejenige der Griechen, klingen auch aus dem *Corpus Hermeticum*; vgl. vor allem Asklep. 13 über die Vermischung der reinen, schlichten Philosophie, also der kontemplativen, frommen und dankbaren Verehrung Gottes, mit unbegreifbaren Wissenschaften, über die aus solch sophistischer Schlauheit folgende Täuschung und Abkehr der Menschen von der heiligen Wahrheit sowie 16, 1 über die verheerenden Folgen, welche die Übersetzung der heiligen Texte aus dem Ägyptischen ins Griechische nach sich zögen (vgl. zur kontroversen Forschung zu diesem Thema mit neuerer Literatur Rutherford [2016] 9f.).

geständnisse (F 4, 95/100 Holladay): πᾶσι γὰρ τοῖς φιλοσόφοις ὁμολογεῖται διότι δεῖ περὶ θεοῦ διαλήψεις ὁσίας ἔχειν, ὃ μάλιστα παρακελεύεται καλῶς ἡ καθ' ἡμᾶς αἵρεσις. Den Peripatetikern wird zuerkannt, die Weisheit als λαμπτῆρος τάξιν ἔχουσα treffend beschrieben zu haben (F 5, 38/46 Holladay) – und vor allem die Dialektik, daß die griechischen Dichter und Philosophen einerseits aus sich heraus[405] die übertragene Redeweise Mose richtig erkannten und seine Weisheit bewunderten, andererseits sich selbst in seine Nachfolge stellten, ist als Anerkennung zu verstehen (F 2, 27/32 Holladay):

οἷς μὲν οὖν πάρεστι τὸ καλῶς νοεῖν, θαυμάζουσιν τὴν περὶ αὐτὸν [sc. Moses] σοφίαν καὶ τὸ θεῖον πνεῦμα, καθ' ὃ καὶ προφήτης ἀνακεκήρυκται· ὧν εἰσιν οἱ προειρημένοι φιλόσοφοι καὶ πλείονες ἕτεροι καὶ ποιηταὶ παρ' αὐτοῦ μεγάλας ἀφορμὰς εἰληφότες, καθ' ὃ καὶ θαυμάζονται.

Die also, denen schön zu denken möglich ist, bewundern die Weisheit um ihn herum und den göttlichen Geist, dem gemäß er auch als Prophet ausgerufen ist. Unter diesen sind Philosophen, die zuvor genannten und andere mehr, sowie Dichter, welche von ihm bedeutende Ausgangspunkte genommen haben, dem gemäß sie auch bewundert werden.

Solche Zurückhaltung und Anerkennung als bloß strategische Höflichkeiten des Minderheitenjuden zu deuten griffe wohl zu kurz. Denn daran, daß die griechischen Denker nicht wieder, gleichsam rückwärts, in die biblische Offenbarung inkorporiert werden könnten, läßt Aristobulos ebensowenig Zweifel wie an ihrer Unterlegenheit, indem er ihr Anerkennenswertes umgehend durch Vergleich mit der eigenen jüdischen Weisheit relativiert: Stimmen auch alle Philosophen darin überein, daß der Mensch heilige Annahmen von Gott haben müsse – "am meisten" anempfiehlt dies schön die jüdische Hairesis[406]; äußern auch die Peripatetiker etwas Treffendes über die Weisheit, "klarer und schöner" findet sich die Wahrheit ausgesprochen bei Salomon (F 5, 46/51 Holladay: σαφέστερον δὲ καὶ κάλλιον ... εἶπε Σολομῶν)[407]. Das Anliegen, die Abhängigkeit der Griechen

---

405 Valckenaer (1806) 69 hielt dies für besonders unglaubwürdig.
406 Zugestanden wird den Philosophen also die rechte Erkenntnis der Notwendigkeit, heilige Annahmen von Gott zu haben, nicht deren schönstmögliche Erfüllung. Zu dieser Überbietungsfigur im Zusammenhang mit dem *argumentum e consensu omnium* (*prudentium*) vgl. ähnlich Philodem. piet. F 45, 1292/1305 und Cic. nat. 1, 16, 43 (über Epikur).
407 Vgl. dazu *Epinomis* 987d oben S. 111 und dazu Erler (2011) 225f. sowie Aronadio (2013) 375. Ob Clemens mit der Bemerkung, Aristobulos habe in seinen Büchern aufgezeigt (strom. 5, 14, 97 ~ T 4 Holladay): τὴν Περιπατητικὴν φιλοσοφίαν ἔκ τε τοῦ κατὰ Μωυσέα νόμου καὶ τῶν ἄλ-

von den Büchern Mose durch die Vorstellung glaubhaft zu machen, der für sie postulierte Entlehnungsprozeß sei ein allgemein typischer für die Philosophen, Dichter und Gesetzgeber der Vergangenheit gewesen, geht einher mit dem Versuch, den fortdauernden Einfluß der biblischen Weisheit, die damit gerade nicht als etwas Altes im Sinne des Veralteten definiert wird, in der griechischen Geistesgeschichte bis auf den Peripatos und den hellenistischen Dichter Arat hin positiv festzuhalten. Der Altersbeweis wird dadurch gleichsam in die Gegenwart hinein fortgeschrieben. Von Polemik gegen griechischen Diebstahl jüdischer Weisheit[408] ist hier nichts zu finden[409]. Der mosaische Nomos erweist sich vielmehr als entscheidender hermeneutischer Schlüssel menschlicher Erkenntnis. Wer ihn ganz durchgearbeitet hat, wie z.B. Pythagoras und Platon, folgt ihm nach und gewinnt Einsicht in Gott und seine Schöpfung.

3.7 "Schön denken" bei Griechen und Juden

In F 2 Holladay schickt sich Aristobulos an, die Feststellung, daß die anthropomorphe Rede Mose über Gott übertragen zu verstehen sei, mit einem καθήκων λόγος zu erörtern, also mit einer metaphorischen Exegese, und ermahnt den König πρὸς τὸ φυσικῶς λαμβάνειν τὰς ἐκδοχὰς καὶ τὴν ἁρμόζουσαν ἔννοιαν περὶ θεοῦ κρατεῖν[410], καὶ μὴ ἐκπίπτειν[411] εἰς τὸ μυθῶδες καὶ ἀνθρώπινον

λων ἠρτῆσθαι προφητῶν, sich nicht nur auf diese Stelle bezieht, sondern Kenntnis heute verlorener Teile des Werks vermuten läßt, muß offenbleiben.

408 Vgl. dazu Graetz (1878) 107 und (1988) 385, der bei Aristobulos den Plagiatsvorwurf gegen die Griechen besonders scharf ausgedrückt sieht; Dörrie (1972) 165; Zeegers-Vander Vorst (1972) 182f.; Dorival (1994) 46. 52; Barclay (1996) 151; Goldenberg (1998) 79; D'Hamonville (2000) 135f.; Woschitz (2005) 96: "Plagiatsverdikt"; Veltri (2006) 91f.; Müller (2008) 716f.; Sterling (2009) 74 und Knöbl (2012) 14. 15 ("plündern"). 19 ("Frontalangriff"). Anders schon Hengel (1988) 300[375a]; Kuhn (1989) 144[9]; Dörrie (1990) 482; Radice (1995) 25 und Lefkowitz (1997) 248.

409 Was auch daraus erhellt, daß sich Aristobulos der sonst verbreiteten polemischen Terminologie (etwa ἀποσυλάω, κλοπή/κλέπτω, ὑφαιρέομαι) nicht bedient, sondern sich, abgesehen von dem auffälligen καταχωρίζω, auf Begriffe und Wendungen wie κατακολουθέω oder (ἀφορμὰς/πολλὰ) μεταλαμβάνω/λαμβάνω/μεταφέρω beschränkt.

410 Auch für diesen Wortgebrauch des Verbs κρατέω liefert der Aratkommentar des Zeitgenossen Hipparchos (vgl. oben S. 40/44) zwei bemerkenswerte Parallelen, allerdings mit Genitiv statt mit Akkusativ, einmal comm. in Arat. 1, 8, 11 (s. oben S. 16), dann auch 2, 2, 40 (ed. Manitius, S. 154): ὁ μέντοι γε Ἄτταλος οὐ δυνάμενος κρατῆσαι τῆς διανοίας τοῦ ποιητοῦ, ἀλλ' ὑπολαβὼν λέγειν αὐτόν ...

411 Zu diesem Verb vgl. die in der zeitgenössischen Wissenschaft auch sonst benutzten Komposita von πίπτειν, etwa διαπίπτειν, das der Aratkommentator Hipparchos wiederholt ver-

κατάστημα (F 2, 20/23 Holladay), mit einer Formulierung also, die in auffälliger Weise an eine Spitzenstelle der platonischen *Politeia* erinnert[412]. Ausdrücklich distanziert sich Aristobulos von einem konkurrierenden Schriftverständnis, das im folgenden deklassiert wird (F 2, 32/34 Holladay): τοῖς δὲ μὴ μετέχουσι δυνάμεως καὶ συνέσεως, ἀλλὰ τῷ γραπτῷ μόνον προσκειμένοις οὐ φαίνεται μεγαλεῖόν τι διασαφῶν [sc. Moses][413]. Bezalel Bar-Kochva hat jüngst in Erinnerung gerufen, daß bis in die Zeit des zweiten Tempels hinein die anthropomorphe Rede von Gott unter den Juden allenthalben begegne, ja auch von archäologischen Funden die "existence of anthropomorphism" klar belegt werde: "Despite all attempts to interpret the texts as metaphorical, or as opposing anthropomorphism, it is impossible to explain away so many varied references"[414]. Zugleich wendet sich Aristobulos mit dem Vorbehalt gegen ein bloß wörtliches Verständnis nicht nur gegen die Befürworter eines falschen, anthropomorphen Gottesbilds[415], die sich selbstgenügsam jeder exegetischen Entwicklung, Forschung und Debatte verschlössen, sondern beugt darüberhinaus – sowohl innerjü-

---

wendet, um sachliche Fehler des Dichters oder anderer Kommentatoren festzuschreiben (etwa comm. in Arat. 1, 1, 8; 1, 3, 1; 1, 6, 14); vgl. z.B. auch Polyb. 12, 4a, 4/6.

412 Vgl. Plat. pol. 397b: Keine einzige κατάστασις einer Polis unter denen, welche existierten, sei dem Wesen des Philosophen würdig, mit der Folge, daß sich dieses, wie ein in fremde Erde gesätes Samenkorn, verändere und sich selbst entfremde – οὕτως καὶ τοῦτο τὸ γένος νῦν μὲν οὐκ ἴσχειν τὴν αὑτοῦ δύναμιν, ἀλλ' εἰς ἀλλότριον ἦθος ἐκπίπτειν! Wenn aber sein γένος, als das beste, und die beste Politeia zusammenkämen, dann zeige sich: ... ὅτι τοῦτο μὲν τῷ ὄντι θεῖον ἦν, τὰ δὲ ἄλλα ἀνθρώπινα! Zu κατάστημα vgl. auch unten Anm. 1407.

413 Vgl. Walter (1963) 360 und (1964) 132/34; Collins (1983) 176f.; Borgen (1984) 278 und (1987) 13; Bickerman (1988) 229; Hengel (1988) 298; Dawson (1992) 77; Holladay (1992) 150 und (1995) 204; Radice (1995) 24; Bar-Kochva (1996) 168/81 sowie Dyck (2002) 171. Die These, die Warnung sei an dieser Stelle auch als Kritik am griechischen Mythos zu verstehen (Bloch [2011] 149f.), geht wohl über den Text hinaus.

414 Bar-Kochva (2010) 126[105]; vgl. auch Maier (1990) 143; Janowitz (1991) 133; Gzella (2002) 250: "Aber es bestand doch immer die Gefahr, daß außerhalb der gelehrten Exegese diese als bildlich interpretierten Ausdrücke als dem Wesen Gottes zugehörig verstanden wurden und im religiösen Empfinden ein vermenschlichtes Gottesbild erzeugten"; Fornara (2004) 288; Utzschneider (2007) 321/24; Hartenstein (2008) 10/22; Köckert (2008) 281. 288f.; Petry (2008) 265/67; Dietrich (2009) 228f. und Bloch (2011) 37 (mit älterer Literatur). Anders z.B. Orlinsky (1975) 107.

415 Vgl. die grundlegenden, auch forschungskritischen Überlegungen zum Begriff des biblischen Anthropomorphismus bei Markschies (2016) 43/52 (etwa 45f.: "Das Alte Testament kennt zwar eine *Körperrhetorik*, einen sehr bestimmten Umgang mit der Rede von Gottes Körper, aber keine *Körpermetaphorik* ... die allegorische Auslegung von Abschnitten der Hebräischen Bibel, die von einem Körper Gottes reden, setzt die Erfahrung von Fremdheit und die theoretische Konzeption ontologischer Differenz voraus".

disch⁴¹⁶ als auch gegenüber dem griechischen Publikum – der subtileren Kritik vor, der mosaische Nomos sei gerade deswegen nicht ernst zu nehmen, weil er wie ein Mythos Gott vermenschliche.

Das buchstäbliche Verständnis der Schrift und damit die anthropomorphe Auffassung Gottes werden, so Aristobulos, überboten von der Kraft und der Einsicht der metaphorischen Auslegung, die freilich nicht als ein von außen an den Text herangetragenes Instrument mißverstanden werden dürfe, sondern die verschiedenen Sprachebenen Mose zu erkennen und angemessen zu deuten vermöge, insbesondere dort, wo διαθέσεις φυσικαί und μεγάλων πραγμάτων κατασκευαί beschrieben würden. Der einen oder der anderen Methode zu folgen stellt sich dabei dem Autor nicht als bloße Wahl dar: Es geht um intellektuelle Einsicht und wahrhaftige Erkenntnis, die nicht allen zugänglich sei⁴¹⁷ – weder allen Griechen noch allen Juden, aber doch einigen Juden und einigen Griechen, nämlich den Philosophen und Dichtern⁴¹⁸, welche sich der Einsicht in die Nomothesia und seiner vielschichtigen Sprache als würdig und damit gar den unkundigen Juden als überlegen erwiesen hätten (F 2, 27/32 Holladay). Von hier aus vertieft sich auch der Sinn des Altersbeweises: als einer Erklärung, warum eigentlich herausragende griechische Denker früherer Epochen imstande waren, das Wesen Gottes zumindest teilweise wahrheitsgemäß und im Einklang mit der anspruchsvollen "naturgemäßen" Gotteserkenntnis derjenigen Juden zu beschreiben, welche das καλῶς νοεῖν beherrschten. Ohne unmittelbaren Bezug auf die heilige Schrift des mosaischen Nomos⁴¹⁹ war für Aristobulos eine solche Übereinstimmung offenbar nicht zu erklären⁴²⁰. Damit werden die

---

416 Später deutet Philon in seinen Schriften an, für wie gefährlich und gottlos er solche Kritik hielt, und wendet sich wiederholt gegen andere jüdische Gelehrte, welche biblische Geschichten, etwa Gottes Schöpfungstaten der *Genesis*, als μῦθοι auffaßten und als solche, in enger Anlehnung an Methoden der alexandrinischen Philologie, kritisch in Zweifel zogen (vgl. dazu mit erhellendem Material schon Shroyer [1936] passim; Feldman [1960] 229 sowie Niehoff [1998] 149f.: "Philo responds to these trendy modernisms by asserting the truthfulness of the biblical account and its superiority over other, superficially similar stories. His argument relies ... on the allegorical meaning of Scripture"; [2011a] passim; [2011b] 77/94 ; Klauck [2009] 188 und Bloch [2011] 157/89). Das Wort μυθῶδες begegnet auch hier in terminologischer Bedeutung.
417 Vgl. *Aristeasbrief* 15f. gegenüber 30. 144. 148. 177/79 sowie Sap. 7, 21; 8, 8; 9, 13/18 (dazu die Bemerkungen bei Bickerman [1988] 166/76; Roetzel [1992] 172/74 und Barclay [1996] 154).
418 Vgl. damit die aufschlußreichen Bemerkungen im *Aristeasbrief* 31. 140. 200f. 235. 296. 314/16 sowie Strabon 1, 4, 9 (nach Eratosthenes) über die fragwürdige Unterscheidung von Griechen und Barbaren.
419 Vgl. schon Schlatter (1906) 41 und Woschitz (2005) 87; dazu grundsätzlich auch Riedweg (1994) 125 und Wischmeyer (1995b) 223.
420 Anders Knöbl (2012) 18f. 24f.

von ihm genannten Autoren zu Vertretern eines Literaturkanons, welche verständige Griechen und Juden zur wahren Erkenntnis des Nomos und damit Gottes lesen, zitieren und interpretieren konnten[421] – und welche erst infolge ihrer gewollten Abhängigkeit von der bewunderten Nomothesia des Propheten Moses eigene Bewunderung und Anerkennung erfuhren.

3.8 Natürliche Theologie?

> καὶ μὴ ἀναβλέψας εἰς τὸν οὐρανὸν καὶ ἰδὼν τὸν ἥλιον καὶ τὴν σελήνην καὶ τοὺς ἀστέρας καὶ πάντα τὸν κόσμον τοῦ οὐρανοῦ πλανηθεὶς προσκυνήσῃς αὐτοῖς καὶ λατρεύσῃς αὐτοῖς, ἃ ἀπένειμεν κύριος ὁ θεός σου αὐτὰ πᾶσιν τοῖς ἔθνεσιν τοῖς ὑποκάτω τοῦ οὐρανοῦ. ὑμᾶς δὲ ἔλαβεν ὁ θεὸς καὶ ἐξήγαγεν ὑμᾶς ἐκ τῆς καμίνου τῆς σιδηρᾶς ἐξ Αἰγύπτου εἶναι αὐτῷ λαὸν ἔγκληρον ὡς ἐν τῇ ἡμέρᾳ ταύτῃ.
>
> (Dtn. 4, 19f.)
>
> Und du sollst dich nicht, nachdem du hinaufgeschaut hast in den Himmel und die Sonne, den Mond, die Sterne und die ganze Ordnung des Himmels gesehen hast, in die Irre führen lassen, nicht dich vor ihnen niederwerfen und ihnen dienen, die der Herr, dein Gott, zugeteilt hat allen Völkern unter dem Himmel. Euch aber hat Gott genommen, und er hat euch herausgeführt aus dem eisernen Ofen, aus Ägypten, ihm Erbvolk zu sein wie an diesem Tag.

In der neueren Forschung ist Aristobulos zuweilen nachgesagt worden, sein Werk offenbare Ansätze einer natürlichen Theologie[422]. Träfe diese These zu, dann käme ihr erhebliche Bedeutung zu: Denn einerseits wäre Aristobulos, als ältester noch greifbarer jüdischer Bibelexeget, daraufhin zu überprüfen, ob sich bei ihm eine Nachwirkung jener älteren biblischen Texte fände, die einen Weg zu Naturtheologie eröffnen konnten[423]. Andererseits fänden die doch erheblich

---

421 Vgl. im *Aristeasbrief* die Kapitel 15f. gegenüber 134/38 sowie dazu Tcherikover (1958) 69: "… ignorance is not an unforgivable sin, it is merely an error which can be corrected through rational explanation. And, indeed, the elect among the Greeks understand this …".
422 Vgl. etwa Barr (1993) 50/57 (unsicher); Weber (2000) 105f. mit Anm. 85; Collins (2005b) 23f. und Niebuhr (2013) 1032 (unklar).
423 Vgl. den Psalter, etwa Psalm 18. 103. 136 LXX sowie mit weiteren Belegen Lührmann (1965) 25. Im großen Torapsalm 118 LXX rückt die Erforschung des Gesetzes hingegen stärker in den Vordergrund (vgl. dazu Austermann [2003] 140f.). In Vers 18 heißt es (ed. Rahlfs, vol. 2, S. 132):

späteren Zeugnisse solcher Theologie in jüdisch-hellenistischen Texten, insbesondere das Kapitel 13 der *Sapientia Salomonis*[424] und zahlreiche Passagen im Werk Philons[425], in Aristobulos einen frühen Vorgänger[426]. Nicht zuletzt rückte der Exeget mit der Auffassung, die rechte Erkenntnis Gottes sei grundsätzlich allen Menschen aus der Betrachtung der Natur als seiner Schöpfung und aus eigener Vernunft möglich, in große Nähe zu griechischen Philosophen, unter denen solche Anschauung nicht erst im Hellenismus breite Zustimmung gefunden hatte[427]. Schließlich: Mit der Einräumung natürlicher Gotteserkenntnis relativierte Aristobulos den Rang des mosaischen Nomos.

Allerdings läßt Aristobulos keinen Zweifel daran, daß die von ihm namentlich genannten Griechen nicht nur mit Moses übereinstimmten, sondern diese Übereinstimmung aus ihrer Rezeption seiner Bücher resultierte. Während diese Abhängigkeit von der Schrift in F 3 Holladay zu Pythagoras und Platon, in F 4 Holladay zu Pythagoras, Sokrates und Platon[428] sowie in F 5 Holladay zu Homer

---

ἀποκάλυψον τοὺς ὀφθαλμούς μου, καὶ κατανοήσω τὰ θαυμάσιά σου ἐκ τοῦ νόμου σου (vgl. auch Ps. 93, 12 LXX)!
424 Vgl. 13, 5 (ed. Rahlfs, vol. 2, S. 364): ἐκ γὰρ μεγέθους καὶ καλλονῆς κτισμάτων ἀναλόγως ὁ γενεσιουργὸς αὐτῶν θεωρεῖται und dazu Barr (1993) 47. 58/80; Dafni (2001) 299/301 sowie Kaiser (2003b) 31. Collins (1998) 6 weist freilich mit Recht darauf hin (vgl. schon Lührmann [1965] 22/24), daß gerade in der *Sapientia Salomonis* zugleich die Grenzen und die Fragwürdigkeit menschlicher Erkenntnis wiederholt angesprochen werden (vgl. unmittelbar zuvor 13, 1/4 und schon 9, 13/18). Weisheit ist auch dem Autor dieser Schrift eine Gabe Gottes.
425 Vgl. mit den Belegen Siegert (1988) 39f. und (1992) 186. 304f.; Barr (1993) 75/78; Collins (2005b) 23f. sowie Veltri (2006) 94 (mit älterer Literatur). Di Mattei (2006) 29/32 zeigt allerdings, daß auch für Philon, dem Moses ein τῶν τῆς φύσεως ἑρμηνεὺς πραγμάτων ist (Her. 213), die Physiologia seiner jüdischen Zeitgenossen in der Synagoge auf der Lektüre und dem Studium der mosaischen Schriften beruhte (vgl. schon Lührmann [1965] 22/24).
426 Ob der *Aristeasbrief* in den Kapiteln 16 (so Collins [2005b] 23f.) und 132 (so Barr [1993] 47[11] mit Literatur) wirklich als frühes Zeugnis natürlicher Theologie herhalten darf, kann hier nicht diskutiert werden. Zu beachten ist jedenfalls, daß in dem pseudepigraphischen Entwurf der Schrift ein Grieche spricht, kein Jude. Zu den Ansätzen natürlicher Theologie im Pseudoorphicum, das bei Aristobulos im F 4 Holladay steht, vgl. Riedweg (1993) 83/89.
427 Als Hinweise mögen genügen (vgl. auch Mansfeld [1999c] 453f. 459f.): Plat. Tim. 28; nom. 884/910. 963/67; Xen. mem. 1, 4; 4, 3, 13f. (s. unten S. 192); Aristot. eth. Nik. 1134b und F 10/12 Rose³ (zu dem in dieser Hinsicht wichtigen Werk Περὶ φιλοσοφίας vgl. Verdenius [1960] 62f. und Effe [1970a] 88/101); *De mundo* 399b sowie Cic. Tusc.1, 28, 68/70 und nat. Aus der späteren ägyptisch-griechischen Religion ist der fünfte Traktat des *Corpus Hermeticum* aufschlußreich (vgl. aber auch 12, 21f.).
428 Wie präzise Aristobulos den Gedanken festschreibt, wird hier deutlich: Er behauptet im folgenden nicht, Pythagoras, Platon und Sokrates hätten die Stimme Gottes gehört, als sie die Schöpfung des Ganzen zusammenschauten, sondern daß sie sagten (F 4, 12 Holladay: λέγοντες), sie hätten dabei die Stimme Gottes gehört (vgl. auch Kraus Reggiani [1982] 117 und Dörrie

und Hesiod ausdrücklich vermerkt ist, unterbleibt ein diesbezüglicher Hinweis in F 4 Holladay zu Orpheus und Arat sowie in F 5 Holladay zu Linos, weil an beiden Stellen die mit jenen Vermerken programmatisch eingeleiteten Aufzählungen bloß fortgesetzt werden (F 4, 7/9 und F 5, 106/10 Holladay). Auch für Orpheus, Arat und Linos gilt[429]: περιειργασμένοι πάντα κατηκολουθηκέναι τούτῳ [sc. Moses] und μετειληφότες ἐκ τῶν ἡμετέρων βιβλίων – deswegen verweist die διάνοια ihrer Verse auf Gott[430]. Wo Aristobulos auf die τινὲς τῶν ἐκ τῆς αἱρέσεως ὄντες τῆς ἐκ τοῦ Περιπάτου anspielt (F 5, 38/46 Holladay), scheint er bei diesen auf den ersten Blick keine Abhängigkeit von der Bibel anzunehmen: Weder notiert er im Zusammenhang irgendeinen Rückgriff auf die Bücher Mose, noch wird ihr Diktum, die Weisheit habe die τάξις λαμπτῆρος, als übernommen gekennzeichnet. Besondere Wertschätzung der Peripatetiker deutet Aristobulos hier dadurch an, daß er seine eigene metaphorische Auslegung des siebten Tags auf die Weisheit (F 5, 35/38 Holladay): μεταφέροιτο δ' ἂν τὸ αὐτὸ καὶ ἐπὶ τῆς σοφίας· τὸ γὰρ πᾶν φῶς ἐστιν ἐξ αὐτῆς bestätigt findet in der von ihnen schon ausgesprochenen Erkenntnis: καὶ [!] τινὲς εἰρήκασιν ... Wie schon oben S. 115f. ausgeführt, zeigt sich auch in F 4, 95/97 Holladay: πᾶσι γὰρ τοῖς φιλοσόφοις ὁμολογεῖται διότι δεῖ περὶ θεοῦ διαλήψεις ὁσίας ἔχειν, ὃ μάλιστα παρακελεύεται καλῶς ἡ καθ' ἡμᾶς αἵρεσις die Bereitschaft des jüdischen Exegeten, die griechische Philosophie in ihren von Moses nicht beeinflußten Teilen nicht von vornherein völlig zu verwerfen. Doch bleiben, wie gesehen, ihre eigenständigen Einsichten nur Ansätze, die von der jüdischen Hairesis übertroffen werden, sowohl jene ὁμολογία der Philosophen als auch das Wort der Peripatetiker, das dem "klareren und schöneren" zwar nicht Mose, aber doch des viel älteren Salomon nachsteht[431] – und damit jüdischer Weisheit, die in der mosaischen Offenbarung gründet[432]. Aristobulos sagt den Peripatetikern also nicht ausdrück-

---

[1990] 278f.). Die Textfassung, die Clemens Alexandrinus von dieser Stelle gibt (strom. 5, 14, 99 ~ F 4a, 9/22 Holladay), hebt die Abhängigkeit von Moses noch stärker hervor: καὶ τὸ σύνολον Πυθαγόρας καὶ Σωκράτης καὶ Πλάτων, λέγοντες ἀκούειν φωνῆς θεοῦ, τὴν κατασκευὴν τῶν ὅλων θεωροῦντες ἀκριβῶς ὑπὸ θεοῦ γεγονυῖαν καὶ συνεχομένην ἀδιαλείπτως, ἀκηκόασι γὰρ τοῦ Μωυσέως λέγοντος "εἶπεν, καὶ ἐγένετο", τὸν λόγον τοῦ θεοῦ ἔργον εἶναι διαγράφοντος.
429 *Pace* Walter (1964) 45.
430 Anschlußfähig war für Aristobulos auch in Hinsicht auf den Dichter Arat die zeitgenössische Quellen- und Plagiatsforschung; vgl. oben S. 40/44 zu der aus Hipparchos ersichtlichen, hochkontroversen Debatte über seine Abhängigkeit von älteren Autoren.
431 Vgl. Capponi (2010) 111. Die abschließende Feststellung (F 5, 51f. Holladay): τὸ δὴ σύμφωνόν ἐστι τῷ προειρημένῳ bezieht sich nicht auf das peripatetische Diktum, sondern auf die eigene metaphorische Auslegung des siebten Tags. Vgl. dazu Holladay (1995) 228.
432 Diese Hierarchie ist biblisch begründet: In 3 Kön. 5, 9/14 LXX wird König Salomons überragende σοφία [!] gepriesen, welche in seiner Zeit die aller anderen Menschen (vgl. πάντων ἀρ-

lich eine wie auch immer geartete Abhängigkeit von der Schrift nach, eine Erkenntnis, die jener des Königs Israels gleichkäme, aber ebensowenig. Daß der jüdische Exeget die Stellen, an denen die einzelnen griechischen Autoren sich mit der biblischen Wahrheit jeweils in Übereinstimmung befänden, grundsätzlich als Entlehnungen aus der schriftlichen Offenbarung ansieht, beweist sein allgemein zusammenfassendes Urteil im Methodenfragment 2, 27/32 Holladay.

Gegen die Annahme, Aristobulos vertrete "natural theology", sperrt sich überdies der Befund, daß er sonst niemandem, auch nicht den griechischen φιλό-σοφοι, den πολυμαθεῖς, sondern allein dem Propheten Moses σοφία zuschreibt, zusammen mit göttlichem πνεῦμα[433]. Wenn Aristobulos im schwierigen F 5 Holladay das Wort Salomons zitiert, die Weisheit sei dem Himmel und der Erde präexistent[434], und seinerseits sie als Ursprung allen Lichts feiert, dann macht er σοφία also nicht zu einer allen Menschen gleichermaßen zugänglichen, naturgegebenen Einsicht in die Wahrheit Gottes[435].

Aristobulos läßt sich somit nicht als Vertreter natürlicher Theologie ausrufen: Die Einsicht, daß das Gesetz Mose mit natürlichen Gegebenheiten der göttlichen Schöpfung in Einklang stehe, ja bei rechter Auslegung die διαθέσεις φυσικαί dem Menschen verkünde[436], darf nicht als Ausdruck einer solchen

---

χαίων ἀνθρώπων), insbesondere der Ägypter, übertroffen habe, so daß alle Völker, von allen Königen der Erde gesandt, gekommen seien, um seine Weisheit zu hören.
433 Wer die Weisheit hat, sucht sie nicht (mehr) als Philosoph. Diese Abstufung wird im Ausdruck unterstrichen durch die Korrespondenz von ... τὸ θεῖον πνεῦμα, καθ' ὃ καὶ [!] προφήτης ἀνακεκήρυκται und ... παρ' αὐτοῦ μεγάλας ἀφορμὰς εἰληφότες, καθ' ὃ καὶ [!] θαυμάζονται. In der griechischen Tradition sagte man Pythagoras nach, er habe sich φιλόσοφος genannt, nicht σοφός, weil allein der Gott weise sei (vgl. Herakleides Pontikos F 84 Schütrumpf aus Diog. Laert. 1, 12; dazu Guida [2013] passim); vgl. auch Plat. Phaidr. 278c/d (s. unten Anm. 872) und insbesondere Aristot. met. 982a/83a.
434 Knöbls (2012) 22 Übersetzung: "dass sie [sc. die Weisheit] über Himmel und Erde herrsche" ist ebenso falsch wie die Behauptung, Aristobulos wolle an dieser Stelle eine "Kommentierung zur Geschichte der griechischen Philosophie *en miniature*" geben.
435 Auch die folgenden Ausführungen F 5, 54/151 Holladay über den Sabbat und die Siebenzahl werden als Schriftexegese markiert (vgl. wiederholt die Signalwörter διασαφέω/σημαίνω F 5, 54. 71. 79f. Holladay, die sich, *pace* Walter [1964] 70. 72, fortlaufend auf die Nomothesia beziehen; vgl. Penner [2010] 67f. zu aufschlußreichen Parallelen aus den Qumrantexten, an denen "'law' or 'commandment' speaking" anzunehmen ist). Sowohl das angemessene Verständnis des siebten Tags als auch die Einsicht, daß sich dem Menschen in dem ἕβδομος λόγος die Erkenntnis der göttlichen Ordnung erschließt (vgl. dazu auch de Vos [2016] 144/49), sind aus der biblischen Offenbarung zu gewinnen (anders wieder Niebuhr [2013] 1033); vgl. F 5, 79/85 Holladay (dazu unten S. 270f.) sowie die Deutung des (pseudo)homerischen Verses in F 5, 127/36.
436 Vgl. dazu Barr (1993) 50/57.

Theologie mißverstanden werden. Ebenso wäre es irreführend, wollte man die feste Überzeugung, Gott sei überall und sein machtvolles Wirken in der Welt, in der Natur wie im Leben der Menschen, wahrnehmbar, als ein Bekenntnis zu natürlicher Erkenntnis des wahren Gottes verstehen[437]. Selbst Arat schuf seine wahren Verse, weil er die mosaische Weisheit kannte, nicht allein aus Prolepsis oder Sternenschau[438].

---

437 Was nicht zuletzt zur Abgrenzung von der philosophischen Theologie, wie sie Aristoteles in met. 1026a im Zusammenhang mit der Physik und Mathematik skizziert, von Bedeutung wäre.
438 Dies ist gerade vor dem Hintergrund der antiken Aratexegese bemerkenswert. So bezeugen etwa die umfänglichen Auszüge, die Balbus im zweiten Buch von Ciceros *De natura deorum* aus dessen Übersetzung der *Phainomena* zitiert (2, 104/14), daß man gerade die Verse über die unveränderliche Ordnung des Kosmos, insbesondere der Gestirne, für die Annahme einer natürlichen Gotteserkenntnis nutzen konnte.

4 Zwischen Griechen und Ägyptern

ὁ δὲ κύριος εἶπεν· "Οὐ προσθήσετε ἀποστρέψαι τῇ ὁδῷ ταύτῃ ἔτι".
(Dtn. 17, 16)[439]

Und der Herr sprach: "Nicht sollt ihr euch mehr vornehmen, auf diesem Weg zurückzukehren".

4.1 Einleitung

In der neueren Forschung gilt das Werk πρὸς Πτολεμαῖον τὸν βασιλέα, ähnlich wie der *Aristeasbrief*, als apologetische Schrift[440]. Falsch verstanden könnte diese Kategorisierung die Schlußfolgerung provozieren, die jüdischen Autoren dieser Bücher hätten sich gegen außergewöhnliche Anwürfe seitens der Griechen zur Wehr setzen müssen – eine Schlußfolgerung, die für die vielstimmige Diskussion über die Ursprünge des griechischen Antijudaismus bedeutsam wäre. Folgendes ist festzuhalten: Daß es gerade in Alexandria Griechen gab, welche die Bücher Mose, vor allem ihre anthropomorphen Aussagen über Gott und die befremdlich anmutenden Gebote des Nomos, wie z.B. die Sabbat- und Speisevorschriften, mit dem aufgeklärten und rationalen Denken hellenistischer Philosophie kaum vereinbaren konnten, wird durch den *Aristeasbrief* bezeugt. Der Versuch, durch metaphorische oder allegorische Exegese die Anstöße der in dieser Hinsicht problematischen Bibelstellen zu entschärfen, dürfte sich, wie man stets angenommen hat, über innerjüdische Adressaten hinaus nicht zuletzt an dieses Publikum richten. Aristobulos selbst eröffnet ja seine diesbezüglichen Ausführungen (im Methodenfragment 2 Holladay) mit einer Aussage des Königs

---

439 Vgl. 28, 68 und Exod. 14, 13; 20, 2 u.ö.
440 Vgl. schon Heinemann (1952) 138; Walter (1963) 360f. (zurückhaltend) und (1964) 29. 43/51. 134; Mayer (1966) 1203f.; Collins (1983) 176 und (2002) 70. 72; Collins (1985) 834; Schürer – Vermes – Millar – Goodman (1986) 585; Hengel (1988) 296; Hafemann (1990) 103² und (1995) 69f.; Mélèze Modrzejewski (1991) 59f.; Blönnigen (1992) 59; Holladay (1992) 150f.; Weber (2000) 108. 312. 317 u.ö.; Murray (2001) 575f.; Dines (2004) 33f.; unklar Woschitz (2005) 95f. 105f., der Aristobulos bald "Verfasser einer jüdisch-alexandrinischen Propagandaschrift" (vgl. ähnlich auch Wittkowsky [2015] 24f.), bald Apologeten nennt (so auch Erto [2010] passim über den *Aristeasbrief*); Inowlocki (2006) 21 und (2010) 107/10; Veltri (2006) 90 sowie Aejmelaeus (2012) 317 mit den bedenkenswerten Vorbehalten schon bei Binde (1869) 3; Hadas (1951) 60f.; Tcherikover (1956) passim und (1958) 60f.; Tcherikover – Fuks (1957) 41¹⁰⁵; Meisner (1970) 215/17; van der Horst (1988) 545; Honigman (2003a) 70; Schenker (2007) 346 (zur Septuaginta); Bloch (2011) 155f. sowie Matusova (2015) 8/11.

Philometor über die biblischen Anthropomorphismen. Und doch geht es ihm, der als mit der zeitgenössischen Philosophie und ihren Methoden vertrauter Gelehrter auftritt, nicht bloß um eine solche Rechtfertigung des mosaischen Nomos, sondern auch um die Etablierung einer bestimmten Exegese, um eine Nomostheologie, welche für ihn im Vergleich und im Wettstreit mit den untereinander um Wahrheit streitenden Philosophien seiner Zeit zu bestehen hatte. Dieses Anliegen darf man in der Tat apologetisch nennen, solange damit eine Haltung bezeichnet wird, die allgemein das Gegeneinander der hellenistischen αἱρέσεις charakterisiert: Auch die stoischen Argumente für die eigene Lehre und gegen die konkurrierenden Epikureer oder Skeptiker sind in diesem Sinn apologetisch[441]. Aristobulos selbst nutzt ja etwa die zeitgenössische Homerapologetik (vgl. dazu unten Kapitel 8), doch ist seine selbstbewußte Position[442], die griechische Geistesgeschichte sei seit Orpheus und Homer von der mosaischen Nomothesia geprägt, deshalb noch lange nicht nur als Verteidigung anzusehen. Zumal: Keine einzige griechische Quelle vor Aristobulos belegt jene Vermutung, die Griechen hätten den Juden prinzipiell Mangel an *ratio* oder ihrem νόμος minderes Reflexionsniveau nachgesagt. Die ohnehin nur spärlichen zeitgenössischen Zeugnisse offenbaren, wenn überhaupt, allenfalls Reserven gegenüber einzelnen Phänomenen der jüdischen Kultur oder gegenüber ihrer durch den mosaischen Nomos geregelten Lebensform, etwa – durchaus polemisch – gegenüber der Sabbatobservanz[443]. James Aitken hält grundsätzlich fest[444]: "The problem lies in part in the monolateral approach that these descriptions [sc. als apologetische Schriften] convey. They imply a monolithic culture, a grand narrative, to which Jews must respond positively or negatively ... We might ... question whether all Jewish-Greek literature should primarily be seen as apologetic, an assumption deriving from the belief that Jews in one way or another had to defend or respond to their Greek environment". Einen Fingerzeig darauf, wie

---

441 Vgl. die Bemerkungen bei Feldman (1993) 334f.
442 Das Schlagwort "polemisch" (vgl. schon Graetz [1888] 629) ist eher irreführend.
443 Vgl. Shroyer (1936) 280; Walter (1963) 360 und (1964) 45f.; Sevenster (1975) 183f.; Stern (1976) 8f.; 45/52; Bickerman (1988) 15/19; Hengel (1988) 464/73; Mélèze Modrzejewski (1991) 112f.; Baltrusch (1998) 406. 408f.; Doering (1999) 283. 285/89; Wirth (2008) 546; Huß (2009) 166; Rajak (2009) 75. 83 sowie Bar-Kochva (2010) 519f.: "... the extreme negative expressions by Greek authors against the Jews, consciously intended to single them out for abuse and censure, first appeared only in the aftermath of the persecutions of Antiochus Epiphanes ... The anti-Jewish material by itself was basically Egyptian, not Greek ... These anti-Jewish stories appeared as a reaction to the special circumstance of the Jewish diaspora in Egypt ... the anti-Jewish accusations were transmitted to Greeks via native-Egyptian Hellenistic authors ...".
444 Aitken (2007) 191 und 201f.; vgl. zu Flavius Josephus treffend Bloch (2011) 231/38.

jüdische "Apologie" in diesem Kontext verstanden werden könnte, gibt nach Aristobulos – und von ihm geprägt – der *Aristeasbrief*: Die griechische *persona* des jüdischen Autors hält fest, die befremdlichen Speise- und Opferbestimmungen der mosaischen Nomothesia hätten die Neugier und Forschung "der meisten" (128: τοὺς πολλοὺς περιεργίαν ἔχειν τινά ...) provoziert, weswegen er sich nach Ankunft der hebräischen Bibelübersetzer in Alexandria an die Autorität des Hohepriesters Eleazar gewandt und um Aufklärung diesbezüglicher Zetemata (τὰ δι' ἡμῶν ἐπιζητηθέντα) gebeten habe[445]. Die folgende Rede Eleazars, eine umfängliche Auslegung der entsprechenden Passagen des "Gesetzgebers", die er selbst als τροπολογικῶς definiert, nennt Aristeas einleitend τὰ ὑποδειχθέντα (128), im Nachgang bemerkt er dann aber (170 [ed. Pelletier, S. 182]): ἐμοὶ μὲν οὖν καλῶς ἐνόμιζε περὶ ἑκάστων ἀπολογεῖσθαι. Wenn der pseudepigraphische Aristeas unmittelbar darauf bekennt (171): διὸ τὴν σεμνότητα καὶ φυσικὴν διάνοιαν τοῦ νόμου προῆγμαι διασαφῆναί σοι, Φιλόκρατες, δι' ἣν ἔχεις φιλομάθειαν, dann spricht er hier natürlich nicht stellvertretend für alle Griechen der Zeit. Doch daß der *Aristeasbrief* eine übertragene Exegese solcher Bibelstellen, die dem griechischen Publikum besonders fremd wirkten, als "Apologie" kennzeichnet, obschon in ihr unmißverständlich dem Vorrang jüdischer Nomostheologie das Wort geredet, an dem verwerflichen Irrtum griechischen und ägyptischen Götzenkults kein Zweifel gelassen und die Einhegung der Juden in den ehernen Mauern des Nomos als Maßnahme des weisen Gesetzgebers gerühmt wird, durch unvermischte Reinheit die Verehrung des einen Gottes sicherzustellen[446], offenbart die Weite des Begriffs. "Apologie" umfaßt hier doch mindestens das selbstbewußte, nicht anpasserische Bestreben, die jüdische νομοθεσία der griechischen Umwelt überhaupt einsichtig zu machen, auf hohem, auch der griechischen Philosophie konkurrenzfähigem Niveau[447].

Allerdings scheint Aristobulos, als er in der ersten Hälfte des zweiten Jahrhunderts sein Werk der gelehrten Öffentlichkeit vorlegte und damit als früher Exponent einer im folgenden mächtig aufblühenden griechischsprachigen Lite-

---

445 Vgl. zum ganzen Abschnitt Birnbaum (2003) 313f.; Honigman (2003a) 20/22; Kovelman (2005) 87f. 90f. und Wright (2015) 51f. 58. 67/70. 246/313, insbesondere 248. 306. 308.
446 Vgl. dazu Collins (2005a) 13f.
447 Vgl. zu diesem Anliegen, das schon die Septuaginta geleitet haben könnte, Frankel (1851) 33; Schenker (2010) 33 und Perdue (2011) 141 sowie Gruen (1998a) 246/91; Doering (2005) 14f. (zur Nutzung griechischer Dichtung in F 5 Holladay): "... 'apologetic' still is maybe too defensive a designation for what is going on here" und Hayes (2015) 105/11; anders Wright (2015) 312. Bei der Verwendung des Begriffs "Apologie" müßte darüberhinaus die Debatte der griechischen Rhetorik über das Verhältnis von ἀπολογία und ἐγκώμιον noch stärker berücksichtigt werden (vgl. dazu etwa Livingstone [2001] 11/13 mit Belegen aus Isokrates und Literatur).

ratur der alexandrinischen Juden auftrat, sich noch gegen eine andere Seite "verteidigt" zu haben.

4.2 Antiägyptische Andeutungen

Abgesehen von seiner Opposition gegen Exegeten, welche den Nomos allein im Wortsinn auszulegen bereit waren, positioniert sich Aristobulos zwar nicht ausdrücklich, aber doch unmißverständlich gegen die Ägypter. Leider läßt sich aus den erhaltenen Fragmenten nicht ersehen, wie er bei der Auslegung der *Exodus* im allgemeinen argumentierte – ein schmerzlicher Verlust, gäbe doch eine solche Auslegung aus dem ptolemäischen Alexandria des früheren zweiten Jahrhunderts Aufschluß über die Haltung, mit welcher dort die jüdische Gelehrsamkeit der ägyptischen Bevölkerungsmehrheit begegnete, und zwar auf Griechisch, vor dem König und den griechischen Untertanen seines Reiches[448]. Doch schon die knappe Auswahl der Zitate, an welchen Aristobulos seine Auslegung der biblischen Anthropomorphismen erprobt, ist bezeichnend: Gegenüber dem Ptolemäerkönig werden solche Stellen angeführt, welche deutlich antiägyptischen Ton anschlagen – obgleich auch andere ohne einen solchen zur Auswahl gestanden hätten (vgl. unten S. 390/95). Gerade im Kontext der *Exodus* erinnert etwa die übertragene Deutung der "Hände Gottes" als Ausdruck seines machtvollen Wirkens an die Überwindung der Ägypter durch den Gott Israels[449]: "Seinen festen Platz hat das Bild der Gotteshand vor allem in der Überlieferung vom Auszug aus Ägypten, mit der die Geschichte des erwählten Volkes beginnt"[450].

Abgesehen davon verdient Augenmerk das Fragment 5 Holladay, in welchem Aristobulos in großer Ausführlichkeit die Heiligkeit des Sabbats nachzuweisen bestrebt ist, auch durch Zitate aus griechischen Autoritäten wie Homer,

---

448 Zur ägyptischen Reaktion auf die *Exodus* vgl. Huß (2009) 166f. sowie zum *Aristeasbrief* Hacham (2005) passim; Kovelman (2005) 101/34; McKechnie (2008) passim (Philadelphos als neuer Moses?); Rajak (2008) 184; Wright (2009) 715 und (2015) 56/59 u.ö. sowie Moore (2015) 244f.
449 Auf die auch an anderen Stellen der Bibel gerade durch das Bild der "Hand" anschaulich verwiesen wird, etwa in Dtn. 4, 34; 5, 15; 7, 7f. 19; 11, 2; 26, 8; 34, 11f.; Ies. 66, 1f. und Ez. 30, 20/26, zudem im Siegeslied am Schilfmeer (Exod. 15, 6. 12), das die Septuaginta ausdrücklich (15, 1) Moses und den Israeliten als "Autoren" zuschreibt. Vgl. darüberhinaus prägnant auch Baruch 2, 11 (dazu Marttila [2011] 328).
450 Groß (1985) 344; vgl. auch Assmann (1998) 21f. 25f. Zum historischen Ereignis der Befreiung aus Ägypten, mit der sich Gott gegenüber seinem Volk geradezu identifiziert, vgl. etwa Exod. 20, 2; Lev. 22, 32; Dtn. 5, 6. 12/15; 6, 20/23 u.ö.

Hesiod und Linos. Theologisch mag ein Ziel dieses Nachweises gewesen sein, gegenüber dem gelehrten griechischen Publikum "to demonstrate the philosophical respectability of Sabbath observance and to explain the biblical claim that God 'rested'"[451]. Darüberhinaus gab es freilich auch feindseligere Anwürfe der nichtjüdischen Umwelt gegen die Sabbatpflege: Zu erinnern ist hier einerseits an die scharfe Kritik, die sich auf griechischer Seite schon bei dem Zeitgenossen Agatharchides von Knidos (aus Flav. Joseph. c. Apion. 1, 205/11), der am Hof Philometors beachtliches Ansehen genoß und auf die folgende Historiographie nicht geringen Einfluß ausübte[452], greifen läßt. Andererseits – und hier könnte gar die Quelle griechischer Äußerungen gegen den Sabbat liegen – war die jüdische Observanz des siebten Tags auch den einheimischen Ägyptern ein Dorn im Auge[453]. Später führt der Ägypter Apion bei Flavius Josephus (c. Apion. 2, 21) die Sabbatheiligung darauf zurück, daß die Juden von ihrer Krankheit geschwollener Schamdrüsen – auf ägyptisch σαββάτωσις [?] genannt – am siebten Tag geheilt worden seien. Nun mag es zwar zutreffen, daß Apion auch an anderen Stellen eine Vorliebe für kühne Etymologien offenbart[454]. Aus dieser Beobachtung folgt freilich nicht zwingend, daß die abschätzige Verknüpfung des jüdischen σάββατον mit dem ägyptischen Terminus σαββάτωσις erst ihm selbst zuzuschreiben ist; vielmehr deutet Apions bei Flavius Josephus zitierte Formulierung (ed. Siegert, vol. 2, S. 165): ... καὶ ἐκάλεσαν [sc. die Juden] τὴν ἡμέραν σάββατον σῴζοντες τὴν Αἰγυπτίων γλῶτταν· τὸ γὰρ βουβῶνος ἄλγος

---

451 Holladay (2002) 78. Die einzige Stelle, an der in Fragment 5 Holladay das in der Septuaginta gängige Wort σάββατον (vgl. Exod. 20, 10f. u.ö.) vorkommt (103/06), ist textkritisch zweifelhaft (vgl. Walter [1964] 73f.; Holladay [1995] 234 sowie Doering [1999] 308f. und [2005] 5¹⁹).
452 Die Juden seien es gewohnt, sich an jedem siebten Tag allen Werks zu enthalten (ἀργεῖν εἰθισμένοι), weder Waffen zu tragen noch Landwirtschaft noch irgendeinen anderen Dienst zu verrichten, sondern bis zum Abend mit ausgestreckten Händen in den Tempeln zu beten. Infolgedessen sei Jerusalem an einem solchen Tag Ptolemaios wehrlos in die Hände gefallen. Ausdrücklich kritisiert der Autor die hartnäckige, unsinnige Observanz (τῶν ἀνθρώπων ... διατηρούντων τὴν ἄνοιαν) eines überkommenen (τὴν περὶ τοῦ νόμου παραδεδομένην ὑπόνοιαν), aber schlechten Gesetzes (ὁ δὲ νόμος ἐξηλέγχθη φαῦλον ἔχων ἐθισμόν). Vgl. Sevenster (1975) 127; Stern (1976) 104/09; Feldman (1993) 158/67; Labow (2005) 211/13; Siegert (2008) 1, 53 und die umfassende Abhandlung bei Bar-Kochva (2010) 280/305, der sogar einen persönlichen Austausch mit Aristobulos für möglich hält und vermutet, die kritische Darstellung schlimmer Folgen der Sabbatobservanz richte sich gegen "allegorische" Deutungen des mosaischen Nomos in der Manier des jüdischen Exegeten.
453 Bar-Kochva (2010) 301 weist in diesem Zusammenhang exemplarisch auf die Spannungen hin, welche die Sabbatobservanz etwa in der Vielvölkerarmee des ptolemäischen Königs hervorrufen mußte.
454 Vgl. Barclay (2007a) 180.

καλοῦσιν Αἰγύπτιοι σαββάτωσις darauf hin, daß nicht er selbst die Verbindung zwischen beiden Wörtern etymologisch konstruierte, sondern daß sie sich den Ägyptern wohl nachgerade aufdrängte[455]. So den Sabbat der Juden sprachlich verächtlich zu machen könnte also längst gepflegt worden sein, bevor Apion die Etymologie auch literarisch in seine Anklage der Juden aufnahm.

Desweiteren: Wenn die handschriftliche Überlieferung in dieser Hinsicht verläßlich ist, dann schrieb Aristobulos den Namen Moses griechisch stets Μωσῆς[456]:

F 2, 24 Holladay: ὁ νομοθέτης ἡμῶν Μωσῆς
F 2, 44 Holladay: ὁ Μωσῆς
F 4, 5 Holladay: ὁ Μωσῆς

Er wählte damit die Namensform, welche der hebräischen Volksetymologie *maschah* (~ "herausziehen") eher entsprach als das auffällige Μωυσῆς der Septuaginta (Exod. 2, 9f. [ed. Rahlfs, vol. 1, S. 87f.])[457]:

εἶπεν δὲ πρὸς αὐτὴν ἡ θυγάτηρ Φαραω "διατήρησόν μοι τὸ παιδίον τοῦτο καὶ θήλασόν μοι αὐτό, ἐγὼ δὲ δώσω σοι τὸν μισθόν". ἔλαβεν δὲ ἡ γυνὴ τὸ παιδίον καὶ ἐθήλαζεν αὐτό. ἀδρυνθέντος δὲ τοῦ παιδίου εἰσήγαγεν αὐτὸ πρὸς τὴν θυγατέρα

---

[455] Vgl. schon Sevenster (1975) 127f. (mit Literatur).
[456] Vgl. Lanfranchi (2006) 124. Ohne eingehende Prüfung des Überlieferungsbefunds kann diese Beobachtung hier nur vorläufig bleiben (vgl. zur allgemeinen Verläßlichkeit der Überlieferung der Fragmente bei Euseb oben S. 2). Doch fällt bei der Durchsicht der Mrasschen Ausgabe der *Praeparatio Evangelica*, deren kritischer Apparat in dieser Hinsicht leider wenig hergibt, auf, daß Euseb selbst zwar ebenfalls die Namensform Μωσῆς bevorzugt, in Zitaten aber auch die Form Μωυσῆς, ja sogar Μώυσος wiedergibt (vgl. etwa 9, 27, 3. 4. 6. 7. 8 u.ö. [ed. Mras = ed. Mras – des Places, S. 519. 520] aus Artapanos; 9, 28, 1. 3 [ed. Mras = ed. Mras – des Places, S. 524f. 526] aus Alexander Polyhistor/Ezechiel) – sich also an die Vorlagen, wenn auch nicht konsequent, zu halten scheint (vgl. auch Mras [1944] passim und [1954] LVI = Mras – des Places [1982] LVI: "Eusebius vermeidet es, die zitierten Texte seinem eigenen Stil anzugleichen" mit Hinweis auf den Namen Mose). Bei Clemens Alexandrinus begegnet in F 4a, 18 Holladay die Form Μωυσέως, die aber deswegen keinen Zeugniswert hat, weil er den Text gegenüber Euseb stark kürzt und dabei eigenständig umformt.
[457] Thissen (2004) 58 weist die Auffassung zurück, die zeitgenössische Wiedergabe des Hebräischen habe phonetisch zwischen beiden Versionen nicht unterschieden. Nestle (1907) 112 hingegen vermutete nach Euseb. praep. evang. 1, 9, 24, Μωυσῆς sei "ägyptische", Μωσῆς aber "alexandrinische" Aussprache ohne Bedeutungswandel. Im übrigen ist zwar auch der Befund der handschriftlichen Überlieferung der Septuaginta uneinheitlich, doch belegen die älteren und besseren Zeugen die Lesart Μωυσῆς (vgl. Lanfranchi [2006] 124 [mit der älteren Literatur]).

Φαραω, καὶ ἐγενήθη αὐτῇ εἰς υἱόν· ἐπωνόμασεν δὲ τὸ ὄνομα αὐτοῦ Μωυσῆν λέγουσα "ἐκ τοῦ ὕδατος αὐτὸν ἀνειλόμην".

Es sprach aber zu ihr die Tochter Pharaos: "Bewahre mir dieses Kind und stille es mir, ich aber werde dir Lohn dafür geben". Die Frau aber nahm das Kind und stillte es. Als aber das Kind herangewachsen war, da führte sie es zur Tochter Pharaos hinein, und es wurde ihr zum Sohn. Sie gab ihm aber den Namen Moyses und meinte damit: "Aus dem Wasser habe ich ihn emporgenommen".

Warum die Bibelübersetzer, in Abweichung zu anderen antiken Quellen über Moses, hier bei der griechischen Umschrift die Buchstabenfolge ωυ einschrieben, war schon den antiken Exegeten erklärungsbedürftig, zumal da mit der Verbform ἀνειλόμην der etymologische Fingerzeig auf das Hebräische auch im Griechischen verblieb. Den Befund begründet Philon etymologisch damit, daß die Ägypter das Wasser μῶυ nennten (Moys. 1, 17), während Flavius Josephus noch ergänzt, zudem bezeichneten die Ägypter die "Geretteten" (τοὺς σωθέντας) mit ἐσῆς, so daß sie dem Kind einen aus diesen beiden Bestandteilen zusammengesetzten Namen gegeben hätten (ant. 2, 228; vgl. auch c. Apion. 1, 286)[458]. Auch die neueren Kommentatoren stimmen darin überein, daß der Name Moses schon in seinem ersten Wortbestandteil ägyptischen Ursprungs ist, also aufgrund des Diphthongs ωυ etymologisch nicht mit der hebräischen Verbform in Verbindung gebracht werden kann[459]. Daraus ergäbe sich der Schluß[460],

---

[458] Das Problem wirft schon der griechische Text selbst auf mit seiner Schreibung des Namens und den beiden im folgenden nebeneinander stehenden Junkturen ἐκ τοῦ ὕδατος und αὐτὸν ἀνειλόμην. Der handschriftliche Befund seiner Werke scheint darauf hinzudeuten, daß Flavius Josephus "normalerweise 'Mose'" sagte und "sich das ägyptisierende 'Mowses' für die Stellen" vorbehielt, "wo es vom ägyptischen Kolorit des Kontextes verlangt wird" (Siegert [2008] 84). Zu späteren Quellen vgl. die Übersicht bei Thissen (2004) 56f.
[459] Vgl. Siegert (1988) 108f.; Feldman (2000) 196; Gertz (2002) 10; Thissen (2004) 58; Vogel (2008) 94 und Inowlocki-Meister (2010) 115/18. Die Erklärung des zweiten Wortbestandteils ist bis heute umstritten; vgl. die unterschiedlichen Vorschläge (jeweils mit Literatur), auch im Hinblick auf ägyptische (Götter)Namen wie Thutmosis oder Ahmosis, bei Heinemann (1933) 360; Griffiths (1953) passim; Morenz (1964) 252 (zu dem "'Wasser-Seligen', dem durch Ertrinken im Nil [Osiris] Vergotteten"); Feldmann (2000) 196 (~ "to give birth"; dazu die Literatur bei Thissen [2004] 55; Edelman [2007] 17 und Utzschneider – Oswald [2013] 84. 87); Görg (2000) 17/28 und (2001) 128 ("emporgehobenes bzw. gerettetes Kind"); Thissen (2004) 60f. ("nehmen, ergreifen, tragen" sowie Dohmen (2011) 82.
[460] Vgl. Utzschneider – Oswald (2013) 87: "Zunächst fällt auf, dass die Erzählung die *ägyptische* Prinzessin den Namen ihres Adoptivsohnes *hebräisch* deuten ... lässt. So bestätigt die Ägypterin implizit, dass ihr Adoptivsohn Mose Hebräer ist und bleibt". 91.

bereits die griechischen Übersetzer der Septuaginta hätten in einer über die hebräische Vorlage hinausgehenden Eindeutigkeit Moses schon durch seinen Namen gleichsam "ägyptisieren" oder zumindest einer ägyptischen Vorlage entsprechen[461] wollen, war doch die namengebende Tochter Pharaos eben eine Ägypterin (vgl. das auf das feminine Subjekt bezogene Partizip λέγουσα)[462]. Daß die Frage, wie der Name ihres Nomotheten zu erklären sei, die hellenistischen Juden beschäftigte[463], erhellt auch aus dem Bibeldrama des sogenannten Ezechiel (wohl zweites Jahrhundert vor Christus)[464]. Dort tritt Moses selbst auf und berichtet über die Weisung der Tochter Pharaos an seine Mutter (F 1, 36/39 Holladay):

εἶπεν δὲ θυγάτηρ βασιλέως· "τοῦτον, γύναι,
τρόφευε, κἀγὼ μισθὸν ἀποδώσω σέθεν".
ὄνομα δὲ Μωσῆν ὠνόμαζε, τοῦ χάριν
ὑγρᾶς ἀνεῖλε ποταμίας ἀπ' ἠόνος.

Die Tochter des Königs aber sprach: "Diesen, Frau,
ziehe auf, und ich werde dir Lohn dafür erstatten".
Mit Namen aber nannte sie ihn Moses, um auszudrücken, daß
sie ihn emporgenommen hatte vom feuchten Flußufer.

Wie Aristobulos folgt Ezechiel, in dessen Drama auch sonst antiägyptische Anklänge auszumachen sind[465], der "ägyptischen" Etymologie des Namens nicht, sondern leitet ihn von dem hebräischen Grund des Verbs ἀναιρέω ab[466].

---

461 Vgl. Thissen (2004) 57 (mit Literatur).
462 Vgl. Morenz (1964) 252: "Judengriechische Übersetzer in Alexandria sahen sich veranlaßt oder hielten es für sinnvoll, das ägyptische Theologumenon zu nutzen"; Siegert (2001) 188f. und Joosten (2008) 297. Die auf Moses bezogenen Verse des Pseudoorphicums (F 4, 27/71 Holladay), die Aristobulos sicher nicht zuzuschreiben sind, passen in dieser Hinsicht schlecht zum Sprachgebrauch des Exegeten selbst: Wenn in V. 36 Scaligers Konjektur ὑδογενής anstelle des überlieferten ὑλογενής richtig ist (vgl. dazu Riedweg [1993] 41; Holladay [1996] 215 und Jourdan [2010] 233/35), dann wird hier Moses – der Name selbst wird nirgends genannt – eingeführt, indem für die metrisch uneindeutige Namensform Μωυσῆς eine Anspielung auf die ägyptische Namensetymologie eintritt.
463 Vgl. Feldman (2000) 196: "an account that originated in Hellenistic Egypt". Diamond (1974) 37f. und Bar-Kochva (2010) 240[109] weisen darauf hin, daß auch Hekataios Abderites die Namensform Μωσῆς bevorzuge (vgl. Diod. 40, 3 [s. unten S. 153. 201. 227]).
464 Vgl. Lanfranchi (2006) 124 zu einem ähnlichen Befund bei den Historikern Demetrios und Eupolemos.
465 Vgl. Holladay (1989) 312f. und Schimanowski (2006) 79; anders Lanfranchi (2006) 123.

Schließlich wendet sich der oben schon diskutierte Eingriff in den Text der arateischen *Phainomena* indirekt auch gegen Ägyptisches: Spätestens seit Herodot (2, 42, 5; vgl. Pind. Pyth. 4, 16f.; Isishymnen Isidors 4, 25f.; Plut. *De Iside et Osiride* 9f., 354c/d) war bekannt, daß Zeus, der höchste griechische Gott, bei den Ägyptern Amun hieß[467]. Wenn folglich Aristobulos gegenüber den Griechen Zeus durch θεός aussetzte, dann zugleich gegenüber den Ägyptern auch Amun, den Alexander der Große zusammen mit dem Zeus der Griechen angerufen hatte[468]. Noch Hekataios von Abdera hatte (in der oben S. 79f. zitierten Stelle Diod. 1, 12, 2), diese Namensgleichsetzung mit eher philosophisch anmutender Pneumalehre verschmelzend, festgehalten, die Ägypter identifizierten ihren Amun-Zeus mit Homers πατὴρ ἀνδρῶν τε θεῶν τε[469]. Die göttliche Legitimation des Ptolemäerkönigs war damit bei Aristobulos nicht nur den Griechen entzogen, die in ihm einen Nachkommen des Zeus sahen, sondern auch den Ägyptern, welche ihn als Pharao, als "Amun-Re on earth"[470] verehrten[471]. Der Anspruch,

---

466 Wobei auch metrische Gründe eine Rolle gespielt haben könnten; anders Schimanowski (2006) 79[58]: "hier der Septuaginta näher als Philon und Josephus". Der zeitgenössische jüdische Historiker Artapanos (F 3, 3 Holladay; vgl. Bar-Kochva [2010] 240[107] über den Einfluß ägyptischer Quellen) erwähnt ebenfalls die Benennungen Mose, allerdings jeweils aus der Sicht der Namensgeber: zum einen diejenige des kleinen Kinds durch die Tochter des Pharao (Μώϋσον; vgl. dazu Schimanowski [2006] 70[9]), zum anderen diejenige des Mannes durch die Griechen (Μουσαῖος – s. dazu unten Anm. 898).
467 Vgl. Burkert (2003) 80 zu einem inschriftlichen Beleg aus dem sechsten Jahrhundert und jetzt, in allgemeinerem Kontext der *interpretatio Graeca*, von Lieven (2016) 62.
468 Vgl. etwa Arrian. Ind. 35, 8; dazu Hölbl (1994) 91f. und Schwemer (2011) 5 (mit weiteren Quellen).
469 Vgl. dazu Murray (2001) 580.
470 Heerink (2010) 396; vgl. auch Stephens (2003) 13f. 53. Morenz (1964) 252f. erörtert die Stelle Dtn. 9, 26 (ed. Rahlfs, vol. 1, S. 304): καὶ εὐξάμην πρὸς τὸν θεὸν καὶ εἶπα "κύριε, κύριε, βασιλεῦ τῶν θεῶν, μὴ ἐξολεθρεύσῃς τὸν λαόν σου καὶ τὴν μερίδα σου ... ", an welcher die Septuaginta, ohne Grundlage im hebräischen Text, möglicherweise den thebanischen Zeus-Amun, also den höchsten Gott des griechischen wie des ägyptischen Pantheons, "in den Dienst der Herrlichkeit Jahwes" nehmen wolle; vgl. dazu auch Görg (2001) 117f.: "Eine exponierte Anrede des Gottes mit einer vom Götterkönig übernommenen Titulatur signalisiert auch den alexandrinischen Juden den entscheidenden Platztausch und verschafft ihnen das Bewußtsein der Konkurrenzlosigkeit ihres Gottes"; zurückhaltender den Hertog – Labahn – Pola (2011) 558.
471 Zumal da im dritten Buch der *Aigyptiaka* Manethos offenbar auch der Zeussohn Herakles als Pharao, der in der Vergangenheit Ägypten regiert habe, vereinnahmt worden war. In den *Sibyllinischen Weissagungen* wird Alexander wiederholt die Abstammung nicht nur von Zeus, sondern ausdrücklich auch von Amun abgesprochen (vgl. dazu oben Anm. 91 und unten Anm. 888). Vgl. dazu Heerink (2010) 397f. sowie Felber (2002) 109f. mit der Vermutung, in der sogenannten *Demotischen Chronik* werde eine "ägyptische Version der Abstammung der Ptolemäer von Herakles und Dionysos" geliefert. Arrian vermerkt in seiner *Anabasis* über die Absicht, die

daß der selbst von göttlicher Abkunft stammende und das Göttliche repräsentierende "Pharao kraft seines Amtes der Vertreter der Ägypter vor den Göttern war, während die Priester als Vertreter des Königs agierten", wird damit grundsätzlich zurückgewiesen[472].

4.3 Der Altersbeweis

> Ἕλληνες ἀεὶ παῖδές ἐστε, γέρων δὲ Ἕλλην οὐκ ἔστιν.
> (Plat. Tim. 22b)

> Ihr Griechen seid immer Kinder, und einen alten griechischen Mann gibt es nicht.

Gerade das griechische Publikum mußte bei Aristobulos in einem weiteren zentralen Argument eine deutliche Wendung gegen die Ägypter wahrnehmen: in dem oben schon angesprochenen Altersbeweis. Der Gedanke, die griechische Kultur hänge vor allem in Religion und Philosophie von einer fremden ab, war schon jahrhundertealt. Dabei verhinderte meist die "selbstbewußte interpretatio graeca doch die radikale Fassung des Abhängigkeitstopos als Entlehnungstopos"[473]. Die Frage, welche Kultur als ältere und höherstehende die griechische geprägt habe, konnte zwar unterschiedlich beantwortet werden[474]. Berossos

---

Alexander zum Amun-Orakel führte (3, 3, 2 [ed. Sisti, S. 206]): Ἀλεξάνδρῳ φιλοτιμία ἦν πρὸς Περσέα καὶ Ἡρακλέα, ἀπὸ γένους τε ὄντι τοῦ ἀμφοῖν καί τι καὶ αὐτὸς τῆς γενέσεως τῆς ἑαυτοῦ ἐς Ἄμμωνα ἀνέφερε, καθάπερ οἱ μῦθοι τῆς Ἡρακλέους τε καὶ Περσέως ἐς Δία. Dabei ist zu beachten, daß Zeus-Amun in Griechenland selbst weithin verehrt wurde, in Makedonien hatte er wohl seit dem späten fünften Jahrhundert ein eigenes Heiligtum: "Alexander besuchte also den Gott in seiner alten Heimat" (Hölbl [1994] 10).

472 Koenen (1983) 151[23]; vgl. schon Winter (1976) 147/49. Die Nähe zwischen Pharao und ägyptischer Priesterschaft war den Griechen wohlbekannt; vgl. neben Herodot etwa auch Plat. polit. 290c/e.

473 Thraede (1962) 1243; vgl. auch Dörrie (1972) 148f. und Woschitz (2005) 85.

474 Es sei daran erinnert, daß Aristoteles in seiner Schrift Περὶ φιλοσοφίας die Geschichte der σοφία von uralten Weisen fremder Völker, etwa den Magi oder den Ägyptern, bis hin zu den griechischen Philosophen aufzuzeigen versucht hatte (vgl. Droge [1989] 14 [mit Literatur], der hervorhebt, daß die jüdische Darstellung ihres "ersten Weisen", also Mose, darauf reagierte; Jeck [2004] 51 und Flashar [2006] 131), daß sich aber auch schon die alte Akademie in vielfältigen Studien mit der Weisheit der Barbaren beschäftigt hatte (vgl. mit Beispielen Baltes [1999] 128). Vgl. auch Aristot. F 34 Rose³ über Eudoxos (aus Plin. nat. 30, 3): *Eudoxus, qui inter sapientiae sectas clarissimam utilissimamque eam* [sc. der Magi] *intellegi voluit, Zoroastren hunc sex milibus annorum ante Platonis mortem fuisse prodidit. sic et Aristoteles.* Aus den schon erwähnten Fragmenten des Aristotelesschülers Dikaiarch von Messene wird deutlich (vgl. F 47/66

etwa reklamierte schon im frühen dritten Jahrhundert in seinen auf Griechisch verfaßten *Babyloniaka* Babylonien als Ursprung menschlicher Kultur[475]. Kanonisch war jedoch spätestens seit Hekataios von Milet und Herodot[476] die Auffassung, der ägyptischen komme diese Priorität zu. Isokrates führt in seinem *Busiris* (11, 15/29) den gleichnamigen legendären König des frühen Ägypten als Erfinder unterschiedlichster Fertigkeiten und kultureller Errungenschaften, darunter der gesetzlichen Ordnung des ägyptischen Staats, der überragenden Frömmigkeit seines Volks und der Philosophie, ein, mithin als ein prominentes Beispiel jenes πρῶτος εὑρετής-Motivs und ägyptischen Altersbeweises[477]. Seine königliche Staatsordnung habe in der Folgezeit höchste Wertschätzung der angesehensten griechischen Philosophen erworben und sei von den Lakedaimoniern zum Teil nach Sparta übernommen worden, jedoch in "schlechterer Nutzung" (17/20)[478]. Die ägyptischen Priester hingegen hätten in der Folgezeit die Philosophie als Übung der Seele eingeführt, welche καὶ νομοθετῆσαι καὶ τὴν φύσιν τῶν ὄντων ζητῆσαι δύναται (22)[479]. Hekataios von Abdera vertritt dann in seinen Αἰγυπτιακά, entstanden im ausgehenden vierten Jahrhun-

---

Wehrli und F 53/85 Mirhady mit Wehrli [1967] 59f.; Ax [2001] 283/86 und Wehrli – Wöhrle – Zhmud [2004] 571), wie populär solche Forschungen im Anschluß an Aristoteles wurden: Erheblich höheres Alter – durch chronologische Überlegungen aufgewiesen – und prägende Kulturleistungen, welche die Griechen später nur übernommen hätten, postuliert er für Chaldäer und für Ägypter. Auch Sotion (oben Anm. 311) "undoubtedly gave an account of Barbarian philosophy ... to prove that philosophy did not begin with the Greeks ... consequently it was necessary to demonstrate that barbarian doctrines corresponding somehow to points in Greek philosophy preceded Greek philosophers" (Mejer [1978] 65) – in derselben Zeit wie Aristobulos.
475 Vgl. Schnabel (1923) passim; Jacoby (1943) 37; Kuhrt (1987) passim; Pongratz-Leisten (1997) 579f.; Verbrugghe – Wickersham (1996) 13f.; Sterling (2007) 235; De Breucker (2003) 25; (2011) 650 (über die auch im Vergleich zu Manetho hohe babylonische Chronologie) und (2013) 18. 23; Lang (2013) 49 sowie Dillery (2015) XXI. 222f.; zu dem späteren Philon von Byblos und Phönizien Johnson (2006) 75 und Sterling (2007) 235.
476 Vgl. das zweite Buch der *Historien*, besonders Kapitel 143; dazu Kleingünther (1933) passim; Thraede (1962) 1204/07. 1221f.; Walter (1964) 45f.; Hengel (1976) 97; Spoerri (1988) 290; Pilhofer (1990) 26/33 zu den Vorstufen bei Hekataios. 34/49 zu Herodot (mit Literatur); Feldman (1993) 177/200; Burstein (1996) 193/96; Berthelot (2000) 186f. 192/96; Weber (2000) 118[56] (mit älterer Literatur); Hartog (2002) 212/17; Riedweg (2002) 20 sowie Stephens (2003) 24. 30; Lefkowitz (1997) 237f. und (2007) passim; Vogel (2008) 60. 114 sowie Rutherford (2016b) 3f. 21.
477 Vgl. dazu Usener (1993) 252/54: "Isokrates' Lob des Busiris ist in Wirklichkeit ein Lob Ägyptens ... Die ursprüngliche Busirisapologie entwickelt sich mehr und mehr zu einer letztendlich griechischen Kulturgeschichte"; Livingstone (2001) 18 und Stephens (2016) 42f.
478 Vgl. dazu Livingstone (2001) 139f. 142.
479 Vgl. dazu Livingstone (2001) 50. 148.

dert[480], rekonstruierbar insbesondere aus dem ersten Buch des Geschichtswerks Diodors und von Felix Jacoby in seinen *Fragmenten griechischer Historiker* einst zu "den einflussreichsten werken des Frühhellenismus"[481] gezählt, die Auffassung, berühmte griechische Philosophen, Dichter, Gesetzgeber wie Lykurg oder Solon, und Erfinder hätten das Land am Nil besucht, um an den νόμιμα und der παιδεία dort Anteil zu bekommen (Diod. 1, 96, 1), und seien dort von Priestern in ägyptischer Weisheit unterrichtet worden[482]. Wie konsequent und systematisch Hekataios den chronologischen und kulturellen Vorrang des alten Ägypten herausarbeitet[483], geht über die Darstellung Herodots noch weit hin-

---

[480] Zur Datierung (vor 315 oder im letzten Jahrzehnt des Jahrhunderts?) sowie zur Rekonstruktion aus Diodors erstem Buch vgl. Schneider (1880) 27 u.ö.; Schwartz (1885) passim und eingeschränkt (1903) 669/72; Jacoby (1912) 2751. 2758/60 u.ö. und (1943) 38. 75/87; Hadas (1951) 43. 45; Schaller (1963) 16; Murray (1970) 142/50; Lebram (1974) 245f.; Wacholder (1974) 85[66]; Gabba (1989) 625; Nothers (1992) 284; Sterling (1992) 59/91; Feldman (1993) 8f. 46; Bar-Kochva (1996) 15f. 7/43 (vor allem 14f.: "an abbreviated paraphrase"). 288f. (mit Literatur) und (2010) 94f.; Collins (2000) 58f.; Hansen (2000) 12; Boys-Stones (2001) 62; Malitz (2001) 62f.; Bloch (2002) 29; Berthelot (2003) 80; Römer (2003) 25; (2007b) 178/81 und (2010) 195f.; Stephens (2003) 32; Ambaglio – Landucci – Bravi (2004) 22f.; Labow (2005) 171/77; Troiani (2005) 407. 409; Gmirkin (2006) 35. 41. 66f.; van Kooten (2006) 114f.; Kaestli (2007) 132; Moro (2009) 117; Moyer (2013) 223. 224f.; Goukowsky (2014) 286. 375; Dillery (2015) 137 sowie Moore (2015) 116/29, mit den Gegenpositionen Diamond (1974) passim und (1980) 78 u.ö.; Spoerri (1959) 164/204 (mit der – allerdings ausdrücklich nicht auf das gesamte erste Buch ausgedehnten – These, Diodor fuße in 1, 7f. und 1, 11 nicht auf Hekataios) und (1988) 281 (um 320-315 vor Christus); Burton (1972) 1/34; Sacks (1990) 206 u.ö.; Schwartz (2003) 183 u.ö.; Zamagni (2010) passim; Muntz (2011) passim sowie Rathmann (2016) 96[319] und 163f. (aber die Einschränkung 84[278]. 94[312]).
[481] Jacoby (1943) 37. Vgl. zu dieser Wertschätzung auch Murray (1970) 166/69; Sterling (1992) 91; Bar-Kochva (1996) 3; Dillery (1998) 255; Bloch (2002) 41 und Woschitz (2005) 147.
[482] Vgl. dazu Jacoby (1943) 75/87; Murray (1970) 166 u.ö.; Burton (1972) 1/35; Gager (1972) 28; Stern (1976) 20f.; Spoerri (1988) 280f.; Droge (1989) 5/7: "... served as an effective claim for the attention of the civilized world on behalf of the nascent Ptolemaic kingdom"; Gabba (1989) 625; Pilhofer (1990) 7; Sterling (1992) 64. 75; Bertrac – Vernière (1993) 16f.; Bar-Kochva (1996) 13. 16f. und (2010) 98. 111/13. 116. 132, der hervorhebt, daß Hekataios nicht alle ägyptischen Ansprüche in dieser Hinsicht für berechtigt hielt, insbesondere nicht jenen, daß die meisten bedeutenden Städte der Oikumene nur Kolonien des alten Ägypten seien (vgl. in Diod. 1, 28f.); Burstein (1996) 598f.; Assmann (1998) 32f.; Hansen (2000) 12; Malitz (2001) 62f.; Stephens (2003) 14. 33. 36; Maehler (2004) passim sowie Labow (2005) 175.
[483] Man wüßte gern, ob Hekataios die Ähnlichkeiten, die sich zwischen der mosaischen Nomothesia, wie er selbst sie schildert (in Diod. 40, 3), und der späteren griechischen Philosophie auftun, in den heute nicht mehr erhaltenen Partien seines Werks entwicklungsgeschichtlich erklärte. Nicht nur Mose anikonischer Gott fand ja in bestimmten griechischen Auffassungen Parallelen (vgl. oben S. 92 zu Poseidonios, der Hekataios kennt und in solchem Gottesbild menschliche Urweisheit, also Vormosaisches, ausmacht). Auch mit der Kunde, Moses habe sein Volk in 12 Phylen eingeteilt, dürfte Hekataios nicht nur neuerer Forschung (vgl. Feldman

aus⁴⁸⁴: "The tribute paid to the greatness of Egypt was meant to help in establishing the image of the Ptolemaic regime. It raised the prestige of Ptolemy, the new king of this great, old civilization, in the eyes of Greco-Macedonians living under other Hellenistic rulers ... As for the Greco-Macedonians settled in Egypt, the enthusiastic account of the pharaonic past brought home the royal policy of respecting Egyptian traditions, including superstitions, in order to avoid ugly confrontations with the natives and their strong priesthood"⁴⁸⁵. Großen Raum nimmt bei Hekataios die Schilderung der politischen und religiös-kultischen Ordnung des alten Ägypten ein, die von einer detaillierten Diskussion einzelner Rechtsnormen nicht absieht⁴⁸⁶. Die Ägypter selbst erhöben den Anspruch, nicht nur die meisten der nützlichen Fertigkeiten wie Schreiben, Sternenbeobachtung oder Landvermessung erfunden zu haben⁴⁸⁷, sondern (Diod. 1, 69, 5 [ed. Bertrac, S. 135]): νόμους ... τοὺς ἀρίστους τεθῆναι⁴⁸⁸ (vgl. Diod. 1, 93, 4 unten Anm. 490). Hekataios rechnete demnach mit besonderem Interesse seines griechischen Publikums, auch am ptolemäischen Hof, für die altägyptischen νομοθέται und

---

[1993] 234; Kaestli [2007] 140 und Zamagni [2010] 167 mit älterer Literatur), sondern schon seinem zeitgenössischen Publikum nahegelegt haben, hiermit werde Platon (vgl. nom. 745/47) vorweggenommen (vgl. aber auch Stern [1976] 30 mit weiteren griechischen Parallelen).

484 Vgl. Bickerman (1952) 74; Sterling (1992) 71 und Baumgarten (1998) 180f.; auch Rathmann (2016) 84²⁷⁸ zur wirkungsreichen Kritik an Herodot. Daß er damit nicht allein stand, erhellt aus den spärlichen Fragmenten, die aus dem Werk Leons von Pella erhalten sind (Nr. 659 Jacoby; wohl nach Hekataios im dritten oder zweiten Jahrhundert vor Christus): Auch dieser bestätigt – in einem Brief, den Alexander der Große an seine Mutter Olympias über die ägyptischen Götter verfaßt haben soll – die Auffassung, die Ägypter seien die παλαιότατοι und ihre Götter die ältesten Kulturbringer.

485 Bar-Kochva (1996) 16f.; vgl. schon Jacoby (1943) 37: "wer in Aegypten über Aegypten schreibt, schreibt auch für die Ptolemaeer"; Nothers (1992) 284; Sterling (1992) 73/75; Dillery (1998) 258f.; Woschitz (2005) 145f. und Kaestli (2007) 132.

486 Gerade im Hinblick auf die schon von der griechischen Umwelt wahrgenommenen Bedeutung, die der mosaische Nomos für die jüdische Lebensführung hatte, ist dies wichtig; vgl. dazu Dillery (1998) 269: "... from the time of Herodotus at least, to the Greek imagination Egyptian society had been thought of as a highly regulated one ... and Hecataeus seems especially to have felt this".

487 In den Isishymnen Isidors wird Isis als Kulturbringerin gefeiert (vgl. den hymn. 1 über ihre ἔργα in der Welt [V, 3; ed. Vanderlip, S. 17]: ζωῆς εὑρέτρια πάσης [vgl. hymn. 2, 3f.; 3, 3f.] und 7f.: καὶ τέχνας ἀνέδωκας, ἵν' εὐσχήμων βίος εἴη | καὶ πάντων τε φύσιν εὐανθέα εὕρεο καρπῶν [vgl. schon Hekataios bei Diod. 1, 62]); vgl. zu diesen Äußerungen eines Ägypters, der in griechischer Manier auftritt, Vanderlip (1972) 23: "Isis' works ... bring men the basic gifts of civilized life: morality, laws and technology"; Baumgarten (1998) 201f. und Moyer (2016) 216f.

488 Die anschließenden Kapitel bieten Einblicke in einzelne Rechtsbereiche, etwa Meineid, Mord und Totschlag, falsche Anklage, Kriegs-, Militär- und Vertragsrecht, Medizin, Bestattung (vgl. 1, 91, 4; 1, 93, 1) und vieles andere mehr.

νόμοι – deren "Übertragung" (μεταφέρειν) nach Griechenland durch frühe Gesetzgeber er gleich mehrfach vermerkt[489]. Für seine Darstellung habe er solche νόμοι ausgewählt, die entweder durch ihre eigentümliche τάξις Nichtägyptern ungewöhnlich erscheinen dürften oder einen allgemeinen, über das Land Ägypten hinausgehenden Nutzen böten[490].

Aristobulos war in seiner Zeit freilich nicht der einzige, der das Theorem des Altersbeweises für die Geschichte des mosaischen Nomos erschloß. Zum Vergleich hat die neuere Forschung die Schriften zeitgenössischer jüdischer Autoren wie des Historikers Eupolemos (um die Mitte des zweiten Jahrhunderts) oder des schon genannten Artapanos[491] herangezogen: Dieser reklamierte für Moses die "Übergabe" vieler nützlicher Dinge an die Menschen (F 3, 4 Holladay; vgl. πολλὰ τοῖς ἀνθρώποις εὔχρηστα παραδοῦναι): Schiffe, Steinhebemaschinen, ägyptische Waffen, Bewässerungsvorrichtungen, Kriegsgerät – darunter auch die Philosophie[492]. "Artapanus' portrait has apologetic value as a response to the pagan charges that Jews had produced no figures who had made genuine

---

[489] Vgl. 1, 77, 5 über die schriftliche Lebensunterhaltserklärung, die von Solon im Anschluß an seine Reise nach Ägypten nach Athen "übertragen" worden sei (nach Hdt. 2, 177 [vgl. unten Anm. 856]); 1, 79, 4f. über Solons σεισάχθεια: δοκεῖ δὲ καὶ τοῦτον τὸν νόμον ὁ Σόλων εἰς τὰς Ἀθήνας μετενεγκεῖν und 1, 77, 9. Über das Problem, wie sich diese Darstellung mit jener verträgt, Solon habe erst im Anschluß an seine Nomothesie Athen verlassen, um Änderungen an seinen Gesetzen aus dem Weg zu gehen, und sei auf seiner Reise auch nach Ägypten gelangt (vgl. schon Herodot selbst 1, 29; *Athenaion Politeia* 11, 1 und Herakleides Lembos pol. 4 [ed. Dilts, S. 15] = Aristot. F 611, 4 Rose³), soll hier nicht gehandelt werden.

[490] Vgl. den Kommentar (in Diod. 1, 93, 4 [ed. Bertrac, S. 172]): κρατίστους δ', οἶμαι, τῶν νόμων ἡγητέον οὐκ ἐξ ὧν εὐπορωτάτους, ἀλλ' ἐξ ὧν ἐπιεικεστάτους τοῖς ἤθεσι καὶ πολιτικωτάτους συμβήσεται γενέσθαι τοὺς ἀνθρώπους. Das besondere Interesse der Griechen an ägyptischer Religion und Gerechtigkeit erhellt noch aus dem Satz, mit dem Diogenes Laertios im Prolog zu seinem Werk den kurzen Überblick über die ägyptische Philosophie einleitet (1 prol. 10 [ed. Long, vol. 1, S. 4 ~ Dorandi, S. 72f.]): τὴν δὲ τῶν Αἰγυπτίων φιλοσοφίαν εἶναι τοιαύτην περί τε θεῶν καὶ ὑπὲρ δικαιοσύνης ...

[491] Vgl. dazu Feldman (1960) 220 und (1993) 131f. 207f. 242f. 317; Thraede (1962) 1243; Vermes (1963) 66/74; Walter (1964) 45/51 und (1989) 397f.; Weinreich (1968) 138f.; Tiede (1972) 138/40. 146/77; Wendland (1972) 198/200; Wacholder (1974) passim; Timpe (1980) 71; Bartlett (1985) 56/71; van der Horst (1988) 532/40; Sterling (1992) 167/225; Riedweg (1994) 121; Hafemann (1995) 70; Holladay (1995) 208; Baltrusch (1998) 417f.; Collins (2000) 53/55 und (2005c) 45/49; Weber (2000) 61/65. 118[56]; Grabbe (2001b) 177f.; Römer (2003) 28/30; Gnilka (2005) 206; Woschitz (2005) 87f. u.ö.; Barbu (2010) 14/18 sowie Ego (2010b) 31/33; dazu jedoch die bedenkenswerte Kritik bei Bar-Kochva (2010) 518.

[492] Vgl. Holladay (1983) 232f.; Droge (1989) 28f. und Sterling (2007) 236. In den folgenden Kapiteln zeigt sich Moses überdies als überragender Militär und als Urheber der Nilschwemme (F 3, 28 Holladay).

contributions to humanity"⁴⁹³. Jener notierte, Moses sei der erste Weise überhaupt geworden und habe den Juden das Alphabet erfunden, von welchen es erst später die Phönizier und von diesen die Griechen übernommen hätten (F 1 Holladay)⁴⁹⁴. In der Tat: Daß ein Angehöriger der Kultur, für welche Vorrang postuliert wird, in eigener Sache ebendiesen Vorrang nachzuweisen sucht, ist nicht außergewöhnlich. Es waren ja nicht nur die Griechen, die den Barbaren höheres Alter zugestanden und sich selbst in ihre Abhängigkeit stellten⁴⁹⁵. Berossos hatte das Ziel verfolgt, alle menschliche Kultur und -technik auf babylonischen Ursprung zurückzuführen, nämlich auf die Erscheinung des Fischmenschen Oannes, der "im ersten Jahr"⁴⁹⁶ die Menschen in "all sorts of knowledge" unterwiesen habe, in Städte- und Tempelbau, Gesetzgebung, Geometrie und Grenzziehung, in Landverteilung, Pflanzung und Ernte von Früchten, also in "all those things conducive to a settled and civilized life"⁴⁹⁷, so daß danach

---

493 Holladay (1983) 233; vgl. Lefkowitz (1997) 245; Weber (2000) 73⁴⁹ und Bloch – Borgeaud – Römer – Smyth – Volokhine – Zamagni (2010) 31⁴².
494 Wichtig für die ganze Thematik ist die von Platon im *Phaidros* erzählte Geschichte vom Ursprung der Schrift in Ägypten (vgl. dazu mit Literatur Werner [2010] 187/93). Vgl. Sterling (2007) 235 (zur Chronologie bei Eupolemos) und unten Anm. 785 zu Moses als Gesetzgeber. Auch Eupolemos und Artapanos scheinen gegen Hekataios zu argumentieren: "... these writers also challenged Hecataeus' claim, that the Jews had derived their culture from Egypt" (Droge [1989] 8; vgl. 15f. zur Erfindung des Alphabets, welche Hekataios [bei Diod. 1, 16] Thoth ~ Hermes zugeschrieben hatte, sowie Tiede [1972] 147f.; Wacholder [1974] 79/81. 85/96; Schottroff [1983] 229; van der Horst [1988] 534f.; Collins [2000] 55 [zu Manetho]; Weber [2000] 70³⁴ und Barbu [2010] 19f.).
495 Erinnert sei in diesem Zusammenhang daran, daß Theophrast die Juden für φιλοσόφους τὸ γένος ὄντας gehalten hatte, die Ägypter aber für τοὺς λογιωτάτους πάντων (F 584 A Fortenbaugh, S. 422 und ähnlich S. 404; vgl. Stern [1976] 8; Sterling [2009] 67 und Bar-Kochva [2010] 15/39 mit den Verweisen). Außerhalb der Philosophie, in der Historiographie, schreibt Diodor diese Auffassung Ephoros zu (1, 9, 5 ~ 70 F 109 Jacoby). Vgl. auch oben S. 100 zu Numa und Pythagoras in Rom.
496 Vgl. zu dieser Zeitangabe Dillery (2015) 75: "The precision ... reflects the fact that we are in human time, despite Oannes' exotic appearance". 221: "The mythical is put on a temporal grid, or ... it becomes historical".
497 Verbrugghe – Wickersham (1996) 44. Vgl. Schnabel (1923) passim; Kuhrt (1987) passim; De Breucker (2003) 28f.; (2011) 649. 650f.; (2013) 25: "Berossos undoubtedly aimed to provide his Greek speaking audience and the new ruling elite in particular with a standard work on Babylonian history based on reliable sources. At the same time he wanted to impress them by showing that Babylonia had an age-old – and thus authoritative – culture. Moreover, he intended to place Babylonian culture in the new framework of the Hellenistic world, and to redefine it vis-à-vis the dominant Greek culture. Together with his contemporary, the Egyptian priest Manetho ..., Berossos was the first 'barbarian' historian of the Hellenistic period to act in this new political and cultural context" und im Kommentar zu F 1b De Breucker in *Brill's New*

keine weiteren Entdeckungen mehr gemacht werden mußten (F 1 Verbrugghe – Wickersham ~ F 1 De Breucker)[498]. Die Ägypter erhoben ebendiesen Anspruch, wie Herodot und Hekataios Abderites ausdrücklich betonen, für ihr eigenes Land. Aus den Spuren, auf denen sich im Land am Nil, in Phönizien und Babylonien solches Selbstbewußtsein bis in alte Zeit zurückverfolgen läßt[499], erhellt im übrigen, daß der Gedanke längst umlief, bevor die Griechen ihn mit sich nach Hause und in ihre Literatur brachten[500]. Außerdem war das chronologische Faktum, daß die jüdische Kultur älter war als die griechische, nicht als kühne Anmaßung des jüdischen Exegeten zu verstehen: Aus den Werken der proägyptischen Autoren Hekataios und Manetho war dies schon hervorgegangen[501]. Das

---

Jacoby (Nr. 680): "According to Berossos' chronological framework ... Oannes was much older than the culture heroes of Greece or even Egypt ... It is possible that Berossos took a stance in the Hellenistic debate about the priority of culture"; Haubold (2013b) 31f.; Lang (2013) 49; Moyer (2013) 229; Tuplin (2013) 189 und Dillery (2015) XXI.

498 Vgl. Dillery (2015) 77: "Oannes' wisdom has been carefully located in time and yet, in a sense, is timeless". Kulturgeschichtlich ist bedeutsam, daß Berossos ausdrücklich betont, daß sich bis in seine eigene Zeit ein Bildnis von Oannes erhalten habe (vgl. oben Anm. 290 zu den altertümlichen Bildnissen Homers).

499 Vgl. schon um 1370 vor Christus das Schreiben des Herrschers von Byblos, Rib-Abda, an den ägyptischen Pharao mit dem Eingeständnis, die Stadt sei eine ägyptische Gründung (vgl. dazu Johnson [2006] 75[98] mit Literatur), sowie aus dem elften Jahrhundert den auf Papyrus (in Moskau) erhaltenen Bericht einer Reise, die Wen-Amun vom Amuntempel in Karnak nach Byblos unternommen haben soll: Zakar-Baal, der Prinz von Byblos, bestätigt dem Ägypter gegenüber die Gründung aller Lande – zuerst freilich Ägyptens – durch Amun sowie die Herkunft von "craftmanship" und "learning" von dort (vgl. Wilson [1955a] 27). Übrigens bezeugt Herodot (2, 2) eine innerägyptische Debatte darüber, ob nicht die Phryger in Wahrheit älter seien als die Ägypter selbst (vgl. dazu die Vorbehalte bei Lloyd [1976] 9/11). Auch das, was Berossos in seinen *Babyloniaka* über die Unterweisung der Menschen in der Frühzeit berichtet, scheint auf alte Überlieferung zurückzugehen (vgl. Schnabel [1923] passim; Kuhrt [1987] 46; Verbrugghe – Wickersham [1996] 17 zu einer babylonischen Tafel aus Uruk, die einen Menschenlehrer vor der großen Sintflut bezeugt; Dillery [2007] 223; De Breucker [2013] 24f. und im Kommentar zu T 3; F 1a und 1b, 1 De Breucker in *Brill's New Jacoby* [Nr. 680]; Haubold [2013b] 32f. sowie Tuplin [2013] 178).

500 Was der Tatsache, daß nach Alexanders Eroberung seines Weltreichs das Theorem eine besondere politische Bedeutung erlangte, nichts an Wichtigkeit nimmt; vgl. dazu etwa van der Horst (1988) 529.

501 Vgl. Flav. Joseph. c. Apion. 2, 156 sowie Feldman (1993) 180. 429: "What is particularly important is that even the opponents of the Jews were ready to concede their antiquity" und Boys-Stones (2001) 67. Hekataios (bei Diod. 40, 3, 1f.) hatte dabei aus ägyptischen Quellen (vgl. Stern [1976] 29) die Darstellung übernommen, die Geschichte von Juden und Griechen habe einen entscheidenden Berührungspunkt in Ägypten: Nachdem in alter Zeit die Ägypter den Grund einer schweren Seuche darin erkannt hätten, daß ihr Land von vielen, unterschiedlichste religiöse Bräuche pflegenden Fremden bewohnt sei und sie selbst in diesem Völkergemisch die

Problem, das hohe Alter des mosaischen Nomos erst nachweisen zu müssen, stellte sich also nicht – worin ein gewichtiger Unterschied zum späteren Christentum liegt, das mit der Inkarnation des Worts in Jesus Christus als gleichsam 'junge', neue Religion in die Geschichte treten und als solche von paganer Seite in seiner Legitimität angegriffen werden sollte. Weiterhin: Das Unterfangen, den Altersbeweis auf das Argument chronologischer Priorität zu gründen und zugleich durch das Argument zu untermauern, der Vorrang der eigenen Kultur beruhe auf ursprünglicher göttlicher Offenbarung, findet sich nicht allein bei Aristobulos; gerade für den Prioritätsanspruch Ägyptens ist es konstitutiv. Schließlich läßt sich das Bestreben, den Altersbeweis überzeugend zu dokumentieren, nicht nur bei Aristobulos greifen. Daß überhaupt das Zusammenspiel von Alter und Schriftlichkeit im Altersbeweis als wichtig galt, erhellt aus Diodors Einleitung zu seinem Geschichtswerk (1, 9, 3): Nicht nur die Griechen, sondern auch viele der Barbaren forderten für ihr eigenes γένος die chronologische Priorität ein, indem sie sich als autochthon deklarierten, hielten zudem sich selbst unter allen Menschen für die ersten Erfinder der Dinge, die für das Leben nützlich seien, und erhöben den Anspruch, die bei ihnen geschehenen Taten seit längsten Zeiten schriftlich aufgezeichnet zu haben (vgl. ἐκ πλείστων χρόνων ἀναγραφῆς ἠξιῶσθαι)[502]! Hekataios legt noch stärkere Betonung als Herodot darauf[503], die ägyptischen Priester zögen zur Stützung ihrer Ansprüche

---

eigenen nicht mehr aufrechterhielten, hätten die Fremden das Land verlassen müssen. Eine Gruppe unter den ἀξιόλογοι ἡγεμόνες ... τῶν ἄλλων ἐπιφανέστατοι Danaos und Kadmos sei nach Griechenland, eine erheblich größere unter Moses, φρονήσει τε καὶ ἀνδρείᾳ πολὺ διαφέρων, nach Judaea gelangt (vgl. auch Diod. 1, 28 mit den Anmerkungen bei Diamond [1974] 222f.; Wacholder [1974] 79f.; Will – Orrieux [1986] 83f.; Bar-Kochva [1996] 28f. und [2010] 110/13; Berthelot [2003] 102/04; Gmirkin [2006] 45f.; van Kooten [2006] 110; Kaestli [2007] 136; Heckl [2009] 195[43]; Zamagni [2010] 165/67 sowie Moore [2015] 139). Schäfer (1997) 204 vertritt die Ansicht, daß die Griechen an dieser Stelle von Hekataios günstiger dargestellt werden als die Juden, die Schilderung also keineswegs wertfrei vorgetragen wird (vgl. ähnlich schon Gager [1972] 28 und dann Boys-Stones [2001] 62f.).

502 Vgl. auch 1, 28f.: Die für den ägyptischen Altersbeweis wichtige These, überall auf der Welt ließen sich bedeutende Völker und Städte als uralte Apoikien Ägyptens erweisen, fußt insbesondere auf dem Argument, in den politischen und religiös-kultischen νόμιμα ebendieser lasse sich die "Übertragung" (μεταφέρειν) ägyptischer nachweisen, so etwa in Argos, bei den Kolchern und den Juden die Beschneidung oder in Athen die ganze Ordnung (τάξις καὶ διαίρεσις) der Politeia. Vgl. zum Thema "translation of the cultural codes between cultures" zwischen Ägyptern und Griechen vgl. jetzt (mit neuerer Literatur) Rutherford (2016) 20f.

503 Und verbindet dies mit Kritik an seinem Vorgänger (vgl. dazu schon Jacoby [1943] 76f.; Sterling [1992] 69f. und Baumgarten [1998] 174). Ähnlich betont übrigens auch Manetho seinen Rückgriff auf einheimische Quellen (vgl. Sterling [1992] 126; Marincola [1997] 95/117; Dillery [1999] 98; Moyer [2013] 226f. sowie Dillery [2015] 205. 301. 303 u.ö.), und überhaupt werden

unterschiedlichste Quellen heran – in erster Linie natürlich die alten[504] Tempelschriften, mithin die heiligen Bücher der eigenen Religion, dazu aber auch Statuen griechischer Ägyptenreisender und Ortsnamen im Land, die auf ebendiese zurückgingen (bei Diod. 1, 96, 3 [s. unten S. 171]; vgl. auch 1, 44, 4 über die uralte Königsüberlieferung in den ἀναγραφαὶ ἐν ταῖς ἱεραῖς βίβλοις der Priester) – und kennten die griechische Literatur von ihren Anfängen, also von Orpheus und Homer, an bis in die Gegenwart hinunter, also bis Platon oder Eudoxos, ganz genau, so daß sie aus ihr heraus die Metaphern ägyptischer Weisheit vorzuführen wüßten[505].

Diesen Parallelen zum Trotz darf jedoch nicht übersehen werden, daß Aristobulos seinem Altersbeweis ein eigenes Profil verleiht. Erstens bindet er den Altersbeweis an eine einzige, namentlich identifizierte Person, an den von Gott inspirierten Propheten Moses, der, anders als etwa Oannes, der bei Berossos die Babylonier kultiviert, auch griechischen Autoren wie Hekataios Abderites unbe-

---

dort, wo es um Vorrang aus Alter geht, Quellenangaben nicht vernachlässigt. Einige Hinweise müssen hier genügen (vgl. schon oben S. 93f. zu Theophrast und zur *Athenaion Politeia*): Schon Herodot beruft sich in seiner Darstellung Ägyptens wiederholt auf alte, schriftliche und durch die Autorität einheimischer Priester besonders ausgezeichnete Quellen (vgl. dazu Rutherford [2016] 17). Ein eindrückliches Beispiel bietet Platons *Timaios* (21/25): Dort, wo Solon die Geschichte Altathens, also nicht die des Landes am Nil, sondern die seiner eigenen Stadt, bezeugen soll, zeigt er sich seinerseits unterwiesen – mündlich von ägyptischen Priestern, schriftlich von uralten ägyptischen Quellen jener Vorzeit (vgl. Baumgarten [1998] 175f. und Baltes [1999] 125f.). Berossos führt dann nach Hekataios und kurz vor Manetho seine Darstellung der uralten babylonischen Geschichte auf Quellen zurück, in denen sie mit großer Sorgfalt überliefert worden sei (vgl. F 1 Verbrugghe – Wickersham ~ F 1a und 1b, 1 De Breucker; dazu Schnabel [1923] passim; Kuhrt [1987] 46; Dillery [2007] 223; De Breucker [2011] 643/47 und [2013] 24f.; Haubold [2013b] 32f.; Moyer [2013] 226 sowie Tuplin [2013] 178).
504 Das Alter der heiligen Überlieferungen selbst wird dabei besonders hervorgehoben; vgl. z.B. über den Tod des Osiris (aus Diod. 1, 21, 1 [ed. Bertrac, S. 54]): τῶν δ' ἱερέων περὶ τῆς 'Οσίριδος τελευτῆς ἐξ ἀρχαίων ἐν ἀπορρήτοις παρειληφότων ...
505 Vgl. aber schon Plat. Tim. 22b/c und 23a, wo ein alter ägyptische Priester die uralten, in Ägypten noch erhaltenen Überlieferungen der jungen griechischen Kenntnis der Vergangenheit gegenüberstellt und deren schriftliche Aufzeichnung in den Tempeln besonders würdigt (πάντα γεγραμμένα ἐκ παλαιοῦ τῇδ' ἐστὶν ἐν τοῖς ἱεροῖς καὶ σεσωσμένα) – im Gegensatz zu der kurzen Schriftgeschichte der Griechen. Auch aus den späteren Zeugnissen (etwa Strab. 17, 1, 29) für die Überlieferung, Platon und Eudoxos hätten in Ägypten studiert und von dort astronomisch-kalendarische Kenntnisse erworben, erhellen das Selbstbewußtsein und der Stolz, aus welchem heraus ägyptische Ansprüche formuliert werden konnten (vgl. Dörrie [1990] 441f. 443: "Aus Platon spricht nichts Eigenes, aus ihm spricht die βάρβαρος σοφία, die eigentlich den ewig unmündigen Griechen verborgen bleiben sollte").

stritten eine historische Größe ist⁵⁰⁶. Aristobulos redet in erster Linie der Priorität der mosaischen Weisheit, die in der jüdische Hairesis bis in die Gegenwart wirke, das Wort, nicht derjenigen eines Lands oder eines Volks. Solch individuelle Konzentration ist auch bei anderen jüdischen Autoren des Hellenismus, die Moses besonderen Rang einräumen, anzutreffen, dem ägyptischen Altersbeweis aber mit seiner Rückführung auf die Götter und die ägyptischen Priester fremd. Zugespitzt wird diese Argumentation nicht zuletzt auch dadurch, daß von dem einen Moses auf der Seite der Griechen eben eine Vielzahl von κατακολουθοῦντες unterschiedlichster Epochen der Poesie und Prosa abhängt, ohne daß sich ein besonders herausgehobener Konkurrent profilieren ließe. Zweitens: Mose Weisheit ist in einem einzigen Dokument, der schriftlichen καθ' ἡμᾶς νομοθεσία, verfaßt und – anders als die Unterweisungen ⁵⁰⁷eines Fischmenschen oder die in Hieroglyphen geschriebenen, in Tempeln verwahrten und nur durch die Instruktion kundiger Priester vermittelten Lehren der Ägypter – als Buch zugänglich, welches zumal ins Griechische übersetzt worden sei⁵⁰⁸. Erst bei

---

506 Vgl. auch oben S. 92f. zu Poseidonios, der Moses genaue Kenntnis der griechischen Religion zuschreibt!

507 Gleichwohl ist bemerkenswert, daß auch Berossos für Oannes annimmt, er habe die Menschen einerseits die Schrift gelehrt, andererseits die eigenen Weisungen nicht nur verkündet, sondern auch aufgeschrieben (vgl. dazu Dillery [2015] 222/24). Die Frage nach irdischer Autorschaft an göttlicher Botschaft, welche unten für Moses noch zu erörtern sein wird, stellte sich der Babylonier also auch für seinen Fischmenschen.

508 Auch sonst wird gerade in Ägypten die Übersetzung heiliger Schriften ins Griechische diskutiert. Das spätere *Corpus Hermeticum* bietet hierfür aufschlußreiche Zeugnisse. So heißt es im dreizehnten Kapitel des zwölften Traktats zur Unterscheidung von innerem Logos und Sprache (ed. Nock – Festugière, vol. 1, S. 179): ἀλλὰ καὶ τῶν ἀνθρώπων, ὦ πάτερ, ἕκαστον κατὰ ἔθνος διάφορος ὁ λόγος; διάφορος μέν, ὦ τέκνον, εἷς δὲ ὁ ἄνθρωπος· οὕτω καὶ ὁ λόγος εἷς ἐστι καὶ μεθερμηνεύεται καὶ ὁ αὐτὸς εὑρίσκεται καὶ ἐν Αἰγύπτῳ καὶ Περσίδι καὶ ἐν Ἑλλάδι. Der Eingang des sechzehnten Traktats behandelt ausführlich – auf Griechisch (vgl. dazu Dillery [2015] XXII)! – die Frage, ob er selbst, gültige Offenbarung des Gottes, ins Griechische übersetzt werden dürfe. Hermes habe davor gewarnt, seine geheimnisvollen Bücher würden durch größte Verdrehung und Unklarheit (μεγίστη διαστροφή τε καὶ ἀσάφεια) gänzlich unverständlich, wenn die Griechen sie später in ihre eigene Sprache übersetzen sollten. Im Ägyptischen jedoch sei der Sinn der Wörter eindeutig ausgedrückt. Der angesprochene König Amun solle also eine griechische Übersetzung verhindern (ed. Nock – Festugière, vol. 2, S. 231f.): ... ἵνα μήτε εἰς Ἕλληνας ἔλθῃ τοιαῦτα μυστήρια, μήτε ἡ τῶν Ἑλλήνων ὑπερήφανος φράσις καὶ ἐκλελυμένη καὶ ὥσπερ κεκαλλωπισμένη ἐξίτηλον ποιήσῃ τὸ σεμνὸν καὶ στιβαρόν, καὶ τὴν ἐνεργητικὴν τῶν ὀνομάτων φράσιν. Ἕλληνες γάρ, ὦ βασιλεῦ, λόγους ἔχουσι κενοὺς ἀποδείξεων ἐνεργητικούς, καὶ αὕτη ἐστὶν Ἑλλήνων φιλοσοφία, λόγων ψόφος. ἡμεῖς δὲ οὐ λόγοις χρώμεθα, ἀλλὰ φωναῖς μεσταῖς τῶν ἔργων (vgl. dazu Baumgarten [1998] 220f. und Tagliaferro [2004] 294). Ähnliche Vorbehalte gegen Übersetzungen heiliger Schriften formuliert später, mit Bezug auf Ägypten, der Platoniker Jamblich (myst. 7, 5; dazu Tagliaferro [2004] 295f. und mit Literatur

Strabon findet sich die Überlieferung (17, 1, 29), daß noch Platon und Eudoxos den auf Geheimhaltung ihrer Weisheit bedachten ägyptischen Priestern die astronomisch-kalendarischen Kenntnisse nur mit Mühe, über lange Zeit hinweg und bloß teilweise entlocken konnten. Die genaue Berechnung des Jahres – wie auch vieles andere! – sei den Griechen verborgen geblieben, bis erst jüngere Astrologen jene Kenntnisse bekommen hätten von Leuten, welche die Aufzeichnungen der Priester ins Griechische übersetzt hätten (παρὰ τῶν μεθερμηνευσάντων εἰς τὸ Ἑλληνικὸν τὰ τῶν ἱερέων ὑπομνήματα)[509]! Dieser Fokus auf die schriftliche Nomothesia Mose unterscheidet den Exegeten Aristobulos zudem auffällig von den anderen jüdischen Autoren des zweiten Jahrhunderts, die den Altersbeweis bemühen[510]; der *Aristeasbrief* sollte später darauf reagieren. Und Aristobulos widersteht, drittens, der Versuchung, auf Moses entweder gleich die menschliche Kultur insgesamt zurückzuführen oder ihn als Erfinder zumindest bestimmter einzelner Kulturtechniken und -errungenschaften zu feiern. Davon ist überhaupt nicht die Rede, ebensowenig von Einfluß auf frühgriechische Gesetzgeber wie Lykurg[511] oder Solon. Der Exeget beschränkt seinen Altersbeweis vielmehr ganz auf den Bereich[512], der ihm hier am wichtigsten ist: den der umfassenden Theologie, nach griechischem Verständnis den der Philosophie. Eher als bescheiden[513] ist solche Beschränkung pointiert zu nennen, geht es Aristobulos damit doch um fundamentale Erkenntnisse, nach welchen

---

Mülke [2008] 124f. 234), während sich bei dessen Lehrer Porphyrios und im Oxyrhynchospapyrus 1381 (zweites nachchristliches Jahrhundert), in dem die göttlich inspirierte Übersetzung eines religiösen Texts aus dem Ägyptischen ins Griechische trotz verschiedenster Veränderungen gegenüber der Vorlage gerechtfertigt wird, eine andere Haltung zeigt (dazu oben S. 32f.; Mülke [2008] 172 und Quack [2016] 279). Vgl. auch den Prolog des biblischen Weisheitsbuchs *Sirach*.

509 Vgl. zu dieser Stelle Dörrie (1990) 443. Strabons Quelle ist ebenso unbekannt wie jene Übersetzungen selbst; Georgios Synkellos schreibt später auch solche Versionen aus dem Ägyptischen dem Ptolemaios II. Philadelphos zu, also demselben König, der die Septuaginta gefördert haben soll (vgl. dazu Radt [2009] 458).

510 Vgl. dazu van der Horst (1988) 544 und Collins (2000) 54 zu Artapanos, der unter all jenen Errungenschaften, welche Moses zugeschrieben werden könnten, "the giving of law" gerade nicht nennt.

511 Den Eratosthenes, wohl auf spartanischen Quellen fußend, immerhin als Fixpunkt seiner Chronographie berücksichtigt hatte (vgl. schon oben S. 94/96 und dazu Geus [2002] 315f.).

512 Vgl. Veltri (2006) 92f., der allerdings den diesbezüglichen Unterschied etwa zu Artapanos unterschlägt. Bei diesem taucht die Philosophie nur als eine unter vielen Lehren Mose auf (vgl. schon Tiede [1972] 148[74]; Holladay [1977] 223).

513 Dadurch, daß solche Beschränkung anderen, auch den Griechen, die Möglichkeit, eigene Heuremata zu postulieren, beläßt; vgl. zu einer ähnlichen Haltung bei den späteren Christen Clemens und Origenes Boys-Stones (2001) 189/92. 195f.

strebend sich die Philosophen und Dichter Griechenlands der mosaischen Offenbarung Gottes zuwandten. Ausführungen wie jene des Alexandriners Hermippos über die pythagoreischen Anleihen von den Juden, die ja implizit die chronologische Priorität jüdischer "Philosophie" voraussetzen, macht sich dieser Altersbeweis wirksam zunutze, übertrifft sie jedoch, ebenso wie die wenigen anderen zeitgenössischen Äußerungen über die Begegnung griechischer Gelehrsamkeit mit den Juden[514], indem die Abhängigkeit der Griechen nicht mehr auf einzelne Philosophen oder Dichter beschränkt bleibt.

Zwar polemisiert Aristobulos an keiner Stelle der erhaltenen Fragmente offen gegen die Ägypter; über das chronologische Verhältnis zwischen der ägyptischen und der mosaischen Weisheit läßt er sich gar nicht aus. Und doch kann kein Zweifel daran bestehen, daß er vor den Griechen, deren Rezeption des mosaischen Nomos erwiesen werden soll[515], sowohl die Gesamtanlage des jüdischen Altersbeweises als auch die Durchführung seiner Einzelheiten gegen den ägyptischen richtet[516], und zwar auf dem Weg der Aussparung und des Ersatzes: Ohne Ägyptisches überhaupt nur zu erwähnen, ersetzt Aristobulos es in dem Gerüst typischer Argumente durch Moses und seine Nomothesia an jenen Stellen, an denen es bei den maßgeblichen Vertretern des ägyptischen Altersbewei-

---

514 So etwa in jener Geschichte, die Klearchos von Soloi (bei Flav. Joseph. c. Apion. 1, 177/81) über die Begegnung des großen Aristoteles mit einem weisen und besonnenen Juden erzählt (vgl. mit der Literatur Labow [2005] 192f.; Sterling [2009] 68; Bar-Kochva [2010] 40/89 und Tsitsiridis [2013] 60 sowie schon oben Anm. 245). In dieser Geschichte dürfen zwei Details nicht übersehen werden: Zum einen soll Aristoteles die geistige Abstammung der Juden von den ἐν Ἰνδοῖς φιλόσοφοι hervorgehoben, zum anderen ausdrücklich betont haben: Ἑλληνικὸς ἦν [sc. jener Jude] οὐ τῇ διαλέκτῳ μόνον, ἀλλὰ τῇ ψυχῇ. Bar-Kochva (2010) 53 hält mit Recht fest, daß das aristotelische Lob "does not arise from any superiority of the wisdom of the Jew, however, but from the very fact that a member of a 'barbarian' nation, whose native land was remote and whose language was peculiar, had managed to acquire Greek speech and learning". Nur in dieser Hinsicht liegt zum Altersbeweis, den Aristobulos entwirft, eine Verbindung in der Geschichte – Juden beherrschten, auch nach griechischer Überlieferung, schon im vierten Jahrhundert, also vor der Ankunft Alexanders, die Sprache der Griechen und waren mit ihrer Philosophie eng vertraut. Was der griechische Autor Megasthenes in seinen *Indika* (Ende des vierten oder Anfang des dritten vorchristlichen Jahrhunderts, vgl. Bosworth [2003] 313/18) über τὰ περὶ φύσεως εἰρημένα der Griechen, Brahmanen und Juden sagt (bei Clem. strom. 1, 15, 72), gibt für den Gedanken chronologischer Priorität, *pace* Holladay (1995) 208, nichts her, sondern hält nur Ähnlichkeiten fest; vgl. Bar-Kochva (2010) 156: "There is no intimation in the fragment that the philosophy of the Jews preceded that of the Greeks". Der Gott Dionysos erscheint bei Megasthenes als "originator of Indian civilisation" (Bosworth [2003] 308. 310f.).
515 Vgl. Mélèze Modrzejewski (1993) 86; anders Feldman (1996) 252.
516 Vgl. zu den allgemeinen Hintergründen schon Heinemann (1933) 367.

ses auftaucht⁵¹⁷. Daß Aristobulos dabei Kernelemente des Theorems, wie z.B. die Reisen in das Land der älteren Kultur, ausklammert, beiwege einzelnen Hypothesen, welche die proägyptische Literatur über die Juden verbreitet hatte – etwa diejenige, Moses sei in Wahrheit ein ägyptischer Priester gewesen –, implizit widerspricht und seine Ersatzfassung in ein Netz zahlreicher Bezüge auf die griechische Überlieferung einspannt⁵¹⁸, macht aus seiner "Metapher" des Theorems ein Paradebeispiel kulturellen Transfers⁵¹⁹.

---

517 Immerhin sollen, nach griechischer Überlieferung, die ägyptischen Thebaner behauptet haben (Diod. 1, 50, 1 [ed. Bertrac, S. 105]): ἑαυτοὺς ἀρχαιοτάτους εἶναι πάντων ἀνθρώπων καὶ παρ' ἑαυτοῖς πρώτοις φιλοσοφίαν τε εὑρῆσθαι καὶ τὴν ἐπ' ἀκριβὲς ἀστρολογίαν! Einen ähnlichen Aussparungsvorgang zeigt Schwemer (2011) 11f. an der Jeremialegende der *Vitae prophetarum* auf, nach welcher Alexander der Große in Ägypten nicht zum Grab des Osiris oder dem des Proteus ging, sondern zu dem des Propheten Jeremia in Taphnas.

518 Aristobulos kam dabei entgegen, daß die Anerkennung des ägyptischen Vorrangs unter den bedeutendsten griechischen Autoritäten nicht einhellig war, diese kulturgeschichtliche Konstruktion vielmehr auch abgelehnt oder zumindest eingeschränkt werden konnte. So bemerkt Dörrie (1973) 99 zu Platon (vgl. z.B. Phileb. 18b/c; Tim. 21/26; nom. 656f. 747c/d über die ἀνελευθερία, die von einem schlechten Gesetzgeber herrühren könnte. 798f.; Phaidr. 274f. und oben S. 111f. zur *Epinomis*): "Platon hat nicht selten seine Bewunderung für das Wissen und für die uralten Überlieferungen der Ägypter ausgesprochen – eine Bewunderung, der sich freilich nicht wenig Kritik beimischt" (vgl. Froidefond [1970] 267/342; Dörrie [1972] 149. 153f.; Wilke [1997] 203/06; Baltes [1999] 125f.; Boys-Stones [2001] 27³³; Erler [2001] 317/19; Hartog [2002] 217/19; Schöpsdau [2003] 349 und Jeck [2004] 26f.; ähnlich zu Isokrates auch Froidefond [1970] 231/66; Eucken [1983] 176/95 und oben Anm. 390 sowie zu Polybios unten Anm. 611). Aristoteles vertritt in seiner Schrift Περὶ φιλοσοφίας die Ansicht (F 6 Rose³ ~ Diog. Laert. 1 prol. 8; dazu Flashar [2006] 133), die μάγοι seien älter als die Ägypter; später hingegen optiert er, wenn auch nicht vorbehaltlos, für letztere, ohne daß er sie deshalb für alle bedeutenden Kulturleistungen verantwortlich macht (vgl. z.B. pol. 1329b32f. [ed. Ross, S. 229]: οὗτοι γὰρ ἀρχαιότατοι μὲν δοκοῦσιν [!] εἶναι, νόμων δὲ τετυχήκασιν ἀεὶ καὶ τάξεως πολιτικῆς und meteor. 352b20f. [ed. Louis, S. 46]: οὓς γάρ φαμεν [!] ἀρχαιοτάτους εἶναι τῶν ἀνθρώπων Αἰγυπτίους sowie Boys-Stones [2001] 27³³, der mit Recht festhält, daß Aristoteles grundsätzlich einen "progressive view of Greek philosophy" vertritt, und Mueller-Goldingen [2016] 234/36). Anders als die Tradition, Homer stamme von der Westküste Kleinasiens und habe in Ägypten gelernt, nahmen bedeutende hellenistische Wissenschaftler, darunter offenbar selbst Aristarch, an, der Dichter sei Athener gewesen. Er habe daher in gehobenem, korrektem Attisch gedichtet, und auch seine religiösen Auffassungen seien athenischer Herkunft (vgl. dazu mit den Quellen Pfeiffer [1978] 278f.; Heath [2009] 264; Pontani [2011] 91f. und Rengakos [2011] 169). Bemerkenswert ist in diesem Zusammenhang auch die schon erwähnte Schrift Βίος Ἑλλάδος Dikaiarchs von Messene: Der Aristotelesschüler, der die Griechen die Kulturleistungen fremder Völker übernehmen sieht, entwirft zugleich die Idee, im goldenen Zeitalter hätten die Menschen in Glück und Frieden gelebt, von der reichspendenden Erde, ohne falschen Besitz und Krieg – natürlich auch in Griechenland (vgl. den längeren Auszug bei Porphyr. abst. 4, 2 ~ F 49 Wehrli = F 56A Mirhady sowie Varro rust. 1, 2, 15; 2, 1, 3; dazu Baldry [1965] 146f. und Ax [2001] 283/86). Dioge-

Das Anliegen des jüdischen Exegeten, den kultur- und religionsgeschichtlichen Vorrang Ägyptens in Frage zu stellen, wird dann verständlicher, wenn auch die ägyptische Seite näher betrachtet wird[520]: Im dritten Jahrhundert hatte der ägyptische Priester und königliche Ratgeber Manetho, der mit dem ptolemäischen Hof vor allem bei der Einführung des Serapiskults zusammenwirkte[521], eine auf Griechisch verfaßte und an König Ptolemaios II. Philadelphos adressierte Schrift publiziert, in welcher er selbst einerseits jenen Vorrang[522] der ägyptischen vor

---

nes Laertios resümiert später (1 prol. 1/3 [ed. Long, vol. 1, S. 1 ~ Dorandi, S. 67f.]): τὸ τῆς φιλοσοφίας ἔργον ἔνιοί φασιν ἀπὸ βαρβάρων ἄρξαι [es folgt ein Namenskatalog] ... Αἰγύπτιοι μὲν γὰρ Νείλου γενέσθαι παῖδα Ἥφαιστον, ὃν ἄρξαι φιλοσοφίας, ἧς τοὺς προεστῶτας ἱερέας εἶναι καὶ προφήτας ... λανθάνουσι δ' αὐτοὺς τὰ τῶν Ἑλλήνων κατορθώματα, ἀφ' ὧν μὴ ὅτι γε φιλοσοφία, ἀλλὰ καὶ γένος ἀνθρώπων ἦρξε, βαρβάροις προσάπτοντες [vgl. auch im folgenden über die frühesten griechischen Denker] ... Doch auch außerhalb der Philosophie zeigt sich das Bestreben, die griechische Geschichte in möglichst ferne Vergangenheit zurück zu dokumentieren: Im berühmten *Marmor Parium* (aufgestellt 264-263 vor Christus) ist die Herrschaft des ersten athenischen Königs Kekrops in die Anfänge des 16. Jahrhunderts datiert (234 A 1 Jacoby). Aus Paus. 1, 14, 2 geht hervor, daß Dispute um höheres Alter auch die Rivalität zwischen griechischen Poleis, etwa Argos und Athen, betrafen (vgl. dazu Bickerman [1952] 80[81] und mit weiteren Stellen van Groningen [1953] 9f. sowie Hall [2002] 30/36). Zu berücksichtigen wären in diesem Zusammenhang auch solche Ausprägungen des Mythos, in welchen einzelne Poleis Ansprüche auf Autochthonie oder gar "Erdgeburt" erhoben (vgl. etwa zu Athen Loraux [2000] passim und Zacharia [2003] 56/65 sowie allgemeiner Hall [2002] passim).
519 Vgl. im ganzen anders Boys-Stones (2001) 76/85, welcher der Frage nach dem Alter des Nomos bei Aristobulos keine besondere Bedeutung zumißt, obschon er festhält: "... the Jews did develop early on the argument that the Gentiles at large and the Greeks in particular owed much to the Jews for their own philosophical and cultural development; but they did not even do this in order to prove the *antiquity* of the Jews, or assert the corruption and youth of the Greeks measured against the standard they provided". Tatsächlich mußte das Alter des mosaischen Nomos, das die Griechen ja anerkannten, nicht bewiesen werden; die Abhängigkeit der Griechen von ebendiesem Nomos und nicht von der ägyptischen Weisheit zu postulieren basiert aber unbedingt auf der chronologischen Voraussetzung.
520 Vgl. Gabba (1989) 624 und Gehrke (2004) 57.
521 Vgl. Walter (1964) 43; Gager (1972) 114; Stern (1976) 62/65; Koenen (1983) 145. 148; Bickerman (1988) 104; Gabba (1989) 630/33; Feldman (1993) 52; Hölbl (1994) 29. 93; Schäfer (1997) passim; Gruen (1998b) 102f.; Sterling (1992) 117/35; Huß (1994a) 123/29; Verbrugghe – Wickersham (1996) 95/120; Dillery (1999) passim; (2007) 225/28; (2015) IX u.ö. und (2016) passim; Berthelot (2003) 94f.; Stephens (2003) 14; Collins (2005c) 50/57; Labow (2005) 58/70; Siegert (2005a) 206 und (2008) 1, 34; Gmirkin (2006) 37. 170/214; Schimanowski (2006) 5/13; Barclay (2007a) 335/38; Pfeiffer (2008c) passim; Rajak (2009) 83. 262f. (mit Literatur); Dielemann – Moyer (2010) 442; Volokhine (2010) 199/203; Lloyd (2011) 96f.; Moyer (2011a) 84/141 und (2013) 215 sowie Aufrère (2012) passim.
522 Vgl. etwa Kasher (1986) 328; Sterling (1992) 133; Burstein (1996) 600f.; Stepens (2003) 46; Rösel (2008) 98f. und Schenker (2010) 28. Wie Hekataios erhob Manetho den Anspruch, die

der griechischen Kultur erneut herausstellte, andererseits die Juden und ihre Vorfahren im Land in ein solches Licht rückte, daß die neuere Forschung in ihm einen bedeutenden Exponenten der in Ägypten schon seit dem fünften Jahrhundert existierenden Spannungen[523] zwischen der eingesessenen Bevölkerung und den Juden erkennt: "Der Kern der judenfeindlichen Legenden vom Ursprung des jüdischen Volkes ist, daß ein aussätziges, boshaftes Volk aus Ägypten vertrieben wurde und die Religionsvorschriften des Moses die jüdische Reaktion auf diese Vertreibung war"[524]. Daß diese "counter history" gegen die biblische *Exodus* die zeitgenössischen Juden nicht unerheblich traf, erhellt prominent schon aus der Septuaginta: Im hebräischen Text von Exod. 4, 6f. heißt es von Moses, er habe auf Geheiß des Herrn seine Hand in den Gewandbausch gesteckt – und als er sie wieder herausgezogen habe, da sei sie aussätzig wie Schnee gewesen; die griechische Übersetzung hingegen tilgt die Erwähnung des Aussatzes und formuliert (ed. Rahlfs, vol. 1, S. 91): καὶ ἐξήνεγκεν τὴν χεῖρα αὐτοῦ ἐκ τοῦ κόλπου αὐτοῦ καὶ ἐγενήθη ἡ χεὶρ αὐτοῦ ὡσεὶ χιών – "the modification presupposes an expectation that the Greek Exodus would be

---

griechische Autorität Herodot korrigieren zu wollen (ed. Waddell, S. 78): πολλὰ τὸν Ἡρόδοτον ἐλέγχει τῶν Αἰγυπτιακῶν ὑπ' ἀγνοίας ἐψευσμένον (vgl. dazu auch Mendels [1990] 93f.; Burstein [1996] 597f.; Dillery [1999] 97f. und [2015] 24f.; Labow [2005] 74; Aufrère [2012] 341/43 sowie Jacobs [2013] 123).

523 Flavius Josephus sollte sich später mehrfach über das schwierige Verhältnis von Juden und Ägyptern äußern; insbesondere sah er den Ursprung antijüdischer Schmähungen eben in Ägypten (vgl. c. Apion. 1, 70. 223f., mit der folgenden Aufzählung der Gründe, darunter auch des Gegensatzes zwischen jüdischer Religion und ägyptischem Tierkult; vgl. auch Sap. 14, 15/21 mit 15, 14/19 sowie Yoyotte [1962] 14/17; Berthelot [2000] 213 mit mehreren Stellen aus Philon; Barclay [2007a] 129f. und Aufrère [2012] 340[109]).

524 Baltrusch (1998) 415. Vgl. dazu Graetz (1888) 35f.; Yoyotte (1962) 15f.; Vermes (1963) 64/66; Waddell (1964) passim; Sevenster (1975) 184/88; Stern (1976) 62. 64; Kasher (1985) 327/33; Aziza (1987) 46/55; Mendels (1990) 108/10; Mélèze Modrzejewski (1991) 113f.; Huß (1994b) 19; Burstein (1996) 601[47]; mit wichtigen Anmerkungen zu Manethos Quellen Schäfer (1997) passim und (2010a) 34/39. 237/45; Assmann (1998) 56/72; Raspe (1998) passim; Malitz (2001) 68f.; Kreuzer (2004) 69f. und (2007) 40; Siegert (2005a) 206/09; Woschitz (2005) 88f.; Gmirkin (2006) 170/214; Schimanowski (2006) 48/51 u.ö.; Barclay (2007b) 371/75; Rajak (2009) 262; Bar-Kochva (2010) 8. 329/33. 519; Ego (2010b) 34f.; Perdue (2011) 126f. sowie Nirenberg (2015) 32f. Eine ursprünglich eher neutrale Haltung Manethos gegenüber den Juden, die schon Heinemann (1931) 27 annahm, postulieren wieder Feldman (1996) 269 (mit Literatur; vgl. aber [1987-1988] 194/96 und [1993] 128. 151. 237. 532[10]) sowie Gruen (1998a) 54f. und (1998b) 102/05, der überhaupt die Annahme ägyptischer Vorbehalte und "counter histories" gegen die Juden in Zweifel zieht; vgl. auch Davies (2001a) 114/28; Berthelot (2003) passim; Collins (2005c) 50/57; Volokhine (2010) 209f. und Aufrère (2012) 339/41, der Manetho auf ägyptophobe Stereotypen antworten sieht.

noticed by potentially hostile critics, an expectation real enough to call forth a decisive response. The response may seem to be minor, but to change even a word of scripture was not a small thing"⁵²⁵. Gerade diese Version bestätigt auch der jüdische Dichter Ezechiel in seinem oben schon erwähnten Drama⁵²⁶, indem er den Wortwechsel zwischen Gott und Moses folgendermaßen in Verse faßt (F 12, 13/15 Holladay):

(Gott:)   ἔνθες δὲ χεῖρ' εἰς κόλπον ἐξένεγκέ τε.
(Moses:) ἰδοὺ τὸ ταχθέν, γέγονεν ὡσπερεὶ χιών.
(Gott:)   ἔνθες πάλιν δ' εἰς κόλπον, ἔσται δ' ὥσπερ ἦν.

(Gott:)   Steck aber eine Hand hinein ins Gewand, und zieh sie wieder heraus!
(Moses:) Siehe, wie befohlen – sie ist nun gleich wie Schnee!
(Gott:)   Steck sie wieder hinein ins Gewand, und sie wird sein, wie sie war.

In Ies. 19, 25 hingegen, im Kontext der großen Ägyptenvision, zeigt sich gegenüber der Vorlage: "Gesegnet sei Ägypten, mein Volk, und Assur, meiner Hände Werk, und Israel, mein Erbteil" in der griechischen Übersetzung eine signifikante Abweichung (ed. Rahlfs, vol. 2, S. 591): εὐλογημένος ὁ λαός μου ὁ ἐν Αἰγύπτῳ καὶ ὁ ἐν Ἀσσυρίοις καὶ ἡ κληρονομία μου Ἰσραηλ⁵²⁷.

Aufschlußreich sind schließlich solche Stellen der zeitgenössischen jüdischen Literatur, an denen einerseits der Vorrang Mose vor der ägyptischen Weisheit betont, andererseits aber scheinbar ein "Ausgleich von Differenzen" unternommen wird⁵²⁸: So erscheint bei Artapanos Moses zwar als erster großer

---

525 Rajak (2009) 263; vgl. Vermes (1963) 64; Jacobson (1983) 106 und Gmirkin (2006) 212.
526 Vgl. Jacobson (1983) 106; Holladay (1989) 469: "Possibly the reference to leprosy is omitted because of the antisemitic polemic, as e.g., in Manetho" und Lanfranchi (2006) 212.
527 Baltzer – Kabiersch – Koenen – van der Kooij – Wilk (2011) 2555 weisen die Auffassung zurück, hier liege eine prinzipielle "judaistische Verengung" vor; gleichwohl entzieht die griechische Übersetzung Ägypten und Assur den unmittelbaren Segen Gottes.
528 Philon bezeugt später (vgl. etwa spec. 2, 145/48 u.ö.), daß der Auszug aus Ägypten auch übertragen gedeutet werden konnte (Hinweis Stefan Seiler). Zum Vergleich wären noch heranzuziehen die zahlreichen genealogischen Konstruktionen, mit denen die Juden selbst ihr Verhältnis zu den Nachbarn in ferner Vergangenheit zu klären suchten, so etwa mit den Griechen oder mit den Chaldäern, die z.B. von Philon oder Flavius Josephus als eigene Vorfahren angesehen werden. Die Zeugnisse solcher "kinship relations", welche Gruen (2009) passim in zahlreichen Beispielen vorführt, sind schwer zu datieren, entstammen aber teilweise demselben Zeitraum wie Aristobulos (vgl. auch Bloch [2011] 130/32 zu Ps.-Eupolemos. 135/40 zu Artapanos); vgl. auch Hagedorn (2011) 310 zu der in dieser Hinsicht aufschlußreichen Völkertafel in Gen. 10.

Kulturstifter der Menschheit, seine Ordnung Ägyptens aber habe sich nicht nur auf die Nomengliederung des Landes bezogen, sondern auch auf die Einrichtung der religiösen Verhältnisse in den einzelnen Nomen – Begründung des Tierkults sowie Übergabe der heiligen Schriften an die Priester eingeschlossen! –, mit dem Ziel, die damalige Herrschaft des Chenephres zu stabilisieren (F 3, 4 Holladay). Wenn Artapanos nur wenig später (F 3, 21f. Holladay) unmißverständlich klarstellt, daß Moses selbst nur Gott anbetete, die Kollaboration mit Chenephres schon bald zu einem kriegerischen Ende kam und zur Befreiung der Juden aus Ägypten führte, erweist sich hier, sei es aus jüdischer, sei es aus griechischer Sicht[529], mit der Rückführung des ägyptischen Tierkults auf Moses der Abstand zwischen dem jüdischen Nomotheten und der ägyptischen Religion wohl nur scheinbar verringert[530]. Im *Aristeasbrief* hingegen, in welchem an verschiedenen Stellen die jüdische Abneigung gegen die ägyptische Religion und Kultur anklingt[531], schreibt der in Wahrheit jüdische Autor des Texts gleich zu Beginn an seinen Adressaten Philokrates (6 [ed. Pelletier, S. 102. 104]): καὶ πρότερον δὲ διεπεμψάμην σοι περὶ ὧν ἐνόμιζον ἀξιομνημονεύτων εἶναι τὴν ἀναγραφήν, ἣν μετελάβομεν παρὰ τῶν κατὰ τὴν λογιωτάτην Αἴγυπτον λογιωτάτων ἀρχιερέων περὶ τοῦ γένους τῶν Ἰουδαίων – eine an Herodot (2,

---

529 Die alte Debatte (vgl. Holladay [1977] 201/04; Feldman [1993] 208; Weber [2000] 60 mit Literatur in der Anm. 11 und Collins [2005c] 45/49), ob Artapanos überhaupt Jude war, ist noch nicht abgeschlossen (vgl. die Einwände bei Jacobson [2006] passim [mit Literatur]). Zellentins (2008) passim These, Artapanos fordere, gerichtet vor allem an "Greco-Egyptian military officers and governors", zu einem neuerlichen Auszug aus Ägypten auf, kann hier nicht diskutiert werden. Vgl. auch Nirenberg (2015) 40f. mit der Annahme, Artapanos bewahre eine günstige ägyptische Überlieferung über Moses.
530 Die *communis opinio* der neueren Forschung sieht in solcher Annäherung das Anliegen des Autors; vgl. Bloch (2009) 475f.; dazu auch Tcherikover – Fuks (1957) 42; Tcherikover (1958) 82; Hengel (1976) 135; Holladay (1977) 204; Spoerri (1988) 289f.; Droge (1989) 27f.; Walter (1989) 402; Mélèze Modrzejewski (1991) 114f.; Holladay (1992) 145f.; Assmann (1998) 63; Berthelot (2000) 209/11; Weber (2000) 62; Boys-Stones (2001) 80f.; Schimanowski (2006) 72/75 (unklar); Donaldson (2007) 97/100. 496; Joosten (2008) 298; Bar-Kochva (2010) 330[106] und Bloch (2011) 135/40. Eine kritische Überprüfung dieser Ansicht könnte vielleicht ein differenzierteres Bild von den Absichten des Historikers liefern; vgl. die bedenkenswerte Kritik bei Vermes (1963) 72f.; Tiede (1972) 160/73; Gabba (1989) 640; Walter (1989) 401; Siegert (2005a) 208; Barbu (2010) 22 (mit Literatur); Inowlocki-Meister (2010) 107/10 und Perdue (2011) 138.
531 Vgl. insbesondere Kapitel 138 mit dem vernichtenden Urteil über die Verehrung tiergestaltiger Götter bei den πολυμάταιοι Αἰγύπτιοι; weitere Hinweise dazu mit Literatur bei Murray (1975) 127; Berthelot (2000) 204; Honigman (2003a) 20f., die das ganze allerdings als "conventional requirement" der rhetorisch als Chrie gestalteten Apologie Eleazars durchgehen läßt; Hacham (2005) 16/19; Schimanowski (2006) 33/37; More (2009) 316/18; Bloch (2011) 157; Moore (2015) 226 und Wright (2015) 263f.

3) und Theophrast (F 584 A Fortenbaugh) erinnernde Bemerkung, die das jüdische Publikum wohl nur als hintergründige Ironie, das griechische aber seitens der *persona* Aristeas als Anerkennung eines kulturgeschichtlichen Allgemeinplatzes auffassen konnte. Später führt Eleazar, kurz nach einer scharfen Polemik gegen die Tierverehrung der ägyptischen Religion, aus (140 [ed. Pelletier, S. 170]): ὅθεν οἱ Αἰγυπτίων καθηγεμόνες ἱερεῖς, ἐγκεκυφότες εἰς πολλὰ καὶ μετεσχηκότες πραγμάτων, ἀνθρώπους θεοῦ προσονομάζουσιν ἡμᾶς· ὃ τοῖς λοιποῖς οὐ πρόσεστιν, εἰ μή τις σέβεται τὸν κατὰ ἀλήθειαν θεόν ...[532].

4.4 Gegen die proägyptische Literatur

εἰ γάρ τις προθείη πᾶσι ἀνθρώποισι ἐκλέξασθαι κελεύων νόμους τοὺς καλλίστους ἐκ τῶν πάντων νόμων, διασκεψάμενοι ἂν ἑλοίατο ἕκαστοι τοὺς ἑωυτῶν.

(Hdt. 3, 38, 1)

Wenn nämlich jemand alle Menschen nötigte und ihnen zur Aufgabe machte, aus überhaupt allen Sitten und Bräuchen sich die schönsten Sitten und Bräuche auszusuchen, dann dürfte sich wohl, nach genauer Prüfung, jeder einzelne die eigenen wählen.

Daß Aristobulos sein Werk mit einem antiägyptischen Ton versieht, wird aus dem Vergleich mit der proägyptischen Literatur der vorausgegangenen Jahrzehnte deutlich. Dabei ist als methodischer Grundsatz vorauszuschicken, daß nicht jede Äußerung, jedes Motiv, das etwa bei Hekataios Abderites oder bei Manetho die ägyptische Geschichte und Kultur in günstiges Licht rückte, zugleich auch antijüdisch intendiert gewesen sein muß. Immerhin konnte ein späterer jüdischer Pseudepigraph sein Werk unter den Namen Hekataios stellen. Gleichwohl forderten solche Äußerungen die zeitgenössischen Juden zum Widerspruch heraus. Daß Aristobulos sich gleich mehrfach mit bis in wörtliche Zitate gehenden Verweisen auf Hekataios bezieht, beweist, welche Bedeutung dessen Beschreibung Ägyptens und in dieser die Darstellung der Juden für die griechischen, ägyptischen und jüdischen Zeitgenossen gehabt haben muß[533] –

---

[532] Vgl. Moore (2015) 214f. Zur jüdischen Kritik am ägyptischen Tierkult vgl. schon Bousset (1926) 306; Bergmann (2006) 212 und jetzt Bar-Kochva (2010) 330 mit Literatur.
[533] Vgl. Wacholder (1974) 83/96; Davies (2001a) 116f. u.ö.; Murray (2001) 574 und Moyer (2013) 224; anders jetzt wieder Gmirkin (2006) 64f., dessen Versuch, die Bedeutung des echten Hekataios für die zeitgenössischen Juden herabzusetzen, an Aristobulos scheitert, der aber später

es handelte sich bei den *Aigyptiaka* ja immerhin um ein an den Königshof adressiertes Werk, dessen Kenntnis Aristobulos noch bei Philometor voraussetzen konnte.

Ob oder in welchem Maß Hekataios und Manetho in ihren Werken überhaupt gegen die Juden schrieben, ist dabei in der neueren Forschung bis heute umstritten. Eine allgemeine Antwort auf diese Frage wird dadurch erschwert, daß die Authentizität der betreffenden, meist bei späteren Autoren wie Flavius Josephus erhaltenen Werkfragmente noch immer nicht einwandfrei geklärt ist. Die eben zitierte Stelle *Aristeasbrief* 6, an welcher Aristeas bemerkt, das, was er über das jüdische Volk für erinnernswert halte und dem Philokrates schriftlich aufgezeichnet habe, stamme aus Mitteilungen der ägyptischen Priester, macht jedoch augenfällig, wo der jüdische Autor des Werks die Quelle griechischen Wissens über das γένος τῶν Ἰουδαίων ausmachte – nicht in der biblischen Überlieferung[534]. Für die folgenden Überlegungen sei daher festgehalten: Zum einen rückt der hier anschließende Abschnitt nur solche Stellen aus beiden Autoren in den Mittelpunkt, deren Echtheit gemeinhin nicht angezweifelt wird. Zum anderen wird vorausgesetzt, daß das judenkritische Verständnis auch des echten Manetho ebensowenig ausgeschlossen werden kann, wie an der subtilen Distanz gezweifelt werden kann, mit welcher Hekataios die Darstellung jüdischer Vergangenheit selbst dort einfärbt, wo er sie an der Oberfläche gar zu idealisieren scheint[535].

---

(255) festhält: "... 'the war of books' ... began with the publication of Hecataeus's highly nationalistic account of the Egyptians".

534 Vgl. Huß (1994b) 19f.; Brodersen (2008) 14 und Moore (2015) 215. Oft übersehen wird in der neueren Forschung überdies die Unterscheidung, die Flavius Josephus selbst innerhalb der von ihm aus Manetho ausgehobenen Texte vornimmt (c. Apion. 1, 105; vgl. 1, 287; dazu Dillery [2015] 205 u.ö. mit Literatur sowie Nirenberg [2015] 34f.): Zum einen handele es sich um – verläßlichere – Darstellungen auf Grundlage der παρ' Αἰγυπτίοις γράμματα, zum anderen aber, wie die hier gleich vorzustellende Passage über den Seher Amenophis, um unglaubwürdige ἀδεσπότως μυθολογούμενα.

535 Eine kritische Durchsicht der neueren Forschung zu beiden Autoren legt den Schluß nahe, daß gerade Untersuchungen jüngeren Datums nicht selten von dem Bestreben geprägt sind, Hekataios und Manetho von judenkritischen Intentionen freizusprechen. Allerdings: Gelesen wurden ihre Texte, und daß diese vom griechischen Publikum, das vorher weder über die (ägyptischen? jüdischen?) Quellen beider Autoren noch über die Juden, ihre Geschichte und ihr Verhältnis zu Ägypten Näheres wußte, als antijüdisch aufgefaßt werden konnten, ist kaum von der Hand zu weisen. Daß daneben die Juden selbst die wirkungsmächtige Darstellung, die Hekataios von der Geschichte der mosaischen Nomoi gegeben hatte, mit ihrem eigenen, biblisch fundierten Selbstverständnis kaum vereinbaren konnten, sei schon hier an einem Detail gezeigt: Den Befund, Moses habe durch seine von anderen Völkern abgrenzenden Nomoi das Leben fremdenhasserisch (ἀπάνθρωπόν τινα καὶ μισόξενον βίον εἰσηγήσατο – unbe-

a) Die übertragene Auslegung der biblischen Anthropomorphismen ist bei Aristobulos als Antwort zu lesen auch auf die Bemerkung, welche Hekataios über die Einrichtung des Jerusalemer Tempels durch Moses macht (Diod. 40, 3, 3f. ~ 264 F 6, 3 Jacoby ~ ed. Goukowsky, S. 297)[536]:

---

friedigend Berthelot [2008] 2. 11/26: "inhospitable") eingerichtet, begründet Hekataios (in Diod. 40, 3) mit der Annahme, daß der Gesetzgeber hier aus der Erfahrung der eigenen ξενηλασία aus Ägypten heraus gehandelt habe (s. auch unten S. 226f.; vgl. schon Paragraph 1f. zu der Vertreibung aus Ägypten, wo das entsprechende Verb schon begegnet, und Diod. 34/35, 1 unten Anm. 929). Die neuere Forschung (vgl. die Literatur bei Bar-Kochva [2010] 130 [zurückhaltend]) hat hierin den Versuch des Ethnographen erkennen wollen, durch Begründung mit einem griechischen Topos zu entschuldigen. Nach Hekataios bediente sich Moses gleichsam prophylaktisch derselben Maßnahme, welche die indigenen Ägypter angewandt hatten, um der (vermeintlich) göttlich gesandten Plage ihres Landes zu begegnen – also der Vertreibung fremder Einwohner. In der Tat steht außer Frage und wird auch von der jüdisch-hellenistischen Literatur nicht verschwiegen, daß der mosaische Nomos gerade in religiösen Dingen einen Abstand zu anderen, insbesondere benachbarten Völkern vorgibt (vgl. Gruen [2009] 101/03 mit biblischen und außerbiblischen Belegen sowie neuerer Literatur); vgl. zur Annahme des *Aristeasbriefs*, der jüdische Nomos sei von Gott vor dem ungebührlichen Zugriff griechischer Autoren geschützt worden, unten S. 303 und darüberhinaus die Kapitel 99. 151f. sowie 139/42, wo die Absicht, die Juden ἀδιασκόποις χάραξι καὶ σιδηροῖς τείχεσιν vor der Vermischung mit anderen Völkern abzuschirmen, ausdrücklich Moses selbst zugeschrieben wird (dazu Weber [2000] 133f. und Wright [2015] 256/71). Die Zusage des Hohepriesters Eleazar, er wolle bezüglich der Anfrage des Königs alles, was Philadelphos nütze, erfüllen, "auch wenn es gegen die Natur ist" (Kapitel 44: καὶ εἰ παρὰ φύσιν ἐστίν), verdiente in diesem Zusammenhang eine eingehendere Untersuchung (vgl. auch Kapitel 171 und Hadas [1951] 117). Ps.-Hekataios legt den Ton eher auf die strenge Observanz des Nomos, welche die Juden auch in Situationen schlimmster Anfeindung und Verfolgung niemals aufgegeben hätten (F 1, 191f. Holladay). Solchen Abstand mit Hekataios von der Vertreibung aus Ägypten herzuleiten steht freilich in Gegensatz zu dem, was Moses selbst lehrt: καὶ προσήλυτον οὐ κακώσετε οὐδὲ μὴ θλίψητε αὐτόν· ἦτε γὰρ προσήλυτοι ἐν γῇ Αἰγύπτῳ (Exod. 22, 20 [ed. Rahlfs, vol. 1, S. 124]) und: καὶ προσήλυτον οὐ θλίψετε· ὑμεῖς γὰρ οἴδατε τὴν ψυχὴν τοῦ προσηλύτου· αὐτοὶ γὰρ προσήλυτοι ἦτε ἐν γῇ Αἰγύπτῳ (Exod. 23, 9 [ed. Rahlfs, vol. 1, S. 125]) und: καὶ ἀγαπήσετε τὸν προσήλυτον· προσήλυτοι γὰρ ἦτε ἐν γῇ Αἰγύπτῳ (Dtn. 10, 19 [ed. Rahlfs, vol. 1, S. 306]; vgl. auch Exod. 12, 49; Lev. 19, 33f.; 23, 22; Num. 15, 15). Die Formulierung dieser Gebote zeigt, daß hier zumindest ursprünglich nicht einfach innerisraelitische Fremde oder gar Proselyten gemeint waren (vgl. dazu auch Crüsemann [1992] 213/17; Levenson [1996] 159; Kovelman [2005] 107f.; Kaiser [2010] 56; Schaper [2011] 307 und jetzt mit neuer Durchsicht des Materials Thiessen [2013] 341/44 u.ö.). Zu der späteren Stelle Sap. 19, 13f. vgl. Kepper (1999) 41/46. Der Frage, ob die griechischen Quellen, etwa zu Sparta, die Selbstabgrenzung eines Gemeinwesens gegenüber Fremden tatsächlich positiv werten, soll an anderer Stelle ausführlicher nachgegangen werden. Vgl. auch Volokhine (2010) passim, der das Motiv der Fremdenvertreibung in der ägyptischen Tradition verfolgt, sowie Moore (2015) 103. 105. 116/28.

536 Vgl. zur erst danach folgenden (so auch Bar-Kochva [2010] 133[123]) Darstellung und kritischen Beurteilung der jüdischen Sitten und Bräuche unten S. 271f.

ἱδρύσατο δὲ καὶ τὸ μάλιστα παρ' αὐτοῖς τιμώμενον ἱερόν, καὶ τὰς τιμὰς καὶ ἁγιστείας τοῦ θείου κατέδειξε, καὶ τὰ κατὰ τὴν πολιτείαν ἐνομοθέτησέ τε καὶ διέταξε ... ἄγαλμα δὲ θεῶν τὸ σύνολον οὐ κατεσκεύασε[537] διὰ τὸ μὴ νομίζειν ἀνθρωπόμορφον εἶναι τὸν θεόν, ἀλλὰ τὸν περιέχοντα τὴν γῆν οὐρανὸν μόνον εἶναι θεὸν καὶ τῶν ὅλων κύριον.

Er errichtete aber auch das bei ihnen am meisten geehrte Heiligtum, zeigte ihnen die Maßnahmen zur Verehrung und Heiligung des Göttlichen auf und ordnete durch Gesetzgebung den Bereich des Staatswesens ... bildliche Darstellung von Göttern aber richtete er ganz und gar nicht ein, weil er nicht anerkannte, daß Gott menschengestaltig sei, sondern allein der Himmel, der die Erde umschlossen halte, Gott sei und des Ganzen Herr.

Selbst wenn man bei dem Historiker, der Moses im Kontext dieser wichtigen Stelle auch lobt, hier eine neutrale, vielleicht sogar eine geneigte Haltung gegenüber dessen bildloser Religion erkennen möchte, bleibt festzuhalten: "Hecataeus was far from monotheistic in his outlook, explicitly praising worship of idols, and even justifying Egyptian animal cults"[538]. Wer ägyptischen Tierkult anerkennt, und sei es nur als Ausdruck menschlicher, nicht physisgemäßer θέσις[539], ist eben nicht gleich dem Stoiker Poseidonios, der aus seiner eigenen Theologie heraus die mosaische Ablehnung des Götzenbilds anerkennen kann, sondern mindestens pluralistisch indifferent. Die neuere Forschung verweist

---

537 Vgl. zur Rezeption dieser Stelle bei Ps.-Hekataios (~ Flav. Joseph. c. Apion. 1, 199 [ed. Bar-Kochva, S. 50 = ed. Siegert, vol. 2, S. 153]) Holladay (1983) 332; Bar-Kochva (1996) 163f. und Barclay (2007a) 114.
538 Bar-Kochva (2010) 133 (mit Diskussion der neueren Forschung); vgl. auch Schäfer (1997) 204.
539 Vgl. Diod. 1, 21: Die heiligen Stiere des Osiris "wie Götter" zu verehren (τούτους σέβεσθαι καθάπερ θεούς) sei in Ägypten eingeführt worden wegen des Nutzens, den "diese Tiere" (ταῦτα ... τὰ ζῷα) den Menschen beim Ackerbau bedeuteten. In Diod. 1, 86/90 werden in großer Ausführlichkeit Aitiologien vorgestellt, mit denen die Ägypter selbst die Ursprünge ihrer – wunderlichen und unglaublichen (πάντα δὲ θαυμάσια καὶ μείζω πίστεως ἐπιτελοῦντες) – Tierverehrung erklärten. Während die erste Aitia, die anfangs nur wenigen Götter hätten sich, verfolgt von den "erdgeborenen Menschen", in die Tiergestalt geflüchtet, als παντελῶς μυθώδης καὶ τῆς ἀρχαικῆς ἁπλότητος οἰκεία verworfen wird, bleibt die zweite Erklärung, die frühen Ägypter hätten in Kämpfen gegen die Nachbarn ihre Schlachtordnung unter Standarten mit Tierbildnissen geordnet, seien damit siegreich gewesen und hätten in der Folge die entsprechenden Tiere als heilige Retter verehrt, unkommentiert. Schon die Ausführlichkeit, in der die dritte Aitiologie vorgetragen und an einzelnen Tieren der Reihe nach exemplifiziert wird, zeigt freilich die Präferenz des Autors: τῶν ζῴων ἡ χρεία, ἣν ἕκαστον αὐτῶν προσφέρεται πρὸς τὴν ὠφέλειαν τοῦ κοινοῦ βίου καὶ τῶν ἀνθρώπων. Vgl. Heinemann (1933) 368; Pfeiffer (2014) passim (zu griechischer Mitwirkung am Tierkult in Ägypten) und Moore (2015) 123/25.

zum Vergleich auf die berühmte Stelle im Geschichtswerk Herodots (1, 131 [ed. Hude]), wo die Perser, also die Feinde der Griechen, als Verächter der Götterbilder vorgestellt werden[540]:

Πέρσας δὲ οἶδα νόμοισι τοιοισίδε χρεωμένους, ἀγάλματα μὲν καὶ νηοὺς καὶ βωμοὺς οὐκ ἐν νόμῳ ποιευμένους ἱδρύεσθαι, ἀλλὰ καὶ τοῖσι ποιεῦσι μωρίην ἐπιφέρουσι, ὡς μὲν ἐμοὶ δοκέειν, ὅτι οὐκ ἀνθρωποφυέας ἐνόμισαν τοὺς θεοὺς κατά περ οἱ Ἕλληνες εἶναι. οἱ δὲ νομίζουσι Διὶ μὲν ἐπὶ τὰ ὑψηλότατα τῶν ὀρέων ἀναβαίνοντες θυσίας ἔρδειν, τὸν κύκλον πάντα τοῦ οὐρανοῦ Δία καλέοντες.

Die Perser aber haben meines Wissens derartige Sitten und Bräuche: Bildliche Darstellungen und Tempel und Altäre zu errichten ist bei ihnen nicht Brauch, sondern denen, die solches machen, rechnen sie es als Torheit an – wie mir scheint deswegen, weil sie nicht wie die Griechen anerkennen, daß die Götter menschenartig seien. Die aber pflegen als Brauch, auf die höchsten der Berge hinaufzusteigen und dort dem Zeus Opfer darzubringen, nennen sie doch das ganze Himmelsrund Zeus.

Dieser Passus ist zunächst die Schilderung eines barbarischen νόμος, der dem Ethnographen und Historiker Herodot im Vergleich zu der griechischen Religion besonders fremd (vgl. die Negationen) und daher erwähnenswert vorkam. Allerdings: "One does not have to identify with one's theological explanation for a custom"[541]. Sollte hier tatsächlich eine "velata critica all'antropomorfismo greco"[542] vorliegen, die im Einklang stehen könnte mit auch an anderen Stellen der herodoteischen *Historien* feststellbaren Reserven gegenüber den homerischen und hesiodeischen Göttern, dann unterschiede sich der Griechenkritiker Herodot gleichwohl grundsätzlich von Hekataios, der sogar den ägyptischen Tierkult nicht verurteilt. Wenn der Abderit vor dem herodotkundigen griechischen Publikum in Ägypten tatsächlich eine indirekte Verbindung zwischen Moses und den – in Ägypten verhaßten – Persern gezogen haben sollte[543], dann konnten

---

540 Vgl. Stern (1976) 30 sowie jetzt mit der älteren Literatur van Kooten (2006) 117; Kaestli (2007) 139 und Bar-Kochva (2010) 125f. 159/63.
541 Bar-Kochva (2010) 133
542 Asheri (1988) 342; vgl. wichtig auch Burkert (1988) 20/27 und Scullion (2006) 202.
543 Schon Gager (1972) 31f. äußert Vorbehalte dagegen, vorschnell eine direkte Abhängigkeit des jüngeren Hekataios von Herodot anzunehmen. Nicht zuletzt: Zwar wird Herodots Beobachtung über die anikonische Religion der Perser von griechischen Autoren weithin rezipiert (vgl. die Belege bei Jacobs [2001] 83 und [2013] 126f.); sie scheint jedoch den historischen Tatsachen nicht zu entsprechen, und gerade Berossos belegt in seinen *Babyloniaka* die Errichtung von

die zeitgenössischen Juden, die zumal einen Tempel hatten (vgl. ... καὶ νηοὺς καὶ βωμοὺς ...), dies im übrigen nicht als Kompliment auffassen. Zudem: Aus der Sicht mancher griechischer Philosophen mag in der Bildlosigkeit der mosaischen Religion zwar etwas Anerkennungswürdiges gelegen haben, das mit der eigenen Kritik an der überkommenen anthropomorph-mythischen Göttervorstellung des Kults zu konvergieren schien[544]; daß aber für die Juden die Formel "Gott ~ Himmel"[545], ganz gleich ob sie von Theophrast, Hekataios oder von Poseidonios aufgestellt wurde, unannehmbar war, steht außer Frage[546]. Sie mußte dort[547], wo es zur Auseinandersetzung mit den Griechen[548] über Gott kam, korri-

---

anthropomorphen Götterstatuen spätestens für Artaxerxes II. (vgl. dazu mit Quellen und Literatur Jacobs [2001] passim und [2013] 126/30 sowie Kuhrt [2008] 123f.).
544 Gager (1972) 31 zieht hier zum Vergleich auch Aristoteles met. 1074b (vgl. unten Anm. 849) heran.
545 Vgl. zu Hekataios Stern (1976) 30 und Bar-Kochva (2010) 118f. 125f. Dillery (1998) 270 hebt mit Recht hervor, daß bei Hekataios – wie auch bei Euhemeros – die ewigen "himmlischen Götter" vor den ἐπίγειοι θεοί höheren Rang einnehmen (vgl. Diod. 1, 11/13). Auch deswegen liegt in der Feststellung des Ethnographen, die Juden erkennten den Himmel als den Gott an, nicht unbedingt ein Tadel.
546 Vgl. nur 1 Kön. 8, 27; Ps. 56, 6 und 12 (ed. Rahlfs, vol. 2, S. 58f.): ὑψώθητι ἐπὶ τοὺς οὐρανούς, ὁ θεός, καὶ ἐπὶ πᾶσαν τὴν γῆν ἡ δόξα σου. Zur Denomination "God of Heaven" in der hellenistischen Philosophie und unter den zeitgenössischen Juden (vgl. Dan. 4, 34 u.ö.) vgl. Will – Orrieux (1986) 84f.; Bickerman (1988) 263; Hengel (1976) 130 und (1988) 466; Grabbe (2004) 242; Frankemölle (2006) 142f. 178 sowie Schäfer (2010a) 58f.: "Der früheste Versuch, die seltsame Vorstellung eines nicht nur einzigen, sondern auch bildlosen Gottes zu begreifen, scheint die Gleichsetzung des jüdischen Gottes mit den Himmelshöhen zu sein [sc. etwa bei Theophrast und Hekataios] ... dies geht erkennbar auf die eigene jüdische Gottesbezeichnung 'Himmelsgott' ... zurück". Ezechiel Tragicus läßt einen Boten auftreten, der vom Untergang der Ägypter im Roten Meer berichtet. Die "Hebräer" hätten auf den Anmarsch des Pharaos folgendermaßen reagiert (F 15, 25/27 Holladay): ἰδόντες ἡμᾶς ἠλάλαξαν ἔνδακρυν | φωνὴν πρὸς αἰθέρα τ' ἐστάθησαν ἀθρόοι, | θεὸν πατρῷον. Auch aus den späteren Satiren des römischen Dichters Juvenal (6, 545 und 14, 97) ist ersichtlich, daß in der Wahrnehmung der Umwelt die Juden ihren Gott als *numen caeli* anbeteten.
547 Ob oder wie die Differenz zwischen Jahwe und Jahwe Elohim als "Himmelsgott" nachexilisch zugleich eine universale Weitung des jüdischen Gottesbilds begründete, kann hier nicht diskutiert werden (vgl. dazu mit Literatur Dietrich – Luz [2002] 402).
548 Welche in der Tat den Himmel, zuweilen in Gleichsetzung mit Zeus, als Gott oder göttlich bezeichnen und verehren konnten, gerade auch in der hellenistischen Philosophie (vgl. Pötscher [1970] 38. 108f. zu Aristoteles [vgl. Cic. nat. 1, 33 mit schon antiker Kritik] und Theophrast; Siegert [1992] 76 mit Belegen, etwa aus Euripides, und Literatur sowie Sharples [2002] 4f. 13f. u.ö.). In der *Epinomis*, die man immerhin Platon selbst zuschrieb, gilt οὐρανός als (höchster) Gott (976f.), und Ennius dichtete (nach Cic. nat. 2, 2, 4): *aspice hoc sublime candens, quem invocant omnes Iovem*. Theophrast allerdings sah den Himmel als Gegenstand der physi-

giert werden, und in der Tat finden sich bei Aristobulos, in dem begrenzten Textcorpus der erhaltenen Fragmente, gleich mehrere Stellen, an denen der Himmel als Teil der Schöpfung Gottes und ihm untergeordnet vorgestellt wird (F 2, 55/68; F 4, 21/25; F 5, 5f. 46/51. 71/77). "Gott des Himmels" oder "Gott in/über dem Himmel" ist nicht gleich "Himmel als Gott"[549].

Die in der neueren Forschung verbreitete Annahme, die metaphorische Exegese diene Aristobulos allein zur Apologie gegen aufgeklärte Griechen, wirkt demnach vor diesem Hintergrund allzu vereinfachend: In seiner Bibelexegese hat er es, abgesehen von innerjüdischen Adressaten, zugleich mit zwei einander widerstrebenden Positionen zu tun – einerseits mit der aufgeklärten, Anthropomorphismen seien eines philosophischen Gottesbilds, das sich doch im bilderlosen Gott der Juden so trefflich manifestiere, nicht würdig[550]; andererseits aber auch mit der traditionell und kultisch geprägten, von welcher aus die ägyptische und griechische Umwelt, zutiefst gebunden an die sinnliche Wahrnehmbarkeit ihrer Götter, einem unsichtbaren Gott gegenübertrat, dessen bildliche Darstellung sowohl unmöglich als auch untersagt war, und in ihm einen Teil des Kosmos, den Himmel, von den Juden verehrt sah[551]. Der Kontrast zu dem von demselben Hekataios beschriebenen Glauben, den die Ägypter der Erscheinung ihrer Götter entgegenbrachten[552] und den sie mit Homer zu bestätigen trachteten, könnte kaum größer sein (Diod. 1, 12, 9f.; s. oben S. 80f.).

b) Wie Aristobulos Moses darstellt – als Nomotheten und Propheten, der, umgeben von Pneuma und Weisheit, den Menschen in der Sprache des Nomos von Gott kündete –, mußte auf das griechische Publikum Alexandrias wie ein Kontrast zu jenen Schilderungen bedeutender Figuren der ägyptischen Vergangen-

---

kalischen Forschung an: "... ein entscheidender Schritt ist über Aristoteles hinaus getan: Der Himmel ist nicht mehr transzendent" (Steinmetz [1964] 158).
549 Mit den Versen 29f. 33f. des in F 4 Holladay befindlichen Pseudoorphicums ist diese Auffassung des echten Aristobulos, *pace* Riedweg (1993) 93f. ("im Himmel lokalisiert"), nur schwer vereinbar.
550 Vgl. Petry (2008) 257: "Als israelisch-jüdisches Spezifikum wurde die konsequente Ablehnung der Verehrung von Kultbildern durch das Judentum von seiner – damals im Wesentlichen hellenistischen – Umwelt spätestens ab dem zweiten vorchristlichen Jahrhundert wahrgenommen".
551 Maier (1990) 143 hebt hervor, daß für die einheimischen Juden die Eroberung des vorderen Orients durch Alexander in dieser Hinsicht einen tiefgreifenden Einschnitt darstellte: Der "Wandel war allerdings augenfällig, denn im Gegensatz zur Perserzeit dominierte nun die bildhafte Repräsentanz im politischen und im religiös-kultischen Bereich".
552 Der Glaube, daß ein Gott "in vielen Gestalten" (Koenen [1983] 146) in Irdischem "einwohnen" könne, etwa in Bildern, Statuen und Tieren, ist der ägyptischen Religion fundamental.

heit wirken, welche die zeitgenössischen Autoren proägyptischer Tendenz in ihren Werken entworfen hatten. Daß der nur kurz nach Aristobulos wirkende Artapanos seine Darstellung der sozialen, politischen und religiösen Errungenschaften Mose ebenfalls als Gegenbild zu jener umfänglichen Passage verfaßte, in welcher Hekataios den "native Egyptian hero" Sesostris geradezu enkomiastisch vorgestellt hatte (bei Diod. 1, 53/58)[553], darf heute als *communis opinio* gelten[554] und beweist, welche Bedeutung die zeitgenössischen jüdischen Autoren solchen "counter histories" zumaßen. Zum Vergleich mit Aristobulos sei beispielhaft das Referat zitiert, das Flavius Josephus (c. Apion. 1, 232f.) von jener Stelle aus Manethos *Aigyptiaka* gibt[555], an welcher ein König Amenophis[556] bei einem Mann selbigen Namens um Rat nachsucht, wie er denn einer werden könne, der Götter schaue, ein θεῶν θεατής[557]. Ebendieser nun, der "an göttlicher

---

[553] Auf die bis heute nicht einmütig abgesicherte Nachricht, Eratosthenes von Kyrene habe in Alexandria, auf königlichen Auftrag Philopators hin, eine Liste der ägyptischen Könige von Theben aus Urkunden der Priester von Diospolis ins Griechische übertragen (vgl. dazu etwa Geus [2002] 311f. mit der älteren Literatur) soll hier nicht eingegangen sein. Enthielte diese Überlieferung Wahres, dann lieferte sie einen weiteren Beleg für das historische, chronographische, gelehrte und auch politische Interesse der Ptolemäer an der ägyptischen Vergangenheit.

[554] Vgl. Murray (1970) 167; Fraser (1972) 704/06; Holladay (1977) 210; Schottroff (1983) 232; Droge (1989) 30; vgl. 31f. zum Einspruch vor allem auch gegen Manethos *Aigyptiaka*: "... it becomes clear that Artapanus' history of Moses is nearly a mirror-image of the account in Manetho" und Sterling (2007) 240 sowie Kuhrt (1987) 55f. und de Breucker (2011) 650f. mit der These, daß auch Berossos in seinen *Babyloniaka* gegen Hekataios und dessen Sesostris geschrieben habe. Die Geschichte des "ideal Pharaoh" Sesostris läßt sich im Griechischen schon bei Herodot greifen (vgl. Lloyd [1982] 37/40).

[555] Über das schwierige Problem, welche der von Flavius Josephus gebotenen Zitate aus Manetho als authentisch anzusehen sind, informieren (mit Literatur) Gager (1972) 116f.; Schäfer (1997) passim; Labow (2005) 221. 246; Barclay (2007a) 335/38; Siegert (2008) 2, 42/46 sowie Dillery (2015) 201/14 u.ö. Die hier zur Diskussion stehende Passage (vgl. zu dieser insgesamt Dillery [2015] 328/41) gilt gemeinhin als echt, wenn auch nicht als wörtlich zitiert.

[556] Dessen Historizität schon in der Antike umstritten war (vgl. etwa Flavius Josephus, der ihn c. Apion. 1, 230 ausdrücklich als eine von Manetho erfundene Figur abtut); bis heute besteht über seine Identität keine Einigkeit (vgl. dazu auch Yoyotte [1962] 16/20; Stern [1976] 84; Raspe [1998] 143/50; Dillery [1999] 102/08; Labow [2005] 249/52. 257; Volokhine [2010] 204 und Moyer [2011a] 134/38).

[557] Kommt aus Herodot 2, 42 die ägyptische Überlieferung aus Theben, wie sich Zeus (~ Amun) hinter dem Fell eines Widderkopfs dem Herakles, der ihn unbedingt hatte schauen wollen, gezeigt habe, in den Blick, wirkt das Anliegen, *pace* Assmann (1994) 22f., nicht mehr so merkwürdig (vgl. auch Yoyotte [1962] 17f.; zum ägyptischen Kontext Dillery [1999] 107f. und [2004] passim sowie Volokhine [2010] 204[25]). König Amenophis selbst verweist im übrigen schon auf einen Vorgänger (ὥσπερ Ὧρ εἷς τῶν πρὸ αὐτοῦ βεβασιλευκότων).

Natur Anteil zu haben schien gemäß seiner Weisheit und seiner Vorkenntnis der Zukunft" (θείας δὲ δοκοῦντι μετεσχηκέναι φύσεως κατά τε σοφίαν καὶ πρόγνωσιν τῶν ἐσομένων [ed. Siegert, vol. 2, S. 156 mit dem Apparat in vol. 1, S. 145]), teilte ihm mit, er könne Götter sehen, wenn er das ganze Land von Leprösen und anderen befleckten Menschen rein mache. Der König habe daraufhin alle Kranken aus Ägypten zusammengebracht und in Steinbrüchen zur Zwangsarbeit getrennt von der übrigen Bevölkerung interniert. Der weise Amenophis jedoch (ein σοφὸς καὶ μαντικὸς ἀνήρ) sei angesichts dieser Untat von Furcht vor dem Zorn der Götter ergriffen worden, habe vorausgesagt, daß die Kranken Verbündete finden und Ägypten für dreizehn Jahre beherrschen sollten, diese Prophezeiung jedoch aus Angst vor dem König nur schriftlich niedergelegt und sich dann das Leben genommen.

Der Seher Amenophis, in anderen Quellen griechisch ᾿Αμενώθης/᾿Αμενώτης genannt, ist in diesem Zusammenhang gerade deshalb interessant, weil es sich bei ihm tatsächlich um eine historische Person, nämlich um Amenhotep, Sohn des Hapu, Bauleiter und Schreiber des Königs Amenophis III. (um 1400 vor Christus), handelt[558], der in der ägyptischen Überlieferung einen Rang innegehabt zu haben scheint, zu welchem Moses, als Prophet der Juden, in Konkurrenz geraten konnte. Berühmt ist seine Kolossalstatue aus Karnak, die heute in Kairo zu bewundern ist, stilistisch altägyptische Formen aufnehmend, mit einer Hieroglypheninschrift auf dem Sockel versehen – und doch in die Ptolemäerzeit um 250 vor Christus zu datieren:

Ein Opfer, das der König gibt dem Amun-Re, dem König der Götter, dem großen Gott, Herr des Himmels, der Erde und der Unterwelt, des Wassers, der Wüsten und Felder, damit er gebe ein Opfer an Rindern, Geflügel, Weihrauch und Wasser für den Ka des Osiris
des wahren geliebten königlichen Schreibers und obersten Rekrutenschreibers Amenhotep, des Gerechtfertigten, gemacht von dem Richter Hap [...]
des Einzigen des Königs von Unterägypten, seines Geliebten, Amenhotep, des Gerechtfertigten, geboren von [Itut ...]
des Größten der Großen, des Edelsten der Freunde [Amenhotep ...]
des Einzigartigen wegen seiner Art als *imj-iz* [Amenhotep ...]
der den König erfreut [Amenhotep ...]
göttlicher Ausfluß des Herrn von Hermopolis [Amenhotep ...]
mit verständigem Herzen, hervorgegangen aus Seschat [Amenhotep ...]

---

558 Vgl. Sethe (1897) passim; Bataille (1951) passim; Helck (1975) 219f.; Stern (1976) 84; Wildung (1977) passim, vor allem 274/76 (mit der älteren Literatur); Schottroff (1983) 207/10; Raspe (1998) 143. 145; Labow (2005) 251. 257f. und Barclay (2007a) 134.

von vorzüglicher Rede, wie Imhotep-Sohn-des-Ptah [Amenhotep ...]
Diener des Amun, von ihm bevorzugt [Amenhotep ...]
beliebt bei den Beiden Herrinnen und bei den Leuten [Amenhotep ...]
der dem Osiris folgt, der königliche Schreiber und Rekrutenschreiber [Amenhotep ...]

(Übersetzung Dietrich Wildung)

Die scharfe Kritik, der Flavius Josephus in seiner Schrift *contra Apionem* die ganze Geschichte und vor allem Manethos günstige Charakterisierung des μάντις (1, 254/59) unterzieht, legt von den jüdischen Vorbehalten gegen Amenhotep beredtes Zeugnis ab[559]. Insbesondere die zeitliche Nähe, in welche die Chronologie Manethos ihn und Moses gebracht hatte (vgl. Flav. Joseph. c. Apion. 1, 236/50 ~ ed. Siegert, vol. 2, S. 156f.), drängte einen Vergleich auf. Darüberhinaus erlaubt auch das, was bei den Ausgrabungen seines Grabtempels im Norden von Medinet Habu[560] durch archäologische und epigraphische Forschungen ans Licht gekommen ist, einige Rückschlüsse auf die Gründe solcher Aversion. Amenhotep genoß offenbar deshalb enorme Popularität, weil er als Wunderheiler gerühmt wurde, und gelangte im Laufe der Zeit sogar zu kultischer Verehrung als Gottheit[561]. Wohl aus dem Gedenken daran, daß er dem Pharao als Schreiber und als "Berichterstatter ..., auch im Hinblick auf das Verhältnis zwischen den Gläubigen und dem Gott"[562] gedient hatte, galt er überdies noch in römischer Zeit als "Hüter der Schrift" und Schriftgelehrter, ikonographisch repräsentiert mit Papyrusrolle und Schreiberpalette[563]. Daß es dabei nicht um die ferne Erinnerung an eine Figur mythischer Vergangenheit ging, erhellt aus der Tatsache, daß gerade die ptolemäischen Könige den Kult dieses Mannes mit großem Aufwand förderten, Manetho also mit ihm eine Figur beschrieb, die in der religionspolitischen Strategie des Hofes eine eminente Rolle

---

559 Vgl. Dillery (2004) 243f. mit gleich mehreren Belegen aus Flavius Josephus, an denen Moses selbst einerseits als θεατής göttlichen Wirkens, andererseits als Beispiel für die Erkenntnis des Wesens Gottes (θεοῦ φύσιν κατανοῆσαι) bezeichnet wird.
560 Vgl. Hölbl (1994) 243.
561 Vgl. Jouguet (1932) 498f.; Wildung (1977) 1; Karkowski – Winnicki – Brecciani (1983) 101f. und Schottroff (1983) 210; aufschlußreich sind die Inschrift auf dem von Bataille (1938) passim kommentierten Ostrakon (vgl. auch Wildung [1977] 257f.), in welcher ein Polyaratos dem Gott für die Heilung einer schweren Krankheit dankt, sowie der aus der frühen römischen Kaiserzeit stammende Hymnus aus dem Ptah-Tempel von Karnak (vgl. dazu Wildung [1977] 210f.).
562 Schottroff (1983) 209.
563 Vgl. Wildung (1977) 210 zum Hymnus aus dem Ptah-Tempel von Karnak und 213 zum Amun-Tempel von Karnak sowie Barclay (2007a) 135: "The historical Amenhotep was honoured for his knowledge of secrets in the writings of the past".

spielte. So läßt sich die Aufnahme Amenhoteps ins Innere des auf der Westseite von Theben gelegenen Tempels von Deir-el-Medineh mindestens schon in die Zeit der Ptolemäer Philometor und Euergetes II. datieren[564]. Bedeutungsvoll war auch das sogenannte "Sanatorium" des ebenfalls im zweiten Jahrhundert erneuerten Hatschepsuttempels von Deir el-Bahari[565]: Hier wurden Amenhotep und neben ihm der als griechischer Asklepios aufgefaßte Imhotep als "zu Heilgöttern aufgestiegene Heilige der ägyptischen Vergangenheit" verehrt[566], deren bis ins zweite nachchristliche Jahrhundert reichende Anziehungskraft nicht zuletzt durch zahlreiche griechische Votivinschriften dokumentiert wird[567]: "Die griechisch-ägyptische Aussöhnungspolitik der späteren Ptolemäer tritt in den Votivinschriften von Deir el-Bahari deutlich zutage. Den thebanischen Griechen wird der ägyptische Amenhotep-Sohn-des-Hapu mit seinem griechischen Namen nahegebracht, den eingeborenen Ägyptern auf dem Umweg über Imhotep der griechische Asklepios-Kult untergeschoben"[568]. Aufschlußreich ist dabei eine Ostrakoninschrift aus dem dritten Jahrhundert vor Christus, also aus der Zeit Manethos[569], welche unter der Überschrift Ἀμενώτου ὑποθῆκαι eine Reihe von Geboten enthält, die den Leser nicht bloß an die Sprüche der griechischen Sieben Weisen oder die *Goldenen Verse* der pythagoreischen Tradition, sondern auch an den mosaischen Nomos der Juden erinnern: φρόνησιν ἄσκει μετὰ δι-

---

564 Vgl. Jouguet (1932) 498. Wildung (1977) 219 weist darauf hin, daß Amenhotep hier noch "der menschlichen Herkunft nicht überhoben" sei; zur Abstufung des ursprünglich "irdischen Charakters" gegenüber den alten Göttern, die in Laudativa wie "Gerechtfertigter" oder "geliebter Diener des Amun" zum Ausdruck komme, vgl. auch 202. 206. 210. 223 u.ö.
565 Vgl. Wildung (1977) 221f. 227: "offizielles Heiligtum". Selbst die Arbeiten im Innern des Tempels dürfen dabei nicht mehr, wie lange angenommen, allein Euergetes II. zugeschrieben werden; vgl. Karkowski – Winnicki – Brecciani (1983) passim zu den baulichen Eingriffen, die schon von den Vorgängern vorgenommen worden waren.
566 Hölbl (1994) 240; vgl. auch 243: "Spätestens seit Beginn der ptolemäischen Zeit hatte man Amenophis, Sohn des Hapu, ... verehrt ... die beiden Heilgötter im Verein mit zahlreichen anderen Gottheiten. Die griechischen Besucherinschriften ... nennen überdies die griechische Heilgöttin Hygieia ... Der neue Kultraum diente in erster Linie als Orakelstätte, wobei die vergöttlichten Heiligen als Mittler zwischen den Gläubigen und den großen Himmelsgöttern fungierten" und von Lieven (2016) 76 sowie schon Wildung (1977) 220.
567 Vgl. dazu Bataille (1951) passim und Wildung (1977) 228/34.
568 Wildung (1977) 233; vgl. 251: "wichtige religionspolitische Rolle bei der Synthese ägyptischer und griechischer Kulte". 302.
569 Schon Sethe (1897) 116 weist mit Recht darauf hin, daß es bei Manetho noch heißt Ἀμενώφει ... θείας δὲ δοκοῦντι μετεσχηκέναι φύσεως κατά τε σοφίαν καὶ πρόγνωσιν τῶν ἐσομένων, Amenhotep also noch nicht vorbehaltlos als Gott ausgerufen wird.

καιοσύνης. ὁμοίως θεοὺς σέβου καὶ γονέας⁵⁷⁰. βουλεύου μὲν χρόνῳ, συντέλει δ' ὅ τι ἂν πράττῃς ταχέως ..."⁵⁷¹. "Soll griechische Spruchweisheit den Ägyptern nahegebracht werden, indem sie dem Amenhotep zugeschrieben wird? Soll des Amenhotep Ruhm in Kreisen der griechischen Bevölkerung propagiert werden, indem man für ihn griechische Texte usurpiert? Die Frage ist nicht klar zu entscheiden, wenn man auch letzterer Möglichkeit zuneigen möchte, da erstens der Text in griechischer Sprache abgefaßt ist und zweitens die Früchte dieser Propaganda noch Jahrhunderte später reifen, wenn Griechen in das thebanische Heiligtum des Amenhotep in Deir el-Bahari kommen. Wesentlich bleibt im einen wie im anderen Fall, daß Amenhotep ohne Aufgabe seines nationalägyptischen Charakters für den ägyptischen und griechischen Bevölkerungsteil in gleicher Weise zur populären Götterfigur wird"⁵⁷².

c) Reisen bildet. Diese zeitlose Einsicht exemplifizierten die Griechen gern an den großen Autoritäten ihrer eigenen Geistesgeschichte, ob nun in der Religion, der Dichtung, der Philosophie oder der Gesetzgebung. Kulturgeschichtlich ist dabei aufschlußreich, daß als Exempla weniger Persönlichkeiten jener Epoche herangezogen wurden, in der durch die Ausweitung der griechischen Oikumene seit Alexander dem Großen die Welt gleichsam globalisiert erscheinen konnte⁵⁷³,

---

570 Vgl. treffend Wilcken (1897) 144: "Auch hier bietet unser Ostrakon etwas Originelles [sc. im Vergleich mit griechischer Spruchweisheit]: während die Anderen für die Verehrung der Eltern eine besondere Nuance des Gefühls, das αἰδεῖσθαι, statt des σέβεσθαι verlangen, fordert unser Text ausdrücklich das σέβεσθαι 'in gleicher Weise' für Götter und Eltern".
571 Zitiert nach Wilcken (1897) 143, der das Ganze für ein Pseudepigraphon hält (so auch Schottroff [1983] 208f.), also für eine Auswahl aus ursprünglich griechischen Weisheitssprüchen, die hier dem Amenhotep untergeschoben wurden. Die Reihe der Unterweisungen setzt sich noch weiter fort, leider ist der Text schlecht erhalten. Wörter wie χρησίμους, σοφούς, δίκαιον, ἀρετή legen freilich nahe, in welchem Tenor auch das Folgende gehalten war.
572 Wildung (1977) 259; vgl. auch Wilcken (1897) 146 und Dillery (2015) XXIX. Zu dem sogenannten "Töpferorakel", das vorgibt, an König Amenophis III. ergangen und von einem ἱερογραμματεύς (Amenhotep?) niedergeschrieben worden zu sein, möglicherweise aber auf die Regierungszeit Philometors Bezug nimmt und somit die Aktualität jener fernen Vergangenheit für die erste Hälfte des zweiten vorchristlichen Jahrhunderts bezeugen könnte, vgl. mit Literatur Koenen (1983) 151²³, 181f. und (2002) passim; Huß (1991) 59f.; van der Kooij (2010) 78/81; Moore (2015) 180/87 sowie Ladynin (2016) passim. Daß zwischen der ägyptischen und der hebräischen Weisheitsliteratur engere Verbindungen bestanden, erhellt aus dem Vergleich zwischen Prov. 22/24 und den *Lehren des Amenemope*, deren Datierung bis heute umstritten ist; vgl. dazu mit Literatur Wilson (1955b) 421/25; Ruffle (1995) passim; Emerton (2001) passim; Moyer (2013) 227⁵⁵ und Fox (2014) passim.
573 Einige Beispiele aus hellenistischer und römisch-kaiserzeitlicher Epoche bringt Calduch-Benages (1996) 295/97 bei.

sondern mit Vorliebe solche archaischer und klassischer Zeit. Sicher spielt hier die Erinnerung an die große Kolonisation eine wichtige Rolle; vorrangig geht es aber wohl um das Postulat eines in jener Vergangenheit exzeptionellen Wissens, das sich der durch die Fremde reisende Philosoph oder Gesetzgeber, nicht selten dort schon als ein Weiser aufgenommen[574], habe aneignen können, um, durch Nutzung des Besten vielwissend geworden, die eigene Lehre weise – oder noch weiser – auszugestalten. Daß dabei neben der persönlichen Unterweisung in der Fremde, etwa durch einheimische Priester, die Auffindung alter Bücher, in denen heilige Weisheit bewahrt worden sei, nicht selten eine zentrale Rolle spielt, sei hier nur erwähnt[575].

Zu den Reisen der Philosophen Pythagoras[576] und Platon[577] ist oben S. 98/117 schon einiges Material gesichtet worden[578]. Daneben besagte eine schon mindestens bis in das vierte Jahrhundert hinaufreichende Überlieferung[579], daß auch die – von Aristobulos zitierten – Dichter Orpheus, Homer und Hesiod fremde Länder, insbesondere Ägypten, besucht hätten und von der dortigen Weisheit

---

[574] Die "Bildungsreise" wird damit der Zufälligkeit entkleidet – sich aufzumachen, um in der Fremde etwas zu lernen, was daheim oder aus eigenem *ingenium* nicht zu erlangen ist, kommt eben insbesondere dem schon Weisen oder besonders Begabten zu (vgl. Schubert [2010] 147/50). So wird etwa bei Herodot der Athener Solon vom Lyderkönig Kroisos empfangen (1, 30, 2 [ed. Hude]): ξεῖνε ᾿Αθηναῖε, παρ᾿ ἡμέας γὰρ περὶ σέο λόγος ἀπῖκται πολλὸς καὶ σοφίης εἵνεκεν τῆς σῆς καὶ πλάνης, ὡς φιλοσοφέων γῆν πολλὴν θεωρίης εἵνεκεν ἐπελήλυθας.

[575] Vgl. zu diesem Motiv (mit Quellen und Literatur) Léonas (2007) 154/62.

[576] Vgl. zu Übereinstimmungen zwischen Ägyptischem und Pythagoreischem schon Hdt. 2, 81 und 123. Dikaiarch von Messene hält fest (F 33 Wehrli = F 40 Mirhady), Pythagoras sei nach Kroton in Großgriechenland gekommen ὡς ἀνδρὸς ἀφικομένου πολυπλάνου. Die einzelnen Überlieferungselemente finden sich zusammengefügt bei Diog. Laert. 8, 2f. (ed. Long, vol. 2, S. 393f. ~ Dorandi, S. 602): νέος δ᾿ ὢν καὶ φιλομαθὴς ἀπεδήμησε τῆς πατρίδος καὶ πάσας ἐμυήθη τάς θ᾿ ᾿Ελληνικὰς καὶ βαρβάρους τελετάς. ἐγένετο οὖν ἐν Αἰγύπτῳ, ὁπηνίκα καὶ Πολυκράτης αὐτὸν ᾿Αμάσιδι συνέστησε δι᾿ ἐπιστολῆς· καὶ ἐξέμαθε τὴν φωνὴν αὐτῶν, καθά φησιν ᾿Αντιφῶν ἐν τῷ Περὶ τῶν ἐν ἀρετῇ πρωτευσάντων, καὶ παρὰ Χαλδαίοις ἐγένετο καὶ Μάγοις. εἶτ᾿ ἐν Κρήτῃ σὺν ᾿Επιμενίδῃ κατῆλθεν εἰς τὸ ᾿Ιδαῖον ἄντρον ἀλλὰ καὶ ἐν Αἰγύπτῳ εἰς τὰ ἄδυτα· καὶ τὰ περὶ θεῶν ἐν ἀπορρήτοις ἔμαθεν. εἶτ᾿ ἐπανῆλθεν εἰς Σάμον ... Vgl. Dörrie (1972) 149 und (1973) 100: "... für die Pythagoras-Legende war es wohl schon seit dem 4. Jahrh. v.Chr. ein konstituierendes Motiv, Pythagoras habe weite Reisen unternommen, um die Initiation in jede Art Weisheit zu empfangen ... in den Texten ... tritt Pythagoras oft genug als Vorbild, ja als Schrittmacher des gleichfalls reisenden Platon auf" sowie Baltes (1999) 132.

[577] Vgl. dazu noch in Auswahl: Cic. Tusc. 4, 19, 44; Strab. 17, 1, 29; Plut. *De Iside et Osiride* 9f., 354 d/e; 578f; Clem. Alex. 1, 69; Aug. civ. 8, 11 sowie Dörrie (1973) passim; Lefkowitz (1997) 242/44; Preus (1997) 157; Baltes (1999) 122/27, 132; Hartog (2002) 217/19; Jeck (2004) 23/34; Gnilka (2005) 204 und Erler (2007) 47f.

[578] Zu Demokrit vgl. noch Diog. Laert. 9, 35 (= F 12 Giannattasio Andria zu Antisthenes).

[579] Vgl. zu Ägyptischem und Orphischem schon Hdt. 2, 81.

beeinflußt worden seien. Sorgfältig sammelt gerade Hekataios von Abdera solche Nachrichten, selbstverständlich zum Lob Ägyptens. Zunächst finden sich über seine bei Diodor erhaltene Darstellung hinweg immer wieder einzelne Hinweise auf griechische Autoritäten, die in Ägypten gewesen, dort von den Priestern in ägyptischer Weisheit unterrichtet worden seien und schließlich diese Weisheit in ihre eigenen Werke übernommen hätten. Daß Homer, wiederholt als Zeuge für Ägyptisches zitiert, offenbar gleich im Eingang des Werks in solcher Weise als Epigone Ägyptens vereinnahmt wird, ist oben S. 79/81 und 133 (zu Diod. 1, 12, 10) schon deutlich geworden[580]. Ebenso zieht Hekataios Orpheus als τις τῶν παλαιῶν μυθολόγων zur Bestätigung von Ägyptischem heran[581], so etwa durch Zitate orphischer Verse in Diod. 1, 11, 3 (griechischer Name Dionysos für Osiris) und 12, 4 (Demeter – hier wieder als Wiedergabe ägyptischer Rede markiert), bevor er in 23, 2/8, einem ausführlichen und detailreichen Abschnitt, dem der Charakter grundsätzlicher Feststellung eignet, folgende Auffassung der Ägypter referiert (ed. Bertrac, S. 58):

τοὺς δὲ λέγοντας ἐν Θήβαις τῆς Βοιωτίας γεγονέναι τὸν θεὸν ἐκ Σεμέλης καὶ Διός φασι σχεδιάζειν. Ὀρφέα γὰρ εἰς Αἴγυπτον παραβαλόντα καὶ μετασχόντα τῆς τελετῆς καὶ τῶν Διονυσιακῶν μυστηρίων μεταλαβεῖν, τοῖς τε Καδμείοις φίλον ὄντα καὶ τιμώμενον ὑπ' αὐτῶν μεταθεῖναι τοῦ θεοῦ τὴν γένεσιν ἐκείνοις χαριζόμενον· τοὺς δ' ὄχλους τὰ μὲν διὰ τὴν ἄγνοιαν, τὰ δὲ διὰ τὸ βούλεσθαι τὸν θεὸν Ἕλληνα νομίζεσθαι, προσδέξασθαι προσηνῶς τὰς τελετὰς καὶ τὰ μυστήρια. ἀφορμὰς δ' ἔχειν τὸν Ὀρφέα πρὸς τὴν μετάθεσιν τῆς τοῦ θεοῦ γενέσεώς τε καὶ τελετῆς τοιαύτας. Κάδμον ἐκ Θηβῶν ὄντα τῶν Αἰγυπτίων γεννῆσαι σὺν ἄλλοις τέκνοις καὶ Σεμέλην,

---

580 Vgl. auch 1, 97, 7/9 zum Ägyptenreisenden Homer (auch dort der Terminus μεταφέρω). Die Kunde, Homer habe älteres Traditionsgut übernommen, läßt sich auch anderswo greifen (vgl. dazu auch unten S. 341/45 sowie Boys-Stones [2001] 120 mit Belegen aus der Kaiserzeit, etwa aus Plutarch und Clemens Alexandrinus, die allerdings schon älteres Material verarbeiten). Schon bei Herodot (2, 116) wird dabei eine Verbindung zu Ägypten suggeriert, wenn es heißt, der Dichter habe die von den ägyptischen Priestern überlieferte Version von Helenas Aufenthalt in Ägypten gekannt, aber nicht gebraucht, weil sie nicht ἐς τὴν ἐποποιίην εὐπρεπής gewesen sei. Vgl. auch Diodor 4, 66 mit der Nachricht, der Dichter habe vieles aus den Orakelsprüchen (vgl. πολλὰ τῶν ἐπῶν), welche die berühmte Seherin Manto/Daphne (später Sibylla), Tochter des Teiresias, in Delphi gekündet habe, für sich beansprucht (vgl. σφετερισάμενον) und mit ihnen die eigene Poesie ausgeschmückt. Bezeichnend ist dabei auch das in der bildenden Kunst seit dem dritten Jahrhundert verstärkt aufkommende ikonographische Motiv des lesenden Homer: der gelehrte Dichter, der Überlieferung nach ja eigentlich blind, dargestellt aber mit einer Papyrusrolle, in der Geste tiefer geistiger Versenkung oder unmißverständlich beim Lesen (vgl. die Beispiel bei Zanker [1995] 155. 160f. 187).
581 Vgl. Holladay (1995) 208 mit weiteren Quellen über Orpheus und Ägypten.

ταύτην δ' ὑφ' ὁτουδήποτε φθαρεῖσαν ἔγκυον γενέσθαι, καὶ τεκεῖν ἑπτὰ μηνῶν δι-
ελθόντων βρέφος τὴν ὄψιν οἷόνπερ οἱ κατ' Αἴγυπτον τὸν Ὄσιριν γεγονέναι νομί-
ζουσιν· ζωογονεῖσθαι δ' οὐκ εἰωθέναι τὸ τοιοῦτον, εἴτε τῶν θεῶν μὴ βουλομένων
εἴτε τῆς φύσεως μὴ συγχωρούσης. Κάδμον δ' αἰσθόμενον τὸ γεγονός, καὶ χρησμὸν
ἔχοντα διατηρεῖν τὰ τῶν πατέρων νόμιμα, χρυσῶσαί τε τὸ βρέφος καὶ τὰς καθηκού-
σας αὐτῷ ποιήσασθαι θυσίας, ὡς ἐπιφανείας τινὸς κατ' ἀνθρώπους Ὀσίριδος γεγε-
νημένης. ἀνάψαι δὲ καὶ τὴν γένεσιν εἰς Δία, σεμνύνοντα τὸν Ὄσιριν καὶ τῆς φθα-
ρείσης τὴν διαβολὴν ἀφαιρούμενον· διὸ καὶ παρὰ τοῖς Ἕλλησιν ἐκδοθῆναι λόγον
ὡς ἡ Κάδμου Σεμέλη τέτοκεν ἐκ Διὸς Ὄσιριν. ἐν δὲ τοῖς ὕστερον χρόνοις Ὀρφέα,
μεγάλην ἔχοντα δόξαν παρὰ τοῖς Ἕλλησιν ἐπὶ μελῳδίᾳ καὶ τελεταῖς καὶ θεολογί-
αις, ἐπιξενωθῆναι τοῖς Καδμείοις καὶ διαφερόντως ἐν ταῖς Θήβαις τιμηθῆναι. μετ-
εσχηκότα δὲ τῶν παρ' Αἰγυπτίοις θεολογουμένων μετενεγκεῖν τὴν Ὀσίριδος τοῦ
παλαιοῦ γένεσιν ἐπὶ τοὺς νεωτέρους χρόνους, χαριζόμενον δὲ τοῖς Καδμείοις ἐν-
στήσασθαι καινὴν τελετήν, καθ' ἣν παραδοῦναι τοῖς μυουμένοις ἐκ Σεμέλης καὶ
Διὸς γεγεννῆσθαι τὸν Διόνυσον. τοὺς δ' ἀνθρώπους τὰ μὲν διὰ τὴν ἄγνοιαν ἐξαπατωμένους, τὰ δὲ διὰ τὴν Ὀρφέως ἀξιοπιστίαν καὶ δόξαν ἐν τοῖς τοιούτοις προσ-
έχοντας, τὸ δὲ μέγιστον ἡδέως προσδεχομένους τὸν θεὸν Ἕλληνα νομιζόμενον,
καθάπερ προείρηται, χρήσασθαι ταῖς τελεταῖς. ἔπειτα παραλαβόντων τῶν μυθο-
γράφων καὶ ποιητῶν τὸ γένος, ἐμπλῆσαι τὰ θέατρα, καὶ τοῖς ἐπιγινομένοις ἰσχυ-
ρὰν πίστιν καὶ ἀμετάθετον γενέσθαι. καθόλου δέ φασι τοὺς Ἕλληνας ἐξιδιάζεσθαι
τοὺς ἐπιφανεστάτους ἥρωάς τε καὶ θεούς ...

Sie [sc. die Ägypter] behaupten aber, daß diejenigen, die sagen, der Gott sei im boiotischen
Theben geboren worden, von Semele und Zeus, eine Geschichte erfinden. Orpheus nämlich sei
nach Ägypten gekommen und habe an der Weihe Anteil und zu den dionysischen Mysterien
Zugang bekommen; weil er aber den Kadmeern Freund gewesen und von ihnen verehrt worden
sei, habe er die Geburt des Gottes [sc. nach Theben] übertragen, um ihnen einen Gefallen zu
erweisen. Das gemeine Volk aber habe, teils aus Unkenntnis, teils auch, weil es gewünscht
habe, daß der Gott als griechischer anerkannt werde, gern die Weihen und die Mysterien angenommen. Orpheus habe aber, um die Geburt des Gottes und die Weihe zu vertauschen, solche
Ausgangspunkte gehabt: Kadmos, der eigentlich aus dem ägyptischen Theben stamme, habe
neben anderen Kindern auch Semele gezeugt; diese aber sei, von einem Unbekannten ge-
schändet, schwanger geworden, und habe, nachdem sieben Monaten verstrichen seien, ein
Kindlein geboren, das so ausgesehen habe, wie nach Meinung derer, die in Ägypten lebten,
Osiris geboren worden sei. Ein Kind aber, das so beschaffen sei, werde gewöhnlich nicht lebendig geboren, sei es, daß die Götter es nicht wollten, sei es, daß die Natur es nicht zulasse.
Als Kadmos aber das, was eingetreten sei, bemerkt habe, habe er, auch weil er eine Orakelwei-
sung gehabt habe, die Sitten und Gebräuche der Väter zu bewahren, das Kindlein vergolden
und die ihm zukommenden Opfer veranstalten lassen, als ob sich die Erscheinung eines gewis-

sen Osiris unter den Menschen ereignet habe. Und außerdem habe er die Geburt mit Zeus verknüpft, wodurch er Osiris erhöht, die Verleumdung der Geschändeten jedoch weggenommen habe. Und so sei bei den Griechen die Rede verbreitet worden, daß Semele, die Tochter des Kadmos, den Osiris aus Zeus geboren habe. In der Folgezeit aber sei Orpheus, der unter den Griechen großes Ansehen genossen habe wegen seines Gesangs und der Weihen und der Gottesreden, von den Kadmeern als Gastfreund hochgeachtet und in Theben besonders verehrt worden. Weil er aber Bescheid gewußt habe von dem, was bei den Ägyptern über die Götter geredet werde, habe er die Geburt des alten Osiris [sc. aus der Frühzeit] auf jüngere Zeiten übertragen und, den Kadmeern zum Gefallen, eine neue Weihe eingesetzt, der gemäß man denen, die eingeweiht werden sollten, überliefert habe, Dionysos sei aus Semele und Zeus gezeugt worden. Die Menschen aber hätten da, teils betrogen in ihrer Unkenntnis, teils auch, weil sie wegen der Glaubwürdigkeit und des Ansehens des Orpheus in derartigen Angelegenheiten bereitwillig gefolgt seien, ganz besonders aber, weil sie gern angenommen hätten, daß der Gott als griechischer anerkannt werde – wie ja schon zuvor ausgeführt worden ist –, die Weihen für sich vollzogen. Als danach aber Mythographen und Dichter die Abstammung übernommen hätten, hätten sie die Theater gefüllt, und der Nachwelt sei das Vertrauen darauf fest und unverrückbar geworden. Und überhaupt eigneten sich die Griechen, behaupten sie [sc. die Ägypter], die angesehensten Helden und Götter an ...

Auf Einzelheiten dieser interessanten Stelle näher einzugehen muß hier leider unterbleiben. Daß Hekataios mit solchen Ausführungen den griechisch-ägyptischen Hintergrund erkennen läßt, gegen den Aristobulos seinen eigenen Altersbeweis entwirft, wird nicht nur an den Übereinstimmungen in der Terminologie deutlich (vgl. beispielsweise die Verben μεταφέρω und μεταλαμβάνειν sowie die Junktur ἀφορμὰς ἔχω[582]). Die Abhängigkeit der Griechen allgemein

---

[582] Daran zu zweifeln, daß Diod. 1, 23 (mindestens) auf Hekataios Abderites zurückgeht, besteht kein zwingender Grund (vgl. Colli [1977] 411f.; anders Jacoby [1940] 27 und Murray [1970] 146; zur Wendung εἰς Αἴγυπτον παραβαλόντα καὶ μετασχόντα vgl. 1, 12, 9f.; 1, 69, 2f.; 1, 92, 3 und 1, 96, 1). Das Wort ἀφορμή wird in der Bedeutung "Ansatz-, Ausgangspunkt" später ein *terminus technicus* gerade in Bezug auf Homer, der in seinen Epen allen späteren Dichtern und Prosaikern πολλὰς ἀφορμὰς λόγων καὶ πράξεων παντοδαπῶν geliefert haben soll (Ps.-Plut. De Homero 6; vgl. 115. 122. 150: τὰς ἀφορμὰς λαβόντας. 214 u.ö. sowie die weiteren – ausnahmslos in die Zeit nach Aristobulos zu datierenden – Belege bei Siegert [1992] 62 und [1996] 161 sowie Hillgruber [1994] 97 [mit Literatur]). Der Übergang von der konkreten, gegenständlichen zur allgemeineren Bedeutung des Worts läßt sich für das vierte und dritte Jahrhundert gut belegen (vgl. Demosth. 18, 156; Isokr. 4, 61; Polyb. 1, 69, 8: λαμβανόμενοι ... ἀφορμῆς [auch 1, 88, 10]; 2, 52, 3; 3, 69, 12; 12, 25b, 3 [unten Anm. 1205] u.ö.; Rhet. Alex. 2, 3. 6), doch findet sich das Wort in Zusammenhängen, die auf die Rhetorik deuten, schon früher (vgl. etwa Euripides Hec. 1238f.; Phoen. 196/201 und Bacch. 267: ὅταν λάβῃ τις τῶν λόγων ἀνὴρ σοφὸς | καλὰς ἀφορμάς, οὐ μέγ᾽ ἔργον εὖ λέγειν und dazu schon Valckenaer [1806] 65⁹). Vgl. insbesondere

und ihres mystischen Sängers Orpheus im besonderen von der Religion und Weisheit Ägyptens ersetzt er durch ihre Abhängigkeit von der mosaischen Offenbarung. Während sich der Grieche Hekataios, um die Priorität Ägyptens zu unterstreichen, zum Sprachrohr der ägyptischen Kritik macht, die griechische Aneignung ägyptischer Helden und Götter sei mit absichtsvoller Verfälschung der tatsächlichen Sachverhalte einhergegangen (vgl. σχεδιάζειν ... μεταλαβεῖν ... μεταθεῖναι ... μετενεγκεῖν ... ἐξιδιάζεσθαι)[583] – Kadmos und Orpheus also hier des Betrugs bezichtigt (vgl. ἐξαπατωμένους) –, enthält sich der jüdische Exeget Aristobulos absichtsvoll selbst dort, wo er in die orphischen und arateischen Entlehnungen aus Moses rückkorrigierend eingreift, einer solchen Polemik.

Im weiteren Verlauf seiner Darstellung kommt Hekataios nocheinmal auf dasselbe Thema zu sprechen (Diod. 1, 69, 2/5 [ed. Bertrac, S. 135]):

πολλὰ γὰρ τῶν παλαιῶν ἐθῶν τῶν γενομένων παρ' Αἰγυπτίοις ... παρὰ τοῖς Ἕλλησιν οὐ μετρίως ἐθαυμάσθη· διόπερ οἱ μέγιστοι τῶν ἐν παιδείᾳ δοξασθέντων ἐφιλοτιμήθησαν εἰς Αἴγυπτον παραβαλεῖν, ἵνα μετάσχωσι τῶν τε νόμων καὶ τῶν ἐπιτηδευμάτων ὡς ἀξιολόγων ὄντων.

Denn viele der alten Sitten, die bei den Ägyptern entstanden waren, ... wurden bei den Griechen über die Maßen bewundert. Gerade deswegen strebten die Größten derer, die in ihrer Bildung Ansehen genossen, gern danach, nach Ägypten zu kommen, um an den Gesetzen und den Lebenseinrichtungen Anteil zu gewinnen, galten sie doch als besonders bedeutend.

Polyb. 1, 3, 10: Seine Leser sollten imstande sein, den Aufstieg Roms zur Weltmacht zu verstehen, λίαν εὐλόγοις ἀφορμαῖς [sc. aus eben diesem Werk] χρησάμενοι. Sextus Empiricus (c. gramm. 270) hält, wohl auf epikureische Quelle zurückgreifend, fest (ed. Mau, S. 67): φασὶ γοῦν ὡς ἡ ποιητικὴ πολλὰς δίδωσιν ἀφορμὰς πρὸς σοφίαν καὶ εὐδαίμονα βίον ..., während eine Stelle aus "Arius Didymus" (epit. 5, b3 und b8 [~ S. 62 und 65 Wachsmuth ~ SVF 3, 264 und 1, 566] mit der Aussage: παντὸς γὰρ ἀνθρώπους ἀφορμὰς ἔχειν ἐκ φύσεως πρὸς ἀρετήν ...) auf stoische Verwendung (vgl. Hahm [1983] 18) deutet. Vgl. auch Blank (2011) 252 und Alesse (2013) 84f. zum terminologischen Gebrauch in der stoischen Philosophie ("impuls" oder "repulsion") sowie Hunter – Russell (2011) 13. Später verwendet der christliche Apologet Iustinos (apol. 1, 44), möglicherweise Aristobulos ohne ausdrückliche Referenz aufnehmend, die Junktur τὰς ἀφορμὰς λαμβάνειν in ähnlichem Zusammenhang des Altersbeweises, ebenfalls bezogen auf die Philosophen und Dichter (!), die Moses gekannt und verarbeitet hätten.

583 Vgl. noch 1, 92, 3 über die Entlehnung eines weiteren ägyptischen Nomimons (ed. Bertrac, S. 170): διὸ καί φασιν Ὀρφέα τὸ παλαιὸν εἰς Αἴγυπτον παραβαλόντα καὶ θεασάμενον τοῦτο τὸ νόμιμον, μυθοποιῆσαι τὰ καθ' "Αιδου, τὰ μὲν μιμησάμενον, τὰ δ' αὐτὸν ἰδίᾳ πλασάμενον ...

Von den Ältesten (τῶν ... ἀρχαιοτάτων) seien Orpheus und Homer, von den Späteren neben vielen anderen Pythagaros von Samos und der Nomothet Solon ins Land gekommen; darüberhinaus nähmen die Ägypter in Anspruch, bei ihnen seien, über die meisten anderen der Technai hinaus, die Schrift, die Erforschung der Sterne, die Einsichten in die Geometrie erfunden und die besten Gesetze gegeben worden (νόμους τε τοὺς ἀρίστους τεθῆναι)! Der hier ausgesprochene Gedanke findet sich *in nuce* schon vor Hekataios, und zwar, mit hintersinniger Ironie, bei dem Redner Isokrates: Zum einen sei die politische Ordnung der ägyptischen Pharaonen so herausragend gewesen, daß sie bei den angesehensten Philosophen Griechenlands höchste Anerkennung genossen habe (11, 17)[584], und auch die Frömmigkeit der Ägypter (τὴν εὐσέβειαν) verdiene Lob und Bewunderung (11, 24; vgl. auch 28). Zum anderen sei der Philosoph Pythagoras von Samos nach Ägypten gereist, um dort Religion und Philosophie zu lernen – mit folgender Absicht (11, 28f. [ed. Mandilaras, vol. 2, S. 278f.]): ... ἡγούμενος, εἰ καὶ μηδὲν αὐτῷ διὰ ταῦτα πλέον γίγνοιτο παρὰ τῶν θεῶν, ἀλλ' οὖν παρά γε τοῖς ἀνθρώποις ἐκ τούτων μάλιστ' εὐδοκιμήσειν. In der Tat: Nach seiner Rückkehr nach Griechenland habe er alle anderen an Ansehen überragt und dadurch große Popularität bei den jungen Leuten gewonnen; bis in die Gegenwart hinein würden selbst seine Schüler mehr bewundert (θαυμάζειν) als etwa die ruhmreichsten Redner[585].

Am Ende der von Diodor aus Hekataios erhaltenen Darstellung steht schließlich (1, 96/98) ein langer, systematischer, die vorausgegangenen Einzelbemerkungen zusammenfassender Überblick über die in und von Ägypten geprägten Dichter, Philosophen, Gesetzgeber und Künstler Griechenlands. Hekataios leitet diesen Katalog ein mit den Worten (1, 96, 1f. [ed. Bertrac, S. 176]): ... ῥητέον ὅσοι τῶν παρ' Ἕλλησι δεδοξασμένων ἐπὶ συνέσει καὶ παιδείᾳ παρέβαλον εἰς Αἴγυπτον ἐν τοῖς ἀρχαίοις χρόνοις, ἵνα τῶν ἐνταῦθα νομίμων καὶ τῆς παιδείας μετάσχωσιν. Die ägyptischen Priester könnten aus den schriftlichen Aufzeichnungen in ihren heiligen Büchern (ἐκ τῶν ἀναγραφῶν τῶν ἐν ταῖς ἱεραῖς βίβλοις) nachweisen, daß zu ihnen gekommen seien in alter Zeit Orpheus, Musaios, Melampus und Daidalos, dann der Dichter Homer und Lykurg aus Sparta, weiterhin der Athener Solon und der Philosoph Platon sowie Pythagoras von Samos und der Mathematiker Eudoxos, ferner der Abderite Demokrit

---

584 Auch die Abhängigkeit der Ordnung, die der frühe Nomothet Lykurg seinem Sparta gegeben hatte, von Ägypten wird hier angesprochen, ohne daß sein Name genannt würde.
585 Vgl. dazu auch Froidefond (1970) 231/66; Dörrie (1990) 434f.; Preus (1997) 157; Hartog (2002) 222 und Riedweg (2002) 82f. Bei Platon zeigt sich das Bewunderungsmotiv absichtsvoll umgekehrt (vgl. dazu unten S. 448).

und Oinopides von Chios. Nun mag man zwar einwenden, die Liste der Namen sei bei Hekataios im Vergleich etwa zu Isokrates bloß länger und überhaupt begegneten in der griechischen Tradition solche Kataloge auf Schritt und Tritt[586]; doch vollzog wohl gerade im Zusammenhang des Altersbeweises erst der Abderite den Schritt, die zuvor eher vereinzelt genannten Namen, etwa Thales, Pythagoras, Platon oder Solon, im Hinblick auf Ägypten in eine vervollständigte und systematische Liste zusammenzufassen, um dadurch die besondere Bedeutung dieses Lands noch deutlicher hervortreten zu lassen – erneut wird das Ganze als Zeugnis der ägyptischen Priester zitiert[587].

Für den Vergleich mit Aristobulos sind die anschließenden Einträge zu Orpheus, Pythagoras und Platon erhellend: Zu Orpheus[588] heißt es, bevor einzelne seiner Entlehnungen aus Ägypten wiederholt werden (1, 96, 4 [ed. Bertrac, S. 176]): Ὀρφέα μὲν γὰρ τῶν μυστικῶν τελετῶν τὰ πλεῖστα καὶ τὰ περὶ τὴν ἑαυτοῦ πλάνην ὀργιαζόμενα καὶ τὴν τῶν ἐν Ἅιδου μυθοποιίαν ἀπενέγκασθαι – die Ägypter des griechischen Ethnographen unterstellen dem Sänger Orpheus, dessen Mysterien mit den ägyptischen der Isis und des Osiris – nur anders benannt (1, 96, 5: τῶν ὀνομάτων ἐνηλλαγμένων) – doch übereinstimmten, Aneignung der μυθοποιία (vgl. das Wort auch in 1, 97, 3) ägyptischer Weisheit, der jüdische Exeget Aristobulos dem Philosophen Pythagoras δογματοποιία aus jüdischer[589]. Pythagoras hingegen wird nocheinmal nachgesagt, er habe von den Ägyptern nicht nur Theologisches ("das gemäß dem heiligen Logos": τὰ κατὰ τὸν ἱερὸν λόγον), sondern auch Einsichten in Zahlenlehre und Geometrie sowie die Seelenwanderungslehre übernommen (Diod. 1, 98, 2; vgl. 69, 4)[590]. Von Platon heißt es, ebenso wie von Lykurg und Solon: πολλὰ τῶν ἐξ Αἰγύπτου νομίμων εἰς τὰς ἑαυτῶν κατατάξαι νομοθεσίας – die Andeutung, die Platon

---

586 Vgl. zu dieser Liste etwa Pilhofer (1990) 71f. sowie allgemein Preus (1997) 156. Gern werden die Sieben Weisen oder frühgriechische Nomotheten katalogartig zusammengefaßt (vgl. z.B. Aristot. pol. 1273f. und rhet. 1398b11/20 [aus Alkidamas] sowie die Stellen unten S. 234/47).
587 Vgl. dazu schon Jacoby (1912) 2760f.; Pilhofer (1990) 73 und Moore (2015) 126.
588 Den Hekataios, in Widerspruch zu Herodot (vgl. 2, 53, 3), explizit vor Homer datiert: Letzterer überliefere mittelbar, durch seine eigene Rezeption orphischer Verse, ägyptische Weisheit (1, 96, 6 [ed. Bertrac, S. 177]): τοῦ δ' Ὀρφέως τοῦτο καταδείξαντος παρὰ τοῖς Ἕλλησι τὸν Ὅμηρον ἀκολούθως τούτῳ θεῖναι κατὰ τὴν ποίησιν ... (mit zwei Versziaten Od. 24, 1f. und 11/14).
589 Vgl. auch oben Anm. 580 zu Herodots Bemerkung über Homers ἐποποιία.
590 Vgl. Riedweg (2002) 20f. und Labow (2005) 19. Schon Herodot konstatiert (nach heutiger Auffassung wohl zu Unrecht) mit kritischem Unterton, Pythagoras, den er an dieser Stelle (2, 123) nicht namentlich identifiziert, aber unmißverständlich meint, habe seine Seelenwanderungslehre von den Ägyptern übernommen, ohne diese Entlehnung kenntlich zu machen.

selbst über die fremden Ursprünge seiner Gesetzgebung gemacht hatte, wird hier also ägyptisch festgelegt.

Schließlich: Was gewannen alle diese wegen ihrer σύνεσις καὶ παιδεία[591] angesehenen Griechen selbst aus ihrer Abhängigkeit von ägyptischer Weisheit?

---

591 Aristobulos vermerkt in F 2, 32/34 Holladay, diejenigen, welche die biblischen Anthropomorphismen wörtlich auffaßten und damit die metaphorische Rede Mose verkennten, ermangelten der δύναμις und σύνεσις (vgl. dazu auch unten S. 338), im Gegensatz zu den Philosophen und Dichtern schon frühester Zeiten, die auch dafür Moses bewunderten und seinen Nomos rezipierten. Wenn nach Hekataios jene Griechen, die uraltes Ägyptisches nach Griechenland übertrugen, für ihre σύνεσις und παιδεία berühmt waren und wenn der Peripatetiker Dikaiarch den Gründer der Stadt Ninive, Ninos also, als συνέσει καὶ δυνάμει διάφορος bezeichnet (F 55 Wehrli = F 60 Mirhady), dann zeigt sich, daß der Wortgebrauch nicht zufällig ist (vgl. auch unten Anm. 795 F 30 Wehrli = F 37 Mirhady über die frühgriechischen Weisen). Σύνεσις als distinktives Merkmal begegnet auch in der Bibel wiederholt, gerade in Verbindung mit anderen Wörtern wie σοφία, ἐπιστήμη oder πνεῦμα und bezogen auf das intime Verständnis der Tora (vgl. Wischmeyer [1995a] 230f.; Marböck [1999] 14; Ueberschaer [2007] 152. 305f. und Muraoka [2009] 655f.); vgl. z.B. Exod. 35, 35; Dtn. 4, 5/8 (unten S. 221); Ios. 1, 6/8; Sirach 17, 7; 34, 12f.; 44, 3 und, auf Gott bezogen, Hiob 12, 13. 16 (ed. Rahlfs, vol. 2, S. 291): παρ' αὐτῷ σοφία καὶ δύναμις, αὐτῷ βουλὴ καὶ σύνεσις ... παρ' αὐτῷ κράτος καὶ ἰσχύς, αὐτῷ ἐπιστήμη καὶ σύνεσις (vgl. auch Dan. 1, 20: καὶ ἐν παντὶ λόγῳ καὶ συνέσει καὶ παιδείᾳ ...). Im übrigen gehört σύνεσις zu den Lieblingswörtern des Buches Sirach (vgl. noch 14, 20; 15, 3; 17, 7; 34, 9. 11 u.ö.). Bemerkenswert sind in diesem Zusammenhang vor allem die beiden Stellen Prov. 9, 10 und 13, 15, an denen σύνεσις eng mit der Erkenntnis des Gesetzes verknüpft wird – und zwar hier wie dort mittels der gleichen Texterweiterung eines Satzes, der in der hebräischen Vorlage keine Entsprechung hat (ed. Rahlfs, vol. 2, S. 198. 205): ἀρχὴ σοφίας φόβος κυρίου, καὶ βουλὴ ἁγίων σύνεσις· τὸ γὰρ γνῶναι νόμον διανοίας ἐστὶν ἀγαθῆς und σύνεσις ἀγαθὴ δίδωσιν χάριν, τὸ δὲ γνῶναι νόμον διανοίας ἐστὶν ἀγαθῆς, ὁδοὶ δὲ καταφρονούντων ἐν ἀπωλείᾳ (vgl. dazu Cook [1999] 455f. und [2010] 599 mit der Einschränkung, daß 13, 15 auch insgesamt original sein könnte; Rösel [2006b] 249 sowie Jüngling – von Lips – Scoralick [2011] 1966). Die Verbindung von δύναμις und σύνεσις kehrt dann, nicht selten wieder durch andere Substantive erweitert, auch in der jüdischen Literatur wieder. Im *Aristeasbrief* (148/50) wird das rechte Verständnis der Reinheitsvorschriften den συνετοί zugesprochen (vgl. auch Matusova [2015] 93f.)! In der griechischen Literatur hingegen findet sich das Verb συνίημι schon früh, wo Sachverhalte oder Texte als erklärungsbedürftig vorgestellt werden (vgl. mit Belegen, etwa aus Pindar, Hunter [2011b] 31/33 und [2012] 94f. sowie Schirren [1996] 168 zu Heraklit 22 B 51 Diels – Kranz: "... eine Fähigkeit, die der Masse abgesprochen wird ... ein komplexes Wissen und Verstehen". 177f. zu Alkmaions 24 B 1a Diels – Kranz, wo es nur dem Menschen zugesprochen wird, nicht den Tieren, die allein wahrnehmen könnten, und unten S. 371 zu Kornutos). Zu δύναμις als Ausdruck geistiger Fähigkeit vgl. etwa Plat. pol. 477f. und 518 (zur göttlichen Erkenntniskraft der Seele), aber auch Ps.-Plat. epinom. 976b; Aristot. cat. 9a; Polyb. 12, 25a, 5 u.ö. sowie Koster (1970) 98 zu Philodem, bei welchem δύναμις als Charakteristikum des Dichters bestimmt wird (wohl im Gegensatz zu τέχνη). Erneut liefert auch Hipparchs Aratkommentar eine schöne Parallele, in diesem Fall ein Zitat aus dem Vorgänger Attalos (comm. in Arat. 2, 2, 20): ... οὔτε τὰ

Hekataios liefert auch auf diese Frage die Antwort der ägyptischen Priester (1, 96, 3 [ed. Bertrac, S. 176]):

πάντων δὲ τούτων σημεῖα δείκνυουσι τῶν μὲν εἰκόνας, τῶν δὲ τόπων ἢ κατασκευασμάτων ὁμωνύμους προσηγορίας, ἔκ τε τῆς ἑκάστῳ ζηλωθείσης παιδείας ἀποδείξεις φέρουσι, συνιστάντες ἐξ Αἰγύπτου μετενηνοχέναι πάντα δι' ὧν παρὰ τοῖς Ἕλλησιν ἐθαυμάσθησαν.

Von all diesen [sc. der nach Ägypten gereisten Griechen] zeigen sie [sc. die Priester] Belege, von den einen Bildnisse, von den anderen Namen, nach denen Orte oder Einrichtungen benannt seien; und aus der Bildung, welcher jeder einzelne [sc. in Ägypten] nacheiferte, bringen sie Beweise bei und begründen so [sc. durch vergleichende Zusammenstellung], daß sie alles, wodurch sie bei den Griechen bewundert worden seien, aus Ägypten übertragen hätten.

Ebendiese Behauptung kontert Aristobulos mit seinem nicht minder kühnen, Hekataios gleichsam richtigstellenden Verweis[592], Bewunderung erführen die Größen der griechischen Geistesgeschichte in Wahrheit deshalb, weil sie in ihre Werke fremde Weisheit übernommen hätten – aus dem jüdischen Nomos (F 2, 29/32 Holladay): ... οἱ προειρημένοι φιλόσοφοι καὶ πλείονες ἕτεροι καὶ ποιηταὶ παρ' αὐτοῦ [sc. Moses] μεγάλας ἀφορμὰς εἰληφότες, καθ' ὃ καὶ θαυμάζονται[593]. Und was die Priester für sich reklamieren, nämlich die von jedem einzelnen (ἑκάστῳ!) der genannten Griechen in Ägypten erstrebte Bildung nachweisen zu können (... ἀποδείξεις φέρουσι ...), schickt sich Aristobulos seinerseits an, mit seiner Aufdeckung mosaischer ἀφορμαί bei einzelnen griechischen Dichtern und Philosophen zu liefern.

ὑπὸ τοῦ ποιητοῦ λεγόμενα δυνάμενοι συνεῖναι ... (vgl. kritisch gegen Attalos auch 2, 2, 43 mit demselben Verb).

592 Durch die Rezeption bei Aristobulos werden die oben zitierten Kapitel aus Diodor, insbesondere der große Schlußkatalog des ersten Buchs, für Hekataios gesichert (vgl. zur Kontroverse um die Zuschreibung schon Schwartz [1903] 672: "in den Hekataios mit Bestimmtheit zugewiesenen Schlusscapiteln"; mit der älteren Literatur Murray [1970] 146 und Gager [1972] 28; Diamond [1974] 58/61 u.ö. [skeptisch]; Feldman [1993] 238; Bloch [2002] 29[13]; Gmirkin [2006] 79[45] [unsicher]. 252[77]; Moore [2015] 126f.: "The last preserved section of Hecataeus' ethnography" sowie allgemein oben Anm. 480). Vgl. später noch Plut. De Iside et Osiride 10, 354e: μάλιστα δ' οὗτος [sc. Pythagoras], ὡς ἔοικε, θαυμασθεὶς καὶ θαυμάσας τοὺς ἄνδρας [sc. die ägyptischen Priester] ἀπεμιμήσατο τὸ συμβολικὸν αὐτῶν καὶ μυστηριῶδες ἀναμίξας αἰνίγμασι τὰ δόγματα.

593 Das Motiv der griechischen Bewunderung für Moses nimmt der Aristeasbrief auf: Nachdem in Alexandria die griechische Übersetzung des Nomos abgeschlossen und vorgetragen worden ist – λίαν ἐξεθαύμασε [sc. König Ptolemaios II. Philadelphos] τὴν τοῦ νομοθέτου διάνοιαν (312)!

d) Aristobulos hält den mosaischen Nomos nicht zuletzt deswegen für vorrangig, weil dessen ganze Anlage auf die wahren Tugenden ziele (F 4, 97/100 Holladay): ἡ δὲ τοῦ νόμου κατασκευὴ πᾶσα τοῦ καθ' ἡμᾶς περὶ εὐσεβείας τέτακται καὶ δικαιοσύνης καὶ ἐγκρατείας καὶ τῶν λοιπῶν ἀγαθῶν τῶν κατ' ἀλήθειαν – also auf die Tugenden, für welche ein Ägypter nach Hekataios in der *laudatio funebris* besonders gerühmt wurde (Diod. 1, 92, 5 [ed. Bertrac, S. 170f.]): οἱ μὲν συγγενεῖς ... ἐγκωμιάζουσιν τὸν τετελευτηκότα ... τὴν δ' ἐκ παιδὸς ἀγωγὴν καὶ παιδείαν διελθόντες, πάλιν ἀνδρὸς γεγονότος τὴν εὐσέβειαν καὶ δικαιοσύνην[594], ἔτι δὲ τὴν ἐγκράτειαν καὶ τὰς ἄλλας ἀρετὰς αὐτοῦ διεξέρχονται[595]. Den Weg zu diesen Tugenden weist Moses, nicht Ägypten.

4.5 Historische Kontextualisierung

Aus der Zusammenschau der jüdischen und der ägyptischen Position könnte sich folgende Konstellation ergeben: Vor dem Publikum der ptolemäischen Machthaber in Alexandria – das eine selbständige griechische Polis, nicht bloß

---

594 Daß die Ägypter εὐσέβεια und δικαιοσύνη gegenüber Göttern und Menschen als Tugenden der Könige hochschätzten, wird von Hekataios mehrfach betont (bei Diod. 1, 49, 3; 1, 64, 2; 1, 70, 6; 1, 71, 4 u.ö.); die Beherrschung der eigenen Affekte stellt er als königliche Pflicht heraus (vgl. Diod. 1, 70, 2; 1, 70, 6 mit dem Adjektiv ἐγκρατής; 1, 71, 3 u.ö.). Zu den königlichen Tugenden in der Staatsphilosophie des Hellenismus vgl. allgemein Murray (2007) 24f. (mit Literatur). Auch im späteren *Corpus Hermeticum* kommt εὐσέβεια wiederholt zur Sprache (vgl. z.B. 4, 7; 6, 5; 9, 4: εὐσέβεια δέ ἐστι θεοῦ γνῶσις. 10, 19; Asklep. 12. 29 u.ö.).
595 Die Aufzählung verweist zurück auf die Darstellung des ägyptischen Pharaonentums: In Diod. 1, 70, 5 (ed. Bertrac, S. 137) heißt es, beim Opfer bete der ägyptische "Hohepriester" (ἀρχιερεύς!) vor der versammelten Menge zu den Göttern für den König: δοῦναι τήν τε ὑγίειαν καὶ τἆλλα ἀγαθὰ πάντα τῷ βασιλεῖ διατηροῦντι τὰ πρὸς τοὺς ὑποτεταγμένους δίκαια. ἀνθομολογεῖσθαι δ' ἣν ἀναγκαῖον καὶ τὰς κατὰ μέρος ἀρετὰς αὐτοῦ, λέγοντα διότι πρός τε τοὺς θεοὺς εὐσεβῶς καὶ πρὸς τοὺς ἀνθρώπους ἡμερώτατα διάκειται· ἐγκρατής τε γάρ ἐστι καὶ δίκαιος καὶ μεγαλόψυχος, ἔτι δ' ἀψευδὴς καὶ μεταδοτικὸς τῶν ἀγαθῶν καὶ καθόλου πάσης ἐπιθυμίας κρείττων ... Vgl. den gesamten Abschnitt 1, 70f. sowie im folgenden 1, 93, 4 (ed. Bertrac, S. 172): Dadurch, daß für alle sichtbar die Schlechten bestraft, die Guten aber geehrt würden, erfüllten die ägyptischen Nomoi eine grundsätzliche Anforderung guter Gesetze – διὰ τούτου τοῦ τρόπου ἡ μεγίστη καὶ συμφορωτάτη διόρθωσις γίνεται τῶν ἠθῶν. κρατίστους δ', οἴμαι, τῶν νόμων ἡγητέον οὐκ ἐξ ὧν εὐπορωτάτους, ἀλλ' ἐξ ὧν ἐπιεικεστάτους τοῖς ἤθεσι καὶ πολιτικωτάτους συμβήσεται γενέσθαι τοὺς ἀνθρώπους. In welchem Maß Hekataios hier ägyptische Verhältnisse in einer *interpretatio Graeca* auslegt, bleibe dahingestellt; vgl. auch Assmann (1994) 81/85 zu (sozialen) Normen, die in Ägypten in der Totenliteratur gleichsam kodifiziert worden seien, sowie Blasius (2011) 182 zu ethischen Maßstäben unter den zeitgenössischen Ägyptern, deren Erfüllung dazu beitrug, "das Gedächtnis an den Verstorbenen und seinen Namen wachzuhalten", und ihr Verhältnis zu griechischen Vorstellungen.

Teil Ägyptens war (*Alexandria ad Aegyptum*)[596] – konkurrieren die beiden bedeutendsten nichtgriechischen Bevölkerungsgruppen des Reichs um den Anspruch, die Griechen überlegen geprägt zu haben. Eine umfassende Kontextualisierung dieses Vorgangs kann an dieser Stelle nicht geleistet werden; künftige Forschungen müßten besonderes Augenmerk darauf legen, in welchem Zusammenhang die hier festgestellte Konkurrenz mit der Entwicklung der ptolemäischen Innen- und Bildungspolitik stand. Zunächst hatten sich die frühen Ptolemäer ja mit der Frage konfrontiert gesehen, wie sie in ihrem neuen Reich das Verhältnis zwischen den griechischen Eroberern, also der Minderheit, und der eingesessenen ägyptischen Bevölkerung bestimmen und dirigieren wollten. Durch eine Strategie der Abgrenzung und Exklusivität griechischer Kultur[597], etwa in Sprache, ja Dialekt, in Literatur, Kunst und Bildung oder auch in der Religion? War dabei Durchlässigkeit zwischen den unterschiedlichen Bevölkerungsgruppen nicht nur schwierig, sondern unerwünscht[598]? Mit Recht hat die neuere Forschung festgestellt, daß die griechischen Autoren und Gelehrten gerade in Alexandria kaum einmal eindeutig auf ihre ägyptische Umgebung Bezug nahmen oder sie gar als "Teil *ihres* eigenen griechischen Selbstverständnisses zu betrachten"[599] geneigt waren, obschon doch die Ptolemäerkönige auch

---

[596] Vgl. dazu Hölbl (1994) 9f.; Huß (2001) 65f.; Honigman (2003b) 89; Legras (2006) 92; Bernal (2008) 119 (zurückhaltend); Gagarin (2008) 232; Blasius (2011) passim und Lloyd (2011) 87.
[597] Vgl. dazu Hengel (1988) 122f.; Weber (1993) 369/99; Hölbl (1994) 27f.; Asper (2001) 94/114 ("Identität durch Abgrenzung"); Maehler (2004) 3/7; Jensen (2009) 91 und jetzt Männlein-Robert (2010) 167f.
[598] In neueren Studien zur Septuaginta und zur jüdisch-hellenistischen Literatur wird nicht selten die aus papyrologischer Forschung gewonnene Einsicht vernachlässigt, daß sowohl die griechische (Schul)Bildung in Ägypten als auch die Sammlungen im alexandrinischen Museion "were focused entirely on the Greek cultural tradition, and completely ignored Egypt" (Maehler [2004] 3. 5. 12; vgl. [1983] passim sowie Thompson [1994] 76; Asper [2001] 99 und Rajak [2009] 86) – dem jahrhundertealten Interesse griechischer Denker an Ägypten und seiner alten Kultur zum Trotz. Im sogenannten *Livre d'écolier* (Pack 2642) aus dem späten dritten Jahrhundert etwa sind Listen aller griechischen Hauptgötter und -göttinnen vermerkt, doch keine ägyptischen. Die "Hellenocentric cultural policy" der Ptolemäer konnte auch für die Juden nicht ohne Folgen bleiben, so daß es ein lohnenswertes Unterfangen wäre, die jüdischen Schriften der Zeit, etwa den *Aristeasbrief*, einmal als Antwort darauf zu lesen. Zu der Pflege der dorischen Sprachform auch durch das ptolemäische Königshaus vgl. Clarysse (1998) 11/13 ("prestige dialect"); Fantuzzi – Hunter (2004) 371/77 und Blasius (2011) 137 mit Belegen.
[599] Asper (2001) 103; vgl. auch Preus (1997) 160; Blasius (2011) 138/41 und Montana (2015) 62/64. Neuere Studien vermuten allerdings in den Texten der zeitgenössischen griechischen Literatur, etwa der kallimacheischen und theokriteischen Dichtung, mehr Anspielungen und Hinweise auf die ägyptische Kultur als bisher angenommen; vgl. dazu etwa Stephens (2003) passim; Bernal (2008) 119f. und Heerink (2010) passim (mit Literatur) sowie Savvopoulos (2010)

ihre ägyptischen Untertanen zu repräsentieren hatten und etwa in der pharaonischen Akzentuierung ihres Herrscherkults einheimische Elemente integrierten. Ausnahmen wie Hekataios bestätigen hier eher die Regel, die in auffälligem Gegensatz zu der Wertschätzung ägyptischer Kultur und deren Bedeutung für die griechische Geistesgeschichte zu stehen scheint. Manethos Bekräftigung des ägyptischen Vorrangs könnte daher für das griechische Publikum weniger traditionell und selbstverständlich gewesen sein, als in neueren Studien häufig angenommen wird[600]. Im übrigen kann vor diesem Hintergrund die in der Forschung immer wieder mit ratloser Verwunderung konstatierte Tatsache, daß in der griechischen Literatur die Juden lange Zeit selten vorkommen, kaum überraschen. Oder ließe sich eher eine gezielte, vom Hof gesteuerte Annäherung beider Kulturen rekonstruieren?

Später freilich, unter Ptolemaios VI. Philometor, setzte bekanntlich eine schrittweise Öffnung zu den "als besonders loyale Untertanen der Ptolemäer"[601] bekannten Juden ein, die sich durch deren häufigere Partizipation in Politik und Militär, in wachsender wirtschaftlicher Macht und dem Aufstieg einzelner Persönlichkeiten in führende Positionen dokumentierte[602]. Das vieldiskutierte Faktum, daß eben Philometor dem Onias, einem im seleukidisch beherrschten Je-

---

passim zu Kunst und Architektur. Wenn die zahlreichen, sehr informativen Beiträge zu dem von Ian Rutherford herausgegebenen Sammelband *Greco-Egyptian Interactions* (2016) in ihrer Grundtendenz (vgl. allgemein Rutherford [2016] 16/22), die Reziprozität kulturellen, insbesondere literarischen, Einflusses zwischen Griechen und Ägyptern stärker zu betonen, Richtiges treffen sollten, dann wäre ein Wendepunkt der Forschung erreicht. Allerdings bedürfen die vorgelegten Untersuchungen weiterer kritischer Verifizierung, um die Gefahr, einer *petitio principii* aufzusitzen, auszuschließen.

600 Vgl. auch Gehrke (2004) 50f. (mit Literatur) zu der Beobachtung der neueren Forschung, daß sich unter den Ptolemäern schon früh eine Scheidung in (einheimische) Ägypter und privilegiertere "Hellenen", d.h. nicht nur Griechen und Makedonen, sondern auch Immigrantengruppen wie die Perser oder die Juden, herausgebildet habe.

601 Cowey – Maresch (2001) 3.

602 Sein Gegenspieler Ptolemaios VIII. Euergetes II. hingegen gilt eher als der ägyptischen Bevölkerung zugewandt. Zu den historischen Hintergründen vgl. etwa (mit Literatur) Swete – Ottley (1914) 3/7; Yoyotte (1962) 14; Kasher (1986) 328. 330; Schürer – Vermes – Millar – Goodman (1986) 683f.; Mélèze Modrzejewski (1993) 82; Feldman (1993) 86f., der hervorhebt: "He [sc. Alexander] and his successors, the Ptolemies, realized that they would never be able to control the native Egyptians, who still remembered their glorious kingdom of the past, unless they could count on a group of 'middlemen', a position readily filled by the Jews and other non-Egyptians"; Hölbl (1994) 69/107. 141/56. 166/69 u.ö.; Huß (1994b) 5 und (2001) 589f.; Samuel (1994) 175. 202f.; Barclay (1996) 35/38 u.ö.; Cowey (2004) 40f.; Pfrommer (2004) 13f. 19; Frankemölle (2006) 70f.; Veltri (2006) 92f.; Vogel (2008) 102; Dielemann – Moyer (2010) 430; zurückhaltender Thompson (1994) 73/75.

rusalem abgesetzten Hohepriester⁶⁰³, gestattete, im ägyptischen Leontopolis dem jüdischen Gott einen Tempel zu errichten⁶⁰⁴, sei hier nur erwähnt. Flavius Josephus sollte später dieses Entgegenkommen des Ptolemäers mit machtpolitischen Erwägungen erklären. Onias habe die Feindschaft des Königs, der ihn freundlich aufgenommen hatte, zu Antiochos Epiphanes überzeugend als Argument genutzt, indem er in Aussicht gestellt habe, ihm das Volk der Juden (τὸ τῶν Ἰουδαίων ἔθνος) zum Verbündeten zu machen, wenn er ihm einräume, irgendwo in Ägypten einen Tempel zu errichten und Gott nach der Tradition der Väter (τοῖς πατρίοις ἔθεσι) zu verehren. Die Juden wären dann noch lieber bereit, mit ihm gegen Antiochos, der ja den Tempel in Jerusalem zerstört habe, Krieg zu führen, ihm selbst aber würden sie sich, dadurch noch wohlgesonnener, zahlreich anschließen, hätten sie doch aufgrund seiner εὐσέβεια nichts zu befürchten (bell. 7, 423).

Auch demographische Entwicklungen mögen gerade in Alexandria eine nicht unwichtige Rolle gespielt haben, stieg doch der Bevölkerungsanteil der Juden in der Hauptstadt spätestens seit dem Ende des dritten Jahrhunderts signifikant an⁶⁰⁵. Zugleich aber öffnete sich der Königshof schon unter den frühen Ptolemäern und dann noch stärker im zweiten Jahrhundert, seit den Regierungsjahren des sechsten Ptolemäers, auch Aufsteigern aus dem ägyptischen Milieu, nicht zuletzt, um die Gegensätze zwischen der griechischen Oberschicht und den Einheimischen abzuschwächen. Selbst in der Chora haben neueste Untersuchungen Persönlichkeiten nachweisen können, die sich öffentlich des privilegierten Zugangs zum Königshaus rühmten, ja sogar als συγγενεῖς, als Verwandte, Brüder des Königs, also mit einem der höchsten Ehrentitel des Reichs ausgestattet, auftraten⁶⁰⁶.

---

603 Ob es sich dabei um Onias III. oder Onias IV. handelte, ist umstritten (vgl. Hölbl [1994] 167 und Wandrey [2000] 1209). Jener hätte den Tempel Ende der siebziger, dieser Ende der sechziger Jahre des zweiten Jahrhunderts errichtet.
604 Flavius Josephus nennt die Anlage vor Ort: πολίχνην τε τοῖς Ἱεροσολύμοις ἀπεικασμένην καὶ ναὸν ... ὅμοιον (bell. 1, 33; vgl. ant. 13, 62/73, eingeschränkt jedoch bell. 7, 427).
605 Vgl. dazu mit Quellen und Literatur Tarn (1966) 257/59; Fraser (1972) 688f.; Kasher (1985) 7/11 u.ö.; Paget (1992) 78; Hölbl (1994) 166f.; Huß (1994b) 9f. und (2009) 170; Selden (1998) 301 u.ö.; Gruen (2002) 69; Birnbaum (2004) 126; Cowey (2004) 40f.; Gehrke (2004) 46/50; Pfrommer (2004) 13; Paget (2004) 146/48; Kreuzer (2007) 37/40; McKechnie (2008) 234f.; Klostergaard Petersen (2009) 135f.; Rajak (2008) 192f. und (2009) 98f. sowie McGlynn (2014) 85.
606 Vgl. dazu Goudriaan (1992) passim; Koenen (1993) 31/36; Dillery (1998) 259; Huß (2001) 213/18; Felber (2002) 108; Rowlandson (2007) 43/45 (mit Literatur); Blasius (2011) passim; Lloyd (2011) 94f. 98; Moyer (2011a) 89f. und (2011b) passim.

Es mag kein Zufall sein, daß in derselben Epoche der jüdische Exeget Aristobulos vor dem griechischen Publikum Alexandrias in Widerspruch zu Prioritätsansprüchen der ägyptischen Kultur trat, deren Vertreter ja seit langem auch im (Herrscher)Kult auf die Entwicklung des Königshofes starken Einfluß ausübten[607], während sich die (alexandrinischen) Juden im Religiösen zwar distinguierten durch im allgemeinen "persistent adherence to their distinctive traditions embodied in the Torah"[608], zugleich aber die griechische Kultur, deren Philosophie und Theologie tief durchdrangen und deuteten. Bot sich unter den Ptolemäern in einem engeren Verhältnis zu den Griechen, diesen nahegebracht als uralte geistige Verwandtschaft, nicht eine Lösung für das grundsätzliche Dilemma jüdischer Diaspora in Ägypten, nämlich wieder in dem Land zu leben, aus dem Gott durch Moses die Juden befreit hatte[609]? Die biblische Botschaft von der Überwindung der ägyptischen Unterdrückung ginge so auf in der Reduzierung Ägyptens auf ein nur geographisches Gebiet, in welchem die überkommene ägyptische, pharaonische Kultur durch die neue griechische Herrschaft abgelöst wäre. Wenn das überaus freundliche Urteil, das über Ptolemaios VI. Philometor bei Polybios steht (39, 7), er sei für seine Untertanen zugänglich, wohlwollend und mild gewesen[610], zutrifft[611], dann mag es sein[612], daß die Juden

---

607 Vgl. Hölbl (1994) 29. 100 u.ö.; Huß (2001) 547. 549. 589f.; Ma (2003) 180. 182. 186 und Bar-Kochva (2010) 98 über die politischen Absichten, welche Hekataios, selbst in engem Kontakt zum ptolemäischen Hof, mit seinen Αἰγυπτιακά verband: "... to avoid violent confrontations between the Greco-Macedonians settled in Egypt and the natives, particularly the strong priesthood, by emphasizing the royal policy of respecting Egyptian traditions and customs".
608 Paget (2004) 156; vgl. auch Hengel (1976) 141; Delling (1987) 9f.; Mélèze Modrzejewski (1991) 69/71. 91/101 insbesondere zu den rechtlichen Verhältnissen der Juden und Ägypter; Huß (1994b) 16f. und (2009) 175f.; Yerushalmi (1995) 12; Orth (2001) 102f. u.ö.; Labow (2005) 239f.; Siegert (2001) 28 und (2008) 1, 51f.; Gehrke (2004) 56; Collins (2005b) 25f.; Woschitz (2005) 52/54 u.ö.; Barclay (2007b) 374; Gruen (2008) passim; Kaiser (2010) 59; mit neuerer Literatur Stegemann (2010) 212/36 sowie McGlynn (2014) 92/96.
609 Vgl. auch Hacham (2005) 14f. und Davies (2001b) 120f. zum *Aristeasbrief*. Inwieweit die außenpolitischen, auf Koilesyrien gerichteten Ambitionen des sechsten Ptolemäers dabei auch für die Juden eine Rolle gespielt haben könnten, kann hier nicht diskutiert werden; vgl. dazu etwa Otto (1934) 96; Hölbl (1994) 164/69 und Huß (2001) 547. 586.
610 Vgl. damit das allgemeine Urteil in 5, 11, 6: Zeichen eines Königs sei es, alle [!] gut zu behandeln und dadurch, wegen seiner Euergesie und Philanthropie geliebt, über willige Untertanen (vgl. ἑκόντων) zu herrschen. Insgesamt auch Stavrianopoulou (2012) 130.
611 Derselbe Polybios scheint die Ägypter einmal scharf zu verurteilen (34, 14 aus Strab. 17, 1, 12): Drei Gruppen von Einwohnern Alexandriens erwähnt er als schwer regierbar, ja apolitisch – darunter nicht die Juden, aber die aus der Chora stammenden Ägypter (zum leider unsicheren Text an dieser Stelle vgl. Blasius [2011] 135 [mit Literatur]) – und zitiert Homers Vers Od. 4,

gerade unter seiner Herrschaft eine günstige Gelegenheit wahrnahmen, sich selbst, die eigene Kultur, Geschichte und Religion offener als zuvor darzustellen und damit auch Ansprüche auf Anerkennung und Bedeutung zu verbinden.

483: Αἰγυπτόνδ' ἰέναι δολιχὴν ὁδὸν ἀργαλέην τε. Die ganze Stelle ist für die griechische Einschätzung der Ägypter, ihrer Könige und alten Geschichte aufschlußreich.
612 Später im *Aristeasbrief* wird dieses Anliegen zurückprojiziert in die Regierungszeit des Königs Ptolemaios Philadelphos (267 [ed. Pelletier, S. 218]): ... ἕτερον ἠρώτα [sc. der König], πῶς ἄν, παμμιγῶν ὄχλων ὄντων ἐν τῇ βασιλείᾳ, τούτοις ἁρμόσαι. "τὸ πρέπον ἑκάστῳ συνυποκρινόμενος", εἶπε [sc. der jüdische Gast], "καθηγεμόνα λαμβάνων δικαιοσύνην· ὡς καὶ ποιεῖς θεοῦ σοι διδόντος εὖ λογίζεσθαι" (vgl. dazu Moore [2015] 242). Vgl. auch Kapitel 249 über das Verhältnis von ξενία und φιλοπατρίδα εἶναι. 283. 292. 298 (dazu Stavrianopoulou [2012] 144). Plutarch überliefert die berühmte Anekdote (*De Alexandri Magni fortuna aut virtute* 7, 329b/d), Alexander der Große habe nicht der aristotelischen Mahnung Gehör geschenkt, die Griechen als Hegemon wie Freunde, die Barbaren aber als Despot wie Pflanzen und Tiere zu behandeln, sondern die Überlegungen, die Zenon in seiner *Politeia* geäußert hatte (vgl. dazu unten Anm. 839), ins Werk gesetzt und so alle tugendhaften Untertanen als Glieder der gemeinsamen Oikumene angesehen, die Bösen aber als Ausländer und Barbaren (vgl. dazu auch Strab. 1, 4, 9, der statt Zenon Eratosthenes beibringt, und Zimmermann [2014] 281f.).

5 Der König

5.1 Einleitung

Aus den bisherigen Beobachtungen ergibt sich, daß Aristobulos gegenüber dem Adressaten seines Werks, dem amtierenden Ptolemäerkönig, eine Position bezieht, die durch eine eigentümliche Dialektik von Annäherung und Abgrenzung gekennzeichnet ist: Während er im Zitat aus den arateischen *Phainomena* den Namen des höchsten Gottes und Stammvaters des Herrscherhauses Zeus durch das nicht verallgemeinernde, sondern jüdisch-monotheistische θεός ersetzt, ist Philometor zugleich doch der Herrscher Ägyptens, vor dem der Exeget seine Deutung des mosaischen Nomos ausbreitet. Dadurch, daß in dieser Deutung wiederholt die *Exodus*, also die Geschichte von der Unterdrückung des Volkes Israel in Ägypten, von seiner Flucht und der Vernichtung Pharaos durch Gottes Beistand, besondere Aufmerksamkeit erfährt, treten der Ptolemäer und seine Macht über Griechen, Ägypter und Juden, die ja immer auch eine Fortschreibung der pharaonischen Herrschaft darstellte, in einen impliziten Gegensatz zu jener Vergangenheit biblischer Geschichte – den Aristobulos wohl herrschaftsbejahend wie auch paränetisch verstanden wissen wollte[613]. Dieser Dialektik soll im folgenden auch an anderen Stellen der Fragmente nachgegangen werden.

5.2 Abgrenzung

Daß die jüdische Verehrung des einen Gottes mit dem traditionellen Polytheismus sowohl der Griechen als auch der Ägypter nicht zu harmonisieren war, bedarf keiner längeren Ausführungen. Doch ist schon in den vorausgegangenen Kapiteln deutlich geworden, wie weit sich Aristobulos auf die griechische Philosophie zubewegt, um vor dem König und seinem griechischen Publikum die mosaische νομοθεσία mit Argumenten, Motiven und Begriffen aus eben jener zu erklären. Ob dadurch seine eigene Theologie gleichsam hellenisiert wurde,

---

613 Vgl. etwa die Auslegung der "Hände" Gottes, in deren Verlauf zunächst (F 2, 40 Holladay) Philometor direkt als βασιλεύς angesprochen, im folgenden aber aus der *Exodus* Mose Wort an den Pharao zitiert wird (F 2, 47/50 Holladay): καὶ ἐπὶ τοῦ γεγονότος θανάτου τῶν κτηνῶν καὶ τῶν ἄλλων φησὶ τῷ βασιλεῖ τῶν Αἰγυπτίων [!] λέγων· "ἰδοὺ χεὶρ κυρίου ἐπέσται ἐν τοῖς κτήνεσί σου καὶ ἐν πᾶσι τοῖς ἐν τοῖς πεδίοις θάνατος μέγας" (vgl. Exod. 9, 3). Die Exodusseptuaginta bezeichnet den Pharao regelmäßig als βασιλεὺς Αἰγύπτου/τῶν Αἰγυπτίων (vgl. Exod. 1, 15. 17f.; 2, 23; 3, 10 u.ö. sowie Wevers [1990] 31).

bliebe noch zu prüfen. Auffällig ist jedenfalls, daß Aristobulos gerade dort, wo er von Gott philosophisch geprägt zu handeln scheint, in besonders scharfen Gegensatz zur öffentlichen Religion des Reiches und den vom Königshof geförderten Kulten tritt. Dafür nur zwei Beispiele:

a) Aristobulos spricht von Gott bald mit den Substantiven θεός und κύριος, bald mit der Junktur δύναμις θεοῦ/θεία δύναμις. Daneben verweist das Adjektiv θεῖος in Verbindung auch mit anderen Substantiven auf Gott. Die Belege seien hier um der besseren Übersicht willen nocheinmal angeführt:

F 2, 15/18. 20f. und 27f. Holladay
F 2, 44f. 45/47. 49f. 50f. und 53/55 Holladay
F 2, 55/57 und 67f. Holladay
F 2, 78/97 und 110/40 Holladay
F 4, 2/25 und 72/96 Holladay
F 5, 3/7 und 54/66 Holladay (vgl. auch die gesamte folgenden Passage zu Gottes Handeln an seiner Schöpfung).

Die neuere Forschung hat aus diesen Passagen wiederholt eine Unterscheidung zwischen Gott selbst, der "über allem" sei, dem alles untergeordnet sei, und seiner göttlichen δύναμις, die als "Kraft" in der Welt an bestimmten Orten und zu bestimmter Zeit wirke, eruieren wollen. Während manche diese Unterscheidung der jüdischen Gelehrsamkeit vorphilonischer Zeit zuschreiben, sehen andere in ihr ein aristotelisch-peripatetisches Philosophem, das sich Aristobulos aus zeitgenössischen Vertretern dieser Lehre angeeignet habe[614]. Besondere Aufmerksamkeit verdient in dieser Hinsicht die bereits erwähnte Schrift *De mundo*, in welcher eine ähnliche Theorie göttlicher δύναμις – ebenfalls im Singular – vermutet worden ist, insbesondere in 397b13/27 (ed. Reale – Bos, S. 212. 214):

ἀρχαῖος μὲν οὖν τις λόγος καὶ πάτριός ἐστι πᾶσιν ἀνθρώποις ὡς ἐκ θεοῦ πάντα καὶ διὰ θεὸν συνέστηκεν, οὐδεμία δὲ φύσις αὐτὴ καθ' ἑαυτήν ἐστιν αὐτάρκης, ἐρημωθεῖσα τῆς ἐκ τούτου σωτηρίας. διὸ καὶ τῶν παλαιῶν εἰπεῖν τινες προήχθησαν ὅτι πάντα ταῦτά ἐστι θεῶν πλέα τὰ καὶ δι' ὀφθαλμῶν ἰνδαλλόμενα ἡμῖν καὶ δι' ἀκοῆς καὶ πάσης αἰσθήσεως, τῇ μὲν θείᾳ δυνάμει πρέποντα καταβαλλόμενοι λόγον, οὐ μὴν τῇ γε οὐσίᾳ. σωτὴρ μὲν γὰρ ὄντως ἁπάντων ἐστὶ καὶ γενέτωρ τῶν ὁπωσδήποτε κατὰ τόνδε τὸν κόσμον συντελουμένων ὁ θεός, οὐ μὴν αὐτουργοῦ καὶ ἐπιπόνου ζῴου

---

[614] Vgl. den kurzen Forschungsüberblick bei Radice (1994) 69f.

κάματον ὑπομένων, ἀλλὰ δυνάμει χρώμενος ἀτρύτῳ, δι' ἧς καὶ τῶν πόρρω δοκούντων εἶναι περιγίνεται. τὴν μὲν οὖν ἀνωτάτω καὶ πρώτην ἕδραν αὐτὸς ἔλαχεν, "ὕπατός" τε διὰ τοῦτο ὠνόμασται, κατὰ τὸν ποιητὴν "ἀκροτάτῃ κορυφῇ" τοῦ σύμπαντος ἐγκαθιδρυμένος οὐρανοῦ.

Nun gibt es bei allen Menschen ein uraltes, aus Väterzeiten stammendes Wort, daß alles von Gott her und durch Gott besteht und daß kein Wesen für sich allein, sich selbst genügend, existieren kann, wenn es der erhaltenden Kraft beraubt ist, die von der Gottheit ausgeht. Darum fühlten sich auch einige der Alten bewogen zu lehren, daß all dies voll von Göttern sei, was uns sichtbar vor Augen steht, wie auch das, was wir durchs Gehör und jeglichen Sinn wahrnehmen. Aber was sie so als These aufstellten, entspricht zwar der göttlichen Kraft, nicht aber dem göttlichen Wesen. Denn es ist zwar wirklich Gott der Erhalter von allem und der Erzeuger all dessen, was, wie auch immer, in diesem unseren Kosmos zur Vollendung gebracht wird; jedoch ist es nicht so, daß er die Mühsal eines selber werkenden, geplagten Wesens auf sich nehmen muß, vielmehr kann er sich einer unermüdlichen Kraft bedienen, mit der er auch, was ferne von ihm zu sein scheint, beherrscht. Der oberste und der erste Platz ist ihm zuteil geworden, und er heißt deswegen der "Höchste", nach dem Dichterwort "auf dem ragendsten Gipfel" des gesamten Himmels thronend [mit dem gesamten Abschnitt 398, in dem die Gottheit im Verhältnis zu ihrer Dynamis mit dem persischen Großkönig verglichen wird, sowie 400b10f.].

(Übersetzung Hans Strohm)

Roberto Radice, der nicht ausschließt, daß Aristoteles selbst das Werk *De mundo* verfaßt haben könnte[615], hat die Beziehungen zwischen Aristobulos und dieser kleinen Schrift in seiner wichtigen Studie *La filosofia di Aristobulo e i suoi nessi con il 'De mundo' attribuito ad Aristotele* erneut detailliert untersucht[616].

---

615 Vgl. Radice (1995) 26f.; auch Reale – Bos (1995) passim. Die Datierung des Werks ist bis heute umstritten; namhafte Forscher setzen es später an, manche erst in die frühe Kaiserzeit (vgl. die älteren Positionen bei Pohlenz [1965] 380/83; Moreaux [1984] 75/82; Schönberger [1991] 46/53; Mansfeld [1992b] passim sowie jetzt Bordoy [2012] 57f.; Thom [2012] 291[42] und [2014b] 3/8 sowie Porter [2016] 473f.).
616 Vgl. Radice (1994) 69/95 sowie zu den entsprechenden Stellen in *De mundo* (insbesondere 396/98; 400) Strohm (1984) 335f.; Reale – Bos (1995) 91: "... si dice chiaramente che l'οὐσία divina trascende il mondo corporeo, nel quale è presente la sola δύναμις che da quella deriva". 106/19. 317. 319: "che Dio è fuori dal mondo e che regge il mondo con la sua potenza" und Thom (2014d) passim. Die alte Vermutung (vgl. etwa Herriot [1898] 77f. und Lagrange [1927] 212f.), Aristobulos oder ein anderer jüdischer Gelehrte aus der Zeit vor Philon sei der Autor der Schrift *De mundo*, weist Radice richtig zurück mit Hinweis auf grundsätzliche Unterschiede zwischen der jüdischen Schöpfungstheologie und der Kosmologie in der besagten Schrift,

Der Annahme Radices: "... sembra probabile che la dottrina della divina δύναμις elaborata nel *De mundo* sia stata assunta nel suo significato integrale da Aristobulo a fondamento della polemica contro gli antropomorfismi divini"[617], also der Annahme einer direkten Abhängigkeit des jüdischen Exegeten von jener kurzen Schrift steht jedoch die Durchsicht der oben angeführten Stellen entgegen[618]: Aristobulos differenziert durchaus nicht stringent, in gleichsam dogma-

---

welche, ganz aristotelisch (Reale – Bos [1995] 82/97; vgl. auch Nilsson [1988] 298 und Mansfeld [1992b] 394), die Ewigkeit des Kosmos postuliert.

[617] Radice (1995) 81f.; vgl. 29. 94f. Ähnlich hatte schon Ravaisson (1846) 357 vermutet: "Or, le seul de tous les ouvrages attribués à Aristote où figurât l'idée d'une puissance divine pénétrant et parcourant la nature, c'était le livre du Monde; c'est donc le seul aussi sur lequel Aristobule ait dû s'appuyer"; vgl. auch Riedweg (1993) 89/95. 99f., der ebenfalls für eine frühe Datierung der Schrift *De mundo* plädiert; Sterling (2009) 77f.; Thom (2014b) 9f. (unentschieden) und Tzvetkova-Glaser (2014) 133.

[618] Radices Analyse der Schrift *De mundo* selbst kann hier nicht im einzelnen besprochen werden. Vier Beobachtungen seien jedoch kurz formuliert: Erstens stehen der Annahme, ihr Autor unterscheide streng zwischen der transzendenten Gottheit, die allein "nella forma di una religiosità celeste" auszumachen sei (78), und ihrer in die Welt wirkenden δύναμις, die Stellen 396b23/34; 397b32f. und 398a2f. (ed. Reale – Bos, S. 214: ἡ ἐν οὐρανῷ δύναμις ἱδρυμένη) entgegen. Die Dynamis selbst, nicht nur erhaltende Kraft, sondern durch die Mischung der Elemente auch schaffende Demiurgin des Kosmos, befindet sich mit Gott im Himmel, weitentfernt von den irdischen Dingen, um die sie sich jedoch, durch das ganze Universum sich ausbreitend, kümmert, während umgekehrt (ähnlich wie bei Aristobulos!) das Göttliche seinerseits alles durchzieht (*pace* Strohm [1984] 337, dessen Erklärung: "Der Widerspruch ... scheint einer im Gott-Welt-Problem prinzipiell vorhandenen Paradoxie zu entsprechen" doch aufweist, daß eine dogmatische Festschreibung ausschließlicher Transzendenz Gottes aus *De mundo* nicht zu gewinnen ist, und Reale – Bos [1995] 112; vgl. dazu auch Lorimer [1925] 128[1]; Lagrange [1959] 210f.; Sharples [2002] 25f. sowie Thom [2014d] 107[2]. 110. 113/19 u.ö. [unklar]). Die Gottheit selbst wird in 397b20/24 und 399a30f. als γενέτωρ bezeichnet (vgl. dazu auch Reale – Bos [1995] 318; anders Lagrange [1927] 204f.). Zweitens: Wenn es stimmt, daß in *De mundo* die Gottheit als ein "dio celeste – collocato nel cielo" (35), also eben, wenn überhaupt, nur in einer "trascendenza relativa" (38) beschrieben wird (vgl. vor allem 397b24/27 und 400a4/7), dann verbietet sich die Parallelisierung mit Aristobulos – bei dem Gott über allem, auch über dem Himmel, ist (vgl. 94: "... ha preso [sc. Aristobulos] anche parte del *milieu* filosofico e teologico che poteva averla espressa, e cioè una collocazione celeste [comunque infracosmica] di Dio ..."). Radice selbst räumt ein (39): "... questo trattato ... rappresenta una figura di Dio in chiave soprattutto cosmologica, mentre le connotazioni di carattere ontologico sono nel trattato messe in minor risalto" (vgl. auch 70. 94f.). Drittens ist doch von der δύναμις θεοῦ als einer durch die Gottheit angestoßenen Bewegung des Himmels und der irdischen Dinge (36f.), deren Wirkkraft jedoch mit zunehmender Entfernung von Gott selbst abnehme (397b. 398b/399), bei Aristobulos an keiner Stelle die Rede. Vgl. zu *De mundo* mit Recht Reale – Bos (1995) 119: "Essa [sc. die göttliche Dynamis] non è altro che la causazione prodotta da Dio del movimento del cosmo, ossia del movimento del primo cielo e poi comunicato via via agli altri cieli e a tutte le restanti cose" und

tischer Präzision, zwischen dem transzendenten Gott, der in die Welt selbst nicht eingreife, und seiner Dynamis, die in der Welt als göttliche Kraft allein wirke. Zur κατάβασις θεία auf den Sinai formuliert Aristobulos in F 2 Holladay ausdrücklich, Gott selbst habe in ihr den Menschen seine eigene Energeia schauen lassen (ἵνα πάντες θεωρήσωσι τὴν ἐνέργειαν τοῦ θεοῦ) und seine eigene Größe gezeigt (τὸν δὲ θεὸν ἄνευ τινὸς δεικνύναι τὴν ἑαυτοῦ διὰ πάντων μεγαλειότητα): πάντη γὰρ ὁ θεός ἐστιν, eben nicht nur seine Dynamis[619]. Die "Hände", die metaphorisch bedeuten: τὴν πᾶσαν ἰσχὺν τῶν ἀνθρώπων καὶ τὰς ἐνεργείας ἐν ταῖς χερσὶν εἶναι, sind Gottes eigene συντέλειαι (F 2, 55 Holladay), die göttliche Stimme Gottes eigene ἔργων κατασκευαί (F 4, 2/5). Gott selbst schuf die Welt (ὅλην τὴν γένεσιν τοῦ κόσμου θεοῦ λόγους εἴρηκεν ὁ Μωσῆς), hält F 4 Holladay ausdrücklich fest; selbst griechische Philosophen sagen noch, sie hörten die "Stimme Gottes", wenn sie seine Schöpfung betrachteten (λέγοντες ἀκούειν φωνῆς θεοῦ, τὴν κατασκευὴν τῶν ὅλων συνθεωροῦντες ἀκριβῶς ὑπὸ θεοῦ γεγονυῖαν καὶ συνεχομένην ἀδιαλείπτως), nicht die seiner Dynamis. Orpheus habe gesungen περὶ τοῦ διακρατεῖσθαι θείᾳ δυνάμει τὰ πάντα καὶ γενητὰ ὑπάρχειν καὶ ἐπὶ πάντων εἶναι τὸν θεόν, und besonders anschaulich beschreiben Gottes sichtbares Wirken in der Welt die Verse der arateischen *Phainomena*, die Aristobulos in die Nachfolge mosaischer Weisheit stellt und explizit auf Gott bezieht (Text s. oben S. 10)[620]. Diese Verse resümiert Aristobulos mit dem Satz: σαφῶς οἴομαι δεδεῖχθαι διότι διὰ πάντων ἐστὶν ἡ δύναμις τοῦ θεοῦ, um gleich darauf festzuhalten: τὸ γὰρ τῆς διανοίας αὐτῶν [sc. τῶν ποιημάτων] ἐπὶ θεὸν ἀναπέμπεται. Zwar beschreibt Aristobulos in seinen Ausführungen zur θεία στάσις (einem weiteren Anthropomorphismus für Gottes Dynamis), also zur Einrichtung des Kosmos unter der Unveränderlichkeit Gottes (in F 2 Holladay), diesen auch als den, dem alles untergeordnet sei, der

---

Thom (2012) 293. Schließlich bezeichnet, viertens, in *De mundo* der Begriff δύναμις ein dauernd wirkendes (und physisches? Vgl. Tzvetkova Glaser [2014] 134) Weltprinzip des Gottes, von dem mehrfach ausgesagt wird, es erhalte den Kosmos fortwährend in seiner Existenz und bringe die dem Menschen immerfort sichtbaren ἰδέαι und πάθη hervor. Damit ist die δύναμις, die bei Aristobulos zumindest in den erhaltenen Fragmenten eben nicht nur die fortdauernde Erhaltung der Schöpfung in der θεία στάσις, sondern auch ein in bestimmten – historisch markierbaren – Momenten und mit wunderbarer, die Grenzen der Natur gerade überschreitender Macht auftretendes Wirken Gottes bezeichnet, nicht leicht in Einklang zu bringen.

619 Vgl. auch Tzvetkova-Glaser (2014) 137. Die Feststellung, die Katabasis sei nicht örtlich gebunden gewesen (s. unten Anm. 328/32), bezieht sich dabei offenbar auf die Stelle Exod. 24, 10f., in welcher von den Ausgewählten Israels die Rede ist, die auf dem Berg den "Ort Gottes" gesehen hätten.

620 Vgl. richtig Lagrange (1927) 213.

"über allem" sei (καὶ γὰρ ἐπὶ πάντων ὁ θεός, καὶ πάνθ' ὑποτέτακται καὶ στάσιν εἴληφεν ... ἡ στάσις οὖν θεία κατὰ ταῦτα ἂν λέγοιτο, πάντων ὑποκειμένων τῷ θεῷ). Die Spannung, in welche diese Annahme der Transzendenz Gottes zu der Überzeugung tritt, nach dem Zeugnis Mose sei auch Gott selbst überall und atopisch[621], wirke allerdings in die Welt, ihre Orte und unter den Menschen, durch die Hypostasierung der göttlichen Dynamis[622] aufzulösen geht freilich nicht an und entspringt wohl eher modernem Bedürfnis. Aristobulos bezieht somit in jener folgenreichen Auseinandersetzung um die Innerweltlichkeit des Göttlichen, welche die griechische Philosophie von ihren Ursprüngen an beschäftigt und im Hellenismus neue Aktualität gewonnen hatte[623], klar Position. In F 5, 77/79 Holladay wird ausdrücklich über Gottes dauerhaftes Verhältnis zu den Elementen seiner Schöpfung festgehalten: τάξας γὰρ, οὕτως αὐτὰ συνέχει καὶ μεταποιεῖ – von Dynamis kein Wort.

Radices Vergleich mit der Schrift *De mundo* hat freilich deswegen bleibenden Wert, weil seine Studie an diesem Beispiel zeigt, daß Aristobulos mit der δύναμις θεοῦ einen Begriff verwendet, der in der griechischen Philosophie, insbesondere in den Entwürfen einer natürlichen Theologie, weit verbreitet war und in hellenistischer Zeit Hochkonjunktur genoß – und zwar über die Grenzen der verschiedenen Philosophenschulen hinweg[624]. Schon Fascher wies in diesem Zusammenhang darauf hin, daß die Vorstellung, den Abstand zwischen dem erhabenen, fernen Gott und dem "Alltag der Erde" durch δυνάμεις zu

---

621 Vgl. Fornara (2004) 190 zu der schon in der Bibel ausgedrückten Spannung zwischen den "luoghi di Dio" und dem "mistero di Dio, che non si lascia rinchiudere in nessuno spazio": "il Dio d'Israele è 'atopico'".
622 So schon Lagrange (1927) 212.
623 Vgl. Sharples (2002) passim zur aristotelisch-peripatetischen Theologie und ihrer Kritik.
624 Vgl. Prümm (1961) 399; Pötscher (1970) 8f. und vor allem Nilsson (1988) 534/39; dazu Grundmann (1935) 288/92; Peters (1967) 42/45; Strohm (1984) 333 (zu Platon); Reale – Bos (1995) 113f. und Collins (1998) 6. Prominent war der Begriff freilich schon bei den Vorsokratikern, etwa bei Thales (11 A 23 Diels – Kranz): νοῦν τοῦ κόσμου τὸν θεόν, τὸ δὲ πᾶν ἔμψυχον ἅμα καὶ δαιμόνων πλῆρες· διήκειν δὲ καὶ διὰ τοῦ στοιχειώδους ὑγροῦ δύναμιν θείαν κινητικὴν αὐτου. Der schwer zu datierende Pythagoreer Ekphantos (vgl. Siegert [1988] 62: "4. Jh. v. Chr.?") soll behauptet haben, die Dinge würden nicht, wie im Atomismus angenommen, durch Schwerkraft oder Anstoß in Bewegung gesetzt, sondern ὑπὸ θείας δυνάμεως, ἣν νοῦν καὶ ψυχὴν προσαγορεύει (ed. Diels, Doxographi Graeci, S. 566; vgl. auch Fascher [1959] 418). Zu weiteren pythagoreischen Texten, in denen der Begriff der Dynamis von Bedeutung ist (etwa das dem Philolaos zugeschriebene Fragment Diels – Kranz 44 B 21) vgl. Effe (1970a) 41/52. Das Verhältnis zwischen göttlicher Transzendenz und Wirkung in der Welt stellt bekanntlich eines der schwierigsten Probleme aristotelischer Gotteslehre dar (vgl. dazu etwa Pötscher [1970] 19f. mit Hinweis auf pol. 1326a3 und 53f. zu met. 1074b).

überbrücken, möglicherweise den Einfluß ägyptischer Religion offenbart[625]. Es ist dabei charakteristisch, daß sich die Unterscheidung zwischen dem Göttlichen und seiner Einwirkung in die Welt zwar als eine Art hellenistischer Gemeinplatz identifizieren läßt, der sich auch dort findet, wo die vielen Götter nicht unbedingt monotheisierend in einer Gottheit aufgehen[626], der jedoch regelmäßig noch nicht so zugespitzt wird, daß entweder zwischen ein ausschließlich transzendentes Göttliches und seine ausschließlich irdisch wirksame Dynamis eine unüberwindbare Grenze gezogen würde oder aber Dynamis und immanente Gottheit einfach in eins zusammenfielen[627]. Selbst die stoische Philosophie, die Radice gegen die Schrift *De mundo* und Aristobulos abgrenzt[628], weil in ihr zwar das Göttliche von seiner δύναμις begrifflich unterschieden, aber doch gemeinsam mit ihr, ohne Aufhebung der Identität[629], weltimmanent angenommen werde, bietet ein komplexeres Bild. Schon Chrysipp scheint schärfer zwischen dem Gott (θεός) und τὸ μέρος αὐτοῦ τὸ διῆκον διὰ πάντων differenziert zu haben[630] (SVF 2, 1021~Diog. Laert. 7, 147; vgl. den Text oben S. 19]).

---

625 Vgl. Fascher (1959) 423; dazu schon Preisigke (1920) passim. Ein Blick in die – nur wenige Jahrzehnte nach Aristobulos anzusetzenden – Isishymnen Isidors ist aufschlußreich; dort heißt es über Isis, die Himmel und Erde, die Winde und die Sonne "zusammengesetzt" (vgl. zum Terminus συνίστημι im Kontext der Weltschöpfung Vanderlip [1972] 25 mit Hinweis auf den platonischen *Timaios*) habe (1, 11f. [ed. Vanderlip, S. 17]): σῇ δυνάμει Νείλου ποταμοὶ πληροῦνται ἅπαντες | ὥρη ὀπωρινῇ (vgl. hymn. 2, 17f.). Der Dichter bekennt (V. 25f.): δέσποτι, οὐ λήξω μεγάλην δύναμίν σου ἀείδων, σώτειρ ἀθανάτη, πολυώνυμε, Ἶσι μεγίστη ... Alle Menschen in Gefahr, im Krieg, in der Fremde, auf dem Meer, beteten zu ihr (V. 34f.): σώζονθ' οὗτοι ἅπαντες, ἐπευξάμενοί σε παρεῖναι [vgl. dazu auch hymn. 2]. | κλῦθι ἐμῶν εὐχῶν, μεγαλοσθενὲς οὔνομ' ἔχουσα ...; vgl. auch 3, 13 über die Dynamis der Göttin (hier in Verbindung mit σθένος), die dem amtierenden Ptolemäerkönig im Kampf gegen die Feinde beistehe. Vanderlip (1972) 26 kommentiert: "The word [sc. δύναμις] is used specifically for the miraculous power of a god"; vgl. auch Moyer (2016) 225/27. 230f. zum Entwurf des von Isis garantierten, frommen und idealen Königs (insbesondere im dritten und vierten Hymnus). Auch im späteren *Corpus Hermeticum* ist der Begriff δύναμις/δυνάμεις ganz geläufig (vgl. 1, 26. 31; 10, 22f.; 12, 20f.; 18, 14 u.ö.; vgl. dazu Festugière [1953] 163/65).
626 Vgl. die allgemeinen Bemerkungen bei Siegert (1992) 75/79. Ein Blick in den Kult zeigt, wie verbreitet der Glaube an Epiphanien war als "solche Offenbarungen der Götter, in welchen sie nicht persönlich hervortraten, ihre Macht aber in wunderbaren Wirkungen sichtbar wurde" (Nilsson [1988] 226f.; vgl. 535f.). Daß solche Vorgänge gerade in Kulten erzählt wurden, die sich selbst zu propagieren versuchten, überrascht nicht.
627 Vgl. die unterschiedlichen Bestimmungen, die Aristoteles in met. 1019a/b von dem Begriff Dynamis referiert. Sein Kommentar: λεγομένης δὲ τῆς δυνάμεως τοσαυταχῶς ist vielsagend.
628 Vgl. insbesondere SVF 2, 311 bei Radice (1995) 78/81.
629 Vgl. Radice (1995) 78.
630 Vgl. auch Moore (2015) 225f. und dann zu Poseidonios und seiner Fortentwicklung des δύναμις-Begriffs etwa Rist (1969) 201/18; Collins (1998) 5: "[sc. Poseidonios] made a place for

Im Anschluß an die stoische Philosophie, insbesondere eben an Chrysipp[631], betont später Plutarch gerade dort, wo er die möglichst genaue semantische Analyse zu einer Grundlage der angemessenen Einschätzung dichterischer Diktion erhebt, also im Zusammenhang literarischer Interpretation, daß in der Poesie die Namen der Götter bald diese selbst, bald ihre in der Welt wahrnehmbaren δυνάμεις[632] meinen könnten (*De audiendis poetis* 6, 23a [ed. Gärtner, S. 45]). Daß solch ambivalenter Gebrauch der Götternamen[633] als Proprium der frühen Dichtersprache deklariert wird, zeigt, daß Plutarch selbst die begriffliche Unterscheidung von Gott und seinen δυνάμεις[634] als gängig voraussetzt[635].

God in the Stoic system, over against the cosmos" sowie Schirren (2002) 118 zur poseidonischen "Lebenskraft ..., die den ganzen Kosmos durchwirkt". Bordoy (2012) passim erklärt die Schrift *De mundo* im ganzen für eine stoische Fälschung.

631 Vgl. dazu Blank (2011) 253f. und zu Zenon schon SVF 1, 168. Auch Apollodor von Athen (zweites Jahrhundert vor Christus) scheint in seiner Schrift Περὶ θεῶν begrifflich zwischen den sichtbar in der Welt wirkenden δυνάμεις und den ihnen vorstehenden Gottheiten, welche die Menschen jeweils mit demselben Namen bezeichneten, unterschieden zu haben (244 F 112/14. 352f. Jacoby; dazu auch Heraklit alleg. 7); vgl. zum Anschluß an Stoisches hier Niehoff (2011b) 62, doch mahnte schon Jacoby (1930) 754, daß die Fragmente genaueren Aufschluß darüber, "was A von den δυνάμεις und ἐνέργειαι hielt, die hinter den ἀποτελέσματα stehen, die die menschen und Homer göttlich nannten", kaum erlauben. Später begründet Kornutos die vielen Namen des Göttervaters Zeus (epidr. 9, 19/21 [ed. Ramelli, S. 188]): ... ἐπειδὴ διατέταχεν εἰς πᾶσαν δύναμιν καὶ σχέσιν καὶ πάντων αἴτιος καὶ ἐπόπτης ἐστίν, und Marc Aurel schreibt in seinen *Selbstbetrachtungen* (12, 28 [ed. Dalfen, S. 111]): ... καὶ τοὺς θεούς, ἐξ ὧν τῆς δυνάμεως αὐτῶν ἑκάστοτε πειρῶμαι, ἐκ τούτων, ὅτι τε εἰσί, καταλαμβάνω καὶ αἰδοῦμαι.

632 Vgl. später beispielsweise Menander Rhetor (440, 24/444, 2 Russell – Wilson) über die Aufteilung der δύναμις Apollons in vier δυνάμεις, nämlich τοξική, μαντική, ἰατρική, μουσική. Besonders interessant sind die papyrologischen (vgl. etwa POxy. 11, 1381 über Asklepios in Ägypten) sowie die inschriftlichen Zeugnisse, die Fascher (1959) 424f. beiträgt: So heißt auf einem Stein in Thyateira ein von Zeus eingeschlagener Blitz Διὸς Κεραυνίου δύναμις. Zingerle (1926) 10/12 bringt insbesondere aus griechischen Inschriften des Ostens weitere aufschlußreiche Parallelen für die "dynamische Prädikation" und Allmachtsformel (z.B. μεγάλη δύναμις τοῦ ἀθανάτου θεοῦ oder das Epitheton δυνατός) und resümiert: "Dieser ursprünglich besonders die orientalische Religiosität kennzeichnende Glaube an die allesvermögende und vollbringende Macht der Gottheit, ihre δύναμις, ἐνέργεια, ἀρετή, ist in hellenistisch-römischer Zeit unter der Auswirkung der synkretistischen Kulte Allgemeingut geworden".

633 In *De mundo* heißt es (401a12f.), der eine Gott habe viele Namen κατονομαζόμενος τοῖς πάθεσι πᾶσιν ἅπερ αὐτὸς νεοχμοῖ – πάθος meint auch hier das Erfahren seines irdischen Wirkens. Solche Auffassung ist natürlich älter; in der Philosophie sei nur daran erinnert, daß die platonische Inspirationslehre eine θεία δύναμις voraussetzt, die den Dichter – und auch den Rhapsoden – bewege (vgl. *Ion* 533d), und daß auch der Gesetzgeber Spartas, mit einer solchen "vermischt", die Verfassung des Staats einrichtet (nom. 691d/e; vgl. nom. 906a/b).

634 Vgl. die unmittelbar folgenden Ausführungen, in denen Plutarch aus der Poesie Beispiele für den Gebrauch von Ζεύς zum einen als Eigennamen des Gottes, zum anderen als Bezeich-

Aristobulos läßt sich nun weder mit Dualismus noch mit Immanentismus[636] gleichschalten[637], obschon er begrifflich zu den stoischen Überlegungen eine gewisse Nähe offenbart – und ja in F 4 Holladay gerade Arat zitiert, um die These von der alldurchwaltenden Dynamis Gottes in der griechischen Literatur dingfest zu machen. Gott, der über allem und überall ist, ist eben nicht gleich auch in allem[638]. Vielmehr erweist sich der jüdische Exeget in erster Linie dem biblischen Gottesbild[639] verpflichtet, in dem die alles Irdische übersteigende Heiligkeit Gottes, der dem Menschen nicht sichtbar ist, sein sichtbares Wirken in der Welt, sein Eingreifen für Israel nicht ausschließt, ohne daß dadurch ein eklatanter Widerspruch aufgeworfen würde, auch nicht in der Septuaginta, die zugegebenermaßen die Transzendenz Gottes gegenüber der hebräischen Vorlage in mancher Hinsicht, nicht zuletzt durch Abschwächung der anthropomorphen Rede von Gott[640], zu betonen bestrebt ist[641]. Zudem findet sich auch an be-

---

nung seiner δύναμις τῆς τύχης/εἱμαρμένης beibringt. Den Grund für diese Ambivalenz sieht er darin, daß die Menschen der Frühzeit noch keinen Begriff für die τύχη besaßen, jedoch die τῆς ἀτάκτως καὶ ἀορίστως περιφερομένης αἰτίας δύναμις ἰσχυρὰ καὶ ἀφύλακτος οὖσα (24a) kannten und mit dem Gottesnamen bezeichneten. Vgl. kritischer gegen die Stoa *Amatorius* 13, 757b/c (ed. Flacelière, S. 69f.): ὁρᾷς δήπου τὸν ὑπολαμβάνοντα βυθὸν ἡμᾶς ἀθεότητος, ἂν εἰς πάθη καὶ δυνάμεις καὶ ἀρετὰς διαγράφωμεν ἕκαστον τῶν θεῶν sowie zur Unterscheidung von οὐσία und δύναμις auch *De defectu oraculorum* 8f., 414c/e; zum Thema auch Cic. nat. 2, 23f., 60/62 und Seneca, der einmal den höchsten Gott Jupiter von seinem Wirken unterscheidet; dessen Vielfalt komme in den vielen Beinamen, welche ihm die Menschen gäben, zum Ausdruck (benef. 4, 7/9 [ed. Préchac, S. 106]): *omnia eiusdem dei nomina sunt varie utentis sua potestate.*
635 Die Beziehung zwischen dem Namen eines Gottes und seiner Dynamis – hier im Singular als die das eigentliche Wesen offenbarende Eigenschaft verstanden (vgl. dazu Prümm [1961] 412[40]) – wird schon im platonischen *Kratylos* eingehend diskutiert (vgl. etwa 403 zu Pluto und 404f. zu Apollon).
636 Vgl. schon Zeller (1903) 283f.
637 Ebensowenig natürlich mit der Theologie Epikurs, deren Götter "cannot, consistently with their blessed state, be in any way involved in what happens in nature" (Mansfeld [1999c] 463).
638 Vgl. Prümm (1961) 415.
639 Vgl. dazu die umfangreiche Studie Fornaras (2004) passim (mit reichen Literaturangaben) und Frankemölle (2006) 141, der an ein fundamentales hermeneutische Prinzip jüdischer Theologie erinnert: "Der Heilige, gelobt sei er, sagte zu Mose: Meinen Namen willst du wissen? Entsprechend meinen Taten werde ich benannt" (ShemR zu Exod. 3, 14 und MekhY zu Exod. 20, 2). 149f. Tzvetkova-Glasers (2014) 137 These: "Aristobulus is not aware of the strict difference between transcendence and immanence" könnte den Exegeten unterschätzen.
640 Carl Siegfried wies schon 1875 auf das "Streben nach Beseitigung des Anthropomorphischen durch umschreibende oder vergeistigende Ausdrucksweise" bei den Pentateuchübersetzern der Septuaginta hin und machte darin einen "Fortschritt zur Allegoristik" aus (Siegfried [1875] 18f.; vgl. zuvor bereits Frankel [1851] 30/42. 181/85; dann auch Heinisch [1908] 17; Stauf-

stimmten Stellen der biblischen Offenbarung die Rede von Gott und seiner Dynamis – eine hypostatische "Kraft" wird dadurch nicht konstruiert. So betet Moses in Dtn. 3, 24 (ed. Rahlfs, vol. 1, S. 291) [642]: κύριε, κύριε, σὺ ἤρξω δεῖξαι τῷ σῷ θεράποντι τὴν ἰσχύν σου καὶ τὴν δύναμίν σου καὶ τὴν χεῖρα τὴν κραταιὰν καὶ τὸν βραχίονα τὸν ὑψηλόν· τίς γάρ ἐστιν θεὸς ἐν τῷ οὐρανῷ ἢ ἐπὶ τῆς γῆς, ὅστις ποιήσει καθὰ σὺ ἐποίησας καὶ κατὰ τὴν ἰσχύν σου; Der Psalmist singt (Ps. 144, 4/6. 11f. [ed. Rahlfs, vol. 2, S. 159]):

---

fer [1938] 110; Walter [1964] 60; Klauck [1978] 92; Borgen [1987] 13; Stemberger [1996] 58 und Weber [2000] 343. 393). Zwar läßt sich kein durchgehend konsequenter Umgang der griechischen Übersetzer mit vergleichbaren Ausdrücken feststellen (vgl. beispielhaft unten Anm. 1281 zur "Hand Gottes"); doch darf das Unbehagen, das ihnen die Anthropomorphismen offenbar bereiteten, als Keimzelle neuer, auch exegetischer, Lösungen gelten. Zur Debatte über die Haltung der Septuaginta zu den biblischen Anthropomorphismen vgl. Morenz (1964) 250f.; Kuitert (1967) passim; Schmitt (1974) 159; Orlinsky (1975) 106f.; Wittstruck (1976) passim; Maier (1990) 137; Reventlow (1990) 26f.; Hanson (1992) 566; Harl (1994a) 214f. (mit Literatur); Rösel (1994) 92. 162. 192. 217. 253f.; (2006a) 67f.; (2006b) 247f. und (2010) 460f.; Siegert (2001) 247/51; Austermann (2003) 17/21. 134 u.ö.; Dines (2004) 132; Woschitz (2005) 82; Meiser (2008) 330f.; Bons (2009) 751 (zum Psalter) sowie Schaper (2011) 265f. (zur Exodusseptuaginta).
641 *Pace* Radice, der das biblische Gottesbild in folgende Worte faßt ([1995] 40[78]): "Provvidente, personale, assolutamente [!] trascendente, ecc." Vgl. Reventlow (1990) 27 sowie zu der zeitgenössischen Tendenz, die Transzendenz Gottes stärker zu betonen Maier (1990) 192/95. Schon Binde (1870) 20f. bringt die beiden Seiten dieser Dialektik unzulässig gegeneinander: "Der Widerspruch, der in den Worten πανταχοῦ γὰρ θεός ἐστιν gegen die dem Sinne der ganzen Auseinandersetzung offenbar zu Grunde liegende Annahme von Gottes, dem Wesen nach ausserweltlichen Fürsichsein [sic!] wird durch die Erwägung gehoben, dass die Allgegenwart durch Gottes allwaltende Kräfte dargestellt wird" (vgl. auch 22f. 23/28 mit der ausufernden Spekulation, bei Aristobulos lasse sich eine Emanationslehre greifen, in welcher nicht nur Dynamis, sondern auch Logos und Sophia als selbständige Kräfte fungierten). Im übrigen läßt sich auch der *Aristeasbrief* in dieser Hinsicht nicht eindeutig festlegen: Manche Stellen scheinen eine ähnliche Theorie göttlicher Transzendenz vorzustellen (vgl. dazu einseitig Wolfson [1968] 344), andere jedoch das Wirken Gottes selbst in der Welt, insbesondere im Innern des Menschen, etwa des ptolemäischen Königs, stärker zu betonen (vgl. Wright [2015] 253f.). Eine umfassende Studie des Gottesbilds, welches der *Aristeasbrief* formuliert, steht noch aus.
642 Dazu mit Literatur Otto (2012) 502f. Vgl. beispielsweise im Psalter neben der Kernstelle 76, 15 (ed. Rahlfs, vol. 2, S. 81): σὺ εἶ ὁ θεὸς ὁ ποιῶν θαυμάσια, ἐγνώρισας ἐν τοῖς λαοῖς τὴν δύναμίν σου (mit der ganzen Passage 12/21) noch Ps. 20, 2; 23, 7/10; 45, 2; 53, 3; 58, 17; 62, 2f. (... ὤφθην σοι τοῦ ἰδεῖν τὴν δύναμίν σου καὶ τὴν δόξαν σου ...) sowie 68, 33/36; 89, 14 u.ö. sowie 1 Chron. 12, 23; 29, 10/12. Der Gegensatz zwischen Bibelnähe in der Schöpfungstheologie und Philosophienähe in der Vorstellung von der göttlichen δύναμις, den Radice (1995) 94 aufmacht, existiert in der von ihm vermuteten Schärfe also durchaus nicht. Daß Aristobulos Gott und seiner Dynamis "alles" gegenüberstellt und unterordnet, ist im übrigen nicht nur nach griechischem, sondern auch nach biblischem Vorbild ganz gängig (vgl. etwa Staudt [2012] 94/112 zur sogenannten alttestamentlichen "Allmachtsformel").

γενεὰ καὶ γενεὰ ἐπαινέσει τὰ ἔργα σου καὶ τὴν δύναμίν σου ἀπαγγελοῦσιν. τὴν μεγαλοπρέπειαν τῆς δόξης τῆς ἁγιωσύνης σου λαλήσουσιν καὶ τὰ θαυμάσιά σου διηγήσονται. καὶ τὴν δύναμιν τῶν φοβερῶν σου ἐροῦσιν καὶ τὴν μεγαλωσύνην σου διηγήσονται ... δόξαν τῆς βασιλείας σου ἐροῦσιν καὶ τὴν δυναστείαν σου λαλήσουσιν τοῦ γνωρίσαι τοῖς υἱοῖς τῶν ἀνθρώπων τὴν δυναστείαν σου καὶ τὴν δόξαν τῆς μεγαλοπρεπείας τῆς βασιλείας σου.

Geschlecht um Geschlecht wird deine Werke loben, und deine Macht werden sie verkünden. Von der Großartigkeit der Herrlichkeit deiner Heiligkeit werden sie sprechen und deine Wundertaten erzählen. Und die Macht deiner furchtbaren Taten werden sie aussagen und von deiner Majestät erzählen ... Die Herrlichkeit deiner Königsherrschaft werden sie aussagen, und von deiner Mächtigkeit werden sie sprechen, um den Söhnen der Menschen deine Mächtigkeit bekannt zu machen und die Herrlichkeit der Großartigkeit deiner Königherrschaft.

Gegenüber der Deutung, bei Aristobulos meine δύναμις etwas wie "(hypostasierte) Kraft", ist daher eher die biblische Semantik der "Macht", des "Vermögens" und "kraftvollen Wirkens"[643] zu berücksichtigen[644], und es erscheint vor diesem Hintergrund nicht zufällig, daß Aristobulos die Junktur θεία δύναμις nur dort benutzt, wo er auf andere – den König Philomotor (F 2, 17f. Holladay) und Orpheus (F 4, 22 Holladay) – rekurriert, in eigenen Worten jedoch δύναμις θεοῦ (F 2, 51; 4, 84; vgl. auch die auffällige Verbindung τὸ παρὰ τοῦ θεοῦ δυναμικόν in F 2, 120f. Holladay) bevorzugt.

---

643 Auffällig ist die Verbindung eines Orts mit "irgendeiner Dynamis Gottes" in 2 Makk. 3, 38, während Gott in 2 Makk. 3, 24 als τῶν πνευμάτων καὶ πάσης ἐξουσίας δυνάστης durch eine "große Epiphanie" seine Dynamis, also seine Macht, zeigt (vgl. dazu Schwartz [2008] 200f.). Vgl. schon Heinemann (1952) 134; Prümm (1961) 402: "schöpferische Hoheit Gottes"; Enerhalm-Ogawa (1987) 129: "le pouvoir d'agir ... la puissance miraculeuse de Dieu" und Weber (2000) 102. Im übrigen ist, *pace* Dähne (1834) 103/10, von dem hier – wie auch in der Schrift De mundo – im Singular verwendeten Begriff δύναμις jeder Bezug auf die in der späteren jüdischen Exegese entwickelte Lehre von den subalternen "Kräften" Gottes, die wohl aus der alten Gotteskennzeichnung Κύριος Σαβαώθ entfaltet wurde, fernzuhalten (vgl. Grundmann [1935] 293f. und Fascher [1959] 428; zu Philon Grundmann [1935] 299f.; Festugière [1953] 163/65; Fascher [1959] 431/34; Wolfson (1968) 334f.; Dillon [1977] 162/73; Tobin [1983] 47; Strohm [1984] 338f.; mit Literatur Siegert [1988] 62f.; [1992] 306f. und [2005b] 227; Umemoto [1991] 26/37 sowie Runia [2002] 296/99; zu Κύριος Σαβαώθ auch unten Anm. 1288).
644 In der Exegese der "Hände Gottes" (F 2 Holladay) wird in der Erklärung der Metapher auf Gottes Dynamis hin ausdrücklich betont: καὶ γὰρ ἔστι μεταφέροντας νοῆσαι τὴν πᾶσαν ἰσχὺν τῶν ἀνθρώπων καὶ τὰς ἐνεργείας ἐν ταῖς χερσὶν εἶναι. Ἰσχύς ist auch in der Septuaginta häufiger Ausdruck für das kraftvolle Eingreifen Gottes in die Geschichte. Vgl. Grundmann (1935) 286. 288. 293 und Fascher (1959) 427f., etwa zu Exod. 15, 6; 15, 13; 32, 11; Dtn. 9, 26; 9, 29 u.ö.

Die δύναμις θεοῦ bot Aristobulos somit die Möglichkeit, einen auch dem griechischen Publikum geläufigen Begriff von biblischer Grundlage ausgehend zu benutzen – durchaus im Unterschied zu griechischen und ägyptischen Vorstellungen. Im ganzen fällt allerdings auf, daß der Terminus, gerade im Verhältnis zu ὁ θεός, nicht grundsätzlich geklärt wird. Überhaupt bieten die erhaltenen Fragmente nirgends eine ontologische Grundlegung des Gottesbilds, das Aristobulos für den mosaischen Nomos vertritt – die Ausführungen in F 2 Holladay über die θεία στάσις, die eine solche voraussetzen, gehören schon in die Interpretation der biblischen Anthropomorphismen. Die Vermutung drängt sich auf, daß Aristobulos in einem heute verlorenen Teil seiner Schrift auf das Wesen Gottes (und seiner Dynamis) zu sprechen kam und dieser Teil eben vor der Exegese der Anthropomorphismen stand. Einen Anhaltspunkt dafür liefert der Auftakt des Methodenfragments 2 Holladay: πλὴν ἱκανῶς εἰρημένων πρὸς τὰ προκείμενα ζητήματα ἐπεφώνησας καὶ σύ, βασιλεῦ, διότι σημαίνεται διὰ τοῦ νόμου τοῦ παρ' ἡμῖν καὶ χεῖρες καὶ βραχίων καὶ πρόσωπον καὶ πόδες καὶ περίπατος ἐπὶ τῆς θείας δυνάμεως ... Die Aussage des Königs wird im Anschluß an vorher von Aristobulos eingehend (vgl. ἱκανῶς) geklärte ζήτηματα behandelt (vgl. dazu oben S. 53/59) und bezieht sich nicht mehr auf die wesensmäßige Klärung der δύναμις, deren Verständnis hier am Satzschluß kommentarlos vorausgesetzt wird, sondern auf den nun im folgenden zu diskutierenden Sachverhalt, daß eben diese δύναμις mit den anthropomorphen Ausdrücken χεῖρες, βραχίων, πρόσωπον, πόδες, περίπατος bezeichnet werde: ... διότι σημαίνεται ... Es geht also im sich daran anschließenden Methodenfragment nicht um das Wesen Gottes selbst, sondern um Mose Rede über eben dieses[645]. Daß der heilige Gott von keinem Menschen geschaut werden dürfe und könne, ohne das Leben zu riskieren, war biblische Lehre (vgl. unten S. 362). Doch erzählte eben die Bibel immer wieder von Gottes Eingreifen in die Welt und das Leben der Menschen, und gerade in den Büchern *Exodus* und *Deuteronomium* werden Gottes ὁράματα μεγάλα immer wieder angesprochen, besonders prägnant in Dtn. 4, 32/40[646]. Dieses Eingreifen war den Menschen wahrnehmbar, zu schauen, und damit auch in der menschlichen Sprache beschreibbar, ohne daß damit Gott selbst in unmittelbare Erscheinung getreten wäre. Die Anthropomorphismen der Glieder und Bewegungen sind damit übertragene Beschreibungen für das sich in bestimmten Situationen und Ereignissen vor den Menschen manifestierende Ein-

---

645 Vgl. Frankemölle (2006) 143. 146 über die Vielfalt der biblischen Gottesnamen und Gottesattribute.
646 Vgl. insbesondere 4, 34 und 39. Im Kontext werden als solche irdischen Erscheinungen Gottes gerade die Herausführung aus Ägypten und die Stimme aus dem großen Feuer genannt.

greifen Gottes in die Welt ebenso wie für seine allgegenwärtige Macht in der Schöpfung, jedoch nicht für sein eigenes Sein.

Für den Nachweis, daß die Antwort auf das von Philometor aufgebrachte Zetema ein dringliches Interesse der griechischen Philosophie aufgreift[647], möge es genügen, vier berühmte Stellen der griechischen Literatur anzuführen (vgl. auch unten S. 358 und 378): Zum einen die nur bruchstückhaft überlieferten Verse aus den Καθαρμοί des Vorsokratikers Empedokles (31 B 133/35 Diels – Kranz):

ὄλβιος, ὃς θείων πραπίδων ἐκτήσατο πλοῦτον,
δειλὸς δ', ὧι σκοτόεσσα θεῶν πέρι δόξα μέμηλεν.

οὐκ ἔστιν πελάσασθαι ἐν ὀφθαλμοῖσιν ἐφικτόν
ἡμετέροις ἢ χερσὶ λαβεῖν, ἧιπέρ τε μεγίστη
πειθοῦς ἀνθρώποισιν ἁμαξιτὸς εἰς φρένα πίπτει.

οὐδὲ γὰρ ἀνδρομέηι κεφαλῆι κατὰ γυῖα κέκασται,
οὐ μὲν ἀπαὶ νώτοιο δύο κλάδοι ἀΐσσονται,
οὐ πόδες, οὐ θοὰ γοῦνα, οὐ μήδεα λαχνήεντα,
ἀλλὰ φρὴν ἱερὴ καὶ ἀθέσφατο ἔπλετο μοῦνον,
φροντίσι κόσμον ἅπαντα καταΐσσουσα θοῆισιν.

Glückselig, wer von göttlichen Gedanken einen Schatz sich erwarb,
armselig, wem ein finsterer Wahn über die Götter innewohnt.

Man kann die Gottheit sich nicht nahe bringen als erreichbar unseren Augen
oder sie mit Händen greifen, Wege, auf denen die Hauptstraße
der Überzeugung den Menschen ins Herz einfällt.

Denn sie ist auch nicht mit menschenähnlichem Haupte an den Gliedern versehen,
nicht schwingen sich fürwahr vom Rücken zwei Zweige,
nicht Füße, nicht schnelle Knie, nicht behaarte Schamglieder,
sondern ein Geist, ein heiliger und übermenschlicher, regt sich da allein,
der mit schnellen Gedanken den ganzen Weltenbau durchstürmt.

(Übersetzung Hermann Diels)

---

647 Schon Homer hatte gedichtet: ... χαλεποὶ δὲ θεοὶ φαίνεσθαι ἐναργεῖς (Il. 20, 131), οὐ γάρ πως πάντεσσι θεοὶ φαίνονται ἐναργεῖς (Od. 16, 161), ... τίς ἂν θεὸν οὐκ ἐθέλοντα | ὀφθαλμοῖσιν ἴδοιτ' ἢ ἔνθ' ἢ ἔνθα κίοντα (Od. 10, 573f.) und Od. 7, 201/05. Vgl. zu Il. 20, 131 die aufschlußreiche Episode bei Pausanias 10, 32, 18.

Zum anderen das Bekenntnis des Sophisten Protagoras, der programmatisch festhält: περὶ μὲν θεῶν οὐκ ἔχω εἰδέναι, οὔθ' ὡς εἰσὶν οὔθ' ὡς οὐκ εἰσὶν οὔθ' ὁποῖοί τινες ἰδέαν· πολλὰ γὰρ τὰ κωλύοντα εἰδέναι ἥ τ' ἀδηλότης καὶ βραχὺς ὢν ὁ βίος τοῦ ἀνθρώπου (80 B 4 Diels – Kranz). Weiterhin den in solchen Zusammenhängen oft zitierten Passus aus Xenophons *Memorabilia*, an welchem Sokrates festhält (4, 3, 13f. [ed. Bandini, S. 24f.])[648]:

ὅτι δέ γε ἀληθῆ λέγω, καὶ σὺ γνώσῃ, ἂν μὴ ἀναμένῃς ἕως ἂν τὰς μορφὰς τῶν θεῶν ἴδῃς, ἀλλ' ἐξαρκῇ σοι τὰ ἔργα αὐτῶν ὁρῶντι σέβεσθαι καὶ τιμᾶν τοὺς θεούς. ἐννόει δὲ ὅτι καὶ αὐτοὶ οἱ θεοὶ οὕτως ὑποδεικνύουσιν· οἵ τε γὰρ ἄλλοι ἡμῖν τἀγαθὰ διδόντες οὐδὲν τούτων εἰς τὸ ἐμφανὲς ἰόντες διδόασι, καὶ ὁ τὸν ὅλον κόσμον συντάττων τε καὶ συνέχων, ἐν ᾧ πάντα καλὰ καὶ ἀγαθά ἐστι, καὶ ἀεὶ μὲν χρωμένοις ἀτριβῆ τε καὶ ὑγιῆ καὶ ἀγήρατον παρέχων, θᾶττον δὲ νοήματος ἀναμαρτήτως ὑπηρετοῦντα, οὗτος τὰ μέγιστα μὲν πράττων ὁρᾶται, τάδε δὲ οἰκονομῶν ἀόρατος ἡμῖν ἐστιν ... ἃ χρὴ κατανοοῦντα μὴ καταφρονεῖν τῶν ἀοράτων, ἀλλ' ἐκ τῶν γιγνομένων τὴν δύναμιν αὐτῶν καταμανθάνοντα τιμᾶν τὸ δαιμόνιον.

Daß ich aber gewiß Wahres sage, wirst auch du erkennen, wenn du nicht darauf harrst, die Gestalten der Götter zu sehen, sondern es dir hinreicht, ihre Werke zu sehen und dann die Götter achtsam zu verehren. Bedenke aber, daß auch die Götter selbst darauf so hinweisen: Denn die anderen, welche uns die guten Dinge geben, geben keines von diesen, indem sie sichtbar in Erscheinung treten, und auch derjenige, der den ganzen Kosmos, in welchem alle schönen und guten Dinge sind, zusammenordnet und zusammenhält und ihn denen, die Nutzen aus ihm ziehen, stets unbeschadet und wohlbehalten und nie alternd, sondern schneller als ein Gedanke unfehlbar dienend darbietet – eben dieser wird darin gesehen, daß er die größten Dinge vollzieht, jedoch, wenn er diese einrichtet, ist er uns unsichtbar [vgl. im folgenden zur Veranschaulichung über Sonne, Blitz, Winde und die menschliche Seele] ... Wer dies bedenkt, darf das, was unsichtbar ist, nicht verachten, sondern aus dem, was entsteht, muß man seine Macht erkennen und das Göttliche verehren.

---

648 Vgl. zu dieser Stelle, insbesondere in ihrem Verhältnis zur Schrift *De mundo*, Reale – Bos (1995) 114/17 sowie zu ihrer Rezeption bei Philodem und Cicero Brancacci (2008) 241f.; s. auch mem. 1, 4, 18 und eindrücklich, weil in ähnlicher Terminologie wie jene, die Aristobulos in seinen Fragmenten zur Beschreibung des Verhältnisses zwischen Gott und seiner Schöpfung verwendet, Kyr. 8, 7, 22 (ed. Gemoll, S. 444): ... θεούς γε τοὺς ἀεὶ ὄντας καὶ πάντ' ἐφορῶντας καὶ πάντα δυναμένους, οἳ καὶ τήνδε τὴν τῶν ὅλων τάξιν συνέχουσιν ἀτριβῆ καὶ ἀγήρατον καὶ ἀναμάρτητον καὶ ὑπὸ κάλλους καὶ μεγέθους ἀδιήγητον, τούτους φοβούμενοι μήποτ' ἀσεβές μηδὲν μηδὲ ἀνόσιον μήτε ποιήσητε μήτε βουλεύσητε.

Schließlich eben jene Schrift *De mundo*: Schon in dem oben zitierten Text 397b13/27 wird auf die These der "Alten" verwiesen, "all dieses" der sinnlichen Wahrnehmung Zugängliche sei voll von göttlicher Dynamis, und obschon der Autor der Schrift das Problem, wie denn das unsichtbare Göttliche sichtbar in der Welt wirken könne, ontologisch anders löst als Aristobulos, offenbaren seine diesbezüglichen Überlegungen, in welch aktuelle Debatte der jüdische Exeget mit seiner δύναμις θεοῦ eingetreten war. Der Führer und Schöpfer aller Dinge (ὁ πάντων ἡγεμών τε καὶ γενέτωρ), selbst unsichtbar und sich nicht zeigend, verursache "jeder Natur" zwischen Himmel und Erde ihre kreisförmige Bewegung, und (399a30/35; 399b11f. und 19/25 [ed. Reale – Bos, S. 222f.]):

ταῦτα χρὴ καὶ περὶ θεοῦ διανοεῖσθαι, δυνάμει μὲν ὄντος ἰσχυροτάτου, κάλλει δὲ εὐπρεπεστάτου, ζωῇ δὲ ἀθανάτου, ἀρετῇ δὲ κρατίστου, διότι πάσῃ θνητῇ φύσει γενόμενος ἀθεώρητος ἀπ' αὐτῶν τῶν ἔργων θεωρεῖται. τὰ γὰρ πάθη, καὶ τὰ δι' ἀέρος ἅπαντα καὶ τὰ ἐπὶ γῆς καὶ τὰ ἐν ὕδατι, θεοῦ λέγοιτ' ἂν ὄντως ἔργα εἶναι τοῦ τὸν κόσμον ἐπέχοντος.

So muß man sich auch das Wirken der Gottheit vorstellen, die von gewaltiger Kraft ist, von majestätischer Schönheit, von unsterblichem Leben, von höchster Wertfülle, weil auch sie für jedes sterbliche Wesen unsichtbar und eben nur in ihrem Wirken zu erschauen ist. Denn alles, was geschieht, in der Luft, auf Erden und im Wasser, möchte man wahrlich Werke des weltüberwaltenden Gottes nennen.

(Übersetzung Hans Strohm)

Mit seinem Begriff der Dynamis spaltet Aristobulos Gott selbst also nicht dualistisch auf in ein Wesen und seine Wirkung, weil er ihn gar nicht als ontologisches Kriterium einsetzt[649]. Vielmehr argumentiert der Exeget von den Bedin-

---

649 Vgl. aus der späteren jüdischen Literatur Flav. Joseph. c. Apion. 2, 190/92 (ed. Siegert, vol. 2, S. 179f.): θεὸς ἔχει τὰ σύμπαντα, παντελὴς καὶ μακάριος, αὐτὸς ἑαυτῷ καὶ πᾶσιν αὐτάρκης, ἀρχὴ καὶ μέσα καὶ τέλος οὗτος τῶν ἁπάντων, ἔργοις μὲν καὶ χάρισιν ἐναργὴς καὶ παντὸς οὕτινος φανερώτατος, μορφὴν δὲ καὶ μέγεθος ἡμῖν ἀφανέστατος ... ἔργα βλέπομεν αὐτοῦ, φῶς, οὐρανόν, γῆν, ἥλιον καὶ σελήνην, ποταμοὺς καὶ θάλασσαν, ζῴων γενέσεις, καρπῶν ἀναδόσεις. ταῦτα θεὸς ἐποίησεν οὐ χερσίν οὐδὲ πόνοις οὐδέ τινων συνεργασαμένων ἐπιδεηθείς, ἀλλ' αὐτοῦ καλὰ θελήσαντος καλῶς ἦν εὐθὺς γεγονότα und 2, 167 (ed. Siegert, vol. 2, S. 177): ... αὐτὸν ἀπέφηνε καὶ ἀγένητον καὶ πρὸς τὸν ἀίδιον χρόνον ἀναλλοίωτον, πάσης ἰδέας θνητῆς κάλλει διαφέροντα καὶ δυνάμει μὲν ἡμῖν γνώριμον, ὁποῖος δὲ κατ' οὐσίαν ἐστὶν ἄγνωστον (mit dem unmittelbar folgenden, hier auffällig als *praeteritio* gestalteten Hinweis auf die Abhängigkeit der Philosophen Pythagoras, Anaxagoras und Platon sowie der Stoiker von Moses). Selbst wenn man leugnete, daß Flavius Josephus auch hier (vgl. oben Anm. 369) Aristobulos

gungen menschlicher Wahrnehmung her und nutzt den Begriff zur sprachkritischen Exegese jenes biblischen Problems, wie denn angesichts des Ineinanders von transzendenter Heiligkeit und irdischem Wirken Gottes die mosaische Rede von Gott überhaupt erklärt werden könnte. In F 2, 50/55 Holladay geht es genau um den genannten Übertragungscharakter: ὥστε δηλοῦσθαι τὰς χεῖρας ἐπὶ δυνάμεως εἶναι θεοῦ· καὶ γὰρ ἔστι μεταφέροντας νοῆσαι τὴν πᾶσαν ἰσχὺν τῶν ἀνθρώπων καὶ τὰς ἐνεργείας ἐν ταῖς χερσὶν εἶναι. διόπερ καλῶς ὁ νομοθέτης ἐπὶ τὸ μεγαλεῖον μετενήνοχε, λέγων τὰς συντελείας χεῖρας εἶναι θεοῦ. Auch im Fragment 4 Holladay werden die bei Pythagoras, Sokrates, Platon, Orpheus und Arat nachgewiesenen Einsichten: περὶ τοῦ διακρατεῖσθαι θείᾳ δυνάμει τὰ πάντα καὶ γενητὰ ὑπάρχειν καὶ ἐπὶ πάντων εἶναι τὸν θεόν und: διὰ πάντων ἐστὶν ἡ δύναμις τοῦ θεοῦ eng mit der Wahrnehmung des Wirkens Gottes in seiner Schöpfung, dem Kosmos, den Gestirnen, der Natur in Verbindung gebracht.

Aus den biblischen Stellen, an denen Aristobulos dieses Wirken Gottes erklärt, gewinnt er dabei drei fundamentale Aspekte der Dynamis: Erstens zeigt sie sich sowohl in der göttlichen Schöpfungsordnung des Kosmos als auch in Höhepunkten der biblischen Geschichte, an welche Moses erinnert, sie ist historisch faßbar, in dem Auszug des Volkes Israel aus Ägypten ebenso wie am Sinai[650]. Zweitens kann ihre Wahrnehmung die gewöhnliche Erwartung der Menschen übersteigen, menschliche Grenzen, stupende Wunder wirkend, ebenso aufheben wie natürliche. Drittens verfolgt Gott mit ihr, über das in der historischen Wirklichkeit Wahrnehmbare hinaus, ein Erkenntnisziel, das in der Schrift der mosaischen Bücher auch den Menschen, die jenen Momenten historischer Aktualisierung nicht beiwohnten, erreichbar ist. Durch seine Dynamis "zeigte" Gott (vgl. in F 2 Holladay ἔδειξε im Aorist, also dem Tempus der historischen Erzählung und im folgenden δεικνύναι; vgl. dazu oben S. 188 die Stelle Dtn. 3, 24) absichtsvoll[651], in einem bestimmten innerzeitlichen Moment, in der wahr-

---

verarbeitet, fällt die Nähe der Passage zu dessen Fragmenten auf (vgl. Barclay [2007] 264): im Gottesbild, in der Unsagbarkeit der Gestalt und Größe Gottes, in der Deutung des Anthropomorphismus "Hand", in dem Hinweis auf die Unmittelbarkeit der Genesis, aber auch in der Aufzählung der einzelnen Teile der Schöpfung (vgl. dazu unten S. 318). Zumal: Auch Flavius Josephus redet hier nicht der Naturtheologie das Wort – der ganze Abschnitt wird eingeleitet (190): τίνες οὖν εἰσιν αἱ προρρήσεις καὶ προαγορεύσεις [sc. des Nomos] ἁπλαῖ τε καὶ γνώριμοι. πρώτη δ' ἡγεῖται ἡ περὶ θεοῦ λέγουσα ...

650 Vgl. schon Grundmann (1935) 292f. und Fascher (1959) 430.
651 Das Verb δείκνυμι begegnet auch in griechischen Inschriften, die vom Eingreifen einer Gottheit in die Welt, vom Wirken göttlicher Dynamis künden, geradezu formelhaft (vgl. dazu etwa Zingerle [1926] 6f. 12).

nehmbaren Natur etwas Übernatürliches[652], nicht nur, um seine eigene wirksame Präsenz sichtbar zu machen, sondern den wahrnehmenden Menschen seine eigene Größe zu beweisen[653].

Während Aristobulos den in der Bibel und im philosophischen Diskurs geläufigen Begriff der göttlichen δύναμις in seine Exegese des Nomos aufnimmt, verwahrt er sich zugleich jedoch unmißverständlich gegen ein zentrales Element ptolemäischer Königstheologie[654], derzufolge der Herrscher, als Nachfolger der altägyptischen Pharaonen[655], gleichsam als Wirkstätte der Götter auf Erden, mit der Inthronisation die sogenannte "Ka-Kraft" empfing, also in seiner durch das Amt erhabenen Person die göttliche Wirkkraft auf Erden: "Die Erneuerung der Sanktuare in den Heiligtümern von Theben (Luxor, Karnak) unter den ersten beiden Argeaden zeigt uns, daß man den darin gepflegten Kult des königlichen Ka von Anbeginn auf die neuen Herrscher übertrug, wonach sie nach thebanischer Auffassung die legitimen Stellvertreter Amuns auf Erden wur-

---

652 Was nicht bedeutet, Aristobulos vertrete natürliche Theologie (vgl. dazu oben S. 120). Es ist allerdings bemerkenswert, daß in einem Paradebeispiel natürlicher Theologie, dem Kapitel Sap. 13, die Wirkung, welche die sichtbaren Güter der Schöpfungswerke Gottes auf den Menschen ausüben (vgl. 13, 1: τὰ ὁρώμενα ἀγαθά und τὰ ἔργα), ihre Größe und Schönheit, gerade mit den Begriffen δύναμις und ἐνέργεια beschrieben werden (13, 4).

653 Vgl. im F 2 Holladay zur Katabasis am Sinai: ... ἵνα πάντες θεωρήσωσι τὴν ἐνέργειαν τοῦ θεοῦ und ἀλλὰ τὴν τοῦ πυρὸς δύναμιν, παρὰ πάντα θαυμάσιον ὑπάρχουσαν διὰ τὸ πάντ' ἀναλίσκειν, ἔδειξε φλεγομένην ἀνυποστάτως, μηδὲν δ' ἐξαναλίσκουσαν, εἰ μὴ τὸ παρὰ τοῦ θεοῦ δυναμικὸν αὐτῇ προσείη ... μηδὲ τοῦ φωνήσοντος, ἀλλὰ θείᾳ κατασκευῇ γινομένων ἁπάντων ... διὰ τὸ τοὺς συνορῶντας ἐκφαντικῶς ἕκαστα καταλαμβάνειν, μήτε τὸ πῦρ κεκαυκός, ὡς προείρηται, μηδὲν μήτε τὰς τῶν σαλπίγγων φωνὰς δι' ἀνθρωπίνης ἐνεργείας ἢ κατασκευῆς ὀργάνων γίνεσθαι, τὸν δὲ θεὸν ἄνευ τινὸς δεικνύναι τὴν ἑαυτοῦ διὰ πάντων μεγαλειότητα. Zu den für den biblischen Hintergrund grundsätzlichen Stellen des Pentateuchs Exod. 9, 16; 14, 13; Dtn. 4f.; 11, 1/11 bemerkt Fornara (2004) 188: "Non si può ... parlare di epifanie dirette della divinità, ma di una manifestazione attraverso la sua attività nella storia" und 191: "... l'oggetto della visibilità è semplicemente l'opera di Dio ... il credente non vede la divinità, ma è testimone di eventi particolari, e solo la fede può fornirgli un supplemento di visibilità, tanto da scorgervi la mano di Yhwh" (vgl. auch 297f. 425f.). Warum Wright (2015) 254[614] behauptet, "Aristobulus does not refer to God's sovereignty in the extant fragments", erschließt sich nicht.

654 Zum Verhältnis von ägyptischen und griechischen Elementen im ptolemäischen Königtum und seiner Repräsentation vgl. maßgeblich Koenen (1993) passim.

655 Zur Göttlichkeit der ägyptischen Pharaonen vgl. Pax (1962) 835; Schottroff (1983) 179/84; Gundlach (1988) passim sowie, auch zur Nachwirkung in der ptolemäischen "Königsideologie", Hölbl (1994) 69/107; Dunand (2006) 125f. und Pfeiffer (2008a) passim. Im Hinblick auf den Begriff der δύναμις vgl. auch den vierten Isidorischen Isishymnus (V. 9 und 39 [ed. Vanderlip, S. 63]), in dem die gottgleiche Macht des Pharaos Porramanres mit den Wendungen: δυνάμει πάσῃ τε μεγίστῃ und: θεοῦ δύναμίν τε ἄνακτος gepriesen wird (vgl. dazu Vanderlip [1972] 65. 67. 74 und Moyer [2016] 230f.).

den"⁶⁵⁶. Der jüdische Gott nimmt weder Wohnung in Mensch oder Tier, selbst im König nicht, noch läßt er gleichsam von Amts wegen seine δύναμις in ihm wirken: ὁ θεὸς ἄνευ τινὸς δείκνυσι τὴν ἑαυτοῦ διὰ πάντων μεγαλειότητα.

b) Abgesehen von der erheblich zunehmenden Konkurrenz unterschiedlichster, nicht selten aus weitentfernten Regionen der antiken Welt überführter Kulte scheint die Anerkennung der alten, vom traditionellen Mythos überlieferten Götter in nachklassischer Zeit, obschon in der alltäglichen, auch öffentlich vollzogenen Verehrung repräsentiert, erheblich nachgelassen zu haben. Sowohl dieser Bedeutungsverlust selbst als auch die Wege, auf denen einerseits neue, nicht selten fremdländische (Mysterien)Religionen, andererseits die hellenistischen Philosophenschulen das aus diesem Bedeutungsverlust resultierende Vakuum zu füllen trachteten⁶⁵⁷, lassen erkennen, was vor allem fragwürdig geworden war: die Präsenz des Göttlichen in der Welt, die sich in der dem Menschen sinnlich wahrnehmbaren Epiphanie seiner Dynamis unter Beweis stellte⁶⁵⁸. Der Versuch, das Bedürfnis des Menschen nach eben dieser Präsenz, die man den alten Göttern weithin nicht mehr zumaß, zu beantworten, bestimmt dabei, mit ganz unterschiedlichen Lösungen, nicht nur die theologischen Entwürfe der zeitgenössischen Philosophien, sondern auch die neuen Strömungen religiös-kultischer Wandlung. Die kontroversen Debatten um den aristotelischen "unbewegten Beweger" oder die weltfernen Götter Epikurs sind in diesem Zusammenhang nur Beispiele: "… the important issue for ancient interpreters was the extent to which god could be seen as actually involved with the

---

656 Hölbl (1994) 81, vgl. auch 104f.; zudem Preisigke (1920) 10/14: "Der regierende König ist Träger des göttlichen Fluidums in seiner höchsten Potenz". 52/56; Schweitzer (1956) 40/51; Bell (1985) passim (mit der älteren Literatur); Gundlach (1988) 28f.: "Wir müssen davon ausgehen, daß dem König ja bei der Krönung die … Ka-Kräfte, also göttlichen Kräfte, eingegeben wurden, die nicht mit der Gottheit selbst identifiziert werden können, sondern es sind Kräfte, heilige Kräfte, die von jedem König auf seinen Nachfolger übergehen"; Edelmann (2007) 23f. zur Inthronisation des Pharaos, bei welcher die göttliche Ka-Kraft an seine Seite trete, "eine 'unsichtbare Mächtigkeit', die jeder neue Pharao von seinem Vorgänger im Amt übernahm und die der König sowohl mit den Göttern als auch mit seinen Vorfahren übernahm". 275. 292. 296/301; Barclay (2007b) 370; Pfeiffer (2008a) 29f. und Weber (2011) 93.
657 Vgl. Solmsen (1978) 94f.; im allgemeinen auch Potter (2004) passim; Rosenberger (2012) 37f. und Scholz (2015) 287.
658 Vgl. Pax (1962) 842f. (mit Literatur): "Epiphanie wird [sc. im Hellenismus] gleichbedeutend mit 'Krafttat', 'Wunder' … Damit gewinnt sie zugleich eine große Aktualität in einer Zeit, die den Fragen nach der δύναμις besonders aufgeschlossen gegenübersteht"; Enerhalm-Ogawa (1987) 131; Henrichs (1999) 245 und Petridou (2015) passim (mit reichem Material).

world"⁶⁵⁹. In der öffentlichen, politischen Religion führten diese Veränderungen zu einer Substitution oder doch zumindest zu einer Ergänzung der alten Götter durch überragende Persönlichkeiten der Zeitgeschichte. Emblematisch wirken in diesem Zusammenhang die Verse aus jenem berühmten Hymnus (wohl aus dem Jahr 291 vor Christus), den die Athener auf Demetrios Poliorketes anzustimmen pflegten (aus Duris von Samos ~ 76 F 13 Jacoby): ἄλλοι μὲν ἢ μακρὰν γὰρ ἀπέχουσιν θεοὶ ἢ οὐκ ἔχουσιν ὦτα ἢ οὐκ εἰσὶν ἢ οὐ προσέχουσιν ἡμῖν οὐδὲ ἕν,⁶⁶⁰ σὲ δὲ παρόνθ' ὁρῶμεν, οὐ ξύλινον οὐδὲ λίθινον, ἀλλ' ἀληθινόν. εὐχόμεσθα δή σοι. πρῶτον μὲν εἰρήνην ποίησον, φίλτατε· κύριος γὰρ εἶ σύ ...⁶⁶¹. Die Ausformung des hellenistischen Herrscherkults in den verschiedenen Diadochenreichen darf daher keinesfalls als bloß politische Strategie der Mächtigen mißverstanden werden; sonst hätte sie niemals jenen Erfolg gezeitigt, der die religiöse Verehrung des Königs zu einem der charakteristischsten Züge hellenistischer Herrschaftsausübung und Religion überhaupt werden ließ. Wie der ptolemäische Hof über mehrere Generationen hinweg die kultische Verehrung des Königs und der Königin ausgestaltete, soll hier nicht im einzelnen nachgezeichnet werden⁶⁶². Auf die geschickte Integration pharaonischer Tradition ist oben an einem Beispiel schon hingewiesen worden⁶⁶³. Nachdem zunächst nur die verstorbenen Könige kultisch verehrt worden waren, scheint die gottgleiche Omnipräsenz des amtierenden Herrschers jedenfalls auch in Ägypten schon im dritten Jahrhundert propagiert worden zu sein⁶⁶⁴.

---

659 Sharples (2002) 10.
660 Vgl. Ehrenberg (1946) 188 zur Verwandtschaft dieser Anschauung mit der epikureischen Philosophie.
661 Vgl. Henrichs (1999) 242/46: "Demetrius as the only true god, whose presence was so much more real and beneficial than that of the conventional gods" und Reiterer (2011) 121.
662 Vgl. dazu in Bezug auf Ägypten Schmitt (1974) 155f.; Winter (1978) passim; Koenen (1983) 153f. u.ö.; Schottroff (1983) 197; Nilsson (1988) 161/65; Hölbl (1994) 83/91. 141/54 (mit Literatur); Centrone (2000) 560; Huß (2001) 324f.; Dunand (2006) 122/24. 129/33; Edelmann (2007) 274/301; Pfeiffer (2008a) passim und insbesondere zu Ptolemaios II. Philadelphos (2008c) 398/400 sowie Lloyd (2011) 92f.; Weber (2011) passim; Neubert (2012) 36f.; Scholz (2015) 279/84 und Matusova (2015) 110/17.
663 Vgl. Hekataios Abderites (aus Diod. 1, 90, 3 [ed. Bertrac, S. 167]) über die Verehrung der Pharaonen in Ägypten: διὰ δὲ τὰς αὐτὰς αἰτίας δοκοῦσιν Αἰγύπτιοι τοὺς ἑαυτῶν βασιλεῖς προσκυνεῖν τε καὶ τιμᾶν ὡς πρὸς ἀλήθειαν ὄντας θεούς, ἅμα μὲν οὐκ ἄνευ δαιμονίου τινὸς προνοίας νομίζοντες αὐτοὺς τετευχέναι τῆς τῶν ὅλων ἐξουσίας, ἅμα δὲ τοὺς βουλομένους τε καὶ δυναμένους τὰ μέγιστ' εὐεργετεῖν ἡγούμενοι θείας μετέχειν φύσεως.
664 Vgl. Hölbl (1994) 150 sowie zu Philometor Hoffmann (2000) 190/94 und Huß (2001) 595f. Ptolemaios IV. Philopator heißt in seiner offiziellen Königstitulatur bereits ... ἔκγονος θεῶν Εὐεργετῶν, ὃν ὁ Ἥφαιστος ἐδοκίμασεν, ᾧ ὁ Ἥλιος ἔδωκεν τὸ κράτος, εἰκὼν ζῶσα τοῦ Διός, υἱὸς τοῦ Ἡλίου ... (vgl. Koenen [1983] 155³⁶). Daß dabei in griechischer Dichtung, etwa bei

Gegen diesen Kern ptolemäischen Herrscherkults mußte nun Aristobulos mit seiner Darstellung des einen Gottes unvereinbar anstoßen. Nicht nur, daß grundsätzlich neben dem einen θεός jeder andere nicht sein konnte, schon gar nicht ein Mensch; auf die Frage nach der Präsenz des Göttlichen in der Welt gibt der jüdische Exeget eine ganz andere Antwort als der ptolemäische Herrscherkult, der diese Präsenz in der sichtbaren, irdischen Person des Königs konzentrierte[665]. Auch nach Aristobulos wirkt Gott in der von ihm geschaffenen Welt, doch nicht räumlich oder gar personal gebunden, obgleich die Sprache der Bibel, insbesondere ihre Anthropomorphismen, Gott zuweilen etwas Menschliches zu verleihen scheint. An einer Stelle sei dies kurz verdeutlicht: Wenn nach Aristobulos die biblische θεία στάσις metaphorisch besagt, daß Gott über allem, also über allen Elementen des Kosmos, den Gestirnen, Himmel, Erde, Menschen, Tieren, Meeren, Flüssen, Pflanzen sei und in seiner Unveränderlichkeit auch ihre bestehe, dann ist für den gottgleichen Pharao, der in ägyptischen Inschriften, auch griechischer Sprache, als "Lord of all the elements"[666] gefeiert wird, kein Platz. Verse wie jene auf Pharao Porramanres (~ Amenemhet III., 12. Dynastie), zu lesen freilich in dem nur wenige Jahrzehnte nach Aristobulos anzusetzenden vierten isidorischen Isishymnus, lassen den Abstand erkennen (V. 11/15 [ed. Vanderlip, S. 63]):

τούτῳ γὰρ καὶ γαῖα ὑπήκοος ἦν τε θάλασσα
  καὶ ποταμῶν πάντων νάματα καλλιρρόων,
καὶ πνοιαὶ ἀνέμων καὶ ἥλιος, ὃς γλυκὺ φέγγος
  ἀντέλλων φαίνει πᾶσιν ἀριπρεπέως[667].
καὶ πτηνῶν τε γένη ὁμοθυμαδὸν ἔκλυεν αὐτοῦ ...

Diesem nämlich waren die Erde untertan und das Meer
  und die Fluten aller schönströmenden Flüsse,

Theokrit und Kallimachos, der Lobpreis des Königs vom ägyptischen Publikum auch von der eigenen "Herrschaftsideologie" her verstanden werden konnte, hebt Huß (2001) 327 hervor.
665 Daß in der jüdischen Literatur der hellenistische Herrscherkult vor diesem Hintergrund auch direkt attackiert werden konnte, erhellt aus dem *Zweiten Makkabäerbuch*. In dessen neuntem Kapitel werden die Leiden des Seleukiden Antiochos IV. geschildert, der geglaubt habe, den Wogen des Meeres gebieten und nach den himmlischen Sternen greifen zu können (vgl. Ies. 14, 12/14); er kommt zu der Einsicht (9, 10/12 [ed. Rahlfs, vol. 2, S. 1121]): δίκαιον ὑποτάσσεσθαι τῷ θεῷ καὶ μὴ θνητὸν ὄντα ἰσόθεα φρονεῖν.
666 Vanderlip (1972) 68.
667 Vgl. Vanderlip (1972) 68: "The Egyptian king is Horus, the sun-god. The same god both makes the physical sun shine and sits on the throne of Egypt".

und das Wehen der Winde und die Sonne, die süßen Glanz
im Aufgang allen aufs hellste scheinen läßt.
Auch die Arten der Vögel hörten einmütig auf ihn ...

Während Moses in seiner Nomothesia dem Menschen Gottes Wesen dadurch begreifbar macht, daß er es durch die übertragene Rede von Dingen veranschaulicht, die κατὰ τὴν ἐπιφάνειαν sinnlich wahrnehmbar sind, geben sich Ptolemaios V., der Vorgänger Philometors[668], aber ebenso sein ärgster Feind, der seleukidische König Antiochos IV., den Titel ᾽Επιφανής[669]: "... a name which ... seemed easily understandable for Hellenistic Greeks: the king is a manifestation of the divine, visible to men and not far remote. In Egypt, however, Epiphanes corresponds to the idea of pharaoh as ntr nfr, the 'good (or beautiful) god'"[670].

5.3 Annäherung

Dieser Abgrenzung korrespondiert der Versuch, sich auf anderem Weg dem herrschenden Ptolemäer anzunähern, ja ein besonderes Verhältnis zwischen ihm und seinen jüdischen Untertanen zu suggerieren:

a) Daß Aristobulos den Philometor als König anerkannte, bringt die mit aller Wahrscheinlichkeit rekonstruierbare Adresse seines Buchs zum Ausdruck: πρὸς Πτολεμαῖον τὸν βασιλέα[671]. Dies mag banal klingen[672], doch entfaltet die Aner-

---

668 Vgl. Koenen (1983) 168f.; Enerhalm-Ogawa (1987) 130f. (zu den Makkabäerbüchern); Hölbl (1994) 147 und Edelmann (2007) 278 über die Entsprechung dieses griechischen Titels zu dem ägyptischen "der hervorgekommene/erschienene Gott".
669 Nach Polybios (5, 83, 4) legitimiert nicht zuletzt das ἔργον ἐπιφανὲς καὶ κατηξιωμένον die königliche Macht (vgl. dazu Bielfeldt [2012] 95). Dem König als sichtbar gewordenen Gott entspricht die sichtbare und anerkannte Tat!
670 Koenen (1993) 65. Vgl. Hölbl (1994) 153: "Kurz nach dem ältesten Beleg für die Erhebung zum Gott wurde er [sc. Ptolemaios VI.] als Theos Philometor im Rahmen des alexandrinischen Dynastiekults verehrt (belegt seit 5. März 175 ...)"; Pfister (1924) 306/12; Meecham (1935) 56; Pax (1962) 844f.; Mehl (1997) 1150; Dunand (2006) 130; Edelmann (2007) 277: "Die Griechen verbanden mit der Vorstellung eines θεὸς ἐπιφανής den für Menschen sichtbar gewordenen Gott, eine Manifestation der Göttlichkeit des Königs" und Ego (2010a) 517/21; anders Pax (1962) 844/46. In ägyptischen Texten griechischer Sprache wird schon die Geburt des Pharaos nicht selten mit dem Verb (ἐπι)φαίνομαι bezeichnet, durch Nutzung epischen Sprachgebrauchs (vgl. etwa Homer Il. 19, 103f.).
671 Zu vergleichbaren Buchadressen in der griechischen Literatur vgl. Holladay (1995) 206.
672 Übereinstimmung mit dem Wortgebrauch der Bücher Mose ist auch hier gegeben. Mit der Feststellung "Nur fremde Könige tragen im Pentateuch den Titel βασιλεύς" (Siegert [2001] 274.

kennung[673] – ganz abgesehen von der staatsrechtlichen Frage, wie die Ptolemäer die Juden mit ihrem νόμος juristisch ins Reich eingegliedert und ihren bürgerlichen Status bestimmt hatten – vor dem Hintergrund griechischer und ägyptischer Darstellungen der jüdischen Geschichte durchaus Wirkung[674]. Sowohl Manetho als auch Hekataios behandeln in ihren *Aigyptiaka* die Frühgeschichte, die sich zwischen den Vorfahren der Juden und den ägyptischen Herrschern ferner Vergangenheit abspielte, und gerade Hekataios hebt mit Nachdruck hervor, daß die Juden gemäß der mosaischen Verfassung keine Könige kannten[675]. Moses habe den von ihm ausgewählten Priestern die Verehrung Gottes und die

---

316; vgl. Freund [1990] passim) vgl. Stellen wie Exod. 19, 6 oder Dtn. 9, 26. Vgl. zum Thema insgesamt auch Camponovo (1984) passim.

673 Vgl. oben S. 25 und allgemein zur "Loyalität der Juden" gegenüber der ptolemäischen Monarchie (mit Literatur) Passoni Dell'Aqua (2008) 241/44 sowie insbesondere zum Weisheitsbuch *Sirach* und zum *Aristeasbrief* Walter (1964) 24³; Gruen (1998a) 214f.; Wright (2007a) passim (mit Literatur); More (2009) 316f. und zum *3. Makkabäerbuch* Hacham (2014) passim.

674 Die Frage, ob das Volk Israel die Herrschaft eines Königs, zumal eines fremden, anerkennen dürfe, wird schon im Pentateuch aufgeworfen (dazu mit Belegen und Literatur Crüsemann [1978] passim und Müller [2004] passim; vgl. Otto [2007] 142 und Rajak [2009] 177/209); problematisch gerade für die Diaspora in Ägypten war dabei bekanntlich die lange Textpassage Dtn. 17, 14/20. Die griechischen Übersetzer stellen hier den göttlich aus den "Brüdern" ausgewählten ἄρχων dem fremden Menschen (ἄνθρωπος ἀλλότριος) gegenüber, vermeiden aber den Begriff βασιλεύς (vgl. auch Lev. 18, 21 und mit Literatur Pearce [2007] 169/72; Pola [2009] 176; den Hertog – Labahn – Pola [2011] 571 sowie Wojciechowski [2014] 39). Gleichwohl wird kein Zweifel daran gelassen, daß der Herrscher dem *Deuteronomium*, das Moses von Gott gebietet (vgl. Dtn. 33, 4), unterworfen ist. Auch die jüdischen Autoren hellenistischer Zeit offenbaren Reserven gegenüber dem Königtum (vgl. Eckhardt [2010] 390f. und Marttila [2014] 101f.). In Prov. 30, 24/28 heißt es, die Heuschrecke, mit der Ameise, dem Kaninchen und der Eidechse zwar "am geringsten auf der Erde, aber weiser als die Weisen" (ed. Rahlfs, vol. 2, S. 226f.): ἀβασίλευτόν ἐστιν ... καὶ ἐκστρατεύει ἀφ' ἑνὸς κελεύσματος εὐτάκτως. Im Buch *Sirach* wird festgehalten, nur die Könige David, Hiskia und Josia hätten "das Gesetz des Höchsten nicht verlassen" (49, 4). Daß in der Geschichte von Alexanders des Großen Ankunft in Jerusalem (s. dazu oben Anm. 85) der makedonische Welteroberer vor dem Hohepriester auf die Knie geht, sei hier nur erwähnt. Zu Moses als König bei Philon vgl. Ska (2001) 177[57] und De Brasi (2012) 67.

675 Vgl. zu dieser Fehleinschätzung des griechischen Ethnographen, die allerdings die zeitgenössischen Verhältnisse in Judaea widerspiegeln könnte (vgl. Dillery [1998] 259; Albertz [2001] 43 und Grabbe [2001a] 133), die gegensätzlichen Erklärungen bei Troiani (2005) 414f.; Vogel (2008) 116; Heckl (2009) 195f.; Moro (2009) 129f.; Bar-Kochva (2010) 122f. und Eckhardt (2010) passim. Diamond (1974) 249/57. 279f. vermutet, daß schon eine jüdische Quelle den Griechen Hekataios so informiert haben könnte, um das Jerusalemer Priestertum gegen innerjüdische Konkurrenz zu stärken (vgl. auch Mendels [1983] 104f. mit dem Hinweis auf Quellen der persischen Ära). Bedenkenswert ist in diesem Zusammenhang, daß Flavius Josephus (c. Apion. 2, 164) dem Nomotheten Moses ausdrücklich zuschreibt, das jüdische Politeuma nicht als Monarchie, sondern als Theokratie eingerichtet zu haben.

Opfer anvertraut, desweiteren (aus Diod. 40, 3, 4f. ~ 264 F 6, 5 Jacoby ~ ed. Goukowsky, S. 297f.):

τοὺς αὐτοὺς δὲ καὶ δικαστὰς ἀπέδειξε τῶν μεγίστων κρίσεων, καὶ τὴν τῶν νόμων καὶ τῶν ἐθῶν φυλακὴν τούτοις ἐπέτρεψε· διὸ καὶ βασιλέα μὲν μηδέποτε τῶν Ἰουδαίων, τὴν δὲ τοῦ πλήθους προστασίαν δίδοσθαι διὰ παντὸς τῷ δοκοῦντι τῶν ἱερέων φρονήσει καὶ ἀρετῇ προέχειν. τοῦτον δὲ προσαγορεύουσιν ἀρχιερέα, καὶ νομίζουσιν αὐτοῖς ἄγγελον γίνεσθαι τῶν τοῦ θεοῦ προσταγμάτων.

Dieselben aber bestimmte er zu Richtern der größten Rechtsfälle und wies ihnen die Aufsicht über die Gesetze und die Sitten zu, [sc. zudem bestimmte er] deswegen auch niemals einen König der Juden einzusetzen, die Führung der Menge aber auf alle Zeit hin demjenigen von den Priestern zu übertragen, der an Einsicht und Tugend hervorzuragen scheine. Diesen aber bezeichnen sie als Hohepriester und erkennen an, daß er ihnen Bote der Anordnungen Gottes werde.

Diese Information steht bei Hekataios nicht nur allgemein zu der jahrtausendealten Pharaonenmacht in Ägypten im Gegensatz, sondern insbesondere zu der Annahme, daß den Königen am Nil, im Unterschied zu den anderen Alleinherrschern der Welt, die alles unbeschränkt nach eigenem Dafürhalten tun könnten, alles durch die Anordnungen der Gesetze verfügt sei (ἅπαντα τεταγμένα νόμων ἐπιταγαῖς), selbst das alltägliche Betragen und die persönliche Lebensführung (Diod. 1, 70 ,1)[676]. Ganz gleich, welche Quellen man heute hinter

---

[676] Vgl. Murray (1970) 153. 159; Sterling (1992) 72f.; Assmann (1994) 64f. zum König als Rechtsinstanz im alten Ägypten und der schriftlichen Tora als Kontraposition zum orientalischen Königtum; Bar-Kochva (1996) 21. 28 und Dillery (1998) 269: "The regulation of the pharaoh by the priests of Egypt is something that draws Hecataeus' special interest. He is clearly fascinated by the extremely regimented life of the king ... what Hecataeus is describing is fundamentally an accurate picture". Zum Verhältnis zwischen Königtum und Gesetz in der hellenistischen Staatstheorie vgl. Tcherikover (1958) 65 und Murray (2007) 24 (mit Literatur). Die beiden für Aristobulos so wichtigen Philosophen Platon und Aristoteles hatten die dem Nomos folgende Monarchie des Besten bekanntlich nicht verworfen. Die Sache verdiente eine eingehende Untersuchung, konvergieren doch sowohl die hier von Hekataios für Ägypten angenommene Unterwerfung des Königs unter die Gesetze als auch die jüdische Unterordnung des Herrschers unter den mosaischen Nomos (vgl. vor allem den *Aristeasbrief*, etwa 240 oder 279; dazu Walter (1964) 24³; Hahm [2000] 463 und More [2009] 316f.) einerseits in ihrem Widerspruch gegen eine im Hellenismus verbreitete Stimmung, Recht und Gesetz hingen allein vom König ab, der also über ihnen stehe (vgl. nur die Worte des Abderiten Anaxarchos an Alexander den Großen bei Plut. Alex. 52, 2 und dazu Hahm [2000] 459, aber auch den platonischen *Politikos* sowie dazu Rowe [2000a] passim und [2000b] 369f.), andererseits in ihrer Übereinstimmung mit dem, was

Hekataios vermuten mag: Daß er in seinem wirkungsmächtigen Werk, gerichtet an den ptolemäischen König, die Juden als königslose Untertanen einer von Priestern verwalteten Theokratie vorgestellt hatte, mußte höchst ambivalent wirken: Denjenigen Griechen, welche gegenüber dem Königtum – etwa aus demokratischer Gesinnung oder aus platonischer und stoischer Neigung zu weisen Philosophenkönigen – Vorbehalte hegten, konnten solche dem Nomos gehorsamen Juden geistesverwandt erscheinen, auch wenn die Herrschaft der Priester, abgesehen von ihrer Unterordnung unter den Nomos, mit demokratischer Politeia wenig gemein hat[677]. Treuen Untertanen der makedonisch-ptolemäischen Herrscher oder der ägyptischen Pharaonen dürfte eine derartige Ordnung jedenfalls suspekt gewesen sein.

b) Der Ptolemäer ist kein Gott, auch keiner auf Erden. Gleichwohl kann Aristobulos das Wirken der "Hand Gottes", also die Vollendungen seiner δύναμις in der Welt, anschaulich machen durch den Verweis auf die "Hand des Königs", also die – hier militärisch akzentuierte – Macht des amtierenden Ptolemäers, der in diesem Zusammenhang explizit in zweiter Person angesprochen wird (F 2, 38/42 Holladay): χεῖρες [sc. Gottes] μὲν οὖν νοοῦνται προδήλως καὶ ἐφ' ἡμῶν κοινότερον. ὅταν γὰρ δυνάμεις ἐξαποστέλλῃς σὺ βασιλεὺς ὤν, βουλόμενός τι κατεργάσασθαι, λέγομεν· μεγάλην χεῖρα ἔχει ὁ βασιλεύς, φερομένων τῶν ἀκουόντων ἐπὶ τὴν δύναμιν ἣν ἔχεις. Zwar operiert dieser Verweis über zwei Schritte metaphorischer Distanz zwischen Sprache und Wirklichkeit: Wie "Hand" nur eine Übertragung auf die δύναμις Gottes ist, so ist "Hand" auch beim König eine solche auf sein Heer, seine militärische Dynamis (vgl. φερομένων ... ἐπί), die für die Selbstdarstellung des ptolemäischen Herrschaftshauses hohe Bedeutung hatte[678]. Zudem betont Aristobulos ausdrücklich, daß die Übertragung vom Kleinen auf das Große Gottes erfolge, also zwischen der irdischen Veranschaulichung und der wahren Entsprechung ein weiter Abstand liege. Und doch erklärt eben diese Übertragung den angesprochenen Ptolemäer (σὺ βασιλεὺς ὤν) für würdig, als ihr Bezugspunkt in menschlicher Sprache die Anwendung der Metapher auf Gott zu begründen, ja zu rechtfertigen: Wie es an-

---

etwa Xenophon über die spartanische Politeia berichtet (vgl. dazu Hodkinson [2005] 241f. und Harris [2006] 308 sowie allgemein Hdt. 7, 104 zum spartanischen Gesetzesgehorsam). Die Belege bei Umemoto (1991) 245/52 zeigen, wie schwer den Juden später, gerade im ersten nachchristlichen Jahrhundert, die Anwendung des Titels βασιλεύς auf weltliche Herrscher fiel.

677 Was Diodor (5, 45) über Panchaia und über Euhemeros schreibt, deutet darauf hin, daß auch die Griechen die Herrschaft von Priestern als beste Staatsform idealisieren konnten.

678 Vgl. Janowitz (1991) 133.

gemessen ist, von der "Hand" des Königs zu sprechen, so auch, von derjenigen Gottes.

c) Über die Widmung des Werks hinaus wird in seinem Verlauf der König wiederholt direkt adressiert:

F 2, 15 Holladay: ... ἐπεφώνησας καὶ σύ, βασιλεῦ[679], ...
F 2, 20 Holladay: ... παρακαλέσαι δέ σε βούλομαι ...
F 2, 36f. Holladay: ... μὴ τῷ νομοθέτῃ προσάψῃς τὴν ἀλογίαν ...
F 2, 38/42 Holladay: (s. oben im Text)
F 3, 47/56 Holladay: (s. unten S. 263)

Diese persönlichen Bezüge auf Philometor sind nicht als bloß literarische Formalia oder gar Topoi zu unterschätzen, auch wenn die neuere Forschung mit Recht auf Parallelen ähnlicher Dedikationen in der hellenistischen Literatur hingewiesen hat. Zu denken ist hier zunächst an die spätestens seit dem vierten Jahrhundert zahlreichen Schriften Περὶ βασιλείας[680], deren Autoren philosophischer Provenienz den jeweiligen Herrscher direkt adressieren, regelmäßig mit paränetischem, ja erzieherischem Impetus (vgl. etwa Aristoteles und Xenokrates an Alexander, Euphantos von Olynth an Antigonos, Straton von Lampsakos). Darüberhinaus, und hier zum Vergleich näherliegend, begegnen auch in philosophischen und (natur)wissenschaftlichen Schriften unterschiedlichster Herkunft immer wieder Widmungen an hellenistische Könige[681]. Zu diesen Büchern zählen etwa jenes *Über die Sandzahl* (Ψαμμίτης), das Archimedes dem König Gelon von Syrakus zueignete[682], die Aristoteles zugeschriebene Ῥητορικὴ πρὸς Ἀλέξανδρον, der ein Schreiben an den Adressaten des Werks, den διαφέρων πάντων Ἑλλήνων καὶ βαρβάρων (7), vorangestellt ist, die (wohl dem zweiten) Πτολεμαίῳ τῷ βασιλεῖ gewidmete Schrift Περὶ τοῦ ὅτι κατὰ τὰ τῶν ἄλλων φιλοσόφων δόγματα οὐδὲ ζῆν ἔστιν des Epikureers Kolotes von Lampsakos[683] und insbesondere der *Protreptikos*, in dem Aristoteles dem kypri-

---

[679] Zur Anrede βασιλεῦ in der griechischen Literatur vgl. Dickey (1996) 90/95 und Stavrianopoulou (2012) 137.
[680] Vgl. Aitken (2007) 191f.; Murray (2007) passim (mit Literatur) und De Brasi (2012) passim.
[681] Vgl. Moraux (1984) 59f.; Schürer – Vermes – Millar – Goodman (1986) 586 und Dawson (1992) 78 sowie oben S. 197f. zum Vergleich mit der fachwissenschaftlichen Briefliteratur.
[682] Vgl. die Anrede βασιλεῦ Γέλων gleich im ersten Satz sowie im Ausgang des Werks (ed. Heiberg, S. 216. 258) und die zahlreichen Verbformen in der zweiten Person; allgemein dazu Bickerman (1988) 228 und Holladay (1995) 71.
[683] Vgl. Walter (1964) 24[1].

schen Fürsten Themison das Paradigma eines guten, in der Philosophie geschulten Gesetzgebers entworfen haben soll[684]. Charakteristisch auch die oben schon diskutierte Schrift *De mundo*: In diesem kosmologischen Werk, das mit einem Elogium auf die Philosophie anhebt, wendet sich der Autor als "Theologe"[685] – authentisch oder nicht, bleibe hier dahingestellt – an Alexander den Großen, den edelsten aller Fürsten, dem es gezieme, nicht auf Geringes den Sinn zu richten, sondern auf das Größte. Schließlich: Gerade Hekataios und Manetho eignen ihre in Ägypten auf Griechisch veröffentlichten *Aigyptiaka*, in denen sie das Land am Nil, seine Geschichte und Institutionen nicht bloß verherrlichen, sondern den Griechen auch erklären, dem jeweils amtierenden Ptolemäer zu[686].

Ob die Angabe im *Zweiten Makkabäerbuch*, Aristobulos sei Philometors διδάσκαλος gewesen, verläßlich ist, muß leider offen bleiben, weil die neuere Forschung über die Echtheit und Datierung sowohl der gesamten Schrift[687] als auch des in 1, 10/2, 18 eingelegten Briefs, der aus dem Jahr 164 vor Christus zu stammen vorgibt, noch nicht zu einhelliger Auffassung gefunden hat[688]. In der jü-

---

684 Vgl. SVF 1, 273 ~ Aristot. F 50 Rose³ (dazu Flashar [2006] 167) sowie Cic. Att. 12, 40, 2 über Schriften, die Aristoteles und Theopomp dem Alexander gewidmet haben sollen.
685 Vgl. dazu Runia (2002) 305; Chandler (2014) 74f. 77. 79f.; Thom (2014b) 14; (2014c) 58¹² und (2014d) 108f.
686 Wie offenbar auch Berossos sein Werk (s. oben S. 134f. 139f.) dem Antiochos I. Soter; vgl. dazu Kuhrt (1987) 33f.; Marincola (1997) 53; De Breucker (2003) 25f.; (2011) 637 und (2013) 17; Dillery (2007) 222; Haubold (2013a) 7 sowie Moyer (2013) 214.
687 Siegert (2012) passim deutet das Werk als judenchristliche Kompilation.
688 Vgl. 2 Makk. 1, 10 (ed. Rahlfs, vol. 1, S. 1100): διδασκάλῳ Πτολεμαίου τοῦ βασιλέως. Die Angabe wurde lange als unhistorisch angesehen (vgl. schon van Dale [1705] 217; Walter [1964] 16/19. 36f. und [1975] 261 sowie Holladay [1995] 45f.; Dines [2004] 38 [unsicher]; Woschitz [2005] 95 [unsicher]; nachdrücklich Wasserstein – Wasserstein [2006] 30f. und Grabbe [2009] 724 [unsicher]); neuerdings häufen sich jedoch wieder Stimmen, die für ihre Historizität votieren (vgl. schon Valckenaer [1806] 37; Momigliano [1932] 164; Wacholder [1974] 238/42; Bickerman [1976a] 110⁵; Kasher [1985] 10f.; Borgen [1987] 8; Hengel [1988] 297³⁶⁷; Siegert [1992] 40; Feldman [1993] 316; Dorival [1994] 45; Barclay [1996] 42. 152; D'Hamonville [2000] 137; Weber [2000] 98; Gmirkin [2006] 76. 81f.; van der Kooij [2008] 189; Schwartz [2008] 144; Klauck [2009] 180; Capponi [2010] 110f.: "Aristoboulos was the successor of Agathoboulos as the king's official teacher of philosophy. The job of royal teacher must have been an official court office, with precise rules and duties" und Wittkowsky [2015] 20). Sollte sich das Schreiben 1, 10/2, 18 tatsächlich in die Mitte des zweiten Jahrhunderts datieren lassen (vgl. die ausführliche Diskussion mit Literatur bei Schwartz [2008] 11/15. 132/69. 519/29), dürfte an der Angabe über Aristobulos wegen der zeitlichen Nähe kaum noch Zweifel bestehen. Doch auch wer das Schreiben in spätere Zeit setzt (vgl. Doering [2012c] 162f. mit Literatur), müßte die Frage beantworten, warum sich ein Fälscher zur Beglaubigung seines Werks eher einer eigenen rückhaltlosen Erfin-

disch-hellenistischen Literatur ist die Nachricht, ein Jude sei Berater eines fremden Königs, durchaus auch sonst zu finden⁶⁸⁹. Die Aufgabe, den (künftigen) König zu unterweisen, kam dabei im Hellenismus nicht selten Philosophen zu: Aristoteles gegenüber Alexander dem Großen, später am makedonischen Hof Persaios oder in Ägypten dem Peripatetiker Straton von Lampsakos gegenüber Ptolemaios II. (vgl. F 1 Sharples aus Diog. Laert. 5, 58)⁶⁹⁰; zumal berühmte Gelehrte des alexandrinischen Museions galten als Lehrer früherer Ptolemäer⁶⁹¹. "The philosopher should be prepared to advise kings, for philosophy was a practical activity intended to benefit humanity. The philosopher who teaches an ordinary pupil benefits only one man; the philosopher who teaches a king transforms a whole kingdom"⁶⁹². Die Stelle 2 Makk. 1, 10 wiese Aristobulos mit dem Rang des διδάσκαλος über die Rolle des Beraters hinaus⁶⁹³ die des Lehrers zu, also eine dauerhafte Aufgabe, deren Übernahme die Anerkennung, ja Erwählung durch den Herrscher voraussetzte. Nimmt man die Stelle ernst, dann wird in ihr Aristobulos ausdrücklich als διδάσκαλος des machtvoll amtierenden

---

dung als einer weithin bekannten historischen Tatsache bedienen sollte (vgl. mit Recht Holladay [1995] 45) – Fälschung wäre dann sogar eher ein Argument für die Verläßlichkeit der Angabe.
689 So etwa im *Aristeasbrief*: Das in dessen Zentrum breit ausgeführte Symposion des Ptolemäerkönigs und der jüdischen Gelehrten, in dessen Verlauf unterschiedlichste philosophische, theologische, aber auch politische Fragen von diesen gemäß dem mosaischen Nomos beantwortet werden, schließt mit folgendem Kommentar des Herrschers (294 [ed. Pelletier, S. 228]): πολλὰ γὰρ ὠφέλημαι, καταβεβλημένων ὑμῶν διδαχὴν ἐμοὶ πρὸς τὸ βασιλεύειν (vgl. auch 286 [s. oben Anm. 375] sowie Hadas [1951] 214 und Veltri [2006] 35). Aus dem Buch *Daniel* vgl. zu den Beratern Nebukadnezars 1, 4 und 20, aus der *Sapientia Salomonis* die lange Passage 6, 1/21, in welcher der Autor ernste Mahnungen an die Könige ausspricht, Weisheit und Gerechtigkeit zu lernen, und eindringlich vor dem Gericht Gottes warnt; zudem noch Ps. 118, 46 LXX; Prov. 1, 21 (dazu Aitken [2007] 197) und Sirach 39, 4 über den Weisen (ed. Rahlfs, vol. 2, S. 444): ἀνὰ μέσον μεγιστάνων ὑπηρετήσει καὶ ἔναντι ἡγουμένῳ ὀφθήσεται (vgl. aber auch 7, 4/6; dazu Wischmeyer [1995a] 62; Ueberschaer [2007] 189/92. 373/77 sowie über das Motiv des Königs im Buch *Sirach* Wright [2007a] passim).
690 Vgl. dazu Gatzemeier (1970) 34; Weber (1993) 74f.; Hölbl (1994) 28; Long (1994) 146; Hose (1997) 50f.; Rowe (2000c) 392; Orth (2001) 110; Thrams (2001) 100. 453. 455/57 und Wehrli – Wöhrle – Zhmud (2004) 604.
691 Zu Philitas von Kos, Zenodotos von Ephesos, Apollonios Rhodios und anderen als Lehrern (διδάσκαλοι) am ptolemäischen Hof vgl. Pfeiffer (1978) 120; Schwinge (1986) 49; Hopkinson (1988) 9; Weber (1993) 86f.; Hölbl (1994) 64; Collins (2000) 82/87; Huß (2001) 232f. 236f.; Strootman (2010) 33f. und Montana (2015) 71. Der schon erwähnte Eratosthenes von Kyrene soll, als Bibliothekar des Museions, den späteren Ptolemaios IV. Philopator unterrichtet haben (vgl. dazu Pfeiffer [1978] 194 und Geus [2002] 27f. gegen z.B. Jacoby).
692 Murray (2007) 26.
693 Vgl. dagegen schon Wacholder (1974) 239⁶⁸.

Königs bezeichnet, nicht bloß des noch jungen, unerfahrenen Thronfolgers[694]. Daß überdies der jüdische Gelehrte in dem Habitus, in welchem er selbst in seinem Werk Philometor entgegentritt, auch überkommene Ansprüche der ägyptischen Priesterschaft herausforderte, wird deutlich, wenn deren biographische Inschriften der späteren Pharaonenzeit in den Blick kommen: In der Charakterisierung des Königs tritt neben die alte Tradition, den Herrscher als tugendhaften, idealen Monarchen darzustellen, die "new tendency to emphasize the position and influence of the priest himself, as adviser and mediator between god and king"[695].

In der Zueignung sowie in der wiederholten Hinwendung seiner Argumentation auf den König verdichtet Aristobulos seine Strategie von Anerkennung und Anspruch: Erstens spricht er dem Thema seines Buchs, also dem mosaischen Nomos und dessen richtiger Auslegung, höchstes öffentliches Interesse zu, mithin eine so hohe Bedeutung, daß es der Aufmerksamkeit des Königs selbst würdig sei. Darin drückt sich das Postulat aus, die Erkenntnis und Berücksichtigung dessen, was bei rechtem Verständnis vom mosaischen Nomos zu lernen sei, dürften von Nutzen sein für Herrscher und Reich. Zweitens erhebt Aristobulos damit die Forderung, sein Werk jüdischer Provenienz verdiene dieselbe Rücksicht wie all die anderen griechischen und ägyptischen Bücher, die dem König vorgelegt würden. Die Herrschertugend der εὐσέβεια, in welcher die hellenistischen Herrscher ihre entgegenkommende Haltung auch zu lokalen Kulten fremder Religionen auszudrücken beliebten[696], ist damit implizit für Philometor vorausgesetzt. Drittens nimmt Aristobulos mit seiner Widmung vorweg, daß der Ptolemäer seinerseits dem Werk nicht nur Interesse entgegenbringen dürfte[697], sondern zum rechten Verständnis der in diesem verhandelten Gegenstände auch begabt und befähigt sei. Die individuelle Bildung im Philosophischen, Theologischen, Literarischen wird also vom jüdischen Gelehrten als Merkmal des Herrschers ausgezeichnet. Es geht in den Fragmenten nicht um eine allgemein gehaltene, nur oberflächliche Vorstellung des mosaischen Nomos, sondern um die tiefeindringende, detaillierte Auslegung einzelner, nicht unmittelbar verständlicher Stellen des Bibeltexts – dessen Kenntnis der jüdische Exeget beim König und überhaupt bei seinem griechischen Publikum ja offenbar annimmt. Dies zeigen etwa im F 2, 43/50 Holladay die Reihe von detail-

---

[694] Dies erhellt auch in F 2 Holladay nicht nur aus der Anrede, sondern vor allem aus der Auslegung der biblischen Handmetapher.
[695] Murray (1970) 156; vgl. schon Otto (1954) 115/17 sowie Dillery (2015) 33/41.
[696] Vgl. Bar-Kochva (2010) 421.
[697] Vgl. Dähne (1834) 79f. und Siegert (2001) 28.

lierten biblischen Belegen zur Deutung der göttlichen "Hände" und vor allem die Einleitung des Methodenfragments 2 Holladay: Entgegen der *communis opinio* der neueren Forschung meint ... ἐπεφώνησας καὶ σύ, βασιλεῦ, διότι ... tatsächlich nicht "... you also called out, Your Majesty, (asking) why ..."[698]. Zum einen ist ἐπιφωνέω kein Verb des Fragens[699], zum anderen verwendet Aristobulos das Wort διότι auch an den beiden anderen Belegstellen der Fragmente (F 4, 83. 95 Holladay) nicht zur Einleitung eines indirekten Fragesatzes, sondern nach einem Verb des Sagens/Aufzeigens als Konjunktion in der Bedeutung "daß"[700]. Gemeint ist vielmehr, "auch" der König habe, über die schon vorher abgehandelten Fragen hinaus, "dazugerufen", also obendrein noch festgestellt, "daß" in dem Nomos der Juden (vgl. in der Wiedergabe des Exegeten: ... τοῦ παρ' ἡμῖν) die Anthropomorphismen zeichenhaft auf die göttliche Dynamis wiesen. Die übertragene Rede Mose wahrgenommen zu haben wird hier also ausdrücklich Philometor selbst zugeschrieben! Das absichtsvoll gesetzte καί vor der Anrede des Königs suggeriert hier eine Gemeinschaft zwischen Adressat und Autor, welche für die folgenden Ausführungen ein wichtiges Fundament legt, ohne freilich zu bedeuten, daß jener keiner Belehrung durch den anstehenden καθήκων λόγος mehr bedürfe[701]. Der bislang nur unzureichend erklärte Befund, die metaphorische Vereinheitlichung aller Anthropomorphismen auf die göttliche Dynamis hin finde in den einzelnen Auslegungen der folgenden Fragmente keine rechte Entsprechung, erklärt sich hieraus: Während Aristobulos, didaktisch geschickt, die These des königlichen Adressaten zunächst in der Auslegung der "Hände Gottes" eingeführt einlöst, weitet er sie dann in den Interpretationen der göttlichen Stasis und der Katabasis auf den Sinai sowie in jener des Sabbats (F 5 Holladay) doch aus. An dem Grundsatz metaphorischer Deutung auf die Dynamis Gottes hin wird zwar festgehalten, doch es geht dabei um nichts weniger als um φυσικαὶ διαθέσεις und μεγάλων πραγμάτων κατασκευαί. Viertens affirmiert Aristobulos als Vertreter der jüdischen Bevölkerung indirekt das Bild, das die Ptolemäerkönige seit der Frühzeit ihrer Herrschaft

---

[698] Holladay (1995) 135.
[699] Eher eines der eine vorherige Ausführung abschließenden, ja sogar der antwortenden (!) Behauptung – vgl. den Eintrag im LSJ sowie in Muraoka (2009) 287 (zur Septuaginta).
[700] Vgl. den Eintrag im LSJ sowie in Muraoka (2009) 172 (zur Septuaginta). Vgl. aus dem zeitgenössischen Aratkommentar Hipparchs (s. oben S. 40/44) etwa 1, 7, 7; 1, 10, 26.
[701] Es ist in diesem Zusammenhang vielleicht kein Zufall, daß im *Aristeasbrief* das Verb ἐπιφωνέω gleich mehrfach (vgl. 196. 200. 211. 244. 261. 283. 311) – und wiederholt in der Schilderung des Frage-Antwort-Gesprächs zwischen Ptolemaios II. Philadelphos und den jüdischen Gelehrten am alexandrinischen Hof! – in der Bedeutung "beipflichten, zustimmen" begegnet (vgl. schon Meecham [1935] 274: "to assent").

über Ägypten von sich selbst vermitteln wollten: Die Herrschaft eines von griechischer Bildung geprägten Königshauses, das sich durch die Förderung von Wissenschaft und Kultur auszeichnete[702], dabei aber auch nichtgriechische, insbesondere die im Land selbst einheimischen Eigenheiten und Traditionen zu berücksichtigen bereit war.

---

702 Vgl. dazu (mit der älteren Literatur) Fraser (1972) 320/323 u.ö.; Hölbl (1994) 28f.; Rösel (1994) 257f.; Orth (2001) 103/11; Dines (2004) 31; Kreuzer (2004) 63/66 und (2007) 32f.; Honigman (2007) passim; Gruen (2008) 135; Passoni Dell'Aqua (2008) 240 sowie Hunter (2011a) 51. Zu Ptolemaios II. Philadelphos im *Aristeasbrief* vgl. More (2009) 312.

6 Der Nomos

δῆλον ὅτι πάντα τὰ νόμιμά ἐστί πως δίκαια· τά τε γὰρ ὡρισμένα ὑπὸ τῆς νομοθετικῆς νόμιμά ἐστι, καὶ ἕκαστον τούτων δίκαιον εἶναί φαμεν.

(Aristot. eth. Nik. 1129b12/14)[703]

φύσει μὲν οὖν ἡ ὁρμὴ ἐν πᾶσιν ἐπὶ τὴν τοιαύτην κοινωνίαν· ὁ δὲ πρῶτος συστήσας μεγίστων ἀγαθῶν αἴτιος. ὥσπερ γὰρ καὶ τελεωθεὶς βέλτιστον τῶν ζῴων ἄνθρωπός ἐστιν, οὕτω καὶ χωρισθεὶς νόμου καὶ δίκης χείριστον πάντων.

(Aristot. pol. 1253a29/33)

Es ist klar, daß all das Gesetzliche in einer gewissen Weise gerecht ist. Das nämlich, was von der Gesetzgebung bestimmt wird, ist gesetzlich, und wir sagen, daß jedes Einzelne davon gerecht sei.

Von Natur aus also gibt es in allen einen Drang zu solcher Gemeinschaft [sc. der Polis]; und derjenige, der diese als erster eingerichtet hat, ist Urheber größter Güter. Denn wie der Mensch, wenn er vollendet ist, das beste der Lebewesen ist, so das schlechteste von allen, wenn er von Gesetz und Recht getrennt ist.

6.1 Der mosaische Nomos bei Aristobulos

Aristobulos weist den Begriffen νόμος und νομοθεσία, mit denen er die Bücher Mose bezeichnet, eine überaus komplexe Bedeutung zu[704]. Einerseits ist der Nomos ein Gesetzbuch mit "umfassenden Bestimmungen zur rechtlichen und kultischen Verfassung des Gottesvolks"[705], andererseits scheint sein Inhalt aber mit dem deutschen Wort "Gesetz" im engeren Sinn kaum angemessen beschrieben.

---

703 Vgl. auch Xen. mem. 4, 4, 12/18 und Stalley (2006) 2/4.
704 Vgl. zum folgenden die Übersicht bei Binde (1870) 21.
705 Blum (2005) 83; vgl. auch Gerber (1994) 97 zu Flavius Josephus und Levinson (2006) 162f. In Dtn. 4, 44f. heißt es (ed. Rahlfs, vol. 1, S. 294): οὗτος ὁ νόμος, ὃν παρέθετο Μωυσῆς ἐνώπιον υἱῶν Ισραηλ· ταῦτα τὰ μαρτύρια καὶ τὰ δικαιώματα καὶ τὰ κρίματα, ὅσα ἐλάλησεν Μωυσῆς τοῖς υἱοῖς Ισραηλ ἐν τῇ ἐρήμῳ ἐξελθόντων αὐτῶν ἐκ γῆς Αἰγύπτου ...

a) Der Pentateuch ist ein Geschichtsbuch, das von der Entstehung der Welt, vom Auszug des Volkes Israel aus Ägypten und von der Landnahme kündet[706]. Auch bei der Auslegung einzelner Bibelperikopen, etwa der κατάβασις Gottes am Sinai, sieht Aristobulos nicht von der Geschichtlichkeit der Ereignisse ab – ein Grundsatz, der gegenüber zeitgenössischen Interpretationen griechischer Dichtung, insbesondere gegenüber solchen, die das poetisch Dargestellte nur als bloße Allegorie auf tiefere Wahrheiten zu deuten bestrebt war, durchaus programmatisch zu verstehen ist[707].

b) Die mosaische Rede kennt die komplexe Vielfalt sprachlicher Ausdrucksmöglichkeiten. Weit entfernt davon, in dieser Hinsicht einen primitiven, archaischen Entwicklungszustand einzunehmen, erfordert der Nomos, vor allem in der metaphorischen Beschreibung Gottes, vom Leser ein sprachlich-stilistisch, ja sprachphilosophisch angemessenes Verständnis.

c) Moses lehrt nicht nur die Geschichte der Welt, sondern erschließt dem Menschen Einsicht in ihre Schöpfung und ihren Aufbau, in ihre Natur: φυσικὰς διαθέσεις[708] ἀπαγγέλλει καὶ μεγάλων πραγμάτων κατασκευάς (F 2, 25/27 Holladay)[709] und ... διὰ τῆς νομοθεσίας ἡμῖν ὅλην τὴν γένεσιν τοῦ κόσμου θεοῦ λόγους εἴρηκεν (F 4, 3/5 Holladay)[710]. Gerade die Auslegung der göttlichen

---

[706] Schon biblisch wird die historische Dimension des Pentateuchs offenbar, etwa am Anfang des *Deuteronomiums*, im Rückblick Mose auf die Vergangenheit. Vgl. später ausdrücklich beispielsweise Flav. Joseph. c. Apion. 1, 39. Daß "von den Geschichtstaten Gottes" bei Aristobulos kaum die Rede sei (Weber [2000] 120[63]), stimmt daher nicht. So werden etwa auch in der Auslegung der "Hände Gottes" gerade die Ereignisse der Exodus zur Illustration herangezogen.
[707] Vgl. Heinemann (1952) 134 und Matusova (2015) 77 sowie allgemein Inglebert (2001) 235.
[708] Zu διαθέσεις φυσικαί vgl. die allgemeine Definition in Aristot. met. 1022b1/3: διάθεσις λέγεται τοῦ ἔχοντος μέρη τάξις, ἢ κατὰ τόπον ἢ κατὰ δύναμιν ἢ κατ' εἶδος. In cael. 284a11/18 spricht Aristoteles vom Himmel, also von dem Ort, den die Alten den Göttern zuwiesen und er selbst unmittelbar zuvor auf naturwissenschaftlichem Weg als ἄφθαρτος, ἀγένητος, ἀπαθής und ἄπονος erwiesen hat, als der ἀρίστη διάθεσις. Sterlings (2009) 77 Annahme, der Ausdruck διαθέσεις φυσικαί beziehe sich bloß auf "a philosophical frame of reference", ist nicht überzeugend.
[709] Vgl. hieran anschließend *Aristeasbrief* 171 (ed. Pelletier, S. 182) über die σεμνότης καὶ φυσικὴ διάνοια τοῦ νόμου sowie unten Anm. 1050 und 1052 zu dem Terminus φυσικός.
[710] Vgl. Di Mattei (2006) 8. 23/29 mit dem Ergebnis, daß später Philon die Physiologia als Weg zur Erkenntnis der göttlichen Natur hochschätzt. Auf einen Vergleich mit der platonischen "Aufhebung des Gegensatzes Nomos-Physis" (Lisi [1985] 173 mit dem ganzen folgenden Kapitel 173/93; vgl. Seubert [2005] 221f. 252. 257 u.ö.) muß hier leider verzichtet werden. Vgl. auch die berühmte Definition, welche der im *Corpus Platonicum* überlieferte Dialog *Minos* gibt (315a u.ö.): ὁ νόμος ἄρα βούλεται τοῦ ὄντος εἶναι ἐξεύρεσις.

Stasis in F 2 Holladay und die Ausführungen zum kosmischen Siebener-Prinzip in F 5 Holladay wären hier zu nennen. Wie Aristobulos das Verhältnis von Weisheit und Schöpfung erklärte, läßt sich aus den Fragmenten dabei noch ansatzweise erschließen: Allein Moses, dem Gesetzgeber, werden ausdrücklich göttliches Pneuma zugeschrieben und σοφία (F 2, 27/29 Holladay), die um ihn herum (περὶ αὐτόν) gewesen sei – also nicht in ihm als menschliche Tugend oder gar als durch einen individuellen Erkenntnisprozeß errungene Vernunft. In F 5, 46/51 Holladay findet diese überraschende Wendung ihre ontologische Erklärung: Σοφία ist dem Kosmos, der Schöpfung von Himmel und Erde, präexistent und damit bei Gott, wie schon Salomon sagte (vgl. Prov. 8, 22/31)[711]. Wenn nun aber Moses, von ihr umgeben, den Nomos in Worte faßte, dann erschließt sich in diesem Nomos eben sie selbst, von welcher her sich Gottes Schöpfung ableitet und erklärt.

d) Bei rechter Auslegung lehrt Mose Rede wahrhaftige, "heilige Annahmen über Gott"[712] und erfüllt die Forderung, die nach Aristobulos nicht nur die jüdische

---

[711] Vgl. Walter (1964) 66; Holladay (1995) 227f. (mit weiteren biblischen Parallelen, etwa Prov. 3, 19f., und neuerer Literatur); Lenzi (2008) 358/61; de Vos (2016) 140 sowie D'Hamonville (2000) 134/39, dessen Hypothese, Aristobulos habe die Prov. für Philometor übersetzt, spekulativ bleiben muß (vgl. auch Cook [2008] 206). Angenommen werden darf freilich, daß der Alexandriner einen *terminus ante quem* für die griechische Version der Prov. liefert. Die Präexistenz der σοφία ist bekanntlich ein Grundgedanke der jüngeren Weisheitsliteratur; vgl. etwa, mit durchaus unterschiedlicher Akzentuierung, Sirach 1, 1/10; 24, 1/7 (dazu Marböck [1999] 32 und [2010] 52) und später Sap. 6, 22 und 9, 9 (dazu Smend – Luz [1981] 39f.; Veltri [2006] 193f. und Kaiser [2013] 322/26).

[712] Die differenzierte Verwendung der unterschiedlichen Komposita von λαμβάνω bezeugt die terminologische Sorgfalt des Exegeten: Während in F 5, 58 Holladay ὑπο-λαμβάνω eher den Aspekt der (falschen) Vermutung hervorhebt (vgl. dazu Aristot. cat. 8b9f. und cael. 270b), κατα-λαμβάνω hingegen wiederholt auf die Epistemologie verweist (s. unten S. 330f.), betont das präpositionale Präfix in δια-λαμβάνω die diakritische Schärfe der Auffassung (vgl. im Zusammenhang auch δι-αιρέω sowie δίχα/διχῇ). Vgl. schon Plat. Krat. 396a/b (oben S. 18f.) und über das rechte Gottesbild (!) Epikur epist. Menoik. 123 (ed. Usener, S. 59 = ed. Arrighetti, S. 107, aus Diog. Laert. 10, 123): ἃ δέ σοι συνεχῶς παρήγγελον, ταῦτα καὶ πρᾶττε καὶ μελέτα, στοιχεῖα τοῦ καλῶς ζῆν ταῦτ᾽ εἶναι διαλαμβάνων sowie διάληψις etwa bei Aristot. probl. 918b und Epikur epist. Hdt. 50, 12; 51, 7. 9; 58, 4; 69, 9 (aus Diog. Laert. 10), wo das Substantiv geradezu "Unterscheidung" bedeutet. Polybios, bei dem das Wort mehrfach begegnet (vgl. 2, 50, 11; 6, 2, 5; 6, 6, 10; 12, 25e, 5 u.ö.), schreibt an berühmter Stelle über die Römer (6, 56, 6 [ed. Büttner-Wobst, S. 306]): μεγίστην δέ μοι δοκεῖ διαφορὰν ἔχειν τὸ ῾Ρωμαίων πολίτευμα πρὸς βέλτιον ἐν τῇ περὶ θεῶν διαλήψει (vgl. 1, 65, 9; 3, 6, 7 [mit Walbank z.St.]; 3, 31, 8 über die inneren αἱρέσεις καὶ διαλήψεις jedes einzelnen Menschen; 5, 56, 6 über die αἵρεσις καὶ διάληψις des Königs Antiochos; 6, 56, 12 über αἱ περὶ θεῶν ἔννοιαι καὶ αἱ ὑπὲρ τῶν ἐν ᾅδου

αἵρεσις, sondern jede Philosophie erhebt: πᾶσι γὰρ τοῖς φιλοσόφοις ὁμολογεῖται διότι δεῖ περὶ θεοῦ διαλήψεις ὁσίας ἔχειν, ὃ μάλιστα παρακελεύεται καλῶς ἡ καθ' ἡμᾶς αἵρεσις. Im Zusammenhang seines Altersbeweises meint Aristobulos mit "allen Philosophen" neben jenen ferner Vergangenheit auch die der späteren Geschichte bis auf die eigene Gegenwart. Der Verweis auf deren aller Übereinstimmung dient dabei nicht als inhaltsleerer Topos, sondern zur Bekräftigung durch das *argumentum e consensu omnium prudentium*[713]. Tatsächlich läßt sich solcher Consensus aus zahlreichen Stellen der griechischen Philosophie belegen. Hier nur einige Beispiele[714]: Im Ausgang der platonischen *No-*

διαλήψεις und 10, 26, 9 [s. unten Anm. 1082]; 12, 25e, 5; 22, 14, 6 u.ö.). Vgl. auch noch unten Anm. 1025 zu den wichtigen Parallelen aus Hipparchs nahezu zeitgleichem Aratkommentar. Aus Aristobulos übernimmt die Junktur der *Aristeasbrief*, vielleicht in absichtsvollem Anklang auch an Theophrast: In Kapitel 234 (ed. Pelletier, S. 206) wird postuliert, die rechte Verehrung Gottes vollziehe sich nicht in Gaben und Opfern, sondern in καθαρότης ψυχῆς (vgl. dazu auch Kapitel 2) und in διαλήψεις ὅσιαι – καθὼς ὑπὸ τοῦ θεοῦ πάντα κατασκευάζεται καὶ διοικεῖται κατὰ τὴν αὐτοῦ βούλησιν (vgl. im folgenden auch den Applaus des Königs und aller Anwesenden, vor allem der Philosophen; zu διαλαμβάνω auch Kapitel 189, zu διάληψις 160). In der Septuaginta kommt dieser Gebrauch von διαλαμβάνω kaum vor (vgl. Muraoka im Eintrag). Vgl. schon Valckenaer (1806) 45. 67; Keller (1947) 47f.; Holladay (1995) 223 und jetzt Wright (2015) 375f., der allerdings keine klare Position zur Prioritätsfrage bezieht.

713 Der im philosophischen Diskurs besonders von Aristoteles verankert worden war, wenn auch nicht mit derselben Kraft als Wahrheitskriterium wie der *consensus omnium*. Vgl. etwa eth. Nik. 1173a1f.; grundsätzlicher eth. Eud. 1216b26/35; top. 100b18/23. 104a8/12 und dazu mit weiteren Belegen Schian (1973) passim sowie Guthrie King (2010) 51/57. Pötscher (1970) 113 hält zu Aristoteles fest: "Was viele Menschen für richtig halten und besonders die Alten, das gilt dem Stagiriten weitgehend als Erkenntnis"; zur hellenistischen Philosophie Obbink (1992) passim sowie Dyson (2009) 48/53. Aus Platon vgl. etwa Phileb. 28c (πάντες συμφωνοῦσιν οἱ σοφοί ...), aus Isokrates 2, 51 (mit der Wendung: οἱ περὶ τὴν φιλοσοφίαν ὄντες ... ἐκεῖνο δὲ πάντες ὁμολογοῦσιν, ὅτι δεῖ ...).

714 Vgl. schon Flashar (2006) 56. 181 zum aristotelischen *Protreptikos* sowie Menn (2012) 424 zu eth. Eud. 1249b13/20. Diogenes Laertios gibt wieder, daß die Stoiker tüchtige und fromme Menschen als ἐμπείρους ... τῶν περὶ θεοὺς νομίμων charakterisierten (7, 119). Vgl. desweiteren Xen. mem. 4, 5; Ps.-Plat. epinom. 980 (mit ausdrücklichem Bezug auf den Nomotheten). 989/91 – wo allerdings auch deutlich wird, daß dagegen der φόβος stand, gerade dem Menschen komme es nicht zu, sich mit dem Göttlichen zu befassen (vgl. Aronadio [2013] 376 mit Belegen aus der Dichtung) – sowie die von Theophrast (F 584 A Fortenbaugh, S. 414 [mit weiteren Testimonien] = F 9 Pötscher, S. 162 aus Porphyr. abstin. 2, 19, 5) bezeugte Inschrift aus Epidauros: ἁγνὸν χρὴ ναοῖο θυώδεος ἐντὸς ἰόντα | ἔμμεναι· ἁγνεία δ' ἐστὶ φρονεῖν ὅσια (vgl. dazu schon Bernays [1866] 76). Auch die schon mehrfach erwähnte Schrift *De mundo* postuliert, vor allem im sechsten Kapitel (397b/401a), das rechte, angemessene Gottesbild sei "notwendig". Vgl. wichtig auch Diod. 12, 20 mit dem Auszug aus den Nomoi des Lokrers Zaleukos (s. oben Anm. 357), zu Aristoteles z.B. unten S. 236f. sowie zu Epikur insbesondere epist. Menoik. 123. 133 und Philodem. piet. F 45, 1292/1305.

moi fordert der Athener, die Wächter der Gesetze müßten von allen bedeutenden Gegenständen die Wahrheit wahrhaftig wissen (966c/d [ed. Burnet])[715]: μῶν οὖν οὐχ ἓν τῶν καλλίστων ἐστὶν τὸ περὶ τοὺς θεούς, ὃ δὴ σπουδῇ διεπερανάμεθα, ὡς εἰσίν τε καὶ ὅσης φαίνονται κύριοι δυνάμεως, εἰδέναι τε εἰς ὅσον δυνατόν ἐστιν ταῦτ' ἄνθρωπον γιγνώσκειν ...[716]. Theophrast räsoniert in seiner oben schon erwähnten Schrift Περὶ εὐσεβείας, eine extravagante, verschwenderische Opferpraxis könne einen jungen Mann kaum zur Tugend erziehen, aber (F 584 D Fortenbaugh, S. 432 = F 8 Pötscher, S. 160. 162 aus Porphyr. abstin. 2, 60): πεισθεὶς δὲ ὅτι τούτων χρείαν οὐκ ἔχουσιν οἱ θεοί, εἰς δὲ τὸ ἦθος ἀποβλέπουσι τῶν προσιόντων, μεγίστην θυσίαν λαμβάνοντες τὴν ὀρθὴν περὶ αὐτῶν τε καὶ τῶν πραγμάτων διάληψιν [!][717], πῶς οὐ σώφρων καὶ ὅσιος καὶ δίκαιος ἔσται; Rechte διάληψις, also die geistige Disposition des frommen Menschen, richtet sich nach Theophrast auf das, was die Götter als Verehrung ihrer selbst in Wahrheit einfordern[718]. Und in der Schrift Περὶ βασιλείας des nur schwer datierbaren Pythagoreers Diotogenes wird eine der drei Aufgaben des Königs, θεραπεύειν τοὺς θεούς, definiert (ed. Thesleff, S. 72): εὐσεβῶς καὶ ὁσίως φύσιν θεῶ καὶ ἀρετὰν ἐκλογισάμενος.

Den Wörtern δεῖ[719] und παρακελεύεται[720] verleiht Aristobulos Gewicht: Heilige διαλήψεις von Gott zu erreichen ist keine müßige Option menschlichen Denkens, sondern eine Pflicht[721], zu der freilich die jüdische Hairesis, auf der Grundlage des mosaischen Nomos, in vorzüglichster Weise "schön anmahnt"[722],

---

715 Vgl. auch 631c/d (dazu auch 630. 688a. 963/67 u.ö.). 715/18; Theait. 176b sowie die breite Einleitung zum zehnten Buch, in welcher die rechte διάνοια über die Götter verteidigt und zum Maßstab guten Lebens erhoben wird – bevor der Athener in scharfem Ton das Gesetz gegen Asebie formuliert (907f.).
716 Vgl. wichtig auch 888b: μέγιστον δὲ ... τὸ περὶ τοὺς θεοὺς ὀρθῶς διανοηθέντα ζῆν καλῶς ἢ μή und dazu Bordt (2013) 216.
717 Vgl. Pötscher (1970) 80. 83. 121.
718 Vgl. Burkert (1985) 270.
719 Vgl. Classen (2010) 97; "Deutlicher und häufiger als andere Ausdrücke bezeichnet δεῖ (δέον) im Griechischen die moralische Verpflichtung" und Glei – Reis (2013) 189.
720 Der schwer zu datierende Lysimachos (vgl. unten Anm. 929), der von Flavius Josephus als einer derjenigen griechischen Autoren zitiert wird, die schwere Vorwürfe gegen die Juden vorgebracht hätten, leitet mit diesem Wort den auch sonst nachweisbaren sogenannten "Haßeid" der Juden ein (c. Apion. 1, 309 [ed. Siegert, vol. 2, S. 162]; vgl. 2, 121): παρακελεύσασθαί τε αὐτοῖς [sc. Moses den Juden] μήτε ἀνθρώπων τινὶ εὐνοήσειν μήτε ἄριστα συμβουλεύσειν, ἀλλὰ τὰ χείρονα θεῶν τε ναοὺς καὶ βωμοὺς οἷς ἂν περιτύχωσιν ἀνατρέπειν.
721 Vgl. treffend Amir (1993) 10f.
722 Platon unterscheidet die guten Gesetze von den schlechten z.B. in nom. 656c. 770b/771a. 793b/c. 957c u.ö. Aus dem Prooimion zu den Nomoi des Lokrers Zaleukos (s. oben Anm. 357) wird überliefert (aus Stob. 4, 2, 19 [ed. Thesleff, S. 228]): τῶν δὲ κειμένων νόμων ἐάν τις δοκῇ μὴ

zugleich das Ziel, nach dem die φιλόσοφοι streben. Nomosobservanz, also die Erfüllung der hier in den Wörtern δεῖ und παρακελεύεται angedeuteten Weisung, führt also zu "heiligen Annahmen" über Gott, mithin zur Verwirklichung der im folgenden genannten ἀγαθά. Man mag hier den Gedanken an Freiheit vermissen, doch ist die Überzeugung, freiwilliger Gehorsam gegenüber den Nomoi begründe wahre Freiheit und schaffe überhaupt erst die Grundlage für die Tugend des einzelnen und der Gemeinschaft, weder der politischen Auffassung der Griechen[723] noch ihrer Rechtsphilosophie fremd. In den Fragmenten Demokrits findet sich diese Dialektik prägnant formuliert (68 B 248 Diels – Kranz): ὁ νόμος βούλεται μὲν εὐεργετεῖν βίον ἀνθρώπων· δύναται δέ, ὅταν αὐτοὶ βούλωνται πάσχειν εὖ· τοῖσι γὰρ πειθομένοισι τὴν ἰδίην ἀρετὴν ἐνδείκνυται[724]. Kritias deutet die Einführung von Recht und Gesetz als Zivilisationsschritt in der Menschheitsgeschichte, welcher der zügellosen Übermacht des Stärkeren Schranken setzte (88 B 25 Diels – Kranz). Im berühmten Eingang des zehnten Buchs der *Nomoi* hält Platon fest (885b [ed. Burnet]): θεοὺς ἡγούμενος εἶναι κατὰ νόμους οὐδεὶς πώποτε οὔτε ἔργον ἀσεβὲς ἠργάσατο ἑκὼν

καλῶς κεῖσθαι, μετατιθέναι ἐπὶ τὸ βελτίον, von Demetrios Phalereus heißt es in IG II² 1201 (aus dem Jahr 317/16 vor Christus): νόμους ἔθηκεν καλοὺς καὶ συμφέροντας τῇ πόλει (vgl. dazu Haake [2007] 74f.). Vgl. zu diesem Sprachgebrauch auch durchgehend den pseudoplatonischen *Minos*, im Hinblick auf Gesetze und Staatsverfassungen insbesondere Aristot. eth. Nik. 1181b6/9. 19f. und F 13 Ross (unten S. 220). Das Adverb καλῶς benutzt Aristobulos auch sonst in weiterer Bedeutung, gemäß der nicht bloß philosophischen Terminologie des Guten (vgl. insbesondere zu Platon und Aristoteles die verschiedenen Beiträge zum themengebundenen Teil des Bands 105 der Zeitschrift *Classical Philology* sowie zum Wortgebrauch der Septuaginta Schmitt [1974] 151f. und Siegert [2001] 255/57), und zwar vor allem in Bezug auf geistige Vorgänge; vgl. etwa τὸ καλῶς νοεῖν in F 2, 27 Holladay; F 2, 53/55 Holladay: διόπερ καλῶς ὁ νομοθέτης ἐπὶ τὸ μεγαλεῖον μετενήνοχε und F 2, 55f. στάσις δὲ θεία καλῶς ἂν λέγοιτο κατὰ τὸ μεγαλεῖον ἡ τοῦ κόσμου κατασκευή. Der Ausdruck καλῶς/κακῶς λέγειν begegnet in der zeitgenössischen wissenschaftlichen Literatur allenthalben und meint regelmäßig "richtig/falsch sagen/behaupten" (vgl. hier nur oben S. 55 zu Hipparchos). Das Schöne als das Gute und Richtige begegnet auch in der folgenden jüdisch-hellenistischen Literatur, etwa im *Aristeasbrief* 2: ψυχῆς καθαρὰ διάθεσις ἀναλαβοῦσα τὰ κάλλιστα. 7. 18. 126. 222f. 229. 236. 238: θεὸς τῆς διανοίας ἡγεμὼν ... πρὸς τὰ κάλλιστα. 243. 256. 270. 272. 287: θεοφιλεῖς εἰσι πρὸς τὰ κάλλιστα πεπαιδοκότες τὰς διανοίας. 310 über die vollkommene Übersetzung der Septuaginta).

723 Vgl. die berühmten perikleischen Worte in Thuk. 2, 37, 3 sowie Bordes (1982) 181/84; Thomas (1994) 119; Gehrke (1995) 35 und (2000) 147f.: "Die griechische Polis war eine Nomokratie ... Den Gesetzen zu unterliegen war für sie Garantie ihrer Freiheit"; Carey (1996) 36: "Subservience to impersonal laws, as distinct from the authority of a single figure, is one of the features which distinguish the Hellene from the barbarian"; Wallace (1996) passim; Piepenbrink (2001) 83/87 und Mueller-Goldingen (2016) 92 (zu Aristoteles).

724 Vgl. auch Heraklit F 33 Diels – Kranz: ... νόμος καὶ βουλῇ πείθεσθαι ἑνός.

οὔτε λόγον ἀφῆκεν ἄνομον ... [725], und gerade die Formulierung des Asebiegesetzes in 907f. legt offen, daß gesetzeskonforme Anerkennung der Götter für den Philosophen nicht zuletzt eine Frage der zwangsweisen Unterdrückung von Abweichlern war[726]. Darüberhinaus sei angemerkt, daß selbst in der Stoa das Wesen und der erzieherische Wert philosophischer προστάγματα, erteilt von dem Weisen oder in dem von ihm aufgestellten Nomos, angeregt diskutiert wurden[727]. Und doch: Aristobulos bewahrt in diesem Zusammenhang in dem Wort αἵρεσις den Gedanken der Freiheit[728]. Der mosaische Nomos ist kein Kausalzwang[729], sondern eine Offenbarung, die der Mensch durch seine eigene Entscheidung "wählen" kann und nach jüdischer Überzeugung auch wählen sollte.

---

[725] Vgl. dazu Laks (2000) 277f. 287f.; Schöpsdau (2011) 368/74 und Bordt (2013) 216 sowie die unterschiedlich akzentuierten Stellen pol. 414b. 484; polit. 291/303; nom. 631f. 644f. 688 [!]. 715. 719. 726/34. 741/43. 762. 770f. 803f. 887. 889/91. 963/66 u.ö.

[726] Vgl. zum Befehls- und Kontrollcharakter der Gesetze auch 715c/d. 821d. 942 u.ö. (dazu schon Hadas [1958] 12f. und Solmsen [1978] 96[23]). Der auffällige Befund, daß Platon wiederholt und mit Nachdruck fordert, der Gesetzgeber müsse seinem Volk den wahren Sinn der Nomoi erklären und einsichtig machen – insbesondere durch das richtige σχῆμα der Gesetze (vgl. etwa nom. 718b/c) –, findet wohl nicht zuletzt hierin seinen Grund. Cicero sieht ihn darin Zaleukos und Charondas nachahmen (leg. 2, 6, 14). Xenophon überliefert (mem. 4, 6, 1/4), nach Sokrates sei εὐσεβής: ὁ τὰ περὶ θεοὺς νόμιμα εἰδώς (vgl. auch 4, 4, 14f. sowie Ps.-Plat. epinom. 988a [oben S. 111f.] über die überlegene Götterverehrung der Griechen, die aus Paideia, den delphischen Orakeln und der Religion "gemäß den Gesetzen" herrühre). Vgl. charakteristisch auch Hdt. 7, 104 über die spartanische Gesetzestreue und Aristoteles eth. Nik. 1029b19/25 sowie zum Gesetzesgehorsam der Menge 1179f. Ps.-Demosthenes hingegen erklärt (or. 25, 15f. [ed. Butcher]): οἱ δὲ νόμοι κοινὸν καὶ τεταγμένον καὶ ταὐτὸ πᾶσιν ... τὸ δίκαιον καὶ τὸ καλὸν καὶ τὸ συμφέρον βούλονται, καὶ τοῦτο ζητοῦσιν, καὶ ἐπειδὰν εὑρεθῇ, κοινὸν τοῦτο πρόσταγμ' ἀπεδείχθη, πᾶσιν ἴσον καὶ ὅμοιον, καὶ τοῦτ' ἔστι νόμος. ᾧ πάντας πείθεσθαι προσήκει διὰ πολλά, καὶ μάλισθ' ὅτι πᾶς ἐστι νόμος εὕρημα μὲν καὶ δῶρον θεῶν, δόγμα δ' ἀνθρώπων φρονίμων, ἐπανόρθωμα δὲ τῶν ἑκουσίων καὶ ἀκουσίων ἁμαρτημάτων, πόλεως δὲ συνθήκη κοινή, καθ' ἣν πᾶσι προσήκει ζῆν τοῖς ἐν τῇ πόλει (vgl. auch 25, 21).

[727] Vgl. mit Quellen und neuerer Literatur Alesse (2013) passim (insbesondere zu Chrysipp, der sich mit diesem Thema eingehend beschäftigt habe), etwa 78: "L'importanza che gli Stoici riconoscono alla prescrizione emerge dalle testimonianze che vertono sul tema del νόμος".

[728] Zum alttestamentlichen Hintergrund der "Wahlfreiheit" vgl. etwa die Kernstelle Dtn. 30, 15/20, wo allerdings nicht das Verb αἱρέω (oder προαιρέομαι), sondern ἐκλέγομαι steht (vgl. auch Ies. 56, 3/8); außerdem z.B. Sirach 15, 14/20 sowie Ueberschaer (2007) 152f.; Kaiser (2008) 52f. und Marböck (2010) 201f. Daß die mosaische Tora von (zeitgenössischen?) Juden selbst als tyrannisches Gesetz, das die individuelle Wahl der eigenen Lebensführung einschränken und gegen die persönliche Beurteilung der ἀγαθά im Widerspruch stehen könne, kritisiert werden konnte, zeigt die bis heute nicht einmütig gedeutete Stelle Flav. Joseph. ant. 4, 145/49 (dazu Pollmann [2012] 25/65 mit Hinweisen auf die kontroverse Auslegung dieses Passus).

[729] Vgl. Dihle (1995) 131 zu den griechischen Lehren, welche solche Kausalzwänge vertraten, und ihrer Kritik, die auf die Sophisten zurückzugehen scheint, sowie Kullmann (2010a) passim.

e) Die Einrichtung des Gesetzes ist "geordnet"[730], das heißt: zielt in absichtsvoller Anlage des Gesetzgebers[731] auf die wahrhaftigen Tugenden: ἡ δὲ τοῦ νόμου κατασκευὴ πᾶσα τοῦ καθ' ἡμᾶς περὶ εὐσεβείας τέτακται καὶ δικαιοσύνης καὶ ἐγκρατείας καὶ τῶν λοιπῶν ἀγαθῶν τῶν κατ' ἀλήθειαν[732]. Dadurch, daß Aristobulos diese Bemerkung direkt an jene über die περὶ θεοῦ διαλήψεις ὁσίας anschließt, verweist er auf die enge Verbindung zwischen den heiligen Annahmen von Gott und dem irdischen Leben des Einzelnen und der Gemeinschaft,

---

730 Vgl. *Aristeasbrief* 168: … οὐδὲν εἰκῇ κατατέτακται διὰ τῆς γραφῆς οὐδὲ μυθωδῶς. Daß die terminologischen Verben τάττω und κελεύω sowie ihre Komposita auch sonst, in der Septuaginta wie in der griechischen Literatur, die Vorschriften einer Rechtsordnung beschreiben, muß hier nicht belegt werden; vgl. dazu auch Rösel (1994) 229f. und Pasinya (2005) 147/50.

731 Daß die Vollkommenheit einer Rechtsordnung von den Absichten des Nomotheten abhänge, ist ein Gedanke, der schon in der griechischen Philosophie begegnet; vgl. etwa prominent Plat. nom. 738f. über die κατασκευὴ τῶν νόμων des Gesetzgebers (vgl. auch pol. 462a; nom. 957a/b unten in Anm. 807 sowie Bordes [1982] 296. 298 mit Belegen aus Xenophon). Zu dem Bezug von κατασκευή/κατασκευάζω auf die Anlage einer Schrift, eines Gesetzeswerks oder eines literarischen Opus vgl. auch Demosth. or. 20, 158 (mit der Wendung κατασκευάζειν τι ἐν νόμοις); Dion. Hal. Isokr. 2f. und *Aristeasbrief* 121 (s. oben Anm. 239). Aristobulos verwendet κατασκευή/κατασκευάζω auch im Zusammenhang der Genesis, etwa in F 5, 5f. Holladay: τὸν ὅλον κόσμον κατεσκεύακε, vgl. F 2, 25/27, neben dem Substantiv διάθεσις. 56f.; 4, 3f.: δεῖ γὰρ λαμβάνειν τὴν θείαν φωνὴν οὐ ῥητὸν λόγον, ἀλλ' ἔργων κατασκευάς, καθὼς καὶ διὰ τῆς νομοθεσίας ἡμῖν ὅλην τὴν γένεσιν τοῦ κόσμου θεοῦ λόγους εἴρηκεν ὁ Μωϋσῆς. συνεχῶς γάρ φησιν ἐφ' ἑκάστου· καὶ εἶπεν ὁ θεός, καὶ ἐγένετο. 4, 13/17: τὴν κατασκευὴν τῶν ὅλων … ὑπὸ θεοῦ γεγονυῖαν καὶ συνεχομένην ἀδιαλείπτως (vgl. in der Septuaginta etwa Gen. 1, 2; Ies. 40, 28; Baruch 3, 32 [ed. Rahlfs, vol. 2, S. 753]: ἀλλὰ ὁ εἰδὼς τὰ πάντα γινώσκει αὐτήν [sc. die Weisheit], ἐξεῦρεν αὐτὴν τῇ συνέσει αὐτοῦ· ὁ κατασκευάσας τὴν γῆν εἰς τὸν αἰῶνα χρόνον, ἐνέπλησεν αὐτὴν κτηνῶν τετραπόδων und Sap. 9, 1f. sowie etwa den *Aristeasbrief* oben in Anm. 63; aus der griechischen Literatur z.B. Diod. 12, 20 nach Zaleukos oben Anm. 357 oder Timaios Lokros 39 [ed. Marg, S. 136]: τούτοις [sc. die Elemente] δὲ ποτιχρεομένοις ὁ θεὸς τόνδε τὸν κόσμον κατεσκεύαξεν). Aus dieser doppelten Verwendung eröffnet sich eine Parallele: Wie Gott die Schöpfung des Kosmos ordnend einrichtet, so ordnet er durch den Gesetzgeber Moses das Menschliche (vgl. auch de Vos [2016] 140).

732 Womit ausgesagt wird, daß es über die genannten ἀγαθά auch unwahrhaftige τάξεις geben könne (vgl. etwa zur platonischen Unterscheidung von richtigen und falschen Gesetzen Lisi [1985] 283/90 und Seubert [2005] 444f. u.ö., zur Abgrenzung der einen richtigen von den mangelhaften Politeiai Bordes [1982] 388/90). Der Revisionsbedarf menschlicher Nomoi, den etwa Platon in seinem *Politikos* zum Thema macht, fände dann im mosaischen Nomos sein Ende. Der distinktive Gebrauch, den die jüdischen Autoren der Zeit von der Wendung κατ' ἀλήθειαν machen, verdiente eine eingehendere Untersuchung (vgl. z.B. *Aristeasbrief* 77. 140 über τὸν κατ' ἀλήθειαν θεόν. 161. 260. 306 u.ö.; später 4 Makk. 5, 18 mit Meecham [1935] 251); sie begegnet in der zeitgenössischen Philosophie (s. unten Anm. 1117 mit einem Beispiel aus Zenon) ebenso wie mit besonderem Nachdruck in der wissenschaftlichen Literatur (vgl. etwa Hipparch. comm. in Arat. 1, 1, 5f.; 1, 1, 9; 2, 3, 24/28).

also der Ethik⁷³³. Der mosaische Nomos stellt den Menschen durch εὐσέβεια auf Gott hin⁷³⁴, durch δικαιοσύνη auf andere Menschen hin⁷³⁵ und durch ἐγκράτεια⁷³⁶ auf sich selbst hin ein⁷³⁷, ohne daß diese Zuordnung der wahrhaftigen Tugenden einer strikten Abgrenzung untereinander und den drei Bezugsgrößen gegenüber gleichkäme: Zwar reiht Aristobulos die verschiedenen Glieder der Aufzählung parataktisch und polysyndetisch auf, doch wird durch die feine Vorsperrung des ersten Glieds, nach welchem das Prädikat τέτακται eingeschoben ist, die εὐσέβεια⁷³⁸ in einer Antiklimax als erstes und wichtigstes

---

733 Daß Aristobulos diesen Satz unmittelbar an den Begriff αἵρεσις anschließt, dürfte nicht zufällig sein, verwies dieser doch in der zeitgenössischen Terminologie regelmäßig auf einen Zusammenhang mit dem ethischen Bereich der Philosophie (vgl. Mejer [1978] 77). Vgl. die in der Antike vielzitierte Stelle Platon nom. 730f. (dazu Siegert [1992] 180) sowie oben Anm. 357 die Übereinstimmungen mit dem, was Diodor über Zaleukos und Charondas mitteilt.
734 Vgl. schon Valckenaer (1806) 87f.; Walter (1964) 65 und Feldman (1993) 230. Die Stoiker definierten εὐσέβεια als ἐπιστήμη θεῶν θεραπείας (vgl. SVF 2, 1017 mit der Verbindung zu δικαιοσύνη und σοφία; 3, 608 ~ Diog. Laert. 7, 119 und SVF 3, 264). Vgl. Meecham (1935) 54; Schmitt (1974) 160 und Vogel (2008) 118: "Das griech. εὐσέβεια meint 'Frömmigkeit' nicht nur als innerliches Gefühl, sondern ist ein *nomen actionis* für sichtbar bewiesene 'Verehrung' (σέβειν) der Gottheit(en)".
735 Vgl. Rösel (1994) 164f. 230/34 zum Sprachgebrauch der Genesisseptuaginta.
736 Nachdem schon Sokrates bei Xenophon als πάντων ἀνθρώπων ἐγκρατέστατος bezeichnet worden war (mem. 1, 2, 1; vgl. auch 1, 5, 4 sowie unten Anm. 743), galt Zenons Verwirklichung der Sekundärtugend ἐγκράτεια als sprichwörtlich (vgl. Diog. Laert. 7, 22/24); vgl. anders Aristot. eth. Nik. 1128b34. 1145/52 (zur Unterscheidung von σωφροσύνη und ἐγκράτεια) u.ö.
737 Zu solchem Bezug äußert sich schon Sokrates in Plat. Gorg. 507a/c.
738 Aus der Septuaginta ergibt sich, während die "Gottesfurcht" (φόβος θεοῦ/φοβεῖσθαι θεόν) auch griechisch im Vordergrund steht, für diesen "hellenistischen Kernbegriff für 'Frömmigkeit'" (Siegert [2001] 233) ein geteilter Befund (vgl. schon Meecham [1935] 54 und Pelletier [1962] 102⁴: "Εὐσέβεια ne figure pas dans le Pentateuque des LXX"). In den Übersetzungen des Pentateuchs scheinen solche Begriffe vermieden, die in der Repräsentation des ptolemäischen Herrscherhauses allenthalben Verwendung fanden. Diese Tendenz betraf gerade die weithin gerühmten Herrschertugenden wie εὐεργεσία, φιλανθρωπία, πρόνοια, σωφροσύνη oder εὐσέβεια. Der Befund ist aufschlußreich, finden sich diese Tugenden doch nicht nur in literarischen Zeugnissen gerühmt, sondern auch in offiziellen, vom Hof selbst verbreiteten Dokumenten. So stellte die (polytheistische) εὐσέβεια in der Selbstdarstellung des Herrscherhauses eine vorrangige Tugend der ptolemäischen Könige dar: In den inschriftlich erhaltenen Königstitulaturen begegnet die Wendung τὰ πρὸς τοὺς θεοὺς εὐσεβής regelmäßig gleich im Eingang der ausgedehnten Namenskataloge (mit Textbeispielen Koenen [1983] 155³⁶). Erst in den biblischen Büchern jüngeren Datums, die zudem nicht selten aus der ägyptischen Diaspora stammen, insbesondere in der Weisheitsliteratur (s. die folgende Anm.), schwächt sich diese terminologische Zurückhaltung ab; die Begriffe werden nicht nur häufiger benutzt, sondern auch direkt auf Gott bezogen. Vielleicht ist darin eine Reserve der Verfasser/Übersetzer gegen den sich seit der zweiten Hälfte des dritten Jahrhunderts systematisierenden Herrscherkult der

ἀγαθόν hervorgehoben, während am Ende der Aufzählung die nicht mehr genauer spezifizierten τὰ λοιπὰ ἀγαθά zu stehen kommen[739]. Daß Aristobulos hier

---

ptolemäischen Könige zu erkennen: "Es geht darum zu behaupten, dass dem Gott Israels der absolute Vorrang zukommt und dass seine Überlegenheit über jeglicher anderer 'Gottheit', die sich politischer Verehrung erfreut, unbestritten ist. Gleichzeitig bekräftigt man damit, dass nur er sich legitim mit den genannten Titeln schmücken darf. Somit schlägt man einen Weg ein, der nicht darin besteht, das politische Vokabular durch Vermeidung zu stigmatisieren" (Passoni Dell'Aqua [2008] 245).

739 Vgl. schon Valckenaer (1806) 88 und die treffenden Bemerkungen bei Weber (2000) 105. Diese Ordnung der Tugenden, die von den insbesondere durch Platon geprägten "Kardinaltugenden" δικαιοσύνη, σοφία, σωφροσύνη und ἀνδρεία signifikant abweicht (vgl. noch Sap. 8, 7 und dazu Classen [2010] 108), ist also schon gut zwei Jahrhunderte vor Philon (vgl. Hadas [1951] 153 mit Stellen und Literatur sowie grundlegend Cohen [1995] 86/105 und Classen [2010] 110/16) und Flavius Josephus (vgl. Feldman [1993] 243/85; Gerber [1997] 273/75. 285/99; Hansen [2007] 530; Vogel [2008] 117 zu c. Apion. 2, 170f.; Stegemann [2010] 227 sowie Pollmann [2012] 43f.) im jüdischen Hellenismus greifbar. Zumal die biblische Weisheitsliteratur, deren Übersetzung ins Griechische ja chronologisch mit Aristobulos in dieselbe Zeit fällt, böte für einen Vergleich reiches Material (vgl. dazu jetzt Schwáb [2013] passim). Vorrang räumt der εὐσέβεια wie Aristobulos auch der *Aristeasbrief* ein (vgl. Pelletier [1962] 102[4]): Gleich in Kapitel 2 wird sie als τὸ πάντων κυριώτατον und als ἁπλανὴς κανών eingeführt. Daß Frömmigkeit und Heiligkeit das Fundament auch ethischen Handelns, also der übrigen Tugenden, liegt, erhellt beispielsweise aus Kapitel 18 und aus Kapitel 215 (vgl. weiterhin Kapitel 37. 42. 131. 255), bevor in Kapitel 229 festgestellt wird (ed. Pelletier, S. 204): εὐσέβεια ... καλλονή τίς ἐστι πρωτεύουσα. τὸ δὲ δυνατὸν αὐτῆς ἐστιν ἀγάπη· αὕτη γὰρ θεοῦ δόσις ἐστίν· ἣν καὶ σὺ κέκτησαι πάντα περιέχων ἐν αὐτῇ τὰ ἀγαθά (zum "sittlichen Sinn des Gesetzes" im *Aristeasbrief* vgl. allgemein auch Weber [2000] 134f.). Zu εὐσέβεια und δικαιοσύνη vgl. auch 131f. die Worte des jüdischen Hohepriesters Eleazar (ed. Pelletier, S. 168): διαστειλάμενος οὖν τὰ τῆς εὐσεβείας καὶ δικαιοσύνης πρῶτον [!] ὁ νομοθέτης ἡμῶν, καὶ διδάξας ἕκαστα περὶ τούτων, οὐκ ἀπαγορευτικῶς μόνον ἀλλ' ἐνδεικτικῶς, καὶ τὰς βλάβας προδηλώσας καὶ τὰς ὑπὸ τοῦ θεοῦ γινομένας ἐπιπομπὰς τοῖς αἰτίοις· προϋπέδειξε γὰρ [!] πάντων πρῶτον [!], ὅτι μόνος ὁ θεός ἐστι, καὶ διὰ πάντων ἡ δύναμις αὐτοῦ φανερὰ γίνεται, πεπληρωμένου παντὸς τόπου τῆς δυναστείας, καὶ οὐθὲν αὐτὸν λανθάνει τῶν ἐπὶ γῆς γινομένων ὑπ' ἀνθρώπων κρυφίως, ἀλλ' ὅσα ποιεῖ τις αὐτῷ φανερὰ καθέστηκε, καὶ τὰ μέλλοντα γίνεσθαι· ταῦτ' οὖν [!] ἐξεργαζόμενος ἀκριβῶς καὶ πρόδηλα θεὶς ἔδειξεν ὅτι, κἂν ἐννοηθῇ τις κακίαν ἐπιτελεῖν, οὐκ ἂν λάθοι, μὴ ὅτι καὶ πράξας, διὰ πάσης τῆς νομοθεσίας τὸ τοῦ θεοῦ δυνατὸν ἐνδεικνύμενος sowie 168f., wo Aristeas selbst zusammenfaßt, der Nomos lehre, weder in Tat noch Wort irgendjemandem Böses zu tun. Die ganze Schrift, auch ihre Speise- und Reinheitsvorschriften, sei auf die Gerechtigkeit gerichtet, die man das Leben hindurch allen Menschen erweisen müsse – μεμνημένοι τοῦ δυναστεύοντος θεοῦ. Die Gerechtigkeit (vgl. zu δικαιοσύνη in der Septuaginta Siegert [2001] 266/68 mit Literatur) steht freilich der εὐσέβεια, oft mit ihr gemeinsam genannt, kaum nach (vgl. etwa Kapitel 24. 43. 125. 189. 193f. 212. 232f. 259. 267. 272. 279. 280f. 291f.; dazu Meecham [1935] 66; Meisner [1970] 183; More [2009] 306f. und De Brasi [2012] 65f.); sie ist daher zu ehren, weil Gott selbst φιλοδίκαιος ist (209)! "Als Prinzipien der mosaischen Gesetzgebung werden Frömmigkeit und Gerechtigkeit genannt" (Meisner [1970] 189). Es ist kein Zufall, daß der *Aristeasbrief* beide als

direkt Hekataios Abderites, der übrigens die σοφία ebenfalls ausspart (Diod. 1, 92, 5)[740], korrigiert[741], ist oben S. 172 schon festgestellt worden[742]. Freilich hatte schon früher Xenophon den Sokrates gerade für diese Tugenden als vollkommenen Philosophen gepriesen[743].

Tugenden des guten Königs herausstellt (zu ἐγκράτεια vgl. noch 277f.); vgl. auch Prov. 20, 28f. (dazu Aitken [2007] passim) und Sap. 6, 1/21; 8, 10/16 sowie Sirach 6, 27 [Ziel der ἐγκράτεια]; 10, 1/11; 44, 1/15; 49, 4f. (mit Wischmeyer [1995a] 195/98. 218f. und Wright [2007a] passim).
740 Was übrigens widerrät, in der Priorisierung der Religion vor der Ethik ein typisch jüdischbiblisches, schon auf die beiden Tafeln des Dekalogs zurückführbares Charakteristikum zu sehen (vgl. Kaiser [2008] 98f. 267) – sofern eine solche Differenzierung nicht überhaupt anachronistisch wäre.
741 Und doch verweist Aristobulos den Leser in seinem eigenen Zusammenhang dadurch auf die σοφία, daß sie neben εὐσέβεια, δικαιοσύνη und ἐγκράτεια hier nicht genannt wird (pace Weber [2000] 105f.): περὶ θεοῦ διαλήψεις ὁσίας ἔχειν halten alle φιλό-σοφοι (nicht σοφοί!) für nötig – ob mit ihnen schon vollkommene σοφία erreicht ist? Mit Moses wird die Weisheit ja verbunden. Auch in der folgenden jüdischen Literatur erscheint die φρόνησις nicht selten durch eine andere Arete, gern εὐσέβεια, ersetzt (vgl. Classen [2010] 109. 114/16 mit Belegen etwa aus 4 Makk. und Philon).
742 Zu ἀγαθά an der Stelle von ἀρεταί vgl. Kaiser (2003b) 52. 71 mit Belegen aus Platons Nomoi sowie Classen (2010) 67/86 (zu Platon) u.ö. Es sei hier nur daran erinnert, daß in Platons früheren Dialogen, etwa im Gorgias oder im Protagoras, die ὁσιότης noch als fünfte Haupttugend fungiert (vgl. Lach. 199d/e und Classen [2010] 74); der Euthyphron ringt mit der Frage, ob sie ein Teil der Gerechtigkeit sei. Freilich wirft etwa schon der Protagoras die Frage auf, ob die Mehrzahl der Haupttugenden nicht in der Einheit der ἀρετή aufgehe (vgl. in der jüdischen Literatur 4 Makk. 1, 1/6. 16/19 u.ö. sowie Classen [2010] 68/72. 107/10). Noch in den Nomoi (vgl. die Schlußkapitel [963/67; vgl. schon 626/32]) wird diskutiert, ob die verschiedenen Tugenden, deren Verwirklichung die Gesetzgebung anstrebe, unter dem Nous zu hierarchisieren seien. Es ist aufschlußreich, daß die Frömmigkeit, welche die Nomoi eher als Grundstimmung durchwaltet (vgl. Laks [2000] 291), in der Epinomis dann ganz nach vorn dringt (989b [ed. Tulli, S. 257]): μεῖζον μὲν γὰρ ἀρετῆς μηδεὶς ἡμᾶς ποτε πείσῃ τῆς εὐσεβείας εἶναι τῷ θνητῷ γένει· τοῦτο δ' ὅτι δι' ἀμαθίαν τὴν μεγίστην ἐν ταῖς ἀρίσταις φύσεσιν οὐ γέγονεν, λεκτέον ... Vgl. auch Aristot. eth. Nik. 1029f. und die Definitionen in virt. 1249f, wo etwa die εὐσέβεια als Teil oder Folge der Gerechtigkeit definiert wird, sowie den Stoiker Chrysipp, der dafürhielt, daß der, der eine, alle Tugenden habe (vgl. SVF 3, 295), und den vieldiskutierten, stoische Quellen verarbeitenden "Arius Didymus", bei welchem die Einheit der Aretai ein zentrales Thema darstellt. Ein Vergleich mit den Veränderungen, die das Quartett der Kardinaltugenden auch in anderen Philosophenschulen des Hellenismus erfuhr, wäre fruchtbar. Vgl. zur Rhetorik unten Anm. 745, zur Historiographie auch Dion. Hal. Pomp. 6, 6 über Theopomps Behandlung der δικαιοσύνη, der εὐσέβεια und der anderen ἀρεταί. In den positiven Schilderungen barbarischer Völker, welche in der hellenistischen Literatur wiederholt begegnen (vgl. mit Textbeispielen Lovejoy – Boas [1935] 324/27. 359f. und Bultmann [2002] 251 zu Diod. 3, 1/11 über Äthiopien), wird die εὐσέβεια gern hervorgehoben, besonders als herausragender Vorzug archaischer Zeiten.
743 Daß in diesem Porträt auch bei Xenophon die Sophia in den Hintergrund tritt, sei hier nur angemerkt (vgl. dazu Dorion [2008] passim). Berühmt etwa die letzten Zeilen der Memorabilia

Insgesamt vermitteln die wenigen erhaltenen Fragmente den Eindruck, Aristobulos verorte im mosaischen Nomos über das im engeren Sinn Gesetzliche und das Historische hinaus[744] all das, was für die Griechen verschiedene Teilbereiche der Philosophie, wie die Physik – zu der ja auch die Lehre von den Göttern zählte – und die Ethik[745], beschäftigte. Schon Aristoteles hatte gefordert (F 13 Ross, wohl aus dem *Protreptikos* ~ B 46f. Düring), nicht nur müßten die guten Gesetzgeber die Natur genau kennen und bedürften daher der Philosophie in ihrem Wirken für die Arete und in ihrer Lehre über Glück und Unglück der Polis, sondern auch der Politiker müsse gewisse Begriffe von der Natur selbst her und der Wahrheit haben (τινὰς ὅρους ... ἀπὸ τῆς φύσεως αὐτῆς καὶ τῆς ἀληθείας), um zu beurteilen, was gerecht, schön und zuträglich sei, und: ... καὶ νόμος [ὅρος coni. Düring, Chroust] κάλλιστος ὁ μάλιστα κατὰ φύσιν κείμενος. τοῦτο δ' οὐχ οἷόν τε μὴ φιλοσοφήσαντα δύνασθαι ποιεῖν μηδὲ γνωρίσαντα τὴν ἀλήθειαν[746]! Im Ausgang der *Nikomachischen Ethik* (1179b/1181b) dagegen definiert der Stagirit die Fähigkeit, Gesetze zu geben, als ersten Weg, einzelnen Menschen oder ganzen Gemeinwesen zur ἀρετή zu verhelfen. Auch der Stoiker Chrysipp soll festgestellt haben (SVF 3, 611): καὶ τὸ νομοθετεῖν δὲ καὶ τὸ παιδεύειν ἀνθρώπους, ἔτι δὲ συγγράφειν τὰ δυνάμενα ὠφελεῖν τοὺς ἐντυγχάνοντας τοῖς

(4, 8, 11 [ed. Bandini, S. 54f.): Alle Menschen, die nach ἀρετή, strebten, sehnten sich nach Sokrates, der εὐσεβὴς μὲν οὕτως ὥστε μηδὲν ἄνευ τῆς τῶν θεῶν γνώμης ποιεῖν, δίκαιος δέ ὥστε βλάπτειν μὲν μηδὲ μικρὸν μηδένα, ὠφελεῖν δὲ τὰ μέγιστα τοὺς χρωμένους αὐτῷ, ἐγκρατής δὲ ὥστε μηδέποτε προαιρεῖσθαι τὸ ἥδιον ἀντὶ τοῦ βελτίονος, φρόνιμος δέ, ὥστε μὴ διαμαρτάνειν κρίνων τὰ βελτίω καὶ τὰ χείρω ...! Diese Tugenden des Philosophen, unter denen auch die φρόνησις rangiert, hebt Xenophon in den *Memorabilia* wiederholt einzeln hervor (vgl. die Angaben bei Bandini – Dorion [2011] 224/30 u.ö.). Vgl. auch schon Plat. nom. 626/32 mit der Behandlung der unterschiedlichen Tugenden und polit. 309a, wo als nomoswidrige Untugenden ἀθεότης, ὕβρις, ἀδικία genannt werden, sowie oben S. 93f. zu Theophrast. Philons Aufzählung der Aretai, welche in den Synagogen die Juden aus ihrem väterlichen Nomos gewönnen, ist ausladender (Moys. 2, 39, 216; vgl. aber im Vergleich mit Aristobulos auch spec. 4, 133/35).
744 Es sei daran erinnert, daß auch Platon in seine *Nomoi* Historisches integriert, etwa Rückblicke auf die Perserkriege und das Perserreich; zu dem Bildungsprogramm, das der Paideia der Gesetzeslehrer dienen soll, zählt er an der oben S. 113 schon behandelten Stelle 809a/b im übrigen ausdrücklich die historische Schriften (vgl. dazu Farrar [2013] 56).
745 Gerade an der Aufzählung der ἀγαθά wird deutlich, daß als Bezugspunkt im Griechischen die Philosophie dient, nicht der öffentlich-politische Diskurs, in welchem, etwa in Athen, als (Kardinal)Tugenden neben den genannten noch andere – und in anderer Rangfolge – prominent sind (vgl. dazu Whitehead [1993] passim). Vgl. auch Doering (1999) 314f. zur Verbindung von Epistemologie, Kosmologie und Ethik im F 5 Holladay.
746 Vgl. zum platonischen Hintergrund etwa die große Schlußpassage des *Phaidros* (ab 270a; vgl. aber auch schon 261f.) über die Ausrichtung jeder wahrhaftigen Rede an der Physis, insbesondere an der Natur der Seele.

γράμμασιν οἰκεῖον εἶναι τοῖς σπουδαίοις ... Die Konzentration auf die eindringliche Deutung der sprachlichen Form, die ja für Aristobulos nach F 4 Holladay ontologische Bedeutung hat, verweist zudem auf die griechische Sprachphilosophie, welche ebenfalls schon die ältesten Texte der griechischen Literatur, allen voran Homer, als Maßstab nicht bloß wahrer Rede, sondern auch wahrer Sprache zu interpretieren geneigt war. Das Bestreben, das Fundament der jüdischen αἵρεσις als umfassendes Ganzes[747] mit der griechischen Philosophie zugleich zu verbinden und in ein Prioritätsverhältnis zu bringen – nicht nur chronologisch im Sinne des Altersbeweises, sondern auch überzeitlich im Sinne der Wahrheitsfrage –, tritt hierin nocheinmal zu Tage. Moses selbst hatte im *Deuteronomium* verkündet (4, 5/8 [ed. Rahlfs, vol. 1, S. 291f.])[748]:

ἴδετε δέδειχα ὑμῖν δικαιώματα καὶ κρίσεις, καθὰ ἐνετείλατό μοι κύριος, ποιῆσαι οὕτως ἐν τῇ γῇ, εἰς ἣν ὑμεῖς εἰσπορεύεσθε ἐκεῖ κληρονομεῖν αὐτήν· καὶ φυλάξεσθε καὶ ποιήσετε, ὅτι αὕτη ἡ σοφία ὑμῶν καὶ ἡ σύνεσις ἐναντίον πάντων τῶν ἐθνῶν, ὅσοι ἐὰν ἀκούσωσιν πάντα τὰ δικαιώματα ταῦτα καὶ ἐροῦσιν "ἰδοὺ λαὸς σοφὸς καὶ ἐπιστήμων τὸ ἔθνος τὸ μέγα τοῦτο". ὅτι ποῖον ἔθνος μέγα, ᾧ ἐστιν αὐτῷ θεὸς ἐγγίζων αὐτοῖς ὡς κύριος ὁ θεὸς ἡμῶν ἐν πᾶσιν, οἷς ἐὰν αὐτὸν ἐπικαλεσώμεθα; καὶ ποῖον ἔθνος μέγα, ᾧ ἐστιν αὐτῷ δικαιώματα καὶ κρίματα δίκαια κατὰ πάντα τὸν νόμον τοῦτον, ὃν ἐγὼ δίδωμι ἐνώπιον ὑμῶν σήμερον;

Seht, ich habe euch Rechtssatzungen und Urteile gezeigt, wie mir der Herr geboten hat, sie so auszuführen in dem Land, in welches ihr hineingeht, um es dort zu erben. Ihr sollt sie bewahren und ausführen, weil diese eure Weisheit ist und eure Einsicht vor allen Völkern, welche dann, wenn sie einmal alle diese Rechtssatzungen hören, auch sagen werden: "Siehe, eine weise und verständige Schar ist dieses große Volk". Denn welches große Volk gibt es, das für sich selbst einen Gott hat, der sich ihnen nähert, wie der Herr, unser Gott, in allen Dingen, in welchen auch immer wir ihn zu Hilfe rufen? Und welches große Volk gibt es, das für sich selbst Rechtssatzungen und Urteile hat, gerechte gemäß diesem ganzen Gesetz, das ich heute vor euch gebe?

---

[747] Der Gedanke, daß die verschiedenen Teilbereiche der Philosophie insbesondere im Unterricht nicht voneinander zu isolieren, sondern ineinander zu integrieren seien, begegnet etwa in der Stoa (vgl. zu Chrysipp SVF 2, 53). Vgl. Dörrie (1987) 27 zum Anspruch des antiken Platonismus, in sich "die gesamte Naturwissenschaft, die Philologie, soweit sie sich auf vom *lógos* inspirierte Texte richtet, die Wissenschaft von den Göttern, ihrer Verehrung und ihrer Kulte, das Wissen von den Mysterien und der in ihnen sich vollziehenden Offenbarung" aufzunehmen.

[748] Zur Aktualität des Gedankens in der zeitgenössischen Weisheitsliteratur vgl. insbesondere Sirach 24 und 44/50 (dazu Marböck [1999] 72f. 94f. und Hayes [2015] 95/98); vgl. auch Matusova (2015) 34/36 zum *Aristeasbrief*.

6.2 Nomos und Gesetz

Es wäre falsch, unterstellte man Aristobulos, daß er die mosaische Nomothesia jeglichen Gesetzesrangs entkleidet und in eine theologisch-philosophische Schrift sublimiert habe. Unmißverständlich hält er fest: Ein wesentlicher Teil des Pentateuchs besteht aus der τῆς ὅλης νομοθεσίας ἐπεξήγησις (i.e. das *Deuteronomium*), und: Die mosaische Nomothesia hat solch verpflichtende Kraft, daß alle Juden in Raum und Zeit sich durch sie als πολῖται einer untereinander verbundenen Gemeinschaft ansehen[749]. Zudem offenbaren die Wendungen ἡ καθ' ἡμᾶς νομοθεσία und ὁ νόμος ὁ παρ' ἡμῖν/καθ' ἡμᾶς, mit denen Aristobulos wiederholt die Bücher Mose benennt (F 2, 16; 3, 19f.; 4, 97f. Holladay), daß er sie als den eigenen Nomos neben anderen zu untersuchen bereit ist, ihn also im Vergleich mit fremden Rechtsordnungen eröffnet[750]. Folgerichtig geht diese Nomo-thesie auf einen einmaligen schriftlichen Setzungsakt des Gesetzgebers Moses zurück[751]: Die Katabasis Gottes am Sinai sei erfolgt (F 2, 81f. Holladay) καθ' ὃν ἐνομοθέτει [sc. Moses] καιρόν. Ob Aristobulos in anderen Abschnitten seines Werks nicht einzelne Gesetzesvorschriften vor seinem jüdisch-griechischen Publikum interpretierte, entzieht sich heutiger Kenntnis.

---

749 Vgl. dazu noch *Aristeasbrief* 15 (ed. Pelletier, S. 108): τῆς γὰρ νομοθεσίας κειμένης πᾶσι τοῖς ᾽Ιουδαίοις sowie vor allem 38 (s. unten S. 307).
750 Vgl. auch F 2, 43 Holladay sowie νομοθέτης ἡμῶν auf Moses (F 2, 24 Holladay). Die Haltung, die Gesetze in ihrer Gesamtheit als Nomothesia anzusehen, entspricht dabei durchaus griechischer Auffassung (vgl. Hansen [1971-1980] passim zur athenischen Nomothesia des vierten Jahrhunderts), nach welcher, wohl in gewissem Gegensatz zur tatsächlichen historischen Entwicklung, die einzelnen Nomoi gerade der frühen Nomotheten als eingebettet galten in eine umfassende, systematische Rechtsordnung. Bei Herakleides Lembos findet sich, wohl aus Aristoteles (F 611, 9 Rose³) exzerpiert, die ausdrückliche Bemerkung (pol. 9 [ed. Dilts, S. 17]): τὴν Λακεδαιμονίων πολιτείαν τινὲς Λυκούργῳ προσάπτουσι πᾶσαν (vgl. zu Lykurg auch Xen. Laked. pol. sowie zu Solon z.B. Demosth. 22, 25/32). Vgl. Hölkeskamp (1992) passim und (1999) passim; Raaflaub (2000) 41/45; Piepenbrink (2001) 163; Gagarin (2005b) 92: "... the stories about one original lawgiver, even if distorted or false, reinforced the sense that a community's laws were a unified body of authoritative rules" und (2008) 43/45. 74/76; Perlman (2005) 284f. (zu Kreta); Thomas (2005) 43; Thür (2005) passim; Gehrke (2006) 280; Harris (2006) 290 sowie Dreher (2012) 66 zur Frage, ob bei den Gesetzen der frühgriechischen Nomotheten von komplexen Rechtsordnungen oder Kodifikationen zu sprechen ein Anachronismus sei (den schon Aristoteles vermeidet, vgl. unten Anm. 861), sowie Gagarin (2008) 71f. und (2011) 105 mit der Beobachtung, "the vast majority of archaic laws do not include any mention of authorization".
751 Anders als in der griechischen Tradition kann νόμος also bei Aristobulos, als Bezeichnung der Bücher Mose, weder "ungeschriebenes (Natur)Gesetz" noch nur "Brauch" bedeuten – ebenso wie bei Hekataios Abderites, der die mosaischen Nomoi von den ἔθη unterscheidet (s. unten S. 227); vgl. mit ähnlicher Differenzierung die wichtige Stelle Aristot. eth. Nik. 1180f.

Gleichwohl rückt zumindest in den erhaltenen Texten der Gesetzescharakter der biblischen Offenbarung durchaus in den Hintergrund – nicht auf diesen kommt es hier dem Exegeten in seiner Auslegung vor dem Ptolemäerkönig an, sondern auf den theologischen Gehalt und Anspruch des Nomos. Mit dieser Gewichtung, die freilich den normativen Rang der biblischen Offenbarung nicht ausklammert[752], steht Aristobulos im Einklang mit den biblischen Weisheitsschriften und der frühen jüdisch-hellenistischen Literatur[753]. Der *Aristeasbrief* etwa bezeichnet die Bücher Mose gleich zu Beginn als θεῖος νόμος (3) und als σεμνὴ νομοθεσία (5), um dann im folgenden bis zum Ende der Schrift ihren Rang eines göttlichen Gesetzgebungswerks immer wieder in den Mittelpunkt zu rücken und Moses als νομοθέτης darzustellen[754]. Als jüdische Lebensregel formuliert der Hohepriester Eleazar einmal (127 [ed. Pelletier, S. 166]): τὸ γὰρ καλῶς ζῆν ἐν τῷ τὰ νόμιμα συντηρεῖν εἶναι[755]. Besonders markant wirkt diese Betonung des Gesetzlichen in den Kapiteln 131/33, wo es vom Nomotheten heißt, er habe in seinen Geboten und Verboten τὰ τῆς εὐσεβείας καὶ δικαιοσύνης aufs genaueste gelehrt und den Schuldigen zugleich ihren Schaden und die Heimsuchungen Gottes vor Augen geführt, sowie im Kapitel 139, in welchem Moses für seine strikte Abtrennung der den einen Gott verehrenden Juden von anderen Völkern gepriesen wird[756]. Und doch wird der Nomos im Verlauf der Schrift von den in Alexandria versammelten gelehrten Juden nicht nur in seinen fremd wirkenden, distinguierenden Normen wie den Speise- und Reinheitsgeboten zeichenhaft[757] (128/71) gedeutet, sondern immer wieder als allgemeine, von göttlicher Weisheit gestiftete und für alle Menschen universal gültige Ordnung proklamiert[758].

---

752 *Pace* Schenker (2007) 336. Vgl. Siegert (2005b) 223: "Explaining legal texts must have been a dangerous occupation because it added the element of reason to otherwise absolute and apodictic precepts".
753 Vgl. schon Smend – Luz (1981) 53 und Woschitz (2005) 54/56.
754 Vgl. zu νομοθεσία: 15. 31 (φιλοσοφωτέραν ... καὶ ἀκέραιον ... ὡς ἂν οὖσαν θείαν). 128f. 133. 313 (διὰ τὸ σεμνὴν εἶναι τὴν νομοθεσίαν καὶ διὰ θεοῦ γεγονέναι); zu νόμος: 30. 38f. 45 (ἅγιος). 46. 122. 279. 309. 314f. (~ τὰ θεῖα); zu νομοθέτης: 131. 139. 148. 312 und dazu Meecham (1935) 57; Pasinya (2005) 188/90 sowie Wright (2015) 107f. u.ö. Wird hingegen von einzelnen Gesetzen der Tora gehandelt, begegnet neben ἐντολή (z.B. 228) eher der Plural νόμιμα (z.B. 10. 127).
755 Vgl. Sirach prol. 14. 35f.; 1, 26; 15, 1; 15, 11/20; 19, 18/20; 21, 11; 29, 1; 33, 2f.; 35, 14/17. 23f.; 44, 20 (über Abraham) und 51, 19.
756 Vgl. etwa Sap. 3, 13/4, 6 und 5, 15f.
757 Vgl. Graetz (1888) 386; Hadas (1951) 15f. 62f.; Leipoldt – Morenz (1953) 136f.; Tcherikover (1958) 71/73; Feldman (1993) 315; Harl (1994c) 272; Lichtenberger (1996) 18f.; Weber (2000) 131 und Berthelot (2003) 194/200 (mit Literatur).
758 Vgl. dazu Meiser (2008) 324 und Irrgang (2012c) 245f. sowie zum Buch *Sirach* Marböck (1999) 86/92; Wischmeyer (1995a) 75/82; Ueberschaer (2007) 219/26 und Moore (2015) 221/30.

Warum insistierten die Juden in der Diaspora auf einer solch differenzierten Auffassung der Tora? Der Gesetzesrang der eigenen heiligen Schrift war doch geeignet, die Anerkennung in einem griechisch-ägyptischen Umfeld eher zu behindern angesichts der Vorbehalte, welche gesetzestreue Lebensführung, eine gewisse Absonderung und Distanz gegenüber Sitten und Gebräuchen der umgebenden Mehrheit und eine daraus sich ergebene fortdauernde Fremdheit begründeten[759]. Das Problem wird schon mit der Übertragung der Bibel ins Griechische virulent: Der neueren Forschung weckte die Wiedergabe des biblischen Terminus "Tora" durch das griechische νόμος nicht von ungefähr einiges Unbehagen. Engt diese *interpretatio* die Weite des hebräischen Begriffs nicht so sehr ein, daß auch die Bedeutung der göttlichen Offenbarung allein auf den Aspekt des Gesetzes beschränkt wird? Konnte ein Grieche, der des Hebräischen nicht mächtig war und weder von der Bibel noch von jüdischer Geschichte und Kultur eine Ahnung hatte, νόμος überhaupt anders als griechisch verstehen, also im Sinne von "Brauch, Gesetz"[760], ohne die im Hebräischen entscheidende Konnotation "Willensoffenbarung/(Unter)Weisung Gottes" wahrzunehmen? "Tôrah est le terme qui, en Israël, désigne l'ensemble des relations qui commandent les rapports des hommes avec Dieu et des hommes entre eux. *Tôrah* est au fond le terme qui, dans ses multiples résonances, résume l'Alliance et synthétise toute la religion d'Israël"[761]. Die Angemessenheit der Wiedergabe steht nicht zuletzt auch deshalb zur Diskussion, weil die Gesetzesterminologie um das Wort νόμος und stammverwandte Begriffe nicht allein das hebräische Wort "Tora" repräsentiert, sondern auch weitere Wörter der ausgangssprachlichen Vorlage, die ins Griechische durchaus anders hätten übertragen werden können: "Die LXX leistet damit einem veränderten Gesamtverständnis der Bibel Vorschub, das man als *nomos*-Soteriologie bezeichnen kann ... Es wird also deutlich, wie das Thema des *nomos* in schriftgelehrter Weise buchübergreifend pointiert wird"[762]. Das starke Gewicht des griechischen Nomosbegriffs erwächst also, über die Erfordernis, für ein bestimmtes Wort der Vorlage eine Entsprechung zu finden,

---

[759] Vgl. Schwemer (1996) 71; Gehrke (2004) 56 und Vesting (2011) 180f.
[760] Vgl. Westerholm (1991) 46/49 und Schwemer (1996) 70. Diese Semantik des Begriffs, die in den zeitgenössischen Papyri vorherrscht (vgl. Pasinya [2005] 50f.), setzt bekanntlich auch Aristoteles für seine rechtsphilosophischen Überlegungen voraus; vgl. dazu Weber (2000) 428 (mit Literatur).
[761] Pasinya (2005) 201; vgl. auch Koch (1984) 43; Maier (1990) 213; Kaiser (2002) 455; McKenzie (2002) 40f. und Edelman (2007) 39. 42.
[762] Rösel (2008) 101f. Vgl. zum Thema auch z.B. Flashar (1912) 88f. (zum Psalter); Reventlow (1990) 29; Crüsemann (1992) 383/85; Gzella (2002) 43[94]; Pasinya (2005) 139. 202f. und Rajak (2009) 165.

hinaus, offenbar aus einem konzeptionellen Bestreben der Übersetzer: "Im Sinne einer generellen Textsortenbestimmung behält die Charakterisierung des Pentateuch als Erzähl- bzw. als Geschichtswerk zweifellos ihren Sinn. Dem steht freilich seine innerkanonische Rezeption als 'Torabuch Moses' etc. gegenüber, die in der griechischen Überlieferung sogar zur Bezeichnung als νόμος enggeführt [!] wurde"[763].

Zahlreiche Untersuchungen haben in jüngster Zeit an verschiedenen Büchern der Septuaginta, nicht nur am Pentateuch, sondern etwa auch an den Psalmen, die alte Beobachtung bekräftigt[764], daß die Übersetzer dazu tendierten, die hebräische Vorlage mit dem singularischen νόμος auch an solchen Stellen wiederzugeben, die nicht auf die enge Bedeutung des "Gesetzes" beschränkt waren. Gedeutet wird diese begriffliche Gewichtung nun allerdings eher als Anpassung an die "Verstehensvoraussetzungen" der griechischen Umwelt. In der LXX sei wesentlich häufiger vom Gesetz/*nomos* die Rede als von Tora im hebräischen Text: "Vom *nomos* wird ausschließlich im Singular gesprochen; es ist das eine Gesetz Gottes, das am Sinai offenbart wurde und aus einer Reihe von Einzelgesetzen und Abschnitten besteht ... Das von Gott gegebene Gesetz ist umfassende, heilvolle Wegweisung ... Dieses weite Verständnis von *nomos* wird in den Psalmen noch stärker als im Pentateuch entwickelt"[765].

Die beiden hier nur verkürzt skizzierten Forschungspositionen scheinen Richtiges festzustellen – und doch jeweils die eigene Anschauung allzusehr zu verabsolutieren. Griechen konnten kein Hebräisch, und das tatsächliche Dilemma liegt doch darin, daß Wortübersetzungen durch den engen Bezug auf die fremdsprachliche Vorlage immer wortgebunden bleiben und sich selbst nicht

---

763 Blum (2005) 83; vgl. Koch (1984) 50; Sanders (1985) 27/53 u.ö.; Westerholm (1991) 45/56 (kritisches Referat älterer Forschungsmeinungen); Lichtenberger (1996) 17; Limbeck (1997) 88; Siegert (2001) 264f.; Austermann (2003) 109/14 (mit Literatur). 125 sowie Niebuhr (2013) 1019 zum Septuagintapsalter, in welchem dem großen Psalm 118 LXX besondere Bedeutung zukommt. 140f. 155 (zu νομοθετέω). 171/206; Crüsemann (2003) 44f. und Passoni Dell'Aqua (2008) 240 zur "Übersetzung des Pentateuch, durch die die Tora zum νόμος gemacht wurde" sowie zum Stand der Debatte Rösel (2007b) passim (mit Literatur). Ob die Septuaginta mit dieser Übersetzung schon auf eine ältere Tradition der griechischsprachigen Juden zurückgriffen (so Austermann [2003] 112/14. 125 u.ö. mit Literatur), kann hier nicht diskutiert werden.
764 Vgl. den Überblick über das Material und die Literatur bei Rösel (2007b) passim (mit Literatur) und Niebuhr (2013) 1018, auch zu Begriffen wie νόμιμον, νομοθεσία, νομοθετέομαι.
765 Rösel (2007b) 139 und 142f.; vgl. Smend – Luz (1981) 40. 47f. und Niebuhr (2013) 1006f. sowie etwas anders Siegert (2001) 265: "Jede Stadt hatte ihre *Gesetze*, auf deren Heiligkeit sie hielt. Nicht wenige Philosophen haben, dies imitierend, ideale *Gesetze* geschrieben ... Auf deren Ebene wollte die jüdische Tradition respektiert werden, in Alexandrien und sonstwo".

unmittelbar erklären können[766]. Die Festlegung der Tora auf den griechischen Nomos angemessen zu verstehen war damit dem philosophisch Gebildeten, der sich den jüdischen Schriften in griechischer Übersetzung umfassend widmete, natürlich nicht unmöglich; daß sie von der Umwelt dann, wenn es um die jüdische Observanz der eigenen Normen ging, auch verengend mißverstanden werden konnte, ist damit aber keineswegs ausgeschlossen[767], zumal da innerjüdisch das Insistieren auf dem Nomos vielleicht das Ziel verfolgte, die Diasporajuden an die normative Bedeutung der Tora zu gemahnen[768]. Selbst wenn man der Septuaginta keine "religiös motivierte eigenwillige Nomisierung" der Tora[769] nachsagen möchte, drückt die Akzentuierung der Bücher Mose als eines νόμος doch zunächst einen Rang, eine Wertschätzung aus, in welcher zunächst das rechtliche, auch politische Moment für Juden und Griechen nach vorn drängt[770]. Klarste Bestätigung findet dies in der ersten außerjüdischen, für lange Zeit maßgeblichen Charakterisierung des mosaischen Gesetzes bei Hekataios von Abdera (264 F 6, 3/5 Jacoby aus Diod. 40, 3 – s. den Text oben S. 154): Dieser hatte in seiner Darstellung der Vertreibung aus Ägypten und der Besiedlung Judaeas Moses, den Anführer der Auswanderer aus Ägypten, als Koloniegründer φρονήσει[771] τε καὶ ἀνδρείᾳ πολὺ διαφέρων vorgestellt, der nicht nur die Einteilung in zwölf Stämme vorgenommen, neben anderen Poleis auch Jerusalem gegründet, den dortigen Tempel errichtet, die heiligen Handlungen, Opfer und Priesterämter der Juden ebenso wie die Ehe- und Bestattungssitten festgesetzt, das Mili-

---

766 Vgl. dazu auch die Bemerkungen bei Aitken (2007) 193f.
767 Vgl. Austermann (2003) 113f.
768 Vgl. Tcherikover (1958) 84 zum *Aristeasbrief* und Siegert (2001) 265.
769 Vgl. Austermann (2003) 179 (mit Literatur).
770 Weitere Forschungen zu diesem Thema könnten auch den ägyptischen Kontext berücksichtigen. Schon im Neuen Reich begegnet für die kosmische Ordnung, in welcher der Pharao agierte, die Bezeichnung "Gesetze der Ma'at", während der Pharao selbst ebenso wie Götter mit Epitheta wie "establisher of laws" oder "lord of laws" (Lloyd [1982] 43) angesprochen werden konnte (zur Verbindung von Ma'at und Recht auch Bonnet [1952] 430f. und Assmann [1994] 66/71. 74 mit dem Hinweis, daß Ma'at-Texte in Überschriften "Lehre" oder "Unterweisung" genannt werden). Dieser terminologische Wortgebrauch findet sich noch im dritten Jahrhundert, also zur Entstehungszeit der griechischen Bibelübersetzung, insbesondere in der sogenannten *Demotischen Chronik*: "The divine will is usually denoted by the term *hp*, 'law'" (Lloyd [1982] 42f.; vgl. auch Spiegelberg [1914] 5; Otto [1954] 117f.; Murray [1970] 156: "The success or failure of each king is explained entirely by whether or not he 'deserted the law'"; Allam [1996] 167; Felber [2002] 103 u.ö. sowie Moyer [2011a] 128f.). Daß Hekataios, wie gesehen, den gesetzlichen Charakter der ägyptischen Religion herauszuarbeiten strebt, ist vor diesem Hintergrund vielleicht nicht zufällig. Stephens (2016) 52/56 Anliegen, schon für Platons *Politeia* und *Nomoi* einen Bezug zur ägyptischen Ma'at herzustellen, bedarf weiterer kritischer Untermauerung.
771 Vgl. zu φρόνησις in diesem Kontext Gager (1972) 29[11].

tärwesen und die militärische Zucht der jungen Männer ausgebildet, durch Eroberungskriege Land hinzugewonnen, sondern ihr ganzes Zusammenleben dieser Art eben durch Gesetze geordnet habe (τὰ κατὰ τὴν πολιτείαν ἐνομοθέτησέ τε καὶ διέταξε)[772]. Die Aufsicht über Religion, Gesetze und Sitten – die νόμοι sind hier von den ἔθη ausdrücklich unterschieden! – habe er Priestern am Tempel anvertraut, und dem aus deren Kreis durch φρόνησις und ἀρετή herausragenden Hohepriester obliege gerade die Aufgabe, die mosaischen νόμιμα als normatives Regelwerk, dem die Juden als Offenbarung Gottes höchste Reverenz erwiesen und das die πολιτεία, die Verfassung ihrer Gemeinschaft, ausmache, der Menge mitzuteilen (Diod. 40, 3, 5f. ~ 264 F 6, 5f. Jacoby ~ ed. Goukowsky, S. 298; vgl. dazu schon oben S. 201):

... καὶ νομίζουσιν αὐτοῖς ἄγγελον γίνεσθαι τῶν τοῦ θεοῦ προσταγμάτων. τοῦτον δὲ κατὰ τὰς ἐκκλησίας καὶ τὰς ἄλλας συνόδους φησὶν ἐκφέρειν τὰ παραγγελλόμενα, καὶ πρὸς τοῦτο τὸ μέρος οὕτως εὐπιθεῖς γίνεσθαι τοὺς Ἰουδαίους ὥστε παραχρῆμα πίπτοντας ἐπὶ τὴν γῆν προσκυνεῖν τὸν τούτοις ἑρμηνεύοντα ἀρχιερέα. προσγέγραπται δὲ καὶ τοῖς νόμοις ἐπὶ τελευτῆς ὅτι Μωσῆς ἀκούσας τοῦ θεοῦ τάδε λέγει τοῖς Ἰουδαίοις[773].

---

[772] Zu der anachronistischen "tendency to attribute everything to Moses" vgl. Jaeger (1938) 140 sowie Bar-Kochva (1996) 26 und (2010) 120. Ähnlich werden Busiris von Isokrates (11, 15/30) sowie Lykurg von Xenophon (Laked. pol.) und Plutarch (Lyk. 9/15) als umfassende Schöpfer der ägyptischen und spartanischen Staats- und Gesellschaftsordnung vorgestellt.

[773] Die Formulierung erlaubt keinen sicheren Rückschluß darauf, auf welche Bibelstelle sich Hekataios hier bezieht. In der auf uns gekommenen Septuaginta findet sich keine genau entsprechende Passage (vgl. Gager [1972] 32 (mit älterer Literatur); Lebram [1974] 250; Dorival [1987] 9f. und [1994] 51; Will – Orrieux [1986] 86; Albertz [2001] 44; Grabbe [2001a] 136; Römer [2003] 26 und [2007] 180f.; Kaestli [2007] 134 sowie Moro [2009] 129f. zu Lev. 26, 46; 27, 34; Num. 36, 13; Dtn. 28, 69 [29, 1]; 32, 44) – zumal da die Bezeichnung τοῖς Ἰουδαίοις wohl anachronistisch sein dürfte (zu Mose "Hören" ~ ἀκούειν vgl. etwa Num. 7, 89 sowie Exod. 19f. im Vergleich mit Dtn. 4, 12. 33). Zudem ist nach wie vor offen, ob Hekataios tatsächlich eine vorptolemäische Bibelübersetzung benutzte oder auf andere Quellen über die Juden zugriff (vgl. dazu unten Anm. 928). Allerdings ist zweierlei klar: Erstens markiert Hekataios den Satz ausdrücklich als Zitat; zweitens gibt er ihn als eine Art Kolophon, das den mosaischen Nomoi "am Ende hinzugeschrieben" sei (pace Heckl [2009] 197). Nach Aristeasbrief 31 hatte Hekataios zugestanden, im jüdischen Nomos sei eine ἁγνὴ καὶ σεμνὴ θεωρία (ed. Pelletier, S. 120) zu greifen – also eine heilige "Schau" (vgl. auch 171 und dazu kritisch Gauger [1982] 36/38 mit der älteren Literatur). Übersehen wird bei der Interpretation dieser Stelle allzu häufig, daß Demetrios an dieser Stelle des Aristeasbriefs und auch in Kapitel 313, in dem die Feststellung nocheinmal zitiert wird, diese Heiligkeit als Erklärung dafür heranzieht, warum die griechische Literatur den Pentateuch und die Juden nie erwähnte – also als abtrennendes Faktum jüdischer Religion markiert wird (vgl. dazu Schaller [1963] 26; Bar-Kochva [1996] 140f. und Wright [2015]

... und sie erkennen an, daß er ihnen Bote der Anordnungen Gottes werde. Dieser aber solle, wie er sagt, in den Volksversammlungen und den übrigen Zusammenkünften die Weisungen mitteilen. Und in dieser Hinsicht seien die Juden so folgsam, daß sie sofort auf die Erde fielen und kniefällig den Hohepriester, der sie ihnen auslege, verehrten. Den Gesetzen steht aber noch am Ende hinzugeschrieben: "Nachdem Moses dies von Gott gehört hat, sagt er es den Juden".

Vor diesem Hintergrund profiliert sich die Aufgabe der auf die Übersetzung erst folgenden Bibelexegese, das, was die Bibel selbst zum Verstehen aufgibt, verständlich zu machen, ohne es zu erklären. Exegese kann das in einer Übersetzung an den fremdsprachlichen Ausgangstext Gebundene diskursiv ausbreitend, durch Beispiele, durch Parallelen in demselben wie auch in anderen Texten, durch Bilder erklären. Den wenigen Fragmenten, die von Aristobulos noch heute erhalten sind, kommt daher die besondere Bedeutung zu, daß in ihnen der älteste außerbiblisch-exegetische Versuch einer solchen Erklärung vorliegt. Dabei spielt der Umstand, daß er ebenso wie andere der jüdischen Zeitgenossen sein Werk auch an das griechische Publikum adressierte, bei seiner Akzentuierung des Nomos eine wichtige Rolle. Die Herausforderung lag doch darin, den Text, der für die Juden auch in der Diaspora tatsächlich normativ war, sie der Erwählung des Volkes Israel durch Gott in erhabener Offenbarung versicherte und zugleich das tägliche Leben bis in Einzelheiten hinein regelte, als ein solches Gesetzeswerk zu deuten, in dem zum einen allumfassende Wahrheit über Gott, die Welt und die Menschen aufbewahrt zu sein schien, das zum anderen aber auch Anspruch auf universale, für alle Menschen in einem allgemeineren Sinne gültige Normativität erheben durfte[774]. Oder anders

---

39f.; gegen die Echtheit des Zitats wieder Murray [2001] 580 und Schwartz [2003] 182 mit Literatur). Der Passus ist übrigens gerade durch die pseudepigraphische Nutzung eines jüdischen Autors ein bedeutender Beleg für den Rang, welchen Hekataios und sein Werk am ptolemäischen Hof beanspruchen konnten.

[774] Der Singular des jüdischen Nomosbegriffs vereinte dann also in sich zum einen die Pluralität einzelner Nomoi, zum anderen den Rang der einen Tora Gottes als einer umfassenden Nomothesia. Die Annahme, damit werde auch eine besondere Systematisierung vorausgesetzt, könnte freilich ein Fehlschluß neuerer Rechtsauffassung sein; vielmehr wäre der Kollektivsingular dahingehend zu bedenken, ob nicht alle einzelnen Teile des Pentateuchs Anteil hätten an einem ganzen Nomos als an einer Weisung aus Weisheit göttlichen Geistes (vgl. hier nochmals Dtn. 4 mit der Gegenüberstellung von δικαιώματα/κρίσεις und der Wendung πᾶς ὁ νόμος). Die Stelle Mich. 4, 1/7 LXX (vgl. auch Ies. 2, 1/5) mit der prophetisch-eschatologischen Rede von dem "Nomos aus Zion" und dem "Logos des Herrn aus Jerusalem", dem sich viele Völker anschlössen, wäre in diesem Zusammenhang noch näher zu betrachten. Vgl. zum jüdischen Universalismus der hellenistischen Zeit (mit Literatur) Donaldson (2007) passim und

gesagt: Das biblische "Corpus von Büchern, die nicht als Geschichtsbücher (wie in heutigen Lutherbibeln), auch nicht als 'Weisung' (Martin Buber), sondern als 'Gesetz' (νόμος) im Bewußtsein der griechischsprachigen Welt verankert waren"[775], eben auch als Geschichtsbücher und als Weisung wieder auszulegen[776]. Biblisches Fundament dieser Herausforderung konnten dabei jene Worte sein, die Moses, der Gesetzgeber Gottes, zu Israel in Moab sprach (Dtn. 4, 5/8; vgl. oben S. 221)[777]. Die Umwelt von dieser Allgemeingültigkeit der mosaischen Gesetze, die dort in dem einen Ausdruck der Tora als der Verfassung des Volks Israel zusammengefaßt worden waren, zu überzeugen wäre dann vielmehr ein entscheidender Schritt zur Überwindung jener Fremdheit gewesen – und zugleich ein Versuch, die in dem einen Wort νόμος zugespitzte Weite des hebräischen Begriffs "Tora" exegetisch gleichsam wieder zu entfalten.

Holtz (2007) passim sowie die grundlegenden Überlegungen bei Dietrich – Luz (2002) 402f. und Vesting (2011) 195/97. 198/200 (mit neuerer Literatur); dazu auch Levenson (1996) passim und Schwemer (1996) 68f.

[775] Siegert (1988) 79. Nicht zuletzt deshalb – und aufgrund der unbedingten Vorrangstellung des Pentateuchs selbst vor den anderen biblischen Schriften – bleibt die jüdische Halacha, welche zur Tora ja durchaus in Konkurrenz treten konnte (vgl. Lattke [1986] 374f. und beispielhaft zum Sabbat Doering [1999] passim), bei Aristobulos, zumindest in den erhaltenen Fragmenten, unberücksichtigt. Die grundsätzliche Frage, wie sich Aristobulos und sein Umgang mit der Tora mit den Qumranschriften (vgl. zusammenfassend auch Lattke [1986] 385/87 und Niebuhr [2013] 1020f.: "Die Tora kann nicht mit dem Pentateuch in Gestalt des masoretischen Texts gleichgesetzt werden. Ihr Wortlaut wie derjenige anderer Schriften des späteren Kanons blieb pluriform ... Im Blick auf die in Qumran geltende Tora muss aber noch weiter differenziert werden zwischen dem Pentateuch als normativem Text, theologischen Deutungen der Tora als universal gültigem Schöpfungsprinzip u. dem Selbstverständnis der Qumran-Gemeinschaft als endzeitlicher Bundesgemeinde Israels ...") und insgesamt mit der Halacha vergleichen ließen, kann im Rahmen der vorliegenden Studie nicht verfolgt werden, obschon gerade der interpretierende und aktualisierende Zugriff auf die mosaische Überlieferung dort aufschlußreiche Zusammenhänge offenbare dürfte.

[776] Und dies nicht zuletzt, weil sich in dem hebräischen Begriff der Tora zunächst deutlicher als in dem griechischen des Nomos "Autorität in der Art des Vermittlungsvorgangs kundtut ... Nicht auf dem Lerninhalt und auf dem Lernziel liegt also der Akzent, sondern auf dem Vorgang als solchem, auf der autoritativen Unterweisung, auf dem aktuellen Lehrgeschehen, auf der im Lehr- und Lernvorgang sich abspielenden Interaktion zwischen Unterweisendem und Unterwiesenen" (Willi [2002] 258f.).

[777] Vgl. Crüsemann (2003) 26/29 zu dieser Stelle, in welcher Schenker (2007) passim und (2010) passim den entscheidenden Ausgangspunkt für die Septuaginta sieht (vgl. auch Niebuhr [2013] 1019). Mit Recht betont er, daß die Aussage: αὕτη ἡ σοφία ὑμῶν καὶ ἡ σύνεσις ἐναντίον πάντων τῶν ἐθνῶν, ὅσοι ἐὰν ἀκούσωσιν πάντα τὰ δικαιώματα ταῦτα καὶ ἐροῦσιν "ἰδοὺ λαὸς σοφὸς καὶ ἐπιστήμων τὸ ἔθνος τὸ μέγα τοῦτο" (Dtn. 4, 6) sprachliches Verständnis aller Völker voraussetzt – und damit die Übersetzung der Tora in fremde Sprachen.

6.3 Mosaischer und griechischer Nomos

"ἀγράφους δέ τινας οἶσθα", ἔφη, "ὦ Ἱππία, νόμους;" "τοὺς γ' ἐν πάσῃ", ἔφη, "χώρᾳ κατὰ ταὐτὰ νομιζομένους." "ἔχοις ἂν οὖν εἰπεῖν", ἔφη, "ὅτι οἱ ἄνθρωποι αὐτοὺς ἔθεντο;" "καὶ πῶς ἄν", ἔφη, "οἵ γε οὔτε συνελθεῖν ἅπαντες ἂν δυνηθεῖεν οὔτε ὁμόφωνοί εἰσι;" "τίνας οὖν", ἔφη, "νομίζεις τεθεικέναι τοὺς νόμους τούτους;" "ἐγὼ μέν", ἔφη, "θεοὺς οἶμαι τοὺς νόμους τούτους τοῖς ἀνθρώποις θεῖναι· καὶ γὰρ παρὰ πᾶσιν ἀνθρώποις πρῶτον νομίζεται θεοὺς σέβειν".

(Xen. mem. 4, 4, 19)

Er [sc. Sokrates] sagte: "Gewisse ungeschriebene Gesetze aber kennst du, Hippias"? "Die jedenfalls", erwiderte er, "die in jedem Lande gleich anerkannt werden". "Könntest du also wohl sagen", fragte er, "daß die Menschen sie gegeben haben"? "Wie denn wohl die Menschen", sagte er, "welche doch weder alle zusammenkommen könnten noch einer Sprache sind"? "Wer hat also", fragte er, "deiner Auffassung nach diese Gesetze gegeben"? "Ich meine", sagte er, "daß Götter diese Gesetze den Menschen gegeben haben. Es ist nämlich auch bei allen Menschen als erstes Gesetz anerkannt, Götter zu verehren".

Der Blick auf Aristobulos erlaubt einige Beobachtungen, die zur Klärung des Sachverhalts insofern beitragen, als in seinen Fragmenten eine frühe Deutung des gesetzgeberischen Wirkens Mose zu greifen ist. Zunächst erhellt aus seiner Argumentation allenthalben, daß er den Pentateuch, also die Nomothesia Mose, aus der interkulturellen Perspektive heraus in den Blick nimmt, ihn vor seinem jüdischen und griechischen Publikum zwar als jüdischer Exeget erklärt, aber zugleich das griechische Verständnis mit seinen besonderen Voraussetzungen berücksichtigt. Schon als reine Wortübersetzung des hebräischen "Tora" steht νόμος für ihn in dieser doppelseitigen Anschauung und erfordert eine Auslegung, die beiden Seiten nicht nur verständlich, sondern auch angemessen und überzeugend sein kann. Die griechische Rechts- und Staatsphilosophie mit ihrer intensiven Diskussion der Begriffe δίκη/δίκαιον/δικαιοσύνη, πόλις/πολιτεία und νόμος setzt dabei auch Aristobulos voraus. Die Forschung hat in zahlreichen Studien nachgewiesen[778], wo das jüdische Bestreben, die Tora Mose als Nomos zu qualifizieren, an grundsätzliche Überlegungen vor allem des Peri-

---

[778] Vgl. die Darstellungen mit umfassenden Literaturhinweisen bei Weber (2000) und (2001) sowie Pasinya (2005). Zu Platon auch Lisi (1985) passim und Seubert (2005) passim (mit der älteren Literatur).

patos und der Stoa anknüpfen konnte, doch haben neuere Untersuchungen auch die Bedeutung Platons, dessen spätes Hauptwerk den Titel *Nomoi* trägt, für die Ausbildung des jüdischen Nomosbegriffs angemessen gewürdigt. Diese Zusammenhänge sollen im folgenden bis auf einige beiläufige Hinweise nicht nocheinmal ausgebreitet werden; vielmehr sei weniger auf die philosophische denn auf die rechtshistorische Tradition hingewiesen, mit welcher sich die Griechen selbst die Entstehung und die Eigenart ihrer eigenen frühen Nomothesien erklärten, auf welche schon die großen rechts- und staatsphilosophischen Entwürfe der griechischen Klassiker wie Platon oder Aristoteles rekurrierten und welche Aristobulos fruchtbar machen konnte, um demgegenüber den Rang des mosaischen "Gesetzes" zu bekräftigen. Wenn etwa Demosthenes gleich mehrfach bekundet, in Athen sähen alle Menschen, im Öffentlichen wie im Privaten, die Gesetze als Ursache des für die Stadt Guten an[779] und alle klugen Menschen erkennten in den Nomoi den Charakter einer Polis[780], dann offenbart sich schon hierin, mit welcher Bedeutung der Begriff des Gesetzes in der griechischen Tradition aufgeladen sein konnte.

Zwar bringt Aristobulos, anders als später etwa Philon oder Flavius Josephus, ausschließlich die Bewunderung und Abhängigkeit der griechischen Philosophen und Dichter zur Sprache – und dies, obwohl Moses als Gesetzgeber den Griechen aus Hekataios längst bekannt war. Im Unterschied zu dem griechischen Ethnographen, bei dem sowohl Dichter als auch Philosophen als auch Gesetzgeber wie Lykurg und Solon von ägyptischer Weisheit abhängig sind, klammert der jüdische Exeget, zumindest in den erhaltenen Fragmenten[781], den Einfluß Mose auf griechische Nomotheten ganz aus und deutet schon darin jene gerade angesprochene Weitung des Begriffs νόμος, hier auf die theologische Dichtung und Philosophie hin, an. Und doch führt Aristobulos die Offenbarung Mose, ihrer theologischen Einordnung zum Trotz, so ein, daß sie von einem Griechen, zumal einem, der Hekataios gelesen hatte, historisch als Gesetzgebung, als frühe Nomothesie, gedeutet werden konnte[782]: Erstens sind die fünf Bücher Mose uralt und gehören in eine vorliterarische, ja vorpoetische Zeit, vor Orpheus und Linos, vor die archaische Dichtung Homers und Hesiods, vor die

---

779 Demosth. 24, 155; vgl. 24, 5 u.ö.; Ps.-Demosth. 25, 24; 26, 25/27 (mit Aufzählung der durch die Gesetze begründeten Tugenden).
780 Demosth. 24, 210f.
781 Gleichwohl ist der Genitivus partitivus des Relativpronomens in der Wendung F 2, 29/31 Holladay bedeutsam: ὧν οἷσιν οἱ προειρημένοι φιλόσοφοι καὶ πλείονες ἕτεροι καὶ ποιηταὶ παρ' αὐτοῦ μεγάλας ἀφορμὰς εἰληφότες – neben den Dichtern und Philosophen gibt es noch andere, die aus Moses Ausgangspunkte gewannen.
782 Vgl. auch Pollmann (2012) 170.

philosophische Prosa. Zweitens sind sie von Anbeginn an ein schriftlich abgefaßtes Buch[783]. Dieses Faktum ergab sich für den Juden aus dem Pentateuch selbst[784], den Griechen hatte es Hekataios überliefert (s. oben S. 227: προσγε-'γραπται)[785]. Der Vergleich mit der eigenen Rechtsgeschichte mußte sich dabei aufdrängen: "The Greeks used writing extensively for legislation with the intent of making their laws available to a relatively large segment of the community"[786]. In der *Athenaion Politeia* wird festgehalten, in Drakons Politeia seien erstmals Gesetze aufgeschrieben worden (41, 2), und schon Solon singt von seinen Thesmoi als schriftlichen (vgl. F 30, 18/20 Gentili – Prato ~ F 36 West, 18/20), vielleicht, um seine Leistung noch "als außergewöhnlichen Vorgang darzustellen"[787]. Wenn in Xenophons *Memorabilia* Perikles gegenüber Alkibiades definiert, was eigentlich Nomoi seien, setzt er deren Schriftlichkeit ganz selbstverständlich voraus (mem. 1, 2, 42)[788]. Die frühen griechischen

---

783 Vgl. F 2, 81f. mit der Angabe zu Gottes Katabasis am Sinai (διὰ τῆς γραφῆς τοῦ νόμου) und 5, 108f. Holladay (ἐκ τῶν ἡμετέρων βιβλίων). Schriftlichkeit setzt auch der Autor des *Aristeasbriefs*, der den Nomos als γραφή (155. 168), als βιβλία (31 u.ö.) und als βίβλος (316) bezeichnet, durchgehend voraus. Die These, der *Aristeasbrief* bewahre "probably the earliest instance where the Law is spoken of as 'Scripture'" (Meecham [1935] 56; vgl. auch Pelletier [1962] 177³; Siegert [2004] 206; Brodersen [2008] 13 und Wright [2015] 291), ist korrekturbedürftig.

784 Vgl. Otto (2007) passim (mit der älteren Literatur); die entsprechenden Kapitel aus (2009) und (2012) 258/63 zur Schriftlichkeit des mosaischen Nomos im Pentateuch selbst und in der folgenden Tradition mit den Belegen (vgl. etwa Dtn. 5, 22; 6, 9: 9, 9/11; 10; 11, 18/21; 17, 18; 27; 31, 24 [ed. Rahlfs, vol. 1, S. 346]: ἡνίκα δὲ συνετέλεσεν Μωυσῆς γράφων πάντας τοὺς λόγους τοῦ νόμου εἰς βιβλίον ἕως εἰς τέλος) sowie Niebuhr (2013) 1009f. Außerhalb des Pentateuchs steht diese außer Frage (vgl. nur 1 Esr. 5, 48; 7, 6. 9; Neh. 8, 9. 13; 2 Makk. 8, 23; 1 Makk. 1, 56f.; 12, 9; Sirach 24, 23 u.ö.). Vgl. auch Sonnet (1997) passim; Hagedorn (2004) 71/81 über "the importance of 'writing down the law'" und Kaiser (2013) 102f.

785 Bei Eupolemos heißt es, Moses habe nicht nur das Alphabet erfunden – und zwar für die Juden –, sondern (F 1, 13f. Holladay): νόμους τε πρῶτον γράψαι Μωσῆν τοῖς Ἰουδαίοις (vgl. dazu Wacholder [1974] 83; Holladay [1983] 137f.; Droge [1989] 17; Siegert [2005a] 216: "... to Eupolemos it [sc. die Bibel] is obviously the oldest book on earth" und Léonas [2007] 75).

786 Gagarin (2008) 1.

787 Mülke, Christoph (2002) 389 (mit Literatur); vgl. Hölkeskamp (1992) 105 und (2000) 83; Raaflaub (2000) 41f.; Thomas (2005) 43. 46 sowie die Anekdote zu Solon und Anacharsis in Plut. Sol. 5. Zu der antiken Tradition, nach welcher die lokrische Gesetzgebung aus der Magna Graecia, die man mit jenem schon mehrfach erwähnten Zaleukos verband, als die älteste schriftlich niedergelegte galt, vgl. Link (1994) 166; Camassa (1996) 565 und Dreher (2012) 64/68. Bei Herakl. Lemb. pol. 14 (= Aristot. F 611, 14 Rose³) wird nach dem Homervers Il. 2, 648 allerdings die kretische als die älteste Politeia bezeichnet; deren erster Begründer sei Minos gewesen (vgl. dazu unten Anm. 802 und S. 238).

788 Diese Selbstverständlichkeit spricht auch aus den vielzitierten Worten über die Stärke und Schwäche der Nomoi in Demosth. 21, 224. Vgl. auch Euripides suppl. 429/34; Plat. Prot.

Rechtsquellen selbst bestätigen diese Auffassung: So werden etwa in der noch in die vorklassische Zeit zu datierenden Rechtsinschrift aus dem kretischen Gortyn die publizierten Normen wiederholt als schriftlich niedergelegte autorisiert – während der Begriff νόμος (~ "Gesetz") hier noch ganz fehlt, begegnen Junkturen wie τὰ γεγραμμένα oder τὰ γράμματα auf Schritt und Tritt[789]. Einer-

---

326d : ... ἡ πόλις νόμους ὑπογράψασα, ἀγαθῶν καὶ παλαιῶν νομοθετῶν εὑρήματα, κατὰ τούτους ἀναγκάζει καὶ ἄρχειν καὶ ἄρχεσθαι ...; nom. 858e; Ps.-Plat. *Minos* 317a; Isokr. 7, 39/41 (τὰ γεγραμμένα als Begriff für Nomoi); 15, 81; Rhet. Alex. 1422a2/4. 1424a10f.; Diod. 1, 94, 1f. (s. unten S. 244) sowie zur Schriftlichkeit griechischer Gesetze allgemein Gehrke (1995) 13: "Für die griechische Geschichte war es von ausschlaggebender Bedeutung, daß sich die charakteristische Form der soziopolitischen Organisation, die Polis, gerade auf schriftlich fixierte und juristisch gefaßte Normen, auf thesmoi bzw. nomoi, auf Satzungen und Gesetze stützte". 29/31; (mit neuerer Literatur) Gagarin (2003) passim; (2005a) 37 und (2008) passim sowie Thomas (2005) passim. Der schon genannte Charondas von Katane soll gesetzlich die Alphabetisierung seiner Bürger vorgeschrieben haben. Nur wer lesen könne, profitiere von dem, was durch die Schrift dem Leben der Menschen nütze, darunter neben Aussprüchen verständiger Männer, der Philosophie und der ganzen Paideia auch die Gesetze und die Orakel der Götter (vgl. Diod. 12, 13). Zur Schriftkritik Platons im *Phaidros* (vgl. auch epist. 342/44), die ja auch auf die Gesetze Bezug nimmt (vgl. Phaidr. 277d. 278c [s. unten Anm. 872]), verweist Lisi (1985) 267f. mit Recht auf Stellen aus den späteren *Nomoi*, an denen Platon den Wert der Schrift für die Gesetzgebung hervorhebt; vgl. auch Ostwald (1970) 97; Seubert (2005) 475: "Die in den 'Nomoi' begründeten Gesetze sind mit Selbstverständlichkeit als Schriftwerke charakterisiert". 478f. und Lane (2013) 66f. In Phaidr. 258c hält Sokrates fest, Lykurg, Solon und Dareios hätten nicht zuletzt aufgrund ihrer Schriften göttergleiches Ansehen.

789 Vgl. dazu, insbesondere zur Bedeutung Kretas für die Geschichte schriftlicher Gesetze, mit weiteren Quellen Camassa (1996) 566f.; Hölkeskamp (1992) 98f.; (1994) 138; (1995) passim; (1999) 273/80 und (2000) 83; Hagedorn (2001) 221/23 und (2004) 64f. u.ö.; Gagarin (2005b) 91. 93; (2008) 43/45 und (2012) 19. 27f.; Thomas (2005) 43f. 49f.; Maffi (2012) 124 sowie Vítek (2012) 302. Wenn das Wort νόμος also tatsächlich erst in der zweiten Hälfte des fünften Jahrhunderts mit der Bedeutung "(schriftliches) Gesetz" – nicht mehr nur "Brauch" oder "(ungeschriebenes/göttliches) Gesetz" – in Gebrauch gekommen sein soll (vgl. van Groningen [1953] 11; Ostwald [1969] 43f.; Camassa [1996] 566; Gschnitzer [1997] 4/6; Gehrke [2000] 146; Hölkeskamp [2000] 74/77. 86; Ambaglio [2004] 339f.; Thomas [2005] 51; Faraguna [2007] 80f.; Gagarin [2008] 33f.; Vítek [2012] 302/08 und Scheibelreiter [2013] 980/85 mit Literatur), dann ist daraus nicht abzuleiten, die Griechen hätten nicht schon zuvor solche schriftlichen Gesetze gekannt. Im Gegenteil, neben dem jüngeren νόμος deuten offenbar schon die älteren Begriffe wie θεσμός auf förmlich gesetztes oder vereinbartes Recht, nicht einfach nur auf Gewohnheiten, Sitten und Gebräuche. Daß νόμος dabei in den frühen, noch spätarchaischen Belegen umfassend "die bestehende, geltende Ordnung (in Verfassung, Recht und Sitte), dann die einzelne Norm ihrem Inhalt nach" (Gschnitzer [1997] 5f.; vgl. Hölkeskamp [2000] 76) bezeichnete, ist für die spätere griechische Einschätzung der Bücher Mose vielleicht nicht belanglos. Unumstritten ist, daß der Terminus fürderhin "the main expression for 'law' in the entire Greek territory" (Vítek [2012] 303) wurde; vgl. auch Ostwald (1970) 70 (zum ausgehenden fünften Jahrhundert): "... the

seits wußte man also, insbesondere durch die antiquarischen Forschungen des Peripatos, von der anfänglichen Schriftlosigkeit des griechischen Rechts und verband die ersten schriftlich gesetzten Nomoi mit archaischen Gesetzgebern wie Zaleukos und Charondas, andererseits aber hatte schriftliche Nomothesie gerade in den großen Rekursen auf fernliegende Vergangenheit einen festen Platz – berühmt etwa in der Atlantiserzählung des platonischen *Kritias* (119c/d) der Nomos (Singular!), der von den ersten Königen auf einer Säule von Bergerz in der Inselmitte im Poseidontempel inschriftlich festgehalten worden sei[790].

Erkannte ein hellenistischer Grieche beides, Alter und Schriftlichkeit der Bücher Mose, an, dann lag für ihn die Schlußfolgerung nahe: Sie waren ein Gesetzgebungswerk, Moses ein Gesetzgeber – schriftlich aufgezeichnet wurden in ferner, vorliterarischer Vergangenheit gerade die νόμοι großer νομοθέται. Mose Bücher als Nomos zu kennzeichnen untermauert also jenes Theorem des Altersbeweises, nach dem alles, was alt war, besondere Autorität beanspruchen konnte – die Traditionen über die griechischen Urnomotheten bringen ja solches Denken zum Ausdruck[791].

Aus dieser Schlußfolgerung ergaben sich freilich weitere Konsequenzen. Erstens: In der Theorie auch der griechischen Gelehrsamkeit setzten die berühmten Gesetzgeber der Frühzeit – nicht selten auch πρῶτοι εὑρεταί bedeutender Kulturgüter – nicht bloß einzelne Normen, die der konkreten Regelung menschlichen Zusammenlebens dienten, sondern schufen in ihrer Gesetzgebung auch Werke, die das Verhältnis zwischen Menschen und Göttern erklärten, Maßstäbe ethischen Handelns und vollkommener Arete aufstellten und

---

written form was a distinctive feature of at least some political measures to which the term νόμος was applied". 86. 101. 103f. Es bleibe freilich nicht unerwähnt, daß man später etwa Lykurg nachsagte, er habe mit seinen Rhetrai von der Schriftlegung seiner Ordnung Spartas, zumindest in deren wichtigsten Teilen, mit vollster Absicht abgesehen (vgl. zu dieser Überlieferung etwa Plut. Lyk. 13 sowie Lane [2013] passim) – was ja voraussetzt, daß Schriftsatz als üblich angesehen wurde und zu erwarten gewesen wäre.

790 Eine vergleichende Studie müßte noch der Frage nachgehen, ob solche Überlieferungen und Erzählungen nicht regelmäßig – wie ja die Atlantisgeschichte selbst auch – fremdländischen, insbesondere ägyptischen, Einfluß offenbaren. Der alte ägyptische Priester hält im *Timaios* (23a) fest, die – bei den Ägyptern schon auf Urzeiten zurückgehende – Schrift gehöre zu all jenen Einrichtungen, deren die Städte bedürften (... ὁπόσων πόλεις δέονται)!

791 Vgl. Flavius Josephus, der im Eingang seines großen Geschichtswerks vermerkt (ant. 1, 16), Mose Geburt liege zweitausend Jahre zurück, also in einer Zeit, in welche nicht einmal die Dichter die Geburt ihrer Götter verlegten, geschweige denn die Taten oder Gesetze von Menschen!

insgesamt auf die vollkommene παιδεία der Menschen zielten[792]. In Athen etwa galt die solonische Gesetzgebung als eine "Ordnung, in der rechtliche, sakrale und sozionormative Elemente prägnant verbunden waren"[793], also als ein "intermingling of sacred and secular", welches die neuere rechtsgeschichtliche Forschung zu den Gesetzen des archaischen Griechenland an zahlreichen Funden nachgewiesen hat[794]. Der Blick zurück auf Hekataios von Abdera erinnert überdies daran, daß auch in dessen *Aigyptiaka* die weitgefaßte Darstellung der politischen und religiösen Nomima Ägyptens durchaus die Behandlung einzelner, auf ganz bestimmte Rechtsbereiche bezogener Normen einschloß, in diesem Nebeneinander für einen griechischen Leser also nichts Außergewöhnliches oder gar Befremdendes lag[795].

---

[792] In der Staats- und Rechtsphilosophie, etwa in Platons *Politeia, Politikos, Nomoi* (etwa 626/32. 705d. 719f. 857) und *Gorgias* (etwa 504d), aber auch bei Aristoteles (vgl. nur eth. Nik. 1102a5/13 und grundlegend 1179b31/1181b24) ist dieser Gedanke unabdingbar (vgl. mit Literatur Gagarin [2000b] 216; Kaiser [2003b] 42; Schepens – Bollansée [2004] 278f.; Ober [2005] 406; Bertrand [2007] passim; Weber [2015] 59f. 62f. 98; Hayes [2015] 64/66 und Mueller-Goldingen [2016] 3 u.ö.). Zur ethischen Aufladung griechischer Nomothesien, insbesondere der Gesetzgebung Lykurgs in Sparta (vgl. Aristot. eth. Nik. 1180a24/29), Solons in Athen sowie der unteritalischen Charondas und Zaleukos vgl. Link (1994) 167; Thomas (1994) 122. 132f.; Gehrke (1995) 21/23; Hodkinson (2005) 241 (mit Belegen aus Xenophon); Fraenkel (2011) 26/30 und Dreher (2012) 68f. So erinnert Hölkeskamp (1999) 53 (mit Belegen und Literatur) daran, daß nach weitverbreiteter, etwa von Aischines und Demosthenes wiederholt angeführter Auffassung auch die tatsächlichen Gesetzgeber ferner Vergangenheit in ihren Nomoi die Verwirklichung eines bestimmten Prinzips oder einer bestimmten Tugend angestrebt hätten, etwa Drakon und Solon die σωφροσύνη, Lykurg die σωφροσύνη und die ἀνδρεία (vgl. auch Isokr. 7, 39/42 [oben Anm. 788] und Polyb. 6, 48). Bemerkenswert ist in diesem Zusammenhang das Kapitel 240 des *Aristeasbriefs*, in welchem einem der jüdischen Gelehrten die Feststellung in den Mund gelegt wird (ed. Pelletier, S. 208): ... τὰς ἐπινοίας ὁ θεὸς ἔδωκε τοῖς νομοθετήσασι πρὸς τὸ σῴζεσθαι τοὺς βίους τῶν ἀνθρώπων (zu diesem Gedanken vgl. auch 279). Neben Moses scheinen hier auch die bedeutenden Gesetzgeber anderer Kulturen der göttlichen Eingebung zu unterliegen (vgl. dazu Hadas [1951] 194).

[793] Gehrke (1995) 19 (mit Literatur); vgl. auch (2000) 152 sowie Gagarin (2011) 106 zu dem Befund, daß archaische Gesetze nicht selten an Tempeln oder in heiligen Bezirken schriftlich fixiert und einsehbar gemacht wurden. Zum didaktischen Aspekt des Wirkens Solons und Lykurgs vgl. auch Plat. symp. 209; nom. 858e sowie Stahl (1992) 395f.; Thomas (1994) 122. 132f. und Schöpsdau (2011) 294.

[794] Gagarin (2011) 109 (ebenso [2005b] 92); vgl. auch Ostwald (1969) 40/42; Camassa (1996) 569 und Parker (2005) 61 sowie Ostwald (1969) 20/56.

[795] Vgl. Dreher (2012) 69: "Die Vorstellung, daß ein Gesetzgeber ... ganz allgemein 'weise' war und als Philosoph gelten mußte, war mithin gesamtgriechisch und war von Westgriechenland über das Mutterland bis ins kleinasiatische Ionien hinein gleichermaßen verbreitet". Die berühmten "Sieben Weisen" der griechischen Frühzeit, unter die man nicht nur griechische

Zweitens: Daß jene Nomotheten in ihrem Wirken von den Göttern selbst geleitet und gelehrt worden waren, konnte als weitere Ähnlichkeit zur jüdischen Offenbarungstheologie der Tora wahrgenommen werden, zumal da man seit frühester Zeit die Götter, allen voran Zeus, überhaupt als Ursprung und Garanten der νόμοι, ja ihnen zuweilen gar als unterworfen ansah: "Die Gesetze mußten göttlicher Natur sein, um Allgemeingeltung zu haben"[796]. Albrecht Dihle hat mit Recht hervorgehoben, daß noch Platon und Aristoteles im politischen Gemeinwesen "zuvörderst eine Kultgemeinschaft" erkennen konnten, die durch die Nomoi "seit alter Zeit von den zuständigen Göttern sanktioniert"[797] sei. Die sich daraus ergebende Konsequenz, daß das alte Recht auch den Göttern gerecht wurde, sie angemessen ehrte und Wahres über sie mitteilte, spielt in den großen Rechts- und Staatsentwürfen späterer Philosophen, etwa in Platons *Nomoi*, eine zentrale Rolle[798].

Autoritäten wie Solon, sondern zuweilen immerhin auch den Skythen griechischer Mutter Anacharsis rechnete, den schon Platon als σοφὸς ἀνήρ ansah (pol. 600a; vgl. Dikaiarch von Messene F 30 Wehrli = F 37 Mirhady zu Ephoros), wurden von dem oben schon erwähnten Aristotelesschüler Dikaiarch von Messene weniger als Weise und Philosophen denn als kundige Gesetzgeber gepriesen (F 30 Wehrli = F 37 Mirhady aus Diog. Laert. 1, 40: οὔτε σοφοὺς οὔτε φιλοσόφους φησὶν αὐτοὺς γεγονέναι, συνετούς δέ τινας καὶ νομοθετικούς und dazu Gehrke [1995] 24; Boys-Stones [2001] 16f.; Busine [2002] 41 u.ö.; Schubert [2010] 50f. 88/92 sowie Scheibelreiter [2013] 990).

[796] Schwemer (1996) 71; vgl. zum Thema auch Kleingünther (1933) 96f.; Szegedy-Maszak (1978) 204f.; Diamond (1980) 81; Timpe (1980) 72f.; Lisi (1985) 66/74; Will – Orrieux (1986) 92f.; Speyer (1989) 34/41 (mit zahlreichen späteren Belegen); Siegert (1992) 216f. 303 und (2001) 265; Dihle (1995) 119; Hölkeskamp (1999) 47f.; Seubert (2005) 36. 75. 77 (zum οὐράνιος νόμος im orphischen Hymnus 64); Rösel (2007b) 146f. sowie Oswald (2012) 47; anders Crüsemann (1992) 24f. und jetzt auch Hayes (2015) 54/89. Obschon Platon die Ableitung lokaler Polisgesetzgebungen von den Schutzgottheiten der Städte in Frage stellt, postuliert auch er den göttlichen Ursprung wahrhaftiger Nomoi (vgl. etwa in den *Nomoi* neben dem zehnten Buch auch 713/16. 957c u.ö.; dazu Lisi [1985] 67. 69; Wilke [1997] 27/33. 39/48; Laks [2000] 291; Kaiser [2003b] 46f. 63. 68. 76 und Lane [2013] 63).

[797] Dihle (1995) 126; dazu mit reichem Stellenmaterial Speyer (1989) 36f.; Wilke (1997) 46; Hodkinson (2005) 248. 265f.; Perlman (2005) 288; Petrovic (2012) 60f. und Vítek (2012) 306f. Vgl. etwa Plat. pol. 427; nom. 630c. 738. 759. 828. 865 (über die göttliche Autorität, insbesondere Apollons, in der Gesetzgebung) sowie pol. 544c; nom. 624f. (ein Gott, nicht Mensch, als Urheber des Rechts). 630. 632d. 662c/d; 691c/693c u.ö.; Ps.-Plat. *Minos* 319f.; Aristot. F 535 und 548 Rose³; Ephoros F 174 Jacoby über Kreta (Minos), Sparta (Lykurg) und Lokroi (Zaleukos), aber auch Parker (2005) 62 und Thomas (2005) 55/57 mit epigraphischen Belegen.

[798] In der *Epinomis* wird dem klugen Gesetzgeber (985c/d: ὅστις νοῦν κέκτηται καὶ τὸν βραχύτατον) religiöse Unterweisung, ja Aufklärung des Volkes aufgetragen; er müsse einerseits das Eindringen abergläubischer Neuerungen von außen verhindern, andererseits den πάτριος νόμος gerade im Hinblick auf den Kult bewahren.

Drittens: Was für die frühen Philosophen und Dichter galt, nämlich, daß sie in fremden Ländern vor allem in Recht und Religion unterwiesen worden seien und, also πολυμαθεῖς⁷⁹⁹, die von dort in ihre eigenen Lehren übernommene Weisheit nach Griechenland transportiert hätten, waren die Griechen selbst noch williger für die großen Nomotheten der Vergangenheit anzuerkennen bereit⁸⁰⁰, ja Gesetzgebung scheint trotz den Vorbehalten, die Aristoteles schon in seinem *Protreptikos* geäußert hatte⁸⁰¹, ein Bereich gewesen zu sein, in dem die Adaption fremder Vorbilder nicht bloß unproblematisch war, sondern geradezu als ein Vorzug, als ein Merkmal besonderer Vollkommenheit gepriesen wurde⁸⁰² – und zwar selbst von Autoren, die gegenüber der Annahme, Dichter

---

799 Das reiche Wissen, das die Nomotheten von Fremden erwarben, wird gern erwähnt; vgl. z.B. Diod. 12, 20, 1 über Zaleukos (s. oben Anm. 357); Cic. fin. 5, 19, 50 (ed. Schiche, S. 181): *quid de Pythagora? quid de Platone aut de Democrito loquar? a quibus propter discendi cupiditatem videmus ultimas terras peragratas* und Tusc. 4, 19, 44. Daß solches Vorgehen eines Gesetzgebers als vorbildlich galt, erhellt etwa aus Diodors Kommentar über den oben Anm. 357 schon erwähnten Charondas von Katane (12, 11, 4 [ed. Thesleff, S. 63]): οὗτος δὲ ἐπισκεψάμενος τὰς ἁπάντων νομοθεσίας ἐξελέξατο τὰ κράτιστα καὶ κατέταξεν εἰς τοὺς νόμους· πολλὰ δὲ καὶ ἴδια ἐπινοησάμενος ἐξεῦρε ...

800 Vgl. dazu mit Quellen und neuerer Literatur Szegedy-Maszak (1978) 202f. 204; Hölkeskamp (1999) 45f., der darauf hinweist, daß manche Überlieferung über einzelne Anleihen bei fremder Gesetzgebung Widerspruch erfuhr, die prinzipielle Vorstellung solcher Dependenz der frühen Nomotheten aber nicht in Frage gestellt wurde (vgl. z.B. Isokr. 4, 39 und 12, 152); Hagedorn (2001) 217; Graziosi (2002) 228; Ruschenbusch (2005) 155; Harris (2006) 298f.; Dreher (2012) 67: "Alle frühen Gesetzgeber waren ... 'international'". 75; Maffi (2012) 119f. und Scheibelreiter (2013) 990 ("intellektuelle Genealogie").

801 Vgl. F 13 Ross ~ B 49 Düring: ... κἂν εἴ τις ἢ νόμους τίθεται πόλεσιν ἢ πράττει πράξεις ἀποβλέπων καὶ μιμούμενος πρὸς ἑτέρας πράξεις ἢ πολιτείας ἀνθρωπίνας Λακεδαιμονίων ἢ Κρητῶν ἤ τινων ἄλλων τοιούτων, οὐκ ἀγαθὸς νομοθέτης οὐδὲ σπουδαῖος· οὐ γὰρ ἐνδέχεται μὴ καλοῦ μίμημα καλὸν εἶναι, μηδὲ μὴ θείου καὶ βεβαίου τὴν φύσιν ἀθάνατον καὶ βέβαιον, ἀλλὰ δῆλον ὅτι μόνου τῶν δημιουργῶν τοῦ φιλοσόφου καὶ νόμοι βέβαιοι καὶ πράξεις εἰσὶν ὀρθαὶ καὶ καλαί. μόνος γὰρ πρὸς τὴν φύσιν βλέπων ζῇ καὶ πρὸς τὸ θεῖον ...

802 Einige Hinweise müssen hier genügen: Hdt. 1, 65 (s. dazu unten Anm. 806 und 862); Ps.-Plat. *Minos* 318c/d. 319f.; Isokr. 11, 17/20 (vgl. oben S. 135 und 168); Ephoros F 139 Jacoby; Aristot. pol. 1273a28/1274b29. 1329a40/b34; F 611, 55 Rose³ = Herakl. Lemb. pol. 55; Diod. 5, 78; Paus. 3, 2, 4; Strab. 10, 4, 8f. 19 (vgl. Ephoros F 147 und 149 Jacoby); 16, 2, 38 (s. unten S. 246); Plut. Lyk. 1. 4 über Rhadamanthys/Minos auf Kreta, Lykurg in Sparta, Zaleukos und Charondas in Unteritalien, ihre göttliche Unterweisung sowie ihre Anleihen bei anderen (vgl. auch Camassa [1996] 566f.; Hölkeskamp [1999] 47 zu deren bis an "den mythischen Anfang der 'Geschichte' von Hellas" zurückreichenden Gesetzen; Hodkinson [2005] 265f.; Perlman [2005] 286f. 292f. 304/06 u.ö. sowie Dreher [2012] 64/68). In diesen Zusammenhang gehört nicht zuletzt die bemerkenswerte Geschichte, Lykurg – den man ganz unterschiedlich datieren konnte (z.B. Xen. Laked. Pol. 10, 8 gegenüber Herodot 1, 65 sowie Plut. Lyk. 1, 5 über die Kontroverse; dazu Dalfen [2009] 131f. und Bichler [2012] 102f. 110) – habe Homer in Ionien persönlich kennenge-

und Philosophen seien von der Weisheit anderer abhängig, zurückhaltend, ja kritisch argumentierten. Aristoteles bezeugt später in seiner *Politik* schon ältere Spekulationen über "internationale" Lehrer-Schüler-Verhältnisse unter den frühen Nomotheten[803], die wohl darauf zurückgingen, "daß man die Ähnlichkeiten in den von diesen Männern gegebenen Gesetzen so ausdeutete"[804], also eine wichtige Voraussetzung des Altersbeweises, nämlich die Ähnlichkeit zwischen zwei chronologisch aufeinanderfolgenden Größen, besondere Beachtung fand. Ein innergriechisches Beispiel: Die rechtshistorische Hypothese, die spartanische Ordnung Lykurgs sei nach der – älteren – kretischen des Zivilisationsgründers Minos modelliert, findet schon früh ihre Begründung in der Beobachtung von Ähnlichkeiten zwischen den beiden Politeiai, die in späteren Zeiten noch erschließbar waren. So vermerkt Aristoteles nach der Behandlung der spartanischen Politeia, ihr stehe die kretische sehr nahe, die nur an wenigen Stellen besser sei, meistenteils jedoch weniger glatt und durchgestaltet, also "archaischer", so daß es den Anschein habe und auch allgemein angenommen werde, daß sie von jener spartanischen nachgeahmt worden sei (pol. 1271b20/24)[805], während Ephoros in seiner Diskussion der παραπλήσια zwischen

---

lernt und seine Epen mit nach Sparta gebracht (vgl. dazu z.B. Aristot. F 611, 10 Rose³ = Herakl. Lemb. pol. 10; Ephoros F 149; Strab. 10, 4, 19; Dion Chrys. 2, 44f.; Plut. Lyk. 1, 4; 4,4f.; Ail. var. 8, 2; 13, 14 sowie Graziosi [2002] 217/19)! Im übrigen erhellt nicht nur aus Platons *Nomoi* und dem pseudoplatonischen *Minos* (318/21), wie berühmt Kreta als Wiege griechischen Rechts war (vgl. dazu mit Literatur Camassa [2011] 75); Strabon hält, auf Platon und Ephoros fußend (F 149 Jacoby), fest (10, 4, 9 [ed. Radt, S. 250]): ὑπὲρ δὲ τῆς Κρήτης ὁμολογεῖται, διότι κατὰ τοὺς παλαιοὺς χρόνους ἐτύγχανεν εὐνομουμένη καὶ ζηλωτὰς ἑαυτῆς τοὺς ἀρίστους τῶν Ἑλλήνων ἀπέφηνεν ... In Rom begegnet ähnliches Denken: Die alte 12-Tafel-Gesetzgebung sei aus einer römischen Gesandtschaft nach Athen im Jahr 454 vor Christus hervorgegangen; die dortige Gesetzgebung habe man kopiert und erst nach der Rückkehr zu der eigenen ausgearbeitet – die Quellen betonen die enge Nähe zum Vorbild (z.B. Cic. leg. 2, 23, 59; 2, 25, 64; Liv. 3, 31/33, wo als *iura peregrina* neben den "berühmten Gesetzen Solons" auch die *instituta/mores/iura* anderer Poleis erwähnt sind; Dion. Hal. ant. 10, 51, 5; 10, 52, 4, der neben Athen auch die griechischen Poleis ἐν Ἰταλίᾳ nennt; Augustin. civ. 2, 16); vgl. Delz (1966) passim; Wieacker (1967) 330/53; Crifò (1972) 123/27 und Gnilka (2005) 206.

803 Und zieht sie für den Kreter Thales als den Lehrer Lykurgs sowie der Westgriechen Zaleukos und Charondas aus chronologischen Gründen umgehend in Zweifel (pol. 1274a30f. [ed. Ross, S. 66]): ἀλλὰ ταῦτα μὲν λέγουσιν ἀσκεπτότερον τῶν χρόνων λέγοντες. Daß die Prägung des eigenen Rechts durch fremdes auch sonst geleugnet werden konnte, ist oben S. 100 am Beispiel der Diskussion um Numa und Pythagoras schon angesprochen worden.

804 Kienle (1961) 42.

805 Vgl. Perlman (2005) 302/08 (auch zu der im folgenden von Aristoteles mit φασί eingeleiteten Überlieferung, Lykurg sei auf seinen Reisen nach Kreta gefahren – wegen der auf frühe spartanische Kolonisten zurückgehenden Verwandtschaft der Völker).

dem Sparta Lykurgs und Kreta festhält (70 F 149 Jacoby): λέγεσθαι δ' ὑπό τινων ὡς Λακωνικὰ εἴη τὰ πολλὰ τῶν νομιζομένων Κρητικῶν, τὸ δ' ἀληθὲς εὑρῆσθαι μὲν ὑπ' ἐκείνων, ἠκριβωκέναι δὲ τοὺς Σπαρτιάτας (vgl. auch Strab. 16, 2, 39; s. unten S. 246).

Manche Überlieferung, etwa diejenige über den großen spartanischen Nomotheten Lykurg, offenbart, daß die Annahme, der Gesetzgeber habe in der Fremde gelernt und von dort Angeeignetes in die eigene Nomothesie übernommen, mit jener anderen, er sei von Gott in dem rechten Nomos unterwiesen worden, gleichsam als rationalistisch-historisierende Alternative konkurrieren konnte[806]. Die Tatsache, daß Platon in seinen *Nomoi* dem Gesetzgeber nicht nur allgemein die Nutzung älterer Literatur anempfiehlt, sondern seinerseits in den eigenen Gesetzesentwürfen des Werks wiederholt ältere Nomoi fremder, auch nichtgriechischer Staaten diskutiert und sie, soweit für gut und vorbildlich befunden, verarbeitet, zeugt im übrigen von der Überzeugungskraft des Arguments[807]. Über den Verkehr mit anderen Staaten äußert er sich grundsätzlich (951a/b): Denjenigen der Bürger, welche in ihrer freien Zeit die Angelegenheiten anderer Menschen in Augenschein nehmen (θεωρῆσαι) wollten, dürfe dies kein Gesetz verbieten – eine Polis nämlich, die, weil eben ohne fremden Umgang, ohne Erfahrung schlechter wie guter Menschen bliebe, könne wohl einerseits nicht hinreichend kultiviert und vollkommen sein, andererseits die eigenen Gesetze nicht bewahren, ohne sie durch Einsicht, nicht aber nur durch Gewöh-

---

[806] Schon bei Herodot (1, 65) stehen diese beiden Überlieferung nebeneinander, wobei dort die Spartaner selbst dem kretischen Ursprung des lykurgischen Kosmos das Wort redeten (vgl. auch Plat. Krit. 53 über Sokrates, der Sparta und Kreta stets für ihre εὐνομία geschätzt habe, und den pseudoplatonischen *Minos* 320b). Xenophon hingegen vermerkt einmal, für die übrigen Griechen seien die alten Gesetze Lykurgs gleichsam ganz neu – zwar lobten alle seine Einrichtungen, doch imitieren wolle sie keine einzige Polis (Laked. pol. 10, 8). Lykurg selbst habe gerade nicht andere Städte nachgeahmt (1, 2).

[807] So heißt es beispielsweise über die Einrichtung der öffentlichen Gerichte (957a [ed. Burnet]): ... ἔστ' ἐν πολλαῖς πόλεσιν οὐκ ἀσχήμονα ἐπιεικῶν ἀνδρῶν οὐκ ὀλίγα νομοθετήματα, ὅθεν νομοφύλακας χρὴ τὰ πρέποντα τῇ νῦν γεννωμένῃ πολιτείᾳ κατασκευάζειν συλλογισαμένους καὶ ἐπανορθουμένους ... Vgl. auch nom. 637. 656f. 660. 674 u.ö. In nom. 702c/d berichtet Kleinias, er sei von Knossos beauftragt, für eine kretische Apoikie ausländische Rechtsordnungen zu prüfen (ed. Burnet): ἅμα δὲ καὶ νόμους τῶν τε αὐτόθι, εἴ τινες ἡμᾶς ἀρέσκουσιν, τίθεσθαι κελεύει [sc. die Polis Knossos], καὶ εἴ τινες ἑτέρωθεν, μηδὲν ὑπολογιζομένους τὸ ξενικὸν αὐτῶν, ἂν βελτίους φαίνωνται. νῦν οὖν ἐμοί τε καὶ ὑμῖν ταύτην δῶμεν χάριν· ἐκ τῶν [sc. im Gespräch zuvor] εἰρημένων ἐκλέξαντες, τῷ λόγῳ συστησώμεθα πόλιν ... Zur Rezeption fremder Einflüsse in die Gesetzgebung vgl. auch polit. 293d/e, oben S. 237/41 und Lisi (1985) 73. Aus Dikaiarch F 41 Wehrli = F 45 Mirhady klingt heraus, daß im Hellenismus Platons Nutzung der spartanischen Ordnung Lykurgs diskutiert wurde (vgl. oben Anm. 359 und dazu White [2001] 225).

nung und Tradition zu begreifen (ἄνευ τοῦ γνώμῃ λαβεῖν αὐτοὺς ἀλλὰ μὴ μόνον ἔθεσιν). Denn stets gebe es unter der Menge der Menschen einige wenige "göttliche" (θεῖοι), mit denen zusammenzukommen höchst wertvoll sei und die durchaus nicht eher in Städten mit guten Gesetzen (ἐν εὐνομουμέναις πόλεσιν) als in solchen mit schlechten geboren würden. Wer selbst in den Städten mit guten Gesetzen wohne, müsse zu Lande und zu Wasser hinausreisen und sich auf die Spur jener Menschen begeben, um dadurch all das, was in den eigenen Nomima sich gut verhalte (ὅσα καλῶς αὐτοῖς κεῖται), weiter zu stärken, wenn aber etwas mangelhaft sei, dies zu bessern (ἐπανορθούμενον). In pol. 499c/d hingegen räumt Platon ausdrücklich – und zwar für die unendliche Vergangenheit, für die Gegenwart und für die Zukunft (ἐν τῷ ἀπείρῳ τῷ παρεληλυθότι χρόνῳ ἢ καὶ νῦν ... ἢ καὶ ἔπειτα)! – nicht bloß die Möglichkeit ein, herausragenden Philosophen könnte auch an einem barbarischen Ort "weit außerhalb unserer Sichtweite" (πόρρω που ἐκτὸς ... τῆς ἡμετέρας ἐπόψεως) die Notwendigkeit entstehen, sich um eine Polis zu kümmern (πόλεως ... ἐπιμεληθῆναι), sondern auch die Möglichkeit, daß gerade an jenem Ort dann die in der vorangegangenen Debatte des platonischen Werks selbst beschriebene beste Politeia bestehen könne ὅταν αὐτὴ Μοῦσα πόλεως ἐγκρατὴς γένηται[808]! Isokrates merkt seinerseits an: Wenn tugendhafte Lebensweise zum Wohl der Polisgemeinschaft allein von den geschriebenen Gesetzen, nicht auch von der Erziehung, den überkommenen Gewohnheiten und der inneren Disposition der Menschen abhinge, dann hätte sich Gleichheit aller Griechen in dieser Hinsicht leicht verwirklichen lassen müssen, weil es ja ein leichtes gewesen wäre, die schriftlichen Aufzeichnungen voneinander zu bekommen (7, 40)[809]. Und daß auch Aristoteles seine *Nikomachische Ethik* eben mit der Forderung schließt (1181b), die beste politische Ordnung könne nur erkennen, wer die durch die Geschichte hindurch an unterschiedlichsten Orten bestehenden Nomoi und Politeiai gesammelt und studiert habe, darf als besonderes Zeugnis für die hohe Bedeutung des Gedankens gelten[810]. Dieses Bewußtsein der Griechen, das eigene Recht könne von

---

808 Vgl. Wilke (1997) 234f. und Jeck (2004) 26. Ob von der Verbindung zwischen Musen und Philosophie, die Platon auch an anderen Stellen seines Werks zieht, ein Bezug zu den Thesen über den Ursprung und die Bedeutung des Namens Mose hergestellt werden könnte (vgl. etwa oben S. 130/32 und unten Anm. 898), soll andernorts untersucht werden.

809 An anderer Stelle hält er ausdrücklich fest, daß sowohl die Griechen als auch die Barbaren unzählige (!) fähige Gesetzgeber vorzuweisen hätten (15, 80f.). Wer neue Gesetze erlassen wolle, habe daher eine Vielzahl bereits bestehender zur Verfügung und müsse nur die bei anderen anerkannten zusammenführen – ὃ ῥᾳδίως ὅστις ἂν οὖν βουληθεὶς ποιήσειε.

810 Vgl. auch den ganzen Abschnitt rhet. 1360a30/38, in dem Aristoteles die Kenntnis fremder Nomothesien für nützlich erklärt und dem Redner zu diesem Zweck gar die Lektüre von Περί-

seinen Anfängen an nur im Zusammenhang mit fremdem, darunter auch, neben dem anderer Poleis, demjenigen der älteren barbarischen Nachbarn vor allem des östlichen Mittelmeerraums, verstanden werden, erweist sich, bei aller literarischen Tradition des Gedankens, als überaus modern und ist von der neueren Forschung für den rechtshistorischen Vergleich bis heute noch nicht ausreichend fruchtbar gemacht worden.

Mit dieser Theorie eines impliziten Altersbeweises entwarfen die Griechen selbst eine historische Lösung für jenes von ihnen vieldiskutierte Problem, wie sich denn die empirisch erforschbaren Gesetze existierender Staaten, sei es in Griechenland oder unter den Barbaren, sei es in der Gegenwart oder in der Vergangenheit, in Einklang bringen ließen mit einem (Natur)Gesetz göttlichen Ursprungs. In jener fernen Vergangenheit korrelierte der schriftlich aufgezeichnete Nomos der weisen, gottnahen Gesetzgeber mit dem göttlichen Nomos – den Gegensatz zwischen menschlich gesetztem Recht einerseits, Physis oder göttlichem Nomos andererseits[811], der je nach Auslegung entweder den Weisen[812] oder den Stärkeren von der Unterwerfung unter entweder unweise oder versklavende Gesetze freisprechen konnte, gibt es hier ebensowenig wie den Gegensatz zwischen νόμος und δίκαιον/δίκη, an dem sich die griechische Rechtslehre jahrhundertelang abgearbeitet hatte, oder den Gegensatz zu den von fernen Vorfahren her tradierten Bräuchen und allgemeingültigen, von den Göttern herrührenden "ungeschriebenen" Gesetzen[813].

οδοι τῆς γῆς anempfiehlt, aus denen über die Nomoi der Völker gelernt werden könne. Nach Isokrates und Aristoteles wird später zudem aus Dion. Hal. Pomp. 6 deutlich, welchen Stellenwert solches Studium hatte: Der Autor lobt den Historiker Theopomp für dessen vielfältige Darstellungen und bemerkt in diesem Zusammenhang ausdrücklich (115 T 20 Jacoby): ... τίς οὐχ ὁμολογήσει τοῖς ἀσκοῦσι τὴν φιλόσοφον ῥητορικὴν ἀναγκαῖον εἶναι πολλὰ μὲν ἔθη καὶ βαρβάρων καὶ ῾Ελλήνων ἐκμαθεῖν, πολλοὺς δὲ νόμους ἀκοῦσαι πολιτειῶν τε σχήματα ...
811 Vgl. dazu insgesamt Ostwald (1969) 36f.; Roberts (2000) 345f.; Long (2005) passim; Brown (2009) passim und Scheibelreiter (2013) 982f. (mit Literatur).
812 Eklatant etwa das, was Diogenes Laertios von Antisthenes überliefert (6, 11). καὶ τὸν σοφὸν οὐ κατὰ τοὺς κειμένους νόμους πολιτεύσεσθαι, ἀλλὰ κατὰ τὸν τῆς ἀρετῆς.
813 Vgl. dazu Ostwald (1970) passim, der mit Recht hervorhebt, daß die Vorstellung von "ungeschriebenen Nomoi" die Existenz und Normalität von geschriebenen schon voraussetzt; Carey (1996) 40 mit Belegen für die Auffassung, ungeschriebene und geschriebene Gesetze ergänzten sich gegenseitig; Gagarin (2008) 33f.; Scheibelreiter (2013) 988 und Hayes (2015) 66/70. Im platonischen *Politikos* heißt es einmal, der Gesetzgeber bediene sich sowohl geschriebener Nomoi als auch ungeschriebener, indem er die väterlichen Bräuche bekräftige (295a). Die schriftliche Begründung des mosaischen νόμος tief in der Vergangenheit und seine dauernde Observanz durch die Vorfahren haben im übrigen zur Folge, daß der Begriff in der jüdischen Verwendung, anders als im Griechischen, die semantische Doppeldeutigkeit zwischen "Gesetz" und "Brauch" gleichsam in eins aufhebt (vgl. oben Anm. 789). Für die Griechen

Nachdem also schon Historiker und Philosophen der klassischen Zeit, wie z.B. Platon, reges Interesse an dem frühen Recht nicht nur der griechischen Poleis und an ihren maßgeblichen Gesetzgebern gezeigt hatten, intensivierte sich in der hellenistischen Zeit zudem die wissenschaftlich-empirische Forschung zu diesem Thema[814], in welche nach und nach auch die Geschichte barbarischer Länder und deren Rechtsentwicklung miteinbezogen wurden[815]. Erinnert sei hier an Aristoteles[816] und das politische Schrifttum des Peripatos: "Im Peripatos hatte es das ehrgeizige Projekt der Sammlung von Staatsverfassungen gegeben. 158 Verfassungen hat man laut Katalog schließlich im Wortlaut gehabt; wissenschaftliche Arbeit sollte dann auf Auswertung und Vergleich aufbauen"[817], offenbar auch, weil kritische Stimmen umliefen[818], welche die Existenz früher

---

galt ja: "... the beliefs, institutions and customs that in our eyes constitute a religion are *nomoi* or *nomaia* – in other words, customary rules, traditional ways of acting and thinking" (Rudhardt [2002] 173; vgl. Ostwald [1969] 34f.; Bordes [1982] 375/84; Thomas [2005] 51f. und Gagarin [2008] 34, der auf die wichtige Stelle Plat. nom. 793a/c verweist, an welcher der Terminus νόμοι sowohl die hergebrachten Bräuche als auch die Gesetze bezeichnet, der Unterschied aber völlig klar ist), wobei im historischen Rückblick späterer Zeiten die Abgrenzung von schriftlich kodifizierten Gesetzen durchaus unklar werden konnte. Aristoteles allerdings scheint wie Hekataios zwischen νόμοι und ἔθη klarer differenziert zu haben (vgl. F 611, 43 Rose³ = Herakl. Lemb. pol. 43 [ed. Dilts, S. 29]). Ein Vergleich mit der eigenen Religion, in welcher derjenige als νόμιμος gelten durfte, der in der Verehrung der Götter dem überkommenen Vorbild der Vorfahren und dem herrschenden Nomos der eigenen Polis folgte (vgl. etwa Isokr. 7, 30 sowie Burkert [1985] 273 und Dalfen [2009] 68/78), mußte sich den Griechen aufdrängen.

814 Vgl. insgesamt Hölkeskamp (1999) 28/59.

815 Vgl. Timpe (1980) 73: "Die Nomotheten sind hier eine Kategorie der Völkerbetrachtung und ein Schlüssel zur geschichtlichen Individualität eines Volkes; sie bieten einen Maßstab des Vergleichens und erlauben, kulturelle Abhängigkeiten zu bestimmen"; Dörrie (1987) 26; Gehrke (2000) 150f. und Ax (2001) 293/95. Vgl. außerdem oben S. 86f. zum Schrifttum Περὶ εὑρημάτων.

816 Welcher im Ausgang der *Nikomachischen Ethik* (1181b12f.), offenbar mit leiser Kritik, bemerkt, "die Früheren" hätten die Behandlung der Gesetzgebung (τὸ περὶ τῆς νομοθεσίας) unerforscht beiseitegelassen, und an einer vieldiskutierten Stelle der *Politik* feststellt, es sei zu unterscheiden zwischen den einen, die sich zu Politeiai nur geäußert hätten, aber niemals selbst politisch aktiv geworden seien, und den anderen, die entweder in ihren eigenen oder in fremden Poleis als Gesetzgeber gewirkt hätten (1273b32/34). Im folgenden listet Aristoteles ebensolche griechische Nomotheten auf (vgl. dazu Ruschenbusch [2005] 154).

817 Orth (2001) 108. Vgl. dazu auch Barthélemy (1974) 31; Diamond (1980) 81; Hölkeskamp (1999) 30; Schofield (2000a) 313; Schepens – Bollansée (2004) 272f. 278; Murray (2005) 203; Schenker (2010) 33; Lapini (2015) 1037; Weber (2015) 106/08 und Mueller-Goldingen (2016) 5.

818 Vgl. etwa Cic. leg. 2, 6, 14f. und epist. Att. 6, 1, 18 über Timaios, der geleugnet habe, daß es einen Zaleukos von Lokroi überhaupt gegeben habe, und die Widerlegung seiner Skepsis eben durch Theophrast.

Nomotheten grundsätzlich in Zweifel zogen. Das Schrifttum Περὶ νόμων ist vielfach, übrigens auch für Theophrast[819] und Demetrios von Phaleron, bezeugt, und das vergleichende Interesse, das man dabei den *leges* der Nichtgriechen entgegenbrachte, erhellt noch aus Cicero fin. 5, 4, 11 (ed. Schiche, S. 160): *omnium fere civitatum non Graeciae solum, sed etiam barbariae ab Aristotele mores, instituta, disciplinas, a Theophrasto leges etiam cognovimus*[820]. Dieser Befund ist umso bemerkenswerter, als die Auffassung, vor allem die Hellenen zeichneten sich durch ihren Sinn für τὸ νόμιμον καὶ τὸ πολιτικόν aus, während die Barbaren eigentlich keine wahren νόμοι oder Poleis hätten, verbreitet war[821]. Überhaupt: "... the idea, if not of the oneness of the human race, at least of the universality of law outweighing the differences between the laws of individual peoples, was gaining ground in Greek philosophy and ethnography"[822]. In der Folge gehörte der Blick auf die großen Nomothesien und die Nomotheten der griechischen und fremdländischen Geschichte zum Kernbestand historischer Literatur, aber auch der Philosophie, welche in den maßgeblichen Rechtsordnungen nicht nur Prinzipien menschlicher, sondern auch göttlicher Weisheit nachging[823]. Daß sich dabei die Erörterung einzelner historischer oder gegenwärtiger Normen griechischer oder nichtgriechischer Politeiai mit rechtstheoretischen und philosophischen Reflexionen ebenso verband wie mit biograpisch-anekdotischen Überlieferungen zu den berühmten Gesetzgebern, mit rhetorisch-formalen Fragen und nicht zuletzt mit situationsbezogenen politischen Absichten, erweist sich nachgerade als ein Charakteristikum solcher Texte[824].

---

819 Ob Flavius Josephus mit seiner Angabe, das peripatetische Schuloberhaupt Theophrast habe in seinem gleichnamigen Werk auf den jüdischen Nomos Bezug genommen (c. Apion. 1, 167), Vertrauen verdient, ist umstritten (vgl. dazu Szegedy-Maszak [1981] 74f.; Orth [2001] 109; anders Feldman [1993] 7 und Bar-Kochva [2010] 17⁶).
820 Vgl. dazu Martini (1901) 2821; Wehrli (1968) 519f.; Szegedy-Maszak (1978) 199/201; Gagarin (2000a) passim; Rowe (2000c) 392; Tracy (2000) 341; Orth (2001) 109f.; Thrams (2001) 91 und Haake (2007) 78/81. Theophrast verfaßte nach Diog. Laert. 5, 45 ein Buch Περὶ νομοθετῶν.
821 Vgl. Hengel (1976) 111 mit Verweis auf Strabon 1, 4, 9; Dihle (1995) 120; Schepens – Bollansée (2004) 279 und Long (2008) 50.
822 Gabba (1989) 629; vgl. auch Coleman (1997) 199.
823 Vgl. zur allgemeinen Bedeutung, welche die Erörterung von Recht, Ordnung, Verfassung und Gesetz, also von Dike, Politeia und Nomos, in der zeitgenössischen Literatur hatte, Schepens – Bollansée (2004) 266. Thomas (1994) 121/24 zeigt auf, daß die Berufung auf die ursprünglichen Nomotheten, in Athen natürlich auf Solon, auch in der politischen und gerichtlichen Rhetorik gerade seit dem vierten Jahrhundert einen festen Platz hatte: "The prestige of the ancient lawgiver is exploited for all that it is worth and in a way which was presumably thought acceptable, indeed highly appealing ..."; vgl. ähnlich Piepenbrink (2001) 125f.
824 Vgl. Schepens – Bollansée (2004) 267f.

Seit dem vierten Jahrhundert flossen die unterschiedlichen Stränge dieser Forschungen zusammen in die summarische, "pseudo-historische oder 'historisierende'"[825] Idealisierung der archaischen Gesetzgeber, "die ihren Poleis aufgrund weitreichender Beziehungen und der Kenntnis der Sitten und Gebräuche anderer Völker unter dem Einfluß göttlicher Inspiration ... Verfassung und Gesetze gegeben hätten"[826]. In Ergänzung der bereits genannten Stellen seien hier beispielhaft noch zwei repräsentative Passagen vorgestellt, die sich ganz auf die Auflistung berühmter Gesetzgeber beschränken. Bei Diodor 1, 94, 1f. findet sich folgender Katalog (ed. Bertrac, S. 172f.)[827]:

ῥητέον δ' ἡμῖν καὶ περὶ τῶν γενομένων νομοθετῶν κατ' Αἴγυπτον τῶν οὕτως ἐξηλλαγμένα καὶ παράδοξα νόμιμα καταδειξάντων. μετὰ γὰρ τὴν παλαιὰν τοῦ κατ' Αἴγυπτον βίου κατάστασιν, τὴν μυθολογουμένην γεγονέναι ἐπί τε τῶν θεῶν καὶ τῶν ἡρώων, πεῖσαί φασι πρῶτον ἐγγράπτοις νόμοις χρήσασθαι τὰ πλήθη τὸν Μηνᾶν, ἄνδρα καὶ τῇ ψυχῇ μέγαν καὶ τῷ βίῳ κοινότατον τῶν μνημονευομένων. προσποιηθῆναι δ' αὐτῷ τὸν Ἑρμῆν[828] δεδωκέναι τούτους, ὡς μεγάλων ἀγαθῶν αἰτίους ἐσομένους, καθάπερ παρ' Ἕλλησι ποιῆσαί φασιν ἐν μὲν τῇ Κρήτῃ Μίνωα, παρὰ δὲ Λακεδαιμονίοις Λυκοῦργον, τὸν μὲν παρὰ Διός, τὸν δὲ παρ' Ἀπόλλωνος φήσαντα τού-

---

825 Hölkeskamp (1999) 44; vgl. schon (1992) 87/89 und (1994) 135; Maffi (1992) 424/26 und (2012) 124; Gehrke (2000) 146f.; Raaflaub (2000) 42f.; Piepenbrink (2001) 163; Hagedorn (2004) 62f. 84/86. 93; Harris (2006) 292 sowie Scheibelreiter (2013) 989/92.
826 Kaiser (2003a) 92; vgl. Scheibelreiter (2013) 989f.
827 Ob die Stelle entgegen der *communis opinio* der neueren Forschung nicht doch auf Hekataios Abderites zurückgehen könnte, muß hier offenbleiben (vgl. aber schon Jacoby [1912] 2760; Gager [1972] 30; Wacholder [1974] 85f.; Speyer [1989] 36; Nothers [1992] 305 und Schenker [2007] 333[18] sowie oben S. 168 zu Diod. 1, 96/98).
828 Hermes der Götterbote – in Ägypten mit dem Gott Thoth identifiziert – galt im Hellenismus weithin als Weisheitslehrer, Erfinder der Schrift, insbesondere als Mittler und Deuter heiliger Schriften der Götter, als Lehrer der Gerechtigkeit und Gesetzgeber (vgl. dazu mit Quellen, etwa Diod. 1, 16; 1, 27, 4; 1, 43, 6, und Literatur Boylan [1922] passim; Müller [1960] 62; Wacholder [1974] 80f.; Holladay [1983] 234f.; Hengel [1988] 390; van der Horst [1988] 535; Speyer [1989] 34 und Siegert [1992] 86 sowie Hafemann [1995] 66 zu Qumran). Ptolemaios IV. Philopator nennt sich in seiner Königstitulatur ὁ τοὺς νόμους τούς τε θέντας ὑπὸ τοῦ Μεγίστου καὶ Μεγίστου Ἑρμοῦ βεβαιῶν (vgl. Koenen [1983] 155[36]), Ptolemaios III. zeigen Rundbilder als Hermes-Thoth (vgl. Hölbl [1994] 89). Freillich wurde dieser griechische Gottesname auch von den zeitgenössischen Juden beansprucht – für Moses: Artapanos berichtet, Moses habe für seine Ordnung Ägyptens und seine Einrichtung der ägyptischen Religion (s. oben S. 149f.) hohe Anerkennung der Ägypter erfahren (F 3, 6 Holladay): διὰ ταῦτα οὖν τὸν Μώϋσον ὑπὸ τῶν ὄχλων ἀγαπηθῆναι καὶ ὑπὸ τῶν ἱερέων ἰσοθέου τιμῆς καταξιωθέντα προσαγορευθῆναι Ἑρμῆν, διὰ τὴν τῶν ἱερῶν γραμμάτων ἑρμηνείαν (vgl. dazu Hengel [1976] 135; Droge [1989] 26f. und Weber [2000] 70[34]).

τους παρειληφέναι. καὶ παρ' ἑτέροις δὲ πλείοσιν ἔθνεσι παραδέδοται τοῦτο τὸ γένος τῆς ἐπινοίας ὑπάρξαι καὶ πολλῶν ἀγαθῶν αἴτιον γενέσθαι τοῖς πεισθεῖσι· παρὰ μὲν γὰρ τοῖς Ἀριανοῖς Ζαθραύστην ἱστοροῦσι τὸν ἀγαθὸν δαίμονα προσποιήσασθαι τοὺς νόμους αὐτῷ διδόναι, παρὰ δὲ τοῖς ὀνομαζομένοις Γέταις τοῖς ἀπαθανατίζουσι Ζάλμοξιν ὡσαύτως τὴν κοινὴν Ἑστίαν, παρὰ δὲ τοῖς Ἰουδαίοις Μωυσῆν τὸν Ἰαὼ ἐπικαλούμενον θεόν, εἴτε θαυμαστὴν καὶ θείαν ὅλως ἔννοιαν εἶναι κρίναντας τὴν μέλλουσαν ὠφελήσειν ἀνθρώπων πλῆθος, εἴτε καὶ πρὸς τὴν ὑπεροχὴν καὶ δύναμιν τῶν εὑρεῖν λεγομένων τοὺς νόμους ἀποβλέψαντα τὸν ὄχλον μᾶλλον ὑπακούσεσθαι διαλαβόντας.

Reden müssen wir aber auch von den Gesetzgebern, die in Ägypten aufgetreten sind und derart Merkwürdiges und Befremdliches als gesetzlich aufgezeigt haben. Denn nach der Zeit, in welcher in Ägypten die alte Ordnung des Lebens herrschte, von deren Entstehung unter Götter und Helden in mythischer Rede erzählt wurde, habe als erster, behaupten sie [sc. die Ägypter], Menas die Volksmenge überzeugt, schriftlich aufgezeichnete Gesetze zu verwenden, ein Mann von besonderer Geistesgröße und in seiner Lebensführung der umgänglichste von denen, deren man gedenke. Er habe aber so getan, als habe ihm Hermes diese Gesetze gegeben, auf daß sie Ursache großer Güter sein würden, ebenso, wie bei den Griechen Minos es auf Kreta gemacht haben soll, bei den Lakedaimoniern Lykurg, wobei der eine behauptet haben soll, er habe diese Gesetze von Zeus, der andere aber, er habe sie von Apollon bekommen. Aber auch bei mehreren anderen Völkern ist überliefert, es habe dort diese Art von Einfall gegeben und sei denen, die sich davon überzeugen ließen, Ursache vieler Güter geworden. Denn bei den Ariern erzählt man, Zathraustes habe so getan, als habe ihm der Gute Daimon die Gesetze gegeben, bei den sogenannten Geten aber, welche an die Unsterblichkeit glauben, daß Zalmoxis ebenso [sc. so getan habe, als habe ihm die Gesetze gegeben] die allgemein verehrte Hestia, bei den Juden aber, daß Moyses [sc. so getan habe, als habe ihm die Gesetze gegeben] der Iao genannte Gott, sei es, daß sie urteilten, ganz und gar eine wunderbare und göttliche Vorstellung sei diejenige, die einer Menge von Menschen förderlich sein werde, sei es, daß sie annahmen, die Menge werde eher gehorsam sein, wenn sie die Gesetze im Verhältnis zu dem überlegenen Rang und der Macht ihrer angeblichen Erfinder in Betracht zöge.

Bei Strabon hingegen folgt auf jene wohl aus Poseidonios entnommene Passage über Moses und die Juden (s. oben S. 92) eine längere Appendix, welche aus einer bis heute nicht einmütig identifizierten, aber sicher doch erheblich älteren Quelle stammt (vielleicht ebenfalls aus Poseidonios)[829] und in welcher die Be-

---

[829] Vgl. dazu Speyer (1989) 35f.; Bloch (2002) 51f.; Bar-Kochva (2010) 360/62 und Perdue (2011) 133f. Reinhardt (1928) 6/34 votierte nachdrücklich dafür, daß auch hinter diesem "Exkurs" Poseidonios stehe (vgl. auch Wacholder [1974] 93f.).

deutung der die Gemeinschaft bindenden, auf göttlichen Ursprung rückführbaren Normen ausführlich zur Sprache kommt (16, 2, 38f. [ed. Radt, S. 342]):

τὸ δὲ πρόσταγμα διττόν· ἢ γὰρ παρὰ θεῶν ἢ παρὰ ἀνθρώπων. καὶ οἵ γε ἀρχαῖοι τὸ παρὰ τῶν θεῶν ἐπρέσβευον μᾶλλον καὶ ἐσέμνυνον, καὶ διὰ τοῦτο καὶ ὁ χρηστηριαζόμενος ἦν τότε πολὺς καὶ τρέχων εἰς μὲν Δωδώνην, ὅπως
    ἐκ δρυὸς ὑψικόμοιο Διὸς βουλὴν ἐπακούσῃ [vgl. Hom. Od. 14, 328],
συμβούλῳ τῷ Διὶ χρώμενος, εἰς δὲ Δελφοὺς
    τὸν ἐκτεθέντα παῖδα μαστεύων μαθεῖν,
    εἰ μηκέτ' εἴη [vgl. Euripides Phoen. 36f.]·
αὐτὸς δ' ὁ παῖς
    ἔστειχε τοὺς τεκόντας ἐκμαθεῖν θέλων
    πρὸς δῶμα Φοίβου [vgl. Euripides Phoen. 34f.].
καὶ ὁ Μίνως παρὰ τοῖς Κρησὶν
    ἐννέωρος βασίλευε Διὸς μεγάλου ὀαριστής [vgl. Hom. Od. 19, 179]·
δι' ἐννέα ἐτῶν, ὥς φησι Πλάτων, ἀναβαίνων ἐπὶ τὸ ἄντρον τοῦ Διὸς καὶ παρ' ἐκείνου τὰ προστάγματα λαμβάνων καὶ παρακομίζων εἰς τοὺς ἀνθρώπους· τὰ δ' ὅμοια ἐποίει καὶ Λυκοῦργος ὁ ζηλωτὴς αὐτοῦ· πυκνὰ γάρ, ὡς ἔοικεν, ἀποδημῶν ἐπυνθάνετο παρὰ τῆς Πυθίας ἃ προσῆκε παραγγέλλειν τοῖς Λακεδαιμονίοις. ταῦτα γάρ, ὅπως ποτὲ ἀληθείας ἔχει[830], παρά γε τοῖς ἀνθρώποις ἐπεπιστεύετο καὶ ἐνενόμιστο ... [vgl. im folgenden zu Manteis wie Orpheus und Zamolxis sowie zu Moses und seinen Nachfolgern, die guten Anfängen zum Trotz später zum Schlechteren abgewichen seien!].

Die Anordnung aber ist zweierlei Art: Denn entweder stammt sie von Göttern oder von Menschen. Die Alten jedenfalls pflegten eher das, was von den Göttern herkam, zu achten und zu erhöhen, und deshalb gab es damals viele, die das Orakel befragten und nach Dodona liefen, um
    aus hochbelaubter Eiche des Zeus Ratschluß zu vernehmen
und Zeus als Ratgeber zu nutzen, nach Delphi aber
    strebten, um von dem ausgesetzten Kind zu erfahren,
    ob es nicht mehr lebe;
das Kind selbst aber
    schritt mit der Absicht, die Eltern herauszufinden,
    zum Haus des Phoibos.

---

830 In 10, 4, 19 übt sich Strabon, in Anschluß an Ephoros (vgl. F 149 Jacoby), in ähnlicher Zurückhaltung: Lykurg habe sich auf Kreta in der alten Nomothesie, die zunächst Rhadamanthys, dann Minos ὡς [!] παρὰ τοῦ Διός erlassen hätten, unterweisen lassen (vgl. dazu auch Dalfen [2009] 163).

Und Minos bei den Kretern
    herrschte als König, in jedem neunten Jahr Vertrauter des großen Zeus,
indem er je nach neun Jahren, wie Platon behauptet, zur Höhle des Zeus hinaufstieg, die Anordnungen von jenem bekam und zu den Menschen überbrachte. Das Gleiche aber tat auch Lykurg, sein Nacheiferer: Häufig nämlich ging er, wie es den Anschein hatte, außer Landes und brachte von der Pythia in Erfahrung, was den Lakedaimoniern zu weisen sich gebührte. Derartigem nämlich wurden, wie auch immer es dabei eigentlich um die Wahrheit steht, bei den Menschen jedenfalls Glauben und Anerkennung erwiesen.

Wenn es also wahrscheinlich war, daß ein Klassiker wie Platon auf längst schriftlich vorliegende νόμοι von Griechen und Barbaren zurückgreifen konnte, warum sollte unter diesen nicht auch der mosaische Nomos gewesen sein? Dabei bot gerade der Nomosbegriff des späten Platon einen wichtigen Bezugspunkt, stand in ihm – insbesondere in den *Nomoi* – das Interesse am geschriebenen Gesetz doch stets in engstem Zusammenhang mit der Suche nach Erkenntnis und Weisheit, um zugleich das Ziel philosophisch-theologischer und ethischer παιδεία zu verwirklichen[831]. Eben in dieser Funktion erscheint es weit über jede andere literarische Äußerung, sei sie in Prosa oder in Poesie geformt, hinausgehoben (858c/e [ed. Burnet])[832]:

γράμματα μέν που καὶ ἐν γράμμασιν λόγοι καὶ ἄλλων εἰσὶ πολλῶν ἐν ταῖς πόλεσιν γεγραμμένοι, γράμματα δὲ καὶ τὰ τοῦ νομοθέτου καὶ λόγοι ... πότερον οὖν τοῖς μὲν τῶν ἄλλων συγγράμμασιν, ποιητῶν καὶ ὅσοι ἄνευ μέτρων καὶ μετὰ μέτρων τὴν αὑτῶν εἰς μνήμην συμβουλὴν περὶ βίου κατέθεντο συγγράψαντες, προσέχωμεν τὸν νοῦν, τοῖς δὲ τῶν νομοθετῶν μὴ προσέχωμεν; ἢ πάντων μάλιστα; ... ἀλλὰ δῆτα οὐ χρὴ τὸν νομοθέτην μόνον τῶν γραφόντων περὶ καλῶν καὶ ἀγαθῶν καὶ δικαίων συμ-

---

831 Vgl. Görgemanns (1960) 17: "In den *Nomoi*, wo ... eine Einzelgesetzgebung notwendig ist, gewinnt Platon nun dem Gesetz eine neue, positive Seite ab, indem er ihm erzieherische Funktion gibt", aber dennoch die Einschränkungen in nom. 875a/d und zum Verhältnis der beiden Stellen Lane (2013) 62/69. Ein Seitenblick auf Isokrates: In seinem *Areopagitikos* (7, 39/41) erörtert er, warum die staatliche Ordnung der Vorfahren besser gewesen sei als die gegenwärtige; entscheidend sei gewesen, daß zum einen die Menschen ihr alltägliches Leben in Tugend und Selbstbeherrschung geführt, zum anderen gar nicht den Versuch unternommen hätten, alles möglichst genau durch schriftliche Gesetze zu regeln: Fülle und Genauigkeit ebendieser seien eher ein Zeichen dafür, daß die Polis schlecht bewohnt werde! In 15, 79 hingegen preist Isokrates die Nomoi zwar als Ursache der meisten und größten Güter für das menschliche Leben, weist der politischen Rede über das für den Staat Nützliche aber noch höhere Bedeutung zu.
832 Vgl. Schöpsdau (2011) 294.

βουλεύειν, διδάσκοντα οἷά τέ ἐστι καὶ ὡς ἐπιτηδευτέον αὐτὰ τοῖς μέλλουσιν εὐδαίμοσιν ἔσεσθαι; ... ἀλλὰ αἰσχρὸν δὴ μᾶλλον Ὁμήρῳ τε καὶ Τυρταίῳ καὶ τοῖς ἄλλοις ποιηταῖς περὶ βίου τε καὶ ἐπιτηδευμάτων κακῶς θέσθαι γράψαντας, Λυκούργῳ δὲ ἧττον καὶ Σόλωνι καὶ ὅσοι δὴ νομοθέται γενόμενοι γράμματα ἔγραψαν; ἢ τό γ' ὀρθόν, πάντων δεῖ γραμμάτων τῶν ἐν ταῖς πόλεσι τὰ περὶ τοὺς νόμους γεγραμμένα φαίνεσθαι διαπτυττόμενα μακρῷ κάλλιστά τε καὶ ἄριστα, τὰ δὲ τῶν ἄλλων ἢ κατ' ἐκεῖνα συνεπόμενα, ἢ διαφωνοῦντα αὐτοῖς εἶναι καταγέλαστα;

Schriften wohl und Reden in Schriftform gibt es in den Städten auch von vielen anderen, schriftlich aufgezeichnet, Schriften aber und Reden sind auch das, was der Gesetzgeber hervorbringt ... Sollen wir also unseren Sinn richten auf die Schriftwerke der anderen, nämlich der Dichter und all derer, die ohne und mit Metrum ihren eigenen, zur Erinnerung bestimmten Ratschlag über das Leben in Schriftwerken niedergelegt haben, auf diejenigen der Gesetzgeber sollen wir ihn aber nicht richten? Oder auf diese am meisten von allen? ... Aber darf denn der Gesetzgeber allein von denen, die über schöne und gute und gerechte Dinge schreiben, keinen Rat geben, indem er lehrt, wie beschaffen sie sind und wie die Menschen, die glückselig sein wollen, sie betreiben müssen? ... Jedoch, größere Schande also bereitet es dem Homer und Tyrtaios und den übrigen Dichtern, über das Leben und seine Einrichtungen in ihren Schriften schlecht Rat zu geben, geringere aber dem Lykurg und Solon und allen, welche also Gesetzgeber geworden sind und Schriften verfaßt haben? Oder gilt mit Recht: Von allen Schriften, die es in den Städten gibt, müssen diejenigen, welche die Gesetze betreffend vorliegen, als bei weitem schönste und beste erscheinen, wenn man sie entfaltet, diejenigen der anderen aber entweder ebenso, wenn sie jenen gemäß sich anschließen, oder, wenn sie mit ihnen nicht übereinstimmen, überaus lächerlich sein?

Diesen Anspruch erhebt nun Aristobulos für seinen weisen Gesetzgeber Moses und dessen νομοθεσία, welche, weit entfernt davon, nur eine juristisch relevante Normensammlung zu sein[833], die universale Ordnung Gottes, der Welt, der Menschen und ihres Zusammenlebens aufbewahrt und lehrt. Eine solche Auffassung der Tora als eines uralten, schriftlich verfaßten Nomos lag der griechi-

---

833 Der Vergleich mit den griechischen, ägyptischen und demotischen Rechtstexten des Ptolemäerreichs, dessen sich die neuere Forschung zuweilen zur Erklärung der Ursprünge der Septuaginta bedient, darf davon nicht absehen (vgl. dazu Gmirkin [2006] 252; Schenker [2007] 333/35 und Dorival [2010] 41/43). Zu beachten ist in dieser Hinsicht auch der *Aristeasbrief*, der die Übersetzer am ptolemäischen Königshof nicht als bloße Wiedergeber von Rechtssätzen, sondern im gelehrten Symposion als dem mosaischen Nomos gewachsene und den griechischen Philosophen sogar überlegene Weise darstellt, die vom König selbst gelobt werden (200 [ed. Pelletier, S. 194]): διαφέρειν τοὺς ἄνδρας ἀρετῇ καὶ συνιέναι πλεῖον ... ἀπὸ θεοῦ τοῦ λόγου τὴν καταρχὴν ποιούμενοι (vgl. auch 235).

schen Vorstellung von den frühen Rechtsordnungen und weisen Gesetzgebern unterschiedlichster Völker nicht fern[834]. Das Wort νόμος, das die Septuaginta festschreibt und Aristobulos in seiner Bibelexegese voraussetzt, eröffnete dem Griechen in seiner Bedeutung "Gesetz" einen weiten Raum des Verständnisses, in dessen geschichtlicher Dimension die Grenzen verschiedener Kulturen und auch die Trennung von Recht und Philosophie aufgehoben erscheinen konnten.

Die vorstehenden Überlegungen blieben nun allerdings unzureichend, erführe nicht auch das Beachtung, was Aristobulos und seinem Nomosbegriff eigen ist – abgesehen von der metaphorischen Auslegung, die in den folgenden Kapiteln noch genauer untersucht werden soll. In gebotener Kürze seien hier abschließend einige Beobachtungen formuliert:

a) Aristobulos schließt sich den Reserven[835] nicht an, die griechische Autoren gegen den Wahrheitsgehalt der Überlieferungen äußern, die frühen Nomotheten hätten ihre Gesetze aus ihnen selbst vorbehaltener göttlicher Inspiration oder doch zumindest auf göttliches Anraten und göttliche Unterweisung hin gegeben[836]. Weder die Alternative, in Wahrheit hätten sie in fremden Ländern

---

834 *Pace* Maier (1990) 295: "Die Behauptung eines offenbarten Gesetzes (*nomos*) klang in der hellenistischen Welt mit ihrer Auffassung von Gesetzgebung ziemlich exotisch".

835 Schon in Plat. nom. 624a wird gegenüber der Tradition, Minos habe mit Zeus verkehrt, ironische Distanz aufgebaut (vgl. unten S. 353); vgl. außerdem etwa über Lykurgs spartanische Ordnung Hdt. 1, 65 und Xen. Laked. pol. 8, 5: οἷς αὐτὸς ἔθηκε νόμοις (dazu gut Bordes [1982] 168f.) sowie neben den obenzitierten Stellen aus Diodor und Strabon auch Dion. Hal. ant. 2, 61 über rationalistische Mythenkritik an der Geschichte von Numas und Egerias Umgang; Diod. 5, 78, 3 (über Minos; dazu Dalfen [2009] 163) und Cic. rep. 2, 1, 2f.; nat. 3, 38, 91 (vgl. insgesamt auch Speyer [1989] 36). Polybios dreht zunächst das Argument von menschlicher Autorschaft oder göttlichem Ursprung um (6, 48, 2): δοκεῖ δή μοι Λυκοῦργος πρὸς μὲν τὸ σφίσιν ὁμονοεῖν τοὺς πολίτας καὶ πρὸς τὸ τὴν Λακωνικὴν τηρεῖν ἀσφαλῶς, ἔτι δὲ τὴν ἐλευθερίαν διαφυλάττειν τῇ Σπάρτῃ βεβαίως, οὕτως νενομοθετηκέναι καὶ προνενοῆσθαι καλῶς ὥστε θειοτέραν τὴν ἐπίνοιαν ἢ κατ' ἄνθρωπον αὐτοῦ νομίζειν, bevor er in 10, 2, 8/11 vermerkt, der große Nomothet Spartas habe die Geschichte, er sei von der Pythia Apolls unterwiesen worden, selbst erfunden, um seine eigenen Vorhaben beim Volk annehmbarer und vertrauenswürdiger zu machen, und Ungehorsam gegen seine Nomoi nicht nur als ἄνομος, sondern gar als ἀνόσιος (!) verworfen. Im Einklang damit präsentiert Polybios auch an anderen Stellen Lykurg als menschlichen Schöpfer der spartanischen Ordnung (6, 3, 8; 6, 10 u.ö.). Zu erwähnen ist in diesem Zusammenhang auch das Pamphlet, welches der spartanische König Pausanias gegen den großen Lykurg verfaßt und in welchem offenbar die Geschichte von dessen delphisch-apollinischer Unterweisung eine zentrale Rolle gespielt haben soll (vgl. dazu mit den Angaben Luther [2004] 21/28).

836 Bei Aristoteles findet sich der Vorbehalt, die Menschen ferner Vergangenheit hätten das Wesen des Göttlichen durchaus richtig erfaßt, der Einsicht sei jedoch hinzugefügt worden, die

ihre Wissen erworben, noch die Kritik, hinter solchen Erfindungen stünde politisches Kalkül, sind für seine Hochschätzung der Tora Gottes und ihres Gesetzgebers Moses von Bedeutung. Moses reiste nicht in die Fremde, sondern um ihn waren Weisheit und göttliches Pneuma. Aristobulos bekräftigt als Tatsache also das, was Hekataios in seinem Zitat aus den mosaischen Nomoi als Selbstzeugnis des jüdischen Gesetzgebers angeführt hatte: Μωσῆς ἀκούσας τοῦ θεοῦ τάδε λέγει τοῖς 'Ιουδαίοις[837].

b) Das Wirken der frühen Gesetzgeber beschränkte sich nach griechischer Vorstellung stets auf einen definierten Raum, auf eine Polis, auf ein Land, auf ein Volk, und fand dort auch sein Ende, es sei denn, daß es durch einzelne Übernahmen anderer Nomotheten in der Fremde Einfluß ausübte[838] – auch dort wiederum in einer Polis, einem Land, einem Volk. Hekataios schließt in seiner Schilderung der mosaischen Politeia Jerusalems an solch definitorisches Denken an. Nach Aristobulos hingegen offenbarte Moses den vollkommenen Nomos Gottes zwar zunächst den Hebräern, schon bald aber wirkte er übersetzt in griechischen Geist hinein und beansprucht bis in die Gegenwart Geltung als umfassende Unterweisung in Gott, Welt und menschliche Existenz[839]. Gerade an die-

---

Götter seien anthropo- oder theriomorph, um diesen Mythos sowohl zur Überzeugung der Menge einzusetzen als auch für die Gesetze und das Zuträgliche (vgl. met. 1074b unten Anm. 849).

837 Was schon Reinhardt (1928) 20 meinte: "Einem Hekataios bleibt Moses Zivilisator. Was ihn zum Gründer auserwählt sein läßt, ist nicht die Gotteserkenntnis, sondern seine Überlegenheit an Einsicht und Mut", untertreibt daher wohl die Bedeutung der religiösen Sonderstellung Mose. Vgl. zu den "Biblical Discourses of Law", also zum göttlichen Gesetz insbesondere im Pentateuch, auch Hayes (2015) 14/53.

838 Der Gedanke, daß – abgesehen von den ungeschriebenen, natur- oder gottgegebenen Gesetzen – ein schriftlich gesetzter Nomos allgemeingriechische oder gar universale Anerkennung beanspruchen dürfe, findet sich nur vereinzelt und mit der Absicht rhetorischer Amplifikation geäußert; vgl. etwa Lys. 1, 2; Is. 2, 24; Demosth. 21, 48/51 oder über ein erbrechtliches Gesetz Solons Isokr. 19, 50f. (mit Demosth. 46, 13).

839 Dieser Allanspruch ist in Verbindung gebracht worden mit dem kosmopolitischen Rechtsdenken der Stoa, nach welchem die vom Logos durchwaltete Welt als Megalopolis oder Kosmopolis "nur noch eine Politeia, eine Staatsverfassung, ein Gesetz" habe (Weber [2000] 431f. mit Literatur; vgl. Baldry [1965] 151/66; Gauthier [1981] 174; Schofield [1991] passim und [2000b] 443f.; Steinmetz [1994] 523; Hadot [1998] 245; Seubert [2005] 41f.; Long [2005] 425. 429f. und [2008] passim; Murray [2005] passim; Brown [2009] passim; Hayes [2015] 60f. sowie zu Flavius Josephus und Philon Honigman [1997] 72/76). Gleichwohl dürfen im Hinblick auf Aristobulos die Unterschiede nicht unterschlagen werden. Folgende Hinweise müssen hier genügen: In einem vielbesprochenen Passus aus der Politeia Zenons heißt es (SVF 1, 262), die Menschen seien nicht Bürger verschiedener Poleis, sondern alle gemeinsam Bürger des einen Kosmos (vgl. 1, 162 [aus Diog. Laert. 7, 88]: ... ὁ νόμος ὁ κοινός, ὅσπερ ἐστὶν ὁ ὀρθὸς λόγος, διὰ πάντων

sem Punkt wird deutlich, wie Aristobulos die griechischen Traditionen über die frühen Gesetzgeber voraussetzt, über sie aber dadurch hinausgeht, daß er dem Nomos auch für die Gegenwart einen absoluten Anspruch auf Vorrang zuerkennt, der ihn eher mit philosophischen Entwürfen idealer Staaten und Rechtsordnungen sowie mit Vorstellungen eines universalen (Natur)Rechts in Konkurrenz bringt als mit historischen Politeiai der griechischen Geschichte. Was also über die ἴδιοι νόμοι einzelner Poleis nur im Einzelfall postuliert werden konnte, nämlich daß sie mit den Gesetzen anderer Griechen oder sogar Barbaren übereinstimmten, also ein allgemeines "universal law" (κοινὸς νόμος) verwirklichten[840], gilt für Mose Nomothesia umfassend[841].

c) Die Annahme, Gesetzgeber, Dichter und Philosophen der Vergangenheit hätten sich ihre Weisheit nicht zuletzt auf Reisen in fremden Ländern angeeignet, als oberflächlichen Topos abzutun wäre vorschnell. Die Ernsthaftigkeit des Arguments erhellt nicht zuletzt daraus, daß seine Glaubwürdigkeit bis in ein-

---

ἐρχόμενος, ὁ αὐτὸς ὢν τῷ Διί, καθηγεμόνι τούτῳ τῆς τῶν ὄντων διοικήσεως ὄντι). Zu der Anekdote, daß Alexander der Große diese Vorstellungen in seiner Haltung zu Griechen und Barbaren zu verwirklichen trachtete, vgl. Plut. *De Alexandri Magni fortuna aut virtute* 6f., 329b/d. Auch Chrysipp postuliert einen Nomos Basileus der göttlichen und menschlichen Angelegenheiten (SVF 3, 314. 323) – das natürliche, ewige Weltgesetz wird hier deutlich unterschieden von den geltenden Nomoi und Politeiai historischer Staaten, auch wenn diese als "Zusätze" jenes ausdrücken und verwirklichen können (vgl. auch SVF 3, 308, den *Zeushymnos* des Kleanthes V. 2. 24. 39 über Zeus, der alles mit seinem κοινὸς νόμος regiere, Marc Aurel 4, 4 sowie Plutarch *De Alexandri Magni fortuna aut virtute* 5f., 329a/b). Cicero sollte prägnant formulieren (rep. 3, 22, 33 [ed. Ziegler, S. 97]: *nec erit alia lex Romae, alia Athenis, alia nunc, alia posthac, sed et omnes gentes et omni tempore una lex et sempiterna et immutabilis continebit* (vgl. wichtig auch fin. 3, 20, 67; leg. 1, 5, 15/1, 6, 20; 1, 15, 42f.; 2, 2, 5; nat. 2, 62, 154; vgl. später auch Ps.-Plut. *De Homero* 119). Daß der Gedanke über die Grenzen der stoischen Lehre hinaus verbreitet war, erhellt aus der Schrift *De mundo*, in welcher der unveränderliche Gott im Kosmos mit dem beständigen Gesetz in der Polis verglichen wird, das alle Angelegenheiten der Bürgerschaft regelt (400b27f. [ed. Reale – Bos, S. 232]): οὕτως ὑποληπτέον καὶ ἐπὶ τῆς μείζονος πόλεως, λέγω δὲ τοῦ κόσμου· νόμος γὰρ ἡμῖν ἰσοκλινὴς ὁ θεός, οὐδεμίαν ἐπιδεχόμενος διόρθωσιν ἢ μετάθεσιν, κρείττων δέ, οἶμαι, καὶ βεβαιότερος τῶν ἐν ταῖς κύρβεσιν ἀναγεγραμμένων. Festzuhalten bleibt aber: Für Aristobulos ist diese *lex* der mosaische Nomos Gottes, also das Gesetz, das zu einem bestimmten, weitzurückliegenden historischen Moment einem bestimmten Volk, den Hebräern, offenbart wurde – kein immanenter Gott selbst –, jedoch bis in die Gegenwart hinein, schriftlich niedergelegt, in der jüdischen Hairesis gültig und anderen Nomoi vorrangig ist.
840 Vgl. dazu Carey (1996) 43.
841 Die Frage nach dem Universalitätsanspruch wäre auch im Hinblick auf Ägypten noch weiter zu verfolgen. So kann etwa Isis in der (allerdings erst nachchristlichen) Isisaretalogie von Kyme-Memphis sich selbst rühmen: ἐγὼ νόμους ἀνθρώποις ἐθέμην καὶ ἐνομοθέτησα ἃ οὐθεὶς δύναται μεταθεῖναι (vgl. den Text bei Marböck [1999] 51).

zelne Details hinein diskutiert wurde und daß es auch in der zeitgenössischen jüdischen Weisheitsliteratur begegnet (vgl. oben S. 68 zum Buch *Sirach*). Im vorliegenden Zusammenhang ist besonders aufschlußreich die Debatte darüber, wie sich denn die Griechen mit den Einheimischen des fremden Landes überhaupt hätten verständigen können. Offenbar hielt man es für möglich, daß sich die großen Archegeten nicht nur mit Dolmetschern behalfen, sondern tatsächlich selbst die Sprache des betreffenden Landes aneigneten[842]. So soll schon Antiphon dem Pythagoras nachgesagt haben (Diog. Laert. 8, 2f.; vgl. oben Anm. 576): ἐξέμαθε τὴν φωνὴν αὐτῶν [sc. der Ägypter][843]. Daß solche Vermutungen kritische Vorbehalte provozierten, erhellt schlagend aus Livius, der jener These, König Numa sei bei der Einrichtung seiner sakralen Ordnung Roms von Pythagoras unterwiesen worden (vgl. dazu oben S. 100 und Anm. 354), widerspricht (1, 18, 2f. [ed. Ogilvie, S. 23f.]):

auctorem doctrinae eius, quia non exstat alius, falso Samium Pythagoram edunt, quem Servio Tullio regnante Romae centum amplius post annos in ultima Italiae ora circa Metapontum Heracleamque et Crotonem iuvenum aemulantium studia coetus habuisse constat. ex quibus locis, etsi eiusdem aetatis fuisset, qua fama in Sabinos aut quo linguae commercio quemquam ad cupiditatem discendi excivisset? quove praesidio unus per tot gentes dissonas sermone moribusque pervenisset? suopte igitur ingenio temperatum animum virtutibus fuisse opinor magis instructumque non tam peregrinis artibus quam disciplina tetrica ac tristi veterum Sabinorum, quo genere nullum quondam incorruptius fuerat.

---

842 Eine späte Stelle bei Augustinus belegt, daß auch Platons vermeintliche Ägyptenreise ähnliche Fragen aufgeworfen hatte; vgl. civ. 8, 11 (ed. Dombart – Kalb, vol. 1, S. 337): *quapropter in illa peregrinatione sua Plato nec Hieremiam videre potuit tanto ante defectum nec easdem scripturas legere, quae nondum fuerant in Graeciam linguam translatae, qua ille pollebat; nisi forte, quia fuit acerrimi studii, sicut Aegyptias, ita et istas per interpretem didicit, non ut scribendo transferret ... sed ut conloquendo quid continerent, quantum capere posset, addisceret.*
843 Auch das, was bei Platon im Eingang des *Timaios* und im *Kritias* 113a/b über Solon in Ägypten steht, läßt die Spekulation zu, der athenische Gesetzgeber sei der Sprache der Einheimischen mächtig gewesen (vgl. dazu Wilke [1997] 205: "Solon habe ... die ägyptischen Aufzeichnungen, die ihrerseits Übersetzungen der urathenischen Berichte sein wollen, ins Griechische übertragen"). Den intensiven sprachlichen Austausch zwischen Griechen und Barbaren, in Ägypten wie auch im Orient, bezeugt das herodoteische Geschichtswerk mindestens schon für das fünfte Jahrhundert, ob man sich diesen nun ausschließlich durch Dolmetscher vermittelt vorstellt oder auch durch schriftliche Übersetzungen. Auch Diodors Ausführungen (insbesondere 1, 28f.) über die ägyptische Kolonisierung Griechenlands und über die ägyptische Herkunft griechischer, vor allem athenischer Herrscher, welche auf ältere hellenistische Quellen zurückgreifen, evozieren die Vermutung, daß es in ferner Vergangenheit sprachlichen Austausch zwischen Ägyptern und Griechen gegeben habe.

Als Urheber seiner [sc. Numas] Gelehrsamkeit benennt man, weil kein anderer da ist, fälschlicherweise Pythagoras aus Samos, der freilich, wie sicher feststeht, mehr als hundert Jahre später, während Servius Tullius in Rom König war, an den entlegensten Küsten Italiens, bei Metapont, Heraklea und Kroton, junge Männer um sich scharte, die seinen Studien nacheiferten. Selbst wenn er in derselben Zeit gelebt hätte: Durch welche Kunde hin zu den Sabinern oder durch welchen sprachlichen Austausch hätte er denn irgendjemanden zu Lerneifer anregen können? Unter wessen Schutz wäre ein einziger Mann durch soviele in Sprache und Sitten verschiedene Völker hindurchgelangt? Eher aus eigener natürlicher Begabung also, meine ich, fand sein Geist zu tugendhafter Einstellung und wurde nicht so sehr durch fremde Lehren gebildet als durch die strenge und ernste Unterweisung der alten Sabiner, die von allen Stämmen einst die unverdorbensten gewesen waren.

Der jüdische Altersbeweis, den Aristobulos vorlegt, reagiert auf all dies, und zwar in überraschender Wendung. Zunächst: Das so wichtige Motiv der Bildungsreise, das Hekataios proägyptisch genutzt hatte, spielt in ihm keine Rolle[844]. Es wird nicht bloß nicht erwähnt, sondern implizit ausgeschlossen: Zwischen all jenen Griechen, welche die Bücher Mose kennengelernt, durchgearbeitet und selektiv übernommen haben sollen, taucht auch Sokrates auf (F 4, 11 Holladay)[845] – der seine Polis Athen, und darüber bestand auch in der griechischen Überlieferung seit Platon keinerlei Zweifel, niemals, außer ins Feld, verlassen hatte[846]. Und: Die Sprachenfrage bedarf keinerlei Spekulation –

---

844 Noch Laktanz (inst. 4, 2, 4f.) setzt voraus, daß die beiden Philosophen Pythagoras und Platon – auch hier als *amore indagandae veritatis incensi* als Paar zusammengestellt – zwar zu den Ägyptern und in den Orient, aber nicht zu den Juden gereist seien.
845 Sokrates wird hier chronologisch richtig eingeordnet zwischen Pythagoras und Platon: Alle drei seien Moses in einem konkreten Gedanken, der Auslegung der φωνὴ θεοῦ, gefolgt – περιειργασμένοι πάντα. Wenn hier nicht einfach das Motiv der drei "Klassiker der Philosophie" vorherrscht, dann suggeriert Aristobulos demnach, auch Sokrates, den er auffällig von Platon differenziert, habe Moses vollständig durchgearbeitet.
846 Vgl. Dörrie (1990) 483f. sowie zu Sokrates im ägyptischen Altersbeweis auch Lefkowitz (1994) 32. Das Motiv, der griechische Weise habe Entscheidendes aus barbarischer Weisheit gelernt, findet sich gleichwohl auch in der Tradition über Sokrates: Nur seien in seinem Fall die Fremden eben nach Athen gekommen (vgl. schon Aristoxenos F 53 Wehrli über die Begegnung mit einem Inder und Diog. Laert. 2, 45, wo auf Aristoteles die Überlieferung von einer Begegnung mit einem μάγος ἐκ Συρίας zurückgeführt wird [auch Ps.-Plat. Axioch. 371a]; dazu Baltes [1999] 132)! In Xenophons *Memorabilia* (1, 6, 14) sagt Sokrates von sich selbst (ed. Bandini, S. 45f.): καὶ τοὺς θησαυροὺς τῶν πάλαι σοφῶν ἀνδρῶν, οὓς ἐκεῖνοι κατέλιπον ἐν βιβλίοις γράψαντες, ἀνελίττων κοινῇ σὺν τοῖς φίλοις διέρχομαι, καὶ ἄν τι ὁρῶμεν ἀγαθόν, ἐκλεγόμεθα· καὶ μέγα νομίζομεν κέρδος, ἐὰν ἀλλήλοις φίλοι γιγνώμεθα (vgl. auch die Vorwürfe des Polykrates in 1, 2, 56). "... we are advised that Socrates' readings were not restricted to the poets and that what he selected from his many sources was excellent" (Mansfeld [1990] 445; vgl.

die Griechen lasen Moses in ihrer eigenen Sprache. Die Annahme, Orpheus, Linos, Homer, Hesiod, Pythagoras, Sokrates und Platon hätten sich aus einer Übersetzung heraus die Wahrheit des Nomos angeeignet, wirkt dabei auffällig modern: Im offenkundigen Gegensatz zum ägyptischen Altersbeweis wird die heilige Schrift Mose selbst verfügbar, zugänglich, transportierbar gemacht, indem sie aus der Ursprache ins Griechische übertragen und damit nicht nur ihres geographischen Ursprungs Israel, sondern auch der Personen, denen sie ursprünglich anvertraut worden war, der Hebräer, gleichsam entbunden wird[847].

d) Den maßgeblichen Gesetzgebern ferner Vergangenheit sprachen auch die Griechen deshalb besondere Autorität zu, weil in ihren Nomoi göttliches, natürliches und menschliches Recht zusammenfiel. Die seit der frühgriechischen Dichtung und Philosophie[848] zuweilen erbittert geführten Auseinandersetzungen um die existenzielle Frage, ob die von Menschen gesetzten, je nach Epoche und Geltungsraum unterschiedlichen Nomoi mit der Physis, dem göttlichen Recht und dem universalen Nomos in Einklang stünden, wurden in Figuren wie Minos oder Lykurg gleichsam hintergangen. Die oben schon angesprochene Tendenz, den Menschen einer vorhistorischen Frühzeit eine enge Nähe zu den Göttern, wahre Erkenntnis des Seins und vollkommene, weil unmittelbar von den Göttern empfangene, Weisheit zuzuerkennen, die erst im nachhinein verlorengegangen sei, offenbart ganz ähnlich die Neigung, eine Vergangenheit zu definieren, in welcher dem späteren Auseinanderfallen der Erkenntnis über Götter, Welt und Menschen, und damit auch über das wahre Recht, Einheit noch vorangegangen war. Isokrates bemerkt einmal ausdrücklich, daß man von den unzähligen Gesetzen, die im Laufe der Geschichte von griechischen und barbarischen Nomotheten aufgestellt und niedergeschrieben worden seien,

---

auch Bandini – Dorion [2000] 164/67 und Brancacci [2008] 246f.). Das Verb ἐκλέγομαι begegnet also wie bei Platon im oben S. 112 zitierten Passus der *Nomoi* auch hier bei Xenophon (vgl. desweiteren Isokr. 2, 44 zur Auswahl von Gnomai aus berühmten Dichtern). Daneben werden freilich Besuche ausländischer Weiser etwa auch für Platon referiert (über Neanthes schon aus Philipp von Opus in Philodems *Geschichte der Akademie* col. 3, 10/5, 22 [ed. Dorandi, S. 133f.]; dazu Gaiser [1988] 176/80. 421/36; Dorandi [1991] 120/22 und Erler [2011] 228).

847 Vgl. allgemein Najman (2004) 144f. Die Tendenz der griechischen Philosophiehistorie schon seit Platon und Aristoteles, "daß man ... aus geistiger Abhängigkeit sehr großzügig auf persönliche Beziehung geschlossen hat" (Kienle [1961] 98), also hier etwa einzelner griechischer Dichter oder Philosophen zu frühen Vertretern des mosaischen Nomos, bleibt damit bei Aristobulos vermieden.

848 Vgl. beispielsweise die Poesie Hesiods, aber auch das berühmte Heraklitfragment 22 B 114 Diels – Kranz: ... τρέφονται γὰρ πάντες οἱ ἀνθρώπειοι νόμοι ὑπὸ ἑνὸς τοῦ θείου (vgl. Ostwald [1969] 26f.; Brown [2009] 338/43 und Vítek [2012] 305f. zum Forschungsstand) und die Einrede der frühen Sophistik.

gerade die ältesten preise (15, 82 [ed. Mandilaras, vol. 3, S. 101]: τῶν ... νόμων ἐπαινεῖσθαι τοὺς ἀρχαιοτάτους). Wer die παλαιοί derart verherrlichte, mußte freilich beantworten, warum ihre Weisheit denn eigentlich keinen Bestand hatte. Auf die in der Philosophie, über die Grenzen der einzelnen Schulen hinweg verbreitete, oft zyklisch konstruierte Theorie, menschliche Erkenntnis sei immer wieder durch universale Katastrophen, wie etwa Sintfluten, fast völlig vernichtet, jedoch im Anschluß an solche aus irgendwo noch erhaltenen Spuren zumindest teilweise wiedergewonnen worden, kann hier nur hingewiesen werden[849]. In der Rechtsgeschichte verschärfte sich die Frage nach der Dauerhaftigkeit früher Nomothesien allerdings noch dadurch, daß sich den Griechen die Autorität von Gesetzen gerade darin ausdrückte, daß sie einerseits unverändert, andererseits gleichsam εἰς ἀεί die Zeiten überdauerten[850]. Im platonischen *Protagoras* heißt es einmal (326d [ed. Burnet]): ... καὶ ἡ πόλις νόμους ὑπογράψασα, ἀγαθῶν καὶ παλαιῶν νομοθετῶν εὑρήματα, κατὰ τούτους ἀναγκά-

---

849 Zur menschlichen Erkenntnis in vorhistorischer Vergangenheit und ihrer Vernichtung durch Naturkatastrophen und Seuchen sowie zur Urgeschichte menschlicher Staats- und Gesetzentwicklung, beginnend in noch schriftloser Vorzeit, vgl. bei Platon die Abschnitte über Urathen und Atlantis im Eingang des *Timaios* und im *Kritias*, den Mythos über die Weltperioden im *Politikos* 269/74 sowie aus den *Nomoi* insbesondere das dritte Buch, 712/14 und 881a (vgl. auch pol. 382d. 427 sowie Lisi [1985] 237f. 306/17; Wilke [1997] 225/30; Boys-Stones [2001] 13; Seubert [2005] 406 und Delcomminette [2015] 50f.). Vgl. bei Aristoteles met. 1074b (ed. Jaeger, S. 258): παραδέδοται δὲ παρὰ τῶν ἀρχαίων καὶ παμπαλαίων ἐν μύθου σχήματι καταλελειμμένα τοῖς ὕστερον ὅτι θεοί τέ εἰσιν οὗτοι καὶ περιέχει τὸ θεῖον τὴν ὅλην φύσιν. τὰ δὲ λοιπὰ μυθικῶς ἤδη προσῆκται πρὸς τὴν πειθὼ τῶν πολλῶν καὶ πρὸς τὴν εἰς τοὺς νόμους [!] καὶ τὸ συμφέρον χρῆσιν· ἀνθρωποειδεῖς τε γὰρ τούτους καὶ τῶν ἄλλων ζῴων ὁμοίους τισὶ λέγουσι, καὶ τούτοις ἕτερα ἀκόλουθα καὶ παραπλήσια τοῖς εἰρημένοις, ὧν εἴ τις χωρίσας αὐτὸ λάβοι μόνον τὸ πρῶτον, ὅτι θεοὺς ᾤοντο τὰς πρώτας οὐσίας εἶναι, θείως ἂν εἰρῆσθαι νομίσειεν, καὶ κατὰ τὸ εἰκὸς πολλάκις εὑρημένης εἰς τὸ δυνατὸν ἑκάστης καὶ τέχνης καὶ φιλοσοφίας καὶ πάλιν φθειρομένων καὶ ταύτας τὰς δόξας ἐκείνων οἷον λείψανα περισεσῶσθαι μέχρι τοῦ νῦν. ἡ μὲν οὖν πάτριος δόξα καὶ ἡ παρὰ τῶν πρώτων ἐπὶ τοσοῦτον ἡμῖν φανερὰ μόνον (vgl. F 8 Ross ~ F 13 Rose[3] [aus Περὶ φιλοσοφίας]; cael. 270b. 284a [aus Περὶ φιλοσοφίας?]; meteor. 339b und pol. 1329b über die unendlich wiederholten Einsichten, Erfindungen und Einrichtungen des Notwendigen im Laufe der Geschichte sowie Jaeger [1923] 131/39. 317; Lovejoy – Boas [1935] 173f.; Reale – Bos [1995] 315f.; Baltes [1999] 129; Johansen [1999] 287f.; Delcomminette [2015] 55/62 und Mueller-Goldingen [2016] 236f.). Die Nachwirkung im Peripatos läßt sich etwa bei Theophrast greifen (F 184 Fortenbaugh, aus Philon aet. mund. 145/49). Die Tragweite des Themas in seiner historischen Entwicklung beleuchtet Boys-Stones (2001) passim.

850 Vgl. Szegedy-Maszak (1978) 207; Koerner (1993) 125; Camassa (1994) passim und (1996) 571/76; Hölkeskamp (1994) 140/42 und (2000) 86f.; Link (1994) 168. 175; Boegehold (1996) passim; Piepenbrink (2001) 123/32 (über das Argument bei attischen Rednern des vierten Jahrhunderts). 162/64; Hagedorn (2004) 81/83; Gagarin (2005b) 92 und (2008) 87; Thomas (2005) 47; Harris (2006) 309f.; Dreher (2012) 68/70; Vítek (2012) 308 und Scheibelreiter (2013) 991.

ζει καὶ ἄρχειν καὶ ἄρχεσθαι ... Schon in frühen Gesetzen finden sich Warnungen vor sekundären Veränderungen des Wortlauts, vor der Aussetzung der im Text zuvor formulierten Normen oder ihrer Ersetzung durch neue, Warnungen, die zumal dadurch untermauert werden konnten, daß für sie göttliche Sanktion in Anspruch genommen wurde[851]. Von den schon genannten unteritalischen Nomotheten Zaleukos und Charondas sind besondere Bestimmungen überliefert, welche dem, der ihre einmal schriftlich gefaßten Gesetze ungebührlich zu verändern oder Neuerungen einzuführen strebe, schwere Strafen androhten und offenbar große Wirkung zeitigten, ging doch etwa über Lokroi die Kunde um[852], in über zweihundert Jahren sei nur ein einziges neues Gesetz erlassen worden. Doch auch in der Literatur spiegelt sich die Bedeutung, welche die Unveränderlichkeit und der Fortbestand alter Nomoi in Griechenland hatten[853]. Bei Herodot (3, 80), in der persischen Verfassungsdebatte, führt Otanes gegen die Monarchie ins Feld, Alleinherrscher legten Hand an die νόμαια πάτρια – Umsturz überkommenen Rechts als Ausdruck der Tyrannis (vgl. schon hier das Verb κινέω). Platon hält fest, daß die Menschen von den Ursprüngen alter Gesetze, welche wie durch göttliches Geschick lange Zeiten "unbewegt" (ἀκίνητοι) überdauerten und in welchen jene gleichsam genährt worden seien, gleichsam keine Kunde mehr hätten, ob sie sich irgendwann einmal anders verhielten als in der Gegenwart – mit der Folge: σέβεται καὶ φοβεῖται πᾶσα ἡ ψυχὴ τό τι κινεῖν τῶν τότε καθεστώτων (nom. 798a/b)[854]. Aristoteles stellt seinerseits gar die dauerhafte Stabilität von Gesetzen über ihre innere Vollkommenheit (pol. 1269a16/24)[855]: Manche Verfehlungen der Gesetzgeber müsse man hingehen lassen, denn der Schaden, der aus der Gewöhnung an Ungehorsam erwachse,

---

851 Vgl. zu solchen Bestimmungen z.B. Nr. 18 und 43 bei Koerner (1993) sowie Nr. 1, 108 und 109 bei van Effenterre – Ruzé (1994).
852 Vgl. Demosth. or. 24, 139/41 (wo die lokrische Observanz der überkommenen Gesetze – τοῖς πάλαι κειμένοις χρῆσθαι νόμοις καὶ τὰ πάτρια περιστέλλειν – als Beispiel für εὐνομία erwähnt wird) und Polyb. 12, 16.
853 Vgl. weitere Beispiele bei Braun (1953) passim (zu Thukydides und Aristoteles); Harris (2006) 310 und Dalfen (2009) 135f.
854 Vgl. auch z.B. nom. 772b/d zu den Vorschriften, welche die Veränderung von bestehenden Nomoi allein zum besseren steuern und ihre Verschlechterung verhindern sollen.
855 Der ganze Abschnitt 1269a bezeugt die kontroverse Diskussion des Themas (vgl. auch Braun [1953] 147f.; Camassa [1994] 105; Boegehold [1996] 210; Thomas [2005] 59 und Harris [2006] 310[33]). Vgl. auch Alkibiades in Thuk. 6, 18, 7 sowie über Charondas Diod. 12, 16, 3f. (ed. Casevitz, S. 19): διὰ δὲ τῆς ἀποτομίας τῶν νόμων διέσωσε τοὺς νόμους ὁ νομοθέτης· προσέταξε γὰρ ἐκ παντὸς τρόπου πείθεσθαι τῷ νόμῳ, κἂν ᾖ παντελῶς κακῶς γεγραμμένος· διορθοῦν δὲ συνεχώρησε τὸν χρείαν ἔχοντα διορθώσεως. τὸ μὲν γὰρ ἡττᾶσθαι ὑπὸ τοῦ νομοθέτου καλὸν εἶναι ὑπέλαβε, τὸ δὲ ὑπὸ ἰδιώτου παντελῶς ἄτοπον, καὶ εἰ ἐπὶ τῷ συμφέροντι γίνεται ...

sei größer als der Nutzen, den man durch Veränderungen (κινήσας) erreichen könne. Der Nomos habe nämlich keine andere Kraft (vgl. ἰσχύν), Gehorsam zu erzielen, außer der Gewöhnung (παρὰ τὸ ἔθος), welche nur durch lange Zeit erreicht werden könne; leichthin von den bestehenden Gesetzen zu anderen neuen überzugehen bedeute, die Macht des Nomos zu schwächen (ἀσθενῆ ποιεῖν ... τὴν τοῦ νόμου δύναμιν)!

Hochschätzung der Tradition und Abwehr von ungebührlicher Neuerung lassen sich hier also im Recht ganz ähnlich greifen wie in der Philosophie mit ihren Diadochai (s. dazu oben S. 87f.). Im Hinblick auf die großen Nomotheten der Frühzeit fand man dieses Prinzip verwirklicht. Dafür nur vier Beispiele: In Athen genossen Solons Gesetze auch wegen des Alters ihrer dauerhaft bewahrten Bestimmungen höchstes Ansehen[856], und gerade die Redner noch des vierten Jahrhunderts bedienten sich in ihrem häufigen Rekurs auf die frühe Vergangenheit Athens und seiner Demokratie gern des Arguments, Ziel gegenwärtiger Gesetzgebung könne nur Vervollständigung von Lücken in Solons Politeia sein, und solche nur in voller Übereinstimmung mit eben dieser[857]. Lykurgs Nomothesie galt weit über die Grenzen Spartas hinaus als besonders archaisch und als vornehmstes Beispiel für eine Rechtsordnung, die seit ihrer Schöpfung in ferner Vergangenheit unverändert die Zeiten überdauert habe[858]. Über Kreta,

---

856 Zu Drakon und Solon als παλαιοὶ νομοθέται vgl. Aischin. 1, 6 und 3, 175. Gerade in Auseinandersetzungen um die Einführung neuer Gesetze war es beliebt, die alten Nomoi Solons, der weithin als Begründer der Demokratie angesehen wurde (vgl. Thomas [1994] 121f. mit Belegen und Piepenbrink [2001] 163), und die Maßnahmen, mit denen er ihnen lange Dauer hatte garantieren wollen, ins Feld zu führen (vgl. etwa Isokr. 7, 8/59; Demosth. or. 18, 6; 20, 89/92; 22, 25/32 u.ö.); allgemein dazu auch Athen. pol. 7; Gell. noct. 2, 12, 1; Plut. Sol. 25 und Dion Chrys. 80, 6. Herodot erwähnt einmal (2, 177) ein unter Amasis in Ägypten erlassenes Gesetz zur jährlichen Lebensunterhaltserklärung, das Solon von dort nach Athen gebracht habe – τῷ ἐκεῖνοι ἐς αἰεὶ χρέωνται ἐόντι ἀμώμῳ νόμῳ (vgl. oben Anm. 489 zu Hekataios in Diod. 1, 77, 5; zur Fragwürdigkeit dieser Ableitung Chambers [1990] 191 und Bertrac – Vernière [1993] 213)!
857 Vgl. Piepenbrink (2001) 164. Umgekehrt wird dem Erlaß neuer Bestimmungen gern mit dem Argument begegnet, sie widersprächen dem Geist der alten Nomothesien (vgl. z.B. Demosth. 23, 70. 73; 24, 210f. 214 u.ö.; Ps.-Demosth. 25, 21 u.ö.).
858 Vgl. in Aufnahme älterer Überlieferung die breite Darstellung bei Plutarch Lyk. 29 mit der Feststellung, Lykurgs Ordnung habe 500 Jahre unverändert bestanden. Der Wunsch, den der Nomothet hegt, seine νομοθεσία möge sein: ἀκίνητον εἰς μέλλον, ist ebenso emblematisch für die frühen Gesetzgeber wie die Verpflichtung, die er der spartanischen Ekklesia auferlegt: ἐμμένειν τοῖς καθεστῶσι νόμοις καὶ μηδὲν ἀλλάσσειν μηδὲ μετακινεῖν. Xenophon hingegen ist nicht so sicher, ob die lykurgische Ordnung noch Bestand habe (Laked. pol. 14). Vgl. schon Thuk. 1, 18, 1; Plat. nom. 692b. 696a/b (dazu Wilke [1997] 47 und Hayes [2015] 79f.) und Polyb. 6, 10, 11.

die Wiege griechischen Rechts, heißt es im pseudoplatonischen *Minos* einmal (321b [ed. Burnet]): ἀκίνητοι αὐτοῦ [sc. des Minos] οἱ νόμοι εἰσίν, ἅτε τοῦ ὄντος περὶ πόλεως οἰκήσεως ἐξευρόντος εὖ τὴν ἀλήθειαν. Hekataios von Abdera schließlich hatte in seinen *Aigyptiaka* der ägyptischen Rechtsordnung höchstes Alter zuerkannt, zugleich aber auch ausdrücklich hervorgehoben, wie lange sie, von den pharaonischen Gesetzgebern fortentwickelt, bestand – obschon nicht bis in die Gegenwart (vgl. etwa Diod. 1, 71 u.ö.)[859].

Die Spannung zwischen solcher Hochschätzung der frühen Nomotheten und der relativierenden Einsicht, daß Gesetze, ja ganze Rechtsordnungen und Politeiai zeitlichem Wandel unterliegen, ja untergehen können, zeigt sich freilich nicht nur in der Debatte über das Verhältnis von Nomos, Physis und Theos, in welcher sich die Realität griechischer Rechtsgeschichte abbildete und welche ja die Auffassung von den Göttern selbst betraf[860]. Nicht zuletzt Athen war für den steten Wandel seiner Gesetze berüchtigt[861]. Gerade die rechtsphilosophischen Autoritäten Platon und Aristoteles offenbaren das Dilemma zwischen Dauer und Wandel des Rechts darin, daß sie den Nomothesien der berühmten Gesetzgeber, die sie für ihre beständigen Gesetze ja preisen, eben doch nicht Vollkommenheit oder zumindest Erhaltung der Vollkommenheit über die Zeiten hinweg einräumen, sondern ihnen die eigenen, idealen Entwürfe von Nomos und Politeia entgegensetzen[862]. Platon etwa stellt in seinen *Nomoi* fest, daß der

---

[859] Vgl. dazu schon Jacoby (1912) 2758. In diesem Zusammenhang wäre ein Vergleich mit dem Kapitel Diod. 1, 69, 6 fruchtbar: Dort wird die Meinung der Ägypter referiert, ihre κράτιστα ἔθη καὶ νόμοι καὶ τὰ κατὰ πᾶσαν παιδείαν ἐπιτηδεύματα hätten die historisch einmalige Konsequenz nach sich gezogen, daß ihr Land über Jahrtausende von "eingeborenen" (ἐγγενεῖς) Königen regiert, also keiner fremden Herrschaft unterworfen worden sei. Ob die Bemerkung über die Beeinträchtigung der ägyptischen Nomoi nach der makedonischen Machtübernahme in Diod. 1, 95 auf Hekataios zurückgehen könnte, soll an anderer Stelle näher untersucht werden.

[860] Eben weil die Gesetze auf die Fundierung und Entwicklung von Religion in einer Gesellschaft maßgeblichen Einfluß ausübten; vgl. zu dieser Auffassung prominent neben Platon etwa Antisthenes mit seinem berühmten Diktum (F 39 Caizzi): ... λέγεται τὸ κατὰ νόμον εἶναι πολλοὺς θεούς, κατὰ δὲ φύσιν ἕνα.

[861] Vgl. Thomas (1994) 128 und Carey (1996) 45f. (mit Belegen). Die Veränderungen der athenischen Politeia werden etwa in der *Athenaion Politeia* ausführlich diskutiert, indem ihre μεταβολαί durch unterschiedliche Stadien der historischen Entwicklung genau nachgezeichnet werden, bis zur elften μετάστασις, welche zum bis zur Gegenwart fortdauernden Zustand des Staats geführt habe. Demetrios Phalereus scheint dem Thema eine eigene Schrift, Περὶ τῶν Ἀθήνησι πολιτειῶν, gewidmet zu haben (vgl. dazu Schepens – Bollansée [2004] 276).

[862] Aufschlußreich ist in diesem Zusammenhang nocheinmal Herodots Kapitel über Lykurg (1, 65f.): Dessen Ordnung Spartas bestehe zwar bis in die Gegenwart (τὸν νῦν κατεστεῶτα κόσμον); vorher aber hätten die Lakedaimonier ganz schlechte Gesetze gehabt, die erst durch

einmal vom Gesetzgeber eingerichtete Staat, bei aller Unantastbarkeit seiner Gesetze, von den folgenden Gesetzeswächtern weiterentwickelt, verbessert werden müsse (vgl. nom. 684d/687e; 691/93. 769d/e. 772b/d. 798a/d. 816b/c. 835a/c. 846a/c u.ö.; vgl. auch polit. 298f.). Neue Gesetze oder Modifikationen älterer wirken dabei, sofern sie ohne Willkür und zum besseren eingebracht werden und allgemeine Übereinstimmung finden, wie einzelne Schritte auf dem Weg zur Vervollkommnung des Ganzen, das als gutes dann "dauerhaft und statisch in sich ruhen"[863] muß, und in dieser Hinsicht[864] kommt der Figur des frühen Gesetzgebers als eines Begründers und vor allem auch als eines Erziehers hohes Lob zu. Aber: Auch jene Nomotheten unterzieht Platon der Kritik, ihre Gesetze verwirklichen ihm weder für die Vergangenheit noch für die Gegenwart den Idealzustand des Ganzen – was ihn selbst zu seinen eigenen Entwürfen, sei es in der *Politeia* (vgl. insbesondere 473. 497 und 499!), sei es in den *Nomoi* (vgl. etwa 711f. 739) oder anderswo, berechtigt[865]. Alter begründet bei Platon somit rechtsgeschichtlich keiner vergangenen oder noch bestehenden πολιτεία absoluten Vorrang[866]. Lykurg war kein platonischer Philosophenkönig[867]. Aristoteles hingegen hatte die sophistische Kritik an den πάτριοι νόμοι durchaus ernstgenommen und in der kontinuierlichen Entwicklung von Nomos und Physis aufeinander hin den Fortschritt "einer stetigen geschichtlichen Verbesserlichkeit"[868] postuliert. Seine *Politik* handelt immer wieder von den fortwährenden Veränderungen im Rechtlichen und Politischen[869], welche die Ge-

---

Lykurg überwunden worden seien (vgl. Hodkinson [2005] 254. 267). Seine guten Gesetze beständiger Dauer gingen also aus einer grundstürzenden Veränderung hervor (vgl.: μετέβαλον δὲ ὧδε ἐς εὐνομίην ... μετέστησε τὰ νόμιμα πάντα ... οὕτω μὲν μεταβαλόντες εὐνομήθησσαν).
863 Hölkeskamp (1999) 36f.; vgl. auch Wilke (1997) 231.
864 Vgl. noch Plat. symp. 209a/e zu Lykurg und Solon sowie pol. 599d/e: Keine Polis rühme Homer, er habe sie besser gemacht – anders Sparta den Lykurg, Italien und Sizilien den Charondas oder Athen den Solon!
865 Vgl. die komplexe Diskussion Plat. polit. 293/301, wo einerseits die Mängel des Gesetzes nicht verschwiegen, andererseits die willkürliche Änderungen an Gesetzen, die auf langer Erfahrung, verständigem Rat und Anerkennung der Menge ruhten, scharf abgelehnt werden (dazu Rowe [2000a] 248 u.ö.), sowie die prinzipielle Kritik an den unvollkommenen Gesetzen der Poleis im Theait. 177f. und zu den *Nomoi* Laks (2000) 286 sowie Schöpsdau (2013) passim.
866 Vgl. Lisi (1985) 73 insbesondere zu pol. 499b/c; nom. 711f. 715f.; Tim. 41f.
867 Vgl. Wilke (1997) 202; Rowe (2000b) 367; Hodkinson (2005) 224. 268f. und Seubert (2005) 363 sowie zum Weisen als wahrem König auch die stoischen Lehren in SVF 3, 617/19.
868 Weber (2000) 429; vgl. auch Keaney (1992) 20/22 (zur *Politik* sowie zur *Athenaion Politeia*); Flashar (2004b) 315 sowie Mueller-Goldingen (2016) 6 u.ö.
869 In eth. Nik. 1135a3/5 formuliert Aristoteles grundsätzlich: ... τὰ μὴ φυσικὰ ἀλλ' ἀνθρώπινα δίκαια οὐ ταὐτὰ πανταχοῦ, ἐπεὶ οὐδ' αἱ πολιτεῖαι, ἀλλὰ μία μόνον πανταχοῦ κατὰ φύσιν ἡ ἀρίστη. Vgl. mit Literatur Braun (1953) 148/50; Aubonnet (1986) 198f.; Ambaglio (2004) 336

schichte menschlichen Zusammenlebens seit jeher bis auf die Gegenwart bestimmten. Alter legitimiert hier, wo selbst die ehrwürdigen Verfassungen Kretas und Spartas samt ihren berühmten Nomotheten eingehender Kritik unterworfen werden, weder Nomos noch Ethos[870]. Schließlich ist auch der weitausgreifende Vergleich griechischer Verfassungen mit der römischen *res publica*, den Polybios im sechsten Buch seines Geschichtswerk anstellt, deswegen aufschlußreich, weil er hier die Veränderungen, ja den Umschlag von Rechtsordnungen und Verfassungen im historischen Verlauf akribisch analysiert und dabei neben den alten Nomoi etwa Kretas und Spartas auch den Idealstaat Platons, also einen philosophischen Entwurf des vierten Jahrhunderts, kritisch in den Blick nimmt.

Anders Aristobulos: Moses gehört für ihn einer weitzurückliegenden Vergangenheit an, sein Nomos jedoch hat in der Gegenwart dieselbe Geltung wie damals, so daß er alleinige Norm sowohl für die Vorfahren der biblischen Geschichte war als auch für die zeitgenössische αἵρεσις der Juden sein kann. Wenn also den berühmten Nomotheten Griechenlands hohes Alter und unverbrüchlicher Bestand ihrer Gesetze Autorität verleihen sollten, diese Autorität allerdings nicht unumstritten war, dann werden sie, ohne daß dies in den erhaltenen Fragmenten ausgesprochen wird, eben doch von Moses übertroffen[871]. Im Vorbeigehen wird Hekataios Abderites ein weiteres Mal korrigiert, der unterstellt hatte, viele (!) der mosaischen Nomima seien, nachdem die Perser und danach die Makedonen die Herrschaft über die Juden übernommen hatten, durch die Vermischung mit Fremdem "bewegt" worden (ἐκινήθη in Diod. 40, 3; vgl. dazu unten S. 271). Jenen anderen Griechen hingegen, denen die vollkommene Rechtsordnung der Vergangenheit angehörte und erst wieder durch den

---

(mit weiteren Belegen); Hodkinson (2005) 252f. 269f.; Thomas (2005) 41; Stalley (2006) 2; Rikken (2008) 189 und Weber (2015) 113. 217/19. Aufschlußreich auch eth. Nik. 1129b. 1137b über die Notwendigkeit, allgemein formulierte Gesetze durch konkrete Einzelregelungen zu ergänzen, sowie rhet. 1374a. In der *Athenaion Politeia* werden ausdrücklich Gesetze Solons erwähnt, die man nicht mehr anwende (8, 3; vgl. 22, 1 sowie Ambaglio [2004] 344).

870 Vgl. beispielsweise pol. 1269/72. 1324. 1333b u.ö. und F 611 Rose³. Im Ausgang der *Nikomachischen Ethik* (1181b18f.) wird neben anderem als Programm der *Politik* formuliert die Erforschung τὰ ποῖα σῴζει καὶ φθείρει τὰς πόλεις καὶ τὰ ποῖα ἑκάστας τῶν πολιτειῶν.

871 Aristobulos impliziert also schon, was später Philon (Moys. 2, 3, 12/14 [ed. Wendland, S. 203]) ausspricht: Während die Rechtsordnungen aller anderen Völker, der Griechen wie der Barbaren, aus unzähligen Gründen unbeständig gewesen seien, fehle dem göttlichen Nomos des besten Gesetzgebers Moses in seiner Vollkommenheit nichts – τὰ δὲ τούτου μόνου βέβαια, ἀσάλευτα, ἀκράδαντα, καθάπερ σφραγῖσι φύσεως αὐτῆς σεσημασμένα, μένει παγίως ἀφ' ἧς ἡμέρας ἐγράφη μέχρι νῦν καὶ πρὸς τὸν ἔπειτα πάντα διαμενεῖν ἐλπὶς αὐτὰ αἰῶνα ὥσπερ ἀθάνατα ... (vgl. ähnlich auch Flav. Joseph. ant. 2, 223 und c. Apion. 2, 156. 225f. 277/79; dazu auch Speyer [1989] 40f.; Centrone [2000] 566 und Niehoff [2012] 339).

Entwurf einer neuen, idealen Nomothesie wiedergewonnen werden mußte, tritt mit Moses ein Gesetzgeber entgegen, dessen Nomos für die Juden von Anbeginn an wirklichen Bestand hatte, genau in jener schriftlichen Form, in welche Moses selbst seine die Zeiten überdauernden Logoi gefaßt hatte. An die Stelle eines dynamischen Modells historischen Verlustes und Wiederentwurfs tritt die statische Auffassung einer den geschichtlichen Veränderungen überhobenen Autorität. Den Philosophenkönig Platons, der selbst aus den Büchern Mose schöpfte, braucht es ebensowenig mehr[872] wie den weisen Gesetzgeber, um dessen Wirken sich Aristoteles und die hellenistischen Philosophen so viele Gedanken machten, oder die Suche nach der ἀρίστη πολιτεία, welcher bedeutendste hellenistische Denker eigene Schriften widmeten[873], oder die Theorie eines gleichsam naturgemäßen Kreislaufs der Verfassungen in ihren γενέσεις und μεταβολαί, die schon von Platon, aber dann auch von der hellenistischen Staatstheorie, etwa von Polybios (vgl. ausführlich den Anfang des sechsten Buchs seines Geschichtswerks), diskutiert wurde. Das dynamische Element, das Platon und Aristoteles innewohnt, bliebe freilich dadurch erhalten, daß Aristobulos die jüdische αἵρεσις allen anderen Nomoi und Philosophien vorordnet. Der vollkommene Nomos Mose, obschon uralt und statisch, ist kein Ideal, sondern jüdische Wirklichkeit, an deren Maßstab sich nicht nur die großen Denker der Geschichte schon ausgerichtet haben, sondern sich auch die gegenwärtige Welt fortentwickeln kann. Als umfassende Offenbarung, in welcher Gott durch seinen Prophetes sich selbst und die Welt dem Menschen erschließt, übertrifft er somit in der Zeit wie auch in seiner Vollkommenheit jede Inspiration oder Weissagung, welche die Griechen in Nomothesie oder Philosophie für sich reklamieren wollten[874].

---

872 Auch auf den Ausgang des platonischen *Phaidros* (278b/e) ließe sich Aristobulos beziehen (vgl. Reale [2005] 269/71): Dort wird postuliert, Redner, Dichter und alle "Nomographen", die wie Solon politische Logoi, genannt "Gesetze", verfaßt hätten, sollten solche Namen behalten, wenn sie nicht in der Lage seien, aus Kenntnis des Wahren eben diesem über ihre Schriften hinaus in mündlicher Beweisführung Hilfe zu leisten und damit den geringen Wert des Geschriebenen offenzulegen. Dem dazu Fähigen komme der Name des Philosophen zu – nicht derjenige des Weisen (σοφός), der allein für einen Gott gebührlich sei (θεῷ μόνῳ πρέπειν).
873 Wie etwa Theophrast (vgl. dazu Schepens – Bollansée [2004] 269[27]).
874 Vgl. Rudhardt (2002) 181. Damit korreliert, daß jenem im Hellenismus verbreiteten Gedanken, die Urweisheit der Alten könne, trotz ihrer Verschüttung über lange Zwischenzeiten hinweg, gleichwohl über Spuren in der erhaltenen Dichtung und Philosophie wiedererschlossen werden, bei Aristobulos das Postulat entgegentritt, im alten und dennoch schriftlich erhaltenen Nomos Mose liege die göttliche Weisheit unbeeinträchtigt, vollständig und bestmöglich offenbart vor und zugleich könnten seine Spuren in der griechischen Dichtung und Philosophie aufgespürt werden!

7 Der König und der Nomos

7.1 Einleitung

Aristobulos schreibt über die griechischen Übersetzungen der hebräischen Bibel (F 3, 17/37. 47/56 Holladay):

φανερὸν ὅτι κατηκολούθησεν ὁ Πλάτων τῇ καθ' ἡμᾶς νομοθεσίᾳ καὶ φανερός ἐστι περιειργασμένος ἕκαστα τῶν ἐν αὐτῇ. διηρμήνευται γὰρ πρὸ Δημητρίου τοῦ Φαληρέως δι' ἑτέρων, πρὸ τῆς Ἀλεξάνδρου καὶ Περσῶν ἐπικρατήσεως, τά τε κατὰ τὴν ἐξαγωγὴν τὴν ἐξ Αἰγύπτου τῶν Ἑβραίων, ἡμετέρων δὲ πολιτῶν, καὶ ἡ τῶν γεγονότων ἁπάντων αὐτοῖς ἐπιφάνεια καὶ κράτησις τῆς χώρας καὶ τῆς ὅλης νομοθεσίας ἐπεξήγησις, ὡς εὔδηλον εἶναι τὸν προειρημένον φιλόσοφον εἰληφέναι πολλά ... [hier folgt der oben S. 66f. zitierte Text über Platon und Pythagoras] ... ἡ δ' ὅλη ἑρμηνεία τῶν διὰ τοῦ νόμου πάντων ἐπὶ τοῦ προσαγορευθέντος Φιλαδέλφου βασιλέως, σοῦ δὲ προγόνου, προσενεγκαμένου μείζονα φιλοτιμίαν, Δημητρίου τοῦ Φαληρέως πραγματευσαμένου τὰ περὶ τούτων[874].

Es ist offenbar, daß Platon der bei uns geltenden Gesetzgebung nachgefolgt ist. Und offenbar hat er jedes Einzelne des in ihr Enthaltenen durchgearbeitet. Denn vor Demetrios Phalereus, vor der Machtübernahme Alexanders und der Perser lagen durch andere übersetzt vor: die Teile betreffs der Herausführung der Hebräer, mithin unserer Mitbürger, aus Ägypten, die an sie ergangene Erscheinung alles Gewordenen, die Einnahme des Landes und die zusätzliche Auslegung der ganzen Gesetzgebung, so daß überaus klar ist, daß der obengenannte Philosoph vieles übernommen hat ... [hier folgt der oben S. 66f. zitierte Text über Platon und Pythagoras] ... Die ganze Übersetzung aber all dessen, was durch das Gesetz hin enthalten ist, erfolgte unter dem Philadelphos genannten König, mithin deinem Vorfahren, welcher ihr größeren Eifer entgegengebracht hatte, nachdem Demetrios Phalereus die diesbezüglichen Angelegenheiten betrieben hatte.

Wann und wie die hebräische Bibel ins Griechische übertragen worden ist, sind Kernfragen der Septuagintaforschung. Besondere Aufmerksamkeit kommt dabei seit jeher dem *Aristeasbrief* zu, nicht zuletzt deswegen, weil er schon bei Philon und Flavius Josephus, später dann bei den christlichen Autoren der Kaiserzeit

---

874 Die Vermutung, daß Euseb hier sein Zitat mitten im Satz abbreche (vgl. Holladay [1995] 217), ist nicht zwingend. Die am Ende fehlende Verbalaussage ließe sich aus dem Vorhergehenden über den dazwischen stehenden Text hinweg leicht ergänzen.

als Hauptquelle für die Entstehungsgeschichte der griechischen Bibel gilt. Was Aristobulos zum Thema zu sagen hat, wird demgegenüber meist nur im Vorbeigehen erwähnt; es gilt wegen der Einbettung in den jüdischen Altersbeweis und der scheinbar allzu kühnen, zugleich aber vagen Darstellung der Vorgänge als historisch nicht vertrauenswürdig, ja als "creative fiction"[875] oder als "fantasy"[876].

Trotzdem bleibt zunächst festzuhalten, daß Aristobulos das älteste außerbiblische Zeugnis überhaupt für Übersetzungen der hebräischen Bibel ins Griechische bietet[877] – Jahrzehnte vor dem *Aristeasbrief*, der heute meist in die zweite Hälfte des zweiten vorchristlichen Jahrhunderts datiert wird[878], und somit unabhängig von der dort gebotenen Darstellung. Desweiteren muß methodisch – wie schon beim Altersbeweis – davon ausgegangen werden, daß ein Gelehrter wie Aristobulos seinem jüdischen und griechischen Publikum Alexandrias so-

---

875 Gruen (2002) 222; vgl. auch (1998a) 248; (1998b) 117[44]: "mere fables" und (2010) 422.
876 Collins (2000) 9; vgl. van Dale (1705) 215 ("merae fabulae"); Binde (1869) 23; Swete – Ottley (1914) 2; Meecham (1932) 195 ("invention"); Zuntz (1959) 124f.; Hengel (1971) 250; Bickerman (1976c) 172[13] ("superfluous hypothesis"); Pilhofer (1990) 168; Janowitz (1991) 131. 134: "wildly Judeo-centric notions"; Holladay (1995) 215: "... because of the clearly apologetic tone of the passage, it cannot be taken seriously as evidence for reconstructing LXX origins"; Murray (2001) 579 ("eher lächerlich"); Gmirkin (2006) 75 und Wasserstein – Wasserstein (2006) 33/35; zurückhaltender Coman (1981) 125f.; Will – Orrieux (1986) 91 und Dines (2004) 35.
877 Vgl. Pearce (2007) 165; anders Aejmelaeus (2012) 316. Der noch ins dritte Jahrhundert zu datierende jüdische Historiker Demetrios arbeitet mit dem griechischen Text der Bücher *Genesis* und *Exodus*, äußert sich aber in den erhaltenen Fragmenten nicht zu ihrer Übersetzung.
878 Vgl. Momigliano (1932) 168 ("110 c. – 100 c."); Hadas (1951) 5/54; Tcherikover (1958) 60[9]; Meisner (1970) 207 u.ö. (zwischen 127 und 117 vor Christus); Kahle (1962) 225; Barthélemy (1974) 23f. u.ö.; Bickerman (1976a) passim; Bartlett (1985) 16f. (Mitte des zweiten Jahrhunderts); Dorival (1994) 41f. (offen); mit der älteren Literatur Bar-Kochva (1996) 271/88 (zwischen 118 und 113 vor Christus); Weber (2000) 127f.; Murray (2001) 574f.; Orth (2001) passim; Gzella (2002) 30; Berthelot (2003) 204/09; Honigman (2003a) 128/31; Frankemölle (2006) 79; Schenker (2007) 330; Wright (2006) 50; (2009) 712f. und (2015) 21/30; Doering (2012c) 217 sowie Moore (2015) 210/13. 251/53; desweiteren Schürer – Vermes – Millar – Goodman (1986) 679/82; Wasserstein – Wasserstein (2006) 20; Gruen (2008) 140. 155 und Rajak (2008) 177, die allerdings mit anderen die erste Hälfte noch für möglich halten (so jetzt auch Niehoff [2011b] 19: "during Philometor's rule"; vgl. schon Pelletier [1962] 57f.: "le début du second siècle av. J.-C." und Rappaport [2012] passim, der erneut für die Frühansetzung in das ausgehende dritte Jahrhundert vor Christus eintritt); Kreuzer (2003) 126f. (um 120 vor Christus); (2004) 61. 63 und (2007) 43; More (2009) 301; Müller (2010) 639; Bloch (2011) 155; Aejmelaeus (2012) 317 sowie Neubert (2012) 29. Lange (2009) 68f.; (2010) 61/63 und (2011) 61 schlägt jetzt gar einen Ansatz "in the second third or the middle of the first century BCE" vor (vgl. schon Graetz [1878] 104f. und [1888] 577. 582/97, der bis in die Regierungszeit des römischen Kaisers Tiberius hinabgeht, sowie Bousset [1902] 182f. sowie Garbini [2002] 165).

wie dem Adressaten seines Werks, dem König Philometor, eine Rekonstruktion der Geschichte vorlegte, die nicht von vornherein völlig unglaubwürdig erscheinen durfte. Im folgenden soll zuerst ein möglichst genaues Verständnis der eben zitierten Stelle ermittelt werden, bevor der *Aristeasbrief* nocheinmal zum Vergleich in den Blick kommen wird.

7.2 Der Anlaß der Ausführungen

Aristobulos erwähnt die griechischen Übersetzungen der Bibel nicht von ungefähr; die kurze Darstellung ihrer Geschichte dient vielmehr einem ganz bestimmten Zweck innerhalb der übergeordneten Argumentation: Der Altersbeweis fußt unter anderem auf dem Postulat, Platon habe die mosaische Nomothesia gekannt; auf der Evidenz, daß dieses Postulat nicht völlig unglaubwürdig sei, insistiert Aristobulos an dieser Stelle überdeutlich (vgl. φανερὸν ὅτι ... φανερός ἐστι ... ὡς εὔδηλον εἶναι ...)[879], durchaus in einem gewissen Gegensatz zu F 4, 7 Holladay (s. dazu oben S. 66). Daß im Altersbeweis der Grund für die Ausführungen über die griechischen Übersetzungen liegt, wird im oben zitierten Textausschnitt an zweierlei ersichtlich: erstens an ihrem ringartigen Einschluß durch den wiederholten Verweis auf Platon (einleitend: φανερὸν ὅτι κατηκολούθησεν ὁ Πλάτων τῇ καθ' ἡμας νομοθεσίᾳ καὶ φανερός ἐστι περιειργασμένος ἕκαστα τῶν ἐν αὐτῇ ..., abschließend: ... ὡς εὔδηλον εἶναι τὸν προειρημένον φιλόσοφον εἰληφέναι πολλά); zweitens durch die begründende Partikel (... διηρμήνευται) γὰρ ..., welche klarstellt, daß Platon die jüdische Nomothesia nur deshalb durcharbeiten konnte, weil sie bereits vorher übersetzt worden war. Dabei setzt Aristobulos in feiner Formulierung voraus, daß der griechische Philosoph nicht irgendeine allgemeine Kenntnis von Moses hatte, sondern tatsächlich einen schriftlich vorliegenden Text benutzte: Auf die auffälligen Perfektformen sowie auf die Betonung der selektiven Auswahl (vgl. περιειργασμένος und εἰληφέναι πολλά) ist oben S. 67 schon hingewiesen worden. Besonders aussagekräftig ist freilich die Wahl des Verbs περιεργάζομαι, das auch sonst in der Bedeutung "etwas Neues und noch Unbekanntes gründlich erforschen/durcharbeiten" geläufig ist[880], in Verbindung mit dem Objekt ἕκαστα

---

[879] Anders Dörrie (1990) 484 ("Beiläufigkeit"). Gerade das Adjektiv φανερός, mit welchem wahrheitsgemäße und deshalb verläßliche Evidenz reklamiert wird, begegnet in der wissenschaftlichen Literatur der Zeit in auffallend hoher Frequenz (vgl. z.B. oben S. 40/44 zu Hipparchos und desweiteren comm. in Arat. 1, 1, 2; 1, 2, 6; 1, 2, 17; 1, 7, 3; 1, 7, 5/7; 1, 9, 13 u.ö.).
[880] Und den Gegensatz zum eher pejorativ gebrauchten Adjektiv πάρεργος ~ "nur obenhin/flüchtig/ungenau" (vgl. *Aristeasbrief* 121 oben Anm. 239 und Ps.-Plut. *De Homero* 6) markiert.

τῶν ἐν αὐτῇ: "Jedes einzelne all dessen, was in der jüdischen Nomothesia ist", durchgearbeitet zu haben setzt voraus, daß diese als Buch vorlag. Platon jedoch Hebräischkenntnisse zu unterstellen war undenkbar und durch keinerlei innergriechische Überlieferung gedeckt, so daß eine Übersetzung – oder mehrere – des von ihm benutzten Texts für die vorplatonische Zeit angenommen werden mußte[881].

7.3 Datierung der älteren Übersetzer

Abgesehen von dem Zeitpunkt, der sich aus dem Platonbezug ergibt, liefert Aristobulos sowohl direkt als auch indirekt weitere Hinweise darauf, in welche Epoche die vorplatonische Übersetzung der hebräischen Bibel zu datieren sei. Die direkte Angabe faßt er in einen Terminus *ante quem*, den er, ausgehend von der Gegenwart, in einem Dreischritt zurück in die Vergangenheit[882] erreicht:

Vgl. F 4, 7/9 Holladay: δοκοῦσι [sc. Pythagoras, Sokrates und Platon] ... περιειργασμένοι πάντα κατηκολουθηκέναι τούτῳ [sc. Moses]. Die Haltung, die περιεργάζομαι beschreibt, erfährt dabei meist eine günstige Bewertung, kann aber auch als ungebührliche Neugier markiert werden. Vgl. berühmt Plat. apol. 19b (ed. Burnet): Σωκράτης ἀδικεῖ καὶ περιεργάζεται ζητῶν τά τε ὑπὸ γῆς καὶ οὐράνια καὶ τὸν ἥττω λόγον κρείττω ποιῶν καὶ ἄλλους ταὐτὰ ταῦτα διδάσκων sowie in der jüdischen Literatur Sirach 3, 23 (ed. Rahlfs, vol. 2, S. 382): ἐν τοῖς περισσοῖς τῶν ἔργων σου μὴ περιεργάζου (vgl. Marböck [2010] 80f.; positiv dagegen περιποιησάμενος über das intensive Bibelstudium des πάππος gleich im Prolog V. 11) und, in Anlehnung an Aristobulos, *Aristeasbrief* 315, wo es von dem griechischen Historiker Theopomp heißt, er habe etwas aus dem mosaischen Nomos Übersetztes in sein Geschichtswerk einbauen wollen und sei dafür von Gott mit Geistesverwirrung geschlagen worden ὅτι τὰ θεῖα βούλεται περιεργασάμενος εἰς κοινοὺς ἀνθρώπους ἐκφέρειν (zu dieser Stelle schon Meecham [1935] 307; Matusova [2015] 94f. und Wright [2015] 446f. sowie unten Anm. 998). Sonst ist gerade der *Aristeasbrief* ein Zeugnis dafür, daß intensives περιεργάζομαι geschätzt werden konnte: So, wie sich der Autor selbst im Eingang des Werks eine προαίρεσις πρὸς τὸ περιέργως τὰ θεῖα κατανοεῖν (3 [ed. Pelletier, S. 102]) zuschreibt, charakterisiert er seinen Adressaten am Ende (322 [ed. Pelletier, S. 240]) mit: νένευκας γὰρ πρὸς περιεργίαν τῶν δυναμένων ὠφελεῖν διάνοιαν und verweist mit dieser Formulierung zugleich auf Kapitel 7 zurück: φιλομαθῶς ἔχων [sc. Philokrates] περὶ τῶν δυναμένων ὠφελῆσαι διάνοιαν (vgl. zu περιεργάζομαι wichtig auch 15 und über die jüdischen Übersetzer 121 [s. oben Anm. 239]). Kapitel 128 hingegen sagt vielen Menschen eine gewisse περιεργία bezüglich der mosaischen Speise- und Reinheitsvorschriften nach. Vgl. daneben aus griechischen Autoren Poseidonios F 309a, 65 Theiler über den Menschen: τὴν τῶν ὄντων φύσιν ἐρευνᾷ, θεὸν περιεργάζεται.

881 Vgl. zu diesem Zusammenhang schon Valckenaer (1806) 46f. und Binde (1869) 23.
882 Vgl. schon Binde (1869) 24: "es wird von der der Gegenwart näher Liegenden (Alexander) zu dem Entfernteren und längst Vergangenen (Perser-Herrschaft) fortgeschritten". Valckenaer (1806) 48 verkennt dieses Ordnungsprinzip, wenn er die Angabe πρὸ Δημητρίου τοῦ Φαληρέως

a) πρὸ Δημητρίου τοῦ Φαληρέως: Dieses erste Datum ergibt sich daraus, daß Demetrios von Phaleron (um 350 bis 280 vor Christus), der von der peripatetischen Philosophie geprägte athenische Staatsmann, der schon König Ptolemaios I. Soter als einflußreicher Berater in kulturellen Belangen gedient und vielleicht eine entscheidende Rolle in der Begründung und im Aufbau des alexandrinischen Museions gespielt hatte[883], im folgenden als treibende Kraft der späteren Pentateuchübersetzung identifiziert wird. Durch die unmittelbar folgende Information δι' ἑτέρων wird der Gegensatz zwischen der späteren Gesamtübersetzung und jenen älteren Übersetzern besonders hervorgehoben.

b) πρὸ τῆς 'Αλεξάνδρου ... ἐπικρατήσεως: Im zweiten Schritt geht Aristobulos auf das Jahr 332 vor Christus zurück, in welchem Alexander nach dem Sieg über die Perser bei Issos und der Eroberung von Tyros die Herrschaft im vorderen Orient übernahm[884]. Die historische Bedeutung dieses Ereignisses, das den Grund für die spätere Diadochenherrschaft der Ptolemäer legte, sowie sein Rang als Epochengrenze[885] für das Königshaus selbst müssen hier nicht weiter erläu-

---

als interpoliert verwirft. Sein Argument, diese ergäbe nur Sinn, "si ἑρμηνεία versio esset ipsius Demetrii", verfehlt den Text. Auch Alexander und die Perser waren ja keine Bibelübersetzer. Bickerman (1976c) 172[13] übernimmt die Athetese, konjiziert zudem διηρμήνευται γὰρ [πρὸ Δημητρίου τοῦ Φαληρέως] δι' ἑτέρων, πρὸ τῆς 'Αλεξάνδρου <'Ελλήνων> καὶ Περσῶν ἐπικρατήσεως und übersetzt: "before Alexander's conquest of Greeks and Persians". Wie der durch diesen Eingriff zurechtgemachte Text den Altersbeweis auf Platon und Pythagoras hin rechtfertigen soll, bleibt unklar. Das ebenfalls alte Argument (vgl. etwa Graetz [1888] 595. 627 und Schlatter [1906] 407f.; dazu Holladay [1995] 213), Aristobulos habe mit Demetrios den gleichnamigen jüdischen Historiker des dritten Jahrhunderts gemeint, bevor erst sekundär die Herkunftsangabe τοῦ Φαληρέως interpoliert worden sei, ist abwegig; es unterschlägt die Ringkomposition der ganzen Stelle, die mit dem Phalereus nicht nur einsetzt, sondern auch schließt (dies auch gegen Valckenaer [1806] 48f.), und: Wer hätte einen solchen Hinweis verstanden? Die Septuaginta als Übersetzung thematisiert der Historiker Demetrios in den erhaltenen Fragmenten nirgends – nur in heutiger Wahrnehmung kommt ihm diesbezüglich eine gewisse Bedeutung zu, weil er der früheste außerbiblische Nutzer der griechischen Bibelübersetzung zu sein scheint. Wenn τοῦ Φαληρέως bei Clemens (strom.1, 22, 150 ~ F 3a, 23 Holladay) fehlt, erklärt sich dies daraus, daß die Angabe vorher in strom. 1, 22, 148 (~ F 3b, 59f. Holladay) schon stand.
883 Vgl. Hadas (1951) 7; Pelletier (1962) 66f. 104[1]; Wehrli (1968) 518 und (1983) 560; Fraser (1972) 321f.; Hölbl (1994) 28; Rösel (1994) 83f. 255[1]; Nagy (1996) 196f.; Collins (2000) 110f. u.ö.; Tracy (2000) 343f.; Huß (2001) 229/31. 236; Orth (2001) 103/11; Thrams (2001) 97f.; Kreuzer (2004) 63f. und (2007) 33; Wehrli – Wöhrle – Zhmud (2004) 595; Gmirkin (2006) 83; Calboli (2007) 129; Nesselrath (2010) 68/71; Montana (2015) 77f. 82f. und Novokhatko (2015) 59.
884 Vgl. dazu im Überblick Hengel (1976) 11/25; Hölbl (1994) 9/14 und Lloyd (2011) 83f.
885 Vgl. Reiterer (2011) 114f.; Bichler (2012) 112f. 117 (mit Literatur) und Rutherford (2016) 3f. In Diodors erstem, weithin auf Hekataios Abderites beruhendem Buch wird der chronologische

tert werden. Alexanders Reich erfuhr dabei eine im ganzen günstige Wertung: Während er im ptolemäischen Ägypten als derjenige galt[886], der die seit der Eroberung durch Artaxerxes III. wieder über das Land herrschenden Perser vertrieben, sich in Heliopolis, in Memphis und Siwa dem Kult der einheimischen Götter zugewandt und auf die Achtung ägyptischer Sitten und religiöser Einrichtungen Wert gelegt hatte[887], sahen ihn die Juden als Befreier von der persischen Vorherrschaft an[888] und nahmen später sogar an, er habe sich auf seinem Vormarsch zu Jahwe bekehrt (s. oben Anm. 674) und den alexandrinischen Juden das Bürgerrecht verliehen[889]: "The Jews agreed to serve the Hellenistic sovereign, who promised in turn to respect their national and cultural identity. This policy applies to Judea and the Jews living in Babylonia as well as to the new Western diaspora soon to arise in Alexandria and on the shores of the

---

Einsatz der gegenwärtigen Epoche regelmäßig mit dem Beginn makedonischer Herrschaft unter Alexander identifiziert. Vgl. 1, 50, 6; 1, 55, 3 sowie die Junkturen ἡ ᾽Αλεξάνδρου βασιλεία/ διάβασις εἰς τὴν ᾽Ασίαν (1, 23, 1; 1, 26, 1) und die Stelle 1, 44, 2 (ed. Bertrac, S. 97): τούτων δὲ τὰ μὲν πλεῖστα κατασχεῖν τὴν ἀρχὴν ἐγχωρίους βασιλεῖς, ὀλίγα δὲ Αἰθίοπας καὶ Πέρσας καὶ Μακέδονας mit der folgenden Erklärung. Eratosthenes schließt sein chronographisches Werk (s. oben S. 94/96) hingegen mit dem Tod Alexanders im Epochenjahr 324/23 vor Christus (vgl. dazu Geus [2002] 315f.).
886 Vgl. Murray (1970) 141f.; Hölbl (1994) 69f. und 73; Huß (2001) 59; Barclay (2007b) 371; Edelmann (2007) 291 sowie Sternberg-el Hotabi (2002) 114 und Lloyd (2011) 84f. zur Selbstdarstellung der Ptolemäer als Rückführer der einst von den Persern geraubten Götterbilder (vgl. dazu Diod. 1, 46; 1, 49 und 17, 49). Antiochos IV., der in den Jahren 170 bis 168 vor Christus zweimal nach Ägypten kam, wurde von den Einheimischen als "Meder" gehaßt und mit dem Perser gleichgesetzt (vgl. dazu Blasius [2002] 54f.).
887 Vgl. Lloyd (2011) 86f.; Reiterer (2011) 122; Ruzicka (2012) 207 und Schwemer (2011) 5 mit den Angaben; besonders deutlich Curt. 4, 7, 5 (ed. Lucarini, S. 63): *a Memphi ... ad interiora Aegypti penetrat conpositisque rebus ita, ut nihil ex patrio Aegyptiorum more mutaret ...* Auch den Lydern, Indern und Arabern soll Alexander die Fortdauer ihrer alten Nomoi garantiert haben (vgl. z.B. Arrian. anab. 1, 17, 4 und 7, 20, 1).
888 Vgl. Pfister (1956) 31f.; Hengel (1976) 23f.; Mélèze Modrzejewski (1993) 73f.; Vogel (2008) 100 und Schwemer (2011) 4f. Ps.-Hekataios (F 2, 43 Holladay) betont die außergewöhnliche ἐπιείκεια und πίστις der Juden gegenüber dem Makedonen. Ob wirklich jüdische Söldner in seinem Heer mitkämpften, ist umstritten (vgl. Holladay [1983] 333 zu Ps.-Hekataios F 1, 200 Holladay). Unter den hellenistischen Juden begegnet freilich auch Kritik an Alexander, der Palästina mit großer Härte erobert und Anspruch auf göttliche Verehrung erhoben hatte, und seinen Nachfolgern (vgl. etwa Ps.-Hekataios F 192 Holladay über die Bestrebungen, den Baaltempel in Babylon wiederaufzubauen, die Einleitung des 1 Makk., die Apokalyptik der sich ablösenden Weltreiche im Buch *Daniel* sowie aus den *Sibyllinischen Weissagungen* 3, 381/87; 4, 86/101; 5, 1/9; 11, 186/206. 219/23; dazu Holladay [1983] 329; Frankemölle [2006] 52f. und Schäfer [2010b] 9).
889 Vgl. dazu Siegert (1992) 146.

Nile"⁸⁹⁰. Sowohl die Ägypter als auch die Juden in Israel und in Ägypten standen damit unter einunddemselben griechischen Herrscher – und gehörten zu seinem Weltreich, in dem griechische Kultur und griechische Sprache in kürzester Zeit zum maßgeblichen Band interkultureller Verständigung der vielen unterschiedlichen unterworfenen Völker werden sollte. Alexanders ἐπικράτησις schuf also nicht nur militärisch und politisch, sondern auch kulturell die notwendigen Voraussetzungen, vielleicht auch die Notwendigkeit selbst, die hebräische Bibel neu und vollständig in die griechische Sprache zu übersetzen.

c) πρὸ τῆς ... Περσῶν ἐπικρατήσεως: Auch mit dem dritten Datum steht Aristobulos im Einklang mit der zeitgenössischen Epochengliederung. Die Expansion der Perser begründete für die gesamte Region einen fundamentalen Wandel: Für Ägypten begann im Jahr 525 vor Christus mit der Eroberung durch den Großkönig Kambyses eine neue Ära, das Land wurde für über einhundert Jahre Satrapie des Perserreichs⁸⁹¹. Daß Aristobulos gegenüber den Ptolemäern, den Nachkommen und Nachfolgern Alexanders, dessen Machtübernahme in einem Atemzug mit jener der unter den Zeitgenossen verhaßten Perser stellen darf⁸⁹², mag man damit erklären, daß er hier aus jüdischer Perspektive die Chronologie der Vergangenheit in großen Schritten zu gliedern versucht. Zudem sei daran erinnert, daß ursprünglich schon Kambyses, der "Großkönig aller Fremdländer", in die Verantwortung für das Wohl des Landes genommen⁸⁹³ und wie später der große Makedone als neuer Pharao eingesetzt worden war⁸⁹⁴. Für das Volk Israel endete hingegen mit der Machtübernahme der Perser das sogenannte

---
890 Mélèze Modrzejewski (1993) 74.
891 Vgl. Diod. 1, 44, 2 (s. oben Anm. 885); 1, 58, 4 und 1, 68, 6; dazu auch Sternberg-el Hotabi (2002) 112; Bichler (2012) 112f. (dort auch über die abweichende Periodisierung der in Manetho erhaltenen ägyptischen Tradition) und Ruzicka (2012) 14/25.
892 Vgl. Diod. 1, 45, 4; 1, 49, 5 und 1, 95, 4f., wo festgehalten wird, daß die Ägypter Dareios wegen seiner Zuwendung zu den einheimischen Priestern und seiner Frömmigkeit als einzigen Perserkönig – und in ausdrücklichem Gegensatz zu Kambyses – schon zu Lebzeiten wie einen Gott ansprachen und nach seinem Tod die gleichen Ehren erwiesen wie den früheren Pharaonen, sowie Nothers (1992) 294 und Lloyd (2011) 84/86.
893 Vgl. Hölbl (1994) 3 zum Wirken des Neithpriesters Udjahorresnet sowie Grimal (1998) 468/73; Huß (2001) 33f.; Kreuzer (2007) 29f.; Sternberg-el Hotabi (2002) 112f.; Ruzicka (2012) 18f. und Dillery (2015) 34/37.
894 Der Eroberung Ägyptens durch Artaxerxes III. im Jahr 343 (vgl. Sternberg-el Hotabi [2002] 127 und Ruzicka [2012] 177/98) kam nicht die Bedeutung einer Epochengrenze zu. Da sie zudem Alexanders Machtübernahme nur wenige Jahre voranging, entbehrte das Datum jeden Bezugs zum Altersbeweis (vgl. Zeller [1903] 280²; Dörrie [1990] 482f. und Holladay [1995] 214; anders z.B. Walter [1964] 88; des Places [1983] 310² und Fortenbaugh – Schütrumpf [2000] 121¹ z.St.).

"babylonische Exil" – schon kurz nach 600 vor Christus hatte Nebukadnezar Jerusalem erobert und große Teile der Juden in die Verbannung deportiert. Die persische Fremdherrschaft folgte also eigentlich auf die babylonische. Im Hinblick auf die spätere Bibelübersetzung ins Griechische impliziert die Erwähnung der persischen ἐπικράτησις, welche unter Kyros die Juden aus Babylon befreit und ihre Rückkehr in die Heimat ermöglicht hatte[895], freilich mehr als nur die Definition eines *terminus ante quem* der vorpythagoreisch-vorplatonischen Übertragung der Bibel. Vielmehr spannt sich der Bogen von Alexander (und den Ptolemäern) über die dazwischenliegenden zweihundert Jahre hinweg in die ferne Vergangenheit der vorpersischen Epoche.

Während Aristobulos mit seinen direkten chronologischen Angaben mindestens in das sechste vorchristliche Jahrhundert zurückführt – im Einklang mit der Argumentation des Fragments 3 Holladay also in die vorpythagoreische und vorplatonische Zeit (vgl. das resultative Perfekt διηρμήνευται) –, ergibt sich aus den Fragmenten 2 und 5 Holladay eine Bestätigung dieser Frühdatierung. In F 4 Holladay wird, wie gesehen, eine Stelle aus orphischen Versen auf Moses zurückgeführt, der legendär-mythische Archeget griechischer Musik und Dichtung also später als der mosaische Nomos angesetzt; in F 5 Holladay hingegen bekräftigt Aristobulos die Heiligkeit des Sabbats, des siebten Tags, durch Verse aus Homer, Hesiod und Linos, also aus Dichtern, die von der hellenistischen Philologie, trotz zahlreicher Kontroversen um ihre Historizität, ihre Abfolge und genaue Datierung, der frühesten Epoche der griechischen Literaturgeschichte zugewiesen wurden[896]. In F 5, 106/10 Holladay heißt es dabei ausdrücklich,

---

[895] Zur weithin günstigen Bewertung der Zeit persischer Fremdherrschaft in biblischen Schriften, vor allem im *Deuterojesaja* und im *1 Esra*, vgl. Gruen (2007) passim, der mit Recht darauf hinweist, daß auch bedeutende griechische Autoren wie Herodot und Xenophon gerade Kyros als vorbildlichen Herrscher charakterisieren. Alexander der Große erwies ihm am Grab in Pasargadai die Ehre und ließ dieses wiederherstellen. In späteren Texten, insbesondere in der Weltreichapokalyptik des *Danielbuchs*, im *Aristeasbrief* und bei Ps.-Hekataios, läßt sich hingegen eine weitaus kritischere Wahrnehmung greifen (vgl. Bar-Kochva [1996] 91/97 und Gruen [2007] 70f.).

[896] Aristoteles und Aristarch datieren Homer in die Zeit der ionischen Wanderung, andere – darunter schon Gorgias – leiten ihn genealogisch von Musaios oder Orpheus her; Hekataios (bei Diod. 1, 69, 4) hingegen unterscheidet ausdrücklich die ἀρχαιότατοι Orpheus und Homer von den μεταγενέστεροι Pythagoras und Solon. Vgl. dazu Blümer (2001) 1, 107/260; Graziosi (2002) 90/124 (mit Quellen und neuerer Literatur) zu den verschiedenen antiken Datierungen Homers, die, durch den Inhalt der Epen bestimmt, den trojanischen Krieg voraussetzen und (neben anderen) von mit Aristobulos zeitgenössischen Autoritäten wie Aristarch und Krates stammen; Heath (2009) 264f. (zu der Schrift Περὶ τῆς Ὁμήρου καὶ Ἡσιόδου ἡλικίας des Philosophen Herakleides Pontikos) und Bichler (2012) 102f. (zu Herodot). Bei den christlichen

Homer und Hesiod hätten ἐκ τῶν ἡμετέρων βιβλίων geschöpft – also aus schriftlich vorliegenden Büchern der Bibel, deren Lektüre durch jene Epiker man sich nur auf griechisch vorstellen konnte. Auffallen muß freilich, daß zwischen der ἐπικράτησις Alexanders und Demetrios Phalereus nur wenige Jahrzehnte liegen – warum gleichwohl diese Abgrenzung? Und welche Bedeutung könnte die Machtübernahme der Perser für die Übersetzung des Pentateuch gehabt haben? Die Beantwortung dieser Fragen hat davon auszugehen, daß mit dem Terminus ἐπικράτησις die (macht)politische Entwicklung vor allem in Palästina angesprochen ist. Zwar gerieten durch beide genannten Ereignisse Israel und Ägypten unter jeweils dieselben Fremdherrscher und – aus Sicht der Ägypter – Pharaonen; doch im Zusammenhang spricht Aristobulos aus jüdischer Perspektive über Israel, nicht aus ägyptischer über das Land am Nil[897]. Dabei sieht er davon ab, die Vergangenheit jenseits der beiden genannten historischen Wendepunkte nach oben weiter einzugrenzen – einen Terminus *post quem* bestimmt er nicht, im Gegenteil: Von der persischen ἐπικράτησις über Homer, Linos und Orpheus öffnet sich ein weiter Raum hinauf bis zu Moses[898].

Der Schlüssel zum rechten Verständnis der Stelle liegt wieder bei Hekataios von Abdera. Seine Schilderung, wie Moses, aus Ägypten kommend, das später Judaea genannte Land kolonisiert, Jerusalem gegründet und dort durch seine Nomoi die jüdische Politeia begründet hatte, endet mit folgender Bemerkung (aus Diod. 40, 3, 5 ~ 264 F 6, 8 Jacoby ~ ed. Goukowsky, S. 298): κατὰ δὲ τὰς ὕστερον γενομένας ἐπικρατείας ἐκ τῆς τῶν ἀλλοφύλων ἐπιμιξίας, ἐπί τε τῆς τῶν Περσῶν ἡγεμονίας καὶ τῶν ταύτην καταλυσάντων Μακεδόνων, πολλὰ τῶν πατρίων τοῖς Ἰουδαίοις νομίμων ἐκινήθη. Angesichts der wiederholten, bis in wörtliche Übereinstimmungen reichenden Bezüge auf Hekataios, die sich bei Aristobulos schon bislang haben identifizieren lassen, drängt sich der Schluß

Autoren, etwa Tatian (orat. ad Graec. 31f. Schwartz) oder Clemens Alexandrinus (strom. 1, 21, 117), wird dieses Thema zum Nachweis der Priorität Mose breit ausgeführt.

897 Die absichtsvolle Beziehung zwischen den beiden Wörtern κράτησις und ἐπικράτησις in F 3 Holladay stützt diesen Befund: Die Herrschaft, welche die Hebräer durch die Landnahme errichteten, übernehmen später die fremden Perser und Alexander.

898 Über dessen chronologische Einordnung sich Aristobulos in den erhaltenen Fragmenten nicht weiter ausläßt. Andere Autoren legten sich in Datierungsfragen weniger Zurückhaltung auf: Artapanos etwa nimmt die Präsenz von Griechen in Ägypten schon für die Lebenszeit Mose an, vermerkt, diese hätten ihn Μουσαῖος genannt, und postuliert, er sei Lehrer – nicht Schüler – des Orpheus gewesen (F 3, 3f. Holladay). Daß damit Hekataios von Abdera (s. oben S. 171 zu Diod. 1, 96) korrigiert werden soll, hat man längst gesehen (vgl. Jacoby [1912] 2766; Heinemann [1933] 367f.; Tiede [1972] 151f.; Holladay [1983] 232; Droge [1989] 26f.; Weber [2000] 68[22]; van Kooten [2006] 112f. und Bloch [2007] 199 mit Literatur).

auf, daß beider Übereinstimmung in der auffälligen Periodisierung der jüdischen Geschichte kein Zufall sein kann. Hekataios stellt fest: Erst nachdem Fremdherrscher, zunächst die Perser, danach die Makedonen, die Macht über die Juden übernommen hatten, begann durch die ἐπιμιξία mit den Fremden der Wandel der mosaischen Ordnung – die Wörter κινέω/κίνησις sind in der griechischen Rechtslehre, wie im vorigen Kapitel gesehen, terminologisch. Daß der griechische Ethnograph diesen grundlegenden Wandel der mosaischen Nomoi hier nur beklagte, wird man nicht einfach sagen können[899]: Unmittelbar zuvor wird der kritische Vorbehalt, Moses habe in seinen Nomoi dem Volk ein fremdenhasserisches Leben eingerichtet, mit der Bemerkung, auch seine die Heirat und Bestattung betreffenden Nomima seien im Vergleich mit denjenigen der anderen Menschen sehr eigentümlich, abschließend nocheinmal in Erinnerung gerufen. Die Verantwortung gibt der griechische Ethnograph dabei dem Gesetzgeber selbst, der aus der Erfahrung der jüdischen Vertreibung aus Ägypten die Abtrennung seiner Leute von den anderen Völkern absichtsvoll betrieben habe. Die Ambivalenz, in welcher Hekataios einerseits die mosaische Politeia der Frühzeit preist und doch für das kritisiert, was später unter dem Begriff ἀμιξία zu einem Hauptvorwurf der Griechen gegen die Juden avancierte, andererseits mit dem Terminus κίνησις die aus konservativer jüdischer Sicht beklagenswerte Beeinträchtigung derselben mosaischen Nomima durch die spätere ἐπιμιξία konstatiert, die umgekehrt das nichtjüdische Publikum durchaus als Fortschritt begrüßen konnte, sollte nicht unterschlagen werden[900]. Dabei ist jeder Gedanke

---

[899] Vgl. zurückhaltend schon Jacoby (1943) 48f. mit der Bemerkung, hier werde "die milderung des 'menschenfeindlichen' abschlusses im laufe der zeit nur günstig beurteilt" und Stern (1976) 21: "he does not criticize the change" mit Hinweis auf Aristoteles, der pol. 1268b, unter Vorbehalt, die Auffassung bezeugt, daß die Kinesis einer Rechtsordnung auch zu ihrer Verbesserung führen könne (vgl. auch oben S. 256). Die Interpretation, Hekataios bewerte die κίνησις der mosaischen Nomoi nur als Niedergang, beurteile also die alte fremdenhasserische Strenge günstig, findet sich hingegen z.B. bei Heinemann (1933) 364 und Feldman (1993) 126. 236. Nach Diamond (1974) 119f. formuliert Hekataios keine Vorbehalte gegen Perser oder Alexander, sondern referiert innerjüdische Kritik an der eigenen ἐπιμιξία mit den Fremden; vgl. auch 301[47]: "κινέω in this context signifies citizens tampering with their own ancestral laws" und 346[262].

[900] Hekataios (wie später noch stärker Diodor; vgl. Moore [2015] 130f.) schenkt zwar, wie längst gesehen wurde, als Ethnograph dem Fremdartigen überhaupt Aufmerksamkeit, charakterisiert auch die ägyptischen Nomoi wiederholt mit Wörtern wie παρα-/ἐξηλλαγμένος, παράδοξος, ἴδιος, θαυμάσιος, μείζων πίστεως als ungewöhnlich und eigentümlich (vgl. explizit z.B. 1, 27; 1, 67, 9/11; 1, 69, 2; 1, 77; 1, 80, 1; 1, 83, 1; 1, 86, 1; 1, 90, 4; 1, 91, 1 u.ö.) und greift damit offenbar ein besonderes Interesse der rechtshistorischen Literatur auf (vgl. etwa Diod. 12, 11/18, wo einzelne Nomoi des unteritalischen Gesetzgebers Charondas von Katane ausdrücklich als ἐξηλλαγμένοι, παράδοξοι, ἴδιοι und τοῖς ἄλλοις νομοθέταις παρεωραμένοι/ἠμελημένοι cha-

an eine irgendwie soziologische Betrachtung der Geschichte, der jüdischen Verhaltensweise und Mentalität oder an eine allgemeine "deterioration of Judaism"[901] hier fernzuhalten: Es geht um "viele der väterlichen νόμιμα", die durch die "Beimischung" nicht unberührt geblieben seien[902], und in dieser Hinsicht trifft die von Hekataios angestellte Beobachtung durchaus die historischen Tatsachen[903]. Mit der ἐπικράτησις Alexanders und zuvor der Perser unter Kyros,

---

rakterisiert, ja gelobt werden). Dabei urteilt er aber, *pace* Berthelot (2003) 83f. und (2008) passim sowie Moore (2015) 142/44 (mit Literatur), an keiner Stelle so ungünstig wie über die mosaischen mit den Attributen ἀπάνθρωπος und μισόξενος, welche sich zumal in subtiler Verschiebung nicht mehr auf die νόμιμα selbst, sondern auf das jüdische Leben beziehen, das durch jene in solch ungünstiger Weise geprägt worden sei. Die Nachwirkung der Stelle, die sich in Diod. 34/35, 1 greifen läßt (s. unten Anm. 929), zeigt, wie diese Äußerungen verstanden werden konnten, nicht weniger als Stellen in jüdischen Autoren, an welchen ihnen ausdrücklich widersprochen wird (vgl. z.B. Flav. Joseph. ant. 8, 117; 16, 41/43). Vgl. Stern (1976) 30, der bei Hekataios "admiration" für Moses ausmacht und bei ihm nur typische "traces of ethnographical literature" erkennt (ähnlich Willrich [1895] 50f.; Gager [1972] 35; Diamond [1974] 243f. u.ö. und [1980] 86f.; Momigliano [1975] 84; Gauger [1982] 22f.; Will – Orrieux [1986] 92f.; Gabba [1989] 628f.; Davies [2001a] 117/21; Schwartz [2003] 192; van Kooten [2006] 110f. [mit Literatur]; Kaestli [2007] 138f.; Berthelot [2008] passim; Wirth [2008] 547; Moro [2009] 118; Rajak [2009] 83 und Perdue [2011] 132f.); anders schon Jacoby (1943) 48f. und (1912) 2764; Heinemann (1933) 364; Trencsényi-Waldapfel (1950) 128; Vermes (1963) 64f.; Wacholder [1974] 90[93] [ambivalent]; Sevenster [1975] 188/90; Feldman (1993) 46. 126; Dorival (1994) 38; Schäfer (1997) 203f.; Bar-Kochva (1996) 39f. 99. 141 zum "moderate criticism of Jewish customs" bei Hekataios und (2010) 129/35 mit der gesamten älteren Literatur; Collins (1998) 12; Gruen (1998b) 100 und (2009) 104; Boys-Stones (2001) 62f.; Malitz (2001) 66f.; Bloch (2002) 38f.; Barclay (2007b) 376/78; Ego (2010b) 33f.; Zamagni (2010) 167f.; Moyer (2011a) 117 sowie Goukowsky (2014) 375. Zum reservierten Ton in Diod. 40, 3 vgl. noch Gabba (1989) 625/30; Bar-Kochva (1996) 3 und (2010) 108/19; Hansen (2000) 14/17; Siegert (2008) 1, 30f. sowie jetzt auch Eckhardt (2010) 399f. Diesen sogenannten "Judenexkurs" halten Schwartz (2003) passim (mit Literatur) und Gmirkin (2006) 36. 38/40 (vgl. aber in gewissem Widerspruch dazu 74/76). 40/66 (Zuschreibung des Texts an ein Buch des Autors Theophanes von Mytilene aus dem Jahr 62 vor Christus, der seinerseits Hekataios benutzt habe; vgl. dazu kritisch Zamagni [2010] 153) nun wieder für zumindest in Teilen unecht – eine Hyperkritik, die, *pace* Zamagni (2010) 135. 156f. u.ö., durch die in der vorliegenden Arbeit nachgewiesenen, bis in wörtliche Übereinstimmungen reichenden Bezüge bei Aristobulos widerlegt ist. Weitere Belege, Literatur und kontroverse Positionen zu diesem Zusammenhang bei Diamond (1974) 144/59 u.ö.; Siegert (1992) 108 und (2008) 1, 53; Feldman (1993) 125/49; Dorival (1994) 38; Huß (1994b) 18; Kepper (1999) 42f.; Berthelot (2003) passim (mit der älteren Literatur); Labow (2005) 239f.; Barclay (2007b) 376f. sowie Bar-Kochva (2010) 130.
901 Schwartz (2003) 190; vgl. Diamond (1980) 90. Anders schon Reinhardt (1928) 19.
902 Vgl. Schröder (1996) 195.
903 Poseidonios (bei Strabon 16, 2, 35/37; s. oben S. 245f.) deutet die Entwicklung der jüdischen Geschichte als Verfall der ursprünglichen, weisen Ordnung Mose. Auch wenn, wie häu-

die Aristobulos anders als Hekataios mit dem Substantiv im Singular mit einmaligem bestimmtem Artikel ausdrückt (τῆς ... ἐπικρατήσεως) und so zusammengefaßt als Wendepunkt der Geschichte, nicht als einen sich länger hinziehenden historischen Prozeß markiert[904], ergab sich ein eigentümliches Nebeneinander der jüdischen νόμιμα mit denen der Fremdherrscher[905]. Die Frage, wie man rechtsgeschichtlich präzise den Status Judaeas und damit auch des Pentateuchs im persischen Reich und unter Alexander bezeichnen müßte, kann hier unbeantwortet bleiben. Unstrittig ist: Die Alleingeltung des mosaischen Nomos war schon unter den Perserkönigen trotz der allgemein "liberal Achaemenid policy toward local religions in the occupied satrapies"[906] dadurch aufgehoben, daß

---

fig angenommen wird, er sich hier von Hekataios angeregt zeigen sollte, dürfen die Unterschiede zwischen beiden Darstellungen nicht verwischt werden: Für Poseidonios sind die späteren jüdischen Nachfolger Mose im "Priestertum" (ἱεροσύνη) durch ihr abergläubisches und tyrannisches Verhalten (δεισιδαίμονες/τυραννικοί) verantwortlich für den inneren Verfall, im Gegensatz zu der Gerechtigkeit und Frömmigkeit (δικαιοπραγοῦντες καὶ θεοσεβεῖς) Mose und seiner unmittelbaren Nachfolger (vgl. dazu Diamond [1974] 123f.; Gruen [1998b] 97 und Bar-Kochva [2010] 372/75).

904 Auch deswegen geht der von der neueren Forschung wiederholt vorgebrachte Einwand (vgl. etwa Jacoby [1940] 15 und [1943] 52 [unsicher]; Murray [1970] 149[1]; Wacholder [1974] 90f.; Will – Orrieux [1986] 88 [unentschieden]; Nothers [1992] 305; Gruen [1998b] 117[38]; Malitz [2001] 66[107]; Bloch [2002] 32[23]; Berthelot [2003] 82; Schwartz [2003] 190; Gmirkin [2006] 61 [Zuschreibung an Theophanes von Mytilene]; Bar-Kochva [2010] 102[31] und Zamagni [2010] 154f.), Hekataios habe vor 300 vor Christus eine solche Bemerkung über die Folgen der Alexanderherrschaft noch nicht treffen können, so daß der Satz nicht ihm, sondern erst Diodor, vermittelt vielleicht über Poseidonios, zugeschrieben werden dürfe, fehl (vgl. richtig Heckl [2009] 193[37]: "... von einer längeren Zeit der makedonischen Herrschaft ist nicht die Rede"). Aristobulos scheint das Punktuelle durch die leichte Verschiebung von ἐπικρατεία auf ἐπικράτησις gegenüber Hekataios noch betonen zu wollen. Eine Aristobulos und Diodor vorliegende gemeinsame Quelle aus dem dritten Jahrhundert zu vermuten ist dabei ebenso unnötig wie die Annahme, daß hier aus der Zeit der Hasmonäer zurückgeschaut werde. Zumal: Warum sollte der innerjüdische Hellenismos des zweiten Jahrhunderts, von dem insbesondere die Makkabäerbücher berichten, überhaupt in die Zeit der Perser zurückverlegt worden sein? Im Gegenteil offenbaren die Bezüge zwischen Aristobulos und Hekataios auch sonst, daß Diodor an den betreffenden Stellen des letzteren *Aigyptiaka* sehr genau zitiert. Neben der Darstellung der *origo* und der νόμιμα gehörte der Ausblick auf die weitere historische, oft als dekadent gekennzeichnete Entwicklung der Rechtsordnung fest zum literarischen Gerüst ethnographischer Schilderungen einzelner Völker (vgl. etwa Diod. 1, 94f. [über Ägypten]; Strab. 16, 2, 35/37; Plut. Lyk. 29f. [zu Lykurgs Sparta] sowie Lebram [1974] 233; Diamond [1980] 90f.; Gauger [1982] 22 und Bar-Kochva [2010] 109/15. 127f. u.ö.).
905 Vgl. Feldman (1993) 46.
906 Bar-Kochva (1996) 92 mit reichen Literaturangaben; vgl. auch Ahn (2002) passim und Kaiser (2002) 455/57.

die Juden seit dem Verlust der Freiheit im sechsten Jahrhundert eben nicht ausschließlich den eigenen πάτριοι νόμοι zu folgen hatten[907] – wie ja die biblische Überlieferung selbst andeutet[908]. Nicht zuletzt erlauben die jüdischen Quellen aus Elephantine (vom Ende des fünften Jahrhunderts vor Christus) einen Blick auf die "Bewegung", in welche die mosaischen Gebote in einer Gemeinschaft geraten waren, die am Rand des persischen Weltreichs lebte, aber doch enge Kontakte nach Palästina zu pflegen schien: "Die Existenz anderer Götter und die Erwähnung von Abgaben für diese zeigen, dass die Religiosität der Elephantiner Juden sich von derjenigen, die in der Hebräischen Bibel vorausgesetzt ... wird, grundsätzlich unterscheidet ... die Gemeinschaft steht im direkten Kontakt mit den religiösen und politischen Zentren in Palästina und erhält von diesen religiöse Anweisungen. Daher kann man in Elephantine nicht einfach eine Sondersituation annehmen und dort von einem synkretistischen Judentum sprechen. Stattdessen muss man insgesamt mit einer vielgestaltigen religiösen Praxis im Judentum am Ende des 5. Jh. v. Chr. rechnen"[909].

Für die spätere Entwicklung unter Alexander und den Makedonen darf man bei Hekataios und seinem Publikum gute Kenntnis der Zustände auch für Judaea annehmen: "Ptolemy I ruled for some spells of time over Judaea ..., the last approximately a decade before the composition of the *Aegyptiaca*. The court must have been acquainted with Jewish life not only in Egypt but also in Ju-

---

907 Vgl. Hengel (1976) 19 und (1994) 17; Will – Orrieux (1986) 68f.; Crüsemann (1992) 335f. 398/404; die verschiedenen Beiträge in Watts (2001); Grabbe (2004) 132/55. 173/83; Hagedorn (2007) passim sowie Vogel (2008) 100f. Flavius Josephus insistiert später (ant. 12, 119 und c. Apion. 2, 34/47) vehement darauf, daß den Juden nicht erst in Rom, sondern schon unter den hellenistischen Herrschern, in Syrien und Kleinasien, etwa in Antiochia, schon unter Seleukos I. Nikator (312-281/80 vor Christus; vgl. dazu kritisch Vogel [2008] 100f. mit Literatur), Rechte verliehen worden seien, die denen der Makedonen und Griechen gleichgekommen seien (vgl. auch ant. 12, 148/53 zu Antiochos III.). Ptolemaios I. Soter habe die Juden Alexandriens zu Isopoliten der Makedonen gemacht (ant. 12, 8), ἰσοποιορία habe den Juden als Metöken schon Alexander gewährt (bell. 2, 487f.; vgl. auch c. Apion. 2, 71f.) – "Nach Josephus waren also die Juden in Alexandrien und in anderen Städten des Mittelmeerraums πολῖται ... waren den griechischen Bürgern gleich" (Siegert [2008] 2, 131; vgl. auch Schäfer [2010b] 8).
908 Einiges Material dazu bei Stone (1978) 481f.; Bar-Kochva (1996) 95 und Gruen (2007) 60. 69f.; vgl. auch Diamond (1974) 282f. zum Einfluß der persischen Administration; Will – Orrieux (1986) 68f. und Oswald (2012) 49. Die heutige Sicht, daß die Tora ihre Form als fünf Bücher Mose erst in dem oder nach dem Exil erhielt, darf für Aristobulos nicht vorausgesetzt werden.
909 Heckl (2009) 187f.; vgl. schon Heinemann (1933) 364; Maier (1990) 43f. (mit Literatur); Doering (1999) 28/42 (zur Sabbatobservanz); Knauf (2002) passim; Kottsieper (2002) 175/77; Grabbe (2004) 210/12 und Kuhrt (2008) 129/31 sowie zu Ägypten Sternberg-el Hotabi (2002) 120/23.

daea"[910]. Und daß die Juden in Palästina dem Makedonen und seinen Diadochen, trotz einer relativen Eigenständigkeit innerhalb des "legal pluralism", der gerade das Ptolemäerreich auszeichnete[911], untertan waren, läßt sich nicht bestreiten[912]. Daneben machte den Alexandrinern der Blick auf die Juden im eigenen Land am Nil auch in der Folgezeit verständlich, was Hekataios mit jener κίνησις der mosaischen Nomoi gemeint haben könnte: Im griechisch-makedonischen Ägypten gehörten die Juden mit ihrem Status als "Hellenen" zu den Griechen[913], deren Rechtsverfahren sich durchaus von denen der einheimischen Ägypter unterschieden[914]. Die Folgen dieser Gemengelage sind von der neueren Forschung hinlänglich beschrieben worden: Zwar suchten die Juden selbst dann an ihren eigenen νόμιμα, also der Tora, festzuhalten, wenn sich daraus Widersprüche zum allgemeinen Recht ergaben, ihre Einbindung in die herrschenden griechischen Normen jedoch – nachweislich auch unter Verstoß gegen Vorschriften der Tora – läßt sich allenthalben belegen[915]. Hekataios hatte also etwas Richtiges erkannt[916]: Mit dem Ende der allein auf die Tora gegründe-

---

910 Bar-Kochva (2010) 119.
911 Vgl. Mélèze Modrzejewski (1995) 306 u.ö. sowie zu den Zugeständnissen, die Alexander den Juden in Palästina gewährte, Frankemölle (2006) 52.
912 Vgl. dazu etwa Kaiser (2003a) 101/05 und Schäfer (2010b) 18f.
913 Vgl. Mélèze Modrzejewski (1995) 301f.: "The community of 'Hellenes' guaranteed to each of its members a status reconciling the maintenance of his own national identity with his incorporation into the dominant group" Zu den Privilegien, die damit – im Gegensatz zu den Ägyptern – verbunden waren, vgl. Siegert (2008) 1, 53; 2, 132.
914 Vgl. Gagarin (2008) 233 und Dorival (2010) 44.
915 Vgl. Gehrke (2004) 51: "Das heißt aber, dass die Tora, neben den anderen Gesetzen und Verordnungen, für die Juden im hellenistischen Ägypten geltendes Recht war" und Kugler (2011) 166; zur Diskussion über jüdisches Sonderrecht in den hellenistischen Diadochenreichen auch Tcherikover – Fuks (1957) 33f.: "The laws and regulations forming the legal basis for the business life of the Jews are the common laws of the Greeks in Egypt". 36; Feldman (1960) 230/37 und (1993) 76f. 421f.; Pelletier (1962) 50; Wolff (1962) 39. 46f. u.ö.; Hengel (1976) 65 über Antiochos III. und dessen Haltung gegenüber den Juden (vgl. auch Grabbe [2001a] 139/42); Kasher (1985) 4f. u.ö.; Will – Orrieux (1986) 73/82; Maier (1990) 144/47; Mélèze Modrzejewski (1991) 84 u.ö.; (1993) 74f. 81 und (1995) 303: "adhering to Greek culture, the Jew adopted Hellenistic legal customs". 315 u.ö.; Yerushalmi (1995) 14/16. 18f.; Maier (2001) 158/64 ; Siegert (2001) 265; Honigman (2003b) 74/76. 96/102 mit wichtigen Beobachtungen zur "legal appropriation" unter den ägyptischen Juden und (2009) passim; Kaiser (2003b) 7/10; Krauter (2004) 270f.; Couvenhes – Heller (2006) 34f., Schenker (2007) 333; Gruen (2008) 138 ; Kraus (2008) 32 ; Lippert (2008) 87; Rösel (2008) 99f.; Rajak (2009) 92/124; Dorival (2010) 41f. 43/45; Schenker (2010) 24f.; Perdue (2011) 118f. sowie Moore (2015) 71f.
916 Vgl. Willrich (1895) 51 und Diamond (1974) 127: "The mentioning of the Persians and of the Macedonians who overthrew their dominion fits in perfectly with Hecataeus' time".

ten Freiheit und rechtlichen Unabhängigkeit der Juden mußte sich eine "Vermischung" mit dem ergeben, was die Politeiai der Fremdherrscher ausmachte, also insbesondere mit deren Nomoi[917].

Indem Aristobulos diese Stelle des vielgelesenen Vorgängers aufruft, gelingt ihm nicht nur die Inanspruchnahme einer historischen Periodisierung, die durch anerkannte griechische Autorität bereits bestätigt war: Zum einen nutzt er für sich die von Hekataios gelieferte Geschichte der mosaischen Nomothesie, die für lange Zeit, bis zum Beginn der Perserherrschaft, unverändert unter den Juden gegolten habe. Die vorptolemäische Übersetzung Mose ins Griechische fällt damit in die Epoche zwischen dem Auszug aus Ägypten und dem Beginn jüdischer Diaspora, also in eine Zeit, in der die mosaischen Nomoi auch nach Ausweis des griechischen Ethnographen keiner fremden Beeinträchtigung ausgesetzt waren, sondern unvermischt Bestand hatten. Aristobulos widerspricht Hekataios nicht, ohne freilich einer problematischen ἐπιμιξία des mosaischen Nomos seit dem Beginn der Perserherrschaft das Wort zu reden. So läßt sich erahnen, worin Aristobulos das besondere Merkmal der Epoche ausmachte, in welche er die älteren Übersetzer der hebräischen Bibel datiert: Sie gehören in eine Zeit, in welcher die Juden in Palästina, wie auch die Ägypter in Ägypten und die Griechen in Griechenland, vor der Ankunft der Perser und dem späteren Aufstieg Makedoniens ohne Fremdherrschaft unter ihrem eigenen Nomos lebten[918] – in eine Zeit zumal, in der nach Ausweis der griechischen Geschichtsschreibung die Griechen selbst und ihre Gesetzgeber an verschiedenen Orten eigenes Recht entwickelten und schriftlich niederlegten. Die These, seit der ἐπικράτησις der Perser habe sich der mosaische Nomos verändert, an dieser Stelle erneut zu widerlegen vermeidet Aristobulos; ihre Korrektur erfolgt implizit an

---

917 Ein Detail in der späteren Darstellung bei Flavius Josephus ist auffällig: Als Gegenleistung für die jüdische Unterstützung bei der Eroberung Ägyptens habe schon Alexander der Große den Juden in Alexandria die ἰσομοιρία πρὸς τοὺς Ἕλληνας zugestanden (bell. 2, 488 [ed. Thackeray, S. 512]): διέμεινεν δ' αὐτοῖς ἡ τιμὴ καὶ παρὰ τῶν διαδόχων, οἳ καὶ τόπον ἴδιον αὐτοῖς ἀφώρισαν, ὅπως καθαρωτέραν ἔχοιεν τὴν δίαιταν, ἧττον ἐπιμισγομένων τῶν ἀλλοφύλων, καὶ χρηματίζειν ἐπέτρεψαν Μακεδόνας. Der jüdische Historiker räumt also im Rückblick ein, daß es in Alexandria auch nach Alexander noch eine Entwicklung zu geringerer ἐπιμιξία gegeben habe. Vgl. auch *Corpus Papyrorum Judaicarum* Nr. 142 und 143 mit der Selbstbezeichnung alexandrinischer Juden, die in makedonischen Militäreinheiten gedient hatten, als "Makedonen" (dazu Siegert [2008] 2, 133) sowie Feldman (1993) 82f. und Mélèze Modrzejewski (1993) 83f. zu dem auch aus Papyrusfunden und 3 Makk. 1, 3 bekannten Dositheos.

918 Daß dieser Nomos nach den Erkenntnissen der Forschung erst viel später seine kanonische Form der Bücher Mose erlangte, ja bis heute ganz umstritten ist, in welchem Maß man überhaupt für die vorexilische Zeit von einem solchen ausgehen darf, spielt hier bei Aristobulos, dem der mosaische Ursprung des gesamten Pentateuch historische Gewißheit ist, keine Rolle.

anderer Stelle (vgl. dazu oben S. 260)[919]. Zum anderen begegnet Aristobulos zugleich dem Vorwurf fremdenhasserischer Abgrenzung, den Hekataios der mosaischen Gesetzgebung gemacht hatte: Die problematische Schlußfolgerung, die Juden hätten sich schon in ferner Vergangenheit ungebührlich weit den Griechen geöffnet, umgeht er dadurch, daß er die frühen Griechen selbst sich auf Moses zubewegen und ihn rezipieren läßt, nicht umgekehrt – Gottes Wahrheit wird in Homer und Platon erkennbar, nicht platonische Philosophie im Pentateuch[920]. Die mosaische Offenbarung ins Griechische zu übersetzen, sie über Jahrhunderte hinweg auf griechische Philosophen und Dichter in deren Sprache wirken zu lassen – das ist nicht μισοξενία[921].

7.4 Umfang der älteren Übersetzungen

Aristobulos gibt präzise an, welche Abschnitte der hebräischen Bibel in jener fernen Vergangenheit ins Griechische übersetzt worden seien: τά τε κατὰ τὴν ἐξαγωγὴν τὴν ἐξ Αἰγύπτου τῶν Ἑβραίων, ἡμετέρων δὲ πολιτῶν, καὶ ἡ τῶν γεγονότων ἁπάντων αὐτοῖς ἐπιφάνεια καὶ κράτησις τῆς χώρας καὶ τῆς ὅλης νομοθεσίας ἐπεξήγησις. Daß hier nicht der gesamte Pentateuch gemeint sein kann, legt schon die Formulierung selbst nahe: Die sonst geläufigen Termini βιβλία und γραφή sind vermieden; stattdessen beziehen sich die Ausdrücke τὰ κατὰ …/ἐπιφάνεια/κράτησις/ἐπεξήγησις auf den Inhalt der betreffenden Tex-

---

[919] Ähnlich der *Aristeasbrief*, in dem Hekataios einerseits als griechische Autorität zitiert, andererseits aber korrigiert wird: Bis in die Gegenwart hinein, so dort die These, sei der jüdische Nomos rein und unvermischt, ohne schädliche Beeinflussung anderer Völker, von Gott geschützt worden (s. dazu unten S. 303f.). Vgl. auch Philon Moys. 2, 15, der dem jüdischen Ethnos mannigfache Veränderungen (μεταβολαί) bescheinigt, dessen διατεταγμένα jedoch für völlig unverändert hält (οὐδὲν … οὐδὲ τὸ μικρότατον … ἐκινήθη). Flavius Josephus hält fest, die Makedonen seien, im Gegensatz zu den späteren Ägyptern, der jüdischen Religion in Alexandria nicht entgegengetreten (c. Apion. 2, 69; dazu Siegert [2008] 1, 51; vgl. auch 2, 272 über den auch kriegerischen Widerstand gegen jeden, der die Juden zwingen wolle, die eigenen Nomima zu ändern [κινεῖν]).
[920] Ob Aristobulos in diesem Zusammenhang die biblische, in den historischen wie auch prophetischen Büchern festgeschriebene Überlieferung, gerade in vorexilischer Zeit hätten das Volk Israel und seine Herrscher im Sinne einer "Unheilsgeschichte" die göttlichen Weisungen der Tora immer wieder verfehlt, thematisierte, läßt sich aus den erhaltenen Fragmenten nicht erkennen.
[921] Flavius Josephus betont gleich an der Stelle, an welcher er zum ersten Mal auf die griechische Übersetzung der Bibel unter Ptolemaios II. Philadelphos zu sprechen kommt (ant. 1, 11 [ed. Thackeray, S. 6]), der Hohepriester Eleazar hätte dem König diese ὠφέλεια gewiß verweigert εἰ μὴ πάτριον ἦν ἡμῖν τὸ μηδὲν ἔχειν τῶν καλῶν ἀπόρρητον.

te, also auf die Ereignisse, von denen die früh übersetzten Bibelstellen berichteten. Außerdem: Die folgende Antithese ἡ δ' ὅλη ἑρμηνεία τῶν διὰ τοῦ νόμου πάντων ... setzt voraus, daß vor der umfassenden Neuübersetzung, die unter Ptolemaios II. Philadelphos abgeschlossen worden sei, der Nomos eben noch nicht vollständig ins Griechische übertragen vorlag[922]. Nomos und Nomothesia aber meinen bei Aristobulos stets ausschließlich den mosaischen Pentateuch, nicht spätere Teile der hebräischen Bibel. Diese Definition der Termini ergibt sich nicht nur allgemein aus der Anlage der Exegese, die sich ausschließlich der mosaischen Nomothesie widmet, sondern auch aus der Art und Weise, wie Aristobulos in F 5, 46/52 Holladay das Wort Salomons, die Weisheit habe schon vor Himmel und Erde existiert, behandelt: Zwar bestätigt das Zitat aus Prov. 8, 22/31 als Autorität nicht nur die peripatetische Auffassung der σοφία, ja übertrifft sie noch "klarer und schöner", sondern steht auch mit der metaphorischen Deutung der Weisheit, die Aristobulos selbst unmittelbar zuvor gegeben hat, in Einklang. Innerhalb des weiteren Zusammenhangs aber dient das Wort, selbst nicht als Nomos/Nomothesia oder Teil dessen bezeichnet, zur Auslegung des mosaischen Nomos[923], hier der Begründung des Sabbats im Schöpfungsbericht – ist ihm also nachgeordnet[924].

---

[922] Vgl. ähnlich Graetz (1878) 59; Coman (1981) 125f.; Dorival (1994) 45; Murray (2001) 578; Dines (2004) 34; Gmirkin (2006) 75. 81; Schimanowski (2006) 23 und Veltri (2006) 32f. (mit Literatur); anders schon Valckenaer (1806) 61f. Schlatters (1906) 407f. Annahme, es gehe hier gar nicht um Übersetzungen, sondern um freie griechische Nacherzählungen oder Erklärungen der Tora, wird durch den gesamten Kontext widerlegt (vgl. Holladay [1995] 213. 215).

[923] Auch Aristobulos räumt damit dem Pentateuch als Nomos vor allen anderen biblischen Schriften besonderen Vorrang ein (vgl. Walter [1964] 31/33; Barthélemy [1974] 37; Barton [1986] 159 zu Philon; Doering [1999] 273. 282 zu den Qumranschriften; Kaiser [2008] 79. 98f.; Marböck [2010] 39 und Witte [2012] 245f. zum Buch *Sirach* sowie zum rabbinischen Schrifttum Veltri [2006] 11f.). Die nicht allein auf Aristobulos beruhende Darstellung bei Clemens Alexandrinus (strom. 1, 22, 148 ~ F 3b, 48/63; s. unten Anm. 982) weicht an dieser Stelle erheblich ab, indem nicht nur die Übersetzungen des Pentateuch, sondern auch der Propheten (τὰς γραφὰς τάς τε τοῦ νόμου καὶ τὰς προφητικάς) in die Zeit des ersten oder zweiten Ptolemäers datiert werden. Im Prolog zum Weisheitsbuch *Sirach* werden die biblischen Schriften folgendermaßen aufgezählt (1f. [ed. Rahlfs, vol. 2, S. 377]): ὁ νόμος, οἱ προφῆται, οἱ ἄλλοι οἱ κατ' αὐτοὺς ἠκολουθηκότες (vgl. auch 8/10: ὁ νόμος, οἱ προφῆται, τὰ ἄλλα πάτρια βιβλία und 24f.: αὐτός ὁ νόμος, αἱ προφητεῖαι, τὰ λοιπὰ τῶν βιβλίων, wo die Distinktion durch αὐτός noch verstärkt ist).

[924] Was nicht zuletzt deshalb aufschlußreich ist, weil die *Proverbia*, wie im übrigen auch der Psalter (vgl. Ps. 1 und 2), sich selbst vom ersten Kapitel an durch zahlreiche Anspielungen als Rezeption sowohl des Pentateuch als auch der Propheten profilieren (vgl. dazu Lenzi [2008] 341f. 359 und im Hinblick auf Prov. 1 etwa Mazzinghi [2010] passim [mit umfangreichen Literaturangaben]).

In welcher Abfolge der jüdische Exeget diese Teile auflistet, ist aufschlußreich: eben nicht so, wie sie nach der kanonischen Reihe der fünf[925] Bücher Mose sich aneinander anschließen müßten, sondern nach dem historischen Ablauf der Geschehnisse, wie sie im Pentateuch selbst erzählt werden: Τά τε κατὰ τὴν ἐξαγωγὴν τὴν ἐξ Αἰγύπτου τῶν ʽΕβραίων, ἡμετέρων δὲ πολιτῶν verweist auf den Auszug aus Ägypten im Buch *Exodus*. Mit der folgenden Wendung καὶ ἡ τῶν γεγονότων ἁπάντων αὐτοῖς ἐπιφάνεια meint Aristobulos die *Genesis*, die Moses am Berg Sinai offenbart wurde. Von der tatsächlichen Einnahme Kanaans berichtet zwar erst das biblische Buch *Josua*, doch auf dieses kann hier, wo allein von den Büchern Mose, also dem νόμος/der νομοθεσία[926], gehandelt wird, mit der Wendung κράτησις τῆς χώρας kaum angespielt sein[927]. Vielmehr: Schon Hekataios hatte geschrieben, Moses selbst habe die Juden nicht nur aus Ägypten heraus, sondern auch nach Palästina hineingeführt. Diese Geschichte, die eklatant gegen das biblische Zeugnis zu verstoßen scheint[928], sollte in späteren griechischen Berichten über Moses und die jüdische Frühzeit[929] immer wieder auf-

---

[925] Deren Zahl schon für die griechischen Übersetzer des Pentateuch feststand (vgl. dazu Crüsemann [1992] 65f. 385/87; Hengel [1994] 17/20; Limbeck [1997] 82; Albertz [2001] 38/46; Grabbe [2001a] 154; Frankemölle [2006] 75 und Heckl [2009] 186 u.ö.). Die noch immer kontroverse Streitfrage, in welche Zeit die Ursprünge des hebräischen Pentateuchs zu datieren sind, sei hier ausgeklammert.
[926] Vgl. Dorival (1994) 45. Bickerman (1976c) 172[13] deutet hier χώρα als "the country east of the Jordan" und faßt die Wendung κράτησις τῆς χώρας auf als einen Verweis auf "parts of Numbers".
[927] *Pace* Walter (1964) 89[1]; Holladay (1995) 215 (mit Literatur) und jetzt wieder Lange (2011) 52.
[928] Die Suche nach überzeugenden Gründen für diesen Verstoß könnte nur durch den überzeugenden Nachweis zum Ziel kommen, welche Quellen Hekataios benutzte; vgl. dazu die unterschiedlichen Positionen bei (in Auswahl) Gager (1972) 32; Diamond (1974) 38. 41/47. 249/57. 279f. u.ö.; Mendels (1983) passim; Will-Orrieux (1986) 86; Dorival (1987) 9f. und (1994) 51; Feldman (1993) 8f.; Gruen (1998b) 101f.; Collins (2000) 54f.; Römer (2003) 25f.; (2007b) 178/80 und (2010) 195f.; Schwartz (2003) 194; Gmirkin (2006) 48f.; Barclay (2007b) 376; Kaestli (2007) 133f.; Berthelot (2008) passim; Moro (2009) passim sowie Goukowsky (2014) 286. 375. Heckl (2009) 199 hält wieder das biblische *Deuteronomium* – also einen Text, der nach Aristobulos schon vorptolemäisch ins Griechische übersetzt worden war (s. dazu gleich im Text) – für die Hauptquelle des Abderiten und sieht hier Dtn. 12 und die Zentralisationsgesetze insgesamt nachwirken.
[929] Vgl. Poseidonios (F 133 Theiler aus Strab. 16, 2, 35f.): Μωσῆς ... ἀπῆρεν ἐκεῖσε [sc. nach Judaea] ἐνθένδε ... ἔπεισεν εὐγνώμονας ἄνδρας οὐκ ὀλίγους καὶ ἀπήγαγεν ἐπὶ τὸν τόπον τοῦτον, ὅπου νῦν ἐστι τὸ ἐν τοῖς ʽΙεροσολύμοις κτίσμα. In dem "hostile account of the Exodus" (Bar-Kochva [2010] 306), welchen der wohl ins zweite vorchristliche Jahrhundert zu datierende griechische Autor Lysimachos vorlegte (vgl. Stern [1976] 382/88; Labow [2005] 312/14 [um 200 vor Christus?]; Siegert [2008] 1, 33 und jetzt Bar-Kochva [2010] 306/37 ["last decade of the second century, or a little earlier"]), wird Moses die Weisung an die leprösen

gegriffen werden[930] – Aristobulos weist sie hier nicht ausdrücklich zurück, vielleicht deshalb, weil er vor seinem griechischen Publikum den Ethnographen so erneut als griechischen Gewährsmann für die eigene Argumentation einsetzen konnte. Die bereits in der biblischen Überlieferung angelegte Unsicherheit, wo denn nun eigentlich die Ostgrenze des gelobten Landes zu lokalisieren sei, hier heranzuziehen, um bei Aristobulos die Wendung zu erklären, ist daher unnötig: Der Exeget bezieht sich, ohne in Details zu gehen, die längere Erläuterungen zur Geschichte und Geographie Israels nötig gemacht hätten, für sein griechisches Publikum auf das, was Hekataios über Moses und den Auszug aus Ägypten geschrieben hatte. Russell Gmirkins Beobachtung ist zuzustimmen: "Aristobulus's summary of the alleged precursor of the Septuagint translation thus corresponded exactly to the known contents of Hecataeus's report on the origin of the Jews ... Aristobulus's summary of the contents of the hypothetical early Greek translation of Jewish writings was clearly extrapolated from the Greek

---

Juden in Ägypten zugeschrieben παραβαλλομένους μίαν ὁδὸν τέμνειν ἄχρι ἂν ὅτου ἐλθῶσιν εἰς τόπους οἰκουμένους (aus Flav. Joseph. c. Apion. 1, 309); ob er sie schließlich auch bis dorthin führte und an der Gründung Jerusalems beteiligt war, bleibt im folgenden zwar offen, doch legt der Text nahe, daß diejenigen, welche dieser Weisung folgten, "under the leadership of Moses make their way to Judaea" (Bar-Kochva [2010] 321). Vgl. Diod. 34/35, 1 (dazu auch Flavius Josephus ant. 13, 236/52 sowie zur kontroversen Diskussion über die Quelle dieser Darstellungen mit Literatur Siegert [1992] 108; Malitz [2001] 69; Troiani [2005] 411f.; Barclay [2007b] 377; Bar-Kochva [2010] 399/439; Moore [2015] 143f.; Scholz [2015] 285f. und Rathmann [2016] 94[312]): Bei der Belagerung Jerusalems raten die Freunde dem Seleukiden Antiochos VII. Sidetes, die Stadt gewaltsam einzunehmen und das Genos der Juden, die allein unter den Völkern sich mit keinem fremden vermischten, sondern alle anderen als Feinde erachteten (μόνους γὰρ ἁπάντων ἐθνῶν ἀκοινωνήτους εἶναι τῆς πρὸς ἄλλο ἔθνος ἐπιμιξίας καὶ πολεμίους ὑπολαμβάνειν πάντας), zu vernichten. Die leprösen Vorfahren der Juden (πρόγονοι!) seien aus Ägypten vertrieben worden ὡς ἀσεβεῖς καὶ μισουμένους ὑπὸ τῶν θεῶν, hätten sich im Gebiet um Jerusalem niedergelassen und dann ihr μῖσος πρὸς τοὺς ἀνθρώπους in ihren absondernden Nomima zur Tradition gemacht. Schon Antiochos IV. habe Jerusalem eingenommen, das Innerste des Heiligtums betreten und dort die Marmorstatue eines bärtigen Mannes auf einem Esel angetroffen: τοῦτο μὲν ὑπέλαβε Μωυσέως εἶναι τοῦ κτίσαντος τὰ Ἱεροσόλυμα καὶ συστησαμένου τὸ ἔθνος, πρὸς δὲ τούτοις νομοθετήσαντος τὰ μισάνθρωπα καὶ παράνομα ἔθη τοῖς Ἰουδαίοις· αὐτὸς δὲ στυγήσας τὴν μισανθρωπίαν πάντων ἐθνῶν ἐφιλοτιμήθη καταλῦσαι τὰ νόμιμα (ed. Walton, S. 52. 54).

930 Vgl. schon Heinemann (1933) 363; Bickerman (1952) 68 und Diamond (1974) 41f. Die Hypothese, Aristobulos bezeuge hier eine Art frühen Hexateuch, der das Buch *Josua*, vollständig oder teilweise, mitumfaßt habe (so z.B. Swete – Ottley [1914] 2; Pelletier [1962] 118; Dörrie [1990] 483; Garbini [2002] 168f. und Dines [2004] 35; vgl. allgemein De Troyer [2008] 270f. zu neueren Rekonstruktionsversuchen eines solchen "Persian Hexateuch" in der alttestamentlichen Wissenschaft), ist unnötig.

foundation story in Hecataeus's *Aegyptiaca*"[931] – wenn hier auch das Wörtchen "exactly" nicht exakt zutrifft, unterschlägt Gmirkin doch die Angabe καὶ ἡ τῶν γεγονότων ἁπάντων αὐτοῖς ἐπιφάνεια: Daß auch aus *Genesis* übersetzt worden war, war für Aristobulos deshalb entscheidend, weil sein jüdischer Altersbeweis nicht zuletzt auf Ähnlichkeiten zwischen dem ersten Buch des Pentateuchs und vermeintlichen Anleihen bei griechischen Dichtern und Philosophen aufbaut[932]. Den Ausdruck κράτησις τῆς χώρας von Hekataios her zu verstehen war dagegen für einen jüdischen Leser, der mit der biblischen Überlieferung vertraut war, nicht unbedingt zwingend: Die göttliche Verheißung der Landnahme, ihre Vorbereitung durch Moses, die militärischen Auseinandersetzungen vor dem Übertritt des Jordans, die Verteilung des Lands, die Gabe des Nomos zum Leben im Land[933] bestimmen den Pentateuch schon von der *Exodus*[934] an über *Numeri* hin bis zum *Deuteronomium*, das Moses mit einem historischen Rückblick auf den Marsch an den Jordan und die Einnahme des Ostjordanlands einleitet (1/3), und sind zentrales Element im Wirken Gottes an seinem νομοθέτης, der, das gelobte Land von Gott vor Augen gelegt, am Ende des *Deuteronomiums* (34) stirbt: "... the Pentateuch itself ... devotes considerable space ... to Moses' conquest of the Transjordanian portion of the promised land ... to his allocating of it and of the territory west of the Jordan, to his ordering the founding of cities on both sides of the river, and to his prescription for the establishment of Jerusalem and its temple"[935].

Während die drei ersten Angaben τά τε κατὰ τὴν ἐξαγωγὴν τὴν ἐξ Αἰγύπτου τῶν ‛Εβραίων, ἡμετέρων δὲ πολιτῶν καὶ ἡ τῶν γεγονότων ἁπάντων αὐτοῖς ἐπιφάνεια καὶ κράτησις τῆς χώρας also gleichsam die historische Dimension der mosaischen Offenbarung umreißen, zeigen sich ihre im engeren Sinne gesetzlichen Teile zusammengefaßt in der Wendung καὶ τῆς ὅλης νομοθεσίας ἐπεξήγησις, mit der auf das *Deuteronomium* verwiesen wird. Diese Anordnung der übersetzten Teile, die der biblischen Moseschronologie folgt, ergibt sich konsequent aus der Rolle, die Aristobulos Moses selbst zuweist, nämlich aus derjeni-

---

931 Gmirkin (2006) 75f.
932 Vgl. schon Valckenaer (1806) 48 und Binde (1869) 23.
933 Zu den Stellen, an denen die Landnahme schon implizit vorausgesetzt wird, vgl. etwa Perlitt (1983) 56 und Otto (2007) 81f.
934 Vgl. Exod. 12, 17 und 25, dichterisch verarbeitet von Ezechiel Tragicus (F 13, 28f. Holladay): ... ἀπάξω λαὸν εἰς ἄλλην χθόνα, | εἰς ἣν ὑπέστην πατράσιν ‛Εβραίων γένους (mit 41).
935 Diamond (1974) 42; vgl. auch Kraus (1972) 60; Perlitt (1983) 48f.; Barstad (2001) 53. 59; Köckert (2004) 15. 49. 56/58; Otto (2007) 73/85 u.ö. und (2012) 251f.; Dohmen (2011) 60/63 sowie die Beiträge zum Sammelband van Ruiten – de Ros (2009). Römer (2007b) 177f. 192f. deutet die biblischen Indizien als Belege für eine Tradition, die Moses als Krieger und Eroberer darstellte.

gen des weisen und von Gottes Pneuma inspirierten Propheten, der den Menschen die Nomothesia formuliert habe⁹³⁶. Nach dieser Vorstellung kann die in hebräische Sprache gefaßte Offenbarung des gesamten Pentateuch nur zu Lebzeiten Mose erfolgt sein – eine prämosaische Existenz des Nomos, auch der *Genesis*, ist damit ebenso ausgeschlossen wie die Möglichkeit, daß die fünf Bücher Mose nach seinem Tod, der ja im *Deuteronomium* den Abschluß des Pentateuchs markiert, noch fortgeschrieben worden sein könnten.

Nach Aristobulos war der mosaische Nomos in vorpersischer Zeit demnach nicht vollständig, sondern nur teilweise in die griechische Sprache übersetzt worden⁹³⁷. Ob einzelne Teile dabei einem ganzen Buch des kanonischen Pentateuchs entsprachen, konkretisiert Aristobulos nicht genau. Die Formulierung zum *Deuteronomium* legt diesen Schluß nahe, vielleicht auch die Angaben zu *Exodus* und *Genesis*. Jedenfalls scheint der jüdische Exeget auszuschließen, die im engeren Sinne "gesetzlichen" Teile des mosaischen Nomos, also vor allem das Buch *Leviticus*, aber auch Teile von *Numeri*, seien schon in frühen Zeiten ins Griechische übertragen worden⁹³⁸. Die ὅλη νομοθεσία wird erst unter Ptolemaios Philadelphos in der ὅλη ἑρμηνεία τῶν διὰ τοῦ νόμου πάντων vollständig übersetzt, zuvor war sie den Griechen nur in ihrer Epexegesis, also dem fünften Buch Mose, zugänglich. Neben diesem grundsätzlichen Ordnungsprinzip offenbart Aristobulos in seiner Beschreibung der einzelnen mosaischen Bücher bemerkenswerte Details:

a) τά τε κατὰ τὴν ἐξαγωγὴν τὴν ἐξ Αἰγύπτου τῶν Ἑβραίων, ἡμετέρων δὲ πολιτῶν: Diese Formulierung bestärkt den Eindruck, daß Aristobulos hier aus jüdischer Sicht schreibt. Der Auszug aus Ägypten – gleichsam von außen namentlich genannt – wird ausdrücklich als ἐξαγωγή charakterisiert, also als die "Herausführung der Hebräer" eben durch Moses im Auftrag Gottes⁹³⁹. Der Aus-

---

936 Vgl. Kraus (2008) 26.
937 Die Unsicherheit "about what is meant by the various terms employed [sc. in den jüdischen Quellen zur griechischen Bibelübersetzung] to designate what was translated" (Pearce [2007] 184¹) läßt sich also zumindest für Aristobulos genauer klären (vgl. schon Valckenaer [1806] 62).
938 Zum Moseszitat bei Hekataios (in Diod. 40, 3, s. oben S. 227f.) ergibt sich daraus nicht unbedingt ein Widerspruch. Das vom griechischen Ethnographen beigebrachte Kolophon wäre am Ende des *Deuteronomiums* zu lokalisieren.
939 In Exod. 3, 10 trägt Gott Moses auf: ... ἐξάξεις τὸν λαόν μου τοὺς υἱοὺς Ισραηλ ἐκ γῆς Αἰγύπτου. Übersetzungen des Worts ἐξαγωγή mit "Exodus" (vgl. Holladay [1995] 153 und Wasserstein – Wasserstein [2006] 32 sowie Garbini [2002] 168) sind ungenau. Vgl. zu diesem schon biblischen Bild Mose als "liberator" Coats (1988) 157/61. Eupolemos betont die Führung Mose (F 5, 454d Holladay): ... ἐξήγαγε Μωυσῆς τοὺς Ἰουδαίους ἐξ Αἰγύπτου ..., vgl. auch Artapanos,

druck τῶν ʽΕβραίων, ἡμετέρων δὲ πολιτῶν evoziert dabei zwei Beobachtungen. Zum einen: Aristobulos benutzt in keinem der erhaltenen Fragmente das Wort ʼΙουδαῖος[940], um sich und die Juden zu benennen – an die Stelle der Namensform tritt das Personalpronomen ἡμεῖς (F 2, 16. 24. 39. 43; F 3, 19. 29f. 41; F 4, 4. 97. 98; F 5, 47f. 79/85 Holladay)[941]. Hier hingegen schließt er sich mit dem auffälligen τῶν ʽΕβραίων an den schon biblischen Wortgebrauch an, über den Artapanos einmal vermerkt (F 1, 1 Holladay): ... καλεῖσθαι [sc. die Juden] δὲ αὐτοὺς ʽΕβραίους ἀπὸ ʼΑβραάμου[942]. Bei Aristobulos könnte damit auch auf die Sprache

---

der Moses als von Gott auserwählten Heerführer darstellt (F 3, 21 Holladay): φωνὴν δʼ αὐτῷ θείαν εἰπεῖν στρατεύειν ἐπʼ Αἴγυπτον καὶ τοὺς ʼΙουδαίους διασώσαντα εἰς τὴν ἀρχαίαν ἀγαγεῖν πατρίδα sowie Ezechiel Tragicus in seinem ebenʼΕξαγωγή genannten Drama (F 15, 38 Holladay): ... ὁ κείνων ἡγεμὼν Μωσῆς ... (vgl. dazu schon Valckenaer [1806] 48). Bei Philon findet sich ἐξαγωγή als Name des zweiten Buchs Mose (vgl. Dorival [1994] 65 und Siegert [2001] 44).

940 Zu der schwierigen Frage, wann überhaupt diese Namensform im Griechischen erstmals auftaucht, vgl. Diamond (1974) 33f.; Harvey (1996) 11/103; Mason (2007) passim und allgemeiner Stegemann (2010) 193/98. Theophrast benutzt sie (s. oben Anm. 245; vgl. dazu Mélèze Modrzejewski [1993] 73) ebenso wie auch Hekataios Abderites (vgl. Diod. 40, 3: οἱ ʼΙουδαῖοι und τὸ γένος τῶν ʼΙουδαίων). Während Belege in der Septuaginta selten sind (vgl. Muraoka [2009] s.v.), begegnet sie auch in den Fragmenten der frühen jüdisch-hellenistischen Autoren Eupolemos und Artapanos sowie im *Aristeasbrief*.

941 Der Gewohnheit der Griechen, verallgemeinernd von den Juden zu sprechen, stellt sich Aristobulos also nicht entgegen. Der Vergleich mit dem *Aristeasbrief* ist erhellend: Obschon der Terminus ʼΙουδαῖος anderswo in der Schrift durchaus begegnet, fehlt er in den Reden und Aussprüchen, die dem Hohepriester Eleazar und auf dem Symposion mit dem Ptolemäerkönig den jüdischen Bibelübersetzern in den Mund gelegt werden. Doch auch Eleazar verallgemeinert, zuweilen mit distinktivem Akzent, durch das Personalpronomen ἡμεῖς (etwa in 131. 141. 152; vgl. auch Birnbaum [2003] 311 und Wright [2015] 283). In der Bibel sagt Pharao (Exod. 1, 9 [ed. Rahlfs, vol. 1, S. 86]): ἰδοὺ τὸ γένος τῶν υἱῶν Ισραηλ ... (vgl. auch Feldman [1993] 45f. über diese Gewohnheit sowie Utzschneider – Oswald [2013] 68. 76). Vergleichbarer Gebrauch der ersten Person Plural des Personalpronomens begegnet in der griechischen Literatur an verschiedenen Stellen, insbesondere im philosophischen Diskurs (vgl. Chandler [2014] 77), wenn die eigene Lehre, etwa einer Philosophenschule, anderen im Gespräch oder in der Debatte gegenübergestellt wird, aber auch in der Lokalgeschichtsschreibung, in welcher der Historiker aus der Sicht einer bestimmten Polis oder Region argumentiert (vgl. etwa Ephoros 70 B 97 Jacoby sowie mit Belegen Marincola [1997] 194. 288 und Schepens [2001] 23). An anderer Stelle, an welcher die universale Ordnung der Welt und der Menschen in ihr zur Sprache kommt, integriert Aristobulos alle Menschen gemeinsam in ein umfassender zu verstehendes ἡμεῖς (F 5, 7 Holladay).

942 In Exod. 3, 18 weist Gott selbst den Moses an, dem Pharao mitzuteilen: ὁ θεὸς τῶνʽΕβραίων προσκέκληται ἡμᾶς. Ein Blick in die jüdisch-hellenistische Poesie liefert einen ähnlichen Befund, vgl. exemplarisch Theodotos F 4, 6 Holladay und die zahlreichen Belege aus Ezechiel Tragicus (F 1, 20. 30. 33; 2, 14/17; 9, 15/18; 13, 26. 29; 14, 4. 16; 15, 17. 37 Holladay u.ö.), an denen wiederholt "Hebräer" in Gegensatz zu "Ägypter" tritt. In F 9, 10/14 Holladay spricht Gott zu

derer gedeutet sein, die von Moses aus Ägypten geführt wurden: Sie waren "Hebräer", sprachen also, im Gegensatz zu den zeitgenössischen Juden der ägyptisch-alexandrinischen Diaspora, mit denen es Ptolemaios zu tun hat, Ἑβραιστί, in der Sprache der mosaischen Offenbarung[943].

Zum anderen: Dadurch, daß Aristobulos die Hebräer als ἡμέτεροι πολῖται bezeichnet[944], hebt er hervor, wie eng er sich als Diasporajude im hellenistischen Ägypten verbunden sieht mit jenen "Hebräern", die in ferner Vergangenheit aus Ägypten herausgeführt worden waren. Aus derselben Verbundenheit heraus nennt er in F 5, 46/52 Holladay dort, wo er das hellenistische Pseudepigraphon Prov. heranzieht, dessen vermeintlichen Autor Salomon[945], also den

---

Moses: ἐγὼ θεὸς σῶν, ὧν λέγεις, γεννητόρων, | Ἀβραάμ τε καὶ Ἰσαὰκ καὶ Ἰακώβου τρίτου. | μνησθεὶς δ' ἐκείνων καὶ ἔτ' ἐμῶν δωρημάτων | πάρειμι σῶσαι λαὸν Ἑβραίων ἐμόν, | ἰδὼν κάκωσιν καὶ πόνον δούλων ἐμῶν (vgl. in der Prosa auch 2 Makk. 7, 31). Vgl. Hengel (1975) 169/72 (mit der älteren Literatur) zu der jüdisch-hellenistischen Literatur im allgemeinen: "'Hebraios' ist der viel seltenere Begriff [sc. als Ἰουδαῖος]; er wird 1. als ausgesprochen archaisierende Volksbezeichnung bei der Beschreibung der biblischen Geschichte verwendet, 2. finden wir das Wort im poetischen, literarisch gehobenen Sprachgebrauch, und 3. bedeutet es – von der Sicht der Diaspora aus, aber auch in einzelnen Stellen der nichtjüdischen Literatur – *den aus Palästina – d.h. dem Heiligen Land – stammenden oder mit Palästina besonders verbundenen Juden*"; Holladay (1983) 226; Crüsemann (1992) 183[239]; Harvey (1996) 104/47 ("archaic flavour") sowie Ulrich (1999) 59/68 (zum späteren Gebrauch). 126f. (mit neuerer Literatur): Bei dem Begriff "Hebräer", der als Selbstbezeichnung etwa in der Septuaginta völlig geläufig sei, schwinge oft ein "ausgesprochen positiver Unterton" mit, zuweilen als ein "konservativ-traditionalistischer Zug". Bei Philon stehe er dann "für das Israel der alten Zeit".

943 Vgl. *Aristeasbrief* 30, wo es von den τοῦ νόμου τῶν Ἰουδαίων βιβλία heißt (ed. Pelletier, S. 118): τυγχάνει γὰρ Ἑβραϊκοῖς γράμμασι καὶ φωνῇ λεγόμενα sowie 11, daneben auch die Kapitel 3 und 38 (s. unten S. 307), außerdem zu der abweichenden Stelle (176) über die Ἰουδαικὰ γράμματα Hadas (1951) 168 sowie Harvey (1996) 116f. 146 und Matusova (2015) 48/53. Im Prolog zum Weisheitsbuch *Sirach* wird die hebräische Fassung Jesus Sirachs als Ἑβραιστὶ λεγόμενα (V. 22) bezeichnet.

944 Die Partikel δέ in der Wortfolge ... τῶν Ἑβραίων, ἡμετέρων δὲ πολιτῶν ... hat dabei doppelte Funktion: Zum einen verstärkt sie den überraschenden, pointierten Eindruck der Apposition, die gerade für das griechische Publikum nicht unmittelbar einsichtig und selbstverständlich sein mußte. Zum anderen ergibt sich eine auffällige Parallele zu der kurz darauf folgenden Apposition ... ἐπὶ τοῦ προσαγορευθέντος Φιλαδέλφου βασιλέως, σοῦ δὲ προγόνου ... (vgl. dazu unten Anm. 976 sowie zu προγόνου auch unten S. 299). Zu einem weiteren Beispiel dieses prägnanten Gebrauchs von δέ vgl. unten Anm. 1063.

945 Vgl. Aitken (2007) 194f.; Kraus (2008) 30f. und Jüngling – von Lips – Scolarick (2011) 1951. 1988f. zur Septuagintaversion der Prov., welche die Übersetzer durchweg als Worte des Königs und zugleich als "von Gott gelehrte Weisheit" ansahen (mit Hinweis auf die Übersetzung von 30, 1. 3 LXX [ed. Rahlfs, vol. 2, S. 224]: τοὺς ἐμοὺς λόγους, υἱέ, φοβήθητι ... θεὸς δεδίδαχέν με σοφίαν, καὶ γνῶσιν ἁγίων ἔγνωκα und 31, 1 LXX [ed. Rahlfs, vol. 2, S. 227]: οἱ ἐμοὶ λόγοι εἴρηνται ὑπὸ θεοῦ, βασιλέως χρηματισμός, ὃν ἐπαίδευσεν ἡ μήτηρ αὐτοῦ).

König Israels aus dem zehnten Jahrhundert, τῶν ἡμετέρων προγόνων τις⁹⁴⁶. In dieser Zusammengehörigkeit, die sowohl die räumliche⁹⁴⁷ als auch die zeitliche Distanz überwindet⁹⁴⁸, manifestieren sich zugleich das hohe, die Dauer der zeitgenössischen πολιτεῖαι – auch der ptolemäischen – weit überschreitende Alter und die historische Kontinuität der mosaischen Nomothesia bis in die Gegenwart sowie ihre einheitsstiftende Kraft, die weder die in der von Aristobulos selbst angedeuteten chronologischen Periodisierung genannten politischen Fremdherrscher noch der Wechsel der eigenen Spache vom Hebräischen zum Griechischen beeinträchtigen konnten. Πολῖται sind die Juden nicht deswegen, weil sich Aristobulos hier "eleganter" ausdrücken möchte⁹⁴⁹, sondern weil der mosaische νόμος sie alle als "Mitbürger" bindet und verbindet⁹⁵⁰, als Fundament ihrer πολιτεία⁹⁵¹, die letztlich auf Gottes Tat, sein Volk durch Moses aus Ägyp-

---

946 Die Wortwurzel -γον- trägt dabei volle Bedeutung: Wie Ptolemaios II. Philadelphos der πρόγονος des amtierenden Königs ist, so waren die frühen Untertanen Salomons πρόγονοι der zeitgenössischen Juden Alexandrias.

947 Vgl. schon Dtn. 29, 13f.

948 Vgl. Sap. 18, 6, wo die Vorfahren der Exodus als πατέρες bezeichnet werden.

949 So Valckenaer (1806) 48.

950 Das Possessivum ἡμετέρων hat hier Gewicht. Zum Gebrauch von πολίτης im Sinne von "Mitbürger" (pointiert bestimmt durch ergänzendes Pronomen) vgl. etwa Plat. Prot. 339e; Ps.-Plat. Hipp. 229b und Theophrast F 531 Fortenbaugh (οἱ ἑαυτῶν πολῖται) sowie Lüderitz (1993) 194 und Troiani (1994) 20f.

951 Daß auch die alttestamentliche Forschung zuweilen von "Verfassung" spricht, wo die eher politischen Normen des Pentateuch zur Diskussion stehen, sei hier nur erwähnt (vgl. dazu etwa Crüsemann [1992] 273. 286/91 und [2003] 41; McKenzie [2002] 40 [über das *Deuteronomium*]; Oswald [2012] 42 sowie Stegemann [2010] 228f. 277f. zu Flavius Josephus). Vgl. Troiani (1994) 17f.: "Observance of the Mosaic law indicated membership in the Jewish nation, persistence in the πολιτεία showed who the real πολῖται were ... The πολιτεία went beyond the rights of citizenship in the single city. It must have also indicated the bond that united the Jews of the Greek diaspora, who were therefore πολῖται". 18f. zu 2 Makk. 9, 17/19 sowie Kasher (1985) 279; Lüderitz (1993) 205; Honigman (1997) 63 und (2003a) 19 mit Anm. 29 zu diesem "common usage in Hellenistic Jewish literature". Im griechischen Pentateuch (vgl. etwa Gen. 23, 11), in welchem sowohl πόλις als auch πολίτης schon begegnen (vgl. Schmitt [1974] 145), kommt diese Weitung des Begriffs noch nicht vor. Vgl. zum biblischen Sprachgebrauch auch Strathmann (1959) 525: "In keinem Fall ist πολίτης eine angemessene Wiedergabe der hbr Entsprechung. Jenes hat eine politisch-rechtliche, dieses eine sozial-ethische u religiöse Färbung". Darauf, daß die enge Bindung des Nomos an eine räumlich und institutionell definierte Politeia im stoischen Kosmopolitismus gelockert worden war, ist Anm. 839 schon hingewiesen worden. Zenon hatte in seiner *Politeia* erklärt, nur σπουδαῖοι seien Mitbürger (πολῖται), Freunde, Verwandte und Freie (aus Diog. Laert. 7, 33; vgl. allerdings zu Chrysipp SVF 3, 329). Doch verfolgte auch im Peripatos offenbar Theophrast mit großem Nachdruck das Ziel, den Begriff der οἰκειότης über die Grenzen der natürlichen Verwandtschaft hinaus zu weiten (vgl. Baldry [1965] 142/45 zu "the ab-

ten herauszuführen und zu befreien, zurückgeht⁹⁵². Wenn es stimmt, daß bei Hekataios "Moses was portrayed as the classical figure of the founder of a Greek polis"⁹⁵³, dann offenbart Aristobulos, indem er dem Begriff des πολίτης eine eigentümlich jüdische Färbung verleiht, an dieser Stelle wiederum die in seiner Auseinandersetzung mit dem griechischen Ethnographen typische Dialektik von gleichzeitiger Nutzung und Richtigstellung⁹⁵⁴.

---

stract idea of a single human species" und Fortenbaugh [2011] 560 mit Belegen aus Περὶ εὐσεβείας und Literatur). Für Aristobulos ist nicht zuletzt bedeutsam, daß Theophrast den Zusammenhalt eines Volks auf frühe gemeinsame Vorfahren zurückführte (F 531 Fortenbaugh aus Porphyr. abst. 3, 25; vgl. dazu Fortenbaugh [2011] 557).
952 Vgl. dazu schon oben Anm. 939.
953 Bar-Kochva (2010) 120 mit Hinweis auf Jaeger (1938) 140; vgl. auch Murray (1970) 158; Will – Orrieux (1986) 84; Gruen (1998b) 100f.; Albertz (2001) 42f.; Davies (2001a) 118; Malitz (2001) 64; Bloch (2002) 34; Gmirkin (2006) 46f.; Barclay (2007b) 376; Berthelot (2008) 4 und Moyer (2011a) 117f. Die Reserven Jacobys (1943) 48f. sind jedoch auch vor diesem Hintergrund weiterhin bedenkenswert. Die jüdische Rechtsordnung des Pentateuch als πολιτεία zu bezeichnen geht also mindestens auf den griechischen Autor Hekataios zurück (vgl. Troiani [1994] 19; Bar-Kochva [1996] 34. 153. 227f. und [2010] 124: "The Jewish Torah is called simply *politeia* ... – literally, 'the constitution of the *polis*' – apparently for want of a suitable term denoting a divine constitution" sowie Schröder [1996] 196), der ja auch die staatliche Ordnung des pharaonischen Ägypten mit den Leitwörtern νόμος, πολιτικὴ κατάστασις und πολιτεία beschreibt (vgl. Diod. 1, 74, 1).
954 Vgl. Polyb. 34, 14 (s. oben Anm. 611) über die Ägypter Alexandriens. Mit dem Wortfeld um πολίτης/πολιτεία setzt Aristobulos einen anderen Akzent als mit den sonst geläufigen Begriffen γένος oder ἔθνος (vgl. Hengel [1976] 111), lange vor den Makkabäerbüchern, Philon (vgl. etwa conf. 3 mit dem Begriff der πάτριος πολιτεία und dazu Niehoff [2011b] 78f.) und Flavius Josephus, welche die "politisch"-rechtliche Bedeutung des Pentateuch besonders hervorheben und immer wieder von der mosaischen πολιτεία der Juden handeln (vgl. dazu Strathmann [1959] 526f.; Kasher [1985] 279; Troiani [1994] passim mit reichem Material; Spicq [1996] zum Lemma; Gerber [1997] 122/255; Maier [2001] 158; Hansen [2007] 527f. und Kaiser [2010] 220/34). Die Sache ist deswegen interessant, weil "die in der Alten Welt verstreuten 'Judäer' zwar *politeumata* bilden wollten, aber niemals eine *polis* errichteten" (Siegert [2008] 1, 53) – ein Kernbegriff griechischer Staatsauffassung hier also in der Übertragung auf die Juden zugleich verwandelt wird. Auch im *Aristeasbrief* beschreibt das Wort die "politische", also die durch den Nomos gleichsam als Verfassung gestiftete Gemeinschaft der Juden (vgl. Lüderitz [1993] 205⁶⁰) – wobei die Zusammengehörigkeit jener in Israel und denen in der (ägyptischen) Diaspora besonders betont wird: In Kapitel 3 wird zunächst das Ansehen Eleazars unter seinen πολῖται gepriesen, unmittelbar danach der Nutzen für τοῖς σὺν ἑαυτῷ καὶ τοῖς κατὰ τοὺς ἄλλους τόπους πολίταις, der sich aus der Übersetzung des Pentateuchs ins Griechische ergeben habe. In Kapitel 31 werden dann alle diejenigen, die nach "den Büchern der Juden" leben, als κατ' αὐτὰ πεπολιτευμένοι ἄνδρες bezeichnet (vgl. auch aus der Sicht Eleazars 44 und 126). In welchem (auch rechtlichen) Zusammenhang dies mit dem Bürgerrecht der Juden unter den Ptolemäern und den vieldiskutierten jüdischen πολιτεύματα in Alexandria (vgl. *Aristeasbrief* 310 und

b) ἡ τῶν γεγονότων ἁπάντων αὐτοῖς ἐπιφάνεια: Aristobulos ist dadurch, daß er in seiner Aufzählung der früh ins Griechische übersetzten Bibelstellen diejenige aus der *Genesis* zwischen die Herausführung aus Ägypten und die Landnahme verlegt, ein früher Zeuge für die Auffassung, Moses habe die *Genesis* am Sinai als Teil des Nomos von Gott mit der gesamten Tora erhalten und in Worte gefaßt[955]. Dabei akzentuiert Aristobulos die *Genesis* in besonderer Weise: Als eine ἐπιφάνεια, als "Erscheinung/Veranschaulichung" (s. unten S. 364 zu diesem Begriff), "alles Gewordenen"[956]. Wie Moses als Prophet in seinen Büchern von

---

Ps.Hekataios F 1, 189 Holladay) und anderen ägyptischen Städten steht, soll hier nicht geklärt werden (vgl. dazu Tcherikover – Fuks [1957] 32/43; Strathmann [1959] 519; Feldman [1960] 235f.; Stern [1976] 399/403; Holladay [1983] 327; Kasher [1985] 4f. 274/309 u.ö. und [1992] passim; Zuckerman [1985-1988] passim; Horbury – Noy [1992] 195; Siegert [1992] 49f.; [2001] 29; [2005] 202 und [2008] 2, 130/35; Lüderitz [1993] passim; Mélèze Modrzejewski [1993] 75/80 und [1995] 302; Dorival [1994] 35. 72f.; Hölbl [1994] 167; Huß [1994b] 6f.; Yerushalmi [1995] 14f.; Gerber [1997] 338/59; Honigman [1997] passim; [2003b] passim und [2009] passim; Gruen [1998a] 72/83. 126/29; Cowey – Maresch [2001] 3/9 u.ö.; Orth [2001] 102 u.ö.; Cowey [2004] 28f.; Gehrke [2004] 52f.; Krauter [2004] 265/72; Schimanowski [2006] 143/46 u.ö.; Veltri [2006] 36; Gruen [2008] 138f.; Dorival [2010] 40f. mit Literatur; McGlynn [2014] passim; Kruse [2015] passim; Moore [2015] 76/86 sowie Wright [2015] 448/51). Auch ethnische und kultische Gemeinschaften, sonst oft κοινά genannt, wurden – möglicherweise gerade seit der Regierungszeit Philometors (vgl. dazu Honigman [2003b] 67) – mit dem Begriff πολιτεύματα bezeichnet (vgl. Lüderitz [1993] 190/92. 196/204; Cowey – Maresch [2001] 7 und Kruse [2015] passim mit weiterer Literatur).

955 Im *Jubiläenbuch*, das wahrscheinlich mit Aristobulos in die erste Hälfte des zweiten vorchristlichen Jahrhunderts zu datieren ist (vgl. Doering [1999] 116; Bowley [2001] 176; Flint [2001b] 102; Collins [2011] 33 und Doering [2012a] 243 mit Literatur), heißt es (30, 12) über die Erzählung in Gen. 34, 14: "... I have written for you [sc. Moses] in the words of the law [!] everything that the Shechemites did to Dinah and how Jacob's sons said: 'We will not give our daughter to a man who has a foreskin ...'", nachdem schon in 1, 4 und 2, 1 über Gottes Sinaioffenbarung an Moses gesagt worden war: "... the Lord showed him what (had happened) beforehand as well as what was to come ... On the Lord's orders the angel of the presence said to Moses: 'Write all the words about the creation – how in six days the Lord God completed all his works, everything that he had created, and kept sabbath on the seventh day. He sanctified it for all ages and set it as a sign for all his works ...'" (Übersetzung Vanderkam). Vgl. zum Thema auch Janowitz (1991) 131f. und Doering (2012b) 450f. Vgl. auch Sirach 24, 23/27 und dazu Marböck (1999) 78 sowie Becker – Fabry – Reitemeyer (2011) 2195 (zum unsicheren Text an dieser Stelle).

956 Zwar kennzeichnet Aristobulos die *Genesis*, wie soeben festgestellt, durch die Eingliederung in die beiden umstehenden Wendungen als Teil der historischen Dimension des Pentateuchs; allerdings weist er auf ihren besonderen Status, von Gott dem Moses offenbarte, nicht von diesem selbst erlebte und doch von diesem in Worte gebrachte Vergangenheit zu künden, hin, indem er, anders als in den Wendungen τά τε κατὰ τὴν ἐξαγωγὴν τὴν ἐξ Αἰγύπτου τῶν Ἑβραίων ... und κράτησις τῆς χώρας, nicht einfach den historischen Inhalt überschriftartig

der erst jenseits seines Todes liegenden Landnahme kündet, so zeigt Gott in der *Genesis* durch die Worte Mose den Hebräern (vgl. das eindeutig von γεγονότων gesperrte, vielmehr zu ἐπιφάνεια gehörige αὐτοῖς) die Entstehung aller Dinge bis hin zur Geschichte des eigenen Volkes vor Moses. Die Junktur im resultativen Perfekt: τῶν γεγονότων ἁπάντων, die den jüdischen Leser an den Eingang des Pentateuch[957], den griechischen Leser an berühmte Stellen der eigenen Philosophie gemahnt[958], vereint dabei die Erkenntnis historischen Werdens mit

---

zusammenfaßt, sondern ihm eben das Wort ἐπιφάνεια voranstellt. Den Ausdruck gar nicht als Hinweis auf die *Genesis*, sondern als Umschreibung historischer Passagen des Pentateuchs, etwa über den Weg aus Ägypten zum gelobten Land (wie Moses selbst zu Jothor in Exod. 18, 8), aufzufassen – also etwa: "... and the disclosure to them of all the things that happened" (Holladay [1995] 155. 215 und Wasserstein – Wasserstein [2006] 32; vgl. schon van Dale [1705] 213: "quaecunque insignia ipsis facta sunt et apparuerunt"; Walter (1964) 89[1]; Dines [2004] 34; Lange [2011] 51f.: "das Erscheinen aller Dinge, die sich ihnen ereignet haben" und jetzt wieder Wittkowsky [2015] 21), "a todo lo que después les acaeció" (Garbini [2002] 168) oder "the glory of all that has happened to them" (Fortenbaugh – Schütrumpf [2000] 120f.; vgl. mit Pelletier [1962] 118[3] schon des Places [1983] 311: "le récit glorieux de toutes leurs prouesses". 311[4]; Dörrie [1990] 193; Janowitz [1991] 130; Dorival [1994] 45 und Gmirkin [2006] 75) – wird abgesehen davon, was das eigentlich bedeuten sollte, dem Verlauf der Aufzählung nicht gerecht, weil dann ihr erstes und drittes Glied in dem zweiten miteingeschlossen wären; auch die Wahl des Wortes ἐπιφάνεια, das ja als zweites Subjekt der Aufzählung zum Verb διηρμήνευται fungiert, ließe sich so kaum schlüssig erklären – wie sollte "glory" übersetzt worden sein? Daß der Text die Übersetzung "the divine manifestation in all which befell them" (Thackeray; vgl. auch schon Graetz [1878] 59: "die Geschichte ... des göttlichen Zeichens in allen Dem, was ihnen (den Israeliten) zu Theil geworden"; Meecham [1932] 194; Hadas [1951] 26 und Coman [1981] 125: "l'apparition de la puissance divine dans tout ce qui s'y était passé") ebensowenig deckt wie die Deutung Bickermans (1976c) 172[13]: "the miraculous presence of God (epiphaneia) which followed the Exodus (he probably thinks of the revelation on Sinai) ... It is remarkable that he does not include Genesis" oder die Annahme, in dem allgemeinen Begriff νομοθεσία sei die *Genesis* "implicite bezeichnet" (Binde [1869] 23), ist offensichtlich.

957 Vgl. die Wiederholung des Leitverbs γίγνομαι in den Kapiteln 1f. der *Genesis*, aus denen Aristobulos zu Beginn des F 4 Holladay zitiert; dazu auch Gen. 2, 4: αὕτη ἡ βίβλος γενέσεως οὐρανοῦ καὶ γῆς, ὅτε ἐγένετο ... mit 5, 1.

958 Der Ausdruck (πᾶν) τὸ γεγονός/(πάντα) τὰ γεγονότα begegnet, auch in der zeitgenössischen Historiographie (etwa Polyb. 6, 2, 3 u.ö.), durchaus häufig, um vergangene Ereignisse zusammenzufassen ("was passiert ist", "die Vergangenheit", auch im Gegensatz zu Gegenwart und Zukunft [vgl. z.B. Plat. Charm. 174a; pol. 329d. 617]). Aristobulos rezipiert jedoch zugleich den Wortgebrauch berühmter Texte der griechischen Philosophie wie des platonischen *Timaios* (etwa 27/29, insbesondere 28b und 29a, u.ö.), an denen die Junktur im ontologischen Sinn "das Gewordene" bezeichnet (vgl. auch Aristot. met. 982b15: ἡ τοῦ παντὸς γένεσις). In der frühchristlichen Literatur ist später diese Terminologie zur Benennung der Schöpfung geläufig (vgl. z.B. Euseb. c. Marcell. 2, 2, 29). Nach Flavius Josephus (c. Apion. 1, 38f.) umfaßt die Bibel die

derjenigen des Ergebnisses, der gegenwärtigen Welt[959]. Die Einschränkung, daß die göttliche Unterweisung über das Werden der Welt sich zunächst ausschließlich an die Hebräer richtete, darf dabei nicht überhört werden – die hebräische Urform der Offenbarung war exklusiv, erst die Übersetzung in eine andere Sprache, ins Griechische, eröffnete auch anderen, den Griechen, den Weg zu ihr[960].

c) τῆς ὅλης νομοθεσίας ἐπεξήγησις: Daß mit dieser Wendung das fünfte Buch Mose gemeint ist[961], erhellt vor allem aus der Bibel selbst: Gleich im Eingang des *Deuteronomiums* wird die anstehende Rede Mose wie folgt eingeleitet (1, 5 [ed. Rahlfs, vol. 1, S. 284]): ἐν τῷ πέραν τοῦ Ιορδάνου ἐν γῇ Μωαβ ἤρξατο Μωυσῆς διασαφῆσαι τὸν νόμον τοῦτον λέγων ...[962]. Schon im Pentateuch ist das *Deuteronomium* zugleich Erklärung des Nomos und selbst Teil von ihm. So nimmt Aristobulos in wenigen Worten vorweg, was die alttestamentliche Forschung in jüngster Zeit wieder geltend gemacht hat: Das *Deuteronomium* sei "die Auslegung der am Sinai gegebenen Gesetzesoffenbarung durch Mose"[963]. Absichtsvol-

---

Niederschrift "der ganzen Zeit" (τοῦ παντὸς ... χρόνου), die fünf Bücher Mose davon τούς τε νόμους ... καὶ τὴν ἀπ' ἀνθρωπογονίας παράδοσιν μέχρι τῆς αὐτοῦ τελευτῆς.
959 Auch Polybios nutzt den Aspektunterschied zwischen Perfekt und Aorist gerade beim Verb γίγνομαι zu pointierten Aussagen (vgl. etwa 5, 21, 6 und unten S. 315/17). Ein Seitenblick auf Ezechiel Tragicus ist in dieser Hinsicht aufschlußreich: Im Fragment 1 tritt dort Moses selbst auf und berichtet von der Geschichte Jakobs und der Juden in Ägypten kurz vor seiner eigenen Geburt. Die Fragmente 6 und 7 hingegen handeln, ohne biblische Grundlage, von einem Traum Mose, den sein Schwiegervater Raguel ihm ausgelegt habe; unter anderem wird Moses darin prophetische Gabe vorausgesagt (F 7, 9 Holladay): ὄψει τά τ' ὄντα τά τε πρὸ τοῦ τά θ' ὕστερον. Das mittlere Glied dieser Aufzählung wird bei der Interpretation der Stelle meist unterschlagen (vgl. kurz Meeks [1967] 147/49 und Holladay [1989] 451). Der (jüdische?) Autor Kleodemos Malchos, der ebenfalls Moses als Autor der *Genesis* ansieht (F 1, 240 Holladay: ... καθὼς καὶ Μωυσῆς ἱστόρησεν ὁ νομοθέτης αὐτῶν, ὅτι ἐκ τῆς Κατούρας ' Αβράμῳ ἐγένοντο παῖδες ἱκανοί [sc. Gen. 25, 1/6]), ist nicht sicher zu datieren (vgl. Holladay [1983] 246: "between 200 B.C.E. and 50 B.C.E." [mit Literatur]). Vgl. Sap. 8, 8 zur Erkenntnis des Vergangenen aus σοφία sowie Sirach 42, 19 (ed. Rahlfs, vol. 2, S. 452): ἀπαγγέλλων [sc. Gott] τὰ παρεληλυθότα καὶ τὰ ἐσόμενα καὶ ἀποκαλύπτων ἴχνη ἀποκρύφων. Flavius Josephus hält ausdrücklich fest, daß die Propheten Zukünftiges, Gegenwärtiges oder Vergangenes niederschrieben (c. Apion. 1, 37).
960 Vgl. Veltri (2006) 32.
961 Vgl. so auch Valckenaer (1806) 48 und Bickerman (1976c) 172[13]; anders Holladay (1995) 215.
962 Zu διασαφέω vgl. unten S. 369 mit Anm. 1209. Das *Deuteronomium* gibt sich also nicht nur als ganzes ("zweites") "Buch des Gesetzes", sondern zugleich als dessen Auslegung; vgl. 4, 1/8. 44; 6, 20/25; 17, 18f.; 26, 16/19; 27, 3. 8. 26; 28, 58. 61; 29, 20. 28; 30, 10; 31, 9/13. 24. 26; 32, 46 sowie Ios. 9, 2c LXX. Als Beispiel solch innerer Exegese ließe sich vielleicht Dtn. 7, 6/8 ansehen; vgl. auch Levinson (2006) 178f. zu Dtn. 5 und Otto (2007) 67/69 zu Dtn. 12 und 14.
963 Otto (2007) 85 mit dem ganzen Kapitel 85/97. 98 u.ö.; (2009) 480/89 sowie (2012) 234/38. 253/57. 263/74. 280/82. Vgl. auch Kraus (1972) 53; Smend – Luz (1981) 27; Crüsemann (1992) 59.

le Nutzung griechischer Terminologie offenbart dabei das Wort ἐπεξήγησις – eben nicht ἐξήγησις oder διήγησις: Als Epexegese bezeichnete die Literaturkritik insbesondere solche Auflösung von Erklärungsbedürftigem, die der Autor selbst, innerhalb der eigenen Darstellung, dem Leser mitgibt, also die – meist im Nachgang – hinzugesetzte Selbsterklärung[964].

7.5 Die Übersetzer der älteren Übersetzungen

Abgesehen von der Datierung liefert Aristobulos nur eine einzige Angabe zu den Übersetzern selbst, nämlich eben daß es sich um mehrere gehandelt habe: δι' ἑτέρων. Weder ihre genaue Zahl noch ein Hinweis darauf, ob sie zusammen eine Übersetzung angefertigt oder einzeln, vielleicht gar zu unterschiedlichen Zeiten, unterschiedliche Teile der Bibel übertragen hätten, wird geboten. Darüberhinaus erfährt die Eigenart ihres Übersetzens keine nähere Charakterisierung[965], so daß auch über die Qualität jener frühen griechischen Versionen keine detaillierten Informationen zu gewinnen sind, obgleich Aristobulos aus ihrem hohen Alter, ihrer überaus langen Rezeptionsgeschichte (von frühester griechischer Poesie bis in die hellenistische Zeit) und der Anerkennung, welche sie durch den Gebrauch all jener bedeutenden griechischen Denker erfuhren, schon eine besondere Autorität abzuleiten scheint. Im ungefähren verbleibt

---

237; Limbeck (1997) 50. 58; Fischer (2000) 100; Kaiser (2003a) 91 und (2003b) 59; Köckert (2004) 15f. 22; Paganini (2009) 10. 289. 293; Pola (2009) 175; den Hertog – Labahn – Pola (2011) 523: "In dieser Rede werden die wesentlichen Inhalte des Gesetzes, wie es sich in den vorangegangenen Büchern – insbesondere im Bundesbuch und dem Heiligkeitsgesetz – findet, wiederholt" sowie Ulrich (2011) 58: "… a fresh retelling of the Mosaic narrative. The resulting book then served as Israel's 'constitution' regulating life in the promised land …". Martin Luther sah im fünften Buch Mose "ein weitleufftige erklerunge der Zehen gebot", mithin ein Enchiridion oder Compendium der voranstehenden vier (WA 28, 510, 29f.).

964 Vgl. z.B. Kornutus epidr. 9; Schol. Hom. in Il. 15, 536; 17, 608/16; 23, 627 u.ö.; Schol. in Aisch. Eum. 45a: εἰώθασιν, ὅταν ἀσαφές τι εἴπωσιν, οἱ ποιηταὶ ἐπεκδιδάσκειν αὐτό. "Ομ(η)ρ(ος)· "κύμβαχος ἐν κονίησιν ἐπὶ βρεγμόν τε καὶ ὤμους" und Lesbonax F 30 B Blank: ἐπεξήγησίς ἐστι ἀσαφοῦς λέξεως ἢ λόγου σαφηνισμός· λέξεως μὲν ὡς τὸ "λαβὲ τὸν ἀκινάκην ὅ ἐστι Περσικὸν ξιφίδιον"· λόγου δὲ ὡς τὸ "ὁ οἶκος οὗτος οὐκ οἰκεῖται, λέγω δὲ ὡς οἱ μένοντες ἐν τούτῳ ταχέως μετέρχονται" sowie Keller (1947) 48 und Nünlist (2009) 202/04 mit zahlreichen Belegen aus den Scholien zu solcher "subsequent explanation". Bei Porphyrios heißt es, wohl auf die hellenistische Homerkritik im Gefolge Aristarchs verweisend (quaest. Hom. 1, 11 [ed. Sodano, S. 56]): ἀξιῶν δὲ ἐγὼ Ὅμηρον ἐξ Ὁμήρου σαφηνίζειν αὐτὸν ἐξηγούμενον ἑαυτὸν ὑπεδείκνυον, ποτὲ μὲν παρακειμένοις, ἄλλοτε δ' ἐν ἄλλοις. Bemerkenswert, daß in Dtn. 1, 5 das Verb διασαφῆσαι zu dieser terminologischen Begriffsvielfalt des σαφές zu passen scheint.

965 Vgl. schon Valckenaer (1806) 62.

dabei auch die Vorstellung, welche Absichten denn die Übersetzer mit ihrem Tun verfolgten und auf welchem Weg die griechischen Dichter und Philosophen überhaupt Zugang zu diesen frühen griechischen Übersetzungen gewinnen konnten. Aus dem bisher Gesagten mag sich am ehesten die Schlußfolgerung ergeben, daß Aristobulos in ihnen die Öffnung der mosaischen Offenbarung über die von ihr zunächst ausschließlich adressierten Hebräer hinaus ausmachte. Von wem die Initiative dazu ausging, ob vielleicht schon die Hebräer aus einem gleichsam missionarischen Impetus heraus den zeitgenössischen Griechen den mosaischen Nomos in deren eigener Sprache antrugen – auch darüber äußert sich Aristobulos nicht. Klar ist freilich: Im Sinne des Altersbeweises besteht für ihn kein Zweifel daran, daß diese Vorgänge vor den Beginn der griechischen Literaturgeschichte in Dichtung und Philosophie zu datieren sind, daß es bei alledem um eine unmittelbare geistige und geistliche Befruchtung des freien Griechenland ging, daß damit der Anspruch Ägyptens, Griechenland in Philosophie, Religion und Theologie am frühesten und am stärksten kulturell geprägt zu haben, umgangen wird. Die Privilegierung Griechenlands als des Landes, in welches schon damals Moses in der landeseigenen Sprache gelangt sei, besonders zu unterstreichen scheint Aristobulos hier vordringliches Anliegen zu sein, das in gewisser Weise den Gegebenheiten der hellenistischen Koine zuvorkommt: Die Botschaft der Septuaginta, daß ihr Bibeltext "n'appartient pas uniquement aux Juifs, mais à tous les peuples de la terre et transmet la révélation selon la terminologie héllenistique à toute la terre habitée, à l'*oikumene*"[966] wird hier gleichsam in die Geschichte zurück verengt auf Griechenland selbst, in jene Zeit, in der auf Griechisch eben nur von Griechen gesprochen und geschrieben wurde. Schon die frühen Bibelübersetzungen bezeugen für den Alexandriner Aristobulos damit implizit eine Geltung und Wirkung der biblischen Offenbarung, die über die Grenzen Israels hinausreicht – zu einer Zeit, in der die Juden nach der Herausführung aus Ägypten in Freiheit und gerade nicht in der Diaspora lebten.

7.6 Die spätere Neuübersetzung

War schon für die Datierung der älteren Übersetzer Demetrios Phalereus ein Fixpunkt, so kommt, chronologisch erneut folgerichtig, Aristobulos nach der Behandlung der pythagoreischen und platonischen Nomosrezeption wieder auf ihn zu sprechen und erwähnt in einem langausgreifenden Satz diejenige Bibel-

---

[966] Trencsényi-Waldapfel (1950) 124.

übersetzung, welche unter der Herrschaft der Ptolemäer in Ägypten angefertigt worden sei. Die sprachliche und stilistische Gestaltung auch dieser Stelle verdient eine genaue Interpretation:

a) *Umfang der Übersetzung*: Aristobulos beginnt mit einer Angabe zum Umfang der späteren Übersetzung: ἡ δ' ὅλη ἑρμηνεία τῶν διὰ τοῦ νόμου πάντων. Durch die Verbindung des Worts ἡ ... ἑρμηνεία im Singular und des Genitivus pluralis τῶν ... πάντων wird sogleich klargestellt, daß es sich bei dieser Version um eine einzige Übertragung aller Bücher Mose handelte. Der Kontrast zum Vorangegangenen (vgl. die Partikel δέ) liegt freilich vor allem in den attributiven Ergänzungen ὅλη und διὰ τοῦ νόμου: Die neue ἑρμηνεία ist eine umfassende aller "durch den Nomos hindurch"[967] befindlichen Schriften, also auch derer, die zuvor schon von jenen älteren Übersetzern ins Griechische übertragen worden waren[968]. Obschon Aristobulos sonst keinen weiteren Kommentar zur Methode und Qualität der Übersetzung abgibt[969], suggeriert seine Darstellung, die Erfas-

---

967 Vgl. zu diesem Gebrauch der Präposition διά (dazu schon Valckenaer [1806] 62; Mayser [1934] 355 [zu den Papyri] und Keller [1947] 70 [mit Belegen aus der zeitgenössischen griechischen Literatur]) F 2, 16. 43; 4, 3f. 87 und F 5, 54f. Holladay (außerdem über räumliche Ausdehnung F 4, 83, über zeitliche F 2, 80f. und 5, 45f. Holladay); dazu z.B. Sirach prol. 1 (ed. Rahlfs, vol. 2, S. 377): πολλῶν καὶ μεγάλων ἡμῖν διὰ τοῦ νόμου καὶ τῶν προφητῶν καὶ τῶν ἄλλων τῶν κατ' αὐτοὺς ἠκολουθηκότων δεδομένων und *Aristeasbrief* 122. 155. 168 sowie Aristot. pol. 1270a19; 1273b24 u.ö.; Polyb. 10, 9, 3; Diod. 1, 64, 3 und oben S. 40/44 die Einleitung zu Hipparchs Aratkommentar (vgl. noch comm. in Arat. 1, 2, 1). Vergleichbar begegnet in den Homerscholien die Junktur δι' ὅλης τῆς ποιήσεως (vgl. z.B. D-Scholion zu Hom. Il. 5, 385).
968 *Pace* Binde (1870) 26f., der hier die Interpolation einer überflüssigen Tautologie vermutet.
969 Erwähnt sei hier kurz, daß der Übersetzer des Weisheitsbuchs *Sirach* ausdrücklich festhält, alle Übersetzungen ins Griechische wiesen einen Mangel gegenüber der jeweiligen hebräischen Vorlage auf (prol. 21f. [ed. Rahlfs, vol. 2, S. 377f.]): οὐ γὰρ ἰσοδυναμεῖ αὐτὰ ἐν ἑαυτοῖς Ἑβραϊστὶ λεγόμενα καὶ ὅταν μεταχθῇ εἰς ἑτέραν γλῶσσαν – nicht bloß die eigene Übersetzung der Schrift Jesus Sirachs, für deren Mangel er um Verzeihung bitte (V. 15/20), sondern (V. 24/26): καὶ αὐτὸς ὁ νόμος καὶ αἱ προφητεῖαι καὶ τὰ λοιπὰ τῶν βιβλίων οὐ μικρὰν ἔχει τὴν διαφορὰν ἐν ἑαυτοῖς λεγόμενα, die also auch ihm in griechischer Version vorlagen (vgl. Kreuzer [2004] 63). Über die Parallelität im Ausdruck dieser beiden Sätze hinaus verdienen die beiden Wörter αὐτός und προφητεῖαι (nicht προφῆται wie in V. 1 und 9) Aufmerksamkeit: Es geht um das, was gesagt wird, selbst, nicht um die Personen, und sogar "der Nomos selbst" ist von jenem Mangel betroffen. Diese höchst aufschlußreiche Stelle geht also in ihrer ausdrücklichen Bewertung der vorliegenden Bibelübersetzung (vgl. Feldman [1960] 216; Marböck [2003] 105 und [2010] 42; Veltri [2006] 201; Léonas [2007] 46f.; Kraus [2008] 42f.; Müller [2008] 718f. sowie Passoni Dell'Aqua [2010] 330f.) weit über den zurückhaltenden Aristobulos hinaus. Zur Übersetzung heiliger Schriften vgl. auch die Reserven im *Corpus Hermeticum* und bei Jamblich oben Anm. 508.

sung des gesamten νόμος mache einen grundsätzlichen Fortschritt gegenüber den älteren Übersetzern aus: Nachdem die früheren griechischen Gelehrten in ihrer eigenen Sprache ausschließlich zu Teilen des Pentateuchs Zugang hatten, stehen den des Griechischen Mächtigen seit der ptolemäischen Gesamtübersetzung alle Bücher des mosaischen Nomos offen[970].

b) *Initiative*: Aristobulos spricht an dieser Stelle nicht von Übersetzern – es bleibt unklar, wer eigentlich am Text tätig geworden war: Juden? Griechen? Einer? Mehrere? In den Vordergrund rückt der Exeget vielmehr zwei Männer, die er mit der umfassenden Neuübersetzung der hebräischen Bibel in Verbindung bringt: Demetrios von Phaleron und König Ptolemaios II. Philadelphos (285/283 bis 246 vor Christus). An der Verbindung dieser beiden Personen hat die neuere Forschung solchen Anstoß genommen, daß sie ihretwegen gleich das gesamte Fragment 3 Holladay mit seiner Geschichte der griechischen Bibelübersetzungen als ideologische Phantasie ins Reich der Fiktion verabschiedete. Warum? Weil es als gesichert gelten soll, daß Demetrios zwar unter dem ersten

---

[970] Die These bei Janowitz (1991) 130: "The Ptolemaic-sponsored version does not appear to have any special status in Aristobulus's eyes other than its royal sponsorship and execution with 'greater zeal'", ist falsch. Die Vorstellung, daß ein Herrscher für die Integrität eines maßgeblichen literarischen Werks Sorge trage, war der griechischen Tradition nicht fremd. Berühmt war in dieser Hinsicht die Homerüberlieferung: Solon, Peisistratos, dessen Sohn Hipparchos oder dann Perikles rechnete man an, die zuvor nur in einzelnen Teilen (διεσπασμένα/ διῃρημένα/σποράδην), in zweifelhaftem Text umlaufenden und aufgeführten Epen in Athen vollständig gesammelt, für die Darbietung normiert und dadurch gesichert zu haben – nicht zuletzt um das eigene Ansehen zu mehren (vgl. neben anderen Ps.-Plat. Hipp. 228b; Paus. 7, 26, 13; Cic. de orat. 3, 34, 137; Diog. Laert. 1, 57; Ail. var. 8, 2 und 13, 14; Anth. Graec. 11, 442; Schol. in Dion. Thrac. gramm. 5 [ed. Hilgard, S. 29f.]; Tzetzes comoed. 6f. Cramer). Auch wenn die Geschichte über die sogenannte "peisistratische Redaktion" der homerischen Epen vielleicht erst im ersten vorchristlichen Jahrhundert ausgebildet war, lassen sich die Nachrichten über solche Aktivitäten in Athen schon in frühere Zeit zurückverfolgen (vgl. die Quellen etwa bei Allen [1924] 225/48; Merkelbach [1952] passim und Davison [1955] passim; mit neuerer Literatur Pfeiffer [1978] 6; Janko [1992] 29/32; Graziosi [2002] 206/08. 220/23. 251/55; Honigman [2003a] 121/23; Veltri [2006] 79/90; Mülke [2008] 205f.; Rengakos [2011] 168f. und Matusova [2015] 54/60 [zur Rezeption im *Aristeasbrief*]). Auch die Tragikertexte wurden durch das "lykurgische Staatsexemplar" in Athen normiert. Der Einsatz des Ptolemäers Philadelphos für den mosaischen Nomos der fremden Juden konnte sich im Vergleich mit dem Import des griechischen Homer nach Athen (oder nach Sparta durch Lykurg) als herausragende interkulturelle Leistung erweisen (vgl. auch Honigman [2003a] 42/49 mit Hinweis auf die bei Galen überlieferte Nachricht, das athenische Exemplar der Tragikertexte sei auf ptolemäisches Betreiben hin in das alexandrinische Museion gelangt). Solcher Vergleich wird in der späteren jüdisch-christlichen Überlieferung in der Tat angestellt.

Ptolemäer Soter die Rolle eines einflußreichen Beraters am Hof innehatte, unter Philadelphos jedoch in Ungnade fiel, weil er gegen dessen Thronfolge noch gegenüber Soter offen aufgetreten sei – und daher nicht mit dem König gemeinsam die Übertragung der Bibel ins Griechische hätte betreiben können[971]. Daß schon Valckenaer und jüngst im Hinblick auf den *Aristeasbrief* Nina Collins in Zweifel gezogen haben[972], ob diese Lesart der betreffenden Quellen, vor allem eines von Diogenes Laertios (5, 78f.) aus Hermippos von Smyrna überlieferten Zeugnisses, wirklich so unbestreitbar ist wie gemeinhin angenommen, kann hier nur erwähnt werden. Was Aristobulos angeht, scheint bei unvoreingenommener Lektüre diese *communis opinio* die Stelle: ἐπὶ τοῦ προσαγορευθέντος Φιλαδέλφου βασιλέως, σοῦ δὲ προγόνου, προσενεγκαμένου μείζονα φιλοτιμίαν, Δημητρίου τοῦ Φαληρέως πραγματευσαμένου τὰ περὶ τούτων auf ein Verständnis festzulegen, das durch die spätere Darstellung des *Aristeasbriefs* präjudiziert ist (s. dazu gleich unten): "Aristobulus betrays no hint of any difficulty that his statement might cause"[973]. Demetrios neben Ptolemaios Philadelphos als Mitverantwortlichen der griechischen Bibelversion zu überliefern bedeutete ja immerhin, den König nicht allein dieser Leistung rühmen zu können. Entscheidend ist die grammatisch angemessene Deutung der beiden Partizipien προσενεγκαμένου und πραγματευσαμένου: Aristobulos verwendet nach Ausweis der Fragmente das Partizip Aorist äußerst selten[974], abgesehen von der Häufung an dieser Stelle nur noch in F 3, 41 Holladay (s. den Text oben S. 66) und 5, 77 Holladay jeweils eindeutig zum Ausdruck der Vorzeitigkeit innerhalb

---

[971] Vgl. nach Humphrey Hody mit der älteren Literatur Kuenen (1833) 210f.; Martini (1901) 2838; Swete – Ottley (1914) 19; Meecham (1932) 135/37; Hadas (1951) 7; Pelletier (1962) 66f.; Walter (1964) 36[7]; Fraser (1972) 321; Wehrli (1983) 560; Schürer – Vermes – Millar – Goodman (1986) 475. 680; Richardson (1994) 13; Rösel (1994) 255[1]; Nagy (1996) 196f.; Gruen (1998a) 209; Tracy (2000) 343f.; Orth (2001) 103/11; Siegert (2001) 27; Thrams (2001) 99f.; Dines (2004) 31; Kreuzer (2004) 64 und (2007) 43; Gmirkin (2006) 83; Brodersen (2008) 20 sowie Dorival (2010) 45; Müller (2010) 643; Hunter (2011a) 48; Lange (2011) 61; Dillery (2015) 26f. und Wright (2015) 112/17.

[972] Vgl. Valckenaer (1806) 53/55; Dähne (1834) 87/89; Binde (1869) 25f.; Collins (2000) 58/114; Honigman (2003a) 88/91; Guillaume (2008) 248 und Rajak (2009) 42. Bickerman (1976a) 110 bemerkt: "Die Autorität des Hermippos wiegt aber nicht mehr als die ihm gleichzeitige alexandrinisch-jüdische Tradition (Aristobulos ap. Euseb. Pr. Ev. XIII, 12, 2)" (vgl. auch [1976c] 168[3]) – ein Argument, das schon Isaac Vossius (1661) 4f. besonders stark gemacht hatte.

[973] Collins (2000) 79. Es ist in diesem Zusammenhang bemerkenswert, daß der Zeitgenosse Sotion (vgl. zu dessen Werk Διαδοχαὶ τῶν φιλοσόφων oben S. 88) offenbar auch Demetrios behandelt hatte und auf dessen Verhältnis zu Ptolemaios I. zu sprechen gekommen war (F 18 Wehrli).

[974] Vgl. zu den Tempora unten S. 315/19 im Exkurs.

einer historisch zu verstehenden Ausführung. Das hier nun an letzter Stelle plazierte – durch keinerlei Konjunktion oder Partikel angeschlossene Partizip πραγματευσαμένου – scheint folglich eine Verbalhandlung zu beschreiben, welche von der im vorausgehenden Partizip προσενεγκαμένου angesprochenen unabhängig aufzufassen ist, möglicherweise eben sogar vorzeitig. Daraus ergibt sich in feiner Differenzierung folgende Rekonstruktion der Abläufe: Demetrios betrieb das Unternehmen um die Übersetzung der Bibel ins Griechische – seine entscheidende Rolle erhellt dabei auch daraus, daß gerade er, wie oben festgestellt, als chronologischer Einsatzpunkt des Vorgangs und damit mit Alexander und den Persern gleichsam als Epochengrenze genannt wird. Schon Valckenaer beobachtete: "Ne jussu quidem Philadelphi factam versionem scribit Aristobulus"[975]. König Philadelphos[976] seinerseits verwandte (erst danach?) noch größeren[977] Einsatz und Ehrgeiz auf das Unternehmen, so daß, präzise unterschieden,

---

[975] Valckenaer (1806) 51; vgl. 57: "Cura Demetrii rem peractam tantum scribit *Aristobulus*, quam Rex vehementer sibi perfici desiderasset"; vgl. auch Garbini (2002) 166: "... según Aristóbulo el promotor de la traducción fue exclusivamente Demetrio".

[976] Das Partizip προσαγορευθέντος steht attributiv zu τοῦ ... Φιλαδέλφου und ist damit anders zu bewerten als die beiden folgenden adverbialen Partizipien. Vgl. zu der Wendung ὁ προσαγορευθεὶς [Name] βασιλεύς als Parallelen etwa Diod. 1, 47, 1; 34/35, 1, 3 oder Strab. 12, 1, 2 sowie wichtig die Angaben in 2 Makk. 4, 7; 10, 9 zu 'Αντίοχος ὁ προσαγορευθεὶς 'Επιφανής. Der Beiname Philadelphos ist für Ptolemaios II. bislang erst ab 165/64 vor Christus nachweisbar, seine Schwester und Ehefrau Arsinoe II. trug ihn schon vorher (vgl. Hölbl [1994] 106 und Ameling [2000] 778f. mit Literatur). Ein Argument für die Hypothese, daß Aristobulos und seine Fragmente nicht in die Zeit Philometors datiert werden dürften (so Wasserstein – Wasserstein [2006] 20), ergibt sich daraus nicht (vgl. Walter [1964] 25 mit Anm. 1 und Holladay [1995] 216).

[977] Den Komparativ μείζονα einfach zu unterschlagen (so schon Clem. Alex. strom. 1, 22, 148 ~ F 3b, 57f. Holladay: τὴν μεγίστην φιλοτιμίαν εἰς τοῦτο προσενεγκαμένου, weiterhin z.B. Meecham, Thackeray und Hadas: "who displayed the greatest zeal"; Keller [1947] 72; des Places [1983] 313: "qui s'en fit un point d'honneur"; Dorival [1994] 45. 67 sowie Dines [2004] 34) geht nicht an (vgl. Mayser [1926] 46/51). Ob gemeint ist "größeren Einsatz (als er selbst zuvor)", "größeren Einsatz (als die ptolemäischen Könige vor ihm)" (so Gmirkin [2006] 75; vgl. auch Janowitz [1991] 130; Collins [2000] 8: "he brought greater zeal [to the task than his predecessors]") oder "größeren Einsatz (als Demetrios)", ist nicht ganz eindeutig. Der Terminus φιλοτιμία ist hier natürlich ohne jeden tadelnden Unterton (vgl. dazu die Belege, vor allem aus Platon [z.B. pol. 581a] und der Stoa [z.B. SVF 3, 397], im Liddell – Scott sowie De Pourcq – Roskam [2012] 2f. und Alexiou [2013] passim [mit Literatur]) gebraucht, wie in jenen zahlreichen attischen Ehreninschriften, in denen er, vor allem seit der Mitte des vierten Jahrhunderts, das öffentliche Engagement des Bedachten, nicht selten hoher Amtsträger, ja der Könige, belobigt (vgl. dazu Whitehead [1983] 62/65 und [1993] 65f.); vgl. auch Xen. mem. 3, 3, 13, wo als überragender Vorzug der Athener ihre φιλοτιμία, welche sie zu schönen und rühmlichen Taten anspornt, genannt wird (dazu auch Lys. 16, 18), und die abwägende Überlegung in

seine Regierungszeit als neuerliche Datumsangabe für die "ganze Übersetzung" dienen kann: ἐπὶ τοῦ προσαγορευθέντος Φιλαδέλφου βασιλέως. Es wäre einem Affront gegen seinen Adressaten, König Philometor, als dessen Vorfahre Philadelphos hier ja ausdrücklich eingeführt wird, gleichgekommen, hätte Aristobulos mit jener Angabe πρὸ Δημητρίου τοῦ Φαληρέως den Beginn der Neuübersetzung zu Ungunsten des zweiten Ptolemäers allein mit Demetrios datiert. Dadurch, daß Aristobulos die Aktivitäten beider Personen nebeneinander stellt, diese aber nicht ganz präzise differenziert – Wann[978] und in welcher Funktion[979]

Aristot. eth. Nik. 1125b. Daß ihn Aristobulos auf materielle Unterstützung verengte (so schon Valckenaer [1806] 51: "sub ... Philadelpho hanc rem sic desiderante, ut in ea gloriam quaereret, atque in illam ... largitiones faceret" und Bickerman [1976c] 168), ist dem Text nicht zu entnehmen; einen solchen Aspekt öffentlicher εὐεργεσία kann der Begriff zwar bezeichnen, jedoch durchaus nicht immer (vgl. De Pourcq – Roskam [2012] 3f.). Gleichwohl verbindet φιλοτιμία in der zeitgenössischen Literatur nicht selten zwei Aspekte: Den des eigenen Ehrgeizes, des Strebens nach Ruhm (vgl. Thuk. 2, 44, 4; Xen. Hier. 7, 3f.; Polyb. 2, 53, 4; Arrian. anab. 3, 3, 2; Diod. 34/35, 1; Flav. Joseph. ant. 12, 3 oder Plut. Perikl. 13, 11 sowie Alexiou [2013] 73: "φιλοτιμία hat sich als Ruhmesbegriff verfestigt und kann sich nie völlig explizit oder implizit von dieser Vorstellung lösen") und den der Großzügigkeit gegenüber anderen, insbesondere gegenüber der Polis oder den Untertanen, aus welcher eigene Ehre gerade erwachsen könne (vgl. etwa Aischin. 3, 19; Diod. 1, 50, 6 oder *Aristeasbrief* 79 und 227 mit Meecham [1935] 71 sowie zu dem Terminus φιλοδοξία Bringmann [1993] 16f.). Bei Flavius Josephus findet sich später neben der Bemerkung (ant. 12, 9), viele Juden seien schon unter Ptolemaios I. Soter nach Ägypten gekommen, einmal wegen der ἀρετή des Landes, dann auch wegen der φιλοτιμία des Königs, gleich im Prolog der *Jüdischen Altertümer* die offenkundig nicht nur den *Aristeasbrief*, sondern auch den Vorgänger Aristobulos aufnehmende Feststellung (ant. 1, 10 [ed. Thackeray, S. 6]): εὗρον τοίνυν ὅτι Πτολεμαίων μὲν ὁ δεύτερος, μάλιστα δὲ βασιλεὺς περὶ παιδείαν καὶ βιβλίων συναγωγὴν σπουδάσας, ἐξαιρέτως ἐφιλοτιμήθη τὸν ἡμέτερον νόμον καὶ τὴν κατ' αὐτὸν διάταξιν τῆς πολιτείας εἰς τὴν Ἑλλάδα φωνὴν μεταβαλεῖν ... (zu Aristobulos bei Flavius Josephus vgl. auch oben Anm. 369).

978 Valckenaers (1806) 57 alte, schon auf Scaliger und Isaac Vossius (vgl. Vossius [1661] 5f.) zurückzuverfolgende These, Demetrios habe die Übersetzung in den letzten beiden Regierungsjahren des ersten Ptolemäers, als der junge Philadelphos schon zum Mitregenten erhoben worden war, besorgt, ist zwar verführerisch, aus dem Text selbst jedoch nicht zu belegen. Eine offene Initiative des Königs Ptolemaios I. anzunehmen widerrät jedenfalls erneut der *terminus ante quem* πρὸ Δημητρίου τοῦ Φαληρέως. Auf drei neuere Lesarten des *Aristeasbriefs* kann hier nur beiwege hingewiesen werden. Dorival (1994) 77 vermutet: "Aristée savait que la traduction avait été faite à l'initiative de Démétrios pour enrichir la bibliothèque de Ptolémée I Lagos, avant la mort de ce dernier en 282. Il savait aussi que Philadelphe avait intégré la Torah dans son système judiciaire vers 275" (vgl. schon [1987] 23f.), während Collins (2000) 6/57 nach chronologischen Erwägungen zu dem Schluß kommt, die Übersetzung der Bibel sei nach dem Tod des ersten Ptolemäers eine der ersten Unternehmungen des neuen Königs Philadelphos gewesen und im Jahr 281-280 vor Christus abgeschlossen worden; die entsprechenden Quellen erlauben es durchaus, an der Darstellung des *Aristeasbriefs* festzuhalten, daß Demetrios Phale-

begann Demetrios mit seinen Bemühungen um die griechische Übersetzung? Was war mit ihm, als der König das Unternehmen zu fördern begann? –, entzieht sich sein Text einer genauen Festlegung und gerät damit nicht ausdrücklich in Widerspruch zu der bei Hermippos greifbaren Überlieferung von dem späteren Zerwürfnis zwischen Demetrios und Philadelphos[980]. Ohne daß jenes Zerwürfnis hier angesprochen wird, stehen auch beide Akteure eher nebeneinander (nacheinander?). Der Text gibt dabei keinen Aufschluß, ob Demetrios seine Aufmerksamkeit auf die Bibel schon unter Ptolemaios I. Soter, gegebenenfalls gar von diesem beauftragt[981], richtete[982].

c) *Bedeutung*: Im ganzen fällt in diesen Sätzen die Kürze der Darstellung auf, die dem Leser kaum weiterreichende Informationen gibt: Sowohl Demetrios als hochgebildeter Staatsmann, exzellenter Rhetor und Peripatetiker als auch Ptolemaios II. Philadelphos als König, der mit besonderem persönlichem Einsatz die Übersetzung der Bibel ins Griechische förderte, scheinen dem Publikum mit ihrem Engagement für diese ὅλη ἑρμηνεία τῶν διὰ τοῦ νόμου πάντων wohlbekannt gewesen zu sein[983] – ein Befund, der umso wichtiger erscheint, wenn die

---

reus an dieser Unternehmung noch maßgeblich beteiligt gewesen sei (58/114). Moore (2015) 252f. hingegen vermutet, der *Aristeasbrief* trage die durchaus nicht historisch authentische Nachricht von der Jerusalemer Herkunft der jüdischen Übersetzer absichtsvoll und eigenständig in die Überlieferung über die griechische Bibelübersetzung ein, "in the face of local competition"

979 Valckenaer (1806) 51 bemerkt mit Recht, daß von der späteren Annahme, Demetrios sei Bibliothekar des Museions noch unter Philadelphos gewesen, bei Aristobulos nicht die Rede ist. Bemerkenswert ist in diesem Zusammenhang ein in seiner historischen Glaubwürdigkeit allerdings umstrittenes (vgl. Haake [2007] 66) Testimonium über Demetrios aus Ailian, der in seiner *Varia historia* festhält (3, 17 ~ F 65 Wehrli): καὶ ἐν Αἰγύπτῳ δὲ συνὼν τῷ Πτολεμαίῳ νομοθεσίας ἦρξε [!], vgl. Walter (1964) 89³; Huß (2001) 229 und Murray [2005] 203).
980 Vgl. Holladay (1995) 217 und Dines (2004) 35.
981 Vgl. Hölbl (1994) 28 und Orth (2001) 103/11.
982 Vgl. Collins (2000) 9. 41. Clemens bezeugt in seiner Darstellung (strom. 1, 22, 148 ~ F 3b, 48/63 Holladay), für die er nicht nur auf Aristobulos, sondern ausdrücklich (vgl. φασίν und ὥς τινες) auf verschiedene Quellen zurückgreift, die Uneinigkeit der Tradition darüber, ob die griechische Übersetzung des Pentateuch und der prophetischen Schriften in die Regierungszeit des ersten Ptolemäers Soter oder des zweiten Philadelphos zu datieren sei. Die Überlieferung, zumindest ihr Beginn sei noch unter Ptolemaios I. anzusetzen, findet sich auch bei anderen christlichen Autoren, etwa bei dem Alexandriner (!) Anatolios (vgl. F 1, 24/27 Holladay) oder Iren. haer. 3, 21, 2, der die Absicht des Königs ebenfalls mit dem Verb φιλοτιμεῖσθαι beschreibt (vgl. dazu auch Barthélemy [1974] 27).
983 Vgl. Binde (1869) 25 sowie Barthélemy (1974) 25 mit einem wichtigen Argument: "On ne voit vraiment pas pourquoi Aristobule aurait inventé de placer la traduction du Pentateuque

heutige *communis opinio* zutrifft, der *Aristeasbrief* sei später als Aristobulos[984]. Die Absichten, welche die Hinweise auf diese Persönlichkeiten der frühen Ptolemäerherrschaft verfolgen, liegen dabei auf der Hand: Erstens gehen Interesse und Einsatz des Königshauses für die hebräische Bibel bis in die Herrschaftszeiten der ersten Ptolemäer zurück. Der amtierende König Philometor steht damit gleichsam in einer Tradition königlicher Zuwendung zu den Juden und deren heiliger Schrift, auf die ihn Aristobulos hier in seiner Auslegung des mosaischen Nomos verpflichtet sieht[985]. In der Person des Herrschers wird diese Verbindung von Vergangenheit und Gegenwart verankert durch die Apposition σοῦ δὲ προγόνου[986] – die von Philadelphos betriebene griechische Übersetzung des mosai-

---

sous les premiers Ptolémées alors qu'il eût bien préféré la placer à une époque plus haute" und Dörrie (1990) 483. Mit dem Phalereus wirkte ein bedeutender Grieche am Königshof in jüdischem Interesse, ein Umstand, der angesichts des Einflusses, den schon unter den ersten Ptolemäern Ägypter wie Manetho oder Senu von Koptos (zu diesem Moyer [2011a] 90 mit Literatur) auf das Herrscherhaus in religiös-kultischen Angelegenheiten ausübten, von Bedeutung war. Das besondere Interesse, das Demetrios schon in Athen der gesetzlichen Ordnung der Polis – offenbar mit besonderer Rücksicht auf die solonische πάτριος πολιτεία – gewidmet hatte, ist bekannt (vgl. Martini [1901] passim; Dow – Travis [1943] passim; Hölkeskamp [1999] 31f.; Collins [2000] 93; Gagarin [2000a] passim; Ambaglio [2004] 344/46 und Haake [2007] 69/73).

984 Daß die Annahme, der Ptolemäerkönig habe sich für die Übersetzung des jüdischen Nomos eingesetzt, auch rechtshistorisch nicht unmöglich ist, hat die neuere Forschung wiederholt festgestellt. Genauer zu klären wäre vor allem der Zusammenhang mit der Rechtsreform, die Philadelphos im Jahr 275 vor Christus initiiert haben soll (vgl. Holladay [1995] 213; Maier [2001] 158f. und zum *Aristeasbrief* Dorival [2010] 45). Zudem setzte im dritten Jahrhundert auch die Übersetzung ägyptisch-demotischer Rechtstexte ins Griechische ein (vgl. den Oxyrhynchospapyrus 3285 und dazu Mélèze Modrzejewski [1991] 88/91 und [1995] 305f.; Dorival [1994] 73/75; Murray [2001] 577f.; Schenker [2007] 335 [mit Literatur] und Rösel [2008] 99f.). Gmirkin (2006) 252 vermutet, Philadelphos habe mit der Übersetzung des jüdischen Nomos eine noch unter den Ptolemäern angesehene Sammlung ägyptischen Rechts, welche der Perserkönig Dareios I. zweisprachig, in seiner eigenen Sprache und derjenigen der einheimischen Ägypter, veranstaltet haben soll (vgl. Diod. 1, 49. 75. 95), "imitieren" wollen (vgl. skeptischer Grabbe [2004] 269; neuere Literatur bei Rutherford [2016] 13f., der im allgemeinen die griechischen Übersetzungen aus dem Ägyptischen zusammenstellt [12/16] und Quack [2016] 278/81). Nicht zuletzt verdient Beachtung, daß die hellenistischen Herrscher seit Alexander offenbar die Strategie verfolgten, nicht nur in griechischen Poleis (vgl. z.B. Diod. 18, 18, 4/6; 20, 46, 3 oder Arrian. anab. 1, 18, 2), sondern auch in den eroberten Gebieten alte Rechtsordnungen zu respektieren oder sogar wieder neu in Geltung zu setzen. Zu Philadelphos als Gesetzgeber vgl. auch Müller (1968) passim.

985 Vgl. schon Fraser (1972) 694f.: "The address to Philometor seems clearly intended to place that philo-Judaean monarch in the same position as that of his great predecessor Philadelphus" und Janowitz (1991) 131.

986 Welche im Ausdruck an jene Apposition τῶν Ἑβραίων, ἡμετέρων δὲ πολιτῶν kurz zuvor zurückerinnert (s. oben Anm. 944), nicht ohne Wirkung: Während die Geschichte der hebräi-

schen Nomos bedeutet gleichsam das Fundament, auf dem nun Philometor als sein Nachkomme zu dessen angemessenem Verständnis gelangt. Daß diese Nähe zwischen Hof und Juden nicht bloß literarisch aufzufassen sei, sondern auch politisch, darf hier wohl mitverstanden werden werden. Zweitens verortet Aristobulos jene griechische Übersetzung durch ihre Verbindung mit Demetrios und Philadelphos implizit in der weithin berühmten Bildungs- und Kulturpolitik des ptolemäischen Königshauses, insbesondere in Alexandria. Der Gedanke an die Bemühungen, die schon Ptolemaios I. Soter aufgewandt hatte nicht nur, um die weltbekannte Bibliothek, das Museion, ebendort zu begründen und aufzubauen, sondern auch, um unter dem Eindruck der peripatetischen Philosophie ein ganz neuartiges Zentrum aller Wissenschaften zu schaffen, drängt sich dem Leser hier unweigerlich auf. In der Feststellung, daß der νόμος der Juden seit früher Zeit nicht nur irgendein Gegenstand solcher Bemühungen war, sondern von Demetrios persönlich πραγματεία, von Philadelphos gar besondere φιλοτιμία erfuhr[987], verbindet Aristobulos also erneut das Postulat, wie bedeutend die Bibel schon in jener Zeit für die Griechen gewesen sei, mit der Anerkennung jener höchsten Würdenträger, die für sie Sorge getragen hätten. Insofern beginnt, nur wenige Jahrzehnte nach der ἐπικράτησις Ἀλεξάνδρου, mit Demetrios (und Philadelphos) doch eine neue Zeitrechnung, zum Lob des ptolemäischen Herrscherhauses. Gegenüber dem amtierenden König formuliert Aristobulos mit diesem kurzen historischen Rückblick die Paränese, dem Vorfahren nachzueifern, setzte doch mit Philometor ein vertiefter Austausch des

---

schen Bibel weit bis auf die "Hebräer", die eigenen "Mitbürger" der mosaischen Vergangenheit, zurückreicht, überspannt die Geschichte der griechischen Neuübersetzung der ganzen hebräischen Bibel zwar eine weitaus kürzere Zeit, doch eben auch schon die gesamte Epoche ptolemäischer Herrschaft in Ägypten, zurück bis in ihre Anfangsjahrzehnte auf Ptolemaios II. Philadelphos, ihren Förderer.

987 Daß Aristobulos der auffälligen Knappheit seiner Ausführungen zum Trotz den König hier mit dem Beinamen Philadelphos noch identifiziert, obschon der Adressat seines Werks, Philometor, diese Information wohl kaum nötig hatte, verwundert daher nicht (*pace* Kuenen [1883] 211). Zum einen: "Sie [sc. die Darstellung] wollte nicht für den König, sondern für das lesende Publikum den ägyptischen Herrscher bezeichnen, welcher sich für die vollständige Übersetzung interessiert haben soll" (Graetz [1878] 103; vgl. auch Meecham [1932] 141). Zum anderen: Ptolemaios II. Philadelphos wendet der griechischen Bibel nicht nur φιλοτιμία zu, sondern offenbart mit seinem Einsatz für die heilige Schrift der Juden auch das, was sein Beiname aussagt: φιλαδελφία. Vgl. in Theokrits 14. Idyll die Verse 59/64 und dazu Pausch (2011) passim sowie allgemein Stavrianopoulou (2012) 137: "Die spezifischen Beinamen [sc. der ptolemäischen Könige] wie etwa *soter, euergetes, philanthropos, boethos* sind nicht leere Formeln oder bloße Huldigungsfloskeln", sondern höben jene Handlungen hervor, welche der Sprecher beim König besonders markieren wolle.

Herrscherhauses mit den ägyptischen und jüdischen Untertanen gerade in der Zeit ein, in welcher nach der seleukidischen Rückeroberung Palästinas im Jahr 198 vor Christus die Juden in Ägypten wieder unter einem anderen König lebten als ihre πολῖται ebendort[988].

7.7 Rezeption im *Aristeasbrief*

Die kaum noch zu überblickende Forschungsdebatte zur Interpretation und Datierung des *Aristeasbriefs*, insbesondere zu der Frage, ob er als historische Quelle für die Rekonstruktion der griechischen Bibelgeschichte brauchbar ist, soll hier nicht Thema sein. Das Verhältnis der Schrift zu Aristobulos, das in der Vergangenheit deshalb das Interesse auf sich zog, weil es dem Nachweis dienen sollte, die Fragmente des letzteren seien eine kaiserzeitliche Fälschung, wird seit längerem kaum noch diskutiert[989]; weithin gilt, wie gesagt, Aristobulos mit seiner Rekonstruktion der Vorgänge als unglaubwürdig und kommt als Quelle des *Aristeasbriefs* nicht mehr in Betracht[990]. Daß diese Sicht der Dinge revisions-

---

988 Vgl. schon Binde (1870) 28. Oben S. 174f. ist schon auf Philometors Tempelkonzession an Onias hingewiesen worden. Bemerkenswert ist an der Schilderung, die Flavius Josephus von den Ereignissen gibt (ant. 13, 62/73), insbesondere aus dem Briefwechsel zwischen dem Herrscherpaar und dem Juden (65/68 und 70/71), noch zweierlei: Zum einen begründet Onias gegenüber dem König sein Anliegen, in Leontopolis einen verfallenen Tempel dem jüdischen Gott ὑπὲρ σοῦ καὶ τῆς σῆς γυναικὸς καὶ τῶν τέκνων neu zu errichten mit dem eigentlich innerjüdischen Argument, an den Orten im Reich, wo Juden lebten, habe er unter diesen vorgefunden (ed. Marcus, S. 258) πλείστους ... παρὰ τὸ καθῆκον ἔχοντας ἱερὰ καὶ διὰ τοῦτο δύσνους ἀλλήλοις, ὃ καὶ Αἰγυπτίοις συμβέβηκε διὰ τὸ πλῆθος τῶν ἱερῶν καὶ τὸ περὶ τὰς θρησκείας οὐχ ὁμοδοξεῖν (vgl. dazu auch Matusova [2015] 119/27). Die neue Tempelgründung ziele darauf, die ägyptischen Juden zusammenzuführen κατὰ τὴν πρὸς ἀλλήλους ὁμόνοιαν ταῖς σαῖς ἐξυπηρετεῖν χρείαις (vgl. bell. 7, 423)! Zum anderen legitimiert Onias sein Vorhaben mit einem Schriftzitat aus ʽΗσαΐας ὁ προφήτης (vgl. Ies. 19, 18f.), setzt also die Bibel gegenüber dem König als Argument ein – und Bibelkenntnis beim Adressaten voraus. Das zurückhaltende Antwortschreiben des Ptolemäers, welches ebenfalls Kenntnis des biblischen Texts voraussetzt, wertet Flavius Josephus als Ausdruck besonderer εὐσέβεια.
989 Wie sich etwa Walter (1964) 45[1]; Woschitz (2005) 95; Wasserstein – Wasserstein (2006) 32; Wright (2006) 50[11]. 53f. (widersprüchlich) und (2015) 29f.; Brodersen (2008) 36; Rösel (2009) 1; Krauter (2011) 28[8]; Rappaport (2012) 298[47] sowie Moore (2015) 252 der Frage entledigen, darf beispielhaft für diese Haltung gelten.
990 Gegenstimmen sind selten; vgl. z.B. schon Gercke (1896) 918f.; Swete – Ottley (1914) 13: "... his [sc. Aristobulos'] words, if we admit their genuineness, establish the fact that the main features of the story were believed by the literary Jews of Alexandria, and even at the Court"; Momigliano (1932) 164: "Ma nulla impedisce e qualcosa consiglia che il rapporto sia rovesciato e si consideri Aristobulo come fonte di Aristea"; Kahle (1962) 235 über die Tatsache, "daß Ari-

bedürftig sein könnte, erhellt freilich aus der folgenden Synopse der Bemerkungen, die Aristobulos im Fragment 3 Holladay über die griechischen Übersetzungen der hebräischen Bibel macht, und den entsprechenden Stellen des *Aristeasbriefs*:

a) *Datierung und Qualität der älteren Übersetzungen*: Wie Aristobulos erwähnt auch der *Aristeasbrief*, allerdings ganz beiläufig, aus dem mosaischen Nomos sei schon in vorptolemäischer Zeit ins Griechische übersetzt worden (312/16)[991]. Dabei fällt auf, daß sein Autor den bei Aristobulos ausschlaggebenden Altersbeweis in beiden wichtigen Aspekten, also dem der chronologischen Priorität Mose und dem der Rezeption des Nomos durch griechische Gelehrte, zwar nicht

---

stobul die ganze Geschichte völlig schlicht erzählt und die wunderbaren Umstände, die der Aristeasbrief berichtet, nicht erwähnt"; Barthélemy (1974) 25: "... une grande importance pour la question de l'origine de la traduction grecque du Pentateuque"; Bartlett (1985) 16f. (unsicher) und Garbini (2002) 165/85. Allenfalls wird konzediert, Aristobulos habe eine auch vom *Aristeasbrief* unabhängig verarbeitete ältere Entstehungslegende gekannt (vgl. dazu Conybeare – Stock [1905] 13f.; Meecham [1932] 141f.; Momigliano [1932] 170 u.ö.; Zuntz [1959] 122f.; Murray [1975] 123; Schürer – Vermes – Millar – Goodman [1986] 680[281]; Gruen [1998a] 209 [unsicher]; Collins [2000] 8f.; Weber [2000] 103. 141[12]; Honigman [2003a] 88/91 u.ö. sowie Wright [2006] 54; [2009] 712 und [2015] 7. 29f.). Der Versuch Gmirkins (2006) 76/81, Aristobulos als Autor des *Aristeasbriefs* zu erweisen (vgl. mit ähnlicher Hypothese schon Conybeare – Stock [1905] 13), ist weder in seiner oberflächlichen Aneinanderreihung von Ähnlichkeiten, die ebensogut die Zuschreibung zu anderen Zeitgenossen rechtfertigen könnten, noch in seinen oft rein spekulativen Annahmen, etwa zu Aristobulos als Teilnehmer an königlichen Banketten in Alexandria (vgl. auch Janowitz [1991] 135) oder als Reisebegleiter Philometors und Gast des Hohepriesters Jonathan in Jerusalem, zielführend. Die feinen Unterschiede in der Rekonstruktion sowohl der vorptolemäischen Übersetzungen der Bibel ins Griechische als auch der Septuaginta fallen bei Gmirkin völlig unter den Tisch ("both recounted the same unique traditions with respect to the Septuagint"). Daß Aristobulos in der Folge mit der Vermutung belegt wird, er habe die älteren Übersetzungen als "seriously defective" angesehen, stellt den Text seiner Fragmente auf den Kopf.
991 Vgl. schon Simon (1685) 189 (skeptisch); Dähne (1834) 73[2]; Binde (1869) 23; Freudenthal (1875) 167; Wendland (1898) 448[2]: "Wird hier nicht doch ... wie bei Aristobulos eine ältere griechische Bibelübersetzung fingiert?"; Meecham (1932) 194; Momigliano (1932) 165; Hadas (1951) 67; Zuntz (1959) 124f.; Kahle (1962) 226f. 235; Diamond (1974) 317; Siegert (2001) 33; Gmirkin (2006) 77; Brodersen (2008) 34f.; Rösel (2008) 94 und (2009) 1; Lange (2010) 68 sowie (2011) 51; Müller (2010) 639; Niehoff (2011b) 31 und Moore (2015) 247f. Ob in Kapitel 30/32 ältere Übersetzungen ins Griechische angesprochen sind, ist nach wie vor umstritten (vgl. Tcherikover [1958] 75; Zuntz [1959] 117; Pelletier [1962] 118[3]; Bickerman [1976c] 172[14], der τῶν προηρμηνευμένων hier als "previously expounded" deutet; Garbini [2002] 167f.; Collins [2000] 9; Honigman [2007] 140; Wright [2008] 147; Lange [2010] 52f. und Erto [2013] passim; anders Swete – Ottley [1914] 2; Hadas [1951] 110; Barbu [2010] 15; Matusova [2015] 48/53 und Wright [2015] 447f.).

ausdrücklich widerlegt, implizit jedoch suspendiert[992]. Auf die Frage des Königs Philadelphos hin, warum eigentlich griechische Historiker oder Dichter die bedeutenden συντετελεσμένα des Nomos niemals erwähnt hätten[993], antwortet Demetrios, wegen ihrer Erhabenheit und ihres göttlichen Ursprungs seien einige derer, die mit diesem Gedanken gespielt hätten, von Gott selbst geschlagen worden und hätten deshalb von ihrem Vorhaben abgesehen (vgl. schon Kapitel 31)[994]. Etwas aus der heiligen Schrift des Nomos zu übernehmen, in das eigene Werk einzuarbeiten und damit allen Menschen gemein machen (315) zu wollen komme einem Sakrileg gleich[995]. Auffallen muß an dieser Stelle zweierlei: Zum einen die Kürze des Hinweises auf das "zuvor Übersetzte", die nicht anders zu erklären ist, als daß das Publikum des *Aristeasbriefs* von solch älteren Bibelübersetzungen wußte, zum anderen die Zurückhaltung im Urteil: Die προηρμηνευμένα werden hier nicht ausdrücklich gewertet.

Exemplarisch nennt Demetrios im folgenden[996] den Historiker Theopomp von Chios, der sich nachweislich auch am Hof des ersten Ptolemäers Soter aufgehalten hatte, und den Tragiker Theodektes. Dieser beiden Auswahl ist, abgesehen davon, daß es sich bei dem einen um einen Historiker, bei dem anderen um einen Dichter handelt[997], nicht zufällig: Beide gehören in das vierte Jahrhundert, liegen damit auf der Grenze zwischen Klassik und Hellenismus – das

---

[992] Natürlich deswegen, weil er sonst sein Anliegen, die Bedeutung der Septuaginta in den Mittelpunkt zu rücken, geschwächt hätte (vgl. schon Momigliano [1932] 165; Zuntz [1959] 124f.; Walter [1964] 49² und Orlinsky [1975] 97); frühere Forschung sah im Fehlen dieser "Doktrin" einen Beweis für die Unechtheit des vermeintlich gefälschten Aristobulos (vgl. etwa Wendland [1898] 448 und [1972] 204).
[993] Die Frage ist nicht so eigentümlich, wie es heute erscheinen könnte. Diodor bricht den Katalog der Städte, welche die Ägypter als uralte Apoikien des eigenen Landes beanspruchten, mit dem Hinweis ab, diese These lasse sich nicht genau beweisen und (1, 29, 6 [ed. Bertrac, S. 69]): μήτε συγγραφέως ἀξιοπίστου μαρτυροῦντος.
[994] Vgl. Weber (2000) 131.
[995] Vgl. 314 über Theopomp (ed. Pelletier, S. 234): ... μέλλων τινὰ τῶν προηρμηνευμένων ἐπισφαλέστερον ἐκ τοῦ νόμου προσιστορεῖν ... Die Wortwahl – ἐπισφαλέστερον ἐκ τοῦ νόμου bezieht sich hier wohl eher als auf προσιστορεῖν auf das Vorherige (*pace* Brodersen [2008] 34f.) – kontrastiert mit der mehrfachen Erwähnung der ἀσφάλεια, welche das Übersetzungsunternehmen des Ptolemäerkönigs ausgezeichnet habe (vgl. 45 und 312).
[996] Diese schwierige Stelle dadurch zu lösen, daß man sekundäre Entstellung der Eigennamen annimmt, die ursprünglich jüdische Autoren bezeichnet hätten, etwa den Dramatiker Ezechiel, den Historiker Theophilos oder den Dichter Theodotos (so schon Graetz [1888] 593/95), geht nicht an – der Zusammenhang bräche auseinander: Der Ptolemäerkönig fragt doch danach, warum griechische Autoren das mosaische Gesetz nicht verarbeitet hätten.
[997] Vgl. die Feststellung der Gattungen in 314: προσιστορεῖν und in 316: τοῦ τῶν τραγῳδιῶν ποιητοῦ ... παραφέρειν μέλλοντός τι τῶν ἀναγεγραμμένων ἐν τῇ βίβλῳ πρός τι δρᾶμα.

von Aristobulos vertretene Postulat, die älteren griechischen Übersetzungen des Pentateuchs seien in eine vorhomerische Frühzeit zu datieren, findet darin gerade keine Stütze[998]. Allerdings bleibt durch die präzise Formulierung: καὶ τῶν ἐπιβαλλομένων τινὲς ὑπὸ τοῦ θεοῦ πληγέντες τῆς ἐπιβολῆς[999] ἀπέστησαν durchaus denkbar, daß es andere als die τινές gegeben habe, die in ihren Werken aus dem mosaischen Nomos geschöpft hätten und dafür von Gott nicht bestraft worden seien[1000].

b) *Datierung der ptolemäischen Übersetzung*: Auch der *Aristeasbrief* datiert die alexandrinische Übersetzung in die Regierungszeit des Königs Ptolemaios II. Philadelphos. Anders als bei Aristobulos wird jedoch dessen Zusammenwirken mit Demetrios von Phaleron stärker in den Vordergrund gerückt: Dieser, eingesetzt in der königlichen Bibliothek und beauftragt, "alle Bücher", die es in der Oikumene gebe, anzuschaffen, macht dem König zunächst den Vorschlag, auch die jüdischen νόμιμα durch eine Übersetzung ins Griechische für das Museion zu gewinnen, stellt ihm den Sachverhalt in einer ausführlichen ἐπίδοσις dar und schlägt die zur Durchführung der Übersetzung notwendigen Maßnahmen vor (28/32); wie bei der Datierung, die Aristobulos gibt, agiert also auch im *Aristeasbrief* Demetrios als erster. Doch wird sein Handeln von vornherein als Erfüllung der königlichen Absichten charakterisiert, als Verwirklichung nicht nur des umfassenden Plans, eine möglichst vollständige Bibliothek in Alexan-

---

[998] Wenn Aristeas erzählt, Demetrios habe gesagt, daß er dies von Theopomp "gehört" habe (314: ἀκηκοέναι Θεοπόμπου), dann wird damit die Verläßlichkeit der Geschichte absichtsvoll betont (ähnlich im folgenden zu Theodektes; zum Anachronismus vgl. schon Hadas [1951] 223f.: "ragged chronology") und zugleich suggeriert, höchste Persönlichkeiten der zeitgenössischen griechischen Gelehrsamkeit und Politik hätten sich über den mosaischen Nomos ausgetauscht. Daß über den griechischen Historiker ausgesagt wird, er habe "das Göttliche durchgearbeitet" (315: τὰ θεῖα ... περιεργασάμενος), ist in diesem Zusammenhang als Anspielung auf Aristobulos (vgl. oben Anm. 880) zu verstehen.

[999] Ἐπιβαλλομένων und ἐπιβολῆς greifen dabei, fast unmerklich korrigierend, auf die Frage des Königs zurück: Πῶς τηλικούτων συντετελεσμένων οὐδεὶς ἐπεβάλετο τῶν ἱστορικῶν ἢ ποιητῶν ἐπιμνησθῆναι; Demetrios selbst hatte freilich in seiner ἐπίδοσις (vgl. Kapitel 31) den König unterrichtet: διὸ [wegen ihrer σεμνότης] πόρρω γεγόνασιν οἵ τε συγγραφεῖς καὶ ποιηταὶ καὶ τὸ τῶν ἱστορικῶν πλῆθος τῆς ἐπιμνήσεως τῶν προειρημένων βιβλίων ...

[1000] Wenn in Kapitel 31 Hekataios von Abdera mit seiner Bemerkung über die Heiligkeit des mosaischen Nomos zitiert wird, dann ist daraus zu schließen, daß er dafür keine göttliche Strafe erfuhr – und der *Aristeasbrief* unmißverständlich seine Kenntnis einer vorptolemäischen Übersetzung der Bibel voraussetzt oder doch zumindest eine Information jüdischer Quellen darüber. Einen Anhaltspunkt für eine solche Annahme lieferte der griechische Ethnograph selbst: In seinem Exkurs über Moses in Ägypten verweist er in einem Zitat auf das Ende des schriftlich fixierten Nomos (vgl. oben S. 227f.).

dria anzulegen, sondern vor allem auch des Bestrebens, die Bücher in möglichst korrekter, auf verläßlicher Grundlage emendierter Form zu sammeln (Kapitel 9f. 28/32)[1001]. Philadelphos schafft im folgenden durch seinen diplomatischen Verkehr mit dem Hohepriester Eleazar, in dem Demetrios nicht genannt wird, überhaupt erst die Voraussetzungen für das Unternehmen, das damit offiziell als Initiative des Hofes gekennzeichnet ist (10f. 35/46)[1002]. In den Schlußkapiteln ein ähnliches Bild: Demetrios ist derjenige, der die praktische Durchführung der Übersetzung betreibt. Ausdrücklich wird notiert, er selbst habe sogar für den Schriftsatz der von den jüdischen Gästen erzielten Übereinstimmungen gesorgt (302), ohne daß die Mitwirkung des Königs überhaupt erwähnt würde[1003]. Auch die Versammlung der Juden, auf der die neue Übersetzung akklamiert werden soll, läßt Demetrios zusammentreten, in eigener Person verliest er den Text und wird, nach den Übersetzern, hochgelobt als μεγάλων ἀγαθῶν παραίτιος (308). Der König hingegen läßt sich selbst erst, nachdem er vom Abschluß der Arbeit durch einen Bericht erfahren hat, die Übersetzung vortragen, erweist dem Nomos seine Verehrung und Approbation[1004], erteilt den Auftrag, ihm im Museion die bestmögliche Pflege zukommen zu lassen, wickelt diplomatisch den Dank sowie die Verabschiedung Eleazars und der Übersetzer ab (312f. 317/21). Und doch erinnert Kapitel 312 den Leser daran, auf wessen Bestreben eigentlich alles zurückging (ed. Pelletier, S. 234): ... μεγάλως ἐχάρη· τὴν γὰρ πρόθεσιν, ἣν εἶχεν, ἀσφαλῶς ἔδοξε τετελειῶσθαι – "the leading protagonist ... is not the high

---

1001 Vgl. dazu Zuntz (1959) 117; Murray (2001) 582; Honigman (2007) 139/41; Wright (2008) 154; Erto (2010) passim; Lange (2010) 57/61; Passoni Dell'Aqua (2010) 336f.; Hunter (2011a) 53f. und Niehoff (2011b) 35. Näher zu untersuchen wäre in diesem Zusammenhang noch die Kunde, Demetrios habe sich während seiner athenischen Zeit um die Überlieferung Homers bemüht: Bei Athenaios (620b) findet sich die Nachricht, er habe "in die Theater" diejenigen eingeführt, die "jetzt Homeristai genannt" würden. Nagy (1996) 153/86 und Tracy (2000) 342 sehen darin ein Indiz, daß Demetrios nicht nur die öffentlichen Darbietungen Homers reformiert, sondern auch eine wichtige Rolle in der Konstitution und Verbreitung der sogenannten Homer-Koine gespielt habe. Nach Diogenes Laertios (5, 81) verfaßte er immerhin zwei Bücher über die homerische Ilias und vier Bücher über die Odyssee.
1002 Vgl. besonders Kapitel 38, wo nicht nur die allgemeine Initiative des Königs betont, sondern auch in Aussicht gestellt wird, den jüdischen Nomos fürderhin in der königlichen Bibliothek aufzubewahren – und damit der textlichen Fürsorge zu unterstellen, die der Herrscher seinen Büchern angedeihen zu lassen bestrebt war (vgl. 10. 30).
1003 Während etwa Dorotheos für andere Aufgaben, insbesondere die täglichen Bedürfnisse der Gäste, verantwortlich zeichnet. Die ihm gegenüber erfolgten Anweisungen des Königs werden ausdrücklich erwähnt (304).
1004 Vgl. Kreuzer (2004) 61 und Müller (2010) 648f., der an den bezeichnenden Befund erinnert, daß Flavius Josephus in seiner Rezeption des Aristeasbriefs (in ant. 12) die "explizite Bemerkung" wegläßt, "dass Übersetzungen auch früher vorlagen".

priest, nor any other Jewish figure from Judaea or from Alexandria, but King Ptolemy Philadelphus himself"[1005].

c) *Umfang*: Auch im *Aristeasbrief* beschränkt sich die von Demetrios und Philadelphos verantwortete Übersetzung auf die fünf Bücher Mose, andere biblische Bücher sind zunächst nicht im Blick[1006]. Der mosaische Pentateuch als umfassende Offenbarung Gottes wird hier ganz in den Vordergrund gerückt. Die lakonische Erwähnung der τινὰ τῶν προηρμηνευμένων, aus denen Theopomp etwas in sein Geschichtswerk übernehmen wollte, scheint dabei mit Aristobulos insofern übereinzustimmen, als die in vorptolemäischer Zeit angefertigten Übersetzungen nicht den gesamten Text der fünf Bücher Mose auf Griechisch repräsentierten, sondern nur einzelne Teile[1007].

Die Schlußkapitel bergen allerdings ein auffälliges Detail (317/21): König Philadelphos lädt die Übersetzer ein, auch nach ihrer Rückkehr nach Judaea freundschaftlich mit ihm verbunden zu bleiben, ja "häufiger" zu ihm zurückzukommen (318), und fordert Eleazar brieflich dazu auf (321), es nicht zu unterbinden, sollten einige von ihnen es vorziehen, wieder zu ihm an den ptolemäischen Hof zurückzukehren (321 [ed. Pelletier, S. 238]): περὶ πολλοῦ ποιούμενος τοῖς πεπαιδευμένοις συνεῖναι, καὶ εἰς τοιούτους τὸν πλοῦτον κατατίθεσθαι δαψιλῶς, καὶ οὐκ εἰς μάταια. Ob der Autor des *Aristeasbriefs* mit diesem Ausblick über das Ende des Werks hinaus andeuten wollte, am ptolemäischen Königshof sei nach Abschluß des griechischen Pentateuchs die Übersetzung auch anderer Bücher der hebräischen Bibel betrieben worden[1008]?

Insgesamt scheint die Darstellung des *Aristeasbriefs*[1009], dessen Autor ja vorgibt, Jahrzehnte vor Aristobulos zu schreiben, absichtsvoll an die von diesem vorge-

---

[1005] Rajak (2008) 183; vgl. Honigman (2007) passim; Pearce (2007) 166 und Erto (2010) 206.
[1006] Vgl. später Flav. Joseph. ant. 1, 12f. sowie Swete – Ottley (1914) 23; Hadas (1951) 93; Schürer – Vermes – Millar – Goodman (1986) 476f.; Tov (2003) 216f.; Kreuzer (2004) 70/72. 73 und (2007) 42; Frankemölle (2006) 73; Kraus (2008) 28. 32; Wright (2009) 713 sowie Witte (2012) 245f. (schon zum Buch *Sirach*).
[1007] *Pace* Tcherikover (1958) 74 und Wright (2006) 56f., die offenbar Theopomp und Theodektes selbst als die Übersetzer ansehen. Diesen beiden Autoren Hebräischkenntnis zuzusprechen ist wohl nicht angeraten und hat im Text keinen Anhalt.
[1008] Vgl. schon Vossius (1661) 15.
[1009] Zur auch sonst zu beobachtenden Freiheit und "creativeness" des *Aristeasbriefs* im Umgang mit den Quellen vgl. die wichtigen Anmerkungen bei Murray (1975) passim. Das Urteil: "It is only too clear that the writer had no concrete tradition to follow, nor any idea of the real problems facing the real originators of the Septuagint, nor the imagination to devise a substantial and plausible scene" (Zuntz [1959] 122f.) wirkt gleichwohl zu hart.

stellte Geschichte anzuschließen, ohne in offenen Widerspruch zu ihm zu treten, ihn jedoch durch Unterdrückung bestimmter Aspekte, Auffüllung unbestimmter Leerstellen und Ergänzung zusätzlicher Informationen zu rezipieren:

a) Die älteren Übersetzungen werden kaum erwähnt, derjenigen des Ptolemäers jedoch wird über den bloß größeren Umfang hinaus auch jener qualitative Fortschritt bescheinigt, die heiligen Schriften der Tora im Griechischen emendiert zu haben[1010]. Arnaldo Momigliano schrieb schon 1932: "Può invece dirsi che … da Aristobulo ad Aristea si abbia un irrigidimento della supervalutazione dei LXX e quindi una maggiore difficoltà ad ammetterne autorevoli precedenti"[1011].

b) Die Datierung der älteren Übersetzer bleibt, da für die eigene Argumentation nicht erheblich, ja eher hinderlich, im unklaren. Die Überwindung der Sprachgrenze des Hebräischen zum Griechischen wird ausdrücklich erst für die Übersetzung unter Demetrios und Philadelphos postuliert (38 [ed. Pelletier, S. 124. 126]):

βουλομένων δ' ἡμῶν καὶ τούτοις χαρίζεσθαι καὶ πᾶσι τοῖς κατὰ τὴν οἰκουμένην Ἰουδαίοις καὶ τοῖς μετέπειτα, προῃρήμεθα τὸν νόμον ὑμῶν μεθερμηνευθῆναι γράμμασιν Ἑλληνικοῖς ἐκ τῶν παρ' ὑμῶν λεγομένων Ἑβραϊκῶν γραμμάτων …

Weil wir [sc. der König] aber sowohl diesen hier [sc. den Juden in Ägypten] einen Gefallen erweisen wollen als auch allen Juden in der ganzen bewohnten Welt als auch denen nachfolgender Zeiten, haben wir entschieden, daß euer Gesetz übersetzt werde in griechischen Buchstaben aus den von euch sogenannten hebräischen Buchstaben …

c) Obschon auch im *Aristeasbrief*, dessen pseudepigraphischer Verfasser vorgibt, noch unter Philadelphos und Demetrios zu schreiben[1012], letzterer weiterhin den Anstoß zu dem Übersetzungsunternehmen gibt, gewinnt die Rolle des Königs, der vom Anfang der breit ausgeführten Schilderung an bis zu ihrem Ende in der Planung, der Durchführung und dem Abschluß des Vorhabens, gerade im Austausch mit Eleazar und den Septuaginta, als Autorität dargestellt wird, höhere Bedeutung.

1010 Vgl. Tcherikover (1958) 74f. und Veltri (2006) 37. 89.
1011 Momigliano (1932) 165.
1012 Und selbst an dem Unternehmen der Bibelübersetzung beteiligt gewesen zu sein; vgl. dazu neben anderen insbesondere die Kapitel 1. 40. 43 (vgl. aber 28 und 182, die dazu in gewissem Widerspruch zu stehen scheinen). Deswegen liefert der Text keine regelrechte Datierung wie Aristobulos; doch setzt die Schilderung in Kapitel 9 ein: κατασταθεὶς ἐπὶ τῆς τοῦ βασιλέως βιβλιοθήκης Δημήτριος ὁ Φαληρεύς …

d) Wie die Rolle des Königs entscheidend aufgewertet wird, so wird zugleich die Mitwirkung der Juden selbst in die Vorgänge implementiert: Ihre Gelehrten aus Israel unter der Führung Eleazars sind die Übersetzer der hebräischen Bibel, ihre vollkommene Übersetzung erfährt[1013] die Approbation nicht nur des Königs, sondern ebenso der anwesenden jüdischen Gemeinschaft. Von alledem bei Aristobulos zumindest in den erhaltenen Fragmenten nichts – aber deswegen auch nichts, was alledem ausdrücklich widerspräche.

Appendix

Schon im Jahr 1935 registrierte Henry Meecham zahlreiche griechische Wörter, die sich sowohl bei Aristobulos als auch im *Aristeasbrief* ähnlich verwendet finden[1014]. Allerdings gibt seine unvollständige und unsystematische Liste keine klare Antwort auf die Frage, ob sich aus der Terminologie eine literarische Abhängigkeit erweisen läßt. Grundsätzlich ist Vorsicht geboten, aus bloßen Übereinstimmungen im Wortgebrauch direkte Intertextualität zu erschließen, zumal da über die beiden zur Diskussion stehenden Textcorpora hinaus zeitgenössisches Material zum Vergleich kaum zur Verfügung steht[1015]. Und doch ergibt der Befund, kritisch gesichtet, ein tragfähiges Ergebnis:

Aristeasbrief (ed. Pelletier)	Aristobulos
16: τὸν γὰρ πάντων ἐπόπτην καὶ κτίστην θεὸν οὗτοι σέβονται, ὃν καὶ πάντες, ἡμεῖς δὲ, βασιλεῦ, προσονομάζοντες ἑτέρως Ζῆνα καὶ Δία· τοῦτο δ' οὐκ ἀνοικείως οἱ πρῶτοι διεσήμαναν, δι' ὃν ζωοποιοῦνται τὰ πάντα καὶ γίνε-	F 4, 82/94 Holladay: σαφῶς οἴομαι δεδεῖχθαι διότι διὰ πάντων ἐστὶν ἡ δύναμις τοῦ θεοῦ. καθὼς δὲ δεῖ, σεσημάγκαμεν περιαιροῦντες τὸν διὰ τῶν ποιημάτων Δία καὶ Ζῆνα· τὸ γὰρ τῆς διανοίας αὐτῶν ἐπὶ θεὸν ἀναπέμπε-

---

1013 Anfänglicher Zurückhaltung von jüdischer Seite zum Trotz (so Collins [2000] 115/81)? Janowitz (1991) 134f. beobachtet (mit Literatur), daß von göttlicher Inspiration der Übersetzer im Gegensatz zu Moses bei Aristobulos keine Rede sei ("a very human endeavor").
1014 Vgl. Meecham (1935) 324/27.
1015 Solche Vorsicht gilt insbesondere für hier wie dort, aber eben auch anderswo zu findende, charakteristische Ausdrücke, wie z.B. καταχωρίζω, κατασκευὴ τοῦ νόμου, κατ' ἐπιφάνειαν, die Bezeichnung Mose nicht mit Eigennamen, sondern nur mit ὁ νομοθέτης (ἡμῶν) oder den auffälligen Gebrauch der Präposition διά (s. oben Anm. 967).

ται, τοῦτον ἁπάντων ἡγεῖσθαί τε καὶ κυριεύειν (vgl. oben S. 12)[1016].

ται, διόπερ οὕτως ἡμῖν εἴρηται. οὐκ ἀπεοικότως οὖν τοῖς ἐπεζητημένοις προενηνέγμεθα ταῦτα.

132: ... μόνος ὁ θεός ἐστι, καὶ διὰ πάντων ἡ δύναμις αὐτοῦ φανερὰ γίνεται, πεπληρωμένου παντὸς τόπου τῆς δυναστείας ... (vgl. oben Anm. 63).

F 4, 83f. Holladay: διὰ πάντων ἐστὶν ἡ δύναμις τοῦ θεοῦ.

F 2, 112f. Holladay: ... τὴν κατάβασιν μὴ τοπικὴν εἶναι· πάντη γὰρ ὁ θεός ἐστιν.

234: τὸ τιμᾶν τὸν θεόν· τοῦτο δ' ἐστὶν οὐ δώροις οὐδὲ θυσίαις, ἀλλὰ ψυχῆς καθαρότητι καὶ διαλήψεως ὁσίας, καθὼς ὑπὸ τοῦ θεοῦ πάντα κατασκευάζεται καὶ διοικεῖται κατὰ τὴν αὐτοῦ βούλησιν[1017] (zu διάληψις auch 160; vgl. oben Anm. 712).

F 4, 95/97 Holladay: πᾶσι γὰρ τοῖς φιλοσόφοις ὁμολογεῖται διότι δεῖ περὶ θεοῦ διαλήψεις ὁσίας ἔχειν, ὃ μάλιστα παρακελεύεται καλῶς ἡ καθ' ἡμᾶς αἵρεσις.

139: συνθεωρήσας οὖν ἕκαστα σοφὸς ὢν ὁ νομοθέτης ὑπὸ θεοῦ κατεσκευασμένος εἰς ἐπίγνωσιν τῶν ἁπάντων ...

F 2, 28 Holladay: θαυμάζουσιν τὴν περὶ αὐτὸν σοφίαν καὶ τὸ θεῖον πνεῦμα ...

155: διὸ παρακελεύεται καὶ διὰ τῆς γραφῆς ὁ λέγων οὕτως ...

F 2, 81f. Holladay: διὰ τῆς γραφῆς τοῦ νόμου

168: ... καὶ οὐδὲν εἰκῇ κατατέτακται διὰ τῆς γραφῆς οὐδὲ μυθωδῶς ...

F 5, 108f. Holladay: ἐκ τῶν ἡμετέρων βιβλίων

316: ... τι τῶν ἀναγεγραμμένων ἐν τῇ βίβλῳ (auch den Plural βιβλία in 28. 30f. 46. 176. 317; vgl. oben Anm. 997).

F 4, 96/100 Holladay: ... δεῖ περὶ θεοῦ διαλήψεις ὁσίας ἔχειν, ὃ μάλιστα παρακελεύεται καλῶς ἡ καθ' ἡμᾶς αἵρεσις. ἡ δὲ τοῦ νόμου κατασκευὴ πᾶσα

1016 Vgl. zu der Abhängigkeit des *Aristeasbriefs* an dieser Stelle schon Walter (1964) 101f.
1017 Drummond (1888) 1, 249f. postuliert hier direkte Bezugnahme, allerdings von dem späteren Aristobulos auf den früheren *Aristeasbrief*; vgl. dagegen schon Walter (1964) 101.

	τοῦ καθ' ἡμᾶς περὶ εὐσεβείας τέτακται καὶ δικαιοσύνης καὶ ἐγκρατείας καὶ τῶν λοιπῶν ἀγαθῶν τῶν κατ' ἀλήθειαν.
306: πᾶσα γὰρ ἐνέργεια διὰ τῶν χειρῶν γίνεται (vgl. unten Anm. 1281).	F 2, 52f. Holladay: ... τὴν πᾶσαν ἰσχὺν τῶν ἀνθρώπων καὶ τὰς ἐνεργείας ἐν ταῖς χερσὶν εἶναι.
312: ... λίαν ἐξεθαύμασε [sc. König Ptolemaios II. Philadelphos] τὴν τοῦ νομοθέτου διάνοιαν (vgl. oben S. 302/05 und Anm. 593).	F 2, 27/32 Holladay: οἷς μὲν οὖν πάρεστι τὸ καλῶς νοεῖν, θαυμάζουσιν τὴν περὶ αὐτὸν [sc. Moses] σοφίαν καὶ τὸ θεῖον πνεῦμα, καθ' ὃ καὶ προφήτης ἀνακεκήρυκται· ὧν εἰσιν οἱ προειρημένοι φιλόσοφοι καὶ πλείονες ἕτεροι καὶ ποιηταὶ παρ' αὐτοῦ μεγάλας ἀφορμὰς εἰληφότες, καθ' ὃ καὶ θαυμάζονται.
315: ... τὰ θεῖα βούλεται [sc. Theopomp] περιεργασάμενος εἰς κοινοὺς ἀνθρώπους ἐκφέρειν ... (vgl. oben Anm. 880).	F 3, 20/22 Holladay: ... φανερός ἐστι [sc. Platon] περιειργασμένος ἕκαστα τῶν ἐν αὐτῇ.
	F 4, 7/9 Holladay: δοκοῦσι [sc. Pythagoras, Sokrates und Platon] δέ μοι περιειργασμένοι πάντα κατηκολουθηκέναι τούτῳ ...

Ob der *Aristeasbrief* auch durch das mehrfach integrierte Formelement des Zetema, das schon Aristobulos bei der Anlage seines Werks nutzte (vgl. oben den Exkurs S. 53/59), auf den Vorgänger anspielte, bleibe dahingestellt. Sicher annehmen darf man freilich[1018], daß Eleazars breite Interpretation der mosaischen

---

1018 Die Anklänge an das F 2 Holladay gehen über das Allgemeine hinaus bis ins Wörtliche (vgl. Walter [1964] 100f.); vgl. etwa 144 die Warnung vor falschem Bibelverständnis, in welcher schon Tcherikover (1958) 72 einen Verweis auf Aristobulos ausmachte, 168 die Feststellung, "durch die Schrift hindurch" sei nichts nur so dahingesagt oder "mythisch" (s. den Text oben in der Übersicht), und 171 über die φυσικὴ διάνοια τοῦ νόμου.

Speise- und Reinheitsgebote (128/71), obschon sie als τροπολογικῶς definiert wird und eher ethisch-moralisch als physisch verfährt, auf die metaphorische Exegese, die Aristobulos in seinem Methodenfragment 2 Holladay begründet, zurückverweist. Angesichts solcher Parallelen liegt der Schluß nahe, daß ein direktes Abhängigkeitsverhältnis zwischen beiden Texten vorliegt. Die im Laufe dieses Kapitels vorausgesetzte Priorität des alexandrinischen Exegeten findet dabei auch in einem weiteren Detail Bestätigung: Warum Aristobulos die Argumente und Begriffe, die über den *Aristeasbrief* hinweg meist ohne jede klärende Erörterung verstreut liegen, gleichsam hätte einsammeln sollen, bliebe ganz unerfindlich[1019]. Umgekehrt zeigt sich aber, daß der *Aristeasbrief* in seiner Rezeption des Vorgängers besonders zwei Stellen des erhaltenen Corpus im Blick hat, nämlich das Methodenfragment 2 Holladay und das Fragment 4 Holladay, insbesondere dessen grundsätzlichen Schlußgedanken.

Sollten die vorstehenden Überlegungen Richtiges treffen, ergäben sich über das Verhältnis zwischen Aristobulos und dem *Aristeasbrief* hinaus zwei allgemeinere Schlußfolgerungen für die zeitgenössische jüdische Literatur. Erstens: Aristobulos war ein bekannter Autor, und genaue Kenntnis seines exegetischen Werks beim Publikum konnte vorausgesetzt werden – ein nicht zuletzt für die spätere Rezeption bei Philon und Flavius Josephus wichtiger Befund. Zweitens: Auch der Autor des *Aristeasbriefs* verarbeitet seinen Vorgänger, ohne ihn namentlich zu erwähnen – genauso, wie es spätere Autoren tun sollten[1020].

[1019] Vgl. schon Walter (1964) 100. Die allgemeinen Beobachtungen zu literarischen Prioritätsfragen bei Blümer (2001) 1, 119/25 (zu Hesiod und Homer) sind auch für den vorliegenden Zusammenhang wichtig.
[1020] Vgl. darüberhinaus Marböck (2010) 214 (mit Literatur) über den Bearbeiter des griechischen *Sirach*, der mit der Junktur τὸν ἕβδομον λόγον (17, 5) auf Aristobulos, auf das F 5 Holladay, zu verweisen scheint, ohne ihn zu nennen.

Exkurs: Formale Einzelbeobachtungen

Einleitung

Das Werk eines nur in wenigen Fragmenten erhaltenen Autors formal untersuchen zu wollen ist ein methodisch problematisches Unterfangen. Dennoch hat es in der Vergangenheit nicht an – regelmäßig ungünstigen – Urteilen über die sprachlich-stilistische Form, die Aristobulos seiner Argumentation gibt, gefehlt, ohne daß diese freilich an konkreten Textbeispielen begründet oder auch in den historischen Zusammenhang des zweiten vorchristlichen Jahrhunderts und der hellenistischen Epoche der griechischen Sprache eingeordnet worden wären[1021]. Im folgenden sollen daher beispielhaft nur einige solcher formalen Aspekte angemerkt werden, über welche die schmale Textbasis der Fragmente überhaupt verallgemeinernde Annahmen zu erlauben scheint und welche vor dem Hintergrund zeitgenössischen Vergleichsmaterials bewertungsfähig sein könnten. Oben, im ersten Exkurs, ist die Gattung des Werks bereits genauer betrachtet worden; eine eher stilistische Auffälligkeit wird dann im folgenden Kapitel noch ausführlicher zur Sprache kommen.

Terminologie

Schon aus den vorstehenden Kapiteln erhellt, wie genau Aristobulos sowohl mit dem biblischen Wortgebrauch als auch mit der Terminologie griechischer Autoren unterschiedlichster Disziplinen vertraut ist. Folgendes fällt dabei besonders ins Auge: Zum einen die Dichte der genutzten Fachtermini, die sich nicht selten in enger Folge innerhalb einunddesselben Satzes aneinander anschließen (vgl. dazu z.B. oben S. 15/17). Dem Leser bereitet solche terminologische Häufung die Herausforderung, in steter Aufmerksamkeit die in den Begriffen liegenden Hinweise auf bestimmte theologische, philosophische, historische und auch geistesgeschichtliche Zusammenhänge zu verstehen und auf den dem Autor eige-

---

[1021] Als Ausnahmen wären Valckenaer (1806) 45, 65 u.ö. sowie vor allem die sorgfältige Studie Kellers (1947) passim zu nennen; beide stellen eine auffällige Nähe des Sprachgebrauchs insbesondere zu Polybios fest (vgl. auch Wischmeyer [1995a] 73[13]), dessen Tendenzen in Wortbildungen und Wendungen, in der Häufung der Partizipialkonstruktionen oder auch in der ausgedehnten Periodisierung komplexer Sätze auch Koehn (2013) 164f. u.ö. (mit älterer Literatur) wieder in enge Verbindung mit der zeitgenössischen Koine bringt (vgl. dazu z.B. auch obenS. 16 und Anm. 382. 246).

nen Gedankengang zu applizieren[1022]. Die Abständigkeit des Texts, die eben daraus resultiert, daß er immer wieder nicht flüssig, eingängig rezipierbar erscheint, sondern fortwährend begriffliche Hürden aufbaut, ist freilich durchaus typisch hellenistisch: Vergleichbar für die terminologische Dichte wären vor allem die Fragmente stoischer Fachprosa[1023], doch auch die peripatetische Tradition zeichnet sich durch bewußten Einsatz von rezeptionshemmenden Verfremdungsmethoden gerade in der Lexik aus, etwa durch die verbreitete Neigung zu Schöpfungen neuer Wörter und Termini[1024].

Zum anderen die Mehrdimensionalität einzelner Begriffe wie z.B. περιαιρέω, deren biblischer Gebrauch vorausgesetzt und für die Sinnstiftung des Texts nutzbar gemacht wird, die zugleich aber auch gerade als Termini griechischer Tradition und in ihrer dortigen Bedeutung aufgerufen werden. Hierin zeigt sich Aristobulos, wie in Kapitel 3 und 4 schon näher ausgeführt wurde, vor allem mit der exegetischen Methode hellenistischer Philosophie verwandt, welche die Komplexität einzelner Wörter und Termini – insbesondere der autoritativen Poesie, aber nicht ausschließlich – im Spannungsfeld von alter Tradition und neuer Sinngebung intensiv auslotete und dabei das Überschreiten eigentlich trennender Grenzen, etwa der kulturellen zwischen Griechen und Barbaren, keineswegs scheute.

Schließlich: Aristobulos leistet es sich, seine Terminologie fein und voraussetzungsreich auszudifferenzieren, um auch so den Leser zu einer intensiven, gleichsam auf das Einzelwort gerichteten Aufnahme seiner Argumentation zu zwingen. In dieser Hinsicht fallen in den erhaltenen Fragmenten vor allem die Verbkomposita ins Auge: Einunddasselbe Simplex kann durch verschiedene

---

1022 Vgl. auch de Vos (2016) 142 zu dem auffälligen, offenbar höchst absichtsvoll gewählten Begriff ἀνάπαυσις im Fragment 5 (statt dem biblischen Wort für die Gottesruhe κατάπαυσις) sowie unten Anm. 1225.
1023 Vgl. Schenkeveld (1997) 202f. sowie de Foucault (1972) 44/51 zu der starken Prägung, welche etwa die stoische Terminologie auf den Historiker Polybios ausübte. Scholz (2013) 298 (mit Literatur) hält freilich mit Recht fest, daß sich gerade im zweiten vorchristlichen Jahrhundert "eine gemeinsame terminologische Grundlage für den philosophischen Diskurs" zwischen den unterschiedlichen Schulen auszubilden begann, so daß von einem bloßen Begriff ausgehend nicht ohneweiteres auf Abhängigkeit des Autors von einer bestimmten philosophischen Lehre geschlossen werden könne. Bei Aristobulos zeigt sich dieses Phänomen etwa in der Verwendung des in epistemologischen Kontexten über die Grenzen der verschiedenen Philosophenschulen hinweg terminologischen Verbs καταλαμβάνω (vgl. dazu unten S. 331 und Anm.712).
1024 Vgl. etwa Tsitsiridis (2013) 12/14 zum "gekünstelten Stil" des Peripatetikers Klearchos von Soloi: "Vorkommen von seltenen Wortbildungen oder ... selten verwendeten Wörtern ... gekünstelte und kühne Wendungen".

Praeverbia vielfältig aufgefächert werden und in den einzelnen Zusammensetzungen ganz unterschiedliche, gezielt terminologische Bedeutungen annehmen. Beispielhaft sei hier an das Verb λαμβάνω mit den oben schon diskutierten Komposita καταλαμβάνω, διαλαμβάνω und ὑπολαμβάνω hingewiesen[1025]. Das in griechischen Grammatiken nicht selten verzeichnete Urteil, im Hellenismus hätten die Praeverbia ihren Bedeutungsgehalt weitgehend verloren und entsprechende Komposita ersetzten nurmehr das Simplex[1026], fände demnach in Aristobulos keinen Fürsprecher.

Tempora

In Hinsicht auf den Gebrauch der Tempora erlauben die Fragmente ebenfalls aufschlußreiche Beobachtungen. Zwar verbieten sich angesichts der beschränkten Textbasis rein numerisch-statistische Erhebungen; trotzdem liefern gerade die wörtlichen Zitate, welche Eusebius aus Aristobulos beibringt, einen auffälligen, wohl doch verallgemeinerungsfähigen Befund[1027]: Während die weitüberwiegende Mehrzahl aller Verbformen in den Tempora Präsens oder Perfekt steht[1028], begegnen Formen im Aorist selten[1029]: zehn im F 2 Holladay, sechs in dem eher narrativen F 3 Holladay, keine einzige in F 4 Holladay, fünf in F 5 Holladay[1030]. Dieses Ergebnis könnte dazu verleiten, Aristobulos als ein schla-

---

1025 Zu den oben in Anm. 712 genannten Stellen sei noch hinzugefügt als Beispiel aus der zeitgenössischen wissenschaftlichen Literatur Hipparchs Kommentar zu Arat und Attalos (vgl. dazu oben S. 40/44), in welchem, oft auf engem Raum nebeneinander stehend, die verschiedenen Komposita des Verbs fein differenziert eingesetzt werden (z.B. comm. in Arat. 2, 3, 24/28; außerdem 1, 1, 8; 1, 3, 4 [διάληψις]; 1, 7, 5 [ὑπολαμβάνων neben διαμαρτάνειν]; 1, 7, 17; 1, 7, 18 [ὑπολαβών]; 1, 8, 2 [ὑπολαβών]; 1, 8, 16; 1, 9, 3; 1, 9, 11, wo Manitius διαλαμβάνω gut wiedergibt mit "entschieden annehmen"; 1, 10, 13; 2, 1, 4, wo ὑπολαμβάνω, direkt neben ἀγνοέω gesetzt, eine irrtümliche Vermutung inkriminiert; 2, 2, 6; 2, 2, 15; 2, 2, 34; 2, 2, 40 [ὑπολαβών]). Auch Palaiphatos (s. dazu unten S. 429) gebraucht in der Vorrede zu seinem Werk das Verb διαλαμβάνω prägnant, im Perfekt mit der Bedeutung "begreifen, verstehen".
1026 Vgl. Blass – Debrunner – Rehkopf (1975) 93 sowie zu Polybios de Foucault (1972) 109/13.
1027 F 1 Holladay bleibt unberücksichtigt, weil es kein direktes Zitat aus Aristobulos bietet.
1028 Zwischen den wenigen Futurformen, mit denen der Autor meist noch kommende Ausführungen ankündigt, stechen die beiden Verben ἔσται (F 2, 64 Holladay; s. unten S. 395) und καταστήσονται (F 5, 44f. Holladay) hervor, welche die Zukunft gleichsam prognostisch in den Blick nehmen.
1029 Die Aoristformen, welche in den wörtlichen Zitaten biblischer Texte oder griechischer Verse begegnen, sind hier notwendigerweise nicht berücksichtigt.
1030 Die Form ἐποίησε in F 5, 72 Holladay mitgezählt, welche allerdings als Teil eines indirekten Bibelzitats aus Exod. 20, 11 stammt (s. dazu oben Anm. 183). Der Befund gewinnt dabei

gendes Beispiel für den nach verbreiteter Meinung in hellenistischer Zeit typischen Tempusgebrauch zu verbuchen, mithin für einen gewissen Bedeutungsverlust des Aorists, den man hinsichtlich des Aspekts schon seit dem dritten Jahrhundert weithin nicht mehr präzise vom Perfekt unterschieden habe, so daß es nicht nur zu häufigen Verwechselungen beider Tempora, sondern sogar zu seiner partiellen Verdrängung durch das Perfekt gekommen sei[1031]. Und doch wäre ein solcher Schluß vorschnell. Denn Aristobulos belegt gerade nicht, daß er von einer wie auch immer beschaffenen *consuetudo* des zu seiner Zeit allgemein gängigen Tempusgebrauchs gleichsam unbewußt bestimmt gewesen sei[1032]. Vielmehr offenbart seine Verwendung eben des Aorists, wie absichtsvoll und gezielt er dieses Tempus einsetzt, um über die betreffende Verbform die inhaltliche Aussage zu schärfen, ja überhaupt festzulegen[1033].

Folglich scheint Aristobulos dem Aspekt des Aorists, das Ereignishafte einer Handlung auszudrücken, vorrangige Bedeutung zuzumessen[1034]. Handelt es sich um augmentierte Indikativformen, verweist die Aussage tatsächlich auf

---

noch schärferes Profil durch zwei Tatsachen: erstens dadurch, daß sich die im Vergleich mit den anderen Tempora seltenen Aoristformen an bestimmten Stellen auf engem Raum häufen (vgl. etwa die beiden Sätze F 3, 38/56 Holladay [fünf Aoristformen] sowie die beiden Sätze F 5, 71/79 Holladay [vier Aoristformen, inklusive ἐποίησε in F 5, 72 Holladay]); zweitens dadurch, daß sich ein signifikanter Unterschied zur Tempusverteilung in den griechischen Übersetzungen des Pentateuchs ergibt, in welchen Aoristformen zur Übersetzung der hebräischen Vorlage weitaus häufiger eingesetzt werden als Perfektformen (vgl. dazu Evans [2001] 122f. 129).
1031 Vgl. etwa Wackernagel (1926) 170; Chantraine (1927) 232/45; Keller (1947) 71; Schwyzer – Debrunner (1950) 287f. und Armstrong (1981) 3; skeptischer dagegen Mayser (1926) 139/45. 176/205 (zu den Papyri); Blass – Debrunner – Rehkopf (1975) 279; McKay (1980) passim; Porter (1989) 270/81 (mit reichen Literaturangaben); Fanning (1990) 114/16; Evans (2001) 150f. und Fehling (2002) 218.
1032 Vgl. Hultsch (1892) 459f. (zu Polybios und dessen feiner Differenzierung von Perfekt und Aorist, auch im Partizip) und Frey (1998) passim (zum Johannesevangelium) sowie die allgemeinen Überlegungen bei McKay (1965) 14f. 17
1033 Demgegenüber erscheint seine Bevorzugung des Perfekts gegenüber dem Aorist – wie z.B. auch häufig bei Polybios (vgl. de Foucault [1972] 132/41), in den Papyri (vgl. Mayser [1926] 176/85) oder vereinzelt im Neuen Testament (vgl. Blass – Debrunner – Rehkopf [1975] 281 und McKay [1994] 50) – an manchen Stellen nicht eindeutig erklärbar. Daß der Tempusgebrauch gerade in dieser Epoche am Einzelfall geprüft werden muß, erhellt eben daraus, daß sich selbst Autoren, bei denen Perfekt und Aorist nurmehr unpräzise geschieden erscheinen, an bestimmten Stellen ihres überkommenen Aspektunterschieds pointiert bedienen (vgl. etwa Chantraine [1927] 239 zu dem Unterschied γεγονός/ἐγένετο in Polyb. 5, 21, 6).
1034 Vgl. etwa die Infinitive in F 2, 20. 40f. 52 Holladay, den Konjunktiv in F 2, 37 Holladay oder den potentialen Optativ in F 2, 88 Holladay. Insbesondere die ingressive Ausprägung des punktuellen Aspekts verdient hier Aufmerksamkeit.

Geschehnisse einer (auch weit zurückliegenden) Vergangenheit[1035]. Charakteristisch ist in dieser Hinsicht beispielsweise die Schilderung der göttlichen Katabasis am Sinai im Fragment 2 Holladay: Die Darstellung ist im ganzen über eine dichte Folge von Präsens-, Imperfekt- und Perfektformen hin konstruiert, durch welche einerseits der prozessuale, dauerhafte[1036], andererseits der resultative und der statische Aspekt der beschriebenen Handlungen[1037] betont werden, nicht zuletzt in den gehäuften Partizipien. Die drei Aoristformen im Zentrum der Schilderung, die auf Gottes Handeln verweisen (F 2, 117 Holladay: ἔδειξε) und das Wunder des nicht verzehrenden Feuers beschreiben (F 2, 124/27 Holladay: ... οὐδὲν ἐξανάλωσεν, ἀλλ' ἔμεινε τῶν ἁπάντων ἡ χλόη πυρὸς ἄθικτος ...), heben vor dem Tempusrelief des Kontexts das Ereignishafte besonders heraus[1038]. Doch auch der schon mehrfach angesprochene Verweis auf König Salomon ist in diesem Zusammenhang nocheinmal bemerkenswert: Während Aristobulos das peripatetische Wort: λαμπτῆρος αὐτὴν [sc. σοφίαν] ἔχειν τάξιν mit einem Verb im Perfekt einleitet: καί τινες εἰρήκασιν τῶν ἐκ τῆς αἱρέσεως ὄντες τῆς ἐκ τοῦ Περιπάτου (F 5, 38/41 Holladay) und somit einer jüngeren Philosophenschule, welche in der Gegenwart noch existiere, zuschreibt, akzentuiert er das "klarer und schöner" Gesagte "eines unserer Vorfahren" (τῶν ἡμετέρων προγόνων τις)

1035 Vgl. F 2, 15 (s. dazu gleich im Text); 3, 18. 43.
1036 Außerhalb der Exegese der Katabasis benutzt Aristobulos das Imperfekt in den erhaltenen Fragmenten nicht (abgesehen von Zitaten fremder Texte). Hier jedoch begegnen gleich vier Imperfektformen (F 2, 82. 91 [Bibelzitat]. 109f. 129 Holladay), die mit besonderer Betonung die zuständlichen Hintergrundhandlungen ausdrücken, vor welcher sich die Ereignisse, auf welche die Aufmerksamkeit gelenkt werden soll, reliefartig abheben. Vgl. Evans (2001) 202/13 zu dem allgemeinen Befund, daß das Imperfekt in nachklassischer Zeit offenbar an statistischer Häufigkeit (meist zugunsten des Aorists) abnehme, gleichwohl aber in seiner klassischen (Aspekt)Funktion erhalten bleibe; in der Septuaginta zeige sich diese Tendenz besonders stark.
1037 Inhaltlich ist der prägnante Gebrauch des resultativen Perfekts vor allem dort interessant, wo von Gottes Botschaft im (schriftlich vorliegenden) mosaischen Nomos, von Gottes vergangenem Handeln, das freilich bis in die Gegenwart fortwirke (etwa in der Schöpfung), oder von der Rezeption des Nomos durch die Griechen die Rede ist. Vgl. allgemein – und mit unterschiedlichen Ansätzen – zum resultativen und zum statischen Perfekt in hellenistischer Zeit etwa Mayser (1926) 176/85. 192/205 (zu den Papyri); Wackernagel (1926) 168; Kühner – Gerth (1955) 147f.; Blass – Debrunner – Rehkopf (1975) 280f.; McKay (1994) 31f. 49f.; Frey (1998) 96/115 (mit älterer Literatur); Evans (2001) 26/32 und Hauspie (2011) 133 sowie zum Perfektgebrauch bei Polybios de Foucault (1972) 132/41. Eine vergleichende Untersuchung dieses Gebrauchs von Perfekt und Präsens mit dem sogenannten Praesens divinum etwa der platonischen Mythen (vgl. dazu Erler [2014] passim) könnte aufschlußreich sein.
1038 Vgl. auch die sorgfältig entworfene Tempusfolge in F 2, 78/84 Holladay: λέγεται δὲ καὶ κατάβασις ἐπὶ τὸ ὄρος θεία γεγονέναι διὰ τῆς γραφῆς τοῦ νόμου, καθ' ὃν ὀνομοθέτει καιρόν, ἵνα πάντες θεωρήσωσι [!] τὴν ἐνέργειαν τοῦ θεοῦ.

auch durch die Verbform: εἶπε (F 5, 48 Holladay) als ein weit in der Geschichte zurückliegendes Ereignis – nicht von ungefähr, kommt es an dieser Stelle doch gerade auf die chronologische Hierarchisierung der Aussagen an (s. dazu oben S. 63f. 116f. 122).

Die Partizipialformen des Aorists, deren geringe Zahl gegenüber den zahlreichen Präsens- und Perfektpartizipien besonders stark ins Auge fällt, scheinen hingegen allesamt Handlungen zu markieren, die vor dem Vollzug der übergeordneten Verbalhandlung abgeschlossen vorgestellt werden, drücken also das Zeitverhältnis der Vorzeitigkeit aus[1039]. In F 5, 71/85 Holladay heißt es über Gottes Schöpfung:

σημαίνει γὰρ ὡς ἐν ἓξ ἡμέραις ἐποίησε τόν τε οὐρανὸν καὶ τὴν γῆν καὶ πάντα τὰ ἐν αὐτοῖς, ἵνα τοὺς χρόνους δηλώσῃ καὶ τὴν τάξιν προείπῃ τί τίνος προτερεῖ[1040]. τάξας γάρ, οὕτως αὐτὰ συνέχει καὶ μεταποιεῖ. διασεσάφηκε δ' ἡμῖν αὐτὴν ἔννομον ἕνεκεν σημείου τοῦ περὶ ἡμᾶς ἑβδόμου λόγου καθεστῶτος, ἐν ᾧ γνῶσιν ἔχομεν ἀνθρωπίνων καὶ θείων πραγμάτων.

Sie [sc. die Nomothesia] zeigt nämlich, daß er in sechs Tagen den Himmel, die Erde und alles in ihnen geschaffen hat, damit er die Zeiten klar mache und die Ordnung ansage, was wem voraus sei. Nachdem er sie nämlich geordnet hat, hält er sie so zusammen und läßt sie sich wandeln. Erhellt aber hat sie uns ihn [sc. den siebten Tag] als gesetzlichen, um als Zeichen dazustehen für den Siebener-Logos um uns herum, in welchem wir Erkenntnis menschlicher wie göttlicher Sachverhalte haben.

1039 Vgl. F 3, 39/43 (s. oben S. 66). 48/50 (s. oben S. 263). 51/56 (s. oben S. 263) Holladay. Zur Bedeutung der relativen Vorzeitigkeit im Partizip Aorist auch in hellenistischer Zeit vgl. etwa mit der älteren Literatur Mayser (1926) 168/76 (zu den Papyri); Schwyzer – Debrunner (1950) 299f.; Kühner – Gerth (1955) 199f.; Blass – Debrunner – Rehkopf (1975) 277f. sowie zum Neuen Testament Porter (1989) 377/80 und Fanning (1990) 407. Die Tatsache, daß dem Partizip Aorist, wie übrigens schon in vorhellenistischer Zeit, die Vorzeitigkeit durchaus nicht notwendig anhaften muß, bleibt davon unbenommen; bei Aristobulos läßt sich jedoch kein Fall eindeutig identifizieren, in welchem "Gleichzeitigkeit bei sachlicher Koinzidenz der Handlungen, die nur als ein in Teilvorstellungen zerlegter Akt erscheinen" (Mayser [1926] 173; vgl. Schwyzer – Debrunner [1950] 300) angenommen werden müßte.

1040 Der Gebrauch des Verbs προτερέω im Hinblick auf die zeitliche Ordnung der Natur weist erneut auf die hellenistische, peripatetisch geprägte (vgl. zum Thema etwa Aristot. met. 988b/989a) Fachwissenschaft (vgl. die Stellen im Eintrag des Liddell – Scott unter 2., beginnend mit den aristotelischen Schriften, darunter im astronomischen Zusammenhang wieder Hipparchs comm. in Arat. 2, 4, 4).

Die inhaltliche Relevanz sowohl des vorzeitigen Partizips τάξας als auch der punktuellen Aoristformen ἐποίησε, δηλώσῃ und προείπῃ erhellt hier gerade aus dem Gegensatz zu den umstehenden Präsens- und Perfektformen (vgl. schon den unmittelbar voraufgehenden Abschnitt 54/66).

8 Autor, Exeget und Publikum

'Αρίσταρχος ἀξιοῖ "τὰ φραζόμενα ὑπὸ τοῦ ποιητοῦ μυθικώτερον ἐκδέχεσθαι κατὰ ποιητικὴν ἐξουσίαν, μηδὲν ἔξω τῶν φραζομένων ὑπὸ τοῦ ποιητοῦ περιεργαζομένους".

(D-Scholion in Hom. Il. 5, 385)[1041]

Aristarch fordert "das von dem Dichter Gesagte mythischer aufzufassen gemäß dichterischer Vollmacht und nichts außerhalb des vom Dichter Gesagten noch dazu heranzuziehen".

8.1 Einleitung

Wie die jüdische Schriftexegese den Pentateuch schon vor Aristobulos auslegte, läßt sich heute nur noch indirekt aus der griechischen Bibelübersetzung, die in ihren Anfängen ins dritte Jahrhundert zurückgeht, erschließen. Obgleich sich kaum gesicherte Erkenntnisse über ihre Form und Methoden gewinnen lassen, kann an der Bedeutung dieser Exegese gar kein Zweifel bestehen, zumal da sie auch den zeitgenössischen Griechen schon bekannt war, hatte doch Hekataios Abderites in seinen Ausführungen über die mosaischen Prostagmata Gottes den jüdischen Hohepriester ausdrücklich als ihren ἄγγελος und ἑρμηνεύς vorgestellt. Der große Torapsalm 118 LXX postuliert in seiner griechischen Fassung, daß rechte Befolgung des mosaischen Nomos nicht nur in Gesetzestreue, sondern ebenso in der "intensiven Beschäftigung" und dem "forschenden Umgang"[1042] mit der göttlichen Willenskundgabe bestehe, die erklärungsbedürftig sei und deren rechtes Verständnis der Belehrung durch Gott selbst bedürfe[1043]. Welchen Rang die nachdenkliche Durchdringung der Bücher Mose für die zeitgenössische Weisheitsliteratur hatte, kann kaum überschätzt werden. Eine Passage wie das Hohelied auf den schriftgelehrten Weisen in Sirach 39, 1/11[1044] spricht hier für sich. Oben ist bereits darauf hingewiesen worden, daß Aristobu-

---

1041 Ed. van Thiel, S. 221 (nach Netzadresse: http://kups.ub.uni-koeln.de/1810/ – letzter Aufruf am 27. März 2013).
1042 Austermann (2003) 135f.; dazu auch Marböck (1999) 84 und Niebuhr (2013) 1016. Vgl. etwa Ps. 118 LXX, 16. 24. 47. 70. 77. 92. 143. 174 u.ö.
1043 Vgl. etwa erneut Ps. 118 LXX, 18. 64. 68. 124f. 135 u.ö.
1044 Vgl. dazu auch Mack (1984) 311f.

los selbst, vor dem Ptolemäerkönig, König Salomon zitiert und dessen Wort aus den *Proverbia* als vortreffliche Erklärung mosaischer Rede einführt.

Daneben ist allerdings in den vorstehenden Kapiteln schon deutlich geworden, daß Aristobulos seine Überlegungen mit stetem Blick auf die griechische Philosophie und Dichtung mitsamt ihrer gelehrten Interpretation entfaltet. Wie selbstverständlich schon bei diesem ältesten heute noch greifbaren Bibelexegeten überhaupt ausgeprägte "Wortforschung", also die mikroskopische Konzentration der exegetischen Betrachtung auf einzelne Begriffe, zu sein scheint, ist dabei nur eine Ähnlichkeit unter vielen[1045]. Besonders fällt auf, daß seine Auslegung der mosaischen Nomothesie in wichtigen Punkten der hellenistischen Homerphilologie ähnelt. Zum Vergleich bietet sich vor allem jene Richtung der zeitgenössischen Exegese an, welche die maßgeblichen Werke der älteren Literatur, allen voran Homer, allegorisch interpretierten – auch wenn sich Aristobulos selbst für eine andere Methode übertragener Auslegung entscheidet. Dazu einige Beobachtungen.

8.2 Die Metaphern des Autors

ἡλίκην δὲ ἰσχὺν ἔχει τὸ σύνηθες οἱ νόμοι δηλοῦσιν, ἐν οἷς τὰ μυθώδη καὶ παιδαριώδη μεῖζον ἰσχύει τοῦ γινώσκειν περὶ αὐτῶν διὰ τὸ ἔθος.
(Aristot. met. 995a3/6)[1046]

Welch große Kraft aber das Gewohnte hat, machen die Gesetze klar, bei welchen das Mythische und Märchenhafte durch die Gewohnheit größere Kraft hat, als über sie Erkenntnisse zu gewinnen.

Die griechischen Allegoriker sahen sich dem Vorwurf ausgesetzt, sie deuteten nicht die autoritativen Texte der Vergangenheit, insbesondere die archaische Poesie, sondern mißbräuchten sie unter dem Deckmantel einer wissenschaftlich

---

[1045] Beispiele solcher Philologie finden sich, neben der zeitgenössischen Homerkritik, in den etymologischen Interpretationen des platonischen *Kratylos* oder in der Allegorese des orphischen Derveni-Papyrus (vgl. Anceschi [2007] 34/36; Lapini [2015] 1035; Novokhatko [2015] 48 und Baltussen [2016] 181). Ob Niebuhrs (2013) 1032 für die frühjüdische Literatur allgemein formuliertes Postulat: "Dabei zeigt sich durchgängig, dass der inzwischen literarisch fixierte Pentateuch zwar die sachliche, textliche u. ideelle Basis aller Bezugnahmen auf die Tora darstellt, die gegenwärtige Funktion u. Bedeutung des Gesetzes aber nicht von seinem Wortlaut abhängig gemacht wird" auf Aristobulos so anwendbar ist, erscheint doch zweifelhaft.
[1046] Vgl. met. 1074b oben in Anm. 849.

daherkommenden Auslegung, um in sie eigene, der ursprünglichen Bedeutung fremde Ideen zu implantieren und so die berühmten Autoren dieser Texte zu Gewährsmännern eigener Theorien zu machen[1047]. Die schon im sechsten Jahrhundert einsetzende Kritik an dem Dichter und ersten Lehrer Griechenlands, also an Homer, seine Darstellung der olympischen Götter sei nicht nur theologisch unhaltbar, sondern auch moralisch-ethisch gefährlich, ließ sich nicht leicht entkräften durch die Auslegung, eigentlich habe es Homer ja anders gemeint. Wie stark diese Kritik der allegorischen Exegese zu schaffen machte, erhellt aus dem Nachdruck, mit welchem sie das entscheidende Argument zur eigenen Rechtfertigung vorbringt: Homer selbst spricht allegorisch bereits in seinen eigenen Wörtern, ja legt in seinen Epen die allegorische Interpretation entsprechender Stellen unmißverständlich nahe (Heraklit alleg. 5, 13/16 [ed. Russell – Konstan, S. 10]):

ἀλλ' οὐδ' αὐτὸς Ὅμηρος ἀμφιβόλοις ἔσθ' ὅτε καὶ ζητουμέναις ἔτι ταῖς ἀλληγορίαις εὑρίσκεται χρώμενος. ἐναργῆ τὸν τρόπον ἡμῖν τῆς ἑρμηνείας παραδέδωκε τοῦτον, ἐν οἷς Ὀδυσσεὺς τὰ πολέμου καὶ μάχης κακὰ διεξιὼν φησίν·
  "ἧς τε πλείστην μὲν καλάμην χθονὶ χαλκὸς ἔχευεν,
  ἀμητὸς δ' ὀλίγιστος, ἐπὴν κλίνῃσι τάλαντα
  Ζεύς ..." [vgl. Il. 19, 222/24].
τὸ μὲν γὰρ λεγόμενόν ἐστι γεωργία, τὸ δὲ νοούμενον μάχη· πλὴν ὅμως δι' ἐναντίων ἀλλήλοις πραγμάτων τὸ δηλούμενον ἐπιγιγνώσκομεν.

Aber zuweilen stößt man auf Homer selbst bei der Verwendung von Allegorien, die eindeutig und nicht mehr Gegenstand der Diskussion sind. Deutlich hat er uns diese Art des Verständnisses in den Versen erkennen lassen, in welchen Odysseus die Übel des Krieges und der Schlacht durchgeht und sagt:

"Wo die meisten Halme das Erz zu Boden ergoß,
die Ernte aber spärlichste war, als die Waagschalen senkte
Zeus ...".

1047 Vgl. Griffiths (1967) 90; Dawson (1992) 23f. 40/42. 76 u.ö.; Freytag (1992) 331; Long (1992) 60. 62f. u.ö.; Cancik-Lindemaier – Siegel (1996) 518f.; Walde (1996) 523; Sellin (1997) 93; Westermann (2002) 70 (zur rezeptiven Hermeneutik); Russell (2003) 228f. Klauck (2009) 179 und Hunter (2015) 675f. Zu Platons Kritik an den vorgefaßten Interpretationszielen der allegorisierenden Dichtungsexegese vgl. Westermann (2002) 139: "Während der sokratische Hermeneut die poetische διάνοια in mühsamer Interpretationsarbeit vor dem kritischen Publikum bewähren muß, legt der Allegoriker die Grundzüge der poetischen ὑπόνοια schon vor jeder Lektüre fest" sowie zu den Stoikern Boys-Stones (2003b) 189f.

Das nämlich, wovon gesprochen wird, ist Landwirtschaft, das aber, woran gedacht wird, Schlacht; indessen erkennen wir durch die einander entgegengesetzten Sachverhalte zudem genau das, was klargemacht wird.

Die Allegorese folge also nur der Allegorie, welche allen, mithin schon Homer, doch ein ganz vertrauter (συνήθης) Tropus sei und auch an solchen Stellen angewandt werden dürfe, an denen ein Autor selbst sie nicht ausdrücklich nahelegt[1048].

Denselben Grundsatz postuliert Aristobulos für die Auslegung des mosaischen Nomos (F 2, 20/27 Holladay):

παρακαλέσαι δέ σε βούλομαι πρὸς τὸ φυσικῶς λαμβάνειν τὰς ἐκδοχὰς[1049] καὶ τὴν ἁρμόζουσαν ἔννοιαν περὶ θεοῦ κρατεῖν, καὶ μὴ ἐκπίπτειν εἰς τὸ μυθῶδες[1050] καὶ ἀν-

---

1048 *Pace* Matusova (2010) 16f. Vgl. alleg. 41, 12 über die Allegorie der Fesselung Heras in Il. 15, 18/21 (ed. Russell – Konstan, S. 76): καὶ διὰ τοῦτο δέ μοι δοκεῖ συνεχῶς ἀλληγορεῖν ὑπὲρ αὐτῶν, ἵν' ἡ δοκοῦσα τοῖς ἔπεσιν ἐφεδρεύειν ἀσάφεια τῷ διηνεκεῖ τῆς παραδόσεως ᾖ γνωριμωτέρα. 43, 1f. (ed. Russell – Konstan, S. 78) über die Allegorie des achilleischen Schilds, welche Homer durch σαφῆ τεκμήρια offenlege; 68, 8f. (ed. Russell – Konstan, S. 108) über die ἀκριβὴς ἀφορμή, welche auf die "physische" Deutung der Liebesgeschichten in der *Odyssee* verweise.
1049 Vgl. λαμβάνειν ἐκδοχήν in Polyb. 22, 7, 6; vgl. 10, 18, 2 u.ö. (mit weiteren Belegen Keller [1947] 35; de Foucault [1972] 343 und Atherton [1993] 170) sowie zum Verb ἐκδέχεσθαι in literarkritischem Zusammenhang das S. 321 zitierte Wort Aristarchs im D-Scholion zu Hom. Il. 5, 385 und Hipparchs comm. in Arat. 1, 7, 5; 2, 3, 8. Das Verb λαμβάνω allein verwendet Aristobulos in der Bedeutung "auffassen" in F 4, 2 (vgl. F 2, 34 Holladay); vgl. zu diesem Wortgebrauch in der zeitgenössischen Fachwissenschaft wieder Hipparchs Aratkommentar (z.B. 1, 7, 7).
1050 Schon Thukydides stellt für sein Werk programmatisch fest (1, 21), historische Wahrheit über ferne Vergangenheit könne aus ἐπιφανέστατα σημεῖα gewonnen werden, im Gegensatz zu den Erzeugnissen der Dichter und Logographen, die, ohne glaubhaft zu sein, ἐπὶ τὸ μυθῶδες übertrieben (vgl. 1, 22 mit dem Gegensatz μυθῶδες/σαφές, dazu auch Calame [1999] 122. 129: "fictional" und Henrichs [1999] 224). Polybios hält, Aristobulos chronologisch nah und "acquainted with the allegorical exegesis of Homer" (Nicolai [2015] 1118), über den Epiker fest (34, 11, 20): ἀφ' οὗ τὸ μυθωδέστατον δοκοῦν εἰρῆσθαι τῷ ποιητῇ οὐ μάτην φαίνεσθαι λεχθέν, ἀλλ' αἰνιξαμένου τὴν ἀλήθειαν, ὅταν φῇ ταμίαν τῶν ἀνέμων τὸν Αἴολον. Vgl. zu dem Terminus μυθῶδες, den schon ein Testimonium zu frühen allegorisierenden Homerexegeten in der Nachfolge des Anaxagoras bezeugt (bei Diels – Kranz, vol. 2, S. 50), noch Isokrates 4, 28; Aristot. F 175 Rose³ zu Hom. Od. 12, 128f. [vgl. dazu Breitenberger [2006] 423: "Allegorie eines physikalischen Phänomens"]; Hekataios Abderites (bei Diod. 1, 12, 9f. [s. oben S. 80]; 1, 86, 1/3 und 1, 93, 3f.); *Aristeasbrief* 168 mit 137f. 322. Wie μυθικός (vgl. dazu schon oben Anm. 271) in einem Testimonium zu Diogenes von Apollonia (64 A 8 Diels – Kranz aus Philodem. piet. [~ PHerc. 1428 F 18]): Διογένης ἐπαινεῖ τὸν Ὅμηρον ὡς οὐ μυθικῶς ἀλλ' ἀληθῶς ὑπὲρ τοῦ θείου διειλεγμένον· τὸν ἀέρα γὰρ αὐτὸν Δία νομίζειν φησὶν ἐπειδὴ πᾶν εἰδέναι τὸν Δία λέγει ... (vgl. dazu Obbink [2001] 210; Domaradzki [2010] 242f.) sowie bei dem Aristotelesschüler Dikaiarch von Messene

θρώπινον κατάστημα. πολλαχῶς γὰρ ὃ βούλεται λέγειν ὁ νομοθέτης ἡμῶν Μωσῆς ἐφ' ἑτέρων πραγμάτων λόγους ποιούμενος (λέγω δὲ τῶν κατὰ τὴν ἐπιφάνειαν), φυσικὰς διαθέσεις ἀπαγγέλλει[1051] καὶ μεγάλων πραγμάτων κατασκευάς.

Auffordern aber will ich dich dazu, die Annahmen die Natur betreffend aufzufassen, die passende Vorstellung über Gott festzuhalten und nicht auf den mythischen und menschlichen Zustand [sc. Gottes] zu verfallen. Denn auf vielerlei Weise kündet unser Gesetzgeber Moses – mit dem, was er sagen will, indem er seine Worte auf andere Sachverhalte hin gestaltet (ich meine aber: auf diejenigen gemäß der Erscheinung) – von natürlichen Anordnungen und Einrichtungen großer Sachverhalte.

Übertragene Rede ist keine Erfindung einer bestimmten exegetischen Methode, sondern im mosaischen Nomos selbst schon auf die Exegese hin angelegt, in den Anthropomorphismen, welche nicht "mythisch-menschlich", sondern "physisch"[1052], also auf das wahre Wesen Gottes und des Kosmos weisend, aufzufassen seien.

---

in einer rationalisierenden Hesiodauslegung (F 49 Wehrli = F 56A Mirhady aus Porphyr. abst. 4, 2): τὸ δὲ λίαν μυθικὸν ἀφέντας εἰς τὸ διὰ τοῦ λόγου φυσικὸν ἀνάγειν (vgl. dazu Wehrli [1967] 56) hat er noch bei Plutarch (*De audiendis poetis* 2, 16e/f) in Bezug auf das fiktionale, fabelhafte Element homerischer Dichtung pejorativen Klang (vgl. Siegert [1992] 60[28]), während in Ps.-Plut. *De Homero* das μυθῶδες eben dieser Dichtung immer wieder als uneigentliche Rede gerechtfertigt wird. Doch schon bei Platon (pol. 522a) stehen die μυθώδεις λόγοι bekanntlich im Gegensatz zu den ἀληθινοί (vgl. Tim. 26e). Vgl. im Hinblick auf die Dichterexegese noch Kornutus epidr. 75f. (s. unten S. 371) und Plut. *De primo frigido* 14, 950e mit dem Gegensatz μυθικός/φυσικός-φύσις. Zu Philons Wertung vgl. kurz Lamberton (1986) 48f.; Siegert (1996) 139; Bloch (2011) 151 u.ö. sowie allgemein zu der hellenistischen Literaturtheorie Meijering (1987) 72/84 und Trachsel (2009) 214/25 (mit weiteren Belegen aus Aristoteles und späteren Scholien). Das im Eingang des vorliegenden Kapitels zitierte Wort Aristarchs im D-Scholion zu Hom. Il. 5, 385 formuliert ausdrücklich eine Absage an übertragene Auslegung des homerischen μυθικόν (vgl. auch den Fortgang des Scholions mit Gegenpositionen der Homerexegese).
1051 Zu ἀπαγγέλλειν lohnt ein Blick auf die Verwendung des Worts in der Septuaginta, wo es nicht nur "künden von etw." meint, sondern mehrfach in der Bedeutung "to tell in the way of explaining or interpreting a mystery, riddle etc." (Muraoka [2009] 62) vorkommt; so z.B. Gen. 41, 8 (über die Auslegung des Traums Pharaos; vgl. 41, 24) und Sap. 6, 22. In der griechischen Literatur vgl. z.B. Plat. Tim. 40e zu der uralten Verkündigung über den Ursprung der Götter.
1052 Vgl. zu φυσικός F 2, 20f.; 5, 19f. Holladay sowie *Aristeasbrief* 143. 171 (s. oben Anm. 709). Das Adjektiv fehlt in der Septuaginta, wo das in der griechischen Philosophie so wichtige Substantiv φύσις selten und ausschließlich in späteren Schriften, etwa Sap. und 3/4 Makk., begegnet. Von ihrem zeitlos-ewigen Gott, der sich selbst in Exod. 3, 14 LXX nennt: Ἐγώ εἰμι ὁ ὤν, konnte die Bibel nur schwer in diesen Termini sprechen. Doch auch bei den hellenistischen Autoren φυσικός als vorrangig hermeneutischen Begriff aufzufassen ist problematisch (vgl.

Daß dieser interpretatorische Zugriff[1053] nicht von vornherein ausschließt, das Wirken Gottes in der Welt könnte dem Menschen wahrnehmbar sein, zeigt Aristobulos später in seiner Auslegung von Exod. 19, 16/25; 20, 18/21; 24, 15/18 (F 2,

---

Binde [1870] 19; Walter [1963] 362; [1964] 135f. und [1975] 270: "ihrem eigentlichen Sinne nach"; Klauck [1978] 92 und [2009] 181; Kraus Reggiani [1982] 100: "nel loro significato autentico" [aber 101: "entità essenziali"]; Goulet [1987] 535; Holladay [1995] 206f.; Weber [2000] 101. 115[35]; Woschitz [2005] 97. 100f.; Bloch [2011] 150 und Niehoff [2011b] 68. 73; anders schon Walter selbst [1963] 362; Tiede [1972] 141; Tobin [1983] 50; Collins [1985] 834. 838; Dawson [1992] 46. 49f. 75f.; Siegert [1996] 139 und [2005b] 221: "according to the laws of nature"; Di Mattei [2006] passim; Knöbl [2012] 17; Dillery [2015] 229/35; Matusova [2015] 92 und de Vos [2016] 149f.). Trachsel (2009) 218/20 bringt eine aufschlußreiche Stelle aus den Lykophronscholien bei, in denen begrifflich ausdrücklich zwischen "mythischer", "allegorischer" (hier auch: "rhetorischer") und "physischer" Auslegung eines Verses unterschieden wird, und folgert: "So there must have been a distinction between the ways in which the stories are told ..., and the interpretations one chooses for the story one wants to explain". Φύσις meint, wie später lateinisch *natura*, eben nicht, auch nicht bei den Stoikern, nur "natural science" (Niehoff [2011b] 68) – Ciceros Hauptwerk zur Religion heißt *De natura deorum*! –, ohne dabei aber den eigentlichen Bezug auf die "Natur" zu verlieren (vgl. etwa den stoischen φυσικὸς λόγος, den nach Siegert [1988] 118 "'naturphilosophischen Sinn' überlieferter Mythen"; Rankin [1986] 91 über das Antisthenes zugeschriebene Werk Φυσικός; Steinmetz [1994] 534; Buchheim [2002] passim und Bar-Kochva [2010] 137[2] sowie 155 über das doxographische Monumentalwerk Theophrasts, welches das Wort φυσικός im Titel trug; der Peripatetiker Straton von Lampsakos galt als φυσικός schlechthin [vgl. F 1 Sharples aus Diog. Laert. 5, 58; F 19a Sharples aus Cic. nat. 1, 35 und Gatzemeier [1970] 140/42 zu diesem Titel]; grundlegend auch Aristot. met. 1003a33/1005a17. 1060a31/1061b18 und aufschlußreich Poseidonios F 18 Kidd über den Unterschied von "physischer Theoria" und Astrologie sowie Lovejoy – Boas [1935] 104/16; Kienle [1961] 54 mit Belegen aus Aristoteles und Long [2005] 415 u.ö.). Aus Diod. 15, 48f. geht hervor, daß "Physiker" nicht nur mythische Erklärungen natürlicher Phänomene, sondern auch deren Rückführung auf göttliches Wirken in Zweifel ziehen konnten. Die These, Aristobulos handele in den erhaltenen Fragmenten gar nicht über "cosmic elements, nature in general" (Niehoff [2011b] 68; anders schon Schlatter [1906] 39/41), widerlegt dabei der Blick auf die Erörterung der θεία στάσις in Fragment 2 oder auf diejenige des siebten Tags in Fragment 5 Holladay. Wie später bei Philon (vgl. Harl [1967] 191; Tobin [1983] 38f. 43 u.ö. sowie wichtig Di Mattei [2006] passim) scheint schon bei Aristobulos gerade das Verhältnis von Gott und Natur zentrales Thema der φυσιολογία gewesen zu sein. Der Begriff φύσις/φυσικός ist von zentraler Bedeutung für die späteren Allegoriker (vgl. etwa Den Boer [1947] passim; Leipoldt – Morenz [1953] 132 und Dawson [1992] 50 zu Heraklit sowie Siegert [1992] 84).

[1053] Vgl. Matusova (2010) 17: "Already Aristobulus says that Moses often intentionally talks allegorically" und (2015) 93. Schon in der hebräischen Bibel selbst finden sich Allegorien, die ihre allegorische Deutung selbst nahezulegen scheinen; vgl. dazu Heinisch (1908) 14f.; Klauck (1978) 67/91; Sellin (1997) 103 und Loader (2009) 5. Bemerkenswert ist dabei, daß auch dem Babylonier Berossos dem Fischmenschen Oannes "allegorische" Rede bei seinen kulturbegründenden Kerygmata an die Menschen zuschreibt (vgl. dazu oben S. 139/43 und unten S. 435f.).

78/140 Holladay): Die Erscheinungen am Sinai[1054] versteht er als zeichenhaftes Handeln Gottes selbst, von dem die Bibel erzählt. Die κατάβασις dort sei evident, mithin in ihrer Wirklichkeit unbestreitbar[1055] – das Feuer und der Trompetenschall werden sinnlich von einer riesigen Menschenmenge zu demselben Zeitpunkt und an demselben Ort erfaßt (F 2, 97/110). Das Dilemma, in welches durch diese Voraussetzung die Exegese gerät, deutet Aristobulos selbst an (F 2, 85/90 Holladay): κατάβασις γὰρ αὕτη σαφής ἐστι· καὶ περὶ τούτων οὖν οὕτως ἄν τις ἐξηγήσαιτο, βουλόμενος συντηρεῖν τὸν περὶ θεοῦ λόγον. Die Auslegung[1056], welche das Wort der Schrift und die rechte Auffassung von Gott zu bewahren sucht[1057], hat gleich zwei Mißverständnissen des Wortlauts entgegen-

---

1054 Aristobulos deutet die Katabasis also strenggenommen nicht als Theophanie. Daß er dabei den Bibeltext nutzt, zeigt ein Blick auf die Passagen Exod. 24, 17 (τὸ δὲ εἶδος τῆς δόξης [!] κυρίου ὡσεὶ πῦρ φλέγον ...) und Dtn. 4, 11f. 15 LXX (vgl. auch Num. 14, 22; Ps. 62, 3 LXX): Hier werden die (über)natürlichen Phänomene als Zeichen der göttlichen Präsenz und Herrlichkeit dargestellt (vgl. Wénin [2002] 63; Mosès [2004] 89 sowie Perkins [2013] 17. 18[5] u.ö.), jedoch nicht mit Gott selbst identifiziert – im Gegensatz zu anderen Stellen, an denen die *Exodus* auch in der Septuaginta von Gott selbst als dem sich am Sinai offenbarenden spricht; vgl. 19, 16/25, insbesondere 18 und 20 (ed. Rahlfs, vol. 1, S. 119): τὸ δὲ ὄρος τὸ Σινα ἐκαπνίζετο ὅλον διὰ τὸ καταβεβηκέναι ἐπ' αὐτὸ τὸν θεὸν ἐν πυρί ... κατέβη δὲ κύριος ἐπὶ τὸ ὄρος τὸ Σινα ἐπὶ τὴν κορυφὴν τοῦ ὄρους sowie 20, 18/21, insbesondere 20: ἕνεκεν γὰρ τοῦ πειράσαι ὑμᾶς παρεγενήθη ὁ θεὸς πρὸς ὑμᾶς ... (vgl. anders 24, 16).
1055 Vgl. F 2, 85f. Holladay: κατάβασις γὰρ αὕτη σαφής ἐστι sowie F 2, 134f. Holladay: ὥστε σαφὲς εἶναι διὰ ταῦτα τὴν κατάβασιν τὴν θείαν γεγονέναι mit Rückbezug auf F 2, 78/84 Holladay. Vgl. Binde (1870) 20; Dalbert (1954) 104; Walter (1964) 63; Mayer (1966) 1204; Sandelin (1977) 149; Kraus Reggiani (1982) 106f. und Collins (1985) 834; Radice (1995) 84/93; Lichtenberger (1996) 19f.; Alexander (1998) 139; Weber (2000) 102f.; Bloch (2011) 150f. und Markschies (2016) 54; anders Bickerman (1988) 190. 229 und Kuhn (1989) 145. Vgl. Dawson (1992) 44 und Bloch (2011) 151[198] zu dem späteren Homerexegeten Heraklit.
1056 Später noch erhellt aus den Bemerkungen bei Flav. Joseph. ant. 3, 81, daß die Erscheinungen am Sinai ein ernstes exegetisches Problem darstellten (vgl. Bloch [2011] 236f. mit der Parallelstelle ant. 2, 334/36, an denen Flavius Josephus Exod. 14, also das Schilfmeerwunder, auslegt) – wie auch jene Katabasis Gottes zum Turm von Babel (Gen. 11, 5), in deren Auslegung Philon (confus. 134/41) gleich mehrere der schon von Aristobulos verhandelten Fragen anspricht, so die nach der Ortsgebundenheit Gottes, die nach seinen Dynameis, die nach seinem "Stehen" und seiner Bewegung, die nach der anthropomorphen Rede Mose von Gott.
1057 Zu συντηρέω in der Bedeutung "bewahren, festhalten" (an einem Gedanken, einer Idee, einem Gesetz o.ä.) vgl. z.B. Sirach 6, 26; 15, 15; 37, 12; 39, 1f. (ed. Rahlfs, vol. 2, S. 444): πλὴν τοῦ ἐπιδιδόντος τὴν ψυχὴν αὐτοῦ καὶ διανοουμένου ἐν νόμῳ ὑψίστου, σοφίαν πάντων ἀρχαίων ἐκζητήσει καὶ ἐν προφητείαις ἀσχοληθήσεται, διήγησιν ἀνδρῶν ὀνομαστῶν συντηρήσει καὶ ἐν στροφαῖς παραβολῶν συνεισελεύσεται, ἀπόκρυφα παροιμιῶν ἐκζητήσει καὶ ἐν αἰνίγμασι παραβολῶν ἀναστραφήσεται. 41, 14 und 2 Makk 3, 1; 9, 26; 10, 12 (dazu Keller [1947] 53 und Irrgang [2012c] 240f. über "den Wortlaut, mit dem die Tradition des Diasporajudentums zur Wahrung der Gebote und damit zur rechten religiösen Praxis mahnt: συντηρεῖν ἀγνῶς") sowie *Ari-*

zutreten: zunächst dem mythisch-anthropomorphen, nach dem Gott selbst auf den heiligen Berg herabgestiegen[1058], von den Menschen als Feuer und Trompetenschall wahrgenommen worden und damit sogar hinter dem homerischen Zeus zurückgeblieben sei, der nach dem Dafürhalten späterer Exegese, im Unterschied zu den anderen Göttern, selbst niemals den Olymp verließ[1059]; dann aber offenbar, wie der Fortgang des Texts zeigt (F 2, 131/33. 134/40 Holladay), auch einer Interpretation, die zwar die sinnlichen Begleitumstände des Sinaiereignisses nicht in Frage stellt, sie aber auf Menschenwerk zurückführt. Aristobulos schlägt folgende Deutung vor. Was die Menschen am Berg sehen und hören, übersteigt die Grenzen und Regeln des in der Welt Wahrnehmbaren: die Menschenmassen, die alle dasselbe schauen und hören[1060]; die räumliche Ausdehnung der visuellen und akustischen Erscheinung, da der Umlauf des Bergs mehr als fünf Tage betragen und die Menge rings um ihn herum gelagert habe[1061]; der Trompetenschall ohne menschliche Bläser und Instrumente[1062], der

---

steasbrief 121. 127 (oben Anm. 239 und S. 223). 215; daneben ähnlich (δια)τηρέω, etwa bei Hekataios (in Diod. 1, 97, 1); Epikur epist. Pyth. 97 (~ Diog. Laert. 10, 97); epist. Hdt. 38 und oben S. 129. 130. 165. Daß Aristobulos mit seiner Auslegung der kritischen Athetese des Perikopentexts zuvorzukommen suche (so Niehoff [2011b] 62f.), ist kaum anzunehmen. Zu einem ähnlichen Fortschreiten einer Erklärung, hier des rechten Wesens Gottes, vgl. Epikur epist. Menoik. 123.

1058 In der einleitenden Vision der *Henochapokalypse* heißt es über Gottes kommendes Gericht (ed. Black, S. 19): καὶ ὁ θεὸς τοῦ αἰῶνος ἐπὶ γῆν πατήσει ἐπὶ τὸ Σεινὰ ὄρος καὶ φανήσεται ἐκ τῆς παρεμβολῆς αὐτοῦ, καὶ φανήσεται ἐν τῇ δυνάμει τῆς ἰσχύος αὐτοῦ ἀπὸ τοῦ οὐρανοῦ τῶν οὐρανῶν. Es wäre aufschlußreich, die räumliche Dimensionierung göttlichen Handelns, welche Aristobulos in seiner Bibelauslegung aufspannt, zu vergleichen mit der apokalyptischen Literatur des zeitgenössischen Judentums, für welche die neuere Forschung das Konzept der "spatiality" fruchtbar gemacht hat (vgl. Coblentz Bautch [2016] passim).

1059 Vgl. das T-Scholion zu Hom. Il. 13, 18b: Δία (hier im Gegensatz zu Poseidon) δὲ οὐδέποτε κατιόντα καὶ μεταμορφούμενον ποιεῖ sowie auch das A-Scholion zu Il. 2, 159/69 mit einer ähnlichen Debatte über Hera, in welche schon Zenodot mit einer umfänglichen Athetese eingegriffen hatte, und Nünlist (2009) 271. Die Stelle *Ilias* 15, 694f., die hierzu im Widerspruch stehen könnte, erfuhr eine dementsprechende Erklärung (vgl. dazu unten S. 393).

1060 Aristobulos geht mit seiner Zahlenangabe (F 2, 97/102 Holladay): τοῦ γὰρ παντὸς πλήθους μυριάδων οὐκ ἔλαττον ἑκατόν, χωρὶς τῶν ἀφηλίκων, ἐκκλησιαζομένων κυκλόθεν τοῦ ὄρους über die der entsprechenden Bibelstellen hinaus (vgl. Holladay [1995] 211 zu Exod. 12, 37; dazu Num. 1, 46; 11, 21; 26, 51 sowie Utzschneider – Oswald [2013] 268), offenbar in Nutzung der Angabe in Exod. 12, 37[ex.] und 12, 38.

1061 Vgl. F 2, 102/10 Holladay: οὐκ ἔλασσον ἡμερῶν πέντε οὔσης τῆς περιόδου περὶ αὐτό, κατὰ πάντα τόπον τῆς ὁράσεως πᾶσιν αὐτοῖς κυκλόθεν, ὡς ἦσαν παρεμβεβληκότες, τὸ πῦρ φλεγόμενον ἐθεωρεῖτο. ὥστε τὴν κατάβασιν μὴ τοπικὴν εἶναι sowie Radice (1995) 92f.; Niehoff (2011b) 64 und oben Anm. 619.

1062 Vgl. F 2, 127/34 Holladay: μὴ προκειμένων ὀργάνων τοιούτων μηδὲ τοῦ φωνήσοντος, ἀλλὰ θείᾳ κατασκευῇ γινομένων ἁπάντων.

gleichwohl "zusammengehört" (συνηκούοντο) wird mit der Erscheinung des Feuers, das unwiderstehlich (vgl. ἀνυποστάτως wiederholt in F 2, 96 und 118)[1063], wie ein Blitz (F 2, 130: ἀστραπηδόν)[1064] brennt und trotz seiner natürlichen, den Menschen bereits überaus wunderbaren Dynamis [!], die alles zu verzehren imstande ist (παρὰ πάντα θαυμάσιον ὑπάρχουσαν διὰ τὸ πάντ' ἀναλίσκειν)[1065], doch nichts, nicht einmal das Grün der Pflanzen[1066], verzehrt εἰ μὴ τὸ παρὰ τοῦ θεοῦ δυναμικὸν [!] αὐτῇ προσείη (F 2, 113/27 Holladay)[1067]. Gerade darin liegt das Zeichenhafte, das die Wahrnehmenden zu metaphorischem Verständnis motiviert und die unzähligen Anwesenden die ἐνέργεια Gottes erkennen läßt[1068].

1063 Vgl. dazu Holladay (1995) 211, bei dem allerdings die sonstigen Belege aus der Septuaginta nicht vermerkt sind (etwa Ps. 123, 5 [dazu erhellend Hier. comm. in psalm. 123] oder 2 Makk. 1, 13; vgl. dazu Muraoka [2009] 61). Das Wort ist nicht müßig, sondern schärft die Anschauung: Das lodernde Feuer (vgl. 95f. 109. 117f.) ist unwiderstehlich, es macht vor nichts Halt, sondern ergreift alles (vgl. die Parallele zwischen τὴν τοῦ πυρὸς δύναμιν ... ἔδειξε φλεγομένην ἀνυποστάτως, μηδὲν δ' ἐξαναλίσκουσαν und 122/24: τῶν γὰρ φυομένων κατὰ τὸ ὄρος, τόπων φλεγομένων σφοδρῶς, οὐδὲν ἐξανάλωσεν) – und doch vernichtet es nichts "heraus" (vgl. das fein akzentuierte ἐξ-αναλίσκω in 119 und 124f. sowie zur Partikel δέ in μηδὲν δ' ἐξαναλίσκουσαν oben Anm. 944). Schon Plat. nom. 686b qualifiziert ἀνυπόστατος das Substantiv δύναμις.
1064 In ἀστραπηδόν (nach Liddell – Scott ein Hapax legomenon; vgl. Keller [1947] 58f.) nimmt Aristobulos den Bibeltext auf (vgl. Exod. 19, 16), bietet dem griechischen Publikum jedoch zugleich eine Ähnlichkeit zu epischen Theophanieschilderungen. Dort, wo die frühgriechische Poesie Omina des Blitzeschleuderers Zeus beschreibt, begegnet das Verb ἀστράπτω, vgl. etwa Homer Il. 9, 236f.: Ζεὺς δέ σφι Κρονίδης ἐνδέξια σήματα φαίνων | ἀστράπτει (zur Blitzmetaphorik in Theologie und Philosophie vgl. Taureck [2004] 379/407; auch der Stoiker Kleanthes stellt in seinem *Zeushymnus* Zeus mit dem Blitz dar [V. 9f. 32]). Das Wort ἀστραπή ist deswegen gut gewählt, weil es unter den zahlreichen anderen, die im Griechischen den Blitz bezeichnen können, besonders den Glanz, die funkelnde, feurige Helligkeit des Phänomens anspricht. Freilich begleiten auch akustische Phänomene, insbesondere der Donner, gern die Erscheinung von Göttern. In der klassischen Literatur ist die metaphorische Verwendung gut belegt (vgl. Liddell – Scott mit zahlreichen Stellen).
1065 Die Klangwirkung der Stelle wird durch die Alliteration und die auch im Umfeld häufigen p-Laute verstärkt.
1066 Vgl. Holladay (1995) 210f. dazu, daß Aristobulos in der anschaulichen Darstellung hier die biblische Geschichte vom brennenden Dornbusch (vgl. Exod. 3, 1/6) einarbeitet – auch bei jenem ὅραμα μέγα (3, 3) handelt es sich um eine Katabasis (3, 8), welche zwar auf die Macht und Größe Gottes zeichenhaft hindeutet, in welcher Gott selbst aber nicht geschaut werden kann. Zu Gottes verzehrendem Feuer vgl. hingegen Dtn. 4, 24 (πῦρ καταναλίσκον) sowie Lev. 9, 24; 10, 1/3.
1067 Über das Feuer als Machterweis Gottes im Pentateuch vgl. Dohmen (1998) 33f.
1068 Vgl. die Beobachtungen bei Kraus Reggiani (1973) 174f. Daß auch die neuere Forschung Gottes κατάβασις am Sinai mit dem Begriff der Metapher, als "sistema simbolico", zu deuten

Wie eigenständig Aristobulos an dieser Stelle das aristotelische Konzept des θαυμάσιον nutzt[1069], mit dem die zeitgenössische Kritik solche Verse vor allem in den homerischen Epen zu erklären suchte, die einem wissenschaftlich aufgeklärten Publikum unglaublich erschienen, hat Maren R. Niehoff hervorhoben: "The problem of verisimilitude ... is not solved by allegory but instead used to point to the reality of God's supernatural powers ... Following Aristotle ... he [sc. Aristobulos] stressed the perplexing nature of the biblical scene and then used it independently for his own theological purposes. It served him to point to a miraculous Divine reality conveyed in the text. For him the paradoxical nature of the fire descending on Mount Sinai was an important indication of God's superhuman presence"[1070]. Bei Aristobulos deutet also Gott selbst in den wundersamen Phänomenen[1071], deren sinnliche Wahrnehmbarkeit besonders hervorgehoben wird, zum einen auf etwas Größeres, über das Sichtbare Hinausgehendes hin, auf sein eigenes Handeln und Wesen:

... ὥστε σαφὲς εἶναι διὰ ταῦτα τὴν κατάβασιν τὴν θείαν γεγονέναι, διὰ τὸ τοὺς συνορῶντας ἐκφαντικῶς ἕκαστα καταλαμβάνειν, μήτε τὸ πῦρ κεκαυκός, ὡς προείρηται, μηδὲν μήτε τὰς τῶν σαλπίγγων φωνὰς δι' ἀνθρωπίνης ἐνεργείας ἢ κατασκευῆς ὀργάνων γίνεσθαι, τὸν δὲ θεὸν ἄνευ τινὸς δεικνύναι τὴν ἑαυτοῦ διὰ πάντων μεγαλειότητα.

... so daß durch diese Umstände evident ist, daß das göttliche Herabsteigen eingetreten ist, weil die zusammen Schauenden jede Einzelheit überaus deutlich wahrnehmen: daß weder das Feuer etwas versengte, wie oben gesagt worden ist, noch die Töne der Trompeten durch menschliche Tätigkeit oder Einsatz von Instrumenten zustande kamen, daß Gott vielmehr ohne irgendjemandes Mitwirken seine eigene alldurchwaltende Größe zeigte.

---

geneigt ist (vgl. dazu mit umfangreichen Literaturangaben Fornara [2004] 286f. 366/68. 378f. u.ö.), sei hier nur erwähnt. Vgl. auch Schart (1999) 38f. zu Exod. 33, 18/23.
1069 Zu den Wundertaten Gottes in der Geschichte vgl. biblisch auch den gesamten Psalm 9 LXX mit V. 2: διηγήσομαι πάντα τὰ θαυμάσιά σου.
1070 Niehoff (2011b) 64f. mit den Verweisen auf die aristotelische *Poetik* (etwa 1460b23/29; dazu auch Breitenberger [2006] 373. 377 und Schironi [2009] 287f.); vgl. schon Binde (1870) 20 und Walter (1964) 64³. Wichtig wäre hier die Einbeziehung auch der hellenistischen Historiker, welche der Darstellung von θαυμαστά und παράδοξα nicht selten breiten Raum boten (vgl. etwa über Theopomp Dion. Hal. Pomp. 6, 4). Vgl. aber auch unten S. 429/31 zu Palaiphatos.
1071 Es handelt sich also nicht um eine "Alternative" des Verständnisses, die Aristobulos hier vorschlage (so Sandelin [1977] 149); vgl. Walter (1964) 63f.; Hengel (1988) 298f. und Holladay (1995) 211.

Hier geht es nicht darum, daß die Schauenden einem irrationalen Pathos unterworfen würden[1072]. Vielmehr insistiert Aristobulos, ein Kerntheorem der griechischen Phantasiatheorien verwandelnd[1073], darauf, daß die göttliche Katabasis in ihren Phänomenen die "Zusammenschauenden jedes einzelne" genau er-

---

1072 Vgl. zur griechischen Theorie solcher Wirkungsabsicht erhabener Rede etwa Schirren (2008a) 19.

1073 Die Stoa vertrat einen ausgeprägten Sensualismus (vgl. etwa SVF 2, 88 und insgesamt Otto [2009] 48/62). Doch versteht die stoische Erkenntnislehre (vgl. etwa SVF 1, 55. 59. 61. 65. 484; 2, 52f. 55f. 61. 65. 91) φαντασία als "das Ergebnis einer Sinneswahrnehmung ..., die durch die Zustimmung der vernunfthaften καταληπτικὴ φαντασία geprüft und beurteilt wird; hier findet der eigentliche Erkenntnisakt statt" (Männlein-Robert [2007] 101f.; vgl. De Lacy [1945] 251f.; Frede [1983] 67/71 und [1999b] 298f. 301; Annas [1992] 71/87; Görler [1994] 798/800; Goldhill [1994] 208f.; Steinmetz [1994] 529/32; Ildefonse [1997] 114/19; Long – Sedley [2000] 297/301; Brachtendorf [2002] 233; Levebvre [2007] passim; Otto [2009] 50f. 54 sowie Sheppard [2014] 10/13), so daß nicht nur das Wahrgenommene, sondern auch das, was es hervorgebracht hat, also das eigentliche Objekt der Wahrnehmung, erkannt wird (vgl. Hankinson [2003] 61), ohne Beeinträchtigung durch ein Pathos. Dabei hängt nach stoischer Lehre diese Zustimmung davon ab, ob ein Vorstellender seine Vorstellung für glaubwürdig hält, also ob er die Voraussetzungen, unter denen die Wahrnehmung erfolgt, als normal bewertet (vgl. zu den Kriterien Frede [1983] 71/85 und Otto [2009] 54f.). Bei Cicero wird schon Zenon die Entwicklung dieses Begriffs zugeschrieben (acad. 1, 41f.;): *sed cum acceptum iam et approbatum esset, comprehensionem appellabat, similem is rebus quae manu prehenderentur; ex quo etiam nomen hoc duxerat, cum eo verbo antea nemo tali in re usus esset ... e quo sensibus etiam fidem tribuebat, quod ... comprehensio facta sensibus et vera esse illi et fidelis videbatur; non quod omnia quae essent in re comprehenderet, sed quia nihil quod cadere in eam posset relinqueret, quodque natura quasi normam scientiae et principium sui dedisset unde postea notiones rerum in animis imprimerentur; e quibus non principia solum sed latiores quaedam ad rationem inveniendam viae reperiuntur* (vgl. 2, 145 und Straume-Zimmermann – Broemser – Gigon [1990] 470/72 sowie Frede [1999b] 298. 301). An diesem Punkt zeigt sich, mit welcher Schwierigkeit Aristobulos bei der Auslegung der göttlichen Katabasis zurechtkommen mußte. Das, was den Stoikern den entscheidenden Ausschlag für die Zustimmung liefert, nämlich die Evidenz (vgl. Cic. acad. 2, 51: *perspicuitas*), scheint Aristobulos gleich im Eingang seiner Auslegung sichern zu wollen: Die göttliche Katabasis ist σαφής. Das terminologische καταλαμβάνειν benutzt Aristobulos schon in der Auslegung der göttlichen Stasis in F 2, 58f. Holladay, und es fällt auf, daß hier (F 2, 115f. Holladay) wie dort (F 2, 64f. Holladay) das Verb ὑπάρχω begegnet (vgl. auch noch F 4, 24; 5, 50f. Holladay zu der Bedeutung "existieren"): In der stoischen Lehre bezeichnet τὸ ὑπάρχον regelmäßig die Tatsache, welche die καταληπτικὴ φαντασία zu erfassen vermag (vgl. dazu insbesondere SVF 2, 65 ~ Sext. emp. c. log. 1, 248/51 und Frede [1999b] 302f.: "what is the case" sowie Steinmetz [1994] 604 und Opsomer [2002] 207f.). Schon bei Platon (Phaidr. 250c/d) bezeichnet καταλαμβάνειν das reine Erfassen der strahlenden Schönheit mit der "klarsten" der körperlichen Wahrnehmung, nämlich der optischen. Auch Epikur kennt den Terminus κατάληψις (ed. Usener, S. 188 ~ ed. Arrighetti, S. 23 aus Diog. Laert. 10, 33; vgl. Sext. emp. c. log. 2, 212f. mit Asmis [1999] 283f. und Essler [2011] 63). In der Septuaginta kommt solcher Gebrauch von καταλαμβάνω hingegen kaum vor (vgl. Muraoka im Eintrag).

fassen ließ (τοὺς συνορῶντας ἐκφαντικῶς ἕκαστα καταλαμβάνειν)[1074] und schließlich zu einer fundamentalen Einsicht in das wahre Wesen Gottes führte. Mit anderen Worten: In der Evidenz der Katabasis, deren übernatürliche Phänomene in der Natur durch die gleichzeitige und identische Wahrnehmung unzähliger Menschen garantiert wird[1075], zeigt Gott unmißverständlich[1076] und allen unmittelbar begreifbar größere Wirklichkeit – zu einem bestimmten geschichtlichen Moment am Sinai, auf alle Folgezeit hin in den mosaischen Logoi des Nomos.

Zum anderen: Gleich in den ersten Worten der Auslegung hält Aristobulos fest, zu welchem Zeitpunkt eigentlich die göttliche Katabasis erfolgt sei (F 2, 78/84 Holladay): λέγεται δὲ καὶ κατάβασις ἐπὶ τὸ ὄρος θεία γεγονέναι διὰ τῆς γραφῆς τοῦ νόμου[1077], καθ' ὃν ἐνομοθέτει καιρόν, ἵνα πάντες θεωρήσωσι τὴν ἐνέργειαν τοῦ θεοῦ. Am Sinai offenbaren sich göttliche Präsenz und Macht genau in dem Moment, in welchem Moses den Nomos gab – und genau in der Schrift

---

1074 Das Wort ἕκαστα erinnert an stoische Wahrnehmungslehre (vgl. vorige Anmerkung sowie Sext. emp. c. log. 1, 248/51 über die Erfassung aller Eigenheiten des Objekts), nach welcher die menschliche Wahrnehmung zu genauester Distinktion fähig ist und deshalb καταληπτικαὶ φαντασίαι möglich sind (vgl. dazu Frede [1983] 73 und Annas [1992] 82). Zu ἐκφαντικῶς vgl. schon F 2, 129/31 Holladay: σὺν τῇ τοῦ πυρὸς ἀστραπηδὸν ἐκφάνσει und überhaupt den ganzen, stilistisch gehobenen Abschnitt 113/34, in dem der sinnliche Eindruck des Geschehens nicht nur durch die absichtsvolle formal-stilistische Gestaltung, sondern auch durch die Wortwahl besonders herausgearbeitet wird. Walter (1964) 84 bemerkt mit Recht: "... mit ἐκφαντικῶς betont er die Deutlichkeit der Wahrnehmung, die gerade auf die Realität der Erscheinungen auch außerhalb der Sinne der Wahrnehmenden hinweist". Das Adjektiv ἐκφαντικός und das Substantiv ἔκφανσις sind erst wieder im kaiserzeitlichen Griechisch belegt (vgl. die Stellen bei Keller [1947] 48. 58); bei Polybios begegnet einmal an zentraler Stelle und in epistemologischem Zusammenhang (12, 26, 2) die Junktur τὰ προφανῶς καταληπτά.
1075 Die feine, detaillierte Benennung und Ausgestaltung von gleichsam faktischen Einzelheiten des Geschehens verleiht dabei dem Text, an die biblische Vorlage anknüpfend und doch noch über sie hinausgehend, einen gewissen Realismus (zu ähnlichen Strategien in der griechischen Dichtung und späterer fiktiver Literatur vgl. Liebert [2010] 210f.). Zugleich stellt sich die Frage, ob nicht auch hier aristotelische Ästhetik im Hintergrund steht, hatte doch Aristoteles den Begriff der Größe, etwa im Hinblick auf das Schöne, besonders thematisiert und hervorgehoben, daß Größe nur dann als schön und erhaben wahrnehmbar sei, wenn sie umfassend an einem ganz und vollständig erfaßbaren, also begrenzt großen Gegenstand wahrgenommen werde (vgl. z.B. poet. 1450b34/1451a6 und dazu Porter [2010] 97f.).
1076 Vgl. Hayes (2015) 41/51 über "Divine Law and Historical Narrative" im Pentateuch. Zu Philons durchaus unterschiedlicher Auslegung der Katabasis vgl. Walter (1964) 64.
1077 Vgl. noch Exod. 24, 4. 12; 31, 18; 32, 15f. sowie 24, 16f. über die κατάβασις der Herrlichkeit Gottes und Dtn. 5, 4f. 22 (weitere Bibelstellen bei Holladay [1995] 210f.). Während der Erneuerung der Tafeln, die Moses mit den Weisungen Gottes beschreibt (Exod. 33f.), kommt Gott in einer Wolke herab.

eben des Nomos wird diese Offenbarung, als ein Teil von ihm, auch für die Nachwelt festgehalten. Es hat den Anschein, als wolle Aristobulos hier den normativen Rahmen seiner eigenen Exegese nocheinmal implizit andeuten: Die Katabasis am Sinai ist als Teil des mosaischen Gesetzbuchs Gott angemessen auszulegen, also als schriftlich fixierte und überlieferte Kunde des Gesetzes über Gott, verleiht aber ihrerseits zugleich als innerweltliches, historisches Ereignis dem Nomos göttliche Autorität[1078].

8.3 Die Vorsicht des Exegeten

> ὁ δὲ νόμος ἀναγκαστικὴν ἔχει δύναμιν, λόγος ὢν
> ἀπό τινος φρονήσεως καὶ νοῦ.
> (Aristot. eth. Nik. 1180a21f.)
>
> Das Gesetz aber hat zwingende Macht, indem es ein Wort ist
> von einer Einsicht und einem Denken her ausgehend.

Die Schlußfolgerung, die übertragene Rede des Autors liege gleichsam notwendig dem Rezipienten offen und werde daher unmittelbar angemessen verstanden, wäre freilich vorschnell. Schon in der einleitenden Passage, welche zu den Auslegungen anthropomorpher Aussagen des Nomos über Gott hinführt, bemerkt Aristobulos (F 2, 34/38 Holladay): ἄρξομαι δὲ λαμβάνειν καθ' ἕκαστον σημαινόμενον, καθ' ὅσον ἂν ᾧ δυνατός. εἰ δὲ μὴ τεύξομαι τοῦ πράγματος μηδὲ πείσω, μὴ τῷ νομοθέτῃ προσάψῃς[1079] τὴν ἀλογίαν, ἀλλ' ἐμοὶ τῷ μὴ δυναμένῳ[1080] διαιρεῖσθαι τὰ ἐκείνῳ νενοημένα. Hier handelt es sich nicht um eine bloße

---

1078 Vgl. aus der neueren alttestamentlichen Forschung etwa Levin (1985) 185; Levinson (2006) 164 und Oswald (2012) 37f.: "Die Theophanie am Gottesberg dient ... der Mitteilung des Gesetzes".
1079 Zum Terminus προσάπτω vgl. oben Anm. 518 und 750 sowie Epikur epist. Menoik. 123f. (ed. Usener, S. 59f. ~ ed. Arrighetti, S. 107. 109 aus Diog. Laert. 10, 123): ... τὸν θεὸν ζῷον ἄφθαρτον καὶ μακάριον νομίζων, ὡς ἡ κοινὴ τοῦ θεοῦ νόησις ὑπεγράφη, μηθὲν μήτε τῆς ἀφθαρσίας ἀλλότριον μήτε τῆς μακαριότητος ἀνοίκειον αὐτῷ πρόσαπτε ... ἀσεβὴς δὲ οὐχ ὁ τοὺς τῶν πολλῶν θεοὺς ἀναιρῶν, ἀλλ' ὁ τὰς τῶν πολλῶν δόξας θεοῖς προσάπτων. οὐ γὰρ προλήψεις εἰσίν, ἀλλ' ὑπολήψεις ψευδεῖς αἱ τῶν πολλῶν ὑπὲρ θεῶν ἀποφάσεις und später z.B. Ps.-Plut. De Homero 218. Vgl. zum Gedanken schon den Vorsokratiker Xenophanes gegen Homer und Hesiod (21 B 11 Diels – Kranz).
1080 Die absichtsvolle Ordnung des Abschnitts erhellt nicht zuletzt daraus, daß die beiden Wendungen ... καθ' ὅσον ἂν ᾧ δυνατός ... ἐμοὶ τῷ μὴ δυναμένῳ ... das voraufgehende ... τοῖς δὲ μὴ μετέχουσι δυνάμεως καὶ συνέσεως ... (s. dazu unten Anm. 1083) wiederaufgreifen.

captatio benevolentiae. Vielmehr wird die besondere Schwierigkeit zunächst des angemessenen, wahrheitsgemäßen Verständnisses der übertragen aufzufassenden Anthropomorphismen (εἰ δὲ μὴ τεύξομαι τοῦ πράγματος ...), danach der überzeugenden Mitteilung eben dieses Verständnisses (... μηδὲ πείσω) betont[1081], in absichtsvollem Kontrast zur Einleitung des Methodenfragments, in welcher Aristobulos ankündigt, die königliche Aussage über die übertragene Bedeutung der biblischen Anthropomorphismen durch einen dem Text angemessenen Logos zu beantworten (F 2, 18f. Holladay: τεύξεται λόγου καθήκοντος καὶ οὐκ ἀντιδοξήσει τοῖς προειρημένοις ὑφ' ἡμῶν οὐδέν), und den König mahnt, an der "passenden" Gottesvorstellung festzuhalten (F 2, 20f. Holladay: παρακαλέσαι δέ σε βούλομαι ... τὴν ἁρμόζουσαν ἔννοιαν περὶ θεοῦ κρατεῖν)[1082]. Den Kontrast zwischen Selbstbewußtsein und Selbstbeschränkung gestaltet Aristobulos dabei mit vollster Absicht: Die selbstgewisse Ankündigung des Eingangs steht den methodischen Überlegungen voran, welche die Grundsätze, nach denen Moses in anthropomorphen Begriffen von Gott gesprochen habe,

---

1081 Schon Platon stellt der Exegese diese doppelte Aufgabe: "Versteht es der Interpret, die διάνοια des Dichters in der eigenen Auslegung zu entdecken, so hat er damit erst die Vorbedingung zu seiner Vermittlungsaufgabe erfüllt. Zur besonderen Leistung des Interpreten gehört nämlich auch, daß er seine Interpretation eines poetischen Werkes den Zuhörern mitzuteilen vermag" (Westermann [2002] 70f.).
1082 In ihrer Ernsthaftigkeit ähnelt die Passage einmal den Versen aus den Καθαρμοί des Vorsokratikers Empedokles (31 B 131 Diels – Kranz): ... εὐχομένῳ νῦν αὖτε παρίστασο, Καλλιόπεια, | ἀμφὶ θεῶν μακάρων ἀγαθὸν λόγον ἐμφαίνοντι, dann auch der berühmten Einleitung, die Platons Timaios seiner großen Rede über die göttliche Erschaffung der Welt voranstellt (Tim. 28f.); vgl. auch Sokrates über Parmenides und sein gewaltiges Lehrgedicht (Theait. 184a): φοβοῦμαι οὖν μὴ οὔτε τὰ λεγόμενα συνιῶμεν, τί τε διανοούμενος εἶπε πολὺ πλέον λειπώμεθα ... Im einzelnen bietet sich auch die hellenistische Terminologie zum Vergleich an. Zum einen: Daß die – sei es nun philologische, philosophische oder theologische – Deutung einer bestimmten Stelle älterer Literatur, insbesondere der Dichtung "angemessen", "passend" sein müsse, galt dort als fester Grundsatz; die Verben καθ-/προσήκειν und (ἐφ)ἁρμόζω sowie deren Komposita oder Gegensätze haben in solchem Zusammenhang terminologischen Status, gerade in einem an den Begriff des πρέπον angenäherten Gebrauch im Sinne der widerspruchsfreien Prädikation und mit der Wirklichkeit übereinstimmenden Theorie; vgl. z.B. Aristot. poet. 1450b5. 1454a22f. 1458b15 u.ö.; meteor. 353a18; top. 139b. 148b; später Kornutos epidr. 31, 64 und Ps.-Plut. *De Homero* 218; dazu Radice (1995) 82f., und Lau (2006) 309 (zu einer aufschlußreichen Parallele in Plotin enn. 6, 8, 1). Polybios proklamiert, wie er Königsgeschichte schreibe (10, 26, 9 [ed. Büttner-Wobst, vol. 3, S. 91]): ... ἐπ' αὐτῶν τῶν πραγμάτων ἀεὶ τὸν καθήκοντα λόγον ἁρμόζοντες ἀποφαινόμεθα περί τε τῶν βασιλέων καὶ τῶν ἐπιφανῶν ἀνδρῶν ... (vgl. auch 29, 12, 6). Auch Philon argumentiert ähnlich (vgl. Tobin [1983] 43). Zum anderen: Der Begriff ἔννοια θεῶν ist in der philosophisch-theologischen Debatte über die rechte Auffassung von den Göttern ganz geläufig (vgl. Runia [2002] 281 sowie zur Stoa Peters [1967] 57; Effe [1970a] 73; Algra [2003] 164f. und Dyson [2009] passim).

allgemein erörtern und die metaphorische Exegese begründen (F 2, 18/34 Holladay). Die zurückhaltende Vorsicht, ob die eigenen Auslegungen der mosaischen Rede angemessen seien, bezieht sich hingegen ausdrücklich auf die folgenden Einzelinterpretationen der verschiedenen Anthropomorphismen: ἄρξομαι δὲ λαμβάνειν καθ' ἕκαστον σημαινόμενον. Daran, daß seine Hermeneutik der mosaischen Rede richtig sei, besteht für Aristobulos kein Zweifel – nicht zuletzt deshalb, weil er ja suggeriert, Philometor selbst habe den uneigentlichen Charakter der biblischen Anthropomorphismen richtig erkannt; die Unsicherheit, ob diese Hermeneutik in jeder einzelnen Anwendung zum richtigen Ergebnis führe, erlaubt freilich keine falsche Selbstsicherheit[1083]. Ausdrücklich wird ja hervorgehoben, daß Moses πολλαχῶς, also in vielfacher Weise[1084], in seinen übertragenen Logoi von größeren Zusammenhängen kündet (F 2, 23 Holladay), beispielsweise mit ganz unterschiedlichen Anthropomorphismen von der göttlichen Dynamis. Zumal: Aristobulos reklamiert für sich, daß sein exegetisches Unternehmen an dem mosaischen Gesetz etwas Neues darstelle, eine Herausforderung, bei deren Bewältigung er nicht auf reiches Material etwaiger Vorgänger zurückgreifen könne[1085]. Formal äußert sich die Vorsicht dabei in dem Gebrauch des potentialen Optativs, in welchem Aristobulos seine unterschiedlichen Auslegungen des Bibeltexts dem Leser zuweilen vorstellt[1086]:

1083 So nimmt Aristobulos für sich in Anspruch, über die δύναμις zu verfügen, die metaphorische Rede Mose grundsätzlich richtig, mithin metaphorisch, zu verstehen, und spricht ebensolche δύναμις denjenigen ab, die allein am Geschriebenen hängen (F 2, 32f. Holladay, s. gleich im Text). Gleichwohl räumt er ein, daß seine δύναμις in der Auslegung einzelner Bibelstellen nicht hinreichen könnte (... καθ' ὅσον ἂν ᾧ δυνατός ... ἐμοὶ τῷ μὴ δυναμένῳ διαιρεῖσθαι ...).
1084 Vgl. Aristot. met. 1012b34/1013a23; pol. 1276a23 über die Vieldeutigkeit des Begriffs πόλις (dazu Mueller-Goldingen [2016] 92/94); eth. Nik. 1129a23/25 und 1136b29f. (... ἔτι ἐπεὶ πολλαχῶς τὸ ποιεῖν λέγεται ...) sowie grundsätzlicher top. 108a18/36 (über das ποσαχῶς λέγεται). 158b8/15 (ed. Brunschwig, S. 113f.): τῶν δὲ ὅρων δυσεπιχειρητότατοι πάντων εἰσὶν ὅσοι κέχρηνται τοιούτοις ὀνόμασιν, ἃ πρῶτον μὲν ἄδηλά ἐστιν εἴτε ἁπλῶς εἴτε πολλαχῶς λέγεται, πρὸς δὲ τούτοις μηδὲ γνώριμα πότερον κυρίως ἢ κατὰ μεταφορὰν ὑπὸ τοῦ ὁρισαμένου λέγεται. διὰ μὲν γὰρ τὸ ἀσαφῆ εἶναι οὐκ ἔχει ἐπιχειρήματα, διὰ δὲ τὸ ἀγνοεῖσθαι εἰ παρὰ τὸ κατὰ μεταφορὰν λέγεσθαι τοιαῦτ' ἐστίν, οὐκ ἔχει ἐπιτίμησιν. In der *Poetik* hält Aristoteles fest (1461a32/34): δεῖ δὲ καὶ ὅταν ὄνομά τι ὑπεναντίωμά τι δοκῇ σημαίνειν, ἐπισκοπεῖν ποσαχῶς ἂν σημήνειε τοῦτο ἐν τῷ εἰρημένῳ. Zum Methodenschritt der späteren Platonexegese, das πολλαχῶς λέγεσθαι des Philosophen zu erklären, vgl. Dörrie – Baltes (1993) 354.
1085 Vgl. treffend Walter (1964) 135; Radice (1995) 25[20]; Dörrie (1974) 127 zur antiken Homerexegese: "Auftrag an alle Exegese ist mithin, sich der eigentlichen Intention so weit wie möglich zu nähern. Aber es kann nicht von ihr gefordert werden, daß sie das in Symbolen Ausgedrückte voll ausschöpft ... Exegese kann nur Näherungswerte geben". 136 und Schimanowski (2006) 23; anders Janowitz (1991) 132.
1086 Vgl. Walter (1964) 135 und Niehoff (2011b) 69, die Aristoteles zum Vergleich heranzieht.

F 2, 55f. Holladay: στάσις δὲ θεία καλῶς ἂν λέγοιτο[1087] ...
F 2, 67f. Holladay: ἡ στάσις οὖν ἡ θεία κατὰ ταῦτα ἂν λέγοιτο ...
F 2, 85/88 Holladay: κατάβασις γὰρ αὕτη σαφής ἐστι· καὶ περὶ τούτων οὖν οὕτως ἄν τις ἐξηγήσαιτο ...
F 5, 19/22 Holladay: (ἑβδόμην ἡμέραν,) ἣ δὴ καὶ πρώτη φυσικῶς ἂν λέγοιτο φωτὸς γένεσις ...
F 5, 35f. Holladay: μεταφέροιτο δ' ἂν τὸ αὐτὸ καὶ ἐπὶ τῆς σοφίας ...

Aufzuzeigen, daß die eigene Interpretation dem, was von Moses gedacht worden sei (τὰ ἐκείνῳ νενοημένα), nicht gerecht werden könnte, ist dabei keine Quisquilie: An dieser Stelle wird deutlich, wie explizit Aristobulos eine Hermeneutik vertritt, die von der vorliegenden Gestalt des zu erklärenden Texts ausgehend die Absichten des Urhebers eben dieses Texts, gleichsam in seine Gedanken eindringend, zu erschließen strebt – ohne jedoch den Anspruch zu erheben, selbst göttlich inspiriert zu sein[1088]. Ein gewisser Gegensatz zu dem korrigierenden Eingriff in den Text der arateischen *Phainomena*, denen eben nicht dieselbe Geltung wie den Büchern Mose zukommt, ist unübersehbar. Zugleich beugt das Bekenntnis eigener Begrenztheit dem Eindruck vor, der Exeget verfahre nach willkürlich begründeten Prinzipien und Methoden und nähere sich von außen dem Text, anstatt ihn von innen heraus zu deuten – ein Vorwurf, der, wie gesehen, in den kontroversen Auseinandersetzungen der unterschiedlichen hellenistischen Philosophenschulen gerade dann, wenn autoritative Werke der griechischen Literatur für eigene Lehrpositionen beansprucht wurden, an der Tagesordnung war.

1087 Der Ausdruck ... ἂν λέγοιτο ... im potentialen Optativ ist dabei schon lange vor Aristobulos in exegetischen Vorschlägen zur Erklärung übertragener Ausdrücke terminologisch (vgl. etwa aus Xenophon und der Schrift *De mundo* die Stellen oben S. 193 und unten S. 392; mit ähnlicher, ebenfalls im Optativ formulierter Zurückhaltung, auch Kornutos epidr. 26, 1/6).
1088 Vgl. Lührmann (1965) 84/87 (zu den Qumrantexten); Hafemann (1995) 174; Brooke (2007) 218 (zu den Qumrantexten); Matusova (2010) 7 (im Vergleich mit den Midraschim) und Doering (2012b) 454 (zu den Qumrantexten). Der Vergleich mit dem Homerapologeten Heraklit, der die allegorische Redeweise des Dichters ebenfalls für offenkundig hält, sich selbst aber in den eigenen Auslegungen einzelner rätselhafter Passagen selbstsicherer präsentiert (s. oben S. 323f. und unten S. 337), ist hier ebenso erhellend wie derjenige mit der Autorität des jüdischen Hohepriesters in Jerusalem, wie ihn der griechische Ethnograph Hekataios Abderites dem alexandrinischen Publikum vorgestellt hatte (vgl. dazu oben S. 200f. 227f.).

8.4 Exegetische Gegner

Schon die allegorische Exegese der Griechen untermauerte das Argument, die eigene Methode sei anspruchsvoll, zunächst durch eine Strategie der Abgrenzung: Im orphischen Derveni-Papyrus (col. 7, 4/11; 20, 1/12; 23, 1/3 [ed. Janko, S. 46]) wird der Gegensatz zwischen "den meisten", den οὐ γινώσκοντες, denen der zur Auslegung anstehende Vers ἄδηλον sei, und den ὀρθῶς γινώσκοντες, für welche ebenderselbe Vers εὔδηλον sei, scharf betont[1089]. Bei Xenophon wirft Sokrates den Rhapsoden einmal vor, die allegorischen Aussagen (ὑπόνοιαι) Homers nicht zu verstehen (symp. 3, 6)[1090]. Ebenso insistieren spätere Vertreter uneigentlicher Auslegung auf einer solchen Scheidung, z.B. Heraklit in seinen *Allegoriae homericae* (3, 2 [ed. Russell – Konstan, S. 6]): Die unverständigen Menschen (ἀμαθεῖς – in 70, 13 als ἀκούοντες gekennzeichnet), ohne Einsicht in Homers tiefe Weisheit (μύχια σοφίας), erkennten dessen allegorische Rede nicht (ἀγνοοῦσιν ... οὐκ εἰδότες), welche zwar "mythisch" zu formulieren scheine, aber doch in Wahrheit philosophisch gesprochen sei (τὸ φιλοσοφῶς ῥηθὲν ... ὃ μυθικῶς δοκεῖ πλάσαι) – während er selbst, eben aufgrund der eigenen Einsicht, sich nun vornehme, die erhabene Wahrheit der Poesie aufzuspüren (σεμνὴν ... τῶν ποιημάτων τὴν ἀλήθειαν ἀνιχνεύωμεν)[1091]. Kornutos hingegen kontrastiert in seiner *Epidrome* gleich mehrfach (17, 6; 31, 3 und 35, 13/15) die falsche Deutung der alten Mythen mit der eigenen, nach stoischer Tradition allegorischen und etymologischen[1092]. Schließlich wird in der pseudoplutarchischen Schrift *De Homero* (92 [ed. Kindstrand, S. 44]) festgehalten, die allegorische Mythendichtung der Alten führe die Lernwilligen durch ihre εὐμουσία dahin, leichter die Wahrheit zu suchen und zu finden, bewirke zugleich aber auch, daß die ἀμαθεῖς das, was sie nicht verstehen könnten, nicht verachteten[1093].

[1089] Vgl. Obbink (1997) 50/53; Tsantsanoglou (1997) 121f.; Calame (2010) 27f. 32f.; Matusova (2010) 22f. 31f. zu den mystischen Bezügen, welche die Exklusivität der Botschaft schon mit sich bringen, und Scodel (2011) 90. 94.
[1090] Vgl. dazu mit neuerer Literatur Huß (1999) 189f.
[1091] Vgl. auch 37, 1; 39; 40, 1 (ed. Russell – Konstan, S. 72) über die τῶν ἐπιφυομένων αὐτῷ τόλμα. 42, 1 über die Notwendigkeit des ἀκριβῶς ἐρευνᾶν. 53; 64; 70, 13 über die gleichsam mystische Einsicht in Homers Weisheit, zu welcher nicht leicht zu gelangen sei; 76.
[1092] Vgl. auch 17, 20 über Hesiod sowie dazu Boys-Stones (2001) 53.
[1093] Vgl. allgemein dazu De Lacy (1948) 269f. (mit Belegen aus der Stoa); Dörrie (1974) 124. 127. 133. 135 und (1987) 27f. (zum Platonismus); Bernard (1990) 191. 208f. 261 (mit mittel- und neuplatonischen Belegen); Blönnigen (1992) 43; Siegert (1992) 88; Keaney – Lamberton (1996) 157 (mit Verweis auf Plat. Prot. 316d); Hillgruber (1999) 212f. sowie Struck (2004) 34. 49. 152 u.ö. Solche Distinktionen begegnen in der griechischen Philosophie in unterschiedlichsten Zusammenhängen bekanntlich schon früher, wobei Überlegenheit nicht selten, etwa bei Platon,

Aristobulos nun weist seinerseits, wie schon gesehen, ausdrücklich die ausschließlich[1094] wörtliche Auslegung des mosaischen Nomos zurück (F 2, 32/34 Holladay): τοῖς δὲ μὴ μετέχουσι δυνάμεως καὶ συνέσεως[1095], ἀλλὰ τῷ γραπτῷ μόνον προσκειμένοις οὐ φαίνεται μεγαλεῖόν τι διασαφῶν. Der übertragen formulierte Text des Gesetzes kann also wahrheitswidrig oder zumindest unzureichend verstanden werden und führt nicht gleichsam von selbst zu seiner angemessenen Auslegung[1096]. Doch nicht nur das: Die Frage, aus welchen Voraussetzungen heraus und nach welchen Kriterien denn eigentlich das wahre Verständnis erwachsen könne, beantwortet Aristobulos selbstbewußt (F 2, 27/32 Holladay): οἷς μὲν οὖν πάρεστι τὸ καλῶς νοεῖν, θαυμάζουσιν τὴν περὶ αὐτὸν [sc. Moses] σοφίαν καὶ τὸ θεῖον πνεῦμα, καθ' ὃ καὶ προφήτης ἀνακεκήρυκται· ὧν εἰσιν οἱ προειρημένοι φιλόσοφοι καὶ πλείονες ἕτεροι καὶ ποιηταὶ παρ' αὐτοῦ μεγάλας ἀφορμὰς εἰληφότες, καθ' ὃ καὶ θαυμάζονται[1097]. Mit dem Postulat, den maßgeblichen Text der jüdischen Religion könne nur derjenige richtig verstehen, der mit δύναμις und σύνεσις, mit καλῶς νοεῖν, das den νενοημένα Mose entsprechen müsse, ausgestattet sei, erweist sich der alexandrinische Exeget also durchaus mit jenen Homerinterpreten verwandt, welche der moralischen und theologischen Zensur der frühgriechischen Epen dadurch zu begegnen suchten, daß sie die populäre "mythisch"-anthropomorphe Lesart als unzulänglich, naiv und unangemessen brandmarken und an ihre Stelle eine philosophisch-theologische setzten, die nicht selten genaueste Kenntnisse eben in

---

auch auf natürliche Veranlagung zurückgeführt wird (dazu Baldry [1965] 54f. 73f.); vgl. nur Plat. pol. 428f. 474b/c. 476. 484. 487. 518f. u.ö.; nom. 658f. u.ö.; den Stoiker Kleanthes, der sich in seinem *Zeushymnus* gegen die Schlechten der Sterblichen (θνητῶν κακοί) richtet, die gegen die Auffassung seiner eigenen Lehre οὔτ' ἐσορῶσι θεοῦ κοινὸν νόμον οὔτε κλύουσιν (vgl. auch SVF 1, 559), sowie die Einleitung der Schrift *De mundo*: Dort wird die philosophische Schau des Göttlichen und Übernatürlichen scharf der einfältigen Beschränkung auf zufällig sinnlich Wahrnehmbares in der Welt, die in geringem Anblick etwas Großes zu entdecken glaube, gegenübergestellt (391a1/8. a19/b3 u.ö.). Schon Heraklit sagte man nach, er habe sich um dunklen Ausdruck (ἀσαφέστερον γράψαι) bemüht, um sein Werk allein den δυνάμενοι zugänglich zu machen (Diog. Laert. 9, 6).
1094 Das Wort μόνον ist nicht müßig: Aristobulos bleibt mit seiner metaphorischen Auslegung Exeget der Schrift. Vgl. zu einer ähnlichen Strategie bei dem vorsokratischen Homerallegoriker Theagenes Domaradzki (2011) 226 u.ö.; Novokhatko (2015) 31 sowie Baltussen (2016) 181.
1095 Zu δύναμις/σύνεσις vgl. oben Anm. 591 und unten S. 347. 373
1096 Vgl. z.B. schon den platonischen *Ion* darüber, daß Homers διάνοια nicht verstanden werden könnte. Der Rhapsode Ion rühmt sich dort (530c/d): κάλλιστα ἀνθρώπων λέγειν περὶ Ὁμήρου, schöner gar als Metrodoros von Lampsakos, Stesimbrotos von Thasos oder ἄλλος ... τῶν πώποτε γενομένων! Vgl. auch Weber (2000) 113[32] sowie Niehoff (2011a) passim und (2011b) 117. 127 u.ö. zu Philons scharfer Selbstabgrenzung von zeitgenössischen jüdischen Exegeten.
1097 Vgl. aus der Weisheitsliteratur etwa Sirach 6, 20/22.

Philosophie, Theologie, Kosmologie und Naturwissenschaften voraussetzte, und zwar meist der eigenen Schuldoktrin entsprechende Kenntnisse. Heraklit etwa bezeichnet wiederholt (6, 2; 16, 5; 22, 1; 60; 68, 1. 9 u.ö.) seine allegorische Exegese als ein διὰ λεπτῆς ἐπιστήμης ἐπιδεικνύναι, als ἐρευνᾶν und ἀκριβῶς σκοπεῖν der Götterallegorien Homers, welcher seinerseits aus λεπτὴ φροντίς gedichtet habe (68, 1)[1098].

Die Konsequenzen einer solchen Strategie für den Rang der Ausgangstexte und ihre Rezeption sind schwerwiegend; literatursoziologisch wären sie einmal in vergleichender Studie genauer zu erforschen. Hier seien nur drei Beobachtungen formuliert:

a) Greifbar wird eine Kontroverse um die Deutungshoheit über die maßgeblichen Texte verschiedener Kulturen. Dem allgemeinen, der unmittelbar eingängigen Oberfläche dieser Texte aufsitzenden Verständnis der unbedarften Interpretation tritt eine gelehrte Exegese entgegen, mit intellektueller Einsicht gerüstet und mit nur wenigen überhaupt zugänglicher Bildung ausgestattet, und erklärt die eigene, voraussetzungsreiche Erschließung der Texte zur gültigen. Daß diese Opposition gerade in den Bildungszentren des Hellenismus virulent wurde, dürfte dabei kein Zufall sein, entwickelte sich dort doch in beeindruckender Entwicklung eine hochdifferenzierte, wissenschaftliche Neuerschließung der gesamten vorausgegangenen Kultur-, Literatur- und Geistesgeschichte, deren Spitzenkräfte nicht nur untereinander konkurrierten, sondern auch überkommene Traditionen im Handstreich zu verabschieden sich nicht scheuten.

b) Die Einsichten der älteren Auslegungsgeschichte werden in Zweifel gezogen – Homers Epen stehen am Anfang der griechischen Literatur, den mosaischen Nomos datiert Aristobulos selbst noch früher. Warum eigentlich erst Jahrhunderte später, in der eigenen Person, die wahrheitsgemäße – und damit *in theologicis* gottgefällige, fromme – Exegese zur Geltung gekommen sei, thematisiert er dabei nicht explizit, doch dürfte die Antwort auf diese Frage eben in jener Kritik an der bisher nur wörtlichen Auslegung der Tora liegen[1099]. Auch der Ho-

---

1098 Vgl. auch Ps.-Plut. *De Homero* 92; dazu Wehrli (1928) 16; Buffière (1956) 37.
1099 Bemerkenswert ist dabei, daß auch die stoische Interpretation der frühgriechischen Poesie davon ausging, die Dichter der Frühzeit wie Homer und Hesiod hätten den wahren Logos noch reiner erkennen und in Versen ausdrücken können als spätere Zeiten, geschweige

merinterpret Heraklit kann (alleg. 40, 1), in kühner Umkehrung jener alten Kritik, Homer habe sich in seiner Darstellung der Götter der ἀσέβεια schuldig gemacht (vgl. alleg. 1f.; 76), behaupten, vielmehr litten eben die Vertreter solcher Kritik, in ihrer Ignoranz homerischer Allegorie, an ἄθεος μανία, diejenigen aber, welche sich um allegorisches Verständnis bemühten, seien εὐσεβεῖς (alleg. 68, 9). In alleg. 64 übernimmt Heraklit gar selbst die Rolle des Hierophanten, welcher allein die Geheimnisse der mystischen Weisheit Homers, des μέγας οὐρανοῦ καὶ θεῶν ἱεροφάντης, eröffnen könne (vgl. auch 79, 12f.)[1100]. Exegese selbst wird in dieser Perspektive dynamisch, prozeßhaft wahrgenommen – sie ist nicht einfürallemal ausgeschrieben und festgelegt, sondern unterliegt der Notwendigkeit, in dauerndem Fortschritt näher an den wahren Sinn des auszulegenden Textes[1101], der wiederum unantastbare, statische Autorität für sich beansprucht, heranzukommen. Die eigene Interpretation, die ja in gewisser Spannung zum Altersbeweis[1102] als richtigere gegenüber den früheren proklamiert wird, als unüberholbaren Schlußpunkt dieses Prozesses anzusehen verbietet dabei die selbstkritische Wahrnehmung ihrer Beschränktheit und Vorläufigkeit[1103].

c) Das wahre Verständnis jener Texte nur der eigenen Methode vorzubehalten konnte nicht ohne Folgen für den Rang ebendieser Texte bleiben. Homer galt als Lehrmeister Griechenlands, seine *Ilias* und *Odyssee* als erste Formulierung aller möglichen Kenntnisse, vor allem derjenigen über die Götter, und damit als Grundtexte hellenischer (Schul)Bildung, die jeder Grieche in- und auswendig

---

denn die Gegenwart (s. auch oben S. 89f.). Erst die stoische Exegese eröffne ihrerseits wieder das rechte Verständnis durch ihre Deutung der archaischen Texte; vgl. dazu Dawson (1992) 24/26 und Sellin (1997) 101.
1100 Auch in alleg. 76, 16 spricht Heraklit von der θειότης Homers. Vgl. Siegert (1992) 71f.; zum Hintergrund dieser Auffassung in Plat. Prot. 316d Lamberton (1986) 28f., sowie zu Chrysipp, der die Erkenntnis des Göttlichen mit der mystischen Weihe verglichen hatte, Weinstock (1927) 139.
1101 Vgl. dazu schon Leipoldt – Morenz (1953) 131; Lamberton (1986) 21 sowie Levinson (2006) 161 über die Stabilität des Kanons, die ihrerseits der Exegese vielfältige "Anwendungsmöglichkeiten" eröffne, und Vesting (2011) 171f. zur "unendlichen Interpretierbarkeit" der Tora (mit Literatur).
1102 Hier wäre ein Vergleich mit der zeitgenössischen Weisheitsliteratur hilfreich. So offenbart etwa das Buch *Sirach* hohe Wertschätzung der Alten und ihrer Weisheit (z.B. in 6, 36f.; 8, 8f.; 25, 3/6; 39, 1/11; 44/50), hält aber durchaus nicht alle alten Einsichten und Verhaltensweisen für unanstößig (vgl. dazu Wischmeyer [1995a] 274f. 283/85 und Ueberschaer [2007] 207).
1103 Vgl. Dörrie (1974) 136 über eine ähnliche Cautel der antiken Platonexegese. Tobin (1983) 50f. u.ö. hebt mit Recht hervor, daß Aristobulos nicht von "multiple levels of meaning in the biblical text" ausgeht.

für sein ganzes Leben lernte[1104]. Die Bücher Mose waren allerdings nun nicht eigentlich nur Literatur, sondern auch Gesetz, νόμος, der zu verinnerlichen und als Maßstab des gesamten Lebens zu befolgen war. Lag diese höchste Bedeutung beider Texte für die jeweilige Kultur und Religion nicht auch in ihrer Eingängigkeit, ihrer allgemeinen Verständlichkeit begründet, aller Bedeutung zum Trotz, welche die Auslegung im Laufe ihrer Wirkungsgeschichte gewonnen hatte[1105]? Es ist bezeichnend, daß Aristobulos den buchstäblichen Sinn der mosaischen Rede nicht dadurch zu bewahren sucht, daß er ihm in einem allgemeinen Oberflächenverständnis der ungebildeten, zur Einsicht in die Wahrheit unfähigen Massen seinen eigentlich verzichtbaren Platz läßt. Wer ein solches allgemeines Verständnis für unzureichend, weil ohne Ahnung von der übertragenen Rede der Autoren, erklärt[1106], rüttelt zwar nicht an der kulturellen Bedeutung der Texte, unterwirft es jedoch einer Instanz, die vor den vermeintlich übertragen gesprochenen Text tritt und ihn in eigenem Deutungsprivileg anderen eröffnet[1107].

8.5 Homer und Moses als "Autoren"?

Die griechische Homerkritik darf also tatsächlich in vielerlei Hinsicht zum Vergleich mit der jüdisch-hellenistischen Schriftauslegung herangezogen werden.

1104 Vgl. etwa Plat. Hipp. min.; pol. 598f. 606e mit dem gesamten zehnten Buch der *Politeia*; Xen. symp. 3, 5f.; 4, 6; Strab. 1, 2; Heraklit alleg. 1, 5/7; 24; 34f.; 76; Dion Chrys. 55, 19 und im ganzen Ps.-Plut. *De Homero*; dazu mit zahlreichen Belegen Jaeger (1934) 1, 63/88; Weinstock (1927) 123; Buffière (1956) 10/13 u.ö.; Lamberton (1986) 10/22; Reventlow (1990) 38f.; Siegert (1992) 61f. (mit Literatur); Hillgruber (1994) 5/35; Moraitou (1994) 66; Richardson (1994) 25; Murray (1995) 19f.; Keaney – Lamberton (1996) 1/29; Huß (1999) 186f.; Finkelberg (2003) 91/96 und (2012) 146; Struck (2004) 43; Russell – Konstan (2005) XV; Obbink (2010) 17f.; Zimmermann (2011) 293f. sowie Hunter (2012) 99/102.
1105 Vgl. zum öffentlichen Charakter des Gesetzes, insbesondere in der Lesung und Auslegung der Synagoge, Leipoldt – Morenz (1953) 100/06; allgemein auch Léonas (2007) 165/68.
1106 Die vielbesprochene "hermeneutische Offenheit" kanonischer sowie im Wortlaut geschlossener und sanktionierter Texte (vgl. Finkelberg [2003] 92) ist insofern nicht zu verwechseln mit dem normativ-hermeneutischen Selbstverständnis der Exegeten derselben Texte.
1107 Vgl. auch Mack (1984) 310. Solche Hermeneutik, die dem Text Unmittelbarkeit nimmt, indem sie zwischen ihn und den Leser eine exegetische Distanz einzieht, begegnet in der griechischen Exegese im übrigen nicht nur in der allegorischen Interpretation, sondern auch z.B. in der stoischen Poetologie, welche den kritischen Leser vor dem Pathos aus Dichtung zu wappnen strebt (vgl. dazu Nussbaum [1993] 136/45). Diese Distanz ist umso bemerkenswerter, als Metaphern κατ' ἐπιφάνειαν, in unmittelbarerer Anschaulichkeit, den Leser ja stärker involvieren.

Gleichwohl bemerkte schon Nikolaus Walter: "Aber für Aristobulos war die Thora weder Schulbuch noch literarisch-ästhetisches Denkmal und auch mehr als nur das klassische, altehrwürdige Buch über die Götter. Als Jude stand er in einem ganz anderen Verhältnis zur Thora als jeder Grieche zum Homer, nämlich in dem voller innerer Abhängigkeit ... er mußte also nirgends den Kern des auszulegenden Textes, der von Gott redete, verändern ... Wo seine allegorische Deutung einsetzt, handelt es sich nie mehr um die Mitte des Textes, um Gott und sein Handeln selbst, sondern um anthropomorphistische Züge, die Gott beigelegt werden bzw. in denen sein Handeln beschrieben wird"[1108]. Zwar diskutierte auch die griechische Exegese seit früher Zeit, ob Homer eigentlich – wie übrigens auch Hesiod – als vollkommenes Subjekt seiner dichterischen Schöpfungen anzusehen sei. War er nicht ein θεῖος ἀνήρ, ein φύσεως λαχὼν θεαζούσης (Demokrit 68 B 21 Diels – Kranz)[1109], ein προφήτης[1110], der wie ein Eingeweihter und Gottbegeisterter die Geheimnisse der Götter und des Kosmos verkündete? Seit dem dritten Jahrhundert vor Christus war überdies zu konstatieren, daß sich die sogar kultische Verehrung "des Dichters" nicht nur verbreitete, sondern auch, zumal von Herrschern und hochrangigen Persönlichkeiten, mit großem künstlerischen Aufwand gepflegt wurde[1111]. Ptolemaios IV. Philopator errichtete ihm in Alexandria einen Tempel, das sogenannte Homereion, in welchem Homer selbst zwischen allen Städten, die auf ihn Anspruch erhoben, in einer prächtigen Sitzstatue dargestellt war (vgl. Aelian var. hist. 13, 22); im aller Wahrscheinlichkeit nach von Mitgliedern der königlichen Familie gestifteten Serapisheiligtum von Memphis, in "the most Egyptian of locations"[1112], war eine

---

1108 Walter (1964) 130; vgl. schon Heinemann (1973) 73/75; Leipoldt – Morenz (1953) 130; Siegert (1992) 58; Stemberger (1996) 64; Weber (2000) 99. 111[24]; Kaiser (2003b) 5f. und zu den Prinzipien jüdischen Schriftverständnisses van der Horst (2006) 118f. 126.
1109 Vgl. dazu Graziosi (2002) 156f.; Janko (2011) 213f. und Petrovic (2012) 56/59. Im platonischen *Menon* 81a/b nennt Sokrates einmal "weise um das Göttliche" die Priesterinnen und Priester sowie "viele der Dichter", unter diesen beispielhaft Pindar.
1110 Vgl. Siegert (1992) 71f. und Graziosi (2002) 155f. zu "Homer als Prophet/Orakel".
1111 Vgl. Zanker (1995) 155f. zu dem Weihrelief des Bildhauers Archelaos von Priene (British Museum), das in die erste Hälfte des zweiten Jahrhunderts, also in enge zeitliche Nähe zu Aristobulos, datiert und meist alexandrinischem Kontext zugewiesen wird. Auf diesem Relief sieht man ein Homerheiligtum unter einem Musenberg. Daß Homer, mit Papyrusrolle auf einem Thron sitzend, flankiert von seinen beiden Epen *Ilias* und *Odyssee* und gekrönt von Chronos und Oikoumene, mit dem im obersten Teil dargestellten, ebenfalls sitzenden Zeus das Relief gleichsam klammert, ist besonders aussagekräftig: "... the Zeus-like figure of the poet Homer ... Homer's epics will last for all time and are universal" (Pollitt [1986] 16; vgl. auch Henrichs [1999] 225 zu den ebenfalls im Relief dargestellten Personifikationen von Mythos und Historia).
1112 Masséglia (2015) 56.

wohl im späten dritten oder frühen zweiten vorchristlichen Jahrhundert entstandene Statuengruppe zu bestaunen, welche Homer im Halbkreis von zwölf alten Dichtern und Denkern zeigte, alle zusammen offenbar "als die besten Ratgeber des Herrschers, ja als eine Quelle seiner Weisheit präsentiert"[1113]. Legte der Dichter nicht selbst in den Musenanrufen der *Ilias* und *Odyssee* Zeugnis davon ab, Mittler göttlicher Botschaft sein zu wollen? Im Hinblick auf den Rang, welchen Moses bei Aristobulos einnimmt, sind beispielsweise zwei Stellen aus Heraklits *Allegoriae* bemerkenswert: Homer, welcher der Nachwelt all das, was er als erster philosophierte, allegorisch überliefert habe (34, 8)[1114], sei nicht nur Archeget aller Weisheit, sondern Lehrer gerade der Dogmata der (wohl vorsokratischen) Naturphilosophie (22, 2)[1115].

Die komplexe Deutungsgeschichte homerischer Autorschaft und dichterischer Inspiration kann hier nicht dargestellt werden[1116]. Doch bleibt festzuhalten, daß schon die frühe Exegese in Homer den Dichter erkannte, der als Autor die Großleistungen seiner epischen Poesie vollbracht hatte und dafür sowohl höchstes Lob und Anerkennung erfahren durfte als auch aufs schärfste kritisiert, ja zensiert werden konnte[1117]. Wenn Platon die (hesiodeische und) homeri-

---

[1113] Zanker (1995) 167. Vgl. auch Kim (2010) 7f. mit der Beobachtung, daß Homer seit der östlichen Ausweitung griechischer Kultur nach Alexander "became closely associated with learning Greek, and bý extension with *being* Greek".
[1114] Philodem bemerkt einmal, nicht nur von den κριτικοί, sondern auch von den Philosophen aller Haireseis werde Homer φιλοσοφίας εὑρετής genannt – und zwar nicht nur der einer bestimmten Hairesis, sondern aller (rhet. 2, 3 Sudhaus; vgl. dazu Janko [2000] 126 und [2001] 294).
[1115] Vgl. Siegert (1992) 83 mit der Beobachtung, daß so, wie die zeitgenössischen Juden Moses der griechischen Philosophie, selbst deren Meister Platon, vorordneten, die Homerapologeten wie Heraklit den Dichter "Urheber und Lehrer ... aller Philosophie" sein ließen, und Di Mattei (2006) 5f. (zu Plutarch). 11f. (mit weiteren Belegen). 22. So wirft Heraklit den Homerkritikern Platon und Epikur vor (alleg. 4, 4 [ed. Russell – Konstan, S. 6]): καὶ τὸ πικρότατον, ἀρχὴν ἑκάτεροι τῶν παρ' ἑαυτοῖς δογμάτων ἔχοντες Ὅμηρον, ἀφ' οὗ τὰ πλεῖστα τῆς ἐπιστήμης ὠφέληνται, περὶ τοῦτον ἀχαρίστως εἰσὶν ἀσεβεῖς.
[1116] Vgl. in Auswahl (mit Literatur): Wehrli (1928) 56; Tate (1934) 112/14; Buffière (1956) 25/31; Dörrie (1974) 122; Klauck (1978) 48; Betz (1983) 253f.; Lamberton (1986) 1/10; Siegert (1992) 59; Chadwick (1998) 2; Graziosi (2002) 125/63; Westermann (2002) 155f. u.ö.; Hamm (2009) 64/76; Busch – Zangenberg (2010) 57; Obbink (2010) 16f.; Irrgang (2012a) 130 (zu Proklos) sowie Nünlist (2015) 731.
[1117] Vgl. Murray (1981) passim; Meijering (1987) 6f.; 58f.; Richardson (1992) 30f.; Wilke (1997) 89. 112f. (zu Platon); Doys-Stones (2001) 33; Graziosi (2002) 251; Bishop (2016) 389/92 und Donelli (2016) 15, der für die frühgriechische Lyrik festhält: "the display of claims of authority is based ... on an ambiguous distancing from Homeric Epic", und 17: . "The perception of Homer as an inescapable source for the past and as an eminent predecessor appears to go hand

sche Dichtung aus seiner Politeia verweist, dann beruht diese Maßnahme auf der – im Hinblick auf den Nomotheten Moses besonders interessanten – Voraussetzung (pol. 379a), die Staatsgründer (hier: οἰκισταὶ πόλεως) hätten die τύποι περὶ θεολογίας zu bestimmen, denen gemäß die Dichter in ihrer Mythologia von Gott (hier im Singular!) künden müßten. Im Vergleich mit der Warnung, mit der Aristobulos ein "mythisches" Verständnis der mosaischen λόγοι verwirft, sei zudem erinnert an das berühmte Diktum jenes alexandrinischen Wissenschaftlers Eratosthenes (s. schon oben S. 94f.), Homers Dichtung sei, wie die Poesie überhaupt[1118], eine γραώδης μυθολογία ..., ᾗ δέδοται πλάττειν ..., ὃ ἂν αὐτῇ φαίνηται ψυχαγωγίας οἰκεῖον (Strab. 1, 2, 3; vgl. 1, 2, 7; 1, 2, 12; 1, 2, 14f.; 1, 2, 19), also nicht zur Unterweisung, sondern nur zur Unterhaltung geeignet. Auch die Homerallegorese stellte ja, wie an den bislang zitierten Texten schon vorgeführt, mit ihrer naturphilosophischen oder ethischen Interpretation der *Ilias* und der *Odyssee* die Historizität der geschilderten Ereignisse, Götter und Menschen durchaus ins Zwielicht. Aufschlußreich ist dabei in der hellenistischen Auslegung, daß selbst dort, wo man Homer weitgehend von älterer Tradition beeinflußt sah[1119], ja ihm nicht bloß Nutzung ebendieser nachsagte, son-

---

in hand with challenges to his authority". Berüchtigt war etwa der Homeromastix Zoilos, der Irrtümer und Widersprüche des Dichters, nicht ohne komische Wirkung, vorführte (vgl. die Zeugnisse bei Friedländer [1895] passim; dazu auch Bishop [2016] 385/92 mit Literatur). Von Zenon, dem Begründer der Stoa, wird ausdrücklich überliefert, er habe in seinen Schriften zu *Ilias*, *Odyssee* und *Margites* Homer an keiner Stelle kritisiert, gleichwohl die Auffassung vertreten, der Epiker habe teils κατὰ δόξαν, teils κατ' ἀλήθειαν gedichtet (vgl. SVF 1, 274) – um ihn vor dem Vorwurf, er widerspreche sich an schwer miteinander zu vereinbarenden Stellen selbst, zu schützen (vgl. dazu de Lubac [1999] 374 sowie Rankin [1986] 177; Cole [1991] 58 und Navia [2001] 44/46 zu einer ähnlichen Einschätzung schon bei Antisthenes F 58 Caizzi).

1118 Die Irrwege des Odysseus auffinden zu wollen sei, wie den Mann zu suchen, der dem Aiolos den Windschlauch gefertigt habe (aus Strab. 1, 2, 5, 24)! Vgl. dazu schon Koster (1970) 144f. (mit Hinweis auf Strabons Gegenposition); Pfeiffer (1978) 207/09; Geus (2002) 265/69; Netz (2009) 171f.; Kim (2010) 56/60; Montana (2015) 114/17 und Nicolai (2015) 1116/18. Die am Ende des ersten Buchs geäußerten Vorbehalte gegen τοὺς φανερῶς πεπλασμένα καὶ ἀδύνατα λέγοντας (aus Strab. 1, 3, 23, 62) richteten sich wohl nicht allein gegen Dichter, sondern auch gegen Autoren wie Hekataios von Abdera (vgl. Geus [2002] 267f. und unten S. 429/31 zu Palaiphatos).

1119 S. schon oben S. 164; vgl. dazu Kornutos epidr. 17; 35, 13/15; Dion Chrys. 53, 3f.; Schol. in Hom. Il. 5, 385; außerdem schon Wehrli (1928) 56f.; Most (1989) 2020/23; Dawson (1992) 24/26; Boys-Stones (2001) 53 und (2003b) 191f.; Ramelli (2003) 434f.; Brisson (2004) 38f.; Struck (2004) 149f. sowie Most (2010a) 26 unter anderem zu Aristoteles, der erkannt habe, daß in der alten mythischen Poesie eine noch ältere Weisheit und physikalische Spekulation erhalten und rückerschließbar geblieben sei (s. auch oben Anm. 836); weiterhin auch: Joosen – Waszink

dern gar ihre Verfälschung vorwarf[1120], seine dichterische Leistung, also die eigenständige poetische Neuformung und autoritative literarische Fixierung, kaum in Zweifel gezogen wurde[1121].

Moses hingegen kam nach Aristobulos im Hinblick auf die übertragene Rede der Tora eine ganz andere Aufgabe zu: Ihm allein unter den Menschen spricht der Exeget σοφία[1122] zu, die "um ihn" (περὶ αὐτόν) gewesen sei (F 2, 28 Holladay), und θεῖον πνεῦμα – von Gott inspiriert und von Weisheit umgeben spricht er, so daß der νόμος nicht allein als seine menschliche oder gar individuelle Rede Bedeutung hat, sondern als göttliche Offenbarung[1123]. Darin eine Herabwürdigung seiner Autorität auszumachen ginge freilich fehl: In seiner Inspiration ist Moses der νομοθέτης der Juden[1124]. Hier vertieft sich auch das Verständnis jener oben kurz behandelten Cautel: Irrwege der Exegese sind ebensolche und kein Anlaß, den νομοθέτης selbst der ἀλογία[1125] zu zeihen; er ist

---

(1950) 286; Dörrie (1974) 126. 130f.; Le Boulluec (1975) 316; Siegert (1992) 59; Algra (2010) 232f.; Busch – Zangenberg (2010) 51. 54 sowie zu Aristot. poet. 1460b Niehoff (2011b) 83/86.

1120 Vgl. den Stoiker Balbus in Ciceros *De natura deorum* 2, 70 sowie zu Kornutos oben Anm. 1119; dazu Griffiths (1967) 83; Struck (2004) 149 und Algra (2010) 233.

1121 Vgl. auch Tigerstedt (1970) 168f. 170f. zu Homer und Hesiod sowie Westermann (2002) 133 mit der Beobachtung, daß Homerkritiker wie Platon indirekt das überragende Ansehen des Dichters voraussetzen.

1122 Vgl. zur präexistenten σοφία bei Aristobulos schon oben S. 123 und 211. Vgl. auch Henry (1986) 154 zum Derveni-Papyrus.

1123 Ob hier *in nuce* Inspirationslehre vorliegt, ist bislang kaum diskutiert worden (vgl. Ansätze bei Walter [1964] 130²; Hengel [1988] 299 und Hafemann [1995] 70. 173f.). Den griechischen Denkern spricht Aristobulos in feiner Differenzierung solchen Geist nicht zu, sondern Bewunderung für ihn aus gelehrter und akribischer Erforschung. Bemerkenswert ist in diesem Zusammenhang, daß zum einen unter den Griechen die Stoiker, vor allem Chrysipp, den alldurchwaltenden göttlichen Logos bekanntlich als πνεῦμα bezeichnen konnten (vgl. mit Belegen Long [1974] 155/58; Struck [2004] 126; Thom [2005] 87; Meijer [2007] 100/02 und Bénatouïl [2010] 28 sowie Kidd [1997] 162. 164f. zum Zeushymnus der *Phainomena*), zum anderen nach zeitgenössischer Auffassung die alten Ägypter das Pneuma mit Zeus/Amun identifizierten (vgl. Diod. 1, 12, 2 oben S. 79f. mit Bertrac [1993] 43 über die möglicherweise stoischen Einflüsse auf diese Stelle).

1124 Vgl. z.B. Ier. 8, 8f. und Eccl. 8, 16/18 über menschliche Weisheit. Die Weisheitsliteratur kann darüber hinausgehen; vgl. etwa Sirach 18, 28f. (ed. Rahlfs, vol. 2, S. 407): πᾶς συνετὸς ἔγνω σοφίαν καὶ τῷ εὑρόντι αὐτὴν δώσει ἐξομολόγησιν und 39, 1/11.

1125 Die Wörter ἄλογος/ἀλογία sind in der hellenistischen Kritik terminologisch im Sinne von "unlogisch, unsinnig, widersprüchlich"; vgl. etwa Aristot. poet. 1461b1/25 (wo das ἄλογον als eine der fünf Kategorien von ἐπιτιμήματα eben gegen die Dichter benannt wird) und F 147 Rose³ (mit Erbse [1960] 61; Koster [1970] 69f. und Breitenberger [2006] 369. 374), Herakleides Pontikos F 100. 104 Schütrumpf (mit Heath [2009] 258 zur Stelle); Schironi (2009) 288 zu Aristarch und Essler (2011) 173f. zu Epikur. Zu den positiven Gegenbegriffen des εὐλόγου/der

als Gesetzgeber Gottes über allen Zweifel erhaben und wird nicht nur von den Juden, sondern auch von den griechischen Dichtern und Philosophen bewundert – er selbst, nicht etwa Gott (F 2, 27/32 Holladay)[1126].

Auffällig ist in diesem Zusammenhang der Umstand, daß Aristobulos nicht zögert, biblische Aussagen mit Lob zu kommentieren[1127], nicht nur ein Wort aus den *Proverbia* (F 5, 46/51 Holladay): σαφέστερον δὲ καὶ κάλλιον τῶν ἡμετέρων προγόνων τις εἶπε Σολομῶν αὐτὴν [sc. die Weisheit] πρὸ οὐρανοῦ καὶ γῆς ὑπάρχειν, sondern auch zwei des Gesetzgebers Moses (F 2, 53/55 Holladay): διόπερ καλῶς ὁ νομοθέτης ἐπὶ τὸ μεγαλεῖον μετενήνοχε, λέγων τὰς συντελείας χεῖρας εἶναι τοῦ θεοῦ und indirekt auch (F 2, 55/57 Holladay): στάσις δὲ θεία καλῶς ἂν λέγοιτο κατὰ τὸ μεγαλεῖον ἡ τοῦ κόσμου κατασκευή. Solche Kommentare dürften dem griechischen Publikum nicht anstößig gewesen sein[1128]: Homer hatte seine ἐπαινέται, und die Exegeten der maßgeblichen Autoren fühlten sich zu ausdrücklichem Lob gerade dann veranlaßt, wenn Interpretationen umstrittener Stellen anstanden, die eigene Auslegung ungewöhnliche Wege beschritt und Kritik des Publikums zu erwarten stand[1129]. Hier mag es genügen, noch zwei Belege aus dem Homerallegoriker Heraklit anzuführen[1130]:

εὐλογία, also des Wohlbegründeten, vgl. Görler (1994) 807/11 und insbesondere *Aristeasbrief* 161, wo diese Wertung über Mose Nomothesie ausgesprochen wird. Auch in der naturwissenschaftlichen Fachliteratur, etwa im zeitgenössischen Aratkommentar Hipparchs (dazu oben S. 40/44), findet das Begriffspaar reichen Gebrauch.

1126 Vgl. dazu Tiede (1972) 142.

1127 Was später auch der *Aristeasbrief* und Philon praktizieren, nämlich "die Heilige Schrift beim Zitieren zugleich zu loben" (Siegert [1988] 46; [1992] 66 und [1993] 166), begegnet also hier schon zwei Jahrhunderte früher bei Aristobulos (vgl. auch Thyen [1955] 58 und Schimanowski [2006] 24), der seine Kommentare, offenbar anders als die späteren Exegeten (vgl. Bultmann [1910] 96 und Thyen [1955] 58. 72), nicht nur auf Stellen übertragener Auslegung beschränkt.

1128 Auch Nomoi werden dann, wenn man sie zitiert, gern gelobt (vgl. dazu Carey [1996] 44).

1129 Vgl. etwa aus Platon *Protagoras* 340/48 sowie seinen *Ion* über Homer, den ἄριστος καὶ θειότατος τῶν ποιητῶν (530b), dessen Verse jedoch gleich mehrfach darauf geprüft (σκοπεῖν/ κρίνειν) werden, ob er richtig und gut dichte (mit Wertungen wie εὖ/ὀρθῶς/καλῶς λέγειν 531d. 532a. 537c. 538b/d u.ö.) – und das, obgleich schönste Dichtung allgemein aus göttlicher Inspiration entspringe, also göttlich, nicht menschlich sei (534). Ion ist ein Ὁμήρου ἐπαινέτης (536d, vgl. 542b; insgesamt dazu Beil [1993] 228f.; Westermann [2002] 124f. 129; Liebert [2010] 186f. u.ö.; Collobert [2011] 43 sowie Hunter [2012] 90f. [mit der späteren Parallele Dion Chrys. 53, 1]. 99f.). Der Begriff des ἑρμηνεὺς τῶν θεῶν, mit dem Sokrates den Dichter belegt (534e; vgl. 535a), wäre in diesem Zusammenhang noch erklärungsbedürftig (vgl. dazu etwa Gonzalez [2011] 94). Aus späterer Zeit ist Dions 53. Rede erhellend. Dazu auch Schlaffer (1982) 65 und Westermann (2002) 244f. 246/68 sowie Mülke (2017) passim. Zitate aus anderen Dichtern wie

61, 1 (ed. Russell – Konstan, S. 98):
αὐτίκα τοίνυν ἐν ἀρχῇ [sc. der *Odyssee*] τὴν Ἀθηνᾶν ὑπὸ Διὸς ἀποστελλομένην πρὸς Τηλέμαχον εὑρίσκομεν εὐλόγως, ἐπειδὴ ...

67, 4 (ed. Russell – Konstan, S. 106):
νημερτὴς δ' εὐλόγως εἴρηται [sc. Proteus] ... (vgl. zu εὐλόγως auch 69, 10 und 70, 10).

Bei dem Bibelexegeten Aristobulos ist solches Lob nicht bloß argumentative Strategie: Zunächst schärft es die Rolle, welche der Ausleger gegenüber der autoritativen Schrift einnimmt. Der Exeget, der Irrwege der eigenen Auslegung nicht ausschließen kann, beansprucht zugleich das Recht, über den Text, dem er eigentlich untergeordnet ist, urteilen zu dürfen. Die Ankündigung, er wolle mit seiner eigenen δύναμις und σύνεσις im folgenden versuchen, "das von jenem [sc. Moses] Erdachte zu zerlegen" (διαιρεῖσθαι τὰ ἐκείνῳ νενοημένα), spricht Bände. Desweiteren setzt solches Lob voraus, daß die sprachliche Fassung des schriftlich vorliegenden Nomos Moses anzurechnen ist und deshalb auch kommentiert werden kann – Gott selbst, den Urgrund der mosaischen σοφία und des θεῖον πνεῦμα, in kritischer Exegese zu loben wäre kaum denkbar[1131]. An jenen Kernstellen des Methodenfragments 2, an welchen Aristobulos seine übertragene Auffassung der Anthropomorphismen begründet, beziehen sich die Verben (ὃ βούλεται λέγειν ... λόγους ποιούμενος ... ἀπαγγέλλει ... οὐ φαίνεται μεγαλεῖόν τι διασαφῶν ... τὰ ἐκείνῳ νενοημένα ...) ebenso durchgehend auf Moses wie in der folgenden Besprechung einzelner Metaphern, so daß dort, wo der Übertragungscharakter der anthropomorphen Aussagen über Gott Thema ist, konsequent die Äußerung menschlicher Rede nicht Gott, sondern dem Menschen Moses zugeschrieben wird. Handelnde Person, grammatisches Subjekt der Handlungen ist Moses selbst[1132]. Auch die Junktur λόγους ποιέ-

---

Pindar werden auch sonst bei Platon lobend kommentiert; vgl. z.B. aus der *Politeia* die Stellen 331a und 368a.
1130 Weiteres Material bei Siegert (1992) 66; vgl. auch Hunter (2015) 676f.
1131 Erinnert sei daran, daß der Gedanke, göttliche Inspiration des Dichters bewirke notwendig erhabene Schönheit seiner Poesie, auch in der griechischen Kritik begegnet, beispielsweise schon im Ausgang des fünften Jahrhunderts bei Demokrit (68 B 18 und 21 Diels – Kranz) und später in der aufschlußreichen Stelle Plut. *De E apud Delphos* 4/8, 396f. (vgl. dazu mit Literatur Liebert [2010] 186f. 206f. und Nünlist [2015] 731).
1132 Auffällig sind dort, wo Aristobulos die "Hände Gottes" auslegt, die Einleitungen zu zwei Bibelzitaten (Γ 2, 45/50 Holladay): καὶ πάλιν εἰρηκέναι αὐτῷ φησι τὸν θεόν· "ἀποστελῶ τὴν χεῖρά μου καὶ πατάξω τοὺς Αἰγυπτίους [vgl. Exod. 3, 20]". καὶ ἐπὶ τοῦ γεγονότος θανάτου τῶν

ομαι¹¹³³ hebt an entscheidender Stelle (F 2, 23/27 Holladay) die sprachschöpferische Leistung des Gesetzgebers stärker hervor als das bloße Verb λέγω¹¹³⁴. Die Folgen dieser Auffassung für die Auslegung der Tora sind erheblich: Die Metaphorik der Rede über Gott ist weder eine nur von einem Menschen, einem "Au-

---

κτηνῶν καὶ τῶν ἄλλων φησὶ τῷ βασιλεῖ τῶν Αἰγυπτίων λέγων· "ἰδοὺ χεὶρ κυρίου ἐπέσται ἐν τοῖς κτήνεσί σου καὶ ἐν πᾶσι τοῖς ἐν τοῖς πεδίοις θάνατος μέγας [vgl. Exod. 9, 3]". Die Dopplung des Prädikats φησι einmal mit εἰρηκέναι, dann mit λέγων, ist nicht einfach tautologisch, sondern hebt die besondere Redeweise der mosaischen Logoi hervor. Nicht Gott selbst hat so zu Moses gesprochen, sondern Moses sagt, Gott habe so zu ihm gesprochen! Vgl. die schon zitierte Stelle F 2, 23/26 Holladay, aber auch den Ausdruck τὰ ἐκείνῳ νενοημένα (F 2, 38 Holladay) und F 4, 2/6 Holladay: ... διὰ τῆς νομοθεσίας ἡμῖν [!] ὅλην τὴν γένεσιν τοῦ κόσμου θεοῦ λόγους εἴρηκεν [Perfekt!] ὁ Μωσῆς. συνεχῶς γάρ φησιν ἐφ' ἑκάστου· "καὶ εἶπεν ὁ θεός, καὶ ἐγένετο". Es ist Moses, der uns die ganze Schöpfung des Kosmos als Worte Gottes kündet! Auch in den Qumranschriften werden Zitate aus der Torah wiederholt eingeleitet mit Wendungen "wie Moses sagte" (vgl. dazu Bowley [2001] 167 und Penner [2010] 68). Die Ausdrucksweise, daß der Gesetzgeber, ja sogar der Nomos selbst etwas "sage" (vgl. wiederholt die Verben λέγω und φημί), ist dabei schon der griechischen Rechtsterminologie ganz geläufig (vgl. z.B. Demosth. 9, 43; 18, 6; 20, 89; 23, 72f.; 44, 64 u.ö.). Auffällig ist die oben bereits angesprochene Stelle F 2, 78/84 Holladay: λέγεται δὲ καὶ κατάβασις ἐπὶ τὸ ὄρος θεία γεγονέναι διὰ τῆς γραφῆς τοῦ νόμου, καθ' ὃν ἐνομοθέτει καιρόν, ἵνα πάντες θεωρήσωσι τὴν ἐνέργειαν τοῦ θεοῦ. Wer ist im Relativsatz Subjekt des Verbs ἐνομοθέτει? Moses kommt hier nach dem Vorhergehenden eher in Frage als Gott (*pace* Holladay [1995] 143: "when God was giving the law"), der in κατάβασις θεία zwar mitverstanden ist, aber erst am Ende des Satzes selbst genannt wird.

1133 Vgl. zu dieser Prägnanz des dynamisch-medialen ποιέομαι etwa Kidd (1997) 444 und Volk (2012) 221. Beispielhaft sei hier hingewiesen auf Plat. Phaid. 61b; Phaidr. 270a6. 274f. und Tim. 27c; Polyb. 6, 1, 4f. sowie Hipparch comm. in Arat. 1, 1, 3; 1, 8, 15.

1134 Zur Terminologie der ganzen Stelle sei ein Seitenblick geworfen auf die Überlegungen, welche in Platons Werk über Sprachschöpfung angestellt werden: Sokrates diskutiert im *Kratylos* (388/90) die diesbezügliche Leistung des ursprünglichen Namensgebers (ὁ τὰ ὀνόματα ποιῶν), des τῶν δημιουργῶν σπανιώτατος ἐν ἀνθρώποις, der hier (wie auch in Charm. 175b) Nomothet genannt wird. Der geläufige, der Natur der πράγματα entsprechende Gebrauch (vgl. νόμος) der Bezeichnungen (ὀνόματα) gehe auf ihn zurück, unter der Aufsicht des Dialektikers. Die Dianoia der einzelnen Namen entspringt dabei einer ganz bestimmten Aktivität: "Socrates ... talks about what the namegiver *thought* in giving certain names [νοεῖν 399d, 401d, 402b; διανοεῖσθαι 407b]; he even refers to what imposes names as 'the διάνοια of gods of humans or both' (461c)" (Ademollo [2011] 237; vgl. auch Sedley [2003] 66/74 und Anceschi [2007] 26/30. 40/47). Im *Phaidon* sagt Sokrates hingegen einmal, ihm sei es notwendig erschienen, zu den Logoi Zuflucht zu nehmen, um: ἐν ἐκείνοις σκοπεῖν τῶν ὄντων τὴν ἀλήθειαν (99e). Zum Vergleich: Dem Ausleger des Derveni-Papyrus gilt Orpheus als derjenige, der Wörter und Namen geschaffen habe, insbesondere jene der Götter (vgl. wiederholt die Verben καλέω/ὀνομάζω). Daß auch im Hellenismus das Thema des Ur-Namensgebers Beachtung fand, erhellt aus einer berühmten Passage der arateischen *Phainomena* (s. dazu schon oben sowie Hipparchs Kommentar 1, 8, 10/13).

tor" Moses, über Gott entworfene noch eine von Menschen, den Exegeten, an den Text herangetragene Deutung. Göttlicher Geist und Weisheit selbst wirken diese Rede über Gott, ein Selbstzeugnis Gottes, in der Person Mose – der damit zugleich Subjekt seiner Rede ist und auch nicht[1135]. Wer dies nicht versteht, dem bleibt die wahre Einsicht in den vollen Sinn des Gesetzes verschlossen: οὐ φαίνεται [sc. Moses] μεγαλεῖόν τι διασαφῶν.

Aristobulos versetzt Moses mit der Bemerkung (F 2, 27/32 Holladay): οἷς μὲν οὖν πάρεστι τὸ καλῶς νοεῖν, θαυμάζουσιν τὴν περὶ αὐτὸν [sc. Moses] σοφίαν καὶ τὸ θεῖον πνεῦμα, καθ' ὃ καὶ προφήτης ἀνακεκήρυκται nicht in die Rolle eines griechischen προφήτης (von πρό und φημί), der, anders als ein μάντις, nicht selbst das Göttliche erfahre, sondern göttliche Offenbarung nur beurteile, in Worte fasse, interpretiere und den Menschen übermittle[1136]. Einerseits: Der Einsatz des Relativsatzes καθ' ὃ schließt sich direkt an τὸ θεῖον πνεῦμα an – als Prophet wird Moses verkündet eben doch wegen seiner Inspiration, die der Exeget hier, für das hellenistische Umfeld aufschlußreich, als das entscheidende Kriterium von Prophetie festhält. Bereits der Grieche Hekataios von Abdera hatte sein Kolophon des mosaischen Nomos zitiert, das dem Gesetzgeber Moses Unmittelbarkeit zu Gott bescheinigte (aus Diod. 40, 3, 6; s. dazu schon S. 227f.): Μωσῆς ἀκούσας τοῦ θεοῦ τάδε λέγει τοῖς Ἰουδαίοις[1137]. Andererseits: Moses ist kein enthusiastisch, wie von Sinnen kündender μάντις (von μαίνομαι), um ihn ist neben göttlichem Pneuma auch die an dieser Stelle eben nicht ausdrücklich

---

1135 Vgl. Walter (1964) 130²; Stoellger (2008) 201/03 (zur "Rhetorik der Nichtintentionalität" biblischer Propheten) und Niehoff (2011b) 68.
1136 Vgl. allgemein dazu Fascher (1927) 1/75 (über die Bedeutungsbreite des Begriffs); Tigerstedt (1970) 173f. (mit Literatur); Bremmer (1993) 159 und (2001) 421: "Grundsätzlich fungiert ein *p*. [sc. Prophet] nur als 'Verwalter' eines Orakels (Hdt. 8, 36f.; 9, 93), während *mántis* für den gemeinen Seher steht"; Siegert (2001) 235: "Seine Aufgabe war ein Nachdenken und Wortefinden"; Pollmann (2002) passim; Tibbs (2007) 24f.; Vonach (2011) 2691 sowie Hagedorn (2013) 103; anders etwa Janowitz (1991) 131f. Im platonischen *Menon* 99c/d führt Sokrates aus: ὀρθῶς ... ἂν καλοῖμεν θείους ... χρησμῳδοὺς καὶ μάντεις καὶ ποιητικοὺς ἅπαντας· καὶ τοὺς πολιτικοὺς οὐχ ἥκιστα τούτων φαῖμεν ἂν θείους τε εἶναι καὶ ἐνθουσιάζειν, ἐπίπνους ὄντας καὶ κατεχομένους ἐκ τοῦ θεοῦ, ὅταν κατορθῶσι λέγοντες πολλὰ καὶ μεγάλα πράγματα, μηδὲν εἰδότες ὧν λέγουσιν (vgl. dazu Büttner [2000] 317f.). Letzteres nimmt Aristobulos für Moses nicht an. Vgl. auch Ps.-Plat. virt. 379c über die Manteis und Chresmologoi: οὗτοι γὰρ οὔτε φύσει τοιοῦτοι γίγνονται οὔτε τέχνῃ, ἀλλ' ἐπιπνοίᾳ ἐκ τῶν θεῶν γιγνόμενοι τοιοῦτοί εἰσιν.
1137 Vgl. Albertz (2001) 44. Das Zitat muß allerdings nicht die Ansicht des griechischen Ethnographen selbst wiedergeben, der in eigenen Worten Moses nur φρόνησις und ἀνδρεία zuschreibt (dazu Feldman [1993] 234 mit Hinweis auf Aristot. eth. Nik. 1140b und pol. 1277a), also hinter Aristobulos deutlich zurückbleibt. Auch in Strab. 16, 2, 39 steht Moses in einer Reihe mit griechischen und barbarischen μάντεις, für die gelte: τὰ παρὰ τῶν θεῶν ἡμῖν ἐκφέροντες παραγγέλματα καὶ ἐπανορθώματα καὶ ζῶντες καὶ ἀποθανόντες.

als θεία markierte Weisheit, und gerade dadurch, daß Aristobulos ihm im Methodenfragment 2 das Verb νοέω zuordnet, wird ihm in seiner Inspiration Rationalität, seiner sprachlichen Fassung des göttlichen Nomos durchdachte Intentionalität zugesprochen, durchaus wie einem griechischen Propheten (vgl. auch die Mahnung, ihm nicht ἀλογία anzuhängen). Es hat den Anschein, als wolle der Exeget das Verhältnis von σοφία, die er in F 5 Holladay, im Einklang mit der biblischen Weisheitsliteratur, ja ebenfalls als göttlich anerkennt, und θεῖον πνεῦμα nicht vorschnell zugunsten allein des letzteren gewichten[1138]. Moses ist hier weder nur ein Dolmetscher noch ein bloßes Sprachrohr Gottes oder ἄγγελος κυρίου, und die, die richtig zu denken vermögen, bewundern beides in ihm, die Weisheit und die göttliche Inspiration.

Aristobulos geht zwar mit dieser Charakterisierung über das, was der Pentateuch[1139] über Moses berichtet, hinaus, tritt dazu aber nicht in unauflöslichen

---

[1138] Womit er eine Tendenz der späteren jüdisch-hellenistischen (Weisheits)Literatur eher vermiede, die später in Philon und Flavius Josephus starke Fortsetzung finden sollte, nämlich σοφία als "mystical and quasi-magical experimentation" (Barton [1986] 129f.) zu deuten, sie also in enger Verbindung mit einer Inspiration zu sehen, in welcher der Prophet ohne eigenes Zutun allein die Botschaft Gottes verkündet (vgl. etwa Sirach 24, 33; auch Dan. 2, 21f.); in Sap. 7, 7 hingegen betet der Sprecher um Klugheit und empfängt das πνεῦμα σοφίας, bevor in 7, 22/30 die Weisheit als allesdurchdringendes Pneuma auftritt, das Freunde Gottes und Propheten bereitet (vgl. auch 7, 15/17 und in Kapitel 9 das Gebet Salomons sowie Mack [1973] 79). Daß schon im Pentateuch σοφία und (θεῖον/ἅγιον) πνεῦμα verbunden werden, ist für Aristobulos besonders wichtig; vgl. z.B. Exod. 28, 3 und 31, 3 (ed. Rahlfs, vol. 1, S. 140): καὶ ἐνέπλησα αὐτὸν [sc. Beseleel] πνεῦμα θεῖον σοφίας καὶ συνέσεως καὶ ἐπιστήμης ... (dazu noch Ies. 11, 2f. LXX; Aristeasbrief 139 sowie Wevers [1990] 507 und Lange [2015] 303 zu Dan. 6, 4 LXX). Zur Prophetie in den rabbinischen Schriften vgl. Neusner (1998) passim.

[1139] In anderen biblischen Büchern begegnet neben dem Verweis auf das "Gesetz Gottes" wiederholt derjenige auf das "Gesetz/Buch Mose" (dazu mit Belegen Smend – Luz [1981] 49f.; Schmid [1986] 79 und Otto [2007] 100f.). Vgl. in Auswahl etwa Mal. 3, 26 LXX (offenbar in Klammer zu Ios. 1, 1/9); 1 Esdr. 1, 6; 5, 48: 9, 39 (vgl. auch 2 Esdr. 18, 1 ~ Neh. 8, 1); 2 Makk. 7, 30 (ὁ νόμος ὁ δοθεὶς τοῖς πατράσιν ἡμῶν διὰ Μωυσέως) gegenüber 6, 23 (ἡ ἁγία καὶ θεόκτιστος νομοθεσία); Sirach 24, 23 (vgl. Dtn. 33, 3f. oben Anm. 674); 45, 5 und Dan. 9, 13. Andere Stellen, ja ganze Teile der hebräischen Bibel (vgl. Fischer [2000] 107), setzen die Rolle Mose geringer an (vgl. z.B. 2 Chron. 35, 6). Den hellenistischen Autoren gilt Moses dann weithin als Nomothetes schlechthin. Bezeichnend etwa der Aristeasbrief, in dem er nur einmal (144) namentlich genannt, sonst jedoch, vorher und hinterher, als νομοθέτης bezeichnet wird, der selbst gebietet, lehrt und die Bewunderung des Ptolemäers erfährt (vgl. etwa 131. 147. 312) – für den Nomos, den derselbe Ptolemäer als λόγια θεοῦ ausruft (177; vgl. auch 15. 240. 313). Aristobulos wirkt im Kapitel 139 nach (ed. Pelletier, S. 170): συνθεωρήσας οὖν ἕκαστα σοφὸς ὢν ὁ νομοθέτης ὑπὸ θεοῦ κατεσκευασμένος εἰς ἐπίγνωσιν τῶν ἁπάντων (s. dazu schon oben S. 309 sowie Irrgang [2012b] 275 und Wright [2015] 288). Vgl. auch Ezechiel Tragicus F 7, 9 Holladay zu Moses als Propheten sowie Ego (2010b) 44 zu seiner Offenbarungsmittlerschaft im Jubiläenbuch und aus

Gegensatz[1140]: Zentrale Passagen der biblischen Darstellung lassen sich so verstehen, daß der Prophet Moses, als einziger in unmittelbarem Verhältnis zu Gott, von diesem die Offenbarung des Gesetzes empfängt[1141] und doch deren Fassung in menschlicher Sprache als Mensch, zwischen Gott und Israel stehend, vermittelt[1142]. Gott als Quelle des Gesetzes steht dabei nie in Frage, und

---

den Qumrantexten 1Q22, die sogenannten "Worte Mose" (dazu Brooke [2007] 210f. mit weiteren Belegen).
1140 Vgl. zur Besonderheit der mosaischen Prophetie schon in der Bibel selbst etwa Fascher (1927) 110/14; Feldman (1993) 53; Dohmen (1998) 39f. und (2011) 26/29; Fischer (2000) 90f. 93f.; Köckert (2001) 419f.; Rajak (2009) 228f. sowie vor allem Otto (2009) 257/71. Zu überprüfen wäre in diesem Zusammenhang, ob die Septuaginta tatsächlich "reserves the term προφήτης for the one who reveals the divine will ... The prophet declares nothing which is his own" (Feldman [1990] 416 mit Literatur).
1141 Vgl. insbesondere Dtn. 34, 10/12 (ed. Rahlfs, vol. 1, S. 354): καὶ οὐκ ἀνέστη ἔτι προφήτης ἐν Ισραηλ ὡς Μωυσῆς, ὃν ἔγνω κύριος αὐτὸν πρόσωπον κατὰ πρόσωπον, ἐν πᾶσι τοῖς σημείοις καὶ τέρασιν, ὃν ἀπέστειλεν αὐτὸν κύριος ποιῆσαι αὐτὰ ἐν γῇ Αἰγύπτῳ Φαραω καὶ τοῖς θεράπουσιν αὐτοῦ καὶ πάσῃ τῇ γῇ αὐτοῦ, τὰ θαυμάσια τὰ μεγάλα καὶ τὴν χεῖρα τὴν κραταιάν, ἃ ἐποίησεν Μωυσῆς ἔναντι παντὸς Ισραηλ (vgl. dazu Rendtorff [1959] 803 und Sonnet [1997] 251). Der Geist, von dem Josua erfüllt wird, nachdem ihm Moses vor seinem Tod die Hände aufgelegt hat, heißt πνεῦμα γνώσεως (Dtn. 34, 9; vgl. Num. 27, 18/23 ohne diesen Begriff sowie πνεῦμα αἰσθήσεως in Exod. 28, 3). Zum Geist Gottes, der auf (ἐπί) Moses liegt, von diesem aber auch auf andere übergehen und diese zu prophetischer Rede (προφητεύω) befähigen kann, vgl. etwa auch Num. 11, 17. 24/30 und zu den nachmosaischen Propheten wichtig Dtn. 18, 9/22 (dazu Betz [1960] 62f. [Qumran] und Nihan [2007] passim). Moses selbst ist im Pentateuch niemals außer sich (vgl. wichtig Perlitt [1971] 601/03), und schon im Buch *Numeri* unterscheidet Gott gegenüber Aaron und Miriam ausdrücklich Moses von anderen Propheten (Num. 12, 6/8 [ed. Rahlfs, vol. 1, S. 235]): ἐὰν γένηται προφήτης ὑμῶν κυρίῳ, ἐν ὁράματι αὐτῷ γνωσθήσομαι καὶ ἐν ὕπνῳ λαλήσω αὐτῷ. οὐχ οὕτως ὁ θεράπων μου Μωυσῆς· ἐν ὅλῳ τῷ οἴκῳ μου πιστός ἐστιν· στόμα κατὰ στόμα λαλήσω αὐτῷ, ἐν εἴδει καὶ οὐ δι' αἰνιγμάτων, καὶ τὴν δόξαν κυρίου εἶδεν. Zur besonderen Autorität Mose als des vorzüglichen Propheten und Vermittlers zwischen Gott und Israel im Pentateuch vgl. z.B. Rendtorff (1959) 803f.; Perlitt (1971) passim; Smend – Luz (1981) 49: "Der Vorordnung der Tora vor den Propheten und der Einordnung der Tora in die Geschichte des Volkes Israel entspricht schließlich, daß *die Sinaioffenbarung zum entscheidenden Grunddatum und Mose zur entscheidenden Offenbarergestalt Israels wird*"; Barton (1986) 117: "Moses was ... in a class of his own"; Schmid (1986) 62. 69; Coats (1988) 134f.; Hafemann (1990) passim und (1995) 209f. 211/225; Crüsemann (1992) 112; Dohmen (1998) 39f. und (2011) 12. 25. 125/29 u.ö.; Bowley (2001) passim und Flint (2001b) 116 (zu den Qumrantexten); Ska (2001) 177⁵⁷; Wénin (2002) 58. 67; Kaiser (2003b) 40; Brooke (2007) 212 (zu den Qumrantexten); Léonas (2007) 222f.; Otto (2007) 45. 47f. 50. 56. 64. 94 u.ö.; (2009) 257/71 und (2012) 274/80; Nihan (2007) passim; Römer (2007b) 169/73 und (2010) 192. 196f.; Hartenstein (2008) 131/38 sowie Oswald (2012) 43f.
1142 Vgl. neben der Einleitung des *Deuteronomiums* etwa Dtn. 4, 1f. (ed. Rahlfs, vol. 1, S. 291): καὶ νῦν, Ισραηλ, ἄκουε τῶν δικαιωμάτων καὶ τῶν κριμάτων, ὅσα ἐγὼ διδάσκω ὑμᾶς σήμερον

doch ist der, der es Israel verkündet, gebietet, aufschreibt[1143], an zahlreichen Stellen insbesondere des *Deuteronomiums* eben Moses[1144]. Beider Wirken hier austrennen zu wollen entspräche wohl kaum der biblischen Botschaft: Wie Gott sein Gesetz dem Propheten bis in die sprachliche Form hinein in den Mund legt, so ist der weise und von Gott inspirierte Moses als menschlicher Nomothet vor Israel an der Wortfassung des Nomos entscheidend beteiligt, zumal da, wie oben S. 290f. schon angesprochen, dieser Nomos selbst ja Mose eigene Auslegung im *Deuteronomium* umfaßt[1145]. Übrigens: In den biblischen Schriften kann von Moses als προφήτης die Rede sein, ohne daß sein Name genannt wird[1146].

ποιεῖν, ἵνα ζῆτε καὶ πολυπλασιασθῆτε καὶ εἰσελθόντες κληρονομήσητε τὴν γῆν, ἣν κύριος ὁ θεὸς τῶν πατέρων ὑμῶν δίδωσιν ὑμῖν. οὐ προσθήσετε πρὸς τὸ ῥῆμα, ὃ ἐγὼ ἐντέλλομαι ὑμῖν, καὶ οὐκ ἀφελεῖτε ἀπ' αὐτοῦ· φυλάσσεσθε τὰς ἐντολὰς κυρίου τοῦ θεοῦ ὑμῶν, ὅσα ἐγὼ ἐντέλλομαι ὑμῖν σήμερον. 5. 11/14. 44; 5, 1/5. 22/33; 8, 1; 11, 22; 27, 1; 28, 1. 69; 30, 15f.; 32, 44/47; 33, 3f. in Mose eigenem Segen. Schon die Differenzierung, die das *Deuteronomium*, selbst Teil des Nomos, zwischen Mose eigener Rede und den in diese eingewobenen wörtlichen Zitaten Gottes vornimmt (vgl. z.B. 10, 1/7), legt den Schluß nahe, daß Moses Anteil an der sprachlichen Form des Nomos zukommt. Zur besonderen Autorität Mose vor allem im *Deuteronomium* (etwa Dtn. 5) vgl. auch Nissinen (2006) 29f. und Lenzi (2008) 300/02.

1143 Der häufige Subjektswechsel zum Verb ἐντέλλομαι, bald Gott selbst, bald Moses, ist dabei aufschlußreich. In Exod. 32, 7f. LXX spricht Gott selbst zu Moses: ἠνόμησεν γὰρ ὁ λαός σου, οὓς ἐξήγαγες ἐκ γῆς Αἰγύπτου· παρέβησαν ταχὺ ἐκ τῆς ὁδοῦ, ἧς ἐνετείλω αὐτοῖς – offenbar anders als im hebräischen Text, in welchem Gott das Subjekt des Prädikats ist. Die Spannung, in welcher Stellen, an denen Gott selbst formuliert, ja sogar schreibt, zu anderen stehen, an denen Moses stärker in den Vordergrund tritt (vgl. insbesondere Dtn. 31, 9: καὶ ἔγραψεν Μωυσῆς τὰ ῥήματα τοῦ νόμου τούτου εἰς βιβλίον und 24; auch 28, 58. 61; 29, 21. 27; 30, 10. 19. 22; 32, 44), kann hier nicht diskutiert werden; vgl. das Stellenmaterial, insbesondere aus der *Exodus*, und neuere Literatur etwa bei Köckert (2004) 178/80; Brooke (2007) passim (zu den Qumrantexten); Otto (2009) passim; Ego (2010b) 44 (zum *Jubiläenbuch*) und Camassa (2011) 49f.

1144 Begriffliche Konkurrenz zur ägyptischen Überlieferung mag hier daraus offenbar werden, daß gemäß den Überlieferungen über die Ägyptenreisen Platons der Philosoph am Nil auch bei "Propheten" studierte (vgl. mit den Quellen Dörrie [1973] 103 sowie allgemein Pötscher [1979] 1184 und Bremmer [2001] 422: "Nach der maked. Eroberung Äg. bürgerte sich im 3. Jh.v.Chr. aus noch ungeklärten Gründen der Gebrauch des Begriffes *p*. [sc. Prophet] als Übers. für lokale Priesterschaften ein"). So eng faßt Aristobulos den Begriff gerade nicht.

1145 In diesem Zusammenhang ist an die Besonderheit der biblischen Darstellung, etwa in *Exodus* und *Deuteronomium*, zu erinnern, daß Moses in eigener Rede das göttliche Wort durchaus nicht immer wörtlich wiedergibt (vgl. Exod. 19, 10. 12 mit 19, 23 oder den Dekalog am Sinai mit der mosaischen Promulgation in Dtn. 5; dazu Otto [2007] 88. 94 zu Moses als schriftgelehrtem Ausleger und Niebuhr [2013] 1009f.).

1146 Vgl. etwa Hos. 12, 14 und später Sap. 11, 1 (im Kontext der Exodus und der Rettung in der Wüste).

In der griechischen Überlieferung ähneln diesem Propheten Moses, der ja weder eigentlich als Künder der Zukunft noch als Seher mit deduktiven mantischen Fertigkeiten[1147] angesehen werden kann, neben den großen Dichtern[1148] auch die frühen Gesetzgeber, die in ihrer Nähe zu den Göttern ihre Gesetze doch selbst formulieren und als deren Urheber gelten[1149], und die Philosophen[1150]. Begriffs-

---

1147 Vgl. dazu etwa Bremmer (1993) 153; Lange (1990) passim und (2007) passim (mit frühgriechischen Quellen und neuerer Literatur) sowie Flower (2008) 30.
1148 Auch wenn er, wie schon angedeutet, etwa mit Platons gottbegeisterten Dichtern (vgl. Phaidr. 245a u.ö.) nicht einfach auf eine Stufe zu stellen ist. Vgl. Flower (2008) 22f. sowie noch Plat. pol. 331e über Simonides, den σοφὸς καὶ θεῖος ἀνήρ, mit weiterem Material Murray (1995) 118; Büttner (2000) 348/61 und (2011) passim.
1149 Vgl. zu den diesbezüglichen Kontroversen oben S. 236. 239f. 249f. Jedenfalls überwiegt die Auffassung, der Nomothet sei nur Empfänger und Überlieferer göttlichen Diktats gewesen, durchaus nicht die Annahme, an dem Entwurf und der Formulierung seiner Ordnung komme ihm eigener Anteil zu, also eine Art von Autorschaft (vgl. Gehrke [2000] 145). Die frühen Rechtsordnungen werden ja ebenso lobend gewürdigt wie kritisch besprochen. Dafür hier nur noch ein Beispiel: Die platonischen *Nomoi* beginnen (624a/b) mit der Feststellung, Spartas und Kretas Gesetze würden nicht auf Menschen, sondern auf Götter zurückgeführt, hier auf Zeus, dort auf Apollon. Von Minos habe schon Homer gesagt, er habe regelmäßig mit dem Vater Zeus Umgang gepflegt und – κατὰ τὰς παρ' ἐκείνου φήμας ταῖς πόλεσιν ὑμῖν θέντος τοὺς νόμους. Von wörtlicher Wiedergabe eines Diktats ist hier, ganz abgesehen von der leichten Ironie der Stelle (vgl. Schöpsdau [1994] 153f.; anders Wilke [1997] 73f. 200f.), nicht die Rede. Nur wenig später heißt es von dem παρὰ Διὸς νομοθέτης (630e und 632d [ed. Burnet]): ὥσπερ τό τε ἀληθές οἶμαι καὶ τὸ δίκαιον ὑπέρ γε θείας διαλεγομένους λέγειν, οὐχ ὡς πρὸς ἀρετῆς τι μόριον, καὶ ταῦτα τὸ φαυλότατον, ἐτίθει βλέπων, ἀλλὰ πρὸς πᾶσαν ἀρετήν und οὕτως ... ἔγωγε ἤθελον ἂν ὑμᾶς καὶ ἔτι νῦν βούλομαι διεξελθεῖν πῶς ἐν τοῖς τοῦ Διὸς λεγομένοις νόμοις τοῖς τε τοῦ Πυθίου 'Απόλλωνος, οὓς Μίνως τε καὶ Λυκοῦργος ἐθέτην, ἔνεστίν τε πάντα ταῦτα ... (vgl. auch 634a sowie 657a; 682a über Homer; über Lykurg 691c/692c und 696a/b mit Büttner [2000] 318; 713f.; 818; 835a und [2011] 114). An der wichtigen Stelle nom. 718f., an welcher die richtige Form der Gesetze erörtert wird, unterscheiden die Gesprächspartner dann ausdrücklich zwischen Dichtern, die, in ihrem Enthusiasmos οὐκ ἔμφρονες, Widersprüchliches künden, und dem Gesetzgeber, der stets nur "eine Rede über eines" kundtun dürfe. Im Ausgang des Werks hingegen wird gefordert, der Richter müsse über das Recht lernen, indem er die schriftlichen Aufzeichnungen des Gesetzgebers heranziehe (957c/d): πάντων γὰρ μαθημάτων κυριώτατα τοῦ τὸν μανθάνοντα βελτίω γίγνεσθαι τὰ περὶ τοὺς νόμους κείμενα, εἴπερ ὀρθῶς εἴη τεθέντα, γίγνοιτ' ἄν, ἢ μάτην τοὔνομα νῷ προσῆκον κεκτῆτ' ἂν ὁ θεῖος ἡμῖν καὶ θαυμαστὸς νόμος ... τούτων πάντων [sc. anderer Reden] ἂν βάσανος εἴη σαφὴς τὰ τοῦ νομοθέτου γράμματα ... Auch hier bei Platon schließen sich Wirken des Nomotheten und göttliche Autorität wahren Rechts nicht aus, die nicht bloß bei Kultbestimmungen zu respektieren war (vgl. etwa zum delphischen Apollon pol. 427 und nom. 738; 759; 828; 865 sowie Phaidr. 262d und oben S. 113 zum göttlichen "Anhauch" der Unterredner in den *Nomoi*).
1150 Vgl. etwa die Schrift *De mundo* 391a16 (unten S. 411). Zum Enthusiasmos der Philosophen bei Platon vgl. Büttner (2000) 332/36 und (2011) passim, aber auch Morgan (2010a) 70f. zu Stel-

geschichtlich ist zudem festzuhalten, daß etwa bei Pindar der Seher Teiresias zugleich ὀρθόμαντις und προφήτης Διὸς ὑψίστου (Nem. 1, 60) ist[1151], und schon die archaische Poesie lehrt, daß die Verbindung, der Dichter empfange göttliches Wissen, etwa von den Musen, und sei als dessen προφήτης zugleich doch ein σοφός, dessen σοφία von den Göttern verliehen sei, den Griechen ganz geläufig war[1152]. Der oben S. 158/62 vorgestellte ägyptische Seher Amenophis ist bei Manetho ein σοφὸς καὶ μαντικὸς ἀνήρ und soll an göttlicher Natur Anteil gewonnen haben κατά τε σοφίαν καὶ πρόγνωσιν τῶν ἐσομένων! Besonderen Wert hat in diesem Zusammenhang eine spätere Stelle aus dem platonischen *Timaios* (71d/72a)[1153], an welcher Platon auf den ersten Blick die Distinktion zwischen Mantis und Prophet festzuschreiben scheint[1154], doch zugleich festhält, daß einunddieselbe Person beides vollziehen könne, nur eben in zeitlicher Reihenfolge: zuerst die enthusiastische Mantik, dann, wieder bei Sinnen, die besonnene und rationale Beurteilung des Gewahrsagten[1155]. Daß Aristobulos eine solche

---

len bei Platon, an denen philosophischer Logos gegen überkommene Formen der Divination höher geschätzt werde.
1151 Vgl. Tigerstedt (1970) 174; Pötscher (1979) 1183; Parker (2003) 1259: "The distinction is not absolute" mit dem Hinweis, daß selbst die pythische Orakelpriesterin von Delphi wie diejenigen in Dodona προφῆτις genannt werden konnte (vgl. Plat. Phaidr. 244a, wo auf ihren "manischen" Zustand hingewiesen ist); Morgan (2010a) 68f. und zu Pindar Pavlou (2011) 74.
1152 Vgl. etwa Pind. fr. 150 mit paian. 6, 6; Pyth. 1, 41; 3, 113; 4, 248; dith. 2, 23; Olynth. 1, 115; 9, 28 und dazu schon Gladigow (1965) 40f. mit Literatur; Collobert (2011) 44 sowie Sheppard (2014) 75.
1153 Daß Aristobulos den platonischen *Timaios* kannte, ist wiederholt angenommen worden; vgl. dazu Doering (2005) 8 (mit Literatur).
1154 Vgl. auch die Ausführungen im *Ion* 534b/d über den Enthusiasmos der Dichter; Phaidr. 244f. 265; nom. 719c sowie Murray (1995) 6/12; Karp (1998) 13f.; Büttner (2000) 315/65, der meint, das göttliche Gehaltensein des Dichters schließe seine eigene Aktivität nicht völlig aus; Westermann (2002) 167/81 (mit Belegen und neuerer Literatur); Schöpsdau (2003) 233; Collobert (2011) passim und Gonzalez (2011) 93/99; anders Flower (2008) 84f. In der späteren Rhetorik und Stillehre kehrt die Annahme, der erhabene Redner oder Dichter sei von πνεῦμα erfüllt, bei verschiedenen Autoren wieder (vgl. etwa De Jonge [2012] 286f. zu Dionysios von Halikarnassos und der Schrift Περὶ ὕψους).
1155 Vgl. 71θ/72a: ἀλλὰ συννοῆσαι μὲν ἔμφρονος τά τε ῥηθέντα ἀναμνησθέντα ὄναρ ἢ ὕπαρ ὑπὸ τῆς μαντικῆς τε καὶ ἐνθουσιαστικῆς φύσεως, καὶ ὅσα ἂν φαντάσματα ὀφθῇ, πάντα λογισμῷ διελέσθαι ὅπῃ τι σημαίνει καὶ ὅτῳ μέλλοντος ἢ παρελθόντος ἢ παρόντος κακοῦ ἢ ἀγαθοῦ· τοῦ δὲ μανέντος ἔτι τε ἐν τούτῳ μένοντος οὐκ ἔργον τὰ φανέντα καὶ φωνηθέντα ὑφ' ἑαυτοῦ κρίνειν, ἀλλ' εὖ καὶ πάλαι λέγεται τὸ πράττειν καὶ γνῶναι τά τε αὑτοῦ καὶ ἑαυτὸν σώφρονι μόνῳ προσήκειν ... dazu auch Charm. 173c sowie die ausführliche Diskussion bei Büttner (2000) 336/47; Westermann (2002) 195/203 und Sheppard (2014) 75/78. Schon Krämer (1959) 783/95 belegt die Bedeutungsbreite des griechischen Worts προφήτης, welche eine strikte Gegenüberstellung problematisch erscheinen lasse. Daß auch Platon in seinen *Nomoi* die

Abfolge auch für Moses annahm, läßt sich aus seinen Fragmenten nicht entnehmen; die Verbindung von göttlichem πνεῦμα, σοφία und νοῦς jedoch mußte einem Griechen nicht von vornherein abwegig erscheinen[1156].

8.6 Ausblick

Nicht erst bei Philon[1157] und nicht erst bei Josephus[1158], sondern schon etwa zweihundert Jahre früher kann außerbiblisch eine komplexe Anschauung von Moses

---

göttlichen Gesetze, insbesondere diejenigen des apollinischen Orakels Delphis über das Religionswesen, für auslegungsbedürftig erklärt und mit dieser Auslegung die sogenannten ἐξηγηταί, denen eine besondere Kenntnis des göttlichen Willens zukommt, betraut, sei hier nur erwähnt (vgl. dazu Westermann [2002] 203/15). Vgl. auch oben Anm. 580 zu der Seherin Manto/ Daphne in Diod. 4, 66.

1156 Wie hier Platon die Tätigkeit eines Propheten beschreibt: πάντα λογισμῷ διελέσθαι ὅπῃ τι σημαίνει ..., wirkt dabei im übrigen als eine Vorwegnahme dessen, was Aristobulos selbst als Ziel seiner eigenen Exegese ausgibt, nämlich die Dihairesis der mosaischen Rede: διαιρεῖσθαι τὰ ἐκείνῳ νενοημένα. Zur philosophischen Methode der Dihairesis Peters (1967) 34/36 und Pietsch (1992) 78/193 (grundlegend zu Aristoteles). Vgl. etwa Plat. Tim. 27d; nom. 658a über die Untersuchung eines Themas διαιροῦντες αὐτὸ κατὰ μέρη und die Forderung des platonischen Protagoras, ein äußerst gewichtiger Teil der Bildung sei "in Gedichten stark zu sein", also (339a [ed. Burnet]): τὰ ὑπὸ τῶν ποιητῶν λεγόμενα οἷόν τ' εἶναι συνιέναι [!] ἅ τ' ὀρθῶς πεποίηται καὶ ἃ μή, καὶ ἐπίστασθαι διελεῖν τε καὶ ἐρωτώμενον λόγον διδόναι. Zu dieser Stelle vgl. Hunter (2011b) 31/33 sowie oben S. 15f. zum Begriff der διάνοια. In Prot. 347e heißt es, Debatten über ältere Dichtung litten stets daran, daß die Dichter selbst nicht anwesend seien und über das, was sie sagten, befragt werden könnten. Für die Gesprächspartner bedeute dies: ἐν τοῖς λόγοις οἱ μὲν ταῦτά φασιν τὸν ποιητὴν νοεῖν, οἱ δ' ἕτερα, περὶ πράγματος διαλεγόμενοι ὃ ἀδυνατοῦσι ἐξελέγξαι. Im Ion hingegen wird die Aufgabe des Rhapsoden beschrieben (530c): οὐ γὰρ ἂν γένοιτό ποτε ἀγαθὸς ῥαψῳδός, εἰ μὴ συνείη [!] τὰ λεγόμενα ὑπὸ τοῦ ποιητοῦ. τὸν γὰρ ῥαψῳδὸν ἑρμηνέα δεῖ τοῦ ποιητοῦ τῆς διανοίας γίγνεσθαι τοῖς ἀκούουσι· τοῦτο δὲ καλῶς ποιεῖν μὴ γιγνώσκοντα ὅτι λέγει ὁ ποιητὴς ἀδύνατον [!].

1157 Vgl. beispielsweise den Abschnitt ab Moys. 2, 187, der Moses als Propheten thematisiert und dabei auch grundsätzlich das Wesen der Prophetie behandelt: Diese zeichne neben gesetzgeberischer Fähigkeit, König- und Priestertum den vollendeten Führer aus ἵνα ... ὅσα μὴ λογισμῷ καταλαμβάνει θεσπίζῃ. Moses sei der προφήτης δοκιμώτατος: Was auch immer in den heiligen Schriften stehe, müsse als Orakel (χρησμοί) Gottes gelten, aber eben erteilt durch jenen (χρησθέντες δι' αὐτοῦ). Dabei sei zu unterscheiden zwischen solchen λόγια, die Gott in eigener Person ausspreche und eigentlich keines Propheten, sondern eines ἑρμηνεύς bedürften, solchen, die in Frage und Antwort ergingen, und solchen, die Moses in eigener Person erteile, göttlich besessen und außer sich (vgl. 246. 257. 272f. 275. 280. 288 u.ö. zum ἐνθουσιασμός, der Moses in einen Propheten verwandelte)! Vgl. dazu Amir (1983) 69: "Für Philon ist Mose der Verfasser des Pentateuchs". 71: "... wenn Philon den Inhalt der Tora in so weitem Umfang auf Mose zurückführte, so war er dabei zweifellos nicht gesonnen, den göttlichen Charakter der To-

als dem Propheten des Nomos ausgemacht werden. Aristobulos sucht das Verhältnis von göttlicher Offenbarung – bereits hier pneumatologisch gefaßt – und menschlicher Verfasserschaft, nicht bloß Empfängerschaft, differenziert auszudeuten und wäre mit seinem Ansatz einerseits den frühen Rabbinen gegenüberzustellen, nach deren überwiegender Auffassung die Tora von Gott ohne jede menschliche Teilhabe oder Mitwirkung übergeben worden sei[1159], andererseits aber auch mit jenen Qumrantexten[1160], etwa mit der Tempelrolle oder dem *Jubiläenbuch*, zu vergleichen, in welchen die Autorschaft Mose auffällig relativiert wird und die Offenbarung Gottes nicht allein auf den mosaischen Nomos beschränkt erscheint.

---

ra im geringsten anzutasten" und 79 (Parallelen in der rabbinischen Literatur) sowie Nikiprowetzky (1984) 124; Smend (1984) 35f.; Barton (1986) 118/21; Blönnigen (1992) 71/86 zu den Schriften *De opificio mundi* und *De vita Moysis*; Burkhardt (1988) 147/224; Siegert (1988) 46[21]. 114 und (2005b) 220; Stemberger (1996) 67f.; Fraade (2001) 401; Cohen (2006) 185 sowie Sellin (1986) 140/44. 150/55; Levison (2006) 197/207 und Tibbs (2007) 123/30 zu Philons Prophetiebegriff.

1158 Zu Flavius Josephus vgl. z.B. c. Apion. 1, 37/39 (s. oben Anm. 959); ant. 1, 15 (s. unten Anm. 1376); 2, 327; 4, 165. 329 u.ö. sowie Feldman (1990) 392. 395f. und (1993) 262f.: "We may further remark that the very use of the term *lawgiver* (νομοθέτης) sixteen times in the first four books of the Antiquities with regard to Moses, referring to him usually merely as 'the lawgiver' without explicitly naming him as Moses, is an indication that to Josephus Moses is *the* wise man *par excellence* ... though, strictly speaking, G-d alone is the lawgiver. In fact, we may note that on only five occasions do we hear of the laws given by G-d through Moses, whereas on twenty-three occasions we hear of the laws of Moses"; Gerber (1997) 264/66; Labow (2005) 32[87]; Barclay (2007a) 29 und Gußmann (2012) 352f. (Moses als Gesetzgeber und Prophet).

1159 Vgl. zum *Aristeasbrief* Hadas (1951) 62f. und Troiani (1987) 45. Zur späteren rabbinischen Tradition Kalmin (1999) 94/100; Fraade (2004) passim; Mosès (2004) passim; Heschel (2005) passim; Niebuhr (2013) 1037f. und Hayes (2015) 166/370.

1160 Die Folgen für die Auffassung mosaischer Autorschaft werden noch kontrovers diskutiert; vgl. etwa Weinfeld (1991) passim; Kraft (1996) passim; Bowley (2001) 176f.; Fraade (2004) 400; Brooke (2007) 217/19; Paganini (2009) 289/96; Collins (2011) 33. 34/38; Doering (2012a) 259f. und Niebuhr (2013) 1023. Bowley (2001) 163 hält im allgemeinen fest: "... the sacred character and authority of the Torah [sc. in Qumran] derived not from the person of Moses per se but from God, who had revealed the contents of the Torah to Moses" und bringt Belege für die Auffassung, Moses sei gleichsam nur Instrument Gottes gewesen, kann aber auch (167f.), etwa an den Einleitungen zu Torazitaten, nachweisen, daß Mose "authorship" in den Qumranschriften an bestimmten Stellen durchaus betont wird. Zum zeitgenössischen Interesse an der Autorschaft biblischer Schriften, das sich auch in dem Bestreben äußert, namentlich deren Verfasser zu identifizieren, vgl. Mack (1984) passim und (mit Literatur) Blum (2005) 85.

9 Übertragene Bibelauslegung

9.1 Einleitung

'Αλληγορία ἐστὶ λόγος ἕτερον μέν τι κυρίως δηλῶν, ἑτέρου δὲ ἔννοιαν παριστάνων καθ' ὁμοίωσιν ἐπὶ τὸ πλεῖστον – als Tropus also definiert die antike Rhetorik[1161] die ἀλληγορία und setzt in dieser Definition eine Differenz von Gesagtem und Gemeintem voraus. Diese Differenz ist nicht beliebig, sondern erzeugt eine Spannung, ein Aufeinanderbezogensein zweier nur scheinbar voneinander getrennter semantischer Bereiche. Wer eine solche Differenz in einer Aussage annimmt – sei sie von deren Autor tatsächlich beabsichtigt oder auch nicht –, dem obliegt die Entschlüsselung des (vermeintlich) "anders Gesagten", um den wahren Sinn der Äußerung, nicht selten über einen weiten zeitlichen Abstand zum Autor hin, angemessen zu erfassen.

Nach Auffassung der Griechen begann auch die uneigentliche Rede mit Homer. "It is surely the case that among the Greeks evidence for reading allegorically, that is, reading with the expectation that a poem's surface overlays hidden registers of meaning, is as old as any evidence we have for reading poetry"[1162]. Schon im sechsten Jahrhundert, also lange vor dem Aufkommen einer differenzierten rhetorischen Theorie, deutete man *Ilias* und *Odyssee* als allegorische Gedichte, deren ὑπόνοιαι eher philosophisch denn rhetorisch zu deuten seien, also durch Übertragung teils kühner "physischer" oder moralisch-ethischer Spekulationen. Für die Folgezeit ließe sich eine ununterbrochene Geschichte solch allegorischer Rede und ihrer Interpretation, vor allem in den poetischen Genera, schreiben, in welcher sich Phasen besonderer Popularität von anderen auffälliger Geringschätzung unterscheiden[1163]. Bis heute gelten

---

[1161] So der Grammatiker Trypho aus dem ersten vorchristlichen Jahrhundert (trop. 3 [ed. Spengel, S. 193]); vgl. Philodem. rhet. 4, 3 (auch poet. fr. 2 Sbordone kritisch zu παριστάνω) und Ps-Plut. De Homero 70 sowie De Lacy (1948) 259; Heinemann (1952) 130f.; Buffière (1956) 47; Hahn (1967) 17/28; Kurz (1979) 15; Bernard (1990) 15. 18f.; Lausberg (1990) 441f.; Cole (1991) 56; Blönnigen (1992) 11. 14f.; Keaney – Lamberton (1996) 137; Grilli (1997) 408; Welt (2009) 18. 20.
[1162] Obbink (2010) 15. Vgl. auch Most (1993) passim, der Hom. Il. 16, 28/35 als frühestes Beispiel "dekonstruktiver Allegorese" deutet.
[1163] Vgl. in Auswahl: Heinisch (1908) 5/12; Weinstock (1927) passim; Wehrli (1928) passim; Tate (1934) passim; Joosen – Waszink (1950) 283/86; Leipoldt – Morenz (1953) 130/35; Pépin (1958) passim; Müller (1963) 16/22; Buffière (1956) passim; Richardson (1975) passim; Klauck (1978) 32-66; Blönnigen (1992) 20/56; Freytag (1992) 332/39; Siegert (1993) 161/65 und (1996) 130/98; Cancik-Lindemaier – Siegel (1996) 519/21; Sellin (1997) 99; Brisson (2004) 29/40; Ra-

dabei nach der vorsokratischen Homerallegorese die stoische Interpretation frühgriechischer Dichtung[1164] sowie die jüdisch-christliche Nutzung der Methode für die Auslegung der biblischen Offenbarung Gottes als Höhepunkte dieser Entwicklung. Mithin gilt: "Während die philosophisch-exegetische Tradition in der Allegorie vor allem 'tiefere' Wahrheiten verkörpert sah und mit ihrer Hilfe das Allgemeine im Besonderen suchte, betrachtete die Rhetorik sie in erster Linie als Schmuck der Rede, als ein Mittel der *elocutio*. Betonte die eine das Verborgene, nur dem Eingeweihten Erschließbare, mahnten die Rhetoriklehrer, daß Allegorien nicht zu dunkel und esoterisch sein dürften"[1165]. Es wäre demnach irreführend, vom Begriff der ὑπόνοια eine bloß chronologische Linie zu dem der ἀλληγορία zu ziehen, wie es Plutarchs vielbesprochene Formulierung (*De audiendis poetis* 4, 19e: ταῖς πάλαι μὲν ὑπονοίαις ἀλληγορίαις δὲ νῦν λεγομέναις) nahelegt[1166].

Aristobulos kommt mit seinem Anliegen, die Anthropomorphismen des Pentateuch übertragen zu interpretieren, die hohe Bedeutung zu, eine von den Griechen geübte Methode für die Auslegung der heiligen Schrift der Juden fruchtbar gemacht und damit eine exegetische Tradition begründet zu haben, die später zwar nicht allein, aber doch überragend Philon von Alexandria fortsetzen sollte[1167]. Nach der *communis opinio* der neueren Forschung bediente sich Aristobulos dabei der von den zeitgenössischen Stoikern geübten allegorischen Exegese[1168]. Diese Sicht der Dinge scheint freilich kritikwürdig: Zunächst liegt

---

melli – Lucchetta (2004) passim; Welt (2009) 10f.; Busch – Zangenberg (2010) 58f.; Kim (2010) 36f.; Obbink (2010) 17/22; Finkelberg (2012) 147; Hunter (2012) 60/67 und (2015) 675f. sowie Nünlist (2015) 737.

1164 Allerdings werden Eigenart und Ziele der stoischen Literaturauslegung heute kontroverser diskutiert als noch vor wenigen Dezennien. Umstritten ist vor allem, ob schon die frühen Stoiker systematisch allegorische Exegese betrieben und die frühgriechische Poesie durchweg für allegorisch hielten. Vgl. schon oben Anm. 318 und dazu mit unterschiedlichen Positionen (in Auswahl): Wehrli (1928) 40/64; Joosen – Waszink (1950) 285f.; Pépin (1958) 125/45; Thompson (1973) passim; Steinmetz (1986) 18/30; Long (1992) passim; Obbink (1992) 223, und (1995) 202; Nussbaum (1993) 133/36; Siegert (1996) 133/35; Mansfeld (1999c) 462; Schenkeveld – Barnes (1999) 221f.; Algra (2001) 576f. und (2010) 232f. mit Anm. 28; Zwierlein (2002) 91; Boys-Stones (2003b) passim; Ramelli (2003) 31/101; Russell – Konstan (2005) XV; Meijer (2007) 32. 105. 120 u.ö.; Welt (2009) 16f.; Díaz Lavado (2010) 54/56; Most (2010a) passim; Niehoff (2011b) 67f.; Finkelberg (2012) 147 sowie Moore (2015) 224f.

1165 Tischer (2006) 32.

1166 Vgl. Cole (1991) 56f.

1167 Vgl. Joosen – Waszink (1950) 287; Fraser (1972) 695; Kraus Reggiani (1973) 162/65; Goulet (1987) passim; Maier (1990) 129f. und Stemberger (1996) 65f.

1168 Vgl. Siegfried (1875) 24f.; Susemihl (1892) 629; Zeller (1903) 283f.; Heinisch (1908) 15. 17; Stein (1929) 8; Büchsel (1933) 260; Stauffer u.a. (1938) 110; Hanson (1959) 63 u.ö.; Walter (1963)

ein weiter Abstand zwischen den kühnen philosophisch-theologischen, ja kosmologischen Deutungen und etymologischen Schlüssen, die sich bei Allegorikern wie Heraklit oder den der Stoa verpflichteten Autoren wie Kornutos finden, und dem eher zurückhaltenden Verfahren des Juden Aristobulos[1169]. Desweiteren drängt sich die Frage auf, ob aus der breiten Überlieferung griechischer Allegorie und Allegorese nicht auch andere Quellen als ausschließlich die stoische von Aristobulos berücksichtigt sein könnten. Über die folgenreiche vorsokratische Homerallegorese hinaus sei hier zunächst an die Orphik erinnert, deren Grundtexte, wie z.B. die orphische Kosmogonie, spätestens schon im vierten Jahrhundert allegorisch interpretiert worden waren[1170]. Bereits in frühen *Orphika* begegnet die sonst vor allem aus der orientalischen Literatur bekannte Vorstellung des "cosmic makranthropos", also einer kosmischen Gottheit menschlicher Erscheinung, deren einzelne Körperteile den Teilen des Kosmos entsprechen[1171]. Aristobulos selbst zitiert orphische Verse, war also mit dieser Literatur vertraut[1172]; freilich ist seine Behandlung einzelner biblischer Begriffe

---

354/56; (1964) 124/29; (1987) 81f. und (1989) 390f. (mit Literatur); Fraser (1972) 695; Pfeiffer (1978) 289/96; Kraus Reggiani (1982) 96; Collins (1983) 176 und (1997a) 150; Tobin (1983) 52f.; Collins (1985) 832; Grabbe (1988) 52 und (2009) 724; Hengel (1988) 298; Most (1989) 2018/29; Holladay (1992) 142 und (2002) 72; Siegert (1992) 58[15]; Feldmeier (1994) 25; Sellin (1997) 116f, der neben stoischem Einfluß auch (neu)pythagoreisch-platonische Prägung annimmt; Barclay (1996) 154; Lichtenberger (1996) 19; Weber (2000) 99. 101. 341/47 u.ö.; Zwierlein (2002) 94; Woschitz (2005) 60. 82. 90. 92. 94. 96. 101 u.ö.; Sterling (2009) 77f.; Bloch (2011) 149f.; Niebuhr (2013) 1033 sowie Montana (2015) 86. Matusova (2010) passim bestreitet zwar stoischen Einfluß, kennzeichnet die Methode aber weiterhin als allegorisch.
1169 Vgl. schon Frankel (1851) 120; Heinemann (1952) 133; Walter (1964) 130; Klauck (1978) 96; Siegert (1996) 160 und Schenker (1997) 65. S. dazu die begrifflichen Überlegungen bei Kurz (1979) 14f. und (1982) 7/21; Freytag (1992) 330f.; Sellin (1997) 93/98 sowie Russell – Konstan (2005) XVII. Zu der (stoischen?) Tradition allegorischer Mythendeutung vgl. Siegfried (1875) 24f.; Zeller (1903) 283f.; Stein (1929) 8; Büchsel (1933) 261; Stauffer (1938) 110; De Lacy (1948) 259/63; Hanson (1959) 63 u.ö.; Walter (1963) 354/56; (1964) 124/29 und (1987) 81f. mit Literatur; Fraser (1972) 695 (skeptisch); Kraus Reggiani (1973) 166f. und (1982) 96; Pfeiffer (1978) 289/96; Collins (1983) 176 und (1997a) 150; Collins (1985) 832; Hengel (1988) 298; Most (1989) passim; Reventlow (1990) 42f.; Dawson (1992) 73/82 u.ö.; Holladay (1992) 142 und (2002) 72; Siegert (1992) 55/64; Feldmeier (1994) 25; Barclay (1996) 154; Weber (2000) 115[36]; Boys-Stones (2003b) passim; Ramelli – Lucchetta (2004) passim sowie Käppel (2005) XX/XXI.
1170 Vgl. in Auswahl, insbesondere zu dem berühmten Derveni-Papyrus: Klauck (1978) 36f.; Pfeiffer (1978) 290; Siegert (1993) 161 und (1996) 132; Burkert (1998b) 388/90: "gewaltsam allegorisierender Umgang"; Brisson (2004) 32f.; Struck (2004) 29/39; Russell – Konstan (2005) XVIII sowie Obbink (2010) 19/22 (mit Literatur).
1171 Vgl. van den Broek (1978) passim.
1172 Vgl. dazu etwa Walter (1964) 103/15; (1975) 275 und (1983) passim; Kraus Reggiani (1982) 113; Bickerman (1988) 225f.; Riedweg (1993) passim; Holladay (1995) 69f. 219f.; Sellin (1997)

nicht dasselbe wie die Wort-für-Wort-Exegese, welche etwa für den orphischen Ausleger im Derveni-Papyrus angesichts der allegorischen Ausdrucksweise des Dichters angezeigt war[1173]. Darüberhinaus hat Katell Berthelot auf die auffälligen Bezüge hingewiesen, welche zwischen der Auslegung der mosaischen Speise- und Reinheitsgebote, die im *Aristeasbrief* gegeben wird, und der Tradition symbolischer Deutung bestimmter pythagoreischer *Akousmata* bestehen. Auch wenn Einzelheiten dieser pythagoreischen Überlieferung, etwa die Authentizität und die Datierung der in diesem Zusammenhang wichtigen Autoren wie des jüngeren Anaximander von Milet[1174], bis heute unsicher sind, scheint den jüdischen Autoren schon des zweiten vorchristlichen Jahrhunderts bekannt gewesen zu sein, daß "dès la fin du 4ᵉ siècle av. n.è., une tradition d'interprétation symbolique se développe au sujet de ces *akousmata*, elle-même probablement influencée par le développement de l'exégèse allégorique d'Homère"[1175]. Schließlich sei darauf hingewiesen, daß die uneigentliche Auslegung normativer Texte nicht nur im Griechischen gepflegt wurde. In Ägypten – also dort, wo Aristobulos als Alexandriner wirkte – waren Allegorie und Allegorese uralt, viel älter als Plutarch, der diese vor allem in seiner Schrift *De Iside et Osiride* an zahlreichen Beispielen diskutiert[1176]. Die schon erwähnte *Demotische Chronik* aus ptolemäischer Zeit lohnte hier einen Vergleich, obschon man den in ihr

---

116f.; Gruen (1998a) 249f.; (2002) 223 und (2010) 422 sowie Matusova (2010) 30/33 und (2015) 91/96.

1173 Vgl. col. 13, 5f. (ed. Janko, S. 26): Da Orpheus überall in αἰνίγματα dichte, sei es notwendig κατ' ἔπος ἕκαστον λέγειν (vgl. auch col. 7, 7f.!). Daß die Methode, aus einem Text eher selektiv einzelne Elemente, etwa mythische Passagen, übertragen zu deuten, tatsächlich eher in der Stoa gepflegt wurde, betont richtig Matusova (2010) 16. 23 und (2015) 91.

1174 Von dem Xenophon überliefert, er habe die ὑπόνοιαι Homers auszulegen verstanden, also die Allegorese der homerischen Epen betrieben (symp. 3, 6); vgl. dazu Huß (1999) 189f.

1175 Berthelot (2003) 197; vgl. Burkert (1962) 150/75; Honigman (2003a) 20f.; Matusova (2010) 21 und Wright (2015) 274/88 zum Thema. Zum Vergleich böte sich auch die allegorische Interpretation an, die im Platonismus gepflegt wurde, insbesondere mit dem Bestreben, die "Personalität der Figuren", hier Gottes, nicht zu eliminieren (vgl. dazu Bernard [1990] passim und [1997] 65. 67/71 [zur "dihaeretischen Allegorese"] sowie Russell – Konstan [2005] XXIII). Nicht zuletzt bedient sich etwa Antisthenes der übertragenen Deutung älterer Poesie, vor allem auf ethische Probleme hin, auch wenn noch immer umstritten ist, ob er tatsächlich als "Allegoriker" zu bezeichnen ist (vgl. dazu mit Literatur Rankin [1986] 174f.; Algra [2001] 562¹; Navia [2001] 48/50 und Novokhatko [2015] 40).

1176 Vgl. dazu Griffiths (1967) passim; Klauck (1978) 56/58; Brisson (2004) 64/71 und Matusova (2010) 17. Schon Platon sagt an berühmter Stelle seines *Timaios* (22c/d) den ägyptischen Priestern eine allegorische Deutung des griechischen Phaethonmythos nach – der in Wahrheit (τὸ ἀληθές) von der Abweichung der Himmelskörper aus ihrer Ordnung und der daraus resultierenden Brandvernichtung des Irdischen künde.

erhaltenen "sehr dunkel gehaltenen Kommentar zu noch dunkleren Prophezeiungen"[1177] nicht im gängigen Sinn allegorisch nennen mag. Zudem hatte im dritten Jahrhundert, also nur wenige Jahrzehnte vor Aristobulos, jener am ptolemäischen Hof über beträchtlichen Einfluß verfügende Manetho in seinem auf Griechisch verfaßten Werk Ἐπιτομὴ τῶν Φυσικῶν [?] allegorisierende Deutungen ägyptischer Götter vorgelegt (vgl. F 82 und 83 Waddell)[1178]. Überhaupt vermittelt das, was das griechische Publikum aus Hekataios und Manetho über die ägyptische Religion erfahren konnte, den Eindruck, daß sowohl das Verständnis der Götter, gerade in ihrer Tiergestalt, als auch des gesamten Kults geheimnisvoll, uneigentlich, ja rätselhaft sei und ohne die Autorität der Priester kaum zugänglich[1179].

Jene These der neueren Forschung, nämlich: Aristobulos hänge mit seiner Auslegung des Pentateuchs unmittelbar und ausschließlich von der stoischen Allegorese älterer Dichtung ab, bedarf somit nochmaliger Überprüfung. Die folgende Interpretation wird daher insbesondere diejenigen Stellen in den Blick nehmen, an denen sich der Exeget in eigener Sache zu seinen Auslegungsprinzipien äußert – welche ihm offenbar doch solche Aufmerksamkeit bei den christlichen Kirchenvätern Clemens von Alexandria und Eusebius einbrachten, daß sie sein Werk, wenn auch nur in kurzen Auszügen, vor dem Vergessen bewahrten.

9.2 Eine fragmentarische Theorie metaphorischer Exegese

... ὁ θεὸς ἁπλοῦν καὶ ἀληθὲς ἔν τε ἔργῳ καὶ λόγῳ, καὶ οὔτε αὐτὸς μεθίσταται οὔτε ἄλλους ἐξαπατᾷ, οὔτε κατὰ φαντασίας οὔτε κατὰ λόγους οὔτε κατὰ σημείων πομπάς, ὕπαρ οὐδ' ὄναρ.

(Plat. pol. 382e)

1177 Eduard Meyer bei Spiegelberg (1914) 5; vgl. auch Huß (1994a) 143/63.
1178 Vgl. insgesamt Dillery (2015) XXXI u.ö.
1179 Vgl. in Manethos F 82 Waddell den Terminus αἰνίττεσθαι (s. auch Diog. Laert. 1, 10 zu Hekataios sowie zum Begriff auch unten S. 1218) sowie später besonders wichtig Plut. *De Iside et Osiride* 8/10, 354. Hekataios überliefert (in Diod. 1, 86/89) verschiedene Deutungen der ägyptischen Tiergötter (vgl. dazu auch Berthelot [2003] 195f.); dabei betont er wiederholt, daß die ägyptischen Priester die wahre Lehre über diese Dinge hermetisch zu verheimlichen suchten (vgl. Diod. 1, 86: ἀπόρρητόν τι δόγμα). Auch im *Corpus Hermeticum* wird die Offenbarung wiederholt als Mysterium gekennzeichnet, das der Masse nicht zugänglich und geheimzuhalten sei (vgl. 16, 1f.; Asklep. 1. 19 u.ö.).

> ... ist der Gott ein Einfaches und Wahres in Werk und Wort, und weder wandelt er selbst sich noch täuscht er andere, weder durch Erscheinungen noch durch Worte noch durch Sendung von Zeichen, nicht im Wachen und auch nicht im Traum.

Aristobulos kennt die zeitgenössische Theorie und Kritik von Sprache, Literatur, Rede und Poesie. Die Nutzung der in diesen Disziplinen konventionellen Terminologie legt seine Vertrautheit mit ihnen offen. Daß er in der Darstellung seiner exegetischen Grundsätze diese Vertrautheit auch bei seinen Lesern voraussetzt, sagt einiges aus über das griechische und jüdische Publikum seines Werks. Wie lassen sich nun diese Grundsätze im Hinblick auf sein übertragenes Schriftverständnis genauer fassen?

a) Wie schon gesehen deutet Aristobulos den Nomos als von dem göttlich inspirierten Moses in menschliche Rede gefaßte Mitteilung von Gott. Moses also, dem Propheten, kommt die Aufgabe zu, zwischen Gott und den Menschen durch die von ihm aus Inspiration und Weisheit gewählte sprachliche und stilistische Form zu vermitteln – und gerade diesem Zweck dienen die Anthropomorphismen, die Gott anschaulich zu vermenschlichen scheinen. Gleichwohl findet sich in den erhaltenen Fragmenten kein ausdrücklicher Hinweis auf die schon im Pentateuch so schwierige Frage, ob Gott von einem Menschen, von Moses gesehen werden könne[1180]. Einerseits heißt es in Exod. 33, 11 (ed. Rahlfs, vol. 1, S. 144), Gott habe zu Moses ἐνώπιος ἐνωπίῳ gesprochen[1181], in Dtn. 34, 10 wird ausdrücklich gesagt, ihn habe ein Vorrang an Angesichts-Erkenntnis (πρόσωπον κατὰ πρόσωπον) vor allen anderen späteren Propheten ausgezeichnet[1182]. Moses selbst fordert Gott auf (Exod. 33, 13 [ed. Rahlfs, vol. 1, S. 144]): εἰ οὖν εὕρηκα χάριν ἐναντίον σου, ἐμφάνισόν μοι σεαυτόν· γνωστῶς ἴδω σε, ὅπως ἂν ὦ εὑρηκὼς χάριν ἐναντίον σου ...[1183]. Andererseits wird das Sehen Gottes als "lethally

---

[1180] Vgl. dazu mit Stellen und Literatur z.B. Kuitert (1967) 200/14; Nötscher (1969) passim; Hafemann (1995) 244f.; Dohmen (1998) passim; Schart (1999) 36/39; Fornara (2004) passim, insbesondere 291 und 479; Himbaza (2005) 103/08; Schwienhorst-Schönberger (2009) passim sowie Perkins (2013) passim. Daß solches Denken auch der griechischen Religion, von Homer an, nicht fremd ist, betont Vernant (1991) 44f.
[1181] Vgl. dazu Römer (2002) passim; Schaper (2011) 317f. und Perkins (2013) passim.
[1182] Vgl. oben S. 351; dazu mit Literatur Dohmen (1998) 39f. und (2011) 28f. 137/43; Hartenstein (2008) 131/38. 273/83; Kraus (2008) 26 sowie Perkins (2013) 40f.
[1183] Ob hier eine Abweichung von der hebräischen Vorlage vorliegt und tatsächlich eine visuelle Anschauung Gottes suggeriert wird, ist umstritten (vgl. dazu mit Literatur Hanson [1992] 566; Schaper [2011] 318f. und Perkins [2013] passim).

dangerous"[1184] sanktioniert (vgl. Exod. 33, 19f.)[1185], Moses ausdrücklich davor gewarnt, sein Volk zur Anschauung Gottes auf den Berg durchbrechen zu lassen (19, 21/25; 20, 18/21)[1186]. Dtn. 4, 12/15 hält fest, selbst als am Sinai der Klang der Worte Gottes dem Volk Israel zu hören gewesen sei, habe niemand ein ὁμοίωμα gesehen – eine Stelle, die später bei Philon und im Neuen Testament besondere Beachtung und Bekräftigung erfahren sollte. Aristobulos hebt diese ganze Frage in Moses, der von Weisheit und göttlichem Pneuma umgeben Gott in der menschlichen Sprache veranschaulicht, gleichsam auf.

b) Aristobulos versteht Gott selbst, anders als die Stoiker etwa Zeus oder Hera, nicht übertragen, sondern setzt sich zum Ziel – nimmt man den einleitenden Satz des zweiten Fragments ernst –, auf die Feststellung Philomotors hin allein die Bedeutung der einzelnen [!] anthropomorphen Ausdrücke zu erklären (F 2, 15/18 Holladay): ... διότι σημαίνεται διὰ τοῦ νόμου τοῦ παρ' ἡμῖν καὶ χεῖρες

1184 Joosten (2008) 288f. mit weiteren Stellen zu solcher "notion of awe" sowie Otto (2007) 49; vgl. auch Barr (1960) 34; Schwienhorst-Schönberger (2009) 106/10 u.ö. sowie Ezechiel Tragicus F 9, 7/9 Holladay.
1185 Die Septuaginta liefert in der Übersetzung der Vorlage auch in dieser Hinsicht einen uneinheitlichen Befund. Einerseits wird gleich an mehreren Stellen, im Einklang mit Exod. 33, 20, gegen den hebräischen Text die Vorstellung, Gott könne von Menschen gesehen werden, unterdrückt, indem die entsprechende Formulierung der biblischen Vorlage durch andere Ausdrücke ersetzt wird. Als Beispiel sei hier aus *Exodus* nur das Verspaar 24, 10f. genannt (ed. Rahlfs, vol. 1, S. 127): Während es im Hebräischen heißt "... [sc. die Führer Israels] sahen den Gott Israels" findet sich in der Septuaginta folgender Text: καὶ εἶδον τὸν τόπον, οὗ εἱστήκει ἐκεῖ ὁ θεός τοῦ Ισραηλ. Andererseits sind in der griechischen Übersetzung nicht alle betreffenden Passagen der Vorlage modifiziert (vgl. allein in der *Exodus* beispielsweise 3, 16; 4, 1. 5; 6, 3), ja bisweilen führt erst die Septuaginta in den Text ein, daß Gott gesehen werden könne (regelmäßig passivisch), in der *Exodus* etwa 25, 8 (ed. Rahlfs, vol. 1, S. 128): καὶ ποιήσεις μοι ἁγίασμα, καὶ ὀφθήσομαι ἐν ὑμῖν (vgl. Joosten [2008] 291/93; anders Perkins [2013] 49/53. 54 und Schaper [2011] 265f.). Besonders aufschlußreich ist in diesem Zusammenhang die gerade erwähnte Aufforderung Mose an Gott in Exod. 33, 13, die von der hebräischen Vorlage signifikant abweicht (dazu Joosten [2008] 292f. mit Literatur). Welcher textgeschichtlicher Hintergrund für diese Divergenz anzunehmen ist, soll hier nicht Thema sein; auffällig bleibt jedenfalls, daß gemäß dem griechischen Text der Septuaginta Moses Gott mit den Worten ἐμφάνισόν μοι σεαυτόν auffordert, sich ihm selbst unmittelbar zu offenbaren. Vgl. den Priestersegen in Num. 6, 25 (ed. Rahlfs, vol. 1, S. 224): ... ἐπιφάναι κύριος τὸ πρόσωπον αὐτοῦ ἐπὶ σέ .... Die aktivische Wendung ἐπιφαίνω πρόσωπον dient auch in 3 Makk. 6, 18 zur Beschreibung des übernatürlichen Eingreifens Gottes für sein Volk. Zum Psalter vgl. auch Bons (2009) 751. Vgl. Joosten (2008) 295/97 zu möglichen Bezügen zur ägyptischen Religion; auch Hanson (1992) passim mit den bedenkenswerten Einwänden bei Perkins (2013) 22.
1186 Vgl. schon Exod. 3, 6 (ed. Rahlfs, vol. 1, S. 89): ἀπέστρεψεν δὲ Μωυσῆς τὸ πρόσωπον αὐτοῦ· εὐλαβεῖτο γὰρ κατεμβλέψαι ἐνώπιον τοῦ θεοῦ.

καὶ βραχίων καὶ πρόσωπον καὶ πόδες καὶ περίπατος ἐπὶ τῆς θείας δυνάμεως[1187]. Schon aus dieser Formulierung erhellt, daß stets einundderselbe Begriff, Gottes Dynamis, durch die unterschiedlichen auszulegenden Wörter bezeichnet wird – zu klären ist nach dieser Prämisse nicht mehr, was die Anthropomorphismen eigentlich meinen, sondern wie sie es meinen oder welchen, engeren oder weiteren, Aspekt der δύναμις. Die Anthropomorphismen verleihen Gottes Wirken Anschauung[1188], und es ist kein Zufall, daß sie selbst "dynamisch" sind: Gottes Hände sind seine συντέλειαι, er bleibt stehen (στάσις), er steigt herab (κατάβασις), seine Stimme sind seiner ἔργων κατασκευαί, er ruht (ἀνα-/καταπαύω und ἀνάπαυσις)[1189]. Moses erzeugt also in den Anthropomorphismen Vorstellungen, die zwar in ihrer Bildhaftigkeit keine irgendwie sinnlich wahrnehmbaren oder gar körperlichen Entsprechungen in Gott finden, jedoch über sich selbst hinaus eine Erkenntnis Gottes und seiner Dynamis ermöglichen. Deutlich wird dieses Verhältnis durch die Spannung zwischen den λόγοι, die Moses auf "andere", nämlich sinnlich wahrnehmbare πράγματα, hin "machte" (ποιούμενος), und den φυσικαὶ διαθέσεις ... καὶ μεγάλων πραγμάτων κατασκευαί.

Dazu drei terminologische Beobachtungen: Erstens greift die Junktur τὰ κατὰ τὴν ἐπιφάνειαν πράγματα den Begriff ἐπιφάνεια auf, der in der Septuaginta regelmäßig zur Beschreibung von Übernatürlichem und von Erscheinungen Gottes eingesetzt wird, auch in den hellenistischen Schriften und dem Dodekapropheton[1190]. In der griechischen Literatur vorhellenistischer Zeit ist das Substantiv selten; doch gebraucht etwa Herodot das Adjektiv ἐπιφανής ebenfalls für die plötzliche Erscheinung einer Gottheit (etwa in 3, 27)[1191]. In hellenistischer Zeit dann begegnen Epiphanien von Göttern als augenfälliger Beleg ihrer Dynamis allenthalben: "Im Hellenismus erhält die Epiphanie einen ungeahnten Aufschwung ... Epiphanie wird gleichbedeutend mit 'Krafttat', 'Wunder' (δύναμις, ἀρετή, ἐνέργεια). Damit gewinnt sie eine große Aktualität in einer Zeit, die

---

1187 Vgl. auch Goulet (1987) 534.
1188 Vgl. dazu schon Binde (1870) 24.
1189 Daraus erklärt sich wohl die leichte Verschiebung, daß im Einleitungssatz des Methodenfragments 2 Holladay die Frage nach den "Füßen" Gottes (πόδες) aufgeworfen wird, in der folgenden Lysis jedoch der dynamische Begriff στάσις den Vorzug erhält. Vgl. die kühne und überraschende These des Exegeten im Derveni-Papyrus (col. 21, 5f.): ᾽Αφροδίτη Οὐρανία καὶ Ζεὺς καὶ ἀφροδισιάζειν καὶ θόρνυσθαι καὶ Πειθὼ καὶ ᾽Αρμονία τῷ αὐτῷ θεῷ ὄνομα κεῖται.
1190 Vgl. z.B. Dtn. 33, 2 und 2 Makk. 3, 24 sowie weitere Belege bei Meecham (1935) 56; Keller (1947) 36f.; Pax (1962) 866 und Muraoka (2009) 286.
1191 Vgl. Pfister (1924) 277f. 309; Meecham (1935) 56: "a typical Hellenistic term" (mit Belegen aus Inschriften) und jetzt Petridou (2015) 3f. Vgl. aber schon oben Anm. 670 über das Wort in Bezug auf die ägyptischen Pharaone und die ptolemäischen Könige.

den Fragen nach der δύναμις aufgeschlossen gegenübersteht ... und alles, was man nicht erklären kann, für eine Epiphanie hält"[1192]. Allerdings sind auch Belege für die allgemeine Bedeutung "Erscheinung, (äußere, oberflächliche) Ansicht" in anderen Zusammenhängen Legion, das Verb ἐπιφαίνομαι meint häufig einfach "sich zeigen, offenbar/anschaulich werden"[1193]. Aristobulos nutzt den Begriff in besonderer Vertiefung und setzt ihn in ein Spannungsverhältnis zu den unmittelbar zuvor verworfenen des ἀνθρώπινον und μυθῶδες, waren es doch gerade die bildreich geschilderten "Epiphanien" anthropomorpher Götter, welche die 'mythische' Poesie kritikwürdig erscheinen ließen: Auf die sinnlich wahrnehmbare Präsenz Gottes und Manifestationen seiner Dynamis überträgt Moses Begriffe anschaulich-menschlicher Körperlichkeit, obschon sich deren Bildlichkeit in der tatsächlichen Wahrnehmung der göttlichen Dynamis gar nicht wiederfinden kann[1194].

Zweitens deutet das Wort πρᾶγμα hier über die übliche Bedeutung "Sache, Gegenstand, Inhalt" (als Gegenbegriff zu Wort, Rede, Lexis)[1195] hinaus: Im Zusammenhang uneigentlicher Textexegese verweist es ebenso regelmäßig auf die göttliche Ordnung im ganzen, auf die grundlegenden, auch transzendenten "Sachverhalte" und "Wirklichkeiten" Gottes und der Natur (vgl. lateinisch: *res*). Schon im platonischen *Phaidon* (66d) bezeichnet die Junktur αὐτὰ τὰ πράγματα das Sein, das mit der Seele nur dann rein geschaut werden könne, wenn das Hindernis des Körpers überwunden werde; im Derveni-Papyrus col. 13, 5f. (ed. Janko, S. 26) heißt es, Orpheus spreche überall in seiner Poesie rätselhaft (αἰνίζεται) περὶ τῶν πραγμάτων, und in der pseudoplutarchischen Schrift *De Homero* 92 (ed. Kindstrand, S. 44), die Erkenntnis der Wahrheit im θεωρητικὸς λόγος

[1192] Pax (1962) 842; vgl. etwa Diod. 1, 25, 3f. und dazu oben S. 184f.
[1193] Vgl. Pfister (1924) 279/81; Keller (1947) 36f. (mit Belegen aus Polybios, etwa 3, 60, 6 und 8, 19, 2; vgl. auch 1, 22, 10; 1, 54, 2; 3, 94, 3; 5, 69, 7; 36, 15, 1 [κατὰ τὴν ἐπιφάνειαν] u.ö.); Essler (2011) 306 (zur Bedeutung "Oberfläche") und Bielfeldt (2012) 94[23] (zu den hellenistischen Ehreninschriften) sowie *Aristeasbrief* 65 (κατὰ ἐπιφάνειαν). 77f.
[1194] Vgl. Keller (1947) 37f. (unklar) und Holladay (1995) 207 (mit Literatur) sowie Markschies (2016) 54: "auf Dinge des äußeren Augenscheins".
[1195] Zuweilen meint das Wort in der (hellenistischen) Sprachlehre nicht den Sachverhalt selbst, den gleichsam materialen Inhalt, sondern den bloß noetischen Begriff von diesem, also den Sinn, der von einer φωνή bezeichnet werde; vgl. z.B. Diog. Laert. 7, 62 (ed. Long, S. 323 ~ Dorandi, S. 511) zu der stoischen Definition der ἀμφιβολία· ἀμφιβολία δέ ἐστι λέξις δύο ἢ καὶ πλείονα πράγματα σημαίνουσα (vgl. Atherton [1993] 135 u.ö.; Hadot [1998] 63f. mit Belegen aus Aristoteles. 67/69 sowie Schenkeveld – Barnes [1999] 193f.) mit Straton F 60 Sharples sowie die unten folgenden Stellen aus rhetorischen und stiltheoretischen Schriften (dazu noch besonders deutlich: Aristot. rhet. 1403b18/22; aufschlußreich auch interpret. 16a).

habe, neben der Ethik und der Logik, das Ziel[1196], τὴν φύσιν τῶν ὄντων, θείων τε καὶ ἀνθρωπίνων πραγμάτων, κατανοεῖν (vgl. desweiteren die Stellen oben Anm. 425 und 1136).

Drittens: Es geht Aristobulos in seiner Deutung übertragener Logoi um die komplexe Verbindung von gedanklichem Begriff und Rede. Zwischen den zahlreichen Verbformen (insbesondere der Verben λέγω und φημί), die Mose Sprache bezeichnen, findet sich sogleich im grundlegenden Methodenfragment mehrfach das Verb νοέω: F 2, 27. 38 (zweimal). 52 . Dieses Verb, das sowohl in der griechischen Philosophie als auch in der Literaturkritik als auch bei den Allegorikern in ähnlichen Zusammenhängen terminologisch ist[1197], verweist auf die metaphorische Begriffsbildung, auf das, was Moses "gedacht" habe, als er seine göttlichen Anthropomorphismen formulierte, und der Rezipient bei seiner Deutung des Nomos dann wieder richtig verstehen müsse. Die auffällige Formulierung: χεῖρες μὲν οὖν νοοῦνται προδήλως καὶ ἐφ' ἡμῶν κοινότερον (F 2, 38f. Holladay) findet vor diesem Hintergrund ebenso ihre Erklärung wie die enge Gegenüberstellung derer, die "richtig denken" (F 2, 27 Holladay: οἷς μὲν οὖν πάρεστι τὸ καλῶς νοεῖν), derer, die eben dazu nicht in der Lage seien (F 2, 32f. Holladay), und des Exegeten selbst, der sich vornimmt διαιρεῖσθαι τὰ ἐκείνῳ [sc. dem Moses] νενοημένα (F 2, 37f. Holladay).

Hierin bei Aristobulos allerdings den simplen Gegensatz von sinnlich Wahrnehmbarem und nur Intelligiblem auszumachen geht nicht an: Das Wirken Gottes ist der jüdischen Bibel und Aristobulos in der Welt unmittelbar, sinnlich erkennbar, und auch die Sprache, in der sich Gott von Moses in seiner Offenbarung beschreiben läßt, ist Teil seiner Weisheit. Daß dies sprachtheologisch für den ontologischen Status der anthropomorphen Aussagen über Gott bedeutsam ist, kann hier nur angedeutet werden: Im Nomos selbst, also der in Gottes Weisheit und Pneuma vom Propheten gesprochenen Mitteilung von Gott, wird der Leser mit metaphorischer Rede konfrontiert[1198].

1196 Vgl. auch Heraklit alleg. 5, 16 (zitiert oben S. 323) sowie Festugière (1977) 358/69; Bernard (1990) 26f. und Hadot (1998) 72f. mit Belegen aus dem Neuplatonismus.
1197 Zur auch erkenntnistheoretisch zentralen Bedeutung des Verbs etwa bei Aristoteles vgl. jetzt Dangel (2014) 32 (mit neuerer Literatur). Auffällig ist vor allem, daß Aristobulos das Verb νοέω hier in der passiven Form verwendet; im Aktiv bedeutet es in sprachlichen Zusammenhängen bekanntlich nicht selten "meinen" (vgl. zur schillernden Bedeutung insbesondere Plat. Euthyd. 287c/e und dazu Zanker [2016] 10f. 49/52).
1198 Vgl. Joosten (2008) 288f. zu dem Befund, daß an anderen Stellen der Bibel, etwa in den Visionen der Propheten oder den Psalmen, die menschliche Schau Gottes durchaus nicht ausgeschlossen erscheint.

c) Denn jene Anschaulichkeit wird erreicht durch das sprachlich-stilistische Mittel der Metapher – den Terminus "allegorisch" verwendet Aristobulos selbst, zumindest in den erhaltenen Textstücken, nicht[1199]: In der Sprache überträgt Moses sinnlich wahrnehmbare Aspekte wie z.B. die "Hände" auf Gottes Dynamis. Darüberhinaus sind diese Metaphern auf dreierlei Weise gekennzeichnet: Erstens stehen sie in einer Spannung zur Größe des eigentlich Gemeinten – sie sind gleichsam "kleiner" und trotzdem geeignet, eben jene Ahnung von seiner Größe zu wecken[1200]. Zweitens sind sie über die Grenzen der verschiedenen Kulturen hinweg vermittelbar: Die "Hände" würden ganz klar nicht nur bei den Griechen, sondern auch bei den Juden allgemeiner "gedacht" (F 2, 38f. Holladay: χεῖρες μὲν οὖν νοοῦνται προδήλως[1201] καὶ ἐφ' ἡμῶν κοινότερον)[1202], das "Stehen" Gottes wird durch die Nutzung berühmter griechischer Philosopheme erklärt und schließt zugleich an ägyptische Ikonographie an, die "Stimme" Gottes meint Moses nicht anders als auch Pythagoras, Sokrates und Platon[1203]. Man könnte sich hier an moderne Überlegungen zur interkulturellen Bedeutung der Metapher erinnert fühlen, zumal da Aristobulos ja dem Ptolemäerkönig selbst nachsagt, den übertragenen Wortgebrauch Mose erkannt zu haben; doch erhellt aus den genannten Exegesen, daß eine in einem bestimmten Bereich durch den allgemeinen *usus* ganz gängige Übertragung, eine 'usuelle Metapher', in einem anderen, hier in dem der biblischen Sprache, bei der es sich zumal um die Übersetzung aus dem Hebräischen handelt, nicht aus sich heraus verständlich und von vornherein akzeptiert sein muß[1204]. Drittens korreliert mit

---

1199 Vgl. Walter (1963) 60. 136; Tobin (1983) 53f.; Janowitz (1991) 133; Holladay (1995) 204 und Weber (2000) 113[32].
1200 Der Neuplatoniker Proklos stellt einmal über allegorische Göttergeschichten fest (theol. plat. 1, 4 [ed. Saffrey – Westerink, S. 23] in einem Kommentar zu Plat. Phaidr. 229b): δεῖ ... τὰ περὶ θεῶν μυθολογήματα σεμνοτέρας ἀεὶ τῶν φαινομένων ἔχειν τὰς ἀποκεκρυμμένας ἐννοίας.
1201 Ob hier auf erkenntnistheoretische Terminologie (vgl. zum Gegensatz πρόδηλος vs. ἄδηλος etwa Sext. emp. Pyrrh. 2, 97/99; math. 8, 316/20 oder Cic. Luc. 54, der letzteres mit *incertus* wiedergibt) angespielt wird, läßt sich schwer entscheiden.
1202 Vgl. zum terminologischen Gebrauch des Adjektivs κοινός den Begriff der κοινὴ νόησις bei Epikur epist. Men. 123f. (vgl. oben Anm. 1079); auch z.B. Aristot. rhet. 1355a27; SVF 2, 886; Theophrast F 153 C Fortenbaugh (im Gegensatz zu κύριος); Ps.-Demetrios 157. 164 (ed. Radermacher, S. 37) über die ὀνόματα εὐτελῆ καὶ κοινότερα sowie Obbink (1992) passim; Dörrie – Baltes (1993) 353 (zu Diog. Laert. 3, 63 über den platonischen Begriffsgebrauch) und Dyson (2009) 48/53 zu κοινός in der zeitgenössischen Philosophie; allgemein Atherton (1993) 165f.
1203 Vgl. Hafemann (1995) 174 und Niehoff (2011b) 69.
1204 Vgl. Lausberg (1990) 288; Moran (1996) 390; Hartl (2008) 60f. 89f. und Zill (2011) 113. 116. 138/40; allgemein auch Kurz (1979) 16 zu den "pragmatischen Verständnisbedingungen" der Allegorie zwischen Autor und Publikum. Wie bewußt sich etwa die griechische Rhetorik der

dem Übertragungsvorgang, den der Sprecher bei seiner Metapher vornimmt, die Rückübertragung auf das eigentlich Gemeinte seitens der Zuhörer (F 2, 39/42 Holladay)[1205]: ὅταν γὰρ δυνάμεις ἐξαποστέλλῃς σὺ βασιλεὺς ὤν, βουλόμενός τι κατεργάσασθαι, λέγομεν· μεγάλην χεῖρα ἔχει ὁ βασιλεύς, φερομένων τῶν ἀκουόντων ἐπὶ τὴν δύναμιν ἣν ἔχεις und (F 2, 50/55 Holladay): ... ὥστε δηλοῦσθαι τὰς χεῖρας ἐπὶ δυνάμεως εἶναι θεοῦ· καὶ γὰρ ἔστι μεταφέροντας νοῆσαι τὴν πᾶσαν ἰσχὺν τῶν ἀνθρώπων καὶ τὰς ἐνεργείας ἐν ταῖς χερσὶν εἶναι. διόπερ καλῶς ὁ νομοθέτης ἐπὶ τὸ μεγαλεῖον μετενήνοχε, λέγων τὰς συντελείας χεῖρας εἶναι θεοῦ. Das Publikum ist also an der Konstitution des wahren Textsinns beteiligt – es kann die Übertragungen auf Pragmata, die sich κατ' ἐπιφάνειαν gleichsam von selbst ihm zeigen, wieder zurück auf die gemeinten Pragmata hin erkennen, auflösen und damit die der sprachlichen Äußerung Mose implizite Begriffsbildung verstehen[1206].

Zugleich filtert Aristobulos durch seine Deutung die körperliche Anschaulichkeit der Metaphern, indem die Anthropomorphismen zuweilen gar nicht als solche erklärt, sondern in ihrem gängigen metaphorischen *usus* vorgestellt werden. So erhellt etwa die übertragene Bedeutung der "Hände Gottes" aus dem gewöhnlichen Gebrauch der ihrerseits metaphorischen "Hände des Königs". Nach Aristobulos ist das Wort χείρ damit von Moses gar nicht aus seinem eigentlichen Bereich auf Gottes δύναμις (nicht auf Gott selbst!) übertragen worden, sondern aus einem bereits metaphorischen Gebrauch. Überhaupt läßt der Exeget offen, was von den 'eigentlichen' Bedeutungen seiner κατὰ τὴν ἐπιφάνειαν formulierten Pragmata nach dem Rückübertragungsvorgang noch verbleibt, geht es ihm in der Auslegung doch um die Eröffnung der φυσικαὶ διαθέσεις ... καὶ μεγάλων πραγμάτων κατασκευαί, welche mit ihnen gemeint sind. Man greift hier die theologische Cautel[1207], den Verdacht einer Vermenschlichung Gottes selbst in der metaphorischen Deutung möglichst zu vermeiden

---

kulturellen Begrenzung sprachlichen Ausdrucks war, zeigt Ginzburg (2001) 50f. an dem schönen Beispiel Aristot. rhet. 1357a vor dem Hintergrund von Hdt. 8, 26.
1205 Polybios schreibt einmal über den Sinn von Geschichtsschreibung (12, 25b, 3): ἐκ γὰρ τῶν ὁμοίων ἐπὶ τοὺς οἰκείους μεταφερομένων καιροὺς ἀφορμαὶ γίνονται καὶ προλήψεις εἰς τὸ προϊδέσθαι τὸ μέλλον.
1206 Vgl. ähnlich Klauck (1978) 42 (zu Quintilian); Lamberton (1986) 21 und Hunter (2012) 61 (mit dem interessanten Beleg aus Max. Tyr. 4, 5) sowie zu Metaphern schon in der hebräischen Bibel Schart (1999) 35: "Die Leserschaft ist aufgefordert, der Metapher einen Sinn abzugewinnen". Diese Stelle ist ein Beispiel dafür, wie die Einsicht etwa Umberto Ecos, daß jeder Text der Mitarbeit des Lesers zur Aktualisierung bedürfe, in der Antike schon vorweggenommen wurde.
1207 Vgl. Sap. 14, 15/22 zur Veranschaulichung des fernen, nicht wahrnehmbaren Herrschers als eines Gottes im verehrten Bildnis.

und zugleich den Nomos vor dem denkbaren Vorwurf zu schützen, in ihm gebe es Wörter, die auf keine Wirklichkeit referierten und damit im Grunde nicht wahrheitsfähig seien[1208]. Die Anthropomorphismen entspringen nach Aristobulos einer absichtsvollen Entscheidung des inspirierten Propheten Moses, über Gott eben in dieser Metaphorik zu sprechen, und sind damit als solche unverzichtbar und interpretationsbedürftig.

d) Folgerichtig betont Aristobulos gleich mehrfach, daß Moses in seinen Metaphern das eigentliche πρᾶγμα der Rede deutlich zum Ausdruck bringe (F 2, 50f. 85f. 90/97. 134/40; 5, 54/66; vgl. auch F 2, 33f.; 5, 46/51 Holladay)[1209]. Die Gründe, warum er auf der Evidenz der Anthropomorphismen auch in ihrer übertragenen Bedeutung besonders insistiert, liegen auf der Hand. Zum einen entspricht diese Auffassung dem biblischen Zeugnis: Gott selbst unterscheidet Moses von anderen Propheten durch die Versicherung, er spreche zu ihm nicht in αἰνίγματα (Num. 12, 8; s. schon oben Anm. 1141)[1210]. Zum anderen: Den Nomos auch nur in Einzelheiten zu einem rätselhaften Text zu erklären, der dem allgemeinen Verständnis erst entschlüsselt werden müßte, hätte den Befürwortern einer ausschließlich wortwörtlichen Auslegung in die Hände gespielt und die eigene exegetische Methode von vornherein diskreditiert.

1208 Die Metaphern sind also, obschon nicht in strengem Sinn mimetisch, ebensowenig nur haltlose Konstruktionen des Sprechers ohne jeden Wirklichkeitsbezug; vgl. zu diesem Zusammenhang z.B. Schol. Hom. Il. 14, 342/51 und Philostrat. Apoll. 6, 19. Vgl. auch Bielfeldt (2012) 112f., die hervorhebt, noch im hellenistischen Gebrauch gründe der Terminus ἐπιφάνεια "not in the experience of dramatic performances, but in a deep-rooted appreciation for the self-evidential, epiphanic beauty (*enargeia*) of Greek cult and culture" und ziele darauf "to bring to light what is thought to be present as what it is".
1209 In F 5, 54 (διασαφούμενον) und 79f. (διασεσάφηκε) Holladay wird der mosaischen Nomothesie zugesprochen, sie habe sich gleichsam selbst erklärt, hier im Hinblick auf die schwierige Deutung des heiligen siebten Tags. Zu διασαφέω/διασάφησις vgl. schon biblisch Gen. 40, 8 (Auslegung eines Traums) und Dtn. 1, 5 (s. oben S. 290) sowie *Aristeasbrief* 171. 297. 305 u.ö. (dazu Honigman [2003a] 47 und Matusova [2015] 64f.). Belege, die den Gebrauch des Worts bei zeitgenössischen griechischen Autoren, aber auch in den Papyri dokumentieren, bringen Mayser [1934] 355 und Keller (1947) 55 bei. Darüberhinaus ist wichtig, daß aus Hipparchos (s. oben S. 40/44) hervorgeht, wie oft das Verb in der zeitgenössischen Aratexegese benutzt wurde (z.B. comm. in Arat. 1, 1, 2 [s. oben S. 55]; 1, 1, 10; 1, 3, 8; 1, 10, 24/26; 2, 1, 23; 2, 3, 6; 2, 4, 5f.).
1210 Vgl. auch Dtn. 30, 11/14 (ed. Rahlfs, vol. 1, S. 343): ... ἡ ἐντολὴ αὕτη, ἣν ἐγὼ ἐντέλλομαί σοι σήμερον, οὐχ ὑπέρογκός ἐστιν οὐδὲ μακρὰν ἀπὸ σοῦ ... ἔστιν σου ἐγγὺς τὸ ῥῆμα σφόδρα ἐν τῷ στόματί σου καὶ ἐν τῇ καρδίᾳ σου καὶ ἐν ταῖς χερσίν σου αὐτὸ ποιεῖν (dazu Köckert [2004] 50/52) und, mit aufschlußreicher Ergänzung, 29, 28 (ed. Rahlfs, vol. 1, S. 342): τὰ κρυπτὰ κυρίῳ τῷ θεῷ ἡμῶν, τὰ δὲ φανερὰ ἡμῖν καὶ τοῖς τέκνοις ἡμῶν εἰς τὸν αἰῶνα ποιεῖν πάντα τὰ ῥήματα τοῦ νόμου τούτου.

Ein Blick auf die griechische Interpretation von ὑπόνοια und Allegorie ist dabei erhellend: Zwar wird auch hier immer wieder betont, die erst durch die Exegese erzielten Einsichten seien in den Texten, etwa in Homers Epen oder den orphischen Versen, von den Autoren "klar" und "deutlich" bezeichnet[1211]; und doch vertritt die allegorische Interpretation von frühen Vertretern an die Auffassung, eben diese Texte seien rätselhaft, die Dichter hätten ihre Einsichten in die Wahrheit der Natur und der Götter gegenüber der schlichten Menge "verrätselt"[1212], also dem exklusiven Verständnis nur weniger reserviert, und rechtfertigt auf diesem Weg die eigene Methode[1213]: "Ebenso wie andere Dichter der Frühzeit ... hat Homer die Absicht gehabt, den zum Logos fähigen Menschen dieses Ur-Wissen zu offenbaren, den Banausen aber es vorzuenthalten"[1214]. Hin-

---

1211 Vgl. Siegert (1992) 63; Struck (1995) 225/28 und Jourdan (2003) 122.
1212 Vgl. etwa den Derveni-Papyrus (mit Burkert [1998b] 388; Anceschi [2007] 33f. 40/47; Calame [2010] 25/29; Matusova [2010] 22f. 31f. und [2015] 91f. sowie Scodel [2011] 94), etwa col. 7, 8; 8, 1. 3; 11, 11; 13, 2f.; 15, 12; 21, 44; 23, 1/3 [s. oben S. 337]; 26, 2. 5 u.ö., wobei schon dort auch das Verb δηλόω terminologisch verwendet wird (vgl. Calame [2010] 29f. und Niehoff [2011b] 63; in Verbindung mit σημαίνω col. 16, 7. 9, vgl. 25, 12f.); Plat. Theait. 180c/d; 194c; Heraklit alleg. 24, 5; 33, 9; 40, 9; 46, 7; 53, 4; 60, 3; 66, 6; 72, 7; Kornutos epidr. 1. 17. 18 und Ps.Plut. De Homero 92. 100f. 126. 201.
1213 Vgl. Betegh (2004) 369f. zu den problematischen Implikationen einer solchen Exegese, die dann ja das vom Autor Verrätselte enthüllen und der Allgemeinheit zugänglich machen würde. Platon hält in seiner Schriftkritik die Annahme, aus Schrift sei σαφές τι καὶ βέβαιον zu gewinnen, für einfältig (Phaidr. 275c; vgl. 277d/e).
1214 Dörrie (1974) 132; vgl. Heinemann (1936) 8f. zum Rätselcharakter der Allegorie im Gegensatz zur Metapher; Siegert (1992) 62 und (1993) 164; Klauck (2009) 182; Kim (2010) 36f.; Sellin (2011a) 161f. sowie jetzt den umfangreichen Sammelband Monda (2012) passim. Δηλόω und stammverwandte Wörter meinen also – auch in der Septuaginta (z.B. Ps. 50, 8; vgl. Muraoka [2009] 146f.) – die Sache, den Gegenstand "kundtun, verständlich machen, ausdrücken" (vgl. biblisch Exod. 6, 3), in der Philosophie das "Aufdecken von Seinszusammenhängen" (Lau [2006] 244; vgl. auch Aronadio [2002] 65f.; Baltussen [2004] 29[31]; Otto [2009] 112 und Ademollo [2011] 165: "... δηλόω, which together with σημαίνω ... is the main verb used by Plato and Aristotle to refer to the relation between linguistic expressions and what they signify"; Zanker [2016] 86f.: "make visible, reveal, make plain"), während σαφής und stammverwandte Wörter eher den besonderen Vorzug eines solchen δηλοῦν, etwa mit Hilfe einer bestimmten λέξις, bezeichnen, mit welchem besser als auf anderen Wegen das Ziel der Klarheit zu erreichen sei (vgl. Plat. Kritias 107b oder epist. 343b/d sowie Holladay [1995] 228 und zu Platon Aronadio [2006] 410). So begegnet nicht selten die Junktur σαφῶς δηλοῦν (vgl. z.B. gleich mehrfach Rhet. Alex. 30 sowie unten S. 379 aus Isokrates). Beide Begriffe werden zwar schon früh nebeneinander benutzt, und spätestens in kaiserzeitlichen Texten wird kaum noch sauber zwischen ihnen unterschieden (vgl. etwa den Index zu Hipparchs Aratkommentar bei Manitius [1894] 317 sowie die Beispiele bei Atherton [1993] 180. 182. 188 aus Galen und Theon); so begegnet das Wort später in der pseudoplutarchischen Schrift De Homero zusammen mit σαφής/διασαφέω gerade

ter solchem Denken steht natürlich die uralte religiöse Gewißheit, die Götter teilten sich den Menschen niemals eindeutig und leicht verständlich mit, sondern – etwa in Orakelsprüchen oder in den Weissagungen der Seher – nur in vom Menschen selbst richtig auszulegenden Andeutungen und rätselhaft[1215]. Hinsichtlich der Terminologie ist hier mit Aristobulos insbesondere die hervorgehobene Stelle zu vergleichen, an welcher sich Kornutos im Schlußabschnitt seines Werks an den Adressaten wendet (epidr. 75, 20/76, 6 [ed. Ramelli, S. 294/96]):

οὕτω δ' ἂν ἤδη καὶ τἆλλα τῶν μυθικῶς παραδεδόσθαι περὶ θεῶν δοκούντων ἀναγαγεῖν ἐπὶ τὰ παραδεδειγμένα στοιχεῖα, ὦ παῖ, δύναιο, πεισθεὶς ὅτι οὐχ οἱ τυχόντες ἐγένοντο οἱ παλαιοί, ἀλλὰ καὶ συνιέναι τὴν τοῦ κόσμου φύσιν ἱκανοὶ καὶ πρὸς τὸ διὰ συμβόλων καὶ αἰνιγμάτων φιλοσοφῆσαι περὶ αὐτῆς εὐεπίφοροι.

Auf diese Weise aber dürftest du, mein Junge, jetzt wohl imstande sein, auch die übrigen der Dinge, die mythisch über Götter überliefert zu sein scheinen, zurückzuführen auf die Grundelemente, die nun deutlich geworden sind, aus der Überzeugung heraus, daß die Alten nicht die erstbesten waren, sondern daß sie einerseits fähig waren, die Natur des Kosmos zu verstehen, andererseits gern dazu neigten, durch Symbole und Rätsel über sie zu philosophieren.

Platon (pol. 377f.) hatte daher nicht ohne Grund der hintergründigen, voraussetzungsreichen Allegorese der homerischen Epen eine Absage erteilt, weil diese nur den darin Kundigen, also Spezialisten, der breiten Masse des Publikums jedoch, vor allem den jungen Leuten, nicht möglich und daher der verderbenden Wirkung verwerflicher Götterbilder abzuhelfen nicht geeignet sei[1216].

---

auch in dem Abschnitt über die in der mythischen Dichtung enigmatisch bezeichneten Gegenstände und Sachverhalte (z.B. 103, 2 über die Begrenztheit des Kosmos: σαφέστερον δὲ τὸ αὐτὸ δηλοῖ [sc. Homer]; 120, 3 über die Eigenverantwortlichkeit des Menschen: ταῦτα σαφῶς ἐν πολλοῖς δεδήλωκεν; 175, 5; 182, 2; 131, 3). Doch mag der Unterschied erklären, warum auch im Zusammenhang mit rätselhaften Texten, welcher der σαφήνεια ermangelten, davon gesprochen werden kann, der Autor habe seine Aussagen "verständlich" gemacht (δῆλος/δηλόω; vgl. auch Kleanthes in SVF 1, 526 mit der Wendung ἀλληγορικῶς δηλοῦσθαι). Dionysios von Halikarnassos hält einmal fest (Lys. 4, 12, 14/17; vgl. auch Thuk. 51, 410, 15/17 und 55, 417, 22/25), Thukydides und Demosthenes hätten sich oft unklar ausgedrückt und bedürften daher der Ausleger (ἀσαφῆ καὶ δεόμενα ἐξηγητῶν)!
1215 Vgl. hier schon Heraklits berühmtes Diktum über Apollon, den Gott von Delphi (B 93 Diels – Kranz): ὁ ἄναξ, οὗ τὸ μαντεῖόν ἐστι τὸ ἐν Δελφοῖς, οὔτε λέγει οὔτε κρύπτει ἀλλὰ σημαίνει.
1216 Platon leugnet seinerseits also nicht, daß Dichter ihren Versen einen verrätselten Sinn unterlegen (vgl. zum folgenden Platonismus auch Dörrie [1987] 27f.) – der allerdings weder

Aristobulos nun ist, anders als später etwa Philon[1217], weit entfernt davon, den Nomos als ein αἴνιγμα und Mose Rede als ein αἰνίττεσθαι[1218] zu charakterisieren – bemerkenswert, handelt sie doch von Gott und ist uralt[1219]. Es paßt dabei ins Bild, daß er auch im Hinblick auf die griechische Poesie direkt im Anschluß an die umfänglichen Zitate aus Orpheus und Arat, die ihre Verse aus der Kenntnis mosaischer Weisheit heraus schufen, festhält (F 4, 82/84 Holladay): σαφῶς οἴομαι δεδεῖχθαι διότι διὰ πάντων ἐστὶν ἡ δύναμις τοῦ θεοῦ und in F 5, 106/10 Holladay die Serie seiner Zitate aus Hesiod und Homer, welche in ihren Epen die Heiligkeit des siebten Tags bestätigten, einleitet: διασαφεῖ δὲ καὶ Ὅμηρος καὶ

---

durch eine allein an der Wortoberfläche des Texts verbleibende Interpretation noch durch die *petitio principii* allegorisierender Exegese sinnvoll erschlossen werden könnte (vgl. auch pol. 332b/c zum simonideischen αἰνίττεσθαι und zu Homer 2 Alk. 147b/d; dazu Richardson [1992] 35; Murray [1995] 140f. und Westermann [2002] 67f. zur "notwendigen", gleichsam naturgemäßten Rätselhaftigkeit der Dichtung. 138f.). In einem gewissen Sinn sind ja die platonischen "Mythen" ihrerseits Beispiele übertragener Rede (vgl. dazu Rankin [1986] 173). Vgl. auch Thuk. 2, 41, 4 zur Kritik dichterischer Hyponoia; Xen. symp. 3, 6, wo Sokrates den Rhapsoden in Bausch und Bogen das Verständnis homerischer ὑπόνοιαι abspricht; später Plut. *De audiendis poetis* 4, 19e (dazu Hunter – Russell [2011] 110f. [mit weiteren Belegen] sowie Hunter [2012] 96f. und [2015] 679f.) sowie Dion. Hal. ant. 2, 20: Die wenigen nützlichen Wirkungen der griechischen Mythen würden dadurch aufgehoben, daß diejenigen, welche diesen Nutzen aufgrund ihrer philosophischen Bildung zu erkennen wüßten, ganz wenige seien – im Gegensatz zur breiten Masse, welche die Göttergeschichten im tatsächlich schlimmsten Sinn verstehen müßten: entweder als wahre Darstellung elender Götter oder als Rechtfertigung eigener Schandtaten und Normverletzungen. Bei Sextus Empiricus findet sich die Feststellung (c. gramm. 1, 278), was in der Dichtung für das Leben nützlich und notwendig sei, das werde von den Dichtern klar (σαφῶς) ausgesprochen – das rätselhaft (αἰνιγματωδῶς) Vorgebrachte sei nutzlos.
1217 Vgl. Siegert (1988) 133 und (1993) 166 sowie zu den Qumrantexten Lichtenberger (1996) 12 und Brooke (2007) 218 (mit Literatur). Bekanntlich betont die Weisheitsliteratur die Notwendigkeit, das Verständnis des Gesetzes Gottes sei nicht unmittelbar, sondern bedürfe der Unterweisung, allgemein stärker (vgl. nur Prov. 1, 1/6; 13, 15 u.ö.). Zur rabbinischen Auslegung vgl. schon Heinemann (1936) 16f. 22f. u.ö. Flavius Josephus hingegen steht der uneigentlichen Auslegung eher reserviert gegenüber, auch wenn er für manche Stellen des mosaischen Nomos αἴνιγμα und erhabene Allegorie einräumt (vgl. z.B. ant. 1, 24f.).
1218 *Pace* Matusova (2010) 32. Vgl. zum Terminus αἰνίττεσθαι in diesem Zusammenhang De Lacy (1948) 260f.; Buffière (1956) 48f.; Pépin (1958) 184 u.ö.; Griffiths (1967) 81; Kurz (1979) 16f. (zum "Ausschluß unerwünschter Leser" in der modernen Theorie der Allegorie); Henry (1986) 155f.; Lamberton (1986) 41; Bernard (1990) 62. 72. 209. 251. 264f. u.ö. (mit Belegen aus der mittel- und neuplatonischen Dichtungstheorie; Siegert (1992) 62f., und (1996) 132f. 139; Hillgruber (1994) 183 und (1999) 211f.; umfassend Struck (1995) passim und (2004) passim; Nünlist (2009) 225/37 (zu der Bedeutungsbreite des Begriffs) sowie Hunter (2015) 679f.
1219 Vgl. Nünlist (2009) 233f. zu der Tendenz der griechischen Kritik, verrätselte Rede als ein Charakteristikum der "Alten" anzusehen, im Gegensatz zur klareren Sprache der Jüngeren.

Ἡσίοδος μετειληφότες ἐκ τῶν ἡμετέρων βιβλίων ἱερὰν εἶναι[1220]. Mit anderen Worten: Während die gelehrte Auslegung griechischer Dichtung dazu tendierte, das Aufeinanderbezogensein von rätselhaftem Dichter und eigener Enträtselung gleichsam zu verkapseln, begründet Aristobulos seine Profilierung der eigenen Exegese, die zum rechten Verständnis der mosaischen Logoi ebenfalls der σύνεσις und δύναμις bedürfe, nicht dadurch, der Nomos selbst sei von Moses schon so voraussetzungsreich und schwer verständlich formuliert worden, daß er nur wenigen zugänglich sei. Die metaphorischen Logoi Mose zeichnen sich wie die frühgriechischen Epen durch den Vorzug der σαφήνεια aus[1221], die den obengenannten eigenständigen Rückübertragungsvorgang der Rezipienten ermöglicht, deren richtiges Verständnis freilich mangelhafte Rezeption verfehlen kann – ein Prinzip, das von der eben angesprochenen αἰνιγματώδης σοφία τῆς θεολογίας der Ägypter (Plut. *De Iside et Osiride* 9, 354c) deutlich abweicht. Überhaupt wird hierin vielleicht noch ein besonderer Grund dafür deutlich, daß mit Beginn der griechischen Übersetzung der Septuaginta die mosaische Tora überhaupt als Nomos und Nomothesie bezeichnet und dann ausgelegt wurde: Eine Gesetzgebung erhebt den Anspruch allgemeiner Normativität[1222] im anvi-

---

1220 Vgl. dazu auch oben Anm. 1209 sowie zum Begriff der διάνοια, den Aristobulos, ähnlich wie Platon im *Ion* (vgl. Flashar [1958] 31; Westermann [2002] 136; Rijksbaron [2007] 120; zurückhaltender Hunter [2012] 96f.), statt des Terminus ὑπόνοια gebraucht, S. 15f. In der pseudoplatonischen *Epinomis* wird der Gesetzgeber davor gewarnt, seine Stadt zu einer Götterverehrung hinzuwenden ἥτις μὴ σαφὲς ἔχει τι (985c). Es ist bemerkenswert, daß auch in dieser Hinsicht Aristarch eine andere Auffassung von der homerischen Poesie vertreten zu haben scheint als die Allegoriker; vgl. Schironi (2009) 301: "As for Aristotle, for Aristarchus too language must first be σαφής, 'clear', and Homer is a champion of σαφήνεια".
1221 Daß in der hellenistischen Philosophie die *perspicuitas* eine zentrale Rolle spielte, läßt sich vielfach belegen – in Bezug sowohl auf die sprachlich-stilistische als auch auf die inhaltlich-argumentative Klarheit. Vgl. schon oben S. 41 das Urteil des zeitgenössischen Aratkommentators Hipparch, der Dichter der *Phainomena* sei σαφής und daher nicht schwer verständlich (vgl. noch comm. in Arat. 2, 2, 22)! Dafür nur zwei weitere Beispiele: Zum einen galt Epikur als ein dezidierter Vertreter sprachlicher σαφήνεια. Sowohl sei er selbst σαφής gewesen, als auch habe er in seiner *Rhetorik* ausdrücklich gefordert (F 54 Usener ~ Arrighetti, S. 11 aus Diog. Laert. 10, 13): μηδὲν ἄλλο ἢ σαφήνειαν ἀπαιτεῖν (vgl. Erler [1994a] 52 und Schenkeveld [1997] 202 mit den ambivalenten antiken Urteilen über Epikurs Stil sowie neuerer Literatur). Zum anderen zählten Philosophiehistoriker, unter diesen offenbar der schon erwähnte Hippobotos, den Pyrrhonismus nicht zu den moralphilosophischen Schulen – διὰ τὴν ἀσάφειαν (vgl. Diog. Laert. 1, 19f.; vgl. dazu Mejer [1978] 77 und Gigante [1983] 164f.). Vgl. auch im Hinblick auf die Geschichtsschreibung Schepens (2005) 141. 154 zu den eng verbundenen Zielen der ἀλήθεια und der σαφήνεια, die Polybios an zeitgenössischen Historikern lobt (z.B. in 2, 40).
1222 Es wäre an dieser Stelle aufschlußreich zu untersuchen, wie die griechischen Zeitgenossen die sprachliche Klarheit und Verständlichkeit ihrer alten Rechtsordnungen einschätzten.

sierten Geltungsbereich und verfolgt nicht die Scheidung des Publikums in eingeweihte Kundige und unwissend Ausgeschlossene; solch umfassender Anspruch erfordert dann eben auch einen sprachlichen Ausdruck allgemeinverständlicher Klarheit[1223].

9.3 Rezeption aristotelisch-peripatetischer Metaphorologie

πάντες ἄνθρωποι τοῦ εἰδέναι ὀρέγονται φύσει. σημεῖον δ' ἡ τῶν αἰσθήσεων ἀγάπησις· καὶ γὰρ χωρὶς τῆς χρείας ἀγαπῶνται δι' αὐτάς, καὶ μάλιστα τῶν ἄλλων ἡ διὰ τῶν ὀμμάτων ... αἴτιον δ' ὅτι μάλιστα ποιεῖ γνωρίζειν ἡμᾶς αὕτη τῶν αἰσθήσεων καὶ πολλὰς δηλοῖ διαφο-

---

Vielleicht läge hier eine Parallele zur mosaischen σαφήνεια vor. Demosthenes betont einmal (24, 68 [ed. Butcher]), es sei nötig τὸν ὀρθῶς ἔχοντα νόμον καὶ συνοίσειν μέλλοντα τῷ πλήθει πρῶτον μὲν ἁπλῶς καὶ πᾶσι γνωρίμως γεγράφθαι καὶ μὴ τῷ μὲν εἶναι ταυτὶ περὶ αὐτοῦ νομίζειν, τῷ δὲ ταυτί (vgl. aus dem demosthenischen Corpus auch 20, 99; 23, 28; 34, 1 sowie Isokr. 7, 39/41 [oben Anm. 788] und Rhet. Alex. 1443a29/38). Plutarch bezeugt die kontroverse Debatte darüber, ob Solon seine Gesetze absichtlich unklar formuliert habe, um durch die Klärungsbedürftigkeit von Ambivalenzen die Macht der Dikasterien zu stärken (Sol. 18, 2: λέγεται ... τοὺς νόμους ἀσαφέστερον γράψας καὶ πολλὰς ἀντιλήψεις ἔχοντας). Schon in der *Athenaion Politeia* (9, 2; vgl. 35, 2) wird der anachronistischen Annahme "nicht einfacher und klarer" (vgl. διὰ τὸ μὴ γεγράφθαι τοὺς νόμους ἁπλῶς μηδὲ σαφῶς sowie im folgenden ... πολλὰς ἀμφισβητήσεις ... ἀσαφεῖς ... τοὺς νόμους [ed. Chambers, S. 7]) Nomoi widersprochen, vielmehr habe Solon das Beste nicht in der allgemeinen Form des Gesetzes ausdrücken können (vgl. dazu Chamber [1990] 183f. und Ober [2005] 401). Vgl. auch Maffi (1992) 426f. über den abstrakten Charakter griechischer Rechtssprache; Carey (1996) 38 darüber, daß man sich der Widersprüchlichkeit zwischen verschiedenen Gesetzen oder sogar innerhalb einunddesselben Gesetzes durchaus bewußt war; Piepenbrink (2001) 155 sowie Todd (2000) 26f. 29. 32/36 über die oft vage Terminologie und "linguistic obscurity" athenischer Gesetze: Diese enthielten, obschon nicht in einer speziellen Fachsprache oder in schwierigem Ausdruck gehalten, Termini, die nicht "immediately clear from their normal use in non-legal contexts, or indeed from their etymology" seien. Platons Bemühungen, in den *Nomoi* seinen Gesetzen erklärende Präambeln voranzustellen (vgl. z.B. nom. 722f. 891a), stehen mit diesem Thema in enger Verbindung; vgl. auch die Kritik, die Poseidonios an Platon übt (F 178 Kidd aus Sen. epist. 94, 38): ... *improbo ... quod Platonis legibus adiecta principia sunt. legem enim brevem esse oportet, quo facilius ab imperitis teneatur. velut emissa divinitus vox sit, iubeat, non disputet. nihil videtur mihi frigidius, nihil ineptius quam lex cum prologo. mone, dic quid me velis fecisse: non disco, sed pareo* (dazu Dörrie [1990] 332f.).

1223 Erhellend ist an dieser Stelle nocheinmal der Vergleich mit dem Derveni-Papyrus: Wenn der unsichere Text in col. 7, 9/11 (ed. Janko, S. 14) richtig ergänzt ist, dann wird dort vom Ausleger festgestellt, Orpheus stelle nicht Gesetze für die Masse auf (νομοθετεῖν ... τοῖς πολλοῖς), sondern lehre diejenigen, die rein seien im Hören.

ράς ... ἔτι δὲ τῶν αἰσθήσεων οὐδεμίαν ἡγούμεθα εἶναι σοφίαν· καίτοι κυριώταταί γ' εἰσὶν αὗται τῶν καθ' ἕκαστα γνώσεις· ἀλλ' οὐ λέγουσι τὸ διὰ τί περὶ οὐδενός, οἷον διὰ τί θερμὸν τὸ πῦρ, ἀλλὰ μόνον ὅτι θερμόν.

(Aristot. met. 980a21/27. 981b10/13)

Alle Menschen streben von Natur aus danach zu wissen. Zeichen dafür aber ist die Liebe zu den Wahrnehmungen; denn auch dann, wenn man sie nicht braucht, werden sie um ihrer selbst willen geliebt, und am meisten von allen diejenige durch die Augen ... Der Grund dafür ist, daß von den Wahrnehmungen diese uns am meisten erkennen läßt und viele Unterschiede klar macht ... Ferner aber glauben wir, daß keine der Wahrnehmungen Weisheit sei; dabei sind diese doch die eigentlichsten Erkenntnisse von all denen, die sich auf jedes einzelne Ding beziehen. Aber sie sagen über keine Sache das Weswegen – zum Beispiel: weswegen das Feuer warm ist, sondern nur, daß es warm ist.

Die Ableitung dieser metaphorischen Exegese aus der stoischen Allegorese, ja überhaupt aus der Allegorese, scheint weniger berechtigt, als die neuere Forschung zuweilen glaubhaft zu machen sucht[1224]. Daß Aristobulos die jeweiligen Übertragungen in Umfang und inhaltlicher Komplexität ganz unterschiedlich entfalten kann, beweist der Vergleich zwischen seiner Interpretation der "Hände" Gottes in F 2 Holladay und der weitausladenden Auslegung der göttlichen ἀνάπαυσις am siebten Tag (F 5 Holladay)[1225], die auch als Allegorese definiert werden könnte und die Interpretation eines (pseudo)homerischen Verses inkorporiert. Und doch bestimmt der Exeget seine Methode im F 2 Holladay begrifflich klar als metaphorische, und zwar bezogen auf Einzelwortübertragungen

---

[1224] Vgl Ansätze in diese Richtung schon bei Graetz (1878) 100 und (1888) 624: "Allegorische Auslegung kann man diese Ausdeutung keineswegs nennen"; Stein (1929) 1; Heinemann (1952) 133f.; Kraus Reggiani (1972) 169f. (widersprüchlich); Tiede (1972) 143; Goulet (1987) 535; Kuhn (1989) 147: "Das ... Verfahren Aristobuls ... kann man wohl noch nicht allegorisch nennen ... vielleicht könnte man es als metaphorisch bezeichnen"; Hafemann (1995) 174; Siegert (1996) 160f. und (2001) 251; Bar-Kochva (1996) 173; Boys-Stones (2001) 83f. (dort schon zu Aristoteles); Schimanowski (2006) 25f. und jetzt Niehoff (2011b) 58/74, die mit Recht den aristotelischen Hintergrund der "metaphorical solutions", die Aristobulos bei seiner Bibelexegese vorschlägt, gegen die Ableitung aus der Stoa betont.
[1225] Vgl. F 5, 127/36 Holladay: "ἑβδομάτῃ δ' ἠοῖ λίπομεν ῥόον ἐξ 'Αχέροντος". τοῦτο δὴ σημαίνων, ὡς ἀπὸ τῆς κατὰ ψυχὴν λήθης καὶ κακίας ἐν τῷ κατὰ ἀλήθειαν ἑβδόμῳ λόγῳ καταλιμπάνεται τὰ προειρημένα καὶ γνῶσιν ἀληθείας λαμβάνομεν ... und dazu Walter (1964) 137. 140; Holladay (1995) 236f.; Bloch (2011) 154 sowie Pollmann (2012) 115.

auf einunddenselben Terminus, auf Gottes Dynamis[1226]. In gewisser Weise komplementiert er damit das Vorgehen der antiken Allegoriker, scheint doch die dichterische Allegorie, die durch philosophische Allegorese entweder auf die Physis oder das Moralisch-Ethische hin erschlossen wird, selbst bei ausgemachten Spezialisten der Methode nicht streng geschieden von jener Allegorie, die als rhetorischer Tropus eben in den Bereich der übertragenen Redeformen, wie z.B. der Metaphern, gehört[1227]. So definiert Heraklit im Zusammenhang seiner Homerallegorese (alleg. 5 [ed. Russell – Konstan, S. 8]): ὁ γὰρ ἄλλα μὲν ἀγορεύων τρόπος, ἕτερα δὲ ὧν λέγει σημαίνων, ἐπωνύμως ἀλληγορία καλεῖται, und mit Recht hat man betont, daß zahlreiche Interpretationen seiner *Allegoriae* eher als metaphorisch anzusehen seien[1228]. Daß die frühe stoische Deutung der überkommenen Götter ebenfalls eher metaphorisch verstanden werden konnte, zeigt überdies der scharfe Angriff, den der Akademiker Cotta bei Cicero gegen sie führt (nat. 3, 16, 41 [ed. Ax, S. 133]): *cum fruges Cererem vinum Liberum dicimus, genere nos quidem sermonis utimur usitato, sed ecquem tam amentem esse putas qui illud quo vescatur deum credat esse?*[1229]

Es verwundert somit nicht, daß Aristobulos mit seiner metaphorischen Bibelexegese zuweilen einer stoisch anmutenden Methode der Interpretation nahekommt; doch offenbart er grundsätzlich eine durchaus selbständige Aneignung hellenistischer Metaphorologie. Diese hatte ihren Ausgang genommen von Aristoteles, der den Begriff der Metapher überhaupt als erster systematisch entwickelt zu haben scheint[1230] und tatsächlich die Auslegung κατὰ μεταφοράν in seinen Vorschlägen zur λύσις bestimmter Homerprobleme als einen prinzipiellen methodischen Schritt beschreibt (poet. 1461a16/30)[1231], sowie von der folgenden peripatetischen Theorie, faßbar etwa in den Fragmenten Theophrasts oder später bei Ps.-Demetrios[1232]. Die aristotelische Definition der Metapher lautet (poet. 1457b6f. [ed. Kassel, S. 34]): μεταφορὰ δέ ἐστιν ὀνόματος ἀλλοτρίου

1226 *Pace* Matusova (2010) 7. 17. 32 und (2015) 93.
1227 Vgl. auch Nünlist (2011) 115f.
1228 Vgl. Long (1992) 63; auch Henry (1986) 152f. zum Derveni-Papyrus.
1229 Vgl. dazu auch De Lacy (1948) 258.
1230 Vgl. Laks (1990) 283; Eggs (2001) 1100. 1103; Innes (2003) 7 und jetzt Zanker (2016) 166f.
1231 Insgesamt fallen an den zahlreichen Stellen, an denen sich zwischen Aristobulos, vor allem zwischen seinem Methodenfragment 2 Holladay, und dem langen 25. Kapitel der aristotelischen *Poetik*, dessen Grundgedanken und -begriffe der Stagirit wohl auch in seinen Ὁμηρικά προβλήματα/ζητήματα behandelt hatte (vgl. Gudeman [1927] 2516), Ähnlichkeiten nicht bloß in der Terminologie, sondern auch in den hermeneutischen Prinzipien auf.
1232 Vgl. Niehoff (2011b) 71.

ἐπιφορά[1233] – welche Aristobulos bis in die Formulierung hinein gleich bei seiner einleitenden Exegese der "Hände Gottes" widerspiegelt (F 2, 53/55 Holladay): διόπερ καλῶς ὁ νομοθέτης ἐπὶ [!] τὸ μεγαλεῖον μετενήνοχε ...[1234]. Aristobulos bestätigt damit früh die von der neueren Forschung gewonnene Einsicht, Aristoteles habe mit seiner Erklärung der Metapher nicht die bloß tropisch-ornamentale Substitution eines Begriffs durch einen anderen auf der Ebene der Lexis im Blick gehabt, sondern vielmehr den dynamischen Prozeß der Übertragung, der neben den beiden implizierten Begriffen auch die von ihnen bezeichneten Wirklichkeiten betreffe[1235]: "Da die Metapher Widersprüchliches verbindet ..., so ist das durch die Metapher vermittelte kognitive Erlebnis von besonderer Intensität ... Das Unerwartete wird in seiner Wahrheit erkannt"[1236]. Eben in den Übertragungen κατὰ τὴν ἐπιφάνειαν kündet Moses φυσικαὶ διαθέσεις und μεγάλων πραγμάτων κατασκευαί[1237]. Zumindest an einigen ausgewählten Bei-

---

1233 Zur Wendung vgl. neben Zanker (2016) 167 (mit Belegen zu ἐπιφορά aus Platon) und Nünlist (2015) 734 den Hamburger Papyrus 128, col. 2, Z. 37/42 (ed. Snell, S. 37f.): μεταφοράν δὲ <τὸ> τῶν αὐτῶν ὀνομάτων ἢ ῥημάτων συνθέτων ἀπὸ ὁμοίου τινὸς ἐπ' ἄλλο πρᾶγμα μετενηνεγμένον ... (zur Textkonstitution Innes [1985] 251f.; Schenkeveld [1993] 73/76; Calboli [2007] 137/46 und Fortenbaugh [2011] 258f.) und, vielleicht aus stoischen Quellen, Ps.-Plut. De Homero 19 (ed. Kindstrand, S. 16): μεταφορὰ δέ, ἥπερ ἐστὶν λέξις ἀπὸ τοῦ κυρίως δηλουμένου πράγματος ἐφ' ἕτερον μετενηνεγμένη κατὰ τὴν ἀμφοῖν ἀνάλογον ὁμοιότητα. Das Verb μεταφέρω begegnet schon in Rhet. Alex. 23, 1; dort wird später der Euphemismus, der Metapher ähnlich, wie folgt beschrieben (35, 18 [ed. Chiron, S. 95]): φυλάττου δὲ καὶ τὰς αἰσχρὰς πράξεις μὴ αἰσχροῖς ὀνόμασι λέγειν ... ἀλλὰ τὰ τοιαῦτα αἰνιγματωδῶς ἑρμηνεύειν καὶ ἑτέρων πραγμάτων ὀνόμασι χρώμενος δηλοῦν τὸ πρᾶγμα. Das A-Scholion zu Homer Il. 8, 195a (ed. Erbse, vol. 2, S. 339) gibt einen Einblick in die zeitgenössischen Debatten zum Thema: Die allegorische Deutung der Worte Hektors wird (offenbar zurückgehend schon auf Aristarch; vgl. Nünlist [2011] 115) zurückgewiesen zugunsten der Annahme übertragener Redeweise (ἐπὶ ... ἀναφέρεται).
1234 Vgl. schon F 2, 52 Holladay: μεταφέροντας. Die Differenz zwischen Gesagtem und Gemeintem wird gleich im Eingang des Methodenfragments 2 Holladay mit σημαίνεται ... ἐπί ... angesprochen (vgl. Niehoff [2011b] 66); vgl. ἐπισημαίνεται auch F 2, 43 Holladay (vgl. schon oben S. 390/95 sowie Hipparch comm. in Arat. 1, 6, 11; 2, 2, 6).
1235 Aus der umfangreichen Literatur zu diesem bis heute kontrovers debattierten Thema seien hier nur genannt: Tamba-Mecz – Veyne (1979) passim; Eggs (1984) 317f.; Ricœur (1986) 20/31; Laks (1990) passim; Lloyd (1996) 205/23; Kirby (1997) passim; Barker (1999) 1/16; Schart (1999) 34/39; Lau (2006) 117/270; Hartl (2008) 165 und Schmitt (2008) 623f. 626/40.
1236 Lau (2006) 244f.; vgl. zur Erkenntnisleistung metaphorischer Rede erhellend auch Kuitert (1967) passim; Snell (1975) 184/86 (zu den homerischen Gleichnissen); Bremer (1980) passim; Rapp (2002) 885/91; Majetschak (2005) 242/45; Schirren (2008d) 1488 (insbesondere zu Aristoteles); die verschiedenen Beiträge zum Sammelband Junge (2010); Gehring (2011) 24f.; Meuthen (2011) 72f.; Sellin (2011a) 149f. 154f. 157 und (2011b) 212f. sowie Zill (2011) 110.
1237 Ob sich in der entsprechenden Formulierung F 2, 23/27 Holladay: πολλαχῶς γὰρ ὃ βούλεται λέγειν ὁ νομοθέτης ἡμῶν Μωσῆς ἐφ' ἑτέρων πραγμάτων λόγους ποιούμενος (λέγω δὲ τῶν

spielen soll im folgenden aufgezeigt werden, daß Aristobulos die peripatetische Tradition auch dort vorauszusetzen scheint, wo keine unmittelbaren Bezüge auf einzelne Stellen der aristotelischen Werke, auf Theophrast oder Ps.-Demetrios nachweisbar sind[1238]:

a) Schon Sokrates bekennt an einer Kernstelle der platonischen *Politeia* (488a): γλισχρῶς εἰκάζω – "Weil unser Erkennen mit Wahrnehmungen beginnt, Wahrnehmungserkenntnisse für uns also leichter zugänglich sind – aristotelisch gesprochen: früher für uns sind –, während zu begrifflichen Erkenntnissen erst hingeleitet werden muss, ist für die platonische Anagogie zu hinreichend begründetem Wissen die Phantasia eine wichtige Stütze"[1239]. Die Auffassung, in der Sprache werde das eigentlich nur Intellegible, insbesondere das Göttliche, übertragen so veranschaulicht, daß über eine innere Imagination sein wahres Wesen eingesehen und eine abstraktere Begriffsbildung angestoßen werde, ist in der Antike weit verbreitet (vgl. schon oben S. 191/93)[1240]. Die Ursprünge sol-

---

κατὰ τὴν ἐπιφάνειαν), φυσικὰς διαθέσεις ἀπαγγέλλει καὶ μεγάλων πραγμάτων κατασκευάς eine Nutzung auch des platonischen *Sophistes* mit seiner Diskussion des εἴδωλον andeutet (vgl. z.B. Soph. 240a/b: Ein Eidolon sei nichts anderes als τὸ πρὸς τἀληθινὸν ἀφωμοιωμένον ἕτερον τοιοῦτον), kann aufgrund der Kürze der Bemerkung kaum entschieden werden.

1238 Solche bis in den Wortlaut identifizierbaren Nachweise sind vor allem daher kaum zu erwarten, weil zum einen die aristotelischen Pragmatien dem jüdischen Exegeten wohl nicht vorgelegen haben dürften, zum anderen Theophrasts Schriften zum Thema nur ganz fragmentarisch erhalten sind und bis heute Ps.-Demetrios, der aber sicher ältere Tradition verarbeitet (vgl. dazu Martini [1901] 2839/41; Roberts [1902] 49/64; Solmsen [1931] passim; Schenkeveld [1964] 135/48 u.ö.; Innes [1995] 311/32; Chiron [2001] passim; Marini [2007] 3/43; De Jonge [2015] 984 sowie Porter [2016] 246/81 [mit Datierung ins zweite vorchristliche Jahrhundert!]), nicht eindeutig datiert werden kann.

1239 Radke-Uhlmann (2011) 174f., die überdies zahlreiche Belege aus der späteren Platonkommentierung beibringt; vgl. Mesch (2014b) passim.

1240 Vgl. Schirren (2008a) 6f.; Schmitt (2011) 144f. mit Hinweis auf Philostrats *Eikones* 1, 6, 1 sowie Sheppard (2014) 2f. u.ö. Der Gedanke, das Unsichtbare sei durch das Sichtbare erkennbar, begegnet schon bei den Vorsokratikern; vgl. das Diktum ὄψις γὰρ τῶν ἀδήλων τὰ φαινόμενα (Anaxagoras 59 B 21a Diels – Kranz); Snell (1943) 67f. (zu der Erkenntnisfunktion der homerischen Gleichnisse); Lau (2006) 61/64 und Porter (2010) 167. Auf die breite Diskussion, die das Thema in der hellenistischen Literaturtheorie, insbesondere der Poetik, erfuhr, kann hier nur hingewiesen werden (vgl. z.B. Philodem. poet. 1, 44f. [ed. Janko, S. 235 mit Anmerkungen und Verweisen]). Theologisch ist das Thema spannungsreich, weil der Schritt hin zu der These, der Imagination entspreche überhaupt kein Sein, also auch kein bloß intellegibles, sondern die Menschen kreierten mit ihren bildlichen Vorstellungen überhaupt erst unwirkliche Götter, nicht weit ist. So wird etwa Antisthenes die kategorische Aussage zugeschrieben (F 40 Caizzi): θεὸν οὐδενὶ ἐοικέναι ..., διόπερ αὐτὸν οὐδεὶς ἐκμαθεῖν ἐξ εἰκόνος δύναται (vgl. desweiteren zu

cher Rede suchte man dabei gern im alten Mythos und der Dichtung[1241]. Schon Herodot sieht die religionsgeschichtliche Leistung Homers und Hesiods darin, daß sie die Griechen die Theogonie lehrten, die Götter benannten, deren jeweilige Autoritäten und Bereiche festsetzten und: εἴδεα αὐτῶν σημήναντες (2, 53; vgl. auch oben S. 155 zu 1, 131)[1242]. Eindrücklich stellt der kaiserzeitliche Redner Dion Chrysostomos einmal fest (12, 59f.), Nous und Phronesis seien selbst nicht darstellbar und daher hätten die Menschen "Zuflucht" zu der anthropomorphen Darstellung der Götter gesucht τῷ φανερῷ τε καὶ εἰκαστῷ τὸ ἀνείκαστον καὶ ἀφανὲς ἐνδείκνυσθαι ζητοῦντες – gerade Homer habe sich dabei als herausragender Schöpfer von solchen Bildern (ἀγάλματα) ausgezeichnet, durch das κάλλος, die σεμνότης und die μεγαλοπρέπεια seiner Götter[1243]. Bemerkenswert sind in diesem Zusammenhang zwei programmatische Passagen bei Isokrates: In dem Werk Πρὸς Νικοκλέα (nach 374 vor Christus), gerichtet an den gleichnamigen jungen Herrscher über Zypern, stellt er fest (2, 48f. [ed. Mandilaras, vol. 2, S. 43f.]), Dichter wie Homer oder die Tragiker wählten für das große Publikum nicht die "nützlichsten", sondern "mythischsten" (μυθωδέστατοι) Logoi, weil diese neben dem Hörgenuß auch lebendige Anschauung in den Zuhörern bewirkten und sie dadurch stärker im Innern beeinflußten (ψυχαγωγεῖν). Im *Euagoras* (um 370-365 vor Christus), einer postumen Gedenkrede auf den Vater des Nikokles, heißt es (Euag. 9, 8/11 [ed. Mandilaras, vol. 2, S. 236f.]), den Dichtern stünden mannigfache Mittel des Schmucks (πολλοὶ κόσμοι) zur Verfügung, um selbst dann, wenn der gedankliche Gehalt ihrer Werke dürftig sei, Anmut und Pathos im Publikum zu bewirken (χάρις/ψυχαγωγεῖν): Sie stellten die Götter menschenähnlich dar, im Gespräch etwa oder in der Auseinandersetzung, und machten diese Dinge klar (δηλόω), indem sie fremde und neue Wörter sowie μεταφοραί, Metren und Rhythmus einsetzten; in der Prosa hingegen sei all das nicht statthaft, nur knapper Ausdruck, politische ὀνόματα sowie sach- und handlungsbezogene (περὶ τὰς πράξεις αὐτάς), deren δύναμις derjenigen der

---

den Epikureern die allerdings unsicheren und kontrovers diskutierten Belege bei Mansfeld [1999c] 472/74 [mit Literatur]).

1241 Vgl. schon oben Anm. 849 mit Aristot. met. 1074b. Schon die frühe Kritik des Vorsokratikers Xenophanes, Homer und Hesiod hätten die Gestalt, den Körper der Götter anthropomorph anschaulich "gemacht" (vgl. 21 B 14/16. 23 Diels – Kranz mit den Ausdrücken δέμας, ἰδέας γράφειν, σώματα ποιεῖν), wäre hier zu vergleichen (vgl. dazu Taureck [2004] 280f.).

1242 Vgl. van der Leeuw (1950) 447.

1243 Vgl. neben der berühmten Stelle Cic. nat. 1, 27, 77 erhellend auch Strabon 1, 2, 17 und über die möglichst anschauliche Darstellung in der Geschichtsschreibung Lukian hist. conscr. 51. Zudem Rosenmeyer (1986) 234f.; Bernard (1990) 29f. zum Mittel- und Neuplatonismus und Hillgruber (1998) 250f.

Poesie deutlich nachstehe. Isokrates gibt dabei allerdings zu verstehen, daß er in seinem Enkomion dieses Defizit zu verringern beabsichtige[1244]. Weiterhin: In den Homerscholien wird einmal, im Hinblick auf die Darstellung der Götter, als Darstellungsprinzip festgehalten (A-Scholion zu Ilias 18, 591f. [ed. Erbse, vol. 4, S. 565]): ῥητέον τὸ πολλοῖς ἤδη εἰρημένον ὅτι ἀπὸ τῶν ἐν ὄψει καὶ γινωσκομένων τὰ ἀφανῆ καὶ ἄγνωστα παριστᾶσιν οἱ τοῖς παραδείγμασι χρώμενοι[1245]. Und schließlich lohnt ein Blick auf die schon mehrfach zitierte pseudoplutarchische Schrift *De Homero*, deren Quellen und deren Terminologie sicher auf die hellenistische Philosophie und Homerkritik zurückgehen: Der Autor vergleicht den Dichter mit einem Maler und hebt anerkennend hervor, wie lebendig in den homerischen Epen die Handlung und ihre Personen, insbesondere die Götter, vor Augen gestellt und damit eher geschaut denn gehört würden (216f. [ed. Kindstrand, S. 115f.]): τίς οὖν πρῶτος ἢ τίς μᾶλλον Ὁμήρου τῇ φαντασίᾳ τῶν νοημάτων ἔδειξεν ἢ τῇ εὐφωνίᾳ τῶν ἐπῶν ἐκόσμησε θεούς, ἀνθρώπους, τόπους, πράξεις ποικίλας; ... ὧν τὰς μορφὰς καὶ διαθέσεις ὑπογράψας καὶ ἀνθρωπείοις πράγμασι παραβαλὼν ἔδειξεν ἑκατέρας τὰς οἰκειότητας. ἐτόλμησε δὲ καὶ θεοῖς μορφὰς ἀνθρώπων εἰκάσαι. An dem Beispiel der Verse Od. 19, 467/77 wird im folgenden vorgeführt, wie geschickt Homer es erreiche, mit dem, was dem Auge wahrnehmbar sei, auch das darzustellen, was nur das Denken erfassen, nicht aber gesehen werden könne (ἐμφαίνεται πλείω τὰ μηδὲ τῇ ὄψει ἔτι καταληπτὰ ἀλλὰ τῇ νοήσει μόνῃ).

In den Rhetoriken der aristotelisch-peripatetischen Tradition erfährt dann die ἐνέργεια, also die lebendige, anschauliche Darstellung einer Sache oder Person "am Werk", also in Handlung und Selbstverwirklichung, besondere Aufmerksamkeit[1246]. Schon Aristoteles hatte angemerkt (rhet. 1405b6/21; vgl. 1410b31/36. 1411a26. 35. 1411b6. 8f.), daß die gelungene Metapher "vor Augen

---

[1244] Zur Sichtbarkeit und -machung der Götter in der griechischen Religion vgl. (mit Belegen und Literatur) Siegert (1992) 75/78. Diogenes Laertios (1, 10) schöpft offenbar aus Hekataios die Nachricht, die Ägypter hätten ihre Tiergötter bildhaft dargestellt, weil sie die wahre Gestalt nicht kannten; vgl. später auch Plut. *De Iside et Osiride* 8/10, 354.
[1245] Vgl. Richardson (1980) 279/81 (mit Stellen) und Rispoli (1984) 321. 323f. 326 u.ö. zu Homerscholien, in denen des Dichters Technik der bildhaften Veranschaulichung diskutiert wird.
[1246] Vgl. – auch zur schwierigen terminologischen Unterscheidung von ἐνάργεια – Bremer (1980) 358f.; Rispoli (1984) passim; Ricœur (1986) 43; Moran (1996) 392f. 395f.; Rapp (2002) 904/10; Innes (2003) 13; Majetschak (2005) passim; Schirren (2008a) 13. 15 und (2008d) 1488. 1495; Otto (2009) 72f.; Möller (2011) 51/55. 57 (mit Literatur); Sheppard (2014) 22/27; Nünlist (2015) 725 sowie Zanker (2016) 167. Schon Gorgias merkt in seiner *Helena* (13) an, daß die μετεωρολόγοι durch ihre Reden den "Augen der Meinung" (τὰ τῆς δόξης ὄμματα) das Unglaubliche und Ungewisse (ἄδηλα) "erscheinen" (φαίνεσθαι) ließen.

führe" (ποιεῖν τὸ πρᾶγμα πρὸ ὀμμάτων) und daher möglichst "vom Schönen" zu nehmen sei, das nicht nur im Klang und in der Bedeutung der Wörter zum Ausdruck komme, sondern auch ὄψει ἢ ἄλλῃ τινὶ αἰσθήσει[1247]. Ein Ausdruck werde dadurch grundsätzlich dem Gegenstand ähnlicher, eigentümlicher, doch seien solche "Vor-Augen-Metaphern" erst dann besonders eindrucksvoll, wenn sie darüberhinaus, möglichst konkret, auch "Wirkendes" (ἐνεργοῦντα/ἐνέργεια) bezeichneten[1248]. Homer sei dies dort gelungen[1249], wo er Unbeseeltes mittels einer Metapher beseelt und in Wirkung, in Aktion gezeigt habe (1411b24/ 1412a9): κινούμενα γὰρ καὶ ζῶντα ποιεῖ πάντα, ἡ δ' ἐνέργεια κίνησις[1250]. "Die

---

1247 Theophrasts Diktum, die Schönheit eines Worts beruhe auf seiner Annehmlichkeit (ἡδύ) für Ohr und Auge (!) sowie auf seinem ehrbaren, edlen Gehalt, war weithin berühmt (vgl. den Bezug bei Ps.-Demetrios 173 [ed. Radermacher, S. 38f.]). Vgl. z.B. auch Eudemos von Rhodos F 70 Wehrli und Ps.-Demetrios (209/20) darüber, daß solche Veranschaulichung ἔμφασις (vgl. Trypho trop. 1 [ed. Spengel, S. 192]) und im Publikum πάθος hervorzurufen vermöge.
1248 Was übrigens auch in den Scholien nicht selten lobend beobachtet wird (vgl. Meijering [1987] 21/25. 36f.; Hillgruber [1998] 249 mit Hinweis auf das bT-Scholion zu Hom. Il. 1, 198 und Innes [2003] 9; vgl. auch das D-Scholion zu Il. 11, 548). Ein Blick auf poet. 1455a22/29 offenbart, daß Aristoteles die Bedeutung des πρὸ ὀμμάτων ποιεῖν nicht nur auf das Publikum beschränkt; zuvor müsse der Dichter selbst die von ihm dann in einer bestimmten Lexis auszuarbeitenden Stoffe ἐναργέστατα, also in größter Deutlichkeit, vor seinem eigenen Auge sehen (vgl. schon Plat. Ion 535b über die Einbildungskraft des Rhapsoden und dazu Sheppard [2014] 22). Vgl. auch die Definition der ἐνάργεια in Dion. Hal. Lys. 7 (dazu Zanker [1981] 297f.).
1249 Vgl. auch poet. 1460a6/12.
1250 Vonnöten wäre hier die Einordnung dieser Metaphorologie in die klassische und hellenistische Auffassung von (sinnlicher) Wahrnehmung, innerer Vorstellung, φάντασμα/φαντασία und der diesbezüglichen Rolle der Sprache, etwa in Platons Wahrnehmungs- und Ideenlehre (vgl. auch Phileb. 38/40 oder epist. 342/44; insgesamt dazu Büttner [2000] 66/92 mit älterer Literatur), in die aristotelische Psychologie (die einschlägigen Stellen etwa aus De anima 424a17/24. 425b24f. 427b14. 429a1/9. 431a14/17. 431b2/19. 432a3/14 [vgl. Straton von Lampsakos F 41 Sharples über die Seele: ὅσα γὰρ μὴ πρότερον ἑώρακε, ταῦτα οὐ δύναται νοεῖν], aus De interpretatione und De memoria, aber auch z.B. met. 980f.; 1029b oder mot. an. 701b; dazu die divergierenden Positionen bei Theiler [1959] 136. 147; Rosenmeyer [1986] 214f.; Frede [1992] 290 u.ö.; Pietsch [1992] 121/27; Schofield [1992] passim; Selden [1998] 376f.; mit neuerer Literatur Modrak [2001] passim; Vogt-Spira [2002] 34f.; Busche [2003] 37/42 u.ö.; Welt [2003] 72f.; Lau [2006] 220/25; Yurdin [2009] 80. 82/86; Schmitt [2011] 111 und 115f. 124. 132f. 138/40 zu Homer; Scheiter [2012] passim sowie Sheppard [2014] 6f. u.ö.) und in das stoische Konzept der καταληπτικὴ φαντασία (s. schon oben S. 331); vgl. später auch das 15. Kapitel der Schrift Περὶ ὕψους und aus der Sicht der römischen Rhetorik Quint. 6, 2, 29 (vgl. auch 8, 3, 62/90 und dazu Webb [1997] 232f.). Doch erlaubt die knappe Ausführung, die Aristobulos dem Thema theoretisch widmet, kaum eine direkte Ableitung von einer bestimmten Quelle. Zur Bedeutung des πρὸ ὀμμάτων ποιεῖν in der hellenistischen Literaturtheorie, vor allem in den Homer- und Tragikerscholien, vgl. Meijering (1987) 14/53 und Obbink (1992) 202 sowie zu hellenistischen Theo-

Differenz der Aristotelischen Auffassung von Anschaulichkeit zu der uns gewohnten ergibt sich daraus, dass Aristoteles den Zeichencharakter der wahrnehmbaren Erscheinungsformen erkannt und berücksichtigt hat ... Die Vermittlung muss hier immer die Vorstellung leisten, die vom Zeichen angeregt, die gleiche Evidenz zustande bringen kann wie die direkte Wahrnehmung, deren Wirkung aber auch von ihrem Eindruck auf die Vorstellung abhängt"[1251]. Der Gedanke, daß solch mimetische Veranschaulichung *in theologicis*, insbesondere in der religiösen Poesie, dazu beitrage, im Publikum eine lebendige Vorstellung von den Göttern zu bewirken, begegnet dann im folgenden immer wieder; so bemerkt Ps.-Plutarch *De Homero* 113f., Zeus sei zwar eigentlich noetischen Charakters (ἀσώματος/νοήσει μόνον καταληπτός), doch erzeuge die anthropomorphe Wahrnehmung in der Dichtung bei den Lesern, vor allem den ungebildeteren, eine Anschauung von Göttern; gerade die ἐνέργεια der Götter werde dadurch vorgeführt[1252].

b) Aristoteles fordert nachdrücklich, Metaphern dürften nicht weithergeholt sein, sondern vom (in *genus* oder *species*) Ähnlichen her, um nicht unklar (ἀσαφεῖς) zu sein (rhet. 1405a35/37. 1406b8f. 1410b31/36. 1412a9/11)[1253]. Klarheit resultiere überdies daraus, daß "übliche" (κύρια) Ausdrücke zur Anwendung kommen, "weil sie von allen (Sprechern einer Gemeinschaft) gebraucht und somit autorisiert werden"[1254] (1404b5/10. 31f. 35). Ps.-Demetrios stimmt damit überein (78 [ed. Radermacher, S. 21])[1255] und widmet dem damit verwandten Aspekt der Sprachgewohnheit in seiner Behandlung der Metaphern des χαρακτὴρ μεγαλοπρεπής gar einen umfänglichen Abschnitt (86/88 [ed. Radermacher, S. 23])[1256]: Prinzip der Auswahl angemessener Metaphern in Prosa sei ἡ τῆς συν-

---

rien über die φαντασία Le Boulluec (1975) 316; Rosenmeyer (1986) passim (mit Ausblicken auf den Neuplatonismus); Männlein-Robert (2007) 101f. und Otto (2009) 37/66 (mit Literatur).
1251 Schmitt (2011) 144f. 147 und Radke (2009) 12/16. Anders Rapp (2002) 907f., der es zumindest für die aristotelische *Rhetorik* für nicht ausgemacht hält, daß der Stagirit mit dem "Vor-Augen-Führen" überhaupt "innere Bilder" gemeint habe.
1252 Vgl. Siegert (1992) 67 und Keaney – Lamberton (1996) 183.
1253 Vgl. Rapp (2002) 843 und Zanker (2016) 167f.
1254 Rapp (2002) 837, vgl. wichtig auch 830f. sowie Schironi (2009) 301f. In poet. 1461a26/31 stellt Aristoteles die Deutung κατὰ τὸ ἔθος τῆς λέξεως, als eine mögliche Lösungsmethode von Problemen auffälligen dichterischen Sprachgebrauchs, eng neben diejenige κατὰ μεταφοράν.
1255 Vgl. Schenkeveld (1964) 90; Bremer (1980) 354f. und Schirren (2008a) 15.
1256 Vgl. Niehoff (2011b) 69f. und De Jonge (2015) 993. Zum peripatetischen Hintergrund (etwa Aristot. rhet. 1404b34/36) vgl. Solmsen (1931) 246. Das Argument, die Sprache des auszulegenden Texts, insbesondere erklärungsbedürftige Namen und Begriffe, stimmten mit dem allgemeinen Usus überein, begegnet freilich auch anderswo: Der Exeget des Derveni-Papyrus betont

ηθείας τέχνη εἴτε φύσις, zumal da die alltägliche Sprache ihrerseits reich an, zuweilen gar nicht als solche wahrgenommenen, Metaphern sei.

c) Gleich im Eingang seiner Erörterung des prosaischen Stils (rhet. 1404b1f.) definiert Aristoteles als ἀρετὴ λέξεως die Klarheit (σαφήνεια)[1257] – eine Rede, die nicht verständlich mache (δηλόω; vgl. schon 1404a10), verfehle ihre Aufgabe[1258]. Grundsätzlich gilt als wirksamster Weg zur Klarheit der Rede der soeben schon angesprochene eigentliche Gebrauch möglichst gängiger Wörter (Aristot. rhet. 1404b5f.; vgl. poet. 1458a19/23), wodurch, wie Theophrast später ausdrücklich unterstreichen sollte, die Überzeugungskraft gefördert werde (F 696 Fortenbaugh aus Ps.-Demetrios 222); übertragener, fremder und dadurch das Publikum überraschender Ausdruck hingegen büße im Vergleich zu eigentlich gebrauchten Wörtern an Klarheit ein[1259], sei aber zugleich Zeichen gehobenen, würdevollen, ja vehementen Stils (vgl. Ps.-Demetrios 190 [ed. Radermacher, S. 42]): μικρότερον γὰρ τὸ συνηθέστερον πάντων, τὸ δὲ ἀσύνηθες καὶ μετενηνεγμένον μεγαλοπρεπές (vgl. auch 253. 276)[1260]. Hier ergibt sich also schon[1261] in der

---

gerade zu einer Stelle, deren Verständnis offenbar besondere Schwierigkeiten machte und kontroverse Interpretationen begründet hatte (col. 23, 7f. [ed. Janko, S. 46]): ὁ δὲ [sc. Orpheus] σημαίνει τὴν αὐτοῦ γνώμην ἐν τοῖς λεγομένοις καὶ νομιζομένοις ῥήμασι (vgl. Casadesús Bordoy [2012] 81 mit dem Hinweis auf col. 18, 3/10 zu Erklärung des Namens Moira).
1257 Vgl. allgemein mit neuerer Literatur Innes (1985) 255f.; Struck (1995) 218; Rapp (2002) 829f. und (2013) passim; Flashar (2004b) 331; Fortenbaugh (2005) 227/29. 267/73; Calboli (2007) 137; Liebert (2008) 744; Schirren (2008d) 1486; Asmuth (2009) passim; Schironi (2009) 300f. und Nünlist (2015) 718. Die Forderung nach σαφήνεια begegnet in der zeitgenössischen Debatte allenthalben: Theophrast zählt sie als eine seiner ἀρεταὶ λέξεως, während Diog. Laert. 7, 59 (ed. Long, S. 322 ~ Dorandi, S. 509) im Kontext der stoischen Sprachlehre vermerkt: Eine der fünf ἀρεταὶ λόγου sei die Klarheit – σαφήνεια δέ ἐστι λέξις γνωρίμως παριστᾶσα τὸ νοούμενον (dazu etwa Atherton [1993] 91. 99 u.ö. und Nünlist [2015] 718); vgl. auch Rhet. Alex. 24, 1; 25, 4; 30, 4/11 sowie Philodem. rhet. 1, col. 17 (ed. Sudhaus, vol. 1, S. 176f.).
1258 Vgl. auch die ebenso grundsätzliche und programmatische Definition für die Dichtung in poet. 1458a18.
1259 Vgl. Rhet. Alex. 30, 7 (ed. Chiron, S. 80): Klarheit im Ausdruck sei zu erreichen ἐὰν ὅτι μάλιστα τοῖς ἐκείνοις τῶν πραγμάτων ὀνόμασιν τὰς πράξεις προσαγορεύωμεν καὶ ἐὰν τοῖς κοινοῖς ...
1260 Vgl. ähnlich schon Aristot. rhet. 1404b. Anderswo lehnt Aristoteles übertragenen Ausdruck wegen des Verlusts an Klarheit ab, etwa für philosophische Definitionen oder für fachwissenschaftliche Texte (vgl. u.a. top. 139b33/36; met. 991a22; rhet. 1404a12; anal. post. 97b37; dazu mit weiteren Belegen Lloyd [1987] 183/214 und [1996] 208/10; Moran [1996] 386; Rapp [2002] 927/29 und Lau [2006] 246f. 249/59).
1261 Vgl. Wehrli (1945) 28; Laks (1990) 295f.; Lloyd (1996) 212f.; Moran (1996) 388; Lau (2006) 244f. 260/70; Schirren (2008d) 1487 und Rapp (2013) 292f.

griechischen Theorie eine gewisse Spannung, wird doch solch "eigentliche" Rede stilistisch als einfach und schlicht charakterisiert und damit für die Darstellung großer Sachverhalte unpassend (vgl. Ps.-Demetrios 190f.); die Metapher ist daher zum einen Redeschmuck und Mittel der Stilhebung, soll aber zum anderen auch "allgemein" und "klar" sein, so daß Aristoteles einmal zusammenfaßt (rhet. 1405a8f. [ed. Kassel, S. 150]): καὶ τὸ σαφὲς καὶ τὸ ἡδὺ καὶ τὸ ξενικὸν ἔχει μάλιστα ἡ μεταφορά (vgl. 1407b31)[1262] – "Angenehmes" im Sinne der ästhetischen Anziehung deswegen, weil der zunächst überraschende, übertragene Ausdruck Wissen vermittelt, dem Publikum also den Eindruck gibt, es lerne etwas (1410b6/26; vgl. auch top. 140a6/17)[1263]. In der *Poetik* löst Aristoteles diese Spannung durch die Empfehlung, Metaphern, Glossen und Schmuckwörter sollten stets mit eigentlichen und üblichen Ausdrücken "gemischt" werden (1458a31/34). Die Möglichkeit, daß Metaphern dann, wenn sie gehäuft würden und Unmögliches miteinander verbänden, verrätselnde Wirkung (αἴνιγμα) haben könnten, wird dabei schon vom Stagiriten ausdrücklich notiert (poet. 1458a23/30; vgl. rhet. 1405b5), während später etwa Ps.-Demetrios (100/02 [ed. Radermacher, S. 25]) die erhabene Allegorie als Aussage auffaßt, die verschleiernd, verstörend wie ein Mysterium, verdunkelnd wie Nacht und Finsternis, also gerade nicht klar und offen sei und Gefahr laufe, zu einem αἴνιγμα zu werden[1264].

d) Fast beiläufig erwähnt Aristoteles in seiner *Rhetorik* (1405a10/13) eine weitere Voraussetzung gelungener Metaphern: Es sei nötig, sie "passend zu sagen" (δεῖ ... τὰς μεταφορὰς ἁρμοττούσας λέγειν), und das kann hier wohl nur meinen: Gemeintes und Gesagtes müssen in der Übertragung möglichst angemessen zueinanderstimmen, um so auch in ihrer Ähnlichkeit wahrgenommen[1265] wer-

---

[1262] Vgl. dazu Rapp (2002) 827f. 840 und (2013) 295. Nur beiläufig sei ergänzt, daß nach den Homerscholien die epischen Gleichnisse nicht nur αὔξησις und ἐνάργεια, sondern auch σαφήνεια bewirkten (vgl. dazu Kirby [1997] 522 und Nünlist [2009] 290 mit Stellen und Literatur).
[1263] Vgl. auch rhet. 1371a/b sowie poet. 1448b12: Mimesis bereite jedem Menschen, nicht nur den Philosophen, angenehme Freude, weil die Betrachtung von εἰκόνες, ob nun in bildender Kunst oder in der Sprache, dazu anrege, "jedes einzelne" (τί ἕκαστον) anhand von dem, was man vorher schon einmal gesehen habe, zu erschließen und dabei zu lernen. Dazu auch Bremer (1980) 354; Rapp (2002) 885/91. 924/26; Flashar (2004b) 332 und Schirren (2008d) 1488.
[1264] Vgl. dazu Bremer (1980) 355f.; Struck (1995) 218f.; Kirby (1997) 541f.; Rapp (2002) 924; Innes (2003) 19; Lau (2006) 245; Calboli (2007) 145 zu Epikur Περὶ φύσεως 28 und Schirren (2008d) 1487. In der Tropenlehre Tryphos (trop. 3f. [ed. Spengel, S. 193]) wird das αἴνιγμα von der Allegorie dadurch unterschieden, daß diese entweder im Ausdruck oder im Gedanken verdunkle, jenes jedoch in beidem und zu besonderer ἀσάφεια führe.
[1265] Vgl. dazu auch Schirren (2008b) 599.

den zu können. Andernfalls: ἀπρεπὲς φανεῖται διὰ τὸ παρ' ἄλληλα τὰ ἐναντία μάλιστα φαίνεσθαι.

e) Erinnert sei abschließend daran, daß Aristoteles das ja gewissermaßen sprachschöpferische, nicht von einem anderen annehmbare Können des Übertragenden hochschätzt, ja als auffälliges Distinktionsmerkmal dichterischer, rhetorischer und philosophischer Begabung erachtet[1266], Ähnliches erkennen (τὸ ὅμοιον θεωρεῖν) und angemessen metaphorisch zum Ausdruck bringen zu können (vgl. rhet. 1412a11f. und poet. 1459a4/8). Diesem Erfassen des Ähnlichen im Verschiedenen, das sich des eigenen Übertragungsaktes bewußt ist, räumt Aristoteles als Erkenntnismittel in den verschiedenen Disziplinen der Philosophie hohe Bedeutung ein[1267].

9.4 Schlußbemerkung

Daß sich Aristobulos in der Deutung der mosaischen Anthropomorphismen Gottes eher von der aristotelisch-peripatetischen Lehre denn von der Stoa angeregt zeigt, ist somit nicht ausgeschlossen. Eine theologiegeschichtliche Würdigung des jüdischen Exegeten müßte seine Metaphorologie freilich noch in engerer Verbindung sehen zu dem von ihm mit Nachdruck vertretenen Altersbeweis, demzufolge Moses und sein schriftlich verfaßter Nomos großen Autoritäten der griechischen Geistesgeschichte und Gotteslehre, auch dem überragenden Homer, an dem die griechische Theorie ihre Schlußfolgerungen so gern entwickelt, unmittelbare (Lese-)Quelle der Erkenntnis gewesen seien. Nimmt man diese Deutung der Geschichte ernst, dann ginge es im Grunde nicht um Abhängigkeit des jüdischen Exegeten von griechischen Quellen; vielmehr induzierte bereits der mosaische Nomos selbst durch seine Logoi eine Interpretation, welcher sich in der Folge die Griechen absichtsvoll bedient hätten und welche nun der Exeget – auch durch den Gebrauch eben der aristotelisch-peripatetischen Metaphernlehre – für die Auslegung des Nomos wiedergewonnen habe. Oder anders: Moses kündet in Metaphern von Gott, von ihm übernimmt diese Redeweise Homer; den Homer deutet die griechische Kritik metaphorisch, den Moses nun Aristobulos – am Anfang von allem steht Moses.

[1266] Vgl. rhet. 1394a4f. über die Fabeln sowie top. 108b7/14; dazu Hellgardt (1979) 25; Bremer (1980) 356; Lloyd (1987) 185; Eggs (2001) 1107; Rapp (2002) 929f. und Flashar (2004b) 332.
[1267] Vgl. Ricœur (1986) 30; Laks (1990) 286/89; Buntfuß (1997) 159f.; Kirby (1997) 534/37; Eggs (2001) 1107; Lau (2006) 141/48; Liebert (2008) 745; Schirren (2008d) 1488f.; Möller (2011) 53f. und Zanker (2016) 168.

10 Die Würde der mosaischen Metaphern

πολλὰ ἐροῦμεν καὶ οὐ μὴ ἀφικώμεθα, καὶ συντέλεια λόγων "τὸ πᾶν ἐστιν αὐτός". δοξάζοντες ποῦ ἰσχύσομεν; αὐτὸς γὰρ ὁ μέγας παρὰ πάντα τὰ ἔργα αὐτοῦ. φοβερὸς κύριος καὶ σφόδρα μέγας, καὶ θαυμαστὴ ἡ δυναστεία αὐτοῦ. δοξάζοντες κύριον ὑψώσατε καθ' ὅσον ἂν δύνησθε, ὑπερέξει γὰρ καὶ ἔτι· καὶ ὑψοῦντες αὐτὸν πληθύνατε ἐν ἰσχύι, μὴ κοπιᾶτε, οὐ γὰρ μὴ ἀφίκησθε. τίς ἑόρακεν αὐτὸν καὶ ἐκδιηγήσεται; καὶ τίς μεγαλυνεῖ αὐτὸν καθώς ἐστιν; πολλὰ ἀπόκρυφά ἐστιν μείζονα τούτων, ὀλίγα γὰρ ἑωράκαμεν τῶν ἔργων αὐτοῦ.

(Sirach 43, 27/32)

Vieles werden wir sagen und doch gewiß nicht zum Ende kommen, und Ergebnis der Reden wird sein: "Das All ist er selbst". Wo werden wir stark genug sein bei seinem Lobpreis? Selbst nämlich ist er der Große, vor allen seinen Werken. Furchtbarer und sehr großer Herr, und wunderbar seine Mächtigkeit! Lobpreisend erhöht den Herrn, wieviel ihr vermögt, denn er wird es auch noch übertreffen. Und wenn ihr ihn erhöht, nehmt an Stärke zu, ermüdet nicht, denn gewiß kommt ihr nicht zum Ende. Wer hat ihn gesehen und wird ihn ganz erzählen können? Und wer wird ihn so groß machen, wie er ist? Viele verborgene seiner Werke sind größer als diese, nur wenige nämlich haben wir gesehen.

10.1 Einleitung

Timaios beginnt bei Platon seine große Rede über die Erschaffung der Welt mit der grundsätzlichen Unterscheidung des Seienden (Tim. 28f.), das sich stets gleichbleibe und nur νοήσει μετὰ λόγου zu erfassen sei, vom Werdenden und Gezeugten, von dem μετ' αἰσθήσεως ἀλόγου eine Meinung, eine Doxa, gebildet werden müsse. Was diese Unterscheidung für die Darstellung in der Rede bedeute, hält Timaios umgehend fest[1268]: Die Logoi, gleichsam Auslegung der Dinge, müßten eben diesen auch "verwandt" (συγγενεῖς) sein – dem Bleibenden,

---

1268 Ob sich die vieldeutige Bemerkung im *Phaidros* (270a): πᾶσαι ὅσαι μεγάλαι τῶν τεχνῶν προσδέονται ἀδολεσχίας καὶ μετεωρολογίας φύσεως πέρι· τὸ γὰρ ὑψηλόνουν τοῦτο καὶ πάντῃ τελεσιουργὸν ἔοικεν ἐντεῦθέν ποθεν εἰσιέναι auf die sprachlich-stilistische Erhabenheit der Rede über die Natur umkehren läßt, muß hier offenbleiben (vgl. zur Stelle Heitsch [1993] 164/67; Reale [2005] 252; Kahn [2010] 71 und Porter [2016] 421. 581f.).

Festen und nur noetisch Offenbaren so bleibende, beständige, unwiderlegliche und unbesiegbare Aussagen wie nur möglich, dem aber, was im Werden nur Abbild jenes Festen sei, wahrscheinliche und entsprechende Aussagen (... εἰκότας ἀνὰ λόγον τε ἐκείνων ὄντας ...): ὅτιπερ πρὸς γένεσιν οὐσία, τοῦτο πρὸς πίστιν ἀλήθεια (vgl. auch die unmittelbar folgenden Ausführungen 29c/d über die Beschränktheit der eigenen Rede sowie 37f.).

Wie wichtig der griechischen Philosophie die angemessene Rede über das Göttliche theologisch war[1269], erhellt in der Folgezeit selbst aus Epikur, der die Theorie, den Bewegungen des Himmels und der Gestirne könnte ein ordnendes, glückseliges und unvergängliches Wesen zugrunde liegen, kategorisch ablehnt und die verheerende Wirkung unangemessener Begriffe solcher Rede aufdeckt (epist. ad Herod. 77 [ed. Arrighetti, S. 69 ~ ed. Usener, S. 28]): ἀλλὰ πᾶν τὸ σέμνωμα [sc. δεῖ] τηρεῖν κατὰ πάντα ὀνόματα φερόμενα ἐπὶ [!] τὰς τοιαύτας ἐννοίας, ἵνα μηδὲν ὑπεναντίον ἐξ αὐτῶν τῷ σεμνώματι δόξῃ· εἰ δὲ μή, τὸν μέγιστον τάραχον ἐν ταῖς ψυχαῖς αὐτὴ ἡ ὑπεναντιότης παρασκευάζει[1270]. Die Allegorese der frühgriechischen Epen hingegen antwortete inhaltlich auf die obengenannte theologisch-naturwissenschaftliche und moralisch-ethische Homerkritik[1271], weniger jedoch auf den Einwand, die Darstellung der Götter und Helden bei Homer sei in ihrer sprachlichen, stilistischen Form dem Göttlichen nicht angemessen, verletze also das Prinzip des πρέπον speziell im Ausdruck. Und doch lassen sich Spuren aufweisen, die darauf hindeuten, daß gerade die anthropomorphe Rede über die Götter auch ästhetische Anstöße erregen konnte[1272]. So verwirft etwa Platon (pol. 377f.) die homerische und hesiodeische Dichtung nicht nur deshalb, weil sie gegen das Wahre erlogen, sondern auch, weil sie nicht schön erlogen sei[1273]; Heraklit beginnt in seinen *Allegoriae homericae* die Beweisführung, Homer habe in der *Ilias* und der *Odyssee* allegorisch von den Göttern gedichtet, mit den Feststellungen: οἷος μὲν ἐν οὐρανῷ διὰ τῶν ἐπῶν

1269 Vgl. Dörrie (1974) 129.
1270 Vgl. Mansfeld (1993) 177 (mit weiteren Belegen aus späteren Epikureern) sowie Obbink (2001) 208 zu dem späteren Epikureer Philodem von Gadara.
1271 Vgl. Joosen – Waszink (1950) 283f.; Buffière (1956) 13/25 u.ö.; Griffiths (1967) 79f.; Klauck (1978) 47f.; Lamberton (1986) 14; Siegert (1992) 58[18]; Cancik-Lindemaier – Sigel (1996) 520f.; Russell – Konstan (2006) XIV; Welt (2009) 10f.
1272 Vgl. Weinstock (1927) 135; Dörrie (1974) 129f. zum Begriff des ἀπρεπές in der hellenistischen Homerkritik sowie Lamberton (1986) 19 zu Proklos.
1273 Vgl. z.B. auch pol. 389e; daß allerdings verwerfliche Stellen bei Homer und anderen Dichtern auch "dichterisch" und angenehm zu hören sein können, erhellt aus pol. 387b. Zur angemessenen "Schönheit" der Rede über Göttliches bei Platon, insbesondere im *Symposion*, vgl. auch Mülke (2013) passim.

καθιέρωται Ζεὺς ἀφανεῖ νεύματι σείων (alleg. 2, 2 [ed. Russell – Konstan, S. 4] zu Il. 1, 528) und: ἃ μὲν γὰρ ἐξ ἴσου καὶ κατὰ κοινὸν ὑπὲρ ἁπάντων ἱεροπρεπῶς τεθεολόγηται, τί δεῖ καὶ λέγειν; (2, 5 [ed. Russell – Konstan, S. 4). Hier wird inhaltlich und sprachlich-stilistisch die angemessene Höhe der homerischen Rede von den Göttern verteidigt (vgl. auch 3, 1; 77 mit der Gegenüberstellung Homer/Platon)[1274]. Abseits der Allegorese dürfte die spätere Verteidigung des Dichters, seine Werke enthielten vorbildliche Muster würdiger Rede über Götter und Heroen, – als bekanntestes Beispiel sei hier auf die Schrift Περὶ ὕψους hingewiesen – auf solche Kritik reagiert haben.

Die exegetische Strategie, mit welcher Aristobulos die Anthropomorphismen der mosaischen Rede über Gott zu erklären sucht, erweist sich vor diesem Hintergrund als aufschlußreich. Die übertragene Bedeutung der Anthropomorphismen, also das σημαίνεται, macht er ja nicht einfach in kurzen Gleichungen des Gesagten zum eigentlich Gemeinten ab, sondern entfaltet gleichsam performativ die Würde des Ausdrucks dadurch, daß sich die Deutung selbst auf Ebenen gewisser Höhe vollzieht. An den ersten beiden im Methodenfragment 2 Holladay durchgeführten Auslegungen soll dies im folgenden beispielhaft gezeigt werden[1275]; doch auch die Katabasis am Sinai, in der Gott in Wahrheit den Menschen seine μεγαλειότης offenbart[1276], die "göttliche Stimme", mit der Moses nicht bloß gesprochenes Wort, sondern die vollendeten Werke der Schöpfung meint (F 4, 4/6 Holladay: ... διὰ τῆς νομοθεσίας ἡμῖν ὅλην τὴν γένεσιν τοῦ κόσμου θεοῦ λόγους εἴρηκεν ὁ Μωσῆς. συνεχῶς γάρ φησιν ἐφ' ἑκάστου· "καὶ εἶπεν ὁ θεός, καὶ ἐγένετο") und deren Metaphorik auch Pythagoras, Sokrates, Platon, Orpheus und Arat übernehmen, oder das Ruhen Gottes am siebten Tag, das bei rechtem Verständnis auf ein fundamentales Ordnungsprinzip der Welt aus Weisheit hindeutet (F 5 Holladay)[1277], legen die Würde der Anthropomorphismen

---

1274 Nach Siegert (1992) 58[18] verfolgte auch die stoische "Homer-Apologetik" den Grundsatz, der Dichter habe – "in ästhetischer wie ethischer Hinsicht" – "nichts Unschickliches – ἀπρεπές" ausgesagt. Nicht zuletzt bezeugen die Homerscholien, daß die hellenistischen Philologen, etwa Zenodot, die homerischen Epen nach dem Kriterium des πρέπον beurteilten und wie verbreitet neben der Athetese die Allegorese als Heilmittel anstößiger Stellen war (vgl. z.B. zu Ilias 3, 423; 4, 88f.; 15, 18/32; 18, 591f. sowie Pohlenz [1933] 66f. 68 und Dreyer [1970] 43/48).
1275 In diesem Zusammenhang sei daran erinnert, daß Platon (Tim. 33d/34a) und Aristoteles (cael. 289f.) die offenbar kontrovers diskutierte Frage behandelt hatten, ob der Himmel und seine Gestirne mit Händen und Füßen (!) ausgestattet seien (vgl. dazu Leunissen [2010] 168/74).
1276 Vgl. schon oben S. 327/29 zu der stilistisch auffälligen Passage F 2, 97/134 Holladay.
1277 Vgl. dazu Holladay (1995) 230f. 236f. (mit der älteren Literatur).

offen, die eine oberflächliche, zu kurz greifende Interpretation der mosaischen Logoi als bloß vermenschlichend und unangemessen verstehen kann[1278].

10.2 "Die große Hand des Königs"

Aristobulos begnügt sich nicht damit, die "Hände Gottes" einfach damit zu erklären, sie seien ἐπὶ δυνάμεως θεοῦ ausgesagt (F 2, 51 Holladay)[1279]. Dieses Ergebnis stellt er vielmehr an das Ende einer umfänglichen Auslegung (F 2, 38/55 Holladay):

χεῖρες μὲν οὖν νοοῦνται προδήλως καὶ ἐφ' ἡμῶν κοινότερον. ὅταν γὰρ δυνάμεις ἐξαποστέλλῃς σὺ βασιλεὺς ὤν, βουλόμενός τι κατεργάσασθαι, λέγομεν· "μεγάλην χεῖρα ἔχει ὁ βασιλεύς", φερομένων τῶν ἀκουόντων ἐπὶ τὴν δύναμιν ἣν ἔχεις. ἐπισημαίνεται δὲ τοῦτο καὶ διὰ τῆς νομοθεσίας ἡμῶν λέγων ὁ Μωσῆς οὕτως "ἐν χειρὶ κραταιᾷ ἐξήγαγεν ὁ θεός σε ἐξ Αἰγύπτου" [Exod. 13, 9; vgl. 13, 3. 14. 16]. καὶ πάλιν εἰρηκέναι αὐτῷ φησι τὸν θεόν· "ἀποστελῶ τὴν χεῖρά μου καὶ πατάξω τοὺς Αἰγυπτίους" [vgl. Exod. 3, 20]. καὶ ἐπὶ τοῦ γεγονότος θανάτου τῶν κτηνῶν καὶ τῶν ἄλλων φησὶ τῷ βασιλεῖ τῶν Αἰγυπτίων λέγων· "ἰδοὺ χεὶρ κυρίου ἐπέσται ἐν τοῖς κτήνεσί σου καὶ ἐν πᾶσι τοῖς ἐν τοῖς πεδίοις θάνατος μέγας" [vgl. Exod. 9, 3], ὥστε δηλοῦσθαι τὰς χεῖρας ἐπὶ δυνάμεως εἶναι θεοῦ· καὶ γὰρ ἔστι μεταφέροντας[1280] νοῆσαι τὴν πᾶσαν ἰσχὺν τῶν ἀνθρώπων καὶ τὰς ἐνεργείας ἐν ταῖς χερσὶν εἶναι. διόπερ καλῶς ὁ νομοθέτης ἐπὶ τὸ μεγαλεῖον μετενήνοχε, λέγων τὰς συντελείας χεῖρας εἶναι θεοῦ[1281].

1278 Vgl. schon Frankel (1851) 181/85 über das "Unfeine" der biblischen Anthropomorphismen und die Dezenzübertragungen der Septuaginta. Es sei an dieser Stelle daran erinnert, daß auch der *Aristeasbrief* die ästhetische Empfänglichkeit des zweiten Ptolemäers Philadelphos besonders hervorhebt; so heißt es über ihn dort, wo die künstlerische Gestaltung seiner Gaben für die jüdische Gesandtschaft am alexandrinischen Hof beschrieben wird (56 [ed. Pelletier, S. 132]): τῇ μὲν οὖν ποικιλίᾳ τῶν τεχνῶν ἐκέλευσεν ὅτι μάλιστα χρήσασθαι, σεμνῶς ἅπαντα διανοούμενος καὶ φύσιν ἔχων ἀγαθὴν εἰς τὸ συνιδεῖν πραγμάτων ἔμφασιν (vgl. 80).
1279 Vgl. Lohse (1973) 416: "An mehr als 200 Stellen spricht das Alte Testament von der Hand Jahwes. Dabei ist stets an Gottes Handeln gedacht, durch das er sich in seinem Schaffen und Wirken mächtig erweist" (dort auch zum Wortgebrauch in den Qumran-Texten); Norin (1997) 50; Schart (1999) 32/34; Fornara (2004) 172 (zu Exod. 14, 31; Dtn. 3, 24; 7, 19; 11, 2; 4, 34): "Mani e braccio di Dio sono l'espressione della sua potenza e delle sue azioni prodigiose. In quanto tali, possono cadere sotto la percezione visiva dell'uomo" und Muraoka (2009) 730f.
1280 Absoluter Gebrauch des Verbs μεταφέρειν schon bei Aristoteles, z.B. eth. Nik. 1167a10.
1281 Der biblische Befund ist ein gutes Beispiel für die inkonsequente Behandlung der Anthropomorphismen in der Septuaginta (s. dazu schon oben Anm. 640). Während etwa Exod. 16, 3 im Hebräischen von der Hand Gottes ausdrücklich die Rede ist, übersetzen die Septuaginta (ed. Rahlfs, vol. 1, S. 113): καὶ εἶπαν πρὸς αὐτοὺς οἱ υἱοὶ Ισραηλ "ὄφελον ἀπεθάνομεν πληγέντες

"Hände" also werden ganz klar auch bei uns allgemeiner gedacht. Denn wenn du, der du König bist, [sc. Streit-]Mächte aussendest, weil du irgendetwas unterwerfen willst, sagen wir: "Eine große Hand hat der König", wobei die Zuhörer umgehend verwiesen werden auf die Macht, die du hast. Darauf aber deutet auch in unserer Gesetzgebung Moses, wenn er so sagt: "Mit starker Hand hat Gott dich herausgeführt aus Ägypten" [Exod. 13, 9; vgl. 13, 3. 14. 16]. Und wiederum sagt er, Gott habe zu ihm gesprochen: "Ich werde aussenden meine Hand und die Ägypter schlagen" [vgl. Exod. 3, 20]. Und im Hinblick auf das Sterben des Viehs und der anderen Tiere, das sich ereignete, spricht er zum König der Ägypter mit den Worten: "Siehe, die Hand des Herrn wird sein auf deinem Vieh und auf allen Tieren in den Ebenen, ein großes Sterben" [vgl. Exod. 9, 3][1282], so daß klar wird, daß sich die "Hände" auf die Macht Gottes beziehen. Denn es ist doch so, daß man durch Übertragung denkt, die ganze Stärke und das Wirken der Menschen lägen in ihren Händen. Deswegen hat der Gesetzgeber schön auf das Großartige übertragen, indem er sagt, die Vollbringungen Gottes seien seine "Hände".

Das Adjektiv κοινότερον im einleitenden Satz legt den Grund für die folgende Auslegung: Tatsächlich begegnet ein ähnlicher Wortgebrauch von ἡ χείρ noch

---

ὑπὸ κυρίου [!] ἐν γῇ Αἰγύπτῳ". Die Übersetzung von Exod. 24, 11 lautet (ed. Rahlfs, vol. 1, S. 127): καὶ τῶν ἐπιλέκτων τοῦ Ισραηλ οὐ διεφώνησεν οὐδὲ εἷς in deutlichem Gegensatz zur Vorlage: "Und er reckte seine Hand nicht aus wider die Edlen Israels" (vgl. dazu Fritsch [1943] 14). Diese Vorbehalte der Septuaginta fügen sich zu der Beobachtung, daß im Gegensatz zu den älteren Büchern der Bibel die jüdisch-hellenistische Literatur das Bild der Hand Gottes auffällig selten benutzt (so Groß [1985] 351); vgl. aus der Weisheitsliteratur z.B. Sap. 11, 17. 21f. sowie aus zeitgenössischen Texten beispielsweise *Aristeasbrief* 239 über die χειραγωγία θεοῦ sowie allgemein 306, auf Aristobulos zurückgreifend (vgl. Hadas [1951] 220 und oben S. 310): πᾶσα γὰρ ἐνέργεια διὰ τῶν χειρῶν γίνεται (anders Wright [2015] 438[1064]). Über die von Aristobulos angeführten biblischen Stellen hinaus wird freilich auch an anderen an der "Hand Gottes" festgehalten, z.B. in Exod. 3, 20; 7, 4; 9, 15; 33, 22f.; Num. 11, 23; Dtn. 2, 15; 3, 24; 4, 34. 39; 11, 2f.; 33, 27; 34, 10/12; Ps. 8, 7; 110, 6f. 26; Hos. 13, 4. Besonders aufschlußreich ist Exod. 14, 31 (ed. Rahlfs, vol. 1, S. 111): εἶδεν δὲ Ισραηλ τὴν χεῖρα τὴν μεγάλην, ἃ ἐποίησεν κύριος τοῖς Αἰγυπτίοις – "The Septuagint translated the word 'hand' literally, but it has brought out the figurative sense of the term by the use of a relative clause introduced by a neuter relative pronoun" (Fritsch [1943] 15). Nicht zuletzt ist die Auslegung auf Gottes Dynamis hin, die Aristobulos vorschlägt, schon in der griechischen Übersetzung angelegt (vgl. etwa Dtn. 3, 24 oben S. 188): Während im Propheten Jesaja die Hand und der Arm Gottes wiederholt mit Stärke und Macht assoziiert werden (vgl. 45, 11f.; 48, 13; 50, 2; 51, 5. 9; 52, 10; 59, 1 u.ö.), singt der Psalmist in Ps. 88, 11. 14 LXX vom βραχίων τῆς δυνάμεως/μετὰ δυναστείας Gottes, und in Ios. 4, 24 übersetzen die Septuaginta dort, wo im Hebräischen von "Hand" die Rede ist, mit δύναμις (ed. Rahlfs, vol. 1, S. 360): ... ὅπως γνῶσιν πάντα τὰ ἔθνη τῆς γῆς ὅτι ἡ δύναμις τοῦ κυρίου ἰσχυρά ἐστιν, καὶ ἵνα ὑμεῖς σέβησθε κύριον τὸν θεὸν ὑμῶν ἐν παντὶ χρόνῳ (vgl. Rösel [1998] 58 mit weiteren sogenannten Anti-Anthropomorphismen der Septuaginta sowie den Hertog [2011] 623).
1282 Vgl. zu dieser Stelle und ihrer Interpunktion schon oben S. 49f.

in der hohen zeitgenössischen Poesie des Hellenismus, welche sich darin von der frühgriechischen Dichtung geprägt zeigt[1283]: So preist Kallimachos in seinem Hymnus auf den höchsten griechischen Gott Zeus, der den Königen ihre Macht verleiht (hymn. 1, 66f. [ed. Pfeiffer, S. 4]): οὔ σε θεῶν ἐσσῆνα πάλοι θέσαν, ἔργα δὲ χειρῶν, | σή τε βίη τό τε κάρτος, ὃ καὶ πέλας εἴσαο δίφρου[1284]. Im *Zeushymnus* des Stoikers Kleanthes zeigt sich der Blitz, der hier das ewige, lebensspendende göttliche Feuer des Logos repräsentiert, "unter den unbesiegbaren Händen" (V. 9: ἀνικήτοις [ἀκινήτοις coni. Mosheim] ὑπὸ χερσίν) des Gottes, des höchsten Königs (V. 10: ὕπατος βασιλεύς)[1285], und auch der orphische Exeget des Derveni-Papyrus zitiert aus dem von ihm allegorisch auszulegenden Text über Ζεὺς βασιλεύς (col. 8, 2. 4f. [ed. Janko, S. 16]): Ζεὺς μὲν ἐπεὶ δὴ πατρὸς ἑοῦ πάρα θέσφατον ἀρχὴν | ἀλκήν τ' ἐγ χείρεσσ' ἔλαβεν καὶ δαίμονα κυδρόν[1286]. Als prägnantes Beispiel aus der Prosa sei auf Xenophon verwiesen: Im erhabenen Schlußkapitel seines *Oikonomikos*, in dem die Fähigkeit zu großer, wahrhaft königlicher Herrschaft als göttliche Gabe gepriesen wird[1287], heißt es (21, 8 [ed. Pomeroy, S. 208]): ... ἂν ... μεγάλῃ χειρὶ εἰκότως οὗτος λέγοιτο πορεύεσθαι οὗ ἂν τῇ γνώμῃ πολλαὶ χεῖρες ὑπηρετεῖν ἐθέλωσι[1288]. Und nicht zuletzt: Aristobu-

---

1283 Vgl. die Belege aus Homer im Liddell – Scott im Abschnitt III. Schon früh steht der Plural χεῖρες oft im Gegensatz zu ἔπη/λόγοι, um ein Handeln, eine Tat zu beschreiben (vgl. etwa Hom. Il. 1, 77; Soph. Oid. 883 u.ö.). Besonders prägnant wirkt in diesem Zusammenhang das berühmte Wort Pindars (F 169, 1/4 Snell): νόμος ὁ πάντων βασιλεύς | θνατῶν τε καὶ ἀθανάτων | ἄγει δικαιῶν τὸ βιαιότατον | ὑπερτάτᾳ χειρί ...
1284 Vgl. bei Homer noch Il. 8, 450f.
1285 Vgl. Thom (2005) 75f. zur Stelle und über die Nähe dieser Vorstellung zur pseudoaristotelischen Schrift *De mundo* (s. dazu unten S. 411/14). In der Schrift Περὶ βασιλείας des Pythagoreers Diotogenes trägt der erhabene (σεμνός) Zeus den Blitz in der Hand als Symbol seiner δεινότης (ed. Thesleff, S. 75).
1286 Leider ist die allegorische Auslegung dieser "Hände" am Ende der neunten Columne nicht mehr erhalten; der Exeget leitet sie ein (col. 9, 10 [ed. Janko, S. 18]): ὅτι δ' ἐγ χείρεσσ' ἔλαβεν ᾐνίζετο ...
1287 Vgl. schon über den Perserkönig bei Hdt. 8, 140: καὶ γὰρ δύναμις ὑπὲρ ἄνθρωπον ἡ βασιλέος ἐστὶ καὶ χεὶρ ὑπερμήκης. Artaxerxes I. erhielt den Beinamen μακρόχειρ.
1288 Zu χείρ in der Bedeutung "Streitmacht, Heer" sind die Belege Legion (vgl. etwa Hdt. 2, 137); Material aus der Septuaginta liefern Fascher (1959) 424f. 427 und Luck (1959) 24/26. 70/76. Auffällig zu δύναμις in ähnlichem Kontext 1 Chron. 12, 23 (ed. Rahlfs, vol. 1, S. 781): ... ἡμέραν ἐξ ἡμέρας ἤρχοντο [sc. Davids Mitstreiter] πρὸς Δαυιδ εἰς δύναμιν μεγάλην ὡς δύναμις θεοῦ. In der Bibel begegnet die mächtige Hand Gottes gerade in kriegerischen Zusammenhängen, "weil man Jahwe darin als den mit seiner gewaltigen Hand selbst in den Kampf zugunsten Israels eingreifenden Kriegsgott ... erlebt habe" (Weber [2000] 115[40] mit Literatur); auch die alte Gottesbezeichnung Κύριος Σαβαώθ ~ Κύριος δυνάμεων deutet auf diesen Zusammenhang (s. dazu schon oben Anm. 643).

los kommt ähnlichen Überlegungen der hellenistischen Homerkritik nah, die sich noch heute aus den Scholien zurückgewinnen lassen. Vor allem die Szene *Ilias* 15, 694f., in welcher Zeus mit seiner riesigen Hand Hektor in den Kampf stößt, lag der Exegese schwer im Magen: ... τὸν δὲ Ζεὺς ὦσεν ὄπισθεν | χειρὶ μάλα μεγάλῃ ... In den Scholien bT 695 (ed. Erbse, vol. 4, S. 144) findet sich ein Lösungsversuch, welcher der Strategie des Bibelexegeten Aristobulos ganz ähnlich ist: λείπει ὡς. οἱ δὲ τῇ δυνάμει [!]. ἢ ἐκπληκτικὸν τὸ τῆς φαντασίας, εἰ ἡ χεὶρ τοῦ Διὸς μέχρι τῆς γῆς φθάνει θνητὸν ὠθοῦσα[1289] – "in any case, the point is implicitly maintained that Zeus does not leave the divine sphere in Homer"[1290].

Aristobulos erklärt die "Hand" als übertragenes Wort für das kraft- und machtvolle Wirken eines irdischen Königs[1291] mit dem biblischen[1292] und dem griechischen Wortgebrauch. Ausgespart bleibt dabei die dem alexandrinischen Publikum gegenwärtige ägyptische Tradition, wurde doch sowohl in Texten als

---

1289 Vgl. auch den Vers Il. 9, 419f., in welchem Achill sagt, Zeus halte seine Hand schützend über Troja: ... μάλα γάρ ἔθεν εὐρύοπα Ζεὺς | χεῖρα ἑὴν ὑπερέσχε – für die Scholien AbT (ed. Erbse, vol. 2, S. 488) ist dies eine μεγάλη φαντασία Homers: ὡς οὐ μόνον συλλαμβάνοντος τοῦ Διός, ἀλλὰ καὶ τὴν χεῖρα ὑπερέχοντος! Rispoli (1984) passim; Meijering (1987) 94f. und Nünlist (2009) 270/77 bringen weitere Belege aus den Homerscholien, an welchen deutlich wird, daß man dazu neigte, die anthropomorphe Darstellung der homerischen Götter nicht als wahre Aussage über deren Wesen aufzufassen.
1290 Nünlist (2009) 272; vgl. Rispoli (1984) 335. Vgl. auch *Ilias* 4, 439 mit dem bT-Scholion und dazu Rispoli (1984) 328.
1291 Nach Schroer – Staubli (2005) 137 begegnet diese Übertragung so in der hebräischen Bibel nicht. Freilich hält Gottes Hand den König und stärkt ihn (vgl. etwa Ps. 20, 7; 21, 9; 89, 22; 98, 1), und Laban sagt zu Jakob in Gen. 31, 29 (ed. Rahlfs, vol. 1, S. 49): καὶ νῦν ἰσχύει ἡ χείρ μου κακοποιῆσαί σε. Vgl. auch Gen. 41, 35 über die "Hand Pharaos".
1292 Auch die Weitung der Metaphorik über die königliche Macht hinaus: καὶ γὰρ ἔστι μεταφέροντας νοῆσαι τὴν πᾶσαν ἰσχὺν τῶν ἀνθρώπων καὶ τὰς ἐνεργείας ἐν ταῖς χερσὶν εἶναι. διόπερ καλῶς ὁ νομοθέτης ἐπὶ τὸ μεγαλεῖον μετενήνοχε, λέγων τὰς συντελείας χεῖρας εἶναι θεοῦ ist dabei biblisch fundiert; vgl. etwa Ps. 8, 4. 7 LXX (ed. Rahlfs, vol. 2, S. 6): ὅτι ὄψομαι τοὺς οὐρανούς, ἔργα τῶν δακτύλων σου, σελήνην καὶ ἀστέρας, ἃ σὺ ἐθεμελίωσας ... καὶ κατέστησας αὐτὸν [sc. den Menschen] ἐπὶ τὰ ἔργα τῶν χειρῶν σου, πάντα ὑπέταξας ὑποκάτω τῶν ποδῶν αὐτοῦ ... 101, 26/29 LXX (gleich unten im Text); 110, 6f. LXX (ed. Rahlfs, vol. 2, S. 124f.): ἰσχὺν ἔργων αὐτοῦ ἀνήγγειλεν τῷ λαῷ αὐτοῦ τοῦ δοῦναι αὐτοῖς κληρονομίαν ἐθνῶν. ἔργα χειρῶν αὐτοῦ ἀλήθεια καὶ κρίσις· πισταὶ πᾶσαι αἱ ἐντολαὶ αὐτοῦ ... 118, 73 LXX; Hos. 13, 4 (ed. Rahlfs, vol. 2, S. 500): ἐγὼ δὲ κύριος ὁ θεός σου στερεῶν οὐρανὸν καὶ κτίζων γῆν, οὗ αἱ χεῖρες ἔκτισαν πᾶσαν τὴν στρατιὰν τοῦ οὐρανοῦ ... Ies. 5, 12; 60, 21; prägnant Sirach 15, 14 u.ö. sowie dazu Luck (1959) 113. Die Wörter συντελέω und συντέλεια sind in der Septuaginta vielbenutzt (vgl. Muraoka [2009] 659/61). Die bekannteste Stelle bezieht sich auf die Schöpfung (Gen. 2, 1 [ed. Rahlfs, vol. 1, S. 3]): καὶ συνετελέσθησαν ὁ οὐρανὸς καὶ ἡ γῆ καὶ ὁ πᾶς κόσμος αὐτῶν. Zu zeitgenössischen griechischen Autoren vgl. Keller (1947) 35f.

auch in der Ikonographie seit alter Zeit die kraftvolle, die Feinde niederwerfende Hand der Götter wie auch der Pharaonen besonders hervorgehoben[1293]. In einem Relief am Horustempel von Edfu, das in die Zeit von Ptolemaios IX. Soter II (um 110 vor Christus) zu datieren ist, aber offenbar einen Text reproduziert, der seit der Gründung des Tempels unter Euergetes II. (237 vor Christus) kontinuierlich benutzt worden war, steht der Gott vor dem König und spricht ihm Beistand gegen Rebellen zu: "Ich lege Kraft und Stärke für dich in deine Arme und die Macht meiner Hände in deine Hände"[1294]. Die oben schon angesprochene "Ka-Kraft" des ägyptischen Königs findet sich ebenfalls immer wieder "in the motif of the *ka*-arms"[1295] repräsentiert. Der Sieg des Ptolemäerkönigs über die ägyptischen Rebellen von Lykopolis wird in dem 196 vor Christus veröffentlichten Rosetta-Dekret gefeiert (demot. 15f.): "Es ergriff Pharaoh ... die besagte Festung (mit) der Stärke (seiner) Hand in kurzer Zeit"[1296]!

Aristobulos geht es dabei nicht bloß um den König allgemein, sondern um den angesprochenen Ptolemäer: ὅταν γὰρ δυνάμεις ἐξαποστέλλῃς σὺ βασιλεὺς ὤν, βουλόμενός τι κατεργάσασθαι, λέγομεν· "μεγάλην χεῖρα ἔχει ὁ βασιλεύς", φερομένων τῶν ἀκουόντων ἐπὶ τὴν δύναμιν ἣν ἔχεις[1297]. Das Bestreben, die χεῖρες Gottes in menschlich-irdischer Veranschaulichung zugleich inhaltlich und als sprachlichen Ausdruck so würdig wie möglich zu interpretieren[1298], wird hier daran greifbar, daß der metaphorische Ausdruck 'Hand' durch den Bezug auf den 'König' um eine weitere semantische Dimension aufgeladen wird, welche auf die metaphorisch gemeinte Dynamis Gottes wieder zurückwirkt[1299]. Dies

---

1293 Vgl. Luck (1959) 50/52 (zur Bedeutung "militärische Streitmacht"); Groß (1985) 315/27; Bergman (1997) passim; Selden (1998) 333; Schroer – Staubli (2005) 137 und Otto (2012) 583.
1294 Vgl. Selden (1998) 388.
1295 Bell (1985) 272. 291f.; auch Preisigke (1920) 3 über die altägyptische Vorstellung, der Sonnengott übertrage seine Kräfte in die Welt, etwa auf den König, über seine Strahlenarme.
1296 Übersetzung nach Blasius (2002) 51; vgl. den griechischen Text an dieser Stelle bei Spiegelberg (1922) 81.
1297 Stauffer (1938) 110 wird mit seiner These, dadurch werde der Anthropomorphismus auf den "angeblichen abstrakten Sinngehalt" zurückgeführt, dem Anliegen des Exegeten nicht voll gerecht. Ebenso ist Chadwicks (1998) 15f., Ansicht, Aristobulos sei es nicht um Religion, sondern ausschließlich um φύσις als "Natur" gegangen und daher später von Philon korrigiert worden, verfehlt.
1298 Pace Walter (1964) 137: "... man sieht, welche Mühe Aristobulos hat und welche Wege er geht, um etwa die an sich naheliegende Deutung der 'Hand' Gottes auf seine 'Macht' zu begründen".
1299 Die ästhetische Dignität der Veranschaulichung wird auch daran augenfällig, daß "die aus dem Himmel ragende Hand bei Juden und Christen die einzige geduldete Darstellung Gottes in der Bildkunst" (so Schroer – Staubli [2005] 139; vgl. Groß [1985] 354f.) blieb, in den

wäre "in der nichtmetaphorischen Ausführung ... unerkannt und deshalb auch unausgesprochen geblieben ... Auf diese Weise entsteht eine Einheit, die außerordentlich dichte, komplexe Aussage, in der ein Etwas nicht nur als einfacher Gegenstand möglicher Prädikation bloß genannt oder angesprochen wird, sondern dieses Etwas in einer sein Wesen aufschließenden, verdichtenden levxi~ die Gestalt eines einzigen Wortes, einer Metapher, annimmt"[1300].

10.3 Die göttliche Stasis

> et Iovem illum Optimum ac Maximum rite dices et Tonantem et Statorem, qui non, ut historici tradiderunt, ex eo, quod post votum susceptum acies Romanorum fugientium stetit, sed quod stant beneficio eius omnia, stator stabilitorque est.
>
> (Sen. benef. 4, 7, 1)

> Und jenen Jupiter wirst du mit Recht *Optimus* und *Maximus* sowie *Tonans* und *Stator* nennen, der nicht, wie die Historiker überliefert haben, deswegen *stator* und *stabilitor* ist, weil nach Ablegen eines Gelübdes die Schlachtreihe der fliehenden Römer 'zum Stehen kam', sondern weil durch seine Wohltat alle Dinge 'stehen'.

Das göttliche "Stehen" hingegen erhebt Aristobulos in den größtmöglichen Zusammenhang menschlicher Anschauung, den Kosmos mit seinen Gestirnen und all dem, was in ihm ist (F 2, 55/68 Holladay):

στάσις δὲ θεία καλῶς ἂν λέγοιτο κατὰ τὸ μεγαλεῖον ἡ τοῦ κόσμου κατασκευή. καὶ γὰρ ἐπὶ πάντων ὁ θεός, καὶ πάνθ' ὑποτέτακται καὶ στάσιν εἴληφεν· ὥστε τοὺς ἀνθρώπους καταλαμβάνειν ἀκίνητα εἶναι ταῦτα. λέγω δὲ τὸ τοιοῦτον, ὡς οὐδέποτε γέγονεν οὐρανὸς γῆ, γῆ δ' οὐρανός, οὐδ' ἥλιος σελήνη λάμπουσα, οὐδὲ σελήνη πάλιν ἥλιος, οὐδὲ ποταμοὶ θάλασσα, οὐδὲ θάλασσα ποταμοί. καὶ πάλιν ἐπὶ τῶν ζῴων ὁ αὐτός ἐστι λόγος. οὐ γὰρ ἄνθρωπος ἔσται θηρίον οὐδὲ θηρίον ἄνθρωπος. καὶ ἐπὶ τῶν λοιπῶν δὲ ταὐτὸν ὑπάρχει φυτῶν τε καὶ ἐπὶ τῶν ἄλλων· ἀμετάβλητα μέν ἐστι, τὰς αὐτὰς δ' ἐν αὐτοῖς τροπὰς λαμβάνει καὶ φθοράς. ἡ στάσις οὖν θεία κατὰ ταῦτα ἂν λέγοιτο, πάντων ὑποκειμένων τῷ θεῷ.

---

jüdischen Synagogen insbesondere in der Darstellung der Exodus (vgl. etwa in Dura-Europos die Hand Gottes mit Bezug auf Ez. 37; dazu auch Weber [2000] 115[40] mit Literatur).
1300 Horn (1997) 424 (zu Aristoteles).

Göttliches "Stehen" aber dürfte wohl schön genannt werden gemäß dem Großartigen die Einrichtung des Kosmos. Denn sowohl ist Gott auf allem, als auch ist alles untergeordnet und hat "Stehen" empfangen. Daher nehmen die Menschen wahr, daß dies unbewegt ist. Ich meine das aber so, daß niemals Himmel Erde geworden ist und Erde Himmel, niemals Sonne glänzender Mond, niemals Mond wieder Sonne, niemals Flüsse Meer, niemals Meer Flüsse. Wiederum gilt auch bei den Lebewesen dasselbe Wort: Denn nicht wird Mensch Tier sein und auch nicht Tier Mensch. Und auch bei den übrigen Dingen herrscht dasselbe vor, sowohl bei den Pflanzen als auch bei den anderen: Unwandelbar sind sie, dieselben Wendungen aber in sich selbst empfangen sie und Vergehen. Das "Stehen" also dürfte wohl göttlich demgemäß genannt werden, weil alles Gott unterliegt.

Anders als bei der Erklärung der "Hände" Gottes zieht der Exeget hier nicht einzelne Schriftzitate heran, in welchen das metaphorisch gebrauchte Wort begegnet, sondern setzt die Stellen, an welchen die Bibel vom Stehen und von den Füßen Gottes handelt, voraus, um die Übertragung στάσις ~ ἡ τοῦ κόσμου κατασκευή ... πάντων ὑποκειμένων τῷ θεῷ sogleich in weitem Zusammenhang, der in Mose Worten so keine klare ἀφορμή hat[1301], zu deuten. Während sich die Metaphorik der "Hände" tatsächlich schon aus dem Bibeltext heraus leicht erschließt, bietet der Pentateuch nirgends eine unmittelbar einsichtige Deutung der göttlichen στάσις. In Exod. 17, 6 steht (ἕστηκα) Gott bei dem Felsen am Horeb, und in Dtn. 5, 31 richtet Gott an Moses die Aufforderung (ed. Rahlfs, vol. 1, S. 297): σὺ δὲ αὐτοῦ στῆθι μετ' ἐμοῦ, καὶ λαλήσω πρὸς σὲ τὰς ἐντολὰς καὶ τὰ δικαιώματα καὶ τὰ κρίματα, ὅσα διδάξεις αὐτούς ... Die Vermenschlichung des "stehenden Gottes" zu verknüpfen mit dem biblischen Gedanken an die Schöpfung, deren einzelne Elemente ewiger, unveränderlicher Ordnung gehorchen[1302], ist hier bei Aristobulos exegetische Leistung, die über eine bloß lexikalische Er-

---

[1301] Vgl. Siegert (1988) 43: "Gott als den 'Stehenden', also den 'Unveränderlichen' zu bezeichnen ..., ist kein biblischer Gedanke".51f. Die Unveränderlichkeit Gottes wird freilich an verschiedenen Stellen der Septuaginta, durchaus nicht immer in Übereinstimmung mit der hebräischen Bibel, schon angedeutet (vgl. mit den Stellen Maas [1974] 22/32), insbesondere in Exod. 3, 14 LXX (s. oben Anm. 1052). Philon legt später mit dem "ἑστώς-Motiv" (Maas [1974] 103/07; vgl. Sterling [2004] 32 sowie zu der auffälligen Stelle confus. 131/46 oben Anm. 1056) eben die Stellen Exod. 17, 6; 24, 10 und Dtn. 5, 28 aus, dazu etwa noch Gen. 18, 22f..

[1302] Aristobulos nimmt diesen Gedanken auch in seine Auslegung des Sabbats auf (vgl. F 5, 54/85 Holladay). Die Tatsache, daß στάσις schon in der Septuaginta sowohl transitiven als auch intransitiven Sinn haben kann (vgl. Spicq [1996] 3, 286: "transitively, the act of standing something up; intransitively, the act of standing still"; dort Parallelen bei Philon, zu welchen auch Siegert [1988] 42f.), konnte die Exegese erleichtern. In Platons *Kratylos* wird Stasis als Gegenbegriff zu Kinesis etymologisch erklärt (426d): ἡ δὲ στάσις ἀπόφασις τοῦ ἰέναι βούλεται εἶναι, διὰ δὲ τὸν καλλωπισμὸν στάσις ὠνόμασται (vgl. 437a und 438c).

klärung hinausgeht, dabei aber zugleich andere biblische Texte einbezieht. Die Psalmen künden von dieser Beständigkeit, wie z.B. Ps. 92, 1f. LXX (ed. Rahlfs, vol. 2, S. 102): ... ἐνεδύσατο κύριος δύναμιν καὶ περιεζώσατο· καὶ γὰρ ἐστερέωσεν τὴν οἰκουμένην [vgl. auch Ies. 45, 12; 48, 13 LXX], ἥτις οὐ σαλευθήσεται. ἕτοιμος ὁ θρόνος σου ἀπὸ τότε, ἀπὸ τοῦ αἰῶνος σὺ εἶ ..., der große Ps. 103 LXX, in dem die Gesetzmäßigkeit der Schöpfung gepriesen wird (vgl. etwa über Sonne und Mond V. 19) oder Ps. 148 LXX, in dem Sonne und Mond, Sterne und Licht, Himmel und das Wasser über den Himmeln aufgefordert werden, Gottes Namen zu loben für ihr Werden und ihre Gründung: ἔστησεν αὐτὰ εἰς τὸν αἰῶνα καὶ εἰς τὸν αἰῶνα τοῦ αἰῶνος· πρόσταγμα ἔθετο, καὶ οὐ παρελεύσεται (6 [ed. Rahlfs, vol. 2, S. 162]). Besonders aufschlußreich ist die Versreihe Psalm 101, 26/29 LXX, in welcher mit kosmologischem Akzent das Verhältnis zwischen der Beständigkeit Gottes und dem Altern, der Vergänglichkeit und der Erneuerung des Geschaffenen angedeutet ist (ed. Rahlfs, vol. 2, S. 110)[1303]: κατ' ἀρχὰς σύ, κύριε, τὴν γῆν ἐθεμελίωσας, καὶ ἔργα τῶν χειρῶν σού εἰσιν οἱ οὐρανοί· αὐτοὶ ἀπολοῦνται, σὺ δὲ διαμενεῖς, καὶ πάντες ὡς ἱμάτιον παλαιωθήσονται, καὶ ὡσεὶ περιβόλαιον ἀλλάξεις αὐτούς, καὶ ἀλλαγήσονται. σὺ δὲ ὁ αὐτὸς εἶ, καὶ τὰ ἔτη σου οὐκ ἐκλείψουσιν ... während eine weitere Stelle aus dem Psalter, nämlich Ps. 8, 7 LXX, – wendete man sie weg von dem eigentlich angesprochenen Menschen auf Gott und seine Schöpfung selbst – eine interessante Parallele des Gedankens liefern könnte (ed. Rahlfs, vol. 2, S. 6): ... καὶ κατέστησας αὐτὸν ἐπὶ τὰ ἔργα τῶν χειρῶν σου [sc. alle anderen Lebewesen der Schöpfung], πάντα ὑπέταξας ὑποκάτω τῶν ποδῶν αὐτοῦ! Daneben bietet auch die Weisheitsliteratur eindrucksvolle Stellen, etwa Prov. 8, 21/31; Eccl. 1, 4/11 (vgl. insbesondere V. 4: ... ἡ γῆ εἰς τὸν αἰῶνα ἕστηκεν!); Sirach 16, 26/30; 18, 1/3 und 42f. (insbesondere den großen Katalog der Schöpfungsteile)[1304] oder Ps. Salom. 18, 10/12 (über die Gestirne)[1305].

Ausgangspunkt der obengenannten Verknüpfung dürfte allerdings wohl doch die schwierige Passage Exod. 24, 10f. (ed. Rahlfs, vol. 1, S. 127) sein, in welcher Moses und die Ausgewählten Israels auf den Berg steigen und: εἶδον τὸν τόπον, οὗ εἱστήκει ἐκεῖ ὁ θεὸς τοῦ Ισραηλ· καὶ τὰ ὑπὸ τοὺς πόδας αὐτοῦ ὡσεὶ ἔργον πλίνθου σαπφείρου καὶ ὥσπερ εἶδος στερεώματος τοῦ οὐρανοῦ τῇ

1303 Vgl. dazu aus hellenistischer Zeit die aufschlußreiche Rezeption in Sirach 14, 17f.
1304 Vgl. Marböck (1999) 136 und (2010) 212f. sowie Kaiser (2010) 294.
1305 Vgl. aus den Propheten etwa Ies. 51, 13f.; 66, 22 (vgl. dazu schon in 66, 1), dazu auch Amos 6, 5 mit dem Gegensatz ὡς ἑστῶτα ... καὶ οὐχ ὡς φεύγοντα und Ier. 38 (31), 35/40. Zur Bedeutung des "Stehenbleibens, Sich-Stellens", auch des "(Stand)Orts" (so auch Polyb. 2, 68, 7) vgl. noch Dtn. 28, 65 (auch 1 Makk. 10, 72) und Ios. 10, 13 über Sonne und Mond.

καθαριότητι[1306] – das Wort στερέωμα deutet hier zurück auf die Schöpfungsgeschichte, in welcher es den festen Körper, der zwischen den Wassern trennt, bezeichnet, also den Himmel (Gen. 1, 6/8), an welchen Gott die Lichter setzt, um in fester Ordnung zwischen Helle und Finsternis, zwischen Tag und Nacht, zwischen Tagen und Jahren die Zeiten zu scheiden (Gen. 1, 14/19). Die *Genesis* liefert dabei offenbar auch die biblische Grundlage des von Aristobulos dann weitergeführten Gedankens, die Lebewesen und Pflanzen seien ihrerseits als Teile der göttlichen κατασκευή τοῦ κόσμου konstant (vgl. auch zum Kontext der Weltschöpfung F 5, 71/85 Holladay, oben S. 318): In Gen. 1, 11f. gebietet Gott der Erde, sie solle hervorbringen (ed. Rahlfs, vol. 1, S. 1): βοτάνην χόρτου, σπεῖρον σπέρμα κατὰ γένος καὶ καθ' ὁμοιότητα[1307], in Gen. 1, 20/31 wird wiederholt hervorgehoben, daß Gott die Erde die verschiedenen Tiere κατὰ γένος/γένη hervorbringen und sich vermehren läßt, in Gen. 2, 18 spricht Gott: οὐ καλὸν εἶναι τὸν ἄνθρωπον μόνον· ποιήσωμεν αὐτῷ βοηθὸν κατ' αὐτόν, bevor in Gen. 2, 20 ausdrücklich vermerkt wird, anders als den Tieren habe Adam ein βοηθὸς ὅμοιος αὐτῷ gefehlt[1308].

Erneut lassen sich von der Auslegung bei Aristobulos Verbindungen sowohl zu Ägyptischem als auch zu Griechischem ziehen: Einerseits bezeugt der Stoiker Chairemon (erstes nachchristliches Jahrhundert), selbst ägyptischer Priester und offenbar auch in Alexandria tätig, daß die Ägypter den Kosmos anthropomorph darstellten (F 17D van der Horst), von Kopf bis Fuß mit einem bunten Gewand angetan, um die Vielfarbigkeit der Sterne zu veranschaulichen, auf dem Kopf eine goldene Kugel als Bild für die Kugelform des Kosmos und schließlich beide Füße[1309] zusammenstehend (συμβεβηκότας) – zur Darstellung seiner Unveränderlichkeit (διὰ τὸ μὴ μεταβαίνειν)[1310]. Bekanntlich spielt auch

---

1306 Wobei die Einschränkung durch die beiden Vergleichswörter ὡσεί und ὥσπερ zu beachten ist. Die griechische Übersetzung weicht hier vom masoretischen Text ab (vgl. dazu Wevers [1990] 384f. und mit Literatur Wyckoff [2012] passim). Zum biblischen Hintergrund des "Stehens" und der "Füße" Gottes vgl. neben dem Schöpfungsbericht auch Gen. 8, 21; 28, 12f. sowie 1 Chron. 28, 2; Ps. 81, 1; 98, 5. 9; 131, 7 LXX (ed. Rahlfs, vol. 2, S. 147): εἰσελευσόμεθα εἰς τὰ σκηνώματα αὐτοῦ, προσκυνήσομεν εἰς τὸν τόπον, οὗ ἔστησαν οἱ πόδες αὐτοῦ. Ies. 66, 1 LXX u.ö.
1307 Vgl. zu diesem Zusatz der Septuaginta Rösel (1994) 42.
1308 Vgl. Rösel (1994) 69: "In beiden Übersetzungen klingt Gen 1, 26 durch, es geht um eine (hier dem Menschen) artgemäße, ihm ähnliche Hilfe".
1309 Die Füße der Gottheit stehen in den anthropomorphen Vorstellungen des kosmischen Gottes, die in orientalischen und (bis in die ptolemäische Epoche hinein) ägyptischen, aber auch orphischen Quellen begegnen, regelmäßig auf der Erde oder in der Unterwelt (vgl. dazu van den Broek [1978] 131/34 u.ö. sowie Siegert [1988] 118/20).
1310 Vgl. dazu Ies. 66, 1 LXX sowie im griechischen Mythos die Darstellung des Atlas: Aristoteles kommt auf diese Geschichte in mot. an. 699f. zu sprechen – also in einem Zusammenhang,

im *Corpus Hermeticum* die Frage nach der Bewegung des Göttlichen und des Kosmos eine zentrale Rolle, vor allem im zweiten Traktat, in dessen sechstem Kapitel es heißt (ed. Nock – Festugière 1, S. 33): πᾶν δὲ τὸ κινούμενον οὐκ ἐν κινουμένῳ κινεῖται ἀλλ' ἐν ἑστῶτι· καὶ τὸ κινοῦν δὲ ἕστηκεν, ἀδύνατον συγκινεῖσθαι ... πᾶσα οὖν κίνησις ἐν στάσει καὶ ὑπὸ στάσεως κινεῖται[1311]. Vor diesem Gegenbild wird deutlich, daß Gott in der metaphorischen Deutung des jüdischen Exegeten "nicht ... ein Wechselbegriff für Natur und Kosmos, sondern der Schöpfer, der der Natur und dem Kosmos unbedingt überlegen"[1312] ist, bleibt.

Andererseits tritt Aristobulos mit einer Debatte[1313] in Verbindung, welche die griechische Philosophie vor ihm seit Jahrhunderten eindringlich geführt hatte, nämlich diejenige um Unveränderlichkeit vs. Bewegung, Ewigkeit vs. Vergänglichkeit der Welt, ihrer Elemente und Gottes[1314]: Neben Himmel[1315], Erde, Sonne,

---

in dem es um den unbewegten Beweger des Himmelsganzen geht – und hält fest, daß das, was "mythisch" (μυθικῶς) die Füße des riesigen Atlas auf der Erde seien, κατὰ λόγον gerade deren Feststehen (μένειν) bedeuten solle.

1311 Vgl. auch 5, 5; 6, 1; 10, 1. 14: τὸ δὲ ἓν μόνον ἕστηκεν, οὐ κινεῖται. 22: ὁ μὲν οὖν κόσμος ὑπόκειται τῷ θεῷ ... ὁ δὲ θεὸς ὑπὲρ πάντα καὶ περὶ πάντα. 11, 8f. 15/17; 12, 11. 17f. 20f.; Asklep. 30/32 (über *stabilitas* und *aeternitas* Gottes und des Kosmos). 40 u.ö.
1312 Walter (1964) 130.
1313 Aristobulos stellt hier Überlegungen an, die nach Aristoteles in die Naturwissenschaft gehören (vgl. etwa met. 1025b18/21; phys. 185a). Vgl. Falcon (2005) 12: "Aristotle thinks that the job of a student of nature is to provide an explanation of the behaviour of all celestial bodies".
1314 Vgl. den Überblick zur griechischen Philosophie zum Thema "Unveränderlichkeit Gottes" bei Maas (1974) 34/86. In der Vorsokratik vgl. z.B. Xenophanes 21 B 26 Diels – Kranz über den größten Gott (Text unten Anm. 1360) und dazu Jaeger (1953) 58; Heraklit 22 B 94 Diels – Kranz (über die Sonne) und Parmenides, für dessen Beschreibung des Seins die Begriffe ἀκίνητον und μένον von zentraler Bedeutung sind; bei Platon neben der Ideenlehre, in welcher die Idee insbesondere des Schönen und Guten als eine und unveränderliche den wandelbaren, vergänglichen Erscheinungen gegenübersteht (vgl. neben zahlreichen anderen Stellen nur pol. 380/82 über die Unveränderlichkeit des Göttlichen. 479f. 485b. 500b/c u.ö.), auch etwa *Parmenides* 126e. 136b; Phaidr. 245/48 und *Sophistes* 248/52, wo das Wort στάσις (vgl. auch die entsprechenden Verbformen von ἵσταμαι) neben κίνησις und ἠρεμία (jeweils mit stammverwandten Wörtern) bereits terminologisch ist; Theait. 180f. über die στασιῶται, also diejenigen, welche wie Parmenides und Melissos ontologisch den Stillstand von allem vertreten hätten: ἕν τε πάντα ἐστὶ καὶ ἕστηκεν αὐτὸ ἐν αὑτῷ οὐκ ἔχον χώραν ἐν ᾗ κινεῖται (im folgenden auch: τὰ ἀκίνητα, vgl. ähnlich Aristoteles bei Sext. emp. c. phys. 10, 45f. sowie phys. 184b/185a); Tim. 29f. oder nom. 892/99 (so etwa 893b im Gegensatz: ... ἆρα ἕστηκε μὲν πάντα, κινεῖται δὲ οὐδέν; wichtig auch die längere Passage 895a/b und dazu Bordt [2013] 219/24). Im Vergleich auch zum F 5 Holladay desweiteren Tim. 27/30 (dazu Karfik [2004] 152/58 und zu Philon Baltes [1976] 35). 57d/57a.
1315 In der Terminologie der Astronomie beschreibt στάσις die Dauerhaftigkeit, die meteorologische Phänomene, etwa die Winde, unter gewissen Bedingungen auszeichnet, wie auch das

Mond, Flüssen und Meer[1316] zeichnen sich für ihn auch die irdischen Lebewesen, also der Mensch, die Tiere und die Pflanzen, dadurch aus, daß sie zwar als einzelne in sich dem andauernden Ablauf von Wendungen und Veränderungen sowie Vergehen (τροπαί[1317]/φθοραί) unterliegen, als Gattungen aber fortbestehen, ihre gattungsmäßige Festlegung und Bestimmtheit niemals verlassen und in diesem Sinn unveränderlich, "unbewegt" (ἀμετάβλητα/ἀκίνητα) sind[1318]. Dieses "Feststehen" ergibt sich dabei nicht bloß aus einer Analogie zum unveränderlichen, unbewegten Gott, sondern daraus, daß alles die στάσις von ihm, der allem übergeordnet ist, empfangen hat (vgl. die auffällige Wendung στάσιν εἴληφεν[1319]).

Die obenzitierte Senecastelle, die in *De beneficiis* in einen ausgesprochen stoisch geprägten Zusammenhang eingebettet ist, deutet darauf hin, daß der Philosoph hier, römische Historiographie korrigierend, auf eine ältere Tradition aus hellenistischer Quelle zurückgreift[1320]. Aristobulos setzt vor allem peripatetisches Gedankengut voraus[1321]: Zwar bleibt die Verbindung der θεία στάσις zum unwandelbaren (ἀμετάβλητος), unbewegten (ἀκίνητος) Beweger der aristoteli-

---

"Hintreten, Stehenbleiben" von Planeten in bestimmten Positionen des Tierkreises. Vgl. etwa den bedeutenden Astronomen Geminos (um 70 vor Christus; dazu die Einleitung bei Aujac [1975] sowie Folkerts [1998] 900f. und Todd – Bowen [2009] 159[12]) an den Stellen 2, 8/10. 12 und 22 seiner Εἰσαγωγὴ εἰς τὰ φαινόμενα, die in der Tradition der Vorgänger Eudoxos und Arat steht.
1316 Zu der Unterscheidung zwischen Meer und Fluß vgl. etwa Aristot. meteor. 349/59.
1317 Vgl. zum Terminus τροπή in dieser Hinsicht die Schrift *De mundo* 392a31/34 (ed. Reale – Bos, S. 180f.): μετὰ δὲ τὴν αἰθέριον καὶ θείαν φύσιν, ἥντινα τεταγμένην ἀποφαίνομεν, ἔτι δὲ ἄτρεπτον καὶ ἀνετεροίωτον καὶ ἀπαθῆ, συνεχές ἐστιν ἡ δι' ὅλων παθητή τε καὶ τρεπτή, καί, τὸ σύμπαν εἰπεῖν, φθαρτή τε καὶ ἐπίκηρος. Philon sollte eine Schrift mit dem Titel Ὅτι ἄτρεπτον τὸ θεῖον verfassen (vgl. Maas [1974] 89 und Siegert [1988] 51f. sowie die terminologische Parallele cherub. 87). Der in der griechischen Terminologie sonst geläufige Gegenbegriff zu φθορά, also γένεσις, wird hier wohl vermieden einerseits, weil er durch den biblischen Sprachgebrauch anders besetzt ist, andererseits, weil Aristobulos nicht das Werden (vgl. aber γέγονε in F 2, 60 Holladay), sondern die Veränderung/Bewegung (vgl. ἀκίνητα und ἀμετάβλητα in F 2, 59 und 66 Holladay) besonders in den Blick nimmt. Vgl. aus der älteren Literatur etwa die kühne Stelle Platon polit. 270b/e (dazu Ricken [2008] 118f.).
1318 Vgl. schon Binde (1869) 19.
1319 Vgl. etwa Polyb. 4, 41, 4f. mit der Junktur στάσιν λαμβάνειν, daneben auch die Junktur στάσιν ἔχω in unterschiedlichsten Zusammenhängen (vgl. Hdt. 9, 21; Polyb. 5, 5, 3 sowie zahlreiche Stellen im Liddell – Scott).
1320 Vgl. zur Methode aufschlußreich Cic. nat. 2, 23/27, 60/69 und 3, 24f., 62/64.
1321 Vgl. Woschitz (2005) 95 und Niehoff (2011b) 72; allgemein zu Aristoteles von Arnim (1931) passim, Effe (1970a) passim; Flashar (2004b) 335/37; die umfassenden Darstellungen (mit Literatur) bei Brunotte (2010) 253/92 u.ö.; Bordt (2011) passim sowie Menn (2012) passim.

schen Philosophie eher im ungefähren[1322] – es geht ja gerade nicht um die κίνησις, sondern um die στάσις des Geschaffenen, und daß Gott unbewegt und unwandelbar ist, wird nicht erklärt, sondern vorausgesetzt[1323]. Doch scheint der an dieser Stelle bestimmende, nicht auf die ewigen Gestirne oder den Himmel beschränkte Gegensatz zwischen der natürlichen Bewegung, also dem Werden, der Veränderung, dem Vergehen im Einzelnen und dem unveränderlichen[1324],

---

[1322] Im platonischen *Phaidon* wird die ἱστορία περὶ φύσεως bestimmt als Streben nach dem Wissen über die Ursachen von allem διὰ τί γίγνεται ἕκαστον καὶ διὰ τί ἀπόλλυται καὶ διὰ τί ἔστιν (96a); Aristoteles hingegen definiert die ganze Wissenschaft der Physik als ἐπιστήμη περὶ γένος τι τοῦ ὄντος, περὶ γὰρ τὴν τοιαύτην ἐστὶν οὐσίαν ἐν ᾗ ἡ ἀρχὴ τῆς κινήσεως καὶ στάσεως ἐν αὐτῇ (vgl. Flashar [2004b] 346). Hingewiesen sei hier nur auf zweierlei: Einerseits hält Aristoteles in met. 1074a38/b3 fest, die Alten hätten in mythischer Rede überliefert, die Gestirne seien Götter und das Göttliche umfasse die ganze Natur. Andererseits wird in den naturphilosophischen Schriften, etwa gen. et corr. 335/38, der Versuch unternommen, dieses Göttliche wissenschaftlich zu fassen und zu beschreiben: So sei die sublunare Sphäre im Hinblick auf das Werden und Vergehen von der ewigen Kreisrotation und der Sonne abhängig, die, obwohl Teil der φύσις, als göttlicher Himmelskörper verstanden wird (vgl. etwa met. 1050b22/31 zur immerwährenden Tätigkeit des Unvergänglichen und Vergänglichen). Die vergänglichen und veränderlichen Dinge seien dabei aber gleichsam auf das Ewige, Unbewegte, Unveränderliche, Schöne und Göttliche orientiert, da dies immer Ursache des Besseren für sie sei (vgl. schon F 8 und 16 Ross aus Περὶ φιλοσοφίας über das Göttliche als ἀμετάβλητον, außerdem z.B. met. 1072b13/31). Die aufeinanderbezogene Ordnung (τάξις) aller Teile des Kosmos ist für Aristoteles bekanntlich von zentraler Bedeutung (vgl. nur met. 1075a11/25). Vgl. grundlegend met. 1071/75, das achte Buch der *Physik* und mot. anim. 698/700 zu der Frage, ob sich der unbewegte Beweger des Himmelsganzen innerhalb oder außerhalb des Himmels befinden müsse, sowie cael. 279/81. 289b. 300a20/301a20. Zur κίνησις im späteren Peripatos vgl. etwa Theophrast F 152/55 Fortenbaugh; met. 4b, 15/5a, 1; 9b, 27 und dazu Steinmetz (1964) 159f. Zur Stoa vgl. z.B. SVF 2, 311 und Hahm (1985) passim.

[1323] In der Physik Stratons von Lampsakos, also des Lehrers des zweiten Ptolemäers Philadelphos (s. oben S. 205), der leugnete, daß die Welt durch das Werk der Götter entstanden sei (vgl. F 18f. Sharples), wird Stasis kühn definiert: ... τὸ μένον εἶναι τὸ ὄν ..., ἐπειδὴ τοῦ ὄντος ἐκτένειαν ἑώρα [sc. Straton] τὴν δύναμιν οὖσαν (F 25a Sharples; vgl. F 25b: ἡ οὐσία ἄρα στάσις ἔσται und 38a; dazu Gatzemeier [1970] 70 u.ö.). Noch spätere Autoren veranschaulichen die Unveränderlichkeit Gottes im "Stehen", etwa der Mittelplatoniker Numenios F 4/6. 8. 15 des Places (vgl. Maas [1974] 74f. zu der Verbindung mit platonischen Formeln) und die simonianischen Gnostiker (vgl. dazu Maas [1974] 107[22]). Philons Nutzung des Motivs (vgl. post. 23/30; mut. 54f. 57 und somn. 2, 219/23. 237; daneben auch cherub. 19; conf. 31; gig. 49; imm. 23; leg. all. 2, 83; 3, 38; mut. 87; somn. 1, 242. 245f. 250; 2, 227) verbindet Platonisches und Aristotelisches (vgl. Maas [1974] 104/07 und Sellin [1986] 120).

[1324] Zur Differenzierung der beiden Begriffe κίνησις und μεταβολή vgl. z.B. Aristot. phys. 224f. und met. 1067b/1068a. Kinesis meint nach Aristoteles regelmäßig die Bewegung als Veränderung existenter οὐσία, ist also ein Unterbegriff zu dem Terminus μεταβολή, der daneben noch γένεσις und φθορά umfaßt (vgl. Peck [1963] LIX und Gatzemeier [1970] 63. 66f. 99).

ewigen Fortbestand der allgemeinen Art, der Form, dem Peripatos verpflichtet[1325]. Aristoteles, zu dessen berühmten "slogans" die Feststellung gehört: γίνεται ἄνθρωπος ἐξ ἀνθρώπου (phys. 193b8; vgl. insbesondere auch 198a22/21 u.ö.)[1326], entwickelt dieses naturphilosophische Theorem, das man einmal als "eidetische Seinskontinuität"[1327] bezeichnet hat, gleich an verschiedenen Stellen seines Werks. In *De anima* 415a/b (ed. Ross, S. 34), einer Stelle, die wohl schon auf das frühe exoterische Werk Περὶ φιλοσοφίας zurückgeht[1328], stellt der Stagirit fest, die natürliche Aufgabe eines Lebewesens sei die Reproduktion der eigenen Gattung (τὸ ποιῆσαι ἕτερον οἷον αὐτό)[1329]:

1325 Aristobulos stellt dabei Einzelnes gegenüber wie Sonne und Mond oder Himmel und Erde, dann aber auch weitgefaßtes Allgemeines wie Mensch und Tier und Pflanzen, die nicht weiter spezifiziert sind. Die Schlußbemerkung τὰς αὐτὰς δ' ἐν αὐτοῖς τροπὰς λαμβάνει καὶ φθοράς [!] bezieht sich dabei insbesondere auf die Lebewesen und Pflanzen. Vgl. z.B. Aristot. gen. anim. 768b10/15 über den Gegensatz von καθ' ἕκαστον und κοινόν/καθ' ὅλου am Beispiel von Nachkommen, die von ihren familiären Vorfahren und Verwandten abweichen (vgl. top. 128b4 und Cho [2010] 308). Über die platonischen Hintergründe dieser Lehre kann hier nicht gehandelt werden; vgl. Tim. 57d/58a (dazu Karfik [2004] 164) über die Bewegung der Elementarkörper und ihren Stillstand (στάσις). Doch schon Empedokles wäre in diesem Zusammenhang zu berücksichtigen (vgl. zu den betreffenden Fragmenten, insbesondere 31 B 125 Diels – Kranz – schon Lovejoy – Boas (1935) 80/82.
1326 Vgl. met. 1033b29/32. 1070a4f.: ἑκάστη ἐκ συνωνύμου γίγνεται οὐσία sowie Falcon (2005) 9 (mit weiteren Belegen); Cho (2010) 302 und Kullmann (2010b) 119f.
1327 Vgl. Theiler (1959) 114; Effe (1970a) 31/61, insbesondere 41/52; dazu Peck (1963) 567/76; Oehler (1969) 121/45; Lennox (2001) 131/59; Cho (2003) 76/92. 241/46; Flashar (2004b) 365; Falcon (2005) 9/12; Buchheim (2010) 96f. 152/55. 165/67. 173f. 574f.; Cho (2010) passim über die "Ewigkeit der Arten"; Leunissen (2010) 63 sowie Dudley (2012) 329. 331. 341f.
1328 Zum platonischen Hintergrund vgl. etwa symp. 206f. und nom. 721. In schwer datierbaren, aber wahrscheinlich doch älteren oder zumindest mit Aristobulos zeitgenössischen pythagoreischen Texten werden die aristotelischen Überlegungen aus Περὶ φιλοσοφίας rezipiert (vgl. auffällig das dem Philolaos zugeschriebene Fragment Diels – Kranz 44 B 21 und den sogenannten *Ocellus Lucanus* 14/16. 18/38. 44). Vgl auch Philon aet. mund. 55. 69 über Kritolaos, einen Peripatetiker des zweiten vorchristlichen Jahrhunderts, und dessen Begründung der Ewigkeit des Kosmos und die Überblicke, die später Varro (rust. 2, 1, 3) und Censorinus (natal. 4, 2/13) von den unterschiedlichen Lehren über die Ewigkeit des Menschengeschlechts geben sowie zum Thema schon Bernays (1866) 44/51.
1329 "Das Hervorbringen eines anderen wie es selbst" (Buchheim [2016] 119). Vgl. auch phys. 192b21f. 199b14/25; met. 1024a29/32. 1032a13/26. 1034a2/4. 1034b16/19 (dazu auch Buchheim [2016] 247). 1039b20/31; gen. anim. 731b18/32a12; gen. et corr. 333b4/20. 335/38, insbesondere 336b10/337a1. 337a17/21 und 338a4/b19 (ed. Rashed, S. 83f.): ... ἄνθρωποι δὲ καὶ ζῷα οὐκ ἀνακάμπτουσιν εἰς αὐτοὺς ὥστε πάλιν γίνεσθαι τὸν αὐτόν ... ἀρχὴ δὲ τῆς σκέψεως πάλιν αὕτη, πότερον ὁμοίως ἅπαντα ἀνακάμπτει ἢ οὔ, ἀλλὰ τὰ μὲν ἀριθμῷ τὰ δὲ εἴδει μόνον. ὅσων μὲν οὖν ἄφθαρτος ἡ οὐσία ἡ κινουμένη, φανερὸν ὅτι καὶ ἀριθμῷ ταὐτὰ ἔσται ... ὅσων δὲ μὴ ἀλλὰ φθαρτή, ἀνάγκη τῷ εἴδει, ἀριθμῷ δὲ μὴ ἀνακάμπτειν (dazu auch Ps.-Aristot. probl. 916a19/39) und

... ζῷον μὲν ζῷον, φυτὸν δὲ φυτόν, ἵνα τοῦ ἀεὶ καὶ τοῦ θείου μετέχωσιν ᾗ δύνανται· πάντα γὰρ ἐκείνου ὀρέγεται ... ἐπεὶ οὖν κοινωνεῖν ἀδυνατεῖ τοῦ ἀεὶ καὶ τοῦ θείου τῇ συνεχείᾳ, διὰ τὸ μηδὲν ἐνδέχεσθαι τῶν φθαρτῶν ταὐτὸ καὶ ἓν ἀριθμῷ διαμένειν, ᾗ δύναται μετέχειν ἕκαστον, κοινωνεῖ ταύτῃ, τὸ μὲν μᾶλλον τὸ δ' ἧττον, καὶ διαμένει οὐκ αὐτὸ ἀλλ' οἷον αὐτό, ἀριθμῷ μὲν οὐχ ἕν, εἴδει δ' ἕν ...

... Lebewesen ein Lebewesen, Pflanze aber eine Pflanze, damit sie am Ewigen[1330] und am Göttlichen Anteil bekommen, wie sie es vermögen. Alles nämlich strebt nach jenem ... Da sie [sc. die Lebewesen] nun nicht vermögen, am Ewigen und Göttlichen dauerhaft Anteil zu haben – weil es nicht möglich ist, daß irgendetwas des Vergänglichen als dasselbe und als eins an Zahl Bestand hat –, hat ein jedes so, wie es Anteil zu haben vermag, Gemeinschaft damit, das eine mehr, das andere weniger, und es hat nicht selbst Bestand, sondern nur gleichsam selbst, an Zahl nicht eins, aber der Form nach eins ...

während in der Schrift *De mundo* auf den Lobpreis der ewigen Ordnung am Himmel, des unveränderlichen Laufs der Gestirne, der Sonne, des Monds, der Jahreszeiten, von Tag und Nacht, sowie des natürlichen Hervorgehens und Vergehens aller Lebewesen aus der Erde, die dadurch immer jung bleibe, die Feststellung folgt (397b2/8 [ed. Reale – Bos, S. 212])[1331]:

καὶ τῶν ἐπὶ μέρους τὰ μὲν γίνεται, τὰ δὲ ἀκμάζει, τὰ δὲ φθείρεται. καὶ αἱ μὲν γενέσεις ἐπαναστέλλουσι τὰς φθοράς, αἱ δὲ φθοραὶ κουφίζουσι τὰς γενέσεις. μία δὲ ἐκ πάντων περαινομένη σωτηρία διὰ τέλους ἀντιπεριισταμένων ἀλλήλοις καὶ τοτὲ μὲν κρατούντων, τοτὲ δὲ κρατουμένων, φυλάττει τὸ σύμπαν ἄφθαρτον δι' αἰῶνος[1332].

Was die Einzelwesen betrifft, so entstehen die einen, die anderen sind reif, wieder andere vergehen. Das Werden tut dem Vergehen Einhalt und gleicht es aus, das Vergehen erleichtert neues Werden. Ein Heil aber erwirkt sich aus allem, indem beständig die Dinge einander ablösen und bald obsiegen, bald unterliegen; so bleibt das Ganze behütet in Ewigkeit.

(Übersetzung Hans Strohm)

---

gen. anim. 731f. mit dem Schlußsatz der Argumentation: διὸ γένος ἀεὶ ἀνθρώπων καὶ ζῴων ἐστὶ καὶ φυτῶν. Zur Fundierung des Werdens im Ewigen vgl. auch met. 999b1/12; 1010a; 1072a19/b30.
[1330] Vgl. noch näher am Text Buchheim (2016) 119: "am 'Immersein'".
[1331] Vgl. dazu Reale – Bos (1995) 105; Thom (2014d) 111f. und Porter (2016) 477, 479.
[1332] Vgl. auch 399a18/35 über die Harmonie des Kosmos, die auf Gott zurückgehe, und die regelmäßigen Prozesse im Werden, Sich-Verändern und Vergehen seiner Elemente, unter denen Sterne, Himmel, Sonne ebenso genannt werden wie Regen, Flüsse, Meer, Bäume und Lebewesen.

Für Aristobulos und seine kosmologische Deutung der göttlichen Stasis mag dabei von besonderem Interesse gewesen sein, daß schon bei Aristoteles[1333] der Gedanke "sicherlich in irgendeiner Form mit der kosmologischen Ewigkeitserörterung verbunden" und auf jenen der Ewigkeit und Unveränderlichkeit des Göttlichen bezogen war[1334]. Ob die Kombination dieses Theorems mit dem Begriff der Stasis gelungen ist, bleibe hier dahingestellt. Doch läßt Aristobulos gerade in dieser Exegese, die er sich durch das einleitende λέγω δὲ τὸ τοιοῦτον ausdrücklich selbst zuschreibt[1335], erkennen[1336], wie gezielt er auf bestimmte

---

[1333] Vgl. über die Verbindung des unveränderlichen Göttlichen, das als ἀμετάβλητον und ἀκρότατον vorgestellt wird, mit der Kinesis des anderen Seins und Lebens etwa phys. 258f.; cael. 279a11/b3; gen. anim. 731b18/32a12 (vgl. auch das Ende des vierten Buchs) und meteor. 339a21/33. An anderer Stelle betont Aristoteles zuweilen die letztliche Unerkennbarkeit der himmlischen Bewegung als des Göttlichen, von dem der sublunare "continuous process of coming into existence and going out of existence" (Falcon [2005] 110) abhängt; vgl. etwa die umfangreiche Partie part. anim. 644b23/32 und dazu Falcon (2005) 85f. 110f. sowie Menn (2012) 436f.

[1334] Vgl. Effe (1970a) 44f.: "Während im supralunaren Bereich die Ewigkeit in der Form der individuellen Unsterblichkeit herrscht, kann sie im infralunaren Bezirk wegen der größeren Entfernung von der ἀρχή nur in einer niederen Form auftreten: als 'eidetische' Seinskontinuität, die durch den als Nachahmung der Kreisbewegung bezeichneten stetigen Wechsel von Werden und Vergehen erreicht wird"; Harder (1926) 81f.; Falcon (2005) 88f.; Leunissen (2010) 63 und Thom (2014d) 110. In Theophrasts Physik ist hingegen die "Grenze der Transzendenz zwischen Himmel und Erde gefallen" (Steinmetz [1964] 160), es wird neu nach der Einwirkung der Bewegung des Himmels auf den sublunaren Bereich gefragt. Bei Aristobulos steht unter dem einen unveränderlichen und unbewegten Gott der gesamte Kosmos, seine Schöpfung, also auch der Himmel und die Sonne, freilich unterschieden in drei Bereiche: erstens Himmel/Erde/Sonne/Mond/Flüsse/Meer, zweitens Menschen und Tiere als ζῷα, die hier vor den, drittens, φυτά eingeordnet sind (vgl. Harder [1926] 80f. sowie allgemein Kullmann [2010] passim; Wöhrle [2010] passim und Voigt [2010] passim). Vgl. auch F 5, 71/90 Holladay, wo zunächst Gottes große Ordnung von ὁ οὐρανὸς καὶ ἡ γῆ καὶ πάντα τὰ ἐν αὐτοῖς nach dem Siebener-Logos zur Sprache kommt, bevor es heißt: δι' ἑβδομάδων δὲ καὶ πᾶς ὁ κόσμος κυκλεῖται τῶν ζῳογονουμένων καὶ τῶν φυομένων ἁπάντων.

[1335] Vgl. ähnlich in F 2, 25 Holladay (s. oben S. 210) sowie das auffällige "Ich" zur Einleitung der kosmologischen Ausführungen in Sirach 42, 15 (dazu Ueberschaer [2007] 229. 316). Die Hinwendung zur eigenen These mit einem neuansetzenden λέγω δέ verdiente eine genauere Studie (vgl. z.B. oben S. 58 und Anm. 256 zu Aristoteles, Anm. 839 zur Schrift *De mundo* sowie charakteristisch auch Polyb. 12, 10, 4).

[1336] Die Samuelseptuaginta, die sich sonst durch besonders strenge Nähe zum Ausgangstext auszeichnet, liefert einige aufschlußreiche Belege dafür, daß im zweiten Jahrhundert über die hebräische Vorlage hinaus Konvergenzen mit der hellenistischen Philosophie in der griechischen Übersetzung ihren Niederschlag fanden, und zwar gerade in der Tendenz, die Einsicht, Gott sei unwandelbar, auch in der sprachlichen Formulierung stärker als in der hebräischen Bibel hervorzuheben. So wird in 1 Kön. 15 LXX die hebräische Vorlage dort, wo von einem

Einsichten der griechischen Philosophie zugreift, ohne sie im ganzen vorbehaltlos auf die biblische Offenbarung zu übertragen – Gott ist nicht Himmel, zyklisches Gestirn, Supralunares oder ewige Kreisbewegung[1337].

Den inhaltlichen Aufschwung, die göttliche Stasis auf kosmischen Zusammenhang hin zu deuten, unterstützt Aristobulos wirkungsvoll durch die formale Gestaltung der ganzen Passage: Die Stilhöhe der Exegese hebt sich deutlich von der vorausgehenden Interpretation der Hände Gottes ab[1338]. Diesen Eindruck ruft vor allem die lange Aufzählung der immerhin vier Paare Himmel/Erde, Sonne/Mond, Flüsse/Meer, Mensch/Tier, jeweils in chiastischer Dopplung gegen-

---

Menschen die Rede ist, mit dem griechischen Verb μετανοέω wiedergegeben (15, 29), jedoch bei Bezug auf Gott mit παρακαλέομαι (15, 11) und μεταμέλομαι (15, 35) – offenbar, um einen Widerspruch eben zu 15, 29 zu vermeiden (ed. Rahlfs, vol. 1, S. 531): καὶ διαιρεθήσεται Ισραηλ εἰς δύο, καὶ οὐκ ἀποστρέψει [sc. Gott] οὐδὲ μετανοήσει, ὅτι οὐχ ὡς ἄνθρωπός ἐστιν τοῦ μετανοῆσαι αὐτός (vgl. dazu Meiser [2008] 330 und Kreuzer – Meiser – Winter [2011] 774). Die chronologische Priorität dieser Übersetzungen vor Aristobulos ist dabei keineswegs gesichert, doch zeigt bereits die griechische *Genesis* an einer wichtigen Stelle dieselbe Tendenz (Gen. 6, 6 [ed. Rahlfs, vol. 1, S. 8]): καὶ ἐνεθυμήθη ὁ θεός ὅτι ἐποίησεν τὸν ἄνθρωπον ἐπὶ τῆς γῆς, καὶ διενοήθη (vgl. dazu Harl [1994d] 127 und Rösel [1994] 161f. [mit Literatur]). In Ies. 46, 10 LXX heißt es (ed. Rahlfs, vol. 2, S. 630): Πᾶσά μου ἡ βουλὴ στήσεται, καὶ πάντα, ὅσα βεβούλευμαι, ποιήσω.
1337 Es ist erhellend, daß auch der zeitgenössische Stoiker Boëthos von Sidon, der den arateischen *Phainomena* einen ausführlichen Kommentar gewidmet hatte (vgl. schon oben S. 40), gegen die traditionelle Lehre seiner Schule die Ewigkeit des Kosmos vertrat, also von der Annahme der wiederkehrenden Ekpyrosis Abstand nahm und auch leugnete, der Kosmos sei ein Lebewesen (vgl. SVF 3, 265; vgl. dazu schon von Arnim [1897] 602: "Annäherung an die aristotelische Lehre"; Steinmetz [1994] 635f. und Inwood [1997] 724). In dieser Hinsicht konnte sich also, abgesehen von der alttestamentlichen Schöpfungstheologie, eine gewisse Annäherung zur jüdischen Theologie ergeben, und tatsächlich findet sich später bei Philon (de incorrupt. mundi 15) ein ausführliches Zitat aus diesem Philosophen. Allerdings: Boëthos hielt dafür, daß der Äther Gott sei, und befürwortete die stoische Lehre der Heimarmene (vgl. von Arnim [1897] 602; Steinmetz [1994] 635f. und Inwood [1997] 724). Die Frage, ob Aristobulos auf Boëthos direkt Bezug nahm und damit eine Quelle Philons sein könnte, wird an anderer Stelle ausführlicher behandelt werden.
1338 Der schon mehrfach angesprochene protreptisch-rhetorische Charakter der Argumentation ist hier besonders spürbar; vgl. Chandler (2014) 87 zu einer ähnliche Strategie bei dem Autor der Schrift *De mundo*: "He needs to instil a sense of *wonder*. The language and style of the work are very much part of this strategy and not simply embellishments". Bemerkenswert, daß auch bei den gerade zitierten Stellen aus Aristoteles und *De mundo* eine Stilhebung wahrnehmbar ist. Inhaltlich steht hinter der hier zur Rede stehenden Argumentation nicht zuletzt die alte Seelenwanderungslehre, deren Vertreter in ihren jeweiligen Darstellungen ebenfalls hohe Stilregister ziehen; vgl. besonders eindrucksvoll den Vorsokratiker Empedokles in seinen Καθαρμοί (31 B 115/27 Diels – Kranz).

übergestellt, hervor[1339]. Monotonie ist dabei vermieden, wird doch bei dem Paar Tier/Mensch durch eine vorgesetzte Verallgemeinerung (καὶ πάλιν ἐπὶ τῶν ζῴων ὁ αὐτός ἐστι λόγος), die auch theologisch nicht müßig ist[1340], der Katalog unterbrochen. Solch gehobener Ton[1341] wirkt im Zusammenhang wissenschaftlicher Bibelexegese überraschend und klingt eher wie derjenige der eben angeführten Passagen aus der zeitgenössischen Weisheitsliteratur, in welchen die kosmische Ordnung zum Lob des Schöpfers gepriesen wird[1342]. Prophezeiungen endzeitlicher Visionen, welche das Vergehen der geschaffenen Welt prognostizieren oder die beständige Ordnung der gottgeschaffenen Natur mit dem Ungehorsam und der Anmaßung menschlicher Sünde kontrastieren, ja für die Zukunft gar eine Zeit kosmischer Unordnung und Auflehnung gegen die Taxis der göttlichen Schöpfung ankündigen, weist Aristobulos freilich durch das inhaltliche Argument zurück, weder sei die Stasis in der Vergangenheit jemals aufgehoben worden (vgl. οὐδέποτε γέγονεν) noch werde sie in der Zukunft außer Kraft gesetzt werden (vgl. ἔσται)[1343]. Zum Vergleich drängt sich insbesondere die

---

[1339] Daß dabei im gesamten Abschnitt auffällig viele lange Silben begegnen, könnte ähnliche Wirkungsabsicht verfolgen (vgl. allgemein Porter [2016] 261). Vgl. Chandler (2014) 85f. zum (paradoxen) Chiasmus in der griechischen Rhetorik der Erhabenheit (allgemein seit Heraklit und am Beispiel von *De mundo*). Auch das oben Anm. 1065 schon erwähnte Stilmittel der Alliteration gehört zum Instrumentarium erhabener Rede (vgl. Chandler [2014] 84. 86). Darüberhinaus erlauben selbst die wenigen erhaltenen Fragmente weitere stilistische Beobachtungen, welche die absichtsvolle Durchformung des Texts auf eine gehobene Stilebene deutlich machen. Nur zwei Details seien hier noch erwähnt: Zum einen den wiederholten Einsatz des mehrgliedrigen, verbreiternden, ja dehnenden und damit mit höherer *gravitas* wirkenden Polysyndetons an besonders betonten und einprägsamen Stellen (F 2, 16f. Holladay im Auftakt des Methodenfragments; F 4, 98f. Holladay in der Aufzählung der Tugenden [s. schon oben S. 172] sowie F 5, 72/74 Holladay im Bibelzitat über die Teile der Schöpfung Gottes [s. schon oben S. 318]); zum anderen die Vorliebe, das Substantiv θεός bzw. Junkturen mit dem Adjektiv θεῖος an die Tonstellen, also entweder an den Anfang (etwa: F 2, 56. 67. [133]. [139f.] Holladay) oder an das Ende (z.B. F 2, 18. [21]. 46. 51. 55. [57]. 68. 84. 89. 112; vgl. auch F 4, 13. 25. 84. 89; F 5, [56]. [59] Holladay), eines Kolons zu setzen (vgl. auch die Ringstruktur in F 4, 2/5 Holladay).
[1340] Weil Aristobulos damit die diesem Einschub voranstehenden Glieder der Aufzählung, also Sonne und Mond, nicht zu den "Lebewesen" zählt – im Gegensatz zu unterschiedlichsten Vertretern der griechischen Philosophie, die in den Gestirnen θεῖα ζῷα oder doch zumindest ἔμψυχα ausmachten (vgl. dazu allgemein Oser-Grote [2002] passim).
[1341] Schon Stein (1929) 9 registriert an dieser Stelle mit Recht einen "mystisch überschwenglichen Ton".
[1342] Vgl. auch *Jubiläenbuch* 4, 17/19 (über die Ordnung der Gestirne und Jahreszeiten) und 6, 4 (über Gottes Zusage ewiger Dauer im Wechsel von Tag/Nacht, Sommer/Winter, heiß/kalt, Saat/Ernte).
[1343] Zum Vergleich apokalyptischer mit zeitgenössischer weishheitlicher Literatur vgl. (mit Literatur) Collins (1997c) passim und (1997d) passim.

Henochapokalypse auf[1344]: In deren Eingang (2/5) wird zunächst die beständige Ordnung der Schöpfung als Vorbild für den Menschen in einem langen Katalog[1345] gepriesen und den Gesetzesübertretungen Israels[1346] gegenübergestellt (ed. Black, S. 19f.):

κατανοήσατε πάντα τὰ ἔργα ἐν τῷ οὐρανῷ, πῶς οὐκ ἠλλοίωσαν τὰς ὁδοὺς αὐτῶν, καὶ τοὺς φωστῆρας τοὺς ἐν τῷ οὐρανῷ, ὡς τὰ πάντα ἀνατέλλει καὶ δύνει, τεταγμένος ἕκαστος ἐν τῷ τεταγμένῳ καιρῷ, καὶ ταῖς ἑορταῖς αὐτῶν φαίνονται, καὶ οὐ παραβαίνουσι τὴν ἰδίαν τάξιν. ἴδετε τὴν γῆν καὶ διανοήθητε περὶ τῶν ἔργων τῶν ἐν αὐτῇ γενομένων ἀπ' ἀρχῆς μέχρι τελειώσεως ὥς εἰσιν φθαρτά[1347], ὡς οὐκ ἀλλοιοῦνται, οὐδὲν τῶν ἐπὶ τῆς γῆς, ἀλλὰ πάντα ἔργα θεοῦ ὑμῖν φαίνεται ... [es folgt ein kurzer Abschnitt über den Wechsel von Regen-/Trockenzeit und ihre Wirkung auf die Bäume] ... διανοήθητε καὶ γνῶτε περὶ πάντων τῶν ἔργων αὐτοῦ, καὶ νοήσατε ὅτι θεὸς ζῶν ἐποίησεν αὐτὰ οὕτως, καὶ ζῇ εἰς πάντας τοὺς αἰῶνας. καὶ τὰ ἔργα αὐτοῦ πάντα ὅσα ἐποίησεν εἰς τοὺς αἰῶνας ἀπὸ ἐνιαυτοῦ εἰς ἐνιαυτὸν γινόμενα πάντα οὕτως, καὶ

1344 Bei allen Unsicherheiten über die Entstehungs- und Redaktionsgeschichte des sogenannten *Äthiopischen Henochbuchs* ist wohl davon auszugehen, daß sowohl das "Wächterbuch" des ersten Teils als auch die astronomischen Partien der Kapitel 72/82, vielleicht in älteren Textformen, schon im ausgehenden dritten Jahrhundert oder in der ersten Hälfte des zweiten Jahrhunderts existierten (vgl. Stone [1978] 484. 486f.; Uhlig [1984] 494. 636; Black [1985] 13; Schürer – Vermes – Millar – Goodman [1986] 250/56; Berger [1988] 478f.; Hengel [1988] 427[739]; Pearson [2000] 217; Nickelsburg [2001] 22/26. 71/78; Vanderkam [2001] 131; Grabbe [2004] 344; Bachmann [2009] 20/22 und Goff [2016] 199). Die griechische Übersetzung wird von der neueren Forschung erheblich später angesetzt (vgl. zu den unterschiedlichen Datierungsvorschlägen Berger [1988] 477f.; Pearson [2000] 217. 221; Nickelsburg [2001] 14 und Stuckenbruck [2013] 14), doch greift offenbar schon im dritten Jahrhundert die Genesisseptuaginta in ihrer griechischen Übersetzung von Gen. 5, 24 auf die Henochtradition zu (vgl. Schorch [2009] 3 und Prestel – Schorch [2011] 149. 166 sowie Stuckenbruck [2013] 9/15 zur Rezeption in der Zeit des zweiten Tempels).
1345 Auch Sirach 43 folgen im Lobpreis der göttlichen Schöpfung auf Sonne, Mond und Gestirne Wind und Wetter, bevor mit dem Meer geschlossen wird. Vgl. Philon leg. alleg. 3, 32, 97/99; praem. et poen. 7, 41/43 und die irdisch wahrnehmbaren Werke Gottes, die Flavius Josephus aufzählt (c. Apion. 2, 192): φῶς, οὐρανόν, γῆν, ἥλιον καὶ σελήνην, ποταμοὺς καὶ θάλασσαν, ζῴων γενέσεις, καρπῶν ἀναδόσεις (s. dazu oben Anm. 649 und Barclay [2007a] 278 mit Verweis auf Aristobulos).
1346 Vgl., mit Hinweis z.B. auf Ier. 5, 20/31 sowie auf vergleichbare Texte aus Qumran, Black (1985) 13 zu dem Gegensatz zwischen der stabilen Schöpfungsordnung Gottes und Israels "Unordnung", die zu richten sei; Stone (1987) 307; Albani (1994) 99. 106. 320; Collins (1997c) 393 und (1997d) 331; Limbeck (1997) 92; Nickelsburg (2001) 51. 152. 155; Koch (2007) 128; Kvanvig (2007) 147; Wright (2007b) 163f. und Bachmann (2009) 46: "Sünde als Ordnungsbruch".
1347 Zum unsicheren Text an dieser Stelle vgl. Uhlig (1984) 511.

πάντα ὅσα ἀποτελοῦσιν αὐτῷ τὰ ἔργα, καὶ οὐκ ἀλλοιοῦνται αὐτῶν τὰ ἔργα, ἀλλ' ὡσπερεὶ κατὰ ἐπιταγὴν τὰ πάντα γίνεται. ἴδετε πῶς ἡ θάλασσα[1348] καὶ οἱ ποταμοὶ ὡς ὁμοίως ἀποτελοῦσιν καὶ οὐκ ἀλλοιοῦσιν αὐτῶν τὰ ἔργα ἀπὸ τῶν λόγων αὐτοῦ[1349].

Bedenkt alle Werke im Himmel, wie sie ihre Wege nicht verändert haben, und die Gestirne am Himmel, wie alles aufgeht und untergeht, ein jedes [sc. Gestirn] angeordnet zur angeordneten Zeit, und an ihren Festtagen zeigen sie sich, und nicht überschreiten sie die eigene Ordnung. Seht die Erde und denkt nach über die Werke, welche in ihr von Anfang an entstanden sind bis zur Vollendung, wie sie vergänglich sind, wie sie sich nicht verändern, keines von denen auf der Erde, sondern alle zeigen sich euch als Werke Gottes ... [es folgt ein kurzer Abschnitt über den Wechsel von Regen-/Trockenzeit und ihre Wirkung auf die Bäume] ... Denkt nach und erkennt über alle seine Werke und denkt, daß ein lebendiger Gott sie so gemacht hat, und er

---

[1348] Vgl. Hiob 38, 8/11 und Ier. 5, 22 (ed. Rahlfs, vol. 2, S. 665): τὸν τάξαντα ἄμμον ὅριον τῇ θαλάσσῃ, πρόσταγμα αἰώνιον, καὶ οὐχ ὑπερβήσεται αὐτό, καὶ ταραχθήσεται καὶ οὐ δυνήσεται, καὶ ἠχήσουσι τὰ κύματα αὐτῆς καὶ οὐχ ὑπερβήσεται αὐτό.

[1349] In Siegbert Uhligs Übersetzung der äthiopischen Textfassung lauten die entsprechenden Stellen: "Beobachtet alle Werke am Himmel, wie sie nicht ihre Bahnen ändern, die Lichter am Himmel, wie sie alle ordnungsgemäß aufgehen und untergehen, alle zu ihrer Zeit und nicht von ihrer Ordnung abweichen. Sehet die Erde und achtet auf die Dinge die auf ihr geschehen vom Anfang bis zum Ende, wie sich kein Werk Gottes verändert, in seinem Erscheinen ... Begreift alles und erkennt, wie das alles der gemacht hat, der da lebt in Ewigkeit, und wie seine Werke vor ihm geschehen jedes Jahr und alle seine Werke ihm dienen und sich nicht ändern, sondern wie Gott es geboten hat, so geschieht alles. Und seht, wie die Meere und die Flüsse gemeinsam ihr Werk vollbringen". Vgl. später auch die Kapitel 17f. 33. 72. 74f. 82. 101 u.ö. (nicht in griechischer Übersetzung erhalten). Für die Annahme eines direkten Abhängigkeitsverhältnisses zwischen dem *Henochbuch* und Aristobulos reichen die Ähnlichkeiten im Schöpfungskatalog wohl nicht hin (vgl. etwa auch Test. Napht. 3, 2/5). Auffällig ist allerdings, daß dort auch zu einem Kerngedanken des F 5 Holladay, des Siebener-Logos als eines Grundprinzips der kosmischen Ordnung (τάξις), eine Parallele vorliegt, welche die neuere Forschung weniger als die biblischen Bezüge (vgl. etwa Exod. 20, 11; 31, 12/17) und die Ähnlichkeit zu pythagoreischer Zahlenlehre (vgl. dazu mit Belegen und Literatur Hengel [1988] 301f. und Holladay [1995] 230f. 236f.) beachtet hat. Nicht nur in 91, 12/17 und 93 (vgl. Hengel [1988] 305f. und Kvanvig [2007] 146), sondern auch in den wohl ältesten Partien 72/82 (vgl. Grabbe [2004] 344 und Koch [2007] 119) spielt die "kosmisch-noetische Bedeutung der Siebenzahl" (Hengel [1988] 306) eine prominente Rolle, so etwa bei der Berechnung des Jahres auf 364 Tage (vgl. 72, 32; 75, 2; 82, 6 und dazu Koch [2007] 120), ebenfalls in 18, 6; 24, 2; 32, 1; 52; 72, 37; 77, 4/8; 78, 6/9 (vgl. Uhlig [1984] 657 und Koch [2007] 1203) und schon in 10, 12 als "seven unit of time, a week" (vgl. Uhlig [1984] 714[16] und Kvanvig [2007] 146f.: "... there is a drive to understand the whole, either cosmos or history, and to find a fixed rhythm in the movements going back to a hidden law, which in both cases rests in the holy number seven". 151 sowie Uhlig [1984] 529). Daß auch der griechische Übersetzer des Buchs *Sirach* auf die *Henochapokalypse* kritisch zu reagieren scheint, sei an dieser Stelle nur erwähnt (vgl. dazu Marböck [2010] 202f. mit Literatur).

lebt auf alle Ewigkeit. Und alle seine Werke, wieviele er gemacht hat auf Ewigkeit, von Jahr zu Jahr alle entstehend auf diese Weise, und alle Werke, wieviele sie ihm vollenden, und nicht verändern sich ihre Werke, sondern alles entsteht gleichsam gemäß einer Anordnung. Seht, wie das Meer und die Flüsse gleichmäßig ihre Werke vollenden und nicht verändern, ausgehend von seinen Worten.

Später jedoch bleibt die "Unordnung" nicht auf die dem göttlichen Gesetz ungehorsamen Menschen beschränkt (80, 2/8):

Und in den Tagen der Sünder werden die Jahre kürzer werden, und ihre Saat wird sich auf ihrem Lande und auf ihrem Acker verspäten, und alle Dinge werden anders, und sie werden nicht zu ihren Zeiten erscheinen, und der Regen wird zurückgehalten werden, und der Himmel wird stillstehen. Und in jenen Zeiten werden sich die Früchte der Erde verspäten, und sie werden nicht zu ihrer Zeit wachsen, und die Früchte der Bäume werden in ihrer Zeit zurückgehalten werden. Und der Mond wird seine Ordnung ändern und wird nicht zu seiner Zeit erscheinen. Und in jenen Tagen wird man am Himmel sehen: Eine große Hungersnot dringt bis zum Ende der großen Wagen im Westen, und er wird stärker scheinen, als es die Ordnung des Lichtes bestimmt. Und viele Häupter der Sterne werden gegen die vorgeschriebene Ordnung sündigen, und diese werden ihre Bahnen und ihre Funktion ändern, und sie werden nicht zu ihren Zeiten, die ihnen vorgeschrieben sind, erscheinen. Und die ganze Ordnung der Sterne wird den Sündern verschlossen sein, und die Gedanken derer, die auf Erden wohnen, werden über sie in die Irre gehen, und sie werden von all ihren Wegen abweichen, und sie werden sich versündigen und sie für Götter halten. Und das Unheil wird in Fülle über sie hereinbrechen, und Plagen werden über sie kommen, um alles zu vernichten[1350].

(Übersetzung Siegbert Uhlig)

Weder setzt Aristobulos die kosmische Stasis in Beziehung zum Handeln der Menschen noch zieht er ihr Ende, zu irgendeinem Zeitpunkt oder aus irgendwelchen Gründen, in Betracht[1351].

[1350] Vgl. auch 18, 14/16 und 21, 1/6 sowie Rau (1974) 66/92. 159f.; Hengel (1988) 428; Nickelsburg (2007) 84 mit Anm. 18 zu den "exceptions to this orderly conduct by the heavenly bodies" und Hayes (2015) 98/101.

[1351] Auch an dieser Stelle überschneiden sich griechische und jüdische Debatte: Dort, wo in der griechischen Philosophie äußerst kontrovers die Ewigkeit des Kosmos diskutiert wurde, rangierte der Hinweis auf die beständige Ordnung des Alls und die unveränderliche Bewegung der Gestirne (ἡ ἀπαράβατος καὶ εὔτακτος τῶν οὐρανίων κίνησις), deren Wahrnehmung überhaupt als eine der wichtigsten Ursachen der menschlichen Annahme galt, es gebe Göttliches (vgl. etwa F 10/12 Rose³ zu Aristoteles), unter den ersten Argumenten. Aristobulos ließe sich ja in seiner Aneignung aristotelisch-peripatetischen Gedankenguts (vgl. dazu Harder [1926] 82) als Kritiker sowohl der stoischen Lehre von Weltenbrand und Palingenesia (vgl. dazu etwa SVF

10.4 Die Größe und Wirkung der Anthropomorphismen

... τοὺς πλείστους λέληθεν ὅτι τοῖς μὲν τῶν ὄντων ῥᾳδίως καταμαθεῖν αἰσθηταί τινες ὁμοιότητες πεφύκασιν, ἃς οὐδὲν χαλεπὸν δηλοῦν, ὅταν αὐτῶν τις βουληθῇ τῷ λόγον αἰτοῦντι περί του μὴ μετὰ πραγμάτων ἀλλὰ χωρὶς λόγου ῥᾳδίως ἐνδείξασθαι· τοῖς δ' αὖ μεγίστοις οὖσι καὶ τιμιωτάτοις οὐκ ἔστιν εἴδωλον οὐδὲν πρὸς τοὺς ἀνθρώπους εἰργασμένον ἐναργῶς, οὗ δειχθέντος τὴν τοῦ πυνθανομένου ψυχὴν ὁ βουλόμενος ἀποπληρῶσαι, πρὸς τῶν αἰσθήσεών τινα προσαρμόττων, ἱκανῶς πληρώσει. διὸ δεῖ μελετᾶν λόγον ἑκάστου δυνατὸν εἶναι δοῦναι καὶ δέξασθαι· τὰ γὰρ ἀσώματα, κάλλιστα ὄντα καὶ μέγιστα, λόγῳ μόνῳ ἄλλῳ δὲ οὐδενὶ σαφῶς δείκνυται ...

(Plat. polit. 285e/286a)[1352]

... den meisten ist verborgen, daß den einen der Dinge, leicht zu begreifen, gewisse wahrnehmbare Ähnlichkeiten von Natur aus innewohnen, welche überhaupt nicht schwer klar zu machen sind, wenn über irgendeines von ihnen jemand einen, der vernunftmäßige Begründung fordert, nicht mit großem Aufwand, sondern ohne vernunftmäßige Begründung leichthin aufklären möchte. Andererseits aber gibt es für die Dinge, welche die größten und ehrbarsten sind, kein einziges, für die Menschen deutlich sichtbar gewirktes Bild, welches derjenige, der die Seele des Nachforschenden erfüllen will, zeigen und mit welchem er sie, indem er es an eine der Wahrnehmungen anpaßte, hinreichend füllen könnte. Deswegen muß man Sorge dafür tragen, vernunftmäßige Begründung für jedes einzelne geben und annehmen zu können; denn die un-

---

1, 109 [Zenon] und 2, 624. 627 [Chrysipp]) lesen als auch jener Vorstellungen, die von zyklischen Weltzerstörungen durch Wasser und Feuer (s. dazu oben S. 255), hervorgerufen unter anderem durch "Abweichungen" der Gestirne, ausgingen und die etwa im platonischen *Timaios* (22d) mit ägyptischem Gedankengut in Verbindung gebracht werden. Im übrigen läßt die *praeteritio*, mit welcher Sokrates im platonischen Theait. 153c/d einmal auf die allegorische Auslegung von *Ilias* 8, 18ff. anspielt, ebenso darauf schließen, daß auch die Homerexegese das Thema theologisch, im Hinblick auf das Göttliche und den Kosmos, problematisierte, wie die Allegorie, die Heraklit vom "Stehen" des homerischen Zeus auf dem Olymp gibt (vgl. alleg. 36 mit 25f. über die Permanenz der kosmischen Ordnung). An anderer Stelle deutet Heraklit die Verse *Ilias* 1, 399/404, also die heftig umstrittene ἐπιβουλή anderer Götter gegen Zeus, als naturphilosophische Allegorie (22, 1f.), bevor der Nachweis folgt, daß Thales, Anaxagoras und der Peripatos in ihrer Elementenphysik von Homer abhängig seien (vgl. zum homerischen Kampf der Götter gegeneinander als Kampf der Elemente auch D-Scholion zu Hom. Il. 20, 67. 74 und Hunter [2012] 61f.).

1352 Vgl. 277d: χαλεπόν ... μὴ παραδείγμασι χρώμενον ἱκανῶς ἐνδείκνυσθαί τι τῶν μειζόνων.

körperlichen Dinge, die doch die schönsten und größten sind, werden durch nichts anderes als durch vernunftmäßige Begründung deutlich gezeigt ...

Es ist lohnend, von hier aus Verbindungen zu ziehen zu den griechischen Debatten einerseits "Über das Erhabene", welche sich prominent manifestieren in jener berühmten Schrift Περὶ ὕψους[1353], aber schon im Hellenismus und auch früher[1354], ihre Anfänge haben, andererseits über das Angemessene, das πρέπον der philosophischen Sprache. Bekanntlich begegnen solche Debatten gerade in theologischem oder naturphilosophischem Zusammenhang, wo von der Größe des Göttlichen und des Kosmos zu handeln ist[1355]. Dazu nur drei Hinweise: Zunächst lohnt ein weiterer Seitenblick auf die schon mehrfach erwähnte Schrift *De mundo*. Der für Aristobulos wichtige Gegensatz vom "kleinen" Irdischen, das durch den Menschen sinnlich wahrgenommen werden kann, und dem überragend großen Rang der göttlichen und übernatürlichen Dinge, ist dort einer der Hauptgedanken[1356], sogleich im Eingang der Schrift: Die Philosophie strebe nach der Erkenntnis des Ganzen und zugleich Schönsten (τὰ ὅλα ... τὰ κάλλιστα), im Gegensatz zu den anderen Wissenschaften, die davon Abstand nähmen διὰ τὸ ὕψος καὶ τὸ μέγεθος (391a5 [ed. Reale – Bos, S. 174]). Diejenigen, die sich auf die Beschreibung einzelner Orte und Phänomene innerhalb der visuell wahrnehmbaren Natur beschränkten, zeichneten sich durch μικροψυχία (391

1353 Vgl. Grilli (1997) 413f.; Lau (2006) 262 und Haverkamp (2007) 39: "... so enthält die Metapher in Longins Anordnung, bei aller Unterordnung der Tropen unter die von ihm behandelten relevanten 'Quellen' des Erhabenen, die sublime Kraft par excellence". Zur Schrift und ihrer Bedeutung für den Begriff der religiösen "Erhabenheit" vgl. Fritz (2011) 28/158 (mit Literatur).
1354 Vgl. dazu Wehrli (1945) passim und Russell (1964) XXX/XLII. Außerdem wichtig Porter (1992) 96/102. 105/07, der vermutet, daß Krates von Mallos "was not just a precursor to the theory of the sublime, but one of its first critical practitioners"; (2012) 50f. und jetzt (2016) passim mit der durch zahlreiche Belege untermauerten Erkenntnis, der auch theoretische Diskurs über das Erhabene habe seine Anfänge schon in frühgriechischer Zeit; die breit angelegte Studie *The Sublime in Antiquity* ist ein unhintergehbarer Meilenstein neuerer Forschung zum Thema. Vgl. noch De Jonge (2012) passim mit der These, in augusteischer Zeit sei das Erhabene intensiv und kontrovers diskutiert worden (mit Belegen aus Dionysios von Halikarnassos).
1355 Innes (1979) 165f. zeigt an Belegen aus Ps.-Demetrios (z.B. Kapitel 75), Hermogenes und Cicero (z.B. part. orat. 56) auf, daß der griechischen und römischen Rhetorik insbesondere das Göttliche, die Himmelserscheinungen und staunenswerten Naturphänomene vornehmliche Gegenstände erhabener Rede waren, wobei ersterem noch ein gewisser Vorrang zukam (s. auch unten Anm. 1380). Vgl. Richardson (1980) 275; Humphreys (1997) 214/16 (mit Hinweisen auf die zeitgenössische Historiographie); Schironi (2009) 308/13 (über hellenistische πρέπον-Theoretiker) und Porter (2012) 57/68.
1356 Vgl. Thom (2014b) 15 und Porter (2016) 475f.

a23/26 [ed. Reale – Bos, S. 176]) aus, freilich "groß denkend" trotz ihrer nur kleinen Schau (μέγα φρονοῦντας ἐπὶ θεωρίᾳ μικρᾷ): τοῦτο πάσχουσι διὰ τὸ ἀθέατοι τῶν κρειττόνων εἶναι, κόσμου λέγω καὶ τῶν ἐν κόσμῳ μεγίστων[1357]. Alexander dem Großen, dem edelsten aller Fürsten, gezieme es, nicht auf Geringes den Sinn zu richten, sondern auf das Größte (391b3/8 [ed. Reale – Bos, S. 176]): τὴν τῶν μεγίστων ἱστορίαν μετιέναι, φιλοσοφίᾳ τε μηδὲν μικρὸν ἐπινοεῖν[1358]. An zentraler Stelle werden dann die überragende Größe und Majestät der höchsten Wesenheit mit dem Begriff des πρέπον und der Schönheit in Verbindung gebracht (397b16/24 [oben S. 180f.]; vgl. in ähnlicher Terminologie 398a5f. b4)[1359]: Die ruhende, unwandelbare und unveränderliche Gottheit, die den gesamten von ihr erzeugten Kosmos in Ordnung und Harmonie bewahre, befinde sich auf dem "obersten und ersten Platz", auf dem ragendsten Gipfel des Himmels und heiße daher mit Recht der "höchste". Die Mühsal eines selbst wirkenden Wesens nehme sie aber nicht auf sich und komme auch nicht dorthin, wo die Dinge auf Erden besorgt werden müßten[1360]. Eine solche Annahme "zieme sich nicht", "sei nicht schön" oder "passend" zu Gott[1361]. An dieser Stelle (398 a/b) folgt nun eine anschauliche Erklärung, die sich zum Vergleich mit der Metaphorologie des jüdischen Exegeten Aristobulos geradezu anbietet[1362]. Der Autor von *De mundo* unterstreicht ausdrücklich, es sei angemessen und Gott am "passendsten" (398a1f. [ed. Reale – Bos, S. 214]: πρέπον ... καὶ θεῷ μάλιστα ἁρμόζον, vgl. ἁρμόττει auch in 398a7), die so beschriebene Existenz Gottes "anzunehmen" und veranschaulicht seine Theorie der göttlichen Existenz im Anschluß, durch eine lange Kette von Vergleichen[1363]. Zunächst mit der Stellung

---

[1357] Vgl. Reale – Bos (1995) 249 zu der ähnlichen Begrifflichkeit in der wichtigen Parallele Plat. pol. 486a; Porter (2012) 57f. und Chandler (2014) 78f.
[1358] "Groß und klein, wertvoll und gering bemißt sich also bei den Gegenständen der Weltbetrachtung nach ihrer Beziehung zur Gottheit ..." (Strohm [1952] 138).
[1359] Vgl. schon Lagrange (1927) 202f.; Mansfeld (1992b) 401 ("grandiloquent theological finale"); Radice (1995) 76/78; Schenkeveld (1997) 209; Chandler (2014) passim (über den "elevated style" der Schrift gerade in den kosmologischen Partien) und Porter (2016) 479f.
[1360] Solche Akzentuierung des Gottesbilds geht bis in die Vorsokratik zurück. Xenophanes soll von seinem θεὸς μέγιστος gesagt haben (21 B 25 Diels – Kranz): ἀλλ' ἀπάνευθε πόνοιο νόου φρενὶ πάντα κραδαίνει und (21 B 26 Diels – Kranz): αἰεὶ δ' ἐν ταὐτῷ μίμνει κινούμενος οὐδέν | οὐδὲ μετέρχεσθαί μιν ἐπιπρέπει ἄλλοτε ἄλλῃ.
[1361] Vgl. dazu Bos (1977) 321f. und Nilsson (1988) 536.
[1362] Vgl. Strohm (1952) 139[8] ("der in der ganzen Schrift durchgehaltene hohe Stil"); Rudberg (1953) 10f.; Schönberger (1991) 57. 61; Schenkeveld (1991) passim und Porter (2016) 479f..
[1363] Daß der Autor offenbar mit allegorischer Exegese, insbesondere der homerischen Epen, vertraut war, betont mit Recht Regen (1972) 208; vgl. zur Stelle auch Bos (1977) 324; Siegert (1988) 71 und Reale – Bos (1995) 325f.

des Großkönigs am persischen Hof[1364]: Kambyses, Xerxes und Dareios hätten in "feierlicher und überragender Erhabenheit" (398a11/13 [ed. Reale – Bos, S. 216]: ... εἰς σεμνότητος καὶ ὑπεροχῆς ὕψος μεγαλοπρεπῶς ...), von den Untertanen abgesondert, allen unsichtbar, δεσπότης und θεός genannt, in ihren Palästen[1365] residiert und trotzdem durch ihr Gefolge, die Wächter, Satrapen, Verwalter, Heerführer, Bedienstete und Knechte das Reich bis in den entferntesten Winkel und die letzten Aufgaben hinein in kunstvoller Ordnung regiert[1366]. Wenn es also Xerxes zu niedrig (ἄσεμνον) erschien, alles selbst zu tun und zu vollenden, was er wollte, dann wäre dies doch umso unwürdiger (πολὺ μᾶλλον ἀπρεπές) für Gott, der den Großkönig und seine vielen "Hände" unendlich überrage. Erhabener und angemessener (σεμνότερον δὲ καὶ πρεπωδέστερον) sei es, wenn er selbst in der Höhe residiere, seine Dynamis aber den ganzen Kosmos tätig durchwirke: οὐδὲν γὰρ ἐπιτεχνήσεως δεῖ καὶ ὑπηρεσίας τῆς παρ' ἑτέρων, ὥσπερ τοῖς παρ' ἡμῖν ἄρχουσι τῆς πολυχειρίας [!] διὰ τὴν ἀσθένειαν (398b10/12 [ed. Reale – Bos, S. 218]). Im folgenden wird die Wirkung Gottes als erster Ursache, welche die Bewegung aller Natur anfänglich anstoße, in weiteren Vergleichen veranschaulicht[1367]: mit dem Verhältnis von Chorführer und Chor (399a15/20); mit dem Trompetenruf vor der Schlacht, bei welchem das ganze Heer sich rüstet und eilt, dem Befehl des einen Heerführers zu folgen (399b1/11); mit der unsichtbaren, das ganze Leben ordnenden Kraft der menschlichen Seele (399 b14/18); mit den Schlußsteinen in Gewölben, welche den ganzen Bogen durch ihre Mittellage unerschütterlich in Ordnung halten (399b29/34: ἔοικε [sc. die Gottheit] δὲ ὄντως, εἰ καὶ μικρότερον παραβαλεῖν, τοῖς ὀμφάλοις ...) – bevor die Schrift zum Ende kommt in einer nicht-endenden-wollenden Auflistung der unzähligen Namen des πολυώνυμος Zeus, die aus dem der Benennung jeweils zugrundeliegenden Naturgeschehen, das er selbst immerfort erneuere, abgeleitet

---

1364 Schon Platon bedient sich des Verweises auf den persischen Großkönig an zahlreichen Stellen; vgl. Reale – Bos (1995) 325.
1365 Auf die leichte Ungenauigkeit des Vergleichs in *De mundo* zwischen den vielen Bediensteten des Großkönigs und der einen Dynamis Gottes haben schon Pohlenz (1942) 484 und Schönberger (1991) 37 aufmerksam gemacht; vgl. dazu die Bemerkungen bei Reale – Bos (1995) 329; Thom (2014c) 63[95] und jetzt wichtig Porter (2016) 481f.
1366 Auch diejenigen werden genannt, die dem griechischen Publikum schon aus Xenophons *Kyrupaideia* (8, 2, 10/12) – in anthropomorpher Metaphorik – als "Augen" und "Ohren" des Großkönigs bekannt waren (398a20/23); vgl. dazu Strohm (1984) 337f. Daß in der religiösen Kunst der Ägypter Ohren und Augen aus kostbarem Material geschaffen und in den Heiligtümern aufgestellt wurden, um "verrätselt", also allegorisch, darauf hinzuweisen, daß Gott alles sehe und höre, bezeugt wieder Chairemon (F 19D van der Horst).
1367 Vgl. Strohm (1952) 163/72; Moraux (1984) 62: "Besonders auffallend ist die Vorliebe des Autors für Bilder und Vergleiche". 65.

werden und zudem Erklärung in stoisch geprägter Etymologie finden (401 a12/ b23). Im Zentrum und am Ende dieses Abschnitts kommen zwei zusammenfassende Passagen zu stehen, welche abschließend in gehobenem Ton die Schönheit und Majestät Gottes proklamieren (399b19/22 [Text oben S. 193] und 400b9/ 11). Indirekt erinnert wird der Leser dabei an den Eingang der Schrift (391a16/ 18), wo bereits der Gegensatz zwischen den sichtbaren Phänomenen der niederen und vergänglichen Natur und dem unsichtbaren und ewigen Göttlichen aufgespannt wurde, das die Seele allein in philosophischer Schau erfassen könne[1368], um es den anderen Menschen zu offenbaren (391a16: προφητεύουσα)[1369].

Desweiteren: Die neuere Forschung hat an verschiedensten Beispielen der Literatur und bildenden Kunst herausgearbeitet, daß die hellenistische Ästhetik den Gegensatz zwischen "groß" und "klein" intensiv diskutierte, ja die künstlerische Behandlung dieses Gegensatzes als ein bestimmendes Charakteristikum der zeitgenössischen Artes angesehen werden darf[1370]. Die arateischen *Phainomena* könnten diese "contrastive opposites", deren Darstellung das Publikum offenbar in Staunen versetzen sollte[1371], gut illustrieren: Als ein Meisterwerk hellenistischer Dichtkunst, gerühmt für ihre λεπτότης, haben sie doch Großes zum Thema, die Gestirnswelt als Zeichen des höchsten Gottes, der seinerseits als μέγα θαῦμα angerufen wird (V. 15)[1372]. Auch die dichterischen Kleinformen (!), in denen der Epigrammatiker Poseidipp den Gegensatz wiederholt traktiert, bieten hier aufschlußreiches Material[1373].

Schließlich: Daß Nomoi auch ästhetisch beurteilt werden können, ist griechischem Denken nicht fremd. Eben der Thesmothet Moses wird ja in der Schrift Περὶ ὕψους angeführt (9, 9), und die zahlreichen in den vorstehenden Kapiteln zitierten Stellen[1374], an denen Nomoi als καλοί oder, ausdrücklich differenziert,

---

1368 Vgl. Reale – Bos (1995) 242/45.
1369 Vgl. zu dieser Stelle Reale – Bos (1995) 248f.
1370 Vgl. Netz (2009) 55/58; auch Russell (1964) XXXI zur Terminologie und Porter (2010) 484f.: "The relevant point is that to shift the focus away from the slender, the polished, and the refined, and to include in our view of the Hellenistic aesthetic what is massive in scale, or rather in appearance, is to focus attention on the materiality of objects".
1371 Vgl. dazu Porter (2011) passim.
1372 Vgl. Porter (2011) 291 (mit Belegen).
1373 Vgl. Männlein-Robert (2007) 74/80 und Porter (2011) 300 über das Gedicht auf den Koloß von Rhodos (AB 68).
1374 Vgl. oben Anm. 722. 726 (Ps.-Demosthenes). 801 sowie Anm. 1149 zur Form der Gesetze bei Platon und insbesondere oben Anm. 1222 zu Poseidonios, der den kurzen, klaren Befehlsstil guter Gesetze dem frostigen Ausdruck zu weitläufiger Erörterungen innerhalb eines Nomos gegenüberstellt. Die ästhetische Einschätzung von Recht und Gesetz ist ein bislang wenig behandeltes Thema, nicht nur im Hinblick auf das antike Griechenland und Israel. Vgl. die

als καλοί und ἀγαθοί charakterisiert werden, belegen, daß die Griechen die Qualität ihrer Gesetze nicht allein als "gut", sondern als "schön" im Sinn von "gut" oder sogar als "gut und schön" empfanden. Den Gesetzen der alten Nomotheten gestand man dabei eine besondere Dignität zu. So gelten jene des delphischen Apollon in Platons *Politeia* (427a) als μέγιστα καὶ κάλλιστα καὶ πρῶτα τῶν νομοθετημάτων[1375], und später bemerkt Plutarch über Lykurg (Lyk. 29, 1), er habe danach gestrebt, seine spartanische Ordnung für die Folgezeit unveränderlich zu machen οὕτως ἀγασθεὶς καὶ ἀγαπήσας τὸ τῆς νομοθεσίας κάλλος καὶ μέγεθος ἐν ἔργῳ γενομένης καὶ ὁδῷ βαδιζούσης[1376]. Platon selbst scheint den Nomoi tatsächlich einen hohen ästhetischen Wert beigemessen zu haben. An einer berühmten Stelle seines *Symposions* (210c)[1377] führt Diotima aus, wer die Schönheit des Leibes allgemein erkannt und die eines einzelnen dadurch geringer zu schätzen gelernt habe, verstehe danach die Schönheit in den Seelen, verlange nach dieser und versuche, solche Logoi zu gebären, welche die

---

noch immer lesenswerten Gedanken bei Triepel (1947) 36/38 u.ö. sowie Marcus (1952) 78f. 88. Die hohe und doch nicht selten verkannte Bedeutung speziell der Metapher für die Rechtssprache, insbesondere des Deutschen, behandelt Lobenstein-Reichmann (2013) passim.

1375 Vgl. noch *Minos* 314d und die lobende Qualifizierung eines schriftlichen Gesetzes als erhaben (σεμνά) und gottesfürchtig (εὐσεβῆ) in Isaios 6, 49. Ps.-Demosth. 26, 26f. postuliert, nichts auf der Welt, was nicht am Nomos teilhabe, sei σεμνόν oder σπουδαῖον – weil auch den ganzen Kosmos, die göttlichen Gestirne und die Jahreszeiten Nomos und Taxis zu durchwalten schienen.

1376 In der Bibel selbst wäre hier etwa der große Psalm 118 LXX zu vergleichen (z.B. V. 103. 127. 129/31 u.ö.). Im übrigen läßt auch Philon diesen Punkt nicht unberührt: Die Schönheit (κάλλος) der mosaischen Nomoi sei in der Vergangenheit verborgen geblieben, weil keiner außer den Juden des "Chaldäischen" mächtig gewesen sei (Moys. 2, 5, 26; vgl. z.B. auch 2, 3, 12 und opif. 4). Der Eingang seiner Schrift *De opificio mundi* ist ein großer Lobpreis der erhabenen Schönheit der Schöpfung Gottes, die Moses in die Worte seiner *Genesis*, also des Auftakts seines Nomos, faßte. Flavius Josephus hält fest (c. Apion. 2, 167f.), Moses habe Gott, der alle sterbliche Form an Schönheit übertreffe (πάσης ἰδέας θνητῆς κάλλει διαφέροντα), offenbart (ἀπέφηνε) und gerade die Tatsache, daß die "weisesten" griechischen Philosophen in ihrem Gottesbild von Moses "belehrt" worden seien, bezeuge, daß dies ... ἐστὶ καλὰ καὶ πρέποντα τῇ τοῦ θεοῦ φύσει καὶ μεγαλειότητι (zur möglichen Aristobulosrezeption auch an dieser Stelle vgl. Barclay [2007a] 264). In ant. 1, 15 (ed. Thackeray, S. 8), einer Stelle, die erneut an Aristobulos und auch Περὶ ὕψους 9, 9 denken läßt (vgl. dazu schon oben Anm. 369 und Feldman [2000] 7), hält er fest, seine Leser sollten prüfen, εἰ τήν τε φύσιν ἀξίως αὐτοῦ [sc. Gottes] κατενόησε [sc. Moses] καὶ τῇ δυνάμει πρεπούσας ἀεὶ τὰς πράξεις ἀνατέθεικε πάσης καθαρὸν τὸν περὶ αὐτοῦ φυλάξας λόγον τῆς παρ' ἄλλοις ἀσχήμονος μυθολογίας (vgl. auch 1, 22/24, wo Josephus, welcher der Allegorese grundsätzlich eher abgeneigt ist, die allegorische Rede Mose von σεμνότης charakterisiert sieht).

1377 Vgl. etwa nom. 859d über die übergroße Schönheit der Gerechtigkeit, der gerechten Menschen und ihrer Taten.

jungen Leute besser machen könnten ἵνα ἀναγκασθῇ αὖ θεάσασθαι τὸ ἐν τοῖς ἐπιτηδεύμασι καὶ τοῖς νόμοις καλὸν καὶ τοῦτ' ἰδεῖν ὅτι πᾶν αὐτὸ αὑτῷ συγγενές ἐστιν ...

Im Hinblick auf Aristobulos eröffnete die peripatetische Stillehre, die ja die Metapher als ausgezeichneten Schmuck der Rede postuliert, interessante Einblicke[1378]: Zum einen scheint der jüdische Exeget den Grundsatz, eine Metapher solle, um erhebende Wirkung zu haben, etwas Großes auf etwas Kleineres übertragen, für sein theologisches Anliegen kreativ zu gebrauchen; doch gehen die mosaischen Anthropomorphismen notwendigerweise vom Kleineren zum Größten, zu Gott, der alle Möglichkeiten menschlicher Rede immer überragt[1379]. Zum anderen hatte die nacharistotelische Stillehre in ihrer Entwicklung des *genus sublime* Wert darauf gelegt, daß Erhabenheit nicht nur poetischer, sondern auch prosaischer Texte und Reden gerade durch den rechten Einsatz von Metaphern zu erreichen sei. Seine intime Kenntnis der zeitgenössischen Philosophie und Literaturkritik könnte Aristobulos Einsichten in eine solche Debatte vermittelt haben[1380]. Die vorstehenden Beobachtungen legen jedenfalls nahe, daß die

---

1378 Vgl. Goulet (1987) 535 sowie über die Stellen der Schrift Περὶ ὕψους, an welchen die erhebende Wirkung von Metaphern prominent diskutiert wird, Fritz (2011) 55. 58. 127 u.ö.

1379 Der Vergleich mit der Erhabenheit, welche nach Auffassung der zeitgenössischen Exegese die homerischen Götterdarstellungen bewirkten, ist erhellend: "The gods in Homer point to something greater than themselves, and they do so both in their incompleteness in the imagination and in the essential inconsistency of their representations. Too much a part of this world, they suggest something they cannot even embody" (Porter [2012] 61 mit Belegen aus den Scholien).

1380 Daß umgekehrt im Kapitel 9, 9 von Περὶ ὕψους als ein besonderes Beispiel von Erhabenheit Worte des Gesetzgebers Moses, der nicht namentlich genannt wird, aus Gen. 1 angeführt werden (ed. Russell, S. 11f.): ταύτῃ καὶ ὁ τῶν Ἰουδαίων θεσμοθέτης, οὐχ ὁ τυχὼν ἀνήρ, ἐπειδὴ τὴν τοῦ θείου δύναμιν κατὰ τὴν ἀξίαν ἐχώρησε κἀξέφηνεν, εὐθὺς ἐν τῇ εἰσβολῇ γράψας τῶν νόμων "εἶπεν ὁ θεός", φησί, τί; "γενέσθω φῶς, καὶ ἐγένετο· γενέσθω γῆ, καὶ ἐγένετο" (vgl. dazu Norden [1955] 18f.; Russell [1964] 92f.; Gager [1972] 59; Feldman [1993] 239. 544; Fritz [2011] 48f. und Porter [2016] 107/16 mit der älteren Literatur), also aus einer Stelle, der sich auch Aristobulos in F 4 Holladay ausführlich widmet, mag man, sofern die Passage echt ist, als Beleg für die Befruchtung auch des griechischen Nachdenkens über erhabenen, würdevollen Ausdruck durch die jüdische Schriftauslegung begreifen (vgl. Russell [1964] XL zu der auffälligen Nähe zwischen Philon und Περὶ ὕψους und Porter [2016] 108[118] und 108[120]). Die terminologische Ähnlichkeit der Stelle zu den entsprechenden Ausführungen bei den jüdischen Bibelexegeten (vgl. δύναμις, ἐκφαίνω) ist ebenso auffällig wie die Tatsache, daß "φησί (parenthetical) draws attention to the sublime words of Moses (not God) ... emphasizes the sublimity of the author by underlining his utterance" (De Jonge [2012] 217[1] und ähnlich Porter [2016] 109/13 über "Moses' role as a sublime artist". 168f.). Überdies steht im Kontext des Genesiszitats, also

Anthropomorphismen der Tora als solche für Aristobulos durch die inhaltlich übertragene Deutung keineswegs entwertet werden[1381]. Zurückzukommen ist daher nocheinmal auf jene Unterscheidung, die er im Methodenfragment 2 Holladay gleich mehrfach vornimmt zwischen den anthropomorphen Metaphern der Veranschaulichung Gottes und dessen wahrer "Größe"[1382]:

F 2, 23/27 Holladay: πολλαχῶς γὰρ ὃ βούλεται λέγειν ὁ νομοθέτης ἡμῶν Μωσῆς ἐφ᾽ ἑτέρων πραγμάτων λόγους ποιούμενος (λέγω δὲ τῶν κατὰ τὴν ἐπιφάνειαν), φυσικὰς διαθέσεις ἀπαγγέλλει καὶ μεγάλων πραγμάτων κατασκευάς (vgl. auch 31: μεγάλας ἀφορμάς).

F 2, 32/34 Holladay: τοῖς δὲ μὴ μετέχουσι δυνάμεως καὶ συνέσεως, ἀλλὰ τῷ γραπτῷ μόνον προσκειμένοις οὐ φαίνεται μεγαλεῖόν τι διασαφῶν.

F 2, 53/55 Holladay: διόπερ καλῶς ὁ νομοθέτης ἐπὶ τὸ μεγαλεῖον μετενήνοχε, λέγων τὰς συντελείας χεῖρας εἶναι θεοῦ.

---

in den benachbarten Verweisen auf die homerischen Epen, gerade die Erhabenheit aus "all that are huge and beyond the measure of human things" im Fokus, insbesondere im kosmologischen Bezug (West [1995] 336f., auch zu der μέγας-Terminologie des Sublimen; vgl. Norden [1955] 6 u.ö.; Innes [1979] 169: "It is probably no accident that the final example of divine grandeur in Long. 9.9 is an example of god as truly god and in the act of creation – Genesis 1, an unusual example from Hebrew Literature, but one which combines the first rhetorical category of Hermogenes [sc. erhabene Rede über Götter *qua* Götter] with the most sublime theme in the second, the origin of the world" u.ö.; Usher [2007] passim; Chandler [2014] 80f.; Porter [2016] 27: "… sublimity was originally tied to thought about the heavens and the divinities who inhabit them, whether in poetry or in natural inquiry, nor did it ever shed these associations in later periods". 388. 390/97. 411/31 u.ö.). Daß Caecilius von Kaleakte, gegen dessen stilkritisches Werk sich die Schrift wendet, ein Jude war, ist mehrfach vermutet worden (vgl. Innes [2002] 274 und De Jonge [2012] 296f.).

1381 Dies unterschätzt Walter (1964) 130f., dessen Feststellung, Aristobulos habe der Gedanke an einen doppelten Schriftsinn ganz fern gelegen, zuzustimmen ist. Vgl. schon Heinemann (1936) 73 zur altjüdischen Allegoristik; allgemein Klauck (1978) 141/43 und Kurz (1982) 30f.

1382 Porter (2016) 15f. 180f. 369. 403 weist nach, daß die von ihm sogenanten "Meg-words" wie z.B. μέγεθος oder μεγάλα (μεγαλεῖον fehlt in seiner Liste) im antiken Diskurs über das Erhabene geradezu terminologischen Rang hatten; vgl. auch Chandler (2014) 78f. zur Schrift *De mundo*. Die Deutung des Begriffs μεγαλεῖον als "hermeneutical technical term" (so Holladay [1995] 209; vgl. Walter [1975] 271 und Weber [2000] 114[33]) ist unbefriedigend. Vgl. anders Kraus Reggiani (1972) 173; Kuhn (1989) 147 über den "erhabenen …, d.h. höheren, eigentlichen Sinn"; Radice (1995) 23[16]. 83: "maestà divina"; Klauck (2009) 181: "… in ganz eigenartiger und selbständiger Weise mehrfach den Ausdruck τὸ μεγαλεῖον [etwa "das Erhabene"] verwendet" und Markschies (2016) 55.

F 2, 55/57 Holladay: στάσις δὲ θεία καλῶς ἂν λέγοιτο κατὰ τὸ μεγαλεῖον ἡ τοῦ κόσμου κατασκευή.

F 2, 139f.: ... τὸν δὲ θεὸν ἄνευ τινὸς δεικνύναι τὴν ἑαυτοῦ διὰ πάντων μεγαλειότητα.

Aristobulos deutet mit den hier verwendeten Wörtern[1383] nicht bloß allgemein auf die "maestà divina", die auch sonst in der herkömmlichen religiösen Sprache der Juden, Griechenlands oder Ägyptens[1384] in der Verehrung göttlicher Größe gepriesen wurde. Vielmehr werden die Begriffe der Größe hier durch ihren impliziten Gegensatz zum "Kleinen" festgelegt, das sinnlich wahrnehmbar und sprachlich beschreibbar ist, und beziehen sich zugleich auf das Wesen Gottes und auf sein Wirken, etwa in der Schöpfungsordnung[1385]. Insbesondere in der grundsätzlichen Aussage F 2, 23/27 Holladay treten die metaphorischen, von Moses auf Anschauung hin gebildeten Logoi (vgl. ἐφ' ἑτέρων [!] πραγμάτων λόγους ποιούμενος [λέγω δὲ τῶν κατὰ τὴν ἐπιφάνειαν]) in Gegensatz zu den μεγά-

---

[1383] Auffällig ist, daß an den betreffenden Stellen auch das zum erhabenen Stil passende Wort πᾶς/πάντα wiederholt begegnet (vgl. etwa zu F 2, 97/140 schon oben S. 327 und Anm. 1060).
[1384] Dadurch tritt die Betonung der Größe des einen Gottes und seiner Werke, vorgetragen in Alexandria, in Konkurrenz zur Sprache der ägyptischen Religion: Auch in griechischen Inschriften (vgl. etwa Supplementum Epigraphicum Graecum 8, 498. 536f.) begegnet bis in spätere Zeit allenthalben die Rede vom θεὸς μέγας, die in gewisser Paradoxie den Abstand der so gegenwärtig vorgestellten Götter Ägyptens zur Welt bemüht (vgl. nur die hermetische Tradition). Beredt sind in dieser Hinsicht die Isishymnen Isidors. Nicht nur, daß die Göttin selbst als μεγάλη, μεγίστη und μεγαλώνυμος angerufen wird (z.B. hymn. 1, 25f.: δεσπότι, οὐ λήξω μεγάλην δύναμίν σου ἀείδων, | σώτειρ' ἀθανάτη, πολυώνυμε, ῏Ισι μεγίστη ...; 3, 2; vgl. etwa Isis als μεγάλα μήτηρ θεῶν im Straßburger Papyrus 81, 14 aus dem zweiten vorchristlichen Jahrhundert); im vierten Hymnus wird die Abstammung des gottgleichen Pharaos Porramanres zurückgeführt auf den Krokodilgott Souchos (V. 21/24 [ed. Vanderlip, S. 63]): οὐ γὰρ ἔην βροτὸς ἀνήρ, οὐδ' ἐκ βροτοῦ ἧεν ἄνακτος, | ἀλλὰ θεοῦ μεγάλου ἔκγονος ἀενάου, | Σούχου παγκράτορος μεγάλου μεγάλου [μεγάλων coni. Merkelbach] τε μεγίστου | δαίμονος τοῦ ἀγαθοῦ υἱὸς ἄναξ ἐφάνη (vgl. schon ἐκφαίνομαι in V. 8)! Vgl. Vanderlip (1972) 69f.: "... an attempt, no doubt, to reproduce the language of temple inscriptions ... The piling up of repetitions of μέγας and synonyms was intended to convey great holiness" und Moyer (2016) 234/36.
[1385] Vgl. Radice (1995) 83. Matusova (2010) 32 wird dieser Bedeutungsdimension mit dem Verständnis "some 'grand idea'" nicht gerecht (vgl. auch [2015] 93). Erwähnenswert ist in diesem Zusammenhang die Auffassung der griechischen Atomisten wie Demokrit und Epikur, die Götter seien dem Menschen in übergroßen Bildern begreifbar, welche von ihnen ausgingen (vgl. Cic. nat. 1, 43, 120 zu Demokrits *ingentis quasdam imagines tantasque ut universum mundum conplectantur extrinsecus*; Lukrez 5, 1169/82; Diog. Laert. 10, 43 und Sextus Empiricus math. 9, 25. 43f. sowie dazu Mansfeld [1993] 173; Wifstrand [2003] 720 und Porter [2016] 544).

λα πράγματα, deren Anlage er in ihnen eigentlich verkündet. Ein Blick auf die Septuaginta lehrt, daß solcher Wortgebrauch biblische Vorbilder hat. So heißt es etwa in Dtn. 11, 2f. (ed. Rahlfs, vol. 1, S. 306): καὶ γνώσεσθε σήμερον ὅτι οὐχὶ τὰ παιδία ὑμῶν, ὅσοι οὐκ οἴδασιν οὐδὲ εἴδοσαν τὴν παιδείαν κυρίου τοῦ θεοῦ σου καὶ τὰ μεγαλεῖα αὐτοῦ καὶ τὴν χεῖρα τὴν κραταιὰν καὶ τὸν βραχίονα τὸν ὑψηλὸν καὶ τὰ σημεῖα αὐτοῦ καὶ τὰ τέρατα αὐτοῦ – welche er gegen den ägyptischen Pharao und sein Heer, beim Durchzug durch das Rote Meer und in der Wüste offenbart habe; der Psalmist sagt zu Gott (70, 19 [ed. Rahlfs, vol. 2, S. 74]): ὁ θεός, ἕως ὑψίστων, ἃ ἐποίησας τὰ μεγαλεῖα· ὁ θεός, τίς ὅμοιός σοι; in 2 Makk. 3, 34 bezeichnet dasselbe Wort die Macht Gottes, in Sirach 17, 7/14 in gleich dreifacher Wiederholung die Größe seiner Werke, von welcher die Menschen erzählen sollen, und insbesondere die mit Augen und Ohren wahrnehmbare Sinaioffenbarung[1386] sowie 42, 21 die Schöpfung seiner Weisheit[1387]. Unter den Griechen hingegen hatte in Bezug auf das Göttliche, seine Wahrnehmung und Darstellung, vor allem in der Poesie, nicht nur Platon von den μέγιστα gesprochen (z.B. pol. 377e): Der Exeget des Derveni-Papyrus etwa stellt fest (col. 7, 5/8 [ed. Janko, S. 14]), Orpheus habe den Menschen nicht ἄπιστ' (abweichende Lesungen: ἐρίστ' bzw. ἄριστ') αἰνίγματα sagen wollen, sondern ἐν αἰνίγμασιν μεγάλα, vom ersten bis zum letzten Wort sei seine Rede ein ἱερολεῖσθαι[1388].

[1386] Vor allem der Vers 8 kommt Aristobulos in F 2, 139f. Holladay nahe: ... δεῖξαι αὐτοῖς τὸ μεγαλεῖον τῶν ἔργων αὐτοῦ.
[1387] Vgl. Hanson (1992) 565: "The word μεγαλεῖον in the singular or the plural is quite a favourite with Ben Sirach's grandson"; Ueberschaer (2007) 156f.; Muraoka (2009) 444/46 zu μέγας, μεγαλοπρέπεια und μέγεθος sowie Marböck (1999) 149/51 und (2010) 31, der das wiederholt im Buch Sirach zu beobachtende Charakteristikum "hymnischer Sprache" hervorhebt (vgl. auch Wischmeyer [1995a] 154), und Kaiser (2013) 339. Die Größe Gottes begegnet in der Bibel allenthalben; vgl. z.B. noch Dtn. 32, 3 und Tob. 14, 2 (zu den Belegen im Aristeasbrief vgl. den Index bei Pelletier [1962] 291f.). Das Verhältnis zum biblischen Ausdruck, nach dem die Herrlichkeit (δόξα) des Herrn, etwa am Sinai, sichtbar gewesen sei (vgl. etwa Exod. 16, 10; 24, 15/18; 33, 19 mit Fornara [2004] 188f.), wäre hier noch zu klären; auffällig auch Prov. 18, 10 und Sirach 17, 13 (ed. Rahlfs, vol. 2, S. 405): μεγαλεῖον δόξης εἶδον οἱ ὀφθαλμοὶ αὐτῶν, καὶ δόξαν φωνῆς αὐτοῦ ἤκουσεν τὸ οὖς αὐτῶν.
[1388] Vgl. zur Stelle Matusova (2010) 22f. sowie wichtig die oben S. 192 zitierte Stelle Xen. mem. 4, 3, 13 (vgl. schon 1, 4, 13); dazu auch Aristoteles oben in Anm. 110 sowie Theophrast met. 4a, 6/9 (ed. Henrich, S. 40): διὸ δὴ καὶ ἐν νοητοῖς οὐκ αἰσθητοῖς αὐτὴν [sc. τὴν τῶν πρώτων θεωρίαν] τιθέασιν, ὡς ἀκινήτοις καὶ ἀμεταβλήτοις, καὶ τὸ ὅλον δὲ σεμνοτέραν καὶ μείζω νομίζουσιν αὐτήν (vgl. dazu Gutas [2010] 253/55). Auch sonst meint μεγαλεῖον in der zeitgenössischen Literatur oft allgemein das Großartige und besonders Hervorragende; vgl. etwa Polybios, der ankündigt (8, 1, 1), er wolle die Aufmerksamkeit seiner Leser richten ἐπὶ τὸ μεγαλεῖον τῶν πράξεων, nämlich auf die bewundernswerten, kaum angemessen darstellbaren Kriegsanstren-

Rhetorisch wird bei Aristobulos die Nähe zu der aristotelisch-peripatetischen Metaphernlehre hier nocheinmal besonders deutlich: Aristoteles geht in der *Poetik* (1456a33/b8) davon aus, daß "Größe" (μέγεθος) und "Kleinheit" (μικρότης) einerseits in den Sachverhalten, in den Gegenständen (πράγματα) lägen, andererseits vom Redenden, gemäß seiner διάνοια, erst in den Worten erzeugt[1389], zugerüstet würden (παρασκευάζειν) – sonst hätte er ja gar keine Aufgabe mehr[1390]. Diese beiden in Spannung stehenden, aber doch wechselseitig aufeinander bezogenen Ursprünge seien dabei an einem Kriterium auszurichten, nämlich an der grundsätzlichen Forderung nach der angemessenen Übereinstimmung von λέξις und πρᾶγμα, also dem πρέπον, das vor allem dann verwirklicht sei, wenn weder über Schwerwiegendes leichthin noch über Unbedeutendes erhaben gesprochen werde (rhet. 1408a10/13; vgl. poet. 1458b11/15). Der vor allem in der Poesie beheimatete metaphorische Ausdruck trage nun durch Überraschung und Verwunderung zu Würde und Erhabenheit bei (rhet. 1404b)[1391]. In der Prosa seien freilich die Sachverhalte "geringer" (ἐλάττων), so daß Angemessenheit dadurch erreicht werden müsse, daß die Übertragungen maßvoll (vgl. poet. 1458b12), unmerklich, gleichsam natürlich und wie in gewöhnlicher Ausdrucksweise angewandt würden (vgl. auch rhet. 1412a9/11) – so seien allein Metaphern neben den allgemein gebräuchlichen und eigentlich verwandten Wörtern in der Prosa statthaft, um nicht in allzu erhabene, ja tragische Diktion zu geraten (vgl. 1406b7f.; zu dieser "Mischung" s. auch oben S. 384).

Später betont Ps.-Demetrios, im Gegensatz zur Klarheit der banalen Aussage, auch für die prosaische Rede die großartige Wirkung (μέγεθος) gelunge-

---

gungen Roms und Karthagos (vgl. im folgenden 8, 1, 4 das Verb θαυμάζω und 8, 2, 3 die Junktur τὸ μέγεθος τῶν γεγονότων).
1389 Die antike Rhetorik sah im großartigen Stil erhabener Rede eine besondere Leistung, eine Fähigkeit des Redners (vgl. neben den folgenden Ausführungen noch aus der lateinischen Lehre Quint. 12, 10, 61/65 und dazu Porter [2016] 13). Daß Aristobulos – wie auch später Περὶ ὕψους 9, 9 (s. dazu oben Anm. 1380) – Moses ebensolche sprachschöpferische Leistung zuschreibt, dürfte vor diesem Hintergrund kein Zufall sein.
1390 Vgl. auch poet. 1450b4/6. Das τά τε μεγάλα ταπεινὰ ποιῆσαι καὶ τοῖς μικροῖς μέγεθος περιθεῖναι wird freilich schon früher als besondere Aufgabe des Redners festgehalten; vgl. etwa Plat. Phaidr. 267a (negativ akzentuiert) und Isokr. 4, 8.
1391 Vgl. zur Dichtung poet. 1458a21f. und 1459b35f. In F 70 Rose³ wird am Beispiel des Dichters Empedokles der metaphorische Ausdruck als Merkmal poetischer δεινότης gewürdigt. Lohnend zu Aristoteles und Theophrast in diesem Zusammenhang Pohlenz (1933) 58/61; Wehrli (1945) 26f.; Dreyer (1970) 37f.; Rapp (2002) 821/30. 925 sowie Schirren (2008b) 599; Müller (2011) 79/83 und Porter (2016) 285 (mit Hinweis auf Theophrasts F 691 und auf die Bedeutung des Erhabenen in seiner Theorie poetischen und rhetorischen Ausdrucks). 289/303.

ner Metaphern[1392], sofern sie nicht zu dicht gehäuft würden; diese Metaphern sollten einerseits überraschen und nicht dem Gewöhnlichen entspringen, andererseits aber auch nicht zu weit hergeholt sein, sondern dem Gemeinten ähnlich (77/79 [ed. Radermacher, S. 21]; vgl. auch 100 über die Allegorie)[1393]. Ausdrückliche Zustimmung erfährt dabei die aristotelische Forderung nach der Metapher κατ' ἐνέργειαν[1394], weil sie Unbeseeltes in Aktion, also wie Beseeltes, einzuführen vermöge – wie auch bestätigt wird, daß gelungene Metaphern gerade nicht verunklarend seien, sondern manches vielmehr klarer und "eigentlicher" sagten (σαφέστερον und κυριώτερον)[1395]. Dem Autor dient dabei das Wort μεγαλεῖον neben μέγεθος, μέγα, μέγιστον und μεγαλοπρεπές/μεγαλοπρέπεια zur Beschreibung stilistischer Größe, des Großartigen in bildender Kunst wie in der Rede, wobei er die erhabene Wirkung solcher Rede auch σεμνόν/σεμνότης nennt (14. 36. 39. 44. 46. 52. 56. 65. 237 u.ö. [ed. Radermacher, S. 7. 12. 13. 14. 16. 19. 49 u.ö.])[1396]. Das Gegenteil hingegen bezeichnet er mit Begriffen wie ἀκριβές, μικροπρεπές oder μικρότης. Bestimmte Kunstgriffe der Rede seien geeignet τὰ μικρὰ μεγάλα ποιεῖν (54 [ed. Radermacher, S. 16]; vgl. auch 61 mit einem Beispiel aus Homer)[1397]. Aufschlußreich sind dabei Stellen, an denen der Autor das innere Verhältnis zwischen dem μέγεθος des Stils und demjenigen des in der Sprache veranschaulichten πρᾶγμα nachweist[1398]: Das Großartige liege eben

---

[1392] Mißlungene hingegen bewirkten das Gegenteil: μικροπρέπεια und μικρότης (83f.).
[1393] Vgl. zur Metapher bei Ps.-Demetrios (in Auswahl): Schenkeveld (1964) 88/99; Chiron (2001) 205/21; Marini (2007) 202f.; Schirren (2008a) 15; De Jonge (2015) 993 und jetzt grundlegend zum Erhabenen bei diesem Autor Porter (2016) 246/81.
[1394] Vgl. dazu Schenkeveld (1964) 90f. und Marini (2007) 203. 205.
[1395] Daß sich gehobener Ausdruck und Klarheit nach antiker Stillehre nicht ausschließen, erhellt etwa auch aus Dion. Hal. Pomp. 6, 9 (über Theopomp): καθαρά τε γὰρ ἡ λέξις καὶ κοινὴ καὶ σαφής, ὑψηλή τε καὶ μεγαλοπρεπὴς καὶ τὸ πομπικὸν ἔχουσα πολύ …
[1396] Polybios nutzt das Wort μεγαλεῖον dort, wo er den Historiker Timaios kritisch dem Kallisthenes gegenüberstellt (12, 23, 6): ἐκεῖνος μὲν οὖν ἀποθεοῦν Ἀλέξανδρον ἐβουλήθη, Τίμαιος δὲ μείζω ποιεῖ Τιμολέοντα τῶν ἐπιφανεστάτων θεῶν, καὶ Καλλισθένης μὲν ἄνδρα τοιοῦτον, ὃν πάντες μεγαλοφυέστερον ἢ κατ' ἄνθρωπον γεγονέναι τῇ ψυχῇ συγχωροῦσιν, οὗτος δὲ Τιμολέοντα τὸν οὐχ οἷον δόξαντά τι πεπραχέναι μεγαλεῖον … Erinnert werden kann in diesem Zusammenhang an die Tatsache, daß schon die frühgriechischen Dichter Homers Epen als besonders erhaben kennzeichnen, ja die Macht ihrer Wirkung, welche zur weiten Verbreitung ihrer Geschichten führte, vor allem auf diese Eigenschaft zurückführen (vgl. etwa Pind. Nem. 7, 17/23 und dazu Donelli [2016] 16/18).
[1397] Vgl. Dion. Hal. Isokr. 2f. über Lysias und Isokrates.
[1398] Das 76. Kapitel liefert einen aufschlußreichen Seitenblick auf die bildende Kunst: Der Maler Nikias (zweite Hälfte des vierten Jahrhunderts) habe die Auffassung vertreten, wie in der Dichtung hänge die Erhabenheit eines Gemäldes von der Auswahl eines erhabenen Stoffs ab, und darin liege auch eine besondere Leistung des Künstlers (vgl. dazu Porter [2016] 264f.).

auch in den Pragmata, so daß derjenige, der von einem großen Gegenstand höre, meine, auch der Redner selbst rede "groß" (75: μεγάλως)¹³⁹⁹. Im ganzen sei also das Prinzip des πρέπον streng zu beachten: Großes (τὰ μεγάλα) dürften nicht klein (μικρῶς) und Kleines (τὰ μικρά) nicht groß (μεγάλως) dargestellt werden – ἐκ πραγμάτων μεγάλων μεγαλοπρέπεια (vgl. auch 114. 119f. 190f. 276). Gleichwohl sei es zuweilen aus Notwendigkeit statthaft, ja nützlich, Kleines groß darzustellen und umgekehrt, so daß hier das ἀπρεπές nicht ins Gewicht falle (122f. [ed. Radermacher, S. 29])¹⁴⁰⁰. Die anschauliche, packende Darstellung (ἐναργές!) der Sachverhalte macht nach Ps.-Demetrios (50 [ed. Radermacher, S. 15]) eine vornehmliche Aufgabe des großartigen Stils aus¹⁴⁰¹.

Daß Aristobulos, wie oben schon erwähnt, aus theologischen Gründen die Metapher als "kleiner" denn die "Größe" der göttlichen πράγματα bestimmt, erweist sich vor diesem Hintergrund als eine absichtsvolle Umkehr der rhetorischen Theorie¹⁴⁰²: Ps.-Demetrios beendet seinen Abschnitt über die Metapher im großartigen Stil, gegenüber Aristoteles also durchaus leicht verengend¹⁴⁰³, mit

---

1399 Vgl. dazu treffend Porter (2016) 388 (mit weiteren Belegen). Wichtig in diesem Zusammenhang auch das Kapitel 234, in dem Ps.-Demetrios festhält, ein Brief an einen höherstehenden Adressaten, etwa einen König, bedürfe auch eines erhabeneren Stils. Das Prinzip τὰ μεγάλα μεγάλως ἑρμηνεύειν soll schon Gorgias vertreten haben (82 A 1 Diels – Kranz); vgl. auch Platons Kritik (Phaidr. 267a) an der sophistischen Rhetorik, durch die Kraft der Rede das in Wahrheit Kleine groß und das in Wahrheit Große klein erscheinen (φαίνεσθαι!) zu lassen.
1400 Zum Vergleich mit der Exegese, die Aristobulos der göttlichen Katabasis am Sinai und dem dortigen Erschallen der Trompeten widmet (s. dazu oben S. 327/32), bietet sich auch das Kapitel 83 an, in welchem der Autor den homerischen Ausdruck: ἀμφὶ δ' ἐσάλπιγξεν μέγας οὐρανός (Il. 21, 388) kritisch bespricht: δεῖ μέντοι μὴ λανθάνειν, ὅτι ἔνιαι μεταφοραὶ μικροπρέπειαν ποιοῦσι μᾶλλον ἢ μέγεθος, καίτοι τῆς μεταφορᾶς πρὸς ὄγκον λαμβανομένης, ὡς τὸ "ἀμφὶ δ' ἐσάλπιγξεν μέγας οὐρανός"· οὐρανὸν γὰρ ὅλον ἠχοῦντα οὐκ ἐχρῆν προσεικάσαι ἠχούσῃ σάλπιγγι, πλὴν εἰ μή τις ἄρα ἀπολογοῖτο ὑπὲρ τοῦ ʽΟμήρου λέγων, ὡς οὕτως ἤχησεν μέγας οὐρανός, ὡς ἂν ἠχήσειεν σαλπίζων ὅλος οὐρανός. Die Homerstelle wird auch in Περὶ ὕψους 9, 6 diskutiert.
1401 Die Rezeption der Dialektik "menschlich/klein vs. göttlich/groß" in der späteren Rhetorik und Stillehre, etwa in augusteischer Zeit, erhellt nicht zuletzt aus Dionysios von Halikarnassos (vgl. dazu mit Belegen De Jonge [2012] 281/97).
1402 Deren erkenntnistheoretisches Pendant, die Begriffsbildung durch Analogieschluß vom Kleineren auf Größeres (αὐξητικῶς, z.B. der Kyklops) oder vom Größeren auf Kleineres (μοιωτικῶς, z.B. der Pygmaios), für die zeitgenössische Philosophie leider kaum verläßlich erschlossen werden kann (vgl. zu Epikur Sextus Empiricus math. 9, 43f., zur Stoa Cic. fin. 3, 10, 33f.; Diog. Laert. 7, 53 und Sextus Empiricus math. 9, 393/95; dazu Essler [2011] 182/84) – ein Mangel, der umso schwerer wiegt, als es offenbar auch in der kontroversen Debatte um anthropomorphe Götter Verwendung fand.
1403 Vgl. Schenkeveld (1964) 92 und Marini (2007) 206.

dem Postulat δεῖ γὰρ ἐκ τῶν μειζόνων μεταφέρειν εἰς τὰ μικρά, οὐ τὸ ἐναντίον (84 [ed. Radermacher, S. 22)[1404] und vermerkt später abfällig über den trockenen Stil (237 [ed. Radermacher, S. 49f.]): περὶ δὲ τὴν λέξιν γίνεται τὸ ξηρόν, ὅταν πρᾶγμα μέγα σμικροῖς ὀνόμασιν ἀπαγγέλλῃ. Zudem macht Aristobulos die oben angesprochene Spannung zwischen der zwar erhabenen, aber dadurch auch verunklarenden Wirkung metaphorischen Ausdrucks und der Forderung nach Klarheit selbst metaphorischer Rede fruchtbar: Die mosaischen Anthropomorphismen bezeichnen Großes, sind zugleich doch "allgemein", "klar", und offenbaren eine eigene, auch ästhetische Dignität, ohne den sprachlich-stilistischen Anspruch angemessener Gottesdarstellung zu verletzen oder gleichsam aus der Würde des sie umgebenden Texts herauszufallen[1405]. Ihre Übertragung wird ja, wie schon herausgearbeitet, ausdrücklich als καλῶς gelobt[1406]! Vielmehr: Als Elemente des göttlich inspirierten und vom Propheten Moses verkündeten Wortlauts sind sie selbst Teil der Offenbarung Gottes über sich selbst und damit sowohl in der Eigentlichkeit ihres Ausdrucks als auch in der Übertragung ihrer Bedeutung als Kleines zur Verkündung von Großem erhoben – wie auch jeder menschlichen Stilkritik enthoben[1407].

1404 Vgl. Innes (2002) 266 (auch zur Schrift Περὶ ὕψους).
1405 Im Ausgang der *Nikomachischen Ethik* (1178b) hält Aristoteles fest, höchste Eudaimonia bestehe in theoretischer Aktivität (θεωρητικὴ ἐνέργεια). Welche Handlungen könnten dann eigentlich dem Göttlichen, das die Menschen für glückselig hielten, noch zugeschrieben werden? Solche, in denen sich die vornehmsten Tugenden wie Gerechtigkeit oder Besonnenheit verwirklichten, gewiß nicht: διεξιοῦσι δὲ πάντα φαίνοιτ' ἂν τὰ περὶ τὰς πράξεις μικρὰ καὶ ἀνάξια θεῶν. Allein Theoria sei ihrer würdig. Die Ablehnung jeder, nicht nur der körperlichen Vermenschlichung des Göttlichen (vgl. Dreyer [1970] 40 und Brunotte [2011] 344 [mit Literatur]) führt Aristoteles hier auf einen Höhepunkt, den er gerade in den Gegensatz "groß/klein" faßt.
1406 Auch im *Aristeasbrief* (144) wird bezüglich der mosaischen Abstinenz- und Reinheitsvorschriften davon gewarnt (ed. Pelletier, S. 172): μὴ γὰρ εἰς τὸν καταπεπτωκότα λόγον ἔλθῃς, ὅτι μυῶν καὶ γαλῆς ἢ τῶν τοιούτων χάριν περιεργίαν ποιούμενος ἐνομοθέτει ταῦτα Μωυσῆς (vgl. Janowitz [1991] 137 und Moore [2015] 226). Vielmehr seien diese Vorschriften als "Tropen" aufzufassen: Moses habe alles zur reinen Betrachtung und um der Gerechtigkeit willen eingerichtet – und zwar σεμνῶς. Vgl. auch Troiani (1987) 45 u.ö.; Kovelman (2005) 71/73 mit guten Bemerkungen zur σεμνότης im *Aristeasbrief* und bei Philon sowie Wright (2015) 275f. 288.
1407 Auffallen könnte unter den Begriffen, die Aristobulos wählt, in dieser Hinsicht auch das Wort κατάστημα (F 2, 23f. Holladay) in der Mahnung μὴ ἐκπίπτειν εἰς τὸ μυθῶδες καὶ ἀνθρώπινον κατάστημα, und zwar als Gegenteil des in der Terminologie des Erhabenen wiederholt anzutreffenden ἀνάστημα (vgl. etwa Diod. 19, 92 und vor allem die Schrift Περὶ ὕψους 7, 2). Prägnante Wirkung des Praeverbs (hier κατα-) wäre bei Aristobulos nicht überraschend (vgl. dazu oben Anm. 712).

10.5 Schlußbemerkung

In Anlehnung an eine spätere Formulierung der Schrift Περὶ ὕψους (9, 5 über Homer) ließe sich fragen: πῶς μεγεθύνει τὰ θεῖα; Der Nachweis, daß Moses in den metaphorischen Anthropomorphismen Gott tatsächlich nicht unwürdig vermenschlicht, findet schließlich seine letzte Bestätigung, ja Rechtfertigung in Gottes eigenem Wirken, dessen Zeichenhaftigkeit Aristobulos, im Anschluß an die Botschaft des Pentateuchs selbst, in seiner Auslegung der göttlichen Katabasis am Sinai feststellt. In den übernatürlichen Naturphänomenen am Berg "zeigte" Gott selbst seine Dynamis und seine μεγαλειότης (vgl. das Verb δείκνυμι in F 2, 117 und 140 Holladay)[1408]. Die Übertragungsvorgänge, die Moses in seinen Logoi vornimmt und rückzuvollziehen seinen Rezipienten aufgibt, sind nicht bloß innersprachliche; sie ähneln in ihrer Zeichenhaftigkeit dem Handeln Gottes an der Welt, welches die Menschen, über ihr Staunen hinaus, genau erfassen und erkennen sollen[1409] und von welchem Moses in seinen Logoi, über die vermenschlichenden Metaphern hinausweisend, kündet[1410].

1408 Vgl. dieses Wort im Zusammenhang der Katabasis am Sinai schon biblisch Dtn. 5, 23.
1409 Daß Gott an seinem Volk zeichenhaft handelt, geht bekanntlich schon aus dem Pentateuch selbst hervor (vgl. oben S. 329 zum Sinai und z.B. Exod. 4). Vgl. die bedenkenswerten Ausführungen Porters (2016) 391, die auch für die biblischen Anthroporphismen und deren Auslegung von Bedeutung sein können: "... sublimity, though it frequently tends to draw the eye and the mind away from matter and th sensuous domain, cannot exist without reference to these same things. Sublimity originates in an encounter with matter" und 398: "Grandeur cannot even be conceived without reference to large things ... nor can transcendence ever lose its connotations of physical height".
1410 Es wäre lohnend, von hier und von den obengenannten Stellen aus Platon und Epikur aus das Problem der angemessen-erhabenen Rede über Gott in Verbindung zu bringen mit der in der griechischen Philosophie vieldiskutierten Frage, ob den Dingen ihre Namen allein vom Menschen gesetzt oder ihnen gleichsam intrinsisch sind, vielleicht sogar von der Natur oder Gott verliehen (vgl. dazu schon Heraklit mit Aronadio [2002] passim und insbesondere den platonischen *Kratylos*). Kann eine angemessene Metapher, die innerhalb der Grenzen menschlicher Sprache eine Ahnung vom erhabenen Gott eröffnet, nur θέσει sein?

11 Schlußbemerkungen und Ausblick

> "Such … is the philosophy of this dull apologist of Judaism, whose heavy style is unrelieved by any grace, and whose commonplace wisdom is unillumined by a gleam of suggestive thought. If he was really the teacher of Ptolemy, and gained the royal admiration for his forgeries, we can only pity the misfortunes of the king"[1411].

Anstelle einer bloßen Zusammenfassung der Ergebnisse, welche die vorstehenden Kapitel ausgetragen haben, sollen hier noch einige abschließende Beobachtungen formuliert werden, die Aristobulos und seine Fragmente im ganzen betreffen und für künftige Forschungen von Belang sein könnten.

1) Philologische Quellenstudien sind nicht obsolet. Gerade Diodor streben neuere Untersuchungen von dem Makel, er sei doch nur ein Kompilator älterer Quellen, durch das methodische Argument zu befreien, daß Quellenforschung als antiquierte Heuristik, die der Originalität des Autors nicht gerecht werde, zu verabschieden sei[1412]. Abgesehen davon, daß ein Kompilator durchaus seinen eigenen Wert haben kann und das genannte Argument ein fragwürdiges Konzept von allein wertvoller Originalität offenbart: Die Tatsache, daß Aristobulos mit seinen Zitaten belegt, wie genau Diodor in seinem ersten Buch den Vorgänger Hekataios Abderites wiedergibt, widerrät solchem Ansinnen. Die Erkenntnisse, die sich auf diesem Weg für das Verhältnis zwischen dem griechischen Ethnographen und dem jüdischen Exegeten ergeben, sind vielmehr nicht nur philologisch, sondern auch für die alte Geschichte und die Judaistik von Wert. Um nichts weniger: Sollten die vorstehenden Überlegungen zum Verhältnis zwischen Aristobulos und dem *Aristeasbrief* zutreffen, dann ergäben sich aus ihnen doch erhebliche Konsequenzen sowohl für die Rekonstruktion jüdischer Gelehrsamkeit des zweiten Jahrhunderts als auch für die Erforschung der Septuaginta.

1411 Drummond (1888) 255.
1412 Vgl. so etwa Muntz (2011) 575 mit älterer Literatur. Rathmann (2014) passim und (2016) 156/270. 308/11 unternimmt eine Neubewertung der diodorischen Quellennutzung (vgl. 165: "… nicht eine weitere, vermutlich ebenso unergiebige Quellenuntersuchung alten Stils"), die aber seltsam schillernd bleibt zwischen der Feststellung, es handele sich beim Autor um einen Kompilator, und der Aufwertung seiner kompilatorischen Methoden.

2) Umgekehrt: Wie Philon und Flavius Josephus Aristobulos rezipierten, konnte hier nur in einigen Schlaglichtern angedeutet werden[1413]. Irreführend ist jedoch das in der neueren Forschung immer wieder fortgeschriebene Entwicklungsmodell, nach welchem Aristobulos nur der unvollkommene, ja primitive Vorläufer Philons gewesen sei, der seinerseits, obschon über zweihundert Jahre später, eine aufsteigende Entwicklung zum Höhepunkt geführt habe[1414], sei es in der Erklärung des Verhältnisses zwischen Juden und Griechen, sei es in der allegorisierenden Vervollkommung der übertragenen Bibelexegese[1415]. Mit Recht machte schon Nikolaus Walter in der Manier, Aristobulos stets von Philon her zu lesen, den entscheidenden Grund dafür aus, warum der Weg zu seiner richtigen Datierung und zu einem angemessenen Verständnis seiner Fragmente über Jahrhunderte hinweg versperrt geblieben war[1416]. Und doch hielt auch Walter daran fest, Aristobulos, der vorliegende Traditionen bloß benutzt und weiterentwickelt habe, nur als einen rudimentären, noch unvollkommenen Archegeten Philons anzuerkennen: "Es zeigte sich vielmehr, daß Aristobulos als Vertreter eines weit weniger entwickelten Stadiums in der jüdisch-alexandrinischen Philosophie zu verstehen ist"[1417]. Daß diese Sichtweise, welche den älteren Alexandriner immer nur defizitär dem jüngeren unterordnen kann, dem tatsächlichen Befund des Texts nicht gerecht wird, ist oben im Hinblick auf die übertragene Auslegung der biblischen Anthropomorphismen deutlich geworden: Aristobulos kennt die allegorische Exegese der Griechen, etwa bei seiner Interpretation Homers in F 5 Holladay; in der Interpretation der biblischen Anthropomorphismen entscheidet er sich jedoch gegen die Allegorese und für die verhaltenere Methode der metaphorischen Auslegung. Wer dies so deutet, daß er dasselbe wolle, was Philon später vervollkommnen sollte, aber es noch nicht vermöge, unterschätzt die bewußte Entscheidung des Exegeten. Ein weiteres Beispiel sei hier noch ergänzt: In seiner Schrift Ὅτι ἄτρεπτον τὸ θεῖον erklärt Philon, warum Moses in der Formulierung seines Nomos überhaupt Anthropomorphismen gebraucht habe, obwohl Gott weder menschlichem Pathos unterliege noch körperliche Glieder habe (52 [ed. Wendland, S. 68]): λέγεται δὲ

1413 Die stillschweigende Rezeption dieser jüdischen Autoren (vgl. noch Sellin [1986] 115. 169/71 zum F 5 Holladay; Siegert [2005a] 200 und zu Philon Sterling [2004] 32) stärkt im übrigen die Glaubwürdigkeit der späteren christlichen Zeugen Clemens und Euseb.
1414 Was Wendland (1898) 448 feststellt, offenbart ein Motiv dieses Entwicklungsmodells: Aristobulos als gefälscht zu erkennen bedeutet, Philon nicht als "Epigonen" einer schon vor ihm "fertigen jüdisch-hellenistischen Philosophie" ansehen zu müssen.
1415 Vgl. Borgen (1987) 14 und Klauck (2009) 180.
1416 Vgl. Walter (1964) 82f.
1417 Walter (1964) 83.

οὐδὲν ἧττον παρὰ τῷ νομοθέτῃ μέχρι τινὸς εἰσαγωγῆς τὰ τοιαῦτα, τοῦ νουθετῆσαι χάριν τοὺς ἑτέρως μὴ δυναμένους σωφρονίζεσθαι – anthropomorphe Sprache als didaktische Eisagoge für die σώματος φίλοι, die zu der nur abstraktgeistigen Erfassung des allein intelligiblen, unkörperlichen Höchsten nicht in der Lage seien und durch anschauliche, körperliche Darstellung Gottes und seiner Macht zum φόβος θεοῦ erzogen werden müßten (51/69)[1418]. Auch von dieser Annahme Philons würde kein Weg zurückführen zu einem nur primitiveren Aristobulos – der den biblischen Anthropomorphismen in Wahrheit einen ganz anderen, höheren Stellenwert einräumt[1419].

3) In den christlichen Testimonien, ausgehend von Clemens Alexandrinus, wird Aristobulos wiederholt als περιπατητικός oder als περιπατητικὸς φιλόσοφος/ *peripateticus philosophus* bezeichnet (vgl. T 2. 4. 8. 9. 12. 13. 14. 15 Holladay). Diese Bezeichnung wirkt dadurch, daß sie nicht ausführlicher begründet wird, schon früh wie ein stehender Beiname. Ob sie schon vor Clemens gebräuchlich war, ist unsicher[1420]. Mit Recht hat die neuere Forschung allerdings angenommen, daß sich Aristobulos selbst wohl kaum derart tituliert haben dürfte, das Epitheton vielmehr von Späteren aus seinem Werk heraus gewonnen wurde[1421]. Daß περιπατητικός ein persönliches Charakteristikum des Exegeten hervorheben soll[1422], erhellt dabei bereits aus Clemens, der Aristobulos als Peripatetiker dem späteren Alexandriner Philon, dem "Pythagoreer" (πυθαγόρειος), gegen-

---

1418 Vgl. ähnlich Boys-Stones (2001) 84[15]; dazu etwa Siegfried (1875) 160/197; Mack (1984) 250/58 und Williamson (1989) 74/85. In confus. 131/46 versteht sich Philon immerhin selbst als einen derer, die Moses mit seiner anthropomorphen Rede von Gott habe bilden wollen (135: διὰ τὰς τῶν παιδευομένων ἡμῶν ... ὠφελείας). Daß sich auch bei stoischen Autoren die Anschauung findet, die "mythische" Oberfläche des Texts sei absichtsvoll auf die defizitären Verständnisbedingungen der Ungebildeten hin geschaffen, betont mit Recht De Lacy (1948) 269f. Vgl. auch die ausführlichen Überlegungen bei Strab. 1, 2, 8.
1419 *Pace* Holladay (1995) 206.
1420 Vgl. Holladay (1995) 72 und Moore (2015) 252, der Aristobulos unkommentiert als "Peripatetic" bezeichnet.
1421 Vgl. Valckenaer (1806) 68 und Walter (1964) 12.
1422 Die verbreitete, aus dem anderswo gerade für Alexandria vermuteten Wortgebrauch von περιπατητικός gewonnene Annahme, Aristobulos werde mit diesem Beinamen bloß allgemein als philosophisch gebildeter und literarhistorisch wirkender Gelehrter ausgewiesen (vgl. Gercke [1898] 919; Leo [1901] 118 [allgemein]; Brink [1946] 11f.; Walter [1964] 10; Fraser [1972] vol. 1, 320 mit Anm. 102. 478 mit Anm. 290 u.ö.; Wehrli [1983] 583 [allgemein]; Simon – Simon [1984] 24; Riedweg [1993] 97; Holladay [1995] 72f.; Bollansee [1999] 9/14; Wasserstein – Wasserstein [2006] 28 sowie Bar-Kochva [2010] 169; grundsätzlich skeptischer West [1974] passim und Schorn [2003] passim), greift also zu kurz.

überstellt (T 2 Holladay aus strom. 1, 15, 72, 4) und damit beide Autoren gezielt definiert[1423]. Darüberhinaus stellen sowohl Clemens als auch Euseb unmißverständlich klar, daß Aristobulos, obschon ein Jude, ja ein "jüdischer Philosoph", nicht nur in seiner eigenen, angestammten, sondern eben auch in der peripatetischen Philosophie versiert gewesen sei (vgl. T 4. 8. 12. 14 Holladay) – beide markieren damit einen auffälligen Grundzug seines Denkens.

Die Versuche, die Berechtigung der Bezeichnung περιπατητικός an den erhaltenen Fragmenten nachzuweisen, waren bislang freilich wenig ergiebig. Daß Aristobulos die peripatetische Philosophie kennt, dokumentiert er selbst durch seinen Verweis auf ein peripatetisches Diktum in F 5 Holladay[1424]. Und doch setzt er gerade an jener Stelle die peripatetische Hairesis ausdrücklich der eigenen gegenüber und sieht das Diktum noch überboten von einem Spruch Salomons[1425]. Vorbehaltlose Abhängigkeit von der pseudoaristotelischen Schrift *De mundo*, insbesondere im Hinblick auf die Auffassung von der göttlichen Dynamis, läßt sich ebensowenig erweisen[1426]. Und überhaupt hat man richtig hervorgehoben, daß Aristobulos seine Zugehörigkeit zur jüdischen Hairesis nirgends in Zweifel zieht, etwa um sich als Vertreter einer bestimmten Richtung griechischer Philosophie zu identifizieren, insgesamt vielmehr den Eindruck vermittelt, eklektisch auf unterschiedliche zeitgenössische Schulen zuzugreifen[1427], ohne dabei unkritisch bestimmte Dogmata einfach unbesehen zu übernehmen.

1423 Vgl. Runia (1993) 136.
1424 Das Wort περίπατος in der Aufzählung der biblischen Anthropomorphismen (F 2, 17 Holladay) hat, *pace* Knöbl (2012) 23, nichts mit den Peripatetikern zu tun.
1425 Vgl. Walter (1964) 11. Clemens verallgemeinert (T 4 Holladay ~ strom. 5, 14, 97, 7): ... ἀποδείκνυσι τὴν περιπατητικὴν φιλοσοφίαν ἔκ τε τοῦ κατὰ Μωυσέα νόμου καὶ τῶν ἄλλων ἠρτῆσθαι προφητῶν. Ob diese Aussage auf Kenntnis umfangreicheren Texts beruht, ist heute kaum noch festzustellen.
1426 Vgl. Radice (1995) 12. 15. 17/22. 26[26] u.ö., der in Aristobulos eine "fase aristotelica" der jüdischen Philosophie in Alexandria repräsentiert sieht; dazu auch Riedweg (1993) 95/101; Walter (1996) 184; Winston (1996) 161/66; Schorn (2003) 52/55; Sterling (2009) 77f. und Jourdan (2010) 93/96. Die Entscheidung, ob Aristobulos die Schrift *De mundo* gekannt hat, läßt sich anhand der Stellen, an denen in verschiedener Hinsicht Ähnlichkeiten zwischen beiden Texten auffallen, nicht abschließend treffen. Die zahlreichen Berührungspunkte, welche Matusova (2015) 48/53 zwischen den Kapiteln 30/32 des *Aristeasbriefs* und Aristoteles ausmacht, wären noch genauer in den hier behandelten Zusammenhang einzubeziehen, erfordern aber eine kritische Überprüfung.
1427 Vgl. Binde (1870) 32f.; Walter (1964) 10/12; Runia (1995) 8/10; Capponi (2010) 111 und de Vos (2016) 141[13]. Zu den stoischen, aber auch pythagoreischen und kynischen Anklängen in den Fragmenten vgl. allgemein Dalbert (1954) 102; Walter (1964) 10/13; (1975) 262. 275 und (1987) 81; Collins (1983) 176; Schürer (1986) 583; Borgen (1987) 9; Hengel (1988) 296; Holladay (1992) 142 und (1995) 73. 230f.; Denis (2000) 1229f. sowie Weber (2000) 99. 111[17] (mit Literatur).

Gleichwohl hat sich im Verlauf der vorstehenden Untersuchungen gezeigt, daß Aristobulos auch in anderen Hinsichten intime Kenntnis des Peripatos offenbart[1428]. Neben der Rezeption ontologisch-physikalischer Überlegungen in der Deutung der göttlichen Stasis (F 2 Holladay)[1429] ist im Bereich der Sprachtheorie seine eigenständige Übertragung der aristotelisch-peripatetischen Metaphorologie auf die biblischen Anthropomorphismen von Bedeutung[1430]. Es dürfte kein Zufall sein, daß Euseb eben dort, wo er das Methodenfragment 2 Holladay als Paradigma übertragener Exegese der biblischen "Glieder Gottes" zitiert, Aristobulos nicht mit dem bloßen Epitheton περιπατητικός einführt, sondern seine "Teilhabe" an aristotelischer Philosophie feststellt (T 12 Holladay ~ praep. evang. 8, 9, 38/10, 1):

Ἀριστόβουλος καὶ τῆς κατ' Ἀριστοτέλην φιλοσοφίας πρὸς τῇ πατρίῳ μετειληχώς[1431], ὁποῖα περὶ τῶν ἐν ταῖς ἱεραῖς βίβλοις φερομένων ὡς περὶ θεοῦ μελῶν διῆλθεν ἐπακοῦσαι καιρός· οὗτος δὲ ... ἐν τῷ πρὸς Πτολεμαῖον τὸν βασιλέα συγγράμματι τοῦτον καὶ αὐτὸς διασαφεῖ τὸν τρόπον ...

Nun ist der rechte Moment zu vernehmen, wie beschaffenes Aristobulos, der über seine väterliche hinaus auch an der dem Aristoteles gemäßen Philosophie Anteil gewonnen hatte, über das erörtert hat, was in den heiligen Büchern wie über Gottes Glieder ausgeführt wird. Dieser aber ... erhellt in seiner Schrift an den König Ptolemaios auch selbst diese Redeweise ...

An dieser Stelle lohnt nocheinmal ein Seitenblick, und zwar auf einen heute nahezu unbekannten, den Zeitgenossen des zweiten vorchristlichen Jahrhunderts gleichwohl geläufigen Schriftsteller: auf Palaiphatos, also den, "der Altes erzählt", den Verfasser eines Περὶ ἀπίστων ἱστοριῶν ("Über unglaubliche Geschichten") genannten Werks. Palaiphatos drängt sich nicht nur deshalb zum

---

1428 Im Hinblick auf die schwierige Überlieferungsgeschichte der aristotelischen Pragmatien ist festzuhalten, daß sich im erhaltenen Werk des jüdischen Exegeten kein schlagender wörtlicher Bezug auf diese identifizieren läßt. Bestätigung der schon antiken Kunde, unter den Ptolemäern sei die Bibliothek des Stagiriten und seines Nachfolgers Theophrast nach Alexandria geholt worden (vgl. Athen. 1, 3a), bietet er also nicht. Seine Aneignung aristotelisch-peripatetischer Philosophie dürfte mit der Kenntnis der Exoterica (vgl. Rowe [2000c] 390f. und Flashar [2004b] 180. 388) sowie der folgenden peripatetischen Lehre, die in Alexandria ja große Wirkung entfaltete, hinreichend erklärbar sein.
1429 Vgl. schon Schlatter (1906) 39/41.
1430 Vgl. zur Rezeption aristotelisch-peripatetischen Gedankenguts insbesondere Riedweg (1993) 79/101; Rajak (2009) 78 und Niehoff (2011b) 58. 74.
1431 Vgl. zu dem durchaus auffälligen μετειληχώς die prominente Stelle Plat. pol. 428e/429a.

Vergleich mit Aristobulos auf, weil er, geboren wohl um die Mitte des vierten Jahrhunderts, später in Alexandria gewirkt haben soll[1432], sondern vor allem auch aus dem Grund, daß er als einer der profilierten frühhellenistischen Vertreter jener Interpretation des alten Mythos zu gelten hat[1433], welche die neuere Forschung gemeinhin als rationalistische zu beschreiben sucht. In seiner heute nur noch unvollständig erhaltenen Schrift reiht der Autor Auslegungen verschiedener Gestalten und mythischer Figuren aneinander, etwa der Kentauren, der Pasiphaë oder des trojanischen Pferds, und erhebt dabei den Wahrheitsanspruch nachzuweisen[1434], welche historische Begebenheit oder auch Person dem jeweiligen Mythos zugrundeliege, daß aber eben diese von den frühen Dichtern "mythisch" – und das heißt hier: unhistorisch, fiktiv, insbesondere in den zahllosen Metamorphosen widernatürlich, unglaubhaft – ausgestaltet, ja verformt worden sei, um das Publikum in Staunen zu versetzen[1435]. Auffallen muß dabei, daß Palaiphatos also die Mythen nicht von vornherein als bloße Erfindung verwirft, sondern in ihnen einen gleichsam vormythischen, wahren Kern aufspüren zu können meint[1436]. Wiederholt führt er diesen Kern entweder auf die Urgeschichte eines "ersten Erfinders", die später vergessen oder falsch gedeutet worden sei[1437], oder auf einen in der Folgezeit von der Nachwelt mißverstandenen sprachlichen Ausdruck zurück, etwa auf ein fürderhin nur noch als rätselhafte Metapher aufgefaßtes Wort oder Homonyme[1438]. Die großen Götter der griechischen Religion und ihre mythischen Überlieferungen thematisiert Palaiphatos im übrigen gar nicht. Ihn als prinzipiellen Religions- oder auch nur Traditions-

---

1432 Vgl. zu der bis heute nicht einwandfrei geklärten Identifikation und Biographie Stern (1999) 215f. und Brodersen (2002) 12/14.
1433 Vgl. Brodersen (2002) 9/12. 14/16 zu der schon unter Zeitgenossen und dann in der späteren Antike bemerkenswerten Nachwirkung des Autors.
1434 Vgl. Brodersen (2002) 19: "Palaiphatos' eigene Deutungen werden fast alle mit demselben Wortfeld charakterisiert: Sie sind ἀληθές".
1435 Vgl. schon in der Vorrede: γενόμενα δέ τινα οἱ ποιηταὶ καὶ λογογράφοι παρέτρεψαν εἰς τὸ ἀπιστότερον καὶ θαυμαστώτερον τοῦ θαυμάζειν ἕνεκα τοὺς ἀνθρώπους. Vgl. zum Terminus des Adynaton noch die Kapitel 1. 2. 4 u.ö. sowie Brodersen (2002) 18f. Im Kapitel 6 über Aktaion liefert Palaiphatos noch ein anderes Motiv der Dichter: Einschüchterung der Zuhörer, um Aufbegehren und Hochmut gegenüber den Göttern entgegenzuwirken. Sterns (1999) 220 These: "... to Palaephatus myth is always shown to be the result of mistake, never of intention" ist unzutreffend.
1436 Vgl. die Vorrede des Autors zu dem Grundsatz ἐμοὶ δὲ δοκεῖ γενέσθαι πάντα τὰ λεγόμενα (dazu Stern [1999] 217 und Brodersen [2002] 17f.).
1437 Vgl. Stern (1999) 217.
1438 Vgl. z.B. die Kapitel 6. 7. 8. 25 sowie 4. 15. 16. 18; dazu Stern (1999) 218.

kritiker anzusehen ginge daher fehl[1439]. Vielmehr wirkt sein Interpretationsansatz in Hinblick auf die Überlieferung jenes wahren Kerns, welche er λόγος nennt, sogar eher konservativ, zurückhaltender etwa als eine durch und durch allegorische Intepretation des Mythos[1440]. Mit Aristobulos verbindet auch Palaiphatos, den bereits die antike Literaturgeschichte übrigens, wohl aufgrund seines rationalisierenden Umgangs mit dem überkommenden Mythos, ebenfalls als aristotelisch-peripatetischen Gelehrten, ja sogar als Schüler des Stagiriten in Athen ansah[1441], nicht zuletzt die terminologische Entscheidung, die kritikwürdige Umgestaltung der wahren Begebenheiten als μυθῶδες (Kapitel 2[ex.] und 16[inc.]; vgl. auch μυθικῶς in Kapitel 39) zu bezeichnen[1442].

Künftige Studien könnten freilich noch genauer der Frage nachgehen, wie Aristobulos mit seiner Nutzung der peripatetischen Sprachtheorie und Rhetorik einerseits mit dem in Verbindung steht, was die neuere Forschung als neue hellenistische Kultur der "Sichtbarkeit" ausgemacht hat[1443], andererseits spezifisch Jüdisches bewahrte, wo also die Grenzen seines Zugriffs auf Griechisches nachzuziehen wären[1444].

1439 Vgl. Stern (1999) 218f. und Brodersen (2002) 21.
1440 Vgl. Stern (1999) 215.
1441 Vgl. Brodersen (2002) 13f. Aufschlußreiche Beispiele für solch rationalisierende Mythenaitiologien aus Aristoteles bringt Johansen (1999) 283/89 bei (vgl. neben anderen Stellen z.B. hist. anim. 579b2/8. 580a17). Vgl. aber schon Sokrates im platonischen *Phaidros* (229c/e) über jene σοφοί, welche mythische Überlieferungen durch natürliche Erklärungen zu korrigieren suchten
1442 Vgl. dazu schon oben die Belege in Anm. 1050.
1443 Und zwar in den unterschiedlichsten Bereichen der zeitgenössischen Kultur, etwa in der der Dichtung, der Kunst (zur "Culture of Viewing" mit neuerer Literatur etwa Männlein-Robert [2007] 5f. u.ö.) und der Philosophie, in der sich in der zweiten Hälfte des zweiten Jahrhunderts offenbar eine Debatte darüber entwickelte, vor allem in der Akademie und in der Stoa, ob ἐνάργεια als unmittelbares Wahrheitskriterium anzuerkennen sei (vgl. Sedley [2012b] 89/91. 93f. 96/99 über solche "sensory self-evidence" und die diesbezüglichen Diskussionen). Auch die Ehrendekrete hellenistischer Poleis betonen ab dem dritten Jahrhundert immer stärker "apparentness": "Nowhere is this competition of visibility reflected more clearly" (Bielfeld [2012] 94), nicht zuletzt durch Gebrauch typischer Termini, die auch im Laufe der vorliegenden Arbeit, in einem ganz anderen Zusammenhang, wiederholt zur Sprache gekommen sind (z.B. ἐπιφανής, δηλός, διασαφεῖν, δεικνύναι, φαίνεσθαι, ἀπόδειξις usf.; vgl. dazu Bielfeld [2012] 94 und Dillery [2015] 13f. 17).
1444 Dabei wäre auch der biblische Hintergrund nocheinmal zu erwägen, insbesondere Mose Berufung in Exod. 4, 1/17; vgl. hierzu aus der späteren jüdischen Literatur etwa Philon Moys. 1, 83f. und Flav. Joseph. ant. 4, 270/76 sowie (mit Literatur) Betz (1960) 62f. (Nachwirkung in Qumran) und Britt (2004) 125/28.

4) Daß Aristobulos mit den Exegesen, welche die griechische Gelehrsamkeit seit früher Zeit den Texten großer Poesie, insbesondere der homerischen und der orphischen, angedeihen ließ, zu vergleichen einigen Ertrag einbringt, ist an verschiedenen Stellen der vorliegenden Arbeit deutlich geworden. Näher zu untersuchen bliebe freilich das Verhältnis der frühen jüdischen Bibelauslegung zu der im Hellenismus einsetzenden Tendenz auch der griechischen Philosophie, neben dem lebendigen, vom mündlichen Diskurs geprägten Betrieb der verschiedenen Schulen[1445] und neben der kontroversen Debatte zwischen ebendiesen der Auslegung maßgeblicher Schriften bedeutender Autoritäten, vor allem der großen Schulgründer wie Platon, Aristoteles oder Epikur, besonderen Wert einzuräumen. Zwar wird man den Übergang zu einer vorrangig "exegetischen Philosophie", wenn überhaupt, erst später ansetzen[1446]; schon um 300 vor Christus jedoch veröffentlichte Krantor von Soloi seine Erklärungen zu Platons *Timaios*[1447], in dem er in durchaus philologisch-historisierender Hinwendung zum Text den Atlantislogos eine ἱστορία ψιλή nannte und damit vor Allegorese in Schutz nahm[1448]. Weiterhin deutete Krantor die heftig umstrittene Aussage, der Kosmos sei entstanden (Tim. 28b)[1449], offenbar nicht zeitlich, also nicht als Hindernis für seine Ewigkeit[1450], nahm zudem aber, im Anschluß an Xenokrates[1451] und Speusippos, auch "eine übertragene, theoretisch-didaktische Bedeu-

---

1445 Vgl. Steinmetz (1994) 626.
1446 Vgl. dazu, insbesondere zur Zerstörung der Akademie im ersten vorchristlichen Jahrhundert, etwa Sedley (1997) 110 u.ö.; P. Hadot (1998) 5/7. 28f. 30f. 33f. 174f.; I. Hadot (2002) 183 sowie Baltussen (2016) 175. 180f. 184/86. Aufschlußreich ist in diesem Zusammenhang Cic. de orat. 1, 11, 47 über Crassus und seine Lektüre des platonischen *Gorgias* bei dem Akademiker Charmadas (vgl. dazu Dörrie [1987] 434).
1447 Vgl. Baltes (1976) 83; Dörrie (1987) 328: "Dessen Absicht war es vermutlich, den Wortlaut Platons wieder zur Geltung zu bringen ... Krantor war der erste, der genötigt war, seine Zuflucht zur Exegese Platons zu nehmen" (mit den Quellen) und Sedley (1997) 113. Zum *Timaios* als dem schon früh besonders einflußreichen Lehrbuch der Akademie vgl. Dörrie (1987) 20f.
1448 Vgl. Prokl. in Tim. 20d; dazu Dörrie (1987) 328: "dokumentarisch bezeugtes Wissen [sc. aus den ägyptischen Schriftquellen]". 329.
1449 Zur antiken Deutungsgeschichte dieser Stelle vgl. Baltes (1976) passim und (1978) passim.
1450 Vgl. Dörrie (1987) 331f.: "Krantor hat den Wortlaut des Timaios als verbindlich angesehen ... in unangreifbarer Eindeutigkeit"; Dörrie – Baltes (1993) 202: "kein fortlaufender Kommentar, sondern ... behandelte nur besonders schwierige Stellen". 210 und (1998) 427/32; Sedley (1997) 115f.; Baltussen (2004) 22. 25 (mit weiterer Literatur) sowie Flashar (2004a) 122 ("... den ersten zusammenhängenden Kommentar"); zum Anliegen der akademischen Exegese platonischer Schriften grundlegend auch Dörrie (1987) 25f.
1451 Vgl. Aristot. cael. 279b. Schon Xenokrates galt später dem Galen als ἐξηγητής platonischer Lehren (vgl. dazu Baltes [1976] 18f. und Baltussen [2003] 51).

tung"¹⁴⁵² der platonischen Aussage an¹⁴⁵³. Überhaupt war schon bald zu Platon ähnlich wie zu Homer die These verbreitet: "Beide geben nur dem, der die von den Autoren dem Text eingefügten Rätsel – αἰνίγματα – zu lösen vermag, den vollen Sinn ihrer Aussagen preis ... auf beide ist annähernd die gleiche exegetische Methode anzuwenden"¹⁴⁵⁴, und gerade in der Abfolge der beiden Methodenschritte, zunächst die Lexis des auszulegenden Texts zu erklären, insbesondere im Hinblick auf die Frage, ob der Autor im eigentlichen oder übertragenen Sinn spreche, um erst dann die Untersuchung der Pragmata und Noemata folgen zu lassen, weist Aristobulos mit seiner Behandlung des Bibeltexts doch auffallende Ähnlichkeit mit der Platonexegese auf, die sich (spätestens) ab dem ersten vorchristlichen Jahrhundert entwickelte¹⁴⁵⁵. Noch in das zweite vorchristliche Jahrhundert fällt dann beispielsweise die mikroskopische Kommentierung, die Demetrios Lakon den epikureischen Schriften widmete (PHerc. 1012), unter genauer philologischer Betrachtung der Sprache, des Stils und der Komposition des Autors, die von text- und echtheitskritischen Beobachtungen nicht absieht und ausgiebig Belege aus älteren Dramatikern und Dichtern heranzieht¹⁴⁵⁶.

Die gegenseitige Befruchtung dieser exegetischen Richtung der philosophischen Forschung und der kritischen Philologie bedarf weiterer Erforschung, nicht zuletzt im Hinblick auf die Bedeutung, welche die alexandrinische Gelehr-

---

1452 Flashar (2004a) 123; vgl. Baltes (1976) 20. 83f. und Dörrie – Baltes (1998) 426/33.
1453 Die Überlegung, Platon habe sich an der betreffenden Stelle vielleicht nur σαφηνείας χάριν ausgedrückt, ohne freilich die Ewigkeit des Kosmos leugnen zu wollen, findet sich auch bei Theophrast (vgl. dazu Baltes [1976] 20. 23).
1454 Dörrie (1990) 382. Zu den Grundsätzen solcher Platonexegese vgl. später Diog. Laert. 3, 63/65 mit Dörrie – Baltes (1993) 162f. ("Alles Verstehen ist Auslegen"). 169f. 351/57 und Boys-Stones (2001) 99/122.
1455 Vgl. Dörrie – Baltes (1993) 354f.
1456 Vgl. Erler (1994b) 257. 263: "Die Texte Epikurs sollen über jeden Zweifel der Auslegung erhoben ... werden"; Mülke (2008) 47¹⁴³. 105. 223f. und Lapini (2015) 1042/48 (mit Literatur). Von anderen Werken, die möglicherweise ähnliche "exegetische" Interessen verfolgten, sind nurmehr Titel erhalten, wie z.B. die Bücher Πρὸς τὸν Δημόκριτον ἐξηγήσεις und Ἡρακλείτου ἐξηγήσεις des Akademikers Herakleides Pontikos (vgl. mit weiteren Angaben Hadot [1998] 29). Vgl. auch Dörrie – Baltes (1993) 165f.: "Kommentare dieser Art [sc. am Text der Vorlage fortlaufende] scheinen auf dem Gebiet der Philosophie zuerst im Peripatos verfaßt worden zu sein ... Die Platon-Kommentare, von welchen wir vor dem 1. Jh.v.Chr. hören – die des Krantor, des Klearchos von Soloi, des Theodoros von Soloi ... – waren alle keine fortlaufenden Kommentare, sondern Spezialkommentare zu besonders schwierigen Stellen der Schriften". 172. 202f. 210 sowie Sedley (1997) passim und Baltussen (2004) 24f. (dort auch zum anonymen, nur auf Papyrus erhaltenen *Theaitetos*-Kommentar, den die neuere Forschung kontrovers auf den Zeitraum zwischen dem ersten vorchristlichen und dem ersten nachchristlichen Jahrhundert datiert).

samkeit dabei gewann. Es ist kein Zufall, daß ebendort nur wenige Jahrzehnte vor Aristobulos der wirkungsmächtige Wissenschaftler Eratosthenes (s. schon oben S. 94/96 und S. 344) programmatisch festgehalten hatte, die Grammatik – also nicht die Philosophie oder die Rhetorik – sei die "umfassende Fertigkeit in Schriften" (ἕξις παντελὴς ἐν γράμμασι), also "wohl in erster Linie ein enzyklopädisches Realienwissen und die interpretatorische Fähigkeit zur Analyse der kanonischen Autoren"[1457]. Den Eindruck jedenfalls, daß Aristobulos gerade im alexandrinischen Kontext bestrebt war, die jüdische Bibelexegese erstmals im weiten Feld der sich gerade im zweiten Jahrhundert vor Christus immer feiner ausdifferenzierenden, einen enormen Wissenszuwachs verzeichnenden und sich dabei auch auf hohem Niveau methodologisch entwickelnden Wissenschaften zu positionieren, vermitteln selbst die wenigen Fragmente seines Werks in mehrfacher Hinsicht. Über die Nutzung eines weitausgreifenden theoretischen Unterbaus, etwa der Naturphilosophie oder der aristotelisch-peripatetischen Metaphernlehre, hinaus lassen sich Spuren solchen Strebens bis in die Details einzelner Formulierungen noch heute aufdecken. Auf die gesuchte Fachterminologie und die gezielte Verwendung von Verbkomposita ist in dieser Hinsicht oben im Exkurs S. 313/15 schon eingegangen worden[1458]. Zwei weitere Details seien hier noch ergänzt: Wie Aristobulos wiederholt auf genauester Exaktheit und Vollständigkeit insistiert, findet sowohl gedanklich als auch sprachlich engste Parallelen im Selbstverständnis der zeitgenössischen Wissenschaften, etwa der Astronomie, welche eben im Laufe des späteren dritten und dann des zweiten Jahrhunderts das Ideal möglichst präziser und umfassender Forschung ausbildeten[1459]. Und: Die Bedeutung, die Aristobulos dem zeichenhaften Handeln Gottes einerseits, der zeichenhaften Rede des biblischen Moses andererseits und auch der Zeichenhaftigkeit[1460] seines eigenen exegetischen Handelns

---

1457 Geus (2002) 304 zum Schol. in Dion. Thr. p. 160, 10/12 Hilgard.
1458 Vgl. zur Wendung καθ' ἀλήθειαν oben Anm. 732, zur günstig gewerteten πολυ-/φιλομαθία oben S. 106/08.
1459 Beredt ist in diesem Zusammenhang, abgesehen von der überhaupt intensiven wissenschaftlich-kommentierenden Beschäftigung mit den *Phainomena* z.B. durch Attalos und Boëthos (vgl. oben S. 40), erneut der Aratkommentar des Astronomen Hipparchos (dazu oben S. 40/44): Vollständigkeit und Exaktheit (regelmäßig mit dem Wort ἕκαστος ausgedrückt) werden hier auf Schritt und Tritt in Anspruch genommen (vgl. comm. in Arat. 1, 1, 9/11 [besonders gehäuft]; 1, 2, 1; 1, 3, 3; 2, 4, 2; 2, 4, 5f. u.ö.). Weitere erhellende Beispiele (insbesondere aus Rhet. Alex. und Xenophons Fachschriften) für solches Streben nach wissenschaftlicher "completeness" bringen Fantuzzi – Hunter (2004) 241 bei.
1460 Formal fallen desweiteren die häufigen expliziten Querverweise auf bereits vorher Gesagtes auf (vgl. F 2, 14f. 19. 29f.; F 3, 36; F 4, 93; F 5, 52. 136 Holladay) – ein typisches Element

zuweist, ist im Laufe der vorliegenden Arbeit mehrfach zur Sprache gekommen. Nicht nur in dieser gedanklichen Hinsicht, sondern auch durch die lexikalische Frequenz, mit welcher der Exeget den Terminus σημαίνω (und stammverwandte Wörter) einsetzt, nähert er sein Werk an eine die wissenschaftlichen Disziplinen übergreifende Tendenz des zweiten vorchristlichen Jahrhunderts an: "Hellenistic philosophy of science was organized around the problem of 'inference from signs', a problem couched in explicit binary terms: under what conditions can one object be considered as sign for another, i.e. constitute grounds for inferring the existence of the other?"[1461].

5) Fruchtbar wäre darüberhinaus der detaillierte Vergleich der frühen jüdischen Bibelexegese hellenistischer Zeit in ihrem Verhältnis zur griechischen und ägyptischen Umwelt mit den Selbstentwürfen, mit welchen andere Völker und Kulturen nach Alexanders Begründung der Oikumene mit den Griechen in Beziehung traten. Während diese Beziehungen hinsichtlich der politischen Geschichte bereits eingehende Aufmerksamkeit der neueren Forschung erfahren haben, könnte aus philologischer und auch philosophisch-theologischer Perspektive ein komparatistischer Zugang hier noch Entdeckungen versprechen. Dafür nur ein Beispiel: Der Aristotelesschüler Eudemos von Rhodos hatte in offenbar chronologisch angelegten Anmerkungen zur Religionsgeschichte, in welchen er neben den – wohl mit Orpheus beginnenden[1462]! – griechischen Zeugnissen auch orientalische berücksichtigte[1463], das (ihm in griechischer Übersetzung vorliegende?) babylonische Schöpfungsepos Enūma Eliš offenbar φυσικῶς gedeutet (F 150 Wehrli): τῶν δὲ βαρβάρων ἐοίκασιν Βαβυλώνιοι μὲν τὴν μίαν τῶν ὅλων ἀρχὴν σιγῇ παριέναι, δύο δὲ ποιεῖν, Ταυθὲ καὶ ᾽Απασῶν, τὸν μὲν ᾽Απασῶν ἄνδρα τῆς Ταυθὲ ποιοῦντες, ταύτην δὲ μητέρα θεῶν ὀνομάζοντες, ἐξ ὧν μονογενῆ παῖδα γεννηθῆναι τὸν Μωϋμίν, αὐτόν, οἶμαι, τὸν νοητὸν κόσμον ἐκ τῶν δυεῖν ἀρχῶν παραγενόμενον ... Der Babylonier Berossos nun, "interested in making his account accessible – and meaningful – to a wider Greek audi-

---

argumentativer Darstellung wissenschaftlicher Literatur (vgl. etwa die zahlreichen Belege im Index zu Hipparchs Aratkommentar bei Manitius [1894] 351).
1461 Netz (2009) 186. Vgl. etwa oben den Index bei Manitius (1894) zum Aratkommentar Hipparchs.
1462 Zu den oben (vgl. S. 83. 164/67. 168f. und Anm. 1134) schon genannten Zeugnissen für die Auffassung, Orpheus sei chronologisch besonders früh anzusetzen, sind noch Plat. apol. 41a; Krat. 402b und nom. 677d zu ergänzen.
1463 Vgl. Erler (2011) 231f. mit Literatur und Dillery (2015) 235/40.

ence"[1464], legte das Epos in seinen dem Seleukidenkönig Antiochos I. Soter gewidmeten *Babyloniaka* seinerseits φυσικῶς aus, interpretierte die babylonischen Götternamen allerdings griechisch – und zwar gerade an entscheidenden Stellen mit Übertragungen, die an das oben in Kapitel 9 diskutierte metaphorische Verständnis von Götternamen erinnert[1465].

6) Der älteste in griechischer Sprache erhaltene Bibelexeget verleiht seiner Auslegung des mosaischen Nomos eine Komplexität, welche die Entwicklungen der späteren jüdisch-christlichen Tradition in vielerlei Hinsicht vorprägt. Was exegetische Methoden angeht, offenbaren schon die in der vorliegenden Arbeit ausführlicher besprochenen Interpretationen der drei biblischen Anthropomorphismen χείρ, στάσις und κατάβασις diese Vielfalt: Das göttliche "Herabsteigen" am Sinai wird ausgelegt, indem die entsprechenden Passagen der heiligen Schrift ausführlich – und stilistisch absichtsvoll durchgearbeitet – neuformuliert werden. Dabei kombiniert Aristobulos unterschiedliche Bibelstellen[1466], betont bestimmte Textelemente der Vorlage und breitet sie aus, während er andere unterdrückt oder verknappt, und legt deutungsfähige Angaben der heiligen Schrift, etwa Zahlenangaben, so aus, daß sie seiner eigenen Interpretation zugutekommen[1467]. Als "rewritten scripture" wird man das Ergebnis nicht bezeichnen wollen[1468], doch liegt schon hier ein prägnantes Beispiel für das in der Folgezeit immer wieder geübte Verfahren vor, Exegese dadurch zu betreiben,

---

1464 Haubold (2013) 36; vgl. de Breucker (2011) 648. Auch für Berossos wird mittlerweile angenommen, er habe sein Werk im Seleukidenreich – ähnlich wie Manetho seine *Aigyptiaka* in Ägypten – zugleich an das griechisch-makedonische und das einheimische Publikum gerichtet (vgl. dazu Dillery [2007] 224f. 228/30).
1465 So etwa die Urgottheit Omorka/Tiamat (~ Ταυθέ) als θάλασσα (F 1b, 7f. De Breucker). Vgl. de Breucker (2011) 649 und im Kommentar zu F 1b, 7 De Breucker in *Brill's New Jacoby* (Nr. 680): "Berossos certainly applied the allegorical method [sc. der Griechen] in order to prevent criticism of the myth by his Greek-speaking audience"; Haubold (2013) 37 und Dillery (2015) XXX. 229/40 (zum Begriff "allegorisch" in diesem Zusammenhang) sowie oben Anm. 68 zur Etymologie von Δία an derselben Stelle.
1466 Der implizite Verweis auf den brennenden Dornbusch (vgl. oben Anm. 1066) dürfte dabei die Absicht verfolgen, im Kontext der Katabasis am Sinai jenes zeichenhafte Wunder in Exod. 3, 1/6 in Erinnerung zu rufen, in welchem sich Gott dem Moses erstmals wundersam offenbarte.
1467 Vgl. oben Anm. 1060.
1468 Vgl. die Beiträge zu den Sammelbänden Chazon – Dimant – Clements (2005), der sich insbesondere mit den Qumranschriften befaßt, und von Weissenberg – Pakkala – Marttila (2011) sowie mit neuerer Literatur Crawford (2008) passim; Paganini (2009) 242/46 und Doering (2012) 450f. Zu der Frage, in welchem Verhältnis Aristobulos mit seiner Bibelexegese zu frühen Midraschim stehen könnte, vgl. Siegert (2005b) 220f. sowie McKechnie (2008) 244/46; Matusova (2010) 2/10 und (2015) 12/43 (zum *Aristeasbrief*).

daß man den auszulegenden Bibeltext deutend in eigenen Worten wiedergibt. Die göttliche Stasis hingegen wird, ohne daß die entsprechenden Bibelstellen überhaupt explizit genannt, geschweige denn textnah ausgelegt würden, mit einem kühnen Griff in die Weite der Ontologie erklärt, der griechische Philosophie und ihre Fachterminologie, namentlich aristotelisch-peripatetische Physik, voraussetzt und sich doch erheblich von ihr unterscheidet. Die göttlichen "Hände" schließlich erfahren ihre Deutung in einem enggeführten Vergleich des allgemeinen griechischen mit dem biblischen Sprachgebrauch, der mit mehreren Bibelzitaten aus der *Exodus* belegt wird.

Darüberhinaus spannt Aristobulos unterschiedliche Dimensionen des Bibeltexts und seiner möglichen Deutungen aus, ohne daß diese sich gegenseitig ausschlössen: So widersprechen weder die theologische Deutung der mosaischen Offenbarung Gottes und ihrer Wirkung auf die griechische Philosophie noch die metaphorischen Logoi Mose und ihre Wirkung auf die griechische Dichtung dem Status des Texts als eines inspirierten Nomos. Folglich verbietet es sich, das Anliegen des Exegeten zu beschreiben als bloße Ästhetisierung oder philosophische Sublimierung der βιβλία, die als normative und heilige fragwürdig geworden seien. Es geht weder um Depotenzierung der Offenbarung noch ontologisch um Ablösung metaphysischer Transzendenz durch metaphorische Sprache[1469].

Ein auf den ersten Blick eher formales Detail sei hier ebenfalls noch erwähnt: die absichtsvolle stilistische Korrespondenz der Auslegung zum auszulegenden Text. Dort etwa, wo Aristobulos von erhabenen Metaphern mosaischer Logoi handelt, erfährt seine eigene Darstellung selbst einen deutlich wahrnehmbaren Aufschwung, und die Evidenzwirkung der σαφήνεια postuliert der Exeget nicht nur für die Sprache des Pentateuchs[1470], sondern nimmt sie – ähnlich wie übrigens die wissenschaftliche Fachprosa seiner Zeit (vgl. etwa Hipparchs comm. in Arat 1, 8, 11 u.ö.) – auch für seine eigene Argumentation in Anspruch (vgl. F 4, 82/84 Holladay).

Weiterhin ist schon bei diesem ältesten außerbiblischen Exegeten Bibelauslegung vom Politischen nicht zu trennen. Gewidmet dem Ptolemäerkönig Philometor erlaubt sein Buch Rückschlüsse auf das Verhältnis, in welches der Exeget sich selbst, die Juden und auch die Bibel zum Herrscher gestellt sah, welches er selbst zumal durch eben dieses Buch mitzuentwickeln bestrebt war.

1469 Vgl. zu diesem Thema in der frühen Neuzeit, aber auch allgemein Buntfuß (2013) 225f.
1470 Mit dem Postulat, daß sich die mosaischen Logoi durch σαφήνεια auszeichneten, begründet der früheste erhaltene Bibelexeget einen Gedanken, der fortin immer wieder traktiert werden sollte, nicht zuletzt von Martin Luther mit seinem Grundsatz der *claritas scripturae*.

Die Beobachtung, daß Aristobulos dieses Verhältnis unter Aussparung der einheimischen Ägypter, gleichsam über sie hinweg, definiert, macht aus seinem Werk eine Quelle ersten Ranges für das Spannungsverhältnis zwischen Griechen, Juden und Ägyptern im Alexandria des zweiten vorchristlichen Jahrhunderts[1471].

Schließlich tritt bereits bei Aristobulos eine fürderhin vieldebattierte Dialektik hervor: In welchem Verhältnis steht der Exeget, der sich selbst als starkes Subjekt gerade auch in Konkurrenz mit anderen zur gültigen Auslegung der biblischen Offenbarung ermächtigt, zu ebendieser biblischen Offenbarung, die er doch als objektive, dem Menschen und damit auch ihm selbst nicht verfügbare voraussetzt? So spricht aus seiner übertragenen Deutung der vielen verschiedenen biblischen Anthropomorphismen auf die eine Dynamis Gottes eine Tendenz sowohl zur Vereinheitlichung als auch zur Abstraktion, die in der Abgrenzung von jenen, welche an dem jeweiligen Literalsinn biblischen Ausdrucks festzuhalten geneigt waren, durchaus aufklärerisch zu verstehen ist. Daß eben diesen Impetus dabei zugleich ein Zug zur Dogmatisierung und Absolutsetzung sowie die kritische Herabwürdigung der exegetischen Gegner, die sich weder durch δύναμις noch durch σύνεσις noch durch καλῶς νοεῖν auszeichneten, charakterisieren, wirkt wie ein Praeludium der folgenden zwei Jahrtausende kontroverser Bibelauslegung.

7) Der Nachweis, daß manche Erklärungen, die Aristobulos dem Bibeltext gibt, ähnliche exegetische Tendenzen offenbaren wie die griechischen Übersetzungen der hebräischen Bibel, bekräftigt die *communis opinio* der Forschung, schon im dritten Jahrhundert, als die frühesten Teile der Septuaginta entstanden, und

---

[1471] Erinnert sei hier nocheinmal an den Neuansatz der griechischen Chronographie, den Eratosthenes eben in Alexandria nur wenige Jahrzehnte vor Aristobulos vollzogen hatte (s. oben S. 94/96). Dessen quellenkritische Entscheidung, die Chronologie an Daten allein der griechischen Geschichte auszurichten und, wie vor ihm z.B. Ephoros und nach ihm sein populärer Nachfolger Apollodoros, die wissenschaftliche Zeitrechnung erst mit dem Fall Trojas zu beginnen, ließ der jenseits dieses Epochendatums liegenden, ferneren Vergangenheit einen weiten Raum offen, den nicht mythisch, sondern historisch auf Grundlage eigener Quellen und Chronologie zu füllen sich gerade die Ägypter und die Juden mit ihren Ansprüchen auf hohes Alter der eigenen Geschichte aufgefordert sehen konnten. Sollte an der Überlieferung, Eratosthenes habe im Museion unter Ptolemaios III. Euergetes, und zwar auf königlichen Auftrag hin, die uralte thebanische Königsliste Ägyptens ins Griechische übersetzt und kommentiert, doch etwas Wahres sein (vgl. Geus [2002] 312 mit der älteren Literatur: "durchaus möglich, daß die Liste in ihrem Kern tatsächlich auf Eratosthenes zurückgeht"), dann läge in ihr ein schlagender Beweis vor für das historische Interesse der alexandrinischen Gelehrsamkeit und des ptolemäischen Hofs an der ägyptischen Geschichte und ihren uralten Quellen.

dann vor allem in der ersten Hälfte des zweiten Jahrhunderts habe es in Alexandria eine intensive exegetische Beschäftigung insbesondere mit dem mosaischen Pentateuch gegeben[1472]. Weiter zu klären, wie die Exegeten dabei den Übersetzern folgten oder sich umgekehrt in den sukzessive entstehenden Übersetzungen Ergebnisse der Exegese niederschlugen, wäre eine Aufgabe kommender Studien. Wenn Aristobulos in seinem Werk eine vielschichtige Auffassung von der Autorschaft Mose, der seine Offenbarung Gottes in schriftliche Form gefaßt habe, nahelegte, dann konnte dies kaum folgenlos bleiben für das Verhältnis, in welchem ein griechischer Übersetzer an die biblische Vorlage herantrat. Oder: Könnte etwa jene Entscheidung, die mosaische Tora mit dem griechischen Wort νόμος wiederzugeben[1473], darauf hindeuten, daß schon die Übersetzer in der oben für Aristobulos nachgezeichneten Weise einen jüdischen Altersbeweis implizierten?

8) Die knappen Ausführungen des Exegeten zu den Übersetzungen der hebräischen Bibel sind nicht nur historisch, sondern auch übersetzungstheoretisch von Interesse. Nur drei Beobachtungen seien hier formuliert: Erstens wenden sich nach Aristobulos die griechischen Versionen der Bibel nach außen, eben an die Griechen, und dienen so der Verbreitung des mosaischen Nomos über die Grenzen der hebräisch-jüdischen Kultur hinaus. Die vollständige Neuübersetzung des Nomos findet in dem Einsatz des Demetrios von Phaleron und dem Ehrgeiz des zweiten Ptolemäers Philadelphos ihre Gründe. Davon, daß die *interpretatio* der eigenen heiligen Schriften innerjüdischen Zwecken gedient haben könnte, etwa um schwindenden Hebräischkenntnissen in der Diaspora zu begegnen – eine Hypothese, die in der modernen Septuagintaforschung seit jeher großen Zuspruch erfährt –, ist bei Aristobulos ebensowenig wie dann im *Aristeasbrief* die Rede. Zweitens findet eine linguistische Tatsache, die für die Übersetzungstheorie von großer Bedeutung ist, bei Aristobulos einen frühen Zeugen, nämlich die, daß der Gebrauch einunddieselben Sprache durch Sprecher fremder Kulturen semantischen Erklärungsbedarf schafft. Der Nachdruck, mit dem er postuliert, die metaphorische Verwendung des Wortes "Hand" im griechischen Moses decke sich semantisch mit derjenigen unter den Griechen, deutet darauf hin, daß diese Übereinstimmung gerade nicht selbstverständlich

---

[1472] Vgl. etwa Wevers (1990) XVI; Rösel (1994) passim und (2009) 1f.; Siegert (2005a) 210; Schaper (2009) 56 und (2011) 259f.; Schorch (2009) 3f.; Prestel – Schorch (2011) 149; Runia (2015) 182f. schon zur Genesis- und Exodusseptuaginta sowie Aejmelaeus (2012) 321.
[1473] Zu dem Befund, daß vor Exod. 12, 43 LXX, also in der gesamten Genesisseptuaginta, das Wort νόμος nicht begegnet, vgl. Rösel (1994) 228/30.

war[1474]. Drittens: Die überzeitliche Wahrheit der göttlichen Offenbarung äußert sich in historischen Sprachen der Menschenwelt. Den Vorrang, der die Bibel vor den Griechen auszeichnet, dehnt Aristobulos in den erhaltenen Fragmenten an keiner Stelle auch auf die hebräische Sprache an sich, als die eine heilige, aus. Der Nomos bezieht seinen Rang nicht schon aus der Sprache selbst, sondern aus der Inspiration des Propheten Moses, dessen Logoi auch im Griechischen der von anderen besorgten Übersetzungen verkündet werden – ohne daß diese selbst, wie in der späteren Tradition der Septuagintageschichte, als inspirierte gälten. Die bei Xenophon konstatierte Aporie (vgl. oben S. 230), daß die universal wahren Nomoi göttlichen Ursprungs ungeschrieben sein müßten, weil ja alle Menschen weder zusammenkommen könnten noch einer Sprache seien, wird somit in der mosaischen Nomothesia und deren späteren Übersetzungen gelöst[1475].

9) Mehrstufige Übersetzung der hebräischen Bibel ins Griechische, Transfer mosaischer Weisheit Gottes in autoritative griechische Philosophie, übertragene Deutung biblischer Anthropomorphismen auf die großen Zusammenhänge der göttlichen Schöpfung und Macht, korrigierende Verschiebung des arateischen Zeushymnus auf Gott – Aristobulos könnte künftigen Forschungen zur geistes- und kulturgeschichtlichen Epoche des Hellenismus als ein Paradigma gelten für ein besonders prägendes Phänomen dieser Zeit, das bislang in seinem vollen Ausmaß noch nicht erschlossen worden ist: Metaphorizität charakterisiert das Denken der Zeitgenossen in unterschiedlichsten Bereichen, dient geradezu als hermeneutischer Schlüssel zum Verständnis der veränderten Welt griechischer Oikumene und findet ihren typischen Ausdruck in dem seinerseits schon grenzüberschreitend anmutenden[1476], auf vielfältige kulturelle Prozesse applizierten Gebrauch des Verbs μεταφέρειν.

1474 Man hat einmal vermutet, daß am Ende des vierten Jahrhunderts die Kommentierung bestimmter autoritativer griechischer Philosophen auch deswegen einsetzte, weil das Publikum der hellenistischen Oikumene, selbst an die Sprachform der Koine gewöhnt, die hohe attische Prosa etwa Platons nicht mehr unmittelbar und in allen Einzelheiten verstehen konnte (vgl. Sedley [1997] 113/15). Es wäre lohnenswert, vor diesem Hintergrund die Entstehung der jüdischen Bibelexegese nocheinmal zu untersuchen, mußte doch die Sprache der Septuaginta, obschon ein Produkt hellenistischer Zeit, ihrerseits in vielerlei Hinsicht überaus fremd wirken.
1475 Die Frage, wie solche Auffassung von der griechischen Bibelübersetzung die Geschichte der Verehrung Jahwes, die an einen festen Ort, dann an die hebräische Tora gebunden war, betrifft, kann hier nur gestellt werden (vgl. dazu etwa Dietrich [2009] 234f. mit Literatur).
1476 Vgl. dazu etwa oben S. 164/67 sowie grundsätzlich zum Thema auch Assmann (1998) 17/43. 73/82.

10) Der verbreitete Begriff des "jüdischen Hellenismus" ist auch im Hinblick auf Aristobulos problematisch, sofern er, und sei es unausgesprochen, andeuten soll, was biblisch im 2. *Makkabäerbuch* den philhellenischen Kräften um Jason angelastet wird (vgl. insbesondere 2 Makk. 4, 7/16)[1477]. Aristobulos offenbart seine Vertrautheit mit der griechischen Literatur und Philosophie bis in wörtliche Zitate älterer Autoren und in die Verwendung zahlreicher Fachtermini hinein. Und doch läßt sich sein Anliegen, das Griechische von der biblischen Grundlage aus heranzuziehen und es, durchaus verwandelnd, zu deren Deutung zu benutzen, in jedem Fragment mit Händen greifen[1478]. Zu beurteilen, ob seine Methode dabei am Ende zu Auslegungen führt, die der biblischen Offenbarung noch angemessen sind, bleibt den Theologen und Judaisten vorbehalten. Die Absicht des Exegeten darin zu sehen, den mosaischen Nomos gleichsam als griechische Philosophie zu verbreiten, ihn selbst also der persönlichen Assimilation und zugleich der vorbehaltlosen Akkulturation jüdischer Exegese zu zeihen[1479] entspräche zumindest nicht seiner Selbstsicht und seinem Anspruch, die Priorität der eigenen Nomothesia vor der griechischen Gelehrsamkeit in Poesie und Philosophie zu vertreten[1480].

11) An verschiedenen Stellen sind oben historische Entwürfe zur Sprache gekommen, in denen eine enge Verbindung zwischen Griechen und Juden in ferner Vergangenheit postuliert wird, etwa bei Hekataios Abderites, der die (wohl ägyptische) Überlieferung von dem gemeinsamen Aufbruch aus Ägypten, nämlich einerseits unter Danaos und Kadmos, andererseits unter Moses, festhält, oder auch in jüdischen Texten, deren Autoren gar eine genealogische Verwandtschaft von Griechen und Juden aus mythischer Zeit rekonstruieren (vgl. oben Anm. 501 und 528). Aristobulos hingegen nutzt sein Aratzitat für eine andere

---

1477 Vgl. schon Graetz (1888) 386: "In dieser Befangenheit schwärmten sie [sc. die jüdischen Allegoriker, darunter Aristobulos] doch nur äußerlich für das Judenthum, als enthielte es die erhabensten Lehren aller Philosophen in sich, und merkten nicht, daß sie damit eigentlich dem griechischen Geist huldigten" und kritisch Maier (1990) 35/37. 290/96 (mit Literatur) sowie Mason (2007) passim.
1478 Vgl. zur Septuaginta etwa Harl (1994b) 255 mit Literatur sowie zum Buch *Sirach* Kieweler (1992) passim; Wischmeyer (1995a) passim; Marböck (1999) 170/73 und (2010) 30. 51 sowie Kaiser (2013) 317/20.
1479 Vgl. etwa Simon – Simon (1984) 24.
1480 Vgl. zu Philon etwa Harl (1967) 190f. sowie zu Flavius Josephus Bloch (2011) passim. Die Bemerkung, die Clemens über Aristobulos, Demetrios und Eupolemos macht, nämlich: diese jüdischen Autoren seien *scriptores adversum gentes* (Zeugnis nach Hier. vir. ill. 38), wäre in dieser Hinsicht noch genauer zu untersuchen.

Stellungnahme: Der hellenistische Dichter schrieb τοῦ γὰρ καὶ γένος ἐσμέν ..., bezog diese Worte jedoch auf den griechischen Göttervater Zeus. Im korrigierten Zitat sind nun Griechen und Juden gemeinsam ein Genos des einen wahren θεός, nach Auffassung des Exegeten im Einklang mit dem, was Moses als Quelle des Dichters tatsächlich kündete[1481]. Welche Folgen solche Weitung des genealogischen Arguments – die ja in der zeitgenössischen Philosophie auch anderswo Konjunktur hat[1482] – im ganzen mit sich bringt, bliebe noch zu prüfen[1483]. Die absichtsvolle Aufhebung gleichsam essentialistischer Scheidungen[1484] zwischen Griechen und Juden, wie etwa der Abstammung[1485], könnte ja, abgesehen von dem Bekenntnis zu dem einen wahren Gott, gerade darauf zielen, die Bedeutung des göttlichen Nomos und seines Propheten Moses herauszustellen, als maßgebliches Distinktionskriterium[1486], das allerdings von den Griechen ihrerseits durch eigene Nachfolge überwindbar wäre. Dann geht es bei Aristobulos nicht (mehr nur?) um γένος, sondern eben um αἵρεσις.

1481 Vgl. etwa Bloch (2011) 152 zu der Frage, ob Arats Vers τοῦ γὰρ καὶ γένος ἐσμέν ... mit biblischer Theologie vereinbar sein kann. Im Pentateuch wären Stellen wie z.B. Gen. 3, 20 und 10, 32 LXX, im Psalter vor allem Ps. 99 LXX zu berücksichtigen.
1482 Vgl. etwa den Zeushymnus des Stoikers Kleanthes oder als Ausdruck epikureischer Lehre Lukrez 2, 990f.: *Denique caelesti sumus omnes semine oriundi; / omnibus ille idem pater est ...* sowie Bultmann (2002) 250f. zu Diodor 1, 1, 3 (aus Poseidonios?).
1483 In dem Ergebnis, daß die jüdischen Autoren des ersten nachchristlichen Jahrhunderts Aristobulos verarbeiten, mag man eine Stütze der Auffassung erkennen, auch dem Verfasser der neutestamentlichen *Apostelgeschichte*, in deren 17. Kapitel Paulus aus dem Zeushymnus Arats zitiert, sei er bekannt gewesen. Was dort über die Nähe Gottes im Verhältnis zur Annahme des Evangeliums Christi ausgeführt wird, müßte dann vor dem Hintergrund des F 4 Holladay interpretiert werden.
1484 In diese Überlegungen wären auch der distinguierende Gebrauch des Personalpronomens ἡμεῖς sowie die Bemerkungen über die "Hebräer, unsere Mitbürger" (F 3, 29f. Holladay) und über Salomon, einen "unserer πρόγονοι" (F 5, 47f. Holladay), nocheinmal einzubeziehen (vgl. oben S. 248). Hekataios Abderites spricht vom γένος τῶν Ἰουδαίων ebenso wie später der *Aristeasbrief* (s. oben Anm. 940 und S. 152) – wobei natürlich noch genauer zu fragen wäre, was diese Junktur in den jeweiligen Texten besagen soll.
1485 Vgl. dazu Hall (2002) 222f.; Mason (2007) passim und allgemein die breite Darstellung bei Stegemann (2010) 182/89 (mit reichen Literaturangaben).
1486 Wie sich solcher Befund zu neueren Ethnizitätsmodellen verhielte, nach denen die Tora, neben etwa dem Monotheismus und der göttlichen Erwählung des eigenen Volks, nur ein Element der wandelbaren symbolischen Ordnung gewesen sei, durch welche sich die Juden selbst in ihrer Identität definiert hätten (vgl. zusammenfassend und mit Literatur Stegemann [2010] 222/36. 276/78 u.ö.), bliebe dann noch zu untersuchen. Zu den vieldiskutierten Begriffen γένος und ἔθνος in diesem Zusammenhang vgl. auch Gruen (2013) 13/17 (mit neuerer Literatur).

12) Was Aristobulos sagt, etwa über die frühen griechischen Bibelübersetzungen oder über die Abhängigkeit der griechischen Dichter und Philosophen von Moses, ist in den vorstehenden Kapitel nicht daraufhin untersucht worden, ob es historisch verläßlich in dem Sinn ist, daß es geschichtliche Tatsachen bezeichnet. Die vorliegende Arbeit hat vielmehr das Ziel verfolgt zu zeigen, daß die Thesen des jüdischen Exegeten insofern historisch authentisch sind, als er sie systematisch aus unter den Zeitgenossen mehr oder weniger anerkannten Zeugnissen und Nachrichten der griechischen Überlieferung entwickelt. Daß diese Argumentation sich als charakteristisch für seine eigene geschichtliche Epoche ausweist, könnten weitergehende Vergleiche mit den – leider meist ebenfalls nur fragmentarisch erhaltenen – Werken hellenistischer Antiquare, Historio-, Ethno- und Biographen[1487] ebenso aufzeigen wie die Berücksichtigung der

---

1487 Vgl. auch Dillery (2015) 7/13 über "intentional history" bei hellenistischen Autoren (ausgehend von Berossos und Manetho). Erhellend wäre hier der Blick schon auf die "Archäologie", die Thukydides in den ersten Kapiteln seines Geschichtswerks trotz dem großen Zeitabstand von der griechischen Frühzeit entwirft (vgl. mit Literatur Marincola [1997] 96. 117), aus den τεκμήρια ὧν ἐπὶ μακρότατον σκοποῦντί μοι πιστεῦσαι ξυμβαίνει (1, 1, 3, vgl. die grundlegenden Bemerkungen in den Kapiteln 20/22 mit der kritischen Abgrenzung der eigenen Wahrheitsfindung von der Dichtung und der Logographie, die beide noch vom μυθῶδες bestimmt seien; dazu die typischen Wendungen wie φαίνεται/παράδειγμα/δηλοῖ und δηλοῦσιν/δοκεῖ/ τεκμηριοῖ/... ὧν ἀκοῇ ἴσμεν/σημεῖον ... ἐστί/... ἄν τις ἀποδείξειε/μαρτύριον/λέγουσι δὲ οἱ τὰ σαφέστατα ... μνήμην παρὰ τῶν πρότερον δεδεγμένοι/εἰκάζειν δὲ χρή in 1, 2, 1. 6; 1, 3, 1. 3; 1, 4, 1; 1, 5, 2; 1, 6, 2. 6; 1, 8, 1; 1, 9, 1. 2. 3. 4; 1, 11, 2 u.ö. sowie in den Kapiteln 5, 6 und 10 und im 15. Kapitel des zweiten Buchs besonders aufschlußreich die Feststellung von Kontinuitäten in der Gegenwart, die wegen ihrer Ähnlichkeit Rückschlüsse auf die Vergangenheit zuließen). Das Bestreben, für ferne Vergangenheit, über welche weder eigene ἱστορίη noch Erfahrung von Augenzeugen ein Urteil begründen können (vgl. dazu Momigliano [1984] 51), Evidenz aus σημεῖα und τεκμήρια, also aus Indizien, etwa sprachlichen oder materialen Überresten, und aus Zeugnissen alter Literatur, durch Gesetzmäßigkeiten natürlicher Abläufe und durch Rückschlüsse von Ähnlichkeiten der Gegenwart zu gewinnen, mithin "das Unsichtbare ausgehend vom Sichtbaren, von der Spur, zu erschließen" (Ginzburg [2001] 54f.), ist in der Folgezeit ein bestimmendes Moment der antiquarischen Forschung. Vgl. auch oben S. 93f. und Anm. 503 zu Theophrast und der *Athenaion Politeia*. Gleichwohl verbinden sich mit diesem eher rationalen Ansatz ein ausgeprägtes paradoxographisches Interesse und die Einbindung mythischer Tradition (vgl. dazu Humphreys [1997] 217/19 und Schepens – Bollansée [2004] 280). Darüberhinaus wäre die alte, in der hellenistischen Literatur aber stark wiederkehrende Tendenz zu berücksichtigen, fern zurückliegende Geschichte einerseits aitiologisch, andererseits genealogisch (vgl. dazu z.B. Plat. Hipp. maior 285d und Polyb. 9, 1f.) zu begreifen und dabei mit weitem Rückgriff in den Mythos zu erklären; solches Denken beschränkt sich ja nicht auf die Religion, den Kult oder politische Ursprungsaitia, sondern steht auch mit dem Theorem des "ersten Erfinders", dem Altersbeweis und der philosophischen Traditionsgeschichte der *Diadochai* in engster Verbindung (vgl. allgemein Thomas [1989] 173/75. 179).

Grundsätze, welche die zeitgenössische Rhetorik dem Redner anempfahl, der das Publikum von der Glaubwürdigkeit seiner Ausführungen zu überzeugen strebte[1488], und wie die vertiefende Untersuchung der Art und Weise, wie die Griechen selbst immer wieder neu und in unterschiedlichsten Variationen die Ursprungsgeschichte der Kultur und ihrer Begründer erzählten und eben diese Erzählungen diskutierten. Auf welche Einwände das Argument "Autorität aus Alter" in seinen unterschiedlichen Ausprägungen wie dem Altersbeweis oder dem Theorem des "ersten Erfinders" schon früh traf, muß hier ebensowenig wiederholt werden wie die Kritik, die man gegen die vorschnelle Konstruktion historischer Abhängigkeit erheben konnte, oder die Strategien, solche entwicklungsgeschichtlichen Entwürfe zu legitimieren.

Vier Stellen aber, an denen der weite Rahmen der diesbezüglichen Debatten deutlich wird, seien zum Ende noch angeführt. Erstens: Im Schlußteil seines *Busiris* (11, 30. 32/35 [ed. Mandilaras, vol. 2, S. 279f.]) verteidigt Isokrates die Vorstellung dieses ägyptischen Königs als eines umfassenden "ersten Erfinders" der dortigen Gesetze, Frömmigkeit und Philosophie (s. dazu oben S. 135f.) gegen den Einwand, er selbst könne dafür keinen Beweis (vgl. ἀπόδειξιν) vorbringen: Einerseits gebe er ihn als Urheber von nichts Unmöglichem aus, sondern von Nomoi und einer Politeia, also von Taten der ἄνδρες καλοὶ κἀγαθοί; andererseits habe er solche Argumente eingesetzt, welche Lobredner (vgl. τοὺς ἐπαινοῦντας) einsetzen müßten. Im übrigen ist, so Isokrates weiter, Kritik an Busiris fehl am Platz: Wenn die Dinge, welche nach seiner (also des Autors) Aussage durch den König entstanden seien, offenkundig ein anderer getan hätte, dann räume er selbst ein, daß es verwegen wäre, von einem Sachverhalt anders, als es doch alle wüßten, zu überzeugen (vgl. περὶ ὧν ἅπαντες ἐπίστανται, περὶ τούτων μεταπείθειν) zu versuchen:

νῦν δ' ἐν κοινῷ τῶν πραγμάτων ὄντων καὶ δοξάσαι δέον περὶ αὐτῶν, τίν' ἄν τις τῶν ἐκεῖ καθεστώτων ἐκ τῶν εἰκότων σκοπούμενος αἰτιώτερον εἶναι νομίσειεν ἢ τὸν ἐκ Ποσειδῶνος μὲν γεγονότα, πρὸς δὲ μητρὸς ἀπὸ Διὸς ὄντα, μεγίστην δὲ δύναμιν τῶν καθ' αὑτὸν κτησάμενον καὶ παρὰ τοῖς Ἕλλησιν [ἄλλοις v.l.] ὀνομαστότατον γεγενη-

---

[1488] Was etwa Aristoteles in seiner *Rhetorik* über das Wahre (τὸ ἀληθές), das dem Wahren Ähnliche (τὸ ὅμοιον τῷ ἀληθεῖ) und das Wahrscheinliche (τὸ εἰκός) sowie über die angemessenen πίστεις sagt, ist in seiner Wirkung auf andere Gattungen der hellenistischen Prosa, wie die Geschichtsschreibung und die Philosophie, bis heute unzureichend erforscht (vgl. auch poet. 1460b35/14614 sowie erhellend dazu Ginzburg [2001] 47/62). Es geht dabei um weit mehr als nur um stilistische "Rhetorisierung", vielmehr um argumentative Methoden, mit denen ein Sachverhalt überzeugend dargestellt werden soll.

μένον; οὐ γὰρ δή που τοὺς ἁπάντων τούτων ἀπολελειμμένους προσήκει μᾶλλον ἢ ἐκεῖνον τηλικούτων ἀγαθῶν εὑρετὰς γενέσθαι.

Da die Sache nun aber allgemein zur Debatte steht und ein Urteil darüber notwendig ist – wen dürfte man dann, geht man bei seinem Urteil vom Wahrscheinlichen aus, eher als Urheber der Einrichtungen in Ägypten ansehen als den, der ein Nachkomme Poseidons ist und mütterlicherseits von Zeus abstammt, der unter seinen Zeitgenossen die größte Macht erworben hat und bei den Griechen [v.l.: bei den anderen Menschen] am angesehensten war? Wer aber all diese Vorzüge nicht hat, der kann doch sicherlich nicht eher als Busiris Urheber so bedeutender Güter gewesen sein!

(Übersetzung Christine Ley-Hutton)

Der Autor selbst bezeugt hier die Kontroversen um die Nachweisbarkeit solcher kulturhistorischen Entwürfe ebenso, wie er ihren hypothetischen Charakter im Rahmen einer enkomiastischen Rhetorik nicht verhehlt. Gerechtfertigt sei sein eigenes δοξάζειν durch das Ansehen und die göttliche Abstammung des Königs – und eben dadurch, daß zum Lob, nicht zum Tadel gesprochen werde[1489]! An anderem Ort (4, 23f. 39f. [ed. Mandilaras, vol. 2, S. 71. 75]) preist derselbe Isokrates Athen in selbstbewußten, auf dem unabhängigen Ingenium der eigenen Vorfahren insistierenden Sätzen[1490]: Allgemein werde anerkannt, daß "unsere Stadt" (vgl. τὴν πόλιν ἡμῶν) die älteste (ἀρχαιοτάτην), größte und bei allen Menschen bekannteste sei. Die Athener selbst seien dort so schön und edel (geworden), daß sie jene Stadt, aus welcher sie hervorgegangen seien, die ganze Zeit hindurch fortwährend besäßen (vgl. ὥστ' ἐξ ἧσπερ ἔφυμεν, ταύτην ἔχοντες ἅπαντα τὸν χρόνον διατελοῦμεν). Die anderen Griechen, die ohne Gesetz lebten, verstreut wohnten, teils von Gewaltherrschaften mißhandelt, teils durch Anarchie zugrundegerichtet wurden, habe Athen "übernommen" (παραλαβοῦσα) und von diesen Übeln befreit, indem sie Herrin der einen geworden sei,

---

[1489] Im folgenden erhebt Isokrates selbst chronologische Einwände gegen diejenigen, die Busiris Kannibalismus vorwarfen und überlieferten, er sei von Herakles getötet worden (vgl. 30. 36f. und schon Hdt. 2, 45); vgl. zum gesamten Abschnitt Usener (1993) 240/42. 254/56. 261f. und Livingstone (2001) 19f. 77/90. 167f.

[1490] Vgl. auch 3, 5/7; 15, 253f. 290f. und vor allem 12, 152f. über Lykurgs Anleihen aus Athen [!]: ... ἐγὼ δ' ὁμολογῶ μὲν ἐρεῖν πολλὰ τῶν ἐκεῖ [sc. in Sparta] καθεστώτων, οὐχ ὡς Λυκούργου τι τούτων εὑρόντος ἢ διανοηθέντος, ἀλλ' ὡς μιμησαμένου τὴν διοίκησιν ὡς δυνατὸν ἄριστα τὴν τῶν προγόνων τῶν ἡμετέρων καὶ τὴν δημοκρατίαν καταστήσαντος παρ' αὐτοῖς τὴν ἀριστοκρατίᾳ μεμιγμένην, ἥπερ ἦν παρ' ἡμῖν ... sowie Calame (1999) 126/36. Der Rückblick auf die glorreiche, demokratische Vergangenheit Athens, insbesondere auf die solonische Politeia, ist bei Isokrates ein wiederkehrendes Thema, vgl. etwa auch 7, 8/59.

den anderen ein Beispiel gegeben habe[1491]. Als erste Stadt überhaupt nämlich habe sich Athen Gesetze gegeben und eine Politeia eingerichtet; von den Fertigkeiten und Künsten, die sowohl für die Notwendigkeiten des Lebens nützlich als auch der Annehmlichkeit dienlich entwickelt worden seien (vgl. μεμηχανημένας), habe sie die einen selbst erfunden (vgl. εὑροῦσα), die andern aber erst nach kritischer Prüfung den übrigen Menschen zum Gebrauch weitergegeben (vgl. ... τὰς δὲ δοκιμάσασα χρῆσθαι τοῖς ἄλλοις παρέδωκεν)[1492].

Zweitens: Im platonischen *Phaidros* leitet Sokrates seine berühmte Geschichte vom Ursprung der Schrift ein mit den Worten (274c [ed. Burnet]): ἀκοήν γ' ἔχω λέγειν τῶν προτέρων, τὸ δ' ἀληθὲς αὐτοὶ ἴσασιν[1493]. εἰ δὲ τοῦτο εὕροιμεν αὐτοί, ἆρά γ' ἂν ἔθ' ἡμῖν μέλοι τι τῶν ἀνθρωπίνων δοξασμάτων; Den folgenden Mythos von dem Erfinder der Schrift, dem Gott Theuth, und dessen Begegnung mit König Thamus quittiert Phaidros freilich recht ungeschminkt: ὦ Σώκρατες, ῥᾳδίως σὺ Αἰγυπτίους καὶ ὁποδαποὺς ἂν ἐθέλῃς λόγους ποιεῖς[1494]. Wenn daraufhin Sokrates zunächst ausweicht, man behaupte ja auch, der Zeus von Dodona habe seine ersten Orakel aus der Eiche erteilt, und die schlichten Menschen der Frühzeit hätten sich damit zufrieden gegeben, auf Eiche oder Fels zu hören,

---

1491 Vgl. zu dieser Behauptung schon Perikles bei Thuk. 2, 37, 1.
1492 Aufschlußreich ist auch das Verhältnis einer Passage des *Panegyrikos* (4, 54/60 [ed. Mandilaras, vol. 2, S. 79f.]) zu einer des *Panathenaikos* (12, 168/74 [ed. Mandilaras, vol. 3, S. 43f.]). An beiden Stellen rekurriert Isokrates zum Lob Athens auf eine mythische Begebenheit aus der Zeit "lange vor dem trojanischen Krieg", also aus der Zeit, aus welcher man für die väterlichen Traditionen Beweise zu nehmen gerechtfertigt sei: König Adrastos hatte seine vor Theben gefallenen Kämpfer nicht bergen und bestatten dürfen und daher in Athen um Hilfe gebeten. Während nun im *Panegyrikos* diese Hilfe in einem erfolgreichen Feldzug Athens gegen Theben besteht, berichtet der *Panathenaikos* von einer diplomatischen Mission, durch welche die Thebaner zur Einsicht gebracht und Adrastos ohne jede weitere kriegerische Auseinandersetzung zu seinem Recht gekommen sei. Isokrates thematisiert im Anschluß diesen Widerspruch zu seiner älteren Darstellung ausdrücklich, hält aber fest, er habe sie damals gleichwohl καλῶς καὶ συμφερόντως geschrieben – sei es ihm doch darum gegangen zu zeigen, wie sehr Athen in jener Zeit anderen im Krieg überlegen gewesen sei. Ebendiese Tatsache mache aber auch die spätere Version allen klar (σαφῶς δηλοῦν) – sonst hätte sich Adrastos doch gar nicht an Athen gewandt!
1493 Zu dieser Wendung, welche auf den "wahren" Gehalt der Überlieferung deutet und diese in ihrer Form damit als übertragene markiert, vgl. Tim. 22c/d.
1494 Vgl. Heitsch (1993) 188f. 192; Wilke (1997) 118f.; Erler (2001) 318f.; Livingstone (2001) 62; Reale (2005) 263: "Platone finge di aver udito la storia che sta per narrare, mentre si tratta di una sua invenzione. Fedro lo rileverà poco più avanti ..."; Velardi (2006) 300; Ausland (2010) 15; Werner (2010) 191f.: "Socrates is not interested in the *historical* truth of the tale ... Socrates wants to know whether the *ideas* of the myth are true"; Manuwald (2014) 134 und Sier (2014) 323. 327. 332.

solange sie nur die Wahrheit kündeten, danach aber Phaidros als einem der "Jungen" (νέοι) vorhält: σοὶ δ' ἴσως διαφέρει τίς ὁ λέγων καὶ ποδαπός, οὐ γὰρ ἐκεῖνο μόνον σκοπεῖς, εἴτε οὕτως εἴτε ἄλλως ἔχει; dann legt er es gerade nicht darauf an, die Historizität des nur vorgeblich aus fremder Quelle gehörten, in Wahrheit von ihm selbst entworfenen Logos zu verteidigen[1495].

Drittens: Dem zugereisten athenischen Nomotheten Solon geben im platonischen Timaios (23b/24d) die ägyptischen Priester Auskunft darüber, daß die alten schriftlichen Aufzeichnungen ihrer Tempel, die Schönes, Großes und Auffälliges sowohl aus der ägyptischen als auch aus fremdländischen Überlieferung bewahrt hätten[1496], nicht bloß das hohe Alter Athens – wo es keine Schriftzeugnisse aus späteren Zeiten gebe – bestätigten, sondern auch, daß das schönste und beste Menschengeschlecht "in dem Land bei euch" (ἐν τῇ χώρᾳ παρ' ὑμῖν) entstanden sei; denn die kriegstüchtigste und vorzüglich mit den in jeder Hinsicht besten Gesetzen ausgezeichnete Stadt sei die der Athener gewesen, welcher man nachsage, ihr seien vor allen anderen unter dem Himmelszelt, deren Kunde nach Ägypten gelangt sei, die schönsten Werke gelungen und die schönsten Staatseinrichtungen (κάλλιστα ἔργα καὶ πολιτεῖαι ... κάλλισται) erwachsen. Die ganze damalige Ausstattung und Einrichtung der Stadt (vgl. τὴν διακόσμησιν καὶ σύνταξιν) durch die Göttin Athene, samt Ansiedlung der Vorfahren an ihrem Ort, liege neuntausend Jahre zurück – und sei damit eintausend Jahre älter als diejenige Ägyptens[1497], aus dessen noch bestehenden Gesetzen jedoch, weil sie παραδείγματα τῶν τότε παρ' ὑμῖν ὄντων seien[1498], jene ur-

---

[1495] Vgl. Velardi (2006) 300: "Platone affida alla battuta di Fedro la dichiarazione del carattere fittizio del mito di Theuth, non smentito dalla replica di Socrate" sowie Theait. 155d, wo Sokrates den Konstruktionscharakter mythisch-genealogischer Ableitungen andeutet, und die schwierige Stelle über die Umkehr der Weltperioden und die Zeit des Kronos (polit. 268/75), die Sokrates ausdrücklich als Mythos kennzeichnet (dazu Ricken [2008] 109/35 und [2013] 171f.).

[1496] Vgl. Tim. 23a: ὅσα δὲ ἢ παρ' ὑμῖν ἢ τῇδε ἢ καὶ κατ' ἄλλον τόπον ὧν ἀκοῇ ἴσμεν, εἴ πού τι καλὸν ἢ μέγα γέγονεν ἢ καί τινα διαφορὰν ἄλλην ἔχον, πάντα γεγραμμένα ...

[1497] Vgl. dazu auch Wilke (1997) 205; Baltes (1999) 126; Sattler (2010) 260f.; Erler (2011) 226 und Broadie (2012a) 155f.

[1498] Kritias und scheinbar auch Sokrates selbst betonen in Hinsicht auf jenes Ur-Athen wiederholt die "Wahrheit" und Verläßlichkeit des Gesagten (20d. 21c. 2e/24a. 26b/e; vgl. auch oben S. 93f. zum Einsatz des Arguments alter Quellen sowie Wilke [1997] 167f.; Rowe [1999] 272f.; Erler [2013] 62. 76/78; Manuwald [2014] 121/23; Nesselrath [2014] 339/42. 344 und Stephens [2016] 48f.), obschon auch dem zeitgenössischen Publikum dessen Pseudohistorizität unzweifelhaft gewesen sein dürfte, aufgrund deutlicher Hinweise des Autors Platon selbst (vgl. dazu Broadie [2012a] 129f. 131: "... a transparent fiction ... by contrast, for the characters of the Timaeus-Critias the ancient Athens-Atlantis story is true". 157/66. 172: "... Critias treats his an-

athenischen Nomoi noch erschlossen werden könnten. Mithin: ... ᾠκεῖτε δὴ οὖν νόμοις τε τοιούτοις χρώμενοι καὶ ἔτι μᾶλλον εὐνομούμενοι πάσῃ τε παρὰ πάντας ἀνθρώπους ὑπερβεβληκότες ἀρετῇ, καθάπερ εἰκὸς γεννήματα καὶ παιδεύματα θεῶν ὄντας[1499] – und die zahlreichen großen Taten des uralten Athens, verzeichnet in den ägyptischen Tempelschriften, erregten Bewunderung[1500]!

Viertens: Das pseudoplatonische Werk *Minos* schrieb man Platon selbst zu. Der große athenische Philosoph hatte also postuliert, daß in ferner Vergangenheit auf Kreta Minos von Zeus in der Höhle instruiert worden sei (319b/e. 320d)[1501], daß Minos mit seiner Rechtsordnung eine Polis eingerichtet habe (320a/b)[1502], daß es schon zu den Zeiten desselben Minos die poetische Gattung der Tragödie gegeben habe (318d. 320e/321a), und hatte in diesem Zusammenhang Verse aus Hesiod zitiert – die in der gesamten antiken Überlieferung nur an dieser Stelle (320c/d) auftauchen und nirgends in handschriftlicher Tradition vorfindlich sind.

---

cient Athens simply as a focus of wonderment reaching back into the depths of the past, rather than as a reasoned norm for self-correction in the present" und Janka [2014] 36f.).
1499 Auffällig ist in diesem Zusammenhang, daß Krantor in seinen Erklärungen zum *Timaios* den ganzen Logos über Athen und Atlantis auf Platons Bestreben zurückführt, dem Vorwurf, er habe seine Politeia von den Ägyptern plagiiert (s. dazu oben S. 110f.), zu begegnen; vgl. dazu Dörrie (1987) 329f.: "ἱστορία ist ein nicht nur historisch, sondern ebenso gut ein aus inneren Gründen beglaubigtes Wissen. Platon tat also gut daran, den historischen Ablauf so darzustellen, 'als ob' ... die Athener damals ihre ἀρετή und damit die Vortrefflichkeit ihrer Verfassung bewiesen hätten". Das Verhältnis solcher (Re)Konstruktionen der Vergangenheit zu den Mythen, in denen Platon etwa seinen idealen Staat entwirft oder seine Ontologie anschaulich macht, verdiente eine genauere Betrachtung (vgl. grundlegend auch das zweite und dritte Buch der *Politeia*, in welchen etwa zum einen postuliert wird [382c/d]: καὶ ἐν αἷς [sc. den Geschichten über die Götter] νυνδὴ ἐλέγομεν ταῖς μυθολογίαις, διὰ τὸ μὴ εἰδέναι ὅπῃ τἀληθὲς ἔχει περὶ τῶν παλαιῶν, ἀφομοιοῦντες τῷ ἀληθεῖ τὸ ψεῦδος ὅτι μάλιστα, οὕτω χρήσιμον ποιοῦμεν, zum anderen die erzieherische Funktion von Mythen als "edlen Täuschungen" [414b/c] diskutiert und an einem alten phönizischen Geschichtchen dichterischer Überlieferung vorgeführt wird, sowie Phaid. 114d). Vgl. Wilke (1997) 27 (zu nom. 713e). 159/95, deren Feststellung, Platon setze Mythologie mit Archaiologie geradezu gleich, freilich zu weit zu gehen scheint; Murray (1999) passim und (mit Literatur) die entsprechenden Beiträge zu den Sammelbänden Mohr – Sattler (2010) und Janka – Schäfer (2014) sowie Ausland (2010) 15f. zu den späteren rhetorischen *Progymnasmata*, in denen der Bezug mythischer Rede zur Wahrheit diskutiert wird.
1500 Vgl. Tim. 24d: πολλὰ μὲν οὖν ὑμῶν καὶ μεγάλα ἔργα τῆς πόλεως τῇδε γεγραμμένα θαυμάζεται ...
1501 Vgl. Strab. 16, 2, 38f. (s. oben S. 246): ... ὥς φησι Πλάτων! Tatsächlich bezieht Platon selbst zu dieser Geschichte in nom. 624a/b leichte ironische Distanz (vgl. oben Anm. 835).
1502 Zu Minos als Begründer der alten kretischen Politeia vgl. schon oben Anm. 787. 797. 802 und S. 238 sowie Perlman (2005) 292/300.

Über die Historizität der Ereignisse, von denen Aristobulos handelt, ergäbe sich aus solcher Kontextualisierung weder positiv noch negativ etwas Endgültiges. Der Schluß, er selbst habe nur eine literarische oder rhetorische Fiktion entwerfen wollen, gleichsam eine Aitiologie griechischer Philosophie in der Theologie des mosaischen Nomos oder einen Gründungsmythos griechischer Bibelübersetzungen, wäre jedenfalls vorschnell. Die Unbestreitbarkeit des historischen Moses, der ebensowenig wie die geschichtlichen Erfahrungen des Volks Israel einer andersartigen mythischen Vergangenheit angehörte, und die dauerhafte, wirkungsmächtige Existenz seines Nomos bis in die eigene Gegenwart hinein sind dem Exegeten doch genauso Gewißheiten wie die Tatsache, daß Moses von Gott kein μυθῶδες verbreitete[1503], sondern metaphorisch von wesenhafter Wahrheit kündete.

[1503] Dieser Abstand zu Mythos und Dichtung (vgl. bei Aristoteles poet. 1451a/b die vielbesprochene Unterscheidung der Poesie, die das Allgemeine [τὰ καθόλου] gemäß Wahrscheinlichkeit oder Notwendigkeit [κατὰ τὸ εἰκὸς ἢ τὸ ἀναγκαῖον] mitteilen solle, also das, was geschehen könnte [οἷα ἂν γένοιτο], von der Geschichtsschreibung mit ihrer ins Einzelne [τὰ καθ' ἕκαστον] gehenden Darstellung der tatsächlichen Geschehnisse [τὰ γενόμενα]) müßte bei der Deutung auch des *Aristeasbriefs*, der von der jüngeren Forschung wiederholt als eine Art "foundation myth" interpretiert worden ist, im Blick bleiben (vgl. allgemein dazu, im Anschluß an Veyne, Henrichs [1999] passim). Daß dieses Thema im Hellenismus bis hin nach Rom intensiv diskutiert wurde, erhellt noch aus Cicero leg. 1, 1, 3/5 (dort exemplifiziert gerade auch am platonischen *Phaidros* und an der Geschichte um Numa und Egeria).

Literaturverzeichnis

Abba, Raymond, 1962, "Names". *The Interpreter's Dictionary of the Bible* 4, 500/08.

Adam, Klaus-Peter – Avemarie, Friedrich – Wazana, Nili (Hrsg.), 2012, *Law and Narrative in the Bible and in Neighbouring Ancient Cultures* (Forschungen zum Alten Testament, 2. Reihe, Band 54). Tübingen.

Ademollo, Francesco, 2011, *The Cratylus of Plato. A Commentary*. Cambridge.

Aejmelaeus, Anneli, 2012, "Die Septuaginta als Kanon". Becker – Scholz, 315/27.

Ahn, Gregor, 2002, "'Toleranz' und Reglement. Die Signifikanz achaimenidischer Religionspolitik für den jüdisch-persischen Kulturkontakt". Kratz, 191/209.

Aitken, James, 2007, "Poet and Critic. Royal Ideology and the Greek Translator of Proverbs". Rajak – Pearce – Aitken – Dines, 190/204.

Albani, Matthias, 1994, *Astronomie und Schöpfungsglaube. Untersuchungen zum astronomischen Henochbuch* (Wissenschaftliche Monographien zum Alten und Neuen Testament 68). Neukirchen-Vluyn.

Albertz, Rainer, 2001, "An End to the Confusion? Why the Old Testament cannot be a Hellenistic Book!". Grabbe, 30/46.

Alderink, Larry J. – Luther, H. Martin, 1997, "Prayer in Greco-Roman Religions". Kiley, 123/27.

Alesse, Francesca, 2013, "La prescrizione nell'etica stoica. Un riesame". *Elenchos* 34,59/93.

Alexander, Philip S., 1998, "'Homer the Prophet of all' and 'Moses our Teacher': Late Antique Exegesis of the Homeric Epics and of the Torah of Moses". Leonard V. Rutgers – Pieter W. Van der Horst – Henriette W. Havelaar – Lieve Teugels (Hrsg.), *The Use of Sacred Books in the Ancient World* (Contributions to Biblical Exegesis and Theology 22). Leuven, 127/42.

Alexiou, Evangelos, 2013, "Philotimia oder Pleonexia als κακίστη δαιμόνων? Dion von Prusa 17, 9 und die geistesgeschichtliche Konturen eines euripideischen Verses". *Rheinisches Museum*, Neue Folge 156, 47/73.

Algra, Keimpe – Barnes, Jonathan – Mansfeld, Jaap – Schofield, Malcom (Hrsg.), 1999, *The Cambridge History of Hellenistic Philosophy*. Cambridge.

Algra, Keimpe, 2001, "Comments or Commentary? Zeno of Citium and Hesiod's *Theogonia*". *Mnemosyne* 54, 562/81.

Algra, Keimpe, 2003, "Stoic Theology". Inwood, 153/78.

Algra, Keimpe, 2010, "Stoic Philosophical Theology and Graeco-Roman Religion". Ricardo Salles (Hrsg.), *God and Cosmos in Stoicism*. Oxford, 224/51.

Allam, Schafik, 1996, "Ägyptisches Recht". *Der Neue Pauly* 1, 166/68.

Allen, Thomas W., 1924, *Homer. The Origins and the Transmission*. Oxford.

Alonge, Mark, 2011, "Greek Hymns from Performance to Stone". Lardinois – Blok – van der Poel, 217/34.

Ambaglio, Delfino, 2004, "Memoria e oblio delle leggi: un possibile strumento di lotta politica". Cataldi, 335/50.

Ambaglio, Dino – Landucci Gattinoni, Franca – Bravi, Luigi, 2008, *Diodoro Siculo, Biblioteca storica*, Commento storico, Introduzione generale (Storia – Ricerche). Milano.

Ameling, Walter, 2000, "Philadelphos". *Der Neue Pauly* 9, 778f.

Amir, Yehoshua, 1983, *Die hellenistische Gestalt des Judentums bei Philon von Alexandrien* (Forschungen zum jüdisch-christlichen Dialog 5). Neukirchen-Vluyn.

Amir, Yehoshua, 1993, "Monotheistische Korrekturen heidnischer Texte". Dietrich-Alex Koch – Hermann Lichtenberger (Hrsg.), *Begegnungen zwischen Christentum und Judentum in An-*

tike und Mittelalter, Festschrift für Heinz Schreckenberg (*Schriften des Institutum Judaicum Delitzschianum* 1). Göttingen, 9/19.

Amit, Yairah, 2006, "The Role of Prophecy and Prophets in the Chronicler's World". Floyd – Haak, 80/101.

Anceschi, Barbara, 2007, *Die Götternamen in Platons Kratylos* (*Studien zur klassischen Philologie* 158), Dissertation Heidelberg 2002. Frankfurt am Main.

Annas, Julia, 1992, *Hellenistic Philosophy of Mind* (*Hellenistic Culture and Society* 8). Berkeley-Los Angeles-Oxford.

Argall, Randal A. – Bow, Beverly A. – Werline, Rodney A. (Hrsg.), 2000, *For a Later Generation. The Transformation of Tradition in Israel, Early Judaism, and Early Christianity*. Harrisburg.

Armstrong, David, 1981, "The Ancient Greek Aorist as the Aspect of Countable Action". Philip J. Tedeschi – Annie Zaenen (Hrsg.), *Tense and Aspect* (*Syntax and Semantics* 14). New York-London-Toronto-Sydney-San Francisco, 1/12.

Aronadio, Francesco, 1990, "Due fonti laerziane: Sozione e Demetrio di Magnesia". *Elenchos* 11, 203/55.

Aronadio, Francesco, 2002, "*Sèmainein* et *dèloun*: ontologie et langage chez Héraclite et Platon". Monique Dixsaut (Hrsg.), *Platon, source des présocratiques*. Paris, 47/66.

Aronadio, Francesco, 2006, "Plat. *resp.* 509 D-511 E: La chiarezza dei contenuti cognitivi e il sapere diretto". *Elenchos* 27, 409/24.

Asheri, David, 1988, *Erodoto. Le storie I*, Introduzione generale di David Asheri, *Libro I: La Lidia e la Persia*, Testo e commento a cura di David Asheri, Traduzione di Virginio Antelami (*Scrittori Greci e Latini*). Milano.

Asmis, Elizabeth, 1999, "Epicurean epistemology". Algra – Barnes – Mansfeld – Schofield, 260/94.

Asmuth, Bernhard, 2009, "Der Beitrag der klassischen Rhetorik zum Thema Verständlichkeit". Gerd Antos (Hrsg.), *Rhetorik und Verständlichkeit* (*Rhetorik. Ein internationales Jahrbuch* 28). Tübingen, 1/20.

Asper, Markus, 2001, "Gruppen und Dichter. Zu Problematik und Adressatenbezug bei Kallimachos". *Antike und Abendland* 47, 84/116.

Assmann, Jan, 1994, "Zur Verschriftung rechtlicher und sozialer Normen im Alten Ägypten". Gehrke, 61/85.

Assmann, Jan, 1998, *Moses der Ägypter. Entzifferung einer Gedächtnisspur*. Darmstadt.

Assmann, Jan – Gladigow, Burkhard (Hrsg.), *Text und Kommentar* (*Beiträge zur Archäologie der literarischen Kommunikation* 4). München 1995.

Athanassiadi, Polymnia – Frede, Michael (Hrsg.), 1999, *Pagan Monotheism in Late Antiquity*. Oxford.

Atherton, Catherine, 1993, *The Stoics on Ambiguity* (*Cambridge Classical Studies*). Cambridge.

Auffarth, Christoph, 1996, "Agoraios". *Der Neue Pauly* 1, 273f.

Aufrère, Sydney H., 2012, "Manéthon de Sébennytos, médiateur de la culture sacerdotale du *Livre sacré*? Questions diverses concernant l'origine, le contenu et la datation des *Ægyptiaca*". Legras, 321/52.

Aujac, Germaine (Hrsg.), 1975, *Géminos, Introduction aux phénomènes* (*Collection des Universités de France*). Paris.

Ausland, Hayden W., 2010, "Poetry, Rhetoric, and Fiction in Plato's *Phaedrus*". *Symbolae Osloenses* 84. 2/25.

Austermann, Frank, 2003, *Von der Tora zum Nomos. Untersuchungen zur Übersetzungsweise und Interpretation im Septuaginta-Psalter* (*Abhandlungen der Akademie der Wissenschaf-*

ten zu Göttingen, Philologisch-historische Klasse, 3. Folge, Band 257 = *Mitteilungen des Septuaginta-Unternehmens* 27). Göttingen.
Auvray-Assayas, Clara – Delattre, Daniel (Hrsg.), 2001, *Cicéron et Philodème. La polémique en philosophie* (*Études de littérature ancienne* 12). Paris.
Ax, Wolfram, 2001, "Dikaiarchs Bios Hellados und Varros De vita populi Romani". Fortenbaugh – Schütrumpf, 279/310.
Aziza, Claude, 1987, "L'utilisation polémique du récit de l'Exode chez les écrivains alexandrins (IVème siècle av. J.-C. – Ier siècle ap. J.-C.) ". *Aufstieg und Niedergang der römischen Welt* II 20, 1, 41/65.
Bachmann, Veronika, 2009, *Die Welt im Ausnahmezustand. Eine Untersuchung zu Aussagegehalt und Theologie des Wächterbuches (1 Hen 1-36)* (Beihefte zur *Zeitschrift für die alttestamentliche Wissenschaft* 409). Berlin-New York.
Bailey, Cyril, 1926, *Epicurus. The Extant Remains*. Oxford.
Baldry, Harald C., 1965, *The Unity of Mankind in Greek Thought*. Cambridge.
Baltes, Matthias, 1972, *Timaios Lokros, Über die Natur des Kosmos und der Seele* (*Philosophia antiqua* 21). Leiden.
Baltes, Matthias, 1976, *Die Weltentstehung des platonischen Timaios nach den antiken Interpreten*, Teil 1 (*Philosophia antiqua* 30). Leiden 1976.
Baltes, Matthias, 1978, *Die Weltentstehung des platonischen Timaios nach den antiken Interpreten*, Teil 2 (*Philosophia antiqua* 35). Leiden 1978.
Baltes, Matthias, 1999, "Der Platonismus und die Weisheit der Barbaren". John J. Cleary (Hrsg.), *Traditions of Platonism. Essays in Honour of John Dillon*. Aldershot-Brookfield-Singapore-Sydney, 115/38.
Baltes, Matthias, 2002, "Timaios [1]". *Der Neue Pauly* 12, 574f.
Baltrusch, Ernst, 1998, "Bewunderung, Duldung, Ablehnung: Das Urteil über die Juden in der griechisch-römischen Literatur". *Klio* 80, 403/21.
Baltrusch, Ernst, 2002, *Die Juden und das römische Reich. Geschichte einer konfliktreichen Beziehung*. Darmstadt.
Baltussen, Han, 2003, "Early Reactions to Plato's *Timaeus*: Polemic and Exegesis in Theophrastus and Epicurus". Sharples – Sheppard, 49/71.
Baltussen, Han, 2004, "Plato *Protagoras* 340-48: commentary in the making?". *Bulletin of the Institute of Classical Studies* 47, 21/35.
Baltussen, Han, 2016, "Philosophers, Exegetes, Scholars. The Ancient Philosophical Commentary from Plato to Simplicius". Kraus – Stray, 173/94.
Baltzer, Klaus – Kabiersch, Jürgen – Koenen, Klaus – van der Kooij, Arie – Wilk, Florian, 2011, "Esaias. Isaias/Das Buch Jesaja". Karrer – Kraus, 2484/2690.
Bandini, Michele – Dorion, Louis-André (Hrsg.), 2000, *Xénophon, Mémorables*, tome I (*Collection des Universités de France*). Paris.
Bandini, Michele – Dorion, Louis-André (Hrsg.), 2011, *Xénophon, Mémorables*, tome II, 2ᵉ partie (*Collection des Universités de France*). Paris.
Barbu, Daniel, 2010, "Artapan. Introduction historique et historiographique". Borgeaud – Römer – Volokhine, 3/23.
Barclay, John M.G., 1996, *Jews in the Mediterranean Diaspora. From Alexander to Trajan (323 BCE – 117 CE)*. Edinburgh.
Barclay, John M.G., 2002, "Apologetics in the Jewish Diaspora". Bartlett, 129/48.
Barclay, John M.G., 2007a, *Against Apion*, Translation and Commentary (*Flavius Josephus. Translation and Commentary* 10). Leiden-Boston.

Barclay, John M.G., 2007b, "Hostility to Jews as Cultural Construct: Egyptian, Hellenistic, and Early Christian Paradigms". Böttrich – Herzer, 365/85.

Barker, Andrew, 1999, "Shifting Frontiers in Ancient Theories of Metaphor". *Proceedings of the Cambridge Philological Society* 45, 1/16.

Bar-Kochva, Bezalel (Hrsg.), 1996, *Pseudo-Hecataeus, On the Jews: Legitimizing the Jewish Diaspora* (*Hellenistic Culture and Society* 21). Berkeley.

Bar-Kochva, Bezalel, 2000, "Apollonius Molon versus Posidonius of Apamea". Kalms, 22/37.

Bar-Kochva, Bezalel, 2010, *The Image of the Jews in Greek Literature. The Hellenistic Period* (*Hellenistic Culture and Society* 51). Berkeley-Los Angeles-London.

Barr, James, 1960, "Theophany and Anthropomorphism in the Old Testament". *Congress Volume Oxford 1959* (Supplements to *Vetus Testamentum* 7). Leiden, 31/38.

Barr, James, 1993, *Biblical Faith and Natural Theology*, The Gifford Lectures for 1991 Delivered in the University of Edinburgh. Oxford.

Barrett, D.S., 1990, "Ancient Hellenism and the Jews: A Study in Attitudes and Acculturation". *Greek Colonists and Native Populations*, Proceedings of the First Australian Congress of Classical Archaeology held in honour of Emeritus Professor A.D. Trendall, edited by Jean-Paul Descœudres. Canberra-Oxford, 543/50.

Barstad, Hans M., 2001, "Deuteronomists, Persians, Greeks, and the Dating of the Israelite Tradition". Grabbe, 47/77.

Barthélemy O.P., Dominique, 1974, "Pourquoi la Torah a-t-elle été traduite en Grec?". Matthew Black – William A. Smalley (Hrsg.), *On Language, Culture, and Religion: In Honor of Eugene A. Nida* (*Approaches to Semiotics* 56). The Hague-Paris, 23/41.

Bartlett, John R., 1985, *Jews in the Hellenistic World. Josephus, Aristeas, The Sibylline Oracles, Eupolemus* (*Cambridge Commentaries on Writings of the Jewish and Christian World 200 BC to AD 200*, Band 1, 1). Cambridge.

Bartlett, John R. (Hrsg.), 2002, *Jews in the Hellenistic and Roman Cities*. London-New York.

Barton, John, 1986, *Oracles of God. Perceptions of Ancient Prophecy in Israel after the Exile*. London.

Bataille, André, 1938, "Nouveau fragment d'un ostracon concernant Aménothès fils de Hapou". *Études de Papyrologie* 4, 125/31.

Bataille, André, 1951, *Les inscriptions grecques du temple de Hatshepsout à Deir El-Bahari* (*Publications de la Société Fouad I de Papyrologie. Textes et Documents* 10). Kairo.

Baumgarten, Roland, 1998, *Heiliges Wort und heilige Schrift bei den Griechen. Hieroi Logoi und verwandte Erscheinungen* (*ScriptOralia* 110. Reihe A: Altertumswissenschaftliche Reihe 26). Tübingen.

Becker, Eve-Marie – Fabry, Heinz-Josef – Reitemeyer, Michael, 2011, "Sophia Sirach. Ben Sira/Ecclesiasticus/Das Buch Jesus Sirach". Karrer – Kraus, 2150/2272.

Becker, Eve-Marie – Stefan Scholz (Hrsg.), 2012, *Kanon in Konstruktion und Dekonstruktion. Kanonisierungsprozesse religiöser Texte von der Antike bis zur Gegenwart. Ein Handbuch*, Proceedings of a symposium held July 30-31, 2009 in Erlangen, Germany on the occasion of the 65th birthday of Oda Wischmeyer. Berlin-Boston.

Beentjes, Pancratius C., 2006, "Prophets and Prophecy in the Book of Ben Sira". Floyd – Haak, 135/50.

Behrends, Okko – Sellert, Wolfgang (Hrsg.), 1995, *Nomos und Gesetz. Ursprünge und Wirkungen des griechischen Gesetzesdenkens*, 6. Symposion der Kommission "Die Funktion des Gesetzes in Geschichte und Gegenwart" (*Abhandlungen der Akademie der Wissenschaften in Göttingen*, Philologisch-historische Klasse, 3. Folge, Nr. 209). Göttingen.

Behrendt, Anja, 2010, "Die Markierung von Zitaten in Theorie und Praxis am Beispiel von Cicero, *fam.* 13,15". Tischer – Binternagel, 111/34.
Behrendt, Anja, 2013, *Mit Zitaten kommunizieren. Untersuchungen zur Zitierweise in der Korrespondenz des Marcus Tullius Cicero* (Litora Classica 6). Rahden.
Beil, Ulrich J., 1993, "Rhetorische 'Phantasia'. Ein Beitrag zur Archäologie des Erhabenen". *Arcadia* 28, 225/55.
Bell, Lanny, 1985, "Luxor Temple and the Cult of the Royal *Ka*". *Journal of Near Eastern Studies* 44, 251/94.
Bénatouïl, Thomas, 2005, "Les signes de Zeus et leur observation dans les Phénomènes d'Aratos". José Kany-Turpin (Hrsg.), *Signe et prédiction dans l'Antiquité*, Actes du Colloque International Interdisciplinaire de Créteil et de Paris, 22-23-24 mai 2003, Saint-Étienne, 129/44.
Bénatouïl, Thomas, 2010, "How industrious can Zeus be? The Extent and Objects of Divine Activity in Stoicism". Ricardo Salles (Hrsg.), *God and Cosmos in Stoicism*. Oxford, 23/45.
Benninghoff-Lühl, Sibylle, 2009, "Zitat". *Historisches Wörterbuch der Rhetorik* 9, 1539/48.
Berchman, Robert M. (Hrsg.), 1998, *Mediators of the Divine. Horizons of Prophecy, Divination, Dreams and Theurgy in Mediterrenean Antiquity (South Florida Studies in the History of Judaism* 163). Atlanta.
Berdozzo, Fabio, 2009, "Text, Übersetzung und Anmerkungen". Nesselrath, 30/138.
Berger, Klaus, 1988, "Henoch". *Reallexikon für Antike und Christentum* 14, 473/545.
Bergman, Jan, 1997, "Darstellungen und Vorstellungen von Götterhänden im Alten Ägypten". Kieffer – Bergman, 1/18.
Bergmann, Claudia, 2006, "Idol Worship in Bel and the Dragon and Other Jewish Literature from the Second Temple Period". Kraus – Wooden, 207/23.
Bernal, Martin, 2008, "Egyptians in the Hellenistic Woodpile: Were Hekataios of Abdera and Diodoros Sikeliotes Right to See Egypt in the Origins of Greece?". McKechnie – Guillaume, 119/34.
Bernard, Wolfgang, 1990, *Spätantike Dichtungstheorien. Untersuchungen zu Proklos, Herakleitos und Plutarch (Beiträge zur Altertumskunde* 3). Stuttgart.
Bernard, Wolfgang, 1997, "Zwei verschiedene Methoden der Allegorese in der Antike". Horn – Walter, 63/83.
Bernays, Jacob, 1866, *Theophrastos' Schrift über Frömmigkeit. Ein Beitrag zur Religionsgeschichte*. Berlin.
Berthelot, Katell, 2000, "The Use of Greek and Roman Stereotypes of the Egyptians by Hellenistic Jewish Apologists, with special reference to Josephus' *Against Apion*". Kalms, 184/221.
Berthelot, Katell, 2003, *Philanthrôpia Judaica. Le débat autour de la "misanthropie" des lois juives dans l'Antiquité* (Supplements to the *Journal for the Study of Judaism* 76). Leiden-Boston.
Berthelot, Katell, 2008, "Hecataeus of Abdera and Jewish 'misanthropy'". *Bulletin du Centre de recherche français à Jérusalem* 19 (online: http://bcrfj.revues.org/5968).
Bertrac, Pierre – Vernière, Yvonne (Hrsg.), 1993, *Diodore de Sicile, Bibliothèque historique, livre I (Collection des Universités de France)*. Paris.
Bertram, Georg, 1978, "Theologische Aussagen im griechischen Alten Testament: Gottesnamen". *Zeitschrift für die neutestamentliche Wissenschaft und die Kunde der älteren Kirche* 69, 239/46.

Bertrand, Jean-Marie, 2007, "Quelques réflexions sur la façon dont Platon fait parler les lois". *Etica & Politica* 9, 173/80.
Betegh, Gábor, 2004, *The Derveni Papyrus. Cosmology, Theology and Interpretation*. Cambridge.
Betegh, Gábor, 2010, "What Makes a Myth *eikôs*? Remarks Inspired by Myles Burnyeat 'EIKÔS MYTHOS'". Mohr – Sattler, 213/24.
Betz, Hans Dieter, 1983, "Gottmensch II". *Reallexikon für Antike und Christentum* 12, 234/312.
Betz, Otto, 1960, *Offenbarung und Schriftforschung in der Qumransekte* (Wissenschaftliche Untersuchungen zum Neuen Testament 6). Tübingen.
Betz, Otto – Haacker, Klaus – Hengel, Martin (Hrsg.), 1974, *Josephus-Studien. Untersuchungen zu Josephus, dem antiken Judentum und dem Neuen Testament*, Otto Michel zum 70. Geburtstag gewidmet. Göttingen.
Bianchetti, Serena, 2016, "The 'Invention' of Geography: Eratosthenes of Cyrene". Bianchetti – Cataudella – Gehrke, 132/49.
Bianchetti, Serena – Cataudella, Michele R. – Gehrke, Hans-Joachim (Hrsg.), 2016, *Brill's Companion to Ancient Geography. The Inhabited World in Greek and Roman Tradition* (Brill's Companions in Classical Studies). Leiden-Boston.
Bichler, Reinhold, 2012, "Über die Periodisierung griechischer Geschichte in der griechischen Historie". Wiesehöfer – Krüger, 87/119.
Bickerman, Elias J., 1937, *Der Gott der Makkabäer. Untersuchungen über Sinn und Ursprung der makkabäischen Erhebung*. Berlin.
Bickerman, Elias, 1952, "Origines gentium". *Classical Philology* 47, 65/81.
Bickerman, Elias J., 1976, *Studies in Jewish and Christian History*, Part 1 (Arbeiten zur Geschichte des antiken Judentums und des Urchristentums 9). Leiden.
Bickerman, Elias J., 1976a, "Zur Datierung des Pseudo-Aristeas". Bickerman, 109/36 (ursprünglich 1930).
Bickerman, Elias J., 1976b, "Some Notes on the Transmission of the Septuagint". Bickerman, 137/66.
Bickerman, Elias J., 1976c, "The Septuagint as Translation". Bickerman, 167/200.
Bickerman, Elias J., 1988, *The Jews in the Greek Age*. Cambridge/Massachusetts.-London.
Bidez, Joseph, 1913, *Vie de Porphyre, le philosophe néo-platonicien*. Gent.
Bielfeldt, Ruth, 2012, "Polis Made Manifest: The Physiognomy of the Public in the Hellenistic City with a Case Study on the Agora in Priene". Kuhn, 87/122.
Bilde, Per – Engberg-Pedersen, Troels – Hannestad, Lise – Zahle, Jan (Hrsg.), 1992, *Ethnicity in Hellenistic Egypt* (Studies in Hellenistic Civilization 3). Aarhus.
Binde, Robert, 1869, "Aristobulische Studien. Theil I". *Programm des Königlichen Evangelischen Gymnasiums zu Gross-Glogau für das Schuljahr von Ostern 1868 bis Ostern 1869*. Glogau, 1/29.
Binde, Robert, 1870, "Aristobulische Studien. Theil II". *Programm des Königlichen Evangelischen Gymnasiums zu Gross-Glogau für das Schuljahr von Ostern 1869 bis Ostern 1870*. Glogau, 1/33.
Bing, Peter, 1993, "Aratus and his audiences". *Materiali e discussioni per l'analisi dei testi classici* 31, 99/109.
Binternagel, Alexandra, 2008, *Lobreden, Anekdoten, Zitate – Argumentationstaktiken in der Verteidigungsrede des Apuleius* (Altsprachliche Forschungsergebnisse 5). Hamburg.
Birnbaum, Ellen, 2003, "Allegorical Interpretation and Jewish Identity Among Alexandrian Jewish Writers". David E. Aune – Torrey Seland – Jarl Henning Ulrichsen, *Neotestamentica*

et Philonica. Studies in Honour of Peder Borgen (Supplements to *Novum Testamentum* 106). Leiden-Boston, 307/29.

Birnbaum, Ellen, 2004, "Portrayals of the Wise and Virtuous in Alexandrian Jewish Works: Jews' Perceptions of themselves and others". *Ancient Alexandria between Egypt and Greece*, edited by William V. Harris and Giovanni Ruffini (*Columbia Studies in the Classical Tradition* 26). Leiden-Boston, 125/60.

Bishop, Caroline, 2016, "Hipparchus among the Detractors?". Kraus – Stray, 379/96.

Black, Matthew, 1985, *The Book of Enoch or I Enoch. A New Englisch Edition with Commentary and Textual Notes* (*Studia in Veteris Testamenti Pseudepigrapha* 7). Leiden.

Blank, David, 2001, "La philologie comme arme philosophique: la connaissance technique de la rhétorique dans l'épicurisme". Auvray-Assayas – Delattre, 241/57.

Blank, David, 2011, "Reading between the Lies: Plutarch and Chrysippus on the Uses of Poetry". *Oxford Studies in Ancient Philosophy* 40, 237/64.

Blasius, Andreas, 2002, "Zur Frage des geistigen Widerstandes im griechisch-römischen Ägypten – Die historische Situation". Blasius – Schipper, 40/62.

Blasius, Andreas, 2011, "'It was Greek to me ...' – Die lokalen Eliten im ptolemäischen Ägypten". Boris Dreyer – Peter Franz Mittag (Hrsg.), *Lokale Eliten und hellenistische Könige. Zwischen Kooperation und Konfrontation* (*Oikumene* 8). Berlin, 132/90.

Blasius, Andreas – Schipper, Bernd Ulrich (Hrsg), 2002, *Apokalyptik und Ägypten. Eine kritische Analyse der relevanten Texte aus dem griechisch-römischen Ägypten* (*Orientalia Lovaniensia Analecta* 107). Leuven-Paris-Sterling/Virginia.

Blass, Friedrich – Debrunner, Albert – Rehkopf, Friedrich, 1975, *Grammatik des neutestamentlichen Griechisch*, 14. Auflage. Göttingen.

Bloch, René S., 2002, *Antike Vorstellungen vom Judentum. Der Judenexkurs des Tacitus im Rahmen der griechisch-römischen Ethnographie* (*Historia* Einzelschriften 160). Stuttgart.

Bloch, René, 2007, "Moses and Greek Myth in Hellenistic Judaism". Römer (2007a), 191/208.

Bloch, René S., 2009, "Orpheus als Lehrer des Musaios, Moses als Lehrer des Orpheus". Veli Dill – Christine Walde (Hrsg.), *Antike Mythen. Medien, Transformationen und Konstruktionen*. Berlin-New York, 469/86.

Bloch, René S., 2011, *Moses und der Mythos. Die Auseinandersetzung mit der griechischen Mythologie bei jüdisch-hellenistischen Autoren* (Supplements to the *Journal for the Study of Judaism* 145). Leiden-Boston.

Bloch, René – Borgeaud, Philippe – Römer, Thomas – Smyth, Matthieu – Volokhine, Youri – Zamagni, Claudio, 2010, "Les fragments d'Artapan cités par Alexandre Polyhistor dans la *Préparation évangelique* d'Eusèbe. Traduction et commentaire". Borgeaud – Römer – Volokhine, 25/39.

Blönnigen, Christoph, 1992, *Der griechische Ursprung der jüdisch-hellenistischen Allegorese und ihre Rezeption in der alexandrinischen Patristik* (*Europäische Hochschulschriften. Reihe XV: Klassische Sprachen und Literaturen* 59). Frankfurt am Main-Berlin-Bern-New York-Paris-Wien.

Blok, Josine H. – Lardinois, André P.M.H. (Hrsg.), 2006, *Solon of Athens. New Historical and Philological Approaches* (*Mnemosyne* Supplementum 272). Leiden-Boston.

Blümer, Wilhelm, 2001, *Interpretation archaischer Dichtung. Die mythologischen Partien der Erga Hesiods*, 2 Bände. Münster.

Blum, Erhard, 2002, "Esra, die Mosetora und die persische Politik". Kratz, 231/56.

Blum, Erhard, 2005, "Historiographie oder Dichtung? Zur Eigenart alttestamentlicher Geschichtsüberlieferung". Erhard Blum – William Johnstone – Christoph Markschies (Hrsg.),

Das Alte Testament – ein Geschichtsbuch? (Altes Testament und Moderne 10). Münster, 65/86.
Blumenthal, Henry J., 1981, "Plotinus in Later Platonism". Henry J. Blumenthal – Robert A. Markus, *Neoplatonism and Early Christian Thought. Essays in honour of Arthur Hilary Armstrong.* London, 212/22.
Boccaccini, Gabriele – Collins, John J. (Hrsg.), 2007, *The Early Enoch Literature* (Supplements to the *Journal for the Study of Judaism* 121). Leiden-Boston.
Bodéüs, Richard (Hrsg.), 2002, *Aristote, Catégories (Collection des Universités de France).* Paris.
Boegehold, Alan, 1996, "Resistance to Change in the Law at Athens". Ober – Hedrick, 203/14.
Böttrich, Christfried – Herzer, Jens (Hrsg.), *Josephus und das Neue Testament. Wechselseitige Wahrnehmungen,* II. Internationales Symposium zum Corpus Judaeo-Hellenisticum 25.-28. Mai 2006, Greifswald (*Wissenschaftliche Untersuchungen zum Neuen Testament* 209). Tübingen.
Bogaert, Pierre-Maurice, 2010, "Baal au féminin dans la Septante". Karrer – Kraus, 416/34.
Bollansée, Jan, 1999a, *Hermippos of Smyrna and his Biographical Writings. A Reappraisal* (*Studia Hellenistica* 35). Leuven.
Bollansée, Jan (Hrsg.), 1999b, *Hermippos of Smyrna (Felix Jacoby, Die Fragmente der griechischen Historiker Continued IVa, 3).* Leiden-Boston-Köln.
Bonnet, Hans, 1952, *Reallexikon der ägyptischen Religionsgeschichte.* Berlin.
Bons, Eberhard, 2007, *Die Rede von Gott in den Psalmen^{LXX}.* Fabry – Böhler, 182/202.
Bons, Eberhard, 2008, "Der Septuaginta-Psalter. Übersetzung, Interpretation, Korrektur". Karrer – Kraus, 450/70.
Bons, Eberhard, 2009, "Psalmoi. Das Buch der Psalmen". Kraus – Karrer, 749/52.
Bordes, Jacqueline, 1982, *Politeia dans la pensée grecque jusqu'à Aristote (Collection d'Études Anciennes).* Paris.
Bordoy, Antoni, 2012, "Menciones a Orfeo en el *De mundo*: ¿argumento a favor o en contra de la autenticidad de la obra?". Martínez, 57/66.
Bordt, Michael SJ, 2011, "Why Aristotle's God is not the Unmoved Mover". *Oxford Studies in Ancient Philosophy* 40 (= James Allen – Eyjólfur Kjalar Emilsson – Wolfgang-Rainer Mann – Benjamin Morison [Hrsg.], *Essays in Memory of Michael Frede.* Oxford), 91/109.
Bordt, Michael, 2013, "Die theologische Fundierung der Gesetze". Horn, 209/26.
Borgeaud, Philippe – Römer, Thomas – Volokhine, Youri (Hrsg.), 2010, *Interprétations de Moïse. Égypte, Judée, Grèce et Rome (Jerusalem Studies in Religion and Culture* 10). Leiden-Boston.
Borgen, Peder, 1984, "Philo of Alexandria". *Jewish Writings of the Second Temple Period. Apocrypha, Pseudepigrapha, Qumran Sectarian Writings, Philo, Josephus,* edited by Michael E. Stone (*Compendia Rerum Iudaicarum ad Novum Testamentum* II 2). Assen-Philadelphia, 233/82.
Borgen, Peder, 1987, *Philo, John and Paul. New Perspectives on Judaism and Early Christianity (Brown Judaic Studies* 131). Atlanta.
Bos, Abraham P., 1977, "The Theological Conception in *De mundo* and the Relation between this Writing and the Work of Plato and Aristotle". *Tijdschrift voor Filosofie* 39, 314/30.
Bosworth, A. Brian, 2003, "Arrian, Megasthenes and the Making of Myth". Juan Antonio López Férez (Hrsg.), *Mitos en la literatura griega helenística e imperial (Estudios de Filología Griega* 8). Madrid, 299/320.

Bouffartigue, Jean – Patillon, Michel (Hrsg.), 2003a, *Porphyre, De l'abstinence*, tome I: Livre I, 2. Auflage (*Collection des Universités de France*). Paris.
Bouffartigue, Jean – Patillon, Michel (Hrsg.), 2003b, *Porphyre, De l'abstinence*, tome II: Livres II et III, 2. Auflage (*Collection des Universités de France*). Paris.
Bousset, Wilhelm, 1902, "Neueste Forschungen auf dem Gebiet der religiösen Litteratur des Spätjudentums". *Theologische Rundschau* 5, 175/87.
Bousset, Wilhelm, 1915, *Jüdisch-Christlicher Schulbetrieb in Alexandria und Rom. Literarische Untersuchungen zu Philo und Clemens von Alexandria, Justin und Irenäus* (*Forschungen zur Religion und Literatur des Alten und Neuen Testaments*, Neue Folge 6). Göttingen.
Bousset, Wilhelm, 1926, *Die Religion des Judentums im späthellenistischen Zeitalter*, 3. Auflage, herausgegeben von Hugo Greßmann (*Handbuch zum Neuen Testament* 21). Tübingen.
Bowley, James E., 2001, "Moses in the Dead Sea Scrolls: Living in the Shadow of God's Anointed". Flint, 159/81.
Boylan, Patrick, 1922, *Thoth. The Hermes of Egypt*. London.
Boys-Stones, George R., 2001, *Post-Hellenistic Philosophy. A Study of Its Development from the Stoics to Origen*. Oxford.
Boys-Stones, George R. (Hrsg.), 2003a, *Metaphor, Allegory, and the Classical Tradition. Ancient Thought and Modern Revisions*, Oxford.
Boys-Stones, George R., 2003b, "The Stoics' Two Types of Allegory". Boys-Stones (2003a), 189/216.
Brachtendorf, Johannes, 2002, "katalêpsis". Horn – Rapp, 233.
Brancacci, Aldo, 2008, "Le concezioni di Socrate nei capitoli teologici dei *Memorabili*". *Elenchos* 29, 232/52.
Braun, Egon, 1953, "Νόμοι ἀκίνητοι". *Jahreshefte des österreichischen archäologischen Institutes in Wien* 40, 144/50.
Breitenberger, Barbara, 2006, "Literaturwissenschaft, Sympotisches, Poesie". Flashar – Dubielzig – Breitenberger, 289/437.
Bremer, Dieter, 1980, "Aristoteles, Empedokles und die Erkenntnisleistung der Metapher". *Poetica* 12, 350/76.
Bremer, Jan Maarten, 1981, "Greek Hymns". Versnel, 192/215.
Bremmer, Jan N., 1993, "Prophets, Seers, and Politics in Greece, Israel, and Early Modern Europe". *Numen* 40, 150/83.
Bremmer, Jan N., 2001, "Prophet. IV. Griechenland und Rom". *Der Neue Pauly* 10, 421f.
Brewer, David Instone, 1992, *Techniques and Assumptions in Jewish Exegesis before 70 CE* (*Texte und Studien zum antiken Judentum* 30). Tübingen.
Bringmann, Klaus, 1983, *Hellenistische Reform und Religionsverfolgung in Judäa. Eine Untersuchung zur jüdisch-hellenistischen Geschichte (175-163 v.Chr.)* (*Abhandlungen der Akademie der Wissenschaften in Göttingen, Philologisch-historische Klasse*, 3. Folge, Nr. 132). Göttingen.
Bringmann, Klaus, 1993, "The King as Benefactor: Some Remarks on Ideal Kingship in the Age of Hellenism". Bulloch – Gruen – Long – Stewart, 7/24.
Brink, Karl Oskar, 1946, "Callimachus and Aristotle: An Inquiry into Callimachus' ΠΡΟΣ ΠΡΑΞΙΦΑΝΗΝ". *Classical Quarterly* 40, 11/26.
Brisson, Luc, 1993, "Les accusations de plagiat lancées contre Platon". Monique Dixsaut (Hrsg.), *Contre Platon*, Tome I: *Le Platonisme dévoilé* (*Traditions de la pensée classique*). Paris, 339/56.

Brisson, Luc, 2004, *How Philosophers Saved Myths. Allegorical Interpretation and Classical Mythology*. Chicago-London.

Britt, Brian, 2004, *Rewriting Moses. The Narrative Eclipse of the Text* (*Journal for the Study of the Old Testament*. Supplement Series 402). London-New York.

Broadie, Sarah, 2012a, *Nature and Divinity in Plato's* Timaeus. Cambridge.

Broadie, Sarah, 2012b, "A Science of First Principles (Metaphysics A2)". Steel, 43/67.

Brodersen, Kai (Hrsg.), 2002, *Die Wahrheit über die griechischen Mythen. Palaiphatos'* Unglaubliche Geschichten, griechisch/deutsch übersetzt und herausgegeben (*Reclams Universal-Bibliothek* 18200). Stuttgart.

Brodersen, Kai (Hrsg.), 2008, *Aristeas, Der König und die Bibel*, griechisch/deutsch übersetzt und herausgegeben (*Reclams Universalbibliothek* 18576). Stuttgart.

Broggiato, Maria (Hrsg.), 2001, *Cratete di Mallo, I frammenti*. Edizione, introduzione e note (*Pleiadi* 2). La Spezia.

Brooke, George John, 2007, "Moses in the Dead Sea Scrolls: Looking at Mount Nebo from Qumran". (Römer 2007a), 209/21.

Brown, Eric, 2009, "The Emergence of Natural Law and the Cosmopolis". Stephen Salkever (Hrsg.), *The Cambridge Companion to Ancient Greek Political Thought*. Cambridge, 331/63.

Brunotte, Thomas, 2010, *Reine Wirklichkeit und Kosmos. Eine Analyse naturphilosophischer Konzepte im Hinblick auf das erste Prinzip bei Aristoteles* (*Topics in Ancient Philosophy* 4), Frankfurt am Main-Paris-Lancaster-New Brunswick.

Brunschwig, Jacques, 1999, "Introduction: the beginnings of Hellenistic epistemology". Algra – Barnes – Mansfeld – Schofield, 229/59.

Brunt, Peter A., 1980, "On Historical Fragments and Epitomes". *Classical Quarterly* 30, 477/94.

Buchheim, Thomas, 2002, "physikos". Horn – Rapp, 345.

Buchheim, Thomas, 2010, *Aristoteles, Über Werden und Vergehen* (*Aristoteles, Werke* 12, 4). Darmstadt.

Buchheim, Thomas, 2016, *Aristoteles, De anima – Über die Seele*, Griechisch – Deutsch, Übersetzt mit Einleitung und Kommentar. Darmstadt.

Büchner, Karl, 1984, *M. Tullius Cicero, De re publica, Kommentar* (*Wissenschaftliche Kommentare zu griechischen und lateinischen Schriftstellern*). Heidelberg.

Büchsel, Friedrich, 1933, "ἀλληγορέω". *Theologisches Wörterbuch zum Neuen Testament*, 1. Band. Stuttgart, 260/64.

Büttner, Stefan, 2000, *Die Literaturtheorie bei Platon und ihre anthropologische Begründung*, Dissertation Marburg 1999. Tübingen-Basel.

Büttner, Stefan, 2011, "Inspiration and Inspired Poets in Plato's Dialogues". Destrée – Herrmann, 111/29.

Buffière, Félix, 1956, *Les Mythes d'Homère et la pensée grecque* (*Collection d'Études Anciennes* 17). Paris.

Bulloch, Anthony – Gruen, Erich S. – Long, Anthony A. – Stewart, Andrew (Hrsg.), 1993, *Images and Ideologies. Self-Definition in the Hellenistic World*, Papers presented at a conference held April 7-9, 1988 at the University of California at Berkeley (*Hellenistic Culture and Society* 12). Berkeley-Los Angeles-London.

Bultmann, Christoph, 2002, "Bibilotheken der Geschichte: Diodorus Siculus und das Alte Testament". Bultmann – Dietrich – Levin, 242/56.

Bultmann, Christoph – Dietrich, Walter – Levin, Christoph (Hrsg.), 2002, *Vergegenwärtigung des Alten Testaments. Beiträge zu einer biblischen Hermeneutik*, Festschrift für Rudolf Smend zum 70. Geburtstag. Göttingen.

Bultmann, Rudolf, 1910, *Der Stil der paulinischen Predigt und die kynisch-stoische Diatribe (Forschungen zur Religion und Literatur des Alten und Neuen Testaments* 13), Dissertation. Göttingen.

Bultmann, Rudolf, 1967, "Untersuchungen zum Johannesevangelium. A. ᾽Αλήθεια". Rudolf Bultmann, *Exegetica. Aufsätze zur Erforschung des Neuen Testaments*, ausgewählt, eingeleitet und herausgegeben von Erich Dinkler. Tübingen, 124/73 (ursprünglich 1928).

Buntfuß, Markus, 1997, *Tradition und Innovation. Die Funktion der Metapher in der theologischen Theoriesprache* (*Theologische Bibliothek Töpelmann* 84). Berlin-New York.

Buntfuß, Markus, 2013, "'Hoch und sehr prächtig erhaben'. Zur Ästhetik des Heiligen". *Trierer Theologische Zeitschrift* 122, 224/38.

Burkert, Walter, 1962, *Weisheit und Wissenschaft. Studien zu Pythagoras, Philolaos und Platon* (*Erlanger Beiträge zur Sprach- und Kunstwissenschaft* 10). Nürnberg.

Burkert, Walter, 1965, "Cicero als Platoniker und Skeptiker. Zum Platonverständnis der 'Neuen Akademie'". *Gymnasium* 72, 175/200.

Burkert, Walter, 1971, "Zur geistesgeschichtlichen Einordnung einiger Pseudopythagorica". *Pseudepigrapha I: Pseudopythagorica – Lettres de Platon – Littérature pseudépigraphique juive* (*Entretiens sur l'Antiquité Classique* 18). Vandœuvres-Genève, 23/55.

Burkert, Walter, 1985, *Greek Religion. Archaic and Classical*. Oxford.

Burkert, Walter, 1988, "Herodot als Historiker fremder Religionen". *Hérodote et les peuples non grecs* (*Entretiens sur l'Antiquité Classique* 35). Vandœuvres-Genève, 1/32.

Burkert, Walter, 1994, "Griechische Hymnoi". *Hymnen der Alten Welt im Kulturvergleich*, herausgegeben von Walter Burkert und Fritz Stolz (*Orbis biblicus et orientalis* 131). Freiburg/Schweiz-Göttingen.

Burkert, Walter, 1998a, "Pythagoreische Retraktationen: Von den Grenzen einer möglichen Edition". Burkert – Gemelli Marciano – Matelli – Orelli, 303/19.

Burkert, Walter, 1998b, "Die neuen orphischen Texte: Fragmente, Varianten, 'Sitz im Leben'". Burkert – Gemelli Marciano – Matelli – Orelli, 387/400.

Burkert, Walter, 2003, *Die Griechen und der Orient. Von Homer bis zu den Magiern*. München.

Burkert, Walter – Gemelli Marciano, Laura – Matelli, Elisabetta – Orelli, Lucia (Hrsg.), 1998, *Fragmentsammlungen philosophischer Texte der Antike – Le raccolte dei frammenti di filosofi antichi*, Atti del Seminario Internazionale Ascona, Centro Stefano Franscini 22-27 Settembre 1996 (*Aporemata* 3). Göttingen.

Burkhardt, Helmut, 1988, *Die Inspiration heiliger Schriften bei Philo von Alexandrien*. Gießen-Basel.

Burstein, Stanley M., 1996, "Images of Egypt in Greek Historiography" Antonio Loprieno (Hrsg.), *Ancient Egyptian Literature. History and Forms* (*Probleme der Ägyptologie* 10). Leiden-New York-Köln, 591/604.

Burton, Anne, 1972, *Diodorus Siculus, Book I, A Commentary* (*Études préliminaires aux religions orientales dans l'Empire Romain* 29). Leiden.

Busch, Peter – Zangenberg, Jürgen K. (Hrsg.), 2010, *Lucius Annaeus Cornutus, Einführung in die griechische Götterlehre* (*Texte zur Forschung* 95). Darmstadt.

Busche, Hubertus, 2003, "Die Aufgaben der phantasia nach Aristoteles". Dewender – Welt, 23/43.

Busine, Aude, 2002, *Les Sept Sages de la Grèce antique. Transmission et utilisation d' un patrimoine légendaire d'Hérodote à Plutarque* (*Culture et Cité* 1). Paris.

Buxton, Richard (Hrsg.), 1999, *From Myth to Reason? Studies in the Development of Greek Thought*. Oxford.

Calame, Claude, 1999, "The Rhetoric of *Muthos* and *Logos*: Forms of Figurative Discourse". Buxton, 119/43.

Calame, Claude, 2010, "The Authority of Orpheus, Poet and Bard: Between Tradition and Written Practice". Philipp Mitsis – Christos Tsagalis (Hrsg.), *Allusion, Authority, and Truth. Critical Perspectives on Greek Poetic and Rhetorical Praxis* (*Trends in Classics* – Supplementary Volumes 7). Berlin-New York, 13/35.

Calboli, Gualtiero, 2007, "The Metaphor after Aristotle". Mirhady, 123/50.

Calboli, Gualtiero, 2011, "A proposito di Cratete di Mallo". *Latomus* 70, 317/29.

Calduch-Benages, Nuria, 1996, "Elementos de inculturación helenista en el libro de Ben Sira: Los viajes". *Estudios Biblicos* 54, 289/98.

Cam, Marie-Thérèse, 1995, *Commentaire. Vitruve, De l'architecture*. Livre VII, Texte établi et traduit par Bernard Liou et Michel Zuinghedau, Commenté par Marie-Thérèse Cam (*Collection des Universités de France*). Paris, 47/182.

Camassa, Giorgio, 1994, "Verschriftung und Veränderung der Gesetze". Gehrke, 97/111.

Camassa, Giorgio, 1996, "Leggi orali e leggi scritte. I legislatori". Salvatore Settis (Hrsg.), *I Greci. Storia, cultura, arte, società*, 2: *Una storia greca*, 1. *Formazione*. Torino, 561/76.

Camassa, Giorgio, 2011, *Scrittura e mutamento delle leggi nel mondo antico. Dal vicino oriente alla Grecia di età arcaica e classica* (*Problemi e ricerche di storia antica* 26). Roma.

Campobovo, Odo, 1984, *Königtum, Königsherrschaft und Reich Gottes in den frühjüdischen Schriften* (*Orbis biblicus et orientalis* 58). Freiburg/Schweiz-Göttingen.

Cancik-Lindemaier, Hildegard – Siegel, Dorothea, 1996, "Allegorese". *Der Neue Pauly* 1, 518/23.

Capponi, Livia, 2010, "Aristoboulos and the Hieros Logos of the Egyptian Jews". *Proceedings of the Twenty-Fifth International Congress of Papyrology*, Ann Arbor 2007 (*American Studies in Papyrology*). Ann Arbor, 109/20.

Cardauns, Burkhart, 1976, *M. Terentius Varro, Antiquitates Rerum Divinarum*, 2 Teile (*Akademie der Wissenschaften und der Literatur Mainz, Abhandlungen der geistes- und sozialwissenschaftlichen Klasse*). Wiesbaden.

Carey, Christopher, 1996, "*Nomos* in Attic Rhetoric and Oratory". *Journal of Hellenic Studies* 116, 33/46.

Casadesús Bordoy, Francesc, 2012, "¿Fue un estoico el autor del papiro de Derveni?". Martínez, 77/88.

Cassidy, William, 1997, "Cleanthes – Hymn to Zeus". Kiley, 133/38.

Cataldi, Silvio (Hrsg.), 2004, *Poleis e politeiai*, Atti del Convegno Internazionale di Storia Greca, Torino 29 maggio – 31 maggio 2002 (*Fonti e Studi di Storia Antica* 13). Torino.

Caulley, Thomas Scott – Lichtenberger, Hermann (Hrsg.), 2011, *Die Septuaginta und das frühe Christentum – The Septuagint and Christian Origins* (*Wissenschaftliche Untersuchungen zum Neuen Testament* 277). Tübingen.

Centrone, Bruno, 2000, "Platonism and Pythagoreanism in the early empire". Rowe – Schofield, 559/84.

Chadwick, Henry, 1998, "Pagane und christliche Allegorese". Henry Chadwick, *Antike Schriftauslegung* (*Hans-Lietzmann-Vorlesungen* 3). Berlin-New York, 1/24.

Chambers, Mortimer, 1990, *Aristoteles. Staat der Athener* (*Aristoteles. Werke* 10, 1). Berlin.

Chandler, Clive, 2014, "Didactic Purpose and Discursive Strategies in *On the Cosmos*". Thom, 69/87.
Charlesworth, James H., 1987, "Jewish Interest in Astrology during the Hellenistic and Roman Period". *Aufstieg und Niedergang der römischen Welt* II 20, 2, 926/50.
Charlesworth, James H. – McDonald, Lee M. (Hrsg.), 2010, *Jewish and Christian Scriptures. The Function of "Canonical" and "Non-Canonical" Religious Texts (Jewish and Christian Texts in Contexts and Related Studies* 7). London-New York.
Chantraine, Pierre, 1927, *Histoire du parfait grec (Collection linguistique* 21). Paris.
Chazon, Esther G. – Dimant, Devorah – Clements, Ruth A. (Hrsg.), 2005, *Reworking the Bible: Apocryphal and Related Texts at Qumran*, Proceedings of a Joint Symposium by the Center for the Study of the Dead Sea Scrolls and Associated Literature and the Hebrew University Institute for Advanced Studies Research Group on Qumran, 15-17 January 2002 (*Studies on the Texts of the Desert of Judah* 58). Leiden.
Cherniss, Harold, 1935, *Aristotle's Criticism of Presocratic Philosophy*. Baltimore.
Chiron, Pierre (Hrsg.), 2001, *Un rhéteur méconnu: Démétrios (Ps.-Démétrios de Phalère) (Textes et Traditions* 2). Paris.
Cho, Dae-Ho, 2003, *Ousia und Eidos in der Metaphysik und Biologie des Aristoteles (Philosophie der Antike* 19). Stuttgart.
Cho, Dae-Ho, 2010, "Beständigkeit und Veränderlichkeit der Spezies in der Biologie des Aristoteles". Föllinger, 299/313.
Clarysse, Willy, 1998, "Ethnic Diversity and Dialect Among the Greeks of Hellenistic Egypt". Arthur M.F.W. Verhoogt – Sven Peter Vleeming (Hrsg.), *The Two Faces of Graeco-Roman Egypt. Greek and Demotic and Greek-Demotic Texts and Studies Presented to Pieter W. Pestman* (*Papyrologica Lugduno-Batava* 30). Leiden-Boston-Köln, 1/13.
Classen, Carl Joachim, 2010, *Aretai und Virtutes. Untersuchungen zu den Wertvorstellungen der Griechen und Römer* (*Beiträge zur Altertumskunde* 283). Berlin-New York.
Clauss, James J. – Cuypers, Martine (Hrsg.), 2010, *A Companion to Hellenistic Literature*. Oxford.
Cleary, John J., 1995, *Aristotle and Mathematics. Aporetic Method in Cosmology and Metaphysics* (*Philosophia antiqua* 67). Leiden-New York-Köln.
Coats, George W., 1988, *Moses. Heroic Man, Man of God* (*Journal for the Study of the Old Testament* Supplement Series 57). Sheffield.
Coblentz Bautch, Kelley, 2016, "Spatiality and Apokalyptic Literature". *Hebrew Bible and Ancient Israel* 5, 273/88.
Cohen, Naomi G., 1995, *Philo Judaeus. His Universe of Discourse* (*Beiträge zur Erforschung des Alten Testaments und des antiken Judentums* 24). Frankfurt am Main-Berlin-Bern-New York-Paris-Wien.
Cohen, Naomi G., 2006, "The Prophetic Books in Alexandria: The Evidence from Philo Judaeus". Floyd – Haak, 166/93.
Cole, Thomas, 1991, *The Origins of Rhetoric in Ancient Greece* (*Ancient Society and History*). Baltimore-London.
Coleman, John E., 1997, "Ancient Greek Ethnocentrism". Coleman – Walz, 175/220.
Coleman, John E. – Walz, Clark A., 1997, *Greeks and Barbarians. Essays on the Interaction between Greeks and Non-Greeks in Antiquity and the Consequences for Eurocentrism* (*Occasional Publications of the Department of Near Eastern Studies and the Program of Jewish Studies Cornell University* 4). Bethesda.
Colli, Giorgio, 1977, *La sapienza greca*, volume 1. Milano.

Collins, John J., 1983, *Between Athens and Jerusalem. Jewish Identity in the Hellenistic Diaspora*. New York.
Collins, John J., 1997a, *Jewish Wisdom in the Hellenistic Age*. Edinburgh.
Collins, John J., 1997b, *Seers, Sibyls and Sages in Hellenistic-Roman Judaism* (Supplements to the *Journal for the Study of Judaism* 54). Leiden-New York-Köln.
Collins, John J., 1997c, "Wisdom, Apocalypticism and Generic Compatibility". Collins 1997b, 385/404 (ursprünglich 1993).
Collins, John J., 1997d, "Cosmos and Salvation: Jewish Wisdom and Apocalypticism in the Hellenistic Age". Collins 1997b, 317/38 (ursprünglich 1977).
Collins, John J., 1998, "Natural Theology and Biblical Tradition: The Case of Hellenistic Judaism". *Catholic Biblical Quarterly* 60, 1/15.
Collins, John J., 2000, "Reinventing Exodus: Exegesis and Legend in Hellenistic Egypt". Argall – Bow – Werline, 52/62.
Collins, John J., 2002, "The Literature of the Second Temple Period". *The Oxford Handbook of Jewish Studies*, edited by Martin Goodman. Oxford, 53/78.
Collins, John J., 2005, *Jewish Cult and Hellenistic Culture. Essays on the Jewish Encounter wih Hellenism and Roman Rule* (Supplements to the *Journal for the Study of Judaism* 100). Leiden-Boston.
Collins, John J., 2005a, "Hellenistic Judaism in Recent Scholarship". Collins, 1/20.
Collins, John J., 2005b, "Cult and Culture: The Limits of Hellenization in Judea". Collins, 21/43 (ursprünglich 2001).
Collins, John J., 2005c, "Reinventing Exodus: Exegesis and Legend in Hellenistic Egypt". Collins, 44/57 (ursprünglich 2000).
Collins, John J., 2011, "Changing Scripture". Von Weissenberg – Pakkala – Marttila, 23/45.
Collins, Nina L., 2000, *The Library in Alexandria and the Bible in Greek* (Supplements to *Vetus Testamentum* 82). Leiden-Boston-Köln.
Collins, A. Yarbro, 1985, "Aristobulus". James H. Charlesworth (Hrsg.), *The Old Testament Pseudepigrapha*, volume 2. New York, 831/42.
Collobert, Catherine, 2011, "Poetry as Flawed Reproduction : Possession and Mimesis". Destrée – Herrmann, 41/61.
Coman, Jean, 1981, "Utilisation des Stromates de Clément d'Alexandrie par Eusèbe de Césarée dans la Préparation Evangelique". Franz Paschke (Hrsg.), *Überlieferungsgeschichtliche Untersuchungen* (*Texte und Untersuchungen zur Geschichte der altchristlichen Literatur* 125). Berlin, 115/34.
Conybeare, Frederick Cornwallis – Stock, St. George, 1905, *Selections from the Septuagint*. Boston.
Cook, Johann, 1999, "The Law of Moses in Septuagint Proverbs". *Vetus Testamentum* 49, 448/61.
Cook, Johann, 2008, "Ptolemy Philadelphus and Jewish Writings: Aristobulus and Pseudo-Aristeas as Examples of Alexandrian Jewish Approaches". McKechnie – Guillaume, 193/206.
Copeland, Rita – Struck, Peter T. (Hrsg.), 2010, *The Cambridge Companion to Allegory*. Cambridge.
Couvenhes, Jean-Christophe – Heller, Anna, 2006, "Les transferts culturels dans le monde institutionnel des cités et des royaumes à l'époque hellénistique". Couvenhes – Legras, 15/52.

Couvenhes, Jean-Christophe – Legras, Bernard (Hrsg.), 2006, *Transferts culturels et politique dans le monde hellénistique*, Actes de la table ronde sur les identités collectives, Sorbonne, 7 février 2004 (*Histoire ancienne et médiévale* 86). Paris.

Cowey, James M.S., 2004, "Das ägyptische Judentum in hellenistischer Zeit – neue Erkenntnisse aus jüngst veröffentlichten Papyri". Kreuzer – Lesch, 24/43.

Cowey, James M.S. – Maresch, Klaus (Hrsg.), 2001, *Urkunden des Politeuma der Juden von Herakleopolis (144/3 – 133/2 v.Chr.) (P. Polit. Iud.)*. *Papyri aus den Sammlungen von Heidelberg, Köln, München und Wien* (Abhandlungen der Nordrhein-Westfälischen Akademie der Wissenschaften. Papyrologica Coloniensia 29). Wiesbaden.

Crawford, Sidnie White, 2008, *Rewriting Scripture in Second Temple Times* (Studies in the Dead Sea Scrolls and Related Literature). Grand Rapids-Cambridge.

Crifò, Giuliano, 1972, "La Legge delle XII tavole. Osservazioni e problemi". *Aufstieg und Niedergang der römischen Welt* I 2, 115/33.

Crüsemann, Frank, 1978, *Der Widerstand gegen das Königtum: Die antiköniglichen Texte des Alten Testamentes und der Kampf um den frühen israelitischen Staat* (Wissenschaftliche Monographien zum Alten und Neuen Testament 49). Neukirchen-Vluyn.

Crüsemann, Frank, 1992, *Die Tora. Theologie und Sozialgeschichte des alttestamentlichen Gesetzes*. München.

Crüsemann, Frank, 2003, *Maßstab: Tora. Israels Weisung und christliche Ethik*. Gütersloh.

Cusset, Christophe, 2011, "Aratos et le stoïcisme". *Aitia* (online) 1, http//aitia.revues.org/131

Dähne, August Ferdinand, 1834, *Geschichtliche Darstellung der jüdisch-alexandrinischen Religions-Philosophie*, 2. Abtheilung. Halle.

Dafni, Evangelia D., 2001, "Natürliche Theologie im Lichte des hebräischen und griechischen Alten Testaments". *Theologische Zeitschrift* 57, 295/310.

Dahl, Nils Alstrup, 1977, *Studies in Paul. Theology for the Early Christian Mission*. Minneapolis.

Dalbert, Peter, 1954, *Die Theologie der hellenistisch-jüdischen Missions-Literatur unter Ausschluss von Philo und Josephus* (Theologische Forschung 4). Hamburg.

Dalfen, Joachim, 2009, *Platon. Minos*, Übersetzung und Kommentar (*Platon. Werke* IX 1). Göttingen.

Dangel, Tobias, 2014, "Gott – Kosmos – Mensch. Die Theologie des Aristoteles im Lichte neuerer Forschung". *Philosophische Rundschau* 61, 27/50.

Darbo-Peschanski, Catherine, 2004, *La citation dans l'antiquité* (Collection Horos). Bonchamp-Lès-Laval.

Davies, Philip R., 2001a, "Judaeans in Egypt: Hebrew and Greek Stories". Grabbe, 108/28.

Davies, Philip R., 2001b, "5. Didactic Stories". D.A. Carson – Peter T. O'Brien – Mark A. Seifried (Hrsg.), *Justification and Variegated Nomism*, volume I: *The Complexities of Second Temple Judaism* (Wissenschaftliche Untersuchungen zum Neuen Testament, 2. Reihe, Band 140). Tübingen-Grand Rapids, 99/133.

Davies, William David – Finkelstein, Louis (Hrsg.), 1989, *The Cambridge History of Judaism*, Volume 2: *The Hellenistic Age*, Cambridge-London-New York-Port Chester-Melbourne-Sydney.

Davison, J.A., 1955, "Peisistratus and Homer". *Transactions and Proceedings of the American Philological Association* 86, 1/21.

Dawson, David, 1992, *Allegorical Readers and Cultural Revision in Ancient Alexandria*. Berkeley-Los Angeles-Oxford.

De Brasi, Diego, 2012, "'Uno principe, pertanto, debbe consigliarsi sempre' (Machiavelli, *Il Principe*, XXIII). Fürstenspiegel in der jüdisch-hellenistischen politischen Philosophie?". Hirschberger, 51/71.

De Breucker, Geert, 2003, "Berossos and the Construction of a Near Eastern Cultural History In Response to the Greeks". Hero Hokwerda (Hrsg.), *Constructions of Greek Past. Identity and Historical Consciousness from Antiquity to the Present*. Groningen, 25/34.

De Breucker, Geert, 2011, "Berossos between Tradition and Innovation". Karen Radner – Eleanor Robson (Hrsg.), *The Oxford Handbook of Cuneiform Culture*. Oxford, 637/57.

De Breucker, Geert, 2013, "Berossos: His Life and His Work". Haubold – Lanfranchi – Rollinger – Steele, 15/28.

De Foucault, Jules-Albert, 1972, *Recherches sur la langue et le style de Polybe*. Paris.

Deines, Roland – Niebuhr, Karl-Wilhelm (Hrsg.), 2004, *Philo und das Neue Testament. Wechselseitige Wahrnehmungen*, I. Internationales Symposium zum Corpus Judaeo-Hellenisticum 1.-4. Mai 2003, Eisenach/Jena (*Wissenschaftliche Untersuchungen zum Neuen Testament* 172). Tübingen.

De Jonge, Casper C., 2012, "Dionysius and Longinus on the Sublime: Rhetoric and Religious Language". *American Journal of Philology* 133, 271/300.

De Jonge, Casper C., 2015, "Grammatical Theory and Rhetorical Teaching". Montanari – Matthaios – Rengakos, 981/1011.

De Lacy, Philipp, 1945, "The Stoic Categories as Methodological Principles". *Transactions and Proceedings of the American Philological Association* 76, 246/63.

De Lacy, Philipp, 1948, "Stoic Views of Poetry". *American Journal of Philology* 69, 241/71.

Delattre, Daniel, 1997, "Les titres des œuvres philosophiques de l'épicurien Philodème de Gadara et des ouvrages qu'il cite". Jean-Claude Fredouille – Marie-Odile Goulet-Cazé – Philippe Hoffmann – Pierre Petitmengin (Hrsg.), *Titres et articulations du texte dans les œuvres antiques*, Actes du Colloque International de Chantilly 13-15 décembre 1994 (*Collection des Études Augustiniennes. Série Antiquité* 152). Paris, 105/26.

Delcomminette, Sylvain, 2015, "Présence et absence d'une philosophie de l'histoire chez Platon et Aristote. Cycles, dégénérescences et progrès". David Engels (Hrsg.), *Von Platon bis Fukuyama. Biologistische und zyklische Konzepte in der Geschichtsphilosophie der Antike und des Abendlandes* (*Collection Latomus* 349). Paris, 47/63.

Delling, Gerhard, 1987, "Die Begegnung zwischen Hellenismus und Judentum". *Aufstieg und Niedergang der römischen Welt* II 20, 1, 3/39.

De Lubac, Henry, 1999, *Typologie – Allegorie – Geistiger Sinn. Studien zur Geschichte der christlichen Schriftauslegung* (*Theologia Romanica* 23). Freiburg.

Delz, Josef, 1966, "Der griechische Einfluß auf die Zwölftafelgesetzgebung". *Museum Helveticum* 23, 69/83.

Den Boer, Willem, 1947, "Hermeneutic Problems in Early Christian Literature". *Vigiliae Christianae* 1, 150/67.

Den Hertog, Cornelis, 2011, "Jesus. Josue/Das Buch Josua". Karrer – Kraus, 605/56.

Den Hertog, Cornelis – Labahn, Michael – Pola, Thomas, 2011, "Deuteronomion. Deuteronomium/Das fünfte Buch Mose". Karrer – Kraus, 523/601.

Denis O.P., Albert-Marie, 2000, *Introduction à la littérature religieuse judéo-hellénistique*, tome 2 (*Pseudépigraphes de l'Ancien Testament*). Turnhout.

De Pourcq, Maarten – Roskam, Geert, 2012, "'Always to Excel'! Some Observations and Reflections on φιλοτιμία in Greek Literature and Culture". Geert Roskam – Maarten De Pourcq – Luc van der Stockt (Hrsg.), *The Lash of Ambition. Plutarch, Imperial Greek Literature and*

the Dynamics of Philotimia (*Collection d'Études Classiques* 25). Louvain-Namur-Paris-Walpole, 1/8.
De Romilly, Jacqueline, 1971, *La loi dans la pensée grecque des origines à Aristote*. Paris.
Derron, Pascale (Hrsg.), 2015, *Cosmologies et Cosmogonies dans la littérature antique* (*Entretiens sur l'Antiquité Classique* 61). Vandœuvres-Genève.
Desclos, Marie-Laurence – Fortenbaugh, William W. (Hrsg.), *Strato of Lampsacus*, Text, Translation, and Discussion (*Rutgers University Studies in Classical Humanities* 16). New Brunswick-London.
Des Places, Édouard (Hrsg.), 1983, *Eusèbe de Césarée, La préparation évangélique, Livres XII-XIII* (*Sources Chrétiennes* 307). Paris.
Destrée, Pierre – Herrmann, Fritz-Gregor (Hrsg.), 2011, *Plato and the Poets* (*Mnemosyne* Supplements 328). Leiden-Boston.
De Troyer, Kristin, 2008, "When Did the Pentateuch Come into Existence? An Uncomfortable Perspective". Karrer – Kraus, 269/86.
De Vos, J. Cornelis, 2016, "Aristobulus and the Universal Sabbath". George J. Brooke (Hrsg.), *Goochem in Mokum. Wisdom in Amsterdam* (*Oudtestamentische Studien* 68). Leiden-Boston, 138/54.
Dewender, Thomas – Welt, Thomas (Hrsg.), 2003, *Imagination – Fiktion – Kreation. Das kulturschaffende Vermögen der Phantasie*. München-Leipzig.
D'Hamonville, David-Marc (Hrsg.), 2000, *Les Proverbes* (*La Bible d'Alexandrie* 17). Paris.
Diamond, Frances Henderson, 1974, *Hecataeus of Abdera: A New Historical Approach*, Dissertation. Los Angeles.
Diamond, Frances Henderson, 1980, "Hecataeus of Abdera and the Mosaic Constitution". Stanley M. Burstein – Louis A. Okin (Hrsg.), *Panhellenica. Essays in Ancient History and Historiography in honor of Truesdell S. Brown*. Lawrence, 77/95.
Díaz Lavado, Juan Manuel, 2010, *Las citas de Homero en Plutarco* (*Studia Plutarchea* 1). Zaragoza.
Dickey, Eleanor, 1995, *Greek Forms of Address. From Herodotus to Lucian* (*Oxford Classical Monographs*). Oxford.
Dickey, Eleanor, 2007, *Ancient Greek Scholarship. A Guide to Finding, Reading, and Understanding Scholia, Commentaries, Lexica, and Grammatical Treatises from Their Beginnings to the Byzantine Period* (*American Philological Association. Classical Resources Series* 3). Oxford.
Dickey, Eleanor, 2015, "The Sources of our Knowledge of Ancient Scholarship". Montanari – Matthaios – Rengakos, 459/514.
Dielemann, Jacco – Moyer, Ian S., 2010, "Egyptian Literature". Clauss – Cuypers, 429/47.
Dietrich, Walter, 2009, "Der Heilige Ort im Leben und Glauben Altisraels". Van Ruiten – de Ros, 219/35.
Dietrich, Walter – Luz, Ulrich, 2002, "Universalität und Partikularität im Horizont des biblischen Monotheismus". Bultmann – Dietrich – Levin, 369/411.
Dihle, Albrecht, 1995, "Der Begriff des Nomos in der griechischen Philosophie". Behrends – Sellert, 117/34.
Dillery, John, 1998, "Hecataeus of Abdera: Hyperboreans, Egypt, and the *Interpretatio Graeca*". *Historia* 47, 255/75.
Dillery, John, 1999, "The First Egyptian Narrative History: Manetho and Greek Historiography". *Zeitschrift für Papyrologie und Epigraphik* 127, 93/116.

Dillery, John, 2004, "The θεατὴς θεῶν: Josephus CAp 1.232 (FGRHIST 609 F 10) Reconsidered". *Classical Journal* 99, 239/52.
Dillery, John, 2007, "Greek Historians of the Near East: Clio's 'Other' Sons". Marincola, 221/30.
Dillery, John, 2015, *Clio's Other Sons. Berossus and Manetho*. Ann Arbor.
Dillery, John, 2016, "Literary Interaction between Greece and Egypt. Manetho and Synchronism". Rutherford, 107/37.
Dillon, John, 1977, *The Middle Platonists. A Study of Platonism 80 B.C. to A.D. 220*. London.
Dillon, John, 1993, *Alcinous, The Handbook of Platonism* (Clarendon Later Ancient Philosophers). Oxford.
Di Mattei, Steven, 2006, "Moses' Physiologia and the Meaning and Use of physikôs in Philo of Alexandria's Exegetical Method". *The Studia Philonica Annual* 18, 3/32.
Dines, Jennifer M., 2004, *The Septuagint*. London-New York.
Doering, Lutz, 1999, *Schabbat: Sabbathalacha und -praxis im antiken Judentum und Urchristentum* (Texts and Studies in Ancient Judaism 78). Tübingen.
Doering, Lutz, 2005, "Excerpted Texts in Second Temple Judaism. A Survey of the Evidence". Rosa Maria Piccione – Matthias Perkams (Hrsg.), *Selecta colligere 2: Beiträge zur Technik des Sammelns und Kompilierens griechischer Texte von der Antike bis zum Humanismus*. Alessandria, 1/38.
Doering, Lutz, 2012a, "Reinheit und Tempel. Ein Beitrag zum Verhältnis von Law and Narrative im Jubiläenbuch". Adam – Avemarie – Wazana, 243/62.
Doering, Lutz, 2012b, "Jewish Law in the Dead Sea Scrolls: Some Issues for Consideration". Armin Lange – Kristin De Troyer – Shani Tzoref – Nora Dávid (Hrsg.), *The Hebrew Bible in the Light of the Dead Sea Scrolls* (Forschungen zur Religion und Literatur des Alten und Neuen Testaments 239). Göttingen, 449/62.
Doering, Lutz, 2012c, *Ancient Jewish Letters and the Beginnings of Christian Epistolography* (Wissenschaftliche Untersuchungen zum Neuen Testament 298). Tübingen.
Dörrie, Heinrich, 1959, *Porphyrios' "Symmikta Zetemata"* (Zetemata 20). München.
Dörrie, Heinrich, 1962, "Entwicklung". *Reallexikon für Antike und Christentum* 5, 476/504.
Dörrie, Heinrich, 1966, "Erotapokriseis. A. Nichtchristlich". *Reallexikon für Antike und Christentum* 6, 342/47.
Dörrie, Heinrich, 1972, "Die Wertung der Barbaren im Urteil der Griechen. Knechtsnaturen? Oder Bewahrer und Künder heilbringender Weisheit?". Ruth Stiehl – Gustav Adolf Lehmann (Hrsg.), *Antike und Universalgeschichte*, Festschrift Hans Erich Stier zum 70. Geburtstag am 25. Mai 1972 (Fontes et commentationes, Supplementband 1). Münster, 146/75.
Dörrie, Heinrich, 1973, "Platons Reisen zu fremden Völkern. Zur Geschichte eines Motivs der Platon-Legende und zu seiner Neuwendung durch Lactanz". Willem den Boer – Pieter Gijsbertus van der Nat – Christiaan Marie Jan Sicking – Jacobus Cornelis M. van Winden (Hrsg.), *Romanitas et Christianitas. Studia Iano Henrico Waszink A.D. VI Kal. Nov. A. MCMLXXIII XIII lustra complenti oblata*. Amsterdam-London, 99/118.
Dörrie, Heinrich, 1974, "Zur Methodik antiker Exegese". *Zeitschrift für die Neutestamentliche Wissenschaft und die Kunde der älteren Kirche* 65, 121/38.
Dörrie, Heinrich, 1987, *Die geschichtlichen Wurzeln des Platonismus*, Bausteine 1-35: Text, Übersetzung, Kommentar. Aus dem Nachlaß herausgegeben von Annemarie Dörrie (Der Platonismus in der Antike 1). Stuttgart-Bad Cannstatt.
Dörrie, Heinrich, 1990, *Der hellenistische Rahmen des kaiserzeitlichen Platonismus*, Bausteine 36-72: Text, Übersetzung, Kommentar. Aus dem Nachlaß herausgegeben und bearbeitet

von Matthias Baltes unter Mitarbeit von Annemarie Dörrie und Friedhelm Mann (*Der Platonismus in der Antike* 2). Stuttgart-Bad Cannstatt.

Dörrie, Heinrich – Baltes, Matthias, 1993, *Der Platonismus im 2. und 3. Jahrhundert nach Christus*, Bausteine 73-100: Text, Übersetzung, Kommentar (*Der Platonismus in der Antike* 3). Stuttgart-Bad Cannstatt.

Dörrie, Heinrich – Baltes, Matthias, 1998, *Die philosophische Lehre des Platonismus. Platonische Physik (im antiken Verständnis) II* (*Der Platonismus in der Antike* 5). Stuttgart-Bad Cannstatt.

Dohmen, Christoph, 1998, "'Nicht sieht mich der Mensch und lebt' (Ex 33,20). Aspekte der Gottesschau im Alten Testament". *Jahrbuch für Biblische Theologie* 13, 31/51.

Dohmen, Christoph, 2011, *Mose. Der Mann, der zum Buch wurde* (*Biblische Gestalten* 24). Leipzig.

Domaradzki, Mikolaj, 2010, "Allegoresis in the Fifth Century BC". *Eos* 97, 233/48.

Domaradzki, Mikolaj, 2011, "Theagenes of Rhegium and the Rise of Allegorical Interpretation". *Elenchos* 32, 2011, 205/27.

Donaldson, Terence L., 2007, *Judaism and the Gentiles. Jewish Patterns of Universalism (to 135 CE)*. Waco.

Donelli, Giulia, 2016, "Herodotus and Greek Lyric Poetry". Vasileios Liotsakis – Scott Farrington (Hrsg.), *The Art of History. Literary Perspectives on Greek and Roman Historiography* (*Trends in Classics* – Supplementary Volumes 41). Berlin-Boston, 11/36.

Dorandi, Tiziano, 1991, *Filodemo, Storia dei filosofi. Platone e l'Academia (PHerc. 1021 e 164), edizione, traduzione e commento* (*Istituto Italiano per gli Studi Filosofici. La Scuola di Epicuro* 12). Napoli.

Dorandi, Tiziano, 1994, *Filodemo, Storia dei filosofi. La Stoà da Zenone a Panezio (PHerc. 1018), edizione, traduzione e commento* (*Philosophia antiqua* 60). Leiden-New York-Köln.

Dorion, Louis-André, 2008, "La nature et le statut de la sophia dans les Mémorables". *Elenchos* 29, 253/77.

Dorival, Gilles, 1987, "La Bible des Septante chez les auteurs païens (jusqu'au Pseudo-Longin)". *Lectures anciennes de la Bible* (*Cahiers de Biblia Patristica* 1). Strasbourg, 9/26.

Dorival, Gilles, 1994, "L'histoire de la Septante dans le judaïsme antique". Dorival – Harl – Munnich, 29/125.

Dorival, Gilles, 2010, "New light about the origin of the Septuagint?". Karrer – Kraus, 36/47.

Dorival, Gilles – Harl, Marguerite – Munnich, Olivier (Hrsg.), 1994, *La Bible Grecque des Septante. Du judaïsme hellénistique au christianisme ancien*, 2. Auflage (*Initiations au Christianisme ancien*). Paris.

Dougan, Thomas Wilson – Henry, Robert Mitchell, 1934, *M. Tulli Ciceronis Tusculanarum disputationum libri quinque*, volume 2. Cambridge.

Dow, Sterling – Travis, Albert H., 1943, "Demetrios of Phaleron and his Lawgiving". *Hesperia* 12, 153/65.

Dreher, Martin, 2012, "Die Rechtskultur der Westgriechen". Legras, 63/78.

Dreyer, Oskar, 1970, *Untersuchungen zum Begriff des Gottgeziemenden in der Antike. Mit besonderer Berücksichtigung Philons von Alexandrien* (*Spudasmata* 24). Hildesheim-New York.

Droge, Arthur J., 1989, *Homer or Moses? Early Christian Interpretations of the History of Culture* (*Hermeneutische Untersuchungen zur Theologie* 26). Tübingen.

Drummond, James, 1888, *Philo Judaeus, or The Jewish-Alexandrian Philosophy in its Development and Completion*, volume 1. London.

Dubischar, Markus, 2015, "Typology of Philological Writings". Montanari – Matthaios – Rengakos, 545/99.
Dudley, John, 2012, *Aristotles' Concept of Chance. Accidents, Cause, Necessity, and Determinism*. New York.
Düring, Ingemar (Hrsg.), 1993, *Der Protreptikos des Aristoteles*, Einleitung, Text, Übersetzung und Kommentar, 2. Auflage (*Klostermann Texte. Philosophie*). Frankfurt am Main.
Dunand, Françoise, 2006, "La problématique des transferts culturels et son application au domaine religieux. Idéologie royale et cultes dynastiques dans le monde hellénistique". Couvenhes – Legras, 121/40.
Dyck, Andrew, 1981, "On Panaetius' Conception of μεγαλοψυχία". *Museum Helveticum* 38, 152/61.
Dyck, Andrew, (Hrsg.), 2003, *Cicero, De natura deorum Liber I* (*Cambridge Greek and Latin Classics*). Cambridge.
Dyck, Jonathan, 2002, "Philo, Alexandria and Empire. The politics of allegorical interpretation". Bartlett, 149/74.
Dyson, Henry, 2009, *Prolepsis and Ennoia in the Early Stoa* (*Sozomena* 5). Berlin-New York.
Eckhardt, Benedikt, 2010, "Die jüdischen Gesandtschaften an Pompeius (63 v. Chr.) bei Diodor und Josephus". *Klio* 92, 388/410.
Edelman, Diana, 2007, "Taking the Torah out of Moses? Moses' Claim to Fame Before he Became the Quintessential Law-Giver". Römer (2007a), 13/42.
Edelmann, Babett, 2007, *Religiöse Herrschaftslegitimation in der Antike. Die religiöse Legitimation orientalisch-ägyptischer und griechisch-hellenistischer Herrscher im Vergleich* (*Pharos* 20). Sankt Katharinen.
Effe, Bernd, 1970a, *Studien zur Kosmologie und Theologie der Aristotelischen Schrift "Über die Philosophie"* (*Zetemata* 50), Dissertation Kiel 1968. München.
Effe, Bernd, 1970b, "Προτέρη γενεή. Eine stoische Hesiodinterpretation in Arats Phainomena". *Rheinisches Museum*, Neue Folge 113, 167/82.
Effe, Bernd, 1977, *Dichtung und Lehre. Untersuchungen zur Typologie des antiken Lehrgedichts* (*Zetemata* 69). München.
Eggs, Ekkehard, 1984, *Die Rhetorik des Aristoteles. Ein Beitrag zur Theorie der Alltagskommunikation und zur Syntax von komplexen Sätzen (im Französischen)* (*Europäische Hochschulschriften*. Reihe 21: *Linguistik*, Band: 27). Frankfurt am Main-Bern-New York.
Eggs, Ekkehard, 2001, "Metapher". *Historisches Wörterbuch der Rhetorik* 5, 1099/1183.
Ego, Beate, 2010a, "Mordechais Verweigerung der Proskynese vor Haman im Kontext der religiösen Vorstellungswelt des Esterbuches". Karrer – Kraus, 506/22.
Ego, Beate, 2010b, "Mose im Judentum". Beate Ego – Christfried Böttrich – Friedmann Eißler, *Mose in Judentum, Christentum und Islam (Judentum, Christentum und Islam)*. Göttingen, 11/66.
Ego, Beate, 2011, "The Hellenistic Crisis as Reflected by the Animal Apocalypse: Aetiological and Eschatological Aspects". Lange – Römheld – Weigold, 75/87.
Ehrenberg, Victor, 1946, *Aspects of the Ancient World*. Essays and Reviews, Oxford.
Elter, Anton, 1894, *De Gnomologiorum Graecorum historia atque origine commentatio*, part. V: *De Iustini monarchia et Aristobulo Iudaeo*. Bonn.
Emerton, John Adney, 2001, "The Teaching of Amenemope and Proverbs XXII 17-XXIV 22: Further Reflections on a Long-standing Problem". *Vetus Testamentum* 51, 431/65.
Enders, Markus, 2002, "theologikê". Horn – Rapp, 435f.

Enerhalm-Ogawa, Agneta, 1987, *Un langage de prière juif en grec. Le témoignage des deux premiers livres des Maccabées* (Coniectanea Biblica. New Testament Series 17). Stockholm.
Engels, Johannes, 2007, "Philosophen in Reihen. Die Φιλοσόφων ἀναγραφή des Hippobotos". Erler – Schorn, 173/94.
Erbse, Hartmut, 1959, "Über Aristarchs Iliasausgaben". *Hermes* 87, 275/303.
Erbse, Hartmut, 1960, *Beiträge zur Überlieferung der Iliasscholien* (Zetemata 24). München.
Erler, Michael, 1994a, "Epikur". Flashar, 29/202.
Erler, Michael, 1994b, "Die Schule Epikurs". Flashar, 203/380.
Erler, Michael, 2001, "Legitimation und Projektion: 'Die Weisheit der Alten' im Platonismus der Spätantike". Dieter Kuhn – Helga Stahl (Hrsg.), *Die Gegenwart des Altertums. Formen und Funktionen des Altertumsbezugs in den Hochkulturen der Alten Welt.* Heidelberg, 313/26.
Erler, Michael, 2007, *Platon (Grundriß der Geschichte der Philosophie: Die Philosophie der Antike* 2/2). Basel.
Erler, Michael, 2009, "Kontexte der Philosophie Platons". Christoph Horn – Jörn Müller – Joachim Söder (Hrsg.), *Platon-Handbuch. Leben – Werk – Wirkung.* Stuttgart-Weimar, 61/99.
Erler, Michael, 2011, "Chaldäer im Platonismus". Eva Cancik-Kirschbaum – Margarete van Ess – Joachim Marzahn (Hrsg.), 2011, *Babylon. Wissenskultur in Orient und Okzident / Science Culture Between Orient and Occident.* Berlin-Boston, 225/37.
Erler, Michael, 2013, "Plasma und Historie: Platon über die Poetizität seiner Dialoge". Erler – Heßler, 59/83.
Erler, Michael, 2014, "Praesens divinum. Mythische und historische Zeit in der griechischen Literatur". Janka – Schäfer, 61/80.
Erler, Michael – Schorn, Stefan (Hrsg.), 2007, *Die griechische Biographie in hellenistischer Zeit,* Akten des internationalen Kongresses vom 26.-29. Juli 2006 in Würzburg (*Beiträge zur Altertumskunde* 245). Berlin-New York.
Erler, Michael – Heßler, Jan Erik (Hrsg.), 2013, *Argument und literarische Form in antiker Philosophie,* Akten des 3. Kongresses der Gesellschaft für Antike Philosophie 2010 (*Beiträge zur Altertumskunde* 320). Berlin-Boston.
Erren, Manfred, 1967, *Die Phainomena des Aratos von Soloi. Untersuchungen zum Sach- und Sinnverständnis* (*Hermes* Einzelschriften 19). Wiesbaden.
Erren, Manfred, 1971, *Aratos, Phainomena. Sternbilder und Wetterzeichen* (Tusculum Bücherei). München.
Erskine, Andrew – Llewellyn-Jones, Lloyd (Hrsg.), 2011, *Creating a Hellenistic World.* Swansea.
Erto, Maurizio, 2010, "La traduzione come ΜΕΤΑΓΡΑΦΗ: La Bibbia dei Settanta e la strategia apologetica della *Lettera di Aristea*". *Quaderni di storia* 36, 199/211.
Erto, Maurizio, 2013, "Traduzione scritta e interpretazione orale delle scritture: sul significato del verbo σημαίνω nella *Lettera di Aristea*". *Quaderni di storia* 39, 207/16.
Essler, Holger, 2011, *Glückselig und unsterblich. Epikureische Theologie bei Cicero und Philodem* (Schwabe Epicurea 2). Basel.
Eucken, Christoph, 1983, *Isokrates. Seine Positionen in der Auseinandersetzung mit den zeitgenössischen Philosophen* (Untersuchungen zur antiken Literatur und Geschichte 19). Berlin-New York.
Evans, Trevor V., 2001, *Verbal Syntax in the Greek Pentateuch. Natural Greek Usage and Hebrew Interference.* Oxford.

Fabry, Heinz-Josef – Offerhaus, Ulrich (Hrsg.), 2001, *Im Brennpunkt: Die Septuaginta. Studien zur Entstehung und Bedeutung der Griechischen Bibel* (*Beiträge zur Wissenschaft vom Alten und Neuen Testament*, 8. Folge, Heft 13). Stuttgart-Berlin-Köln.
Fabry, Heinz-Josef – Böhler, Dieter (Hrsg.), 2007, *Im Brennpunkt: Die Septuaginta, Band 3: Studien zur Theologie, Anthropologie, Ekklesiologie, Eschatologie und Liturgie der Griechischen Bibel* (*Beiträge zur Wissenschaft vom Alten und Neuen Testament*, 9. Folge, Heft 14). Stuttgart.
Fakas, Christos, 2001, *Der hellenistische Hesiod. Arats Phainomena und die Tradition der antiken Lehrepik* (*Serta Graeca* 11). Wiesbaden.
Falcon, Andrea, 2005, *Aristotle and the Science of Nature. Unity without Uniformity*. Cambridge.
Fanning, Buist M., 1990, *Verbal Aspect in New Testament Greek* (*Oxford Theological Monographs*). Oxford.
Fantuzzi, Marco, 1980, "'Ἐκ Διὸς ἀρχώμεσθα. Arat. Phaen. 1 e Theocr. XVII 1". *Materiali e discussioni per l'analisi dei testi classici* 5, 163/172.
Fantuzzi, Marco, 1996, "Aratos [4]". *Der Neue Pauly* 1, 957/62.
Fantuzzi, Marco – Hunter, Richard, 2004, *Tradition and Innovation in Hellenistic Poetry*. Cambridge.
Faraguna, Michele, 2007, "Tra oralità e scrittura: diritto e forme della comunicazione dai poemi omerici a Teofrasto". *Etica & politica* 9, 75/111.
Farrar, Cynthia, 2013, "Putting history in its place: Plato, Thucydides, and the Athenian *politeia*". Harte – Lane, 32/56.
Fascher, Erich, 1927, *ΠΡΟΦΗΤΗΣ. Eine sprach- und religionsgeschichtliche Untersuchung*. Gießen.
Fascher, Erich, 1959, "Dynamis". *Reallexikon für Antike und Christentum* 4, 415/58.
Fehling, Detlev, 2002, "Zur Geschichte des Perfekts". *Hyperboreus* 8, 215/21.
Felber, Heinz, 2002, "Die Demotische Chronik". Blasius – Schipper, 65/111.
Feldman, Louis H., 1960, "The Orthodoxy of the Jews in Hellenistic Egypt". *Jewish Social Studies* 22, 215/37.
Feldman, Louis H., 1987-1988, "Pro-Jewish Intimations in Anti-Jewish Remarks Cited in Josephus' *Against Apion*". *Jewish Quarterly Review* 78, 187/251.
Feldman, Louis H., 1990, "Prophets and Prophecy in Josephus". *Journal of Theological Studies* 41, 386/422.
Feldman, Louis H., 1993, *Jew and Gentile in the Ancient World. Attitudes and Interactions from Alexander to Justinian*. Princeton.
Feldman, Louis H., 1996, "Reading between the Lines: Appreciation of Judaism in Anti-Jewish Writers Cited in *Contra Apionem*". Louis H. Feldman – John R. Levinson (Hrsg.), *Josephus' Contra Apionem. Studies in its Character and Context with a Latin Concordance to the Portion Missing in Greek* (*Arbeiten zur Geschichte des antiken Judentums und des Urchristentums* 34). Leiden-New York-Köln, 250/70.
Feldman, Louis H., 2000, *Judean Antiquities 1-4*, Translation and Commentary (*Flavius Josephus. Translation and Commentary* 3). Leiden-Boston-Köln.
Feldmeier, Reinhard, 1994, "Weise hinter 'eisernen Mauern'. Tora und jüdisches Selbstverständnis zwischen Akkulturation und Absonderung im Aristeasbrief". Martin Hengel – Anna Maria Schwemer (Hrsg.), *Die Septuaginta zwischen Judentum und Christentum* (*Wissenschaftliche Untersuchungen zum Neuen Testament* 72). Tübingen, 20/37.
Festugière, André Jean, 1953, *La révelation d'Hermès Trismégiste*, tome III: Les doctrines de l'ame (*Études bibliques*). Paris.

Festugière, André-Jean, 1977, "Kompositionsformen der Kommentare des Proklos". Clemens Zintzen (Hrsg.), *Die Philosophie des Neuplatonismus* (*Wege der Forschung* 486). Darmstadt, 331/69.
Fiedrowicz, Michael, 2000, *Apologie im frühen Christentum. Die Kontroverse um den christlichen Wahrheitsanspruch in den ersten Jahrhunderten*. Paderborn-München-Wien-Zürich.
Finkelberg, Margalit, 2003, "Homer as a Foundation Text", Finkelberg – Stroumsa, 75/96.
Finkelberg, Margalit, 2012, "The Canonicity of Homer". Becker – Scholz, 137/51.
Finkelberg, Margalit – Stroumsa, Guy G. (Hrsg.), 2003, *Homer, the Bible and Beyond. Literary and Religious Canons in the Ancient World* (*Jerusalem Studies in Religion and Culture* 2). Leiden-Boston.
Fischer, Georg, 2000, "Das Mosebild der Hebräischen Bibel". Otto, 84/120.
Fischer, Ulrich, 1978, *Eschatologie und Jenseitserwartung im hellenistischen Diasporajudentum* (*Beiheft zur Zeitschrift für die neutestamentliche Wissenschaft und die Kunde der älteren Kirche* 44). Berlin-New York.
Fix, Ulla – Gardt, Andreas – Knape, Joachim (Hrsg.), 2008, *Rhetorik und Stilistik – Rhetoric and Stylistics*, 1. Halbband (*Handbücher zur Sprach- und Kommunikationswissenschaft* 31.1). Berlin-New York.
Fladerer, Ludwig, 1996, *Antiochos von Askalon. Hellenist und Humanist* (*Grazer Beiträge*, Supplementband 7). Graz-Horn.
Flashar, Hellmut, 1958, *Der Dialog "Ion" als Zeugnis platonischer Philosophie* (*Deutsche Akademie der Wissenschaften zu Berlin. Schriften der Sektion für Altertumswissenschaft* 14). Berlin.
Flashar, Hellmut (Hrsg.), 1994, *Die hellenistische Philosophie* (*Grundriß der Geschichte der Philosophie: Die Philosophie der Antike* 4). Basel.
Flashar, Hellmut (Hrsg.), 2004, *Ältere Akademie. Aristoteles. Peripatos* (*Grundriß der Geschichte der Philosophie: Die Philosophie der Antike* 3). Basel.
Flashar, Hellmut, 2004a, "Die ältere Akademie". Flashar, 1/165.
Flashar, Hellmut, 2004b, "Aristoteles". Flashar, 167/492.
Flashar, Hellmut, 2006, "Dialoge, Philosophie, Rhetorik". Flashar – Dubielzig – Breitenberger, 21/245.
Flashar, Hellmut – Dubielzig, Uwe – Breitenberger, Barbara, 2006, *Aristoteles, Fragmente zu Philosophie, Rhetorik, Poetik, Dichtung* (*Aristoteles, Werke* 20/1). Berlin.
Flashar, Martin, 1912, "Exegetische Studien zum Septuagintapsalter". *Zeitschrift für die alttestamentliche Wissenschaft* 32, 81/116.
Flint, Peter W. (Hrsg.), 2001a, *The Bible at Qumran. Text, Shape, and Interpretation* (*Studies in the Dead Sea Scrolls and Related Literature*). Grand Rapids-Cambridge.
Flint, Peter W., 2001b, "Noncanonical Writings in the Dead Sea Scrolls: Apocrypha, Other Previously Known Writings, Pseudepigrapha". Flint, 80/123.
Flower, Michael Attyah, 2008, *The Seer in Ancient Greece*. Berkeley-Los Angeles-London.
Floyd, Michael H. – Haak, Robert D. (Hrsg.), 2006, *Prophets, Prophecy, and Prophetic Texts in Second Temple Judaism* (*Library of Hebrew Bible/Old Testament Studies* 427). New York-London.
Föllinger, Sabine (Hrsg.), 2010, *Was ist Leben? Aristoteles' Anschauungen zur Entstehung und Funktionsweise von Leben*, Akten der 10. Tagung der Karl und Gertrud Abel-Stiftung vom 23.-26. August 2006 in Bamberg (*Philosophie der Antike* 27). Stuttgart.
Folkerts, Menso, 1998, "Geminos". *Der Neue Pauly* 4, 900f.

Fornara, Roberto, 2004, *La visione contraddetta. La dialettica fra visibilità e non-visibilità divina nella Bibbia ebraica* (*Analecta Biblica* 155). Roma.

Fortenbaugh, William W., 2005, *Theophrastus of Eresus: Sources on Rhetoric and Poetics* (*Theophrastus of Eresus, Sources for his Life, Writings, Thought and Influence. Commentary* 8 = *Philosophia antiqua* 97). Leiden-Boston.

Fortenbaugh, William W., 2011, *Theophrastus of Eresus: Sources on Ethics* (*Theophrastus of Eresus, Sources for His Life, Writings, Thought and Influence. Commentary* 6.1 = *Philosophia antiqua* 123). Leiden-Boston.

Fortenbaugh, William W. – Schütrumpf, Eckart (Hrsg.), 2000, *Demetrius of Phalerum. Text, Translation and Discussion* (*Rutgers University Studies in Classical Humanities* 9). New Brunswick-London.

Fortenbaugh, William W. – Pender, Elizabeth (Hrsg.), 2009, *Heraclides of Pontus. Discussion* (*Rutgers University Studies in Classical Humanities* 15). New Brunswick-London.

Fox, Michael V., 2014, "From Amenemope to Proverbs. Editorial Art in Proverbs 22,17 – 23,11". *Zeitschrift für die alttestamentliche Wissenschaft* 126, 76/91.

Fraade, Steven D., 2004, "Moses and the Commandments: Can Hermeneutics, History, and Rhetoric be Disentangled?". Najman – Newman, 399/422.

Fraenkel, Carlos, 2011, "Integrating Greek Philosophy into Jewish and Christian Contexts in Antiquity: The Alexandrian Project". Robert Wisnovsky – Faith Wallis – Jamie C. Fumo – Carlos Fraenkel (Hrsg.), *Vehicles of Transmission, Translation, and Transformation in Medieval Textual Culture* (*Cursor Mundi* 4). Turnhout, 23/47.

Frankel, Zacharias, 1851, *Ueber den Einfluß der palästinischen Exegese auf die alexandrinische Hermeneutik*. Leipzig.

Frankemölle, Hubert, 2006, *Frühjudentum und Urchristentum. Vorgeschichte – Verlauf – Auswirkungen (4. Jahrhundert v.Chr. bis 4. Jahrhundert n.Chr.)* (*Studienbücher Theologie* 5). Stuttgart.

Fraser, Peter M., 1972, *Ptolemaic Alexandria*, 3 Bände, Oxford.

Frede, Dorothea, 1992, "The Cognitive Role of *Phantasia* in Aristotle". Nussbaum – Rorty, 279/95.

Frede, Dorothea, 1997, *Platon. Philebos*, Übersetzung und Kommentar (*Platon. Werke* III 2). Göttingen.

Frede, Dorothea – Laks, André (Hrsg.), 2002, *Traditions of Theology. Studies in Hellenistic Theology, its Background and Aftermath* (*Philosophia antiqua* 89). Leiden-Boston-Köln.

Frede, Michael, 1983, "Stoics and Skeptics on Clear and Distinct Impressions". Myles Burnyeat (Hrsg.), *The Skeptical Tradition* (*Major Thinkers Series* 3). Berkely-Los Angeles-London, 65/93.

Frede, Michael, 1999a, "Monotheism and Pagan Philosophy in Later Antiquity". Athanassiadi – Frede, 41/67.

Frede, Michael, 1999b, "Stoic epistemology". Algra – Barnes – Mansfeld – Schofield, 295/322.

Freudenthal, Jakob, 1875, *Hellenistische Studien*, Heft 1 und 2: *Alexander Polyhistor und die von ihm erhaltenen Reste judäischer und samaritanischer Geschichtswerke*. Breslau.

Freund, Richard A., 1990, "From Kings to Archons". *Scandinavian Journal of the Old Testament* 2, 58/72.

Freund, Stefan, 2000, *Vergil im frühen Christentum. Untersuchungen zu den Vergilzitaten bei Tertullian, Minucius Felix, Novatian, Cyprian und Arnobius* (*Studien zur Geschichte und Kultur des Altertums*, Neue Folge, 1. Reihe: Monographien, Band 16). Paderborn-München-Wien-Zürich.

Frey, Jörg, 1998, *Die johanneische Eschatologie*, Band 2: *Das johanneische Zeitverständnis* (*Wissenschaftliche Untersuchungen zum Neuen Testament* 110). Tübingen.

Freytag, Wiebke, 1992, "Allegorie, Allegorese". *Historisches Wörterbuch der Rhetorik* 1, 330/93.

Friedländer, Ulrich, 1895, *De Zoilo aliisque Homeri obtrectatoribus dissertatio inauguralis*. Königsberg.

Fritsch, Charles T., 1943, *The Anti-Anthropomorphisms of the Greek Pentateuch* (*Princeton Oriental Texts* 10). Princeton.

Fritz, Martin, 2011, *Vom Erhabenen. Der Traktat "Peri Hypsous" und seine ästhetisch-religiöse Renaissance im 18. Jahrhundert* (*Beiträge zur historischen Theologie* 160). Tübingen.

Froidefond, Christian, 1970, *Le mirage égyptien dans la littérature grecque d'Homère a Aristote*, Dissertation. Paris.

Furley, William D., 1998, "Hymnos, Hymnus. I. Der griechische Hymnos". *Der Neue Pauly* 5, 788/91.

Furley, William D. – Bremer, Jan Maarten 2001, *Greek Hymns. Selected Cult Songs from the Archaic to the Hellenistic Period*, volume 1: *The Texts in Translation* (*Studien und Texte zu Antike und Christentum* 9). Tübingen.

Gabba, Emilio, 1989, "The Growth of Anti-Judaism or the Greek Attitude towards the Jews". Davies – Finkelstein, 614/56.

Gärtner, Hans Armin, 2002, "Zetema". *Der Neue Pauly* 12, 777/79.

Gager, John G., 1972, *Moses in Greco-Roman Paganism* (*Society of Biblical Literature. Monograph Series* 16). Nashville-New York.

Gagarin, Michael, 2000a, "The Legislation of Demetrius of Phalerum and the Transformation of Athenian Law". Fortenbaugh – Schütrumpf, 347/65.

Gagarin, Michael, 2000b, "Le Code de Platon et le droit grec". Lévy, 215/27.

Gagarin, Michael, 2003, "Letters of the Law. Written Texts in Archaic Greek Law". Yunis, 59/77.

Gagarin, Michael, 2005a, "The Unity of Greek Law". Gagarin – Cohen, 29/40.

Gagarin, Michael, 2005b, "Early Greek Law". Gagarin – Cohen, 82/94.

Gagarin, Michael, 2008, *Writing Greek Law*. Cambridge.

Gagarin, Michael, 2011, "Writing Sacred Laws in Archaic and Classical Crete". Lardinois – Blok – van der Poel, 101/11.

Gagarin, Michael, 2012, "The laws of Crete". Legras, 17/29.

Gagarin, Michael – Cohen, David (Hrsg.), 2005, *The Cambridge Companion to Ancient Greek Law*. Cambridge.

Gaiser, Konrad, 1988, *Philodems Academica. Die Berichte über Platon und die Alte Akademie in zwei herkulanensischen Papyri* (*Supplementum Platonicum* 1). Stuttgart-Bad Cannstatt.

Gall, Dorothea, 1999, *Zur Technik von Anspielung und Zitat in der römischen Dichtung. Vergil, Gallus und die Ciris* (*Zetemata* 100). München.

Garbini, Giovanni, 2002, *Historia e Ideología en el Israel antiguo*. Barcelona (ursprünglich italienisch 1986).

Gatzemeier, Matthias, 1970, *Die Naturphilosophie des Straton von Lampsakos. Zur Geschichte des Problems der Bewegung im Bereich des frühen Peripatos* (*Monographien zur Naturphilosophie* 10). Meisenheim am Glan.

Gauger, Jörg-Dieter, 1982, "Zitate in der jüdischen Apologetik und die Authentizität der Hekataios-Passagen bei Flavius Josephus und im Ps.Aristeas-Brief". *Journal for the Study of Judaism* 13, 6/46.

Gauthier, Philippe, 1981, "La citoyenneté en Grèce et à Rome: participation et intégration". *Ktema* 6, 167/79.

Gee, Emma, 2013, *Aratus and the Astronomical Tradition* (*Classical Culture and Society* 6). Oxford.

Geerlings, Wilhelm – Schulze, Christian (Hrsg.), 2002, *Der Kommentar in Antike und Mittelalter. Beiträge zu seiner Erforschung* (*Clavis Commentariorum Antiquitatis et Medii Aevi* 2). Leiden-Boston-Köln.

Gehrig, Stefan – Seiler, Stefan (Hrsg.), 2009, *Gottes Wahrnehmungen. Helmut Utzschneider zum 60. Geburtstag*. Stuttgart.

Gehring, Petra, 2011, "Metapherntheoretischer Visualismus. Ist die Metapher 'Bild'?". Kroß – Zill, 15/31.

Gehrke, Hans Joachim (Hrsg.), 1994, *Rechtskodifizierung und soziale Normen im interkulturellen Vergleich* (*ScriptOralia* 66). Tübingen.

Gehrke, Hans-Joachim, 1995, "Der Nomosbegriff der Polis". Behrends – Sellert, 13/34.

Gehrke, Hans-Joachim, 2000, "Verschriftung und Verschriftlichung sozialer Normen im archaischen und klassischen Griechenland". Lévy, 141/59.

Gehrke, Hans-Joachim, 2004, "Das sozial- und religionsgeschichtliche Umfeld der Septuaginta". Kreuzer – Lesch, 44/60.

Gehrke, Hans-Joachim, 2006, "The Figure of Solon in the Athênaiôn Politeia". Blok – Lardinois, 276/89.

Gelzer, Thomas, 1993, "Transformations". Bulloch – Gruen – Long – Stewart, 130/51.

Gerber, Christine, 1994, "Die Heiligen Schriften des Judentums nach Flavius Josephus". Hengel – Löhr, 91/113.

Gerber, Christine, 1997, *Ein Bild des Judentums für Nichtjuden von Flavius Josephus. Untersuchungen zu seiner Schrift* Contra Apionem (*Arbeiten zur Geschichte des antiken Judentums und des Urchristentums* 40). Leiden-New York-Köln.

Gercke, Alfred, 1896, "Aristobulos 15)". *RE* 2, 918/20.

Gertz, Jan Christian, 2002, "Moses und die Anfänge der jüdischen Religion". *Zeitschrift für Theologie und Kirche* 99, 3/20.

Geus, Klaus, 2002, *Eratosthenes von Kyrene. Studien zur hellenistischen Kultur- und Wissenschaftsgeschichte* (*Münchener Beiträge zur Papyrusforschung und antiken Rechtsgeschichte* 92). München.

Geus, Klaus, 2016, "Progress in the Sciences: Astronomy and Hipparchus". Bianchetti – Cataudella – Gehrke, 150/60.

Gévaudan, Paul, 2008, "Tropen und Figuren". Fix – Gardt – Knape, 729/42.

Giannattasio Andria, Rosa, 1989, *I frammenti delle "Successioni dei filosofi"* (*Università degli studi di Salerno. Quaderni del dipartimento di scienze dell'antichità* 5). Napoli.

Giangiulio, Maurizio (Hrsg.), 2000, *Pitagora, Le opere e le testimonianze*, volume I (*Classici Greci e Latini*). Milano.

Gigante, Marcello, 1983, "Frammenti di Ippoboto. Contributo alla storia della storiografia filosofica". Attilio Mastrocinque (Hrsg.), *Omaggio a Piero Treves* (*Università di Venezia. Facoltà di Lettere e Filosofia S. Sebastiano* 7). Padova, 151/93.

Ginzburg, Carlo, 2001, *Die Wahrheit der Geschichte. Rhetorik und Beweis*. Berlin.

Giovannini, Adalberto, 1995, "Les origines de l'antijudaïsme dans le monde grec". *Cahiers du Centre G. Glotz* 6, 41/60.

Gladigow, Burkhard, 1965, *Sophia und Kosmos. Untersuchungen zur Frühgeschichte von σοφός und σοφίη* (*Spudasmata* 1). Hildesheim.

Gladigow, Burkhard, 1981, "Gottesnamen (Gottesepitheta) I (allgemein)". *Reallexikon für Antike und Christentum* 11, 1202/38.
Glei, Reinhold F. – Reis, Burkhard, 2013, "'Grammatisches' vs. 'rhetorisches' Übersetzen: zum nicht erhaltenen Original eines Ciceroverses (FPL 55)". *Philologus* 157, 183/93.
Glucker, John, 1978, *Antiochus and the Late Academy* (*Hypomnemata* 56). Göttingen.
Gmirkin, Russell E., 2006, *Berossus and Genesis, Manetho and Exodus. Hellenistic Histories and the Date of the Pentateuch* (*Library of Hebrew Bible/Old Testament Studies* 433 = Copenhagen International Series 15). New York-London.
Gnilka, Christian, 1972, *Aetas spiritalis. Die Überwindung der natürlichen Altersstufen als Ideal frühchristlichen Lebens* (*Theophaneia* 24). Köln-Bonn.
Gnilka, Christian, 1984, *ΧΡΗΣΙΣ. Die Methode der Kirchenväter im Umgang mit der antiken Kultur*. I: *Der Begriff des "rechten Gebrauchs"*. Basel.
Gnilka, Christian, 1993, *ΧΡΗΣΙΣ – CHRÊSIS. Die Methode der Kirchenväter im Umgang mit der antiken Kultur*. II: *Kultur und Conversion*. Basel.
Gnilka, Christian, 2005, "Wahrheit und Ähnlichkeit". Raban von Haehling (Hrsg.), *Griechische Mythologie und frühes Christentum*. Darmstadt, 194/226.
Göbel, Janina – Zech, Tanja (Hrsg.), 2011, *Exportschlager – Kultureller Austausch, wirtschaftliche Beziehungen und transnationale Entwicklungen in der antiken Welt*, Humboldts Studentische Konferenz der Altertumswissenschaften 2009 (*Quellen und Forschungen zur Antiken Welt* 57). München.
Görg, Manfred, 2000, "Mose – Name und Namensträger. Versuch einer historischen Annäherung". Otto, 17/42.
Görg, Manfred, 2001, "Die Septuaginta im Kontext spätägyptischer Kultur. Beispiele lokaler Inspiration bei der Übersetzungsarbeit am Pentateuch". Fabry – Offerhaus, 115/30.
Görgemanns, Herwig, 1960, *Beiträge zur Interpretation von Platons Nomoi* (*Zetemata* 25). München.
Görler, Woldemar, 1994, "Älterer Pyrrhonismus. Jüngere Akademie. Antiochos aus Askalon". Flashar, 717/989.
Goff, Matthew, 2016, "A Blessed Rage for Order. Apocalypticism, Esoteric Revelation, and the Cultural Politics of Knowledge in the Hellenistic Age". *Hebrew Bible and Ancient Israel* 5, 193/211.
Goldenberg, Robert, 1998, *The Nations That Know Thee Not. Ancient Jewish Attitudes toward Other Religions* (*Reappraisals in Jewish Social and Intellectual History*). New York.
Goldhill, Simon, 1994, "The naive and knowing eye: ecphrasis and the culture of viewing in the Hellenistic world". Simon Goldhill – Robin Osborne (Hrsg.), *Art and text in ancient Greek culture* (*Cambridge Studies in New Art History and Criticism*). Cambridge, 197/223.
Goldschmidt, Victor, 1956, "La théorie aristotélicienne du lieu". *Mélanges de philosophie grecque offerts à Auguste Diès*. Paris, 79/119.
Gonzalez, Francisco J., 2011, "The Hermeneutics of Madness: Poet and Philosopher in Plato's *Ion* and *Phaedrus*". Destrée – Herrmann, 93/110.
Goodman, Michael D., 1994, "Text, scribes and power in Roman Judaea". *Literacy and power in the ancient world*, edited by Alan K. Bowman and Greg Woolf. Cambridge, 99/108.
Goodman, Michael D., 1995, *Mission and Conversion. Proselytizing in the Religious History of the Roman Empire*. Oxford.
Gorman, Peter, 1983, "Pythagoras Palaestinus". *Philologus* 127, 30/42.
Gottschalk, Hans B., 1980, *Heraclides of Pontus*. Oxford.

Gottschalk, Hans B., 2000, "Demetrius of Phalerum: A Politician among Philosophers and a Philosopher among Politicians". Fortenbaugh – Schütrumpf, 367/80.
Goudriaan, Koen, 1988, *Ethnicity in Ptolemaic Egypt* (*Dutch Monographs on Ancient History and Archaeology* 5). Amsterdam.
Goudriaan, Koen, 1992, "Ethnical Strategies in Graeco-Roman Egypt". Bilde – Engberg-Pedersen – Hannestad – Zahle, 74/99.
Goukowsky, Paul (Hrsg.), 2014, *Diodore de Sicile, Bibliothèque historique, Fragments, tome IV: Livres XXXIII-XL* (*Collection des Universités de France*). Paris.
Goulet, Richard, 1987, *La philosophie de Moïse. Essai de reconstitution d'un commentaire philosophique préphilonien du Pentateuque* (*Histoire des doctrines de l'antiquité classique* 11). Paris.
Gourinat, Jean Baptiste, 2005, "*Explicatio fabularum*: la place de l'allégorie dans l'interprétation stoïcienne de la mythologie". Gilbert Dahan – Richard Goulet (Hrsg.), *Allegorie des poètes. Allégorie des philosophes. Études sur la poétique et l'herméneutique de l'allégorie de l'Antiquité à la Réforme*. Paris, 9/34.
Grabbe, Lester L., 1988, *Etymology in Early Jewish Interpretation. The Hebrew Names in Philo* (*Brown Judaic Studies* 115). Atlanta.
Grabbe, Lester L., 1990, "Thus Spake the Prophet Josephus ...: The Jewish Historian on Prophets and Prophecy". Floyd – Haak, 240/47.
Grabbe, Lester L., 2001, *Did Moses Speak Attic? Jewish Historiography and Scripture in the Hellenistic Period* (*Journal for the Study of the Old Testament* Supplement Series 317 = *European Seminar in Historical Methodology* 3). Sheffield.
Grabbe, Lester L., 2001a, "Jewish Historiography and Scripture in the Hellenistic Period". Grabbe, 129/55.
Grabbe, Lester L., 2001b, "Who were the First Real Historians? On the Origins of Critical Historiography". Grabbe, 156/81.
Grabbe, Lester L., 2004, *A History of the Jews and Judaism in the Second Temple Period*, volume 1 (*Library of Second Temple Studies* 47), London-New York.
Grabbe, Lester L., 2009, "Aristobulus". *Encyclopedia of the Bible and its Reception* 2, 724/26.
Graetz, Heinrich, 1878, "Der angebliche judäische Peripatetiker Aristobulos und seine Schriften". *Monatsschrift zur Geschichte und Wissenschaft des Judentums* 27, 49/60. 97/109.
Graetz, Heinrich, 1888, *Geschichte der Judäer von dem Tode Juda Makkabi's bis zum Untergange des judäischen Staates*, 1. Hälfte, 4. Auflage (*Geschichte der Juden von den ältesten Zeiten bis auf die Gegenwart* 3, 1). Leipzig.
Grafton, Anthony, 2000, "Plagiat". *Der Neue Pauly* 9, 1061f.
Graziosi, Barbara, 2002, *Inventing Homer. The Early Reception of Epic* (*Cambridge Classical Studies*). Cambridge.
Green, Peter (Hrsg.), 1994, *Hellenistic History and Culture* (*Hellenistic Culture and Society* 9). Berkeley-Los Angeles-London.
Grieb, Volker – Koehn, Clemens (Hrsg.), 2013, *Polybios und seine Historien*. Stuttgart.
Griffiths, J. Gwyn, 1953, "The Egyptian Derivation of the Name Moses". *Journal of Near Eastern Studies*, 225/31.
Griffiths, J. Gwyn, 1967, "Allegory in Greece and Egypt". *Journal of Egyptian Archaeology* 53, 79/102.
Grilli, Alberto, 1997, "L'allegoria che non diviene simbolo". Horn – Walter, 407/17.
Grimal, Nicolas, 1998, *Storia dell'antico Egitto* (*Biblioteca Storica Laterza*). Bari.

Groneberg, Brigitte – Spieckermann, Hermann (Hrsg.), 2008, *Die Welt der Götterbilder* (Beihefte zur *Zeitschrift für die alttestamentliche Wissenschaft* 376). Berlin-New York.
Groß, Karl, 1985, *Menschenhand und Gotteshand in Antike und Christentum*. Stuttgart.
Gruen, Erich S., 1994, "Hellenism and Persecution: Antiochus IV and the Jews". Green, 238/74.
Gruen, Erich S., 1997, "Fact and Fiction: Jewish Legends in a Hellenistic Context". *Hellenistic Constructs. Essays in Culture, History, and Historiography*, edited by Paul Cartledge, Peter Garnsey, and Erich Gruen (*Hellenistic Culture and Society* 26). Berkeley-Los Angeles-London, 72/88.
Gruen, Erich S., 1998a, *Heritage and Hellenism. The Reinvention of Jewish Tradition* (*Hellenistic Culture and Society* 30). Berkeley-Los Angeles-London.
Gruen, Erich S., 1998b, "The Use and Abuse of the Exodus Story". *Jewish History* 12, 93/122.
Gruen, Erich S., 2002, *Diaspora. Jews amidst Greeks and Romans*. Cambridge/Massachusetts-London.
Gruen, Erich S., 2007, "Persia through the Jewish Looking-Glass". Rajak – Pearce – Aitken – Dines, 53/75.
Gruen, Erich S., 2008, "The *Letter of Aristeas* and the Cultural Context of the Septuagint". Karrer – Kraus, 134/56.
Gruen, Erich S., 2009, "Kinship Relations and Jewish Identity". Levine – Schwartz, 101/16.
Gruen, Erich S., 2010, "Jewish Literature". Clauss – Cuypers, 415/28.
Gruen, Erich S., 2013, "Did Ancient Identity Depend on Ethnicity? A Preliminary Probe". *Phoenix* 67, 1/22.
Grundmann, Walter, 1935, "δύναμαι, δυνατός κτλ.". *Theologisches Wörterbuch zum Neuen Testament* 2, 286/318.
Gschnitzer, Fritz, 1997, "Zur Terminologie von 'Gesetz' und 'Recht' im frühen Griechisch". Gerhard Thür – Julie Vélissaropoulos-Karakostas (Hrsg.), *Symposion 1995. Vorträge zur griechischen und hellenistischen Rechtsgeschichte (Korfu, 1.-5. September 1995)* (*Akten der Gesellschaft für griechische und hellenistische Rechtsgeschichte* 11). Köln-Weimar-Wien, 3/10.
Gudeman, Alfred, 1927, "Λύσεις". *RE* 13, 2511/29.
Guida, Augusto, 2013, "L'origine dei termini filosofo e filosofia secondo il testo di Diogene Laerzio". *Rheinisches Museum*, Neue Folge 156, 410/13.
Guillaume, Philippe, 2008, "Philadelphus' Alexandria as Cradle of Biblical Historiography". McKechnie – Guillaume, 246/55.
Gundlach, Rolf, 1988, "Der Pharaoh – eine Hieroglyphe Gottes. Zur Göttlichkeit des ägyptischen Königs". Dieter Zeller (Hrsg.), *Menschwerdung Gottes – Vergöttlichung von Menschen* (*Studien zur Umwelt des Neuen Testaments / Novum Testamentum et Orbis Antiquus* 7). Freiburg/Schweiz-Göttingen, 13/35.
Gußmann, Oliver, 2012, "Flavius Josephus und die Entstehung des Kanons Heiliger Schriften". Becker – Scholz, 345/61.
Gutas, Dimitri (Hrsg.), 2010, *Theophrastus* On First Principles (*known as his* Metaphysics) (*Philosophia antiqua* 119). Leiden-Boston.
Guthrie King, Colin, 2010, "Sokratische Ignoranz und aristotelische Anerkennung: Über den Umgang mit Autorität und Zeugnissen in der antiken Philosophie". Georg Toepfer – Hartmut Böhme (Hrsg.), *Transformationen antiker Wissenschaften* (*Transformationen der Antike* 15). Berlin-New York, 35/62.
Gzella, Holger, 2002, *Lebenszeit und Ewigkeit. Studien zur Eschatologie und Anthropologie des Septuaginta-Psalters* (*Bonner Biblische Beiträge* 134). Berlin-Wien.

Haacker, Klaus – Schäfer, Peter, 1974, "Nachbiblische Traditionen zum Tod des Mose". Betz – Haacker – Hengel, 147/74.

Haag, Ernst, 2003, *Das hellenistische Zeitalter. Israel und die Bibel im 4. bis 1. Jahrhundert v.Chr.* (*Biblische Enzyklopädie* 9). Stuttgart.

Haake, Matthias, 2007, *Der Philosoph in der Stadt. Untersuchungen zur öffentlichen Rede über Philosophen und Philosophie in den hellenistischen Poleis* (*Vestigia* 56). München.

Hacham, Noah, 2005, "The *Letter of Aristeas*: A New Exodus Story?". *Journal for the Study of Judaism* 36, 1/20.

Hacham, Noah, 2014, "Is Judaism the ΕΥΣΕΒΕΙΑ of Alexandria? 3 Maccabees 2:31A Revisited". *Classical Philology* 109, 72/79.

Hadas, Moses (Hrsg.), 1951, *Aristeas to Philocrates (Letter of Aristeas)*, Edited and Translated (*Jewish Apocryphal Literature*). New York.

Hadas, Moses, 1958, "Plato in Hellenistic Fusion". *Journal of the History of Ideas* 19, 3/13.

Hadot, Ilsetraut, 2002, "Der fortlaufende philosophische Kommentar". Geerlings – Schulze, 183/99.

Hadot, Pierre, 1998, *Études de philosophie ancienne* (*L'ane d'or*). Paris

Hafemann, Scott J., 1990, "Moses in the Apocrypha and Pseudepigrapha: A Survey". *Journal for the Study of the Pseudepigrapha* 7, 79/104.

Hafemann, Scott J., 1995, *Paul, Moses, and the History of Israel. The Letter/Spirit Contrast and the Argument from Scripture in 2 Corinthians 3* (*Wissenschaftliche Untersuchungen zum Neuen Testament* 81). Tübingen.

Hagedorn, Anselm C., 2001, "Gortyn – Utilising an Archaic Greek Law Code for Biblical Research". *Zeitschrift für Altorientalische und Biblische Rechtsgeschichte* 7, 217/42.

Hagedorn, Anselm C., 2004, *Between Moses and Plato. Individual and Society in Deuteronomy and Ancient Greek Law* (*Forschungen zur Religion und Literatur des Alten und Neuen Testaments* 204). Göttingen.

Hagedorn, Anselm C., 2007, "Local Law in an Imperial Context. The Role of Deuteronomy in the (Imagined) Persian Period". Gary N. Knoppers – Bernard M. Levinson (Hrsg.), *The Pentateuch as Torah: New Models for Understanding Its Promulgation and Acceptance*. Winona Lake, 57/75.

Hagedorn, Anselm C., 2011, *Die Anderen im Spiegel. Israels Auseinandersetzung mit den Völkern in den Büchern Nahum, Zefanja, Obadja und Joel* (*Beihefte zur Zeitschrift für die alttestamentliche Wissenschaft* 414). Berlin-Boston.

Hagedorn, Anselm C., 2013, "The Role of the Female Seer/Prophet in Ancient Greece". Corinne L. Carvalho – Jonathan Stökl (Hrsg.), *Prophets Male and Female: Gender and Prophecy in the Hebrew Bible, the Eastern Mediterranean and the Ancient Near East* (*Ancient Israel and its Literature* 15). Atlanta, 101/25.

Hahm, David E., 1983, "The Diairetic Method and the Purpose of Arius' Doxography". William W. Fortenbaugh (Hrsg.), *On Stoic and Peripatetic Ethics. The Work of Arius Didymus* (*Rutgers University Studies in Classical Humanities* 1). New Brunswick-London, 15/37.

Hahm, David E., 1985, "The Stoic Theory of Change". *The Southern Journal of Philosophy* 23, 39/56.

Hahm, David E., 2000, "Kings and constitutions: Hellenistic theories". Rowe – Schofield, 457/76.

Hahn, Reinhart, 1967, *Die Allegorie in der antiken Rhetorik*, Dissertation. Tübingen.

Hall, Jonathan M. 2002, *Hellenicity. Between Ethnicity and Culture*. Chicago-London.

Hamilton, James R., 1969, *Plutarch, Alexander. A Commentary*. Oxford.

Hamm, Ulrich, 2009, "Ποιηταὶ ἅμα καὶ κριτικοί. Homer in den Händen von Dichter-Philologen". Bernd Effe – Reinhold F. Glei – Claudia Klodt (Hrsg.), *"Homer zweiten Grades". Zum Wirkungspotential eines Klassikers (Bochumer Altertumswissenschaftliches Colloquium 79)*. Trier, 37/79.

Hammond, Nicholas Geoffrey Lemprière, 1993, *Sources for Alexander the Great. An Analysis of Plutarch's Life and Arrian's Anabasis Alexandrou (Cambridge Classical Studies)*. Cambridge.

Hanhart, Robert, 2002, "Die Söhne Israels, die Söhne Gottes und die Engel in der Masora, in Qumran und in der Septuaginta. Ein letztes Kapitel aus 'Israel in hellenistischer Zeit'". Bultmann – Dietrich – Levin, 170/78.

Hankinson, Robert J., 2003, "Stoic Epistemology". Inwood, 58/84.

Hansen, Dirk Uwe, 2007, "Nomothetes und Politeuma. Josephus' Präsentation des jüdischen Glaubens in Contra Apionem II 125-189". Böttrich – Herzer, 527/33.

Hansen, Günther Christian, 2000, "Der Judenexkurs des Hekataios und die Folgen". Kalms, 11/21.

Hansen, Mogens Herman, 1971-1980, "Athenian Nomothesia in the Fourth Century B.C. and Demosthenes' Speech against Leptines". *Classica et Mediaevalia* 32, 87/104.

Hansen, Mogens Herman (Hrsg.), 2005, *The Imaginary Polis*, Symposium, January 7-10, 2004 *(Acts of the Copenhagen Polis Centre 7 = Det Kongelige Danske Videnskabernes Selskab. Historisk-filosofiske Meddelser 91)*. Copenhagen.

Hanson, Anthony, 1992, "The Treatment in the LXX of the Theme of Seeing God". George J. Brooke – Barnabas Lindars (Hrsg.), *Septuagint, Scrolls, and Cognate Writings*, Papers Presented to the International Symposium on the Septuagint and Its Relations to the Dead Sea Scrolls and Other Writings, Manchester 1990 *(Society of Biblical Literature. Septuagint and Cognate Studies Series 33)*. Atlanta, 557/68.

Hanson, Richard P.C., 1959, *Allegory and Event. A Study of the Sources and Significance of Origen's Interpretation of Scripture*. London.

Harder, M. Annette – Regtuit, Remco F. – Wakker, Gerry C. (Hrsg.), 2009, *Nature and Science in Hellenistic Poetry (Hellenistica Groningana 15)*. Leuven.

Harder, Richard (Hrsg.), 1926, *'Ocellus Lucanus'. Text und Kommentar (Neuere Philologische Untersuchungen 1)*. Berlin.

Harl, Marguerite, 1967, "Cosmologie grecque et représentations juives dans l'œuvre de Philon d'Alexandrie". *Philon d'Alexandrie*, Colloques Nationaux du Centre National de la Recherche Scientifique, Lyon 11-15 Septembre 1966. Paris, 189/203.

Harl, Marguerite, 1994a, "Les divergences entre la Septante et le texte masorétique". Dorival – Harl – Munnich, 200/22.

Harl, Marguerite, 1994b, "La langue de la Septante". Dorival – Harl – Munnich, 223/66.

Harl, Marguerite, 1994c, "La Septante aux abords de l'ère chrétienne. Sa place dans le Nouveau Testament". Dorival – Harl – Munnich, 269/88.

Harl, Marguerite, 1994d, *La Genèse (La Bible d'Alexandrie 1)*. Paris.

Harris, Edward M., 2006, "Solon and the Spirit of the Laws in Archaic and Classical Greece". Blok – Lardinois, 290/318.

Harrison, Thomas, 2002, *Greeks and Barbarians (Edinburgh Readings on the Ancient World 2)*. Edinburgh.

Harte, Verity – Lane, Melissa (Hrsg.), 2013, *Politeia in Greek and Roman Philosophy*. Cambridge.

Hartenstein, Friedhelm, 2008, *Das Angesicht JHWHs. Studien zu seinem höfischen und kultischen Bedeutungshintergrund in den Psalmen und in Exodus 32-34* (*Forschungen zum Alten Testament* 55). Tübingen.

Hartl, Johannes, 2008, *Metaphorische Theologie. Grammatik, Pragmatik und Wahrheitsgehalt religiöser Sprache* (*Studien zur systematischen Theologie und Ethik* 51), Dissertation München 2007. Münster.

Hartog, François, 2002, "The Greeks as Egyptologists". Harrison, 211/28 (ursprünglich 1986).

Harvey, Graham, 1996, *The True Israel. Uses of the Names Jew, Hebrew and Israel in Ancient Jewish and Early Christian Literature* (*Arbeiten zur Geschichte des antiken Judentums und des Urchristentums* 35). Leiden-New York-Köln.

Hatch, Edwin – Redpath, Henry A., 1954, *A Concordance to the Septuagint and the other Greek Versions of the Old Testament*, 2 volumes, Graz (ursprünglich Oxford 1897).

Haubold, Johannes, 2013a, "The World of Berossos: Introduction". Haubold – Lanfranchi – Rollinger – Steele, 7/14.

Haubold, Johannes, 2013b, "'The Wisdom of the Chaldaeans': Reading Berossos, *Babyloniaca* Book 1". Haubold – Lanfranchi – Rollinger – Steele, 31/45.

Haubold, Johannes – Lanfranchi, Giovanni B. – Rollinger, Robert – Steele, John (Hrsg.), 2013, *The World of Berossos*, Proceedings of the 4th International Colloquium on "The Ancient Near East between Classical and Ancient Oriental Traditions", Hatfield College, Durham 7th–9th July 2010 (*Classica et Orientalia* 5). Wiesbaden.

Haug, Walter (Hrsg.), 1979, *Formen und Funktionen der Allegorie*, Symposion Wolfenbüttel 1978 (*Germanistische Symposien* 3). Stuttgart.

Hauspie, Katrin, 2011, "Periphrastic Tense Forms with εἰμι and γίγνομαι in the Septuagint of Ezekiel". Eberhard Bons – Thomas J. Kraus (Hrsg.), *Et sapienter et eloquenter. Studies on Rhetorical and Stylistic Features of the Septuagint* (*Forschungen zur Religion und Literatur des Alten und Neuen Testaments* 241). Göttingen, 127/51.

Haverkamp, Anselm, 2007, *Metapher. Die Ästhetik in der Rhetorik*. München.

Hayes, Christine, 2015, *What's Divine about Divine Law? Early Perspectives*. Princeton.

Hazzard, Richard A., 2000, *Imagination of a Monarchy: Studies in Ptolemaic Propaganda* (*Phoenix* Supplementary Volume 37). Toronto-Buffalo-London.

Heath, Sir Thomas Little, 1949, *Mathematics in Aristotle*. Oxford.

Heath, Malcolm, 2009, "Heraclides of Pontus on Homer". Fortenbaugh – Pender, 251/72.

Heckl, Raik, 2009, "Wann ist mit dem Abschluss des Pentateuchs zu rechnen? Zur Bedeutung von Hekataios von Abdera für die Literargeschichte Israels". *Die Welt des Orients* 39, 184/204.

Heerink, Marc, 2010, "Merging paradigms: translating pharaonic ideology in Theocritus' Idyll 17". Robert Rollinger – Birgit Gufler – Martin Lang – Irene Madreiter (Hrsg.), *Interkulturalität in der Alten Welt. Vorderasien, Hellas, Ägypten und die vielfältigen Ebenen des Kontakts* (*Philippika. Marburger altertumskundliche Abhandlungen* 34). Wiesbaden, 384/403.

Hefermehl, Ernst, 1906, "Menekrates von Nysa und die Schrift vom Erhabenen". *Rheinisches Museum*, Neue Folge 61, 282/303.

Heinemann, Isaak, 1931, "Antisemitismus". *RE* Supplementband 5, 3/43.

Heinemann, Isaak, 1933, "Moses". *RE* 16, 359/75.

Heinemann, Isaak, 1936, *Altjüdische Allegoristik*. Breslau.

Heinemann, Isaak, 1952, "Die Allegoristik der hellenistischen Juden ausser Philon". *Mnemosyne* 5, 130/38.

Heinisch, Paul, 1908, *Der Einfluss Philos auf die älteste christliche Exegese* (Alttestamentliche Abhandlungen 1/2). Münster.
Heitsch, Ernst, 1993, *Platon. Phaidros, Übersetzung und Kommentar* (Platon. Werke III 4). Göttingen.
Helck, Wolfgang, 1975, "Amenophis". *Lexikon der Ägyptologie* 1, 219/21.
Hellgardt, Ernst, 1979, "Erkenntnistheoretisch-ontologische Probleme uneigentlicher Sprache in Rhetorik und Allegorese". Haug, 25/37.
Hengel, Martin, 1971, "Anonymität, Pseudepigraphie und 'literarische Fälschung' in der jüdisch-hellenistischen Literatur". Pseudepigrapha I: Pseudopythagorica – Lettres de Platon – Littérature pseudépigraphique juive (Entretiens sur l'Antiquité Classique 18). Vandœuvres-Genève, 231/329.
Hengel, Martin, 1975, "Zwischen Jesus und Paulus. Die 'Hellenisten', die 'Sieben' und Stephanus (Apg 6, 1-15; 7, 54-8, 3)". *Zeitschrift für Theologie und Kirche* 72, 151/206.
Hengel, Martin, 1976, *Juden, Griechen und Barbaren. Aspekte der Hellenisierung des Judentums in vorchristlicher Zeit* (Stuttgarter Bibelstudien 76). Stuttgart.
Hengel, Martin, 1988, *Judentum und Hellenismus*, 3. Auflage (Wissenschaftliche Untersuchungen zum Neuen Testament 10). Tübingen.
Hengel, Martin, 1994, "'Schriftauslegung' und 'Schriftwerdung' in der Zeit des Zweiten Tempels". Hengel – Löhr, 1/71.
Hengel, Martin, 1996, "Jerusalem als jüdische und hellenistische Stadt". Bernd Funck (Hrsg.), *Hellenismus. Beiträge zur Erforschung von Akkulturation und politischer Ordnung in den Staaten des hellenistischen Zeitalters*, Akten des Internationalen Hellenismus-Kolloquiums 9-14. März 1994 in Berlin. Tübingen, 279/306.
Hengel, Martin – Löhr, Hermut (Hrsg.), 1994, *Schriftauslegung im antiken Judentum und im Urchristentum* (Wissenschaftliche Untersuchungen zum Neuen Testament 73). Tübingen.
Henrich, Jörg (Hrsg.), 2000, *Die Metaphysik Theophrasts. Edition, Kommentar, Interpretation* (Beiträge zur Altertumskunde 139). München-Leipzig.
Henrichs, Albert, 1999, "Demythologizing the Past, Mythicizing the Present: Myth, History, and the Supernatural at the Dawn of the Hellenistic Period". Buxton, 223/48.
Henry, Madeleine, 1986, "The Derveni Commentator as Literary Critic". *Transactions of the American Philological Association* 116, 149/64.
Henze, Matthias, 2006, "Invoking the Prophets in Zechariah and Ben Sira". Floyd – Haak, 120/34.
Herriot, Edouard, 1898, *Philon le juif: Essai sur l'école juive d'Alexandrie*. Paris.
Heschel, Abraham Joshua, 2005, *Heavenly Torah*. New York.
Hillgruber, Michael, 1994, *Die pseudoplutarchische Schrift De Homero*, Teil 1 (Beiträge zur Altertumskunde 57). Stuttgart-Leipzig.
Hillgruber, Michael, 1999, *Die pseudoplutarchische Schrift De Homero*, Teil 2 (Beiträge zur Altertumskunde 58). Stuttgart-Leipzig.
Himbaza, Innocent, 2005, "Voir Dieu. LXX d'Exode contre TM et LXX du Pentateuque". Dieter Böhler – Innocent Himbaza – Philippe Hugo (Hrsg.), *L'Ecrit et l'Esprit. Etudes d'histoire du texte et de théologie biblique en hommage à Adrian Schenker* (Orbis biblicus et orientalis 214). Fribourg-Göttingen, 100/11.
Hinge, George – Krasilnikoff, Jens A. (Hrsg.), 2009, *Alexandria: A Cultural and Religious Melting Pot* (Aarhus Studies in Mediterranean Antiquity 9). Aarhus.
Hirschberger, Martina, 2004, "Genealogie und Geographie. Der hesiodeische Gynaikōn Katalogos als Vorläufer von Hekataios und der ionischen Historiē". Jochen Althoff – Bernhard

Herzhoff – Georg Wöhrle (Hrsg.), *Antike Naturwissenschaft und ihre Rezeption*, Band 14. Trier, 7/24.
Hirschberger, Martina (Hrsg.), 2012, *Jüdisch-hellenistische Literatur in ihrem interkulturellen Kontext*. Frankfurt am Main-Berlin-Bern-Bruxelles-New York-Oxford-Wien.
Hirst, Anthony – Silk, Michael (Hrsg.), 2004, *Alexandria, Real and Imagined* (Centre For Hellenic Studies King's College London, Publications 5), Aldershot.
Hirzel, Rudolf, 1895, *Der Dialog. Ein literarhistorischer Versuch*, 1. Teil. Leipzig.
Hodkinson, Stephen, 2005, "The Imaginary Spartan *Politeia*". Hansen, 222/81.
Hölbl, Günther, 1994, *Geschichte des Ptolemäerreiches. Politik, Ideologie und religiöse Kultur von Alexander dem Großen bis zur römischen Eroberung*. Darmstadt.
Hölkeskamp, Karl-Joachim, 1992, "Writing Law in Archaic Greece". *Proceedings of the Cambridge Philological Society* New Series 38, 87/117.
Hölkeskamp, Karl-Joachim, 1994, "Tempel, Agora und Alphabet. Die Entstehungsbedingungen von Gesetzgebung in der archaischen Polis". Gehrke, 135/64.
Hölkeskamp, Karl-Joachim, 1995, "Arbitrators, Lawgivers and the 'Codification of Law' in Archaic Greece: Problems and Perspectives". *METIS. Revue d'anthropologie du monde grec ancien* 7, 49/81.
Hölkeskamp, Karl-Joachim, 1999, *Schiedsrichter, Gesetzgeber und Gesetzgebung im archaischen Griechenland* (*Historia* Einzelschriften 131). Stuttgart.
Hölkeskamp, Karl-Joachim, 2000, "(In-)Schrift und Monument: Zum Begriff des Gesetzes im archaischen und klassischen Griechenland". *Zeitschrift für Papyrologie und Epigraphik* 132, 73/96.
Hoffmann, Friedhelm, 2000, *Ägypten. Kultur und Lebenswelt in griechisch-römischer Zeit. Eine Darstellung nach den demotischen Quellen* (Studienbücher Geschichte und Kultur der Alten Welt). Berlin.
Hoffmann, Friedhelm – Schmidt, Karin Stella (Hrsg.), 2014, *Orient und Okzident in hellenistischer Zeit*, Beiträge zur Tagung "Orient und Okzident – Antagonismus oder Konstrukt? Machtstrukturen, Ideologien und Kulturtransfer in hellenistischer Zeit", Würzburg 10.-13. April 2008. Vaterstetten.
Holladay, Carl R., 1977, *Theios Aner in Hellenistic-Judaism: A Critique of the Use of This Category in New Testament Christology* (Society of Biblical Literature. Dissertation Series 40). Missoula/Montana.
Holladay, Carl R., 1983, *Fragments from Hellenistic Jewish Authors*, Volume I: *Historians* (Text and Translations 20: Pseudepigrapha Series 10). Atlanta.
Holladay, Carl R., 1989, *Fragments from Hellenistic Jewish Authors*, Volume II: *Poets* (Text and Translations 30: Pseudepigrapha Series 12). Atlanta.
Holladay, Carl R., 1992, "Jewish Responses to Hellenistic Culture in Early Ptolemaic Egypt". Bilde – Engberg-Pedersen – Hannestad – Zahle, 139/63.
Holladay, Carl R., 1995, *Fragments from Hellenistic Jewish Authors*, Volume III: *Aristobulos* (Text and Translations 39: Pseudepigrapha Series 13). Atlanta.
Holladay, Carl R., 1996, *Fragments from Hellenistic Jewish Authors*, Volume IV: *Orphica* (Text and Translations 40: Pseudepigrapha Series 14). Atlanta.
Holladay, Carl R., 2002, "Hellenism in the Fragmentary Hellenistic Jewish Authors: Resonance and Resistance". James L. Kugel (Hrsg.), *Shem in the Tents of Japhet. Essays on the Encounter of Judaism and Hellenism* (Supplements to the *Journal for the Study of Judaism* 74). Leiden-Boston-Köln, 65/91.

Holtz, Gudrun, 2007, *Damit Gott sei alles in allem. Studien zum paulinischen und frühjüdischen Universalismus* (Beihefte zur *Zeitschrift für die neutestamentliche Wissenschaft und die Kunde der älteren Kirche* 149). Berlin-New York.
Honigman, Sylvie, 1997, "Philon, Flavius Josèphe, et la citoyenneté alexandrine: vers une utopie politique". *Journal of Jewish Studies* 48, 62/90.
Honigman, Sylvie, 2003a, *The Septuagint and Homeric scholarship in Alexandria. A study in the narrative of the Letter of Aristeas*. London-New York.
Honigman, Sylvie, 2003b, "*Politeumata* and Ethnicity in Ptolemaic and Roman Egypt". *Ancient Society* 33, 61/102.
Honigman, Sylvie, 2007, "The Narrative Function of the King and the Library in the *Letter of Aristeas*". Rajak – Pearce – Aitken – Dines, 128/46.
Honigman, Sylvie, 2009, "Jewish Communities of Hellenistic Egypt: Different Responses to Different Environments". Levine – Schwartz, 117/35.
Hopfner, Theodor, 1925, *Orient und griechische Philosophie* (Beihefte zum *Alter Orient* 4). Leipzig.
Hopfner, Theodor, 1941, *Plutarch, Über Isis und Osiris*, 2. Teil (*Monographien des Archiv Orientální. Untersuchungen. Texte und Übersetzungen* 9). Prag.
Hopkinson, Neil, 1988, *A Hellenistic Anthology*. Cambridge-New York-New Rochelle-Melbourne-Sydney.
Horbury, William – Noy, David, 1992, *Jewish Inscriptions of Graeco-Roman Egypt*. Cambridge.
Horn, Christoph (Hrsg.), 2013, *Platon. Gesetze – Nomoi* (*Klassiker Auslegen* 55). Berlin.
Horn, Christoph – Rapp, Christof (Hrsg.), 2002, *Wörterbuch der antiken Philosophie*. München.
Horn, Christoph – Rapp, Christof, 2005, "Intuition und Methode. Abschied von einem Dogma der Platon- und Aristoteles-Exegese". *Logical Analysis and History of Philosophy / Philosophiegeschichte und Logische Analyse* 8, 11/45.
Horn, Hans-Jürgen, 1997, "Die Rettung der Dichtkunst: Auswege und Ausflüchte. Die Stellung des Aristoteles zur Allegorese des antiken Mythos". Horn – Walter, 419/30.
Horn, Hans-Jürgen – Walter, Hermann (Hrsg.), 1997, *Die Allegorie des antiken Mythos* (*Wolfenbütteler Forschungen* 75). Wiesbaden.
Hose, Martin, 1997, "Der alexandrinische Zeus. Zur Stellung der Dichtkunst im Reich der ersten Ptolemäer". *Philologus* 141, 46/64.
Hossenfelder, Malte, 1985, *Die Philosophie der Antike 3: Stoa, Epikureismus und Skepsis* (*Geschichte der Philosophie* 3). München.
Hübner, Wolfgang, 2005, "Die Rezeption der *Phainomena* Arats in der römischen Literatur". Marietta Horster – Christiane Reitz (Hrsg.), *Wissensvermittlung in dichterischer Gestalt* (*Palingenesia* 85). Stuttgart, 133/55.
Hultsch, Friedrich, 1892, *Die erzählenden Zeitformen bei Polybios. Ein Beitrag zur Syntax der gemeingriechischen Sprache*, 2. Abhandlung (*Abhandlungen der königlichen sächsischen Gesellschaft der Wissenschaften, Philologisch-historische Classe* 13). Leipzig, 349/468.
Humphreys, Sally C., 1997, "Fragments, fetishes, and philosophies: towards a history of Greek historiography after Thucydides". Most, 207/24.
Hunter, Richard, 1995, "Written in the Stars: Poetry and Philosophy in the *Phaenomena* of Aratus". *Arachnion* 1.2 (ohne Seitenangabe), www.cisi.unito.it/arachne/num2/hunter.html (Stand: 19.09.2010).
Hunter, Richard (Hrsg.), 2003, *Theocritus. Encomium of Ptolemy Philadelphus*, Text and Translation with Introduction and Commentary (*Hellenistic Culture and Society* 39). Berkeley-Los Angeles-London.

Hunter, Richard, 2011a, "The Letter of Aristeas". Erskine – Llewllyn-Jones, 47/60.
Hunter, Richard, 2011b, "Plato's *Ion* and the Origins of Scholarship". Rengakos – Matthaios – Montanari, 27/40.
Hunter, Richard, 2012, *Plato and the Traditions of Ancient Literature. The Silent Stream*. Cambridge.
Hunter, Richard, 2015, "The Rhetorical Criticism of Homer". Montanari – Matthaios – Rengakos, 673/705.
Hunter, Richard – Russell, Donald (Hrsg.), 2011, *Plutarch, How to Study Poetry* (De audiendis poetis) (*Cambridge Greek and Latin Classics*). Cambridge.
Huß, Bernhard, 1999, *Xenophons Symposion. Ein Kommentar* (*Beiträge zur Altertumskunde* 125). Stuttgart-Leipzig.
Huß, Werner, 1991, "Gedanken zum Thema 'Staat' und 'Kirche' im ptolemaiischen Ägypten". Jakob Seibert (Hrsg.), *Hellenistische Studien*, Gedenkschrift für Hermann Bengtson (*Münchener Universitätsschriften. Münchener Arbeiten zur Alten Geschichte* 5) München, 55/60.
Huß, Werner, 1994a, *Der makedonische König und die ägyptischen Priester. Studien zur Geschichte des ptolemaiischen Ägypten* (*Historia* Einzelschriften 85). Stuttgart.
Huß, Werner, 1994b, "Die Juden im ptolemäischen Ägypten. Ein Beitrag zur Geschichte einer multikulturellen Gesellschaft". Stefan Füssel – Gert Hübner – Joachim Knape (Hrsg.), *Artibus. Kulturwissenschaft und deutsche Philologie des Mittelalters und der frühen Neuzeit*. Wiesbaden, 1/31.
Huß, Werner, 2001, *Ägypten in hellenistischer Zeit: 332-30 v. Chr*. München.
Huß, Werner, 2009, "Zu den Ursprüngen des antiken Antijudaismus". Jens-Frederik Eckholdt – Marcus Sigismund – Susanne Sigismund (Hrsg.), *Geschehen und Gedächtnis. Die hellenistische Welt und ihre Wirkung*, Festschrift für Wolfgang Orth zum 65. Geburtstag (*Antike Kultur und Geschichte* 13). Berlin, 161/76.
Hutchinson, Gregory O., 1988, *Hellenistic Poetry*. Oxford.
Huttner, Ulrich, 1997, *Die politische Rolle der Heraklesgestalt im griechischen Herrschertum* (*Historia* Einzelschriften 112). Stuttgart.
Ildefonse, Frédérique, 1997, "Évidence sensible et discours dans le stoïcisme". Lévy – Pernot, 113/29.
Inglebert, Hervé, 2001, *Interpretatio Christiana. Les mutations des savoirs (cosmographie, géographie, ethnographie, histoire) dans l'Antiquité chrétienne (30-630 après J.-C.)* (*Collection des Études Augustiniennes. Série Antiquité* 166). Paris.
Innes, Doreen C., 1979, "Gigantomachy and Natural Philosophy". *Classical Quarterly* 29, 165/71.
Innes, Doreen C., 1985, "Theophrastus and the Theory of Style". William W. Fortenbaugh (Hrsg.), *Theophrastus of Eresus. On his Life and Work* (*Rutgers University Studies in Classical Literature* 2). New Brunswick-Oxford, 251/67.
Innes, Doreen C. (Hrsg.), 1995, *Demetrius. On Style* (*Loeb Classical Library* 199 = *Aristotle* 23). Cambridge/Massachusetts-London.
Innes, Doreen C., 2002, "Longinus and Caecilius: Models of the Sublime". *Mnemosyne* 55, 260/84.
Innes, Doreen C., 2003, "Metaphor, Simile, and Allegory as Ornaments of Style". Boys-Stones (2003a), 7/27.
Inowlocki, Sabrina, 2005, "'Neither Adding nor Omitting Anything': Josephus' Promise not to Modify the Scriptures in Greek and Latin Context". *Journal of Jewish Studies* 56, 47/65.

Inowlocki, Sabrina, 2006, *Eusebius and the Jewish Authors. His Citation Technique in an Apologetic Context* (*Ancient Judaism and Early Christianity* 64). Leiden-Boston.
Inowlocki-Meister, Sabrina, 2010, "Le Moïse des auteurs juifs hellénistiques et sa réappropriation dans la littérature apologétique chrétienne: Le cas de Clément d'Alexandrie". Borgeaud – Römer – Volokhine, 103/31.
Inwood, Brad, 1997, "Boëthos [2] Von Sidon". *Der Neue Pauly* 2, 724.
Inwood, Brad (Hrsg.), 2003, *The Cambridge Companion to the Stoics*. Cambridge.
Irigoin, Jean, 1994, "Les éditions de textes". *La philologie grecque à l'époque hellénistique et romaine* (*Entretiens sur l'Antiquité Classique* 40). Vandœuvres-Genève, 39/93.
Irrgang, Nina, 2011, "Die literarische Verarbeitung des Vorhabens der Septuaginta-Übersetzung im 'Aristeasbrief'. Wie die Formensprache der hellenistischen Literatur interkulturellen Dialog ermöglicht". Göbel – Zech, 211/32.
Irrgang, Nina, 2012a, "Vom literarischen Kanon zum 'heiligen Buch'. Einführende Bemerkungen zu den autoritativen Textsammlungen der griechisch-römischen Welt". Becker – Scholz, 130/35.
Irrgang, Nina, 2012b, "Eine Bibliothek als Kanon. Der *Aristeasbrief* und der hellenistische Literaturbetrieb Alexandriens". Becker – Scholz, 257/92.
Irrgang, Nina, 2012c, "'Bibel' *und* 'Literatur'? Konzepte von 'Buch', 'Heiliger Schrift' und 'Text' im frühjüdischen *Aristeasbrief*". Andrea Polaschegg – Daniel Weidner (Hrsg.), *Das Buch in den Büchern. Wechselwirkungen von Bibel und Literatur* (*Trajekte*). München, 233/46.
Jacobs, Bruno, 2001, "Kultbilder und Gottesvorstellungen bei den Persern. Zu Herodot, Historiae 1.131 und Clemens Alexandrinus, Protrepticus 5.65.3". Tomris Bakir (Hrsg.), *Achaemenid Anatolia*, Proceedings of the First International Symposium on Anatolia in the Achaemenid Period, Bandirma 15-18 August 1997 (*Uitgaven van het Nederlands Historisch-Archaeologisch Instituut te Istanbul* 92). Leiden, 83/90.
Jacobs, Bruno, 2013, "Berossos and Persian Religion". Haubold – Lanfranchi – Rollinger – Steele, 123/35.
Jacobson, Howard, 1983, *The Exagoge of Ezekiel*. Cambridge.
Jacobson, Howard, 2006, "Artapanus Judaeus". *Journal of Jewish Studies* 57, 211/21.
Jacoby, Felix, 1912, "Hekataios aus Abdera". *RE* 7, 2750/69.
Jacoby, Felix (Hrsg.), 1930, *Die Fragmente der griechischen Historiker*, Zweiter Teil, D: Kommentar zu Nr. 106-261. Berlin.
Jacoby, Felix (Hrsg.), 1940, *Die Fragmente der griechischen Historiker*, Dritter Teil, A: Nr. 262-296 Text. Leiden.
Jacoby, Felix (Hrsg.), 1943, *Die Fragmente der griechischen Historiker*, Dritter Teil, a: Kommentar zu Nr. 262-296. Leiden.
Jaeger, Werner, 1923, *Aristoteles. Grundlegung einer Geschichte seiner Entwicklung*. Berlin.
Jaeger, Werner, 1934, *Paideia. Die Formung des griechischen Menschen*, 1. Band. Berlin-Leipzig.
Jaeger, Werner, 1938, "Greeks and Jews: The First Greek Records of Jewish Religion and Civilization". *Journal of Religion* 18, 127/43.
Jaeger, Werner, 1953, Die Theologie der frühen griechischen Denker. Stuttgart.
James, Alan W., 1972, "The Zeus Hymns of Cleanthes and Aratus". *Antichthon* 6, 28/38.
Janka, Markus, 2014, "Semantik und Kontext: *Mythos* und Verwandtes im *Corpus Platonicum*". Janka – Schäfer, 23/46.
Janka, Markus – Schäfer, Christian (Hrsg.), 2014, *Platon als Mythologe. Interpretationen zu den Mythen in Platons Dialogen*, 2. Auflage. Darmstadt.

Janko, Richard, 1992, *The Iliad: A Commentary*, volume IV: books 13-16. Cambridge-New York-Port-Chester-Melbourne-Sydney.
Janko, Richard (Hrsg.), 2000, *Philodemus, On Poems, Book 1 (Philodemus: The Aesthetic Works I/1)*. Oxford.
Janko, Richard, 2001, "Philodème et l'esthétique de la poésie". Auvray-Assayas – Delattre, 283/96.
Janko, Richard, 2002, "The Derveni Papyrus: An Interim Text". *Zeitschrift für Papyrologie und Epigraphik* 141, 1/62.
Janko, Richard (Hrsg.), 2011, *Philodemus, On Poems, Book 3-4 with the fragments of Aristotle, On Poets (Philodemus: The Aesthetic Works I/3)*. Oxford.
Janowitz, Naomi, 1991, "The Rhetoric of Translation: Three Early Perspectives on Translating Torah". *Harward Theological Review* 84, 129/40.
Jeck, Udo Reinhold, 2004, *Platonica Orientalia. Aufdeckung einer philosophischen Tradition*. Frankfurt am Main.
Jensen, Minna Skafte, 2009, "Homeric Scholarship in Alexandria". Hinge – Krasilnikoff, 80/93.
Jeremias, Jörg, 1996, *Hosea und Amos. Studien zu den Anfängen des Dodekapropheton (Forschungen zum Alten Testament* 13). Tübingen.
Joël, Manuel, 1880, *Blicke in die Religionsgeschichte zu Anfang des zweiten christlichen Jahrhunderts*, Band 1. Breslau.
Johansen, Thomas K., 1999, "Myth and *Logos* in Aristotle". Buxton, 279/91.
Johnson, Aaron P., 2006, *Ethnicity and Argument in Eusebius' Praeparatio Evangelica (Oxford Early Christian Studies)*. Oxford.
Joosen, Josephus C. – Waszink, Jan Hendrik, 1950, "Allegorese". *Reallexikon für Antike und Christentum* 1, 283/93.
Joosten, Jan, 2008, "To see God. Conflicting Exegetical Tendencies in the Septuagint". Karrer – Kraus, 287/99.
Jouguet, Pierre, 1932, "Les grands dieux de la pierre sainte a Thèbes". *Mélanges Gustave Glotz*, tome 2. Paris, 493/500.Jourdan, Fabienne (Hrsg.), 2003, *Le Papyrus de Derveni (Vérité des mythes)*. Paris.
Jourdan, Fabienne (Hrsg.), 2010, *Poème judéo-hellénistique attribué à Orphée. Production juive et réception chrétienne (Fragments)*. Paris.
Jüngling, Hans-Winfried – von Lips, Hermann – Scoralick, Ruth, 2011, "Paroimiai. Proverbia/Sprichwörter/Sprüche Salomos". Karrer – Kraus, 1950/2000.
Jung, Christian, 2011, *Die doppelte Natur des menschlichen Intellekts bei Aristoteles (Epistemata. Würzburger wissenschaftliche Schriften. Reihe Philosophie* 490). Würzburg.
Junge, Matthias (Hrsg.), 2010, *Metaphern in Wissenskulturen*. Wiesbaden.
Käppel, Lutz, 1998, "Häresie. I. Christlich". *Der Neue Pauly* 5, 66f.
Käppel, Lutz, 2005, "Zum Gegenstand dieses Buches: Der philosophische Hymnos im Kontext seiner Gattung". Günther Zuntz, *Griechische philosophische Hymnen*, aus dem Nachlaß herausgegeben von Hubert Cancik und Lutz Käppel (*Studien und Texte zu Antike und Christentum* 35). Tübingen, X/XXII.
Kaestli, Jean-Daniel, 2007, "Moïse et les institutions juives chez Hécatée d'Abdère". Römer (2007a),131/43.
Kahle, Paul E., 1962, *Die Kairoer Genisa. Untersuchungen zur Geschichte des hebräischen Bibeltextes und seiner Übersetzungen*. Berlin.

Kahn, Charles H., 1983, "Philosophy and the Written Word: Some Thoughts on Heraclitus and the Early Greek Uses of Prose". Kevin Robb (Hrsg.), *Language and Thought in Early Greek Philosophy*. La Salle (Illinois), 110/24.

Kahn, Charles H., 2003, "Writing Philosophy. Prose and Poetry from Thales to Plato". Yunis, 139/61.

Kahn, Charles H., 2010, "The Place of Cosmology in Plato's Later Dialogues". Mohr – Sattler, 69/77.

Kaiser, Otto, 2002, "Freiheit und Bindung in der attischen Demokratie und der jüdischen Theokratie. Ein Beitrag zur Bestimmung der Aufgabe der Religion in der modernen Zivilgesellschaft". Bultmann – Dietrich – Levin, 369/411.

Kaiser, Otto, 2003a, "Athen und Jerusalem. Die Begegnung des spätbiblischen Judentums mit dem griechischen Geist, ihre Voraussetzungen und ihre Folgen". Markus Witte – Stefan Alkier (Hrsg.), *Die Griechen und der Vordere Orient. Beiträge zum Kultur- und Religionskontakt zwischen Griechenland und dem Vorderen Orient im 1. Jahrtausend v. Chr.* (*Orbis Biblicus et Orientalis* 191). Freiburg/Schweiz-Göttingen, 87/120.

Kaiser, Otto, 2003b, *Zwischen Athen und Jerusalem. Studien zur griechischen und biblischen Theologie, ihrer Eigenart und ihrem Verhältnis* (Beihefte zur *Zeitschrift für die alttestamentliche Wissenschaft* 320). Berlin-New York.

Kaiser, Otto, 2008, *Vom offenbaren und verborgenen Gott. Studien zur spätbiblischen Weisheit und Hermeneutik* (Beihefte zur *Zeitschrift für die alttestamentliche Wissenschaft* 392). Berlin-New York.

Kaiser, Otto, 2010, *Gott, Mensch und Geschichte. Studien zum Verständnis des Menschen und seiner Geschichte in der klassischen, biblischen und nachbiblischen Literatur* (Beihefte zur *Zeitschrift für die alttestamentliche Wissenschaft* 413). Berlin-New York.

Kaiser, Otto, 2013, *Der eine Gott und die Mächte der Welt. Der Weg Gottes im Alten Testament vom Herrn seines Volkes zum Herrn der ganzen Welt* (Forschungen zur Religion und Literatur des Alten und Neuen Testaments 249). Göttingen.

Kalmin, Richard Lee, 1999, *The Sage of Jewish Society of Late Antiquity*. New York.

Kalms, Jürgen U. (Hrsg.), 2000, *Internationales Josephus-Kolloquium Aarhus 1999* (Münsteraner Judaistische Studien 6). Münster.

Karfik, Filip, 2004, *Die Beseelung des Kosmos. Untersuchungen zur Kosmologie, Seelenlehre und Theologie in Platons Phaidon und Timaios* (Beiträge zur Altertumskunde 199). München-Leipzig.

Karkowski, Janusz – Winnicki, Jan Krzysztof – Brecciani, E., 1983, "Amenhotep, Son of Hapu and Imhotep at Deir El-Bahari – Some Reconsiderations". *Mitteilungen des Deutschen Archäologischen Instituts Abteilung Kairo* 39, 93/105.

Karp, Andrew, 1998, "Prophecy and Divination in Archaic Greek Literature". Berchman, 9/44.

Karrer, Martin – Kraus, Wolfgang (Hrsg.), 2008, *Die Septuaginta – Texte, Kontexte, Lebenswelten*, Internationale Fachtagung veranstaltet von Septuaginta Deutsch (LXX.D), Wuppertal 20.-23. Juli 2006 (Wissenschaftliche Untersuchungen zum Neuen Testament 219). Tübingen.

Karrer, Martin – Kraus, Wolfgang (Hrsg.), 2010, *Die Septuaginta – Texte, Theologien, Einflüsse*, 2. Internationale Fachtagung veranstaltet von Septuaginta Deutsch (LXX.D), Wuppertal 23.-27.7.2008 (Wissenschaftliche Untersuchungen zum Neuen Testament 252). Tübingen.

Karrer, Martin – Kraus, Wolfgang (Hrsg.), 2011, Septuaginta Deutsch. Erläuterungen und Kommentare zum griechischen Alten Testament, 2 Bände. Stuttgart.

Kasher, Aryeh, 1985, *The Jews in Hellenistic and Roman Egypt* (Texte und Studien zum antiken Judentum 7). Tübingen.
Kasher, Aryeh, 1992, "The Civic Status of the Jews in Ptolemaic Egypt". Bilde – Engberg-Pedersen – Hannestad – Zahle, 100/21.
Keaney, John J., 1992, *The Composition of Aristotle's* Athenaion Politeia. *Observation and Explanation*. New York-Oxford.
Kechagia, Eleni, 2010, "Rethinking a Professional Rivalry: Early Epicureans against the Stoa". *Classical Quarterly* 60, 132/55.
Keller, Robert, 1947, *De Aristobulo Judaeo*, Dissertation. Bonn.
Kepper, Martina, 1999, *Hellenistische Bildung im Buch der Weisheit. Studien zur Sprachgestalt und Theologie der* Sapientia Salomonis (Beihefte zur *Zeitschrift für die alttestamentliche Wissenschaft* 280). Berlin-New York.
Kidd, Douglas (Hrsg.), 1997, *Aratus,* Phaenomena (*Cambridge Classical Texts and Commentaries* 34). Cambridge.
Kidd, I.G., 1988, *Posidonius. II. The Commentary (ii) Fragments 150-293* (*Cambridge Classical Texts and Commentaries* 14B). Cambridge-New York-New Rochelle-Melbourne-Sydney.
Kieffer, René – Bergman, Jan (Hrsg.), *La Main de Dieu. Die Hand Gottes* (*Wissenschaftliche Untersuchungen zum Neuen Testament* 94). Tübingen.
Kienle, Walter von, 1961, *Die Berichte über die Sukzessionen der Philosophen in der hellenistischen und spätantiken Literatur*, Dissertation 1959. Berlin.
Kieweler, Hans Volker, 1992, *Ben Sira zwischen Judentum und Hellenismus* (Beiträge zur Erforschung des Alten Testaments und des Antiken Judentums 30). Frankfurt am Main-Berlin-Bern-New York-Paris-Wien.
Kiley, Mark (Hrsg.), 1997, *Prayer from Alexander to Constantine. A critical anthology*. London-New York.
Kim, Lawrence, 2010, *Homer between History and Fiction in Imperial Greek Literature* (Greek Culture in the Roman World). Cambridge.
Kirby, John T., 1997, "Aristotle on Metaphor". *American Journal of Philology* 118, 517/54.
Klauck, Hans-Josef, 1978, *Allegorie und Allegorese in synoptischen Gleichnistexten* (Neutestamentliche Abhandlungen, Neue Folge 13). Münster.
Klauck, Hans-Josef, 2009, "Allegorische Exegese im Frühjudentum und Urchristentum". Nesselrath, 179/205.
Kleingünther, Adolf, 1933, *ΠΡΩΤΟΣ ΕΥΡΕΤΗΣ. Untersuchungen zur Geschichte einer Fragestellung* (*Philologus* Supplementband 26, 1). Leipzig.
Klostergaard Petersen, Anders, 2009, "Alexandrian Judaism: Rethinking a Problematic Cultural Category". Hinge – Krasilnikoff, 115/43.
Knauf, Ernst Axel, 2002, "Elephantine und das vor-biblische Judentum". Kratz, 179/209.
Knöbl, Ranja, 2012, "Aristobulos und das Wissen der Griechen". Hirschberger, 13/28.
Knox, Peter E., 2011, "Cicero as a Hellenistic Poet". *Classical Quarterly* 61, 192/204.
Koch, Klaus, 1984, "Gesetz I: Altes Testament". *Theologische Realenzyklopädie* 13, 40/52.
Koch, Klaus, 2007, "The Astral Laws as the Basis of Time, Universal History, and the Eschatological Turn in the Astronomical Book and the Animal Apocalypse of 1 Enoch". Boccaccini – Collins, 119/37.
Köckert, Matthias, 2001, "Prophet. II. Mesopotamien, Syrien-Palästina, Altes Testament". *Der Neue Pauly* 10, 419f.
Köckert, Matthias, 2004, *Leben in Gottes Gegenwart. Studien zum Verständnis des Gesetzes im Alten Testament* (Forschungen zum Alten Testament 43). Tübingen.

Köckert, Matthias, 2008, "Die Entstehung des Bilderverbots". Groneberg – Spieckermann, 272/90.
Koehn, Clemens, 2013, "Polybios und die Inschriften. Zum Sprachgebrauch des Historikers". Grieb – Koehn, 159/81.
Koenen, Ludwig, 1983, "Die Adaptation ägyptischer Königsideologie am Ptolemäerhof". Van't Dack – van Dessel – van Gucht, 143/90.
Koenen, Ludwig, 1993, "The Ptolemaic King as a Religious Figure". Bulloch – Gruen – Long – Stewart, 25/115.
Koenen, Ludwig, 2002, "Die Apologie des Töpfers an König Amenophis oder Das Töpferorakel". Blasius – Schipper, 139/87.
Koerner, Reinhard, 1993, *Inschriftliche Gesetzestexte der frühen griechischen Polis* (*Akten der Gesellschaft für griechische und hellenistische Rechtsgeschichte* 9). Köln-Weimar-Wien.
Koster, Severin, 1970, *Antike Epostheorien*, Dissertation 1969 (*Palingenesia* 5). Saarbrücken.
Kottsieper, Ingo, 2002, "Die Religionspolitik der Achämeniden und die Juden von Elephantine". Kratz, 150/78.
Kouremenos, Theokritos, 2006, "Commentary". Theokritos Kouremenos – George M. Parássoglou – Kyriakos Tsantsanoglou (Hrsg.), *The Derveni Papyrus. Edited with Introduction and Commentary* (*Studi e Testi per il Corpus dei Papiri Filosofici Greci e Latini* 13). Firenze, 143/272.
Kovelman, Arkady, 2005, *Between Alexandria and Jerusalem. The Dynamic of Jewish and Hellenistic Culture* (*The Brill Reference Library of Judaism* 21). Leiden-Boston.
Krämer, Helmut, 1959, "προφήτης κτλ. A. Die Wortgruppe in der Profangräzität". *Theologisches Wörterbuch zum Neuen Testament* 6, 783/95.
Kraft, Robert A., 1996, "Scripture and Canon in the Commonly Called Apocrypha and Pseudepigrapha and in the Writings of Josephus". Sæbø, 199/216.
Kratz, Reinhard G. (Hrsg.), 2002, *Religion und Religionskontakte im Zeitalter der Achämeniden* (*Veröffentlichungen der Wissenschaftlichen Gesellschaft für Theologie* 22). Gütersloh.
Kraus, Christina S. – Stray, Christopher (Hrsg.), 2016, *Classical Commentaries. Explorations in a Scholarly Genre*. Oxford.
Kraus, Hans-Joachim, 1972, "Gesetz und Geschichte. Zum Geschichtsbild des Deuteronomisten". Hans-Joachim Kraus (Hrsg.), *Biblisch-theologische Aufsätze*. Neukirchen-Vluyn, 50/65 (ursprünglich 1952).
Kraus, Wolfgang, 2008, "Umfang und Aufbau der Septuaginta". Karrer – Kraus, 9/39.
Kraus, Wolfgang – Karrer, Martin (Hrsg.), 2009, *Septuaginta Deutsch. Das griechische Alte Testament in deutscher Übersetzung*. Stuttgart.
Kraus, Wolfgang – Wooden, R. Glenn (Hrsg.), 2006, *Septuagint Research. Issues and Challenges in the Study of the Greek Jewish Scriptures* (*Society of Biblical Literature. Septuagint and Cognate Studies* 53). Atlanta.
Kraus Reggiani, Clara, 1973, "Aristobulo e l'esegesi allegorica dell'antico testamento nell'ambito del giudaismo ellenistico". *Rivista di Filologia e di Istruzione Classica* 101, 162/85
Kraus Reggiani, Clara, 1982, "I frammenti di Aristobulo, esegeta biblico". *Bollettino dei classici*, 3ª serie, 3, 87/134.
Krauter, Stefan, 2004, *Bürgerrecht und Kultteilnahme. Politische und kultische Rechte und Pflichten in griechischen Poleis, Rom und antikem Judentum* (Beihefte zur *Zeitschrift für neutestamentliche Wissenschaft und die Kunde der älteren Kirche* 127). Berlin-New York.

Krauter, Stefan, 2011, "Die Pentateuch-Septuaginta als Übersetzung in der Literaturgeschichte der Antike". Caulley – Lichtenberger, 26/46.

Kreuzer, Siegfried, 2003, "Von der Vielfalt zur Einheitlichkeit – Wie kam es zur Vorherrschaft des Masoretischen Textes?". Vonach – Fischer, 117/29.

Kreuzer, Siegfried, 2004, "Entstehung und Publikation der Septuaginta im Horizont frühptolemäischer Bildungs- und Kulturpolitik". Kreuzer – Lesch, 61/75.

Kreuzer, Siegfried, 2007, "Die Septuaginta im Kontext alexandrinischer Kultur und Bildung". Fabry – Böhler, 28/56.

Kreuzer, Siegfried, 2010, "Übersetzung – Revision – Überlieferung. Probleme und Aufgaben in den Geschichtsbüchern". Karrer – Kraus, 101/16.

Kreuzer, Siegfried – Lesch, Jürgen Peter (Hrsg.), 2004, *Im Brennpunkt: Die Septuaginta, Band 2: Studien zur Entstehung und Bedeutung der Griechischen Bibel* (*Beiträge zur Wissenschaft vom Alten und Neuen Testament*, 9. Folge, Heft 1). Stuttgart.

Kreuzer, Siegfried – Meiser, Martin, 2011, "Basileion I. Das erste Buch der Königtümer/Das erste Buch Samuel". Karrer – Kraus, 745/807.

Kreuzer, Siegfried – Sigismund, Marcus (Hrsg.), 2013, *Der Antiochenische Text der Septuaginta in seiner Bezeugung und seiner Bedeutung* (*De Septuaginta Investigationes* 4). Göttingen.

Kristensen, Karen Rørby, 2012, "Defining 'legal place' in archaic and early classical Greece". Legras, 31/46.

Kroß, Matthias – Zill, Rüdiger (Hrsg.), 2011, *Metapherngeschichten. Perspektiven einer Theorie der Unbegrifflichkeit*. Berlin.

Kruse, Thomas, 2015, "Zwischen Integration, Assimilation und Selbstbehauptung: Das Politeuma der Juden von Herakleopolis in Mittelägypten". Andreas Pülz – Elisabeth Trinkl (Hrsg.), *Das Eigene und das Fremde*, Akten der 4. Tagung des Zentrums Archäologie und Altertumswissenschaften an der Österreichischen Akademie der Wissenschaften, 26.-27. März 2012 (*Origenes. Schriften des Zentrums Archäologie und Altertumswissenschaften* 4 = Österreichische Akademie der Wissenschaften, Philosophisch-historische Klasse. Denkschriften 482). Wien, 73/81.

Kühner, Raphael – Gerth, Bernhard, 1955, *Ausführliche Grammatik der griechischen Sprache: Satzlehre*, 1. Teil, 4. Auflage. Leverkusen.

Kuenen, Abraham, 1883, *The Religion of Israel to the Fall of the Jewish State*, volume 3. London-Edinburgh.

Kugel, James L., 1998, *Traditions of the Bible*. Cambridge/Massachusetts-London.

Kugler, Robert, 2011, "Uncovering a New Dimension of Early Judean Interpretation of the Greek Torah: Ptolemaic Law Interpreted by its Own Rhetoric". Von Weissenberg – Pakkala – Marttila, 165/75.

Kuhn, Christina (Hrsg.), 2012, *Politische Kommunikation und öffentliche Meinung in der antiken Welt*. Stuttgart.

Kuhn, Peter, 1989, *Offenbarungsstimmen im Antiken Judentum. Untersuchungen zu Bat Qol und verwandten Phänomenen* (*Texte und Studien zum antiken Judentum* 20). Tübingen.

Kuhrt, Amélie, 1987, "Berossus' Babyloniaka and Seleucid Rule in Babylonia". Amélie Kuhrt – Susan Sherwin-White (Hrsg.), *Hellenism in the East. The interaction of Greek and non-Greek civilizations from Syria to Central Asia after Alexander*. London, 32/56.

Kuhrt, Amélie, 2008, "The Problem of Achaemenid Religious Policy". Groneberg – Spieckermann, 117/42.

Kuitert, Harminus Martinus, 1967, *Gott in Menschengestalt. Eine dogmatisch-hermeneutische Studie über die Anthropomorphismen der Bibel* (*Beiträge zur evangelischen Theologie* 45). München.

Kullmann, Wolfgang, 2010a, *Naturgesetz in der Vorstellung der Antike, besonders der Stoa. Eine Begriffsuntersuchung* (*Philosophie der Antike* 30). Stuttgart.

Kullmann, Wolfgang, 2010b, "Übergänge zwischen Unbeseeltheit und Leben bei Aristoteles". Föllinger, 115/35.

Kurz, Gerhard, 1979, "Zu einer Hermeneutik der literarischen Allegorie". Haug, 12/24.

Kurz, Gerhard, 1982, *Metapher, Allegorie, Symbol* (*Kleine Vandenhoeck-Reihe* 1486). Göttingen.

Kvanvig, Helge S., 2007, "Cosmic Laws and Cosmic Imbalance. Wisdom, Myth and Apocalyptic in Early Enochic Writings". Boccaccini – Collins, 139/58.

Labarbe, Jules, 1949, *L'Homère de Platon*. Paris.

Labow, Dagmar, 2005, *Flavius Josephus, Contra Apionem, Buch I*, Einleitung, Text, Textkritischer Apparat, Übersetzung und Kommentar (*Beiträge zur Wissenschaft vom Alten und Neuen Testament* 167). Stuttgart.

Ladynin, Ivan A., 2016, "Virtual History Egyptian Style. The Isolationist Concept of the *Potter's Oracle* and its Alternative". Rutherford, 163/85.

Lagrange, Marie-Joseph, 1927, "Les Péripatéticiens jusqu'à l'ère chrétienne". *Revue Thomiste* 32, 196/213.

Laks, André, 1990, "Substitution et connaissance: une interprétation unitaire (ou presque) de la théorie aristotélicienne de la métaphore". David J. Furley – Alexander Nehamas (Hrsg.), *Aristotle's* Rhetoric, Proceedings of the Twelfth Symposium Aristotelicum. Princeton, 283/305.

Laks, André – Most, Glenn W. (Hrsg.), 1997, *Studies on the Derveni Papyrus*. Oxford.

Laks, André, 2000, "The *Laws*". Rowe – Schofield, 258/92.

Lamberton, Robert, 1986, *Homer the Theologian. Neoplatonist Allegorical Reading and the Growth of the Epic Tradition* (*The Transformation of the Classical Heritage* 9). Berkeley-Los Angeles-London.

Lamberton, Robert – Keaney John J. (Hrsg.), 1992, *Homer's Ancient Readers. The Hermeneutics of Greek Epic's Earliest Exegetes*. Princeton.

Lane, Melissa, 2013, "Platonizing the Spartan *politeia* in Plutarch's *Lycurgus*". Harte – Lane, 57/77.

Lanfranchi, Pierluigi, 2006, *L'Exagoge d'Ezéchiel le Tragique, Introduction, texte, traduction et commentaire* (*Studia in Veteris Testamenti Pseudepigrapha* 21). Leiden-Boston.

Lang, Martin, 2013, "Book Two: Mesopotamian Early History and the Flood Story". Haubold – Lanfranchi – Rollinger – Steele, 47/60.

Lange, Armin, 1990, "Literary Prophecy and Oracle Collection: A Comparison between Judah and Greece in Persian Times". Floyd – Haak, 248/75.

Lange, Armin, 2007, "Greek Seers and Israelite-Jewish Prophets". *Vetus Testamentum* 57, 461/82.

Lange, Armin, 2009, "'They Confirmed the Reading' (*y. Ta'an.* 4.68a): The Textual Standardization of Jewish Scriptures in the Second Temple Period". Lange – Weigold – Zsengellér, 29/80.

Lange, Armin, 2010, "Textual Standardization in Egyptian Judaism and in the *Letter of Aristeas*". Karrer – Kraus, 48/71.

Lange, Armin, 2011, "Textpluralität und Textqualität im ägyptischen Judentum". Caulley – Lichtenberger, 47/65.

Lange, Armin – Weigold, Matthias – Zsengellér, József (Hrsg.), 2009, *From Qumran to Aleppo. A Discussion with Emanuel Tov about the Textual History of Jewish Scriptures in Honor of his 65th Birthday* (Forschungen zur Religion und Literatur des Alten und Neuen Testaments 230). Göttingen.

Lange, Armin – Römheld, K.F. Diethard – Weigold, Matthias (Hrsg.), 2011, *Judaism and Crisis. Crisis as a Catalyst in Jewish Cultural History* (Schriften des Institutum Judaicum Delitzschianum 9). Göttingen.

Lange, Melanie, 2015, "Die Septuaginta des Danielbuches: Übersetzen als theologische Aktualisierung". Albrecht Buschmann (Hrsg.), *Gutes Übersetzen. Neue Perspektiven für Theorie und Praxis des Literaturübersetzens*. Berlin-Boston, 297/309.

Langslow, David R., 2007, "The *Epistula* in Ancient Scientific and Technical Literature, with Special Reference to Medicine". Ruth Morello – Andrew D. Morrison (Hrsg.), *Ancient Letters. Classical and Late Antique Epistolography*. Oxford, 211/34.

Lapini, Walter, 2015, "Philological Observations and Approaches to Language in the Philosophical Context". Montanari – Matthaios – Rengakos, 1012/56.

Lardinois, André P.M.H. – Blok, Josine H. – van der Poel, Marc G.M. (Hrsg.), 2011, *Sacred Words: Orality, Literacy and Religion* (Orality and Literacy in the Ancient World 8 = Mnemosyne Supplementum 332). Leiden-Boston.

Lattke, Michael, 1986, "Halachah". *Reallexikon für Antike und Christentum* 13, 372/402.

Lattke, Michael, 1991, *Hymnus. Materialien zu einer Geschichte der antiken Hymnologie* (Studien zur Umwelt des Neuen Testaments / Novum Testamentum et Orbis Antiquus 19). Göttingen.

Lau, Dieter, 2006, *Metapherntheorien der Antike und ihre philosophischen Prinzipien* (Lateres 4). Frankfurt am Main-Berlin-Bern-Bruxelles-New York-Oxford-Wien.

Lausberg, Heinrich, 1990, *Handbuch der literarischen Rhetorik. Eine Grundlegung der Literaturwissenschaft*, 3. Auflage. Stuttgart.

Lebram, Jürgen C.H., 1974, "Der Idealstaat der Juden". Betz – Haacker – Hengel, 232/53.

Le Boulluec, Alain, 1975, "L'allégorie chez les Stoïciens". *Poétique* 6, 301/21.

Lefebvre, René, 2007, "Représentation et évidence: Les Stoïciens face à leur adversaires de l'Académie". *Elenchos* 28, 337/67.

Lefkowitz, Mary R., 1994, "The Myth of a 'Stolen Legacy'". *Society* 31, 27/33.

Lefkowitz, Mary R., 1997, "Some Ancient Advocates of Greek Cultural Dependency". Coleman – Walz, 237/53.

Lefkowitz, Mary R., 2007, "Visits to Egypt in the Biographical Tradition". Erler – Schorn, 101/13.

Legras, Bernard, 2006, "Le statut de l'Égypte sous Cléomène de Naucratis". Couvenhes – Legras, 83/101.

Legras, Bernard (Hrsg.), 2012, *Transferts culturels et droits dans le monde grec et hellénistique*, Actes du colloque international (Reims, 14-17 mai 2008) réunis par Bernard Legras (Histoire ancienne et médiévale 110). Paris.

Leipoldt, Johannes – Morenz, Siegfried, 1953, *Heilige Schriften. Betrachtungen zur Religionsgeschichte der antiken Mittelmeerwelt*. Leipzig.

Lennox, James G., 2001, *Aristotle's Philosophy of Biology. Studies in the Origins of Life Science* (Cambridge Studies in Philosophy and Biology). Cambridge.

Lenzi, Andrew, 2008, *Secrecy and the Gods. Secret Knowledge in Ancient Mesopotamia and Biblical Israel* (*State Archives of Assyria Studies* 19). Helsinki.
Leo, Friedrich, 1901, *Die griechisch-römische Biographie nach ihrer litterarischen Form*. Leipzig.
Leunissen, Mariska, 2010, *Explanation and Teleology in Aristotle's Science of Nature*. Cambridge.
Levenson, Jon D., 1996, "The Universal Horizon of Biblical Particularism". Mark G. Brett (Hrsg.), *Ethnicity and the Bible* (*Biblical Interpretation Series* 19). Leiden-New York-Köln, 143/69.
Levin, Christoph, 1985, "Der Dekalog am Sinai". *Vetus Testamentum* 35, 165/91.
Levine, Lee I. – Schwartz, Daniel R. (Hrsg.), 2009, *Jewish Identities in Antiquity. Studies in Memory of Menahem Stern* (*Texts and Studies in Ancient Judaism* 130). Tübingen.
Levinson, Bernard M., 2006, "'Du sollst nichts hinzufügen und nichts wegnehmen' (Dtn 13, 1): Rechtsreform und Hermeneutik in der Hebräischen Bibel". *Zeitschrift für Theologie und Kirche* 103, 157/83.
Levison, John R., 2006, "Philo's Personal Experience and the Persistence of Prophecy". Floyd – Haak, 194/209.
Lévy, Carlos – Pernot, Laurent (Hrsg.), 1997, *Dire l'évidence: Philosophie et Rhétorique antiques* (*Excerpta Philologica* 7/8). Montreal-Paris.
Lévy, Edmond, 1980, "Cité et citoyen dans la *Politique* d'Aristote". *Ktema* 5, 223/45.
Lévy, Edmond (Hrsg.), 2000, *La codification des lois dans l'antiquité*, Actes du Colloque de Strasbourg 27-29 novembre 1997 (*Université Marc Bloch de Strasbourg. Travaux du Centre de Recherche sur le Proche-Orient et la Grèce antiques* 16). Paris.
Lévy, Isidore, 1927, *Le légende de Pythagore de Grèce en Palestine* (*Bibliothèque de l'École des hautes Etudes. Sciences historiques et philologiques* 250). Paris.
Lewis, A.-M., 1992, "The Popularity of the *Phaenomena* of Aratus: a Reevaluation". Carl Deroux (Hrsg.), *Studies in Latin Literature and Roman History*, 6. Band (*Collection Latomus* 217). Bruxelles, 94/118.
Lichtenberger, Hermann, 1996, "Das Tora-Verständnis im Judentum zur Zeit des Paulus". James D.G. Dunn (Hrsg.), *Paul and the Mosaic Law*, The Third Durham-Tübingen Research Symposium on Earliest Christianity and Judaism, Durham September 1994 (*Wissenschaftliche Untersuchungen zum Neuen Testament* 89), 7/23.
Lidauer, Eva, 2016, *Platons sprachliche Bilder. Die Funktionen von Metaphern, Sprichwörtern, Redensarten und Zitaten in Dialogen Platons* (*Spudasmata* 166). Hildesheim-Zürich-New York.
Liebert, Rana Saadi, 2010, "Fact and Fiction in Plato's *Ion*". *American Journal of Philology* 131, 179/218.
Liebert, Wolf-Andreas, 2008, "Metaphernforschung". Fix – Gardt – Knape, 743/57.
Limbeck, Meinrad, 1997, *Das Gesetz im Alten und Neuen Testament*. Darmstadt.
Link, Stefan, 1994, "Zur archaischen Gesetzgebung in Katane und im epizephyrischen Lokroi". Gehrke, 165/77.
Lippert, Sandra, 2008, *Einführung in die altägyptische Rechtsgeschichte*. Berlin.
Lisi, Francisco L., 1985, *Einheit und Vielheit des platonischen Nomosbegriffs. Eine Untersuchung zur Beziehung von Philosophie und Politik bei Platon* (*Beiträge zur Klassischen Philologie* 167). Königstein/Taunus.
Livingstone, Niall, 2001, *A Commentary on Isocrates' Busiris* (*Mnemosyne Supplementum* 223). Leiden-Boston-Köln.

Lloyd, Alan B., 1976, *Herodotus, Book II. Commentary 1-98* (*Études Préliminaires aux Religions Orientales dans l'Empire Romain* 43). Leiden.
Lloyd, Alan B., 1982, "Nationalist Propaganda in Ptolemaic Egypt". *Historia* 31, 33/55.
Lloyd, Alan B., 2011, "From Satrapy to Hellenistic Kingdom: The Case of Egypt". Erskine – Llewellyn-Jones, 83/105.
Lloyd, Geoffrey E.R., 1987, *The Revolutions of Wisdom. Studies in the Claims and Practice of Ancient Greek Science*, Berkeley-Los Angeles-London.
Lloyd, Geoffrey E.R., 1996, *Aristotelian Explorations*. Cambridge.
Loader, James Alfred, 2009, "Allegorie". Oda Wischmeyer (Hrsg.), *Lexikon der Bibelhermeneutik*. Berlin, 5.
Lobeck, Christian August, 1829, *Aglaophamus sive De theologiae mysticae Graecorum causis libri tres*, tomus 1. Königsberg.
Lobenstein-Reichmann, Anja, 2013, "Die Metapher im Recht – ein linguistischer Versuch". Andreas Deutsch (Hrsg.), *Historische Rechtssprache des Deutschen* (*Schriftenreihe des Deutschen Rechtswörterbuchs. Akademiekonferenzen* 15). Heidelberg, 381/405.
Lohse, Eduard, 1973, "χείϱ κτλ.". *Theologisches Wörterbuch zum Neuen Testament* 9, 413/24.
Lohse, Gerhard, 1964, "Untersuchungen über Homerzitate bei Platon I". *Helikon* 4, 3/28.
Lohse, Gerhard, 1965, "Untersuchungen über Homerzitate bei Platon II". *Helikon* 5, 248/95.
Lohse, Gerhard, 1967, "Untersuchungen über Homerzitate bei Platon III". *Helikon* 7, 223/31.
Long, Anthony A., 1974, *Hellenistic Philosophy. Stoics, Epicureans, Sceptics*. London.
Long, Anthony A., 1992, "Stoic Readings of Homer". Lamberton – Keaney, 41/66.
Long, Anthony A., 1994, "Hellenistic Ethics and Philosophical Power". Green, 138/67.
Long, Anthony A., 2005, "Law and Nature in Greek Thought". Gagarin – Cohen, 412/30.
Long, Anthony A., 2008, "The concept of the cosmopolitan in Greek & Roman thought". *Daedalus* 137, 50/58.
Long, Anthony A., 2010, "Cosmic Craftmanship in Plato and Stoicism". Mohr – Sattler, 37/53.
Long, Anthony A. – David N. Sedley, 2000, *Die hellenistischen Philosophen. Texte und Kommentare*. Stuttgart-Weimar.
Loraux, Nicole, 2000, *Born of the Earth. Myth and Politics in Athens* (*Myth and Poetics*). Ithaca-London.
Lovejoy, Arthur O. – Boas, George, 1935, *Primitivism and Related Ideas in Antiquity*. New York.
Luck, Ulrich, 1959, *Hand und Hand Gottes. Ein Beitrag zur Grundlage und Geschichte des biblischen Gottesverständnisses*, unveröffentlichte Habilitation. Münster.
Ludwig, Walther, 1963, "Die Phainomena Arats als hellenistische Dichtung". *Hermes* 91, 425/48.
Ludwig, Walther, 1965, "Aratos". *RE* Supplementband 10, 26/39.
Lüderitz, Gert, 1993, "What is the Politeuma?". Jan Willem van Henten – Pieter Willem van der Horst (Hrsg.), *Studies in Early Jewish Epigraphy* (*Arbeiten zur Geschichte des antiken Judentums und des Urchristentums* 21). Leiden-New York-Köln, 183/225.
Lührmann, Dieter, 1965, *Das Offenbarungsverständnis bei Paulus und in paulinischen Gemeinden* (*Wissenschaftliche Monographien zum Alten und Neuen Testament* 16). Neukirchen-Vluyn.
Luiselli, Raffaele, 2015, "Hellenistic Astronomers and Scholarship". Montanari – Matthaios – Rengakos, 1216/34.
Luther, Andreas, 2004, *Könige und Ephoren. Untersuchungen zur spartanischen Verfassungsgeschichte* (*Studien zur Alten Geschichte*). Frankfurt am Main.
Luzzatto, Maria Tanja, 2004, "Ermagora di Temno e la 'tesi'". Pretagostini – Dettori, 245/60.

Ma, John, 2003, "Kings". *A Companion to the Hellenistic World*, edited by Andrew Erskine. Malden-Oxford-Victoria,177/95.
Maas, Wilhelm, 1974, *Unveränderlichkeit Gottes. Zum Verhältnis griechisch-philosophischer und christlicher Gotteslehre* (*Paderborner Theologische Studien* 1). München-Paderborn-Wien.
Macfarlan, Roger T., 2006, "Aratus". Nigel Guy Wilson (Hrsg.), *Encyclopedia of Ancient Greece*. New York, 70.
Mack, Burton L., 1973, *Logos und Sophia. Untersuchungen zur Weisheitstheologie im hellenistischen Judentum* (*Studien zur Umwelt des Neuen Testaments / Novum Testamentum et Orbis Antiquus* 10). Göttingen.
Mack, Burton L., 1982, "Under the Shadow of Moses: Authorship and Authority in Hellenistic Judaism". *Society of Biblical Literature. Seminar Papers* 21, 299/318.
Mack, Burton L., 1984, "Philo Judaeus and Exegetical Traditions in Alexandria". *Aufstieg und Niedergang der römischen Welt* II 21, 1, 227/71.
Maehler, Herwig, 1983, "Die griechische Schule im ptolemäischen Ägypten". Van't Dack – van Dessel – van Gucht, 191/203.
Maehler, Herwig, 2004, "Alexandria, the Mouseion, and cultural identity". Hirst – Silk, 1/14.
Männlein-Robert, Irmgard, 2001, *Longin. Philologe und Philosoph. Eine Interpretation der erhaltenen Zeugnisse* (*Beiträge zur Altertumskunde* 143). München-Leipzig.
Männlein-Robert, Irmgard, 2007, *Stimme, Schrift und Bild. Zum Verhältnis der Künste in der hellenistischen Dichtung* (*Bibliothek der klassischen Altertumswissenschaften*. Neue Folge 2. Reihe, Band 119). Heidelberg.
Männlein-Robert, Irmgard, 2010, "Zwischen Musen und Museion oder: Die poetische (Er-)Findung Griechenlands in den *Aitien* des Kallimachos". Gregor Weber (Hrsg.), *Alexandria und das ptolemäische Ägypten. Kulturbegegnungen in hellenistischer Zeit*. Berlin.
Maffi, Alberto, 1992, "Leggi scritte e pensiero giuridico". Giuseppe Cambiano – Luciano Canfora – Diego Lanza (Hrsg.), *Lo spazio letterario della Grecia antica*, volume I, tomo I. Roma, 419/32.
Maffi, Alberto, 2012, "Les transferts de droit d'une cité à l'autre en Grèce ancienne". Legras, 119/25.
Maier, Johann, 1990, *Zwischen den Testamenten. Geschichte und Religion in der Zeit des zweiten Tempels* (*Die Neue Echter Bibel. Ergänzungsband zum Alten Testament* 3). Würzburg.
Maier, Johann, 2001, "Das jüdische Gesetz zwischen Qumran und Septuaginta". Fabry – Offerhaus, 155/64.
Majetschak, Stefan, 2005, "Sichtbare Metaphern. Bemerkungen zur Bildlichkeit von Metaphern und zur Metaphorizität von Bildern". Richard Hoppe-Sailer – Claus Volkenandt – Gundolf Winter (Hrsg.), *Logik der Bilder. Präsenz – Repräsentation – Erkenntnis*, Gottfried Boehm zum 60. Geburtstag. Berlin, 239/53.
Malitz, Jürgen, 2001, "Der Umgang mit Fremden in der Welt der Griechen: 'natives', Perser, Juden". Waltraud Schreiber (Hrsg.), *Kontakte Konflikte Kooperationen. Der Umgang mit Fremden in der Geschichte* (*Eichstätter Kontaktstudium zum Geschichtsunterricht* 2). Neuried, 47/76.
Manitius, Karl (Hrsg.), 1894, *Hipparchi in Arati et Eudoxi Phaenomena Commentariorum Libri Tres*. Leipzig.
Mansfeld, Jaap, 1990, "Fiddling the Books (Heraclitus B129)". Jaap Mansfeld, *Studies in the Historiography of Greek Philosophy*. Assen, 443/48 (ursprünglich 1989).

Mansfeld, Jaap, 1992a, *Heresiography in Context. Hippolytus' Elenchos as a Source for Greek Philosophy* (Philosophia antiqua 56). Leiden-New York-Köln.
Mansfeld, Jaap, 1992b, "ΠΕΡΙ ΚΟΣΜΟΥ. A Note on the History of a Title". *Vigiliae Christianae* 46, 391/411.
Mansfeld, Jaap, 1993, "Aspects of Epicurean Theology". *Mnemosyne* 46, 172/210.
Mansfeld, Jaap (Hrsg.), 1999a, *Die Vorsokratiker I: Milesier, Pythagoreer, Xenophanes, Heraklit, Parmenides*. Stuttgart.
Mansfeld, Jaap, 1999b, "Sources". Algra – Barnes – Mansfeld – Schofield, 3/30.
Mansfeld, Jaap, 1999c, "Theology". Algra – Barnes – Mansfeld – Schofield, 452/78.
Mansfeld, Jaap, 2010, "Quellen hellenistischer Philosophie". Marietta Horster – Christiane Reitz (Hrsg.), *Condensing texts – condensed texts* (Palingenesia 98). Stuttgart, 91/131.
Manuwald, Bernd, 2014, "Platons Mythenerzähler". Janka – Schäfer, 113/35.
Marböck, Johannes, 1999, *Weisheit im Wandel. Untersuchungen zur Weisheitstheologie bei Ben Sira*, 2. Auflage (Beihefte zur *Zeitschrift für die alttestamentliche Wissenschaft* 272). Berlin-New York.
Marböck, Johannes, 2001, "Gerechtigkeit Gottes und Leben nach dem Sirachbuch. Ein Antwortversuch in seinem Kontext". Jörg Jeremias (Hrsg.), *Gerechtigkeit und Leben im hellenistischen Zeitalter*, Symposium anläßlich des 75. Geburtstags von Otto Kaiser (Beihefte zur *Zeitschrift für die alttestamentliche Wissenschaft* 296). Berlin-New York, 21/52.
Marböck, Johannes, 2003, "Text und Übersetzung – Horizonte einer Auslegung im Prolog zum griechischen Sirach". Vonach – Fischer, 99/116.
Marböck, Johannes, 2010, *Jesus Sirach 1-23* (Herders Theologischer Kommentar zum Alten Testament). Freiburg-Basel-Wien.
Marcovich, Miroslav (Hrsg.), 1967, *Heraclitus*, Greek Text with a Short Commentary, Editio Maior. Merida.
Marcus, Hugo, 1952, *Rechtswelt und Ästhetik*. Bonn.
Marincola, John, 1997, *Authority and Tradition in Ancient Historiography*. Cambridge.
Marincola, John (Hrsg.), 2007, *A Companion to Greek and Roman Historiography*, volume I. Oxford.
Marini, Nicoletta (Hrsg.), 2007, *Demetrio, Lo stile* (Pleiadi 4), Roma.
Markschies, Christoph, 2016, *Gottes Körper. Jüdische, christliche und pagane Gottesvorstellungen in der Antike*. München.
Marttila, Marko, 2011, "The Deuteronomistic Ideology and Phraseology in the Book of Baruch". Von Weissenberg – Pakkala – Marttila, 321/46.
Marttila, Marko, 2014, "Political Power and Ideology in the Book of Baruch". *Biblische Notizen*, Neue Folge 161, 99/114.
Martin, Jean, 1956, *Histoire du texte des Phénomènes d'Aratos* (Études et commentaires 22). Paris.
Martin, Jean (Hrsg.), 1998, *Aratos, Phènomènes*. Paris.
Martín, José Pablo, 1982, "L'interpretazione allegorica nella Lettera di Barnaba e nel giudaismo alessandrino". *Studi storico-religiosi* 6, 173/83.
Martínez, Javier (Hrsg.), 2012, *Mundus vult decipi. Estudios interdisciplinares sobre falsificación textual y literaria*. Madrid.
Martini, Edgar, 1901, "Demetrios von Phaleron". *RE* 4, 2817/41.
Mason, Steve, 2007, "Jews, Judaeans, Judaizing, Judaism: Problems of Categorization in Ancient History". *Journal for the Study of Judaism* 38, 457/512.

Masséglia, Jane, 2015, *Body Language in Hellenistic Art and Society* (*Oxford Studies in Ancient Culture and Representation*). Oxford.

Matusova, Ekaterina, 2010, "Allegorical Interpretation of the Pentateuch in Alexandria: Inscribing Aristobulus and Philo in a Wider Literary Context". *The Studia Philonica Annual* 22, 1/51.

Matusova, Ekaterina, 2015, *The Meaning of the Letter of Aristeas. In light of biblical interpretation and grammatical tradition, and with reference to its historical context* (*Forschungen zur Religion und Literatur des Alten und Neuen Testaments* 260). Göttingen.

Mayer, Gunter, 1966, "Exegese II (Judentum)". *Reallexikon für Antike und Christentum* 6, 1194/1211.

Mayser, Edwin, 1926, *Grammatik der griechischen Papyri aus der Ptolemäerzeit*, Band II 1. Berlin-Leipzig.

Mayser, Edwin, 1934, *Grammatik der griechischen Papyri aus der Ptolemäerzeit*, Band II 2. Berlin-Leipzig.

Mazzinghi, Luca, 2010, "I saggi e i profeti. A proposito di Proverbi 1, 8-19 e di Geremia". *Vivens homo* 21, 9/21.

McGlynn, Moyna, 2014, "The Politeuma: Guardian of Civil Rights or Heavenly Commonwealth in Ptolemaic and Roman Egypt". *Biblische Notizen*, Neue Folge 161, 77/98.

McMay, Kenneth L., 1965, "The Use of the Ancient Greek Perfect Down to the Second Century A.D.". *Bulletin of the Institute of Classical Studies* 12, 1/21.

McKay, Kenneth L., 1980, "On the Perfect and Other Aspects in the Greek Non-literary Papyri". *Bulletin of the Institute of Classical Studies* 27, 23/49.

McKay, Kenneth L., 1994, *A New Syntax of the Verb in New Testament Greek. An Aspectual Approach* (*Studies in Biblical Greek* 5). New York-San Francisco-Bern-Baltimore-Frankfurt am Main-Berlin-Wien-Paris.

McKechnie, Paul, 2008, "Ptolemy Philadelphus: A New Moses". McKechnie – Guillaume, 232/46.

McKechnie, Paul – Guillaume, Philippe (Hrsg.), 2008, *Ptolemy II Philadelphus and his World* (*Mnemosyne* Supplementum 300). Leiden-Boston.

McKenzie, Steven L., 2002, "The Theological Legacy of Deuteronomy". Bultmann – Dietrich – Levin, 28/43.

McPherson, Leslie Margaret Perrin, 2002, "Scientific Theories That Unconceal Being: Intentions and Conceptions in their Genesis". Ray Jackendorff – Paul Bloom – Karen Wynn (Hrsg.), *Language, Logic, and Concepts. Essays in Memory of John Mcnamara*, Cambridge/Massachusetts, 161/220.

Meecham, Henry G., 1932, *The Oldest Version of the Bible. 'Aristeas' on its Traditional Origin. A Study in Early Apologetic with Translation and Appendices*. London.

Meecham, Henry G., 1935, *The Letter of Aristeas. A Linguistic Study with Special Reference to the Greek Bible* (*Publications of the University of Manchester* 241). Manchester.

Meeks, Wayne A., 1967, *The Prophet-King. Moses Traditions and the Johannine Christology* (Supplements to *Novum Testamentum* 14). Leiden.

Mehl, Andreas, 1997, "Epiphanes". *Der Neue Pauly* 3, 1150.

Meijer, Pieter A., 2007, *Stoic Theology. Proofs for the Existence of the Cosmic God and of the Traditional Gods*. Delft.

Meijering, Roos, 1987, *Literary and Rhetorical Theories in Greek Scholia*. Groningen.

Meiser, Martin, 2008, "Samuelseptuaginta und Targum Jonathan als Zeugen frühjüdischer Geistigkeit". Karrer – Kraus, 323/35.

Meisner, Norbert, 1970, *Untersuchungen zum Aristeasbrief*, Erster Teil: Text, Dissertation. Berlin.
Mejer, Jørgen, 1978, *Diogenes Laertius and his Hellenistic Background* (*Hermes* Einzelschriften 40). Wiesbaden.
Mejer, Jørgen, 2000, *Überlieferung der Philosophie im Altertum. Eine Einführung* (*Det Kongelige Danske Videnskabernes Selskab. Historisk-filosofiske Meddelelser* 80). Copenhagen.
Mélèze Modrzejewski, Joseph, 1991, *Les Juifs d'Egypte de Ramsès II à Hadrien* (*Collection des Nereides*). Paris.
Mélèze Modrzejewski, Joseph, 1993, "How to be a Jew in Hellenistic Egypt?". Shaye J.D. Cohen – Ernest S. Frerichs (Hrsg.), *Diasporas in Antiquity* (*Brown Judaic Studies*). Atlanta, 65/92.
Mélèze Modrzejewski, Joseph, 1995, "Jewish Law and Hellenistic Legal Practice in the Light of Greek Papyri from Egypt". Robert Feenstra – Arthur S. Hartkamp – Johannes E. Spruit – Pieter J. Sijpesteijn – Laurens C. Winkel (Hrsg.), *Collatio Iuris Romani*, Études dédiées à Hans Ankum à l'occasion de son 65ᵉ anniversaire, volume 1. Amsterdam, 299/315.
Mendels, Doron, 1983, "Hecataeus of Abdera and a Jewish 'patrios politeia' of the Persian Period (Diodorus Siculus XL, 3)". *Zeitschrift für die alttestamentliche Wissenschaft* 95, 96/110.
Mendels, Doron, 1990, "The Polemical Character of Manetho's Aegyptiaca". Herman Verdin – Guido Schepens – Eugénie De Keyser (Hrsg.), *Purposes of History. Studies in Greek Historiography from the 4th to the 2nd Centuries B.C.* (*Studia Hellenistica* 30). Leuven, 91/110.
Mendels, Doron, 2009, "Memory and Memories: The Attitude of 1-2 Maccabees toward Hellenization and Hellenism". Levine – Schwartz, 41/54.
Menn, Stephen, 2012, "Aristotle's Theology". Shields, 422/64.
Merkelbach, Reinhold, 1952, "Die pisistratische Redaktion der homerischen Gedichte". *Rheinisches Museum*, Neue Folge 95, 23/47.
Mesch, Walter, 2014a, "Die Zeit und der Anfang des Kosmos. Zu Platons Kosmologie, Psychologie und Theologie". *Philosophische Rundschau* 61, 1/26.
Mesch, Walter, 2014b, "Die Bildlichkeit der platonischen Kosmologie: Zum Verhältnis von Logos und Mythos im *Timaios*". Janka – Schäfer, 303/22.
Mette, Hans Joachim, 1936, *Sphairopoiia. Untersuchungen zur Kosmologie des Krates von Pergamon*. München.
Mette, Hans Joachim, 1952, *Parateresis. Untersuchungen zur Sprachtheorie des Krates von Pergamon*. Halle/Saale.
Mette, Hans Joachim, 1986-1987, "Philon von Larisa und Antiochos von Askalon". *Lustrum* 28/29, 9/63.
Meuthen, Erich, 2011, *Sprachkraft. Versuch über Ironie und Allegorie* (*Figuren* 13). München.
Mirhady, David C. (Hrsg.), 2007, *Influences on Peripatetic Rhetoric*, Essays in Honor of William W. Fortenbaugh (*Philosophia antiqua* 105). Leiden-Boston.
Mitchell, Stephen, 1999, "The Cult of Theos Hypsistos between Pagans, Jews, and Christians". Athanassiadi – Frede, 81/148.
Modrak, Deborah K.W., 2001, *Aristotle's Theory of Language and Meaning*. Cambridge.
Möller, Melanie, 2011, "Anschaulichkeit und Intuition. Aspekte der Aufmerksamkeit in Ciceros Rhetoriktheorie". Radke-Uhlmann – Schmitt, 35/60.
Mohr, Richard D. – Sattler, Barbara M. (Hrsg.), 2010, *One Book, the Whole Universe. Plato's Timaeus Today*. Las Vegas-Zurich-Athens.
Momigliano, Arnaldo, 1932, "Per la data e la caratteristica della lettera di Aristea". *Aegyptus* 12, 161/72.

Momigliano, Arnaldo, 1975, *Alien Wisdom. The Limits of Hellenization*. Cambridge-London-New York-Melbourne.
Momigliano, Arnaldo, 1984, "The Rhetoric of History and the History of Rhetoric: On Hayden White's Tropes". Arnaldo Momigliano, *Settimo Contributo alla storia degli studi classici e del mondo antico* (Storia e Letteratura. Raccolta di Studi e Testi 161). Roma, 49/59 (ursprünglich 1981).
Monda, Salvatore (Hrsg.), 2012, Ainigma e Griphos. *Gli antichi e l'oscurità della parola*. Pisa.
Montana, Fausto, 2015, "Hellenistic Scholarship". Montanari – Matthaios – Rengakos, 60/183.
Montanari, Franco, 1998, "Zenodotus, Aristarchus and the Ekdosis of Homer". Glenn W. Most (Hrsg.), *Editing Texts – Texte edieren* (Aporemata 2). Göttingen, 1/21.
Montanari, Franco, 2015, *"Ekdosis*. A Product of the Ancient Scholarship". Montanari – Matthaios – Rengakos, 641/72.
Montanari, Franco – Matthaios, Stephanos – Rengakos, Antonios (Hrsg.), 2015, *Brill's Companion to Ancient Greek Scholarship*, 2 volumes (Brill's Companions in Classical Studies). Leiden-Boston.
Moore, Stewart, 2015, *Jewish Ethnic Identity and Relations in Hellenistic Egypt: With Walls of Iron?* (Supplements to the Journal for the Study of Judaism 171). Leiden-Boston.
Moran, Richard, 1996, "Artifice and Persuasion: The Work of Metaphor in the *Rhetoric*". Amélie Oksenberg Rorty (Hrsg.), *Essays on Aristotle's* Rhetoric (Philosophical Traditions 6). Berkeley-Los Angeles-London, 385/98.
Moraux, Paul, 1984, *Der Aristotelismus bei den Griechen. Von Andronikos bis Alexander von Aphrodisias*, 2. Band (Peripatoi 6). Berlin-New York.
More, Jonathan, 2009, "Kingship Ideology: A Neglected Element in Aristeas' Charter Myth for Alexandrian Judaism". Johann Cook (Hrsg.), *Septuagint and Reception. Essays prepared for the Association for the Study of the Septuagint in South Africa* (Supplements to Vetus Testamentum 127). Leiden-Boston, 299/319.
Morenz, Siegfried, 1964, "Ägyptische Spuren in den Septuaginta". Alfred Stuiber – Alfred Hermann (Hrsg.), *Mullus*, Festschrift Theodor Klauser (Jahrbuch für Antike und Christentum Ergänzungsband 1). Münster, 250/58.
Morgan, Kathryn A., 2010a, "The Voice of Authority: Divination and Plato's Phaedo". *Classical Quarterly* 60, 63/81.
Morgan, Kathryn A., 2010b, "Narrative Orders in the *Timaeus* and *Critias*". Mohr – Sattler, 267/85.
Moro, Caterina, 2009, "Mosè fondatore di Gerusalemme". *Studi e Materiali di Storia delle Religioni* 75, 117/31.
Mosès, Stéphane, 2004, *Eros und Gesetz. Zehn Lektüren der Bibel* (Makom 1). München.
Most, Glenn W., 1989, "Cornutus and Stoic Allegoresis: A Preliminary Report". *Aufstieg und Niedergang der römischen Welt* II 36, 3, 2014/65.
Most, Glenn W., 1993, "Die früheste erhaltene griechische Dichterallegorese". *Rheinisches Museum*, Neue Folge 136, 209/12.
Most, Glenn W. (Hrsg.), 1997, *Collecting Fragments – Fragmente sammeln* (Aporemata 1). Göttingen.
Most, Glenn W., 2010a, "Hellenistic allegory and early imperial rhetoric". Rita Copeland – Peter T. Struck (Hrsg.), *The Cambridge Companion to Allegory*. Cambridge, 26/38.
Most, Glenn W., 2010b, "Sehnsucht nach Unversehrtem. Überlegungen zu Fragmenten und deren Sammlern". Pal Kelemen – Ernö Kulscár Szabó – Tamás Ábel (Hrsg.), *Kulturtechnik Philologie. Zur Theorie des Umgangs mit Texten*. Heidelberg, 27/44.

Moyer, Ian S., 2011a, *Egypt and the Limits of Hellenism*. Cambridge.
Moyer, Ian S., 2011b, "Court, *Chora*, and Culture in Late Ptolemaic Egypt". *American Journal of Philology* 132, 16/44.
Moyer, Ian S., 2013, "Berossos and Manetho". Haubold – Lanfranchi – Rollinger – Steele, 213/32.
Moyer, Ian S., 2016, "Isidorus at the Gates of the Temple". Rutherford, 209/44.
Mras, Karl, 1944, "Ein Vorwort zur neuen Eusebius-Ausgabe (mit Ausblick auf die spätere Gräcität)". *Rheinisches Museum*, Neue Folge 92, 217/36.
Mras, Karl, 1954, *Eusebius Werke*, 8. Band: *Die Praeparatio Evangelica*, 1. Teil: *Einleitung, Die Bücher I bis X (Die griechischen christlichen Schriftsteller der ersten Jahrhunderte. Eusebius 8, 1)*. Berlin.
Mras, Karl – des Places, Édouard, 1982, *Eusebius Werke*, 8. Band: *Die Praeparatio Evangelica*, 1. Teil: *Einleitung, Die Bücher I bis X (Die griechischen christlichen Schriftsteller der ersten Jahrhunderte. Eusebius 8, 1)*, 2. bearbeitete Auflage. Berlin.
Mras, Karl – des Places, Édouard, 1983, *Eusebius Werke*, 8. Band: *Die Praeparatio Evangelica*, 2. Teil: *Die Bücher XI bis XV (Die griechischen christlichen Schriftsteller der ersten Jahrhunderte. Eusebius 8, 2)*, 2. bearbeitete Auflage. Berlin.
Mülke, Christoph, 2002 (Hrsg.), *Solons politische Elegien und Iamben (Fr. 1-13; 32-37 West)*, Einleitung, Text, Übersetzung, Kommentar (*Beiträge zur Altertumskunde* 177). München-Leipzig.
Mülke, Markus, 2008, *Der Autor und sein Text. Die Verfälschung des Originals im Urteil antiker Autoren (Untersuchungen zur antiken Literatur und Geschichte* 93). Berlin-New York.
Mülke, Markus, 2010, "*Adulteratio* und *aemulatio* – Verfälscher als Co-Autoren?". *Rheinisches Museum*, Neue Folge 153, 61/91.
Mülke, Markus, 2013, "Lobreden auf einen Gott. Platons Symposiasten preisen Eros". Martin Fritz – Regina Fritz (Hrsg.), *Sprachen des Glaubens. Philosophische und theologische Perspektiven (Theologische Akzente* 7). Stuttgart, 17/35.
Mülke, Markus, 2017, "Kontrastzitat und Παραδιόρθωσις" (im Druck).
Müller, Bernd-Jürgen, 1968, *Ptolemaeus II. Philadelphus als Gesetzgeber*, Dissertation. Köln.
Müller, Dieter M., 1960, *Ägypten und die griechischen Isisaretalogien*, Dissertation. Leipzig.
Müller, Jan Dietrich, 2011, *Decorum. Konzepte von Angemessenheit in der Theorie der Rhetorik von den Sophisten bis zur Renaissance (Rhetorik-Forschungen* 19). Berlin-Boston.
Müller, Konrad, 1963, "Allegorische Dichtererklärung". *RE* Supplementband 4, 16/22.
Müller, Mogens, 2008, "Die Septuaginta als Teil des christlichen Kanons". Karrer – Kraus, 708/27.
Müller, Mogens, 2010, "Josephus und die Septuaginta". Karrer – Kraus, 638/54.
Müller, Reinhard, 2004, *Königtum und Gottesherrschaft: Untersuchungen zur alttestamentlichen Monarchiekritik (Forschungen zum Alten Testament*, 2. Reihe, Band 3). Tübingen.
Mueller-Goldingen, Christian, *Aristoteles, Politik. Einleitung und Kommentar, Band 1: Bücher 1, 3, 7 und 8 (Wissenschaftliche Kommentare zu griechischen und lateinischen Schriftstellern)*. Heidelberg.
Muntz, Charles E., 2011, "The Sources of Diodorus Siculus, Book 1". *Classical Quarterly* 61, 574/94.
Muraoka, Takamitsu, 2009, *A Greek-English Lexicon of the Septuagint*. Louvain-Paris-Walpole.
Murray, Oswyn, 1967, "Aristeas and Ptolemaic Kingship". *Journal of Theological Studies*, New Series 18, 337/71.

Murray, Oswyn, 1970, "Hecataeus of Abdera and Pharaonic Kingship". *Journal of Egyptian Archeology* 56, 141/71.
Murray, Oswyn, 1975, "Aristeas and his Sources". *Studia Patristica* 12, 123/28.
Murray, Oswyn, 1996, "Hellenistic Royal Symposia". Per Bilde – Troels Engberg-Pedersen – Lise Hannestad – Jan Zahle (Hrsg.), *Aspects of Hellenistic Kingship* (Studies in Hellenistic Civilization 7). Aarhus, 15/27.
Murray, Oswyn, 2001, "Aristeasbrief". *Reallexikon für Antike und Christentum*, Supplement-Band 1, 573/87 (ursprünglich 1981).
Murray, Oswyn, 2005, "Zeno and the Art of *Polis* Maintenance". Hansen, 202/21.
Murray, Oswyn, 2007, "Philosophy and Monarchy in the Hellenistic World". Rajak – Pearce – Aitken – Dines, 13/28.
Murray, Penelope, 1981, "Poetic Inspiration in Early Greece". *The Journal of Hellenic Studies* 101, 87/100.
Murray, Penelope, 1995, *Plato on Poetry* (Cambridge Greek and Latin Classics). Cambridge.
Murray, Penelope, 1999, "What Is a *Muthos* for Plato?". Buxton, 251/62.
Nagy, Gregory, 1992, "Homeric Questions". *Transactions and Proceedings of the American Philological Association* 122, 17/60.
Nagy, Gregory, 1996, *Poetry as performance. Homer and beyond*. Cambridge.
Najman, Hindy, 2004, "The Symbolic Significance of Writing in Ancient Judaism". Najman – Newman, 139/73.
Najman, Hindy – Newman, Judith H. (Hrsg.), 2004, *The Idea of Biblical Interpretation. Essays in Honor of James L. Kugel* (Supplements to the *Journal for the Study of Judaism* 83). Leiden-Boston.
Navia, Luis E., 2001, *Antisthenes of Athens. Setting the World Aright* (Contributions in Philosophy 80). Westport-London.
Nesselrath, Heinz-Günther (Hrsg.), 2009, *Cornutus, Die Griechischen Götter. Ein Überblick über Namen, Bilder und Deutungen* (SAPERE 14). Tübingen.
Nesselrath, Heinz-Günther, 2010, "Das Museion von Alexandria". *Biblische Notizen*, Neue Folge 147, 67/82.
Nesselrath, Heinz-Günther, 2014, "Platons Atlantis-Geschichte – ein Mythos?". Janka – Schäfer, 339/51.
Nestle, Eberhard, 1906, "Miscellen". *Zeitschrift für die alttestamentliche Wissenschaft* 26, 281/92.
Nestle, Eberhard, 1907, "Miscellen". *Zeitschrift für die alttestamentliche Wissenschaft* 27, 111/21.
Netz, Reviel, 2009, *Ludic Proof. Greek Mathematics and the Alexandrian Aesthetic*. Cambridge.
Neubert, Luke, 2012, "Der *Aristeasbrief* und alexandrinische Hofdichtung". Hirschberger, 29/49.
Neubert, Luke, 2014, Rezension zu "Maren Niehoff, Jewish Exegesis and Homeric Scholarship in Alexandria". *Gnomon* 86, 107/14.
Neugebauer, Otto, 1975, *A History of Ancient Mathematical Astronomy* (Studies in the History of Mathematics and Physical Sciences 1). Berlin-Heidelberg-New York.
Neuhausen, Hubertus, 2010, *Der Zweite Alkibiades. Untersuchungen zu einem pseudoplatonischen Dialog* (Beiträge zur Altertumskunde 257). Berlin-New York.
Neusner, Jacob, 1998, "In the View of Rabbinic Judaism, What, Exactly, Ended with Prophecy?". Berchman, 45/60.

Neusner, Jacob – Avery-Peck, Alan J. (Hrsg.), 2005, *Encyclopedia of Midrash. Biblical Interpretation in Formative Judaism*, Volume I. Leiden-Boston.

Nickelsburg, George W.E., 2001, *1 Enoch 1. A Commentary on the Book of 1 Enoch, Chapters 1-36; 81-108* (*Hermeneia – A Critical and Historical Commentary on the Bible*). Minneapolis.

Nickelsburg, George W.E., 2007, "Enochic Wisdom and its Relationship to the Mosaic Torah". Boccaccini – Collins, 81/94.

Nicklas, Tobias, 2011, "Makkabaion II. Das zweite Buch der Makkabäer". Karrer – Kraus, 1376/1416.

Nicolai, Roberto, 2015, "Historiography, Ethnography, Geography". Montanari – Matthaios – Rengakos, 1090/1125.

Niebuhr, Karl-Wilhelm, 2013, "Nomos. B. Jüdisch". *Reallexikon für Antike und Christentum* 25, 1006/39.

Niehoff, Maren R., 1998, "Philo's views on paganism". Graham N. Stanton – Guy G. Stroumsa (Hrsg.), *Tolerance and Intolerance in Early Judaism and Christianity*. Cambridge, 135/58.

Niehoff, Maren R., 2011a, "Jüdische Bibelexegese im Spiegel alexandrinischer Homerforschung". *Biblische Notizen*, Neue Folge 148, 19/33.

Niehoff, Maren R., 2011b, *Jewish Exegesis and Homeric Scholarship in Alexandria*. Cambridge.

Niehoff Maren R., 2012, "Philons Beitrag zur Kanonisierung der griechischen Bibel". Becker – Scholz, 329/43.

Nihan, Christophe, 2007, "'Un prophète comme Moïse' (*Deutéronome* 18, 15): Genèse et relectures d'une construction deutéronomiste". Römer (2007a), 43/76.

Nikiprowetzky, Valentin, 1984, "'Moyses palpans vel liniens': On Some Explanations of the Name of Moses in Philo of Alexandria". Frederick E. Greenspan – Earle Hilgert – Burton L. Mack (Hrsg.), *Nourished with Peace. Studies in Hellenistic Judaism in Memory of Samuel Sandmel* (*Homage Series* 9). Chico/Kalifornien, 117/42.

Nilsson, Martin P., 1988, *Geschichte der griechischen Religion*, 2. Band: *Die hellenistische und römische Zeit*, 4. Auflage (*Handbuch der Altertumswissenschaft* 5, 2, 2). München.

Nirenberg, David, 2015, *Antijudaismus. Eine andere Geschichte des westlichen Denkens* (*Historische Bibliothek der Gerda Henkel Stiftung*). München.

Nissinen, Martti, 2006, "The Dubious Image of Prophecy". Floyd – Haak, 26/41.

Nötscher, Friedrich, 1969, "Das Angesicht Gottes schauen" nach biblischer und babylonischer Auffassung. Darmstadt.

Norden, Eduard, 1912, *Agnostos Theos. Untersuchungen zur Formengeschichte religiöser Rede*. Leipzig-Berlin.

Norden, Eduard, 1955, *Das Genesiszitat in der Schrift vom Erhabenen* (*Abhandlungen der Deutschen Akademie der Wissenschaften zu Berlin, Klasse für Sprachen, Literatur und Kunst* 1954, 1). Berlin.

Norin, Stig, 1997, "Die Hand Gottes im Alten Testament". Kieffer – Bergman, 50/63.

Nothers, Thomas, 1992, "Anmerkungen". Gerhard Wirth – Otto Veh – Thomas Nothers (Hrsg.), *Diodoros. Griechische Weltgeschichte Buch I-X*, Erster Teil (*Bibliothek der Griechischen Literatur* 34). Stuttgart, 279/330.

Novokhatko, Anna, 2015, "Greek Scholarship from its Beginnings to Alexandria". Montanari – Matthaios – Rengakos, 3/59.

Nünlist, René, 2009, *The Ancient Critic at Work. Terms and Concepts of Literary Criticism in Greek Scholia*. Cambridge.

Nünlist, René, 2011, "Aristarchus and Allegorical Interpretation". Rengakos – Matthaios – Montanari, 105/17.

Nünlist, René, 2015, "Poetics and Literary Criticism in the Framework of Ancient Greek Scholarship". Montanari – Matthaios – Rengakos, 706/55.
Nussbaum, Martha C. – Oksenberg Rorty, Amélie (Hrsg.), 1992, *Essays on Aristotle's* De anima. Oxford.
Nussbaum, Martha C., 1993, "Poetry and the passions: two Stoic views". Martha C. Nussbaum – Jacques Brunschwig (Hrsg.), *Passions and Perceptions. Studies in Hellenistic Philosophy of Mind*, Proceedings of the Fifth Symposium Hellenisticum. Cambridge, 97/149.
Obbink, Dirk, 1992, "'What all men believe – must be true': Common Conceptions and Consensio omnium in Aristotle and Hellenistic Philosophie". *Oxford Studies in Ancient Philosophy* 10, 193/231.
Obbink, Dirk, 1995, "How to Read Poetry About Gods". Dirk Obbink (Hrsg.), *Philodemus and Poetry*. New York-Oxford, 189/209.
Obbink, Dirk, 1997, "Cosmology as Initiation vs. the Critique of Orphic Mysteries". Laks – Most, 39/54.
Obbink, Dirk, 2001, "Le livre I du *De natura deorum* de Cicéron et le *De pietate* de Philodème". Auvray-Assayas – Delattre, 203/25.
Obbink, Dirk, 2010, "Early Greek allegory". Copeland – Struck, 15/25.
Ober, Josíah, 2005, "Law and Political Thought". Gagarin – Cohen, 394/411.
Ober, Josíah – Hedrick, Charles (Hrsg.), 1996, *Dēmokratia. A Conversation on Democracies, Ancient and Modern*. Princeton.
Oehler, Klaus, 1969, *Antike Philosophie und Byzantinisches Mittelalter. Aufsätze zur Geschichte des griechischen Denkens*. München.
Oeming, Manfred, 2003, "'Du sollst nichts hinzufügen und nichts wegnehmen' (Dtn 13, 1). Altorientalische Ursprünge und biblische Funktionen der sogenannten Kanonformel". Manfred Oeming, *Verstehen und Glauben. Exegetische Bausteine zu einer Theologie des Alten Testaments* (*Bonner Biblische Beiträge* 142). Berlin-Wien, 121/37.
Ogilvie, Robert M., 1965, *A Commentary on Livy Books 1-5*. Oxford.
Opsomer, Jan, 2002, "hyparxis". Horn – Rapp, 207/09.
Orlinsky, Harry M., 1975, "The Septuagint as Holy Writ and the Philosophy of the Translators". *Hebrew Union College Annual* 46, 89/114.
Orth, Wolfgang, 2001, "Ptolemaios II. und die Septuaginta-Übersetzung". Fabry – Offerhaus, 97/114.
Oser-Grote, Carolin, 2002, "zôon". Horn – Rapp, 464/67.
Ostwald, Martin, 1969, *Nomos and the Beginnings of the Athenian Democracy*. Oxford.
Ostwald, Martin, 1973, "Was There a Concept ἄγραφος νόμος in Classical Greece?". Edward N. Lee – Alexander P.D. Mourelatos – Richard M. Rorty (Hrsg.), *Exegesis and Argument. Studies in Greek Philosophy Presented to Gregory Vlastos* (*Phronesis* Supplementary Volume 1). Assen, 70/104.
Oswald, Wolfgang, 2012, "Die Exodus-Gottesberg-Erzählung als Gründungsurkunde der jüdischen Bürgergemeinde". Adam – Avemarie – Wazana, 35/51.
Otto, Eberhard, 1954, *Die biographischen Inschriften der ägyptischen Spätzeit. Ihre geistesgeschichtliche und literarische Bedeutung* (*Probleme der Ägyptologie* 2). Leiden.
Otto, Eckart (Hrsg.), 2000, *Mose. Ägypten und das Alte Testament* (*Stuttgarter Bibelstudien* 189). Stuttgart.
Otto, Eckart, 2007, *Das Gesetz des Mose*. Darmstadt.
Otto, Eckart, 2008, "Zum ost-westlichen Rechtstransfer im antiken Mittelmeerraum". *Zeitschrift für Altorientalische und Biblische Rechtsgeschichte* 14, 336/49.

Otto, Eckart, 2009, *Die Tora. Studien zum Pentateuch, Gesammelte Schriften* (Beihefte zur Zeitschrift für Altorientalische und Biblische Rechtsgeschichte 9). Wiesbaden.

Otto, Eckart, 2012, *Deuteronomium 1-11*, Erster Teilband: 1,1-4,43 (*Herders Theologischer Kommentar zum Alten Testament*). Freiburg-Basel-Wien.

Otto, Nina, 2009, *Enargeia. Untersuchung zur Charakteristik alexandrinischer Dichtung* (Hermes Einzelschriften 102). Stuttgart.

Otto, Walter F., 1934, *Zur Geschichte der Zeit des 6. Ptolemäers. Ein Beitrag zur Politik und zum Staatsrecht des Hellenismus* (Abhandlungen der Bayerischen Akademie der Wissenschaften. Philosophisch-historische Abteilung, Neue Folge 11). München.

Paganini, Simone, 2009, *"Nicht darfst du zu diesen Wörtern etwas hinzufügen". Die Rezeption des Deuteronomiums in der Tempelrolle: Sprache, Autoren, Hermeneutik* (Beihefte zur Zeitschrift für Altorientalische und Biblische Rechtsgeschichte 11). Wiesbaden.

Paget, James Carleton, 2004, "Jews and Christians in ancient Alexandria from the Ptolemies to Caracalla". Hirst – Silk, 143/66.

Parker, Robert Christopher Towneley, 2003, "prophētēs". *The Oxford Classical Dictionary*, 3. Auflage. Oxford, 1259.

Parker, Robert, 2005, "Law and Religion". Gagarin – Cohen, 61/81.

Pasinya, Laurent Monsengwo, 2005, *La Notion de Nomos dans le Pentateuque Grec* (Analecta Biblica 52). Roma (ursprünglich 1973).

Passoni Dell'Aqua, Anna, 2008, "Von der Kanzlei der Lagiden zur Synagoge. Das ptolemäische Vokabular und die Septuaginta". Karrer – Kraus, 236/47.

Passoni Dell'Aqua, Anna, 2010, "Translating as a Means of Interpreting: The Septuagint and Translation in Ptolemaic Egypt". Karrer – Kraus, 322/39.

Patillon, Michel – Segonds, Alain-Philippe – Brisson, Luc (Hrsg.), 2003, *Porphyre, De l'abstinence*, tome III: Livre IV, 2. Auflage (Collection des Universités de France). Paris.

Patzer, Andreas, 1986, *Der Sophist Hippias als Philosophiehistoriker*. Freiburg-München.

Pausch, Dennis, 2011, "Lebst Du noch oder schreibst Du schon? Ptolemaios II. und die Dichtung in Theokrits 14. Idyll". *Antike und Abendland* 57, 18/38.

Pavlou, Maria, 2011, "Past and Present in Pindar's Religious Poetry". Lardinois – Blok – van der Poel, 59/78.

Pax, Elpidius, 1962, "Epiphanie". *Reallexikon für Antike und Christentum* 5, 832/909.

Pearce, Sarah, 2007, "Translating for Ptolemy. Patriotism and Politics in the Greek Pentateuch?". Rajak – Pearce – Aitken – Dines, 165/89.

Pearson, Birger A., 2000, "Enoch in Egypt". Argall – Bow – Werline, 216/31.

Peck, Arthur Lesley (Hrsg.), 1963, *Aristotle, Generation of Animals* (The Loeb Classical Library). London-Cambridge/Massachusetts.

Pelletier S.J., André (Hrsg.), 1962, *Lettre d'Aristée à Philocrate* (Sources Chrétiennes 89). Paris.

Penner, Kenneth M., 2010, "Citation Formulae as Indices to Canonicity in Early Jewish and Early Christian Literature". Charlesworth – McDonald, 62/84.

Pépin, Jean, 1958, *Mythe et allégorie, Les origenes grecques et les contestations judéo-chrétiennes* (Philosophie de l'esprit). Paris.

Perceau, Sylvie, 2011, "Voix auctoriale et interaction de l'*Iliade* à l'*Odyssée*: de l'engagement éthique à la figure d'autorité". Emmanuelle Raymond (Hrsg.), Vox poetae. *Manifestations auctoriales dans l'épopée gréco-latine*, Actes du colloque organisé les 13 et 14 novembre 2008 par l'Université Lyon 3. Paris, 32/56.

Perdue, Leo G., 2011, "Greek and Barbarian: Anti-Judaism in Greek and Roman Alexandria". Lange – Römheld – Weigold, 109/52.

Perkins, Larry, 2013, "The Greek Translator of Exodus – Interpres (translator) and Expositor (interpretor) – His Treatment of Theophanies". *Journal for the Study of Judaism* 44, 16/56.
Perlitt, Lothar, 1971, "Mose als Prophet". *Evangelische Theologie* 31, 588/608.
Perlitt, Lothar, 1983, "Motive und Schichten der Landtheologie im Deuteronomium". Georg Strecker (Hrsg.), *Das Land Israel in biblischer Zeit*, Jerusalem-Symposium 1981 der Hebräischen Universität und der Georg-August-Universität (*Göttinger Theologische Arbeiten* 25). Göttingen, 46/58.
Perlman, Paula, 2005, "Imagining Crete". Hanson, 283/334.
Perrotta, Romolo, 2008, *Hairéseis. Gruppi, movimenti e fazioni del giudaismo antico e del cristianesimo (da Filone Alessandrino a Egesippo)* (*Pubblicazioni dell'Istituto di Scienze Religiose in Trento*, series maior 11). Bologna.
Peters, Francis E., 1967, *Greek Philosophical Terms: A Historical Lexicon*. New York-London.
Petridou, Georgia, 2015, *Divine Epiphany in Greek Literature and Culture*. Oxford
Petrovic, Ivana, 2012, "Divine Masters, Human Disciples. The Idea of Gods as Teachers and Its Development in Greek Poetry and Philosophy". Almut-Barbara Renger (Hrsg.), *Meister und Schüler in Geschichte und Gegenwart. Von Religionen der Antike bis zur modernen Esoterik*. Göttingen, 53/67.
Petry, Sven, 2008, "Das Gottesbild des Bilderverbots". Groneberg – Spieckermann, 257/71.
Pfeiffer, Rudolf, 1978, *Geschichte der Klassischen Philologie. Von den Anfängen bis zum Ende des Hellenismus*, 2. Auflage (*Beck'sche Elementarbücher*). München.
Pfeiffer, Stefan, 2008a, *Herrscher- und Dynastiekulte im Ptolemäerreich. Systematik und Einordnung der Kultformen* (*Münchener Beiträge zur Papyrusforschung und antiken Rechtsgeschichte* 98). München.
Pfeiffer, Stefan, 2008b, "Joseph in Ägypten. Althistorische Beobachtungen zur griechischen Übersetzung und Rezeption von Gen 39-50". Karrer – Kraus, 313/22.
Pfeiffer, Stefan, 2008c, "The God Serapis, his Cult and the Beginnings of the Ruler Cult in Ptolemaic Egypt". McKechnie – Guillaume, 397/408.
Pfeiffer, Stefan, 2014, "'The snake, the crocodile and the cat': Die Griechen in Ägypten und die theriomorphen Götter des Landes". Hoffmann – Schmidt, 215/44.
Pfister, Friedrich, 1924, "Epiphanie". *RE* Supplementband 4, 277/323.
Pfister, Friedrich, 1956, *Alexander der Grosse in den Offenbarungen der Griechen, Juden, Mohammedaner und Christen* (*Deutsche Akademie der Wissenschaften zu Berlin. Schriften der Sektion für Altertumswissenschaft* 3). Berlin.
Pfrommer, Michael, 2004, "Alexandria in hellenistischer Zeit – ein literarisches Echo". Kreuzer – Lesch, 10/23.
Piepenbrink, Karen, 2001, *Politische Ordnungskonzeptionen in der attischen Demokratie des vierten Jahrhunderts v.Chr. Eine vergleichende Untersuchung zum philosophischen und rhetorischen Diskurs* (*Historia* Einzelschriften 154). Stuttgart.
Pietsch, Christian, 1992, *Prinzipienfindung bei Aristoteles. Methoden und erkenntnistheoretische Grundlagen* (*Beiträge zur Altertumskunde* 22). Stuttgart.
Pietsch, Christian, 2013, "αἰτία ἑλομένου – Menschliches Entscheiden und Handeln zwischen Freiheit und Determination im Platonismus der Kaiserzeit". Christian Pietsch (Hrsg.), *Ethik des antiken Platonismus. Der platonische Weg zum Glück in Systematik, Entstehung und historischem Kontext*, Akten der 12. Tagung der Karl und Gertrud Abel-Stiftung vom 15. bis 18. Oktober 2009 in Münster (*Philosophie der Antike* 32). Stuttgart, 191/218.
Pietsch, Christian, 2014, "Mythos als konkretisierter Logos. Platons Verwendung des Mythos am Beispiel von *Nomoi* X 903B-905D". Janka – Schäfer, 157/72.

Pilhofer, Peter, 1990, *Presbyteron kreitton. Der Altersbeweis der jüdischen und christlichen Apologeten und seine Vorgeschichte* (*Wissenschaftliche Untersuchungen zum Neuen Testament*, 2. Reihe, Band 39). Tübingen.
Pozdnev, Michael, 2016, "Homerstudien zur Zeit des Xenophanes". *Wiener Studien* 129, 7/24.
Pötscher, Walter (Hrsg.), 1964, *Theophrastos, ΠΕΡΙ ΕΥΣΕΒΕΙΑΣ* (*Philosophia antiqua* 11). Leiden.
Pötscher, Walter, 1970, *Strukturprobleme der aristotelischen und theophrastischen Gottesvorstellung* (*Philosophia antiqua* 19). Leiden.
Pötscher, Walter, 1979, "Prophetes". *Der Kleine Pauly* 4, 1183f.
Pohlenz, Max, 1933, "Τὸ πρέπον. Ein Beitrag zur Geschichte des griechischen Geistes". *Nachrichten von der Akademie der Wissenschaften zu Göttingen. Philologisch-historische Klasse*, Heft 1, 53/92.
Pohlenz, Max, 1942, "Philon von Alexandreia". *Nachrichten von der Akademie der Wissenschaften zu Göttingen, Philologisch-Historische Klasse* 5, 409/87.
Pohlenz, Max, 1965, *Kleine Schriften*, herausgegeben von Heinrich Dörrie, Band 1. Hildesheim.
Pohlenz, Max, 1984, *Die Stoa. Geschichte einer geistigen Bewegung*, 6. Auflage. Göttingen (ursprünglich 1949 [1. Band] und 1955 [2. Band]).
Pola, Thomas, 2009, "Deuteronomion. Das fünfte Buch Mose". Kraus – Karrer, 175f.
Polito, Roberto, 2012, "Antiochus and the Academy". Sedley, 31/54.
Pollitt, Jerome Jordan, 1986, *Art in the Hellenistic Age*. Cambridge.
Pollmann, Ines, 2012, *Gesetzeskritische Motive im Judentum und die Gesetzeskritik des Paulus* (*Studien zur Umwelt des Neuen Testaments / Novum Testamentum et Orbis Antiquus* 98). Göttingen.
Pollmann, Karla, 2002, "prophêtês". Horn – Rapp, 374.
Pongratz-Leisten, Beate, 1997, "Beros(s)os". *Der Neue Pauly* 2, 579f.
Pontani, Filippomaria, 2011, "*Ex Homero grammatica*". Rengakos – Matthaios – Montanari, 87/103.
Porter, James I., 1992, "Hermeneutic Lines and Circles: Aristarchus and Crates on the Exegesis of Homer". Lamberton – Keaney, 67/114.
Porter, James I., 2010, *The Origins of Aesthetic Thought in Ancient Greece: Matter, Sensation, and Experience*. Cambridge.
Porter, James I., 2011, "Against ΛΕΠΤΟΤΗΣ: Rethinking Hellenistic Aesthetics". Erskine – Llewellyn-Jones, 271/312.
Porter, James I., 2012, "Is the Sublime an Aesthetic Value?". Ineke Sluiter – Ralph M. Rosen (Hrsg.), *Aesthetic Value in Classical Antiquity* (*Mnemosyne* Supplementum 350). Leiden-Boston, 47/70.
Porter, James I., 2016, *The Sublime in Antiquity*. Oxford.
Porter, Stanley E., 1989, *Verbal Aspect in the Greek of the New Testament, with Reference Tense and Mood* (*Studies in Biblical Greek* 1). New York-Bern-Frankfurt am Main-Paris.
Possanza, D. Mark, 2004, *Translating the Heavens. Aratus, Germanicus, and the Poetics of Latin Translation* (*Lang Classical Studies* 14). New York-Washington D.C.-Bern-Frankfurt am Main-Berlin-Brussels-Vienna-Oxford.
Potter, David, 2004, "Hellenistic Religion". Andrew Erskine (Hrsg.), *A Companion to the Hellenistic World*, 2. Auflage. Oxford, 407/30.
Preisigke, Friedrich, 1920, *Vom göttlichen Fluidum nach ägyptischer Anschauung* (*Papyrusinstitut Heidelberg* 1). Berlin-Leipzig.

Prestel, Peter – Schorch, Stefan, 2011, "Genesis. Das erste Buch Mose". Karrer – Kraus, 145/257.
Pretagostini, Roberto – Dettori, Emanuele (Hrsg.), *La cultura ellenistica. L'opera letteraria e l'esegesi antica*, Atti del Convegno COFIN 2001, Università di Roma "Tor Vergata", 22-24 settembre 2003 (*Seminari Romani di Cultura Greca. Quaderni* 8). Roma.
Preus, Anthony, 1997, "Greek Philosophy in Egypt: From Solon to the Arab Conquest". Coleman – Walz. 155/74.
Price, Simon, 1999, *Religions of the Ancient Greeks*. Cambridge.
Pritchard, James B. (Hrsg.), 1955, *Ancient Near Eastern Texts Relating to the Old Testament*, 2. Auflage. Princeton.
Prümm, Karl, 1961, "Dynamis in hellenistischer Religion und Philosophie als Vergleichsbild zu göttlicher Dynamis im Offenbarungsraum. Streiflichter auf ein Sondergebiet antik-frühchristlicher Begegnung". *Zeitschrift für katholische Theologie* 83, 393/430.
Pulleyn, Simon, 1994, "The Power of Names in Classical Greek Religion". *Classical Quarterly* 44, 17/25.
Pulleyn, Simon, 1997, *Prayer in Greek Religion (Oxford Classical Monographs)*. Oxford.
Quack, Joachim, 2016, "Translating the Realities of Cult. The Case of the *Book of the Temple*". Rutherford, 267/86.
Raaflaub, Kurt A., 2000, "Poets, lawgivers, and the beginnings of political reflection in Archaic Greece". Rowe – Schofield, 23/59.
Radice, Roberto, 1995, *La filosofia di Aristobulo e i suoi nessi con il "De mundo" attribuito ad Aristotele*, 2. Auflage (*Temi metafisici e problemi del pensiero antico. Studi e testi* 33). Milano.
Radke, Gyburg, 2003, *Die Theorie der Zahl im Platonismus. Ein systematisches Lehrbuch*. Tübingen-Basel.
Radke-Uhlmann, Gyburg, 2005, "Über eine vergessene Form der Anschaulichkeit in der griechischen Dichtung". *Antike und Abendland* 55, 1/22.
Radke-Uhlmann, Gyburg, 2011, "Phantasia als Organon. Anschauung und Phantasie in der platonischen Wissenschaftstheorie am Beispiel der Geometrie". Radke-Uhlmann – Schmitt, 153/79.
Radke-Uhlmann, Gyburg – Schmitt, Arbogast (Hrsg.), 2011, *Anschaulichkeit in Kunst und Literatur. Wege bildlicher Visualisierung in der europäischen Geschichte* (*Colloquia Raurica* 11). Berlin-Boston.
Radt, Stefan, 2009, *Strabons Geographika*, Band 8: *Buch XIV-XVII: Kommentar*. Göttingen.
Rajak, Tessa, 2008, "Translating the Septuagint for Ptolemy's Library: Myth and History". Karrer – Kraus, 176/93.
Rajak, Tessa, 2009, *Translation and Survival: The Greek Bible and the Jewish Diaspora*. Oxford.
Rajak, Tessa – Pearce, Sarah – Aitken, James – Dines, Jennifer (Hrsg.), 2007, *Jewish Perspectives on Hellenistic Rulers* (*Hellenistic Culture and Society* 50). Berkeley-Los Angeles-London.
Ramelli, Ilaria (Hrsg.), 2003, *Anneo Cornuto, Compendio di teologia greca* (*Il pensiero occidentale*). Milano.
Ramelli, Ilaria – Lucchetta, Giulio, 2004, *Allegoria*, volume 1: *L'età classica* (*Temi metafisici e problemi del pensiero antico. Studi e testi* 98), Milano.
Rankin, Herbert David, 1986, *Antisthenes Sokratikos*. Amsterdam.
Rapp, Christof, 2002, *Aristoteles, Rhetorik*, 2. Halbband (*Aristoteles, Werke* 4). Darmstadt.

Rapp, Christof, 2013, "Sprachliche Gestaltung und philosophische Klarheit bei Aristoteles". Erler – Heßler, 283/303.
Rappaport, Uriel, 2012, "The Letter of Aristeas again". *Journal for the Study of the Pseudepigrapha* 21, 285/303.
Raspe, Lucia, 1998, "Manetho on the Exodus: A Reappraisal". *Jewish Studies Quarterly* 5, 124/55.
Rathmann, Michael, 2014, "Diodor und seine Quellen. Zur Kompilationstechnik des Historiographen". Hans Hauben – Alexander Meeus (Hrsg.), *The Age of the Successors and the Creation of the Hellenistic Kingdoms (323-276 B.C.)* (*Studia Hellenistica* 53). Leuven, 49/113.
Rathmann, Michael, 2016, *Diodor und seine "Bibliotheke". Weltgeschichte aus der Provinz* (*Klio* Beihefte Neue Folge 27). Berlin-Boston.
Rau, Eckard, 1974, *Kosmologie, Eschatologie und die Lehrautorität Henochs. Traditions- und formgeschichtliche Untersuchungen zum äth. Henochbuch und zu verwandten Schriften*, Dissertation 1970. Hamburg.
Ravaisson, Félix, 1846, *Essai sur la Métaphysique d'Aristote*, tome 2. Paris.
Reale, Giovanni (Hrsg.), 2005, *Platone. Fedro* (*Scrittori Greci e Latini*). Milano.
Reale, Giovanni – Bos, Abraham P. (Hrsg.), 1995, *Il trattato Sul cosmo per Alessandro attribuito ad Aristotele* (*Temi metafisici e problemi del pensiero antico. Studi e testi* 42). Milano.
Regen, Frank, 1972, "Die Residenz des persischen Großkönigs und der Palast des Menelaos. Zu Anspielungen der pseudoaristotelischen Schrift von der Welt auf einen Vergleich Homers". *Hermes* 100, 206/14.
Reinhardt, Karl, 1916, *Parmenides und die Geschichte der griechischen Philosophie*. Bonn.
Reinhardt, Karl, 1928, *Poseidonios über Ursprung und Entartung. Interpretation zweier kulturgeschichtlicher Fragmente* (*Orient und Antike* 6). Heidelberg.
Reiterer, Friedrich V., 2011, "Politik, Bildung und Religion. Der alttestamentliche Glaube im hellenistischen Ambiente". *Biblische Notizen*, Neue Folge 149, 113/37.
Reiterer, Friedrich V., 2014, "Die Macht und die Mächtigen im Buch der Weisheit". *Biblische Notizen*, Neue Folge 161, 69/75.
Rendtorff, Rolf, 1959, "προφήτης κτλ. B. Im Alten Testament". *Theologisches Wörterbuch zum Neuen Testament* 6, 796/813.
Rengakos, Antonios, 2011, "Die Überlieferungsgeschichte der homerischen Epen". Rengakos – Zimmermann, 167/75.
Rengakos, Antonios – Matthaios, Stephanos – Montanari, Franco (Hrsg.), 2011, *Ancient Scholarship and Grammar: Archetypes, Concepts and Contexts* (*Trends in Classics* – Supplementary Volumes 8). Berlin-New York.
Rengakos, Antonios – Zimmermann, Bernhard (Hrsg.), 2011, *Homer-Handbuch. Leben – Werk – Wirkung*. Stuttgart-Weimar.
Reventlow, Henning Graf, 1990, *Epochen der Bibelauslegung, Band I: Vom Alten Testament bis Origenes*. München.
Reverdin, Olivier, 1945, *La religion de la cité platonicienne* (*École Française d'Athènes. Travaux et memoires* 6). Paris.
Rhodes, Peter J., 1981, *A Commentary on the Aristotelian Athênaiôn Politeia*. Oxford.
Ribichini, Sergio – Rocchi, Maria – Xella, Paolo (Hrsg.), 2001, *La questione delle influenze vicino-orientali sulla religione greca. Stato degli studi e prospettive della ricerca*, Atti del Colloquio Internazionale Roma, 20-22 maggio 1999 (*Monografie scientifiche. Serie Scienze Umane e Sociali. Consiglio Nazionale delle Ricerche*). Roma.

Richardson, Nicholas J., 1975, "Homeric Professors in the Age of the Sophists". *Proceedings of the Cambridge Philological Society* 201 = New Series 21, 65/81.
Richardson, Nicholas J., 1980, "Literary Criticism in the Exegetical Scholia to the *Iliad*: a Sketch". *Classical Quarterly* 30, 265/87.
Richardson, Nicholas J., 1992, "Aristotle's Reading of Homer and Its Background". Lamberton – Keaney, 30/40.
Richardson, Nicholas J., 1994, "Aristotle and Hellenistic Scholarship". *La philologie grecque à l'époque hellénistique et romaine* (*Entretiens sur l'Antiquité Classique* 40). Vandœuvres-Genève, 7/38.
Ricken, Friedo, 2008, *Platon. Politikos*, Übersetzung und Kommentar (*Platon. Werke* II 4). Göttingen.
Ricken, Friedo, 2013, "Dihairese Mythos Beispiel. Literarische Werkzeuge der philosophischen Argumentation in Platons *Politikos*". Erler – Heßler, 169/77.
Ricœur, Paul, 1986, *Die lebendige Metapher* (*Übergänge* 12). München.
Ridings, Daniel, 1995, *The Attic Moses. The Dependency Theme in Some Early Christian Writers* (*Studia Graeca et Latina Gothoburgensia* 59). Göteborg.
Riedweg, Christoph, 1993, *Jüdisch-hellenistische Imitation eines orphischen Hieros Logos. Beobachtungen zu OF 245 und 247 (sog. Testament des Orpheus)* (*Classica Monacensia* 7). Tübingen.
Riedweg, Christoph, 1994, *Ps.-Justin (Markell von Ankyra?), Ad Graecos de vera religione (bisher "Cohortatio ad Graecos")*, Einleitung und Kommentar (*Schweizerische Beiträge zur Altertumswissenschaft* 25/1). Basel.
Riedweg, Christoph, 2002, *Pythagoras. Leben · Lehre · Nachwirkung*, München.
Riginos, Alice Swift, 1976, *Platonica. The Anecdotes Concerning the Life and Writings of Plato* (*Columbia Studies in the Classical Tradition* 3). Leiden.
Rijksbaron, Albert (Hrsg.), 2007, *Plato, Ion. Or: On the Iliad* (*Amsterdam Studies in Classical Philology* 14). Leiden-Boston.
Rispoli, Gioia M., 1984, "ΦANTAΣIA ed ENAPΓEIA negli scolî all'Iliade". *Vichiana* 13, 311/39.
Rist, John M., 1969, *Stoic Philosophy*. Cambridge.
Roberts, W. Rhys, 1902, *Demetrius On Style*. Cambridge.
Roberts, Jean, 2000, "Justice and the polis". Rowe – Schofield, 344/65.
Robinson, Thomas M., 2010, "Plato on (just about) Everything: Somer Observations on the *Timaeus* and Other Dialogues". Mohr – Sattler, 101/15.
Römer, Thomas, 2002, *Moïse, "lui que Yahvé a connu face à face"*. Paris.
Römer, Thomas, 2003, "La construction d'une 'Vie de Moïse' dans la Bible hébraïque et chez quelques auteurs hellénistiques". *Transversalités* 85, 13/30.
Römer, Thomas (Hrsg.), 2007a, *La construction de la figure de Moïse. The Construction of the Figure of Moses* (Supplement à *Transeuphratène* 13). Paris.
Römer, Thomas, 2007b, "Les guerres de Moïse". Römer (2007a), 169/73.
Römer, Thomas, 2010, "Moïse: Un héros royal entre échec et divinisation". Borgeaud – Römer – Volokhine, 187/98.
Rösel, Martin, 1994, *Übersetzung als Vollendung der Auslegung. Studien zur Genesis-Septuaginta* (Beihefte zur *Zeitschrift für die alttestamentliche Wissenschaft* 223). Berlin-New York.
Rösel, Martin, 1998, "Theo-Logie der griechischen Bibel. Zur Wiedergabe der Gottesaussagen im LXX-Pentateuch". *Vetus Testamentum* 48, 49/62.

Rösel, Martin, 2006a, "Der griechische Bibelkanon und seine Theologie". Troels Engberg-Pedersen – Niels Peter Lemche – Henrik Tronier (Hrsg.), *Kanon. Bibelens tilblivelse og normative status*, Festskrift til Mogens Müller i anledning af 60-års-fødselsdagen den 25.januar 2006 (*Forum for Bibelsk Eksegese* 15). København, 60/80.
Rösel, Martin, 2006b, "Towards a 'Theology of the Septuagint'". Kraus – Wooden, 239/52.
Rösel, Martin, 2007a, "The Reading and Translation of the Divine Name in the Masoretic Tradition and the Greek Pentateuch". *Journal for the Study of the Old Testament* 31, 411/28.
Rösel, Martin, 2007b, "Nomothesie. Zum Gesetzesverständnis der Septuaginta". Fabry – Böhler, 132/50.
Rösel, Martin, 2008, "Schreiber, Übersetzer, Theologen. Die Septuaginta als Dokument der Schrift-, Lese- und Übersetzungskulturen des Judentums". Karrer – Kraus, 83/102.
Rösel, Martin, 2009, "Der Pentateuch". Kraus – Karrer, 1f.
Rösel, Martin, 2010, "Tempel und Tempellosigkeit. Der Umgang mit dem Heiligtum in der Pentateuch-LXX". Karrer – Kraus, 447/61.
Rösel, Martin, 2011, "Exkurs: Übersetzung und Gebrauch des Gottesnamens". Karrer – Kraus, 413f.
Roetzel, Calvin J., 1992, "Oikoumene and the Limits of Pluralism in Alexandrian Judaism and Paul". *Diaspora Jews and Judaism*, Essays in Honor of, and in Dialogue with, A. Thomas Krabbel, edited by J. Andrew Overman and Robert S. MacLennan (*South Florida Studies in the History of Judaism* 41). Atlanta, 162/82.
Rose, Herbert J., 1958, "Divine Names in Classical Greece". *Harvard Theological Studies* 51, 3/32.
Rosenberger, Veit, 2012, *Religion in der Antike* (*Geschichte kompakt*). Darmstadt.
Rosenmeyer, Thomas G., 1986, "ΦΑΝΤΑΣΙΑ und Einbildungskraft. Zur Vorgeschichte eines Leitbegriffs der europäischen Ästhetik". *Poetica* 18, 197/248.
Routila, Lauri, 1969, *Die Aristotelische Idee der Ersten Philosophie* (*Acta Philosophica Fennica* 23). Amsterdam.
Rowe, Christopher, 1999, "Myth, History, and Dialectic in Plato's *Republic* and *Timaeus-Critias*". Buxton, 263/78.
Rowe, Christopher, 2000a, "The Politicus and other dialogues". Rowe – Schofield, 233/57.
Rowe, Christopher, 2000b, "Aristotelian constitutions". Rowe – Schofield, 366/89.
Rowe, Christopher, 2000c, "The Peripatos after Aristotle". Rowe – Schofield, 390/95.
Rowe, Christopher – Schofield, Malcom (Hrsg.), 2000, *The Cambridge History of Greek and Roman Political Thought*. Cambridge.
Rowlandson, 2007, "The Character of Ptolemaic Aristocracy. Problems of Definition and Evidence". Rajak – Pearce – Aitken – Dines, 29/49.
Rudberg, Gunnar, 1953, Gedanke und Gefühl. Prolegomena zu einer hellenischen Stilbetrachtung (*Symbolae Osloenses Supplementum* 14). Oslo.
Rudhardt, Jean, 2002, "The Greek Attitude to Foreign Religions". Harrison, 172/85 (ursprünglich 1992).
Ruffle, John, 1995, "The Teaching of Amenemope and its Connection with the Book of Proverbs". Roy B. Zuck (Hrsg.), *Learning from the Sages. Studies on the Book of Proverbs*. Grand Rapids/Michigan, 293/331.
Runia, David T., 1986, *Philo of Alexandria and the Timaeus of Plato* (*Philosophia antiqua* 44). Leiden.

Runia, David T., 1993, *Philo in Early Christian Literature. A Survey* (*Compendium Rerum Iudaicarum ad Novum Testamentum*. Section III: *Jewish Traditions in Early Christian Literature*. Volume 3). Assen-Minneapolis.

Runia, David T., 1995, "Why does Clement of Alexandria call Philo 'The Pythagorean'?". *Vigiliae Christianae* 49, 1/22.

Runia, David T., 2002, "The Beginnings of the End: Philo of Alexandria and Hellenistic Theology". Frede – Laks, 281/316.

Runia, David T., 2015, "Cosmos, Logos, and Nomos: The Alexandrian Jewish and Christian Appropriation of the Genesis Creation Account". Derron, 179/209.

Ruschenbusch, Eberhard, 2005, "Die Polis und das Recht". Eberhard Ruschenbusch, *Kleine Schriften zur griechischen Rechtsgeschichte* (*Philippika. Marburger altertumskundliche Abhandlungen* 10). Wiesbaden, 140/58 (ursprünglich 1981).

Russell, Donald A. (Hrsg.), 1964, *'Longinus', On the Sublime*. Oxford.

Russell, Donald A., 2003, "The Rhetoric of the *Homeric Problems*". Boys-Stones (2003a), 217/34.

Russell, Donald A. – Konstan, David (Hrsg.), 2005, *Heraclitus: Homeric Problems* (*Writings from the Greco-Roman World* 14). Atlanta.

Rutherford, Ian (Hrsg.), 2016a, *Greco-Egyptian Interactions. Literatur, Translation, and Culture, 500 BCE-300 CE*. Oxford.

Rutherford, Ian, 2016b, "Introduction: Interaction and Translation between Greek Literature and Egypt". Rutherford, 1/39.

Rutherford, Ian, 2016c, "The Earliest Cross-Cultural Reception of Homer? The Inaros-Narratives of Greco-Roman Egypt". Rutherford, 83/106.

Ruzicka, Stephen, 2012, *Trouble in the West. Egypt and the Persian Empire, 525-332 BCE* (*Oxford Studies in Early Empires* 3). Oxford.

Ryan, John, 2016, "Zeus in Aratus' Phaenomena". James J. Clauss – Martine Cuypers – Ahuvia Kahane (Hrsg.), *The Gods of Greek Hexameter Poetry. From the Archaic Age to Late Antiquity and Beyond* (*Potsdamer Altertumswissenschaftliche Beiträge* 56). Stuttgart, 152/63.

Sacks, Kenneth S., 1990, *Diodorus Siculus and the First Century*. Princeton.

Sæbø, Magne (Hrsg.), 1996, *Hebrew Bible / Old Testament. The History of Its Interpretation*, volume 1, 1: *Antiquity*. Göttingen.

Sale, William, 1965, "The Popularity of Aratos". *Classical Journal* 61, 160/64.

Samuel, Alan E., 1994, "The Ptolemies and the Ideology of Kingship". Green, 168/10.

Sandelin, Karl-Gustav, 1977, "Zwei kurze Studien zum alexandrinischen Judentum". *Studia theologica* 31, 147/52.

Sanders, Ed Parish, 1985, *Paulus und das palästinische Judentum. Ein Vergleich zweier Religionsstrukturen* (*Studien zur Umwelt des Neuen Testaments / Novum Testamentum et Orbis Antiquus* 17). Göttingen.

Sansone, David, 1997, "Hermippus, Fragment 22 Wehrli". *Illinois Classical Studies* 22, 51/64.

Sattler, Barbara M., 2010, "A Time for Learning and for Counting. Egyptians, Greeks, and Empirical Processes in Plato's *Timaeus*". Mohr – Sattler, 249/66.

Savvopoulos, Kyriakos, 2010, "*Alexandria in Aegypto*. The Use and Meaning of Egyptian Elements in Hellenistic and Roman Alexandria". Laurent Bricault – Miguel John Versluys (Hrsg.), *Isis on the Nile. Egyptian Gods in Hellenistic and Roman Egypt*, Proceedings of the IVth International Conference of Isis Studies, Liège, November 27-29, 2008. Leiden, 75/85.

Schäfer, Peter, 1997, "Die Manetho-Fragmente bei Josephus und die Anfänge des antiken 'Antisemitismus'". Most, 186/206.
Schäfer, Peter, 2010a, *Judenhass und Judenfurcht. Die Entstehung des Antisemitismus in der Antike.* Berlin.
Schäfer, Peter, 2010b, *Geschichte der Juden in der Antike*, 2. Auflage (*UTB* 3366). Tübingen.
Schaller, Berndt, 1963, "Hekataios von Abdera über die Juden. Zur Frage der Echtheit und der Datierung". *Zeitschrift für die neutestamentliche Wissenschaft und die Kunde der älteren Kirche* 54, 15/31.
Schaper, Joachim, 2009, "Exodos. Das zweite Buch Mose". Kraus – Karrer, 56.
Schaper, Joachim, 2011, "Exodos. Exodus/Das zweite Buch Mose". Karrer – Kraus, 258/324.
Schart, Aaron, 1999, "Die 'Gestalt' YHWHs. Ein Beitrag zur Körpermetaphorik alttestamentlicher Rede von Gott". *Theologische Zeitschrift* 55, 26/45.
Scheiter, Krisanna M., 2012, "Images, Appearances, and *Phantasia* in Aristotle". *Phronesis* 57, 251/78.
Scheibelreiter, Philipp, 2013, "Nomos. A. Griechisch-Römisch". *Reallexikon für Antike und Christentum* 25, 979/1006.
Schenker, Adrian, 1997, "Gewollt dunkle Wiedergaben in LXX? Zu den scheinbar unverständlichen Übersetzungen im Psalter der LXX am Beispiel von Ps 28 (29), 6". Henning Graf Reventlow (Hrsg.), *Theologische Probleme der Septuaginta und der hellenistischen Hermeneutik* (*Veröffentlichungen der Wissenschaftlichen Gesellschaft für Theologie* 11). Gütersloh, 63/71.
Schenker, Adrian, 2007, "Wurde die Tora wegen ihrer einzigartigen Weisheit auf Griechisch übersetzt? Die Bedeutung der Tora für die Nationen in Dt 4:6-8 als Ursache der Septuaginta". *Freiburger Zeitschrift für Philosophie und Theologie* 54, 327/47.
Schenker, Adrian, 2010, "Was führte zur Übersetzung der Tora ins Griechische? Dtn. 4, 2-8 und Platon (Brief VII, 326a-b)". Karrer – Kraus, 23/35.
Schenkeveld, Dirk M., 1964, *Studies in Demetrius* On Style, Dissertation. Amsterdam.
Schenkeveld, Dirk M., 1991, "Language and Style of the Aristotelian *De mundo* in Relation to the Question of its Authenticity". *Elenchos* 12, 221/55.
Schenkeveld, Dirk M., 1993, "Pap.Hamburg. 128: A Hellenistic Ars Poetica". *Zeitschrift für Papyrologie und Epigraphik* 97, 67/80.
Schenkeveld, Dirk M., 1997, "Philosophical Prose". Stanley E. Porter (Hrsg.), *Handbook of Classical Rhetoric in the Hellenistic Period 330 B.C. – A.D. 400*. Boston-Leiden, 195/264.
Schenkeveld, Dirk M. – Barnes, Jonathan, 1999, "Language". Algra – Barnes – Mansfeld – Schofield, 177/225.
Schepens, Guido, 2001, "Ancient Greek City Histories. Self-Definition through History Writing". Kristoffel Demoen (Hrsg.), *The Greek City from Antiquity to Present. Historical Reality, Ideological Construction, Literary Representation.* Louvain-Paris-Sterling/Virginia, 3/25.
Schepens, Guido, 2005, "Polybius' Criticism of Phylarchus". Schepens – Bollansée, 141/64.
Schepens, Guido – Bollansée, Jan, 2004, "Frammenti di *politeiai*, *nomoi* e *nomima*. Prolegomeni ad una nuova edizione". Cataldi, 259/83.
Schepens, Guido – Bollansée, Jan (Hrsg.), 2005, *The Shadow of Polybius. Intertextuality as a Research Tool in Greek Historiography*, Proceedings of the International Colloquium Leuven, 21-22 September 2001 (*Studia Hellenistica* 42). Leuven-Paris-Dudley.
Schian, Ruth, 1973, *Untersuchungen über das 'argumentum e consensu omnium'* (*Spudasmata* 28). Hildesheim-New York.

Schimanowski, Gottfried, 2006, *Juden und Nichtjuden in Alexandrien. Koexistenz und Konflikte bis zum Pogrom unter Trajan (117 n. Chr.)* (*Münsteraner Judaistische Studien* 18). Münster.
Schironi, Francesca, 2001, "L'Olimpo non è il cielo: esegesi antica nel papiro di Derveni, in Aristarco e in Leagora di Siracusa". *Zeitschrift für Papyrologie und Epigraphik* 136, 11/21.
Schironi, Francesca, 2009, "Theory into Practice: Aristotelian Principles in Aristarchean Philology". *Classical Philology* 104, 279/316.
Schirren, Thomas, 1996, *Aisthesis vor Platon. Eine semantisch-systematische Untersuchung zum Problem der Wahrnehmung* (*Beiträge zur Altertumskunde* 117). Stuttgart-Leipzig.
Schirren, Thomas, 2002, "dynamis". Horn – Rapp, 117f.
Schirren, Thomas, 2008a, "Rhetorik und Stilistik der griechischen Antike". Fix – Gardt – Knape, 1/25.
Schirren, Thomas, 2008b, "Redeabsicht und Wirkungsmodi (docere, delectare, movere)". Fix – Gardt – Knape, 598/602.
Schirren, Thomas, 2008c, "Rhetorik des Körpers (Actio I)". Fix – Gardt – Knape, 669/79.
Schirren, Thomas, 2008d, "Tropen im Rahmen der klassischen Rhetorik". Ulla Fix – Andreas Gardt – Joachim Knape (Hrsg.), *Rhetorik und Stilistik – Rhetoric and Stylistics*, 2. Halbband (*Handbücher zur Sprach- und Kommunikationswissenschaft* 31.2). Berlin-New York, 1485/98.
Schissel, Otmar, 1927, "Die Familie des Minukianos. Ein Beitrag zur Personenkunde des neuplatonischen Athen". *Klio* 21, 361/73.
Schlatter, Adolf, 1906, *Geschichte Israels von Alexander dem Großen bis Hadrian* (*Die Geschichte Israels* 2). Calw-Stuttgart.
Schmid, Herbert, 1986, *Die Gestalt des Mose. Probleme alttestamentlicher Forschung unter Berücksichtigung der Pentateuchkrise* (*Erträge der Forschung* 237). Darmstadt.
Schmidt, Martin, 1976, *Die Erklärungen zum Weltbild Homers und zur Kultur der Heroenzeit in den bT-Scholien zur Ilias* (*Zetemata* 62). München.
Schmitt, Arbogast, 2008, *Aristoteles. Poetik* (*Aristoteles, Werke* 5). Darmstadt.
Schmitt, Arbogast, 2011, "Anschauung und Anschaulichkeit in der Erkenntnis- und Literaturtheorie bei Aristoteles". Radke-Uhlmann – Schmitt, 97/151.
Schmitt, Armin, 1974, "Interpretation der Genesis aus hellenistischem Geist". *Zeitschrift für die alttestamentliche Wissenschaft* 86, 137/63.
Schmoll, Hans – Seitz, Gottfried, 2011, "Sophonias. Zefanja". Karrer – Kraus, 2429/39.
Schnabel, Paul, 1923, *Berossos und die babylonisch-hellenistische Literatur*. Leipzig-Berlin.
Schneider, Georg Iulius, 1880, *De Diodori fontibus (libr. I-IV)*, Dissertation. Berlin.
Schönberger, Otto (Hrsg.), 1991, *Aristoteles, Über die Welt*. Stuttgart.
Schöpsdau, Klaus, 1994, *Platon. Nomoi (Gesetze) Buch I-III*, Übersetzung und Kommentar (*Platon. Werke* IX 2). Göttingen.
Schöpsdau, Klaus, 2003, *Platon. Nomoi (Gesetze) Buch IV-VII*, Übersetzung und Kommentar (*Platon. Werke* IX 2). Göttingen.
Schöpsdau, Klaus, 2011, *Platon. Nomoi (Gesetze) Buch VIII-XII*, Übersetzung und Kommentar (*Platon. Werke* IX 2). Göttingen.
Schöpsdau, Klaus, 2013, "Ursprung und Verfall von Staaten (III 676a1-702e2)". Horn, 67/86.
Schofield, Malcolm, 1991, *The Stoic idea of the city*. Chicago-London.
Schofield, Malcolm, 1992, "Aristotle on the Imagination". Nussbaum – Rorty, 249/77.
Schofield, Malcolm, 2000a, "Aristotle: an introduction". Rowe – Schofield, 310/20.
Schofield, Malcolm, 2000b, "Epicurean and Stoic political thought". Rowe – Schofield, 435/56.

Scholz, Peter, 1998, *Der Philosoph und die Politik. Die Ausbildung der philosophischen Lebensform und die Entwicklung des Verhältnisses von Philosophie und Politik im 4. und 3. Jh. v. Chr. (Frankfurter althistorische Beiträge* 2). Stuttgart.
Scholz, Peter, 2013, "*Philomathia* statt *Philosophia*: Polybios, die Philosophie und die Idee der *Paideia*". Grieb – Koehn, 285/99.
Scholz, Peter, 2015, *Der Hellenismus. Der Hof und die Welt* (*C.H. Beck Geschichte der Antike* 3). München.
Schorch, Stefan, 2009, "Genesis. Das erste Buch Mose". Kraus – Karrer, 3f.
Schorn, Stefan, 2003, "Wer wurde in der Antike als Peripatetiker bezeichnet?". *Würzburger Jahrbücher für die Altertumswissenschaft* 27, 39/69.
Schorn, Stefan, 2007, "'Periegetische Biographie' – 'Historische Biographie': Neanthes von Kyzikos (FGrHist 84) als Biograph". Erler – Schorn, 115/56.
Schottroff, Willy, 1983, "Gottmensch I". *Reallexikon für Antike und Christentum* 12, 155/234.
Schreckenberg, Heinz, 1966, "Exegese I (heidnisch, Griechen u. Römer)". *Reallexikon für Antike und Christentum* 6, 1174/94.
Schröder, Bernd, 1996, *Die "väterlichen Gesetze". Flavius Josephus als Vermittler von Halachah an Griechen und Römer (Texte und Studien zum antiken Judentum* 53). Tübingen.
Schroer, Silvia – Staubli, Thomas, 2005, *Die Körpersymbolik der Bibel*, 2. Auflage. Darmstadt.
Schubert, Charlotte, 2010, *Anarchasis der Weise. Nomade, Skythe, Grieche* (*Leipziger Studien zur Klassischen Philologie* 7). Tübingen.
Schürer, Emil – Vermes, Geza – Millar, Fergus – Goodman, Martin, 1986, *The History of the Jewish People in the Age of Jesus Christ*, Revised Edition, volume III, 1. Edinburgh.
Schütrumpf, Eckart, 2001, "Dikaiarchs βίος Ἑλλάδος und die Philosophie des vierten Jahrhunderts". Fortenbaugh – Schütrumpf, 255/77.
Schwáb, Zoltán, 2013, "Is Fear of the Lord the Source of Wisdom or Vice Versa?". *Vetus Testamentum* 63, 652/62.
Schwabl, Hans, 1978, "Zeus. Teil II". *RE* Supplementband 15, 993/1481.
Schwartz, Daniel R., 2003, "Diodorus Siculus 40.3 – Hecataeus or Pseudo-Hecataeus?". Menachem Mor – Aharon Oppenheimer – Jack Pastor – Daniel R. Schwartz (Hrsg.), *Jews and Gentiles in the Holy Land in the Days of the Second Temple, the Mischnah and the Talmud*. Jerusalem,181/97.
Schwartz, Daniel R., 2008, *2 Maccabees* (*Commentaries on Early Jewish Literature*). Berlin-New York.
Schwartz, Eduard, 1885, "Hekataeos von Teos". *Rheinisches Museum*, Neue Folge 40, 223/62.
Schwartz, Eduard, 1903, "Diodoros von Agyrion". *RE* 5/1, 663/704.
Schweitzer, Ursula, 1956, *Das Wesen des Ka im Diesseits und Jenseits der alten Ägypter* (*Ägyptologische Forschungen* 19). Glückstadt-Hamburg-New York.
Schwemer, Anna Maria, 1996, "Zum Verhältnis von Diatheke und Nomos in den Schriften der jüdischen Diaspora Ägyptens in hellenistisch-römischer Zeit". Friedrich Avemarie – Hermann Lichtenberger (Hrsg.), *Bund und Tora. Zur theologischen Begriffsgeschichte in alttestamentlicher, frühjüdischer und urchristlicher Tradition* (*Wissenschaftliche Untersuchungen zum Neuen Testament* 92). Tübingen, 67/109.
Schwemer, Anna Maria, 2011, "Die griechischen und jüdischen Gründungslegenden Alexandrias". *Biblische Notizen*, Neue Folge 148, 3/18.
Schwienhorst-Schönberger, Ludger, 2009, "Sehen im Nicht-Sehen. Mose auf dem Berg Sinai". Gehrig – Seiler, 102/22.

Schwinge, Ernst-Richard, 1986, *Künstlichkeit von Kunst. Zur Geschichtlichkeit der alexandrinischen Poesie (Zetemata* 84). München.

Schwyzer, Eduard – Debrunner, Albert, 1950, *Griechische Grammatik auf der Grundlage von Karl Brugmanns Griechischer Grammatik*, 2. Band: Syntax und syntaktische Stilistik (*Handbuch der Altertumswissenschaft* 2. Abteilung, 1. Teil, 2. Band). München.

Scodel, Ruth, 2011, "Euripides, The Derveni Papyrus, and the Smoke of Many Writings". Lardinois – Blok – van der Poel, 79/98.

Scullion, Scott, 2006, "Herodotus and Greek Religion". Carolyn Dewald – John Marincola (Hrsg.), *The Cambridge Companion to Herodotus*. Cambridge, 192/208.

Sedley, David, 1997, "Plato's *Auctoritas* and the Rebirth of the Commentary Tradition". Jonathan Barnes – Miriam Griffin (Hrsg.), *Philosophia togata II. Plato and Aristotle at Rome*. Oxford, 110/29.

Sedley, David, 2003, *Plato's Cratylus (Cambridge Studies in the Dialogues of Plato)*. Cambridge.

Sedley, David (Hrsg.), 2012a, *The Philosophy of Antiochus*. Cambridge.

Sedley, David, 2012b, "Antiochus as Historian of Philosophy". Sedley, 80/103.

Selden, Daniel L., 1998, "Alibis". *Classical Antiquity* 17, 289/420.

Sellin, Gerhard, 1986, *Der Streit um die Auferstehung der Toten. Eine religionsgeschichtliche und exegetische Untersuchung von 1 Korinther 15 (Forschungen zur Religion und Literatur des Alten und Neuen Testaments* 138). Göttingen.

Sellin, Gerhard, 1997, "Die Allegorese und die Anfänge der Schriftauslegung". Henning Graf Reventlow (Hrsg.), *Theologische Probleme der Septuaginta und der hellenistischen Hermeneutik (Veröffentlichungen der Wissenschaftlichen Gesellschaft für Theologie* 11). Gütersloh, 91/138 (überarbeitet in: Sellin, 2011, 9/56).

Sellin, Gerhard, 2011, *Allegorie – Metapher – Mythos – Schrift. Beiträge zur religiösen Sprache im Neuen Testament und in seiner Umwelt (Studien zur Umwelt des Neuen Testaments / Novum Testamentum et Orbis Antiquus* 90). Göttingen.

Sellin, Gerhard, 2011a, "Allegorie und 'Gleichnis'. Zur Formenlehre der synoptischen Gleichnisse". Sellin, 140/89 (ursprünglich 1978).

Sellin, Gerhard, 2011b, "Metapher – Symbol – Mythos. Anmerkungen zur Sprache der Bilder in Religion und Bibel". Sellin, 209/34.

Sethe, Kurt, 1897, "Amenhotep, der Sohn des Hapu". *Aegyptiaca*, Festschrift für Georg Ebers zum 1. März 1897. Leipzig, 107/16.

Seubert, Harald, 2005, *Polis und Nomos. Untersuchungen zu Platons Rechtslehre (Philosophische Schriften* 57). Berlin.

Sevenster, Jan Nicolaas, 1975, *The Roots of Pagan Anti-Semitism in the Ancient World* (Supplements to *Novum Testamentum* 41). Leiden.

Sharples, Robert W., 2002, "Aristotelian Theology after Aristotle". Frede – Laks, 1/40.

Sharples, Robert W. – Sheppard, Anne (Hrsg.), *Ancient Approaches to Plato's* Timaeus (*Bulletin of the Institute of Classical Studies* Supplement 78). London.

Sheppard, Anne, 2014, *The Poetics of Phantasia. Imagination in Ancient Aesthetics*. London-New Delhi- New York-Sydney.

Shields, Christopher (Hrsg.), 2012, *The Oxford Handbook of Aristotle*. Oxford.

Shroyer, Montgomery J., 1936, "Alexandrian Jewish Literalists". *Journal of Biblical Literature* 55, 261/84.

Siegert, Folker, 1988, *Philon von Alexandrien. Über die Gottesbezeichnung "wohltätig verzehrendes Feuer" (De Deo)*, Rückübersetzung des Fragments aus dem Armenischen, deutsche

Übersetzung und Kommentar (*Wissenschaftliche Untersuchungen zum Neuen Testament* 46). Tübingen.

Siegert, Folker, 1992, *Drei hellenistisch-jüdische Predigten*, 2. Band (*Wissenschaftliche Untersuchungen zum Neuen Testament* 61). Tübingen.

Siegert, Folker, 1993, "Homerinterpretation – Tora-Unterweisung – Bibelauslegung. Vom Ursprung der patristischen Hermeneutik". *Studia Patristica* 25, 159/71.

Siegert, Folker, 1996, "Early Jewish Interpretation in a Hellenistic Style". Sæbø, 130/98.

Siegert, Folker, 2001, *Zwischen hebräischer Bibel und Altem Testament. Eine Einführung in die Septuaginta* (*Münsteraner Judaistische Studien* 9). Münster.

Siegert, Folker, 2004, "Die Inspiration der Heiligen Schriften. Ein philonisches Votum zu 2Tim 3, 16". Deines – Niebuhr, 205/22.

Siegert, Folker, 2005a, "Hellenistic Jewish Midrash, I: Beginnings". Neusner – Avery-Peck, 199/220.

Siegert, Folker, 2005b, "Hellenistic Jewish Midrash, II: Adopting the Allegoric Method. Aristobulus to Philo". Neusner – Avery-Peck, 220/32.

Siegert, Folker (Hrsg.), 2008, *Flavius Josephus, Über die Ursprünglichkeit des Judentums (Contra Apionem)*, 2 Bände (*Schriften des Institutum Judaicum Delitzschianum* 6/1 und 6/2), Göttingen.

Siegert, Folker, 2009, "Allegorie/Allegorese. V. Judaistik". Oda Wischmeyer (Hrsg.), *Lexikon der Bibelhermeneutik*. Berlin, 7f.

Siegert, Folker, 2012, "Das *Zweite Makkabäerbuch* als christliche Kompilation". Hirschberger, 143/72.

Siegfried, Carl, 1875, *Philo von Alexandria als Ausleger des Alten Testaments*. Jena.

Sier, Kurt, 2014, "Der Mythos von Theuth und Thamus: *Phaidros* 274c-275c". Janka – Schäfer, 323/37.

Simon, Heinrich – Simon, Marie, 1984, *Geschichte der jüdischen Philosophie* (*Beck'sche Elementarbücher*). München.

Simon, Richard, 1685, *Histoire critique du Vieux Testament*, 2. Auflage. Amsterdam.

Siorvanes, Lucas, 2003, "Perceptions of the *Timaeus*: thematization and truth in the exegetical tradition". Sharples – Sheppard, 155/74.

Sjögren, Jörgen, 2011, *Concept Formation in Mathematics* (*Acta Philosophica Gothoburgensia* 27). Göteborg.

Ska, Jean Louis, 2001, "'Persian Imperial Authorization': Some Question Marks". Watts, 161/82.

Slater, William J., 1982, "Aristophanes of Byzantium and Problem-Solving in the Museum". *Classical Quarterly* 32, 336/49.

Smend, Rudolf, 1984, *Die Entstehung des Alten Testaments*, 3. Auflage (*Theologische Wissenschaft* 1). Stuttgart-Berlin-Köln-Mainz.

Smend, Rudolf – Luz, Ulrich, 1981, *Gesetz* (*Kohlhammer Taschenbücher* 1015: *Biblische Konfrontationen*). Stuttgart-Berlin-Köln-Mainz.

Snell, Bruno, 1943, Rezension zu "Wilhelm Nestle, Vom Mythos zum Logos". *Gnomon* 19, 65/76.

Snell, Bruno, 1975, *Die Entdeckung des Geistes. Studien zur Entstehung des europäischen Denkens bei den Griechen*, 4. Auflage. Göttingen.

Solmsen, Friedrich, 1931, "Demetrios ΠΕΡΙ ΕΡΜΗΝΕΙΑΣ und sein peripatetisches Quellenmaterial". *Hermes* 66, 241/67.

Solmsen, Friedrich, 1978, "Theophrastus and Political Aspects of the Belief in Providence". *Greek, Roman and Byzantine Studies* 19, 91/98.
Solmsen, Friedrich, 1979, *Isis among the Greeks and Romans*. Cambridge/Massachusetts-London.
Sonnet, Jan-Pierre, 1997, *The Book within the Book. Writing in Deuteronomy* (*Biblical Interpretation Series* 14). Leiden-New York-Köln.
Spahlinger, Lothar, 2005, *Tulliana simplicitas. Zu Form und Funktion des Zitats in den philosophischen Dialogen Ciceros* (*Hypomnemata* 159). Göttingen.
Speyer, Wolfgang, 1971, *Die literarische Fälschung im heidnischen und christlichen Altertum. Ein Versuch ihrer Deutung* (*Handbuch der Altertumswissenschaft*, 1. Abteilung, 2. Teil). München.
Speyer, Wolfgang, 1989, "Religiöse Pseudepigraphie und literarische Fälschung im Altertum". Wolfgang Speyer, *Frühes Christentum im antiken Strahlungsfeld. Ausgewählte Aufsätze* (*Wissenschaftliche Untersuchungen zum Neuen Testament* 50). Tübingen, 21/58 (ursprünglich 1965).
Spicq, Ceslas, 1996, *Theological Lexicon of the New Testament*. Peabody/Massachusetts.
Spiegelberg, Wilhelm (Hrsg.), 1914, *Die sogenannte Demotische Chronik des Pap. 215 der Bibliothèque Nationale zu Paris nebst den auf der Rückseite des Papyrus stehenden Texten* (*Demotische Studien* 7). Leipzig.
Spiegelberg, Wilhelm (Hrsg.), 1922, *Der demotische Text der Priesterdekrete von Kanopus und Memphis (Rosettana) mit den hieroglyphischen und griechischen Fassungen und deutscher Uebersetzung nebst demotischem Glossar*. Heidelberg.
Spoerri, Walter, 1959, *Späthellenistische Berichte über Welt, Kultur und Götter* (Schweizerische Beiträge zur Altertumswissenschaft 9). Basel.
Spoerri, Walter, 1988, "Hekataios von Abdera". *Reallexikon für Antike und Christentum* 14, 275/310.
Stahl, Michael, 1992, "Solon F 3D. Die Geburtsstunde des demokratischen Gedankens". *Gymnasium* 99, 385/408.
Stalley, Richard, 2006, "Law and Justice in Plato". Fritz-Gregor Herrmann (Hrsg.), 2006, *New Essays on Plato. Language and Thought in Fourth-Century Philosophy*. Swansea, 1/20.
Stanley, Christopher D., 1990, "Paul and Homer: Greco-Roman Citation Practice in the First Century CE". *Novum Testamentum* 32, 48/78.
Stanley, Christopher D., 1992, *Paul and the Language of Scripture. Citation technique in the Pauline Epistles and contemporary literature* (*Society for New Testament Studies. Monograph Series* 69). Cambridge.
Stanzel, Karl-Heinz, 1996, "Antiochos aus Askalon". *Der Neue Pauly* 1, 773f.
Staudt, Darina, 2012, *Der eine und einzige Gott. Monotheistische Formeln im Urchristentum und ihre Vorgeschichte bei Griechen und Juden* (*Studien zur Umwelt des Neuen Testaments / Novum Testamentum et Orbis Antiquus* 80). Göttingen.
Stauffer, Ethelbert u.a., 1938, "θεός". *Theologisches Wörterbuch zum Neuen Testament*, 3. Band. Stuttgart, 65/120.
Stavrianopoulou, Eftychia, 2012, "Τοῦ δικαίου τυχεῖν oder: Die Macht der Bitte". Kuhn, 123/49.
Steel, Carlos, 2012a, *Aristotle's* Metaphysics *Alpha*, Symposium Aristotelicum. Oxford.
Steel, Carlos, 2012b, "Plato as seen by Aristotle (Metaphysics A6)". Steel, 167/200.
Stegemann, Wolfgang, 2010, *Jesus und seine Zeit* (*Biblische Enzyklopädie* 10). Stuttgart.

Stein, Edmund, 1929, *Die allegorische Exegese des Philo aus Alexandrien* (Beihefte zur *Zeitschrift für die alttestamentliche Wissenschaft* 51). Giessen.
Stein, Edmund, 1935, "Alttestamentliche Bibelkritik in der späthellenistischen Literatur". *Collectanea Theologica* 16, 38/83.
Steinmetz, Peter, 1964, *Die Physik des Theophrastos von Eresos* (*Palingenesia* 1). Bad Homburg-Berlin-Zürich.
Steinmetz, Peter, 1994, "Die Stoa". Flashar, 491/716.
Steinmetz, Peter, 1986, "Allegorische Deutung und allegorische Dichtung in der alten Stoa". *Rheinisches Museum*, Neue Folge 129, 18/30.
Stemberger, Günter 1996, "Hermeneutik der Jüdischen Bibel". Christoph Dohmen – Günter Stemberger, *Hermeneutik der Jüdischen Bibel und des Alten Testaments* (Kohlhammer Studienbücher Theologie 1, 2). Stuttgart, 23/74.
Stemplinger, Eduard, 1912, *Das Plagiat in der griechischen Literatur*. Leipzig-Berlin.
Stephens, Susan. A., 2003, *Seeing Double. Intercultural Poetics in Ptolemaic Alexandria* (*Hellenistic Culture and Society* 37). Berkeley-Los Angeles-London.
Stephens, Susan A., 2016, "Plato's Egyptian *Republic*". Rutherford, 41/59.
Sterling, Gregory E., 1992, *Historiography and Self-Definition. Josephos, Luke-Acts and Apologetic Historiography* (Supplements to *Novum Testamentum* 64). Leiden-New York-Köln.
Sterling, Gregory E., 2004, "The Place of Philo of Alexandria in the Study of Christian Origins". Deines – Niebuhr, 21/52.
Sterling, Gregory E., 2007, "The Jewish Appropriation of Hellenistic Historiography". Marincola, 231/43.
Sterling, Gregory E., 2009, "Philosophy as the Handmaid of Wisdom: Philosophy in the Exegetical Traditions of Alexandrian Jews". Rainer Hirsch-Luipold – Herwig Görgemanns – Michael von Albrecht (Hrsg.), *Religiöse Philosophie und philosophische Religion der frühen Kaiserzeit. Literaturgeschichtliche Perspektiven* (*Ratio Religionis Studien* 1). Tübingen, 67/98.
Stern, Jacob, 1999, "Rationalizing Myth: Methods and Motives in Palaephatus". Buxton, 215/22.
Stern, Menahem, 1976, *Greek and Latin Authors on Jews and Judaism*, Edited with Introductions, Translations and Commentary, volume 1. Jerusalem.
Sternberg-el Hotabi, Heike, 2002, "Die persische Herrschaft in Ägypten". Kratz, 111/49.
Stewart, Selina, 2008, "Emending Aratus' Insomnia: Callimachus *Epigr.* 27". *Mnemosyne* 61, 586/600.
Stirewalt, Martin Luther Jr., 1991, "The Form and Function of the Greek Letter-Essay". Karl P. Donfried (Hrsg.), *The Romans Debate*, 2. Auflage. Peabody, 147/71.
Stoellger, Philipp, 2008, "Souveränität im Spiel der Zeichen. Zum Schein der Macht in religiöser Rede". Philipp Stoellger (Hrsg.), *Sprachen der Macht. Gesten der Er- und Entmächtigung in Text und Interpretation* (*Interpretation Interdisziplinär* 5). Würzburg, 189/211.
Stojanovic, Marina, 2015, "On the Genre of Commentary". *Philotheos* 15, 70/82.
Stone, Michael Edward, 1978, "The Book of Enoch and Judaism in the Third Century B.C.E.". *The Catholic Biblical Quarterly* 40, 479/92.
Stone, Michael Edward, 1987, "The Parabolic Use of Natural Order in Judaism of the Second Temple Period". Shaul Shaked – David Dean Shulman – Guy G. Strouma (Hrsg.), *Gilgul. Essays on Transformation, Revolution and Permanence in the History of Religions dedicated to R.J. Zwi Werblowsky* (*Studies in the History of Religions* = Supplements to *Numen* 50). Leiden-New York-København-Köln, 298/308.

Strathmann, Hermann, 1959, "πόλις κτλ". *Theologisches Wörterbuch zum Neuen Testament* 6, 516/35.
Strohm, Hans, 1952, "Studien zur Schrift von der Welt". *Museum Helveticum* 9, 137/75.
Strohm, Hans, 1984, *Aristoteles, Meteorologie. Über die Welt*, 3. Auflage (*Aristoteles. Werke in deutscher Übersetzung* 12, Teil I+II). Berlin.
Strootman, Rolf, 2010, "Literature and the Kings". Clauss – Cuypers, 30/45.
Struck, Peter T., 1995, "Allegory, Ainigma, and Anti-Mimesis: A Struggle Against Aristotelian Rhetorical Literary Theory". Jelle Gert-Jan Abbenes – Simon Roelof Slings – Ineke Sluiter (Hrsg.), *Greek literary theory after Aristotle. A collection of papers in honour of D.M. Schenkeveld*, Amsterdam, 215/34.
Struck, Peter T., 2004, *Birth of the Symbol. Ancient Readers at the Limits of their Texts*. Princeton-Oxford.
Stuckenbruck, Loren T., 2013, "The *Book of Enoch*: Its Reception in Second Temple Jewish and Christian Tradition". *Early Christianity* 4, 7/40.
Susemihl, Franz, 1892, *Geschichte der griechischen Litteratur in der Alexandrinerzeit*, Zweiter Band. Leipzig.
Svenbro, Jesper, 2004, "Façons grecques de dire 'citer'". Dabro-Peschanski (2004), 265/79.
Swete, Henry Barclay – Ottley, Richard Rusden, 1914, *An Introduction to the Old Testament in Greek*. Cambridge.
Szegedy-Maszak, Andrew, 1978, "Legends of the Greek Lawgivers". *Greek, Roman and Byzantine Studies* 19, 199/209.
Szegedy-Maszak, Andrew, 1981, *The Nomoi of Theophrastus* (*Monographs in Classical Studies*), Dissertation Princeton 1976. Salem/New Hampshire.
Tagliaferro, Eleonora, 2004, "Teorizzazione della traduzione in greco nei testi dell'età ellenistico-imperiale". Pretagostini – Dettori, 285/97.
Tamba-Mecz, Irène – Veyne, Paul, 1979, "*Metaphora* et comparaison selon Aristote". *Revue des Études Grecques* 92, 77/98.
Tarn, William, 1966, *Die Kultur der hellenistischen Welt*, 3. Auflage. Darmstadt.
Tate, Jonathan, 1934, "On the History of Allegorism". *Classical Quarterly* 28, 105/14.
Taureck, Bernhard H.F., 2004. *Metaphern und Gleichnisse in der Philosophie. Versuch einer kritischen Ikonologie der Philosophie* (*suhrkamp taschenbuch wissenschaft* 1666). Frankfurt am Main.
Tcherikover, Victor A., 1956, "Jewish Apologetic Literature Reconsidered". *Eos* 48/3, 169/93.
Tcherikover, Victor A., 1958, "The Ideology of the Letter of Aristeas". *Harvard Theological Review* 51, 59/85.
Tcherikover, Victor A., 1959, *Hellenistic Civilization and the Jews*, Philadelphia-Jerusalem.
Tcherikover, Victor A. – Fuks, Alexander (Hrsg.), 1957, *Corpus Papyrorum Judaicarum*, volume 1, Cambridge/Massachusetts.
Tesch, Katja, 2011, "Wer lernt wo und wie? Zur Problematik einer Bestimmung von Lernenden, Lernort und Lehrmethode des frühjüdischen Weisheitslehrers Jesus Sirach". Göbel – Zech, 197/210.
Theiler, Willy, 1959, *Aristoteles, Über die Seele* (*Aristoteles, Werke* 13). Berlin.
Theiler, Willy (Hrsg.), 1982, *Poseidonios, Die Fragmente*, Band II: *Erläuterungen* (*Texte und Kommentare* 10, 2). Berlin-New York.
Thesleff, Holger (Hrsg.), 1965, *The Pythagorean Texts of the Hellenistic Period* (*Acta Academiae Aboensis*, Series A: *Humaniora* 30). Åbo.

Thiessen, Matthew, 2013, "Revisiting the προσήλυτος in 'the LXX'". *Journal of Biblical Literature* 132, 333/50.
Thissen, Heinz J., 2004, "Zum Namen 'Moses'". *Rheinisches Museum*, Neue Folge 147, 55/62.
Thom, Johan C., 2005, *Cleanthes' Hymn to Zeus. Text, Translation, and Commentary* (Studien und Texte zu Antike und Christentum 33). Tübingen.
Thom, Johan C., 2012, "Popular Philosophy in the Hellenistic-Roman World". *Early Christianity* 3, 279/95.
Thom, Johan C. (Hrsg,), 2014a, *Cosmic Order and Divine Power. Pseudo-Aristotle, On the Cosmos* (*SAPERE* 23). Tübingen.
Thom, Johan C., 2014b, "Introduction". Thom, 3/17.
Thom, Johan C., 2014c, "Text, Translation and Notes". Thom, 20/66.
Thom, Johan C., 2014d, "The Cosmotheology of *De mundo*". Thom, 107/20.
Thomas, Rosalind, 1989, *Oral Tradition and Written Record in Classical Athens* (Cambridge Studies in Oral and Literature Culture 18). Cambridge-New York-New Rochelle-Melbourne-Sydney.
Thomas, Rosalind, 1994, "Law and the Lawgiver in the Athenian Democracy". Robin Osborne – Simon Hornblower (Hrsg.), *Ritual, Finance, Politics. Athenian Democratic Accounts Presented To David Lewis*. Oxford, 119/33.
Thomas, Rosalind, 2005, "Writing, Law, and Written Law". Gagarin – Cohen, 41/60.
Thompson, Cynthia Louise, 1973, *Stoic Allegory of Homer: A Critical Analysis of Heraclitus' Homeric Allegories*, Dissertation. Yale.
Thompson, Dorothy J., 1994, "Literacy and power in Ptolemaic Egypt". *Literacy and power in the ancient world*, edited by Alan K. Bowman and Greg Woolf. Cambridge, 67/83.
Thraede, Klaus, 1962, "Erfinder II (geistesgeschichtlich)". *Reallexikon für Antike und Christentum* 5, 1191/1278.
Thraede, Klaus, 1994, "Hymnus I". *Reallexikon für Antike und Christentum* 16, 915/46.
Thrams, Peter, 2001, *Hellenistische Philosophen in politischer Funktion* (Studien zur Geschichtsforschung des Altertums 10). Hamburg.
Thür, Gerhard, 2005, "Gab es 'Rechtscorpora' im archaischen Griechenland?". Markus Witte – Marie Theres Fögen (Hrsg.), *Kodifizierung und Legitimierung des Rechts in der Antike und im Alten Orient* (Beihefte zur Zeitschrift für Altorientalische und biblische Rechtsgeschichte 5). Wiesbaden, 9/27.
Thür, Gerhard, 2012, "Rechtstransfer aus dem Vorderen Orient im archaischen griechischen Prozess". Legras, 47/61.
Thyen, Hartwig, 1955, *Der Stil der Jüdisch-Hellenistischen Homilie* (Forschungen zur Religion und Literatur des Alten und Neuen Testaments, Neue Folge 47). Göttingen.
Tibbs, Clint, 2007, *Religious Experience of Pneuma. Communication with the Spirit World in 1 Corinthians 12 and 14* (Wissenschaftliche Untersuchungen zum Neuen Testament, 2. Reihe, 230). Tübingen.
Tiede, David Lenz, 1972, *The Charismatic Figure as Miracle Worker*, Dissertation Harvard University 1970. Missoula/Montana.
Tigerstedt, Eugene N., 1970, "*Furor poeticus*: Poetic Inspiration in Greek Literature Before Democritus and Plato". *Journal of the History of Ideas* 31, 163/78.
Timpe, Dieter, 1980, "Moses als Gesetzgeber". *Saeculum* 31, 66/77.
Tischer, Ute, 2006, *Die zeitgeschichtliche Anspielung in der antiken Literaturerklärung* (Leipziger Studien zur Klassischen Philologie 3). Tübingen.

Tischer, Ute, 2010, "Aspekte des Zitats. Überlegungen zur Anwendung eines modernen Konzepts auf antike lateinische Texte". Tischer – Binternagel, 93/109.
Tischer, Ute, 2013, *"manifestus error?* Falsches Zitieren und literarische Kommunikation (zu Gel. 15, 6)". *Mnemosyne* 66, 411/32.
Tischer, Ute – Binternagel, Alexandra (Hrsg.), 2010, *Fremde Rede – Eigene Rede. Zitieren und verwandte Strategien in antiker Prosa*. Frankfurt am Main-Berlin-Bern-Bruxelles-New York-Oxford-Wien.
Tobin, Thomas H., 1983, *The Creation of Man: Philo and the History of Interpretation* (*The Catholic Biblical Quarterly. Monograph Series* 14). Washington D.C.
Todd, Robert B. – Bowen, Alan C., 2009, "Heraclides on the Rotation of the Earth: Texts, Contexts and Continuities". Fortenbaugh – Pender, 155/183.
Todd, Stephen C., 2000, "The language of law in Classical Athens". Peter Coss (Hrsg.), *The Moral World of the Law* (*Past and Present Publications*). Cambridge, 17/36.
Töpfer, Frank, 2002, "hairesis". Horn – Rapp, 176.
Tov, Emanuel, 1999, *The Greek and Hebrew Bible. Collected Essays on the Septuagint* (Supplements to *Vetus Testamentum* 72). Leiden-Boston-Köln.
Tov, Emanuel, 2003, "Approaches towards Scripture Embraced by the Ancient Greek Translators". Ulrike Mittmann-Richert – Friedrich Avemarie – Gerbern S. Oegema (Hrsg.), *Der Mensch vor Gott. Forschungen zum Menschenbild in Bibel, antikem Judentum und Koran*, Festschrift für Hermann Lichtenberger zum 60. Geburtstag. Neukirchen-Vluyn, 213/28.
Tov, Emanuel, 2008, *Hebrew Bible, Greek Bible, and Qumran* (*Texts and Studies in Ancient Judaism* 121). Tübingen.
Tov, Emanuel, 2009, "The Many Forms of Hebrew Scripture: Reflections in the Light of LXX and 4QReworked Pentateuch". Lange – Weigold – Zsengellér, 11/28.
Tov, Emanuel, 2010, "Reflections on the Septuagint with Special Attention Paid to the Post-Pentateuchal Translations". Karrer – Kraus, 3/22.
Trachsel, Alexandra, 2009, "Astronomy in Mythology and Mythology in Astronomy: The Case of Eratosthenes". Harder – Regtuit – Wakker, 201/25.
Tracy, Stephen V., 2000, "Demetrius of Phalerum: Who was He and Who was He Not?". Fortenbaugh – Schütrumpf, 331/45.
Trencsényi-Waldapfel, Emeric, 1950, "Défense de la version des Septante contre l'accusation d'apanthropie". Ottó Komlós (Hrsg.), *Études orientales à la mémoire de Paul Hirschler*. Budapest, 122/36.
Triepel, Heinrich, 1947, *Vom Stil des Rechts. Beiträge zu einer Ästhetik des Rechts*. Heidelberg.
Troiani, Lucio, 1987, "Il libro di Aristea ed il giudaismo ellenistico". Biagio Virgilio (Hrsg.), *Studi ellenistici*, volume 2 (*Biblioteca di studi antichi* 54). Pisa, 31/61.
Troiani, Lucio, 1994, "The ΠΟΛΙΤΕΙΑ of Israel in the Graeco-Roman Age". Fausto Parente – Joseph Sievers (Hrsg.), *Josephus and the History of the Greco-Roman Period. Essays in Memory of Morton Smith* (*Studia Post-Biblica* 41). Leiden-New York-Köln, 11/22.
Troiani, Lucio, 2005, "Diodoro e la storia ebraica". Cinzia Bearzot – Franca Landucci (Hrsg.), *Diodoro e l'altra Grecia. Macedonia, Occidente, Ellenismo nella Biblioteca storica*, Atti del Convegno Milano, 15-16 gennaio 2004 (*Storia. Ricerche*). Milano, 407/16.
Tsantsanoglou, Kyriakos, 1997, "The First Columns of the Derveni Papyrus and their Religious Significance". Laks – Most, 93/128.
Tsitsiridis, Stavros, 2013, *Beiträge zu den Fragmenten des Klearchos von Soloi* (*Untersuchungen zur antiken Literatur und Geschichte* 107). Berlin-Boston.

Tueller, Michael A. – Macfarlane, Roger T., 2009, "Hipparchus and the Poets. A Turning Point in Scientific Literature". Harder – Regtuit – Wakker, 227/54.

Tuplin, Christopher, 2013, "Berossos and Greek Historiography". Haubold – Lanfranchi – Rollinger – Steele, 177/97.

Tzvetkova-Glaser, Anna, 2014, "The Concepts of οὐσία and δύναμις in De mundo and Their Parallels in Hellenistic-Jewish and Christian Texts". Thom, 133/52.

Ueberschaer, Frank, 2007, *Weisheit aus der Begegnung. Bildung nach dem Buch Ben Sira* (Beihefte zur *Zeitschrift für die alttestamentliche Wissenschaft* 379). Berlin-New York.

Uhlig, Siegbert, 1984, *Das äthiopische Henochbuch (Jüdische Schriften aus hellenistisch-römischer Zeit* Band V: *Apokalypsen,* Lieferung 6). Gütersloh.

Ulrich, Eugene, 2011, "The Evolutionary Production and Transmission of the Scriptural Books". Von Weissenberg – Pakkala – Marttila, 47/64.

Ulrich, Jörg, 1999, *Euseb von Caesarea und die Juden. Studien zur Rolle der Juden in der Theologie des Eusebius von Caesarea* (Patristische Texte und Studien 49). Berlin-New York.

Umemoto, Naoto, 1991, "Die Königsherrschaft Gottes bei Philon". Martin Hengel – Anna Maria Schwemer (Hrsg.), *Königsherrschaft Gottes und himmlischer Kult im Judentum, Urchristentum und in der hellenistischen Welt* (Wissenschaftliche Untersuchungen zum Neuen Testament 55). Tübingen, 207/56.

Usener, Hermann, 1929, *Götternamen. Versuch einer Lehre von der religiösen Begriffsbildung*, 2. Auflage. Bonn.

Usener, Sylvia, 1993, "Isokrates' Busiris. Verschriftlichung des Mythos und Verantwortung des Autors". Wolfgang Kullmann – Jochen Althoff (Hrsg.), *Vermittlung und Tradierung von Wissen in der griechischen Kultur* (ScriptOralia 61. Reihe A: Altertumswissenschaftliche Reihe 12). Tübingen, 247/62.

Usher, Mark David, 2007, "Theomachy, Creation, and the Poetics of Quotation in Longinus Chapter 9". *Classical Philology* 102, 292/303.

Utzschneider, Helmut, 2007, "Die Inszenierung des Gestaltlosen. Alttestamentliche Gottes- und Kultbilder diesseits und jenseits des Bilderverbots". Helmut Utzschneider, *Gottes Vorstellung. Untersuchungen zur literarischen Ästhetik und ästhetischen Theologie des Alten Testaments* (Beiträge zur Wissenschaft vom Alten und Neuen Testament, 9. Folge, Heft 15). Stuttgart, 316/27 (ursprünglich 2005).

Utzschneider, Helmut – Oswald, Wolfgang, 2013, *Exodus 1-15* (Internationaler Exegetischer Kommentar zum Alten Testament). Stuttgart.

Vahrenhorst, Martin, 2009, "Levitikon. Das dritte Buch Mose". Kraus – Karrer, 98f.

Valckenaer, Ludwig Casper, 1806, *Diatribe de Aristobulo Judaeo philosopho peripatetico Alexandrino.* Leiden.

Van Dale, Antonius, 1705, *Dissertatio super Aristea de LXX interpretibus*. Amsterdam.

Van den Berg, Robbert M., 2006, "Does it Matter to Call God Zeus? Origen, Contra Celsum I 24-25 against the Greek Intellectuals on Divine Names". Van Kooten, 169/83.

Van den Broek, Roelof, 1978, "The Sarapis Oracle in Macrobius sat., I, 20, 16-17". *Hommages à Maarten J. Vermaseren,* volume 1 (Études préliminaires aux religions orientales dans l'Empire Romain 68), Leiden, 123/41.

Van der Horst, Pieter Willem, 1988, "The Interpretation of the Bible by the Minor Hellenistic Jewish Authors". Martin Jan Mulder (Hrsg.), *Mikra. Text, Translation, Reading and Interpretation of the Hebrew Bible in Ancient Judaism and Early Christianity* (Compendia Rerum Iudaicarum ad Novum Testamentum 1). Assen/Maastricht-Philadelphia, 519/46.

Van der Horst, Pieter Willem, 1989, "The Altar of the 'Unknown God' in Athens (Acts 17:23) and the Cult of 'Unknown Gods' in the Hellenistic and Roman Periods". *Aufstieg und Niedergang der römischen Welt* II 18, 2, 1426/56.

Van der Horst, Pieter Willem, 2004, "Philo and the Rabbis on Genesis: Similar Questions, Different Answers". Volgers – Zamagni, 55/70.

Van der Horst, Pieter Willem, 2006, "Philo and the Rabbis on Genesis. Similar Questions, Different Answers". Pieter Willem Van der Horst (Hrsg.), *Jews and Christians in Their Graeco-Roman Context. Selected Essays on Early Judaism, Samaritanism, Hellenism, and Christianity* (Wissenschaftliche Untersuchungen zum Neuen Testament 196). Tübingen, 114/27.

Vanderkam, James C., 1989, *The Book of Jubilees* (Corpus Scriptorum Christianorum Orientalium 511 = Scriptores Aethiopici 88). Leuven.

Vanderkam, James C., 2000, "Studies on the Prologue and Jubilees 1". Argall – Bow – Werline, 266/79.

Vanderkam, James C., 2001, "The Interpretation of Genesis in *1 Enoch*". Flint, 129/48.

Van der Kooij, Arie, 2008, "The Promulgation of the Pentateuch in Greek According to the Letter of Aristeas". Voitila – Jokiranta, 179/91.

Van der Kooij, Arie, 2010, "The Old Greek of Isaiah and Other Prophecies Published in Ptolemaic Egypt". Karrer – Kraus, 72/84.

Van der Leeuw, Gerardus, 1950, "Anthropomorphismus". *Reallexikon für Antike und Christentum* 1, 446/50.

Vanderlip, Vera Frederika, 1972, *The Four Greek Hymns of Isidorus and the Cult of Isis* (American Studies in Papyrology 12). Toronto.

Van Effenterre, Henri – Ruzé, Françoise (Hrsg.), 1994, *Nomima. Recueil d'inscriptions politiques et juridiques de l'archaïsme grec*, volume 1 (Collection de l'École Française de Rome 188). Rom.

Van Groningen, Bernard Abraham, 1953, *In the Grip of the Past. Essay on an Aspect of Greek Thought* (Philosophia Antiqua 6). Leiden.

Van Henten, Jan Willem, 2007, "Royal Ideology. 1 and 2 Maccabees and Egypt". Rajak – Pearce – Aitken – Dines, 265/82.

Van Kooten, George H., 2006, "Moses/Musaeus/Mochos and his God Yahweh, Iao, and Sabaoth, seen from a Graeco-Roman Perspective". George H. van Kooten (Hrsg.), *The Revelation of the Name YHWH to Moses. Perspectives from Judaism, the Pagan Graeco-Roman World, and Early Christianity* (Themes in Biblical Narrative 9). Leiden-Boston, 107/38.

Van Kooten, George H., 2009, "The Desecration of 'The Most Holy Temple of All the World' in the 'Holy Land': Early Jewish and Early Christian Recollections of Antiochus' 'Abomination of Desolation'". Van Ruiten – de Ros, 291/316.

Van Riel, Gerd – Destrée, Pierre (Hrsg.), 2009, *Ancient Perspectives on Aristotle's* De anima (Ancient and Medieval Philosophy 41). Leuven.

Van Rijen, Jeroen, 1989, *Aspects of Aristotle's Logic of Modalities*, Dissertation Leiden 1988. Dordrecht.

Van Ruiten, Jacques – de Vos, J. Cornelis (Hrsg.), 2009, *The Land of Israel in Bible, History, and Theology. Studies in Honour of Ed Noort* (Supplements to Vetus Testamentum 124). Leiden-Boston.

Van't Dack, Edmond – van Dessel, Peter – van Gucht, Wilfried (Hrsg.), 1983, *Egypt and the Hellenistic World*, Proceedings of the International Colloquium Leuven – 24-26 May 1982 (Studia Hellenistica 27). Leuven.

Velardi, Roberto (Hrsg.), 2006, *Platone. Fedro* (Classici Greci e Latini). Milano.

Veltri, Giuseppe, 2006, *Libraries, Translations, and 'Canonic' Texts. The Septuagint, Aquila and Ben Sira in the Jewish and Christian Traditions* (Supplements to the *Journal for the Study of Judaism* 109). Leiden-Boston.
Verbrugghe, Gerald P. – Wickersham, John M., 1996, *Berossos and Manetho. Introduced and Translated. Native Traditions in Ancient Mesopotamia and Egypt*. Ann Arbor.
Verdenius, W.J., 1960, "Traditional and Personal Elements in Aristotle's Religion". *Phronesis* 5, 56/70.
Vermes, Géza, 1963, "Die Gestalt des Moses an der Wende der beiden Testamente". *Moses in Schrift und Überlieferung*. Düsseldorf, 61/94.
Vernant, Jean-Pierre, 1991, *Mortals and Immortals. Collected Essays*. Princeton/New Jersey.
Versnel, Henk S. (Hrsg.), 1981, *Faith, Hope and Worship. Aspects of Religious Mentality in the Ancient World*, Leiden.
Versnel, Henk S., 1981a, "Religious Mentality in Ancient Prayer". Versnel, 1/64.
Vesting, Thomas, 2011, *Die Medien des Rechts: Schrift*. Weilerswist.
Vítek, Tomáš, 2012, "Heraclitus, DK 22 B 44 (frg. 103, Marcovich)". *Emerita* 80, 295/320.
Vogel, Manuel, 2008, "Anmerkungen". Siegert, volume 2, 59/135.
Vogt-Spira, Gregor, 2002, "Visualität und Sprache im Horizont antiker Wahrnehmungstheorie: Einige Überlegungen zur Bild-Text-Debatte". Jürgen Paul Schwindt (Hrsg.), *Klassische Philologie inter disciplinas. Aktuelle Konzepte zu Gegenstand und Methode eines Grundlagenfachs* (Bibliothek der klassische Altertumswissenschaften, Neue Folge, 2. Reihe, Band 110). Heidelberg, 27/39.
Voigt, Uwe, 2010, "Von Seelen, Figuren und Seeleuten. Zur Einheit und Vielfalt des Begriffs des Lebens (ζωή) bei Aristoteles". Föllinger, 17/33.
Voitila, Anssi – Jokiranta, Jutta (Hrsg.), *Scripture in Transition. Essays on Septuagint, Hebrew Bible, and Dead Sea Scrolls in Honour of Raija Sollamo* (Supplements to the *Journal for the Study of Judaism* 126). Leiden-Boston.
Volgers, Annelie – Zamagni, Claudio (Hrsg.), 2004, *Erotapokriseis. Early Christian Question-and-Answer Literature in Context* (Contributions to Biblical Exegesis and Theology 37). Leuven-Paris-Dudley.
Volk, Katharina, 2010, "Aratus". Clauss – Cuypers, 197/210.
Volk, Katharina, 2012, "Letters in the Sky: Reading the Signs in Aratus's *Phaenomena*". *American Journal of Philology* 133, 209/40.
Volk, Katharina, 2015, "The World of the Latin *Aratea*". Derron, 253/83.
Vollenweider, Samuel, 2002, "Zwischen Monotheismus und Engelschristologie. Überlegungen zur Frühgeschichte des Christusglaubens". *Zeitschrift für Theologie und Kirche* 99, 21/44.
Vollenweider, Samuel, 2010, "Hymnus, Enkomion oder Psalm? Schattengefechte in der neutestamentlichen Wissenschaft". *New Testament Studies* 56, 208/31.
Vollenweider, Samuel, 2012, "'Mitten auf dem Areopag'. Überlegungen zu den Schnittstellen zwischen antiker Philosophie und Neuem Testament". *Early Christianity* 3, 296/320.
Volokhine, Youri, 2010, "Des Séthiens aux impures. Un parcours dans l'idéologie égyptienne de l'exclusion". Borgeaud – Römer – Volokhine, 199/243.
Vonach, Andreas, 2011, "Exkurs: Prophetie beim Übergang von der hebräischen zur griechischen Sprache". Karrer- Kraus, 2691/95.
Vonach, Andreas – Fischer, Georg (Hrsg.), 2003, *Horizonte biblischer Texte*, Festschrift für Josef M. Oesch zum 60. Geburtstag (Orbis Biblicus et Orientalis 196). Fribourg-Göttingen.
Von Arnim, Hans, 1897, "Boëthos von Sidon". *RE* 3/1, 601/03.

Von Arnim, Hans, 1931, *Die Entstehung der Gotteslehre des Aristoteles* (Akademie der Wissenschaften in Wien, Philosophisch-historische Klasse, Sitzungsberichte 212, Band 5). Wien-Leipzig.
Von Lieven, Alexandra, 2016, "Translating Gods, Interpreting Gods. On the Mechanisms behind the *Interpretatio Graeca* of Egyptian Gods". Rutherford, 61/82.
Von Stuckrad, Kocku, 2000, *Das Ringen um die Astrologie. Jüdische und christliche Beiträge zum antiken Zeitverständnis* (Religionsgeschichtliche Versuche und Vorarbeiten 49). Berlin-New York.
Von Weissenberg, Hanne – Pakkala, Juha – Marttila, Marko (Hrsg.), 2011, *Changes in Scripture. Rewriting and Interpreting, Authoritative Traditions in the Second Temple Period* (Beihefte zur Zeitschrift für die alttestamentliche Wissenschaft 419). Berlin-New York.
Vossius, Gerardus Joannes, 1697, *De historicis Graecis Libri IV*. Amsterdam.
Vossius, Isaac, 1661, *De Septuaginta interpretibus eorumque tralatione et chronologia dissertationes*. Hagae Comitum.
Wacholder, Ben Zion, 1974, *Eupolemus. A Study of Judaeo-Greek Literature* (Monographs of the Hebrew Union College 3). Cincinnati-New York-Los Angeles-Jerusalem.
Wackernagel, Jacob, 1926, *Vorlesungen über Syntax*, 1. Reihe, 2. Auflage. Basel.
Waddell, William G. (Hrsg.), 1964, *Manetho* (Loeb Classical Library). Cambridge/Massachusetts.
Walbank, Frank W., 1983, *Die hellenistische Welt* (dtv Geschichte der Antike 3). München.
Walde, Christine, 1996, "Allegorie". *Der Neue Pauly* 1, 523/25.
Wallace, Robert W., 1996, "Law, Freedom, and the Concept of Citizens' Rights in Democratic Athens". Ober – Hedrick, 105/19.
Walter, Nikolaus, 1963, "Anfänge alexandrinisch-jüdischer Bibelauslegung bei Aristobulos". *Helikon* 3, 353/72.
Walter, Nikolaus, 1964, *Der Thoraausleger Aristobulos. Untersuchungen zu seinen Fragmenten und zu pseudepigraphischen Resten der jüdisch-hellenistischen Literatur* (Texte und Untersuchungen 86). Berlin.
Walter, Nikolaus, 1975, "Fragmente jüdisch-hellenistischer Exegeten: Aristobulos, Demetrios, Aristeas". *Unterweisung in lehrhafter Form* (Jüdische Schriften aus hellenistisch-römischer Zeit III 1-7, 1974-2001). Gütersloh, 257/99.
Walter, Nikolaus, 1983, *"Pseudo-Orpheus". Poetische Schriften* (Jüdische Schriften aus hellenistisch-römischer Zeit IV 3), 217/43.
Walter, Nikolaus, 1987, "Jüdisch-hellenistische Literatur vor Philon von Alexandrien (unter Ausschluß der Historiker)". *Aufstieg und Niedergang der römischen Welt* II 20, 1, 68/120.
Walter, Nikolaus, 1989, "Jewish-Greek Literature of the Greek Period". Davies – Finkelstein, 385/480.
Walter, Nikolaus, 1996, Rezension zu Riedweg (1993) und Radice (1994). *The Studia Philonica Annual* 8, 177/85.
Walter, Nikolaus, 2001, "Die griechische Übersetzung der 'Schriften' Israels und die christliche 'Septuaginta' als Forschungs- und als Übersetzungsgegenstand". Fabry – Offerhaus, 71/96.
Wandrey, Irina, 2000, "Onias". *Der Neue Pauly* 8, 1208f.
Wardy, Robert, 2013, "The Platonic manufacture of ideology, or how to assemble awkward truth and wholesome falsehood". Harte – Lane, 119/38.
Wasserstein, Abraham – Wasserstein, David J., 2006, *The Legend of the Septuagint. From Classical Antiquity to Today*. Cambridge.

Watts, James W., 2001, *Persia and Torah. The Theory of Imperial Authorization of the Pentateuch* (Society of Biblical Literature. Symposium Series 17). Atlanta.
Webb, Ruth, 1997, "Mémoire et imagination: les limites de l'enargeia dans la théorie rhétorique grecque". Lévy – Pernot, 229/48.
Weber, Gregor, 1993, *Dichtung und höfische Gesellschaft. Die Rezeption von Zeitgeschichte am Hof der ersten drei Ptolemäer* (Hermes Einzelschriften 63). Stuttgart.
Weber, Gregor, 2011, "Der ptolemäische Herrscher- und Dynastiekult – ein Experimentierfeld für Makedonen, Griechen und Ägypter". Linda-Marie Günther – Sonja Plischke (Hrsg.), *Studien zum vorhellenistischen und hellenistischen Herrscherkult* (Oikumene 9). Berlin, 77/97.
Weber, Reinhard, 2000, *Das Gesetz im hellenistischen Judentum. Studien zum Verständnis und zur Funktion der Thora von Demetrios bis Pseudo-Phokylides* (Arbeiten zur Religion und Geschichte des Urchristentums 10). Frankfurt am Main-Berlin-Bern-Bruxelles-New York-Oxford-Wien.
Weber, Reinhard, 2001, *Das "Gesetz" bei Philon von Alexandrien und Flavius Josephus. Studien zum Verständnis und zur Funktion der Thora bei den beiden Hauptzeugen des hellenistischen Judentums* (Arbeiten zur Religion und Geschichte des Urchristentums 11). Frankfurt am Main-Berlin-Bern-Bruxelles-New York-Oxford-Wien.
Weber, Simon, 2015, *Herrschaft und Recht bei Aristoteles* (Quellen und Studien zur Philosophie 123). Berlin-München-Boston.
Webster, Thomas B.L., 1964, *Hellenistic Poetry and Art*. London.
Węcowski, Marek, 2009, "Hippias of Elis (6)". *Brill's New Jacoby*. Brill Online, Jacoby Scholars, 27 October 2009: http://www.brillonline.nl/subscriber/entry?entry=bnj_a6 (letzte Einsicht am 9. Februar 2013).
Wehrli, Fritz, 1928, *Zur Geschichte der allegorischen Deutung Homers im Altertum*, Dissertation Basel 1927. Leipzig.
Wehrli, Fritz, 1945, "Der erhabene und der schlichte Stil in der poetisch-rhetorischen Theorie der Antike". *Phyllobolia. Für Peter von der Mühll zum 60. Geburtstag am 1. August 1945*. Basel, 9/34.
Wehrli, Fritz (Hrsg.), 1967, *Die Schule des Aristoteles. Texte und Kommentar*, 2. Auflage. Basel-Stuttgart.
Wehrli, Fritz, 1968, "Demetrios von Phaleron". *RE* Supplementband 11, 514/22.
Wehrli, Fritz, (Hrsg.), 1978, *Sotion* (Die Schule des Aristoteles. Texte und Kommentar Supplementband 2). Basel-Stuttgart.
Wehrli, Fritz, 1983, "Der Peripatos bis zum Beginn der römischen Kaiserzeit". Hellmut Flashar (Hrsg.), *Ältere Akademie – Aristoteles – Peripatos* (Grundriß der Geschichte der Philosophie. Die Philosophie der Antike 3). Basel-Stuttgart, 459/599.
Wehrli, Fritz (†) – Wöhrle, Georg – Zhmud, Leonid, 2004, "Der Peripatos bis zum Beginn der römischen Kaiserzeit". Flashar, 493/666.
Weinfeld, Moshe, 1991, "God versus Moses in the Temple Scroll". *Revue de Qumran* 15, 175/80.
Weinreich, Otto, 1968, *Religionsgeschichtliche Studien*. Darmstadt.
Weinstock, Stefan, 1927, "Die platonische Homerkritik und ihre Nachwirkung". *Philologus* 82 = Neue Folge 36, 121/41.
Welt, Thomas, 2003, "'ἐκλήθη δὲ φαντασία οἱονεὶ φαοστασία τις οὖσα'. Phantasie als Ausdruck des Seins im späten Neuplatonismus". Dewender – Welt, 69/97.
Welt, Thomas, 2009, "Dichterkritik und Allegorese. Die Rezeption Homers in der antiken Philosophie". Bernd Effe – Reinhold F. Glei – Claudia Klodt (Hrsg.), *"Homer zweiten Grades"*.

Zum Wirkungspotential eines Klassikers (Bochumer Altertumswissenschaftliches Colloquium 79). Trier, 9/35.

Wendland, Paul, 1898, Rezension zu "A. Elter, De gnomologiorum graecorum historia atque origine. Neun Bonner Universitätsschriften 1893-96. 254 Sp.". *Byzantinische Zeitschrift* 7, 445/49.

Wendland, Paul, 1972, *Die hellenistisch-römische Kultur in ihren Beziehungen zum Judentum und Christentum*, 4. Auflage (*Handbuch zum Neuen Testament* 2). Tübingen.

Wénin, André, 2002, "La théophanie du Sinaï (Ex 19,9-20,21). Une approche narrative". Françoise Dunand – François Bœspflug (Hrsg.), *Voir les dieux. Voir Dieu* (Sciences de l'histoire). Strasbourg, 57/77.

Werner, Daniel S., 2012, *Myth and Philosophy in Plato's Phaedrus*. Cambridge.

West, Martin, 1995, "'Longinus' and the Grandeur of God". Doreen Innes – Harry Hine – Christopher Pelling (Hrsg.), *Ethics and Rhetoric. Classical Essays for Donald Russell on his Seventy-Fifth Birthday*. Oxford, 335/42.

West, Stephanie, 1979, "Satyrus: Peripatetic or Alexandrian?". *Greek, Roman and Byzantine Studies* 15, 279/87.

Westerholm, Stephen, 1991, "Torah, Nomos and Law". Peter Richardson – Stephen Westerholm (Hrsg.), Law in Religious Communities in the Roman Period. The Debate over Torah and Nomos in Post-Biblical Judaism and Early Christianity (Studies in Christianity and Judaism 4). Toronto, 45/56.

Westermann, Hartmut, 2002, *Die Intention des Dichters und die Zwecke der Interpreten. Zu Theorie und Praxis der Dichterauslegung in den platonischen Dialogen* (Quellen und Studien zur Philosophie 54). Berlin-New York.

Wevers, John William, 1990, *Notes on the Greek Text of Exodus* (Society of Biblical Literature. Septuagint and Cognate Studies 30). Atlanta.

Wevers, John William (Hrsg.), 1991, *Exodus* (Septuaginta 2, 1). Göttingen.

Wevers, John William, 1992, *Text History of the Greek Exodus* (Abhandlungen der Akademie der Wissenschaften in Göttingen. Mitteilungen des Septuaginta-Unternehmens 21). Göttingen.

Whitehead, David, 1983, "Competitive Outlay and Community Profit: Φιλοτιμία in Democratic Athens". *Classica et Mediaevalia* 34, 55/74.

Whitehead, David, 1993, "Cardinal Virtues: The Language of Public Approbation in Democratic Athens". *Classica et Mediaevalia* 44, 37/75.

Whittaker, John, 1989, "The Value of Indirect Tradition in the Establishment of Greek Philosophical Texts or the Art of Misquotation". John N. Grant (Hrsg.), *Editing Greek and Latin Texts*, Papers given at the Twenty-Third Annual Conference on Editorial Problems, University of Toronto 6-7 November 1987. New York, 63/95.

Wieacker, Franz, 1967, "Die XII Tafeln in ihrem Jahrhundert". *Les origines de la République Romaine* (Entretiens sur l'Antiquité Classique 13). Vandœuvres-Genève, 293/356.

Wiesehöfer, Josef – Krüger, Thomas (Hrsg.), 2012, *Periodisierung und Epochenbewusstsein im Alten Testament und in seinem Umfeld* (Oriens et Occidens 20). Stuttgart.

Wifstrand Schiebe, Marianne, 2003, "Sind die epikureischen Götter 'Thought-Constructs'?". *Mnemosyne* 56, 703/27.

Wilamowitz-Moellendorff, Ulrich von, 1924, *Hellenistische Dichtung in der Zeit des Kallimachos*, 2 Bände. Berlin.

Wilamowitz-Moellendorff, Ulrich von, 1959, *Der Glaube der Hellenen*, 1. Band, 3. Auflage. Darmstadt.

Wilcken, Ulrich, 1897, "Zur ägyptisch-hellenistischen Litteratur". *Aegyptiaca*, Festschrift für Georg Ebers zum 1. März 1897. Leipzig, 142/52.

Wildung, Dietrich, 1977, *Imhotep und Amenhotep. Gottwerdung im alten Ägypten* (Münchner Ägyptologische Studien 36). Berlin.

Wilke, Brigitte, 1997, *Vergangenheit als Norm in der platonischen Staatsphilosophie* (Philosophie der Antike 4). Stuttgart.

Will, Edouard – Orrieux, Claude, 1986, *Ioudaïsmos-Hellènismos. Essai sur le judaïsme judéen à l'époque hellénistique*. Nancy.

Willi, Thomas, 2002, "'Wie geschrieben steht' – Schriftbezug und Schrift. Überlegungen zur frühjüdischen Literaturwerdung im perserzeitlichen Kontext". Kratz, 257/77.

Williamson, Ronald, 1989, *Jews in the Hellenistic World. Philo* (Cambridge Commentaries on Writings of the Jewish and Christian World 200 BC to AD 200, volume 1, 2). Cambridge.

Willrich, Hugo, 1895, *Juden und Griechen vor der makkabäischen Erhebung*. Göttingen.

Wilson, John A., 1955a, "Egyptian Myths, Tales, and Mortuary Texts". Pritchard, 3/36.

Wilson, John A., 1955b, "Egyptian Instructions". Pritchard, 412/25.

Winston, David, 1996, "Aristobulus: From Walter to Holladay". *The Studia Philonica Annual* 8, 155/66.

Winter, Erich, 1978, "Der Herrscherkult in den ägyptischen Ptolemäertempeln". Herwig Maehler – Volker Michael Strocka (Hrsg.), *Das ptolemäische Ägypten*, Akten des internationalen Symposions 27.-29. September 1976 in Berlin. Mainz, 147/60.

Wirth, Gerhard, 2008, *Diodoros, Griechische Weltgeschichte, Fragmente (Buch XXI-XL)*, übersetzt, eingeleitet und kommentiert, Zweiter Halbband: *Kommentar* (Bibliothek der Griechischen Literatur 68). Stuttgart.

Wischmeyer, Oda, 1995a, *Die Kultur des Buches Jesus Sirach* (Beihefte zur Zeitschrift für die neutestamentliche Wissenschaft und die Kunde der älteren Kirche 77). Berlin-New York.

Wischmeyer, Oda, 1995b, "Das heilige Buch im Judentum des Zweiten Tempels". *Zeitschrift für die neutestamentliche Wissenschaft und die Kunde der älteren Kirche* 86, 218/42.

Witte, Markus, 2012, "Der 'Kanon' heiliger Schriften des antiken Judentums im Spiegel des Buches Ben Sira/Jesus Sirach". Becker – Scholz, 229/55.

Wittkowsky, Vadim, 2009, "'Pagane' Zitate im Neuen Testament". *Novum Testamentum* 51, 107/26.

Wittkowskly, Vadim, 2015, *Warum zitieren frühchristliche Autoren pagane Texte? Zur Entstehung und Ausformung einer literarischen Tradition* (Beihefte zur Zeitschrift für die neutestamentliche Wissenschaft 218). Berlin-Boston.

Wittstruck, Thorne, 1976, "The So-Called Anti-Anthropomorphisms in the Greek Text of Deuteronomy". *The Catholic Biblical Quarterly* 38, 29/34.

Wöhrle, Georg, 2010, "'Dieselbe Seele der Art, wenn auch nicht der Zahl nach' (Arist. de An. I 5, 411b19ff.). Aristoteles und Theophrast über pflanzliches Leben". Föllinger, 161/70.

Wojciechowski, Michal, 2014, "To Fight or not to Fight? Various Answers to the Foreign Political Power in the Deuterocanonical Literature". *Biblische Notizen*, Neue Folge 161, 37/51.

Wolff, Hans Julius, 1962, *Das Justizwesen der Ptolemäer* (Münchener Beiträge zur Papyrusforschung un antiken Rechtsgeschichte 44). München.

Wolfson, Harry Austryn, 1968, *Philo. Foundations of Religious Philosophy in Judaism, Christianity, and Islam*, volume 1 (*Structure and Growth of Philosophic Systems from Plato to Spinoza* 2). Cambridge/Massachusetts.

Woodman, Tony, 2012, "A Covering Letter. Poem 65". Ian Du Quesnay – Tony Woodman (Hrsg.), *Catullus. Poems, Books, Readers*. Cambridge, 130/52.

Woschitz, Karl Matthäus, 2005, *Parabiblica. Studien zur jüdischen Literatur in der hellenistisch-römischen Epoche. Tradierung – Vermittlung – Wandlung*. Wien.
Wright III, Benjamin G., 2006, "Translation as Scripture: The Septuagint in Aristeas and Philo". Kraus – Wooden, 47/61.
Wright III, Benjamin G., 2007a, "Ben Sira on Kings and Kingship". Rajak – Pearce – Aitken – Dines, 76/91.
Wright III, Benjamin G., 2007b, "1 Enoch and Ben Sira: Wisdom and Apocalypticism in Relationship". Boccaccini – Collins, 159/76.
Wright III, Benjamin G., 2008, "Transcribing, Translating, and Interpreting in the *Letter of Aristeas*: On the Nature of the Septuagint". Voitila – Jokiranta, 147/61.
Wright III, Benjamin G., 2009, "Aristeas, Letter of". *Encyclopedia of the Bible and its Reception* 2, 711/18.
Wright III, Benjamin G., 2015, *The Letter of Aristeas. 'Aristeas to Philocrates' or 'On the Translation of the Law of the Jews'* (Commentaries on Early Jewish Literature). Berlin-Boston.
Wyckoff, Eric John, 2012, "When Does Translation Become Exegesis? Exodus 24:9-11 in the Masoretic Text and the Septuagint". *The Catholic Biblical Quarterly* 74, 675/93.
Yerushalmi, Yosef Hayim, 1995, *"Diener von Königen und nicht Diener von Dienern". Einige Aspekte der politischen Geschichte der Juden* (Carl Friedrich von Siemens Stiftung. Themen 58). München.
Yoyotte, Jean, 1962, "L'Égypte ancienne et les origines de l'antijudaïsme". *Bulletin de la Société Ernest Renan* 11, 13/23 = *Revue de l'histoire des religions* 163 (1963) 133/43.
Yunis, Harvey (Hrsg.), 2003, *Written Texts and the Rise of Literate Culture in Ancient Greece*. Cambridge.
Yurdin, Joel, 2009, "Aristotelian Imagination and the Explanation of Behavior". Van Riel – Destrée, 71/87.
Zacharia, Katerina, 2003, *Converging Truths. Euripides' Ion and the Athenian Quest for Self-Definition* (Mnemosyne Supplementum 242). Leiden-Boston.
Zamagni, Claudio, 2004, "Existe-t-il une terminologie technique dans les *Questions* d'Eusèbe de Césarée?". Volgers – Zamagni, 81/98.
Zamagni, Claudio, 2010, "La tradition sur Moïse d' 'Hécatée d'Abdère' d'après Diodore et Photius". Borgeaud – Römer – Volokhine, 133/69.
Zanker, Andreas T., 2016, *Greek and Latin Expressions of Meaning. The Classical Origins of a Modern Metaphor* (Zetemata 151). München.
Zanker, Graham, 1981, "Enargeia in the Ancient Criticism of Poetry". *Rheinisches Museum*, Neue Folge 124, 297/311.
Zanker, Paul, 1996, *Die Maske des Sokrates. Das Bild des Intellektuellen in der antiken Kunst*. München.
Zawadzki, Konrad, 2011, *Ciceros Zitierungstechnik in der Schrift De natura deorum. Eine exemplarische Untersuchung anhand des Abschnittes 1, 25-27*. Trier.
Zeegers-Vander Vorst, Nicole, 1972, *Les citations des poètes grecs chez les apologistes chrétiens du IIe siècle* (Recueil de travaux d'histoire et de philologie, 4e série, fascicule 47). Louvain.
Zellentin, Holger M., 2008, "The End of Jewish Egypt. Artapanus and the Second Exodus". Gregg Gardner – Kevin L. Osterloh (Hrsg.), *Antiquity in Antiquity. Jewish and Christian Pasts in the Greco-Roman World* (Texte und Studien zum antiken Judentum 123). Tübingen, 27/73.

Zeller, Eduard, 1903, *Die Philosophie der Griechen in ihrer geschichtlichen Entwicklung dargestellt*, 3. Teil, 2. Abteilung, 4. Auflage. Leipzig.
Ziegler, Konrat, 1950, "Plagiat". *RE* 20/2, 1956/97.
Zill, Rüdiger, 2011, "Metaphern als Migranten. Zur Kulturgeschichte rhetorischer Formen". Kroß – Zill, 105/40.
Zimmermann, Bernhard, 2011, "Homer in der griechischen Literatur der Antike". Rengakos – Zimmermann, 293/307.
Zimmermann, Klaus, 2014, "Griechen und Barbaren. Die Einflüsse hellenistischen Kulturtransfers auf ein klassisches griechisches Denk- und Identifikationsmuster". Hoffmann – Schmidt, 277/92.
Zingerle, Josef, 1926, "Heiliges Recht". *Jahreshefte des Österreichischen Archäologischen Instituts* 23, Beiblatt 6/71.
Zuckerman, Constantine, 1985-1988, "Hellenistic *politeumata* and the Jews. A Reconsideration". *Scripta Classica Israelica* 8/9, 171/85.
Zuntz, Günther, 1959, "Aristeas Studies II: Aristeas on the Translation of the Torah". *Journal of Semitic Studies* 4, 109/26.
Zuntz, Günther, 2005, *Griechische philosophische Hymnen*, aus dem Nachlaß herausgegeben von Hubert Cancik und Lutz Käppel (*Studien und Texte zu Antike und Christentum* 35). Tübingen.
Zwierlein, Otto, 2002, "'Interpretation' in Antike und Mittelalter". Geerlings – Schulze, 79/101.

Bibliographische Nachträge

Nach Abschluß des Drucksatzes konnten noch folgende Studien berücksichtigt werden (mit Querverweisen auf die entsprechenden Seiten im Text der vorliegenden Arbeit):

Asmis, Elizabeth, 1991, "Philodemus's Poetic Theory and *On the Good King According to Homer*". *Classical Antiquity* 10, 1/45.

Zu S. 15[49]:
Asmis erörtert die Bedeutung von διάνοια ("thought") in Philodems Poetik (6f.).

Zu S. 166[582]:
Es wird gezeigt, daß schon Philodem im ersten vorchristlichen Jahrhundert dort, wo er in seinem Werk Περὶ τοῦ καθ' Ὅμηρον ἀγαθοῦ βασιλέως Homerexegese betreibt, das Wort ἀφορμή terminologisch in der Bedeutung "starting point" gebraucht (20f.).

Asmis, Elizabeth, 2017, "The Stoics on the Craft of Poetry". *Rheinisches Museum*, Neue Folge 160, 113/51.

Zu S. 75:
Der Aufsatz diskutiert instruktiv den stoischen Beitrag zur antiken Poetologie.

Berry, Marquis, 2017, *Hellenistic Science at Court* (*Science, Technology, and Medicine in Ancient Cultures* 5). Berlin-Boston.

zu S. 94/96. 205:
Berry liefert einen kurzen Abriß der Tätigkeiten, die Eratosthenes, von Ptolemaios III. Euergetes nach Alexandria berufen, dort ausgeübt haben soll, darunter möglicherweise die Erziehung Philopators (74f.). Besondere Aufmerksamkeit erfährt sein Verhältnis zu den "Egyptian surroundings and royal patrons" (76f.), nicht zuletzt in seinem poetischen Werk, das als Zeugnis für die selbstbewußte Tendenz hellenistischer Intellektueller in Alexandria gedeutet wird, "... by manipulating the symbols and narratives from classical Egyptian ideology of kingship to portray the bicephalous Ptolemaic monarchy" (163f., vgl. auch 171).

zu Anm. 418 und 612:
Das Lob, welches Eratosthenes Alexander dem Großen dafür ausgesprochen haben soll, daß er zu seinen "friends" auch "non-Greeks" gezählt habe, wird für die Tendenz hellenistischer Könige, "historic Greek and ancient Near Eastern traditions" zu verschmelzen, in Anspruch genommen (96).

zu S. 172:
Diodors idealisierende Darstellung der ägyptischen Pharaone und ihrer höfischen Berater (1, 70) wird auf einen hellenistischen Traktat über das Königtum zurückgeführt: "... Dio-

dorus also invokes the Greek notion that Egyptian kingship is a grand tradition of stability and constancy such that past exemplars remained notable paradigms of current conduct" (97f.).

Zu S. 53f. 203:
An verschiedenen Texten und Autoren wird die Bedeutung der epistolographischen Form für die wissenschaftliche Literatur des Hellenismus aufgewiesen (130/32).

Zu S. 94/96. 206/08 und 390/95:
Das Epigramm, das Eratosthenes seinem Brief an den Ptolemäerkönig inkorporierte (172/74), enthält einen trefflichen Beleg dafür, daß die Vorstellung von der "Hand des Zeus" noch im zweiten Jahrhundert vor Christus ganz gegenwärtig war (Eutocius *In Archimedis de Sphaera et Cylindro libros* 2, 96, 22/27 Heiberg): εὐαίων, Πτολεμαῖε, πατὴρ ὅτι παιδὶ συνηβῶν | πάνθ' ὅσα καὶ Μούσαις καὶ βασιλεῦσι φίλα, | αὐτὸς ἐδωρήσω· τὸ δ' ὕστερον, οὐράνιε Ζεῦ, | καὶ σκήπτρων ἐκ σῆς ἀντιάσειε χερός. Zugleich wird der Rang der Ptolemäer als Schutzherren der (literarisch-gelehrten) Wissenschaft besonders herausgestellt.

Erler, Michael, 2015, "*Aphormen labein*. Rhetoric and Epicurean Exegesis of Plato". Dino De Sanctis (Hrsg.), *Questioni epicuree*. Sankt Augustin, 113/28.
Erler, Michael, 2016, "'Von hier nach dort' (Phd. 117c): *Aphormai* und anagogische Lektüre im Platonismus der Kaiserzeit". Jens Halfwassen (Hrsg.), *Seele und Materie im Neuplatonismus (Heidelberger Forschungen* 39). Heidelberg, 211/32.
Erler, Michael, 2016, "Platons Dialoge als 'heilige Texte'? Altes Wissen und 'anagogische Exegese' platonischer Dialoge in der Kaiserzeit". Peter Gemeinhardt (Hrsg.), *Zwischen Exegese und religiöser Praxis. Heilige Texte von der Spätantike bis zum Klassischen Islam*. Tübingen, 61/83.

Zu S. 166[582]:
In dem erstgenannten Aufsatz führt Erler Belege aus dem Epikureer Kolotes, aus Plutarch, aus Philodem sowie aus Sextus Empiricus an für den terminologischen Gebrauch der Junktur ἀφορμὴν λαβεῖν und faßt sie als hermeneutischen Ausdruck auf (122: "*Aphormai* as starting points for explanation or critique"). Anhand der Euripidesstellen wird seine Herkunft auf die Rhetorik des fünften Jahrhunderts zurückgeführt: "... *aphormai* in rhetorical contexts stand for a reservoir of *dicta* and *facta*, which can be used when making a speech" (124). Im zweiten Aufsatz weist Erler erneut nach, daß der Begriff ἀφορμή in den Texten kaiserzeitlicher Platoniker "oft in Zusammenhang mit der Auslegung von Texten, z.B. der Dialoge Platons, aber auch der Schriften anderer Platoniker fällt", in der Bedeutung "Anknüpfungspunkt, Ausgangspunkt, Anlaß" für eine Interpretation (214f.), und daher als "Terminus aus dem Bereich der Hermeneutik" anzusehen ist (216; vgl. auch in dem dritten genannten Aufsatz die Seiten 67/71). Die Belege, die im folgenden nocheinmal aus Plutarch, Sextus Empiricus und Porphyrios beigebracht werden, fallen in die Zeit nach Aristobulos; daß aber auch schon der Epikureer Philodem im ersten Jahrhundert vor Christus das Wort offenbar schon terminologisch für Homerinterpretationen nutzt (220/22 mit Belegen), führt chronologisch in die Nähe des jüdischen Bibelexegeten. Aufschlußreich sind die Feststellungen, daß der Ausdruck zum einen in der Kaiserzeit von Philologen und Philosophen unterschiedlich für die jeweils eigene Disziplin beansprucht worden sei

(219f.), zum anderen eine hermeneutische Haltung beschreibe, "die bestimmte Aussagen oder Passagen im Text aufgreift und dann Interpretationen folgen lässt, die eigenem Interesse, nicht notwendig der Intention des Autors entsprechen müssen" (222). Eine solche Semantik des Begriffs könnte sich bereits bei Aristobulos und seinem Moses andeuten.

Hahmann, Andree, 2017, *Aristoteles gegen Epikur. Eine Untersuchung über die Prinzipien der hellenistischen Philosophie ausgehend vom Phänomen der Bewegung* (*Untersuchungen zur antiken Literatur und Geschichte* 125). Berlin-Boston.

Zu S. 395/409:
Die Monographie erörtert eingehend die aristotelische und die epikureische Lehre von der Bewegung sowie ihre hellenistische Rezeption.

Kerschensteiner, Jula, 1945, *Platon und der Orient*. Stuttgart.

Zu S. 109/13 und 163/71:
Die Quellen zu Platons vermeintlichen Reisen werden ausführlich untersucht; dabei werden alle Reisen außer jenen nach Unteritalien und Sizilien als unhistorisch beurteilt, auch die vielbehandelte nach Ägypten (44/55).

Janko, Richard, 2016, "Parmenides in the Derveni Papyrus". *Zeitschrift für Papyrologie und Epigraphik* 200, 3/23.

Zu S. 360. 365 und 370[1212]:
An einzelnen Stellen des Derveni-Papyrus wird gezeigt, daß der Exeget dem Leser des orphischen Gedichts übertragenes Verständnis nahelegt, also: "not to take this account literally" (15f. 18f.).

Leonhardt-Balzer, Jutta, 2017, "Synagogen als Schulen der Tugenden: Der Ort der Philosophie in der frühjüdischen Tradition". Christoph Riedweg (Hrsg.), *Philosophia in der Konkurrenz von Schulen, Wissenschaften und Religionen. Zur Pluralisierung des Philosophiebegriffs in Kaiserzeit und Spätantike*, Akten der 17. Tagung der Karl und Gertrud Abel-Stiftung vom 16.–17. Oktober 2014 in Zürich (*Philosophie der Antike* 34). Boston-Berlin, 127/45.

Zu S. 116. 171 und 338 sowie S. 66f. 263 und 265f.:
Der Ausdruck οἱ προειρημένοι φιλόσοφοι (F 2, 27/32 Holladay) wird irrtümlich auf "jüdische Philosophen" bezogen (127), F 3, 17/22 – tatsächlich eine Aussage über Platon – ebenso falsch als Beleg dafür verstanden, daß Aristobulos die "Auslegung der Thora als philosophische Betätigung" gesehen habe (128).

Zu S. 441:
Die These, von Aristobulos und im *Aristeasbrief* werde die "Identifikation von griechischer und jüdischer Philosophie" vertreten, ist nicht zutreffend (129f.).

Mach, Michael F., 2005, "Lerntraditionen im hellenistischen Judentum unter besonderer Berücksichtigung Philons von Alexandrien". Beate Ego – Helmut Merkel (Hrsg.), *Religiöses Lernen in der biblischen, frühjüdischen und frühchristlichen Überlieferung* (*Wissenschaftliche Untersuchungen zum Neuen Testament* 180). Tübingen, 117/39.

Zu Anm. 416 sowie S. 358. 372. 426f.:
Der Autor diskutiert die Annahme einer vorphilonischen exegetischen Tradition unter den alexandrinischen Juden (130f.) und die Frage, welche Bedeutung Philon der Befolgung der Gebote in ihrem Literalsinn zumaß (130[57]).

Niehoff, Maren, 2016, "Bibel und religiöse Praxis im hellenistischen Judentum". Peter Gemeinhardt (Hrsg.), *Zwischen Exegese und religiöser Praxis. Heilige Texte von der Spätantike bis zum Klassischen Islam*. Tübingen, 15/30.

Zu S. 232[783]:
Auch Niehoff sieht im *Aristeasbrief* (Kapitel 45 und 313) dasjenige antike Zeugnis, in dem "die Torah zum ersten Mal 'Heiliges Gesetz' oder 'Heilige Schrift' genannt werde", also erstmals von der "Kanonisierung der jüdischen Schrift" zu hören sei (16).

Zu S. 427/31:
Auch Niehoff stellt fest, daß Aristobulos "aristotelisches Gedankengut verwandte" (21).

Zu S. 441:
Die Feststellung, Aristobulos habe sich "für eine philosophische Interpretation der Schrift" eingesetzt und "die gesamte Torah ... als eine Art religiöser Lebensphilosophie" konzipiert (21), bleibt – auch in ihrer schrägen Formulierung – ebenso unbefriedigend wie die folgende Suggestion: "Dieselben Einsichten, zu denen auch griechische Philosophen gelangten, werden in der Torah besonders gepflegt ... Das Judentum wird hier als eine philosophische Schule interpretiert, dessen Gesetze mit den Schlagworten der griechischen Ethik umrissen werden. Die Bibel war somit für ihn kanonisch in ihrem Sinn, aber nicht in ihrem Wortlaut, der in den wenigen noch erhaltenen Fragmenten auch kaum zur Sprache kommt" (21f.).

Tieleman, Teun L., 2010, "Orality and Writing in Ancient Philosophy: Their Interrelationship and the Shaping of Literary Forms". Annette Weissenrieder – Robert B. Coote (Hrsg.), *The Interface of Orality and Writing. Speaking, Seeing, Writing in the Shaping of New Genres* (*Wissenschaftliche Untersuchungen zum Neuen Testament* 260). Tübingen, 19/35.

Zu S. 106:
Die Kritik Heraklits insbesondere an Pythagoras setzt die Schriftlichkeit der Philosophie zu seiner Zeit voraus (22).

Zu S. 53f. 203:
Der Autor hebt mit Beispielen hervor, welche Bedeutung dem philosophischen Lehrbrief seit der hellenistischen Zeit zukam (29f.).

Willey, Hannah, 2016, "Gods and Men in Ancient Greek Conceptions of Lawgiving". Esther Eidinow (Hrsg.), *Theologies of Ancient Greek Religion*. Cambridge, 176/204.

Zu S. 230/61:
Die Autorin stärkt, durch detaillierte Interpretation der auch für die vorliegende Arbeit ausgehobenen Belege, die These, daß "for Greek thinkers legislation is often a product of mortal and divine interaction. Rather than strict alternatives or a simple division of labour, divine and mortal agency frequently exist side by side and often complement and shade into one another, both conceptually and linguistically" (177).

Wyrwa, Dietmar, 1983, *Die christliche Platonaneignung in den Stromateis des Clemens von Alexandrien (Arbeiten zur Kirchengeschichte* 53). Berlin-New York.

Zu S. 111:
Aus dem frühchristlichen Autor Clemens Alexandrinus erhellt, daß schon die antike Tradition in Platons eigenen Werken (etwa Phaid. 77f. und symp. 209) Indizien für seine Reisen gewann (87/101).

Register

Vorbemerkung:
Aus Platzgründen werden Hinweise auf Anmerkungen in der Regel nur dann verzeichnet, wenn der jeweilige Bezug nicht auch im Haupttext der entsprechenden Seite begegnet.

1. Bibelstellen (Septuaginta)

Gen.		217^{735}. 264^{877}.	Exod.		194. 209^{705}.
		280. 282f.			210. 226f. 263.
		288/90. 398.			264^{877}. 272.
		414^{1376}. 439^{1472}.			277f. 280/90.
		439^{1473}			352^{1143}. 352^{1145}.
1, 1f.		289^{957}. 416^{1380}			352^{1146}. 394^{1299}.
1, 2		216^{731}			419. 439^{1472}
1, 3		47f.	1, 15		179^{613}
1, 6		47f. 398	1, 17f.		179^{613}
1, 9		47f.	2, 9		130f.
1, 11f.		398	2, 23		179^{613}
1, 14		47f. 398	3, 1/6		329^{1066}.
1, 20/31		398			363^{1186}. 436^{1466}
1, 20		47f.	3, 8		329^{1066}
1, 24		47f.	3, 10		179^{613}. 283^{939}
2, 1		393^{1292}	3, 14		187^{639}. 325^{1052}.
2, 4		289^{957}			396^{1301}
2, 18/20		398	3, 15		363^{1185}
3, 20		442^{1481}	3, 18		284^{942}
6, 6		404^{1336}	3, 20		50f. 347^{1132}.
8, 21		398^{1306}			390^{1281}
10		149^{528}. 442^{1481}	4, 1		363^{1185}.
11, 5		327^{1056}			424^{1409}. 431^{1443}
18, 22		396^{1301}	4, 6f.		148f.
23, 11		286^{951}	5, 24		407^{1344}
28, 12f.		398^{1306}	6, 3		370^{1214}
32, 28		22^{76}	9, 3		49f. 179^{613}.
34, 14		288^{955}			347^{1132}. 390f.
40, 8		369^{1209}	9, 6		49
41, 8		325^{1051}	9, 15		50f. 390^{1281}
49, 5		70^{246}	9, 16		195^{653}
			12, 17		282^{934}
Exod.		128. 148.	12, 25		282^{934}
		149^{528}. 150^{529}.	12, 37f.		328^{1060}
		152^{535}. 156^{546}.	12, 43		439^{1473}
		176f. 179. 190.	12, 49		152^{535}

Exod.		31, 12/17	408[1349]
13, 3	48. 390f.	31, 18	332[1077]
13, 5	48[175]	32, 7f.	352[1143]
13, 8	48[175]	32, 11	189[644]
13, 9	48. 390f.	32, 15f.	332[1077]
13, 11	48[175]	33, 11/13	362f.
13, 14	48. 390f.	33, 19f.	362f.
13, 16	48. 390f.	35, 35	170[591]
14	327[1056]	37	394[1299]
14, 13	125[439]. 195[653]		
14, 22	327[1054]	Lev.	283
14, 31	390[1279]. 390[1281]	9, 24	329[1066]
15, 1	128[449]	10, 1/3	329[1066]
15, 6	128[449]. 189[644]	18, 21	200[674]
15, 12	128[449]	19, 33f.	152[535]
15, 13	189[644]	22, 18	70[247]
16, 3	390[1281]	22, 21	70[247]
17, 16	396	22, 32	128[450]
18, 8	288[956]	23, 22	152[535]
19f.	227[773]	26, 46	227[773]
19, 6	46[171]. 199[672]	27, 34	227[773]
19, 10/12	352[1145]		282f.
19, 16/25	326/33. 352[1145]	Num.	
19, 18	47. 327[1054]	1, 46	328[1060]
19, 20	327[1054]	6, 25	363[1185]
19, 21/25	362f.	7, 89	227[773]
20, 1/6	11	11, 17	351[1141]
20, 2	125[439]. 128[450]. 187[639]	11, 21	328[1060]
		11, 24/30	351[1141]
20, 3	21	12, 6/8	351[1141]. 369
20, 5	21	14, 21	22[78]
20, 7	11	15, 15	152[535]
20, 10f.	129[451]	15, 41	22[78]
20, 11	47[172]. 49[183]. 315[1030]. 408[1349]	26, 51	328[1060]
		27, 18/23	351[1141]
20, 18/21	326/33. 362f.	36, 13	227[773]
22, 20	152[535]		
23, 9	152[535]	Dtn.	52[190]. 190. 200[674]. 210[706]. 222. 280[928]. 282f. 290f. 351f.
24, 4	332[1077]		
24, 10	183[619]. 363[1185]. 396[1301]. 397f.		
		1, 5	290f. 291[964]. 369[1209]
24, 11	390[1281]. 397f.		
24, 15/18	326/33	3, 24	187f. 194. 390[1279]. 390[1281]
24, 17	47. 327[1054]		
25, 8	363[1185]	4f.	195[653]. 228[774]. 351[1142]
28, 3	350[1138]. 351[1141]		
31, 3	350[1138]		

Dtn.
4, 5/8	170[591]. 221. 228f. 290[962]
4, 11	47. 327[1054]
4, 12	227[773]. 327[1054]. 363
4, 15	327[1054]
4, 19f.	120
4, 20	48[175]
4, 24	329[1066]
4, 32/40	190
4, 33	227[773]
4, 34	128[449]. 190[646]. 390[1279]. 390[1281]
4, 39	190[646]. 390[1281]
4, 44f.	209[705]. 290[962]
5	352[1145]
5, 4f.	332[1077]. 351[1142]
5, 6	128[450]
5, 12/15	128[450]
5, 15	128[449]
5, 22	232[784]. 332[1077]. 351[1142]
5, 23	47. 424[1408]
5, 28	396[1301]
5, 31	396
6, 20/23	128[450]. 290[962]
7, 7f.	128[449]. 290[962]
7, 18	46
7, 19	128[449]. 390[1279]
8, 1	351[1142]
8, 18	46
9, 9/11	232[784]
9, 15	47
9, 26	133[470]. 189[644]. 199[672]
9, 29	189[644]
10	232[784]. 351[1142]
10, 19	152[535]
10, 21	46
11, 1/11	195[653]
11, 2	128[449]. 390[1279]. 390[1281]
11, 18/21	232[704]
12	280[928]. 290[962]
17, 14/20	200[674]
17, 16	125
17, 18	232[784]. 290[962]
18, 7	22[76]
18, 9/22	351[1141]
26, 8	128[449]
27	232[784]. 290[962]. 351[1142]
28, 58	352[1143]
28, 59	46[170]. 290[962]
28, 65	397[1305]
28, 68	125[439]
28, 69	227[773]. 351[1142]
29, 13f.	286[947]
29, 28	369[1210]
30, 11/14	369[1210]
30, 15/20	215[728]. 351[1142]. 352[1143]
30, 24/28	200[674]
31, 9	352[1143]
31, 24	232[784]. 290[962]. 352[1143]
32, 3	419[1387]
32, 44	227[773]. 351[1142]. 352[1143]
33, 2f.	351[1142]. 364[1190]
34	282
34, 9/12	128[449]. 351[1141]. 362f. 390[1281]

Ios.
1, 6/8	280. 281[930] 170[591]
4, 24	390[1281]
9, 2	290[962]
10, 13	397[1305]
24, 14	16[55]

1 Kön.
7, 3f.	16f.
8, 27	156[546]
15	404[1336]
18, 16/46	22[77]

3 Kön.
5, 9/14	122[432]

1 Chron.
12, 23	188[642]. 392[1288]
27, 24	108[382]
28, 2	398[1306]
29, 10/12	188[642]

2 Chron.
32, 12	16[55]
33, 15	16[55]
35, 6	350[1139]

1 Esdr.
1, 6	350[1139]
5, 48	350[1139]
9, 39	350[1139]

Esther
2, 23	108[382]

Tobit
12, 22	46[170]

1 Makk.
1, 29/64	23[81]

2 Makk.
1, 10/2, 18	204f. 329[1063]
1, 10	204/06
2, 17	46[171]
3, 24	189[643]. 364[1190]
3, 34	419
3, 36	23[83]
3, 38	189[643]
4, 7/16	441
4, 7	296[976]
4, 18/20	23[83]
6, 2	24
7, 30	350[1139]
7, 31	284[942]
9, 10/12	197[665]
10, 9	296[976]

4 Makk.
1, 1/6	219[742]
1, 16/19	219[742]
5, 18	216[732]

Ps.
8, 4/7	393[1292]. 397
9	330[1069]
18	120[423]
20, 2	188[642]
23, 7/10	188[642]
45, 2	188[642]
50, 8	370[1214]
53, 3	188[642]
56, 6	156[546]
56, 12	156[546]
58, 17	188[642]
62, 2f.	188[642]. 327[1054]
68, 33/36	188[642]
70, 19	419
76, 15	188[642]
88, 11	390[1281]
89, 14	188[642]
92, 1f.	397
99	442[1481]
101, 26/29	393[1292]. 397
103	120[423]. 397
104, 45	59[217]
105, 21	46[169]
110, 6f.	393[1292]
118	120[423]. 225[763]. 321. 414[1376]
118, 18	120[423]
118, 46	205[689]
118, 73	393[1292]
120, 2f.	46[169]
123, 5	329[1063]
123, 8f.	46[169]
131, 7	398[1306]
136	120[423]
144, 4/6	188f.
144, 11f.	188f.
148	397

Prov.
1, 1/6	372[1217]
1, 21	205[689]
3, 19f.	211[711]
8, 22/31	47[172]. 211. 279. 321f. 346. 397
9, 10	170[591]
13, 15	170[591]. 372[1217]
18, 10	419[1387]
20, 28f.	218[739]
22/24	162[572]
30, 1/3	285[945]
30, 24/28	200[674]
31, 1	285[945]

Eccl.
1, 4/11	397
8, 16/18	345[1124]

Hiob

12, 13	170[591]
12, 16	170[591]
42, 3	46[170]

Sap.

1, 7	18[63]
3, 13/4, 16	223[756]
5, 15f.	223[756]
6, 1/21	205[689]. 218[739]
6, 22	211[711]. 325[1051]
7, 7	350[1138]
7, 10	70[246]
7, 15/17	350[1138]
7, 17/19	29[109]
7, 21	119[417]
7, 22/30	350[1138]
7, 24	18[63]
8, 7	218[739]
8, 8	119[417]. 290[959]
8, 10/16	218[739]
9, 1f.	216[731]. 350[1138]
9, 9	211[711]
9, 13/18	119[417]. 121[424]
11, 1	352[1146]
11, 17	390[1281]
12, 1	18[63]
13	120f. 195[652]
13, 1/9	29[109]. 121[424]
13, 5	121[424]
14, 15/21	148[523]. 368[1207]
14, 21	22[77]
15, 14/19	148[523]
18, 6	286[948]
19, 13f.	152[535]

Sirach

prol.	106[375]. 143[508]. 223[755]. 279[923]. 285[943]. 293[967]. 293[969]
1, 1/10	211[711]
3, 23	265[880]
6, 20/22	338[1097]
6, 27	218[739]
10, 1/11	218[739]
14, 17f.	397[1303]
14, 20	170[591]
15, 3	170[591]
15, 14/20	215[728]. 223[755]. 327[1057]. 393[1292]
16, 26/30	397
17, 5	311[1020]
17, 7/14	419. 419[1387]
17, 7	170[591]
18, 28f.	345[1124]
19, 18/20	223[755]
21, 11	223[755]
23, 9	12[35]
24, 1/7	211[711]. 221[748]
24, 23/27	288[955]. 350[1139]
24, 33	350[1138]
29, 1	223[755]
33, 2f.	223[755]
34, 9/13	68. 170[591]
35, 14/17	223[755]
35, 23	223[755]
38f.	68
39, 1/11	321. 340[1102]
39, 1f.	59[217]. 68. 327[1057]
39, 4	205[689]
42f.	18. 29[109]. 290[959]. 387. 397. 404[1335]. 407[1345]. 419
44/50	221[748]. 340[1102]
44, 1/15	218[739]
44, 3	170[591]
44, 20	223[755]
51, 19	223[755]
49, 4	200[674]. 218[739]

Hos.

12, 14	352[1146]
13, 4	393[1292]

Amos

6, 5	397[1305]

Mich.

4, 1/7	228[774]

Sophon.

1, 4	22[77]

Mal.

3, 26	350[1139]

Ies.
2, 1/5	228[774]
11, 2f.	350[1138]
14, 12/14	198[665]
14, 22	22[76]
19, 18f.	301[988]
19, 25	149
40, 28	216[731]
46, 10	404[1336]
51, 13f.	397[1305]
56, 3/8	215[728]
66, 1f.	128[449]. 397[1305]. 398[1310]

Ier.
8, 8	345[1124]
	390[1281]

Baruch
2, 11	128[449]
3, 32	216[731]

Ez.
30, 20/26	128[449]

Dan. 268[888]. 270[895]
1, 4	205[689]
1, 20	170[591]. 205[689]
2, 21f.	350[1138]
3, 26	12[35]
3, 52	12[35]
4, 34	23[83]
11, 36/38	24[85]

2. Werkstellen antiker Autoren

Agatharchides von Knidos	s. Flavius Josephus	Schol.	40. 75[266]. 75[268]
Ailian		*Aristeasbrief*	
hist. var. 3, 17	298[979]	1	307[1012]
Aischylos		2	106[375]. 213[722].
Agam.	19[66]		218[739]
Choeph. 581f.	37[134]	3	223. 265[880].
F 208	37[134]		285[943]. 287[954]
hept. 619	37[134]	5	223
Philoktet F 253	37f.	6	150f. 152
Alkinoos		7	70[247]. 106[375].
didask. 36	108[382]		213[722]
Alkmaion		9f.	304f. 307[1012]
24 B 1a	170[591]	10	223[754]. 305
Anaxarchos von Abdera		11	285[943]
72 B 1	113[394]	15f.	119[417]. 120[421].
Antisthenes			223[754]. 265[880].
F 39	258[860]		350[1139]
F 40	378[1240]	16	12f. 18[63]. 20[70].
Apollodor von Athen			121[426]. 308f.
244 F 112/14	186[631]	18	213[722]. 218[739]
244 F 352f.	186[631]	21	108[382]
Arat, *Phainomena*	3[9]. 7/52. 75.	24	218[739]
	124[438]. 414	28/32	304/06
1/19	40. 75	28	108[382]. 307[1012].
1/9	9/52. 115. 133f.		309
	183. 345[1123].	30	119[417]. 223[754].
	440. 441f.		285[943]. 309
1	40[163]	31	119[418]. 223[754].
2f.	26f. 28[106]. 40[163]		227[773]. 232[783].
4	18		287[954]. 302[991].
5	441f.		303. 304[999].
7f.	40[163]		304[1000]. 309
15	414	32	302[991]
100/35	84[293]	35/46	305
253/67	75[266]	36	108[382]
275	75[266]	37	218[739]
693f.	42f.	38f.	223[754]. 285[943].
712f.	43		305[1002]. 307
783/87	7[19]	40	307[1012]
		42	218[739]
		43	218[739]. 307[1012]
		44	152[535]. 287[954]

Aristeasbrief

45f.	$223^{754}.\ 303^{995}.$ 309
56	390^{1278}
65	365^{1193}
77	216^{732}
79	296^{977}
98	12^{38}
99	152^{535}
121f.	$68.\ 106^{375}.$ $216^{731}.\ 223^{754}.$ $265^{880}.\ 293^{967}.$ 327^{1057}
125	218^{739}
126	$213^{722}.\ 287^{954}$
127	$223.\ 223^{754}.$ 327^{1057}
128/71	223
128f.	$54^{202}.\ 223^{754}.$ 265^{880}
131	$218^{739}.\ 223.$ $223^{754}.\ 284^{941}.$ 350^{1139}
132	$18^{63}.\ 121^{426}.$ $218^{739}.\ 223.\ 309$
133	$223.\ 223^{754}$
134/38	120^{421}
134/36	$13^{39}.\ 67^{238}$
137	$106^{375}.\ 324^{1050}$
138	$150^{531}.\ 324^{1050}$
139/52	152^{535}
139	$13^{39}.\ 67^{238}.$ $223.\ 309.$ $350^{1138}.\ 350^{1139}$
140	$119^{418}.\ 151.$ 216^{732}
141	284^{941}
143	325^{1052}
144	$67^{238}.\ 119^{417}.$ $310^{1018}.\ 350^{1139}.$ 423^{1406}
147	350^{1139}
148/50	170^{591}
148	$119^{417}.\ 223^{754}$
151f.	$152^{535}.\ 284^{941}$
155	$46.\ 232^{783}.$ $293^{967}.\ 309$
160	$211^{712}.\ 309$
161	$13^{41}.\ 216^{732}.$ 345^{1125}
168	$216^{730}.\ 218^{739}.$ $232^{783}.\ 293^{967}.$ $309.\ 310^{1018}.$ 324^{1050}
171	$15^{46}.\ 106^{375}.$ $152^{535}.\ 210^{709}.$ $227^{773}.\ 325^{1052}.$ 369^{1209}
176	$285^{943}.\ 309$
177/79	$119^{417}.\ 350^{1139}$
182	307^{1012}
185	18^{63}
189	$211^{712}.\ 218^{739}$
193f.	218^{739}
195	18^{63}
196	207^{701}
200f.	$119^{418}.\ 207^{701}.$ 248^{833}
210	18^{63}
211	207^{701}
212	218^{739}
215	$218^{739}.\ 327^{1057}$
222f.	213^{722}
227	296^{977}
228	223^{754}
229	$213^{722}.\ 218^{739}$
232f.	218^{739}
234	$18^{63}.\ 211^{712}.\ 309$
235f.	$119^{418}.\ 213^{722}.$ 248^{833}
238	213^{722}
239	$68^{239}.\ 390^{1281}$
240	$201^{676}.\ 235^{792}.$ 350^{1139}
243	213^{722}
244	207^{701}
249	177^{612}
255	218^{739}
256	213^{722}
259	218^{739}
260	216^{732}
261	207^{701}
267	$177^{612}.\ 218^{739}$
270	213^{722}

Aristeasbrief		F 2, 8	12³⁵
272	213⁷²². 218⁷³⁹	F 2, 14/18	53. 55. 125f.
277f.	218⁷³⁹		180/96. 206f.
279	67²³⁷. 201⁶⁷⁶.		363f. 377¹²³⁴.
	218⁷³⁹. 223⁷⁵⁴.		434¹⁴⁶⁰
	235⁷⁹²	F 2, 15	53. 203/08.
280f.	218⁷³⁹		317¹⁰³⁵
283	177⁶¹². 207⁷⁰¹	F 2, 16	222. 284.
286	106³⁷⁵		293⁹⁶⁷. 406¹³³⁹
287	213⁷²²	F 2, 17f.	189. 406¹³³⁹
291f.	218⁷³⁹	F 2, 18/34	334f. 347
292	177⁶¹²	F 2, 18f.	334. 406¹³³⁹.
294	205⁶⁸⁹		434¹⁴⁶⁰
296	119⁴¹⁸	F 2, 20/27	324f.
297	369¹²⁰⁹	F 2, 20/23	53¹⁹⁷. 117/20.
298	177⁶¹²		180/96
300	108³⁸²	F 2, 20	53. 53¹⁹⁷. 203/08.
302	305		316¹⁰³⁴. 325¹⁰⁵².
304	305¹⁰⁰³		334
305	369¹²⁰⁹	F 2, 21	406¹³³⁹
306	216⁷³². 310.	F 2, 22f.	75f. 335
	390¹²⁸¹	F 2, 23/27	347f. 347¹¹³².
308/11	45¹⁶⁷. 223⁷⁵⁴.		377¹²³⁷. 417/24
	305	F 2, 24	130/32. 222⁷⁵⁰.
310	213⁷²². 287⁹⁵⁴		284. 423¹⁴⁰⁷
311	207⁷⁰¹	F 2, 25	53¹⁹⁷. 404¹³³⁵
312/16	302/04. 305	F 2, 25/27	210f. 216⁷³¹
312	171⁵⁹³. 223⁷⁵⁴.	F 2, 27	213⁷²². 366
	303⁹⁹⁵. 305f.	F 2, 27/32	116f. 122f. 171.
	310. 350¹¹³⁹		180/96. 211.
313	223⁷⁵⁴. 227⁷⁷³.		310. 338f.
	350¹¹³⁹		345f. 349/55
314/16	119⁴¹⁸. 223⁷⁵⁴.	F 2, 28	309. 345
	232⁷⁸³. 265⁸⁸⁰.	F 2, 29/31	231⁷⁸¹. 434¹⁴⁶⁰
	303⁹⁹⁵. 303⁹⁹⁷.	F 2, 32/34	118. 170⁵⁹¹. 366.
	304⁹⁹⁸. 309		369. 417/24
315	303. 304⁹⁹⁸. 310	F 2, 34/38	53¹⁹⁷. 324¹⁰⁴⁹.
316	303⁹⁹⁷		333/36. 338f.
317/21	305f.	F 2, 35	13⁴¹
317	309	F 2, 36f.	53. 53¹⁹⁷. 203/08.
322	265⁸⁸⁰. 324¹⁰⁵⁰		316¹⁰³⁴. 366
		F 2, 38/55	189⁶⁴⁴. 390/95
Aristobulos		F 2, 38/42	53. 203/08
F 1	3. 29¹⁰⁹	F 2, 38f.	57. 284. 347¹¹³².
F 2	47¹⁷². 310f. 315.		366
	317. 347. 350.	F 2, 39/50	57
	375f. 389	F 2, 39/42	52. 367f.

Aristobulos
F 2, 40	179[613]. 316[1034]	F 2, 85/90	327. 335f.
F 2, 43/50	206f.	F 2, 85f.	327[1055]. 369
F 2, 43	13[41]. 222[750]. 284. 293[967]. 377[1234]	F 2, 88	316[1034]
		F 2, 89	406[1339]
		F 2, 90/97	369
F 2, 44f.	48. 130/32. 180/96	F 2, 91f.	47. 317[1036]
		F 2, 95f.	329[1063]
F 2, 45/50	347[1132]	F 2, 97/110	327. 389[1274]
F 2, 45/47	50f. 180/96	F 2, 97/102	328[1060]
F 2, 46	406[1339]	F 2, 102/110	328[1061]
F 2, 47/50	49f. 179[613]. 180/96	F 2, 109f.	317[1036]. 329[1063]
		F 2, 110/40	180/96. 195[653]
F 2, 50/53	57. 180/96. 367f. 369	F 2, 112f.	18. 64[229]. 309. 406[1339]
F 2, 51	189. 390f. 406[1339]	F 2, 113/34	332[1074]. 389[1274]
F 2, 52f.	310. 316[1034]. 366. 377[1234]	F 2, 115f.	.331[1073]
		F 2, 117	317. 329[1063]. 424
F 2, 53/55	57. 180/96. 213[722]. 346. 367f. 376f. 417/24	F 2, 119	329[1063]
		F 2, 120f.	189
F 2, 55/68	157. 207. 210f. 395/409. 429	F 2, 122/24	329[1063]
		F 2, 124/27	317
F 2, 55/59	57. 180/96	F 2, 124f.	329[1063]
F 2, 55f.	213[722]. 335f. 346. 406[1339]. 417f.	F 2, 127/34	328[1062]
		F 2, 129	317[1036]
		F 2, 129/31	332[1074]
F 2, 56f.	216[731]. 346. 406[1339]. 406[1339]. 417f.	F 2, 131/33	328/33. 406[1339]
		F 2, 134/40	328/33. 369
F 2, 58f.	331[1073]	F 2, 134f.	327[1055]
F 2, 57	64[231]	F 2, 139f.	406[1339]. 417f. 419[1386]. 424
F 2, 59/62	57		
F 2, 59	53[197]. 400[1317]	F 3	51. 57[212]. 98. 121f. 315
F 2, 60	400[1317]		
F 2, 62f.	406[1340]	F 3, 17/43	72
F 2, 64	315[1028]. 331[1073]	F 3, 17/37	263/311
F 2, 66	400[1317]	F 3, 17/22	66f.
F 2, 67f.	57. 180/96. 335f. 406[1339]	F 3, 18	317[1035]
		F 3, 19	222. 284
F 2, 78/140	326/33	F 3, 20/22	310
F 2, 78/97	180/96. 207	F 3, 23f.	266[882]
F 2, 78/84	317[1038]. 332f. 347[1132]	F 3, 27/35	278/83
		F 3, 27/29	283/87
F 2, 80f.	293[967]	F 3, 29f.	284. 442[1484]
F 2, 81f.	222. 232[783]. 309. 317[1036]	F 3, 30/32	288/90
		F 3, 34f.	290f.
F 2, 82/84	195[653]. 406[1339]	F 3, 35/43	98/117. 434[1460]

Register —— 549

Aristobulos
F 3, 38/56	315[1030]
F 3, 38f.	106[372]
F 3, 39/43	108. 318[1039]
F 3, 41	284. 295
F 3, 43	317[1035]
F 3, 47/56	53. 203/08. 263/311
F 3, 48/50	318[1039]
F 3, 51/56	318[1039]
F 4	3. 58. 64. 121f. 310f. 315. 416[1380]
F 4, 2/25	180/96
F 4, 2/6	289[957]. 347[1132]
F 4, 2/5	9. 210f. 216[731]. 324[1049]. 406[1339]
F 4, 3f.	293[967]
F 4, 4	284. 389
F 4, 5f.	47f. 130/32. 389
F 4, 7/9	66f. 122. 265[880]. 310
F 4, 7/17	72
F 4, 7	53[197]. 265
F 4, 11	253. 253[845]
F 4, 12f.	9. 121[428]. 406[1339]
F 4, 13/17	9. 216[731]
F 4, 17/26	31
F 4, 17/71	270
F 4, 18/20	9. 30[110]
F 4a, 18	130[456]
F 4, 21/25	9. 157. 194
F 4, 22	189
F 4, 24	331[1073]
F 4, 25	406[1339]
F 4, 27/71	132[462]
F 4, 36	132[462]
F 4, 51/55	3[9]
F 4, 58	157[549]
F 4, 62/64	157[549]
F 4, 64/67	3[9]
F 4, 72/100	9/52. 115. 133f. 180/96. 442[1482]
F 4, 72	31
F 4, 73	45[163]
F 4, 77	441f.
F 4, 82/94	53[197]. 308f.
F 4, 82/84	63. 194. 372
F 4, 83	207. 293[967]. 309
F 4, 84	189. 309. 406[1339]
F 4, 85	53[197]
F 4, 87	293[967]
F 4, 89	406[1339]
F 4, 91/94	55. 434[1460]
F 4, 95/100	69/71. 116f. 219[741]. 309f.
F 4, 95/97	122f. 309
F 4, 95	207
F 4, 97f.	222. 284
F 4, 98f.	406[1339]
F 5	3. 58. 103[363]. 121/23. 127[447]. 128/30. 207. 210f. 220[745]. 270f. 311[1020]. 314[1022]. 315. 350. 375. 389. 408[1349]. 426f.
F 5, 3/7	180/96
F 5, 5f.	157. 216[731]
F 5, 7	284[941]
F 5, 19/22	325[1052]. 335f.
F 5, 35/38	63. 122f. 335f.
F 5, 38/46	166f. 122
F 5, 38/41	69[245]. 317f.
F 5, 41f.	63f.
F 5, 45f.	293[967]
F 5, 44f.	315[1028]
F 5, 46/52	47[172]. 116f. 122f. 157. 211. 279. 285f. 321f. 346. 369. 427/31
F 5, 47f.	284. 317f. 442[1484]
F 5, 50f.	331[1073]
F 5, 51f.	63f. 122[431]. 434[1460]
F 5, 54/151	123[435]. 396[1302]
F 5, 54/66	180/96. 318f. 369
F 5, 54f.	293[967]. 369[1209]
F 5, 56	406[1339]
F 5, 58	211[712]
F 5, 59	406[1339]
F 5, 71/90	404[1334]
F 5, 71/85	318f. 398

Aristobulos
F 5, 71/79	315[1030]
F 5, 71/77	157
F 5, 71/74	47[172]. 49[183]. 406[1339]
F 5, 71	13[41]
F 5, 72	315[1030]
F 5, 77/79	184
F 5, 77	295
F 5, 79/85	284
F 5, 79f.	369[1209]
F 5, 81	13[41]
F 5, 103/06	129[451]
F 5, 106/51	64
F 5, 106/10	122. 270f. 372f.
F 5, 108f.	232[783]. 309
F 5, 110	31
F 5, 117f.	31
F 5, 127/36	63. 123[435]. 375[1225]
F 5, 129	13[41]. 63
F 5, 136	434[1460]
F 5, 137/51	73[258]
F 5, 137f.	31

Aristoteles
anim. 402a	58f.
anim. 415a/b	402f.
anim. 430a14/17	63[228]
Athen. pol.	258[861]. 259[869]. 443[1487]
Athen. pol. 6, 4	94[329]
Athen. pol. 9, 2	373[1222]
Athen. pol. 11, 1	138[489]
Athen. pol. 41, 2	232
cael. 270b	211[712]. 255[849]
cael. 271b3	99[349]
cael. 284a11/18	210[708]. 255[849]
cael. 289f.	389[1274]
cat. 7a31/b14	17
cat. 8b9f.	211[712]
cat. 9a	170[591]
eth. Eud. 1216b26/35	212[713]
eth. Eud. 1249b13/20	212[714]
eth. Nik. 1029f.	219[742]
eth. Nik. 1029b19/25	215[726]
eth. Nik. 1102a5/13	235[792]
eth. Nik. 1128b34	217[736]
eth. Nik. 1129b	209. 259[869]
eth. Nik. 1134b	121[427]
eth. Nik. 1135a3/5	259[869]
eth. Nik. 1137b	259[869]
eth. Nik. 1145/52	217[736]
eth. Nik. 1167a10	390[1280]
eth. Nik. 1173a1f.	212[713]
eth. Nik. 1178/81	235[792]. 333. 423[1405]
eth. Nik. 1181b	240. 242[816]. 260[870]
eth. Nik. 1179b/1181b	213[722]. 215[726]. 220. 222[751]
F 6 Rose³	146[518]
F 7 Rose³	30[110]
F 9 Ross	63[228]
F 10/12 Rose³	121[427]
F 13 Ross	73[256]. 213[722]. 220. 237[801]. 255[849]
F 34 Rose³	134[474]
F 50 Rose³	204[684]
F 65 Rose³	86[302]
F 70 Rose³	420[1391]
F 147 Rose³	345[1125]
F 163 Rose³	77[273]
F 175 Rose³	324[1050]
F 191 Rose³	100[352]
F 535 Rose³	236[797]
F 548 Rose³	236[797]
gen. an. 736a1/21	30[112]
gen. et corr. 314a6	99[349]
gen. et corr. 335/38	401[1322]
met. 982f.	68f. 122[433]. 289[958]
met. 983b6	99[349]
met. 983b27	89[316]
met. 983b28f.	99[349]
met. 987a/b	110
met. 987b/988a	99[347]
met. 995a1/8	73
met. 1001a9f.	98f.
met 1003/05	325[1052]
met. 1019a/b	185[627]
met. 1022b1/3	210[708]
met. 1026	68f. 124[437]
met. 1061a28/32	17
met. 1069a25	99[349]

Aristoteles
- met. 1074a — 82^{289}. 401^{1322}
- met. 1074b — 156^{544}. 184^{624}. 249^{836}. 255^{849}. 322^{1046}
- meteor. 339b — 255^{849}
- meteor. 352b20f. — 146^{518}
- Περὶ φιλοσοφίας — 134^{474}. 146^{518}. 255^{849}. 402f. 401^{1322}. 402^{1328}
- phys. 193b8 — 402
- poet. 1448b12 — 384^{1263}
- poet. 1451a/b — 449^{1503}
- poet. 1455a22/29 — 381^{1248}
- poet. 1456a/b — 420
- poet. 1457b6f. — 376f.
- poet. 1458a/b — 37/39. 334^{1082}. 383f. 420
- poet. 1460b23/29 — 330^{1070}
- poet. 1461a — 335^{1084}. 376. 382^{1254}
- pol. — 237. 259f.
- pol. 1253a29/33 — 209
- pol. 1268b — 272^{899}
- pol. 1269a — 256f. 260^{870}
- pol. 1270a19 — 293^{967}
- pol. 1271b20/24 — 238f.
- pol. 1273f. — 169^{586}. 237^{802}. 238^{803}. 242^{816}. 293^{967}
- pol. 1323a — 70^{246}
- pol. 1326a3 — 184^{624}
- pol. 1329a40/b34 — 237^{802}
- pol. 1329b — 146^{518}. 255^{849}
- probl. 918b — 211^{712}
- protrept. — 203f. 212^{714}. 220. 237
- rhet. 1360a30/38 — 240^{810}
- rhet. 1371a/b — 384^{1263}
- rhet. 1374a — 259^{869}
- rhet. 1375b26/29 — 73^{256}
- rhet. 1376a16f. — 82f.
- rhet. 1387a — 82^{289}
- rhet. 1394a4f. — 385^{1266}
- rhet. 1398b11/20 — 169^{586}
- rhet. 1403b — 365^{1195}
- rhet. 1404a/b — 382f. 420
- rhet. 1405a/b — 380f. 382/85
- rhet. 1408a — 420
- rhet. 1410b — 382/84
- rhet. 1411b — 63^{228}. 380f.
- rhet. 1412a — 382f. 420
- top. 100b18/23 — 212^{713}
- top. 104a8/12 — 212^{713}
- top. 158b8/15 — 335^{1084}

Ps.-Aristot. *De mundo*
- 391a1/b3 — 337^{1093}. 411f. 414
- 392a31/34 — 400^{1317}
- 396b23/34 — 182^{618}
- 397b/401a — 212^{714}
- 397b2/8 — 403
- 397b13/27 — 180/96. 412
- 397b32f. — 182^{618}
- 398a — 182^{618}. 412f.
- 398b/399 — 182^{618}. 412f.
- 399/401 — 74f.
- 399a30f. — 182^{618}. 193
- 399b11f. — 193
- 399b19/25 — 193
- 399d — 121^{427}
- 400a4/7 — 182^{618}
- 400b — 250^{839}. 414
- 401a12f. — 186^{633}. 413f.
- 401a13f. — 21^{71}

Aristoxenos von Tarent s. auch Diog. Laert.
- F 43 — 101^{327}
- F 53 — 253^{846}

"Arius Didymus" — 219^{742}
- epit. 5, b3 — 166^{582}
- epit. 5, b8 — 166^{582}

Arrianos
- anab. 1, 17, 3/8 — 24^{85}
- Ind. 35, 8 — 133^{468}

Artapanos
- F 1, 1 — 284
- F 3, 3 — 133^{466}. 133^{471}. 271^{898}
- F 3, 4 — 138f. 149f.
- F 3, 6 — 244^{828}
- F 3, 21f. — 150. 283^{939}
- F 3, 24/26 — 12^{36}
- F 3, 28 — 138^{492}

Augustinus
    civ. 2, 16   237[802]
    civ. 6, 5   76[269]
    civ. 8, 11   163[577]. 252[842]
Berossos
    F 1   139f. 141[503]
Chairemon
    F 17D   398f.
    F 19D   413[1366]
Charondas   s. Diod.
Cicero
    acad. 1, 41f.   331[1073]
    acad. 1, 43   91[322]
    Brut. 8, 31   102[361]
    de orat. 1, 10, 42   102[360]
    de orat. 1, 16, 69   8[24]
    epist. Att.6, 1, 18   242[818]
    fin. 5, 4, 11   243
    fin. 5, 8, 22   91[322]
    fin. 5, 19, 50   237[799]
    fin. 5, 29, 87   102[361]
    Lael. 4, 13   83[291]
    leg. 1, 1, 3/5   449[1503]
    leg. 2, 6, 14f.   101[357]. 215[726]. 242[818]
    leg. 2, 11, 27   82[289]
    leg. 2, 23, 59   237[802]
    leg. 2, 25, 64   237[802]
    Luc. 15   88[313]
    nat. 1, 15, 41   89f.
    nat. 1, 16, 43   116[406]
    nat. 1, 27, 77   379[1243]
    nat. 1, 33   156[548]
    nat. 2, 2, 4   156[548]
    nat. 2, 23f., 60/62   186[634]
    nat. 2, 41, 104   8[24]. 66[234]. 124[438]
    nat. 2, 70   345[1120]
    nat. 3, 38, 91   249[835]
    rep. 2, 1, 2f.   249[835]
    rep. 1, 10, 16   102f.
    rep. 2, 15, 28f.   100[354]. 100[355]
    rep. 3, 22, 33   250[839]
    Tusc. 1, 28, 68/70   121[427]
    Tusc. 1, 9, 45   93[328]
    Tusc. 1, 12, 26   82[289]
    Tusc. 1, 79f.   91[322]
    Tusc. 4, 19, 44   163[577]. 237[799]
    Tusc. 5, 3, 8/4, 10   99. 103
Corpus Hermeticum
    Asklep. 1, 19   361[1179]
    Asklep. 12, 29   172[594]
    Asklep. 13   115[404]
    Asklep. 16, 1   115[404]
    tract. 1, 26   185[625]
    tract. 1, 31   185[625]
    tract. 2, 6   399
    tract. 4, 7   172[594]
    tract. 5   121[427]
    tract. 6, 5   172[594]
    tract. 9, 4   172[594]
    tract. 10, 19   172[594]
    tract. 10, 22f.   185[625]
    tract. 12, 13   143[508]
    tract. 12, 20f.   185[625]
    tract. 12, 21f.   121[427]
    tract. 16   143[508]. 361[1179]
    tract. 18, 14   185[625]
Ps.-Demetrios
    14   421
    36   421
    44   421
    50   422
    54   421
    75   421f.
    76   421[1398]
    77/79   382f. 421
    83   422[1400]
    84   422f.
    86/88   382f.
    100/02   384
    114   422
    119   422
    122f.   422
    173   381[1247]
    190   383. 422
    209/20   381[1247]
    234   422[1399]
    237   421. 423

Demokrit
68 B 18	347[1131]
68 B 21	342. 347[1131]
68 B 248	214

Demosthenes
18, 156	166[582]
20, 158	216[731]
21, 224	232[788]
22, 25/32	222[750]. 257[856]
24, 5	231[779]
24, 68	373[1222]
24, 139/41	256[852]
24, 155	231[779]
24, 210f.	231[780]. 257[857]

Ps.-Demosthenes
25, 15f.	215[726]
25, 24	231[779]
26, 25/27	231[779]

Dikaiarch von Messene
F 30	170[591]. 235[795]
F 33	103[362]. 108[382]. 163[576]
F 41	102[359]. 239[807]
F 47/66	134[474]
F 49	146[518]. 324[1050]
F 55	170[591]

Diodor
1	136[480]
1, 7f.	136[480]
1, 9, 3	141
1, 9, 5	139[495]
1, 11/13	156[545]
1, 11	136[480]
1, 11, 2 (Hekataios)	79
1, 11, 3 (Hekataios)	164
1, 12, 2 (Hekataios)	19[66]. 79f. 345[1123]
1, 12, 4 (Hekataios)	164
1, 12, 9f. (Hekataios)	80f. 157. 164. 166[582]. 324[1050]
1, 21 (Hekataios)	154[539]
1, 21, 1 (Hekataios)	142[504]
1, 23, 2/8 (Hekataios)	164/67
1, 25	23[80]. 365[1192]
1, 28f. (Hekataios)	136[482]. 141[502]. 252[843]. 303[993]
1, 31, 7	108[382]
1, 44, 4	141f.
1, 45, 6 (Hekataios)	80[281]
1, 49, 3 (Hekataios)	172[594]
1, 53/58 (Hekataios)	158. 267[885]. 269[891]
1, 62 (Hekataios)	137[487]
1, 64, 2 (Hekataios)	172[594]
1, 69, 2/5 (Hekataios)	166[582]. 167f. 272[900]
1, 69, 4 (Hekataios)	169. 270[896]
1, 69, 5 (Hekataios)	137
1, 69, 6 (Hekataios)	258[859]
1, 70, 1 (Hekataios)	201
1, 70, 2 (Hekataios)	172[594]
1, 70, 5 (Hekataios)	172[595]
1, 70, 6 (Hekataios)	172[594]
1, 71 (Hekataios)	172[594]. 258
1, 74, 1 (Hekataios)	287[953]
1, 77, 5 (Hekataios)	138[489]
1, 77, 9 (Hekataios)	138[489]
1, 79, 4 (Hekataios)	138[489]
1, 86/90 (Hekataios)	154[539]. 272[900]. 324[1050]. 361[1179]
1, 90, 3 (Hekataios)	197[663]
1, 91, 4 (Hekataios)	137[488]
1, 92, 3 (Hekataios)	166[582]. 167[583]
1, 92, 5 (Hekataios)	172
1, 93, 1 (Hekataios)	137[488]
1, 93, 4 (Hekataios)	137. 138[490]. 172[594]. 324[1050]
1, 94, 1 (Hekataios?)	232[788]. 244f. 274[904]
1, 95 (Hekataios?)	258[859]. 269[892]. 274[904]
1, 96/98 (Hekataios)	168f. 271[898]
1, 96, 1 (Hekataios)	136. 168
1, 96, 3 (Hekataios)	141f. 170
1, 96, 4f. (Hekataios)	169
1, 96, 6 (Hekataios)	80[281]. 169[588]
1, 97, 1 (Hekataios)	327[1057]
1, 97, 3 (Hekataios)	169
1, 97, 7/9 (Hekataios)	164[580]
1, 98, 1 (Hekataios)	114[401]
1, 98, 2 (Hekataios)	169
3, 61, 6	19[66]
4, 66	164[580]. 354[1155]

Diodor

5, 45	202[677]
5, 78	237[802]. 249[835]
11, 4, 1	52[191]
12, 11/18 (Charondas)	101[357]. 232[788]. 237[799]. 256[855]. 272[900]
12, 20 (Zaleukos)	101[357]. 212[714]. 216[731]. 237[799]
16, 40, 4	52[191]
34/35, 1	152[535]. 272[900]. 280[929]. 296[976]
40, 3, 1 (Hekataios)	21[72]. 136[483]. 140[501]. 152[535]. 278/82. 284[940]. 287
40, 3, 3f. (Hekataios)	152[535]. 153/57. 226/28. 278/82. 284[940]. 287. 304[1000]. 321
40, 3, 4/6 (Hekataios)	200/02. 227f. 260. 271f. 278/82. 283[938]. 287. 321. 349

Diogenes Laertios

1 prol.	138[490]. 146[518]
1, 1	88[311]
1, 3f.	73[258]
1, 6	88[311]
1, 10	380[1244]
2, 45	253[846]
3, 37 (Aristoxenos)	110[387]
3, 57 (Aristoxenos)	110[387]
4, 28	88[313]
5, 78f. (Hermippos)	294/98
5, 81	305[1001]
6, 11	241[812]
7, 22/24	217[736]
7, 33 (Zenon)	286[951]
7, 59	383[1257]
7, 119	212[714]
7, 179f.	74[261]
8, 2f.	163[576]. 252
8, 85	104[367]
9, 5	86f.
9, 20	86[302]
9, 35	163[577]

Dion. Hal.

ant. 2, 20	371[1216]
ant. 2, 61	249[835]
ant. 3, 64, 3	52[191]
ant. 10, 51, 5	237[802]
ant. 10, 52, 4	237[802]
Isokr. 2f.	216[731]
Pomp. 6	219[742]. 240[810]

Duris von Samos

76 F 13	197

Empedokles

31 B 131	334[1082]
31 B 133/35	191

Ephoros

70 B 97	284[941]
70 F 139	237[802]
70 F 149	237[802]. 238f. 246[830]
70 F 174	236[797]

Epikur

epist. Hdt. 38	327[1057]
epist. Hdt. 55	17
epist. Hdt. 50, 12	211[712]
epist. Hdt. 51, 7	211[712]
epist. Hdt. 51, 9	211[712]
epist. Hdt. 58, 4	211[712]
epist. Hdt. 69, 9	211[712]
epist. Hdt. 77	388
epist. Menoik. 123f.	211[712]. 212[714]. 327[1057]. 333[1079]. 367[1202]
epist. Menoik. 133	212[714]
epist. Pyth. 97	327[1057]
F 54	373[1221]

Eratosthenes s. auch Strab.

chron.	95f.
F 241 F 9	96[341]
geogr.	94f.

Eupolemos

F 1	139
F 1, 13f.	232[785]

Eupolemos
  F 2, 448b   23[83]
  F 2, 448d   23[83]
  F 5, 454d   283[939]
Euripides
  Antiope F 185   37[134]
  Bacch. 267   166[582]
  Hec. 1238f.   166[582]
  Ino F 413   37[134]
  Philoktet F 792   37f.
  Phoen. 34f.   246
  Phoen. 36f.   246
  Phoen. 196/201   166[582]
"Ezechiel", Bibeldrama
  F 1   290[959]
  F 1, 20   284[942]
  F 1, 30   284[942]
  F 1, 33   284[942]
  F 1, 36/39   132
  F 2, 14/17   284[942]
  F 6   290[959]
  F 7   290[959]. 350[1139]
  F 9, 7/9   363[1184]
  F 9, 10/14   284[942]
  F 12, 13/15   149
  F 13, 28f.   282[934]
  F 15, 25/27   156[546]
  F 15, 38   283[939]
Flavius Josephus
  ant.
  1, 10   296[977]
  1, 11   278[921]
  1, 12   106[375]. 306[1006]
  1, 15f.   234[791]. 356[1158]. 414[1376]
  1, 24f.   372[1217]
  2, 223   260[871]
  2, 334/36   327[1056]
  3, 81   327[1056]
  4, 145/49   215[728]
  8, 117   272[900]
  11, 329/39   24[85]
  12, 8   274[907]
  12, 9   296[977]
  12, 119   275[907]
  13, 62/73   301[988]
  13, 236/52   280[929]
  16, 41/43   272[900]
  bell.
  2, 488   277[917]
  7, 423   175
  c. Apion.
  1, 14   99[349]
  1, 37   290[959]. 356[1158]
  1, 38f.   289[958]. 356[1158]
  1, 39   210[706]
  1, 70   148[523]
  1, 105   152[534]
  1, 109 (Lysimachos)   280[929]
  1, 162   99[349]
  1, 165   104f.
  1, 167   243[819]
  1, 177/81 (Klearchos)   69[245]. 145[514]
  1, 199 (Ps.-Hekataios)   154[537]
  1, 205/11 (Agatharchides)   129
  1, 223f.   148[523]
  1, 230   158[556]
  1, 232f.   158/62
  1, 236/50   160
  1, 254/59   160
  1, 287   152[534]
  1, 309   213[720]
  2, 21   129f.
  2, 34/37   274[907]
  2, 69   278[919]
  2, 71f.   274[907]
  2, 156   140[500]. 260[871]
  2, 164   200[675]
  2, 167   193[649]. 414[1376]
  2, 170f.   218[739]
  2, 190/92   193[649]. 407[1345]
  2, 225f.   260[871]
  2, 228   131
  2, 272   278[919]
  2, 277/79   260[871]
  2, 279   83
Galen
  5, 300 Kühn   90[318]
Gorgias
  82 A 1   422[1399]
  Hel. 13   380[1246]

Hekataios Abderites	s. Diod.	25f.	409[1351]
Ps.-Hekataios Abderites	s. auch Flav. Joseph.	34, 8	343
		36	409[1351]
F 1, 189	287[954]	40, 1	337[1091]. 339f.
F 1, 191f.	152[535]	41, 12	324[1048]
		43, 1f.	324[1048]
Henochbuch	328[1058]. 407/09	48f.	90[318]
Herakleides Lembos		49, 1	66
pol. 4	138[489]	60	338f.
pol. 9	222[750]	61, 1	347
pol. 10	237[802]	64	337[1091]. 340
pol. 14	232[787]	67, 4	347
pol. 43	241[813]	68	324[1048]. 338f.
pol. 55	237[802]	70, 13	337. 337[1091]
Herakleides Pontikos		79, 12f.	339f.
F 84	99. 122[433]	76	337[1091]. 339f.
F 99	57[211]	77	389
F 100	.345[1125]		
F 104	345[1125]	Hermippos von Smyrna	65[232]
		F 21	104. 105[369]
Heraklit von Ephesos		Herodot	
22 B 32	14[44]	1, 29	138[489]
22 B 33	213[724]	1, 65	237[802]. 239[806]. 249[835]. 258[862]
22 B 40	106[373]		
22 B 51	170[591]	1, 30, 2	163[574]
22 B 93	371[1215]	1, 131	155f.
22 B 94	399[1314]	1, 181	78[277]
22 B 114	254[848]	2, 2	140[499]
22 B 129	106/08	2, 3	150f.
Heraklit		2, 42f.	81[284]. 133. 158[557]
alleg. Hom.	36	2, 50/53	81[284]
1f.	339f.	2, 53	13[41]. 169[588]. 379
2, 1	36	2, 81	163[576]. 163[577]
2, 2	388f.	2, 116f.	81[284]. 164[580]
2, 5	388f.	2, 123	163[576]. 169[590]
3, 2	337	2, 137	392[1288]
4, 4	343[1115]	2, 143	81. 135[476]
5, 13/16	322f. 366[1196]	2, 177	138[489]. 257[856]
6, 2	338f.	3, 27	364f.
7	186[631]	3, 38, 1	151
7, 1	104[367]	3, 80	256
16, 5	338f.	4, 94f.	103[364]
22f.	90[318]. 338f. 343. 409[1351]	7, 104	201[676]. 215[726]
		8, 26	367[1204]
23, 6	19[66]	8, 140	392[1287]

Hesiod
- erg. 2f. — 18[65]
- erg. 287/92 — 34
- gyn. kat. 124/27 — 78[277]
- gyn. kat. 137 — 78[277]

Hipparchos
comm. in Arat.
- 1, 1, 1/3 — 42[154]. 55f. 106[375]. 265[879]. 293[967]. 369[1209]
- 1, 1, 4 — 16. 41. 64[229]
- 1, 1, 5/7 — 106[375]
- 1, 1, 5 — 9[27]. 40. 42. 42[158]. 216[732]
- 1, 1, 6f. — 41
- 1, 1, 7 — 41
- 1, 1, 8f. — 41. 64[229]. 117[411]. 216[732]. 315[1025]
- 1, 1, 9/11 — 434[1459]
- 1, 2, 1 — 41. 293[967]. 434[1459]
- 1, 2, 4 — 41
- 1, 2, 6 — 265[879]
- 1, 2, 16 — 41
- 1, 2, 17 — 265[879]
- 1, 2, 21 — 41
- 1, 3, 1 — 41f. 117[411]
- 1, 3, 2 — 64[229]
- 1, 3, 3f. — 44. 64[229]. 315[1025]. 434[1459]
- 1, 3, 8 — 41. 369[1209]
- 1, 4, 2 — 41
- 1, 4, 7 — 64[229]
- 1, 4, 9 — 43[159]
- 1, 6, 11f. — 42. 43[159]. 377[1234]
- 1, 6, 14 — 117[411]
- 1, 7, 3 — 265[879]
- 1, 7, 4 — 64[229]
- 1, 7, 5/7 — 265[879]. 315[1025]. 324[1049]
- 1, 7, 7 — 207[700]. 324[1049]
- 1, 7, 18 — 43[159]. 315[1025]
- 1, 8, 2 — 43[160]. 315[1025]
- 1, 8, 9 — 16[52]
- 1, 8, 10/13 — 348[1134]
- 1, 8, 11 — 16. 117[410]. 437
- 1, 8, 15 — 16[53]
- 1, 8, 21f. — 42
- 1, 9, 1 — 42[158]
- 1, 9, 9 — 41
- 1, 9, 11 — 315[1025]
- 1, 9, 13 — 41. 265[879]
- 1, 10, 10 — 64[229]
- 1, 10, 12 — 64[229]
- 1, 10, 13 — 41. 315[1025]
- 1, 10, 16 — 64[229]
- 1, 10, 24/26 — 42. 369[1209]
- 1, 10, 25 — 43[160]. 106[375]
- 1, 10, 26 — 207[700]
- 2, 1, 4 — 315[1025]
- 2, 1, 14 — 64[229]
- 2, 1, 26 — 41
- 2, 2, 6 — 41. 43[160]. 315[1025]. 377[1234]
- 2, 2, 15 — 64[229]. 315[1025]
- 2, 2, 20 — 170[591]
- 2, 2, 22 — 373[1221]
- 2, 2, 24 — 108[382]
- 2, 2, 36 — 41
- 2, 2, 40 — 16[52]. 117[410]. 315[1025]
- 2, 2, 41 — 63[227]
- 2, 2, 42 — 43[159]
- 2, 2, 43 — 170[591]
- 2, 2, 46 — 41
- 2, 2, 58 — 64[229]
- 2, 2, 59 — 41
- 2, 3, 2 — 64[229]
- 2, 3, 5 — 64[229]
- 2, 3, 6f. — 43. 369[1209]
- 2, 3, 7/9 — 43[159]. 324[1049]
- 2, 3, 9 — 43[160]
- 2, 3, 12 — 41
- 2, 3, 20 — 43
- 2, 3, 21 — 43[159]. 64[229]
- 2, 3, 23 — 42[158]
- 2, 3, 24/28 — 216[732]. 315[1025]
- 2, 3, 38 — 64[229]
- 2, 4, 2 — 434[1459]
- 2, 4, 4/6 — 318[1040]. 369[1209]. 434[1459]

Hippias von Elis
    86 B 6   85. 108
Hippobotos
    F 5   91³²²
    F 6   73²⁵⁸
    F 10   86³⁰². 107
    F 12   105³⁷¹
Homer
    Ilias
    1, 198   381¹²⁴⁸
    1, 399/404   409¹³⁵¹
    1, 591   78
    2, 159/69   328¹⁰⁵⁹
    2, 648   232⁷⁸⁷
    3, 277   79
    4, 419f.   393¹²⁸⁹
    5, 385   324¹⁰⁵⁰
    6, 129   36
    6, 488   90³¹⁸
    8, 18   409¹³⁵¹
    8, 195   377¹²³³
    8, 450f.   392¹²⁸⁴
    9, 236f.   329¹⁰⁶⁴
    9, 381/84   80²⁸¹
    11, 548   381¹²⁴⁸
    13, 18b   328¹⁰⁵⁹
    14   89³¹⁶
    15, 18/21   324¹⁰⁴⁸
    15, 104   36
    15, 694f.   328¹⁰⁵⁹. 393
    16, 856   109
    17, 265   38¹³⁷
    19, 103f.   199⁶⁷⁰
    19, 108   77²⁷³
    19, 179   246
    19, 222/24   323f.
    19, 357   75²⁶⁶
    20, 127f.   90³¹⁸
    20, 131   191⁶⁴⁷
    21, 388   422¹⁴⁰⁰
    23, 78f.   90³¹⁸
    Odyssee   324¹⁰⁴⁸
    4, 354f.   81²⁸⁵
    4, 483   176⁶¹¹
    7, 201/05   191⁶⁴⁷
    9, 515   38¹³⁵

    10, 573f.   191⁶⁴⁷
    11, 109   35
    14, 328   246
    16, 161   191⁶⁴⁷
    17, 485/87   80f.
    19, 467/77   380
    20, 259   38¹³⁶
    24, 1f.   169⁵⁸⁸
    24, 11f.   169⁵⁸⁸
Iamblichos
    myst. 7, 5   143⁵⁰⁸
Isishymnen Isidors
    1, 3   137⁴⁸⁷
    1, 7f.   137⁴⁸⁷
    1, 11f.   185⁶²⁵
    1, 14/17   23⁸⁰
    1, 23   23⁸⁰
    1, 25f.   185⁶²⁵. 418¹³⁸⁴
    1, 34f.   185⁶²⁵
    2, 3f.   137⁴⁸⁷
    2, 17f.   185⁶²⁵
    3, 2/4   137⁴⁸⁷. 418¹³⁸⁴
    3, 13   185⁶²⁵
    4, 9   195⁶⁵⁵
    4, 11/15   198f.
    4, 21/24   418¹³⁸⁴
    4, 25f.   133
    4, 39   195⁶⁵⁵
Isokrates
    1, 18   106
    2, 13   72²⁵²
    2, 44   253⁸⁴⁶
    2, 48f.   379
    2, 51   212⁷¹³
    4, 8   420¹³⁹⁰
    4, 23f.   445f.
    4, 28   324¹⁰⁵⁰
    4, 39f.   237⁷⁹⁹. 445f.
    4, 54/60   446¹⁴⁹²
    4, 61   166⁵⁸²
    7, 30   241⁸¹³
    7, 39/42   235⁷⁹². 247⁸³¹. 373¹²²²
    7, 40   232⁷⁸⁸. 240
    9, 8/11   379

Isokrates		Kritias	
11	111[390]	88 B 25	214
11, 15/29	135. 227[772]	Laktanz	
11, 17/20	135. 168. 237[802]	inst. 1, 2, 37	75[268]
		inst. 4, 2, 4f.	253[844]
11, 22	135	Leonidas	
11, 24	168	epigr. 101	7
11, 28f.	99f. 168	Lesbonax	
11, 30/35	444/46	F 30 B	291[964]
12, 152	237[799]. 445[1490]	Livius	
12, 168/74	446[1492]	1, 18, 2f.	100[354]. 100[355]. 252f.
15, 79	247[831]		
15, 80/82	240[809]. 254f.	Livius	
		3, 31/33	237[802]
Juvenal		Macrobius	
sat. 6, 545	156[546]	sat. 1, 18, 13	75[266]
sat. 14, 97	156[546]	Manetho	133[471]. 147[522]. 148[524]
Kallimachos			
epigr. 27, 3f.	7	F 82	361. 361[1179]
F 460	106	F 83	80[280]
hymn. 1, 66f.	392	Marc. Aurel.	
Kleanthes		4, 4	250[839]
Zeushymnus	20. 250[839]. 329[1064]. 337[1093]. 442[1482]	12, 28	186[631]
		Marmor Parium	
		234 A 1	146[518]
6	17[61]	Menander Rhetor	
8	17[61]	440, 24/444, 2	186[632]
9f.	392		
12f.	20[67]	Neanthes von Kyzikos	s. auch Porphyr.
Klearchos von Soloi	s. Flav. Joseph.	84 F 33	105[370]
Kleodemos Malchos		Ovid	
F 1, 240	290[959]	met. 15, 1/11	100[354]
Kornutos		met. 15, 479/84	100[354]
epidr.		Palaiphatos	429/31
9	291[964]	praef.	315[1025]
9, 19/21	186[631]	2	431
11	35	16	431
17, 6	337. 344[1119]	39	431
17, 20	337[1092]	Papyri	369[1209]
26, 1/6	336[1087]	Derveni	57[211]. 76[272]. 322[1045]. 337.
31, 3	337		
31, 64	334[1082]		
35, 13/15	337. 344[1119]		
75f.	324[1050]. 371		

Derveni	348^{1134}. 359^{1170}. 364^{1189}. 365. 370^{1212}. 374^{1223}. 382^{1256}. 392. 419
PHamb. 128	377^{1233}
PHerc. 1012	433
PHerc. 1018, col. 61	91^{322}
POxy. 1381	143^{508}. 186^{632}
Pausanias	
1, 14, 2	146^{518}
10, 32, 18	191^{647}
Περὶ ὕψους	
7, 2	423^{1407}
9, 5	424
9, 6	422^{1400}
9, 9	414f. 416^{1380}. 420^{1389}
10, 6	66^{234}
15	381^{1250}
Philodem von Gadara	
acad.	253^{846}
piet.	80^{282}. 116^{406}. 212^{714}
piet. 13	90^{317}
rhet. 4, 3	357^{1161}
Philolaos	
44 B 21	184^{624}
Philon von Alexandria	
confus. 3	287^{954}
confus. 131/46	327^{1056}. 427^{1418}
Her. 213	121^{425}
Flacc. 43	62
immut. 51/69	426f.
Mos. 1, 17	131
Mos. 2, 3, 12/14	260^{871}
Mos. 2, 15	278^{919}
Mos. 2, 39	219^{743}
Mos. 2, 187	355^{1157}
Mos. 2, 216	219^{743}
spec. 2, 145/48	149^{528}
spec. 4, 133/35	219^{743}
Philon von Larisa	
F 1, 9f.	91^{322}
Philoponos	
in Nikom. Eisag. 1, 1	63^{228}
Pindar	
F 169	392^{1283}
Nem. 1, 60	354
Pyth. 4, 16f.	133
Platon	
apol. 19b	265^{880}
Charm. 173c	354^{1155}
Charm. 174a	289^{958}
Gorg. 504d	235^{792}
Gorg. 507a/c	217^{737}
Gorg. 511b	49^{183}
Ion	346^{1129}. 373^{1220}
Ion 530b/d	338^{1096}. 346^{1129}. 355^{1156}
Ion 533d	186^{633}
Ion 534b/d	354^{1154}
Ion 535b	381^{1248}
Krat.	322^{1045}. 348^{1134}. 424^{1410}
Krat. 396a/b	18f. 20^{70}. 211^{712}
Krat. 396b/c	75^{266}
Krat. 403/05	187^{635}
Krat. 418a	15f.
Krat. 426d	396^{1302}
Krit. 107b	370^{1214}
Krit. 113a/b	252^{843}
Krit. 119c/d	234
Men. 81a/b	342^{1109}
Men. 99c/d	349^{1136}
nom.	219^{742}. 220^{744}. 226^{770}. 232^{788}. 237^{802}. 239. 247f.
nom. 624f.	236^{797}. 249^{835}. 353^{1149}. 448^{1501}
nom. 626/32	219^{742}. 219^{743}. 235^{792}. 236^{797}. 353^{1149}
nom. 631a	59. 215^{725}
nom. 631c/d	213^{715}
nom. 656/58	146^{518}. 213^{722}. 239^{807}. 353^{1149}. 355^{1156}
nom. 684d/687e	258f. 329^{1063}

Platon
nom. 688	215[725]	nom. 966c/d	219[742] 212f.
nom. 691d/e	186[633]. 236[797]. 258f. 353[1149]	Parm. 128a Phaid.	91[321] 98. 348[1134]. 365.
nom. 702c/d	239[807]		401[1322]. 448[1499]
nom. 711f.	259. 255[849]. 259[866]	Phaidr. Phaidr. 228d	139[494]. 449[1503] 15[49]
nom. 715/18	213[715]. 215[725]. 215[726]. 236[796]. 259[866]. 353[1149]	Phaidr. 229c/e Phaidr. 244a Phaidr. 245a	431[1441] 354[1151]. 354[1154] 353[1148]. 354[1154].
nom. 719c	354[1154]		399[1314]
nom. 721	402[1328]	Phaidr. 250c/d	331[1073]
nom. 722f.	373[1222]	Phaidr. 258c	232[788]
nom. 730f.	217[733]	Phaidr. 261f.	220[746]. 353[1149]
nom. 738f.	216[731]. 236[797]. 259. 353[1149]	Phaidr. 267a Phaidr. 270a	420[1390]. 422[1399] 220[746]. 387[1268]
nom. 745/47	136[483]. 146[518]	Phaidr. 274f.	146[518]. 370[1213].
nom. 757a	82[289]		446f.
nom. 770b/771a	213[722]. 215[725]	Phaidr. 277f.	232[788]. 261[872].
nom. 772	258f. 256[854]		370[1213]
nom. 793a/c	241[813]	Phileb. 16c	82[289]
nom. 798f.	146[518]. 256. 258f.	Phileb. 18b/c Phileb. 28c	146[518] 212[713]
nom. 809a	113[397]. 220[744]	Phileb. 38/40	381[1250]
nom. 809b	112. 220[744]	pol.	110f. 226[770]
nom. 810b/c	112	pol. 329d	289[958]
nom. 810e/811d	112/14	pol. 331e	353[1148]
nom. 816b/c	258f.	pol. 332b/c	371[1216]
nom. 819a	113[395]	pol. 376a/c	106[375]
nom. 821d	215[726]	pol. 377f.	371f. 388. 419
nom. 846a/c	258f.	pol. 379a	344
nom. 858c/e	232[788]. 235[793]. 247f.	pol. 380/82 pol. 382c/e	399[1314] 84[294]. 255[849].
nom. 865	236[797]. 353[1149]		361f. 448[1499]
nom. 875a/d	247[831]	pol. 387b	388[1273]
nom. 881a	255[849]	pol. 397b	118[412]
nom. 884/910	121[427]	pol. 414b/c	448[1499]
nom. 885b	214f.	pol. 427	236[797]. 255[849].
nom. 888b	213[716]		353[1149]. 415
nom. 892/99	399[1314]	pol. 435e	106[375]
nom. 906a/b	186[633]	pol. 462a	216[731]
nom. 907f.	213[715]. 214f.	pol. 473	259
nom. 951a/b	111[391]. 239f.	pol. 477f.	170[591]
nom. 957	113[397]. 213[722]. 216[731]. 236[796]. 239[807]. 353[1149]	pol. 486a pol. 488a pol. 497	412[1357] 378 259
nom. 963/67	121[427]. 215[725].	pol. 499	240. 259

Platon
- pol. 518 — 170⁵⁹¹. 337¹⁰⁹³
- pol. 522a — 324¹⁰⁵⁰
- pol. 599d/e — 259⁸⁶⁴
- pol. 600a/b — 98. 235⁷⁹⁵
- pol. 617/20 — 70²⁴⁶. 289⁹⁵⁸
- polit. — 201⁶⁷⁶. 216⁷³². 255⁸⁴⁹. 259⁸⁶⁵
- polit. 270b/e — 400¹³¹⁷
- polit. 285e/286a — 410
- polit. 290c/e — 134⁴⁷²
- polit. 293d/e — 239⁸⁰⁷
- polit. 295a — 241⁸¹³
- polit. 298f. — 258f.
- polit. 309a — 219⁷⁴³
- Prot. 326d — 232⁷⁸⁸
- Prot. 341e — 15⁴⁹
- Prot. 316d — 89³¹⁶. 340¹¹⁰⁰
- Prot. 326d — 255f.
- Prot. 339 — 286⁹⁵⁰. 355¹¹⁵⁶
- Prot. 340/48 — 346¹¹²⁹
- Prot. 347 — 15⁴⁹. 355¹¹⁵⁶
- Soph. 240a/b — 377¹²³⁷
- Soph. 248/52 — 399¹³¹⁴
- symp. 206 — 402¹³²⁸
- symp. 209 — 235⁷⁹³. 259⁸⁶⁴
- symp. 210c — 415f.
- Theait. 176b — 213⁷¹⁵
- Theait. 177f. — 259⁸⁶⁵
- Theait. 180f. — 399¹³¹⁴
- Theait. 184a — 334¹⁰⁸²
- Tim. — 104³⁶⁷. 109f. 185⁶²⁵. 255⁸⁴⁹. 354¹¹⁵¹. 432f.
- Tim. 21/26 — 141⁵⁰³. 146⁵¹⁸
- Tim. 21e — 81²⁸⁴
- Tim. 22b — 134. 142⁵⁰⁵
- Tim. 22c/d — 81²⁸⁵. 360¹¹⁷⁶. 409¹³⁵¹
- Tim. 23f. — 142⁵⁰⁵. 234⁷⁹⁰. 447f.
- Tim. 26e — 324¹⁰⁵⁰
- Tim. 27/29 — 289⁹⁵⁸. 355¹¹⁵⁶. 399¹³¹⁴
- Tim. 28 — 121⁴²⁷. 334¹⁰⁸². 387f. 432f.
- Tim. 33/34 — 389¹²⁷⁴
- Tim. 40e — 325¹⁰⁵¹
- Tim. 41f. — 259⁸⁶⁶
- Tim. 71d/72a — 354. 354¹¹⁵⁵. 355¹¹⁵⁶

Ps.-Platon
- epinom. 976f. — 156⁵⁴⁸. 170⁵⁹¹
- epinom. 980 — 212⁷¹⁴
- epinom. 985c/d — 78²⁷⁵. 236⁷⁹⁷. 373¹²²⁰
- epinom. 987a — 111. 146⁵¹⁸
- epinom. 987d/e — 111f. 116⁴⁰⁷
- epinom. 988a — 215⁷²⁶
- epinom. 989/91 — 212⁷¹⁴
- epinom. 989b — 219⁷⁴²
- Minos — 213⁷²²
- Minos 314d — 414¹³⁷⁵
- Minos 315a — 210⁷¹⁰
- Minos 318/20 — 236⁷⁹⁷. 237⁸⁰². 448
- Minos 320b — 239⁸⁰⁶
- Minos 321b — 257f.

Plinius
- nat. praef. 20/23 — 39¹⁴¹

Plutarch
- adv. Col. 14, 1115a — 91³²¹
- adv. Col. 26, 1121f. — 89³¹⁴
- Alex. 26, 3/7 — 81²⁸⁵
- Alex. 52, 2 — 201⁶⁷⁶
- Alex. magn. fort. 5/7, 329a/d — 177⁶¹². 250⁸³⁹
- amat. 13, 757b/c — 186⁶³⁴
- aud. poet. 2, 16e/f — 324¹⁰⁵⁰
- aud. poet. 4/6, 22/24 — 90³¹⁷. 186. 371¹²¹⁶
- aud. poet. 6, 23c — 20⁷⁰
- aud. poet. 13, 34b — 74²⁶¹
- aud. poet. 14, 35f. — 73²⁵⁷
- def. orac. 8f., 414c/e — 186⁶³⁴
- Is. et Osir. 9f., 354c/e — 133. 163⁵⁷⁷. 171⁵⁹². 361¹¹⁷⁹. 373. 380¹²⁴⁴
- F 125 — 90³¹⁸
- fort. Rom. 8, 321a — 83²⁹¹
- Lyk. 1, 4 — 237⁸⁰²
- Lyk. 9/15 — 227⁷⁷². 233⁷⁸⁹

Plutarch

Lyk. 29	257^{858}. 274^{904}. 415
Sol. 18, 2	373^{1222}
tranq. animi 13f., 473b	83^{291}

Ps.-Plutarch

De Homero	324^{1050}. 370^{1214}
6	166^{582}. 265^{880}
19	377^{1233}
70	357^{1161}
92	337. 339^{1098}. 365f.
106	66^{234}
113f.	382
115	166^{582}
119	90^{318}
122	166^{582}
127	67^{237}
150	166^{582}
160	66^{234}
214	166^{582}
216f.	380
218	334^{1082}

Polybios

1, 3, 10	166^{582}
1, 17, 1	52^{192}
1, 65, 9	211^{712}
1, 69, 8	166^{582}
1, 81, 4	108^{382}
1, 88, 10	166^{582}
2, 40	373^{1221}
2, 50, 11	211^{712}
2, 52, 3	166^{582}
2, 56, 2	67^{237}
2, 68, 7	397^{1305}
3, 6, 7	211^{712}
3, 31, 8	211^{712}
3, 42, 6	52^{192}
3, 60, 6	365^{1193}
3, 69, 12	166^{582}
4, 41, 4f.	400^{1319}
5, 5, 3	400^{1319}
5, 11, 6	176^{610}
5, 21, 6	290^{959}. 316^{1033}
5, 56, 6	211^{712}
5, 83, 4	199^{669}
5, 93, 8	69^{245}
6	260f.
6, 1, 5	106^{375}
6, 2, 3	289^{958}
6, 2, 5	211^{712}
6, 2, 8	69^{245}
6, 3, 8	249^{835}
6, 6, 10	211^{712}
6, 10	249^{835}. 257^{858}
6, 48	235^{792}. 249^{835}
6, 56	211^{712}
8, 1	419^{1388}
8, 19, 2	365^{1193}
9, 2, 5	106^{375}
10, 2, 8/11	249^{835}
10, 9, 3	293^{967}
10, 18, 2	324^{1049}
10, 26, 9	211^{712}. 334^{1082}
12, 4a, 4/6	117^{411}
12, 10, 4	404^{1335}
12, 16	256^{852}
12, 23, 6	421^{1396}
12, 25a, 5	170^{591}
12, 25b, 3	166^{582}. 368^{1205}
12, 25e, 5	211^{712}
12, 26, 2	332^{1074}
12, 26, 3	69^{245}
22, 7, 6	324^{1049}
22, 14, 6	211^{712}
34, 11, 20	324^{1050}
34, 14	176^{611}. 287^{954}
39, 7	176

Porphyrios

abst. 4, 11, 7	35
F 408, 30/59	40
F 409, 53/63	39f.
F 410	110^{387}
orac. haur.	32
quaest. Hom. 1, 11	291^{964}
Vita Pyth. (Neanthes)	105

Poseidonios

Γ 18 Kidd	325^{1052}
F 133 Theiler	92f. 136^{483}. 143^{506}. 280^{929}
F 178 Kidd	373^{1222}
F 309a Theiler	265^{880}

Protagoras
 80 B 4 — 192

Quintilian
 1, 7, 10/12 — 75^{263}

Rhet. Alex. — 203. 434^{1459}
 2, 3 — 166^{582}
 2, 6 — 166^{582}
 23, 1 — 377^{1233}
 24, 1 — 383^{1257}
 30, 7 — 383^{1259}
 35, 18 — 377^{1233}

Scholion (D) in Hom.
 Il. 5, 385 — 293^{967}. 321. 324^{1049}. 324^{1050}. 344^{1119}
 Il. 15, 189 — 20^{67}

Seneca
 benef. 4, 7/9 — 186^{634}
 benef. 4, 7, 1 — 395. 400
 epist. 88, 5 — 90^{318}
 epist. 90, 5f. — 92^{323}. 101^{357}
 epist. 108, 9f. — 73

Sextus Empiricus
 c. gramm. 270/98 — 72^{253}
 c. gramm. 270 — 166^{582}
 Pyrrh. 1, 16f. — 70^{246}

Solon
 F 30, 18/20 — 232

Sophokles
 F 769 — 37^{134}

Sotion
 F 18 — 295^{973}
 F 22 — 88^{311}
 F 35f. — 88^{311}

Strabon
 1, 2, 3 (Eratosthenes) — 108^{382}. 344
 1, 2, 8 — 83^{291}. 427^{1418}
 1, 2, 17 — 379^{1243}
 1, 4, 9 (Eratosthenes) — 119^{418}. 177^{612}
 10, 4, 9 — 237^{802}
 10, 4, 19 — 237^{802}. 246^{830}
 12, 1, 2 — 296^{976}
 14, 1, 37 — 83^{290}
 15, 1, 59 — 20^{67}
 16, 2, 34f. — 92^{324}
 16, 2, 35 — 92f. 273^{903}. 274^{904}
 16, 2, 37 — 92^{325}. 273^{903}. 274^{904}
 16, 2, 38 — 237^{802}. 245/47. 448^{1501}
 16, 2, 39 — 238f. 245/47. 349^{1137}. 448^{1501}
 17, 1, 29 — 142^{505}. 143f. 163^{577}

Straton von Lampsakos
 F 1 — 205. 325^{1052}
 F 18 — 401^{1323}
 F 19 — 325^{1052}. 401^{1323}
 F 20 — 91^{321}
 F 25 — 401^{1323}
 F 41 — 381^{1250}
 F 60 — 365^{1195}

SVF
 1, 102 — 20^{67}
 1, 162 — 20^{67}. 250^{839}
 1, 168 — 186^{631}
 1, 169 — 75^{266}
 1, 262 — 250^{839}
 1, 273 — 204^{684}
 1, 274 — 343^{1117}
 1, 486f. — 73
 1, 526 — 370^{1214}
 1, 528/47 — 20^{67}
 1, 566 — 166^{582}
 2, 1 — 74
 2, 42 — 69^{243}
 2, 53 — 221^{747}
 2, 311 — 185^{628}
 2, 925 — 90^{318}
 2, 934/38 — 20^{67}
 2, 1008/1105 — 20^{67}
 2, 1017 — 217^{734}
 2, 1021 — 19f. 185f.
 2, 1062 — 19^{66}
 2, 1063 — 19^{66}
 2, 1076f. — 75^{266}
 2, 1076 — 19^{66}

SVF
  2, 1078   90³¹⁷
  3, 264   166⁵⁸². 217⁷³⁴
  3, 265   405¹³³⁷
  3, 295   219⁷⁴²
  3, 308   250⁸³⁹
  3, 314   250⁸³⁹
  3, 323   250⁸³⁹
  3, 329   286⁹⁵¹
  3, 608   217⁷³⁴
  3, 611   220f.
  3, 617/19   259⁸⁶⁷
  3, 906   74²⁶⁰
Thales
  11 A 23   184⁶²⁴
Theodotos
  F 4, 6   284⁹⁴²
Theokrit
  id. 14, 59/64   300⁹⁸⁷
  id. 17   25
Theophrast
  F 152/55   401¹³²²
  F 153   367¹²⁰²
  F 184   255⁸⁴⁹
  F 230   86³⁰⁰
  F 305   63²²⁸
  Περὶ εὐσεβείας   29¹⁰⁹. 93f. 213.
                         286⁹⁵¹
  F 531   286⁹⁵⁰. 286⁹⁵¹
  F 584   93f. 139⁴⁹⁵.
                         150f. 212⁷¹⁴.
                         213
  F 691   420¹³⁹¹
  F 696   383
  met. 4a, 6/9   419¹³⁸⁸
Theopomp von Chios
  115 F 259   110³⁸⁷
  115 T 20   240⁸¹⁰
Thukydides
  1, 3, 3   72²⁵². 443¹⁴⁸⁷
  1, 5, 2   72²⁵²
  1, 9f.   72²⁵²
  1, 20/22   324¹⁰⁵⁰. 443¹⁴⁸⁷
  2, 37, 3   213⁷²³
  2, 41, 4   72²⁵². 371¹²¹⁶
  3, 104   72²⁵²
  6, 18, 7   256⁸⁵⁵
Timaios Lokros
  39   216⁷³¹
Timon von Phleius
  F 54   109³⁸⁵
Varro
  gent. pop. Rom.   100³⁵⁵
  F 15   22⁷⁹
  F 16   22f.
  F 27   22⁷⁹
Vitruv
  arch. praef.   39¹³⁹
Xenophanes
  21 B 11   333¹⁰⁷⁹
  21 B 14/16   379¹²⁴¹
  21 B 18   86³⁰³
  21 B 25   412¹³⁶⁰
  21 B 26   399¹³¹⁴. 412¹³⁶⁰
Xenophon
  Kyr. 8, 7, 22   192⁶⁴⁸
  mem. 1, 2, 1   217⁷³⁶
  mem. 1, 2, 42   232f.
  mem. 1, 2, 56   253⁸⁴⁶
  mem. 1, 4   121⁴²⁷. 192⁶⁴⁸.
                         419¹³⁸⁸
  mem. 1, 5, 4   217⁷³⁶
  mem. 1, 6, 14   253⁸⁴⁶
  mem. 3, 3, 13   296⁹⁷⁷
  mem. 3, 9, 4   70²⁴⁶
  mem. 3, 13f.   121⁴²⁷
  mem. 4, 3, 13f.   192. 419¹³⁸⁸
  mem. 4, 4, 6   106³⁷⁵
  mem. 4, 4, 12/18   209⁷⁰³. 215⁷²⁶
  mem. 4, 4, 19   230
  mem. 4, 5   212⁷¹⁴
  mem. 4, 6, 1/4   .215⁷²⁶
  mem. 4, 8, 11   219⁷⁴³
  oikon. 21, 8   392
  symp. 3, 6   337. 360¹¹⁷⁴.
                         371¹²¹⁶
Zaleukos   s. Diod.

3. Griechische Wörter (s. auch unter 4.)

τὰ ἀγαθά	s. Tugend(en)	ἀποστέλλω, ἐξαποστέλλω	50f. 351[1141]. 368. 390f.
ἀδιαλείπτως	9. 121[428]. 183. 216[731]	ἀρετή, ἀρεταί	s. Tugend(en)
ἀθάνατος	s. Götterunsterblich	(ἐφ)ἁρμόζω, ἁρμόττω	334. 384f. 410. 412
αἴνιγμα, αἰνίττομαι	171[592]. 324[1050]. 327[1057]. 351[1141]. 360[1173]. 361[1179]. 365f. 369. 370/74. 377[1233]. 384. 419. 433	ἀστραπηδόν	329. 329[1064]. 332[1074]
		ἀφορμαί, "Ausgangspunkte"	61/124. 117[409]. 122[433]. 165f. 171. 231[781]. 310. 324[1048]. 338f. 368[1205]. 395f.
αἵρεσις, Wahl	69/71. 88. 108[378]. 116f. 122. 125/27. 143. 211/15. 217[733]. 219[743]. 221. 250[839]. 260f. 309. 317. 343[1114]. 428. 442	βασιλεύς	12. 19. 21. 52f. 55[205]. 133[470]. 143[508]. 179[613]. 190. 196/203. 207. 296[976]. 296[977]. 307[1012]. 347[1132]. 308. 368. 390/92. 394, s. auch König, Ptolemäer
(κατ)ἀκολουθέω, Nachfolge	41. 66f. 71[248]. 88. 91[321]. 110. 116f. 122. 143. 169[588]. 263. 265. 279[923]. 293[967]. 310	γεγονώς, γεγονυῖα, γεγονός	9. 49. 121[428]. 165. 172. 179[613]. 183. 193[649]. 216[731]. 263. 278. 280. 282. 288/90. 316[1033]. 347[1132]. 390f. 419[1388]
ἄλογος/-γία, εὔλογος/-γία	333/36. 345. 347. 350		
ἀναγκαῖόν ἐστιν	s. δεῖ		
ἀναιρέω	130/32		
(ἐξ)ἀναλίσκω	329[1063]	δέ	285[944]
ἀνάπαυσις	314[1022]. 363f. 375	δεῖ	43[160]. 213f. 308f. 367[1200]. 388. 444f.
ἀναπέμπομαι	21[72]. 183		
ἀνάστημα	s. κατάστημα	(ὑπο/ἐπι)δείκνυμι	194. 195[653]. 196. 218[739]. 221. 308f. 317. 329[1063]. 330. 338f. 372. 380. 410. 417f. 424. 431[1443]
ἀνυποστάτως	329		
ἀπαγγέλλω	189. 209f. 325. 347. 377[1237]. 417f. 423		

Register —— 567

(προ)δῆλος, δηλόω	194. 218[739]. 318. 322. 323f. 337. 357. 366f. 368. 370[1212]. 370[1214]. 374f. 377[1233]. 378[1240]. 379. 380[1246]. 383. 390f. 410. 431[1443]. 443[1487]. 446[1492]		338f. 347. 349. 369[1209]. 372f. 417f. 429. 431[1443]
		διὰ τί	54[202]. 55[204]. 55[205]
		δικαιοσύνη	172. 177[612]. 205[689]. 209. 213. 215[726]. 216/21. 223. 230. 241. 243[823]. 244[828]. 247f. 259[869]. 273[903]. 310. 423[1405]. 423[1406]
(εὐ)δῆλον (ὅτι)	94[329]. 209. 237[801]. 263. 265		
διά	263. 279. 283. 293f. 293[967]. 308f. 310[1018]. 317[1038]. 330. 332f. 350[1139]. 363f. 372. 417f.	διότι	207. 237[802]. 308f. 363f. 372
		δόγμα	108. 108[382]. 215[726]
διάθεσις	119. 123f. 207. 209f. 213[722]. 216[731]. 325. 364. 368. 377. 380. 417f.	δογματοποιία, δογματοποιέω	108. 169
		δύναμις	118. 170[591]. 180/96. 197[663]. 218[739]. 257. 265[880]. 317[1038]. 329. 329[1063]. 330. 333. 335[1083]. 337[1093]. 338f. 347. 355[1156]. 364f. 368. 373. 379/82. 385. 392. 392[1288]. 401[1323]. 411/14. 417f. 421. 423[1405]. 426f. 428. 438. 444f., s. auch Götter-Dynamis, Gott-Dynamis
διαιρέομαι	333/36. 347. 354[1155]. 355[1156]. 366		
διάληψις, διαλαμβάνω	116f. 122f. 211/19. 245. 309. 314f., s. auch λαμβάνω		
διάνοια	15f. 33. 65. 106[375]. 115. 117[410]. 122. 127. 183. 213[715]. 213[716]. 213[722]. 308f. 310[1018]. 323[1047]. 334[1081]. 334[1082]. 338[1096]. 348[1134]. 355[1156]. 373[1220]. 390[1278]. 420		
		δυνατόν, ἀδύνατον	80. 218[739]. 344[1118]. 355[1156]. 399. 403. 410. 430[1435]. 445[1490]
διασαφέω	118f. 123[435]. 127. 290f. 318.	ἕβδομος λόγος	s. Siebter Tag

οἱ Ἑβραῖοι	282⁹³⁴. 283/85. 288/90. 292. 299⁹⁸⁶. 442¹⁴⁸⁴	ἐξαγωγή	263. 278. 280. 282/84. 288⁹⁵⁶. 352¹¹⁴³
ἐγκράτεια	172. 216/21. 310	ἐπεξήγησις	222. 263. 278. 282f. 290f.
ἔθος	227. 239f. 241⁸¹³. 257. 258⁸⁵⁹. 280⁹²⁹. 322. 382¹²⁵⁴, s. auch Nomos	ἐπικράτησις	263. 267/78. 300
		ἐπιμιξία	269/78. 280⁹²⁹
ἕκαστον, ἕκαστα	330/32. 333/36. 347¹¹³². 350¹¹³⁹. 374f. 384¹²⁶³. 410. 434. 449¹⁵⁰³	ἐπιφανής/ἐπιφάνεια, Epiphanie	140⁵⁰¹. 165. 185⁶²⁶. 186⁶³². 189⁶⁴³. 190/93. 195⁶⁵³. 196⁶⁵⁸. 196/99. 263. 278. 280. 282. 288/90. 308¹⁰¹⁵. 325. 334¹⁰⁸². 341¹¹⁰⁷. 363¹¹⁸⁵. 364f. 367f. 369¹²⁰⁸. 376f. 379f. 417f. 421¹³⁹⁶. 431¹⁴⁴³
ἐκδέχομαι, ἐκδοχή	321. 324f.		
ἐκλέγομαι, Auswahl	66/69. 85. 106/08. 112f. 114³⁹⁹. 114⁴⁰¹. 215⁷²⁸. 237⁷⁹⁹. 239⁸⁰⁷. 253. 253⁸⁴⁶. 263. 265. 310		
ἐκπίπτω	117. 118⁴¹². 324f. 423¹⁴⁰⁶. 423¹⁴⁰⁷		
		ἐπιφέρομαι, ἐπιφορά	368. 376f., s. auch Metapher
ἐκφαντικῶς	330/32	ἐπιφωνέω	203. 207
ἐνάργεια, ἐναργής	191⁶⁴⁷. 193⁶⁴⁹. 323f. 332¹⁰⁷⁴. 332¹⁰⁷⁵. 369¹²⁰⁸. 379/82. 384¹²⁶². 421f. 431¹⁴⁴³	ἐποποιία	164⁵⁸⁰. 169
		ἐξαγωγή	263. 390f.
		(μεθ/δι/προ)ἑρμηνεύω, ἑρμηνεία	79f. 121⁴²⁵. 143⁵⁰⁸. 144. 227. 244⁸²⁸. 263. 265. 270. 279. 283. 288⁹⁵⁶. 293f. 302⁹⁹¹. 303⁹⁹⁵. 307. 321. 323f. 346¹¹²⁹. 355¹¹⁵⁶. 355¹¹⁵⁷. 377¹²³³. 422¹³⁹⁹, s. auch Übersetzung
ἐνέργεια	s. δύναμις, Götter-Dynamis, Gott-Dynamis		
ἔννοια	15⁴⁷. 117. 211⁷¹². 245. 324f. 334. 357. 367¹²⁰⁰. 388		
ἐντολή, ἐντέλλομαι	223⁷⁵⁴. 351¹¹⁴². 352¹¹⁴³. 369¹²¹⁰. 393¹²⁹². 396, s. auch Nomos		

εὐσέβεια	172. 175. 206. 213. 216/21. 223. 273⁹⁰³. 301⁹⁸⁸. 310. 339f., s. auch ὁσιότης		223. 240. 249⁸³⁵. 309f. 346¹¹²⁹. 335f. 355¹¹⁵⁶. 368. 376f. 390f. 395. 417f. 423
ζητέω/ἐπιζητέω, ἐπιζήτησις	53/59. 190. 308f. 327¹⁰⁵⁷, s. auch Zetemata	καλῶς νοεῖν	117/20. 213⁷²². 338f. 349. 366. 438
θαυμάζω, θαυμάσιον	167f. 170⁵⁹¹. 171. 188f. 195⁶⁵³. 231. 245. 309f. 329/32. 338f. 345f. 349. 351¹¹⁴¹. 387. 414. 419¹³⁸⁸. 430¹⁴³⁵. 448¹⁵⁰⁰	καταλαμβάνω	186⁶³¹. 195⁶⁵³. 211⁷¹². 314f. 314¹⁰²³. 330/32. 355¹¹⁵⁷. 380. 381¹²⁵⁰. 382. 395f., s. auch λαμβάνω
		κατ' ἀλήθειαν	151. 172. 197⁶⁶³. 216. 310. 343¹¹¹⁷. 375¹²²⁵
οἱ Ἰουδαῖοι	68²³⁹. 104f. 150. 152. 175. 201. 227⁷⁷³. 232⁷⁸⁵. 245. 250. 280⁹²⁹. 283⁹³⁹. 284f. 307. 416¹³⁸⁰. 442¹⁴⁸⁴	κατασκευή, κατασκευάζω	119. 121⁴²⁸. 172. 183. 195⁶⁵³. 207. 210f. 213⁷²². 216. 239⁸⁰⁷. 308¹⁰¹⁵. 309. 325. 328¹⁰⁶². 330. 346. 350¹¹³⁹. 363f. 368. 377. 395f. 398. 417f.
ἰσχύς	189⁶⁴⁴. 193f. 257. 310. 328¹⁰⁵⁸. 368. 387. 390f. 393¹²⁹²	κατάστημα	117/20. 324f. 423¹⁴⁰⁷
		καταχωρίζω	108³⁸². 117⁴⁰⁹. 308¹⁰¹⁵
καθήκω, προσήκω	334. 354¹¹⁵⁵. 444f.	κινέω, κίνησις	256/58. 260. 271f. 275f. 381. 395f. 399/405. 412¹³⁶⁰. 419¹³⁸⁸
καθ' ἡμᾶς	41. 71. 143. 172. 212. 216. 222. 263. 265. 309		
καί	207	κοινός	367¹²⁰². 390/92. 421¹³⁹⁵
καινοτομία, Neuerung	88³¹³. 89³¹⁴		
καλός, τὸ κάλλος	s. Schönheit	κρατέω	117. 324f. 334
καλῶς	193⁶⁴⁹. 194. 211⁷¹². 212. 213⁷¹⁶. 213⁷²².	κράτησις	263. 271. 278. 280. 282. 288⁹⁵⁶

λαμβάνω	211[712]. 216[731]. 239f. 246f. 263. 265. 314f. 324f. 333/36. 338f. 375[1225]. 395f. 399f. 400[1319], s. auch διάληψις, καταλαμβάνω, παραλαμβάνω, ὑπολαμβάνω	μεταλαμβάνω	117[409]. 122. 150. 165/67. 372f.
		μετατιθέναι, μετάθεσις	250[839]. 251[841]
		μισόξενος, antijüdisches Attribut	152[535]. 260. 280[929]
		μυθοποιία	167[583]. 169
		νοέω (und Komposita)	189[644]. 192. 193f. 213[715]. 213[716]. 265[880]. 310. 323f. 327[1057]. 333/36. 338f. 347. 348[1134]. 349f. 354[1155]. 355. 365f. 367[1202]. 368. 379f. 381[1250]. 382. 383[1257]. 387. 390f. 404[1336]. 407f. 412. 414[1376]. 419[1388]. 433. 435f. 445[1490]
μάντις	349/55, s. auch Prophet		
τὰ μεγάλα/τὰ μέγιστα	85. 119. 121[424]. 185[625]. 186[632]. 189f. 192. 193[649]. 195[655]. 197[663]. 204. 205[689]. 207. 209. 210f. 219[743]. 244f. 246f. 250[839]. 293[967]. 296[977]. 305. 310. 325. . 332[1075]. 338f. 349[1136]. 351[1141]. 364. 367. 368. 377. 379. 383f. 387f. 390f. 392f. 393[1289]. 410/23. 444f. 448[1500]		
		νόμιμα	223[754]. 225[764]. 227. 240. 241[813]. 243/45. 258[862]. 260. 271/74. 276. 280[929]. 304, s. auch Nomos
μεγαλεῖον	118f. 194. 213[722]. 338f. 346f. 349. 368. 376f. 390f. 395f. 410/23		
		ξενηλασία	152[535]. 272
		ὁμολογέω	s. consensus
		ὁσιότης	219[742], s. auch εὐσέβεια
μεγαλειότης	183. 195[653]. 196. 330. 332[1075]. 383f. 389. 410/23	πάθος, πάσχω	193. 210[708]. 214
		παρακελεύομαι	213f.
μεταβολή, μεταβάλλω	254/61. 278[919]. 395/409. 419[1388]	παραλαμβάνω	244f. 445f.
		πάρεργος	265[880]

πείθω	333/36	πρᾶγμα, πράγματα	119. 121[425]. 151. 192. 207. 210f. 213. 237[801]. 318. 323/25. 333/36. 348[1134]. 349[1136]. 355[1156]. 364/69. 377. 380f. 383[1259]. 390[1278]. 410. 417f. 420/22. 433. 444f.
περιαιρέω, Perihairesis	15/17. 308f. 314		
περιεργάζομαι, περιεργία	113. 122. 127. 253[845]. 263. 265f. 304[998]. 310. 321. 423[1406]		
περιπατητικός	427/31		
ποιέομαι λόγους	347f. 355[1156]. 364. 377[1237]. 417f. 446, s. auch Nomos- "sagen"		
		πρέπον	s. Angemessenheit
ποιέω (der Schöpfung)	315[1030]. 318f. 348[1134]. 355[1156]. 407f. 419	πρόγονος	263. 280[929]. 285f. 295. 299. 317f. 346. 442[1484]. 445[1490]
πολιτεία		προσαγορεύω	296[976]
griechisch	230. 232. 237[801]. 238/40. 242/47. 250f. 257/60. 277. 285/87. 298[983]. 343f. 444/46. 447f.	προσάπτω, ἀνάπτω	146[518]. 165. 203. 222[750]. 333/36
		προσήλυτος	152[535]
jüdisch	227. 229. 268f. 271/73. 277. 285/87	πρόσταγμα	223[754]. 227f. 246f. 256[855], s. auch Nomos
		προτερέω	318[1040]
πολίτευμα, Politeuma	200[675]. 211[712]. 287[954]	σαφήνεια, σαφής	s. Klarheit
πολίτης	263. 274[907]. 278. 280. 282. 283/87. 299[986]. 300f. 442[1484]	σεμνός, σεμνότης	s. Erhabenheit
		σημαίνω	13. 47[172]. 49[183]. 63. 123[435]. 190. 308f. 318. 329[1064]. 333/36. 351[1141]. 354[1155]. 355[1156]. 361/64. 365[1195]. 370[1212]. 370[1214]. 371[1215]. 375[1225]. 376. 377[1234]. 379. 382[1256]. 389/91. 434f. 443[1487]
πολλαχῶς	324f. 335. 377[1237]. 417f.		
πολυμαθία, Vielgelehrtheit	66f. 98. 105. 106/08. 112f. 123. 127. 163[576]. 237. 265[880]		

σοφία	s. Weisheit		395/97. 400¹³¹⁷.
σύμφωνος, συμφω-	64²²⁹. 79/81.		406/09. 414¹³⁷⁵.
νία	122⁴³¹. 248	(δια/συν)τηρέω	447f.
			129⁴⁵². 130f.
σύνεσις, συνίημι	118. 168. 170.		165. 172⁵⁹⁴.
	216⁷³¹. 221.		223. 249⁸³⁵.
	229⁷⁷⁷. 235⁷⁹⁵.		327. 327¹⁰⁵⁷.
	248⁸³³. 334¹⁰⁸².		388
	338f. 345¹¹²⁴.	τροπή	395/409. 400¹³¹⁷
	347. 350¹¹³⁸.	ὑπάρχω	331¹⁰⁷³
	355¹¹⁵⁶. 371.	ὑπολαμβάνω	211⁷¹². 250⁸³⁹.
	373. 417f. 438		256⁸⁵⁵. 280⁹²⁹.
συνθεωρέω	9. 183. 350¹¹³⁹		314f. 333¹⁰⁷⁹
συνοικειοῦν, *accom-*	90³¹⁷	ὑπόνοια	323¹⁰⁴⁷. 337.
modare			357f. 370/74
συντέλεια	183. 194. 232⁷⁸⁴.	φανερός	263. 265. 309f.
	303. 304⁹⁹⁹.		369¹²¹⁰. 379
	346. 363f. 368.		
	387. 390f.	φιλοτιμία	263. 295/97.
	393¹²⁹². 417f.		298⁹⁸². 300
σωφροσύνη	217⁷³⁶. 235⁷⁹².	φρόνησις	s. Weisheit
	247⁸³¹	φιλομάθεια	s. πολυμαθία
(συν/δια)τάττω,	191f. 210⁷⁰⁸.		
τάξις	215⁷²⁶. 216/19.		
	226f. 237⁷⁹⁹.		
	278⁹¹⁹. 309f.		
	318. 393¹²⁹².		

4. Namen, Wörter und Sachen

Ägypten, Ägypter	2. 79/81. 83. 87. 92f. 94^{329}. 99f. 102f. 105^{370}. 106/08. 110/12. 114. 115^{404}. 120. 122^{432}. 125/77. 179/208. 210. 217^{738}. 224. 226f. 231. 234^{790}. 244f. 248^{833}. 250^{839}. 252^{842}. 252^{843}. 252^{843}. 253. 257^{856}. 258^{859}. 263/311. 345^{1123}. 347^{1132}. 352^{1143}. 352^{1144}. 360f. 367. 373. 380^{1244}. 390f. 393f. 398f. 409^{1351}. 413^{1366}. 418f. 432^{1448}. 435/38. 441f. 444/48, s. auch Alexandria, Ptolemäer		162. 174^{600}. 177^{612}. 200^{674}. 201^{676}. 203/05. 250^{839}. 263. 266/78. 296. 299^{984}. 300. 343^{1113}. 412. 421^{1396}. 435f.
		Alexandria	40/44. 54f. 56^{210}. 61/63. 69. 76. 81^{285}. 83^{290}. 94/96. 103f. 119^{416}. 125/77. 179/208. 211^{711}. 223. 225^{765}. 263/311. 336^{1088}. 342f. 393f. 398f. 418^{1384}. 427^{1422}. 429f. 433f. 437/39
		Alkinoos, Platoniker	35^{124}. 108^{382}
		Alkmaion	170^{591}
ägyptische Sprache	129/32. 143f. 158^{553}. 163^{576}. 172/77. 198. 248^{833}. 252. 299^{984}. 438^{1471}. 446f.	Allegorie, Allegorese, allegorische Exegese	1. 35f. 75/81. 90^{318}. 101. 125/27. 129^{452}. 187^{640}. 207. 210. 221. 227f. 322/36. 357/85. 387/424. 426f. 429/32. 436/38. 441^{1477}
aemulatio und imitatio	s. Zitat	Alliteration	329^{1065}. 406^{1339}
Agatharchides von Knidos	92^{323}. 129	Altersbeweis	1. 3^9. 4f. 9. 15. 31f. 63/68. 71f. 79/124. 126. 134/51. 162/77. 183. 193. 211/19. 221. 230/61. 263/66. 269^{894}. 270f. 277/79. 282. 285/87. 291f. 300.
Aischylos	37		
Akademie	s. Platonismus		
Alexander der Große	24^{85}. 25. 26^{91}. 78^{277}. 81^{285}. 133. 137^{484}. 140^{500}. 146^{517}. 157^{551}.		

Altersbeweis	302/04. 317f. 339f. 344[1119]. 352[1144]. 372[1219]. 385. 389. 414[1376]. 438f. 440/49, s. auch Chronographie, Dekadenz, Diadoche, Diadochai, Erfinder, Fortschritt, Weltalter(mythos)	Antiochos I.	204[686]
		Antiochos IV.	23f. 126[443]. 175. 198[665]. 199. 268[886]. 280[929]. 296[976]
		Antiochos von Askalon	91
		Antiphon	163[576]. 252
		Antisthenes	110[387]. 241[812]. 258[860]. 360[1175]. 378[1240]
Amenophis, Amenhotep	157/62. 354	Aorist	315/19
Ἀμενώτου ὑποθῆκαι, Ostrakon	161f.	finite Verbform	53. 194. 290[959]. 316/18
Amun, Ammon	133f. 140[499]. 158/62. 195. 345[1123]	Partizip	50. 290[959]. 295f. 318f.
Anacharsis, Skythe	235[795]	Apion	129f.
Anaxagoras	193[649]. 324[1050]. 378[1240]. 409[1351]	Apokalyptik, Endzeitdenken	405/09
Anaxarchos von Abdera	113[394]. 201[676]	Apollodor von Athen	95f. 104[367]. 186[631]. 438[1471]
Angemessenheit des Ausdrucks	420/22	Apollon	26f. 28[106]. 186[632]. 236[797]. 244/47. 249[835]. 353[1149]. 371[1215]. 415
Anthropomorphismus	5. 50/53. 57f. 80[282]. 92/94. 117/20. 125/28. 153/57. 170[591]. 179[613]. 183f. 187. 190f. 197/99. 206f. 249[836]. 255[849]. 324/36. 341/55. 357/85. 387/424. 426f. 429. 436/38. 440, s. auch Kunst	Apologetik, apologetisch	32. 56. 90[318]. 94[329]. 125/27. 138f. 149/51. 157. 264[876]
		Arat von Soloi, Lehrdichter	7/52. 63/66. 71[248]. 72. 75. 77f. 84[293]. 90. 106. 115. 117[410]. 117[411]. 121f. 124. 133f. 167. 170[591]. 179. 183. 187. 194. 207[700]. 265[879]. 315[1025]. 318[1040]. 324[1049]. 336. 345[1123]. 348[1134].
Antigonos Gonatas	25		
antijüdisch, Antijudaismus	92[325]. 125/77. 213[720]. 224. 228f. 271/78. 280[929]		

Arat von Soloi, Lehrdichter	369[1209]. 370[1214]. 372. 373[1221]. 377[1234]. 389. 399[1315]. 405[1337]. 414. 434[1459]. 434[1460]. 440/42	Aristobulos	
		Autor des *Aristeasbriefs*?	301[990]
		im *Aristeasbrief*	144. 211[712]. 232[783]. 263/311. 350[1139]. 390[1281]. 425
Archimedes	203		
Aristarchos	16[51]. 54[200]. 64[229]. 76. 80[282]. 146[518]. 270[896]. 291[964]. 321. 324[1049]. 324[1050]. 345[1125]. 373[1220]. 377[1233]	und Aristoteles	429[1428]
		Bibelzitate	46/52. 436/38
		Datierung	1f. 35f. 44f. 81[285]. 426f.
		διδάσκαλος (?)	203/08
Aristeasbrief	12f. 20[70]. 25[89]. 25[90]. 54. 56. 61f. 67[237]. 67[238]. 68. 70[247]. 106[375]. 108[382]. 119[417]. 119[418]. 120[421]. 121[426]. 125/27. 128[448]. 144. 150/52. 170[591]. 173[598]. 176[609]. 177[612]. 188[641]. 200[673]. 201[676]. 205[689]. 207[701]. 208[702]. 210[709]. 211[712]. 213[722]. 216[730]. 216[731]. 216[732]. 218[739]. 221[748]. 223. 226[768]. 227[773]. 232[783]. 235[792]. 248[833]. 263/311. 324[1050]. 325[1052]. 327[1057]. 345[1125]. 346[1127]. 350[1138]. 350[1139]. 356[1159]. 360. 365[1193]. 369[1209]. 390[1278]. 390[1281]. 419[1387]. 423[1406]. 425. 428[1426]. 439f. 442[1484]. 449[1503]	und die Schrift *De mundo*	180/96. 428[1426]
		Echtheit	1. 303[992]. 426f. 426[1413]
		bei Flavius Josephus	1. 99[349]. 105[369]. 193[649]. 296[977]. 407[1345]. 414[1376]. 426f. 442[1482]
		Griechische Literatur	7/52. 63/71. 116f. 180/96. 206. 218[739]. 248f. 263/311. 357/85. 387/424. 426f. 441f. 443/49
		und Hekataios von Abdera	s. Hekataios von Abdera
		und das *Henochbuch*	408[1349]
		bei Iustinos	166[582]
		περιπατητικός	427/31
		bei Philon von Alexandria	1. 105[369]. 426f. 442[1482]
		und Platons *Timaios*	354. 354[1153]
Aristippos	110[387]		

Aristobulos		Aristoteles	30[111]. 37/39. 54.
Publikum	61/127. 134. 157.		57[211]. 58f. 63[228].
	176f. 203/08.		69[245]. 70[246].
	222f. 227f.		72/74. 76f. 78[275].
	263/311. 313f.		78[276]. 80[282].
	321/56. 367f.		82/86. 89[316]. 98f.
	387/424. 437f.		100[352]. 110. 114[399].
	439f. 443/49		114[400]. 121[427].
			124[437]. 145[514].
im Bearbeiter des Sirach?	311[1020]		146[518]. 156[544].
			156[548]. 169[586].
Sprache und Stil	passim. 2[6].		170[591]. 177[612].
	46/52. 57f. 108[382].		180/96. 201[676].
	166f. 203/08.		203/05. 209.
	211[712]. 213[722].		210[708]. 211[712].
	216[732]. 217f.		212[713]. 212[714].
	266[882]. 285[944].		213[722]. 215[726].
	308/11. 313/19.		217[736]. 219[742].
	332[1074]. 332[1075].		220. 222[750].
	333[1080]. 347[1132].		222[751]. 224[760].
	357/85. 387/424.		231f. 235[792].
	425. 434. 436/38,		236/38. 240.
	s. auch Termino-		241[813]. 242f.
	logie, Wissen-		249[836]. 253[846].
	schaft		254[847]. 255[849].
			256/61. 270[896].
Überlieferung	1/3. 14[42]. 15[47].		272[899]. 289[958].
	73[258]. 108[382].		293[967]. 318[1040].
	116[407]. 121[428].		324[1050]. 325[1052].
	130/32. 263[874].		329/33. 334[1082].
	266[882]. 279[923].		335[1084]. 344[1119].
	293[968]. 296[977].		345[1125]. 349[1137].
	298[982]. 426[1413].		357/85. 389[1274].
	428[1425]		390[1280]. 398[1310].
			399/405. 410/23.
Übersetzer der Proverbia?	211[711]		427/31. 432/38.
			444[1488]. 449[1503]
Werkadressat	1. 53/59. 61f.		
	179/208. 222f.	Aristoxenos von Tarent	99[351]. 101[357].
	263/311. 321f.		110[387]. 253[846]
	334f. 425. 437f.	Arkesilaos	88[313]. 89[314]
Werkgattung	53/59. 125/27.	Artapanos	130[456]. 133[466].
	203/08. 334f.		138f. 144[510].
Werktitel	1. 53[197]. 125. 199f.		144[512]. 149f. 158.
Werkumfang	1. 190		244[828]. 271[898].
			283[939]. 284

Register — 577

Artikel, bestimmter	20[69]. 22		134f. 139f. 141[503]. 142f. 155[543]. 158[554]. 268[888]. 325[1053]. 435f.
Asebie, -prozeß	213/15		
Astrologie, Astronomie	8f. 29[109]. 40/44. 75. 102f. 106[375]. 108[382]. 111. 117[410]. 120/24. 137. 144. 146[517]. 168. 194. 198. 318[1040]. 325[1052]. 388. 393[1292]. 395/409. 434, s. auch Arat, Attalos, Hipparchos	Bel/Baal	22[77]. 78. 268[888]
		Berossos	20[68]. 78[277]. 99[350]. 134f. 139f. 141[503]. 142f. 155[543]. 158[554]. 204[684]. 325[1053]. 435f. 443[1487]
		Beschneidung, jüdische	92[325]
Athen	141[503]. 146[518]. 197. 220[745]. 222[750]. 231. 235. 235[792]. 237[802]. 243[823]. 252[843]. 253. 255[849]. 257f. 267. 294[970]. 296[977]. 298[983]. 305[1001]. 373[1222]. 444/48	Bewegung (ontologisch)	193
		Bewunderung	s. θαυμάζω
		Bibelexegese	46/52. 57f. 63f. 76. 98. 117/24. 128. 148f. 170[591]. 187[640]. 194f. 206. 210. 216[730]. 221/23. 225[763]. 227f. 229[775]. 230. 248f. 260f. 263/311. 321/56. 357/85. 387/424. 426f. 429. 432/41
Atlantis	234. 432f. 447[1498]. 448[1499]		
Attalos von Rhodos	8f. 16. 40/44. 117[410]. 170[591]. 315[1025]. 434[1459]		
Aufzählung	405f., s. auch Katalog	allegorische	s. Allegorie
Ausgabe, Edition	13[41]. 40/44	distinktives Merkmal	117/20. 170[591]. 206. 223. 227f. 301[988]. 321/56. 370/74. 426f. 437f. 441
Auswahl	s. ἐκλέγομαι		
autochthon, Autochthonie	140[501]. 146[518]		
Autorschaft	30[110]. 143[507]. 249[835]. 290[959]. 301[990]. 303[992]. 307. 321/56. 425. 437/39	Lob biblischer Aussagen	346f.
		metaphorische, übertragene	s. Metapher
		wörtliche	s. wörtliches Textverständnis
Babylon	20[68]. 78[27]. 87. 99[350]. 105[370].		

Bibelübersetzung	s. Septuaginta, Übersetzung	Chrysippos	19f. 20[70]. 40. 68f. 73[255]. 74. 88[311]. 89f. 185/87. 215[726]. 219[742]. 220f. 221[747]. 250[839]. 286[951]. 340[1100]. 345[1123]
Bibelzitate	46/52. 148f. 227[773]. 301[988]. 315[1029]. 315[1030]. 347[1132]. 351[1142]. 352[1145]. 406[1339]. 416[1380]. 436/38		
		Cicero	8[24]. 89f. 91[322]. 99. 101[357]. 102f. 121[427]. 124[438]. 186[634]. 192[648]. 215[726]. 237[799]. 237[802]. 242[818]. 243. 249[835]. 250[839]. 325[1052]. 331[1073]. 376. 379[1243]. 400[1320]. 418[1385]. 422[1402]. 449[1503]
Blasphemie	21		
Boëthos von Sidon	20[69]. 40. 405[1337]. 434[1459]		
Brief, Briefliteratur	53/59. 203f. 422[1399]		
Bryson	110[387]		
Busiris	135. 227[772]. 444/46		
Chairemon	398f. 413[1366]		
Charondas von Katane	101[327]. 114[399]. 114[402]. 215[726]. 217[733]. 232[788]. 234. 235[792]. 237[799]. 237[802]. 256. 259[864]. 272[900]	Clemens Alexandrinus	1/5. 15[47]. 73[258]. 108[382]. 116[407]. 121[428]. 130[456]. 266[882]. 270[896]. 279[923]. 296[977]. 298[982]. 361. 426[1413]. 427/31. 441[1480]
Chiasmus	405f. 406[1339]		
Christentum	141. 144[513]. 270[896]. 289[958]. 298[982]. 316[1033]. 318[1039]. 394[1299]. 436/38. 442[1482]	*consensus*, Übereinstimmung	116f. 119f. 122f. 211/19. 237[802]. 240[810]. 309
		Corpus Hermeticum	115[404]. 121[427]. 143[508]. 172[594]. 185[625]. 293[969]. 361[1179]. 399
Chronographie, antike	94/96. 139/41. 144f. 158[553]. 160. 169[588]. 221. 234[791]. 237[802]. 238[803]. 266/78. 282f. 285f. 292f. 299f. 299[986]. 304[998]. 317f. 435f. 438[1471]. 443/49, s. auch Altersbeweis, Eratosthenes	"counter history"	148. 158
		Daidalos	168
		Danaos	140[501]. 441f.
		Dareios	232[788]. 269[892]. 299[984]. 413
		Dekadenz, kulturelle	83f. 86/89. 272[899]. 273[903]. 274[904]. 278[919]

Demeter	164	Diadoche, Tradition	87/91. 100[355]. 257, s. auch Altersbeweis
Demetrios, jüd. Historiker	54. 58[213]. 94[329]. 132[464]. 264[877]. 266[882]. 441[1480]	Diadochai, Schriftgattung	87/91. 100[355]. 257. 443[1487], s. auch Altersbeweis
Demetrios von Phaleron	213[722]. 227[773]. 243. 258[861]. 263/311. 439f.	Dialog	53/59
		Diaspora, jüdische	passim. 61f. 69. 172/77. 200[674]. 217[738]. 224. 226/29. 268f. 284f. 286[951]. 287[954]. 292. 300f. 439f.
Demetrios Lakon	433		
Demetrios Poliorketes	197		
Ps.-Demetrios	367[1202]. 376. 378. 381[1247]. 382/84. 410/23		
Demokrit von Abdera	163[577]. 168. 214. 237[799]. 342. 347[1131]. 418[1385]. 433[1456]	Diatribe	56[208]
		Dichtung	
		Florilegien	29. 29[109]
Demosthenes	166[582]. 216[731]. 222[750]. 231. 232[788]. 235[792]. 256[852]. 257[856]. 257[857]. 370[1214]. 373[1222]	frühgriechische	15. 20[70]. 29. 30[111]. 35f. 55. 57[211]. 59. 65/67. 68. 71/96. 108. 112f. 115/17. 119. 121f. 135. 143. 145. 162/71. 183. 186. 210. 221. 231f. 234[791]. 237f. 247f. 251f. 253[846]. 254. 261[872]. 261[874]. 270f. 282. 291. 303f. 310. 314. 321/85. 388. 429/35. 443[1487]. 448. 449[1503]
"Demotische Chronik"	133[471]. 226[770]. 360f.		
De mundo, ps.aristot. Werk	21[71]. 55[206]. 56[209]. 69[242]. 121[427]. 180/96. 204. 212[714]. 250[839]. 336[1087]. 337[1093]. 353[1150]. 392[1285]. 400[1317]. 403. 405[1338]. 406[1339]. 411/14. 417[1382]. 428		
		hellenistische	7/52. 65/67. 71/81. 95f. 106. 115/17. 119. 121f. 143. 171. 179. 186. 197. 221. 231. 247f. 251f. 291f. 303f. 310. 321/85. 432/35. 441f. 449[1503]
Derveni-Papyrus	57[211]. 76[272]. 322[1045]. 337. 348[1134]. 359f. 364[1189]. 365. 370[1212]. 374[1223]. 382[1256]. 392. 419		

Dichtung
  Intention des Dichters 7/52. 40/44. 76f. 77/81. 89/91. 108³⁸². 112f. 115/17. 119. 121f. 144f. 162/71. 186. 197⁶⁶⁴. 210. 221. 237f. 247f. 251f. 261⁸⁷². 261⁸⁷⁴. 282. 291f. 303. 310. 321/85. 429/35. 441f. 443¹⁴⁸⁷. 449¹⁵⁰³
  Interpretation 15f. 20⁷⁰. 35f. 37/39. 40/44. 53/59. 65. 67. 71/96. 108. 112f. 115/17. 119. 143. 162/71. 179. 183. 186. 210. 221. 231. 234⁷⁹¹. 237f. 247f. 251f. 261⁸⁷². 261⁸⁷⁴. 270f. 282. 291f. 303. 310. 314. 321/85. 429/35. 441f. 443¹⁴⁸⁷. 449¹⁵⁰³
  kritisiert 41f. 72f. 117⁴¹¹. 122⁴³⁰. 247f. 261⁸⁷². 261⁸⁷⁴. 303. 343f. 353¹¹⁴⁹. 371¹²¹⁶. 429/31. 441f. 443¹⁴⁸⁷. 449¹⁵⁰³
  Publikum 73. 77/81. 112f. 197⁶⁶⁴. 247f. 321/85. 429/35. 443¹⁴⁸⁷. 448. 449¹⁵⁰³

Dikaiarch von Messene 73²⁵⁶. 84²⁹³. 86³⁰¹. 88³¹³. 102³⁵⁹. 103³⁶². 108³⁸². 134⁴⁷⁴. 146⁵¹⁸. 163⁵⁷⁶. 170⁵⁹¹. 235⁷⁹⁵. 239⁸⁰⁷. 324¹⁰⁵⁰

Diodor 136⁴⁸⁰. 139⁴⁹⁵. 141. 164⁵⁸⁰. 166⁵⁸². 171⁵⁹². 217⁷³³. 237⁸⁰². 244. 244⁸²⁸. 252⁸⁴³. 258⁸⁵⁹. 267⁸⁸⁵. 272⁹⁰⁰. 274⁹⁰⁴. 280⁹²⁹. 303⁹⁹³. 425

Diogenes von Apollonia 324¹⁰⁵⁰

Diogenes Laertios 146⁵¹⁸. 163⁵⁷⁶. 212⁷¹⁴. 241⁸¹². 253⁸⁴⁶. 380¹²⁴⁴. 383¹²⁵⁷. 418¹³⁸⁵. 422¹⁴⁰²

Dionysios von Halikarnassos 240⁸¹⁰. 249⁸³⁵. 354¹¹⁵⁴. 370¹²¹⁴. 371¹²¹⁶. 421¹³⁹⁵. 422¹⁴⁰¹

Dionysos 145⁵¹⁴. 164/67

Diorthosis 13⁴¹. 44f. 256⁸⁵⁵. 304f.

Diotogenes 101³²⁷. 213. 392¹²⁸⁵

Dodona 246f.

Dolmetscher 252. 252⁸⁴³, s. auch Übersetzen

Drakon 114⁴⁰². 232. 235⁷⁹². 257⁸⁵⁶

Ekphantos, Pythagoreer 184⁶²⁴

Elephantine 275

Empedokles 74f. 86³⁰². 93. 191. 334¹⁰⁸². 402¹³²⁵. 405¹³³⁸. 420¹³⁹¹

Register —— 581

Ennius	156[548]		379. 382/84. 387/424. 436/38
Ephoros von Kyme	95. 236[797]. 237[802]. 238f. 246[830]. 284[941]. 438[1471]	Ethnographen, Ethnographie	79/81. 83. 200[675]. 231. 243. 271/73. 274[904]. 277. 281. 287. 304[1000]. 425. 441f. 443f.
Epikur, Epikureer	72[253]. 90f. 126. 166[582]. 187[637]. 196. 197[660]. 203. 211[712]. 212[714]. 331[1073]. 333[1079]. 343[1115]. 345[1125]. 367[1202]. 373[1221]. 378[1240]. 384[1264]. 388. 418[1385]. 424[1410]. 432/35. 442[1482]	Etymologie	78. 79. 129f. 130/32. 185f. 337, s. auch Götter-Namen, Gott-Namen
		Eudemos von Rhodos	435f.
Eratosthenes von Kyrene	70[246]. 94/96. 108[382]. 119[418]. 144[511]. 158[553]. 177[612]. 205[691]. 267[885]. 344. 434. 438[1471]	Eudoxos von Knidos	9[27]. 41. 67[237]. 134[474]. 141f. 144. 168. 399[1315]
		Euhemeros	156[545]. 202[677]
		Eupolemos, jüd. Historiker	132[464]. 139. 149[528]. 232[785]. 283[939]. 284[940]. 441[1480]
Erfinder, erster/πρῶτος εὑρετής	86f. 88. 100[355]. 135/41. 143/45. 146[517]. 146[518]. 146[518]. 149f. 168. 215[726]. 218[739]. 232[788]. 234. 237[799]. 242[815]. 245. 255f. 258. 325[1053]. 343[1114]. 343[1115]. 430. 443[1487]. 444/46, s. auch Altersbeweis, Diadochai	Euripides	37f. 90[317]. 156[548]. 166[582]. 246
		Eusebios von Caesarea	1/5. 39. 130[456]. 130[457]. 263[874]. 289[958]. 315. 361. 426[1413]. 427/31
		Evidenz	53[197]. 64. 93f. 98. 183. 265. 327. 330/32. 335f. 369. 382. 431[1443]. 443[1487]. 446[1492]
Erhabenheit, erhabener Ausdruck	127. 143[508]. 184f. 195. 210[709]. 223. 227[773]. 228. 246f. 303. 304[999]. 304[1000]. 331[1072]. 332[1074]. 332[1075]. 337. 347[1131]. 367[1200].	"Ezechiel", Bibeldrama	132. 149. 156[546]. 282[934]. 283[939]. 284[942]. 290[959]. 303[996]. 350[1139]. 363[1184]

Feuer	190[646]. 195[653]. 326/33. 392		263. 269. 280[929]. 284[941]. 284[942]. 285f. 295. 299/301. 317f. 346. 418[1384]. 435f. 441f. 443[1487]. 444f., s. auch Ptolemäer-Genealogie
Flavius Josephus	1. 24[85]. 35. 65[232]. 83. 99[349]. 104f. 106[375]. 126[443]. 129f. 130/32. 133[466]. 148[523]. 149[528]. 152. 158. 160. 175. 193[649]. 200[675]. 209[705]. 210[706]. 213[720]. 215[728]. 218[739]. 231. 234[791]. 243[819]. 250[839]. 260[871]. 263f. 272[900]. 275[907]. 277[917]. 278[919]. 278[921]. 280[929]. 286[951]. 287[954]. 289[958]. 290[959]. 296[977]. 301[988]. 305[1004]. 306[1006]. 311. 327[1056]. 350[1138]. 355f. 372[1217]. 407[1345]. 414[1376]. 426f. 441[1480]		
		Geographie, antike	94/96. 108[382]
		Gerechtigkeit	s. δικαιοσύνη
		Gewohnheit, sprachliche	382f. 420f.
		Götter	
		Allmacht, Macht	23f. 26/28. 31f. 36. 77/81. 92f. 115. 133[470]. 153/62. 180/99. 211/19. 234/36. 244f. 250[839]. 255[849]. 258[860]. 333[1079]. 348[1134]. 376. 387f. 392/94. 411/14. 418[1384]. 419. 423[1405]. 424. 435f.
		und Bewegung	193. 250[839]. 381. 387f. 395/409. 411/14. 412[1360]. 435f.
Fortschritt, kultureller	85/89, s. auch Altersbeweis, Dekadenz		
Freiheit	213/15. 222. 227/29. 249[835]. 256. 256[855]		
Frömmigkeit, Gottesfurcht	s. εὐσέβεια	Dynamis, δύναμις	28. 77/81. 115. 153/62. 180/99. 213. 234/36. 244f. 250[839]. 255[849]. 258[860]. 329[1064]. 333[1079]. 348[1134]. 364f. 376. 379. 382. 387f. 392/409. 411/14. 418[1384]. 423[1405]. 424. 435f.
Futur	315[1028]. 406		
Geminos	399[1315]		
Genealogie, genealogisch	78[277]. 82/96. 133. 140[501]. 141[502]. 146[518]. 149[528]. 179. 197[664]. 234[791]. 252[843]. 258[859].		

Register —— 583

Götter			κύριος	197. 213
einer (?)	74f. 75. 77/81. 92f. 115. 133⁴⁷⁰. 185/87. 196/99. 234/36. 250⁸³⁹. 255⁸⁴⁹. 258⁸⁶⁰. 333¹⁰⁷⁹. 379. 387f. 395/409. 411/14. 418¹³⁸⁴. 419. 423¹⁴⁰⁵. 435f.		Namen	7/52. 75. 77/81. 89/93. 115. 133f. 133⁴⁷⁰. 185/87. 244f. 244⁸²⁸. 250⁸³⁹. 258⁸⁶⁰. 333¹⁰⁷⁹. 348¹¹³⁴. 376. 379. 411/14. 418¹³⁸⁴. 424. 435f.
θεός	27f. 31f. 115. 133f. 185/87. 216⁷³¹. 244f. 250⁸³⁹. 258⁸⁶⁰. 333¹⁰⁷⁹. 347¹¹³². 361f. 371. 378¹²⁴⁰. 380. 390/92. 399¹³¹¹. 411/14. 418¹³⁸⁴. 423¹⁴⁰⁵. 424. 435f.		Schnelligkeit	191f.
			sinnlich wahrnehmbar	153/57. 158/62. 165f. 180/99. 234/36. 244/47. 250⁸³⁹. 255⁸⁴⁹. 329¹⁰⁶⁴. 333¹⁰⁷⁹. 360¹¹⁷⁵. 364f. 376. 378¹²⁴⁰. 379. 381f. 387f. 393f. 411/14. 418¹³⁸⁴. 418¹³⁸⁵. 419. 423¹⁴⁰⁵. 424. 435f.
Geburt	234⁷⁹¹			
Gesetzgeber	222/61. 348¹¹³⁴. 353¹¹⁴⁹. 354¹¹⁵⁵			
Glieder	191. 197. 255⁸⁴⁹. 389¹²⁷⁴. 393f., s. auch Anthropomorphismus		unsterblich, ewig	191/93. 250⁸³⁹. 255⁸⁴⁹. 395/409. 411/14. 418¹³⁸⁴
			Verwandlung	79/81. 89/93. 157⁵⁵². 250⁸³⁹. 255⁸⁴⁹. 380. 395/409. 411/14. 418¹³⁸⁴. 418¹³⁸⁵. 435f.
in Himmel/auf Erden	153/62. 180/99. 210⁷⁰⁸. 234/36. 250⁸³⁹. 255⁸⁴⁹. 258⁸⁶⁰. 329¹⁰⁶⁴. 333¹⁰⁷⁹. 389¹²⁷⁴. 392. 393f. 395/409. 411/14. 418¹³⁸⁴. 422¹⁴⁰⁰. 424. 435f.		Goldenes Zeitalter	83f. 92. 93f. 146⁵¹⁸, s. auch Weltalter(mythos)
			Gorgias	380¹²⁴⁶. 422¹³⁹⁹
			Gott	
Kulturbegründer	87. 215⁷²⁶. 234/36. 244f. 250⁸³⁹. 255⁸⁴⁹. 348¹¹³⁴. 418¹³⁸⁴. 435f., s. auch Erfinder		Allmacht, Allgegenwart	9. 20f. 23⁸³. 31f. 44f. 55. 64. 106³⁷⁵. 115. 117/24. 127f.

Register

Allmacht, Allgegenwart	133[470]. 153/57. 160[559]. 177[612]. 180/96. 198f. 211/19. 221. 223. 228f. 244f. 248f. 250[839]. 260f. 309. 325[1052]. 326/33. 366. 387. 390/409. 418[1384]. 424. 440. 441f.	θεός	7/52. 48. 115. 133f. 179f. 190. 198. 221. 244f. 284[942]. 285[945]. 309. 317[1038]. 324f. 326/33. 346. 347[1132]. 349. 350[1139]. 363[1185]. 368. 369[1210]. 372. 389. 392[1288]. 395f. 406[1339]. 407f. 418[1384]. 419. 426f. 441f.
Dynamis, δύναμις	20f. 52. 55. 58. 64. 106[375]. 115. 117/24. 128. 153/57. 177[612]. 180/96. 198f. 207. 211/19. 221. 223. 228f. 244f. 248f. 250[839]. 260f. 308/10. 317[1038]. 325[1052]. 326/33. 335. 347[1132]. 363/67. 372. 375f. 387. 390/409. 416[1380]. 418[1384]. 424. 428. 437f.	θεὸς ὕψιστος/ μέγιστος	23[83]. 327[1057]. 418[1384]
		Hand/χείρ, Hände	50/52. 57. 128. 149. 179[613]. 183. 187[640]. 188. 189[644]. 190. 193[649]. 194. 206f. 206[694]. 210[706]. 310. 346. 347[1132]. 351[1141]. 363f. 366f. 375. 376f. 390/95. 397. 413. 417f. 419. 436/40
Einer	21. 31/33. 115. 127. 133[470]. 153/57. 180/96. 198f. 217[738]. 218[739]. 221. 223. 228f. 244f. 248f. 260f. 309. 347[1132]. 418[1384]. 424. 441f.	= Himmel (?)	153/57. 188. 393[1292]. 395/409
		Ἰαώ	245
		Katabasis (am Sinai)	s. Katabasis
		Körper	s. Anthropomorphismus
und Feuer	190[646]. 326/33, s. auch Katabasis	κύριος	48. 120. 125. 133[470]. 154. 180. 188. 189[643]. 221. 327[1054]. 347[1132]. 351[1141]. 351[1142]. 363[1185]. 369[1210]. 387. 390f. 393[1292]. 397. 418[1384]. 419
Gesetzgeber	222/61. 317[1038]. 341/55
Größe	s. τὰ μεγάλα, μεγαλεῖον, μεγαλειότης

Register —— 585

Gott
κύριος Σαβαώθ   189⁶⁴³. 392¹²⁸⁸
und menschli-   106³⁷⁵. 116/24.
ches Denken   141. 160⁵⁵⁹. 177⁶¹².
                180/96. 198f. 210.
                211/21. 222/61.
                303f. 309. 317¹⁰³⁷.
                317¹⁰³⁸. 321.
                326/33. 337¹⁰⁹³.
                341/55. 362/71.
                387/424. 426f.
                436¹⁴⁶⁶. 440. 441f.
Name   7/52. 11/29. 31f.
                33. 65. 115. 133f.
                179. 217⁷³⁸.
                244⁸²⁸. 245. 308f.
                418¹³⁸⁴. 441f.
Schöpfung   9. 18. 116/24.
                156f. 180/96.
                210f. 216⁷³¹. 228f.
                229⁷⁷⁵. 248f. 260f.
                279. 288/90.
                309. 317¹⁰³⁷. 318.
                325¹⁰⁵². 347¹¹³².
                389. 393¹²⁹².
                395/409. 417/24.
                440. 441f.
sinnlich wahr- 153/62. 180/96.
nehmbar   198f. 218⁷³⁹.
                227⁷⁷³. 228f. 309.
                317¹⁰³⁷. 317¹⁰³⁸.
                326/33. 337¹⁰⁹³.
                347¹¹³². 351.
                362/71. 387/424.
                426f. 436¹⁴⁶⁶. 440
Stasis, Stehen/ 57. 128f. 183f.
Ruhe   190. 198. 207.
                210f. 213⁷²².
                325¹⁰⁵². 327¹⁰⁵⁶.
                335f. 346. 363f.
                367. 375. 389.
                395/409. 417f.
                429. 436/38
Stimme   9. 121⁴²⁸. 149. 183.
                190⁶⁴⁶. 216⁷³¹.
                227⁷⁷³. 250.
                253⁸⁴⁵. 347¹¹³².
                367. 389
und Trompeten   326/33. 413.
                422¹⁴⁰⁰
Verehrung durch 24⁸⁵. 177⁶¹².
hellenistische 179/208
Herrscher
Zeichen   9. 148f. 160⁵⁵⁹.
                180/96. 198f.
                210. 218⁷³⁹. 221.
                228f. 244f.
                250⁸³⁹. 260f.
                309. 317¹⁰³⁷.
                317¹⁰³⁸. 326/33.
                341/55. 362/71.
                390/95. 418¹³⁸⁴.
                419. 424. 426f.
                434. 436¹⁴⁶⁶. 440
Halacha   229⁷⁷⁵
Hand/χείρ   50/52. 57. 148f.
                179⁶¹³. 183. 187f.
                189⁶⁴⁴. 190f.
                193⁶⁴⁹. 194. 206f.
                210⁷⁰⁶. 310.
                347¹¹³². 351¹¹⁴¹.
                363f. 368. 376f.
                390/95. 397.
                413. 417f. 419
Hasmonäer   67²³⁸
Hebräische Bibel 46/52. 50f.
                130/32. 133⁴⁷⁰.
                148f. 170⁵⁹¹. 187.
                222/29. 250. 254.
                263/311. 325¹⁰⁵³.
                350¹¹³⁹. 352¹¹⁴³.
                362¹¹⁸³. 363¹¹⁸⁵.
                368¹²⁰⁶. 390¹²⁸¹.
                393¹²⁹¹. 396¹³⁰¹.
                398¹³⁰⁶. 404¹³³⁶.
                438/40

Hekataios von Abdera	2. 19[66]. 21[72]. 30[110]. 64[229]. 65[232]. 79/81. 99f. 114. 132[463]. 133. 135/38. 140/43. 151f. 153/57. 157f. 162/71. 174. 176[607]. 197[663]. 200/02. 204. 218f. 222[751]. 226/28. 231f. 235. 244[827]. 244[828]. 250. 253. 258. 260. 266/78. 280/82. 284[940]. 287. 304[1000]. 321. 324[1050]. 336[1088]. 344[1118]. 349. 361[1179]. 380[1244]. 425. 441f. 442[1484]	Heraklit von Ephesos	86. 89[314]. 106/08. 170[591]. 213[724]. 254[848]. 337[1093]. 371[1215]. 399[1314]. 406[1339]. 433[1456]
		Hermagoras	59[219]
		Hermes	143[508]. 244f.
		Hermippos von Smyrna	103f. 105[369]. 145. 294/98
		Herodot	13[41]. 78[277]. 81. 133. 135/37. 140/42. 147[522]. 150/52. 155f. 158[553]. 163[574]. 164[580]. 169[588]. 169[590]. 201[676]. 215[726]. 237[802]. 239[806]. 249[835]. 252[843]. 256. 257[856]. 258[862]. 270[895]. 364f. 367[1204]. 379. 392[1287]
Ps.-Hekataios von Abdera	152[535]. 154[537]. 268[888]. 270[895]. 287[954]		
Hekataios von Milet	106. 135		
Hellenismus	passim		
jüdischer	passim. 23f. 120f. 125/77. 441	Herrscherkult	24/26. 172[595]. 174. 176. 179/99. 217[738]
Henochbuch	328[1058]. 407/09	Hesiod	7. 9. 18. 29. 31. 34. 63/66. 71[248]. 73f. 78[277]. 79[279]. 83. 84[293]. 85. 89f. 97. 106. 115. 121f. 128f. 155. 163f. 231f. 254. 270f. 333[1079]. 337[1092]. 339[1099]. 342. 345[1121]. 372f. 379. 379[1241]. 388. 448
Herakleides Lembos	81[285]. 138[489]. 222[750]. 232[787]. 237[802]		
Herakleides Pontikos	57[211]. 81[285]. 99. 270[896]. 345[1125]. 433[1456]		
Herakles	24f. 133[471]. 158[557]		
Heraklit, Homerallegoriker	35f. 66. 90[318]. 104[367]. 186[631]. 322f. 336[1088]. 337/40. 341[1104]. 343. 346f. 366[1196]. 370[1212]. 376. 388f. 409[1351]	Hieros Logos	30[110]. 169
		Hipparchos von Nikaia	2[6]. 8[24]. 16. 40/44. 55. 64[229]. 67[237]. 106[375].

Register —— 587

Hipparchos von Nikaia	108[382]. 117[410]. 117[411]. 122[430]. 170[591]. 207[700]. 211[712]. 213[722]. 216[732]. 265[879]. 293[967]. 315[1025]. 318[1040]. 324[1049]. 345[1125]. 348[1134]. 369[1209]. 370[1214]. 373[1221]. 377[1234]. 434[1459]. 434[1460]. 435[1461]. 437		186[631]. 191[647]. 199[670]. 221. 231f. 237[802]. 246/48. 254. 259[864]. 270f. 278. 291[964]. 293[967]. 294[970]. 305[1001]. 321/58. 360[1174]. 370/76. 377[1233]. 379/82. 384[1262]. 385. 388f. 392f. 409[1351]. 416[1379]. 416[1380]. 421[1396]. 422[1400]. 424. 433
Hippias von Elis	85. 108		
Hippobotos	70[246]. 73[258]. 86. 91[322]. 105[371]. 107. 373[1221]	Hymnus, religiös	21. 26. 27f. 31. 419[1387]
		Iamblichos	143[508]. 293[969]
Historiker, Historiographie	79/81. 83. 125/77. 146[518]. 158[553]. 172/77. 179/96. 209/61. 266/78. 280/83. 284[941]. 285f. 288/90. 292. 299f. 303. 306. 324[1050]. 344. 368[1205]. 373[1221]. 379[1243]. 432f. 438[1471]. 441/49, s. auch "counter history", Philosophiegeschichte	Imperfekt	317. 317[1036]
		Indien	20[67]. 69[245]. 87. 145[514]. 253[846]
		Inspiration, göttliche	142. 143[508]. 186[633]. 244. 249. 261. 283. 308[1013]. 336. 341/56. 362f. 369. 423. 437. 439f.
		Interpolation	s. Verfälschung
		Interpretatio Graeca	22f. 79/81. 133[467]. 134/51. 172[594]. 224/29. 435f.
		Isis	23[80]. 81[284]. 137[487]. 169. 185[625]. 195[655]. 198f. 251[841]. 418[1384]
Homer	7. 9. 15. 18. 29. 30[111]. 31. 33[117]. 35/39. 54. 57[211]. 63/66. 67[237]. 68. 71[248]. 72/81. 83. 85. 89f. 94. 96f. 108[382]. 109. 115. 121f. 123[435]. 126. 128f. 133. 141f. 146[518]. 155. 157. 163f. 166[582]. 168. 169[588]. 176[611].	*Isishymnen* Isidors	23[80]. 137[487]. 185[625]. 195[655]. 198f. 418[1384]
		Isokrates	72[252]. 99f. 106. 111[390]. 127[447]. 135. 146[518]. 166[582]. 168. 212[713]. 227[772]. 235[792]. 237[799].

Isokrates	237[802]. 240. 241[813]. 247[831]. 253[846]. 254f. 257[856]. 324[1050]. 370[1214]. 373[1222]. 379. 420[1389]. 444/46	Katabasis (am Sinai)	57. 183. 194. 195[653]. 207. 210. 222. 232[783]. 288/91. 309. 316. 326/33. 335f. 347[1132]. 363f. 389. 422[1400]. 424. 436/38
Israel	105. 363[1185]. 392[1288]. 407. 449		
2. Jh. v. Chr.	23f.	Katalog	168f. 217[738]. 242[816]. 243/47. 405/09, s.auch Aufzählung
Italien, Unteritalien	100. 101[357]. 102f. 109/11. 163[576]. 232[787]. 235[792]. 237[802]. 238[803]. 252f. 256. 259[864]		
		Klarheit	41. 143[508]. 183. 291[964]. 308f. 317f. 324[1048]. 324[1050]. 327. 330/32. 335f. 337[1093]. 341. 346. 353[1149]. 369. 370/74. 382/84. 410. 420f. 423. 433[1453]. 436/38. 443[1487]. 446[1492], s. auch Evidenz
Iustinos, christlicher Autor	166[582]		
Jason, Hohepriester	23. 23[83]		
Jeremia	146[517]		
Jerusalem	24[85]. 129[452]. 153. 174f. 200[674]. 200[675]. 226. 228[774]. 250. 269/71. 280[929]. 297[978]. 301[990]. 336[1088]		
		Kleanthes	17[61]. 20. 68f. 73. 90[317]. 250[839]. 329[1064]. 337[1093]. 370[1214]. 392. 442[1482]
Jubiläenbuch	288[955]. 350[1139]. 356. 406[1342]		
		Klearchos von Soloi	69[245]. 145[514]. 314[1024]
Kadmos	140[501]. 164/67. 441f.		
"Ka-Kraft"	195f. 394	Kleodemos Malchos	290[959]
Kallimachos	7. 104. 106. 173[599]. 197[664]. 392	κλοπαί-Literatur	s. Plagiat
Kambyses	269f. 269[892]. 413	König, Königsherrschaft	
Kanon biblischer Texte	46/52. 47[172]. 225. 229[775]. 277[918]. 280. 283. 340[1101]. 341[1106]	göttlich begründet	25f. 136f. 172[595]. 174. 179/208. 217[738]. 218[739]. 226[770]. 268[888]. 269[892]. 392. 394

König, Königsherrschaft		Krates von Mallos	75. 78. 270[896]. 411[1354]
jüdische Frühzeit (?)	199[672]. 200/02	Kreta	87. 163[576]. 232[787]. 233. 236[797]. 237[801]. 237[802]. 238f. 244/47. 257. 260. 353[1149]. 448
von Juden anerkannt	25f. 172/77. 179/208. 198[665]. 200[673]. 200[674]. 201[676]. 217[738]. 218[739]. 263/311. 437f.		
		Kritias	214
		Kürze des Ausdrucks	41. 256[855]. 298. 300[987]. 379. 436/38
Kommentar, -literatur	7/52. 40/44, s. auch Hipparchos		
		Kürzung des Textes	49
Komparativ	296[977]	Kulturen, hellenistische	passim
Komposita, Verb-	314f. 434		
Konjunktion		Austausch (?)	61/177. 179/208. 219[742]. 222f. 227[773]. 228[774]. 230/61. 266/78. 289f. 292. 314. 342f. 343[1113]. 357/85. 390/409. 416[1380]. 419. 426f. 435f. 439/49
ὥστε	57		
Kornutos	35. 78[277]. 89[315]. 170[591]. 186[631]. 291[964]. 324[1050]. 334[1082]. 336[1087]. 337. 344[1119]. 359. 370[1212]. 371		
		Kunst, bildende	74. 83[290]. 92f. 139[498]. 142. 153/57. 159. 164[580]. 171. 197. 280[929]. 342f. 342[1111]. 367. 371f. 380. 384[1263]. 390[1278]. 393f. 394[1299]. 413[1366]. 421. 421[1398]. 431[1443], s. auch Anthropomorphismus
Kosmologie	7/52. 77f. 84. 92f. 102f. 111. 120/24. 137. 180/99. 204. 210f. 216[731]. 220[745]. 226[770]. 250[839]. 265[880]. 324f. 338f. 346. 359f. 365f. 370[1214]. 371. 388. 393[1292]. 395/409. 411/14. 432f. 435/38		
		Kyros	270. 273f.
Kosmopolitismus	84f. 90[318]. 177[612]. 250[839]. 286[951], s. auch Universalismus	Lehrhafte Literatur/ Rede	7/59. 100f. 103[362]. 106/08. 112/14. 113[397]. 119f. 161f.
Krantor von Soloi	111[390]. 432f. 448[1499]		

Lehrhafte Literatur/ Rede	203/08. 218[739]. 222/61. 321f. 334[1081]. 341/55. 384. 405[1338]		267[885]. 268[886]. 269/72. 274[904]. 275/77. 278[919]. 352[1144]
"Lehren des Amenemope"	162[572]	*Makkabäerbücher*, biblisch	189[643]. 198[665]. 199[668]. 200[673]. 204/06. 216[732]. 219[741]. 219[742]. 268[888]. 274[904]. 284[942]. 286[951]. 287[954]. 296[976]. 325[1052]. 327[1057]. 419. 441
Leon von Pella	137[484]		
Leontopolis, Tempel	174f. 301[988]		
Linos	31. 64f. 71[248]. 73. 115. 121f. 128f. 231f. 254. 270f.		
Livius	100[354]. 100[355]. 237[802]. 252f.	Manetho	133[471]. 140. 141[503]. 147f. 151f. 157/62. 174. 200f. 204. 269[891]. 298[983]. 354. 361. 436[1464]. 443[1487]
Livre d'écolier	173[598]		
Longinos, Platoniker	39[140]		
Luther, Martin	290[963]. 437[1470]		
Lykurg, spartanischer König	102[359].114. 135f. 168f. 186[633]. 222[750]. 227[772]. 231. 232[788]. 233[789]. 235[792]. 235[793]. 236[797]. 237[802]. 238f. 244/48. 249[835]. 254. 257. 258[862]. 259. 274[904]. 294[970]. 353[1149]. 415. 445[1490]	Marc Aurel	186[631]. 250[839]
		Masoretischer Text	s. Hebräische Bibel
		Megasthenes	20[67]. 69[245]. 145[514]
		Melampos	168
		Menander Rhetor	186[632]
		Menas, Gesetzgeber (?)	244f.
		Metamorphose	s. Götter-Verwandlungen
Lyseis, Schriftgattung	s. Zetemata	Metapher, μεταφέρω, metaphorische/ übertragene Exegese	4f. 21. 52. 57f. 63. 75/81. 116/20. 122f. 125/28. 149[528]. 153/57. 170[591]. 179[613]. 183f. 189[644]. 193f. 198f. 206f. 210. 213[722]. 221. 227f. 248f. 279. 310f. 322/36. 357/85. 387/424. 426f.
Lysimachos	213[720]. 280[929]		
Ma'at	226[770]		
Magi	111[390]. 134[474]. 146[518]. 163[576]. 253[846]		
Magna Graecia	s. Italien		
Makedonien, Makedonen	25. 174[600]. 176[607]. 200[674]. 258[859]. 260.		

Metapher	429/31. 434/41. 449, s. auch ἐπιφέρομαι		426f. 431¹⁴⁴³. 434. 436/49
Metapher als Kulturbegriff, μεταφέρω	65. 82/96. 105³⁶⁹. 108. 114f. 117⁴⁰⁹. 137f. 138⁴⁸⁹. 141f. 145. 164⁵⁸⁰. 165/67. 171. 440	Musaios	73²⁵⁸. 85. 89f. 133⁴⁶⁶. 168. 270⁸⁹⁶. 271⁸⁹⁸
		Muse	240. 240⁸⁰⁸
		Museion	s. Alexandria, Ptolemäer
Metrodoros von Lampsakos	89³¹⁶. 338¹⁰⁹⁶	Mythos, mythisch, μυθικός/μυθῶδες	75/81. 83. 93/96. 97³⁴⁵. 99. 102. 117/20. 139⁴⁹⁶. 146⁵¹⁸. 152⁵³⁴. 154⁵³⁹. 156. 162/71. 180/99. 216⁷³⁰. 237⁸⁰². 236/41. 244f. 249⁸³⁶. 254/61. 255⁸⁴⁹. 309. 310¹⁰¹⁸. 317¹⁰³⁷. 321/85. 398¹³¹⁰. 401¹³²². 417/24. 429/31. 438¹⁴⁷¹. 441f. 443/49
Minos	232⁷⁸⁷. 236⁷⁹⁷. 237⁸⁰². 238f. 244/47. 249⁸³⁵. 254. 257f. 353¹¹⁴⁹. 448		
Mis-/Apanthropie, jüdische	152⁵³⁵. 223f. 227⁷⁷³. 228f. 260. 271f. 276. 277⁹¹⁷. 278. 280⁹²⁹		
Mission, jüdische (?)	70. 71²⁴⁸. 106³⁷⁵. 292		
Moses	1. 12³⁶. 26. 32. 46. 59. 64/67. 76f. 88. 92f. 96/98. 103. 105³⁷⁰. 106/08. 114/27. 130/32. 134⁴⁷⁴. 136⁴⁸³. 138f. 140/51. 152⁵³⁵. 153/57. 158. 160⁵⁵⁹. 161f. 166f. 170⁵⁹¹. 171f. 176f. 179. 183f. 187f. 190. 193f. 199. 200⁶⁷⁴. 207. 209/61. 263/311. 317¹⁰³⁷. 321/56. 361/74. 377f. 385. 389f. 390f. 395/98. 414f. 416¹³⁸⁰. 417/24.	Namen, Titel	21f. 65. 130/34. 150. 171. 172⁵⁹⁴. 175. 185f. 199. 203/08. 217⁷³⁸. 226⁷⁷⁰. 244⁸²⁸. 300⁹⁸⁷. 308¹⁰¹⁵. 348¹¹³⁴. 352. 364¹¹⁸⁹. 379. 382¹²⁵⁶. 397. 424¹⁴¹⁰. 427/31. 441f.
		Natur	s. Physik
		Neanthes von Kyzikos	105
		Nomos/Nomoi, Nomothesia	s. auch ἔθος, ἐντολή, νόμιμα, πρόσταγμα

Nomos/Nomoi, Nomothesia			148/50. 153/57. 161/72. 186[633].
ägyptisch	65[232]. 97. 102f. 105[370]. 106[375]. 110/112. 114. 125/77. 199/202. 226[770]. 227[772]. 237/41. 248/50. 257[856]. 258. 263/311. 444/48		194. 199/204. 209/61. 263/311. 321. 324f. 332/36. 338/41. 345/55. 373[1220]. 374[1223]. 377f. 385. 390f. 414/24. 426f. 443/49
babylonisch	139	persisch	155
= "Brauch"?	222[751]. 224/29. 233[789]. 241	römisch	100. 139[495]. 237[802]. 238[803]. 250[839]. 252f. 260. 274[907]
griechisch	59. 59[217]. 84. 92. 97. 99/108. 111/17. 125/77. 199f. 202. 209/61. 276[915]. 299[984]. 317[1037]. 322. 333. 353/55. 373[1222]. 414/24. 443/49	singular vs. plural	228[774]. 234
		= "Tora"?	224/30. 266/78
		"sagen" (λέγω, φημί)	347[1132]. 353[1149]. 366. 377[1237]. 390f. 416[1380]
Mose, jüdisch	26. 49[183]. 53. 58f. 61f. 64/67. 68[239]. 70f. 77. 82/98. 103/08. 114/77. 179. 190. 193[649]. 194f. 199/202. 205[689]. 206f. 209/61. 263/311. 317[1037]. 321f. 324f. 330/36. 338/41. 345/56. 361/74. 369[1209]. 369[1210]. . 373[1222]. 377f. 385. 389/91. 414/24. 426f. 436/49	Schönheit	414/16
		Stil	373[1222]. 414/16
		ungeschrieben	222[751]. 230/41. 250f. 254/61. 353[1149]
		(un)veränderlich	254/61. 266/78. 353[1149]. 415
		Zeus und Recht	26. 236. 244f. 353[1149]
		Numa, römischer König	100. 139[495]. 238[803]. 249[835]. 252f. 449[1503]
Nomothet, Gesetzgeber	70[246]. 84. 97[345]. 98[346]. 99/104. 106/08. 112/14. 116f. 127. 130. 135/39. 142/46.	*Ocellus Lucanus*	103[365]. 402[1328]
		Oikumene	s. Universalismus
		Oinopides von Chios	168f.

Olymp	76	Pentateuch, Bücher Mose	s. Moses
Onias, Hohepriester	174f. 301⁹⁸⁸		
Optativ, potential	335f. 349¹¹³⁶. 395	Perfekt	67. 265. 270. 288/90. 315/19. 347¹¹³². 400¹³¹⁷. 405
Orakel, Orakelsprüche	32f. 164⁵⁸⁰. 215⁷²⁶. 232⁷⁸⁸. 246f. 249⁸³⁵. 342¹¹¹⁰. 349¹¹³⁶. 354¹¹⁵¹. 354¹¹⁵⁵. 355¹¹⁵⁷. 371. 446f.		
		Pergamon	76²⁷¹
		Περὶ βασιλείας, Schrifttum	25⁸⁷. 203
		Περὶ εὑρημάτων, Schrifttum	86f.
Ordnung (der Welt)	s. (συν)τάττω		
Orpheus, orphische Poesie	9. 14. 17f. 30/32. 63/66. 71²⁴⁸. 72/75. 80²⁸¹. 83. 85. 89f. 108³⁷⁸. 115. 121f. 126. 132⁴⁶². 141f. 157⁵⁴⁹. 162/71. 183. 194. 231f. 236⁷⁹⁶. 246f. 254. 270f. 337. 348¹¹³⁴. 359f. 365. 370. 372. 374¹²²³. 382¹²⁵⁶. 389. 392. 398¹³⁰⁹. 419. 435f.	Perikles	294⁹⁷⁰
		Peripatos, Peripatetiker	30¹¹¹. 39¹⁴⁰. 63f. 69²⁴⁵. 71f. 84²⁹³. 88. 91. 94³²⁹. 99³⁵¹. 102³⁵⁹. 103f. 107. 110³⁸⁷. 116f. 122. 134⁴⁷⁴. 146⁵¹⁸. 170⁵⁹¹. 180/96. 205. 230f. 234. 235⁷⁹⁵. 239⁸⁰⁷. 242/47. 255⁸⁴⁹. 267. 279. 286⁹⁵¹. 298. 300. 314. 317f. 357/85. 399/405. 410/23. 427/31. 434/38
Osiris	79f. 81²⁸⁴. 142⁵⁰⁴. 146⁵¹⁷. 154⁵³⁹. 164/67. 169		
Palaiphatos	315¹⁰²⁵. 429/31	Περὶ ὕψους, Schrift	36¹²⁸. 354¹¹⁵⁴. 381¹²⁵⁰. 389. 411. 414f. 416¹³⁸⁰. 420¹³⁸⁹. 422¹⁴⁰⁰. 423¹⁴⁰⁷. 424
Panaitios	76²⁶⁹. 91³²²		
Parmenides	89³¹⁴. 91³²¹. 334¹⁰⁸². 399¹³¹⁴		
Parodie	37. 83²⁹²	Perser, Persien	155f. 157⁵⁵¹. 174⁶⁰⁰. 201⁶⁷⁶. 220⁷⁴⁴. 232⁷⁸⁸. 256. 260. 263. 266/78. 283. 296. 299⁹⁸⁴. 392¹²⁸⁷. 412f.
Partikel	57		
δέ	329¹⁰⁶³		
καί	49¹⁸². 50. 50¹⁸⁴		
Partizip	50. 315/19, s. auch Aorist		
"Peisistratische Redaktion"	294⁹⁷⁰	Personalpronomen	203. 203⁶⁸². 263. 284. 284⁹⁴¹. 347¹¹³². 363f.

Personalpronomen	390f. 404. 442[1484]. 445/48		416[1380]. 423[1406]. 426/28. 441[1480]
Phaethon	81[285]	Philon von Byblos	135[475]
Pharao	130/34. 140[499]. 156[546]. 158/62. 168. 172[594]. 172[595]. 174. 179/208. 226[770]. 258. 268f. 271. 284[941]. 284[942]. 287[953]. 351[1141]. 393f. 418[1384]. 419, s. auch Ptolemäer	Philosophenschule, jüdisch-alexandrinische (?)	69[245]
		Philosophie, philosophische Erkenntnis	
		distinktives Merkmal	117/20. 206. 337/41. 370/74. 385. 426f. 440[1474]. 441f.
Pherekydes von Syros	99[349]		
Philodem von Gadara	30[111]. 71[250]. 80[282]. 90[317]. 91[322]. 116[406]. 170[591]. 192[648]. 212[714]. 253[846]. 343[1114]. 378[1240]. 383[1257]	griechische	14. 17. 19f. 53/59. 62f. 64/129. 133/51. 155/77. 180/99. 202. 203/08. 210/61. 282. 284[941]. 288/92. 309f. 313f. 322/33. 336/41. 343. 353/55. 357/61. 367. 370/74. 376. 378f. 383[1260]. 384[1263]. 385. 387/89. 395/409. 411/24. 426/38. 440/49
Philolaos	102f. 104[367]. 184[624]. 402[1328]		
Philon von Alexandria	1. 34. 54. 103[365]. 105[369]. 119[416]. 120f. 130/32. 133[466]. 149[528]. 181[616]. 200[674]. 210[710]. 218[739]. 219[741]. 219[743]. 231. 250[839]. 260[871]. 263f. 278[919]. 284[942]. 287[954]. 311. 324[1050]. 325[1052]. 327[1056]. 332[1075]. 334[1082]. 338[1096]. 346[1127]. 350[1138]. 355f. 358. 363. 372. 394[1297]. 396[1301]. 396[1302]. 400[1317]. 401[1323]. 402[1328]. 405[1337]. 407[1345]. 414[1376].		
		jüdische (?)	69[245]. 71[248]. 92f. 115/29. 138f. 142/45. 147[519]. 158/62. 176. 180/96. 203/08. 210/61. 385. 425. 426/31. 436/38. 441f. 443/49
		"Weisheit der Barbaren"	84/87. 88[311]. 89[314]. 96/117. 119[418]. 122[432]. 125/77. 180/96. 196/99. 201[676].

Register —— 595

"Weisheit der Barbaren"	231. 237/50. 409[1351]. 435f.	
Philosophiegeschichte, antike	85/91. 96/120. 134/51. 162/71. 180/96. 203/08. 210/61. 282. 291f. 313f. 373[1221]. 427/35. 440[1474]. 443/49, s. auch Diadochai	
Phönizien	87. 135[475]. 140. 448[1499]	
Physik, physisch, φυσικός	75f. 102f. 117/24. 127. 152[535]. 156[548]. 158f. . 180/96. 207f. 209/11. 213. 220. 228f. 230f. 237[801]. 241. 248f. 254/61. 265[880]. 310f. 318[1040]. 324f. 330/32. 335f. 342f. 344[1119]. 349[1136]. 357. 361. 364. 365f. 368. 371. 376f. 387[1268]. 390[1278]. 394[1297]. 399/405. 411/14. 417f. 424[1410]. 431[1441]. 434/36	
Pindar	170[591]. 342[1109]. 346[1129]. 354. 354[1151]. 392[1283]	
Plagiat, literarischer Diebstahl	39f. 99. 104[367]. 108. 108[382]. 109/11. 115. 117. 122[430]. 162/71. 448[1499], s. auch Verfälschung	
Platon	9. 15f. 18f. 20[70]. 33[117]. 35. 59. 63. 64/66. 70[246]. 71f. 73[257]. 74. 75[266]. 78[275]. 81. 82. 84.	86[300]. 88. 89[314]. 90f. 96/118. 121f. 134. 136[483]. 139[494]. 141f. 144. 146[518]. 156[548]. 162/71. 185[625]. 186[633]. 187[635]. 194. 201[676]. 202. 210[710]. 211[712]. 212/15. 216[731]. 216[732]. 217[733]. 217[737]. 219[742]. 219[743]. 220[744]. 220[746]. 226[770]. 230f. 232[788]. 234. 235[792]. 235[793]. 235[795]. 236. 237[799]. 237[802]. 239f. 241[813]. 242. 246/48. 249[835]. 252[842]. 252[843]. 253f. 255f. 258/61. 263. 265. 265[880]. 266[882]. 270. 278. 286[950]. 289[958]. 292f. 310. 317[1037]. 322[1045]. 323[1047]. 324[1050]. 325[1051]. 329[1063]. 331[1073]. 334[1081]. 334[1082]. 337[1093]. 338[1096]. 340[1100]. 340[1103]. 341[1104]. 342[1109]. 343f. 343[1115]. 345[1121]. 346[1129]. 348[1134]. 349[1136]. 352[1144]. 353[1148]. 353[1149]. 353[1150]. 354. 355[1156]. 360[1176]. 361f. 365. 366[1197]. 367. 370[1212]. 370[1213]. 370[1214]. 371. 373[1220]. 373[1222]. 377[1237]. 378f. 381[1248]. 381[1250]. 387/89.

Platon	396[1302]. 399[1314]. 400[1317]. 401[1322]. 402[1325]. 402[1328]. 409[1351]. 410. 412[1357]. 413[1364]. 415f. 419. 420[1389]. 422[1399]. 424[1410]. 431[1441]. 432/35. 440[1474]. 446/49		249[835]. 256[852]. 257[858]. 260f. 287[954]. 289[958]. 290[959]. 293[967]. 313[1021]. 314[1023]. 316[1033]. 324[1049]. 324[1050]. 332[1074]. 334[1082]. 365[1193]. 368[1205]. 373[1221]. 400[1319]. 404[1335]. 419[1388]. 421[1396]
Platonismus	88[313]. 89[314]. 90f. 96/117. 134[474]. 162/71. 202. 210[710]. 212[714]. 213[722]. 221[747]. 236[797]. 237[802]. 239[806]. 257f. 337[1093]. 340[1103]. 360[1175]. 366[1196]. 367[1200]. 373[1220]. 378[1239]. 379[1243]. 401[1323]. 431[1443]. 432/35	Polysyndeton	406[1339]
		Polytheismus	
		griechisch	7/52, s. auch Götter, Religion und Theologie, griechische
		jüdisch (?)	23[83]
		Porphyrios	30[111]. 32f. 35. 39f. 57[211]. 105. 110[387]. 143[508]. 291[964]
Plutarch	33[117]. 35. 73[257]. 81[285]. 89[314]. 90[318]. 91[321]. 171[592]. 177[612]. 186. 227[772]. 233[789]. 250[839]. 257[858]. 324[1050]. 347[1131]. 358. 360f. 373. 380[1244]. 415	Porramanres (Amenemhet III.)	195[655]. 198f. 418[1384]
		Poseidippos, Epigrammatiker	414
		Poseidonios	75[266]. 84[293]. 92/94. 136[483]. 143[506]. 154. 156. 185[630]. 245/47. 265[880]. 271[898]. 273[903]. 274[904]. 280[929]. 325[1052]. 373[1222]. 414[1374]
Pneuma	79f. 116f. 122[433]. 133. 157. 170[591]. 189[643]. 211. 250. 282f. 309f. 338f. 345. 347. 349f. 351[1141]. 352. 354[1154]. 355f. 363. 366	Possessivpronomen	286[950]. 324f. 346. 372f. 377[1237]. 445[1490]
		Präposition	
Polybios	2[6]. 52[192]. 106[375]. 108[382]. 117[411]. 146[518]. 166[582]. 170[591]. 176. 199[669]. 211[712]. 235[792].	διά	54[202], s. auch διὰ τί
		ἐν	50[184]

Präposition
κατά 70²⁴⁶, s. auch
 καθ' ἡμᾶς
Präsens 315. 317f.
Praeverbia 314f. 423¹⁴⁰⁷. 434
Priester, Hohepriester
 ägyptisch 133/36. 141/45.
  146⁵¹⁸. 147f. 150f.
  152. 158⁵⁵³. 163f.
  168f. 171. 172⁵⁹⁵.
  176⁶⁰⁷. 201⁶⁷⁶.
  206. 234⁷⁹⁰.
  244⁸²⁸. 269⁸⁹².
  352¹¹⁴⁴. 360¹¹⁷⁶.
  361¹¹⁷⁹. 398f.
  447f.
 griechisch 202⁶⁷⁷. 342¹¹⁰⁹
 jüdisch 13³⁹. 23. 54²⁰².
  127. 150. 151.
  152⁵³⁵. 174f.
  200/02. 218⁷³⁹.
  223. 226/28.
  273⁹⁰³. 278⁹²¹.
  284⁹⁴¹. 287⁹⁵⁴.
  301⁹⁹⁰. 305/08.
  310f. 321. 336¹⁰⁸⁸
Problemata, 58²¹⁴, s. auch
 Schriftgattung Zetemata
Prophet 116f. 122⁴³³.
  146⁵¹⁸. 157/62.
  228⁷⁷⁴. 246f.
  261. 279⁹²³. 282f.
  288/90. 293⁹⁶⁷.
  293⁹⁶⁹. 301⁹⁸⁸.
  310. 327¹⁰⁵⁷.
  338f. 341/56.
  362f. 369. 414.
  423. 439f. 442
Proselytismus s. Mission
Protagoras 89³¹⁶. 110³⁸⁷.
  114⁴⁰⁰. 192

Proverbia, biblisch 162⁵⁷². 170⁵⁹¹.
  200⁶⁷⁴. 205⁶⁸⁹.
  211. 218⁷³⁹. 279.
  285f. 321f. 346.
  397
Psalter 187f. 205⁶⁸⁹. 225.
  279⁹²⁴. 321. 397.
  419
pseudepigraphisch 13. 56²¹⁰. 101³⁵⁷.
  106³⁷⁵. 121⁴²⁶.
  127. 151. 227⁷⁷³.
  307
Ptolemäer, -könige passim
 Genealogie 24/26. 133. 136f.
  179. 197⁶⁶⁴. 263.
  269. 285f. 295.
  299/301
 Göttlichkeit, 24/26. 133.
 Kult 158/62. 172⁵⁹⁵.
  174. 176. 177⁶¹².
  179/99. 217⁷³⁸.
  218⁷³⁹. 226⁷⁷⁰.
  298⁹⁸³. 394
 Hof, Kultur, 53/59. 94/96.
 Recht 128f. 136f. 147f.
  151f. 158/62.
  172/77. 179/208.
  217⁷³⁸. 218⁷³⁹.
  226⁷⁷⁰. 227⁷⁷³.
  248⁸³³. 263/311.
  350¹¹³⁹. 394.
  429¹⁴²⁸. 437f.
 Militär 129⁴⁵³. 150⁵²⁹.
  174f. 393f.
Ptolemaios I. Soter 267. 274⁹⁰⁷. 275f.
  279⁹²³. 294f.
  296⁹⁷⁷. 298/301.
  303
Ptolemaios II. Phil- 54²⁰³. 56²⁰⁸.
 adelphos 67²³⁷. 106³⁷⁵.
  144⁵⁰⁹. 147f.
  152⁵³⁵. 171⁵⁹³.

	177⁶¹². 203. 205. 207⁷⁰¹. 208⁷⁰². 263/311. 350¹¹³⁹. 390¹²⁷⁸. 401¹³²³. 439f.	Querverweise im Werk	434¹⁴⁶⁰
		Quintilian	75²⁶³. 381¹²⁵⁰. 420¹³⁸⁹
Ptolemaios IV. Philopator	83²⁹⁰. 158⁵⁵³. 197⁶⁶⁴. 205⁶⁸⁹. 244⁸²⁸. 342f.	Qumran, -schriften	123⁴³⁵. 229⁷⁷⁵. 244⁸²⁸. 279⁹²³. 336¹⁰⁸⁸. 347¹¹³². 350¹¹³⁹. 356. 407¹³⁴⁶
Ptolemaios VI. Philometor	1. 35f. 53/59. 61/63. 81²⁸⁵. 96³⁴². 129. 133. 151f. 161. 162⁵⁷². 174/77. 179/208. 211⁷¹¹. 222f. 264f. 287⁹⁵⁴. 296⁹⁷⁶. 297. 299/301. 321f. 334f. 363. 367. 390/95. 425. 429. 437f.	Rätsel/-haftigkeit, Verrätselung	s. αἴνιγμα
		Recht	s. Nomos
		Reisen	68. 79f. 102f. 105³⁷⁰. 106/08. 110/12. 138⁴⁸⁹. 142⁵⁰⁵. 145f. 162/71. 237/41. 246f. 249/54. 306. 352¹¹⁴⁴
Ptolemaios VIII. Euergetes II.	160/62. 174⁶⁰⁰	Religion und Theologie	
Pythagoras, Pythagoreer	9. 30¹¹⁰. 63/66. 71f. 73²⁵⁷. 82. 88. 90. 96/117. 121f. 139⁴⁹⁵. 145. 161/71. 184⁶²⁴. 194. 237⁷⁹⁹. 238⁸⁰³. 252f. 266⁸⁸². 270. 270⁸⁹⁶. 292f. 310. 360. 367. 389. 392¹²⁸⁵. 402¹³²⁸. 408¹³⁴⁹. 427. 428¹⁴²⁷	ägyptische	77/81. 84/87. 92/100. 102f. 105³⁷⁰. 106/08. 110/12. 114f. 122⁴³². 125/77. 179/99. 226⁷⁷⁰. 231. 234/41. 244/50. 268f. 345¹¹²³. 360f. 363¹¹⁸⁵. 373. 380¹²⁴⁴. 393f. 398f. 409¹³⁵¹. 413¹³⁶⁶. 418. 418¹³⁸⁴. 444/46
Quellenangabe, Bezeugung	81. 93/96. 98f. 108. 115. 140⁵⁰¹. 141f. 145. 150/52. 158⁵⁵³. 168. 171. 227⁷⁷³. 252⁸⁴³. 280f. 303⁹⁹³. 304⁹⁹⁸. 306¹⁰⁰⁹. 324¹⁰⁵⁰. 425. 432¹⁴⁴⁸. 438¹⁴⁷¹. 443/49	anikonisch	92. 93. 136⁴⁸³. 153/57
		griechische	7/52. 32. 33. 62/97. 99/112. 114f. 117/24. 133/51. 153/57. 162/77. 179/99.

Religion und Theologie	204. 206. 221[747]. 234/41. 244/50.	*Sapientia*, biblisches Buch	18[63]. 29[109]. 119[417]. 120. 121[424]. 148[523].
griechische	254/61. 292. 303. 313f. 322/33. 340f. 341/55. 357/61. 363/65. 370/74. 376. 378/82. 385. 387/89. 392/409. 411/14. 418f. 429/31. 435f. 443/49		195[652]. 205[689]. 211[711]. 216[731]. 218[739]. 223[756]. 286[948]. 290[959]. 325[1051]. 325[1052]. 350[1138]. 368[1207]. 390[1281]
jüdische	passim	Schönheit	193. 195[652]. 213. 215[726]. 218[739].
natürliche Theologie	120/24. 184. 193[649]. 195[652]. 210[710]		220. 237[801]. 247f. 256[855]. 278[921]. 317f. 331[1073]. 338[1096]. 346. 347[1131]. 355[1156].
orientalische	23f. 77/79. 84/87. 92f. 95/97. 99f. 104f. 111. 114f. 122[432]. 134/51. 153/57. 162/71. 179/99. 234/41. 244/50. 398[1309]. 418. 435f.		368. 376f. 379/81. 384. 387/424. 438f. 444. 446[1492]. 447f.
		Schöpfung der Welt	9. 18. 116f. 117/20. 120/24. 156f. 180/96.
römische	100. 376		210f. 216[731]. 228f. 248f. 254f. 261.
Rhetorik, griechische	127[447]. 166[582]. 168. 185f. 210. 219[742]. 220[745]. 240[810]. 243. 243[823]. 247[831]. 250[838]. 257. 261[872]. 298. 354[1154]. 357/85. 387/424. 429/31. 434. 443/46		279. 288/90. 317[1037]. 318f. 347[1132]. 389. 393[1292]. 395/409. 417/24. 440/42
		Schrift, Schriftlichkeit	139. 141. 142[505]. 143f. 149/51. 152. 158[553]. 163. 168. 170[591]. 194. 201[676]. 210. 216[730]. 220f. 222/61. 265f. 270f. 278f. 282f. 303. 307. 309. 321/56. 432/35. 446/48, s. auch Quellenangabe
Ringkomposition	265. 266[882]. 406[1339]		
Sabbat	s. Siebter Tag		
Salomon	63f. 116f. 122f. 211. 279. 285f. 317f. 321f. 346. 428. 442[1484]		
		Seelenwanderung	169. 405[1338]

Seinskontinuität, eidetische	395/409		279. 318. 325[1052]. 335f. 369[1209]. 372f. 375[1225]. 389. 404[1334]
Selbstbeherrschung	s. ἐγκράτεια		
Selektion, selektive Methode	s. ἐκλέγομαι	Simonides	89[316]. 353[1148]
Seneca	73. 90[317]. 92[323]. 186[634]. 395. 400	Sirach	18. 25[90]. 68. 106[375]. 143[508]. 170[591]. 200[673]. 200[674]. 205[689]. 211[711]. 215[728]. 218[739]. 221[748]. 223[755]. 252. 265[880]. 279[923]. 285[943]. 288[955]. 290[959]. 293[967]. 293[969]. 311[1020]. 321. 327[1057]. 338[1097]. 340[1102]. 345[1124]. 350[1138]. 350[1139]. 387. 393[1292]. 397. 397[1303]. 404[1335]. 407[1345]. 408[1349]. 419. 419[1387]. 441[1478]
Septuaginta	12[35]. 22[77]. 46/52. 59[217]. 96. 108[382]. 127[447]. 128[449]. 130/32. 133[466]. 133[470]. 144[509]. 148f. 173[598]. 179[613]. 187. 189[644]. 199[672]. 200[674]. 207[699]. 207[700]. 211[711]. 211[712]. 213[722]. 216[730]. 216[731]. 217[735]. 217[738]. 218[739]. 222/29. 248/50. 263/311. 321. 325[1051]. 325[1052]. 327[1054]. 329[1063]. 331[1073]. 350[1139]. 352[1143]. 362[1183]. 363[1185]. 364f. 370[1214]. 373f. 390[1278]. 390[1281]. 392[1288]. 396[1301]. 396[1302]. 398[1306]. 404[1336]. 407[1344]. 408[1349]. 419. 436/40. 441[1478]		
		Skepsis, Skeptiker	126. 373[1221]
		Sokrates	9. 64/ 66. 70[246]. 71f. 88. 89[314]. 91[322]. 102. 106[375]. 111. 115. 121f. 192. 194. 215[726]. 217[736]. 217[737]. 219. 239[806]. 253f. 310. 337. 342[1109]. 348[1134]. 349[1136]. 367. 378. 389. 431[1441]. 446/49
Sesostris	158		
Sextus Empiricus	72[253]. 166[582]. 371[1216]. 418[1385]. 422[1402]	Solon	73[256]. 97[345]. 114. 136. 138[489]. 141[503]. 163[574]. 168f. 222[750]. 231f. 235. 235[792]. 235[793]. 235[795]. 243[823]. 247f.
Sibyllinische Weissagungen	26[91]. 133[471]. 268[888]		
Siebter Tag, Sabbat	63. 122f. 125/30. 207. 210f. 270f.		

Solon	250⁸³⁸. 252⁸⁴³. 257. 259⁸⁶⁴. 261⁸⁷². 265⁸⁸⁰. 270⁸⁹⁶. 294⁹⁷⁰. 298⁹⁸³. 373¹²²². 445¹⁴⁹⁰	220f. 230f. 250⁸³⁹. 259⁸⁶⁷. 286⁹⁵¹. 314. 325¹⁰⁵². 329¹⁰⁶⁴. 331¹⁰⁷³. 332¹⁰⁷⁴. 337. 339¹⁰⁹⁹. 341¹¹⁰⁷. 343¹¹¹⁷. 345¹¹²⁰. 345¹¹²³. 357/85. 389¹²⁷⁴. 392. 398f. 401¹³²². 405¹³³⁷. 414. 422¹⁴⁰². 427¹⁴¹⁸. 428¹⁴²⁷. 431¹⁴⁴³
Sophokles	74f.	
Sosibios	54²⁰³. 56²⁰⁸	
Sotion	86³⁰². 87f. 134⁴⁷⁴. 295⁹⁷³	
Sparta	135. 144⁵¹¹. 152⁵³⁵. 168⁵⁸⁴. 186⁶³³. 201⁶⁷⁶. 215⁷²⁶. 222⁷⁵⁰. 227⁷⁷². 233⁷⁸⁹. 235⁷⁹². 236⁷⁹⁷. 237⁸⁰¹. 237⁸⁰². 238f. 244f. 249⁸³⁵. 257. 258⁸⁶². 260. 274⁹⁰⁴. 294⁹⁷⁰. 353¹¹⁴⁹. 415, s. auch Lykurg	
Strabon		83²⁹⁰. 83²⁹¹. 92f. 143f. 177⁶¹². 237⁸⁰². 245/47. 341¹¹⁰⁴. 349¹¹³⁷. 379¹²⁴³. 427¹⁴¹⁸
Straton von Lampsakos		86³⁰¹. 91³²¹. 203. 205. 325¹⁰⁵². 365¹¹⁹⁵. 381¹²⁵⁰. 401¹³²³
Teiresias		354
Speise- und Reinheitsgebote		
griechische	93. 101	
jüdische	92³²⁵. 125/27. 218⁷³⁹. 223. 265⁸⁸⁰. 310f. 360. 423¹⁴⁰⁶	
Terminologie		13. 15/17. 21⁷². 37/39. 63f. 69f. 88. 90f. 101³⁵⁷. 108³⁸². 117⁴⁰⁹. 117⁴¹⁰. 119⁴¹⁶. 166f. 170⁵⁹¹. 180/96. 198f. 203/08. 211⁷¹². 213⁷²². 216⁷³¹. 217⁷³³. 217⁷³⁸. 222/29. 222⁷⁵¹. 223⁷⁵⁴. 224. 226⁷⁷⁰. 232f. 244⁸²⁸. 256f. 284. 290f. 296⁹⁷⁶. 296⁹⁷⁷. 308/11. 313/15. 318¹⁰⁴⁰. 331¹⁰⁷³. 332¹⁰⁷⁴. 333¹⁰⁷⁹. 334¹⁰⁰². 345¹¹²⁵. 352¹¹⁴⁴. 357/85. 395/409. 411/14. 416¹³⁸⁰.
Speusippos	109³⁸⁵. 432f.	
Stasis, Stehen	57, s. auch Gott-Stasis	
Stil, Stilistik	7/52. 41	
Stoa, stoische Lehre	18. 19/23. 40. 63. 67²³⁷. 68f. 72²⁵¹. 74f. 76²⁶⁹. 78. 84. 89/93. 107. 126. 166⁵⁸². 177⁶¹². 185/87. 193⁶⁴⁹. 202. 212⁷¹⁴. 215. 217⁷³⁴. 219⁷⁴².	

Terminologie	418/24. 427/31. 434. 436/38. 441		324^{1050}. 370^{1214}. 371^{1216}. 443^{1487}
Textüberlieferung, -kritik	13^{41}. 14f. 29/45. 64f. 76^{271}. 266^{882}. 293^{968}. 294^{970}. 304f. 305^{1001}. 305^{1002}. 328^{1059}. 389^{1274}. 433. 448	Tierkult	148^{523}. 149/51. 153/57. 249^{836}, s. auch Religion und Theologie, ägyptische
		Timaios von Lokri	102f. 109f.
		Timon von Phleius	109^{385}
der Bibel	45^{167}. 46/52	"Töpferorakel"	162^{572}
Thales	89^{316}. 99^{349}. 184^{624}. 409^{1351}	Troja, trojanischer Krieg	95f. 96^{341}. 270^{896}. 438^{1471}. 446^{1492}
Theodektes, Tragiker	303f. 306^{1006}	Tugend(en)	172. 177^{612}. 186^{632}. 193. 200/02. 206. 211. 213f. 215^{728}. 216/21. 226f. 231^{779}. 234/36. 240. 241^{812}. 247^{831}. 248^{833}. 310. 349^{1137}. 353^{1149}. 406^{1339}. 423^{1405}. 447f., s. auch δικαιοσύνη, ἐγκράτεια, εὐσέβεια, σωφροσύνη
Theodotos, Dichter	284^{942}. 303^{996}		
Theophrast	58^{214}. 69^{245}. 85f. 91^{321}. 91^{322}. 93f. 101^{357}. 139^{495}. 141^{503}. 150f. 156. 211^{712}. 212^{714}. 213. 219^{743}. 242^{818}. 243. 255^{849}. 261^{873}. 284^{940}. 286^{951}. 325^{1052}. 367^{1202}. 376. 378. 381^{1247}. 383. 401^{1322}. 404^{1334}. 419^{1388}. 420^{1391}. 429^{1428}. 433^{1453}. 443^{1487}		
		Tyrtaios	247f.
		Übersetzen, Übersetzung	8. 12^{35}. 46/52. 68. 82. 85. 100^{355}. 106^{375}. 115^{404}. 130/32. 143f. 145^{514}. 149. 158^{553}. 163^{576}. 171^{593}. 187^{640}. 198. 200^{674}. 211^{711}. 213^{722}. 217^{738}. 218^{739}. 224/29. 230. 244^{828}. 248/54. 263/311. 321. 346^{1129}. 352^{1144}. 363^{1185}.
Theopomp von Chios	110^{387}. 204^{684}. 219^{742}. 240^{810}. 265^{880}. 303f. 303^{995}. 306. 330^{1070}		
Theophanes von Mytilene	272^{900}		
Thoth	244^{828}		
Thrakien	103f. 245/47		
Thukydides	72^{252}. 213^{723}. 256^{855}. 257^{858}.		

Übersetzen, Übersetzung	367. 390[1278]. 390[1281]. 404[1336]. 407[1344]. 408[1349]. 435/40. 443. 449, s. auch Dolmetscher, ἑρμηνεύω	Präexistenz	211. 279. 345[1122]. 346
		"Sieben Weise"	86[301]. 161. 169[586]. 235[795]
		Weltalter(mythos)	83f. 93f. 255, s. auch Altersbeweis
Universalismus	92. 94f. 156[547]. 162. 177[612]. 223. 228f. 243. 247f. 250f. 254/61. 284[941]. 292. 304. 342[1111]. 435f. 440/42, s. auch Kosmopolitismus	Wissenschaft, antike	7/52. 63[227]. 64[229]. 68. 73. 82/97. 106f. 108[378]. 108[382]. 111. 115[404]. 117[409]. 117[410]. 117[411]. 124[437]. 137. 137[487]. 139. 146[518]. 168. 170[591]. 203/08. 210[708]. 213[722]. 216[732]. 221[747]. 242/47. 265[879]. 270f. 290f. 300. 313/15. 318[1040]. 322f. 330. 338f. 344. 345[1123]. 357/85. 388. 399[1313]. 401[1322]. 405f. 411. 429/38. 441
Varro	22f. 76[269]		
Verfälschung der Überlieferung	29/52. 115. 117. 133f. 148f. 167. 179. 204. 213[722]. 254/61. 293[968]. 294[970]. 303[992]. 305[1002]. 328[1059]. 336. 344f. 389[1274]. 436/38. 441f. 448, s. auch Plagiat		
Versifizierung von Prosa	41	wörtliches Textverständnis	75/77. 117/20. 128. 170[591]. 225f. 335[1083]. 338/41. 357/85. 387/424. 433. 437f.
Vitae prophetarum, Schrift	146[517]		
Weisheit	210f. 212[713]. 216/19. 221. 223. 226f. 228[774]. 229[777]. 234/37. 241. 243. 247/50. 253[846]. 254f. 259[867]. 261. 279. 282f. 285[945]. 290[959]. 309f. 317. 327[1057]. 333. 335/55. 362f. 366. 373/75. 389. 419	Xenokrates	91[321]. 109[385]. 432f.
		Xenophanes	86[302]. 86[303]. 87. 106. 333[1079]. 379[1241]. 399[1314]. 412[1360]
		Xenophon	121[427]. 192. 201[676]. 203. 209. 212[714]. 215[726]. 216[731]. 217[736]. 219. 222[750]. 227[772]. 230/33. 237[802]. 239[806].

Xenophon	249[835]. 253[846]. 257[858]. 270[895]. 296[977]. 336[1087]. 337. 341[1104]. 360[1174]. 371[1216]. 392. 413[1366]. 419[1388]. 434[1459]. 439f.		250[839]. 286[951]. 331[1073]. 343[1117]
		Zetemata, lehrhafte Gattung	53/59. 127. 190. 310f. 376
		Zeus	11/52. 65. 75. 79f. 115. 133f. 155. 156[548]. 158[557]. 163[576]. 164f. 179. 186[631]. 186[632]. 186[634]. 197[664]. 236. 244/47. 249[835]. 250[839]. 308f. 324[1050]. 328. 328[1059]. 329[1064]. 342[1111]. 345[1123]. 347. 353f. 363. 364[1189]. 382. 388f. 392f. 409[1351]. 413f. 436[1465]. 440. 441f. 444/48
Zahlenangaben	328[1060]. 328[1061]. 436/38		
Zahlenlehre, pythagoreisch	103[363]		
Zaleukos von Lokroi	101[327]. 212[714]. 213[722]. 215[726]. 216[731]. 217[733]. 232[787]. 234. 235[792]. 236[797]. 237[799]. 237[802]. 238[803]. 242[818]. 256. 259[864]		
		Zitat, Zitieren	11/52. 58. 65. 71/77. 227[773]
Zamolxis	s. Thrakien		
Zenon von Kition	20[67]. 86[302]. 91[321]. 91[322]. 107. 177[612]. 186[631]. 217[736].	Zoroaster	105[370]. 111[390]. 134[474]

www.ingramcontent.com/pod-product-compliance
Lightning Source LLC
Chambersburg PA
CBHW020602300426
44113CB00007B/473